Clermont/Schmeisser/Krimphove (Hrsg.)
Strategisches Personalmanagement in Globalen Unternehmen

Strategisches Personalmanagement in Globalen Unternehmen

Herausgegeben von

Alois Clermont
Thyssen Handelsunion AG, Düsseldorf

Prof. Dr. Wilhelm Schmeisser
Gerhard-Mercator-Universität-Gesamthochschule Duisburg

und

Prof. Dr. Dieter Krimphove
Universität Paderborn

Verlag Franz Vahlen München

Die Deutsche Bibliothek – CIP-Einheitsaufnahme
Strategisches Personalmanagemt in Globalen Unternehmen/ hrsg. von Alois Clermont, Wilhelm Schmeisser und Dieter Krimphove – München: Vahlen, 2001
ISBN 3-8006-2714-0

ISBN 3-8006-2714-0
© 2001 Verlag Franz Vahlen GmbH, Wilhelmstraße 9, 80801 München
Satz: DTP-Vorlagen der Herausgeber
Druck und Bindung: Schätzl Druck,
Am Stillflecken 4, 86609 Donauwörth

Gedruckt auf säurefreiem, alterungsbeständigen Papier
(hergestellt aus chlorfrei gebleichtem Zellstoff)

Geleitwort I

Wie sich ein Unternehmen am Weltmarkt nicht nur handlungsfähig hält, sondern in der Konkurrenz durchsetzt, ist ein betriebswirtschaftliches Thema von größtem Interesse. Dieser Band handelt davon, wie strategisches Personalmanagement als ein Werkzeug der Unternehmensführung dazu beitragen kann, sich auf globalen Märkten zu orientieren und behaupten. Dies ist aber nicht nur für die Wissenschaft, sondern auch für die Politik ein Anliegen ersten Ranges.

Für die politische Brisanz dieser Materie stehen Stichworte wie Mitbestimmung, Lohnnebenkosten, Arbeitsschutzstandards, Fachkräftemangel, Arbeitsmigration und Sozialdumping. Diese Aufzählung umfasst nur einige der Herausforderungen, die in Hinblick auf globales Personalmanagement politisch bedeutsam sind. Diese weitreichende Relevanz ist kein Zufall, da das Personal global tätiger Unternehmen stets auch ein politisches Subjekt mit vielfältigen Interessen und Ansprüchen ist. Die entsprechenden politischen Kontexte, sei es auf Ebene der Europäischen Union oder der Organisation für wirtschaftliche Zusammenarbeit und Entwicklung (OECD), Internationalen Arbeitsorganisation (ILO) und Welthandelsorganisation (WTO), sind den Lesern dieses Bandes sicherlich bekannt.

An diesen Prozessen wird deutlich, dass die Arbeits- und Sozialpolitik auch in einer sich zunehmend globalisierenden Welt eine wichtige Rolle dabei spielt, die Interessen der Arbeitnehmerinnen und Arbeitnehmer zu vertreten. Die Politik setzt Rahmenbedingungen für Interessenvertretung und Konfliktregulierung und schafft Angebote für besondere Herausforderungen. Sie steht ständig in der Verantwortung, Gesetze und Programme zu überprüfen und anzupassen und Konzepte zu verhandeln und umzusetzen. Zum Erfolg bedarf sie dabei vieler Mitspieler und wäre ohne die Unterstützung von Forschung und Praktikern weniger gut beraten.

Die Wirkung eines jeden Buches entsteht aus der Leistung der Herausgeber und Autoren einerseits und der Rezeptionsleistung der Leser andererseits. Nachdem die Produzenten mit viel Kompetenz das ihrige getan haben, liegt es nun am Publikum, das vorliegende Werk wirksam werden zu lassen. In diesem Sinne erstrebt dieses Geleitwort nichts weiter, als einen kleinen Anstoß zu geben, die Perspektive der Arbeitnehmerinnen und Arbeitnehmer und ihrer betrieblichen, nationalen und internationalen Organisationen stärker zur Kenntnis zu nehmen. Dies ist ein Plädoyer, sich die politische Dimension des Themas vor Augen zu führen und mit fundierteren Kenntnissen nachzuvollziehen. Ich wünsche mir, dass dieses Buch dazu beiträgt, bewusst zu machen, dass sich auch eine Globalisierung des innerbetrieblich-politischen Raumes vollzieht, bei der es letzten Endes um Demokratie geht, bei der es darum geht, dass sich Chefs und Mitarbeiter „auf gleicher Augenhöhe begegnen".

Walter Riester
Bundesminister für Arbeit und Sozialordnung

Geleitwort II

Fragt man nach einem strategischen und international orientierten Personalmanagement in global operierenden Unternehmen so findet man für den Vorstandsbereich Personal unterschiedlichste Ziele formuliert, wie z.B.:

- Unterstützung des Konzerns bei Merger- and Acquisitionsentscheidungen und deren Implementierung in den einzelnen Geschäftsfeldern, Ländern und Niederlassungen.
- Sanierungsmanagement und Insolvenzabwicklungen einzelner Unternehmen im Konzern auf nationaler und internationaler Ebene soweit es den Personalbereich betrifft.
- Ausgestaltung einzelner Strategie-Initiativen unterschiedlicher Geschäftsfelder und Sachfunktionen mit den nationalen und internationalen Töchtern im Sinne von konzernweiten Personalstrategien.
- Implementierung und Optimierung von Geschäftsfeldstrategien, Innovationsstrategien usw. mit Personalstrategien um die Personalkosten zu stabilisieren, eine Erhöhung der Produktivität zu erzielen und die Wettbewerbsfähigkeit zu stärken. Hier steht die Personalanpassung im Mittelpunkt, die den personellen Umbau als Beitrag zur Wertsteigerung des Konzerns vorantreibt und die Flexibilisierung und Verbesserung der Effizienz der Personalinstrumente zum Ziel hat.
- Entwicklung eines homogenen, flexiblen und marktorientierten Anreiz- und Entgeltmanagements mit Komponenten die eine unternehmenswertorientierte Weiterentwicklung des Vergütungssystems für Obere und AT-Führungskräfte vorsieht.
- Zukunftsorientierte Personalentwicklung für internationale Führungskräfte mit Hilfe von Akademien und Corporate Universities unter besonderer Berücksichtigung der Chancengleichheit von Frauen und anderen Minderheiten im Unternehmen. Konkret heißt das Weiterentwicklung der Unternehmensgrundsätze und Führungssysteme, Qualifizierung, systematische Gleichstellungsarbeit und bedarfsgerechte Personalentwicklung.
- Cultural Change und Change Management als Daueraufgabe im Rahmen von internationalen Merger- und Acquisitionsaktivitäten, d.h. Weiterentwickeln der Unternehmenskultur in den Feldern interne Kommunikation, internationale Zusammenarbeit in Projekten, Verknüpfen mit dem Wissensmanagement, Schaffung einer Lernkultur um permanenten Organisationswandel zu gewährleisten und Ausrichtung von Anreizsystemen auf dieses Change Management damit die Eigeninitiative von Mitarbeitern gefördert wird.
- Strategische Ausrichtung der Zusammenarbeit mit den Sozialpartnern auf nationaler und internationaler Ebene.

Dieses Potpourri an Strategien und damit Themen findet sich auch in diesem Buch wieder, das Prof. Schmeisser als Motor dieser Reihe unter seiner multikontextualen Brille mit den

Praktikern und Wissenschaftlern sowie den Herausgebern zusammengefügt hat. Auch diesem vierten Buch der Reihe des Vahlen-Verlags wünsche ich gute Aufnahme und Verbreitung in Industrie, Dienstleistungsunternehmen, Verwaltung, Politik, Gewerkschaften und Wissenschaft.

Dr. Dieter Vogel
Aufsichtsratsvorsitzender der
Deutschen Bahn AG

Geleitwort III

Wir leben in einer Zeit, in der sich die Globalisierung wirtschaftlicher Aktivitäten enorm beschleunigt. Unternehmensübernahmen und -fusionen haben im letzten Jahr ein neues Rekordniveau erreicht. Grenzüberschreitende Unternehmenszusammenschlüsse in Europa liegen somit im Trend, der vor dem Hintergrund eines zunehmenden weltweiten Verdrängungswettbewerbs nicht umkehrbar ist. Die Zunahme transnationaler bzw. global aktiver Unternehmen stellt die Gewerkschaften vor große Herausforderungen, zumal wenn die soziale Dimension dieses Prozesses bislang größtenteils ausgeblendet wird. Denn die einseitige Ausrichtung der Global Players auf die Interessen der Shareholder unterschlägt die Erkenntnis, dass eine Grundlage unternehmerischen Erfolges die Beschäftigten sind. Meistens werden sie als zu reduzierender Kostenfaktor gesehen. Unternehmerische Wettbewerbsfähigkeit hängt aber weitgehend, das zeigen die Erfahrungen in der Bundesrepublik Deutschland, im erheblichen Maße davon ab, inwieweit Arbeitnehmerinnen und Arbeitnehmer an Unternehmensentscheidungen beteiligt sind. Denn schließlich sind sie diejenigen, die mit ihrer Qualifikation zu innovativen Produkten und Dienstleistungen und somit zur internationalen Wettbewerbsfähigkeit der Unternehmen beitragen.

Die im Dezember letzten Jahres vom EU-Arbeits- und Sozialministerrat verabschiedete Richtlinie über die Beteiligung der Arbeitnehmerinnen und Arbeitnehmer in einer Europäischen Aktiengesellschaft ist daher ein wichtiger Schritt, um dem wirtschaftlichen Einigungsprozess in Europa eine soziale und demokratische Dimension zu geben. Denn nach mehr als 30 Jahren ist es schließlich gelungen, die Mitbestimmung in der Europäischen Aktiengesellschaft zu verankern. Nach der Richtlinie über die Europäischen Betriebsräte kann damit auch die Mitbestimmung in den Unternehmen in Europa Fuß fassen. Ähnlich wie bei der Errichtung eines Europäischen Betriebsrates muss über die Beteiligung der Arbeitnehmerinnen und Arbeitnehmer immer verhandelt werden.

Der Weg zu einer praktizierten Mitbestimmungskultur in transnationalen Unternehmen ist jedoch noch weit. Die deutschen Gewerkschaften werden daher verstärkt ihre reichen Erfahrungen, die sie in Bezug auf die Entwicklung nationaler Mitbestimmung ebenso wie bei der Koordinierung und Betreuung Europäischer Betriebsräte gesammelt haben, in den Entwicklungsprozess effektiver Arbeitsbeziehungen in Europa einbringen und sich für hohe Mitbestimmungsstandards einsetzen. Im Kern geht es dabei vor allem darum – und das gilt für Unternehmen und Gewerkschaften gleichermaßen – von einander zu lernen und die Vielfalt der Sichtweisen in Europa zu akzeptieren.

Dieter Schulte
Vorsitzender des
Deutschen Gewerkschaftsbundes

Inhaltsverzeichnis

Geleitwort I: Walter Riester
Bundesminister für Arbeit und Sozialordnung V

Geleitwort II: Dr. Dieter Vogel
Aufsichtsratsvorsitzender der Deutschen Bahn AG VII

Geleitwort III: Dieter Schulte
Vorsitzender des Deutschen Gewerkschaftsbundes IX

A. Programmatische Vorüberlegungen: Zur Problematik der Einbindung des Personalmanagements in das interne und externe Unternehmensumfeld   1

Schmeisser, Wilhelm / Clermont, Alois / Krimphove, Dieter
Strategisches Personalmanagement als multikontextualer
Ansatz in Globalen Unternehmen 3

B. Zum Wandel des Personalmanagements: Implementierung von Konzern- und Funktionalstrategien als unterstützender Dienstleister im Rahmen eines wertschöpfenden Prozessmanagements   23

B.I. Ansätze strategischer Personalarbeit zur Umsetzung globaler Geschäftsstrategien bei differenzierten Umwelten und Merger & Acquisitionsstrategien bis zur Insolvenz der Unternehmen   23

1. Differenzierte Umwelten benötigen adäquates internationales Personalmanagement

Gilroy, Bernard Michael (University of New York and University of Paderborn)
Globalisation, Multinational Enterprises and European Integration Processes:
Some Insights for International Human Resource Management 25

Günther, Johann (Donau-Universität Krems)
Gesellschaftspolitische Mobilität 43

2. Internationalisierung, Merger & Acquisitions, Wachstumsstrategien bis zur Insolvenz erfordern personale Konsequenzen

Schmeisser, Wilhelm (FHTW Berlin/Universität Duisburg)
Öffentliches Übernahmeangebot eines börsennotierten Unternehmens
im Rahmen eines Hostile Take Over 85

Deipenbrock, Gudula (FHTW Berlin)
Skizzen zur Anerkennung eines ausländischen Insolvenzverfahrens im Inland
nach deutschem Internationalen Insolvenzrecht im Licht der neuen europäischen
Verordnung über Insolvenzverfahren 95

Wagner, Dieter (Universität Potsdam)
Managing Age als Bestandteil von Managing Diversity –
Das Merkmal Alter als betriebliches Erfolgspotential 113

Zschiedrich, Harald (FHTW Berlin)
Internationales Management im Spannungsfeld
von Transformation und Globalisierung 125

Wehling, Margret (Universität Duisburg)
Unternehmensführung und Personalmanagement mit der Balanced Scorecard 147

Walsh, Ian (Ian Walsh Consulting Network)
Current Trends in Human Resource Management in the USA 167

**B.II. Internationales Technologiemanagement und internationales
Vertriebsmanagement als Beispiel eines unternehmensinternen,
personalwirtschaftlichen Auftrages** 185

Hentschel, Claudia / Scholz, Peter (FHTW Berlin/ Siemens AG)
Innovationskompetenz durch Systemfähigkeit –
Das Beispiel Siemens AG als Anbieter von modernen Mobilfunksystemen 187

Weber, Hajo / Wegge, Martina (Universität Kaiserslautern)
Zum Wandel von Produktionsparadigmen in internationalen Organisationen –
Die Adaption des Toyotaproduktionssystems in der Automobilindustrie 205

Jung, Hans-Hermann / Friedrich, Michael (DaimlerChrysler AG)
Customer Relationship Management als Leitvision des Internationalen Vertriebs-
und Kommunikationsmanagement bei Automobilunternehmen 219

Heger, Günther (FHTW Berlin)
Team Selling im industriellen Anlagengeschäft 239

Reinhard Hünerberg (Universität GH Kassel)
Globalisierung der Wirtschaft durch Konvergenz der Kulturen? –
Vorüberlegungen und erste empirische Befunde 253

**C. Strategisches Personalmanagement als wertschöpfendes
Prozessmanagement in multikontextualer Perspektive** 271

**C.I. Technokratischer Ansatz: Implementierungsproblematik von Strategien
sowie methodisch-instrumentelle Unterstützung** 271

Wickel-Kirsch, Silke (FH Mainz)
Balanced Scorecard als Instrument des Personalcontrolling 273

Meckl, Reinhard (Universität Jena)
Outsourcing von Personaldienstleistungen –
Ein kernkompetenzorientiertes Entscheidungsverfahren 291

Littmann, Wolfgang (BASF Computer Services GmbH)
Die durchgehende Informatisierung der personalwirtschaftlichen Geschäftsprozesse
als Grundlage des Personalcontrollings am Beispiel der BASF AG 313

Hentze, Joachim / Kammel, Andreas (TU Braunschweig)
Personalwirtschaftliche Kennzahlensysteme im Rahmen eines wertorientierten
internationalen Personalcontrolling 319

Fellberg, Ursula-Christina (SBS IIR, Siemens AG)
Strukturwandel und Prozessoptimierung als Voraussetzung für
E-Business im Personalmanagement 333

Huber, Stefan (Frieskies Deutschland GmbH/Nestle Deutschland AG)
Technologiegestütztes Workflowmanagement im Personalbereich 347

Töpfer, Armin (Technische Universität Dresden)
Entwicklungsstufen von Corporate Universities und Distance Learning 359

Speck, Peter / Ulmer, Alexandra (Festo AG)
Verrechnung von Personaldienstleistungen –
Dargestellt am Beispiel der Festo Gruppe 375

Dittert, Jürgen (FAG Personaldienste und -service GmbH)
Effizientes Dienstleistungsmanagement am Beispiel der FAG
Personaldienste und Service GmbH 395

Bruhn, Christine (Sick AG)
Aktives Marketing von Personaldienstleistungen
am Beispiel des Personalmarketings der SICK AG 409

Schmeisser, Wilhelm / Clermont, Alois
(FHTW Berlin/Universität Duisburg/ThyssenKrupp AG)
Die interne Leistungsvereinbarung als Instrument einer
kundenorientierten Personalarbeit 425

Dix, Matthias / Witrahm, Astrid (ThyssenKrupp Information Services GmbH)
Das Internet als Instrument des Personalrecruiting 435

Krawinkel, Uwe (PeopleSoft AG)
PeopleSoft Collaborative Applications –
Ein Überblick über globale Einsatzmöglichkeiten im Personalbereich 447

Mülder, Wilhelm (FH Niederrhein)
Entwicklungstendenzen beim Personalinformationssystem SAP® R/3® HR 457

Protz, Alfred (Bayerische Landesbank)
Personalsoftware in Globalen Unternehmen 477

**C.II. Personaler Ansatz: Strategische Personalarbeit als Qualitäts- ,
Motivations- und organisatorische Steuerungsproblematik**   493

Böhm, Stefan (SAP AG)
Umstellung einer betrieblichen Altersversorgung mit Leistungszusage auf ein
beitragsorientiertes, flexibles Versorgungssystem 495

Hummel, Thomas R. (FH Fulda)
Intercultural Management: How to prepare corporate staff for global projects 503

Ohm, Dieter G. (Bundesministerium der Verteidigung, Bonn)
Deutsche Soldaten im internationalen Einsatz 517

Wagner, Peter (Flughafen Frankfurt/Main AG)
Personalmanagement versus Qualitätsmanagement? 527

Staudt, Erich / Kriegesmann, Bernd (Universität Bochum)
Ende des Mythos Weiterbildung:
Neue Aufgaben für die Umsetzung von Innovationen 541

Staudt, Erich / Kottmann, Markus (Universität Bochum)
Deutschland gehen die Innovatoren aus! Das Aus- und Weiterbildungssystem des
vergangenen Jahrhunderts muss reformiert werden 557

Schmidt, Sigurd / Lehmann, Jürgen A.
(Gesellschaft für innovatives Personal- und Organisationsconsulting mbH)
Aus Human wird Knowledge Capital: Altersübergreifende Personalentwicklung
Erfahrungswissen sichern und weitergeben/Advanced Professionals gezielt fördern 577

Domsch, Michael E. / Andresen, Maike (Universität der Bundeswehr Hamburg)
Corporate Universities – Strategic Element in a Global Environment 585

Svoboda, Michael / Schultz, Silke (Deutsche Bank AG)
Managing HR in the New Economy: Strategic Development
of Competencies in the HR Function of Deutsche Bank AG 609

Smith, Ray / Houde, Joe (Duke Corporate Education Inc,. USA)
The Business Challenge Model and its
Facilitation as a Global Learning Intervention 621

C.III. Politischer Ansatz: Internationale, rechtliche Rahmenbedingungen, unternehmensverfassungsrechtliche Entscheidungen, Konfliktmanagement bei Innovationen   **631**

Schaub, Günter (Vors. Richter am Bundesarbeitsgericht in Kassel, im Ruhestand)
Probleme der Globalisierung des Arbeitsrechts 633

Helbig, Michael / Piorr, Rüdiger / Taubert, Rolf (Universität Bochum)
Der Europäische Betriebsrat zwischen Überregulierung und Social Dumping:
Erkenntnisse aus dem Beispiel VOLKSWAGEN AG 653

Oechsler, Walter A. (Universität Mannheim)
Employment Relations im Rahmen der Europäischen Union 669

Fichte, Wolfgang (Richter am Bundessozialgericht, Kassel)
Sozialrecht auf dem Weg nach Europa 683

Krimphove, Dieter (Universität Paderborn)
The Application of Modern Technology in International Human Resource
Management: A comparison of the essential facility doctrine in US-American,
European and German law 701

Witt, Peter (Wissenschaftliche Hochschule für Unternehmensführung Vallendar)
Entwicklungstendenzen der Corporate Governance im internatonalen Vergleich 727

Wucknitz, Uwe D. (VPM Unternehmensberatung)
HR Due Diligence für erfolgreiche Fusionen 747

Paul, Dietmar (ThyssenKrupp Stahl AG)
Due Diligence – Das Personalmanagement als
Mitgestalter und Dienstleister bei Outsourcing-Projekten 769

Krimphove, Dieter / Kruse, Oliver (Universität Paderbon)
Wirtschaftlich-rechtliche Möglichkeiten der Führungskräfteentlohnung
mittels variabler Vergütungssysteme in Kreditinstituten 789

Schmeisser, Wilhelm (FHTW Berlin/Universität Duisburg)
Flexibles Vergütungsmanagement im Rahmen des Shareholder Value-Ansatzes 811

C.IV. Symbolischer Ansatz: Werte, Missionen, Leitbilder, Symbole als Grundlage von Strategien sowie Management in unterschiedlichen Kulturbereichen   **821**

Hofer, Klaus (B. Braun Melsungen AG)
„Von der Agenda zum Erfolgsfaktor" –
Bedeutung und Einfluss von Leitbildern auf ein strategisches Personalmanagement 823

Wiebusch, Jenny / Dworatschek, Sebastian (Universität Bremen)
Internationales Projektmanagement 833

Friederichs, Peter (HypoVereinsbank)
Personal als Change Agent bei Fusion 853

Berndt, Enno (Ritsumeikan University, Japan)
„Hast Du es eilig, nimm einen Umweg." Variation über die Krise des japanischen
Personalmanagements und Implikationen für ausländische Unternehmen in Japan 881

Köhler-Braun, Katharina (Universität Duisburg)
Zum Zusammenhang zwischen Unternehmenskultur und Personalmanagement,
dargestellt am praktischen Beispiel von Walt Disney World 895

Bolten, Jürgen (Universität Jena)
Interkulturelles Coaching, Mediation, Training und Consulting als Aufgaben des
Personalmanagements internationaler Unternehmen 909

Taubert, Rolf / Piorr, Rüdiger (Universität Bochum)
Schulung interkultureller Kompetenz:
Bedingung erfolgreicher Internationaler Performance? 927

Bodel, Klaus / Rémolu-Neumayer, Karin (Excellence Management Consulting)
Beratungskompetenz im interkulturellen Management 945

Bodel, Klaus / Rémolu-Neumayer, Karin (Excellence Management Consulting)
Interkulturelle Team-Entwicklung – Von der Konzeption zur Realisation 953

Autorenverzeichnis 963

A. Programmatische Vorüberlegungen: Zur Problematik der Einbindung des Personalmanagements in das interne und externe Unternehmensumfeld

Strategisches Personalmanagement als multikontextualer Ansatz in Globalen Unternehmen

Wilhelm Schmeisser / Alois Clermont / Dieter Krimphove

1 Zur Bedeutung, Rolle und Stellenwert eines Strategischen Personalmanagements in Globalen Unternehmen

Die Zahl der Meldungen über Merger- und Acquisitionsaktivitäten etablierter multinationaler Konzerne, aber auch – oder gerade auch – aufstrebender Unternehmen der „Neuen Märkte" im Rahmen einer Internationalisierungsstrategie nimmt in atemberaubendem Maße zu. In diesem Zusammenhang sehen sich viele Unternehmen gezwungen, bei der Analyse und Gestaltung der daraus resultierenden strategischen (Neu-)Ausrichtung Aspekte des Strategischen Personalmanagements konzeptionell neu zu bewerten.

Im Rahmen des vorliegenden Sammelbandes wird empfohlen, eine multikontextuale Perspektive zu wählen. In diesem Beitrag wird ein Analyse- und Gestaltungsrahmen vorgestellt, der zwischen *Technokratischer, Personaler, Politischer und Symbolischer Perspektive* unterscheidet (vgl. Abb.1). Dieses theoretische Grundkonzept, das bereits in der letzten Publikation dieser Reihe erfolgreich eingeführt wurde (1), beinhaltet ein methodisches Zerlegen von strategischen Personalproblemen, aber auch evtl. von Personalmethoden und -techniken in ihre Grundelemente, um sie anschließend einzeln problemorientiert zu bewerten oder nach kundenspezifischen Anforderungen wieder zusammenzufügen. Im Sinne des Personnel Engineering können die vier theoretischen Perspektiven institutionell, prozessorientiert und funktional einzeln angewandt oder beliebig kombiniert werden. Wir glauben damit, dem Leser ein Raster zur Einordnung der theoretischen wie praktischen Beiträge zu geben.

Folgt man der These von Praktikern, dass das Strategische Personalmanagement in internationalen Unternehmen in Form von ethnozentrischen, polyzentrischen, regiozentrischen und/oder geozentrischen Basisstrategien im Sinne des E.P.R.G.-Modells von *Perlmutter* allein kaum existiert (2), dann muss die Frage erlaubt sein, wovon dann diese Basisstrategien oder ganz allgemein das Strategische Personalmanagement abhängt.

Hierzu lassen sich weitere Thesen bilden. Die erste These lautet: Personalstrategien können nicht ohne betriebliche Geschäftsfelder, andere Funktionen oder Bereiche des Unternehmens, konstitutive Entscheidungen und damit Finanzanlässe oder Implementierungsnotwendigkeiten gesehen werden. Dies ist auch der Grund dafür, dass vor dem Bezugsrahmen solche Unternehmens- und Umweltaspekte exemplarisch angesprochen werden, die regel-

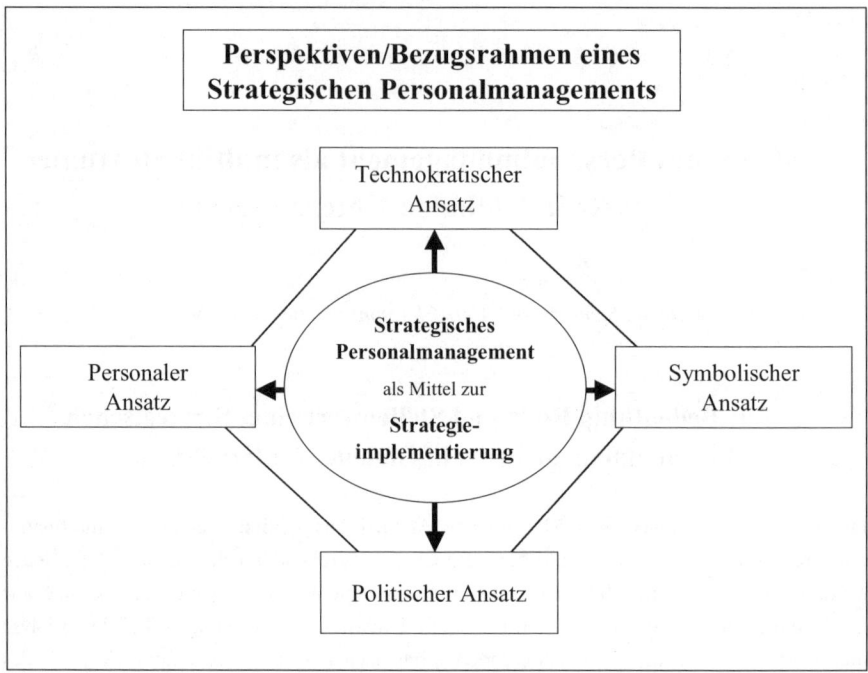

Abb. 1: Perspektiven/Bezugsrahmen für Strategisches Personalmanagement

mäßig zumindest die Implementierungsproblematik des Strategischen Management mittels Personalmanagements verdeutlichen.

Die dritte These besagt, dass die meisten Personalvorstände eher Vollstrecker der strategischen Entscheidungen anderer Vorstandsressorts bzw. des gesamten Vorstands sind als selbst Strategieentwickler; sie sind somit in das Strategische Management eingebunden (3). Das stützt zumindest die zweite These, dass das Personalmanagement sich mehr methodisch und instrumentell mit der Implementierungsproblematik verabschiedeter Strategien beschäftigt, um z.B. die Synergiepotentiale im Personalbereich für diese Geschäftsfeldstrategien, Funktionsstrategien, Fusionsstrategien und Reorganisationsstrategien zu realisieren.

Aufgrund der Internationalisierung und Globalisierung der Unternehmen, der Wachstums-, Sanierungs- und Schrumpfungsstrategien mittels Merger- und Acquisitionsaktivitäten, Ausgründungen/Outsourcing, Insolvenzproblemen von Töchtern im In- und Ausland, Innovationserfordernissen und Reorganisationen sehen sich Unternehmen gezwungen, bei der Analyse und Gestaltung der daraus resultierenden Personalführungs- und Organisationsprobleme eine mehrdimensionale bzw. eine multikontextuale Strategieperspektive zu wählen, um diese besser zu bewältigen. Dieses theoretische Konzept lässt sich auch mit dem Kunstwort Strategic Personnel Management Engineering (SPME-Modell) beschreiben (4), und meint damit ein methodisches Zerlegen von strategischen Personalproblemen, aber auch von Personalmethoden und -techniken, im Rahmen der Strategieimplementierung, um sie anschließend einzeln problemorientiert zu beurteilen oder nach kundenspezifischen Anforderungen wieder zusammenzufügen. Im Sinne des Strategic Personnel Management

Engineering Approach können die vier theoretischen Perspektiven/Bezugsrahmen institutionell, prozessorientiert und funktional einzeln oder mehrfach angewandt oder beliebig kombiniert werden.

Geht man vom Konzept des Strategischen Managements aus, so hat die Strategische (Personal-) Planung die Zielsetzung, zukünftige Entwicklungen und Ereignisse zu antizipieren, um frühzeitig geeignete Strategien zu formulieren und umzusetzen.

Hierbei wird implizit akzeptiert, dass die langfristige Überlebensfähigkeit und Sicherung des Unternehmens als oberste und übergeordnete Führungsaufgabe gesehen wird, mag dies durch internes als auch externes Wachstum erfolgen und/oder kombiniert mit nationalen oder internationalen/globalen Strategien geschehen. Internes Wachstum ist durch Forschungs- und Entwicklungsvorhaben, Innovations- und Technologiemanagement, Marketing und Vertriebsstrategien oder durch Reorganisation geprägt. Externes Wachstum wird maßgeblich durch Merger- und Acquisitionsaktivitäten verstärkt im internationalen Bereich betrieben, um angestrebte Globalisierungsstrategien besser umsetzen zu können.

Dieses Konzept erweist sich allerdings oft als zu starr, denn es zeigt sich, dass aufgrund der zunehmenden Dynamik des globalen Wettbewerbs ein bedeutender Teil der intendierten Strategien nicht umgesetzt wird (5). Im Strategieprozess wird demnach zwischen intendierten Strategien, nicht umgesetzten Strategien sowie den geplanten und erwachsenden Strategien unterschieden, wobei die beiden letzteren schließlich zu den umgesetzten Strategien führen.

Hintergrund sind gerade Personal- und Organisationsprobleme, die Konzernstrategien, Geschäftsstrategien, Funktionsstrategien oder kombinierte Strategiebündel scheitern lassen und die als einzelne Strategieimplementierungsaspekte in den Ansätzen behandelt werden.

Aufgrund dieser Erkenntnisse wurde das Strategische Management unter Einbezug eines Strategischen Personalmanagements weiterentwickelt. Dieses Konzept enthält folgende Elemente:

1. Eine unternehmerische Mission, Vision wird im Rahmen des symbolischen Führungsansatzes entwickelt und in einem Leitbild verankert.

2. Auf einen internen und externen (Konzern-)Markt fokussiertes Denken wird gefördert.

3. Die Führungskräfte, die für die Umsetzung der Strategie verantwortlich sind (vgl. den Technokratischen und Personalen Ansatz), werden auch an der Strategieformulierung beteiligt (vgl. den Politischen und Symbolischen Ansatz).

4. Personale und organisatorische Fähigkeiten und Kompetenzen (z.B. Change Management mittels neuer Managementsysteme, monetäre Anreizsysteme im Sinne des Shareholder Value Ansatzes, virtuelle Organisationsstrukturen, Outsourcing von Personalfunktionen etc.), die zur effizienten Umsetzung der Strategie notwendig sind, werden im Technokratischen und Personalen Ansatz entwickelt.

5. Die Unternehmenskultur wird so beeinflusst und im Sinne eines symbolischen Change Managements verändert, dass sie konsistent zur Strategie ist.

6. Systematisches Change Management unterstützt notwendige Transformationsprozesse im Personalen Ansatz, die aber bereits im Technokratischen Ansatz „technisch" angegangen worden sind.

Über diesen Weg kommt man auch konsequent zu einer besseren Entwicklung operationaler Strategien oder zu einer Strategieimplementierung wie sie vom Technokratischen, Personalen und Symbolischen Ansatz angedacht sind.

1. Welches sind die wichtigsten Elemente der Personalwirtschaftlichen Strategieimplementierung (personalwirtschaftliches Leistungsangebot, Leistungsverrechnung und damit die Finanzierung der Personalfunktionen, Personalmarketing, Personalorganisation im Rahmen des Personalmanagements etc.)?
2. In welchen Bereichen werden Investitionen getätigt (z.B. Internet, Personalinformationssysteme, Corporate Universities etc.)?
3. Wie werden die Qualitäten und Kosten der Personalleistungen gemessen, berechnet, verrechnet und kontrolliert (Workflowmanagement, Prozessmanagement, Verrechnungspreise, Total Quality Control etc.)?
4. Wie gut ist der Personalbereich im Vergleich zur externen Konkurrenz (Unternehmensberater, Headhunter, Steuerberatungsunternehmen zwecks Lohn- und Gehaltsabrechnung, Weiterbildungsinstitutionen etc.) bezüglich:

- Servicequalität,
- Kostenstruktur,
- Produktivität,
- Mitarbeiterloyalität,
- Fluktuation und Krankenstand oder
- Personalkosten?

Alles Fragen, die in einem Benchmarking zu beantworten sind (6). Die beste operationale Strategie ist jedoch wirkungslos, wenn sie nicht durch das zugehörige interne personalwirtschaftliche und organisatorische Leistungserbringungssystem unterstützt und erbracht wird.

2 Politischer Ansatz: Visionen, Missionen, Ziele und Strategien des Strategischen Personalmanagements im gesetzlichen Kontext

Im Politischen Ansatz wird von einer gegebenen Unternehmung ausgegangen. Die Individuen, internen und externen Satellitengruppen oder Koalitionen verfolgen bei Innovationen, Fusionen, Outsourcingprojekten, Insolvenzen von Tochterunternehmen etc. verschiedenartige Interessen, Ziele und Strategien. Herkömmliche Ansichten, die unterstellen, dass Unternehmen klare, übereinstimmende, formal-rational abgeleitete Ziele haben, die von denjenigen Personen festgelegt werden, die über eine gesellschaftsrechtliche und unternehmensverfassungsrechtliche Autorität – wie z.B. die Unternehmensleitung – verfügen, finden in diesem Ansatz keine Entsprechung.

Perspektiven/Bezugsrahmen eines Strategischen Personalmanagements

- Politischer Ansatz -

Metapher: Die Organisation als politische Arena der Strategiefindung

Ziel: Institutionelle und prozessuale Allokation von Mitteln und Verteilung von „strategischen und operativen Ergebnissen" stehen im Mittelpunkt

Institutionell: Rechtlich-politische, konstitutive Entscheidungen über Fusionen, Outsourcing, Globalisierungsstrategien etc.

Prozessual: Konfliktmanagement, Aspekte der Budgetverteilung, Machtnutzung und Interessenskonflikte mittels Kommunikation/ Rhetorik werden herausgehoben

Abb. 2: Die Organisation als politische Arena der Strategiefindung

Perspektiven/Bezugsrahmen eines Strategischen Personalmanagements

- Politischer Ansatz -

Prämissen

1. Wichtige unternehmerische Strategieentscheidungen betreffen immer die Allokation knapper Ressourcen.
2. Eine Organisation ist ein Koalitionsgebilde, bestehend aus einzelnen Individuen und Gruppen.
3. Diese Individuen, Gruppen bzw. Koalitionen verfolgen unterschiedliche Ziele und Strategien (gebildet durch persönliche Werte, Normen und Einstellungen).
4. Organisationsziele und Strategieentscheidungen entstehen aus der Interaktion dieser Koalitionen („Parteien") heraus (durch ständiges Feilschen, Verhandeln und Wetteifern um Positionen).
5. Wegen der Ressourcenknappheit sind Macht und Konflikt Komponenten des organisatorischen Ablaufes der Strategiebildung, -verabschiedung und -durchsetzung.

Abb. 3: Prämissen des Politischen Ansatzes

Die Vertreter des Politischen Ansatzes gehen vielmehr davon aus, dass Unternehmensorganisationen Koalitionen mit divergierenden Interessen sind, die sich jeweils mit der Verlagerung des Machtgleichgewichts verändern. Die Ziele und Strategien werden erst durch das Handeln und Verhalten der Unternehmensmitglieder in den politischen Strategieprozess eingebracht, mit der Absicht, eigene Vorteile zu erhalten, z.B. bei der Einführung von Stock Options Programmen, der Auslagerung der betrieblichen Altersversorgung, der Umwandlung von Konzernteilen in selbstständige Unternehmen oder Auslandsaktivitäten.

Für die Ziel- und Strategiefindung, die Entscheidungsbeeinflussung des politischen Kernorgans im Unternehmen und die Ziel- und Strategiedurchsetzung ist maßgebend, wie viel Macht die Gruppe als Koalition gegenüber anderen Koalitionsparteien hat, um ihre Interessen durchzusetzen. Die stärkste Koalitionspartei wird ihre Ziele und Strategien verwirklichen können und das „Gleichgewicht der Macht" zwischen den Koalitionen neu bestimmen.

Fünf Voraussetzungen kennzeichnen den Politischen Ansatz und damit die Interessen- und Strategiekollisionen in Unternehmen (7):

1. Wichtige unternehmerische Strategieentscheidungen betreffen immer die Allokation knapper Ressourcen.

2. Eine Unternehmensorganisation ist ein Koalitionsgebilde, bestehend aus einzelnen Individuen und Gruppen.

3. Diese Individuen, Gruppen bzw. Koalitionen verfolgen unterschiedliche Ziele und Strategien (gebildet durch persönliche Werte, Normen und Einstellungen).

4. Unternehmensziele und Strategieentscheidungen entstehen aus der Interaktion dieser Koalitionen („Parteien") heraus, durch ständiges Feilschen, Verhandeln und Wetteifern um Positionen.

5. Wegen der Ressourcenknappheit sind Macht und Konflikt Komponenten des alltäglichen organisatorischen Ablaufs der Strategiebildung, -verabschiedung und -durchsetzung.

Folgerichtig werden Unternehmen von *Cyert, March* und *Baldridge* (8) als Koalitionen von verschiedenen Individuen und Interessengruppen verstanden. Gleichzeitig gibt das Koalitionsmodell von *Cyert* und *March* einen Erklärungsansatz ab, wie Ziele in der Unternehmung in einem Zielbildungs- und Strategiefindungsprozess gewonnen werden.

Cyert und *March* definieren die Unternehmung als eine „Koalition von Individuen", von denen einige Unterkoalitionen bilden können. Als Koalitionsmitglieder kommen alle Personen und Personengruppen in Frage, die ein Interesse am Unternehmen haben und in ihr ein Instrument der persönlichen Zielerreichung und Strategiedurchsetzung sehen. Das sind nicht nur die im Unternehmen arbeitende Personen wie Unternehmer, Manager und Mitarbeiter, sondern auch Unternehmensexterne wie Kunden, Banken, Lieferanten, Gewerkschaften, der Staat und die öffentliche Meinung/Presse. *Cyert* und *March* bezeichnen sie als interne und externe Koalitionsmitglieder, wobei sie auch erkennen, dass sich eine Gruppe auch stärker durchsetzen kann, wie dies beim Shareholder Value-Ansatz zu beobachten ist und in wertorientierten, flexiblen Entgeltmanagementsystemen sehr deutlich wird.

Demnach gestalten den Zielbildungs- und Strategieprozess nur die aktiven Koalitionsmitglieder, die passiven nehmen daran nicht teil, sondern richten ihr Verhalten an den ausgehandelten Zielen, Strategien und Managementsystemen aus.

Der Zielbildungs- und Strategieprozess stellt sich als umfassender Verhandlungsprozess dar, weil aufgrund unterschiedlicher Zielsetzungen bzw. Zielvorstellungen und den daraus folgenden Strategien Konflikte entstehen, die zwar nicht lösbar sind, aber immerhin zu Quasi-Lösungen führen. Nach *Cyert* und *March* sind die Unternehmen trotz Inkonsistenz des Zielsystems handlungsfähig, da die Realisierung der Einzelziele nicht gleichzeitig, sondern nacheinander angestrebt wird. Dies stimuliert die externen und internen Koalitionsgruppen bzw. Satellitengruppen, neue abweichende Forderungen an das politisch-rechtliche System (Vorstand, Aufsichtsrat, Betriebsrat) zu stellen oder Unterstützung für die verabschiedeten Ziele und Strategien zu geben. Hinzu kommt der weitere nationale wie internationale rechtliche Kontext, der bei Zielen und Strategien beachtet werden muss (Internationales Privatrecht, Internationales Arbeitsrecht und Sozialrecht etc.).

3 Technokratischer Ansatz: Implementierungsproblematik von Strategien

Wie so häufig, wenn Personalarbeit durch Globalisierungstendenzen, Merger- und Acquisitionsaktivitäten, neue Informations- und Kommunikationstechnologien (virtuelle Personalarbeit) unter Druck kommt und als unproduktiv bezeichnet wird, erfolgt ein Paradigmenwechsel, d.h. es kommt zu einer grundlegenden Infragestellung der bisherigen Regeln und Annahmen der Innen- und Außenorganisation des Personalbereichs, die bisher für richtig erachtet wurde.

Das neue Paradigma lautet: Organisiere das komplette Unternehmen konsequent nach Prozessen um, also auch den Personalbereich, anstatt wie bisher zuerst die Aufbauorganisation nach funktionalen Kriterien festzulegen. Die Organisation wird als Kontext verstanden, in dem sich wertschöpfende Prozessketten wie Kompassnadeln ausrichten. Dabei ist einer der Kernbegriffe der Prozessorganisation die Wertschöpfung.

Die Idee, die hinter der Wertschöpfung steht, ist, die Organisation neu zu strukturieren und dabei die Kundenbedürfnisse als Ausgangspunkt zu nehmen. Die Quantensprünge, die heute bei der Flexibilität, Produktivität, Qualität und Performance mit Prozessmanagement-Projekten erreicht werden können, entstehen durch die einzelnen Funktionen im Unternehmen entlang der Wertschöpfungskette bzw. wertschöpfender Prozessketten. Die Prozessketten und Prozessergebnisse werden das dominierende Ordnungskriterium.

Wunderer (9) sieht deshalb in Anlehnung an *Porters* (10) Umsetzung der generischen Strategien im Wertschöpfungscenter Personal die Lösung. Aus der Sicht von *Hammer* (11) zeigen typische Symptome wie lange Durchlaufzeiten, Bearbeitungsfehler, Doppelarbeiten, Schnittstellenprobleme und hohe Prozesskosten die Dysfunktionalitäten der Funktionsbereichsorganisation. Da es die Aufgabe des unternehmerischen Personalmanagement ist, Wertschöpfung für seine (internen) Kunden zu erbringen, kann es auch komplett durch seine Geschäftsprozesse abgebildet und verstanden werden. Statt wie oben angedeutet das klassi-

**Perspektiven/Bezugsrahmen eines
Strategischen Personalmanagements**

- Technokratischer Ansatz -

Metapher: Strategisches Personalmanagement:
Ein Instrument der Strategieimplementierung

- Ziele, Aufgaben, Synergien, Information/Kommunikation, Effizienz/ Produktivität, Wirtschaftlichkeit stehen im Mittelpunkt
- „Technische Analyse", Umsetzung und Kontrolle der Strategie
- Gestaltung der Aufbau- und Ablauforganisation zur Strategieimplementierung
  u.a. – bei Fusionen, Outsourcing, Neuen Technologien
  – unter informatorischen Gesichtspunkten führt dies bis zur virtuellen Unternehmung

Abb. 4: Strategisches Personalmanagement als Instrument der Strategieimplementierung

**Perspektiven/Bezugsrahmen eines
Strategischen Personalmanagements**

- Technokratischer Ansatz -

Prämissen

1. Die Unternehmung wird mehr oder weniger von ihrer Umwelt isoliert betrachtet.
2. Beschränkung auf ein rationales Zweckmodell der Strategieimplementierung.
3. Unterstellt wird ein mechanistisch-instrumentelles Menschenbild.
4. Die Technik wird als passives Element angesehen.
5. Nur die „Politische Spitze", die Unternehmensleitung, in Anlehnung an Max Weber hat das Recht, Unternehmensziele und Strategien zu bestimmen.
6. Strategie, gegebenes Ziel und Effizienz stehen im Mittelpunkt der Organisationsuntersuchung und -gestaltung des Personalmanagements.

Abb. 5: Prämissen des Technokratischen Ansatzes

sche Organigramm einzusetzen, führt man die Betrachtung von der Kundenseite aus für alle Aktivitäten des Personalbereichs durch.

Aktivitäten die nicht in der Wertschöpfung enthalten sind, nimmt der Kunde nicht wahr. Diese müssen per Personalmarketing herausgehoben werden, so man sie „verkaufen" will. Mit dem Wertschöpfungscenter will *Wunderer* im Sinne eines Mitarbeiter-Marketing die unternehmerischen Mitarbeiter motivieren und begeistern, die Personalkosten zu senken, den Unternehmensertrag durch höhere Produktivität und Innovation steigern und die erfolgreiche Bewältigung von Fusionen, Reorganisationen und Prozessoptimierung mittels Workflows garantieren. Bereits durch ein Outsourcing wenigstens einer Personalfunktion, beispielsweise der Ausbildung, Weiterbildung und Personalentwicklung mittels einer Akademie oder einer Corporate University werden hier erste Voraussetzungen geschaffen.

Zwei Stoßrichtungen der innovativen Personalorganisation werden bei professionell geführten Unternehmen derzeit angedacht und implementiert, und zwar das Wertschöpfungscenter entlang der Prozesse einzelner Personalfunktionen durch Outsourcing und die virtuelle Personalarbeit.

Das Wertschöpfungscenter kann gedanklich als Wertschöpfungskette und damit als ein Prozess analog *Porters* Wettbewerbsstrategischen Ansatz zur Umsetzung der Wettbewerbsvorteile verstanden werden und organisatorisch als eine Geschäftseinheit des Personalmanagements, die ausgelagert und somit zum Dienstleister bzw. Unternehmen im Unternehmen wird.

Die zweite Stoßrichtung ist das virtuelle Unternehmen bzw. die virtuelle Personalabteilung, ein Ansatz der von *Scholz* (12) stark erforscht und propagiert wird. Demnach lassen sich Unternehmen nicht mehr streng in eine hierarchische Pyramide pressen. Statt dessen entstehen mittels Internet neue Organisationsformen und -bilder. Die Informations- und Kommunikationstechnologien (IuK-Technologien) ermöglichen es der Unternehmung, ihre Gebäude zu verlassen. Die Mitarbeiter können zu Hause oder bei Bedarf gelegentlich in Subunternehmensfirmen oder Zweigunternehmen arbeiten, wie dies ohne Internet bereits bei Bauträgern seit Jahrzehnten bekannt ist. Computernetze, E-Mail, E-Commerce etc. befreien die Mitarbeiter von der Last des Pendelns und der Regelmäßigkeit des Bürolebens und machen sie damit qualitätsbewusster und produktiver. Da das virtuelle Unternehmen bzw. die virtuelle Personalabteilung keine teuren Räume bzw. Gebäude benötigt, verringern sich die Betriebskosten immens. Das erhöht die Lebensqualität der Mitarbeiter am Arbeitsplatz und deren Zufriedenheit, erhöht den Kundennutzen durch Qualitätsprodukte bzw. qualitätsorientierte Dienstleistungen und lässt Umsatzwachstum und Rentabilitätssteigerungen erwarten.

Dies lässt sich am Besten durch den Zusammenhang von Wertschöpfung, Produktivität und Rentabilität beweisen. Produktivität ist eine Maßgröße, die das Verhältnis von Faktorertrag und Faktoreinsatz wiedergibt. Produktivitätsfortschritt kann sich durch Verringerung des Faktoreinsatzes zur Faktorausbringungsmenge (Kostenstrategie) oder durch erlösfördernde Funktions- und Qualitätsmerkmale der Produkte/Dienstleistungen (Differenzierungsstrategie) ergeben. Die Betrachtung der Kostenseite der Produktivität bezeichnet man als Effizienz, die der Leistungsseite als Effektivität.

Wertschöpfung gilt als guter Indikator für den Faktorerfolg, da die Wertschöpfungsrechnung die Eigenleistung eines Unternehmens, einer Produktionsstufe oder einer Abteilung innerhalb des Wertschöpfungsprozesses ausdrückt.

Allgemein wird Wertschöpfung definiert als Differenz zwischen den vom Betrieb an andere Wirtschaftseinheiten abgegebenen Leistungen und den vom Betrieb von anderen Wirtschaftseinheiten übernommenen Leistungen oder positiv als Eigenleistung des Betriebes oder der Abteilung (13).

Zur Ermittlung der Wertschöpfung stehen zwei Methoden zur Verfügung. Einmal ist ihre Bestimmung von der Entstehungsseite und zum anderen von der Verteilungsseite möglich. Bei der Entstehungsseite (Subtraktionsmethode) ergibt sich die Wertschöpfung als Differenz zwischen Unternehmensleistung und Vorleistung.

Mit Hilfe der Verteilungsrechnung wird die Summe der Einkommen aller an der Leistungserstellung Beteiligten (Mitarbeiter, Kapitalgeber, öffentliche Hand) ermittelt. Hierdurch erfolgt vor allem eine Fokussierung auf die soziale Dimension der unternehmerischen Aktivitäten, während bei der Entstehungsrechnung der Leistungsaspekt im Vordergrund steht.

Produktivität und Rentabilität müssen und können mittels der Wertschöpfungsrechnung im Zusammenhang betrachtet werden. Interpretiert man sie als finanz- und realgüterwirtschaftlichen Zusammenhang, wird der Unternehmenserfolg in eine realgüterwirtschaftliche Komponente in Form der Arbeits- und Kapitalproduktivität sowie in eine finanzwirtschaftliche Komponente im Sinne von Rentabilität bzw. Profitabilität (RoI) aufgegliedert, deren multiplizierte Kombination wieder die Wertschöpfung ergibt. Dies hat zur Folge, dass das Unternehmensergebnis, hier die Wertschöpfung, ursächlich aufgespalten wird. Dabei kann der Leistungsentstehungsprozess (Entstehungsrechnung) der Personalarbeit durch die Produktivität ausgedrückt werden.

Durch die prozessorientierte Wertschöpfung und Kundenorientierung verliert die Personalarbeit den Vorwurf der „Unproduktivität" oder der „Gemeinkostenlastigkeit". Vielmehr beweist sie durch diese organisatorische Neuorientierung von der klassischen Sachbearbeiterfunktion in der Unternehmenshierarchie hin zum Dienstleister als Unternehmen im Unternehmen, dass sie für die anderen Sachfunktionen in der Wertschöpfungskette oder Geschäftsfelder produktiv ist, dass auch sie in der organisatorischen Sekundärfunktion an der Wertschöpfung ihren Anteil hat. Im Rahmen eines konzerninternen, marktwirtschaftlichen Verrechnungspreissystems zu „Target Preisen" (14) können diese Personaldienstleistungen rentabel angeboten werden.

4 Personaler Ansatz:
Change Management als Softfaktor jeder Strategie

Durch die Konsistenz zwischen einer operationalen Strategie mit den Komponenten Aufbauorganisation, Prozesse/Systeme, Technologie des Technokratischen Ansatzes werden die Pendants des Personalen und Symbolischen Ansatzes in Form des Change Managements als Implementierungsergänzungsstrategien entwickelt mit monetären Anreizsystemen des flexib-

> **Perspektiven/Bezugsrahmen eines
> Strategischen Personalmanagements**
>
> - Personaler Ansatz -

Metapher: Soziales Change Management als
Strategieimplementierung

Ziel: „Verhalten und Handeln des Menschen stehen im Mittelpunkt, das im Sinne der Organisation und des Strategischen Personalmanagements zu kanalisieren ist."

Psychologische, sozialpsychologische Analyse und Gestaltung der Strategieimplementierung auf unterschiedlichen Aggregationsebenen der Unternehmung und zwar Individuum/Mitarbeiter, Abteilung/Gruppe/Intergruppengeschehen, Führungskräfte/Führungsphänomen, Kommunikation, Personal- und Organisationsentwicklung als Change Management sowie verstärkt monetäre Anreizsysteme im Sinne des Shareholder Value-Ansatzes

Abb. 6: Soziales Change Management als Strategieimplementierung

> **Perspektiven/Bezugsrahmen eines
> Strategischen Personalmanagements**
>
> - Personaler Ansatz -

Prämissen

1. Der Ansatz geht vom „Methodologischen Individualismus" aus.
2. Organisationen existieren, um menschliche Bedürfnisse zu befriedigen.
3. Organisationen und Menschen benötigen einander im Rahmen der Strategieimplementierung.
4. Wenn die Zusammenarbeit zwischen Individuum und Organisation mangelhaft ist, wird einer von ihnen oder beide in Mitleidenschaft gezogen.
5. Passen sich Organisation und Individuum hingegen gut aneinander an, ist dies vorteilhaft für beide.
6. Konflikte sind Störphänomene; Konflikte müssen offengelegt, diskutiert und konstruktiv i.S.d. Strategieimplementierung beigelegt werden.

Abb. 7: Prämissen des Personalen Ansatzes

len Entgeltmanagements, betrieblicher Altersversorgung, Humankapitalfragen, Leadershipproblemen bis hin zu Kultur und Werten sowie Interkulturelles Human Kapital und Knowledge Management.

Der Personale Ansatz konzentriert sich auf die Beziehungen zwischen Individuum/Mitarbeiter und Organisation oder höheren Aggregationsebenen davon wie Gruppe/Abteilungen oder die Gruppenbeziehungen, Führung, Personal- und Organisationsentwicklung unter Beachtung instrumenteller Mittel. Der Mensch kann die organisatorische Effektivität durch seine Kreativität erhöhen und verbessern, aber auch durch aktive oder passive Arbeitsverweigerungsformen erschweren; ebenso können Unternehmen die menschlichen Bedürfnisse wie Arbeitsfreude, Kreativität und Mitverantwortung an neuen Geschäftsfeldern, Auslandsaktivitäten, Fusionsbemühungen, Outsourcingprozessen etc. mit flexiblen Managementsystemen, Entgeltsystemen und weiteren Personalinstrumenten fördern oder blockieren. Menschliche Bedürfnisse, Emotionen, Einstellungen, Fähigkeiten und Kompetenzen spielen eine wichtige Rolle bei strategisch-kreativen Aufgabenprozessen und Aggregaten davon, wie z.B. die Gruppenaktivitäten und das Führungsverhalten.

Das Bild des Mitarbeiters, das die Unternehmensführung nach diesem Ansatz prägt, lässt sich folgendermaßen umschreiben: Mitarbeiter und Führungskräfte wollen sinnvolle Ziele, Strategien und damit Aufgaben abarbeiten bzw. daran mitwirken (z.B. an technischen Innovationen, neuen Dienstleistungen, Betriebsverschmelzungen, Um- und Neuorganisationen, Sanierungsmanagement etc.). Das Management soll Mitwirkung und Mitbestimmung in partizipativen Managementmodellen praktizieren und dabei die Fähigkeit zur Selbstbestimmung, Selbstverwirklichung, Selbstkontrolle und zum permanenten Selbstlernen der Mitarbeiter entwickeln bis zum organisatorischen Lernen, wie es auch durch Corporate Universities angestrebt wird. Inwiefern derartige normative Forderungen auch zu neuen Geschäftsfeldern, Innovationsmanagement, Prozessmanagement bis zum Outsourcing im strategischen Bereich beitragen, bleibt vorerst offen.

Im Folgenden werden exemplarisch einige Forschungsrichtungen des Personalen Ansatzes herausgestellt, die einen Ansatz dafür bieten, Strategien im Unternehmen besser zu implementieren. Es sei darauf hingewiesen, dass gerade im Rahmen des Change Managements die Übergänge zu den anderen drei Ansätzen sehr fließend sind.

Bei der Personal- und Organisationsentwicklung als ein Teilgebiet des Personalen Ansatzes geht es um die Frage, wie im Unternehmen eine permanente Veränderungsbereitschaft der Mitarbeiter aufgebaut und erhalten werden kann, so dass laufend Strategien umgesetzt werden können.

Zum anderen stellt sich die Frage, welche strukturellen und prozessorientierten Maßnahmen im Sinne des Technokratischen Ansatzes geschaffen werden müssen, damit Mitarbeiter auf Veränderungen der Umwelt aber auch aufgrund neuer Strategieentscheidungen, diese innovativ aufnehmen und Lösungsvorschläge erarbeiten und implementieren. Auf diese Fragestellungen versucht insbesondere die neuere Organisationsforschung konsistente Antworten zu geben. Um bei den Mitarbeitern Veränderungsprozesse auszulösen, unterscheiden *Chin* und *Benne* (15) drei verschiedene Vorgehensweisen:

1. Das empirisch-rationalistische Konzept: Es beruht auf der Annahme, dass Menschen rationale Wesen sind, die jede Änderung begrüßen, wenn sie einsehen, dass diese Verän-

derungen für sie von Vorteil sind und ihren Interessen nicht zuwiderlaufen. Notwendig hierfür ist die Einsicht in die sachlichen Erfordernisse des personalen Lernens und der Sozialisation mittels Ausbildung und Personalentwicklung.

2. Das Macht- und Zwangsstrategiekonzept: Als Macht wird die Fähigkeit charakterisiert, andere zu etwas zu veranlassen, was sie ohne den Einfluss von Machtbasen (Belohnung, Bestrafung, durch Legitimation, Persönlichkeit und Wissen) nicht tun würden. Man erlässt z.b. eine Verfügung und würde das Befolgen der Verfügung überprüfen, sanktionieren und damit durchsetzen.

3. Das normativ-reedukative Konzept: Ausgehend von der Annahme, dass Verhaltensweisen von Individuen nicht nur von der Einsicht in Interessen, sondern auch von emotionalen Attributen beeinflusst werden, die sich in Übereinstimmung mit soziokulturellen Normen und Werturteilen befinden, setzt hier die Veränderungsstrategie an. Man würde sowohl Aufklärungsmaßnahmen initiieren als auch ein Programm zur Veränderung des vorhandenen Normen- und Wertesystems einleiten, um die Mitarbeiter zu neuen Einsichten zu bringen bzw. dazu, sich aktiv im Änderungsprozess zu engagieren.

Organisatorische und personalwirtschaftliche Entwicklungsprozesse bzw. -modelle bauen auf dem von *Lewin* (16) beschriebenen Dreiphasenprozess zur dauerhaften Veränderung bei Mitarbeitern auf:

1. Die Auftauphase: Verfestigte Verhaltensweisen und Einstellungen werden aufgetaut bzw. aufgeweicht; das Problembewusstsein wird in innovativen Veränderungen gestärkt und die Motivation für Veränderungen geweckt.

2. Die Veränderungsphase: Veränderungsziele werden durch den „Klienten" bzw. „Mitarbeiter" formuliert, alternative Vorgehensweisen zur Veränderung entwickelt und die optimale Vorgehensweise durchgeführt; Ergebnisse sind, dass sich die Verhaltensweisen und Einstellungen der Mitarbeiter durch Lernprozesse verändert haben.

3. Die Einfrier- bzw. Stabilisierungsphase: Die neuen Verhaltensweisen und Einstellungen werden durch Personalentwicklungsmaßnahmen verfestigt, als Bestandteile des eigenen Verhaltensrepertoires des Mitarbeiters akzeptiert und stehen jederzeit zur Anwendung zur Verfügung.

Die Vorgehensweisen sind noch heute im Change Management erkennbar (17).

5 Symbolischer Ansatz:
Unternehmenskultur und Internationales Personalmanagement als kritische Faktoren eines globalagierenden Unternehmens

Seit ca. 1978 versucht man, dem Erfolgsgeheimnis innovativer und erfolgreicher Unternehmen auch mit dem kritischen Faktor Unternehmenskultur auf die Spur zu kommen, weil bis heute die meisten Fusionen auf nationaler und internationaler Ebene eben daran scheitern. Zu den ersten und bekanntesten Managementbüchern hierzu zählen „In Search of Excellence" von *Peters* und *Waterman* (18), „Theorie Z" von *Ouchi* (19), „Corporate

Perspektiven/Bezugsrahmen eines Strategischen Personalmanagements

- Symbolischer Ansatz -

Metapher: Die Strategiefindung als Theater: Betont die Sicht von Rollenspielen, Drehbüchern, Maskerade und Bühnengestaltung in der Unternehmung

Ziel:	Symbolische Führung um Zusammenhalt und Veränderungsbereitschaft zu gewährleisten
Institutionell:	Schaffung oder Veränderung einer Unternehmenskultur bei Mergers & Acquisitions sowie Globalisierungsstrategien
Prozessual:	Interkulturelles Management in internationalen Unternehmen auf den Aggregationsebenen Mitarbeiter, Gruppe, Führung, Kommunikation, Personal- und Organisationsentwicklung, symbolisches Change Management

Abb. 8: Symbolischer Ansatz: Die Strategiefindung als Theater

Perspektiven/Bezugsrahmen eines Strategischen Personalmanagements

- Symbolischer Ansatz -

Prämissen

1. Nicht das Ereignis einer Unternehmensmission oder -vision oder -strategie ist wichtig, sondern seine Bedeutung.
2. Die Bedeutung erlangt eine Strategie durch die Interpretation derselben.
3. Die meisten Strategien in der Organisation sind nicht eindeutig zu interpretieren.
4. Vieldeutigkeit untermeniert rationale Problemlösungsansätze der Strategieimplementierung.
5. Bei der Konfrontation mit Ungewissheit und Mehrdeutigkeit neigen Organisationsmitglieder und Organisationen dazu, Symbole zu entwickeln, um unternehmerische Strategien verständlicher zu machen.

Abb. 9: Prämissen des Symbolischen Ansatzes

Cultures" von *Deal* und *Kennedy* (20) und der Aufsatz von *Schein* (21). Bei mindestens vier Aspekten hinsichtlich des Strategischen Managements, d.h. auch beim Strategischen Personalmanagement, hat sich die Unternehmenskultur als wesentlicher Problembereich erwiesen:

1. Implementierungsprobleme bei Strategien, die sich auf Merger- und Acquisitionsaktivitäten ausrichten.

2. Der Abschied von der Führungstechnokratie, dass es genügt, Technokratische und Personale Ansätze zu beherrschen und nicht die Unternehmenskultur oder das Internationale Personalmanagement (22). Die Unternehmenskulturdebatte zeigt somit die Grenzen der Rationalität und Machbarkeit auf.

3. Der Einfluss japanischer Managementmethoden und der japanischen Kultur, insbesondere im Vergleich zu den USA wie dies bei *Ouchi*, aber auch bei *Pascale* und *Athos* zu finden ist, denkt man nur an Just-in-Time, Kanbansystem, Total Quality Control etc.

4. Der gesellschaftliche Wertewandel, der sich in den letzten 30 Jahren in den OECD-Staaten vollzieht.

Im Sinne der *Chandlerschen* Strategie-Struktur-Beziehungs-Hypothese (23) kommt es beim Strategiewechsel zu Erfordernissen, ausgelöst durch Akquisitionen, neue Geschäftsfelder, Prozessmanagement/Reorganisation/Outsourcing etc., die formale Strukturen und Prozesse zu ändern, Personalanpassungen vorzunehmen und die Mitarbeiter Personalentwicklungsmaßnahmen zu unterziehen.

Übersehen wurde dabei jedoch die Notwendigkeit der Veränderung der Unternehmenskultur. Mit der Strategieverwirklichung auf Konzern- und globaler Ebene tritt eine derart technokratische Umweltkomplexität auf, die ein neues sozial-organisiertes Handeln im internationalen Unternehmen erfordert. Die Sprache, Einstellungen, Werte, Normen der neuen Kollegen, Gruppen, Führungskräfte und Vorstände, über die nur Vermutungen vorliegen, müssen sich trotz technokratischer Vorgaben erst in symbolischer Interaktion bei Mitarbeitern und Führungskräften im Sinne eines symbolischen Change Managements verfestigen. Denn erst wenn diese mit Hilfe von Leitlinien, Werten und Normen durch die obersten Führungskräfte vorliegen, können diese durch kulturelles Lernen auch wiederum mittels Corporate Universities gelernt und bewältigt werden.

6 Ausblick: Strategic Personnel Management Engineering als Mixturanwendung Strategischen Personalmanagements

Die traditionelle Personalarbeit lässt sich idealtypisch folgendermaßen charakterisieren:

1. Erfüllung einzelner Personalfunktionen wie Personalbeschaffung, Personaleinsatz, Personalabbau,

2. Beschränkung auf nationale Lohn- und Gehaltsabrechnungsmöglichkeiten im Rahmen eines Entgeltmanagements eines Landes und

3. Konzentration auf die Bereitstellung und Verfügbarkeit personeller Ressourcen in quantitativer, qualitativer und zeitlicher Hinsicht.

Demgegenüber zeichnet sich das Personnel Engineering vor allem durch folgende Aspekte aus:

1. Es hat eine einheitliche prozessorientierte, personalwirtschaftliche Aufgabenkette von Personalfunktionen, die mit Hilfe neuerer Personalinformationssysteme im Sinne eines One-Face-to-the-Customer-Ansatzes in Unternehmen organisiert werden müssen.
2. Es fordert ein wertorientiertes, flexibles Entgeltmanagement in Bezug auf die Zusammensetzung der Gesamtvergütung (Festentgelt, Risikoentgelt).
3. Personalentwicklung im Rahmen eines internationalen Personalmanagements.
4. Es erwägt die geplante Einbeziehung von finanzwirtschaftlichen, kostenwirtschaftlichen und strategischen Maßnahmen zur Implementierung von Wertschöpfungscentern, Mitunternehmertum, eine Neuausrichtung der betrieblichen Altersversorgung hin zur Kapitaldeckung mittels Pensionsfonds aber auch Frühwarnsysteme im Rahmen eines Personalcontrollings, um dem Gesetz zur Kontrolle und Transparenz im Unternehmensbereich (KonTraG) zu entsprechen.

Mit diesen Beispielen lässt sich eine vorläufige Definition des Personnel Engineering geben: Operatives Personnel Engineering ist eine Personaldienstleistung vom Personalbereich innerhalb ihrer Wertschöpfungsaktivitäten. Es stellt die Realisierung einer an den individuellen Kundenbedürfnissen orientierten Kombination von personalwirtschaftlichen Instrumenten und Personalinformationssystemen zur Schaffung einer spezifischen Problemlösungsvariante dar, die auch im Rahmen eines Personalcontrollings geprüft werden kann (z.B. Flexibles Entgeltmanagement).

Strategisches Personnel Engineering lässt sich folgendermaßen beschreiben: Es handelt sich hier um das methodische Zerlegen von Personalproblemen, aber auch von Personaltechniken in ihre Grundelemente, um sie anschließend einzeln problemorientiert zu analysieren, zu bewerten und nach kundenspezifischen Anforderungen zu kombinieren.

Die vier dargestellten theoretischen Ansätze können in Analyse- und Gestaltungsphasen institutionell, prozessorientiert, funktional oder beliebig kombiniert werden. Zusammenfassend handelt es sich um den Technokratischen Ansatz, den Personalen Ansatz, den Politischen Ansatz und den Symbolischen Ansatz. Im Einzelnen kann dies am Swiss-Projekt-Beispiel von Vice-President *Mölleney* gezeigt werden (24).

Geht man nun noch einen Schritt weiter, so kommt man zum Strategic Personnel Management Engineering Approach, der an das operative und strategische Personnel Engineering anknüpft. In der wissenschaftlichen Diskussion hat sich nach *Weber* und *Kabst* (25) „... bislang weder ein einheitliches Begriffsverständnis noch ein Konzept für personalwirtschaftliche Strategien bzw. ein Strategisches Personalmanagement durchsetzen können." Darum haben wir den Schritt gewagt und bieten sowohl eine Strategiedefinition als auch ein Strategiekonzept als Diskussionsvorschlag an.

Wir hoffen wieder einmal, für den Leser – und insbesondere für unsere treuen Leser – eine Balance von aktuellen praktischen Themen und einem theoretischen Konzept gefunden zu haben.

Wir wollen auch an dieser Stelle nicht versäumen, uns bei den stillen, im Hintergrund agierenden maßgeblichen Leuten zu bedanken. Dies sind Herr Sobotka vom Vahlen-Verlag, der uns seit Jahren die Treue hält und natürlich unser wissenschaftlicher Mitarbeiter, Herr Dipl.-Kfm. Jan Grothe, der mit größtem Engagement, dem stets kritischen Blick eines Lektors und mit der entsprechenden Fachkenntnis die Erstellung dieses Sammelbandes ermöglicht hat.

Berlin/Duisburg/Düsseldorf/Nürnberg/Paderborn

Die Herausgeber

Anmerkungen

(1) Vgl. *Schmeisser/Clermont/Krimphove* (Hrsg.) (2000).

(2) Vgl. *Perlitz* (1997), S.223 ff.

(3) Vgl. *Fiedler-Winter* (2001), S.52 f. (Aufstand der Personalvorstände).

(4) Vgl. *Schmeisser* (2000), S. 53 ff. (Personnel Engineering).

(5) Vgl. *Mintzberg* et al. (1995), S.9 ff.

(6) Vgl. *Schmeisser/Paul* (1999), S.255 ff.

(7) Vgl. *Bolman/Deal* 1987, S.109 und *Schmeisser* (1997), S. 232.

(8) Vgl. *Cyert/ March* (1963), S.23 ff. und *Baldridge* 1971, S. 61 ff.

(9) Vgl. *Wunderer/Jaritz* (1999), S.221.

(10) Vgl. *Porter* (1999).

(11) Vgl. *Hammer* (1997).

(12) Vgl. *Scholz* (1999).

(13) Zur Berechnung der Wertschöpfung vgl. *Schmeisser/Kriener/Clermont* (1998).

(14) Vgl. *Schmeisser/Clermont* (1999).

(15) Vgl. *Chin/Benne* (1975), S. 43 ff.

(16) Vgl. *Lewin* (1947), S.5 ff. und S.143 ff.

(17) Vgl. *Schmeisser* (1997), S. 218 ff. (wo weitere Ansätze zu finden sind).

(18) Vgl. *Peters/Waterman* (1986), S.22 ff.

(19) Vgl. *Ouchi* (1982), S. 12 ff.

(20) Vgl. *Deal/Kennedy* 1982, S. 11.

(21) Vgl. *Schein* 1984, S.4 siehe dazu auch *Steinmann/Schreyögg* (2000), S. 626.

(22) Vgl. *Weber, Festing* u.a.(1998).

(23) Vgl. *Chandler* (1962).

(24) Vgl. *Mölleney* (2000), S.229 ff. und *Schmeisser* (2000), S. 54 f.

(25) Vgl. *Weber/Kabst* (1997). S.21.

Literatur

Baldridge, J.V.: Power and Conflict in the University. New York 1971.

Chin, R./ Benne, K.D.: Strategien zur Veränderung sozialer Systeme. In: *Bennis, W.G./Benne, K.D./ Chin, R.* (Hrsg.): Änderung des Sozialverhaltens. Stuttgart 1975, S. 43-78.

Bolman, L.G./Deal, T.E.: Modern Approaches to Understanding and Managing Organizations. San Francisco/London 1987.

Chandler, A.D.: Strategy and Structure. Chapters in the History of the Industrial Enterprise. Cambridge, Mass. 1962.

Clermont, A./Schmeisser, W. (Hrsg.): Internationales Personalmanagement. München 1997.

Clermont, A./Schmeisser, W. (Hrsg.): Betriebliche Personal- und Sozialpolitik. München 1998.

Clermont, A./Schmeisser, W./Krimphove, D. (Hrsg.): Personalführung und Organisation. München 2000.

Cyert, R. M./March, J.G.A.: A Behavioural Theory of the Firm. Englewoods Cliffs, N.J. 1963.

Deal, T.E./Kennedy, A.: Corporate Cultures. Reading, Mass. 1982.

Fiedler-Winter, R.: Aufstand der Personalvorstände. In: Personalwirtschaft 2/2001, S. 52-53.

Hammer, M.: Das prozesszentrierte Unternehmen. Die Arbeitswelt nach dem Reengineering. Frankfurt/ Main 1997.

Lewin, K.: Frontiers in Group Dynamics I and II: In: Human Relations 1947, p.5-41 and p. 143-153.

Mintzberg, H./Quinn, J.B./Goshal, S.: The Strategy Process. London 1995.

Mölleney, M.: Swissair Projekt Experience Transfer: Der Versuch einer Kombination von Erfahrung und Innovation. In: *Clermont, A./Schmeisser, W./Krimphove, D.* (2000), S. 229-234.

Ouchi, W.G.: Theory Z. Reading, Cambridge, Mass.1981.

Pascale, R.T./Athos, A.G.: Geheimnis und Kunst des japanischen Managements. München 1982.

Peters, T.J./Waterman, R.H.: In Search of Excellence. New York 1982.

Porter, M.: Wettbewerbsstrategie. 10. erw. Aufl., Frankfurt/Main und New York 1999.

Porter, M.: Wettbewerbsvorteile. Frankfurt/Main und New York 1986.

Schein, E.H.: Coming to a new awareness of organizational culture. In: Sloan Management Review 25 (1984) No. 2, p.3-16.

Scherm, E.: Internationales Personalmanagement. München/Wien 1995.

Schmeisser, W.: Zur Genese neuer Geschäfte in der Industrieunternehmung. Ein multikontextualer Erklärungsansatz für technische Innovationen. Aachen 1997.

Schmeisser, W.: Personnel-Engineering. In: Personalwirtschaft Heft 3/2000, S. 53-55.

Schmeisser, W./Clermont, A./Kriener, M.: Wertschöpfung als Technik des Personalcontrollings. In: Personalwirtschaft Heft 2/ 1998, S. 37-43.

Schmeisser, W./Clermont, A.: Target Costing in der Personalverwaltung – Möglichkeiten und Grenzen der Implementierung eines marktorientierten Zielkostenmanagements im Personalbereich – In: *Scholz, Ch.*(Hrsg.)(1999): a.a.O., S.74-88.

Schmeisser, W./Clermont, A.: Personalmanagement. Praxis der Lohn- und Gehaltsabrechnung, Personalcontrolling, Arbeitsrecht. Herne/Berlin 1999.

Schmeisser, W./Clermont, A./Krimphove, D. : Personalführung und Organisation aus multikontextualer Sicht respektive als Personnel Engineering. In: *Clermont, A./Schmeisser, W./Krimphove, D.* (Hrsg.) (2000): a.a.O., S. 3-14.

Schmeisser, W./Paul, D.: Benchmarking in der Personalwirtschaft. In: *Schmeisser, W./Clermont, A./Protz, A.* (Hrsg.): Personalinformationssysteme und Personalcontrolling. Auf dem Weg zum Personalkostenmanagement. Neuwied/Kriftel 1999, S. 255-274.

Scholz, Ch. (Hrsg.): Innovative Personalorganisation. Center-Modelle für Wertschöpfung, Strategie, Intelligenz und Virtualisierung. Neuwied/Krieftel/Ts. 1999.

Steinmann, H./Schreyögg, G.: Management. 5.Aufl., Wiesbaden 2000.

Weber, W./Kabst, R.: Personalwirtschaftliche Strategien im europäischen Vergleich – Eine Analyse organisations- und landesspezifischer Prädikatoren. In: *Klimecki, R./Remer, A.* (Hrsg.): Personal als Strategie. Neuwied/Kriftel 1997, S. 20-45.

Weber, W./Festing, M./Dowling, P.J./Schuler, R.S.: Internationales Personalmanagement. Wiesbaden 1998.

Wunderer, R./Jaritz, A.: Unternehmerisches Personalcontrolling. Evaluation der Wertschöpfung im Personalmanagement. Neuwied/Krieftel 1999.

B. Zum Wandel des Personalmanagements: Implementierung von Konzern- und Funktionalstrategien als unterstützender Dienstleister im Rahmen eines wertschöpfenden Prozessmanagements

B.I. Ansätze strategischer Personalarbeit zur Umsetzung globaler Geschäftsstrategien bei differenzierten Umwelten und Merger & Acquisitions-Strategien bis zur Insolvenz der Unternehmen

Globalisation, Multinational Enterprises and European Integration Processes: Some Insights for International Human Resource Management

Bernard Michael Gilroy

1 Introduction

As the international environment continues to rapidly change and become more and more complex due to the structural adjustments that open markets command, the demand for entrepreneurs and entrepreneurial spirits at all levels of the value-added chain of production is increasing. As has always been the case under free trade, the price paid for open markets is the necessity and willingness for structural change. Significant prospects of profit will emerge for those who anticipate changes correctly and quickly. Loses emerging by such integration processes will frequently be shouldered by low-skilled workers and those enterprises who are often incapable or unwilling to anticipate and accommodate their human capital sufficiently and timely.

The 1974 Nobel prize winner for economics Friedrich von *Hayek* recognised in his article „The Use of Knowledge in Society" written in 1945, that centralised decision-making cannot adjust as flexibly as decentralised decision-making. True decentralisation consists of delegating decisions to those who possess the most relevant information. Or, in his own words, „The problem is precisely how to extend the span of our utilisation of resources beyond the span of control of any one mind [*or enterprise*]." (1)

Hayek went on to argue that „economic problems arise always and only in consequence of change. T h e economic problem of society is mainly one of rapid adaptation in the particular circumstances of time and place." (2) It may to a certain extent be argued that successful managers today „share a dirty little secret – they do not understand why they are successful! Our technologies, economy, and society are so complex that it is impossible for single individuals to fully understand them. Thus, whatever success organisations achieve occurs despite the lack of comprehensive understanding by any one individual." (3)

Despite this ubiquity of complexity and a limited ability to control economic circumstances, the world's future prospects appear bright as we move slowly but surely in the direction of a „global consciousness". As *Stalker* (2000, p. 8) points out, „The essence of globalisation is that barriers between [these] entities are dissolving –and opening up the possibility of some kind of global consciousness."

Now the question immediately emerges, „How do enterprises, government agencies, and other organisations achieve success despite the limited comprehension of those who lead them?" A large element of success relies on the usage of continuously adaptive networks that know more than any individual can understand in detail (4). Effective competition in international markets relies on effective collaboration – with rival firms in the same line of business, with customers and with suppliers – necessary to enhance the range of expertise and products to obtain access to markets (5). New forms of internationalisation represent largely sequential flows of information stemming from the advantages of flexibility inherent in a multinational enterprise network system. Multinational enterprise activities represent a portfolio of valuable transactional options which permit the discretionary choice of changing real economic activities or financial flows from one country to the next. Multinational enterprises have the unique ability to exploit the conditions of high levels of uncertainty in international markets. Profit opportunities exist beyond the internal boundaries or enterprise organisational structures. Extending planned co-ordination across enterprise boundaries can have a significant value-added effect. Joint production economies, due to the creation of a multinational network, reduce the physical capital or labour costs of production and marketing of incremental investments. Operational and functional complementarities of firm-specific assets of multinational enterprises are increasingly becoming the key to success or failure of competitive enterprises in international markets. Economically, a multinational network is characterised by a string of options defined by institutional barriers and resource restrictions which determine its value. From the enterprise's point of view, the flexibility to transfer resources across borders is a positive contribution to its earning system. Such options provide a valuable hedge against contingent events (6).

Thus, International Human Resource Management (IHRM) must pay due attention to the selection and recruitment of internationally qualified employees, maintain constant high levels of corporate training and development programs, offer adequate international compensation and corporate incentives, as well as an open-minded corporate executive leadership which prospects new, flexible methods of implementing networks and going beyond typical corporate boundaries (7). The key to success is to institutionalise integrative thinking in your organisation and among employees within co-operative yet highly competitive environments.

The next section lays out a general discussion of globalisation versus internationalisation in which an attempt is made to get perspectives right based upon casual observation of current stylised facts. Section 3 briefly reviews the relative international competitiveness of Germany and Europe. Section 4 moves on to a brief outlook and some tentative conclusions.

2 Globalisation versus Internationalisation: Getting General Perspectives Right

How global are international markets today? Has the world really become a global village or a big global industrial park in which economic interconnections driven by new achievements in information technology permit boarders and time zones to be overcome?

Is there a new economy shaped by global competition and technological advances in information technology in which basic economic relationships no longer apply? Is globalisation simply an overused cliché? These are interesting questions which abound in various emotional answers. But what do the stylised empirical facts tell us when attempting to find the correct answers to such questions?

The word „globalisation" has various connotations depending upon who uses it to express their feelings (8). Given a negative connotation, growing doubts or worries emerge concerning the process of globalisation. The fears attended to the process of globalisation – or „globaphobia" – often rest on various misconceptions (9).

One of the major misconceptions is the belief that the process of globalisation is something new, startling and out of control (10). In fact, if one takes a closer look at the current magnitude or depth of the globalisation process quite a different picture emerges as the one painted by the proponents of the „backlash against globalisation". All the same, it is very important to take good notice of the emotional fears of the street protesters as demonstrated during the Seattle trade talks last year or this years annual meetings of the International Monetary Fund and the World Bank in Prague. Such fears of the perils of globalisation may result in new forms of protectionism and disintegration of world markets as politicians accede to accommodate their voters. Indeed, the increased politicisation of international business represents one of the most significant changes in business-government relations over the last two decades (11).

As pointed out by a recent survey on the „New Economy", the sentiments of such protests reflect a general feeling expressed much earlier pointedly by Mark Twain as he stated „I'm all for progress; it's change I don't like." (12) It is important to understand the driving forces creating such sentiments. The process of integrating world markets is not just the inevitable result of technological change; it is also driven by trade liberalisation, which could be reversed. Let us take a brief look at some of the background developments responsible for such negative attitudes towards the unprecedented growth in international business activities, which has been prompted by a number of factors.

International trade has been a major accelerator of integration processes world wide. Global trade – as measured by total exports – increased by $2.9 trillion in absolute terms during the period 1987-1996. This represents an average annual rate of 9.3 percent (See Table 1) (13).

On a macro-economic level there are many causes of the growth of international business. Reductions in trade barriers, the deregulation of markets and the development of regional trade blocks all have contributed to higher levels of integration and real incomes. International trading agreements such as the General Agreement on Tariffs and Trade (GATT), the General Agreement on Trade in Services (GATS), the agreements on Trade Related Investment Measures (TRIMs) and Trade-Related Intellectual Property (TRIPs), have culminated in the long awaited creation of the World Trade Organisation (WTO) in 1995. Its membership now encompasses some 139 nations. The WTO is in charge of administering, surveillance, and dispute-settlement of the above mentioned multilateral trade agreements. The underlying philosophy is one of open markets, non-discrimination and global competition in international trade and investment conducive to the national welfare of all countries (14).

Year	Value (billion $)	Cumulative Increase
1987	2360.1	-
1988	2969.5	25.8
1989	2907.4	23.2
1990	3379.1	43.2
1991	3477.5	47.3
1992	3726.3	57.9
1993	3727.2	57.9
1994	4241.2	79.7
1995	5081.2	115.3
1996	5261.0	122.9

Table 1: World Exports 1987-1996; Source: Director of Trade Statistics, 1992 Yearbook (for 1987-89 data), 1996 Yearbook (for 1990-92 data) and International Financial Statistics, November 1997 (for 1993-96 data); Cited according to Fatemi (2000), p. 4

The old conception of developing countries as exporters of natural raw materials that permit them to earn revenues to purchase imports of manufactured products from the industrialised world no longer holds. Manufactured goods now account for some 60 percent of their exports, up from 5 percent in 1955. Furthermore, the third worlds share of world exports has increased from 5 percent in 1970 to 29 percent in 1998 and continues to be on the rise given the emergence of enterprises from newly industrialised countries (15).

As emerging economies exports continue to grow and upgrade themselves, so has the resentment of many employees in industrialised countries been maturing: the argument often put forward is that fierce competition from low-wage countries will lead to a loss of jobs thanks to „unfair" advantage of cheap labour, poor working conditions and lax environmental controls (16). At the beginning of the 1990s the total number of jobs associated with multinational enterprises (taking direct and indirect jobs into consideration) was estimated to be about 150 million. Direct employment was estimated to be about 73 million people or some 10 per cent of paid non-agricultural employment world wide. The indirect employment effects are much greater. American enterprises accounted for the largest number of employees, followed by those employed in the United Kingdom, Germany, Japan and France (17). To a large extent the anxieties associated with globalisation and employment are due to the stylized fact that the number of persons employed directly by multinational enterprises has increased more slowly in the past decades than the growth in investment flows. Elements of corporate restructuring due to strategies of mergers and acquisitions often led to employment acquisitions rather than employment creation.

Table 2 below ranks Europe's largest enterprises according to employment. It is interesting to note that five from ten of the above listed companies are from Germany. Due to the labour-intensive nature of service industries (e.g. La Poste, Deutsche Bahn and Deutsche Post) they are also well represented among the biggest employers.

Rank	Name	Country	Number Employed	World Ranking 1996
1	Siemens	Germany	379 000	6
2	Unilever	UK/Netherlands	306 000	11
3	Daimler-Benz	Germany	290 029	12
4	La Poste	France	289 050	13
5	Deutsche Bahn	Germany	288 768	14
6	Deutsche Post	Germany	284 889	16
7	Philips Electronics	Netherlands	262 500	20
8	Volkswagen	Germany	260 811	21
9	Fiat	Italy	237 865	23
10	Nestlé	Switzerland	221 144	26

Note: Rao Gazprom (Russia) ranked no. 5 in the world with 336 000 employees.

Table 2: Europe's Largest Corporations According To Employment; Source: Fortune, August (1997); Cited according to Piggot and Cook (1999)

In comparison to executive wage levels, employee wage levels have remained amazingly moderate (18). This may be a reflection of the fact that globalisation has increased worker insecurity occasioned by rapid technological change and corporate restructuring (19). The Single European Market has prompted an expansion of world-wide mergers and acquisitions involving European enterprises. As illustrated in Table 3 below, the value of mergers and acquisitions involving European companies between 1985 and 1987 accounted for 20 per cent of the world total. For the period 1991-1993 this share increased to 43 per cent.

	1985-87	1988-90	1991-93
Intra-European	9.9	22.8	28.8
Extra-European	9.7	15.0	14.0
European Total	19.6	37.8	42.8
US Domestic	68.0	44.3	35.4
US Cross-Border	12.0	15.7	11.7
US Total	80.0	60.0	47.1
All Other	0.3	2.2	1.1
Global/Total	100.0	100.0	100.0

*Table 3: Share of Worldwide Mergers and Acquisitions (%)
Source: EAG. Based on Smith and Walter (1994), European Economy (1996), page 117; Cited according to Piggot and Cook (1999), page 14*

Although the motivation for European mergers and acquisitions is highly varied, Table 4 below gives a generalised impression of the most common reasons.

	1985-86	1986-87	1987-88	1988-89	1989-90	1990-91	1991-92
Expansion	17.1	22.1	19.6	31.3	26.9	27.7	32.4
Diversification	17.6	5.8	8.3	7.1	3.0	2.8	2.1
Strengthening Market Position	10.6	11.5	25.4	42.2	45.3	48.2	44.4
Rationalisation and Synergies	46.5	42.0	34.4	14.4	17.7	13.3	16.2
R & D	2.4	5.3	0.7	0.0	0.6	0.0	0.0
Other	5.9	13.3	11.6	4.9	6.4	8.0	5.0
Total	100.0	100.0	100.0	100.0	100.0	100.0	100.0

Table 4: Motives for European Mergers and Acquisitions (%)
Source: European Commission (1994), Competition & Integration, European Economy, No. 57, Table 1, page 48; Cited according to Piggott and Cook (1999), page 14

Table 4 above suggests that the „expansion" and „strengthening market position" motives have emerged as central concerns. Since the middle 1980s there has been a decline in the importance of mergers for „rationalisation and synergy" and for „diversification" reasons.

Confronted with a more rapid rate of skill obsolescence and job displacement caused by such changes in production technologies, workers have tended to emphasize job security concerns over wage concerns in their negotiations with employers (20). The question emerging here for international industrial labour relations and human resource management is whether or not this tendency is of a long-term nature or only a transitory phenomenon?

The answer to this question is further complicated by the fact that there has been an increasing tendency for a continued shift of economic activity on a global level away from manufacturing towards services. In the recent past various manufacturing industries

have been restructuring their operations and downsizing their international operations attempting to renew focus on core businesses (21). At the same time, multinationals in the service sector have been exhibiting increased internationalisation of their activities (22).

Figures 1 and 3 below illustrate the downsizing of manufacturing activities in the major OECD countries, whereas the Figures 2 and 4 demonstrate the corresponding increase in the share of services (Cited according to *Kitson* and *Michie* (1997), pp. 73-76.

Various answers may be suggested for these developments. First, it may simply be the case that there is a faster relative growth of labour productivity in manufacturing than in services. Are productivity differences the driving force? The implication being that the productivity of the service sectors remains low, leaving open the question why? Secondly, it is sometimes argued that the relative decline of manufacturing compared to the growth of

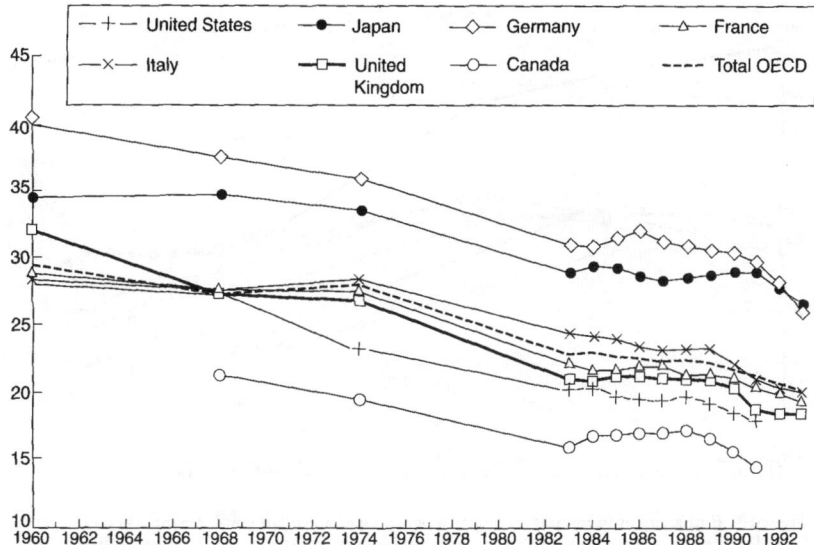

Figure 1. Value added in manufacturing as a percentage of GDP, 1960–93. *Note*: Benchmark years, 1960, 1968 and 1974, and annual data from 1983. *Source*: OECD (1995).

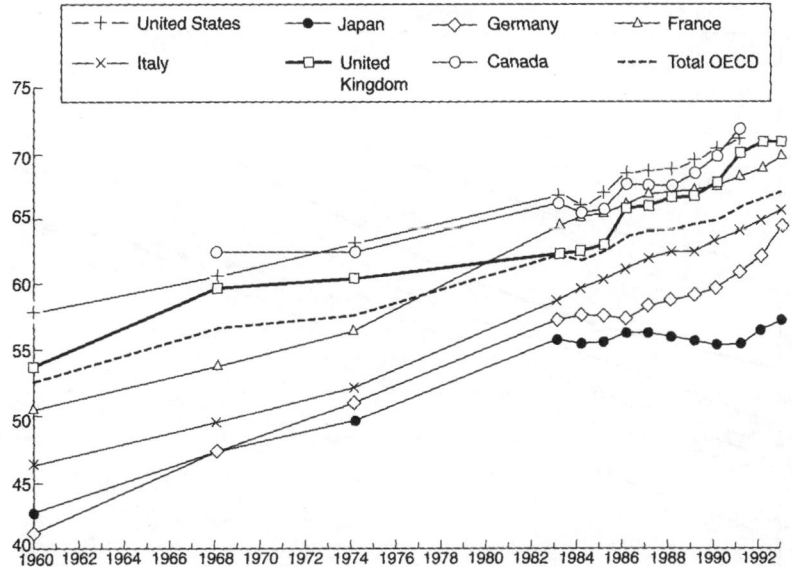

Figure 2. Value added in services as a percentage of GDP, 1960–93. *Note*: Benchmark years, 1960, 1968 and 1974, and annual data from 1983. *Source*: OECD (1995).

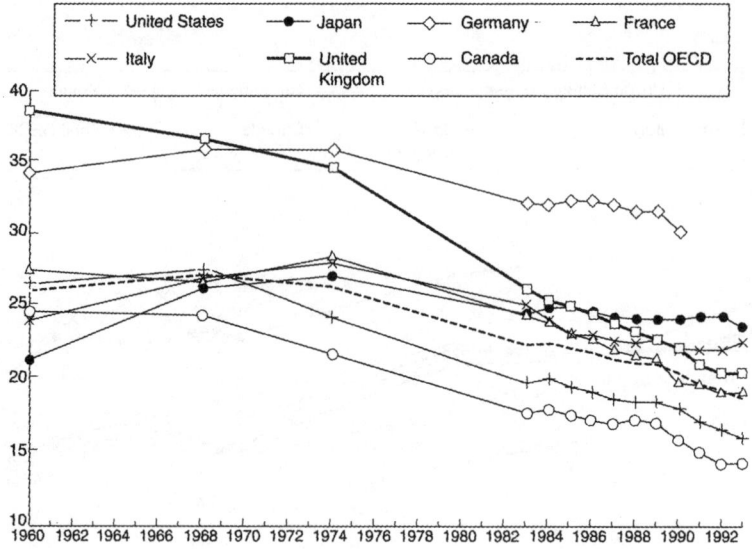

Figure 3. Employment in manufacturing as a percentage of civilian employment, 1960–93. *Note*: Benchmark years, 1960, 1968 and 1974, and annual data from 1983. *Source*: OECD (1995).

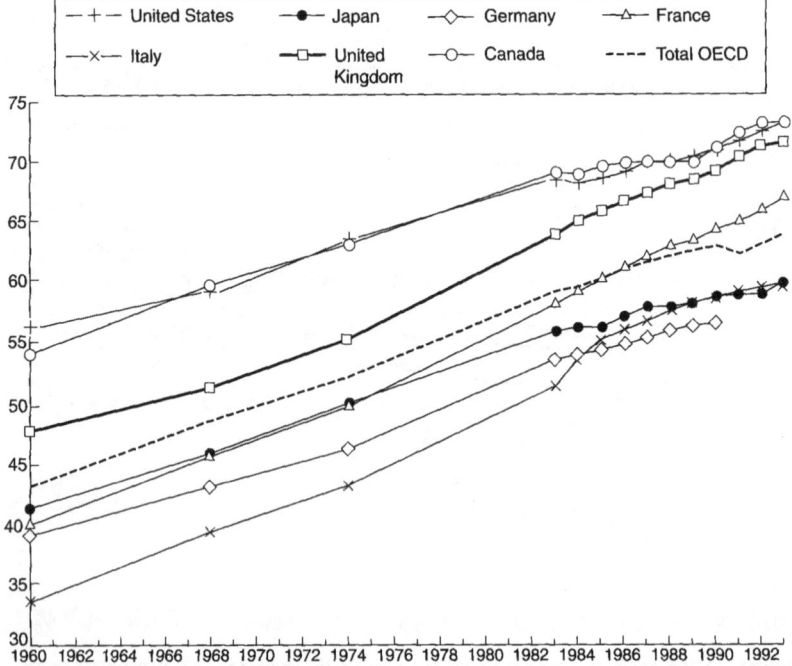

Figure 4. Employment in services as a percentage of civilian employment, 1960–93. *Note*: Benchmark years, 1960, 1968 and 1974, and annual data from 1983. *Source*: OECD (1995).

services is an outcome of the changing structure of consumer demand as real incomes rise. Finally, it may be argued that the relative „decline" of manufacturing is due to the changing outsourcing policies of enterprises. Activities which were formerly carried out within manufacturing enterprises are being increasingly contracted out to the service sector. In general, the evidence corresponding to the above three explanations is of a mixed nature, leaving open much room for interpretation (23).

The important insight of the above discussed developments from a human resource management perspective may be briefly accessed as follows. Economies suffering from relative decline, which usually goes hand-in-hand with a deficiency in formal training methods may be exposed to a substitution of on-the-job training with a narrow scope of specific skills to meet the enterprises' immediate requirements. *Kitson* and *Michie* (1997) point out that for the case of England at least training design and implementation processes often exclude worker representation. They argue that this has resulted in a dilution of the skill content of jobs which further interacts with the deterioration of the terms and conditions of employment. In the final instance, so they argue, job pessimism emerges regarding future employment prospects in certain fields discouraging new entrants. Furthermore, if hiring standards are relaxed due to labour shortages the social downgrading of the job, the dissipation of skills, the loss of competitiveness and industrial decline will be reinforced.

One must consider the situation in which the lack of employee skills presents a problem. Training programmes alone are not sufficient; as *Kitson* and *Michie* (1997, p. 87) suggest, the lack of job opportunities itself stifles skill attainment and development. It is important to realise that the stagnation of the manufacturing sector generates social deskilling which feeds the „spiral of decline" as enterprises cut back on training. Such processes may become self fulfilling as an atmosphere of low investment emerges based upon simple cost-cutting rather than capacity enhancing investments in education and training. Recent studies on endogenous growth processes associate a high level of importance on the growth rate of productivity with the level of education (24). Very often the key to enterprise success or failure lies in an educated and motivated workforce that „…is able to facilitate the development of, adapt more easily to, and exploit more fully, new processes and techniques of production." (25)

Another significant stylised fact arises when one considers the importance of small and medium-sized enterprises in Europe. The European Commission defines enterprises according to the following lines:

- micro-enterprises: less than 10 employees,
- small enterprises: between 10 and 99 employees,
- medium-sized enterprises: between 99 and 250 employees and
- large enterprises: more than 250 employees.

It is very important to observe the fact that small and medium-sized enterprises account for 99.9 percent of the total number of enterprises and roughly 80 percent of total employment within the European Union. Micro-enterprises, with less than ten employees, are the dominate group. 93.3 percent of all European enterprises employ less than ten employees.

The European average of employees per enterprise is six persons (including the entrepreneur). Micro-enterprises are common in the retail distribution and personal services sector, whereas micro- and small enterprises further represent the dominant production units in the construction and wholesale sectors. Large scale enterprises dominate the communications, supporting services to transport and R& D sectors, although micro-enterprises are also significantly active in these areas. Due to differences explained partly by GDP per capita and the level of population density, northern European countries such as Germany, Luxembourg and the Netherlands commonly have a higher average enterprise size. Enterprises in the southern countries of Europe are generally smaller compared to those in the north. On average, Europe has a greater proportion of micro-enterprises when compared with the United States and Japan (26).

Small and medium sized enterprises have therefore been the driving force in Europe when it comes to creating jobs. Recognising this, the Directorate General XXIII of the European Union has been attempting to: alleviate the burdens arising from European legislation for these enterprises; improve the information flows to small and medium-sized enterprises; promote small and medium-sized enterprise co-operation across boarders through the Business Consortium Network (BC-NET); and finally to enhance and improve the structural and financial environments in which they are embedded.

As the above stylised facts suggest, although a high degree of internationalisation with regard to trade and investment does exist, it can be forcefully argued that today's world is no more globalised than earlier time periods. Real globalisation requires to a certain extent the demise of the nation-state, or as *Stalker* (2000, p. 2) puts it the „death of geography". Indeed, if one thinks of the most recent example of the lack of „global consciousness" as exemplified by the recent unsuccessful World Climate Conference we are still a long way from getting there. Our perceptions of globalisation processes have, however, been enhanced by the changing nature and character of trade and investment flows; by the speed of communications due to new information technologies such as the Internet; and by the cheapness of transportation.

3 Germany's and Europe's Relative International Competitiveness

Table 5 below illustrates the relative percentage shares of selected countries with regard to the basic indicators global commodity trade, global trade in services and global foreign direct investment. As is evident from Table 6 the positioning of Germany is quite good for all three categories mentioned.

Table 6 below illustrates the average growth of real GDP in the European Union (EU) and its major members relative to the United States and Japan, and the average for all industrial (OECD) countries.

In general, the average rate of growth declined in all countries and groups of countries during each decade. Germany is a slight exception for the period 1990-1996, in which it averaged even higher than the United States. The average growth rate for the European Community was consistently lower than in the United States, Japan, and the average for all

Globalisation: Large Countries in the Lead - Percentage Shares -					
Global Commodity Trade 1996		Global Trade in Services 1995		Global Foreign Direct Investment 1995	
USA	13,6	USA	14,0	USA	25,4
Germany	9,2	Germany	8,7	United Kingdom	11,8
Japan	7,1	Japan	7,5	Germany	7,1
France	5,3	France	7,1	France	6,9
United Kingdom	5,1	United Kingdom	5,3	Sweden	4,1
Italy	4,3	Italy	5,1	Japan	3,7
The Netherlands	3,6	The Netherlands	3,8	The Netherlands	3,6
Canada	3,5	Belgium	3,0	Belgium	3,1
Belgium	3,0	Spain	2,5	Canada	2,7
Spain	2,1	Canada	2,1	Switzerland	2,4
Switzerland	1,4	Austria	1,8	Italy	1,9
Sweden	1,4	Switzerland	1,7	Spain	1,6
Austria	1,2	Sweden	1,3	Denmark	1,2
Denmark	0,9	Denmark	1,2	Norway	0,6
Norway	0,8	Norway	1,1	Austria	0,4
Finland	0,6	Finland	0,7	Finland	0,4

Table 5: *Globalisation: Large Countries in the Lead; Source: IWF, national statistics; Cited and translated according to Institut der deutschen Wirtschaft Köln (1998), Table 1.7*

Growth of Real GDP (Average Annual Percentage Change)				
	1970-1979	1980-1989	1990-1996	1970-1996
OECD	3.7	2.8	1.9	2.9
United States	3.5	2.8	1.9	2.8
Japan	4.6	3.8	2.3	3.7
European Union	3.2	2.2	1.7	2.4
Germany	2.9	1.8	2.6	2.4
France	3.5	2.3	1.4	2.5
Italy	3.6	2.4	1.2	2.5
United Kingdom	2.4	2.4	1.2	2.1

Table 6: *Growth of Real GDP (Average Annual Percentage Change) Source: OECD, OECD Economic Outlook (Paris: OECD, December 1996 and June 1997); Cited according to Salvatore (1998), p. 190*

OECD countries. During the 1970s, Italy, France and the United States were more successful in terms of growth rate averages than Germany and the United Kingdom. The 1980s were also a difficult period for Germany compared to France, Italy and the United Kingdom. Looking at the entire period 1970-1996, the United States grew at an average rate of 2.8 per cent per year as compared to the rate of 2.4 per cent per year for the European Union. These numbers suggest that at a growth rate of 2.8 per cent per year, the US real GDP would double in 25 years, whereas at a growth rate of 2.4 percent per year the EU's real GDP would double in 29 years (27).

Salvatore (1998, p. 194) argues that there is no need for a growth crisis atmosphere in the European Union. Inadequate growth was not a major cause of stagnant employment in the European Union, nor was it a problem of inadequate investments per se. Indeed, the European Union invested annual investments as a percentage of GDP equal to 20.7 per cent, as compared with 19.1 per cent in the United States over the entire 1970-1996 period. He demonstrates that an analysis of further data (compare Tables 7 and 8 below) suggests that investments in Europe were used mainly to increase the capital-labour ratio (i.e. for capital deepening). This enhanced European labour productivity and real wages. Investments in the United States were on the other hand capital widening, which increased the magnitudes of employment but not labour productivity and wages.

Growth of Labour Productivity (Average Annual Percentage Changes)				
	1973-1979(*)	1980-1989	1990-1995	1973-1995
OECD	1.9	1.7	1.2	1.6
United States	0.4	1.0	0.5	0.7
Japan	2.8	2.6	1.5	2.3
European Union	2.7	1.8	2.1	2.1
Note: (*) The different time breakdown is due to data availability.				

Table 7: Growth of Labour Productivity (Average Annual Percentage Changes); Source: OECD, OECD Economic Outlook (Paris: OECD, December 1996, pp. 19 and A68); Cited according to Salvatore (1998), p. 195

The Tables 7 and 8 demonstrate that average labour productivity (defined as output per employed person) grew more rapidly in the European Union than in the United States over the time period observed. Europe was characterised by a greater increase in labour productivity which also resulted in comparatively higher real wages.

As many observers have often argued, the major reason for the slow growth of employment and rapid increase in unemployment in the European Union as compared to the United States is the rigidity and inflexibility of European labour markets. Slow European labour market adjustment has not permitted the creation of new jobs in expanding sectors founded upon the globalisation of economic activities. Technological change does not necessarily destroy more jobs than it creates. However, technological change does eliminate unskilled jobs while creating skilled jobs. Once again, from a human resource management perspective we are confronted with a mismatch between labour demand and labour supply in various skills (28).

	Growth of Real Labour Compensation (Average Annual Percentage Changes)			
	1973-1979	1980-1989	1990-1996	1970-1996
OECD	2.3	-0.3	-0.6	0.6
United States	1.0	0.3	0.4	0.6
Japan	4.7	1.3	0.9	2.6
European Union	3.4	5.3	2.2	4.2

Table 8: Growth of Real Labour Compensation (Average Annual Percentage Changes); Source: OECD,OECD Economic Outlook (Paris: OECD, December 1996, pp. A15 and A18); Cited according to Salvatore (1998), p. 195

The solution to the unemployment problem is not to retard the momentum of technological change, but to focus on increased job training and labour mobility (29) in order to match the need for a high skilled working force.

Keeping all the above caveats in mind, the problem of rising inequalities due to global integration processes will become even more complex if one considers labour force participation rates. A nation's per-person output can be divided into four features: the percent of its population that is working age (between the ages of 15 or 16 and 64); the percent of working age population in the labour force (the labour force participation rate); the percent of its labour force that is employed; and the productivity of these workers.

A new generalised stylised fact characterising labour markets in both the United States and Europe is the trend or tendency to enter the labour force late and exit early. In both the United States and Europe, forecasts suggest that the working age population, relative to the total population, will decline throughout this century (compare Table 9 below). The implication being, that in order for output (and income) per person to rise increasing living standards, this decline must be offset by increases in some, or all, of the other three factors mentioned above.

As the Table 9 below illustrates, 77.4 percent of the working age population in the United States was in the labour force in 1998, weighed against 70.8 percent in Germany and 67.4 percent in France. Within the past thirty years, the participation rate rose sharply in the United States, to some extent in Germany, and it remained practically constant in France. Woman participation increased for all three countries significantly, while the participation rate for men declined.

The labour force participation rates of prime-aged men (25-54) have varied only slightly across countries and over time. However, there has been a decline in all three countries in

Labour Force Participation Rates (per cent)						
	France		Germany		United States	
	1967	1998	1967	1998	1967	1998
Total	67.6	67.4	69.2	70.8	69.2	77.4
Woman	47.8	60.8	47.5	62.6	47.8	70.7
Men	87.7	74.1	93.1	78.7	91.2	84.2
20-24	85.8	52.9	86.2	72.0	85.4	82.0
25-54	95.8	94.5	96.5	93.2	95.5	91.8
60-64	63.0	15.3	77.7	29.9	76.9	55.4

Table 9: Labour Force Participation Rates (per cent); Source: Pollard (2000)

the labour participation rate of men aged 20-24, especially in France. The most marked adjustment has been the reduction in the participation rates of older men (60-64). This is due basically to lower normal retirement age requirements and institutional pension systems. If these trends continue, that is if increasingly more workers enter the labour force late and exit early, unemployment rates should fall and productivity gains must increase to accommodate an increase in the income levels per person in both the United States and Europe.

4 Conclusions

Changes are taking place on the boundaries of enterprises rather than at their core. The dependence of business activities on an adequate supply of decentralised networking „entrepreneurial" employees puts external environmental, educational, and even family restrictions on the enterprise's internal agenda. International human resource management depends heavily on continuously adaptive organisational networks that know how to do more than any individual can understand in detail. New workplace realities and work force demographics are challenging our traditional concepts of what enterprises really are and how they function. Corporate restructuring has been observed to be occurring along nine variables as exhibited below in Figure 5.

Endeavours to change structures, to change processes and to change boundaries are due to ongoing integration processes attempting to improve co-ordination and co-operation of separate distinct economic units in order to achieve enhanced efficiency through flexible allocation of limited global resources in the face of large risks and uncertainties.

Taking into account that one third of the world population, i.e. one billion people, are either unemployed or under-employed there is a growing necessity to intensify research in international human resource management. Approximately 150 million persons globally are statistically registered as unemployed. Seventy-five percent of these individuals do not

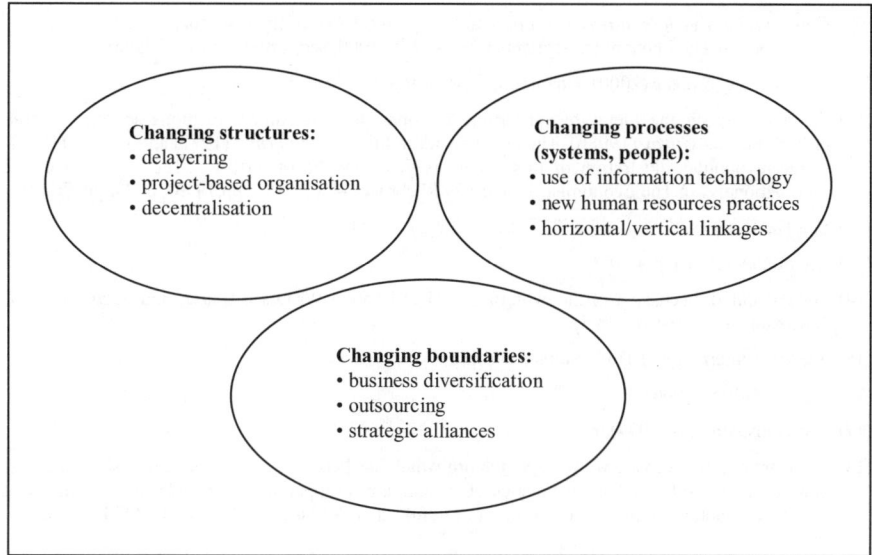

Figure 5: Corporate Restructuring Along Nine Variables; Source: Whittington et. Al. 1999, cited according to Ruigrok, Pettigrew, Peck and Whittington (1999), p. 44

receive any form of social support (30). The general mismanagement of such social contingencies is rapidly depreciating much of the world's future human capital stock and at the same time threatening the attainment of income security necessary for stable society structures and open markets free from protectionism.

Free trade is not a zero-sum game in which the widening of inequalities between winners and losers must be taken as a given. If so, the emerging social and political tensions will generate political pressures to protect industries and jobs. This in turn will lead to further disintegration of world markets and loss of world welfare as we forgo the vast potential options of human capital lost.

Annotations

(1) *Hayek* (1945), p. 527.

(2) *Hayek* (1945), pp. 523-24.

(3) *Rycroft* and *Kash* (1999), p. 3.

(4) See *Rycroft* and *Kash* (1999).

(5) Compare Gilroy (1993), *Kitson* and *Michie* (1997), p. 72.

(6) Compare e.g. *Gilroy* (1989), pp. 152-155.

(7) International personnel management is a relatively new and exciting area of research. For a deeper analysis of the many facets of this topic the interested reader is referred to *Weber, Festing, Dowling* and *Schuler* (1998) and *Dowling* and *Welch* (1998).

(8) Compare e.g. *Iammarino* and *Michie* (1998), *Fokken* (1999), *O'Meara, Mehlinger* and *Krain* (2000), *de Soto* (2000), *Giddens* (2000), *Eatwell* and *Taylor* (2000), *Bernholz* (2000).

(9) Compare e.g. *Burtless, Lawrence, Litan* and *Shapiro* (1998), or the title story „The Case for Globalisation" in The Economist, September 23RD-29TH, 2000, see further *Gilroy* (1998a).

(10) Compare e.g. *Stalker* (2000), Chapter one, pp. 1-10.

(11) For a review on the literature concerning multinational-government relations see e.g. *Brewer* (1992). Further *Gilroy* (1998b). The classic work in this area is *Vernon* (1971) and *Vernon* (1977). A recent popular illustration of this debate is given by the title story „The world's view of multinationals" in The Economist, January 29th-February 4th (2000b), pp.19-20; p. 25; pp. 70 cont.

(12) See The Economist, September 23RD-29TH, (2000a), p. 44.

(13) See *Fatemi* (2000), p.4.

(14) For a detailed discussion of the evolution of GATT to the WTO see Hauser and *Schanz* (1995), *Hoekman* and *Kostecki* (1995).

(15) See 1998 International Trade Statistics Yearbook.

(16) See e.g. Gilroy (2000).

(17) See Transnationals (1994), p. 1.

(18) Compare e.g. the website www.paywatch.org which has been set up by trade unionists to monitor chief executive salaries. The average chief executive now apparently earns 475 times as much as an average factory employee, up from a ratio of 42 in 1980 (see The Economist (2000a), Labour pains, p.23).

(19) For a survey and discussion on corporate restructuring and new forms of organizing based on European evidence see *Ruigrok, Pettigrew, Peck,* and *Whittington* (1999). For a review of the worker insecurity discussion see the World Labour Report (2000).

(20) *D'Andrea Tyson* (1999), p. 11

(21) See e.g. *Peters* (1992).

(22) Compare e.g. *Enderwick* (1992).

(23) See e.g. *Kitson* and *Michie* (1997).

(24) See e.g. *Pohlenz* (2000) for a literature survey and *Gries* (1998), pp. 97-156, for a convincing discussion of the current day German situation.

(25) *Kitson* and *Michie* (1997), p. 86.

(26) See *Piggot* and *Cook* (1999), p. 26-27.

(27) The so-called rule of 70 says that to calculate the (approximate) length of time it takes for a variable to double, divide 70 by the percentage growth rate of the variable.

(28) Compare e.g. *Brandes* and *Weise* (2000), p. 46.

(29) Labour mobility among EU members is two to three times lower than among US regions. See Organisation for Economic Cooperation and Development (1986) and European Commission (1990).

(30) See ILO-Nachrichten 3 (2000), p.2.

References

Bernholz, P. (2000): Globalisierung und Umstrukturierung der Wirtschaft: Sind sie neu?, Forschungsgemeinschaft für Nationalökonomie (Hrsg.), Walter Adolf Jöhr-Vorlesung 2000 an der Universität St. Gallen, September, Difo-Druck GmbH, Bamberg.

Burtless, G./Lawrence, R.Z./Litan, R.Z./Shapiro, R. (1998): Globaphobia: Confronting Fears About Open Trade, Brookings Institution Press, Washington, D.C.

Brandes, W./Weise, P. (2000): Unternehmung und Arbeitsbeziehungen, in *Brandes, W./Weise, P.*(Eds.), Unternehmungsverhalten und Arbeitslosigkeit (Ökonomie und Gesellschaft; Jahrbuch 15), Metropolis-

Verlag für Ökonomie und Politik GmbH, Marburg, Second Edition, pp. 19-78, (First Edition (1999) Campus Verlag, New York, Frankfurt/Main, pp. 18-76).

Brewer, Th. (1992): An Issue-Area Approach to the Analysis of MNE-Government Relations, Journal of International Business Studies, Vol. 23(2), pp. 271-295.

D'Andrea Tyson, L. (1999): Old Economic Logic in the New Economy, California Management Review, Vol. 41, No. 4, Summer, pp. 8-16.

de Soto, H. (2000): The Mystery of Capital, Basic Books Inc., U.S.

Dowling, P.J./Welch, D.E. (1998): International Dimensions of Human resource Management, 3. Edition, Belmont.

Eatwell, J./Taylor, L. (2000): Global Finance at Risk: The Case for International Regulation, The New Press, New York.

Enderwick, P. (1992): The Scale and Scope of Service Sector Multinationals, in: *Buckley, P.J./ Casson, M.* (1992), Multinational Enterprises in the World Economy, Edward Elgar, Aldershot, pp. 134-152.

European Commission (1990), One Market, One Money, European Economy, 44, Brussels: Commission for the European Communities.

Fatemi, K. (Ed.) (2000): The New World Order: Internationalism, Regionalism and the Multinational Corporations, Pergamon, Oxford.

Fokken, U. (1999): Die Welt AG : Internationale Unternehmen in Fusionsfieber, Wilhelm Heyne Publishers, München.

Giddens, A.: (2000): Runaway World: How Globalisation is Reshaping our Lives, Routledge, London.

Gilroy, B.M. (1989): Economic Issues of Multinational Enterprise, Konstanzer Schriften zur Aussenwirtschaft, Bd. 3, Hartung-Gorre Verlag, Konstanz.

Gilroy, B.M. (1993): Networking in Multinational Enterprises: The Importance of Strategic Alliances, University of South Carolina Press, Columbia.

Gilroy, B.M. (1998a): Die Globalisierungsfalle: gibt es sie wirklich?, in: Einblicke – Ausblicke: 25 Jahre. Universität Paderborn, *Fisch, E./Vollmer, H.* (Eds.), Bonifatius Verlag, Paderborn, pp. 76-86.

Gilroy, B.M. (1998b): International Competitiveness, Multinational Enterprise Technology Clubs and the Government Interface, in: *Koch, K.J./Jäger, K.* (Eds.), Trade, Growth and Economic Policy in Open Economies, Springer; New York, pp. 13-30.

Gilroy, B.M. (2000): Beschäftigungswirkungen multinationaler Unternehmungen, in: *Brandes, W./ Weise, P.* (Eds.), Unternehmungsverhalten und Arbeitslosigkeit (Ökonomie und Gesellschaft; Jahrbuch 15), Metropolis-Verlag für Ökonomie und Politik GmbH, Marburg, Second Edition, pp. 317-344, (First Edition (1999) Campus Verlag, New York, Frankfurt/Main, pp. 306-332.)

Gries, T. (1998): International Wettbewerbsfähigkeit: Eine Fallstudie für Deutschland; Rahmenbedingungen – Standortfaktoren – Lösungen, Gabler, Wiesbaden.

Hauser, H./Schanz, K.-U. (1995), Das neue GATT: Die Welthandelsordnung nach Abschluß der Uruguay-Runde, R. Oldenbourg Verlag, München.

Hayek, F.A.v. (1945): The Use of Knowledge in Society, American Economic Review, September, Vol. 35, pp. 519-530.

Hellstern, G.-M. (2000): Umstrukturierung der Arbeitsbeziehungen durch neue Managementkonzepte, in: : *Brandes, W./Weise, P.* (Eds.), Unternehmungsverhalten und Arbeitslosigkeit (Ökonomie und Gesellschaft; Jahrbuch 15), Metropolis-Verlag für Ökonomie und Politik GmbH, Marburg, Second Edition, pp. 79-109, (First Edition (1999) Campus Verlag, New York, Frankfurt/Main, pp. 77-107.)

Hoekman, B./Kostecki, M. (1995): The Political Economy of the World Trading System: From GATT to WTO, Oxford University Press, Oxford.

Iammarino, S./Michie, J. (1998): The Scope of Technological Globalisation, International Journal of the Economics of Business, Special Issue: The Internationalisation of the Innovation Process, Vol. 5, No. 3, pp. 335-353.

Institut der deutschen Wirtschaft Köln (Ed.)(1998): Deutschland im globalen Wettbewerb 1998 Internationale Wirtschaftszahlen, Deutscher Instituts-Verlag, Köln.

International Labour Organisation (2000): ILO-Nachrichten 3, Bonn.

Kitson, M./Michie, J. (1997): Does Manufacturing Matter?, International Journal of the Economics of Business, Vol. 4, No. 1, pp. 71- 95.

OECD (1986): Flexibility in the Labour Market, OECD: Paris.

OECD (1995): Historical Statistics, 1960-93, OECD: Paris.

O'Meara, P./Mehlinger, H.D./Krain, M. (Eds.) (2000): Globalisation and the Challenges of the New Century: A Reader, Indiana University Press, Bloomington.

Peters, T. (1992): Rethinking Scale, California Management Review, Autumn.

Piggot, J., Cook, M. (Eds.) (1999): International Business Economics, Addison Wesley Longman, 2nd Ed., New York.

Pohlenz, F.L. (2000): Educational Attainment as a Proxy for Human Capital in Models of Growth and Development: A Critical Survey, Dissertation No. 2427, University of St. Gallen, Difo-Druck OHG, Bamberg.

Pollard, P.S. (2000): Enter Late, Exit Early, Annual Edition: International Economic Trends, The Federal Reserve Bank of St. Louis, July 2000.

Rodrick, D. (1998): Globalisation, Social Conflict and Economic Growth, The World Economy, 21/2, pp. 143-158.

Ruigrok, W./Pettigrew, A./Peck, S./Whittington, R. (1999): Corporate Restructuring and New Forms of Organizing: Evidence from Europe, Management International Review, Vol. 39(2), Special Issue, pp. 41- 64.

Rycroft, R.W./Kash , D.E. (1999): The Complexity Challenge: Technological Innovation for the 21st Century, Pinter, London.

Salvatore, D. (1998): Europe's Structural and Competitiveness Problems and the Euro, The World Economy, Vol. 21, No. 2, March, pp. 189-205.

Stalker, P. (2000): Workers Without Frontiers: The Impact of Globalisation on International Migration, International Labour Organization Publications, Lynne Rienne Publishers, Boulder Colorado.

The Economist (2000a): The Case for Globalisation (Cover Story)/Anti-Capitalist Protests: Angry and Effective, September 23RD-29TH , pp. 97-103.

The Economist (2000b): The World's View of Multinationals (Cover Story), January 29TH- February 4th, pp. 19,25,70 cont.

United Nations (Ed.) (1999): 1998 International Trade Statistics Yearbook, Vol. II, Trade By Commodity, New York.

United Nations Conference on Trade and Development (Ed.)(1994): Transnationals (joint newsletter of the Division on Transnational Corporations and Investment (DTCI) and the Division on Science and Technology (DST), Vol. 6, Number 3, October-December.

Vasquez, I. (Ed.) (2000): Global Fortune: The Stumble and Rise of World Capitalism, Cato Institute, Washington, D.C.

Vernon, R. (1971): Sovereignty at Bay: The Multinational Spread of US Enterprise, Basic Books, New York.

Vernon, R. (1977): Storm Over the Multinationals: The Real Issues, Harvard University Press, Cambridge, MA.

Weber, W./Festing, M./Dowling, P./Schuler, R.S. (1998): Internationales Personalmanagement, Gabler, Wiesbaden.

World Labour Report (2000): Income Security and Social Protection in a Changing World, International Labour Office Publications, June, Geneva.

Gesellschaftspolitische Mobilität

Johann Günther

1 Zyklische Veränderungen

Menschen waren immer mobil. Im Mittelalter waren es die Wallfahrerwege und heute sind es die Urlauberrouten, auf denen sich die Massen bewegen.

Trotzdem war die Menschheit noch nie mobiler als heute. Mit dem gewachsenen Wohlstand und dem Wegfallen vieler Grenzen in Europa kam auch die „Freiheit" als neues Symbol. Freiheit führt den Menschen zum Bewegen. Die niedergerissenen Stacheldrahtgrenzen müssen überwunden werden.

Unsere Wirtschaft wurde arbeitsteilig und braucht mehr Mobilität. Mobilität der Waren und Produkte und ihrer Manager.

Dazu kommen immer stärker liberalisierte Märkte, die den Weltmarkt zu einem „Global Village" machen. Im 21. Jahrhundert wird die globale Wirtschaft von drei Schlüsselindustrien dominiert:

- Telekommunikation,
- Computertechnologie und
- Tourismus.

Die Computertechnologie wächst im Augenblick 2,5-mal schneller als traditionelle Branchen.

Die immer mobilere Wirtschaft hat auch das Privatleben stark beeinflusst, und der Tourismus gehört zu einer der größten Branchen der Welt. 11 Prozent der arbeitsfähigen Weltbevölkerung arbeitet im Tourismus.

Zyklen haben aber nichts mit „Mode" zu tun. „Das System der Mode, in seiner aktuellen, hochgradig professionalisierten Erscheinungsform, ist keineswegs nur die kalte Brachialmaschinerie der permanenten Innovation, sondern auch ein intelligenter und effektiver Abwehrmechanismus wider den überfordernden Zudringlichkeiten der „Zuvielisation". Die Mode errichtet eine Art Puffer- und Knautschzone um die menschliche Psyche, baut ihr einen „Zeitkokon", in den wir uns zurückziehen, um uns vor dem Anprall der großen Info-Fluten zu schützen." (1) Mode ist von der Gesellschaft geprägt und besteht aus einem laufenden Kommen und Gehen; aus einem Zerstören und wieder neu Formieren. Die Zyklen der Generationen sind tiefgreifender und nachhaltiger.

Generations- und Technologiewechsel sind keine ungewöhnlichen Veränderungen. Neue Baustile haben immer schon alte abgelöst. Neue Technologien ersetzen alte. Telekommunikation und Computertechnik haben uns in die Informationsgesellschaft gebracht. Über 50% der Beschäftigten arbeiten in den entwickelten Ländern ausschließlich mit Informationen.

Diese Informationsgesellschaft hat nicht nur technische Neuerungen gebracht. Die von ihr eingeführten Instrumente und Hilfsmittel haben dem Menschen wieder die Chance gegeben, mobiler zu sein. Mobilität ist nichts Neues für den Menschen. Das Nomadische liegt in ihm und wird trotz beengter Umstände unserer Staatsorganisationen wieder möglich.

Informationstechnologien verändern viele Prozesse in unserer Berufswelt. Diese Veränderungen dürfen aber nicht nur technisch betrachtet werden. Die Hintergründe sind in sozialen, gesellschaftlichen und wirtschaftlichen Faktoren zu suchen. Die klassischen Berufe werden durch neue Medien völlig verändert, wenn nicht überhaupt verdrängt.

Unsere westliche Gesellschaft ist am Weg von der Landwirtschaft und Industrie hin zur Informationsgesellschaft und zur Intensivierung des Schaffens. In Zahlen ausgedrückt heißt das etwa für Deutschland, dass zwischen 1960 und 1990 die Beschäftigten in der Landwirtschaft um 76 % und in der Industrieproduktion um 33% abgenommen haben. Gleichzeitig wuchsen die Top-Technologien um 44% und der High Tech Bereich um 26%.

Sektor	Veränderung der Beschäftigten
Top Technologien	+ 44%
High Tech	+ 26%
Industrieproduktion	- 33%
Landwirtschaft	- 76%

Tab. 1: Veränderung der Beschäftigten zwischen 1960 und 1991 in Deutschland

Nach dem Krieg waren noch mehr als die Hälfte der Beschäftigten Österreichs in der Landwirtschaft aktiv. Zu Beginn des 21. Jahrhunderts sind es weniger als 5 Prozent.

Hatten im 19. Jahrhundert die Hightech-Betriebe in Form der Stahlwerke kleine Bergbauern arbeitslos gemacht, so sind diese Stahlbetriebe heute selbst Opfer geworden. Obwohl – wie die obige Statistik zeigt – die Anzahl der in der Industrie Beschäftigten radikal zurückging, hat diese Talfahrt noch kein Ende erreicht. Bis zum Jahr 2020 wird jeder fünfte Industriearbeitsplatz abgebaut sein.

Diese Veränderungen gehen zu Gunsten der Dienstleistungsbetriebe. Wobei es vor allem die Software und Contentproduktion ist, die so hohe Zuwächse erzielt. Ein Fotoapparat hat heute mehr Software als ein Applecomputer vor 10 Jahren. Dies wirkt sich auch auf die Kosten aus. Bei einer Minolta Kamera kostet die Software 550 Euro, die Linse 40 Euro und das Gehäuse 20 Euro. Vor einigen Jahrzehnten war dies noch umgekehrt, wobei es Software überhaupt noch nicht gab. Ein hoher Anteil an unseren Produkten und an der Wirtschaft als Gesamtes sind Informationen.

Hardware hat einen geringeren Stellenwert und Anteil an einem Produkt als Software. Auch bei Produkten, wo wir das nie vermuten würden.

Der Austausch des Bordcomputers im Auto kann die Leistungsfähigkeit des Motors erhöhen. Der Computer managt die Einspritzung des Treibstoffs präziser und leistungsgerechter, wodurch einerseits der Verbrauch selbst reduziert werden kann, aber auch die Leistung erhöht wird. Dieselbe Maschine leistet mehr durch genauere Steuerung. Dieser „Steuerungsanteil" ist auch mehr wert als die Maschine selbst.

„Diese neuen Technologien bedeuten eine grundlegende Veränderung unserer Gesellschaft, unserer Wirtschaft und unserer Arbeit." (2)

Obwohl viele Jobs verloren gingen – wie etwa in der Landwirtschaft – gibt es heute mehr Arbeitsplätze als vorher. Die USA hatte etwa um 1900 27 Millionen Erwerbstätige und 1993 125 Millionen! Diese Steigerung liegt auch am hohen Frauenanteil im Arbeitsprozess.

Neben den Langzeitzyklen passieren Veränderungen in mittelfristigen Zeitabständen. In der Wirtschaft gibt es ein ständiges Auf und Ab. Es kommen Wachstumsschübe, deren Intensität nachlässt und von einem neuen Schub beschleunigt werden. Nach Stagnation und Depression folgt ein neuer Aufschwung. Lange Zeit waren die Zyklen umstritten. Erst durch die Forschungsarbeiten von *Cesare Marchetti* wissen wir, dass eine gewisse Systematik dahinter steckt. Alte Technologien werden durch neue ersetzt. Diese Substitution entsteht durch neue Gesellschaftsverhaltensformen und neue ökonomische Strukturen, die alle nach einem bestimmten, vorausberechenbaren Muster ablaufen.

Marchetti begann seine Untersuchungen an den Fischbeständen in der Adria. Er fand heraus, dass er nach einer bestimmten Formel die Fischbestände sogar vorausberechnen konnte. Nahmen die Beutetiere überhand, konnten sich die Räuber unter den Fischen wieder stärker vermehren (es gab genug zum Fressen). Die Folge davon ist eine Futterknappheit für die Räuber, welche zu einer Bestandsverminderung führt. Die Beutetiere vermehren sich wieder und der Zyklus beginnt von Neuem. Diese Erkenntnis – mathematisch in eine „S-Kurve" gebracht – verwendet man heute auch in der Wirtschaft.

Der Zyklus lautet:

- Entstehung (= geringe Verbreitung, schwaches Wachstum),
- Wachstum (= starkes Wachstum, rasche Vermehrung),
- Sättigung und
- Verdrängung.

Inzwischen liegt so viel Beweismaterial vor, dass man diesen Substitutionsprozess an Hand vieler Beispiele nachweisen kann:

- Entwicklung des Automobilbestandes in einem Land,
- Zunahme des Weltflugverkehrs und dessen Transportvolumen,
- Welttankerflotte,

- Primärenergieverbrauch bestimmter Länder,
- technologische Substitution verschiedener Stahlherstellungsverfahren,
- Ablöse der Pferde durch Autos, etc.

Auch wenn wir das Gefühl haben, dass heute vieles schneller geht, ist der Innovationszyklus gleich geblieben. Der Abstand der Innovationswellen beträgt 55 Jahre. Die derzeitige Welle lässt sich mit folgenden Eckdaten beschreiben:

- 1980: Mitteldatum zwischen Innovation und Erfindung.
- 1984: Beginn des Innovationsschubs.
- 1993: 50% der Basisinnovationen waren realisiert und 50% der neuen Industrien gegründet, aber noch geringe Produktionskapazität.
- 2000: 90% der Innovationen sind getätigt. Danach setzte eine Aufwärtsentwicklung ein.

Die Neuentwicklungen dieser „Welle" sind:

- Informationsverarbeitung,
- Genmanipulation und
- Wasserstoffantrieb (Autos und Flugzeuge).

Die Zentren dieser Schlüsseltechnologien sind jeweils um führende Universitäten angesiedelt. Das sind in den USA:

- Universität Berkley,
- Universität Stanford,
- Massachusetts Institute und
- California Institute of Technology,

und in Europa:

- München,
- Dresden,
- Zürich,

und in Japan:

- Kanagawa.

Ausbildungsstätten produzieren die notwendigen Fachkräfte für die Industrie der Region.

Zu Beginn des 21. Jahrhunderts haben wir demnach zu wenig Informationsarbeiter und zu viele manuelle Fabrikarbeiter. „Wir haben auf der einen Seite das Beispiel von Volvo gehört und wie viele Beschäftigte bei den Umstrukturierungen abgebaut wurden – das ist in vielen Bereichen vor sich gegangen und geht immer noch vor sich. Auf der anderen Seite gibt es den Bereich der Telekommunikation, wo immer wieder darauf hingewiesen wird, dass es nicht genug gut ausgebildete Mitarbeiter und Mitarbeiterinnen gibt. Also: auf der einen Seite müssen Leute gekündigt werden, auf der anderen Seite werden Leute dringend gesucht. Das Problem ist nun, dass die, die hinausfallen, nicht jene sind, die gesucht werden." (3)

Arbeiter können aber nicht zu Informatikern umgeschult werden. Ein bekanntes Telekommunikationsunternehmen hatte vor 15 Jahren 2000 Mitarbeiter und hat auch heute noch 2000 Mitarbeiter. Vor 15 Jahren gab es noch eine Fabrik mit 1500 Arbeitern. Aus der Fabrik wurde ein „Workshop" mit 150 Mitarbeitern. Daneben entstand ein Softwarehaus mit über 1000 Ingenieuren. Praktisch wurden 1000 Arbeiter gekündigt und 1000 Softwareingenieure neu eingestellt.

Ausgelöst wurde die große Flexibilität in der Wirtschaft auch durch den Wegfall der Monopole. Industrien der vorigen Jahrhunderte waren oft monopolistisch. Monpolistisch in Branchen, die heute unvorstellbar sind. So war die Herstellung von Bleistiftminen in der österreichisch-ungarischen Monarchie ein Monopol der Firma Hardtmuth. „Produziert wurden neben Geschirr insbesondere Bleistifte mit Minen aus einer Graphit-Ton-Mischung, für deren Erzeugung Hardtmuth im Jahr 1812 beim Kaiser ein „Privilegium exclusivum", also ein Monopol erhielt." (4) Später wurden Wirtschaftszweige aus strategischen Gründen monopolisiert. So die Telekommunikation, weil sie militärstrategisch wichtig war. Erst am Ende des 20. Jahrhunderts wurde dieser Wirtschaftszweig wieder liberalisiert. Mit diesem Schritt, der in Nordamerika einige Jahrzehnte früher einsetzte, kam es zu einer grundlegenden Veränderung der Wirtschaft. Dies veränderte wieder die soziale Ordnung unserer Gesellschaft von der Industrie hin zum Wissen. „Wenn Wissen in steigendem Maß nicht nur als konstitutives Merkmal für die moderne Ökonomie und deren Produktionsprozesse und -beziehungen, sondern insgesamt zum Organisations- und Integrationsprinzip und zur Problemquelle der modernen Gesellschaft wird, ist es angebracht, diese Lebensform als Wissensgesellschaft zu bezeichnen." (5)

Für diese heutige Gesellschaft gibt es mehrere Bezeichnungen:

- Dienstleistungsgesellschaft,
- Informationsgesellschaft,
- Wissensgesellschaft,
- postindustrielle,
- postmoderne,
- postmaterialistische,
- Risikogesellschaft,
- Wohlfahrtsgesellschaft,
- Erlebnisgesellschaft, etc.

Allein die Vielzahl an Begriffen zeigt die Mobilität der heutigen Menschen. Sie leben in mehreren Gesellschaften und wechseln diese nach Bedarf. Gleichzeitig stehen sie aber auch im Widerspruch zueinander. Sozial- und Wohlfahrtsgesellschaft sind ein Beispiel dafür. „Wenn man auf die Zahlen und Daten schaut, dann müsste es sich im Grunde bei den europäischen Wohlfahrtsgesellschaften um unglaublich solidarische Systeme handeln, gab es doch nie zuvor in der Geschichte ein größeres Umverteilungsvolumen, das wohlfahrtsstaatlich eingesammelt, administriert und verteilt wird. Dennoch haben wir das Gefühl, die „wirkliche" Solidarität, von Angesicht zu Angesicht ausgeübt, würde versickern, würde von Brutalität, Eigennützigkeit, Oberflächlichkeit und Selbstbezogenheit abgelöst." (6)

Die bisher besprochenen Zyklen sind nur mittel- und kurzfristig. Der darüber hinausgehende Wechsel wäre der von der **Biosphäre zur Neosphäre**. Vom Erdgebundenen zum Wissensbezogenen.

Die Veränderung hin zur Wissensgesellschaft vermittelt den ersten Eindruck, als würde sich die Menschheit weg vom Tierischen hin zum Besseren und geistig Bezogenen entwickeln. Ein epochaler weltgeschichtlicher Wechsel, den wir heute noch nicht beurteilen können. Zu klein und zu kurz ist unser menschliches Leben und unser Denken, um diesen Wechsel wirklich beurteilen zu können.

2 Kommunikationsverhalten

Zu Beginn des 21. Jahrhunderts stehen wir vor einer großen kulturellen Veränderung. So wie 500 v. Chr. im antiken Griechenland der Wechsel von der „Sprechkultur" zur „Schriftkultur" stattfand (7) kommt jetzt die „Multi-Media-Kultur". Dadurch wird unsere Kommunikation „entlinearisiert" (8).

Die schriftliche Sprache zwingt zur sequentiellen Abarbeitung von Wörtern und Sätzen. Neue Medien erlauben assoziative Verbindungen und das Wechseln von einem Gedanken zu einem anderen, ohne das Gesamtkonzept zu verlassen.

Diese Veränderung der Aufnahme von Wissen ist bereits messbar: in industrialisierten Ländern, also jenen, wo neue Lernmethoden angewendet werden, nehmen die Werte bei Intelligenztests zu (9). Eine Zunahme des Gehirnvolumens ist aber nicht nachweisbar.

Der Lebensstil unserer Gesellschaft ändert sich auch durch verstärkte Mobilität. Dies führt zu Individualisierungstrends mit den Anforderungen:

- Hier (wo immer das ist).
- Jetzt (man will nicht warten).
- Für mich (nicht mit jemandem anderen teilen müssen).

2.1 Grenzen der Informationstechnologie

Die neuen Medien sind nur ergänzend, also additiv vis a vis den traditionellen Wirtschaftsinstrumenten zu sehen. Das Arbeiten mit dem Computer kann Teile der alten Wissensvermittlung ersetzen. Aber nicht alles kann ersetzt werden.

Die Telekommunikation baut Hierarchien ab und wendet sich direkt an den Wissensträger. Der einzelne Arbeiter steht in der Hierarchie des Netzes auf gleicher Stufe wie sein Vorgesetzter. Dasselbe ist in der Schule der Fall. Der Lehrer wird im Internet dem Schüler gleichgesetzt.

Die Grenzen der Telematik liegen im Transport der Informationen. 7% der Kommunikation beziehen sich auf den Inhalt, 33% auf die Stimme und 60% sind nonverbale Signale wie

Stimmung und Körpersprache, die sehr limitiert über neue Medien transportiert werden können.

Auch der Traum, dass das Netz keine Grenzen kennt, stimmt nicht. In Teilen Schwarzafrikas wurde erst 1960 das Transistorradio eingeführt. Nach über 30 Jahren hat es in der schwarzen Bevölkerung eine Verbreitung von nur 20%. Warum? Der Preis eines Radioapparats beträgt ein halbes Jahresgehalt eines Einheimischen. Wann soll diesen Völkern Internet zugänglich sein?

Die Entwicklungsländer sind vom digitalen Fortschritt abgekoppelt. Die Verteilung der Internetnutzer sieht so aus:

Region	Verteilung der Internetnutzer
Nordamerika	43,2%
Europa/GUS	28,2%
Asien/Pazifik	20,6%
Lateinamerika	5,6%
Afrika/Mittlerer Osten	2,4%

Tab. 2: Verteilung der Internetnutzer auf die Regionen (Quelle: Die Woche vom 28. April 2000, Seite 12)

Diese ungleiche Verteilung findet in den Kosten für den Computerkauf seinen Niederschlag. In Deutschland ist der Aufwand zur Anschaffung eines PCs ein Monatsgehalt; in Bangladesh sind es zehn Jahresgehälter!

Das Vorhandensein und der Zugang der neuen Medien ist eine Grundvoraussetzung. Der viel wichtigere Faktor wird aber sein, was wir damit machen. Mit der zunehmenden Medialisierung des Lebens wird auch die geistige Trägheit enorm um sich greifen. Dienstleistungen jeder Art, von der Hauszustellung bis zu intelligenten Suchprogrammen werden uns bedienen. Zumindest diejenigen, die sich diese Dienste leisten können. Andererseits ist nicht anzunehmen, dass der Zugang zu immer mehr Daten heißt, dass wir alle intelligenter werden. Wer ein guter Wissensarbeiter sein will, kommt um eine breite und gleichzeitig vertiefte Allgemeinbildung nicht herum. Um in der Datensphäre erfolgreich zu sein, genügt es nicht, über einen Internet-Anschluss zu verfügen. Und es reicht auch nicht, wie die Digitalniks immer behaupten, wenn unsere Nachkommenschaft flink mit dem Gameboy zu hantieren versteht. Kreativ mit modernen Kommunikationswerkzeugen umzugehen, wird weiterhin ein relativ rares Talent sein. Diese neuen Technologien geben aber auch die Chance, das kooperative Lernen zu fördern. Der „Studierende" wird angeregt, sich Wissen selbst anzueignen und von anderen Studierenden zu lernen.

Die Zerbrechlichkeit der heutigen Gesellschaft liegt weniger an der Globalisierung und der Internationalisierung der Wirtschaft, sondern an der Konzentration des Wissens. Wir können heute eine Wissensverschiebung feststellen. Die Wissenschaft ist nicht mehr der Schlüssel zum Zugang der Geheimnisse der Welt. Die Wirklichkeit wird auf Basis der Wissenschaft eingerichtet. Früher war das Wissen ein Modell zur Beschreibung der Realität.

Wissen und Technik dringt heute in alle Bereiche des Lebens. Diese Emanzipation bringt aber auch Verunsicherung. Wissenschaft stellt nicht Gesichertes vor, sondern begründete Annahmen, die Diskussionsgrundlagen, aber keine Lösungen sind. Fachwissen schützt nicht vor Machtverlust. Die traditionellen Organisationen wie Kirche und Staat werden von kleinen Gruppen unterminiert und abgelöst. Mit Hilfe der neuen Kommunikationstechnologien können kleine Gruppen von Akteuren viel beeinflussen.

2.2 Shift of Skills

Früher haben Manager diktiert und die Sekretärinnen vom Band getippt. Heute, mit dem Personalcomputer schreibt sich der Manager den Text selbst. Die Sekretärin wurde von der „Schreibkraft" zur „Sachbearbeiterin" und der Manager wurde seine eigene Schreibkraft.

Diese Veränderung passierte unspektakulär und ohne Vorankündigung. Hätte der Chef einer Firma in einem Rundschreiben angekündigt, dass ab einem bestimmten Datum Sekretärinnen abgeschafft würden, wäre Unmut ausgebrochen. Es passierte so, wie bürgerliche Familien vor 100 Jahren ihr Dienstpersonal verloren. Waschmaschinen, Staubsauger und rationelle Küchen machten die Hausarbeit leichter.

Dazu kommt noch ein gesellschaftlicher Wandel, der neben dem Vermitteln von reinem Fachwissen mit berücksichtigt werden muss. Am Ende des 20. Jahrhunderts standen wir vor einer großen kulturellen Veränderung. 500 Jahre vor Christie Geburt fand im antiken Griechenland der Wechsel von der „Sprechkultur" – das Wissen wurde durch Auswendiglernen und sprachliche Weitergabe erhalten – zur „Schriftkultur" statt. Schrieb Sokrates (469 bis 399 v. Chr.) noch keine einzige Zeile auf, so war für den in der nächsten Generation geborenen Aristoteles (384 bis 322 v. Chr) die Schrift eine Selbstverständlichkeit. „Noch Sokrates, der zum Inbild des weisen Menschen geworden ist, war ein Freund der Rede und ein Gegner des geschriebenen Wortes, obwohl uns seine Worte nur in Aufzeichnungen seines Schülers Plato überliefert sind." (10)

Heute findet ein ähnlich revolutionärer Wechsel statt. Von der „Schriftkultur" hin zur „Multi-Media-Kultur". Dadurch wird unsere Kommunikation „entlinearisiert". Die schriftliche Sprache zwingt zur sequentiellen Abarbeitung von Wörtern und Sätzen. Neue Medien erlauben assoziative Verbindungen und das Wechseln von einem Gedanken zu einem anderen, ohne das Konzept zu verlassen.

Parallel dazu entwickelt sich unsere Bürokorrespondenz vom „Schreiben" hin zum „Sprechen". In jedem Fall wird sie schneller. Wurde ursprünglich alles mit Briefen ausgetauscht, so beschleunigte das Fax und heute das E-Mail die Bürokorrespondenz. Geschäftspartner müssen rascher und schneller reagieren. Sprachtechnologien wie Voicemail, Sprachspeicher Mobilbox und Videokonferenz bringen neue Kommunikationsformen und sind wieder schneller.

Waren gute Berichteschreiber gute Manager, so wird diese Eigenschaft zunehmend weniger gefragt sein. Das Geschäftsleben wird noch schneller laufen und, bedingt durch Technologien wie Voicemail, Spracherkennung und Videokonferenzen, werden Nachrichten zunehmend mündlich weitergegeben. Die Qualifikationen des Managers werden mehr im persönlichen Präsentationsstil liegen müssen. „The people who can write brilliantly are in the driver's seat right now". „In the networked world, they will be less dominant and less relevant".

Bei geschriebenen Meldungen hatte man noch die Chance, um alles richtig verstanden zu haben, den Text ein zweites oder drittes Mal zu lesen. Bei mündlicher Kommunikation muss genau zugehört werden und die Entscheidung nach dem ersten Anhören getroffen werden. Wurden Manager mit dem Fax zu rascheren Antworten und Reaktionen gezwungen, so wird dies mit Videokonferenztechnik noch um eine Dimension beschleunigt. Videokonferenzen werden durch die verbesserten Netze immer stärker verbreitet. Dieses Marktsegment verdoppelt sich in Europa derzeit alle zwei Jahre.

Durch diese internationale Vernetzung wird es auch möglich, dass der Schneeballeffekt des „Voneinander Lernens" stark beschleunigt wird. Das „*mit*einander Lernen" in der Schulklasse kann so in die große Welt hinausgetragen werden. Virtuelle Klassenzimmer entstehen, in denen Eignungsgruppen und Workshops entstehen, die in der traditionellen Schulorganisation nicht möglich wären. Die Ressource „Mensch", von der man lernen kann vermehrt sich im Netz und passt sich auch den persönlichen Eignungen kann. Jeder Lernende kann sein eigenes Eignungsteam zum gemeinsamen Lernen zusammenstellen. Gemeinschaften finden sich, die rascher ans Ziel kommen als von der staatlichen Organisation vorgegebene Schulklasseneinteilungen.

Neue Medien, Kommunikations- und Computertechnologien verändern die Gesellschaft, unser Verhältnis mit diesen Werkzeugen und unsere Art und Weise der Ausbildung.

2.3 Virtualität

Durch Mensch-Computer-Netzwerke entstehen neue Virtualitäten, Geisteswelten. Geisteswelten, die aus dem Vorstellungsvermögen des Menschen entstehen, und die es immer schon gegeben hat.

Wo aber liegt der Unterschied zwischen einem geträumten Traum und einer vom Computer vorgespielten irrealen Welt? Für *Manfred Faßler* ist „Virtualität

- ein physiologisches (sinnlich-nervöses),
- ein biographisches (wahrnehmungsgebundenes) und
- ein infographisches Prinzip (an die erkennbare Gegenständlichkeit der Codes) der Formgebung." (11)

Die Computervirtualität kann auf Programmcodes reduziert werden, während beim menschlichen Traum die geistige Interpretation alleine ausschlaggebend ist.

Die Computervirtualität gibt dem Menschen aber mehr Mobilität. Es können Dinge über ein Netzwerk herbeigeholt werden und überall (fast) sichtbar und wiederholbar gemacht werden.

3 Mobilität der Arbeit

Viele Menschen haben Unbehagen, wenn sie an berufliche Veränderungen denken. Die Menschen bevorzugen es, lange in ein und derselben Position zu arbeiten. Die Anforderungen der Wirtschaft verlangen aber anderes. Die Fluktuation in der Berufswelt nimmt rasant zu. „Diesem Phänomen stehen die dominanten Wünsche der ÖsterreicherInnen entgegen:

Sie träumen von einer Arbeit, in der man lange gebraucht wird, wo man einen möglichst „sicheren Job hat"... Diese Kontinuität der Beschäftigung wird höher bewertet als das Gelingen einer Karriere bzw. eines beruflichen Aufstiegs." (12) Diese Studie bestätigt den Österreichern eigentlich Unflexibilität. Das könnte mittelfristig zu einem Wirtschaftsnachteil führen.

Es war nicht immer selbstverständlich, dass jeder Mensch Arbeit hatte. Erst die Industrie- und die Kapitalgesellschaft haben diesen Anspruch erhoben. Arbeit war aber auch gleichgesetzt mit schwerem körperlichem Einsatz. Diese alten Jobs verschwinden und werden durch neue ersetzt. In den USA fiel der Stand der Fabrikarbeiter in den letzten 30 Jahren von 33 auf 17 Prozent. Leistungsfähige Computer und Telekommunikation brachten diese rasche Veränderung. Die Fabrikarbeiter finden aber keine Jobs in den neuen Branchen der Dienstleistung. „Wissensarbeiter" sind heute oft noch eine kleine Elite, die sich aber auf eine breitere Basis wird stellen müssen.

Der zivile Sektor wird aufgewertet. Das Bildungswesen mit Schulen, Universitäten und Colleges, das Gesundheitswesen, soziale Hilfsorganisationen, Kulturbetriebe wie Bibliotheken, Museen, Theater und Nachbarschaftshilfsorganisationen wie Krankentransporte und Feuerwehren bekommen zunehmend mehr Bedeutung. Der „Non profit Bereich" schafft Arbeitsplätze für jene Menschen, die in der Informationsindustrie keinen Job mehr bekommen.

Im antiken Griechenland und auch in Rom war Freiheit durch Leben ohne Arbeit definiert. Wer arbeiten musste, war nicht nur unfrei; er zählte auch nicht zur Gesellschaft. Barone und Fürsten der Neuzeit sind jene Menschen, die ihre Maschinen arbeiten lassen. Menschen einer arbeitsfreien Gesellschaftsschicht.

Es war nicht immer selbstverständlich, dass jeder Mensch Arbeit hatte. Sowohl in den unteren Gesellschaftsschichten, als auch im Adel. Die besser gestellten Menschen ließen ihre Untergebenen arbeiten. Die Sklaven der Neuzeit sind die Maschinen.

Um 1800 waren zwei Drittel der arbeitsfähigen Bevölkerung ohne regelmäßige und gesicherte Arbeitsstelle. Einfache Arbeiter waren die Hälfte ihrer Zeit ohne Einkommen und ein Fünftel der Bevölkerung zog als Bettler und Vagabund durchs Land.

Gehörte man im alten Rom zur Gesellschaft, wenn man frei von Arbeit war, so ist es heute umgekehrt. Wenn man keine geregelte Arbeit hat, zählt man nicht als Mitglied der Gesellschaft. Interessensvertretungen wie Gewerkschaften fühlen sich nur für arbeitende Menschen zuständig. Arbeitslose sind an den Rand der Gesellschaft gedrängt und stehen ohne Vertretung da. Politische Freiheit geht heute mit materieller Sicherheit einher.

Hohe Innovationsgeschwindigkeit bringt immer teurere Arbeitsplätze und Anpassungsprobleme für die Arbeiter. Die Qualifikation der Arbeiter wird immer spezifischer. Angelernte haben weniger Chancen als gut Aus- und Weitergebildete. Menschen mit niedriger Qualifikation und Ausbildung werden immer größere Schwierigkeiten haben, im Arbeitsprozess unterzukommen. „Automation bedeutet eine zunehmende Verwissenschaftlichung der Arbeit und verlangt somit in der Tendenz höherwertige Arbeitskräfte bzw. würde bei einer entsprechenden Kompetenzverteilung eine allgemeine Höherqualifizierung ermöglichen." (13) *Ofner* geht sogar soweit, dass er sagt, der Mensch werde so lange für den Dienst an der

Maschine abgerichtet, bis er dadurch selbst überflüssig wird, was die zunehmende Zahl der Arbeitslosigkeit, die mit zunehmender Automatisierung einherging, beweist. „Lebenslanges Lernen" ist das Schlagwort, hinter dem die Chance des Einzelnen, einen Arbeitsplatz zu haben, steckt. Im Laufe eines Lebens übt man nicht mehr einen, den in der Basisausbildung erlernten Beruf aus, sondern mehrere, teilweise sehr unterschiedliche.

Mobilität sagte man ursprünglich nur den Amerikanern nach. Ein Europäer war nur schwer dazu zu bewegen, wegen seines Jobs in einen anderen Ort zu übersiedeln. Da nahm ein Arbeitnehmer noch eher lange Anfahrtsweg auf sich oder wurde zum Wochenendpendler. Diese fehlende Flexibilität ist in der Geschichte Europas zu suchen. In den Städten entstanden die Fabriken und die Menschen zogen im 19. Jahrhundert vom Land in die Stadt. Telearbeit und Telekommunikation würde eine Rückübersiedlung erlauben, aber unsere Städte werden international immer größer. Die ökonomische Entwicklung in Europa führte zu einer Sesshaftigkeit, die über mehrere Jahrhunderte anhielt. Ein Zustand, den es in Amerika nicht gab. Da waren zuerst die herumziehenden Indianerstämme und dann die neuen Siedler, die ebenfalls durch Mobilität das Land vom Osten nach Westen aufrollten.

Inzwischen ist der Arbeitsmarkt härter geworden. Das Kapital hat gegenüber der Arbeitskraft an Bedeutung gewonnen und ein Arbeitnehmer muss sich den Wünschen des Dienstgebers beugen. Dies führte zu einer verstärkten Mobilität. Eine Mobilität, die es vor einigen Jahren noch nicht gegeben hat.

Das vereinte wirtschaftliche Europa bringt dazu internationale Konkurrenz und fordert ebenfalls höhere Mobilität seiner Bürger. Eine globalisierte Wirtschaft braucht mobile Arbeitskräfte. Die arbeitende Bevölkerung wird aber in zwei Klassen geteilt. Die leitenden Manager sind die mobilen, die man für die internationale Wirtschaft braucht und mobil einsetzen muss. Die Low End Gesellschaft steht aber vor geschlossenen Grenzen und ist von der internationalen Mobilität ausgeschlossen. Immer mehr Arbeit wird unterwegs erledigt. Seit der industriellen Revolution entstehen der „Arbeitsnomade", der für bestimmte Projekte eingesetzt wird oder der Manager auf Zeit.

Die Zeit zur Anreise an den Arbeitsplatz wird auch Arbeitszeit. Dies war bis vor kurzem nur Privilegierten, Managern mit eigenem Chauffeur vorbehalten. Telekommunikation, Mobiltelefon und Laptop mit wireless Anschluss erlaubt es auch „normalen" Arbeitenden im Zug oder sonstigen öffentlichen Verkehrsmitteln während der Fahrt zu arbeiten.

So bildet sich eine gesellschaftliche Polarisierung zwischen den Schnellen, die alle technischen Vorteile ausnützen, und den Langsamen, die noch mehr hinterherhinken und zu Nachzüglern werden. Diese Kluft wird zu einem Problem unserer heutigen Zeit. Der Diskrepanz zwischen den „Pionieren" und den „Zurückgebliebenen" muss man durch neue Ausbildungswege entgegenwirken. Der Arbeitsnomade ist eine Erscheinungsform der Telearbeit. Im Bereich Telearbeit unterscheiden wir zwischen:

- Teleheimarbeit,
- Mobiler Telearbeit,
- Telezentren und Telehäusern und
- Nachbarschaftsbüros.

Die Prognosen über die Anzahl der Telearbeiter ist sehr unterschiedlich. In vielen Branchen werden Filialnetze durch Telearbeitsplätze ersetzt. Die Wohnung wird zur Firmenadresse. Verkäufer und Servicetechniker agieren von ihrem Wohnhaus aus. Mit Hilfe der Telekommunikation sind sie mit ihrem Unternehmen verbunden. Speziell durch Mobilkommunikation sind sie immer und überall erreichbar. Ein Vorteil der auch Klein- und Kleinstunternehmern entgegenkommt.

Telearbeit kann aber auch die Mobilität der Gesellschaft wieder reduzieren. Wir bewegen uns weniger und lassen die Sachen zu uns nach Hause kommen. Virtuelle Mobilität durch Telekommunikation kann tatsächliche Mobilität ersetzen. Mittelfristig kann es hier zu einer Reduktion kommen.

Was arbeiten wir in unseren Unternehmen? Die Hälfte unserer Arbeitszeit wird zur Sprachkommunikation (Telefonieren und Besprechen), fast ein Drittel zum Schreiben und Lesen und der Rest für das Manipulieren mit Zahlen verwendet (*Booz Allen*). Wie sehr wir mit uns selbst und unseren Organisationen beschäftigt sind, zeigt, dass 85 bis 90% all dieser Tätigkeiten für interne Administration aufgewendet wird.

Wie viel unserer Arbeitszeit wir zu Hause verbringen werden, darüber gehen die Prognosen sehr stark auseinander. Die Schweizer Studie „Manto" spricht von 5 bis 15%. 1996 waren in den USA 5% und in Europa nur 1% aller Erwerbstätigen Telearbeiter. Die Streuung in Europa ist noch sehr stark. Schweden führt mit 3,7%. Österreich ist mit 0,25% das Schlusslicht bei „Telearbeitern".

Amerikanische Studien unterteilen die Telearbeiter noch in:

- „Home Teleworkers" (2,57%),
- „Nonhome Teleworkers (0,63%) und
- „Mobile Teleworkers" (1,64%).

So wie die Telekommunikationsinfrastruktur die Telearbeit erlaubt, so können auch die internationalen Beziehungen in der Wirtschaftswelt ausgebaut werden. Durch Vernetzungen entstehen „Virtuelle Unternehmen". Der Betriebsstandort verliert an Wichtigkeit und neue Wettbewerbsverhältnisse entstehen.

Die Branche der „Dienstleister" hat keinen „natürlichen" Standort. Für Zinnproduktion braucht man Zinnvorkommen, für Eisen Erz etc. Für Dienstleister wie Softwareindustrie braucht man gut ausgebildete Menschen. Heute gibt jedes Industrieland dieselben Wunschbranchen an:

- Mikroelektronik,
- Biotechnologie,
- Telekommunikation,
- Zivilluftfahrt,
- Robotik und
- Computer-Hard- und -Software.

Standortvorteile durch Bodenschätze gelten da nicht mehr. Auch der Wettbewerb spielt sich wesentlich großflächiger ab: Japan gegen die EU und gegen die USA. Langfristig werden sogar die Billiglohnländer ihren Vorteil verlieren. Schlechte Telekommunikationsinfrastruktur kann durch billiges Lohnniveau nicht wett gemacht werden. Langfristig wird es daher weltweit ein einheitliches Kostenniveau für Arbeit geben.

Mit raschen Standortänderungen ist eine erhöhte Mobilität der arbeitenden Menschen notwendig. Mobilität in mehrfacher Hinsicht:

- Rasches Wechseln des Lebensstandorts (Heim, Arbeitsplatz),
- Mobilität in der Hierarchie (Wechsel vom Chef zum Spezialisten und umgekehrt),
- Jederzeitiges Auffinden des Mitarbeiters durch Mobilkommunikation,
- Arbeitsnomaden mit standortunabhängiger Arbeitserfüllung ohne fixes Büro (z.B. Außendienstmitarbeiter) und
- Heimarbeiter.

3.1 Arbeitsnomaden

Nomaden bringen die Ordnung der Sesshaften durcheinander. Nomaden sind früher in der Welt herumgezogen. Im deutschen Sprachgebrauch versteht man unter „Nomaden" jene Menschen, die als Viehzüchter von einem Weideplatz zum anderen ziehen. Im englischen werden hier auch Jäger und Sammler mit eingeschlossen. Alle Formen wurden durch die Industrialisierung an den Rand der Gesellschaft gedrängt und stark reduziert. Die Zivilgesellschaft rottet die Nomaden aus und züchtet sie auf geistigem Niveau neu.

Heute ziehen Nomaden in der virtuellen Welt herum oder arbeiten – wie zum Beispiel Handelsvertreter – in ihrem „Einzugsgebiet", dem ihnen vom Arbeitgeber zugewiesenen Ressort. Ähnlich wie den Nomaden, die ihre Viehherden hüteten und durch die Futterplätze begleiteten. Sie durften es nur in den ihnen zugewiesenen Gebieten tun, sonst gab es Krieg mit den Nachbarstämmen. Zwischen einem mobilen Unternehmensberater und einem Beduinen gibt es keinen Unterschied. Der eine hat sein Einkommen von den Tieren seiner Herde, der andere vom Know How, das er zu seinen Kunden treibt.

Menschen waren immer schon mobil, waren immer schon von einem Ort zum anderen unterwegs. Das Aufhalten an einem Ort ist nicht typisch für den Menschen. Es gibt keine Zeit in der Menschheitsgeschichte, in der nicht Menschen herumgezogen sind. Sie haben immer neue Orte aufgesucht. Nicht nur physisch, sondern auch geistig. In der Ideenwelt reisen.

Ein Drittel der Menschen der Neuzeit waren immer unterwegs. Sesshaft zu sein, war ein Privileg, das aber nur temporär war. Das Sesshafte ist aber viel neueren Datums und wurde erst mit dem Aufkommen von Transporttechnologien wie der Eisenbahn im 19. Jahrhundert definiert.

Im Mittelalter war die führende Gesellschaftsklasse mobil. Sie waren die privilegierten. So wie der heutige Papst heute wieder viel reist, waren die mittelalterlichen Päpste sehr mobil. Sie ritten selbst auf ihren Reisen.

Berufliche Qualifikationen veraltern heute schneller und die Menschen müssen ihren Arbeitsplatzmöglichkeiten nachsiedeln. Der raschere Wechsel des Lebensstandorts ist also nicht in physischer Mobilität begründet, sondern in der geistigen.

Das Internet unterstützt daneben den geistigen Nomadismus. Es erlaubt dem Menschen in vielen unterschiedlichen Ländern, Regionen und „Welten" zu leben. Dieses geistige Nomadentum ist aber nicht nur virtuell, sondern real. Die Kommunikation ist mit realen Menschen in realen Erdteilen. Die Kommunikation ist unmittelbar möglich. Sie ersetzt zwar nicht die physische Reise, ist aber geistig real.

3.2 Wichtigste Ressource für die Wirtschaft

Bis zum 18. Jahrhundert war die wichtigste Ressource für den wirtschaftlichen Erfolg einer Region, eines Landes oder eines Unternehmers der Grund und Boden, der landwirtschaftlich genutzt werden konnte. Je mehr Boden jemand hatte, um so mehr konnte er produzieren. Mit der Industrialisierung veränderte sich dies hin zum Kapital. Je mehr Geld jemand hatte, um so mehr konnte er investieren und Produktionsstätten aufbauen. Produktionsstätten, mit denen ein wirtschaftlicher Vorteil erzielt werden konnte. Zunehmend wird die Ressource „Kapital" von der des „Wissens" abgelöst. Wir erleben derzeit diese Umkehr von Kapital zu Wissen. Heute existiert ein Überangebot an Kapital, wir haben aber zu wenig Wissen.

Unternehmen wurden und werden immer noch nach ihren Investitionen bewertet. Das sind Investitionen in Maschinen, Einrichtungen, Tische, Sessel, Gebäude. Nicht bewertet wird das Know How der Mitarbeiter. Der Unternehmenswert eines Softwarehauses besteht aus dem Anlagewert der von den Mitarbeitern verwendeten Computer, Tische, Sessel, Kästen und der Gebäude. Unbewertet bleiben die entwickelten Programme. Lediglich die Datenträger, auf denen sie gespeichert werden, tauchen buchhalterisch auf. Obwohl dieses Know How den wahren Marktwert bestimmt.

Der Geschäftsführer einer deutschen Mobilfunkfirma definierte es so: „Das Wissen unserer Mitarbeiter über Mobilfunk macht 50% unseres Unternehmenswertes aus." Dieses „Wissen" ist aber nicht an das Firmengebäude und das Unternehmen gebunden. Das „Wissen" ist in den Köpfen der Mitarbeiter gespeichert. Verlassen sie das Unternehmen, so ist auch der Unternehmenswert weg. Dies ist eine wichtige Erkenntnis für Firmenzusammenlegungen und Unternehmensübernahmen. Mit dem Kauf des Unternehmens ist es noch nicht getan. Der neue Besitzer muss die betriebliche Kultur entwickeln, dass die Mitarbeiter mit ihrem Wissen im Unternehmen bleiben, sonst hat man eine „leere Schachtel", ein Unternehmen ohne „Wissenswert" gekauft.

Die Bindung der Mitarbeiter an ein Unternehmen bindet demnach auch das Wissen. Die älteste Form der Mitarbeiterbindung ist die Überbezahlung. Überdurchschnittliche Sozialleistungen und übertarifliche Zulagen binden die Mitarbeiter an das Unternehmen. Erstmals in der Geschichte wurde dies von Henri Ford angewendet. 1914 inserierte er seine hohen Lohnzahlungen und innerhalb weniger Tage strömten 15.000 Arbeitslose nach Detroit. Ford konnte selektiv Arbeiter aussuchen. Tausende Arbeitslose mussten weggeschickt werden. Trotz starkem Frosts mit Wasserwerfern.

Dieses Beispiel der Mitarbeiterbindung kann heute leider nicht mehr angewendet werden. Ein guter Standort allein ist in der globalen Wirtschaft nicht mehr ausreichend. Laufend müssen Alternativen geprüft werden. „Auf diese Weise, aber auch in Folge der immer rasanteren technologischen Entwicklung verwandeln sich Betriebe nun tatsächlich in informationsverarbeitende Systeme, deren Systemgrenzen variabel werden. Damit wird aber einer zentralen Prämisse der Stammarbeitsbelegschaftspolitik der Boden unter den Füßen weggezogen. ... Vor dem Hintergrund klassischer Beispiele für Unternehmenskultur muss weiterhin bedacht werden, dass heutige Großunternehmen in aller Regel über nationale Grenzen hinweg operieren. Sie sind multikulturell." (14)

Unternehmer können ihre Mitarbeiter nicht mehr mit materiellen Interessen binden. In unserer Wohlstandsgesellschaft sind diese Bedürfnisse bereits befriedigt. Die Menschen müssen mit inhaltlichen, ethischen und moralischen Interessen befriedigt werden. Selbstverwirklichung ist wichtiger geworden als Arbeitsleistungsentlohnung. Obwohl die Shareholder ihre Geschäftsführer nach betriebswirtschaftlichen Erfolgen messen, darf der soziale Auftrag der Organisation nicht vernachlässigt werden. Die Mitarbeiter eines Unternehmens sind einerseits „Humankapital", aber andererseits auch „Kostenfaktor". In der immer stärker wissensorientierten Wirtschaft ist der Mensch als „Humankapital" wichtiger geworden.

Wissen ist also das wichtigste Kapital eines Unternehmens und es ist mobil, kann rasch verloren gehen. *Was ist Wissen?* Die westliche Philosophie interpretiert es anders als die östliche.

- Wissen geht aus Informationen hervor und ist ohne den Menschen nicht vorhanden.
- Wissen hat demnach auch mit persönlicher Erfahrung zu tun.
- Wissen wird aus Informationen heraus entwickelt.

In der Entstehungsgeschichte stehen die Daten ganz unten. Aus ihnen werden Informationen, die dann weiter zu Wissen verarbeitet werden können. Erst ganz oben steht die Weisheit.

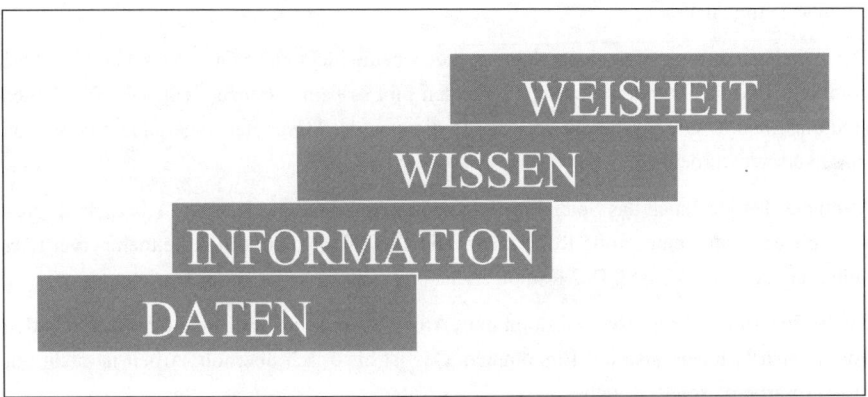

Abb. 1: Entstehungsgeschichte der Weisheit

Auch unsere Banken reagieren noch so. Sie geben jungen Unternehmern, sogenannten „Start Ups" nur Kredite, wenn es Sicherstellungen in realer Form gibt. Das Haus der Eltern, das

Grundstück der Großmutter. Nicht aber die gute Idee zur Unternehmensgründung. Eine Idee, die neue Märkte erschließen könnte. Sicherstellungen gegen Wissen gibt es nicht.

3.3 Unternehmenskultur

Wissen ist also an den Menschen gebunden und der Mensch ist mobil. Mobiler als in Zeiten vorher. Es kann einem Unternehmen rasch verloren gehen. Es kann sogar, transportiert durch den Mitarbeiter, zur Konkurrenz verschoben werden. Es ist daher besonders wichtig, Vertrauen aufzubauen, um den Wissensträger im eigenen Unternehmen zu behalten. Vertrauen ist ein sehr wichtiger kultureller Faktor, der den Unternehmenswert heute mitbestimmt.

Ein Unternehmer muss also nicht nur das Wissen managen, sondern auch das Vertrauen. Die Mobilität führt aber zu stärkerer Kurzfristigkeit. Arbeitnehmer haben heute weniger inneres Engagement für die Firma des Arbeitsgebers. Das Wissen veraltet schnell und man wird nicht mehr gebraucht. Die Besitzverhältnisse ändern sich rasch und lassen ein inneres Engagement nur schwer entstehen. Fusionen führen zum Abbau von Arbeitsplätzen und Downsizing oder Outsourcing zum Verlust des eigenen Arbeitsplatzes. All diese Faktoren reduzieren das Engagement für den Arbeitgeber und machen es zu einem reinen Lebenserwerb.

3.4 Arbeit

Der Übergang von manueller zu nichtmanueller Arbeit erfolgte im 20. Jahrhundert. Dadurch haben wir immer weniger Hilfsarbeiter. Nur mehr Spezialisten wie Elektroniker, Mechaniker, Schlosser etc. Der Computer verändert die Arbeit. Manche Tätigkeiten ersetzt er und manche unterstützt er. Aus Kostengründen verbleiben noch „Resttätigkeiten". Dies erzeugt eine Polarisierung zwischen den „Resttätigkeiten" und den „Spezialisierten". Die Arbeit entwickelte sich und machte einen Qualitätssprung. Arbeiter wurden Programmierer und technische Ingenieure.

Der Arbeiterstand war eine eigene Klasse, die es heute nicht mehr gibt. Zwischen den „blue coloured" und den „white coloured" Schichten gibt es keine Grenze mehr. Die Tätigkeiten sind dieselben. Die Menschen wurden zur Bedienung der Maschinen abgerichtet, bis sie von diesen ersetzt wurden.

Verändert hat sich auch das Spannungsfeld zwischen Arbeit und Kapital. Arbeiterbewegungen spielen heute keine große Rolle mehr. Die Gewerkschaften und Arbeitnehmervertreter sind konservativ geworden. Das Kämpferische und Innovative ist verloren gegangen.

Sie behindern auch eine Neudefinition der „Arbeit". Arbeit ist traditionell auf das Schaffen von Werten bezogen, also auf Einkommen. Das ist historisch überholt. Arbeit ist nicht nur „Erwerbsarbeit", sondern auch

- freiwillige Arbeit,
- Hausarbeit,
- Familienarbeit,

- Elternarbeit,
- ehrenamtliche Arbeit,
- Erziehungsarbeit etc.

Ein Lösungsansatz ist es auch, die negative Besetzung der Arbeitslosigkeit durch Bürgerarbeit aufzulösen. Menschen ohne erwerbsmäßige Arbeit werden für öffentliche Tätigkeiten eingesetzt und erhalten anstelle der Arbeitslosigkeit ein „Bürgergeld". Sie werden so zu erwerbsmäßigen Arbeitern und sind in den Arbeitsprozess eingegliedert. Statt Arbeitslosigkeit wird Bürgerarbeit finanziert.

Diese „freiwillige Arbeit" ist auch keine Erfindung der heutigen Zeit, um Arbeitslosigkeitsstatistiken zu schönen, sondern das hat es immer schon gegeben. Ordensleute haben ihre Zeit kostenlos zur Verfügung gestellt. Nonnen, die in Krankenhäusern als Pflegepersonal unentgeltlich arbeiten und Mönche, die in verschiedenen Sozialdiensten tätig sind.

Die Ausübung der Arbeit wechselt häufig. Frauen waren auf diese Wechselwirkung immer schon eingestellt. Sie traten in den Arbeitsprozess ein, um ihn zur Erziehung der Kinder wieder zu verlassen und später wieder eingegliedert zu werden. Sie mussten dabei oft Teilzeitjobs annehmen.

Dies führt auch zu einer Neuorientierung der Arbeitszeit an sich. Diese wird zunehmend angepasst an

- Hoch- und Nebensaison und
- an starke und geringe Nachfrage der produzierenden Güter.

Ulrich Beck (15) sieht drei Epochen der Arbeit:

1. „Griechische Polis – die Unfreiheit durch Arbeit"
   In dieser Zeit brachte das Freisein von Arbeit erst Freiheit und den Anspruch der Gesellschaft anzugehören.
2. „Moderne Arbeits-Demokratie – die Freiheit durch Arbeit"
   Mit der Industrialisierung kam die Neuorientierung der Arbeit und ihres Stellenwerts in der Gesellschaft. Heute gehört jemand der Gesellschaft an, der einer erwerbstätigen Arbeit nachgeht. Materielle Sicherheit bringt politische Freiheit.
3. „Die Zukunft von Arbeit und politischem Handeln"
   Die Arbeitsgesellschaft, bei der die Arbeit im Mittelpunkt des Lebens steht, kommt an ihre technologischen und ökologischen Grenzen. Durch immer intensivere Produktivitätssteigerung und immer mehr Automatisierung beziehungsweise Einsatz von Maschinen und Computern wurde die menschliche Arbeit reduziert und damit der Mensch aus dem Arbeitsprozess verdrängt.

Durch die vielen neuen Formen der Arbeit geht auch die Solidarität zwischen den Arbeitenden verloren. Jeder geht seine eigenen, privaten Wege. Solidarität geht der Mensch nur ein, wenn er einen persönlichen Nutzen sieht. Die Gewerkschaftsorganisationen sind anonym geworden und für den durchschnittlichen Arbeitnehmer undurchschaubar.

4 National versus International

Geht in einer immer globaler werdenden Welt das nationale Gedankengut verloren? Werden bodenständige Bräuche durch internationale Gepflogenheiten ersetzt?

Kultur ist etwas lebendiges. Sie ist mobil. Sie verändert sich. Kulturelle Moden sind für die Weiterentwicklung einer Kultur wichtig. Eine Kultur, die keine Moden erzeugt, ist eine statische Kultur. Bestimmte Volksstämme erzeugten keine Moden und sie hatten auch keinen Fortschritt. Entgegengesetzt dazu gibt es Kulturen, in denen die einzelnen Modewellen zu rasch wechseln. Unterdrückung von Moden erzeugt eine reaktionäre Kultur. Die Konservativen stempeln gerne Neuheiten – negativ – als Moden ab. Das war immer schon so. Schon die Anhänger von Aristoteles sprachen negativ über die Lehren des Sokrates. Heute wissen wir, wie wichtig solche Veränderungen sind. Der Zeittrend des beginnenden 21. Jahrhunderts bringt uns Globalisierung und Internationalisierung und damit ein Mehr an Mobilität.

4.1 Weltkultur

Amerika gilt als das große Vorbild für den „Schmelztigel der Kulturen". Einwanderer werden integriert. Sie behalten einerseits ihre Herkunftskulturen, übernehmen aber trotzdem die amerikanische Einheitskultur. Die verschiedenen Kulturen vermischen sich; trotzdem bleiben die einzelnen Teilkulturen weiter erkennbar. „Die Amerikaner haben unsere Köpfe kolonialisiert" sagten Gegner. Befürworter sagen: „Die Amerikaner haben eine intern gefestigte Kultur, die sie nun auch exportieren und über die ganze Welt tragen".

Für die Weltkultur gibt es drei Denkmodelle:

- Kulturkampf
  Früher führten nationale Interessen zu Kriegen und Auseinandersetzungen. Heute sind es zunehmend kulturelle Unterschiede. Kultur bringt Menschen einerseits zusammen, trennt sie aber auch. Schwerpunktmäßig liegt der heutige Kulturkonflikt zwischen Moslems und der westlichen Kultur.

- McDonalitisierung (Cocacolonisation)
  Die Massenmedien und ihre Ideen haben sich seit den 20er Jahren des 20. Jahrhunderts auf die ganze Welt ausgebreitet. Heute ist diese Medienwelt zum Standard geworden. Filme kommen meist aus Hollywood. Auch in der Gastronomie kam es zur Kolonialisierung durch Amerika. Nicht die Qualität der Speisen, sondern die wirtschaftliche Macht ist ausschlaggebend.

- Hybridisierung
  Eine Wechselwirkung der unterschiedlichen Kulturen führt zu neuen Mischungen. Amerikanische Trends werden in regionalen und lokalen Kulturen integriert. So wird globale Kultur lokal. Coca Cola steht in der westlichen Welt für ein junges und dynamisches Leben; in Russland glaubt man, dass es Falten glätte und deswegen trinkt man es und japanische Mönche stellen es auf ihre Altäre.

Im Wandel sehen wir oft einen Verlust und übersehen das, was wir hinzugewinnen. Das Zusammenstoßen von Kulturen erzeugt Widerstand. Es entsteht Wettbewerb zwischen den

Kulturen, bei dem es Verlierer und Gewinner gibt. Große Konzerne wie Warner, Disney oder AOL können kleine Kulturen verdrängen und ein kulturelles Artensterben erzeugen.

4.2 Globalisierung

Globalisierung ist der de facto Vernetzungszustand unserer Welt. Wir haben weltweit die gleichen Waren, sehen die gleichen Filme, führen weltweit Hygienemaßnahmen durch und verbreiten Demokratie und Menschenrecht in alle Weltteile. Yoga verbreitet sich ebenso in Europa wie Akupunktur angewendet wird.

Globalisierung findet innerhalb der Gesellschaft, der Politik und dem Verhältnis von Staat und Politik statt. „Das sieht dann so aus:

- Die äußere Interdependenz zwischen fortbestehenden nationalstaatlichen Gesellschaften wächst.
- Zusätzlich, gleichsam oberhalb zu diesen, entstehen transnationale Institutionen und Akteure.
- „Multi-kulturelle" Identitäten stören die Ordnung relativ homogen gedachter „monolithischer Blöcke" staatlich organisierter Nationalgesellschaften.
- Diese Sicht von Globalisierung als „zwischennationalem", „zwischenstaatlichem", „zwischengesellschaftlichem" Ereignis wachsender Vernetzung und Überformung stellt nicht die Unterscheidungen von erster und dritter Welt, Tradition und Moderne in Frage, vielmehr bestätigt sie diese." (16)

Globalisierung ist ein Zeittrend, eine Mode, die unsere Kultur verändert. Parallel dazu registrieren wir aber mehr und mehr lokales und regionales Denken. Das zeigt uns auch das Konsumverhalten:

- Französische Fischlieferanten etikettieren ihre Fische wie Weinflaschen, um den französischen Kunden zum Kauf einheimischer Ware zu animieren.
- Eine österreichische Lebensmittelkette stellt „ja zu österreichischen Produkten" an erste Stelle im Marketingkonzept.
- Nationalisierung der Marketingstrategien in vielen Ländern der Welt.

Dasselbe kann man auch in der Informationsverarbeitung beobachten:

- Die höchsten Einschaltquoten erreichen Lokalfernsehsender. Mehr Menschen sind an lokalen und regionalen Nachrichten interessiert als an internationalen Weltnachrichten.
- In Österreich sehen mehr Leute die Regionalsendung „Österreichbild" als die Weltnachrichten aus „Zeit im Bild".
- Wir brauchen auch mehr nationale Produktionen im Bereich der Neuen Medien. Zwar bietet uns das World Wide Web eine Unmenge an Informationen an, wenn wir aber lokale Daten suchen, werden wir oft nicht zufriedengestellt. Wir können unsere Kinder nicht Geographie mit amerikanischen Programmen unterrichten. Sie sind für europäische Verhältnisse zu ungenau und haben zu viele Fehler. Ganz abgesehen davon, dass

das „Feeling" für die europäische Situation fehlt, so wie es uns Europäern für amerikanische Umstände fehlt.

Jede Region soll ihre lokalen Informationsbedürfnisse selbst befriedigen. Wir in Österreich haben aber nicht genug Experten, um Neue Medien Inhalte zu produzieren. Die österreichische Unterrichtsministerin hat entschieden, einen Teil des Schulbuchbudgets für Neue Medien zu verwenden. Es gibt aber nicht genügend Unterrichtsprogramme am Sektor Multimedia um diesen Budgettopf auszuschöpfen. Wir haben nicht genug Produzenten, Autoren und Firmen für Neue Medien.

Auch das Kaufverhalten der Internetuser zeigt, dass zwar einerseits mit dem WWW eine internationale Plattform geboten wird und international Informationen eingeholt werden, aber Aktivitäten werden national getroffen. Eine Untersuchung (17) hat gezeigt, dass etwa 84% der deutschen Internetkäufer in Deutschland einkaufen und nur 8% der Waren aus den USA bezogen werden. Das Verhalten der chauvinistischen Franzosen ist hier sogar internationaler: 29% kaufen in den USA und „nur" 59% in Frankreich selbst.

Website	Befragte User		
	Deutsche	Franzosen	Briten
in Deutschland	84%	2%	1%
in Frankreich	0%	59%	1%
in Großbritannien	2%	2%	67%
in den USA	8%	29%	28%
keine Angaben	6%	8%	3%

Tab. 3: Web-Shopper sind „Local Shopper"; Umfrage: „Falls Sie in den letzten 4 Wochen online eingekauft haben: Wo war die Website angesiedelt, auf der Sie gekauft haben?"
(Quelle: The Boston Consulting Group)

Mit verstärkter Internationalisierung muss aber nicht das regionale Kulturgut verloren gehen. Ganz im Gegenteil: die Informationstechnologie enthält die Chance, die Menschen regelmäßig an ihre Wurzeln zurückkehren zu lassen. Als ich in Paris wohnte war es wichtig, mit Hilfe des Internets die lokalen und nationalen Nachrichten von zu Hause zu lesen, obwohl sie mir vor Ort in Frankreich nicht halfen.

In der Zeit der großen Mobilität ein wichtiger Faktor. Die Hälfte aller Griechen lebt außerhalb Griechenlands. Die größte italienische Stadt ist nicht in Italien und Chinesen bevölkern in Nordamerika riesige Städte und Stadtbezirke.

Es ist auch der Umkehrschluss erlaubt, der sagt, dass internationale Faktoren die Regionalentwicklung beeinflussen:

- Globalisierung,

- europäische Veränderungen (Osterweiterung, EU-Integration) und

- technologische und organisatorische Veränderungen der Wirtschaft.

„Die Globalisierung der Wirtschaft hat zwar noch nicht jene Ausmaße erreicht, wie es etwa von *Martin* und *Schuhmann* (1996) unterstellt wird, und sie ist auch nicht ganz so neu, wie es in der tagespolitischen Diskussion den Anschein hat (Welthandel und multinationale Unternehmen gibt es schon seit langem). Sie hat aber in den 80er und 90er Jahren eine neue Qualität erhalten, die nationale wie regionale Wirtschaften beeinflusst (*Oman* 1996). Dies liegt in der zunehmenden Mobilität des Finanzkapitals, in den Globalisierungsstrategien der großen Unternehmungen und im Ausbau von weltweiten Transport- und Telekommunikationsnetzen. Aus der Sicht der westlichen Wirtschaften sind mit der Globalisierung zwei Teilprozesse verbunden. Zum einen eine stärker werdende Konkurrenz aus Schwellenländern, die sich seit den 70er Jahren insbesondere bei den standardisierten und arbeitsintensiven Produktionen bemerkbar gemacht hat, und die in letzter Zeit aber auch andere Sektoren einschließt (*Dicken* 1994). Zum zweiten manifestiert sich Globalisierung in einer zunehmenden Konkurrenz innerhalb der Triade, also zwischen den großen Wirtschaftsblöcken Nordamerika, Westeuropa und Fernost, die sich insbesondere in Form einer verschärften Technologiekonkurrenz auswirkt." (18)

Die Weltwirtschaft wird von den drei Regionen USA, der Europäische Union und Japan dominiert:

Region	Anteil am Welthandel
USA	15,3%
Europäische Union	36,3%
Japan	6,1%
Andere Industrieländer	17,8%
Entwicklungsländer	24,5%

Tab. 4: Anteil der Regionen am Welthandel

Mit 13,3 Prozent der Weltbevölkerung wickeln sie 60 Prozent des Welthandels ab. Die Entwicklungsländer haben mit ¾ der Weltbevölkerung nur ¼ des Welthandels. Entscheidend ist auch, dass die ohnehin schon erfolgreichen Märkte auch erfolgreich im eigenen Binnenmarkt sind (vgl. Tab. 5).

Im Marketing ist nicht nur der Bedarf eines Marktes festzustellen, sondern auch die Finanzierbarkeit. Analysiert man die drei Weltregionen nach diesen Kriterien ergibt sich das in Tab. 6 dargestellte Bild.

	Handel von (in Mrd. US$)		
Handel nach	Nordamerika	Südostasien	Westeuropa
Nordamerika	----	26,9	9,2
Südostasien	24,4	----	10,5
Westeuropa	19,0	17,6	----
Rest der Welt	20,8	8,0	14,4

Tab. 5: *Welthandel nach Richtungen*

	USA	Japan	EU
Wohlstand BIP pro Kopf in US$	29.180	23.760	17.279
Wachstum BIP in % 1997	+3,8	+0,8	+2,8
Lebenserwartung in Jahren	76,7	80	77,2
Arbeitslosigkeit in % der aktiven Bevölkerung 1998	4,8	3,5	10,6
Investitionen in % des BIP 1996	18	28	19
Bevölkerung in Millionen 1998	274	126	374
Exporte in % des BIP	8,2	9	10,2

Tab. 6: *Unterschiedliche Kriterien der drei Weltregionen im Vergleich*

4.3 Nahrungsmittelpreise sinken

Durch verstärkte Internationalisierung fallen die Lebensmittelpreise in fast allen Ländern. Landwirtschaften lösen sich auf, weil sie gegen die internationale Konkurrenz nicht bestehen können. Finnlands Bauern haben zunehmend ihre Produktion eingestellt, weil es für die finnische Wirtschaft billiger ist, Nahrungsmittel aus fruchtbareren Ländern einzuführen, als auf dem eigenen kargen Boden zu ernten.

Einflüsse von Interessensvertretungen haben schon eine lange Tradition. Bereits im 18. und 19. Jahrhundert haben Sozialpartnerschaften, Arbeitnehmer- und Arbeitgebervertretungen auf die Preisgestaltung starken Einfluss ausgeübt.

Diese Tradition besteht bis in die heutige Zeit fort. Speziell im Nahrungsmittelbereich wird von staatlicher Seite Einfluss genommen: Nicht nur in totalitär regierten Ländern mit ihren zentralen Planwirtschaften, auch in den demokratischen Ländern mit ihrer – angeblich – freien Marktwirtschaft.

Internationale Verträge sind notwendig, um die der Realität entrückten Nahrungsmittelpreise praktisch anwenden zu können. Hat man sie in Osteuropa der Inflation gar nicht angepasst, so wurden sie im Westen so geregelt, dass man für die Grundnahrungsmittel immer weniger arbeiten musste.

Ein Ausgabenvergleich eines westeuropäischen Arbeitnehmers zeigt:

Ausgaben	1950	1985	1998 (19)
Nahrungs- und Genussmittel	51 %	27 %	26 % (20)
Kleidung, Einrichtung	17 %	16 %	14 %
Wohnung, Heizung	9 %	18 %	32 %
Sonstiges	23 %	39 %	28 % (21)

Tab. 7: Entwicklung der Ausgaben eines westeuropäischen Arbeitnehmers

Grundnahrungsmittel sind immer billiger geworden. Ein Ei kostet heute noch genau soviel wie vor 50 Jahren, nur ist das Einkommen der Menschen um ein Vielfaches gestiegen.

4.4 Die Sprache

Der europäische Wirtschaftsraum hat gegenüber den Vereinigten Staaten von Amerika den Nachteil der verschiedenen Sprachen. Obwohl sich auch in Europa englisch als die Wirtschafts- und Wissenschaftssprache durchsetzt. Für die meisten Einwohner bleibt sie aber eine Fremdsprache und limitiert die Kommunikation.

Auch im Internet dominiert die englische Sprache. Durch die rasante Zunahme lokaler Angebote nehmen aber auch die lokalen Sprachen zu. Im Oktober 1998 waren 58% der Informationen in englisch (22). Der Anteil der „nicht englischen" Angebote wächst rasch und verteilt sich wie folgt:

Sprache	Prozent	Sprache	Prozent
Spanisch	20,5	Portugiesisch	3,5
Deutsch	20,4	Italienisch	3,1
Japanisch	18,4	Holländisch	2,9
Französisch	8,8	Koreanisch	2,5
Chinesisch	6,1		

Tab. 8: 67 Millionen haben In „nicht englischer Sprache" Zugang zum Internet (Quelle: Euro-Marketing Associates, Oktober 1998)

Die Sprache transportiert nur einen kleinen Teil unserer Kommunikation. Multimediale Technologien können ihren Stellenwert reduzieren. Bei Übersetzungen, die rein mechanisch, technokratisch abgehandelt werden, wird es sichtbar: Kultur ist ein Teil unserer Sprache, der nicht über Buchstaben und Worte allein transportiert werden kann. „Zwischen Sprache als Mittel der Kommunikation und Sprache als präziser Beschreibung von Sachverhalten ist zu unterscheiden." (23)

4.5 Telekommunikation: Vater der Globalisierung

Neben anderen Technologien, wie der Luftfahrt trug die Telekommunikation entscheidend zur Globalisierung unseres Planeten bei. Noch vor 30 Jahren war Telekommunikation eine nationale Angelegenheit. Nationale Standards und Normen, nationale Entwicklung und Forschung und nationale Produktion machten die Telekommunikation zu einer strategischen Einrichtung eines Landes, ähnlich einer Untermenge der Armee. Ausländische Telekommunikationseinrichtungen waren verboten. Man schützte die einheimische Industrie. In Österreich waren es Familienunternehmen wie Schrack und Kapsch, die Haus- und Hoflieferanten des Postmonopolisten waren. Unter der Regierung Kreisky wurde sich erstmals für eine ausländische Technologie entschieden, und die Entscheidung war eine richtige.

Speziell die Telekommunikation kann nicht mehr auf nationaler Ebene geregelt werden. Das Internet braucht eine weltweit einheitliche Gesetzgebung. Sie hat keine Staatsgrenzen mehr. Auch die Besitzverhältnisse der Telekomoperator können nicht mehr bestimmten Staaten zugeordnet werden.

4.6 Wertschöpfung

Unsere Wirtschaft ist immer weniger auf die Arbeitskraft ausgerichtet. Der Mensch als arbeitendes Individuum verliert laufend an Wert. „Shareholder Value" ist wichtiger. Der Aktienkurs rangiert vor der Arbeitslosenrate. Makler spekulieren auf eine Währung und bringen damit Tausende Menschen in die Arbeitslosigkeit.

Die internationalisierte Kommunikations- und Datenverarbeitungstechnik stellt ein Werkzeug für den Globalisierungsprozess dar. Über das reine Telefonieren hinausgehend können Daten übertragen werden. Elektronische Mails ersetzen mehr und mehr die traditionelle Briefpost. Elektronische Post ist schneller und kennt keine Grenzen.

Ein weiteres Element der Globalisierung ist die „Suche nach der Wertschöpfung" (24). Die zentralen Prozesse der Wertschöpfung in der europäischen Industriegesellschaft sind:

- Produktion,
- Forschung und Entwicklung und
- Logistik.

Tragen wir diese drei Faktoren auf einer Zeitachse auf, so müssen wir feststellen, dass Produktion für uns Europäer immer unwichtiger wird. Die Dritte Welt produziert wesentlich billiger. Aber auch der Bereich „Forschung und Entwicklung" ist bei uns bereits mit weniger Chancen behaftet. Gute Entwicklungsingenieure sind in außereuropäischen Ländern billiger. Zunehmend an Bedeutung gewinnt die Logistik. Die höchste Wertschöpfung liegt in der

Logistik. Diese Veränderung hat auch erhebliche soziologische Auswirkungen auf unsere Gesellschaft. Mit Hilfe der elektronischen Kommunikation wird der Standort für Forschung und Produktion immer unwichtiger.

4.7 Digital bedeutet international

Mit der Digitalisierung der Technik und dem immer stärkeren Softwareanteil änderte sich die Situation hin zur Internationalisierung. Ein Land alleine hatte nicht mehr ausreichende Ressourcen, um einen Telekommunikationsswitch zu entwickeln. Wobei bei Ressourcen nicht Kapital, sondern Menschen – Ingenieure – gemeint sind. Ein Land wie Österreich wäre sogar für einen Testmarkt zu klein. Das letzte Land, dass es trotzdem alleine versuchte, war die Schweiz. Nach einigen erfolglosen Jahren wurde aber auch dort die landeseigene Entwicklung eingestellt.

Ein ähnlicher Druck auf internationale Zusammenarbeit kam durch die Produktion. Bauteile wurden immer integrierter und kleiner und ihr Herstellungsaufwand immer geringer. Produzierten vor einigen Jahrzehnten noch vier Firmen Telefonapparate für den österreichischen Markt, so kann heute eine Fabrik mit 500 Mitarbeitern den gesamten Telefonapparatebestand Österreichs in wenigen Monaten herstellen.

Produktion musste konzentriert werden. Der Chairman eines großen internationalen Telekommunikationskonzerns kündigte vor einigen Jahren an, dass er für 2 Jahre jede Woche eine Fabrik schließen werde. Wenige Fabriken genügen, um den gesamten Weltmarkt zu versorgen.

Die Forschung und Entwicklung setzt einen Weltmarktanteil von mindestens 10 bis 15% voraus, um finanziert werden zu können. Dies bedeutet eine Konzentration auf 5 weltweite Anbieter. Ähnliches wird auch am Gebiet des Operatings, des Betreibens von Telefonnetzen passieren. Zwar stehen wir derzeit vor einer Liberalisierung und dem Entstehen vieler neuer, konkurrierender Firmen, im nächsten Schritt werden aber international große Carrier entstehen, die sich den Weltmarkt aufteilen. Wir tauschen also – mit einer kurzen Pause von einigen Jahren – die nationalen Monopole gegen internationale Quasimonopole ein.

Die Telekommunikation beeinflusst unser gesellschaftliches und wirtschaftliches Leben. Wir sind internationaler und kommunikativer als Generationen vor uns. Heute hat ein Spitzenmanager an einem Tag mit mehr Menschen Kontakt als ein Mensch im Mittelalter in seinem ganzen Leben.

Der Prozess der Internationalisierung ist aber noch nicht am Höhepunkt. Telefonnetzbetreiber sind noch national. Durch Investitionen von internationalen Konzernen wie British Telekom oder Deutsche Telekom in kleinen Firmen wie der „Post und Telekom Austria" expandieren die globalen Konzerne in die nationalen Firmen hinein, so dass auch sie im nächsten Schritt global werden.

4.8 Politische Globalisierung

So betrachtet ist die Globalisierung der Regionalisierung noch überlegen. Mittelfristig wird sich die Situation zwischen globalem und regionalem Denken ausbalancieren. Diese „Balance" kann auch auf politischem Gebiet beobachtet werden.

Mit der EU gehen wir zwar einen globalen Weg und globalisieren mit europäischer Währung, europäischer Wirtschaft und europäischem Ausbildungssystem, aber andererseits entstanden am Ende des 20. Jahrhunderts mehr und mehr Kleinstaaten. In einer Wellenbewegung splitten sich Länder in kleinere. Das war so am Ende des Ersten Weltkriegs, als die Österreichisch-Ungarische Monarchie in viele kleinere Staaten zerbrach und dasselbe passierte beim Zerfall der Sowjetunion. Mit dem wegfallenden Kommunismus ging auch die zusammenhaltende Klammer der Länder verloren und neue Nationen wie Slowenien, Kroatien, Serbien oder die baltischen Staaten entstanden.

Aber auch dieser Trend ist noch nicht abgeschlossen. Neue Diskussionen über Absplittung vom Mutterland gibt es in Ländern wie Schottland, Norditalien und Belgien. Selbst das heutige Russland wird nicht so bleiben wie es heute ist. Als ich einen Rußlandexperten nach der Zukunft des Landes fragte, meinte er: „Sie als Österreicher fragen dies. Ihre Geschichte gibt die Antwort." So wie die österreichisch-ungarische Monarchie nach dem Ersten Weltkrieg in einer ersten Welle in kleinere Länder (z.B.: Tschechoslowakei und Jugoslawien) zerfiel und in einer zweiten Welle, nach Wegfall des Kommunismus in wieder kleinere (z.B.: Tschechien, Slowakei), so wird es auch in Russland eine zweite Welle geben. Die Unabhängigkeitsbewegungen in Tschetschenien und anderen Landesteilen weisen bereits darauf hin.

4.9 Noch globaler!

Einerseits konzentrieren wir mehr und mehr, um auf internationalen Märkten konkurrenzfähiger zu sein, andererseits ist es mit Hilfe der Telekommunikation immer unwichtiger, wo eine Firma platziert ist. Telekommunikationsnetzwerke verbinden am Globus verstreute Standorte zu einem „virtuellen Unternehmen". Ähnlich ist es auch in der Politik. Die Telekommunikation erlaubt es, dass kleine und kleinste Länder im Verbund von größeren Vereinigungen wie der EU lebensfähig sind.

Allianzen werden lokales und globales Denken zusammenbringen. Lokale Unternehmen, egal in welcher Branche, brauchen internationale Partner, um internationale Kunden in den lokalen Markt zu bringen und umgekehrt. Unter diesen Umständen braucht Nationalität eine neue Definition und die Globalisierung wird sehr viel weiter gehen, als wir heute zu denken im Stande sind.

5 Gesellschaftspolitische Mobilität

Technische Hilfsmittel erlauben uns fast überall erreichbar zu sein. Dies bedeutet eine größere Unabhängig von Orten. Der Faktor Zeit ist wichtiger geworden als der Ort, wo man sich befindet. Dies hat wesentliche Auswirkungen auf unser gesellschaftliches Zusammenwirken. „Die elektronischen Medien sind dabei, die Gesamtheit der überkommenen sozialen Strukturen aufzulösen. Sie kreieren ein *neues Sozialuniversum* in Gestalt einer großen offenen Bühne der Gleichzeitigkeit, doch ohne die Rückzugschance des „anderen" Ortes. Das traditionelle Band zwischen unseren physischen Orten und den sozialen und psychologischen Erlebniswelten ist zerschlissen. Wir leben nicht mehr in einer Region, sondern in einem Kommunikationssystem; wir hausen nicht mehr in Dörfern und Städten, sondern in Programmsegmenten. Die digitalen Neunomaden sitzen in selbstgewählten Orten vor einem Bild und gleiten elektronisch durch die Universen von Zeit und Raum." (25)

5.1 Überalterung der Gesellschaft

Die Länder der westlichen Welt überaltern. In Deutschland werden im Jahr 2030 über 50 Prozent der Bevölkerung älter als 50 Jahre sein. Die grundlegende Frage wird es sein, wie kann eine überalterte Gesellschaft, in der der Anteil von jungen Menschen in der Minderheit ist, weiter innovativ sein? Bisher war der Anteil der jungen Generation in der Gesellschaft immer in der Überzahl und machte Druck auf kulturelle Evolutionen und Veränderungen. Kann bei einer Umkehr der Alterspyramide die Innovationskraft eines Volkes erhalten bleiben?

Der Ministerpräsident des Freistaates Sachsen, Prof. Dr. Biedenkopf, hat seine Universitäten beauftragt, Ausbildungsprogramme zu entwickeln, in denen jene Menschen zu einem zweiten Bildungsweg an die Hochschulen zurückgeholt werden, die bereits 20 und mehr Jahre im Berufsleben stehen. Kann das eine Lösung gegen die verlorengegangene Innovationskraft eines Staates sein, dass man ältere Menschen wieder ausbildet als seien sie junge? In jedem Fall erhält man die Menschen geistig mobil. Nicht nur älter werden, sondern geistig aktiv alt werden.

5.2 Internet und Alter

Das Verhältnis der Menschen vis a vis den Neuen Medien ist unterschiedlich. In verschiedenen Untersuchungen kamen wir zu folgenden Erkenntnissen:

„Digital Homeless"

Nach *Negroponte* sind dies Menschen, die mit den Neuen Medien wie Internet nicht umgehen können oder diese nicht akzeptieren bzw. anwenden. „Digital Homeless" fallen in die Altersgruppe zwischen 30 und 55 Jahren.

In einer Befragung, die wir in Österreich unter Lehrern durchgeführt haben, kamen wir zu ähnlichen Ergebnissen. Im Konkreten wurde gefragt, inwieweit ein Lehrer ein Textverarbeitungsprogramm bzw. Tabellenkalkulationsprogramm etc. bedienen kann. Wir haben nicht nach konkreten Programmen gefragt. Auch wenn er ein altes – vielleicht heute nicht mehr übliches – Programm verwendet, haben wir es als positive Antwort gewertet. Dabei kamen wir zu Werten unter 10% bei der Altersgruppe 30 bis 55.

Auf Grund dieser Studie haben wir der zuständigen Ministerin von weiteren Frühpensionierungen in der Lehrerschaft abgeraten. Wie schon bei den Indianern, sind die „alten Herren" die Weisen und für die Gesellschaft (für den Stamm) wichtigen. Eine Erkenntnis, die bei uns verloren gegangen ist. Im Zusammenhang mit den neuen Technologien haben wir wieder auf die Notwendigkeit der „Alten" in der Gesellschaft hingewiesen. Gerade die über 55jährigen haben hohe Werte bei der Verwendung „neuer Technologien". Sie haben die Erfahrung des Lebens und sind den Neuerungen aufgeschlossen.

In Amerika verzeichnet man die höchsten Zuwachsraten im Internet bei den über 70jährigen.

„Paperless"

Aus der Verwendung von Papierausdrucken kann man das Alter erkennen. Internetuser unter 30 Jahren lesen ihre Informationen vom Bildschirm und verarbeiten sie auch so.

Ältere Menschen brauchen ein Stück Papier zum Lesen und zum Weiterarbeiten. Ältere User drucken ihre E-mails aus, bevor sie sie lesen.

Verhalten der Altersgruppen vis a vis Telekommunikation

⇒ Erfolgreiche Menschen verwenden sie mehr als erfolglose.

⇒ Singles verwenden sie öfter als in Wohngemeinschaft (Ehe, Familie, Kommune) lebende Menschen.

⇒ In Haushalten mit einem Haushaltsvorsitzenden, der älter als 55 ist, werden auch die jüngeren Familienmitglieder eingeschränkt in der Verwendung der TK.

⇒ Unterschiede zwischen Mann und Frau: Männer fast ausschließlich für „Faktenaustausch". Frauen auch für Emotionelles, Psychologisches und zur Überwindung sozialer Isoliertheit.

⇒ Zu hübschen (oder angeblich hübschen) Kommunikationspartnern ist man freundlicher als zu unhübschen. In einem Versuch haben wir Menschen den Partner so beschrieben, wie er ihn gerne sehen würde – auch wenn sie das nicht sind – und er war freundlicher. Gibt man ihn als „Nicht Ideal Partner" vor, ist die Versuchsperson unfreundlicher.

⇒ Ältere Menschen kommunizieren kürzer als jüngere.

Internet vergrößert den Kommunikationskreis

⇒ Beim Telefon sind 70% aller Gespräche unter 8 Kilometer.

⇒ 40-50% im Radius von 3 Kilometer.

⇒ 60% aller Telefonate in Deutschland sind etwa Ortsgespräche.

⇒ Es wird mehr in den Städten als auf dem Land telefoniert.

⇒ Das bedeutet: die Intensität des Telefonverkehrs nimmt mit der weiteren Entfernung zu und nimmt bei niedriger Bevölkerungsdichte ab.

⇒ Im Internet wird der „Einzugsbereich" internationaler und größer.

⇒ Generell aber ist noch einmal festzustellen, dass ein Manager heute an einem Tag mit mehr Menschen Kontakt hat, als ein Mensch im Mittelalter in seinem ganzen Leben!

5.3 Die Frau in der mobilen Gesellschaft

Der **Frauenanteil** nimmt in der westlichen Welt zu. Über 50% der Einwohner in Europa sind Frauen. Dadurch drängen auch mehr Frauen in den Arbeitsprozess. Leider stehen die Forderungen nach mehr Mobilität bei der Arbeit und dem, dass beide Ehepartner arbeiten, im Widerspruch. Es ist schwierig, dass beide Partner Karriere machen („Zwei-Karriere-Familie").

Das verstärkte Eintreten der Frauen in die Arbeitswelt hat seinen Hintergrund in einer gesellschaftspolitischen Verschiebung. Frauen heiraten heute später und haben einen längeren Lebensabschnitt, in dem sie für sich alleine sorgen. Ihr Ausbildungsniveau steigt, Haushaltsmaschinen machen die Hausarbeit leichter und die Anzahl der Kinder wird kleiner. Ihre Abkömmlichkeit vom Haushalt ist größer geworden. Ihre Position innerhalb der Familie wird dadurch auch bedeutender. In den USA verdienen bereits 20 Prozent der Frauen mehr als ihre Ehepartner.

Land	Frauen im Arbeitsprozess (in %)	
	1970	1990
USA	48,9	69,1
Japan	55,4	61,8
Deutschland	48,1	61,3
Großbritannien	50,8	65,3
Frankreich	47,5	59,0
Italien	33,5	43,3
Spanien	29,2	42,8

Tab. 9: Frauen im Arbeitsprozess
(Quelle: BECK, Ulrich: Schöne neue Arbeitswelt. Vision:
Weltbürgergesellschaft, Frankfurt/New York 1999, S. 43)

Es geht aber nicht nur um den quantitativen Anteil der Frauen in der Bevölkerung, sondern vielmehr um die Veränderungen im qualitativen Bereich. Ist die Wissenschaft der Vergangenheit davon ausgegangen, dass alle Geschlechter gleich sind, so lernt man heute zunehmend die Vorteile der beiden Geschlechter kennen und einzusetzen. Sie ergänzen sich und führen zu höherer Leistung in Organisationen. Frauen können ihre natürlichen Talente am Arbeitsplatz entwickeln und anwenden.

Der Grundbaustein der Gesellschaft verlagert sich von der Familie hin zum Einzelindividuum. Innerhalb der traditionellen Familie reduziert sich die Kommunikationsintensität. „Man hat einfach weniger Zeit füreinander. Die Zeitrhythmen passen nicht zueinander, insbesondere durch die Berufstätigkeit der Frauen, die in dieser Hinsicht ihren „Rückstand" wettgemacht haben. Es ist eine Terminkalender-Familie." (26)

In Europa war 1960 nur jeder zehnte Haushalt ein **Einpersonenhaushalt**. 1998 lebte in Österreich bereits in einem Drittel der Haushalte nur eine Person (27). Die Familie selbst ändert sich auch. Nicht nur das Existieren vieler ungeregelter Wohngemeinschaften, auch die gesetzlich geregelten Ehen sehen anders aus als noch einige Jahrzehnte vorher. Die heutige Familie hat weniger Kinder, und die Frau geht vermehrt arbeiten.

Mehr als ein Drittel der in den 70er Jahren geschlossenen Ehen sind Mitte der 90er Jahre geschieden. 1998 wurden zirka 40.000 Ehen geschlossen. Im selben Jahr wurden 18.000 Ehen geschieden. In diesem Umfeld ist auch die Kindererziehung anders geworden. Bereits jedes 3. Kind wird in Österreich außerehelich geboren.

Die europäischen Länder stagnieren in ihren Einwohnerzahlen und die nordafrikanischen Länder drängen mit ihrer stark wachsenden Population in den europäischen Wirtschaftsraum. Die DDR hatte 1962 als erstes europäisches Land mehr Todesfälle als Geburten. In 50 Jahren wird es in Europa um bis zu 25% weniger Einwohner geben (28).

Im Bereich der neuen Technologien sind die Frauen zwar im Aufholen, das Internet ist aber nach wie vor eine Männerwelt. Drei Viertel der amerikanischen Internetuser sind männlich und unter 40 Jahren. „Alta Vista" verweist aber auch auf jene 5 bis 7 Prozent Amerikaner, die nach intellektuellen Informationen suchen (29). Ähnlich ist die Situation in Österreich:

Geschlecht	ab 14 Jahren	Internet-Nutzer	Intensiv-Nutzer
Männer	47	69	74
Frauen	53	31	26

Tab. 10: Internet als Männerwelt (Angaben in Prozent; Quelle: AIM Austrian Internet Monitor, 4. Quartal 1997, Integral Markt- Und Meinungsforschungsgesellschaft, Wien)

Eine Frau, die nicht gerade mitten in der Kleinkindererziehung steckt, ist sicherlich imstande, das Gleiche wie ihre männlichen Kollegen zu leisten. Statistiken über Firmenzugehörigkeitsdauer 20 bis 35jähriger Manager zeigt, dass das immer aufgezeigte Ausfallen von weiblichen Managern durch Schwangerschaft kein so großes Risiko für ein Unternehmen ist. Die Wahrscheinlichkeit, dass Männer – obwohl sie keine Kinder gebären – das Unternehmen verlassen, um woanders zu arbeiten, ist genau so groß, wie ihre weiblichen Kollegen wegen Kindernachwuchses, ausfallen.

Der Anteil von Frauen im Management wird weiter steigen. In Mittel- und Kleinbetrieben ist ihr Anteil schon heute relativ groß. Die Frauen profitieren in den Großbetrieben von der gerade in Gang gekommenen Änderung des Managementstils. Die Dezentralisierung gibt Macht und Entscheidung seitlich weiter, was den hierarchisch weiter unten angesiedelten Frauen zugute kommt.

Teilweise will man der Feminisierung auch nachkommen, weil es dem Zeitgeist entspricht. Das verstärkte Eintreten der Frau in die Arbeitswelt, hat seinen Hintergrund in einer gesellschaftspolitischen Verschiebung. Der Grundbaustein der Gesellschaft verlagert sich von der Familie zum Einzelindividuum. Die fortschreitende Säkularisierung verändert ebenfalls die Einstellung zu Frauen. Von der ursprünglich unterschiedlichen Erziehung von Mädchen und Buben wird mehr und mehr abgegangen.

Die gesellschaftspolitischen Veränderungen machen erst ein verstärktes Eintreten der Frauen im Management möglich. Eine im Jahr 2000 in 100 Ländern durchgeführte Studie der Weltbank besagt, dass die Kluft zwischen Männern und Frauen kleiner wird. In den Bereichen Bildung, Besitzrechte und Arbeitsplätze erscheinen immer mehr Frauen. In jenen Ländern, wo es mehr Frauenrechte gibt, ist auch weniger Korruption und ein schnelleres Wirtschaftswachstum zu verzeichnen. Die Zahl der Grundschülerinnen hat sich in den Ländern im Nahen Osten, Südasien und den afrikanischen Regionen südlich der Sahara in den Jahren 1975 bis 2000 verdoppelt. Zudem ist die Lebenserwartung der Frauen in den Entwicklungsländern um 15 bis 20 Jahre gestiegen.

5.4 Screenager

„Screenager" nennt der Leiter (30) des McLuhan Programms der Universität Toronto junge Menschen, die einen Großteil ihrer Zeit vor dem Bildschirm verbringen. Sei es der Fernsehapparat oder der Computer. In einem Fall ist es passives konsumieren, im anderen eine direkte Einbindung in die virtuelle Welt. Es sind Menschen, die in die Welt der Computer hineingeboren sind und die flexibler, schneller, visueller und multifunktioneller denken.

Gehirnforscher beweisen, dass diese Generation ihr Gehirn anders benutzt als noch ihre Väter. Parallele Verarbeitungen sind aber auch bei ihnen nicht möglich. „Denn die formale Struktur unseres Gehirns ist vorgegeben. Und die erlaubt keine parallel laufenden Denkleistungen und keine Entwicklungssprünge im Generationsrhythmus." (31)

Der Bildschirm und das Internet kann traditionelles Lernen auch nicht vollständig ersetzen. *Tomaso Poggio* vom MIT (Cambridge USA) beweist in Versuchen, dass ohne Erfahrung nicht gelernt werden kann.

Das Zurückziehen auf den Bildschirm liegt auch darin, dass sich Kinder emanzipieren. Innerhalb der Familie sind sie gleichberechtigte Partner und besitzen mehr Selbständigkeit als noch eine Generation vorher. Die Machtbalance zwischen Eltern und Kindern verschiebt sich. Konnte früher von den Eltern noch etwas „angeordnet" werden, so muss es heute „begründet" werden.

5.5 Mobilität in der Partnerschaft

„Die Informations- und Kommunikationstechnologien schaffen neue individuelle Handlungs- und Entscheidungsspielräume für Netznutzer. Räumliche und zeitliche Freiräume verändern soziale Beziehungen, Sinnbezüge und Einstellungen.

Das Streben danach, Entscheidungen selbst zu treffen, ein aufregendes Leben zu führen, sich persönlich zu entwickeln und das Leben zu genießen, ist heutzutage eine normale Lebenseinstellung. In der modernen Gesellschaft erleben sich Menschen vor allem als einzelne, die im Prinzip unabhängig von anderen ihren Lebenskurs gestalten. Im Vergleich zur traditionellen Gesellschaft sind die Menschen der heutigen modernen und „enttraditionalisierten" Gesellschaft wesentlich freier und individualisierter. In der traditionellen Gesellschaft waren Individuen unlösbar mit der Kollektivität verbunden, der sie durch Geburt angehörten." (32)

Immer mehr Regierungen stellen homosexuelle Lebenspartnerschaften der traditionellen Ehe gleich. Welche gesellschaftspolitischen Veränderungen dies mittel- und langfristig bringt, ist heute noch gar nicht absehbar.

5.6 Leben als Single

Im Rahmen dieser Individualisierung gibt es zwei Standpunkte:

- Individualisierung führt zu Egoismus und Hedonismus und
- Individualisierung bringt mehr Selbstentfaltung

Der Mensch, der immer mehr allein ist, kompensiert dieses Alleinsein durch mehr Kommunikation. Er baut Kommunikationsnetze auf. Die zunehmende Technisierung der

Kommunikation unterstützt diesen menschlichen Bedarf. Meine Verwandten in New York, ein Ehepaar ohne Kinder, hat so zu Hause in der Privatwohnung 6 Telefonanschlüsse. „Dies sei das Minimum zum Leben", meinten sie. Jeder der beiden möchte unabhängig voneinander telefonieren können. Jeder – ohne vom anderen blockiert zu werden – im Internet surfen, aber den Sprachtelefonzugang nicht verlieren und letztendlich werden die Bürotelefone auch nach Hause umgestellt, was zur Zahl 6 bei den Telefonanschlüssen führt. Mobile Telefone sind hier noch gar nicht mit berücksichtigt.

Die entscheidende Wende zur Verkleinerung der Familien brachte die Entwicklung der hormonellen Kontrazeption (die Pille), die in den 60er Jahren des 20. Jahrhunderts auf den Markt kam und das Sexualverhalten der Menschen grundlegend veränderte. Die „68er Revolution" war nicht nur ein Aufstand der Intellektuellen, sondern auch eine Demonstration der sexuellen Emanzipation.

Das Leben im Singlehaushalt zieht auch einen generellen Wertewandel nach sich, der in einer im Jahr 2000 von *Paul M. Zulehner* durchgeführten Studie (33) definiert wird. Immer mehr Menschen versuchen ohne viel Anstrengungen nur das Beste für sich selbst aus dem Leben herauszuholen. Dieser „neue Österreicher" interessiert sich hauptsächlich für sich selbst und erstrebt alles, was ihm zur Entfaltung seiner eigenen Persönlichkeit nützt. Dies drückt sich aus durch:

- Desinteresse an Politik und Kirche,
- Rückzug aus Institutionen und Vereinen,
- weniger berufliche Motivation,
- weniger Eheschließungen,
- zunehmende Scheidungen,
- mehr Singles und
- Abnahme der Kinderzahl.

Die österreichische Studie beschreibt ihn als „Rosinenmenschen". Ähnliche Studien in Deutschland verwenden den Begriff „Ichling" oder „Ich-Generation". Diese Ich-Bezogenheit erlaubt aber keine wissenschaftlich fundierten Rückschlüsse auf verstärkten Egoismus.

Die Entwicklung in der Wirtschaft ist umgekehrt. Im Berufsleben werden zunehmend gruppendynamische Menschen benötigt. Der Einzelkämpfer hat keinen Platz mehr.

5.7 Die Gruppe

Die immer komplizierter werdenden Systeme erlauben einerseits immer höhere Leistungen, lassen aber das Individuum Mensch zurücktreten. Gruppenarbeit ist sowohl im Business, als auch in der Ausbildung und Kunst die neue Art der Zusammenarbeit. Die Gruppe erlaubt es auch, dass jeder Mensch seine Stärken einbringt und die Schwächen nicht aktiviert werden müssen, weil diese die Stärken eines anderen Gruppenmitglieds sein können.

Die Ausbildungssysteme hinken diesen neuen Arbeitsanforderungen hinterher. Die letzte Gruppendynamische Ausbildung erhalten unsere Kinder im Kindergarten, wo sie noch – nach gruppendynamischen Regeln – aus Bauklötzen gemeinsam Burgen bauen.

Die neuen Telelehreinstrumente führen eine neue Gruppendynamik, die der virtuellen Gruppe ein. So erstellte mein Sohn seine Diplomarbeit mit finnischen, australischen und amerikanischen Kollegen, ohne diese jemals gesehen zu haben. Das Internet führte sie zu ihrer Arbeit zusammen. Ähnliche Arbeitsformen treten in der Softwareproduktion auf, wo man die Zeitunterschiede ausnützt und praktisch rund um die Uhr an einem Produkt arbeitet. Geht der amerikanische Kollege heim, übernimmt den Job einer aus dem Fernen Osten und dieser wird wieder von einem Europäer abgelöst, bis wieder der amerikanische Kollege übernimmt. Arbeit in drei Schichten ohne räumlich am selben Ort zu sein. Zusammenarbeit in einer Gruppe, obwohl nur partiell gemeinsam anwesend.

5.8 Zweckgemeinschaften

Im traditionellen Ansatz wurde als Gemeinschaft die Form des Zusammenlebens definiert, in der Menschen besonders eng verbunden sind. Die „Verbindung" wurde physisch gesehen. Gleiche Handlungsmotive verbinden Menschen zu Gemeinschaften. Nach *Max Weber* (34) unterscheiden wir vier Handlungsmotive zum Zusammenschluss von Gemeinschaften:

1. zweckrational (das Handeln wird auf die Ziele abgestimmt),
2. wertrational (ethisch und ästhetisch geleitetes Handeln),
3. affektuell (emotionell) und
4. traditionell (durch angelernte Gewohnheiten).

Die Technologie bringt jetzt im Internet zusammengesetzte Gemeinschaften mit gemeinsamen Zielen. „...transportation and communications capabilities improved in the industrial era, maintaining contact with widely dispersed friends and family became much easier, and it became possible to participate actively in communities of interest that were not tied to your hometown." (35)

Im Internet entsteht eine neue Art von „Freundschaft". Gemeinschaften entstehen rascher, sind zweckgebunden und lösen sich nach Erreichen des gemeinsamen Zieles ebenso rasch wieder auf. Diese „neuen Gemeinschaften" sind ideal zur kooperativen Selbstqualifikation. Studierende gehen einen bestimmten Teil des gemeinsamen Lernens. Ist das Lernziel erreicht, entsteht eine neue, dem neuen Lernziel entsprechende Gemeinschaft. Konflikte werden gemeinsam mit jenen Gruppenteilnehmern gelöst, die situativ für das jeweilige Problem geeignet erscheinen.

Aber auch im kommerziellen Bereich werden so situativ Einkaufsgemeinschaften entstehen. Im privaten Bereich in Form des elektronischen Tauschhandels (E-Commerce Consumer to Consumer) und der Bildung von Einkaufsgemeinschaften. Im beruflichen und wirtschaftlichen Bereich bekommen kleine Unternehmen durch virtuelle Zusammenschlüsse ähnliche Zugangsmöglichkeiten wie Großunternehmen.

Beziehungen entstehen also rasch und stark zielorientiert, nehmen aber ebenso rasch wieder ab, wenn das gemeinsame Ziel verloren geht. Dieser schnelle Abbruch ist auf Grund der Anonymität des Internets möglich. Beziehungen im traditionellen Sinn sind nicht so schnell beendbar. Romantische Beziehungen enden meist emotional. Die Internetcommunity ist mehr Fakten-orientiert.

In der westlichen Welt und Amerika ist die „Familie" ein Auslaufmodell. Neue Begriffe und damit auch neue Lebensformen ersetzen die klassische Familie. Lebensabschnittspartner ersetzen die Ehepartner und drücken auch die zeitliche Vereinbarung der Partnerschaft aus. Niemand bindet sich für „ewig". Die Mobilität verlangt morgen vielleicht anderes. Nicht ehelich geborene Kinder sind kein gesellschaftlicher Makel mehr. Immer mehr Mütter und Väter kommen selbst aus geschiedenen Ehen und kennen diese Gemeinschaft gar nicht mehr oder nur partiell. Die Politik und Rechtssprechung liberalisieren diese Lebensgemeinschaft auf „das Zusammenleben von Erwachsenen mit Kindern".

5.9 Virtuelle Nachbarschaften

Die virtuelle Welt ist nicht erst mit dem Computer gekommen. Schon die Schauspieler im antiken Theater haben die Menschen in eine irreale Welt entführt. Im Kino werden wir soweit weggeführt, dass wir in der virtuellen, vorgespielten Welt mitleben, weinen oder lachen. Der Mensch vor dem Computer kann vereinsamen oder die Chance nützen und neue intensive Kontakte knüpfen.

Die Begriffe „Ort" und „Zeit" bekommen eine schwerpunktmäßige Verschiebung. War es früher wichtiger, an einem bestimmten Ort zu sein, so ist heute mit der zunehmenden Mobilität die „Zeit" wichtiger geworden. „Entscheidend ist nicht länger, dass die Akteure den Ort gemeinsam haben, entscheidend ist, dass sie an der nämlichen Zeit partizipieren. Nicht, ob jemand von Geburt Pole, Schweizer oder Kanadier ist, schließt ihn definitiv ein oder aus, sondern, beispielsweise, ob er seine prägenden Eindrücke vor oder nach der Perestroika erhalten hat, ob er mit Rap-Musik etwas anfangen kann, ob er weiß, was die Chaos-Theorie ist und ob er mit dem Computer umzugehen vermag. All das entscheidet, ob jemand „in" ist oder „out", dabei oder draußen." (36)

Eine Kommunikationsstudie hat ergeben, dass die Menschen mit Menschen, die gleich nebenan leben, öfter telefonieren als mit weiter entfernt lebenden. Andererseits sind persönliche Kontakte mit dem Nachbarn nebenan seltener, als mit Menschen, die weiter weg wohnen. Das Internet führt uns zu virtuellen Nachbarschaften, bei denen der physische Wohnort völlig sekundär und unbedeutend wird. Virtuelle Nachbarschaften sind raumunabhängig und interessensorientiert. Ein Mitmensch, ein Freund kann eine ähnliche Interessenslage haben, aber nicht im Nachbarhaus, sondern auf einem anderen Kontinent wohnen. Das Internet mit E-mail und Newsgroup erlaubt die neue Zusammensetzung von Interessengemeinschaften und neuen Nachbarschaften.

Zwischen virtueller Welt und realer Umgebung ist weniger Unterschied, als wir oft annehmen. Mit virtuellen Welten hat der Mensch immer schon gelebt. Träume bringen unrealistische Welten in unsere Welt. Maschinen können dies heute noch verstärken und auch dokumentieren. Sehr oft wacht man auf, hatte einen schönen Traum, den man gerne reproduzieren würde, aber alles ist vergessen. Der Computer kann schöne und gute Träume immer wieder produzieren und auch anderen Menschen zugänglich machen.

Höhere Bandbreiten in den Telekommunikationsnetzen werden neue Technologien zulassen und Bodysuits und Videokonferenzen werden die virtuellen Nachbarschaften noch intensivieren. Ob man Briefmarken sammelt, Bier braut oder an Literatur interessiert ist, in der Welt des Internet findet man Gleichgesinnte.

In einem Vorort von Tokio wurde ein vernetzter Musterbezirk geschaffen, der neue Nachbarschaftsmodelle brachte. So werden von verschiedenen Hausgemeinschaften Videobeiträge geliefert. Eine Familie spielt jeden Freitag ab 17 Uhr Kammermusik, eine andere informiert über ihre neuesten Erfahrungen beim Sammeln von Telefonwertkarten und wieder andere lesen aus aktuellen Büchern.

Ein verwandtes Ehepaar in New York spielt über das Internet, beide in derselben Wohnung sitzend, ein Gesellschaftsspiel. Sie fühlen sich nicht als Opfer der Vereinsamung durch das Internet. Sie finden es billiger, Spiele aus dem Netz abzurufen als diese zu kaufen, selbst zu installieren und dann doch nur selten zu verwenden. Die Archivierung und Aktualisierung des Spieles besorgt jemand im öffentlichen Netz.

Der Autoteileproduzent Frank Stronach kaufte Sportfernsehsender. Sein Fernziel ist es, eigene Fernsehstationen über den ganzen Globus verteilt zu besitzen, um 24 Stunden am Tag live über Sportgeschehnisse wie etwa Pferderennen berichten zu können. Unsere Gesellschaft sei mobil geworden und der eine will um Mitternacht ein Pferderennen sehen, der andere hingegen zeitig am Morgen. Ein Fernsehsender wie dieser kann allen Menschen den gewünschten Sport zur gewünschten Zeit bieten.

Apropos Spiele. Durch den Einsatz von Multimedia Technik verschmelzen Zuschauer und Schauspieler. Der Zuschauer kann nicht nur den Verlauf eines Filmes mitbestimmen, er kann auch selbst mitspielen. In einem Wahlmenü wird der gewünschte Ausgang angeboten. Ob der Täter gefasst werden soll oder frei ausgeht, ob die Liebesszene zu einem Happy End führt oder nicht.

Nach Scannen der eigenen Person kann man selbst eine Rolle im Film übernehmen. Erstmals wurde mir das im KMZ (Kultur und Medien Zentrum) in Karlsruhe vorgeführt. Mit einer Kollegin betrat ich das Virtuelle Theater. Wir standen sofort auf der Bühne. Irgendwann erfasste uns eine Kamera und blendete uns ins Spiel ein. Ja wir mussten zuschauen, wie uns eine Zauberfee auf der Bühne verkleinerte, auf den Kopf stellte und schließlich aus dem Bild warf. Wir waren unsere eigenen Zuschauer und konnten nicht einschreiten.

„Die elektronische Nachbarschaft wird unser Leben, unsere Nationen und Kulturen beeinflussen – aber wenn wir klug handeln, dann nur auf solche Weisen, die wir zulassen. ... Die menschliche Natur und die menschlichen Bedürfnisse werden uns dabei leiten, den Informationsmarkt als ein neues Mittel und eine neue Gelegenheit zu nutzen, mit anderen Menschen auf eine neue Art und Weise in Kontakt zu kommen." (37)

Die „Fernanwesenheit" ermöglicht es einerseits neue Formen von Gruppen und Gemeinschaften zu bilden, andererseits verändert sie die kulturelle Identität. Kommunikationswissenschaft und Medientheorie müssen den Begriff „Identität" neu definieren. Das „Gemeinsame" ist zwar weiter gegeben, aber die physische Präsenz ergibt doch eine andere Kommunikationsintensität.

Diese neuen, virtuellen sozialen Systeme haben auch eine eigene Unvorhersagbarkeit. Sie verändern auch die grundlegenden Medienerfahrungen, die wir besitzen. „Die Wahrnehmung von Räumen und Zeiten wird neu gemischt, Orte neu verteilt, im programmierten Virtuellen." (38)

5.10 Heimat

Die zunehmende Mobilität stellt auch den Eigenheimgedanken auf neue Beine. Familiengründer steckten viel Geld in den Aufbau eines eigenen Hauses. Sobald sie verstorben sind, wird dieses von den Erben wieder verkauft und mit Geld zu einem neuen Heimatstützpunkt geführt. Die Verwurzelung mit dem Geburtsort nimmt ab. Immer weniger Menschen sterben dort, wo sie geboren sind.

Die Form der Wohnungen wird anders. Die Familien sind kleiner, die Anzahl der Singlehaushalte steigt. Dem wird auch im Wohnbauwesen Rechnung getragen. Einzelhaushalte sind seltener bewohnt. Sie brauchen daher mehr technische Unterstützung als Wohnungen, in denen sich viele Menschen aufhalten. Sie brauchen mehr Fernbedienung. Fernbedienungen, wie etwa das Einschalten der Heizung aus der Ferne, das automatische Gießen der Pflanzen und Blumen, vorprogrammierbare Backöfen und Kaffeemaschinen.

Schon immer haben Menschen ihre Heimat verlassen, um sich woanders neu anzusiedeln. 50 Millionen Menschen wanderten zwischen 1800 und 1914 von Europa nach Amerika aus. Im 20. Jahrhundert verlagerte sich diese Zuwanderung nach Nordamerika von Europa nach Lateinamerika. Allein 1984 verzeichnete die USA eine halbe Million Immigranten. Städte wie New York, Los Angeles oder San Francisco haben mehr als ein Viertel ausländische Einwohner.

Aber auch in Europa verändert sich das Menschenbild. Frankreich hat 3 Millionen „schwarze Einwohner". Österreichs Einwohnerzahl hat durch die politische Wende in Osteuropa um eine Million zugenommen.

Kriege vertreiben Menschen aus ihren Heimatländern. Im Jahr 2000 waren weltweit 21 Millionen (39) Vertriebene registriert. Allein in Europa waren es 7,5 Millionen (40), wovon 2,5 Millionen auf Ex-Jugoslawien fallen.

Ein Faktor, um Menschen heimatlos zu machen ist es, ihnen die Muttersprache zu verbieten. Neben der Verfolgung verordnen neue Herrscher eine offizielle Sprache, die nicht die eigene ist.

Mehrere Millionen Menschen verändern ihren Wohnsitz pro Jahr und tragen ihre Kultur in andere Regionen. Kultur ist ein Teil der Kommunikation. Neben der Sprache sind es unterschiedliche Zugänge und Ansichten, die menschliche Identität ausmachen. Früher haben die ziehenden Völker weniger als heute die Kultur und die Sprache des Gastlandes respektiert.

Die Grenzen mancher Besiedlungsgebiete werden eng und daher wird in weniger besiedelte und wirtschaftlich bessere Regionen gesiedelt. Wie lange der Planet Erde diese Menschenbelastung versorgen kann, ist ungewiss. Die Bevölkerungsexplosion läuft:

- Vor 12.000 Jahren lebten fünf bis zehn Millionen Menschen.
- Im 17. Jahrhundert beschleunigte sich das Wachstum der Menschheit.
- 1804 waren eine Milliarde Menschen auf der Erde.
- 1927 waren es zwei Milliarden. Der Grund lag in der industriellen Revolution, aber auch in einer Steigerung der landwirtschaftlichen Produktion.
- 1960 waren es drei Milliarden Menschen.

- 1974 vier Milliarden Menschen.
- 1987 fünf Milliarden Menschen.
- 2000 sechs Milliarden Menschen.
- Die UNO rechnet bis zum Jahr 2050 mit 8.9 Milliarden Menschen.

Derzeit nimmt das Wachstum wieder ab. 1998 betrug der Zuwachs noch 78 Millionen. 136 Millionen Neugeborene stehen 58 Millionen Verstorbenen gegenüber. Anfang der siebziger Jahre bekamen Frauen in den unterentwickelten Gebieten noch durchschnittlich 5 Kinder, zur Jahrtausendwende nur mehr 3. Krankheitsepedemien wie AIDS reduzieren ebenfalls die Bevölkerung.

Die neuen virtuellen Gemeinschaften werden die Heimat nicht ersetzen. „Die Ethnie und die Nation lösen sich nicht auf, wie immer mal wieder kulturkritisch verlautet. Imprägnieren sie sich gegenüber medien- und kommunikationskulturellen Prozessen, so scheitern sie an den Anforderungen kontinentaler, transkontinentaler und transkultureller Kommunikation. Sie können globale Netzwerke und deren lokale Präsenz nicht bewältigen. Dieser Zustand enthält auch die Gefahr, dass, wegen sehr unterschiedlicher bildungspolitischer, infrastruktureller, ökonomischer oder politischer Voraussetzungen, massive Chancenungleichheiten zwischen Regionen der Welt auftreten können. Allerdings müssen diese, wie die Veränderungen im pazifischen und asiatischen Raum zeigen, keineswegs zuungunsten der nichtindustrialisierten Regionen ausschlagen. Sie können, wie Prozesse in Europa zeigen, auch gegen die klassischen imperialen und schwer-maschinenindustriellen Regionen gerichtet sein." (41)

5.11 Städte

Im 19. und 20. Jahrhundert haben sich die Städte grundlegend verändert. Im 19. Jahrhundert war es die Landflucht. Wer keinen Arbeitsplatz am Hof bekam, musste in die Stadt abwandern. In Deutschland nahm so die Bevölkerung in den Städten zu. Zwischen 1815 bis 1865 von 23 auf 45 Millionen und bis 1910 auf 65 Millionen.

Noch extremer fand diese Landflucht in den USA statt. Stellvertretend sei die Stadt Chicago erwähnt. Sie hatte 1870 300.000 Einwohner, 1880 500.000 und 1890 1,1 Millionen.

Die Veränderungen des 20. Jahrhunderts lag in der Transport- und Kommunikationstechnologie. Sie schuf neue Infrastrukturen, die es vorher nicht gab und die das Leben ihrer Einwohner veränderte. Die Funktionalität von Straßen und Häusern wurde neu überarbeitet. Die heutigen Kommunikationseinrichtungen bedürfen einer ähnlichen grundlegenden Veränderung. Städte sind nicht durch ihre Stadtgrenzen definiert, sondern durch ihre Funktionalität. Im Mittelalter – das dürfen wir nie vergessen – war die einzige Form, dass Menschen miteinander in Kontakt traten, das Treffen. Transportwesen waren das wesentliche. Die alte Stadt war für die Kommunikation ihrer Bürger mit breiten Straßen und Plätzen, für Versammmlungen und Besprechungen gebaut. Mit der heutigen Telekommunikationsinfrastruktur sind diese Anforderungen nicht mehr notwendig.

„Today, this ancient idea – reflected in the Oxford definition of a community as a 'body of people living in one place, district, or country' – is eroding; a community may now find its place in cyberspace. The new sort of site is not some suitable patch of earth but a computer to which members may connect from whereever they happen to be. The foundation ritual is not one of marking boundaries and making obeisance to the gods, but of allocating disk space and going online. And the new urban design task is not one of configuring buildings, streets, and public spaces to meet the needs and aspirations of the *civitas*, but one of writing computer code and deploying software objects to create virtual places and electronic interconnections between them. Within this places, social contacts will be made, economic transactions will be carried out, cultural life will unfold, surveillance will be enacted, and power will be exerted." (42)

Heute nimmt die Bevölkerung der Städte weltweit jährlich um rund 60 Millionen zu. 1995 lebte 80 Prozent der europäischen Bevölkerung in Städten. Weltweit waren es nur 45 Prozent.

Wie wird die zukünftige Stadt ausschauen? Einerseits Hochhäuser, andererseits Satellitenstädte. Wird die Vertikalerschließung mit dem Aufzug siegen oder die Horizontalerschließung mit dem Auto oder den öffentlichen Verkehrsmitteln?

Eines wird aber immer klarer: Städte des 21. Jahrhunderts werden keine Zentren haben. Die Infrastruktur wird gleichmäßig verteilt. Die Einwohner und deren Bedürfnisse können Dank der Telekommunikation gleich verteilt werden. In Europa werden die traditionellen Städte wie Paris oder Wien schwer umstrukturieren können, aber in anderen Regionen werden Städte des neuen Typus entstehen. Etwa in Südchina, nördlich von Hongkong vernetzen sich 10 Städte. Sie hatten zu Beginn des 21. Jahrhunderts 16 Millionen Einwohner und sollen bis zum Jahr 2020 36 Millionen bekommen. Nur so wird es möglich, dass diese „Riesenstädte" entstehen (vgl. Tab. 11). Im Vergleich dazu wurde die Situation der größten Städte zu Beginn des 20. Jahrhunderts in Tabelle 12 dargestellt.

Stadt	Einwohner	Stadt	Einwohner
Mexico City	18,8	Peking	18,7
Sao Paulo	20,8	Shanghai	23,8
Lagos	24.2	Tokio	28,8
Karachi	18,7	Djakarta	21,0
Bombay	27,7		

Tab. 11: Einwohnerzahlen im Jahr 2015 in Millionen

Stadt	Einwohner	Stadt	Einwohner
Chicago	1,7	Berlin	2,4
New York	4,2	St. Petersburg	1,4
Philadelphia	1,4	Wien	1,9
Paris	3,3	Tokio	1,5

Tab. 12: Einwohnerzahlen im Jahr 1900 in Millionen

Cesare Marchetti sieht eine Abhängigkeit der Maximalgröße einer Stadt vom jeweiligen Transportmittel. Der Einwohner einer Stadt will in einer Stunde vom Zentrum aus jeden Punkt der Stadt erreichen. Im Mittelalter war das zu Fuß maximal 3 Kilometer. Heute mit dem Auto sind es 80 Kilometer. Ähnlich definiert es der Wiener Verkehrsplaner Professor *Hermann Knoflacher*. Seiner Ansicht nach hat die Mobilität der Menschen nicht zugenommen. Man legt täglich durchschnittlich drei Wege zurück und wendet dafür 70 bis 80 Minuten auf.

6 Intensivere Kommunikation

„Die moderne Kommunikationsgesellschaft ist insbesondere durch eine ständige Vermehrung, Beschleunigung, Verdichtung und Globalisierung der Kommunikation gekennzeichnet. Die Zahl der Kommunikationsakte nimmt unablässig zu, ihre Abfolge beschleunigt sich ständig, immer mehr Menschen werden in den Kommunikationsprozess einbezogen, die Verknüpfung zwischen einzelnen Kommunikationen werden immer umfangreicher und die Reichweite der Kommunikation wächst bis hin zur Umspannung des ganzen Erdballs." (43) Diese Entwicklung ist leicht nachzuvollziehen und mit Zahlen belegbar. Der Werbekonsum in den USA verdoppelte sich in der zweiten Hälfte des 20. Jahrhunderts:

Zeitspanne	Medienkonsum (In Stunden/Tag)	Konfrontation (In Anzeigen/Tag)
1942-1964	4,4	76
1987-2000	9,0	150

Tab. 13: Werbekonsum USA; Durchschnittswerte auf die Zeitspanne und die amerikanischen Einwohner bezogen. (Quelle: Advertising Research Foundation)

Neue Medien ersetzen aber die alten nicht. Norwegen besitzt die höchste Internetdichte und hat weiterhin die meisten Tageszeitungen und den höchsten Buchkauf pro Kopf. Man kann eher den Umkehrschluss ansetzten: „Neue Medien ergänzen und fördern alte."

Zu ähnlichen Ergebnissen kam man auch in den USA (44). Menschen, die intensiv im Internet surfen, sehen auch viel fern:

Online-Minuten	Fernseh-Minuten
180	197
100	156

Tab. 14: Zusammenhang in der Mediennutzung

Auf ähnliche Korrelationen kam man im Zusammenhang mit Printmedien: intensive Surfer verbrachten auch die meiste Zeit mit gedruckten Zeitungen. Online-Leser sind wissbegieriger. Nach einer Studie (45) konsumieren 66% der Online-News-Leser regelmäßig Nachrichten, dagegen nur 47% der „Nicht Onliner".

Die Zeit ist eine fixe Größe. Wir messen sie in Sekunden, Minuten und Stunden. Nach unten hin für spezielle Einsatzgebiete und den Sport in Sekundenuntereinheiten und nach oben hin in Tagen, Wochen, Monaten, Jahren, Jahrzehnten, Jahrhunderten und Jahrtausenden. Trotzdem ist diese gemessene Zeit für den Menschen unterschiedlich im Empfinden. Die längsten Minuten im Leben eines Menschen ist die Zeit, wenn er als kleines Kind auf den Heiligen Abend wartet. Umso länger empfinden die selben Kinder Prüfungen, zu denen sie nicht gut vorbereitet sind.

Kinder wollen rasch älter werden, um so mehr Ansprüche zu bekommen. Der Prozess des Älterwerdens geht sehr langsam vor sich. Um so rascher folgt ein Geburtstag dem nächsten im hohen Alter.

Auch die Telekommunikation und Elektronik verändert den Faktor Zeit. Zwar wird sie auf Grund der neuen Technologien noch genauer gemessen als je zuvor, aber die elektronische Vernetzung lässt nicht nur Orte näher zusammenrücken, sondern auch Zeiträume schmelzen. Hatte man früher, als ein Brief noch physisch transportiert wurde, mehr Zeit zum Antworten, so wurde dies durch das Faxgerät kürzer und heute mit E-Mail und Videokonferenz muss man sofort reagieren. Man hat weniger Zeit zum Nachdenken, was man eigentlich antworten will.

Die virtuelle Welt bietet uns zunehmend mehr Unterstützung. Eigene Assistenten oder Butler werden für uns im Netz designed. Der persönliche Netzarbeiter wird nach eigenen Vorstellungen und dem eigenen Geschmack entsprechend programmiert. Dieser virtuelle Helfer kauft für uns im Netz ein oder sucht gewünschte Informationen. Elektronische Wesen, die unsere Aufträge erledigen.

Anmerkungen

(1) *Guggenberger, B.*: Sein oder Design, Im Supermarkt der Lebenswetten, Hamburg 1998, S. 205.

(2) *Rudas, A.*: in *Huber, H./Rosenberger, S.*: Österreich in der Welt von morgen, Wien 1999, S. 66.

(3) *Lassnig, L.*: in *Huber, H./Rosenberger, S.*: Österreich in der Welt von morgen, Wien 1999, S. 47.

(4) *Komlosy, A.* (Hrsg.): Industrie Kultur Mühlviertel Waldviertel Südböhmen, Wien 1995, S. 151.

(5) *Stehr, N.*: Die Zerbrechlichkeit moderner Gesellschaften, Vortrag am 2. Juni 2000 im Rahmen des Kongresses „Kommunikationskulturen zwischen Kontinuität und Wandel" in Wien.

(6) *Prisching, M.*: Die bröckelnde Solidarität, in *Bernhofer, M.*, Fragen an das 21. Jahrhundert, Wien 2000, S. 145.

(7) Sokrates (469 bis 399 v.Cr.) schrieb keine Zeile; für Aristoteles (384 bis 322 v.Chr.) war die Schrift schon selbstverständlich.

(8) Siehe auch *Rauch, W.*, „Informationsethik. Die Fragestellung aus der Sicht der Informationswissenschaft", in *Kolb, A./Esterbauer, R./Ruckenbauer, H.-W.*: „Cyberethik. Verantwortung in der digital vernetzten Welt", Stuttgart 1998.

(9) *Rötzer, F.*: Eintritt in die Medienwelt und die Aufmerksamkeitsökonomie, *Bernhofer, M.*: Fragen an das 21. Jahrhundert, Wien 2000, S. 282.

(10) *Frühwald, W.*: Zeit der Wissenschaft. Forschungskultur an der Schwelle zum 21. Jahrhundert, Köln 1997, S. 129.

(11) *Faßler, M.*: cyber-moderne. medienevolution, globale netzwerke und die künste der kommunikation., Wien 1999, S. 225.

(12) *Wailand, G.*: Unsere Zukunft ist Bunt, Wien Hamburg 1999, S. 79.

(13) *Ofner, F.*: Die Herausforderungen der Automation, in SAUER, Walter: Der dressierte Arbeiter, Geschichte und Gegenwart der industriellen Arbeitswelt, München 1984, S. 192.

(14) *Brock, D./Backert, W./Lechner, G.*: Unternehmenskultur, Arbeitskultur, Alltagskultur; in *Heidack, C.*: Arbeitsstrukturen im Umbruch, München 1997, S. 317, 318.

(15) *Beck, U.*: Schöne neue Arbeitswelt. Vision: Weltbürgergesellschaft, Frankfurt/New York 1999, S. 17.

(16) *Beck, U.*: Schöne neue Arbeitswelt. Vision: Weltbürgergesellschaft, Frankfurt/New York 1999, S. 29.

(17) The Boston Consulting Group: WEB-SHOPPER sind „Local Shopper", Studie aus dem Jahr 2000.

(18) *Tödtling, F.*: Regionale Innovationssysteme – Ein Ansatz der Regionalpolitik bei veränderten Rahmenbedingungen?, in Re-Engineering der österreichischen Industriepolitik, Wien 1998, S. 53.

(19) Durchschnittliches Monatseinkommen Deutschland.

(20) 5% Körperpflege und Gesundheitswesen.

(21) Fast 20% für Verkehr (Auto etc) und Telekommunikation (Telefon, Internet etc).

(22) Euro Marketing Associates.

(23) *Reich, J.*: Spiel, Raum, Sprache, Bonn 1998, S. 7.

(24) Siehe auch *Maron, A.* „Globalisierung der Wirtschaft mit Hilfe der Informationstechnologie und deren gesellschaftliche Auswirkung" in *Kolb, A.* „Cyberethik – Verantwortung in der digital vernetzten Welt", Stuttgart 1998.

(25) *Gugenberger, B.*: Sein oder Design. Im Supermarkt der Lebenswelten, Hamburg 1998, S. 15/16.

(26) *Prisching, M.*: Die Mc Gesellschaft. In der Gesellschaft der Individuen, Graz 1999, S. 61.

(27) 3,2 Millionen Haushalte; davon 965.900 Ein-Personen-Haushalte.

(28) INED (Nationales demographisches Institut) Paris 2000.

(29) http://www.altavista.digital.com.

(30) *de Kerckhove, D.*

(31) *Pöppel, E.*: in „Screenager mit Turbo Gehirn" in „DUZ", Februar 2000, S. 10.

(32) *Schwalm, C.*: Globale Kommunikation, Der Wandel sozialer Beziehungen durch die Kommunikation in Computernetzwerken, Wissenschaftlicher Verlag Berlin 1998, S. 114/115.

(33) *Zulehner, P.M.*: „Wertewandel der ÖsterreicherInnen 1990-2000", Wien 2000.

(34) *Weber, M.*: Wirtschaft und Gesellschaft. Grundriss der verstehenden Soziologie, Tübingen 1956.

(35) *Mitchell, W.J.*: City of Bits, Space, Place and the infobahn, Boston 1995, S. 166.

(36) *Gugenberger, B.*: Sein oder Design. Im Supermarkt der Lebenswelten, Hamburg 1998, S. 13/14.

(37) *Dertouzos, M.*: What will be. Die Zukunft des Informationszeitalters, Wien 1999, S. 430.

(38) *Faßler, M.*: cyber-moderne. medienevolution, globale netzwerke und die künste der kommunikation., Wien 1999, S. 149.

(39) Quelle: UNHCR.

(40) Quelle: OSZE.

(41) *Faßler, M.*: cyber-moderne. medienevolution, globale netzwerke und die künste der kommunikation., Wien 1999, S. 197.

(42) *Mitchell, W.J.*: City of Bits, Space, Place and the Infobahn, Boston 1995, S. 160.

(43) *Schwalm, C.*: Globale Kommunikation, Der Wandel sozialer Beziehungen durch die Kommunikation in Computernetzwerken, Wissenschaftlicher Verlag Berlin 1998, S. 111.

(44) „International Demographics Inc" in Houston.

(45) „Pew Research Center".

Öffentliches Übernahmeangebot für eine börsennotierte Aktiengesellschaft im Rahmen eines Hostile Take Over

Wilhelm Schmeisser

1 Vorwort

Die vorliegende Arbeit beschäftigt sich mit dem Thema Hostile Take Over. Die theoretischen Betrachtungen werden dabei durch die „Übernahmeschlacht" Vodafone AirTouch (nachfolgend nur „Vodafone") – Mannesmann AG ergänzt, die im Herbst 1999 als Versuch einer feindlichen Übernahme von Mannesmann durch Vodafone begann und Anfang 2000 mit einer Fusion der beiden Konzerne „endete".

2 Begriffsbestimmung Take Over

Ein Take Over (Übernahme) ist ein öffentliches Tausch- oder Umtauschangebot von einem Bieter (potenzieller Übernehmer), das ohne Bestehen einer Rechtpflicht an die Inhaber von Wertpapieren einer Zielgesellschaft gerichtet ist. Diese Wertpapiere erwirbt der Bieter zu einem bestimmtem Preis in bar (Barangebot) oder im Tausch gegen andere Wertpapiere (Tauschangebot). Ziel ist es, die Mehrheitsherrschaft über die Zielgesellschaft zu erlangen. Es werden Friendly und Hostile Take Overs unterschieden.

Bei einer freundlichen Übernahme (Friendly Take Over) gehen der Bieter-Vorstand und der Vorstand der Zielgesellschaft gemeinsam vor. Die Grenzen zwischen freundlicher Übernahme und Fusion sind fließend. Beispiele für ein Friendly Take Over sind: Thyssen/Rheinstahl, Pirelli/Continental, Volvo/LKW-Sparte Renault und Glaxo/SmithKline.

Im Rahmen eines Hostile Take Over (feindliche Übernahme) richtet der Bieter sein freiwilliges öffentliches Übernahmeangebot direkt an die Aktionäre der Zielgesellschaft. Dies ist der Versuch, ein Unternehmen gegen den Willen des Managements des Zielunternehmens zu schlucken. Beispiele für eine feindliche Übernahme sind: Siemens/Plessey, Nestlé/Rowntree, De Benedetti/Société Générale, Olivetti/Telecom Italia und BNP/Banque Paribas.

Praxisbeispiel:

Am 14. November 1999 bietet Vodafone den Aktionären von Mannesmann 43,7 Vodafone-Aktien im Tausch gegen eine Mannesmann-Aktie an. Dieses öffentliche Übernahmeangebot wird von dem Vorstand der Mannesmann AG als „völlig unangemessen" (1) abgelehnt.

Um sich vor solchen feindlichen Übernahmen zu schützen, sind deutsche Konzerne oft über diffizil ausbalancierte finanzielle Überkreuzbeteiligungen und/oder Aufsichtsmandate miteinander verflochten – die sogenannte Deutschland-AG.

3 Gegensätzliche Interessenlagen der Beteiligten

Die an einer feindlichen Übernahme beteiligten Personengruppen verfolgen verschiedene Ziele bzw. haben sehr unterschiedliche Interessen:

Den *Aktionären der Zielgesellschaft* eröffnet sich eine Preischance. Der Bieter ist bereit, eine z.T. erhebliche Prämie (Kontrollprämie) auf den Börsenkurs der Zielaktien zu bezahlen, um die Attraktivität seines Angebotes zu unterstreichen. Außerdem kann der Zielgesellschaftsaktionär auf Kurssteigerungen durch Synergieeffekte nach der Übernahme spekulieren.

Die *Aktionäre der bietenden Gesellschaft* tragen dagegen in erster Linie das latente Risiko der Fehlinvestition, unabhängig von der Art der Finanzierung des Take Over (Kreditaufnahme vs. Eigenmittel).

Praxisbeispiel:

Der Kurs der Vodafone-Aktie verlor vom 14. November 1999 (Übernahmeankündigung) bis zum 14. Februar 2000 in Großbritannien 32 %.

Der *Vorstand der Zielgesellschaft* trägt die Sorge für das Fortbestehen des von ihm geführten Unternehmens. Daneben hat eine Übernahme unmittelbare Auswirkungen auf seine persönliche und berufliche Situation (Abberufung vs. Erweiterung des Vorstandes).

Praxisbeispiel:

Eine beispiellose Werbekampagne in überregionalen deutschen Tageszeitungen dokumentiert die Verteidigung der gegensätzlichen Interessen beider Gesellschaften: Vodafone wirbt für Vertrauen in sein Vorhaben, Mannesmann sucht Rückendeckung für seine geplanten Abwehrmaßnahmen.

Vodafone entsendet vier Vertreter in den Mannesmann-Aufsichtsrat (Chris Gent, Lord MacLaurin of Knebworth, Ken Hyden, Wilhelm Haarmann). Vodafone-Chef Chris Gent übernimmt selbst den Vorsitz, nachdem Joachim Fuchs als Aufsichtsratsvorsitzender zurückgetreten ist.

Die *Arbeitnehmer* sind am Erhalt ihrer Arbeitsplätze interessiert. Diese sind insbesondere durch Kostensynergieeffekte gefährdet.

4 Betriebswirtschaftlich-ökonomische Gründe für eine Übernahme

Bei einer Entscheidung für eine Übernahme stehen vor allem *Synergieeffekte* im Vordergrund. Synergien entstehen vor allem in der Produktion, im Einkauf, im Vertrieb, im Bereich Forschung & Entwicklung sowie bei der Organisation durch Kosteneinsparungen bzw. beschleunigtes Wachstum. In der Praxis werden die angestrebten Profitabilitätssteigerungen häufig nicht im erwarteten Umfang und/oder der gewünschten Zeit erreicht. Die Prognosen über erzielbare Erträge sind sehr unsicher, da der Bietervorstand zwar eigene Desinvestitionsmöglichkeiten bestens einzuschätzen vermag, ihm aber entsprechende Kenntnisse bei der Zielgesellschaft allenfalls rudimentär vorliegen dürften.

Praxisbeispiel:
Die Motivation Vodafones für die Übernahme von Mannesmann war „die Schaffung eines europäischen Marktführers im internationalen Mobilfunkgeschäft ... Beide Unternehmen zusammen könnten rascher wachsen als im Alleingang. Gemeinsam kämen sie auf 42 Millionen Kunden weltweit und eine bedeutende Präsenz im wichtigen US-Markt." (2)

Beim sogenannten „*Asset Stripping*" wird durch die Zerschlagung des Zielunternehmens und dem anschließenden Verkauf der einzelnen Unternehmensteile u.U. ein höherer Wert erzielt als beim Einstieg bezahlt wurde.

Das persönliche Wohlstandsstreben des Managements des bietenden Unternehmens steht bei der „*Empire Building Hypothese*" im Mittelpunkt. Dahinter steht die Annahme, dass die Vorstandsbezüge mit der Größe des Unternehmens steigen.

Mit der „*Disziplinierung des Managements*" wird die Vorstellung verbunden, dass Kurssteigerungen bei Übernahmeangeboten auf ein qualitativ besseres Management zurückzuführen sind, d.h. einer ineffizienten Verwaltung wird ein qualifizierteres Management ein Übernahmeangebot unterbreiten. Die Plausibilität dieses Übernahmemotivs wird in der Literatur kritisch gesehen.

5 Freiwilliges öffentliches Kaufangebot

5.1 Fehlende gesetzliche Regelung, aber selbstregulatorischer Übernahmekodex

Das deutsche Konzernrecht beschränkt sich auf bereits bestehende Konzernierungen. Der Vorgang der Konzernbildung, z.B. durch eine Fusion oder Übernahme, ist in der deutschen Rechtsordnung nicht geregelt.

Deshalb wurde der sogenannte Übernahmekodex von der Börsensachverständigenkommission ausgearbeitet. Er gilt seit dem 1. Oktober 1995. Das Ziel des Übernahmekodex ist die materielle Gleichbehandlung der Zielgesellschaftsaktionäre, die Erhöhung der Transparenz und die Neutralitätspflicht der Zielgesellschaft.

Der Übernahmekodex regelt den wesentlichen Inhalt eines Übernahmeangebots und den Ablauf des Übernahmeverfahrens auf selbstregulatorischer Basis, d.h. er wirkt nur durch freiwillige, ausdrückliche Anerkennung durch die Unternehmen. Mit der Anerkennung des Übernahmekodex verpflichten sich der Bieter und die Zielgesellschaft während der Angebotsfrist alles zu unterlassen, was außergewöhnliche Kursbewegungen zur Folge haben könnte.

Der Übernahmekodex ist nur von ca. der Hälfte aller deutschen börsennotierten Unternehmen anerkannt worden, darunter sind 26 der 30 DAX-Unternehmen (Stand: Februar 1999). VW und BMW lehnen ihn z.B. bis heute ab.

Die Stärke des Übernahmekodex ist das große Maß an Flexibilität in der Anwendung. Der zentrale Schwachpunkt der Freiwilligkeit ist die allgemeine Anerkennung, da bei Nichteinhaltung keine gesetzlichen Sanktionen drohen, sondern nur die Veröffentlichung in den Medien. Diese „Bestrafung" ist insbesondere gegenüber ausländischen Bietern in ihrer Wirkung erheblich eingeschränkt.

Praxisbeispiel:

Mannesmann und sogar das britische Unternehmen Vodafone akzeptierten den Übernahmekodex. Gemäß Neutralitätspflicht sind deshalb irreführende Aussagen und provokative oder unsachliche Darstellungen unzulässig.

In den Presseveröffentlichungen und vor allem in den Anzeigen in Zeitungen und Zeitschriften haben sie diesem Grundsatz nicht immer entsprochen. So verschickte beispielsweise Mannesmann die Broschüre „Mannesmann bietet – mehr Wert heute, mehr Wert morgen und weniger Risiko – nein zum Vodafone-Angebot" an seine Aktionäre.

5.2 Angebot auf sämtliche Aktien der Zielgesellschaft

Bei einer erfolgreichen Übernahme kommt zwischen Bieter und den Aktionären der Zielgesellschaft ein *Kaufvertrag* zustande.

Die *Kontrollprämie* ist die Prämie, die der Bieter zur Erreichung der Kontrolle über die Zielgesellschaft bereit ist zu zahlen. Der Erfolg oder Misserfolg eines Hostile Take Over hängt entscheidend von der Höhe dieser Prämie ab. In der Vergangenheit haben sich Kontrollprämien in der Höhe von 25-30 % auf den aktuellen oder durchschnittlichen Börsenkurs durchgesetzt.

Praxisbeispiel:

Vodafone zahlt an die Mannesmann-Aktionäre eine Prämie von 123 % auf den Mannesmann-Aktienkurs, um den Aktionären den Umtausch in Vodafone-Aktien attraktiv zu machen.

Erreicht der Bieter mehr als 50 % der Stimmrechte der Zielgesellschaft, hat er laut Übernahmekodex allen übrigen Aktionären ein *Pflichtangebot (Zwangsangebot, obligatorisches Übernahmeangebot)* zur Übernahme der restlichen Aktien zu unterbreiten. Von diesem Zwangsangebot kann der Bieter z.B. abweichen, wenn er Mehrheitsaktionär nur zum Zwecke der Weiterplatzierung an Dritte wird oder die Hauptversammlung (HV) der Zielgesellschaft ihn davon befreit.

Der Bieter hat nach Überschreiten der 50 %-Schwelle unverzüglich eine Aussage darüber zu treffen, ob er eine vollständige Übernahme beabsichtigt oder einen Ausnahmetatbestand in Anspruch nehmen wird, denn Unklarheiten sind vom Kapitalmarkt nur schwer verkraftbar.

Die Aktionäre der Zielgesellschaft haben die Möglichkeit, ihr Unternehmen unmittelbar vor Konzernbildung mit voller Teilhabe an der Kontrollprämie zu verlassen.

Die 50 %-Schwelle wird kritisch gesehen, da bereits mit einem Aktienbesitz unter 50 % eine qualifizierte Mehrheit bei niedriger HV-Präsenz bzw. eine Sperrminorität bei Satzungsänderungen erreicht werden kann.

Der *Preis für das Pflichtangebot* sollte entsprechend dem Gleichbehandlungsprinzip im angemessenen Verhältnis zum aktuellen Börsenkurs stehen.

5.3 Bedingungen

Der Bieter wird nur an sein Angebot gebunden sein wollen, wenn er die Kontrollmehrheit an der Zielgesellschaft rechtskräftig erreichen kann. Die Bedingungen für einen gültigen Kauf- bzw. Übertragungsvertrag sind u.a.:

a) *Mehrheitserwerb*: Der Bieter erreicht die Mehrheit am Grundkapital der Zielgesellschaft am Ende der Annahmefrist,

b) *ggf. Zustimmung der HV* der Bietergesellschaft,

c) *Kartellrecht:* Zustimmung der Kartellbehörden.

5.4 Annahmefrist für das Angebot

Um gleiche Informations- und Entscheidungsmöglichkeiten für alle Aktionäre und realistische Chancen für konkurrierende Alternativanbieter zu schaffen, sind im Übernahmekodex mindestens 28 Tage Laufzeit für die Annahmefrist vorgesehen. Die Laufzeit sollte 60 Tage nicht überschreiten.

Praxisbeispiel:

Die Frist für die Annahme des Vodafone-Angebots durch die Mannesmann-Aktionäre betrug 46 Tage (23.12.1999-07.02.2000).

5.5 Nachbesserung, Gegenangebot

Während der Annahmefrist sind evtl. Nachbesserungen des Bieters allen Aktionären der Zielgesellschaft zuteil werden zu lassen, auch wenn diese das Angebot bereits angenommen haben.

Praxisbeispiel:

Vodafone stockt am 19. November 1999 sein Angebot von 43,7 auf 53,7 eigene Aktien für eine Mannesmann-Aktie auf.

Den Aktionären steht bei einem besseren Angebot durch ein drittes Unternehmen (Gegenangebot) während der Annahmefrist ein Rücktrittsrecht zu.

Die Aktionäre der Zielgesellschaft haben das Recht auf zusätzliche Zahlung, falls der Bieter innerhalb einer mindestens 12-monatigen Frist nach dem Angebot ein besseres freiwilliges Angebot unterbreitet.

5.6 Rücktrittsrecht des Bieters

Für den Fall eines extremen, vertraglich festgelegten Kursverfalls kann der Bieter von seinem Rücktrittsrecht Gebrauch machen.

6 Finanzierung des Erwerbs von Aktien

Eine Übernahme wird in der Regel von einem Bankenkonsortium finanziert. Die Kreditentscheidung orientiert sich bei der Verschuldung des Bieters und des später fusionierten Unternehmens an zwei zentralen Punkten:

1. zügige Rückführung des Kredits und
2. Besicherung während der hoch risikobehafteten Phase.

6.1 Zügige Rückführung: Desinvestition und Synergien

Entscheidend für den zügigen Abbau der Finanzschulden sind:

- die Prognose über den zukünftigen operativen Cash flow beider Unternehmen,
- die erwarteten Synergieeffekte, wobei zunächst Zusatzbelastungen durch den Einmalaufwand der Übernahme entstehen und
- das Desinvestment von Unternehmensteilen, die nicht zum Kerngeschäft zählen.

Praxisbeispiel:

Mannesmann beabsichtigte ursprünglich die Börseneinführung der Mannesmann-Tochter Atecs. Dieser Plan wurde von Vodafone verworfen. Statt dessen wird Atecs an Siemens/ Bosch verkauft. Damit werden gleichzeitig zwei Ziele erreicht: sichere Einnahmen und Trennung von nicht zum Kerngeschäft Mobilfunk/Internet gehörenden Geschäftsfeldern.

Der Verkauf der Mannesmann-Tochter Orange erfolgt aus kartellrechtlichen Gründen, die aus dem Zusammenschluss der beiden Unternehmen entstanden.

Die Erlöse aus dem Verkauf der Mannesmann-Töchter Atecs und Orange können zur teilweisen Rückführung des Konsortialkredites verwandt werden.

6.2 Besicherung

Bis zur Verschmelzung beider Gesellschaften erfolgt die Besicherung des Konsortialkredites im Allgemeinen durch Verpfändung der erworbenen Aktien.

Nach der Übernahme der Zielgesellschaft durch den Bieter dienen neben den Aktien auch Hard Assets als Sicherheit. Da die Sicherheitenstellung nicht die Vermögenswerte der Tochtergesellschaften betrifft, trägt das Bankenkonsortium das Risiko, dass werthaltige Aktiva zunächst den Kreditgebern der Tochtergesellschaften zur Verwertung zur Verfügung stehen (struktureller Nachrang).

6.3 Bilanzstruktur

Die vollständige Fremdfinanzierung der Übernahme führt zu einer stark erhöhten Verschuldung des erweiterten Konzerns. Als Folge davon steigt einerseits die Zinsbelastung stark an, andererseits verschlechtern sich die Bilanzkennzahlen, wie z.b. der Verschuldungsgrad und die Eigenkapitalquote.

7 Abwehrmaßnahmen

7.1 Abwehrmaßnahmen während der Annahmefrist

Für den Vorstand der Zielgesellschaft gilt grundsätzlich das Neutralitätsgebot bis zur Offenlegung des Ergebnisses des Angebots, d.h. dass er keine Maßnahmen ergreifen sollte, die dem Aktionärsinteresse, von dem Angebot Gebrauch zu machen, entgegenstehen. Solche Maßnahmen wären z.b. die Ausgabe neuer Wertpapiere oder Vertragsabschlüsse außerhalb des gewöhnlichen Geschäftsbetriebes. Die Neutralitätspflicht gebietet es ihm außerdem, irreführende oder manipulative Maßnahmen zu unterlassen.

Mögliche Abwehrmaßnahmen im Rahmen des Übernahmekodex sind u.a. der freundliche Bieter und das Gegenangebot der Zielgesellschaft.

Rechtlich unbedenklich ist der Versuch des Vorstandes des Zielunternehmens, ein Drittunternehmen (*Freundlicher Bieter, White Knight*) zu finden, welches mindestens den gleichen Preis wie der erste Bieter zahlt.

Praxisbeispiel:

Am 11. Januar 2000 sprechen die Vorstände von Mannesmann und Vivendi, einem französischen Medien- und Telekommunikationskonzern, über eine mögliche Partnerschaft. In einer weiteren Abwehrmaßnahme versucht Mannesmann bei AOL-Europe zur Stärkung seines Internet-Geschäftes einzusteigen (Gespräche am 28. Januar 2000). Begleitend zu diesen Maßnahmen unternimmt Mannesmann eine Werbetour zu Analysten und Investmentfonds bzw. warnt in einer Anzeigenkampagne vor einer angeblich drohenden Verlangsamung des Wachstums.

Vodafone reagiert sehr schnell: Am 30. Januar 2000 schließen Vodafone und der als White Knight gehandelte Vivendi-Konzern eine Kooperation. Am 02. Februar 2000 vereinbaren Vodafone/Vivendi ein Internet- und Telekom-Joint Venture mit AOL-Europe. Auf die Mannesmann-Anzeigen antwortet Vodafone mit einer Kampagne, die eine Dame auf einem Bett zeigt mit dem Slogan „Ja, ich tausche, weil ich nicht verzichten will".

Der Mannesmann-Werbefeldzug wird in Deutschland von der Schutzvereinigung für Kleinaktionäre als immense Geldverschwendung kritisiert. Die Ausgaben beliefen sich auf einen dreistelligen Millionen DM-Betrag. Diese astronomische Summe sowie die 60,5-Millionen-DM-Abfindung für Vorstandssprecher Esser führten zu einer Strafanzeige gegen den Mannesmann-Vorstand. Der Vorwurf lautete, nicht im Interesse der Aktionäre gehandelt zu haben. Die Klage wurde inzwischen abgewiesen.

Die Maßnahme *Gegenangebot der Zielgesellschaft (Auskauf des Bieters)* ist grundsätzlich möglich, scheitert in Deutschland aber an aktienrechtlichen Schranken. Bei wechselseitigen Beteiligungen über 25 % des Grundkapitals dürfen die Stimmrechte nur bis zu diesen 25 % ausgeübt werden.

7.2 Abwehrmaßnahmen vor Bekanntgabe eines öffentlichen Angebots

Der Vorstand der potenziellen Zielgesellschaft ist grundsätzlich nicht gehindert, Maßnahmen zu ergreifen, die ein öffentliches Übernahmeangebot abwehren können. Diese prophylaktischen Verteidigungsmaßnahmen sollten sich bereits an der Neutralität des Vorstandes in Bezug auf die Zusammensetzung des Aktionärskreises orientieren. Ziel ist die Wahrung der Aktionärsinteressen und nicht die Festigung der Positionen der Vorstandsmitglieder zulasten der Aktionärsinteressen.

Potenzielle Präventivmaßnahmen sind u.a. das Höchststimmrecht und die „Giftpille". Das *Höchststimmrecht* beschränkt die Stimmrechte auf einen bestimmten Prozentsatz des Grundkapitals. Kritik am Höchststimmrecht: Es greift nicht bei Beschlüssen, die eine Kapitalmehrheit erfordern. Eine Umgehung dieser Stimmrechtsbeschränkung ist durch die Bildung von Stimmrechtskonsortien möglich (Aufteilung des Aktienbesitzes auf „befreundete" Adressen).

Die sogenannte *„Giftpille"* ist eine vertragliche Vereinbarung, die eine Übernahme unattraktiv machen soll.

Praxisbeispiel:

Kurz vor der Veröffentlichung des Vodafone-Übernahmeangebots gab Mannesmann den 60-Milliarden-DM-Kauf des britischen Mobilfunkunternehmens Orange bekannt. Diese Orange-Übernahme wurde aus zwei Gründen als „Giftpille" bezeichnet:

1. Übernahmepreis zu hoch und

2. Vorhersehbare kartellrechtliche Probleme bei einer Übernahme von Mannesmann durch Vodafone.

Die Europäische Kommission hat dann auch den Zusammenschluss von Mannesmann und Vodafone nur mit Auflagen genehmigt. Sie stellte fest, dass es besonders auf dem britischen und dem belgischen Mobilfunkmarkt zu Wettbewerbsbeschränkungen kommen könnte, da sich dort das Angebot von Vodafone und Orange erheblich überschneidet. Deshalb muss sich der Vodafone/Mannesmann-Konzern von der Mannesmann-Tochter Orange trennen. Die „Giftpille" Orange verfehlte so die von Mannesmann gewünschte Wirkung, eine Übernahme zu verhindern.

Zahlreiche auf den ersten Blick aussichtsreich erscheinende Abwehrmaßnahmen greifen letztendlich nicht, weil das deutsche Aktienrecht dem Vorstand verbietet, auf die Zusammensetzung des Aktionärskreises Einfluss zu nehmen.

8 Schlussbemerkungen

Fast jedes an der Börse notierte Unternehmen kann gegen seinen Willen übernommen werden! Allein die Höhe des Preises entscheidet über den Erfolg eines Hostile Take Over. Die Bieter sind in der Regel bereit, hohe Kontrollprämien zu zahlen und/oder eine nachfolgend schlechte Kursentwicklung ihrer Aktie auf dem Kapitalmarkt in Kauf zu nehmen.

Die Praxis hat gezeigt, dass der selbstregulatorische Übernahmekodex eine gesetzliche Regelung nicht ersetzen kann. Der Entwurf eines Übernahmegesetzes wird zur Zeit von einer Expertenkommission erarbeitet. Dieses Gesetz soll laut Kommission über folgende Mindestinhalte verfügen:

1. welche Angebote an Minderheitsaktionäre abgegeben werden müssen,
2. welche Fristen und
3. welche Preise dabei einzuhalten sind und schließlich
4. welche Sanktionsmöglichkeiten drohen.

Wirtschafts- und Finanzkreise befürchten jedoch eher ein Übernahme-Verhinderungsgesetz statt ein weltweit anerkanntes Regelwerk für Firmenübernahmen. Es darf sich nicht gegen ausländische Direktinvestitionen wenden, sondern muss die Rahmenbedingungen für die Durchführung von Übernahmen definieren. Auch im Interesse des internationalen Standings des deutschen Kapitalmarktes ist das Gesetz notwendig, um dem berechtigten Interesse der Anleger nach Transparenz gerecht zu werden.

Firmenübernahmen werden im Zeitalter der Globalisierung immer stärker das wirtschaftliche Geschehen bestimmen.

Anmerkungen

(1) Spiegel online, 03. Februar 2000, „So verlief die Übernahmeschlacht".
(2) Tagesspiegel, 20. Dezember 1999; „Warten auf das Vodafone-Angebot".

Literatur

Fahrholz, B.: Neue Formen der Unternehmensfinanzierung – Unternehmensübernahmen, Big ticket-Leasing, Asset Backes- und Projektfinanzierungen, die steuer- und haftungsrechtliche Optimierung durch Einzweckgesellschaften (Single Purpose Companies), dargestellt anhand von Beispielsachverhalten, 1. Aufl., München: C.H. Beck, 1998.

Capital, 3/2000, S.. 45-46, „Koffer packen".

Financial Times Deutschland online, 13. April 2000, „Mannesmann: Vodafone-Chef Gent übernimmt Vorsitz des Aufsichtsrats".

Financial Times Deutschland online, 06. April 2000, „Bieterkampf um Atecs noch nicht entschieden".

Financial Times Deutschland online, 09. März 2000, „Übernahmegesetz: Erstes Treffen ohne Ergebnis".

Financial Times Deutschland online, 21. Februar 2000, „Dokumentation: Das ganze Schröder-Interview".

Financial Times Deutschland online, 04. Februar 2000, „Feindliche Übernahmen zumeist erfolgreich".

Frankfurter Allgemeine Zeitung, 13. April 2000, „Fusion Vodafone-Mannesmann unter Auflagen".

Handelsblatt online, 14. April 2000, „Gent jetzt im Aufsichtsrat von Mannesmann".

Spiegel online, 03. Februar 2000, „So verlief die Übernahmeschlacht".

Spiegel online, 28. Januar 2000, „Fusionsgerüchte überschlagen sich".

Spiegel online, 20. Januar 2000, „Mannesmann und Vivendi vor Fusion der Sparten?".

Spiegel online, 15. November 1999, „Von 'Giftpillen' und 'Weißen Rittern'".

Tagesspiegel online, 03. März 2000, „Debatte um Übernahmegesetz".

Tagesspiegel online, 03. Februar 1999, „Volkswirtschaft und Konjunktur – Übernahmen sollen gesetzlich geregelt werden".

Tagesspiegel online, 02. Februar 2000, „Vodafones Übernahmeversuch".

Skizzen zur Anerkennung eines ausländischen Insolvenzverfahrens im Inland nach deutschem Internationalen Insolvenzrecht im Licht der neuen europäischen Verordnung über Insolvenzverfahren

Gudula Deipenbrock

A. Die Bedeutung des Internationalen Insolvenzrechts für die Unternehmenspraxis

Das Insolvenzrecht ist neben anderem auch ein Teilbereich des Wirtschafts- und Unternehmensrechts (1). Es bildet nicht nur einen zentralen ordnungsrechtlichen Rahmen für das Marktverhalten insbesondere von Unternehmungen (2). Das Insolvenzrecht beeinflusst auch die Investitionstätigkeit von Unternehmungen, nicht zuletzt durch Regelungen zur Behandlung von Kreditsicherheiten in der Insolvenz (3). Das nationale Insolvenzrecht stößt jedoch angesichts der durch Tiefe und Nachhaltigkeit der europäischen Integration sowie der weltweiten Vernetzung der Märkte zunehmend grenzüberschreitend tätigen Unternehmungen an die Grenzen seiner Regelungskompetenz. Rechtsfragen, die sich bei Insolvenzverfahren mit grenzüberschreitendem Bezug stellen, regelt das Internationale Insolvenzrecht (im Folgenden: „IIR") (4). Dieses kann als „Schlussstein eines Internationalen Unternehmensrechts" angesehen werden (5). Das IIR hat sich zwischenzeitlich von einer „quantité négligeable" (6) zu einer „quantité indispensable" (7) entwickelt. Inzwischen wurde mit der Verordnung (EG) Nr. 1346/2000 des Rates vom 29.05.2000 über Insolvenzverfahren (8) (im Folgenden: „VO (EG) Nr. 1346/2000") ein Regelungsrahmen für grenzüberschreitende Insolvenzen im europäischen Binnenmarkt geschaffen. Gemäß Art. 47 der VO (EG) Nr. 1346/2000 wird diese am 31.05.2002 in Kraft treten. Der vorliegende Beitrag versucht, die für die Unternehmenspraxis relevanten Grundlagen des deutschen IIR im Licht der künftig geltenden Regelungen der VO (EG) Nr. 1346/2000 zu skizzieren.

B. Ausgangslage des deutschen IIR

Das seit dem 01.01.1999 geltende deutsche IIR insbesondere in Gestalt des Art. 102 EGInsO (9) stößt im Schrifttum auf erhebliche Kritik (10). Das deutsche IIR wird hier als „Miniatur oder Bagatelle" (11), als „rudimentäre Regelung" (12), als „Lückenfüller" (13) oder als „Torso" (14) bezeichnet. Diese Kritik steht zunächst in engem Zusammenhang mit der Entstehungsgeschichte des Art. 102 EGInsO. Die Entstehungsgeschichte ist auch für eine Auslegung des Art. 102 EGInsO im Einzelnen bedeutsam (15). Diese soll nachfolgend kurz skizziert werden (16).

I. Entstehungsgeschichte des Art. 102 EGInsO

Das deutsche IIR war vor Inkrafttreten der neuen Insolvenzgesetze am 01.01.1999 unzureichend und lückenhaft geregelt (17). In der Konkurs- und Vergleichsordnung fanden sich verstreut Vorschriften zum IIR (18). Zu zentralen Fragen wie derjenigen nach den territorialen oder universalen Wirkungen eines Insolvenzverfahrens fehlten eindeutige gesetzliche Regelungen (19). Rechtsprechung und Wissenschaft entwickelten insbesondere zu dieser „Grundfrage" (20), ob sich zum einen die Rechtswirkungen eines Inlandskonkurses (21) auf das Ausland und zum anderen die Rechtswirkungen eines Auslandskonkurses (22) auf das Inland erstrecken, Lösungsansätze. Zunächst folgten Rechtsprechung und Wissenschaft hinsichtlich der Rechtswirkungen des Inlandskonkurses auf das Ausland dem Universalitätsgrundsatz (23). Dem Inlandskonkurs wurden so universelle Wirkungen zugesprochen (24). Dagegen wurden dem Auslandskonkurs unter Anwendung des Territorialitätsgrundsatzes Inlandswirkungen zunächst überwiegend prinzipiell verwehrt. Die Anwendung des Territorialitätsgrundsatzes stieß jedoch wegen seiner anachronistischen Züge angesichts der zunehmenden Verflechtung der Volkswirtschaften auf erhebliche Kritik in der Wissenschaft (25). In seinem Urteil vom 11.07.1985 (26) vollzog auch der Bundesgerichtshof unter ausdrücklicher Aufgabe seiner bisherigen Rechtsprechung die Wende zum Universalitätsgrundsatz für den Auslandskonkurs (27). Der Gesetzgeber reagierte auf diese Hinwendung zum Universalitätsgrundsatz in Rechtsprechung und Wissenschaft mit § 22 Abs. 1 Gesamtvollstreckungsordnung (28) (im Folgenden: „GesO") (29).Eine Neuordnung des IIR im Sinne einer umfassenden Regelung wurde nach langjährigen, umfangreichen Vorarbeiten (30) in dem Regierungsentwurf einer Insolvenzordnung vom 15.04.1992 (31) (im Folgenden: „RegE der InsO") vorgelegt. Dieser enthielt in seinem neunten Teil der Insolvenzordnung in den §§ 379-399 eine solche ausführliche Neuregelung. Die zwischenzeitlich in die Nähe eines erfolgreichen Abschlusses vorangetriebenen Verhandlungen zu einem Europäischen Übereinkommen über Insolvenzverfahren (32) (im Folgenden: „EuIÜ") bewogen den Rechtsausschuss des Deutschen Bundestages jedoch zu einer Streichung und Ersetzung des Entwurfs eines neunten Teils einer Insolvenzordnung durch eine einzelne Vorschrift, den Art. 102 EGInsO (33).Art. 102 Abs. 1 EGInsO entspricht weitgehend dem § 22 Abs. 1 der inzwischen aufgehobenen GesO (34). Da ein europäisches Regelungswerk zum IIR wider Erwarten beim Inkrafttreten des Art. 102 EGInsO nicht vorlag, war und ist diese Norm Herzstück des deutschen IIR bis zum Inkrafttreten der VO (EG) Nr. 1346/2000 (35). Ferner bleibt Art. 102 EGInsO zunächst maßgeblich für diejenigen Problemstellungen des IIR, die nicht vom Anwendungsbereich des zukünftigen europäischen IIR (36) erfasst oder bewusst ausgeklammert worden sind (37). Als Kern des deutschen IIR ist Art. 102 EGInsO ferner derzeit maßgeblich für Fragestellungen bei Insolvenzverfahren mit Drittstaaten (38).

II. Die Bedeutung der am 31.05.2002 in Kraft tretenden VO (EG) Nr. 1346/2000 für das deutsche IIR (39)

Der Vertrag von Amsterdam (40) hat in den Vertrag zur Gründung der Europäischen Gemeinschaft (im Folgenden: „EGV") (41) einen neuen Titel IV – die Artt. 61-69 EGV – eingeführt (42). Damit wurde das Internationale Privat- und Verfahrensrecht vergemeinschaftet (43). Nach endgültigem Scheitern des auf der Grundlage des Art. 293 EGV (44) verhandelten EuIÜ (45) konnten damit die für das EuIÜ ausgehandelten Regelungen nach Maßgabe der Artt. 61 c), 65, 67 EGV weitgehend wortlautgetreu (46) in ein anderes europäisches Rechtsinstrument überführt werden (47). Der Verordnungsentwurf wurde als VO (EG) Nr. 1346/2000 (48) erlassen und tritt am 31.05.2002 in Kraft. Die VO (EG) Nr. 1346/2000 hat als europäische Verordnung nach Art. 249 Abs. 2 EGV allgemeine Geltung, ist in allen ihren Teilen verbindlich und gilt unmittelbar in jedem Mitgliedstaat. Zukünftige Konfliktfälle zwischen nationalem und europäischen IIR sind nach dem gemeinschaftsweit anerkannten Prinzip des Anwendungsvorrangs zu lösen. Danach dürfen Vorschriften der Mitgliedstaaten, die dem Gemeinschaftsrecht widersprechen, nicht angewendet werden (49). Für grundrechtssensible (50) Sachverhalte in den vorgenannten Konfliktfällen bietet zunächst die VO (EG) Nr. 1346/2000 insbesondere in Art. 25 Abs. 3 und Art. 26 Lösungen an (51). Bei der Darstellung des Regelungsgehalts des Art. 102 EGInsO finden sich im aktuellen Schrifttum regelmäßig Rückgriffe auf das EuIÜ als Auslegungshilfe für Art. 102 EGInsO. Diese sind neu kritisch zu würdigen (52). Statt der weitgehend unverbindlichen Bezugnahmen auf das EuIÜ im Schrifttum bei der Auslegung des Art. 102 EGInsO (53) – nach bisheriger Rechtslage konsequent – wird zumindest im Anwendungsbereich der VO (EG) Nr. 1346/2000 verbindlich auf die Regelungen der VO (EG) Nr. 1346/2000 nach ihrem Inkrafttreten (54) zurückzugreifen sein (55). Sollte der deutsche Gesetzgeber (56) zukünftig eine Anwendung der VO (EG) Nr. 1346/2000 auch gegenüber Drittstaaten anordnen, gilt dieses auch im Verhältnis zu Drittstaaten (57). Ein Rückgriff auf den RegE der InsO (58) für die Auslegung des Art. 102 EGInsO (59) dürfte daher zukünftig jedenfalls im Anwendungsbereich dieser Verordnung (60) zweifelhaft sein (61).

C. Art. 102 Abs. 1 und Abs. 2 EGInsO im Einzelnen (62)

Art. 102 EGInsO schreibt den Grundsatz der eingeschränkten Universalität (63) fest. Insoweit stellt er eine „Grundlagenbestimmung" (64) dar, die dem vor seinem Inkrafttreten geltenden Rechtszustand entspricht.

I. Die Anerkennung des ausländischen Insolvenzverfahrens

Nach Art. 102 Abs. 1 S. 1 EGInsO erfasst ein ausländisches Insolvenzverfahren auch das im Inland befindliche Vermögen des Schuldners. Die Norm ist trotz der unklaren Formulierung dahingehend zu verstehen, dass im Grundsatz die Wirkungen ausländischer Insolvenzverfahren auch im Inland anzuerkennen sind (65). Ein solcher Akt der Anerkennung bezieht sich auf die gerichtliche Entscheidung des ausländischen Insolvenzgerichts und umfasst die Anerkennung der ausländischen Eröffnungsentscheidung und die insolvenzrechtlichen Wirkungen dieser Verfahrenseröffnung (66). Aus dem Wortlaut des Art. 102 Abs. 1 EGInsO lässt sich herleiten, dass die Anerkennung des ausländischen Verfahrens im Sinne einer automatischen Anerkennung der Regelfall sein soll (67). Die Voraussetzungen dieser Anerkennung werden nachfolgend kurz dargestellt.

1. Ungeschriebene Anerkennungsvoraussetzungen

Die in Art. 102 Abs. 1 EGInsO enthaltene Anerkennung der Wirkungen ausländischer Insolvenzverfahren auch im Inland setzt – entgegen dem missverständlichen Gesetzeswortlaut – ausgehend von den Grenzen der Regelungsbefugnis des deutschen Gesetzgebers zunächst voraus, dass das Insolvenzstatut des ausländischen Verfahrens eine solche universelle Wirkung beansprucht (68). Ferner wird eine Gegenseitigkeit der Anerkennung nicht vorausgesetzt (69).

2. Geschriebene Anerkennungsvoraussetzungen

Art. 102 EGInsO begründet eine Vermutung für die Anerkennung der Wirkung ausländischer Insolvenzverfahren im Inland (70). Eine Anerkennung erfolgt jedoch dann nicht, wenn es an den Voraussetzungen des Art. 102 Abs. 1 S. 2 Nr. 1 und Nr. 2 EGInsO fehlt.

Zunächst muss es sich für die Anwendung des Art. 102 EGInsO um ein ausländisches Insolvenzverfahren handeln (71). Ausländisch ist ein solches Verfahren stets dann, wenn es außerhalb des Hoheitsgebiets der Bundesrepublik Deutschland eröffnet wurde (72). Ferner muss ein Insolvenzverfahren vorliegen, also die Anerkennungsfähigkeit des ausländischen Verfahrens (73). Der Bundesgerichtshof (74) entwickelte in seiner „Wende-Entscheidung" entsprechende Grundsätze zur Anerkennung. Vor dem Hintergrund der Entstehungsgeschichte des Art. 102 EGInsO kann zunächst noch (75) bei der Anwendung und Auslegung dieser Norm auf diese Grundsätze zurückgegriffen werden (76). Anerkennungsfähig ist danach ein ausländisches Verfahren nur, sofern auch nach inländischen Rechtsgrundsätzen ein Konkurs bzw. eine Insolvenz vorliegt (77). Hierbei gilt ein großzügiger Maßstab (78). Ansätze, für die Prüfung der Anerkennungsfähigkeit den Begriff Insolvenzverfahren abstrakt zu definieren, existieren im Schrifttum (79). Diese begegnen jedoch angesichts der Vielfalt und unterschiedlichen Ausgestaltung der nach ausländischem Recht zu beurteilenden Insolvenzvermeidungs- und -bereinigungsmechanismen Bedenken.

Die am 31.05.2002 in Kraft tretende VO (EG) Nr. 1346/2000 (80) – wie bereits zuvor das gescheiterte EuIÜ – entschied sich gegen eine lediglich generalklauselartige Erfassung von Insolvenzvermeidungs- und -bereinigungsmechanismen. Nach Art. 1 der VO (EG) Nr. 1346/2000 gilt diese für Gesamtverfahren, welche die Insolvenz des Schuldners voraussetzen und den vollständigen oder teilweisen Vermögensbeschlag gegen den Schuldner sowie die Bestellung eines Verwalters zur Folge haben (81). Ergänzend finden sich in den Anhängen A und B der Verordnung diejenigen Verfahren, die nach den Vorstellungen der Mitgliedstaaten der Europäischen Gemeinschaften den in Art. 1 Abs. 1 der Verordnung genannten Kriterien entsprechen (82). Für die Prüfung der Anerkennungsfähigkeit von Insolvenzverfahren der Mitgliedstaaten der Europäischen Gemeinschaften sind zukünftig die in den Anhängen A und B der VO (EG) Nr. 1346/2000 aufgeführten Verfahren maßgebend. Für eine etwaige Erweiterung oder Änderung dieser Anhänge werden zukünftig die in Art. 1

Abs. 1 der VO (EG) Nr. 1346/2000 genannten Kriterien hilfreich sein (83). Art. 1 Abs. 1 der VO (EG) Nr. 1346/2000 und die in den Anhängen A und B aufgeführten Verfahren werden ferner zukünftig auch für die Anerkennungsfähigkeit ausländischer Insolvenzverfahren von Drittstaaten wichtige Anhaltspunkte bieten (84). Sollte der deutsche Gesetzgeber (85) zukünftig eine Anwendung der VO (EG) Nr. 1346/2000 auch gegenüber Drittstaaten verbindlich anordnen, hat ein entsprechender Rückgriff auf die Verordnung im Verhältnis zu Drittstaaten zu erfolgen. Auch die grundsätzliche Anerkennungsfähigkeit von Sanierungsverfahren kann zukünftig aus den in den Anhängen der VO (EG) Nr. 1346/2000 aufgeführten Verfahren hergeleitet werden (86).

Art. 102 Abs. 1 S. 2 EGInsO setzt weiter positiv voraus, dass zum einen die internationale Zuständigkeit des Gerichts der Verfahrenseröffnung besteht (Nr. 1) und ferner die Anerkennung des ausländischen Verfahrens im Ergebnis mit dem deutschen Ordre Public vereinbar ist (Nr. 2). Diese Anerkennungsvoraussetzungen folgen denjenigen der „Wende-Entscheidung" des Bundesgerichtshofs (87) sowie dem RegE der InsO (88), dort § 384 (89).

Die internationale Zuständigkeit ist hier die zentrale Voraussetzung für eine Anerkennung eines ausländischen Insolvenzverfahrens. Danach muss das Gericht des Eröffnungsstaats international zuständig sein (90). Art. 102 Abs. 1 S. 2 Nr. 1 InsO selbst regelt nicht die internationale Zuständigkeit (91). Damit ist die internationale Zuständigkeit nach der Insolvenzordnung maßgebend. Diese bestimmt sich nach der örtlichen Zuständigkeit (92). Nach § 3 Abs. 1 S. 1 InsO ist örtlich zuständig ausschließlich das Insolvenzgericht, in dessen Bezirk der Schuldner seinen allgemeinen Gerichtsstand hat. Liegt der Mittelpunkt der selbständigen wirtschaftlichen Tätigkeit des Schuldners an einem anderen Ort, so ist gemäß § 3 Abs. 1 S. 2 InsO das Insolvenzgericht ausschließlich zuständig, in dessen Bezirk dieser Ort liegt. Für den Fall der Zuständigkeit mehrerer Gerichte sieht § 3 Abs. 2 InsO vor, dass das Gericht, bei dem die Eröffnung des Insolvenzverfahrens zuerst beantragt wurde, die Übrigen ausschließt (93). Nach Art. 102 Abs. 1 S. 2 Nr. 1 EGInsO wird somit „spiegelbildlich" geprüft, ob das Gericht des ausländischen Staates für die Eröffnungsentscheidung bei hypothetischer Anwendung der deutschen Regelungen zur internationalen Zuständigkeit zuständig ist (94).

Eine weitere Anerkennungsvoraussetzung des Art. 102 Abs. 1 S. 2 Nr. 2 InsO ist der Ordre-Public-Vorbehalt. Danach ist die Anerkennung des ausländischen Verfahrens zu versagen, soweit diese zu einem Ergebnis führt, das mit wesentlichen Grundsätzen des deutschen Rechts offensichtlich unvereinbar ist, insbesondere soweit sie mit den Grundrechten unvereinbar ist. Diese Regelung entspricht den Formulierungen des Art. 6 EGBGB und § 328 Abs. 1 Nr. 4 ZPO. Die Regelung entspricht auch bereits früher geltendem Recht (95). Zur Erfassung von Einzelfällen dient die Unterscheidung zwischen dem materiellen und prozessualen Ordre Public (96).

Für die Anerkennung von Insolvenzverfahren im Anwendungsbereich der VO (EG) Nr. 1346/2000 nach ihrem Inkrafttreten sind die Regelungen des Kapitels II dieser Verordnung maßgeblich (97). Die Eröffnung eines Insolvenzverfahrens durch ein nach Art. 3 der Verordnung zuständiges Gericht eines Mitgliedstaats wird nach Art. 16 Abs. 1 der Verordnung in allen übrigen Mitgliedstaaten anerkannt, sobald die Entscheidung im Verfahrenseröffnungsstaat wirksam ist. Diese Anerkennung setzt kein gesondertes Anerkennungsverfahren voraus und ist in diesem Sinne „automatisch" (98). Nach Art. 17 der Verordnung entfaltet – sofern die Verordnung nichts anderes bestimmt – eine Verfahrenseröffnung nach Art. 3 Abs. 1 in jedem anderen Mitgliedstaat – solange in diesem kein Verfahren nach Art. 3 Abs. 2 eröffnet ist –, die Wirkungen, die das Recht des Staates der Verfahrenseröffnung dem Verfahren beilegt, ohne dass es hierzu irgendwelcher Förmlichkeiten bedürfte. Dieses gilt für Hauptinsolvenzverfahren (99). Für Territorialverfahren ist zwar auch eine automatische Anerkennung vorgesehen, jedoch ist diese wegen ihrer räumlichen Beschränkung begrenzt (100). Der Ordre-Public-Vorbehalt gemäß Art. 26 der Verordnung kann zwar grundsätzlich eine Ablehnung der Anerkennung rechtfertigen. Eine Anwendung dieses Vorbehalts wird jedoch aus rechtspolitischen Gründen selten bzw. kaum zu rechtfertigen sein (101). Ergänzend zu Art. 16 regelt Art. 25 die Anerkennung und Vollstreckbarkeit sonstiger insolvenzbezogener Entscheidungen des Gerichts, dessen Eröffnungsentscheidung nach Art. 16 anerkannt wird (102). Für die Vollstreckung dieser Entscheidungen verweist Art. 25 Abs. 1 auf die Artt. 31-51 – mit Ausnahme des Art. 34 Abs. 2 – des Brüsseler Übereinkommens über die gerichtliche Zuständigkeit und die Vollstreckung gerichtlicher Entscheidungen in Zivil- und Handelssachen (im Folgenden: „EuGVÜ") (103).

II. Rechtsfolgen der Anerkennung

Lediglich skizzenhaft können nachfolgend die Wirkungen der Anerkennung eines ausländischen Hauptinsolvenzverfahrens dargestellt werden. Nur dem Hauptinsolvenzverfahren kommt universale Wirkung zu (104). Ferner ist zu beachten, dass ein eröffnetes inländisches Haupt- oder Partikularinsolvenzverfahren die Wirkungen eines ausländischen Insolvenzverfahrens auf das im Inland belegene Vermögen abwehrt (105). Die Rechtsfolgen der Anerkennung werden in verfahrens- und materiellrechtliche Wirkungen der Anerkennung – verstanden als Wirkungserstreckung – unterteilt. Besondere Berücksichtigung findet nachfolgend die zukünftige Rechtslage nach Inkrafttreten der VO (EG) Nr. 1346/2000. Die „gesetzgeberische Enthaltsamkeit" (106) bei der Neuregelung des deutschen IIR zeigt sich insbesondere in der mangelnden Ausgestaltung des Art. 102 Abs. 1 InsO (107). Ein Rückgriff auf den RegE der InsO (108) zu Einzelfragen der Anerkennung eines ausländischen Insolvenzverfahrens kommt zukünftig jedenfalls im Anwendungsbereich der VO (EG) Nr. 1346/2000 nach ihrem Inkrafttreten nicht in Betracht (109). Auch im Verhältnis zu Drittstaaten kann bei der Auslegung des Art. 102 EGInsO aus seiner Lückenhaftigkeit nicht ohne Weiteres eine stillschweigende Verweisung auf den RegE der InsO hergeleitet werden (110). In dieser „Übergangsperiode" erscheint es daher sinnvoll, vor dem Hintergrund der Grundsätze des deutschen IIR die im Anwendungsbereich der VO (EG) Nr. 1346/2000 zukünftig geltenden Regelungen zu den wesentlichen (111) verfahrens- und materiellrechtlichen Wirkungen der Anerkennung zu skizzieren. Dieses gilt umso mehr, als das Schrifttum vor Erlass der VO (EG) Nr. 1346/2000 in Ermangelung gesetzlicher Regelungen bereits auf diejenigen des Entwurfs eines EuIÜ zurückgegriffen hat (112). Auch eine mögliche Vorwirkung der Regelungen der VO (EG) Nr. 1346/2000 rechtfertigt diese Vorgehensweise (113).

1. Die verfahrensrechtlichen Wirkungen der Anerkennung nach künftiger Rechtslage im Anwendungsbereich der VO (EG) Nr. 1346/2000

a. Befugnisse des Schuldners und des Insolvenzverwalters

Die Befugnisse des Schuldners in einem Insolvenzverfahren und diejenigen des Insolvenzverwalters sind miteinander verknüpft. Nach Art. 4 Abs. 1 der Verordnung gilt grundsätzlich für das Insolvenzverfahren und seine Wirkungen das Insolvenzrecht des Mitgliedstaats, in dem das Verfahren eröffnet wird. Nach Art. 4 Abs. 2 c) regelt das Recht des Staates der Verfahrenseröffnung insbesondere die jeweiligen Befugnisse des Schuldners und des Verwalters. Damit ist die lex fori concursus hier maßgebend. Ferner wird der in Art. 16 der Verordnung niedergelegte Anerkennungsgrundsatz hinsichtlich der Befugnisse des Insolvenzverwalters in Art. 18 ausgestaltet (114). Nach Art. 18 Abs. 1 S. 1 der Verordnung darf ein durch ein nach Art. 3 Abs. 1 zuständiges Gericht bestellter Verwalter im Gebiet eines anderen Mitgliedstaats alle Befugnisse ausüben, die ihm nach dem Recht des Staates der Verfahrenseröffnung zustehen, solange in dem anderen Staat nicht ein weiteres Insolvenzverfahren eröffnet ist oder eine gegenteilige Sicherungsmaßnahme auf einen Antrag auf Eröffnung eines Insolvenzverfahrens hin ergriffen worden ist. Insbesondere ist der Verwalter vorbehaltlich der Artt. 5 und 7 der Verordnung zur Entfernung von zur Masse gehörenden Gegenständen aus dem Gebiet des Mitgliedstaats berechtigt, in dem sich die Gegenstände befinden. Für den Insolvenzverwalter eines sogenannten Sekundärinsolvenzverfahrens sieht Art. 18 Abs. 2 eine Sonderregelung vor. Ferner hat nach Art. 18 Abs. 3 S. 1 der Verordnung der Verwalter bei der Ausübung seiner Befugnisse das Recht des Mitgliedstaats, in dessen Gebiet er handeln will, zu beachten, insbesondere hinsichtlich der Art und Weise der Verwertung eines Gegenstands zur Masse. Nach Art. 18 Abs. 3 S. 2 der Verordnung dürfen diese Befugnisse nicht die Anwendung von Zwangsmitteln oder das Recht umfassen, Rechtsstreitigkeiten oder andere Auseinandersetzungen zu entscheiden. Wie der Verwalter seine Stellung nachzuweisen hat, regelt Art. 19. Für die Befugnisse eines vorläufigen Verwalters eines Hauptinsolvenzverfahrens gilt nach Art. 38, dass dieser berechtigt ist, zur Sicherung und Erhaltung des Schuldnervermögens, das sich in einem anderen Mitgliedstaat befindet, jede Maßnahme zu beantragen, die nach dem Recht dieses Staates für die Zeit zwischen dem Antrag auf Eröffnung eines Liquidationsverfahrens und dessen Eröffnung vorgesehen ist. Nach Art. 25 Abs. 1 3. UA der Verordnung werden die Entscheidungen über Sicherungsmaßnahmen, die nach dem Antrag auf Eröffnung eines Insolvenzverfahrens getroffen werden, nach den Artt. 31 bis 51 – mit Ausnahme des Art. 34 Abs. 2 – EuGVÜ vollstreckt. Art. 21 der Verordnung regelt die öffentliche Bekanntmachung der Verfahrenseröffnung. Art. 22 der Verordnung regelt entsprechende Eintragungen in öffentliche Register, insbesondere in das Grundbuch und das Handelsregister.

b. Forderungsanmeldung

Nach Art. 4 Abs. 2 g) der Verordnung ist das Recht des Staates der Verfahrenseröffnung maßgeblich dafür, welche Forderungen als Insolvenzforderungen anzumelden sind und wie Forderungen zu behandeln sind, die nach der Eröffnung des Insolvenzverfahrens entstehen. Art. 39 sieht hier vor, dass jeder Gläubiger, der seinen gewöhnlichen Aufenthalt, Wohnsitz oder Sitz in einem anderen Mitgliedstaat als dem Staat der Verfahrenseröffnung hat, einschließlich der Steuerbehörden und der Sozialversicherungsträger der Mitgliedstaaten, seine Forderungen in dem Insolvenzverfahren schriftlich anmelden kann (115). Damit wird hier ausdrücklich den Steuerbehörden und Sozialversicherungsträgern der anderen Mitgliedstaaten als dem Staat der Verfahrenseröffnung ein Recht auf Forderungsanmeldung eingeräumt (116). Dagegen wird im deutschen IIR die Teilnahmeberechtigung ausländischer öffentlicher Körperschaften, die öffentlich-rechtliche Forderungen anmelden wollen, in Frage gestellt, sofern sich nicht aus entsprechenden vollstreckungsrechtlichen Abkommen etwas anderes ergibt (117).

c. Inländische Zwangsvollstreckungsmaßnahmen und inländische anhängige Rechtsstreitigkeiten

Gemäß Art. 4 Abs. 2 f) der Verordnung regelt das Recht des Staates der Verfahrenseröffnung insbesondere, wie sich die Eröffnung eines Insolvenzverfahrens auf Rechtsverfolgungsmaßnahmen einzelner Gläubiger auswirkt. Ausdrücklich ausgenommen sind hierbei jedoch die Wirkungen auf anhängige Rechtsstreitigkeiten. Enthält die lex fori concursus ein Vollstreckungsverbot, so werden mit der Anerkennung des ausländischen Hauptinsolvenzverfahrens Vollstreckungsmaßnahmen auch im Inland unzulässig (118). Nach deutschem IIR ist diese Lösung nicht unumstritten (119).

Für die Wirkungen eines Insolvenzverfahrens im Anwendungsbereich der VO (EG) Nr. 1346/2000 auf einen anhängigen Rechtsstreit über einen Gegenstand oder ein Recht der Masse gilt nach Art. 15 der Verordnung ausschließlich das Recht des Mitgliedstaats, in dem der Rechtsstreit anhängig ist. Der Bundesgerichtshof (120) hat im Vorgriff auf das EuIÜ den Art. 15 EuIÜ dahingehend einschränkend ausgelegt, dass jeder Mitgliedstaat, der für sein eigenes Insolvenzverfahren eine Prozessunterbrechung vorsieht, diese auch ausländischen Insolvenzverfahren zugestehen muss, wenn die Prozessführungsbefugnis des Schuldners nach dem Recht des Eröffnungsstaats auf den Verwalter übergeht (121). Zwar ist die Regelung des Art. 15 EuIÜ inhaltsgleich mit derjenigen der VO (EG) Nr. 1346/2000. Es erscheint jedoch fraglich, ob auf diese Entscheidung des Bundesgerichtshofs insbesondere wegen des Wechsels des Rechtsinstruments auch nach Inkrafttreten der VO (EG) Nr. 1346/2000 ohne Weiteres zurückgegriffen werden sollte. Hier bietet sich zukünftig insbesondere die Möglichkeit, im Wege des Vorabentscheidungsverfahrens nach Art. 234 EGV dem Europäischen Gerichtshof (im Folgenden: „EuGH") die Frage zur Klärung vorzulegen. Dem EuGH obliegt grundsätzlich die Auslegung gemeinschaftsrechtlicher Normen (122). Eine Sonderregelung zum Vorabentscheidungsverfahren für den hier einschlägigen Titel IV des EGV enthält Art. 68 EGV. So sind in Abweichung von Art. 234 EGV nur letztinstanzliche Gerichte zu einer Vorlage befugt (123). Ferner können in einem bis dahin unbekannten Verfahren nunmehr auch Rat, Kommission und Mitgliedstaaten dem EuGH eine Frage der Auslegung des Titels IV oder der auf diesen Titel gestützten Rechtsakte der Gemeinschaftsorgane zur Entscheidung vorlegen (124).

d. Eröffnung eines inländischen Insolvenzverfahrens

Nach Art. 102 Abs. 3 EGInsO schließt die Anerkennung eines ausländischen Verfahrens nicht aus, dass im Inland ein gesondertes Insolvenzverfahren eröffnet wird, das nur das im Inland befindliche Vermögen des Schuldners erfasst. Im Anwendungsbereich der VO (EG) Nr. 1346/2000 sieht Art. 16 Abs. 2 eine entsprechende Regelung vor. Dieses lässt den Schluss zu, dass die Anerkennung eines ausländischen Hauptinsolvenzverfahrens die inländischen Gerichte hindert, ein weiteres Hauptinsolvenzverfahren zu eröffnen (125). Im deutschen IIR wird hier streitig erörtert, welches Verfahren im Falle von zwei unabhängig voneinander eröffneten Hauptinsolvenzverfahren in verschiedenen ausländischen Staaten – z.B. im Falle eines doppelten Wohnsitzes des Schuldners – Vorrang genießt (126). In dem Anwendungsbereich der VO (EG) Nr. 1346/2000 ist dagegen nur ein Hauptinsolvenzverfahren zulässig (127). Für den Fall, dass sich die Gerichte zweier Mitgliedstaaten für zuständig halten, ein Hauptinsolvenzverfahren zu eröffnen, „empfiehlt" die Verordnung (128), die Entscheidung des zuerst eröffnenden Gerichts in den anderen Mitgliedstaaten anzuerkennen. Diese Gerichte sollten die Entscheidung des zuerst eröffnenden Gerichts keiner Überprüfung unterziehen dürfen (129).

Mit der Anerkennung des ausländischen Eröffnungsbeschlusses stellt sich die Frage nach seiner Vollstreckung im Inland. Nach deutschem IIR bedarf es eines Exequaturverfahrens nach den §§ 722, 723 ZPO, da nur das deutsche Vollstreckungsurteil als Vollstreckungstitel gilt (130). Im Anwendungsbereich der VO (EG) Nr. 1346/2000 ist die Eröffnungsentscheidung unmittelbar durchsetzbar ohne das Erfordernis eines Vollstreckungsurteils (131). Die zur Durchführung und Beendigung eines Insolvenzverfahrens ergangenen Entscheidungen eines Gerichts, dessen Eröffnungsentscheidung nach Art. 16 der Verordnung anerkannt wird, sowie ein von einem solchen Gericht bestätigter Vergleich werden nach Art. 25 der Verordnung ebenfalls ohne weitere Förmlichkeiten anerkannt und nach den Artt. 31-51 – mit Ausnahme des Art. 34 Abs. 2 – EuGVÜ vollstreckt. Erfasst ist hier auch die Vollstreckung der Eröffnungsentscheidung hinsichtlich solcher Rechtsfolgen, die über die Eröffnung selbst hinausgehen (132).

2. Die materiellrechtlichen Wirkungen der Anerkennung nach künftiger Rechtslage im Anwendungsbereich der VO (EG) Nr. 1346/2000

a. Grundsätzliches

Die Bestimmung der Insolvenzmasse richtet sich gemäß Art. 4 Abs. 2 b) der Verordnung nach dem Recht des Staates der Verfahrenseröffnung. Dieses gilt auch für die Behandlung der nach Verfahrenseröffnung vom Schuldner erworbenen Vermögenswerte. Auch nach autonomem IIR ist die lex fori concursus hier maßgeblich (133). Nach Art. 4 Abs. 2 g) und h) der Verordnung regelt ebenfalls das Recht des Staates der Verfahrenseröffnung, welche Forderungen als Insolvenzforderungen anzumelden sind, wie mit den nach Verfahrenseröffnung entstehenden Forderungen zu verfahren ist, sowie die Anmeldung, Prüfung und Feststellung der Forderungen (134). Ergänzend regelt Art. 39 der Verordnung, dass auch Forderungen nach öffentlichem Recht in dem in einem anderen Mitgliedstaat eröffneten Verfahren geltend gemacht werden können. Im autonomen IIR findet sich hingegen die Auffassung, dass ausländische öffentlich-rechtliche Forderungen grundsätzlich nicht mit entsprechenden inländischen Forderungen gleichzustellen seien (135).

b. Schuldverhältnisse des Schuldners

Im Anwendungsbereich der Verordnung regelt nach Art. 4 Abs. 2 e) der Verordnung das Recht des Staates der Verfahrenseröffnung, wie sich das Insolvenzverfahren auf laufende Verträge des Schuldners auswirkt. Sonderregelungen finden sich in Artt. 7 ff. der Verordnung. So enthält Art. 7 der Verordnung eine Sonderregelung für den Eigentumsvorbehalt. Hinsichtlich der sachenrechtlichen Wirkungen des Eigentumsvorbehalts sieht Art. 7

Abs. 1 der Verordnung vor, dass die Eröffnung eines Insolvenzverfahrens gegen den Käufer einer Sache die Rechte des Verkäufers aus einem Eigentumsvorbehalt unberührt lässt. Dagegen ist die Rechtslage nach deutschem IIR hierzu ungeklärt (136). Die schuldrechtliche Seite des Eigentumsvorbehalts regelt Art. 7 Abs. 2 der Verordnung jedoch in Übereinstimmung mit den deutschen Regelungen, hier § 107 Abs. 1 InsO (137). Für Miet- und Pachtverhältnisse hinsichtlich unbeweglicher Sachen ordnet Art. 8 der Verordnung die Anwendung der lex rei sitae an. Eine Sonderregelung für Zahlungssysteme und Finanzmärkte sieht Art. 9 der Verordnung vor. Unter Bezug (138) auf die Richtlinie 98/26/EG über die Wirksamkeit von Abrechnungen in Zahlungs- sowie Wertpapierliefer- und -abrechnungssystemen vom 19.05.1998 (139) soll – unbeschadet des Art. 5 der Verordnung – für die Transaktionen in diesen Systemen allein das Recht maßgeblich sein, das für das betreffende System oder den betreffenden Markt gilt. Ebenfalls in Umsetzung der genannten Richtlinie 98/26/EG sieht das deutsche IIR in Art. 102 Abs. 4 EGInsO vor, dass für die Wirkungen eines Insolvenzverfahrens auf die Rechte und Pflichten eines Teilnehmers an einem System i.S.d. § 96 Abs. 2 S. 2 oder 3 der Insolvenzordnung das Recht maßgeblich ist, das für das System maßgeblich ist (140). Für die Wirkungen des Insolvenzverfahrens auf Arbeitsverträge und Arbeitsverhältnisse im Anwendungsbereich der Verordnung soll gemäß Art. 10 das jeweilige Arbeitsstatut maßgeblich sein. Nach deutschem IIR ist hier Art. 30 EGBGB unabhängig von der Eröffnung eines Insolvenzverfahrens im In- oder Ausland anwendbar (141). Ferner sieht Art. 24 der Verordnung unter bestimmten Umständen die Möglichkeit der befreienden Wirkung einer solchen Leistung vor, die in einem Mitgliedstaat an einen Schuldner erfolgt, über dessen Vermögen ein Insolvenzverfahren in einem anderen Mitgliedstaat eröffnet worden ist. Im deutschen IIR herrscht zwar ebenso weitgehend Übereinstimmung darüber, dass der gutgläubig im Inland leistende Drittschuldner zu schützen ist; die dogmatischen Begründungen hierzu sind jedoch unterschiedlich (142).

c. Aus- und Absonderungsrechte/Aufrechnung

Für die Aussonderung ist zunächst maßgeblich, welche Gegenstände in die Insolvenzmasse fallen. Dieses richtet sich im Anwendungsbereich der Verordnung gemäß Art. 4 Abs. 2 b) nach dem Recht des Staates der Verfahrenseröffnung. An solchen, nicht zur Masse gehörenden Gegenständen können Aussonderungsrechte bestehen. Nach welchem Recht das Aussonderungsrecht selbst zu beurteilen ist, richtet sich nach dem Sachstatut (143). Dieses gilt auch im deutschen IIR (144). Auch die Entstehung und der Inhalt des für eine abgesonderte Befriedigung beanspruchten Rechts richtet sich nach dem Sachstatut (145). Gleiches gilt im deutschen IIR (146). Für die Ausübung des Absonderungsrechts sieht im Anwendungsbereich der Verordnung Art. 5 eine Regelung vor. Nach Art. 5 Abs. 1 werden dingliche Rechte (147) eines Gläubigers oder eines Dritten an Vermögensgegenständen des Schuldners, die sich zum Zeitpunkt der Eröffnung des Insolvenzverfahrens in einem anderen Mitgliedstaat befinden, von der Eröffnung des Verfahrens nicht berührt (148). Erfasst werden nur die vor Verfahrenseröffnung entstandenen dinglichen Rechte (149). Aus der Kritik an Art. 5 EuIÜ, der Art. 5 der Verordnung weitgehend inhaltlich entspricht, haben sich im deutschen IIR differenzierende Lösungen zu dem Schicksal von Sicherungsrechten entwickelt (150).

Im Anwendungsbereich der Verordnung regelt Art. 6 die Aufrechnung. Danach wird die Befugnis des Gläubigers, gegen eine Forderung des Schuldners aufzurechnen, von der Eröffnung des Insolvenzverfahrens nicht berührt, sofern die Aufrechnung nach dem für die

Forderung des insolventen Schuldners maßgeblichen Recht zulässig ist (151). Die Wirksamkeit der Aufrechnung beurteilt sich nach dem Recht des Staates der Verfahrenseröffnung gemäß Art. 4 Abs. 2 d) (152). Art. 6 Abs. 2 regelt ferner – wie Art. 5 Abs. 4 auch für die dinglichen Rechte –, dass diese Regelung einer etwaigen Nichtigkeit, Anfechtbarkeit oder relativen Unwirksamkeit einer Rechtshandlung nach Art. 4 Abs. 2 m) der Verordnung nicht entgegensteht. Im deutschen IIR findet sich für die Aufrechnung nach der Wendeentscheidung des Bundesgerichtshofs (153) die Unterscheidung zwischen der Zulässigkeit der Aufrechnung, für die die lex fori concursus gelten soll, und der materiell-rechtlichen Wirksamkeit der Aufrechnung, für die das Schuldstatut der Hauptforderung, gegen die aufgerechnet wird, gelten soll (154). Kritiker der Kumulationslösung des Bundesgerichtshofs schlagen dagegen andere Lösungen, insbesondere die Maßgeblichkeit des Art. 6 EuIÜ auch für das deutsche IIR vor (155).

d. Anfechtung

Die Anfechtung hat zunächst im deutschen IIR eine eigenständige Regelung in Art. 102 Abs. 2 EGInsO erfahren. Danach kann eine Rechtshandlung, für deren Wirkungen inländisches Recht maßgeblich ist, vom ausländischen Insolvenzverwalter nur angefochten werden, wenn die Rechtshandlung auch nach inländischem Recht entweder angefochten werden kann oder aus anderen Gründen keinen Bestand hat. Danach ist eine Rechtshandlung nur dann anfechtbar, wenn diese sowohl nach der lex fori concursus als auch nach dem Wirkungsstatut anfechtbar ist (156). Mit dieser Kumulationslösung „vermittelt" (157) Art. 102 Abs. 2 EGInsO zwischen der Ansicht, die hier die lex fori concursus anwenden möchte (158), und derjenigen, wonach die Anfechtung dem Wirkungsstatut unterliegen soll (159). Im Anwendungsbereich der Verordnung regelt Art. 13 die benachteiligenden Handlungen. Danach findet Art. 4 Abs. 2 m) der Verordnung dann keine Anwendung, wenn die Person, die durch eine die Gesamtheit der Gläubiger benachteiligende Handlung begünstigt wurde, nachweist, dass für diese Handlung das Recht eines anderen Mitgliedstaats als des Staates der Verfahrenseröffnung maßgeblich ist und in diesem Fall die fragliche Handlung in keiner Weise angreifbar ist. Damit findet sich auch im Anwendungsbereich der Verordnung eine Kumulationslösung. Bei der Verteilung der Beweislast unterscheiden sich jedoch das deutsche IIR und die Regelung der Verordnung (160). Während nach deutschem IIR der ausländische Insolvenzverwalter die Angreifbarkeit der Rechtshandlung auch nach deutschem Recht nachweisen muss, auferlegt die Verordnung dem Anfechtungsgegner die Beweislast für die Nichtangreifbarkeit der ihn begünstigenden Rechtshandlung (161). Zukünftig wird daher im Anwendungsbereich der VO (EG) Nr. 1346/2000 die Beweislastregelung des Art. 13 vor derjenigen des deutschen IIR Vorrang genießen (162). Die internationale Zuständigkeit für Anfechtungsklagen ist weder im autonomen IIR noch in der VO (EG) Nr. 1346/2000 ausdrücklich geregelt; es bietet sich hier eine Lösung nach dem internationalen Zivilprozessrecht des jeweiligen Mitgliedstaats an (163).

D. Zusammenfassung

Die „Grundnorm" des autonomen IIR erfährt durch die ab dem 31.05.2002 in Kraft tretenden Regelungen der VO (EG) Nr. 1346/2000 in ihrem Anwendungsbereich die bis dahin fehlende, detaillierte europäische Ausgestaltung. Aus der „Bagatelle" des deutschen IIR ist zumindest im Anwendungsbereich der Verordnung nun ein für die Praxis angemessener, insbesondere die Rechtssicherheit bei grenzüberschreitenden Insolvenzen fördernder, verdichteter Regelungskomplex geschaffen worden, der sich zukünftig an den Anforderungen der Praxis messen lassen muss. Nicht zuletzt die Bewährung dieses neuen europäischen IIR in der Praxis wird darüber entscheiden, ob sich die europäischen Regelungen auch für eine Anwendung im Hinblick auf grenzüberschreitende Insolvenzen mit Drittstaatenbezug eignen. Dieses bleibt abzuwarten. Der zunehmenden Bedeutung des IIR im internationalen Wirtschaftsverkehr wird durch den Erlass der VO (EG) Nr. 1346/2000 rechtspolitisch angemessen Rechnung getragen.

Anmerkungen

(1) Vgl. *Ehricke*, Die Wirkungen einer ausländischen Restschuldbefreiung im Inland nach deutschem Recht, RabelsZ 62 (1998), S. 712 ff., S. 715.

(2) Vgl. *Ehricke* (Anmerk. 1), S. 715; vgl. auch *Paulus* Verbindungslinien des modernen Insolvenzrechts, ZIP 2000, S. 2189 ff, S. 2189.

(3) Vgl. *Ehricke* (Anmerk. 1), S. 715.

(4) Vgl. Begründung zu den §§ 379-399 Regierungsentwurf einer Insolvenzordnung, BR-Drucksache 1/92, abgedruckt in Uhlenbruck, Das neue Insolvenzrecht: Insolvenzordnung und Einführungsgesetz mit Praxishinweisen, 1994, S. 735 ff., S. 735; vgl. *Gottwald/Arnold*, Insolvenzrechts-Handbuch, 1990, § 121 Rz. 1; *Wimmer*, Frankfurter Kommentar zur InsO, 2. Auflage 1999, Anhang I Rz. 1.

(5) *Großfeld*, Internationales und europäisches Unternehmensrecht: das Organisationsrecht transnationaler Unternehmen, 2. Auflage 1995, S. 286.

(6) *Thieme* in *Kegel*, Vorschläge und Gutachten zum Entwurf eines EG-Konkursübereinkommens, 1988, S. 216.

(7) *Deipenbrock*, Anmerkungen zum neuen europäischen Internationalen Insolvenzrecht - von der „quantité négligeable" zu einer „quantité indispensable" –, EWS, Heft 2, 2001. Siehe zu den einschlägigen legislativen Aktivitäten *Paulus*, Der Internationale Währungsfonds und das internationale Insolvenzrecht, IPRax 1999, S. 148 ff., S. 148; *Wimmer* (Anmerk. 4), Anhang I Rz. 3; vgl. auch *Strub*, Insolvenzverfahren im Binnenmarkt, EuZW 1994, S. 424 ff., 424. Zum UNCITRAL-Modellgesetz *Benning/Wehling*, Das „Model Law on Cross-Border Insolvency" der Vereinten Nationen, EuZW 1997, S. 618 ff. sowie *Wimmer* (Anmerk. 4), Anhang I Rz. 252 ff.

(8) Amtsblatt der Europäischen Gemeinschaften (im Folgenden: „ABl.") L 160/1 vom 30.06.2000.

(9) Einführungsgesetz zur Insolvenzordnung vom 05.10.1994 (BGBl. I S. 2911).

(10) Vgl. *Wimmer* in *Stoll* (Hrsg.), Vorschläge und Gutachten zur Umsetzung des EU-Übereinkommens über Insolvenzverfahren im deutschen Recht, 1997, S. 179 ff., 179.

(11) *Leipold*, Miniatur oder Bagatelle: das internationale Insolvenzrecht im deutschen Reformwerk 1994, Festschrift für Henckel, 1995, S. 533 ff.

(12) *Haarmeyer/Wutzke/Förster*, Handbuch zur Insolvenzordnung, 1998, S. 739 Rz. 121.

(13) *Wimmer* (Anmerk. 10), S. 179.

(14) *Lüer* in Kölner Schrift zur Insolvenzordnung, 2. Auflage 2000, S. 297 ff., S. 298 Rz. 2.

(15) *Flessner*, Internationales Insolvenzrecht in Deutschland nach der Reform, IPRax 1997, S. 1 ff., 2.

(16) Ausführliche Darstellungen finden sich bei *Leipold* (Anmerk. 11), S. 533 ff.; *Lüer* (Anmerk. 14), S. 298 f. Rz. 2 ff.

(17) *Gottwald/Arnold* (Anmerk. 4), § 121 Rz. 24; vgl. auch die Begründung zu den §§ 379-399 Regierungsentwurf einer Insolvenzordnung (Anmerk. 4), S. 735 f.

(18) Vgl. hierzu *Prütting*, Aktuelle Entwicklungen des internationalen Insolvenzrechts, ZIP 1996, S. 1277 ff., S. 1278.

(19) Vgl. Begründung zu den §§ 379-399 Regierungsentwurf einer Insolvenzordnung (Anmerk. 4), S. 735; vgl. auch *Gottwald/Arnold* (Anmerk. 4), § 121 Rz. 26.

(20) Siehe Begründung zu den §§ 379-399 Regierungsentwurf einer Insolvenzordnung (Anmerk. 4), S. 735.

(21) So die Begrifflichkeit vor Inkrafttreten der neuen Insolvenzgesetze am 01.01.1999.

(22) So die Begrifflichkeit vor Inkrafttreten der neuen Insolvenzgesetze am 01.01.1999.

(23) Siehe die Nachweise bei *Gottwald/Arnold* (Anmerk. 4), § 121 Rz. 26.

(24) Zu den Begriffen Universalität und Territorialität siehe *Wimmer* (Anmerk. 4), Anhang I Rz. 22 ff.

(25) Vgl. *Gottwald/Arnold* (Anmerk. 4), § 121 Rz. 27 m.w.N..

(26) BGHZ 95, 256 ff., 263 ff.

(27) Eingehend dazu *Gottwald/Arnold* (Anmerk. 4), § 122 Rz. 12 ff.

(28) Mit Inkrafttreten der neuen Insolvenzgesetze am 01.01.1999 ist die in den neuen Bundesländern bis dahin geltende GesO in der Fassung der Bekanntmachung vom 23.05.1991 (BGBl. I S. 1185), geändert durch Art. 5 des Gesetzes vom 24.06.1994 (BGBl. I S. 1374), gemäß Art. 2 EGInsO aufgehoben worden.

(29) Vgl. *Leipold* (Anmerk. 11), S. 536.

(30) *Leipold* (Anmerk. 11), S. 533 ff.

(31) BT-Drucksache 12/2443.

(32) Abgedruckt bei *Wimmer* (Anmerk. 4), Anhang I, Anlage 2.

(33) BT-Drucksache 12/7303, S. 117. Die Begründung bezieht sich auf den Art. 106 a EGInsO, der jedoch in der endgültigen Beschlussfassung des Deutschen Bundestages dem Art. 102 Abs. 1 bis 3 EGInsO entspricht. Dazu *Leipold* (Anmerk. 11), S. 535.

(34) Vgl. BT-Drucksache 12/7303 vom 18.04.1994, S. 117.

(35) Siehe dazu Punkt B. II. Die Bedeutung der am 31.05.2002 in Kraft tretenden VO (EG) Nr. 1346/2000 für das deutsche IIR.

(36) Zum Anwendungsbereich der VO (EG) Nr. 1346/2000 im Einzelnen *Deipenbrock* (Anmerk. 7).

(37) Vgl. zu Art. 1 Abs. 2 EuIÜ *Leipold* in *Stoll* (Hrsg.), Vorschläge und Gutachten zur Umsetzung des EU-Übereinkommens über Insolvenzverfahren im deutschen Recht, 1997, S. 185 ff., 189.

(38) Drittstaaten bedeutet zum einen die Nicht-Mitgliedstaaten der Europäischen Gemeinschaften und zum anderen Dänemark nach Maßgabe des Erwägungsgrunds Nr. 33 der VO (EG) Nr. 1346/2000 i.V.m. Art. 1 und 2 des dem Vertrag über die Europäische Union und dem Vertrag zur Gründung der Europäischen Gemeinschaft beigefügten Protokolls über die Position Dänemarks. Dagegen haben das Vereinigte Königreich und Irland nach Art. 3 des Protokolls über die Position des Vereinigten Königreichs und Irlands, das dem Vertrag über die Europäische Union und dem Vertrag zur Gründung der Europäischen Gemeinschaft beigefügt ist, mitgeteilt, dass sie sich an der Annahme und Anwendung der Verordnung beteiligen möchten (siehe Erwägungsgrund Nr. 32 der VO (EG) Nr. 1346/2000). Nach Maßgabe des Art. 6 dieses Protokolls gelten im Falle einer Bindung des Vereinigten Königreichs und Irlands durch eine Maßnahme nach Titel IV des EGV hinsichtlich dieser Maßnahme für beide Staaten die einschlägigen Bestimmungen des EGV einschließlich des Art. 68 EGV.

(39) Vgl. ausführlich zu Bedeutung und Inhalt der Verordnung *Deipenbrock* (Anmerk. 7). Ein knapper Hinweis auf das Inkrafttreten der Verordnung findet sich bei *Jayme/Kohler*, Europäisches Kollisionsrecht 2000: Interlokales Privatrecht oder universelles Gemeinschaftsrecht?, IPRax 2000, S. 454 ff., 458.

(40) Vom 02.10.1997.

(41) Der Vertrag zur Gründung der Europäischen Gemeinschaft ist in seiner durch den Amsterdamer Vertrag geänderten Fassung am 01.05.1999 in Kraft getreten.

(42) *Geiger,* EUV, EGV: Vertrag über die Europäische Union und Vertrag zur Gründung der Europäischen Gemeinschaft, 3. Auflage 2000, Art. 61 EGV Rz. 1; vgl. *Deckert/Lilienthal,* Die Rechtsetzungskompetenzen der EG im Privatrecht, EWS 1999, S. 121 ff., 132.

(43) Vgl. *Deckert/Lilienthal* (Anmerk. 42), S. 133; vgl. auch *Jayme/Kohler* (Fn 39), S. 454 m.w.N..

(44) Der heutige Art. 293 EGV entspricht dem Art. 220 EGV vor Inkrafttreten des Amsterdamer Vertrages.

(45) Zum EuIÜ siehe *Balz,* Das neue Europäische Insolvenzübereinkommen, ZIP 1996, S. 948 ff.

(46) Vgl. *Wimmer* (Anmerk. 4), Anhang I Rz. 60. Zu den Änderungen im Einzelnen *Deipenbrock* (Anmerk. 7).

(47) Vgl. *Deipenbrock* (Anmerk. 7).

(48) Siehe Anmerk. 8.

(49) *Geiger* (Anmerk. 42), Art. 10 EGV Rz. 32.

(50) Der neue Titel IV EGV zählt zu den grundrechtssensibelsten Regelungsmaterien der Gemeinschaftsrechtsordnung (*Röben* in *Grabitz/Hilf,* Das Recht der Europäischen Union, Band 1 EUV/EGV, Stand: 15. ErgLfg. 2000, Art. 68 EGV Rz. 18).

(51) Vgl. *Deipenbrock* (Anmerk. 7).

(52) Hierzu *Deipenbrock* (Anmerk. 7).

(53) Vgl. *Flessner* (Anmerk. 15), S. 2; vgl. auch *Wimmer* (Anmerk. 4), Anhang I Rz. 60; *Kemper* in *Kübler/ Prütting,* InsO: Kommentar zur Insolvenzordnung, 1. Lfg. 8/98, Anhang II, Art. 102 EGInsO Rz. 45.

(54) Zu der Möglichkeit einer Vorwirkung der Verordnung siehe *Deipenbrock* (Anmerk. 7). Zum „Vorgriff" auf Regelungen des EuIÜ durch den Bundesgerichtshof siehe *Wunderer,* Auswirkungen des Europäischen Übereinkommens über Insolvenzverfahren auf Bankgeschäfte, WM 1998, S. 793 ff., 798 m.w.N..

(55) Ausführlich hierzu *Deipenbrock* (Anmerk. 7).

(56) Siehe die Ausführungen des Rechtsausschusses zur Anwendung des EuIÜ im Verhältnis zu Nichtvertragsstaaten in BT-Drucksache 12/7303, S. 117.

(57) Siehe *Deipenbrock* (Anmerk. 7). Kritisch zu einer Anerkennung ausländischer Insolvenzverfahren „ohne weiteres" Großfeld (Anmerk. 5, S. 285.), der ausführt, ein solcher „Vertrauenserweis" könne „nur strukturell und rechtspolitisch verwandten Auslandsrechten" erbracht werden.

(58) Siehe Anmerk. 31.

(59) Vgl. z.B. *Flessner* (Anmerk. 15), S. 2.

(60) Wird nachfolgend auf die „Verordnung" Bezug genommen, ist dieses als Bezug auf die VO (EG) Nr. 1346/2000 zu verstehen.

(61) Siehe *Deipenbrock* (Anmerk. 7).

(62) Auf eine Darstellung von Territorialverfahren nach Art. 102 Abs. 3 EGInsO wurde in diesem Beitrag verzichtet. Zu Art. 102 Abs. 4 EGInsO siehe Punkt C.II.2.b. Schuldverhältnisse des Schuldners.

(63) So *Kemper* in *Kübler/Prütting* (Anmerk. 53), Anhang II, Art. 102 EGInsO Rz. 58.

(64) So *Flessner* (Anmerk. 15), S. 2.

(65) Vgl. *Leipold* (Anmerk. 11), S. 536.

(66) *Kemper* in *Kübler/Prütting* (Anmerk. 53), Anhang II, Art. 102 EGInsO Rz. 60.

(67) *Wimmer* (Anmerk. 4), Anhang I Rz. 275.

(68) *Leipold* (Anmerk. 11), S. 537; vgl. *Kemper* in *Kübler/Prütting* (Anmerk. 53), Anhang II, Art. 102 EGInsO Rz. 59; vgl. *Lüer* (Anmerk. 14), S. 302 Rz. 11; *Hess*, InsO: Kommentar zur Insolvenzordnung; mit EGInsO, Band 2 InsVV und EGInsO, 1999, Art. 102 EGInsO Rz. 107; *Wimmer* (Anmerk. 4), Anhang I Rz. 275.

(69) Streitig, wie hier *Leipold* (Anmerk. 11), S. 537; *Wimmer* (Anmerk. 4), Anhang I Rz. 287; vgl. auch *Hess* (Anmerk. 68), Art. 102 EGInsO Rz. 109.

(70) *Wimmer* (Anmerk. 4), Anhang I Rz. 279.

(71) *Hess* (Anmerk. 68), Art. 102 EGInsO Rz. 102 mit Verweis auf die Rechtsprechung des Bundesgerichtshofs.

(72) *Kemper* in *Kübler/Prütting* (Anmerk. 53), Anhang II, Art. 102 EGInsO Rz. 64.

(73) *Wimmer* (Anmerk. 4), Anhang I Rz. 276.

(74) BGHZ 95, 256 ff., 270.

(75) Zu einer Auslegung nach Inkrafttreten der VO (EG) Nr. 1346/2000 siehe weiter unten.

(76) Vgl. *Hess* (Anmerk. 68), Art. 102 EGInsO Rz. 100.

(77) Vgl. BGHZ 95, 256 ff., 270.

(78) *Wimmer* (Anmerk. 4), Anhang I Rz. 276.

(79) Vgl. hierzu *Wimmer* (Anmerk. 4), Anhang I Rz. 12 ff.

(80) Siehe Anmerk. 8.

(81) Siehe zum EuIÜ *Leipold* (Anmerk. 37), S. 186 f.

(82) Vgl. auch hierzu *Kemper* in *Kübler/Prütting* (Anmerk. 53), Anhang II, Art. 102 EGInsO Rz. 71.

(83) Vgl. zu Art. 1 Abs. 1 des EuIÜ die Ausführungen bei *Kemper* in *Kübler/Prütting* (Anmerk. 53), Anhang II, Art. 102 EGInsO Rz. 71 m.w.N..

(84) Vgl. hierzu die entsprechenden Ausführungen zum EuIÜ bei *Wimmer* (Anmerk. 4), Anhang I Rz. 12.

(85) Siehe Anmerk. 56.

(86) Eingehend hierzu *Wimmer* (Anmerk. 4), Anhang I Rz. 278 m.w.N..

(87) BGHZ 95, 256 ff., 270.

(88) Siehe Anmerk. 31.

(89) *Leipold* (Anmerk. 11), S. 537.

(90) *Wimmer* (Anmerk. 4), Anhang I Rz. 280.

(91) Dazu *Lüer* (Anmerk. 14), S. 303 Rz. 15.

(92) Vgl. *Hess* (Anmerk. 68), Art. 102 EGInsO Rz. 105; *Wimmer* (Anmerk. 4), Anhang I Rz. 280.

(93) Erläuternd hierzu *Wimmer* (Anmerk. 4), Anhang I Rz. 280.

(94) *Kemper* in *Kübler/Prütting* (Anmerk. 53), Anhang II, Art. 102 EGInsO Rz. 77; *Lüer* (Anmerk. 14), S. 303 Rz. 14.

(95) *Lüer* (Anmerk. 14), S. 304 Rz. 17.

(96) Siehe *Wimmer* (Anmerk. 4), Anhang I, Rz. 285.

(97) Hierzu *Deipenbrock* (Anmerk. 7).

(98) Vgl. zum EuIÜ *Wimmer* (Anmerk. 4), Anhang I Rz. 78.

(99) Siehe zum EuIÜ *Wimmer* (Anmerk. 4), Anhang I Rz. 78.

(100) Insoweit legt Art. 17 Abs. 2 der Verordnung fest, dass die Wirkungen eines Verfahrens nach Art. 3 Abs. 2 in den anderen Mitgliedstaaten nicht in Frage gestellt werden dürfen (vgl. zum EuIÜ *Wimmer* (Anmerk. 4), Anhang I Rz. 78).

(101) Siehe Erwägungsgrund Nr. 22 der Verordnung; siehe auch *Deipenbrock* (Anmerk. 7).

(102) Vgl. zum EuIÜ die ausführliche Darstellung bei *Wimmer* (Anmerk. 4), Anhang I Rz. 116 ff.

(103) Eine das EuGVÜ ablösende Verordnung („Brüssel I-Verordnung") soll demnächst dem Grundsatz nach oder bei entsprechendem Einvernehmen endgültig verabschiedet werden (Siehe „neueste informationen" in der IPRax 2000 (Heft 6), S. V). Als Datum des Inkrafttretens ist der 01.03.2002 vorgesehen (Pressemitteilung Nr. 13865/00 [Presse 457] zur 2314. Tagung des Rates – Justiz, Inneres und Katastrophenschutz – am 30.11./01.12.2000 in Brüssel.

(104) *Wimmer* (Anmerk. 4), Anhang I, Rz. 294.

(105) *Wimmer* (Anmerk. 4), Anhang I, Rz. 294.

(106) *Lüer* (Anmerk. 14), S. 298 Rz. 3.

(107) Vgl. auch *Leipold* (Anmerk. 11), S. 538.

(108) Siehe Anmerk. 31.

(109) Siehe oben Anmerk. 61.

(110) Vgl. auch *Leipold* (Anmerk. 11), S. 538.

(111) So muß auf eine ausführliche Darstellung der Anerkennung von Zwangsvergleichen sowie der Restschuldbefreiung (vgl. dazu *Wimmer* (Anmerk. 4), Anhang I Rz. 370 ff.) hier verzichtet werden.

(112) Siehe Anmerk. 53.

(113) Siehe Anmerk. 54.

(114) Vgl. für das EuIÜ *Kemper* in *Kübler/Prütting* (Anmerk. 53), Anhang II, Art. 102 EGInsO Rz. 139 f.

(115) Vgl. hierzu *Wimmer* (Anmerk. 4), Anhang I Rz. 306.

(116) Vgl. zum EuIÜ *Virgos/Schmit*, Erläuternder Bericht zu dem EU-Übereinkommen über Insolvenzverfahren, in *Stoll* (Hrsg.), Vorschläge und Gutachten zur Umsetzung des EU-Übereinkommens über Insolvenzverfahren im deutschen Recht, 1997, S. 68.

(117) Vgl. *Kemper* in *Kübler/Prütting* (Anmerk. 53), Anhang II, Art. 102 EGInsO Rz. 191 m.w.N..

(118) Vgl. für das EuIÜ *Wimmer* (Anmerk. 4), Anhang I Rz. 302.

(119) Vgl. *Wimmer* (Anmerk. 4), Anhang I Rz. 302 m.w.N..

(120) BGH, ZIP 1997, S. 1242 ff., 1245 f.

(121) a. A. *Wimmer* (Anmerk. 4), Anhang I Rz. 301.

(122) Statt aller *Geiger* (Anmerk. 42), Art. 220 EGV Rz. 10. Zu den Auslegungsmethoden siehe Oppermann, Europarecht, 2. Auflage 1999, § 7 Rz. 681 ff.

(123) *Röben* in *Grabitz/Hilf* (Anmerk. 50), Art. 68 Rz. 4.

(124) *Röben* in *Grabitz/Hilf* (Anmerk. 50), Art. 68 Rz. 1.

(125) *Wimmer* (Anmerk. 4), Anhang I Rz. 295; a.A. *Gottwald/Arnold* (Anmerk. 4), § 122 Rz. 9.

(126) Vgl. *Gottwald/Arnold* (Anmerk. 4), § 122 Rz. 27; vgl. *Wimmer* (Anmerk. 4), Anhang I Rz. 295.

(127) Vgl. zum EuIÜ *Virgos/Schmit*, (Anmerk. 116), S. 60.

(128) Siehe Erwägungsgrund Nr. 22 der Verordnung.

(129) Siehe Erwägungsgrund Nr. 22 der Verordnung.

(130) Ausführlich dazu *Kemper* in *Kübler/Prütting* (Anmerk. 53), Anhang II, Art. 102 EGInsO Rz. 92.

(131) Vgl. zum EuIÜ *Kemper* in *Kübler/Prütting* (Anmerk. 53), Anhang II, Art. 102 EGInsO Rz. 94.

(132) Vgl. zum EuIÜ *Virgos/Schmit* (Anmerk. 116), S. 98.

(133) *Gottwald/Arnold* (Anmerk. 4), § 122 Rz. 93; *Kemper* in *Kübler/Prütting* (Anmerk. 53), Anhang II, Art. 102 EGInsO Rz. 119.

(134) Vgl. Punkt C.II.1.b. Forderungsanmeldung.

(135) Vgl. *Trunk*, Internationales Insolvenzrecht, 1998, S. 199 ff. zu Fiskalforderungen und Sozialversicherungsforderungen mit dem Hinweis auf die Möglichkeit der Gewähr von Rechts- bzw. Vollstreckungshilfe; dazu auch *Wimmer* (Anmerk. 4), Anhang I Rz. 323.

(136) Vgl. für Sicherungsrechte allgemein *v. Wilmowsky*, Sicherungsrechte im Europäischen Insolvenzübereinkommen, EWS 1997, S. 295 ff., 296.

(137) *Wimmer* (Anmerk. 4), Anhang I Rz. 338.

(138) Siehe Erwägungsgrund Nr. 27 der Verordnung.

(139) ABl. L 166 vom 11.06.1998, S. 45.

(140) Dazu *Keller*, Die EG-Richtlinie 98/26 vom 19.5.1998 über die Wirksamkeit von Abrechnungen in Zahlungs- sowie Wertpapierliefer- und -abrechnungssystemen und ihre Umsetzung in Deutschland, WM 2000, S. 1269 ff., 1280.

(141) Vgl. *Wimmer* (Anmerk. 4), Anhang I Rz. 342.

(142) Vgl. *Wimmer* (Anmerk. 4), Anhang I Rz. 350 f.

(143) Vgl. Erwägungsgrund Nr. 25 der Verordnung.

(144) *Gottwald/Arnold* (Anmerk. 4), § 122 Rz. 94.

(145) Vgl. Erwägungsgrund Nr. 25 der Verordnung.

(146) *Gottwald/Arnold* (Anmerk. 4), § 122 Rz. 95.

(147) Art. 5 Abs. 2 zählt beispielhaft dingliche Rechte i.S.d. Art. 5 Abs. 1 auf. Art. 5 Abs. 3 stellt die Vormerkung einem dinglichen Recht gleich.

(148) Ausführlich hierzu *Deipenbrock* (Anmerk. 7).

(149) Vgl. für das EuIÜ *Virgos/Schmit* (Anmerk. 116), S. 70.

(150) Vgl. *Wimmer* (Anmerk. 4), Anhang I Rz. 327 f., *v. Wilmowsky* (Anmerk. 136), S. 298 ff.

(151) Siehe hierzu Erwägungsgrund Nr. 26 der Verordnung.

(152) Vgl. zum EuIÜ *Wimmer* (Anmerk. 4), Anhang I Rz. 330

(153) Siehe Anmerk. 26.

(154) BGHZ 95, S. 256 ff., S. 273.

(155) Vgl. für das EuIÜ *Wimmer* (Anmerk. 4), Anhang I Rz. 333.

(156) *Lüer* (Anmerk. 14), S. 316 f. Rz. 43 f.

(157) *Wimmer* (Anmerk. 4), Anhang I Rz. 358.

(158) Vgl. die Nachweise bei *Gottwald/Arnold* (Anmerk. 4), § 122 Rz. 121.

(159) Vgl. die Nachweise bei *Gottwald/Arnold* (Anmerk. 4), § 122 Rz. 121.

(160) Für das EuIÜ *Wimmer* (Anmerk. 4), Anhang I Rz. 364.

(161) Für das EuIÜ *Wimmer* (Anmerk. 4), Anhang I Rz. 364.

(162) Zu einer der europäischen Regelung entsprechenden Auslegung des deutschen Anfechtungsrechts vgl. für das EuIÜ *Wimmer* (Anmerk. 4), Anhang I Rz. 363.

(163) Für das EuIÜ *Wimmer* (Anmerk. 4), Anhang I Rz. 365 f.

Managing Age als Bestandteil von Managing Diversity – Das Merkmal Alter als betriebliches Erfolgspotential

Dieter Wagner

Die demographische Entwicklung in der Bundesrepublik Deutschland sowie in anderen Industrienationen (vgl. *Weber*, 1998, S. 245) ist dadurch gekennzeichnet, dass sich die durchschnittliche Lebenserwartung stetig erhöht. Gleichzeitig sinken aber die Geburtenzahlen, so dass die Bevölkerung in vielen Industrienationen (insbesondere in Deutschland, Japan und Italien) in der Masse immer weniger und immer älter wird. Man spricht in diesem Fall von einer inversen Altersstruktur, d.h., hier sind nicht mehr, wie bei einer klassischen Alterspyramide, die jungen Altersgruppen mehrheitlich vertreten, sondern die mittleren bzw. in der Zukunft die höheren Altersgruppen (vgl. *Birg*, 2000, S. 5). Steigt das Durchschnittsalter der Bevölkerung, so steigt zwangsläufig auch das Durchschnittsalter der Erwerbsbevölkerung. Die europäische Kommission ermittelte in diesem Zusammenhang 1996 eine signifikante Änderung der Altersstruktur der Bevölkerung im erwerbsfähigen Alter im Verlauf der nächsten Dekade (vgl. *Walker*, 1997, S. 11).

Diese Entwicklung stellt das Personalmanagement der Unternehmen vor neue Herausforderungen. Für die Unternehmen wird es in der Zukunft immer schwerer werden, ihr Humankapital in dem von ihnen als notwendig erachtetem Maße von außen zu verjüngen. Da immer weniger Junge nachrücken, sind die Unternehmen mit alternden Belegschaften konfrontiert. Das Zukunftsszenario eines Arbeitskräftemangels würde bedeuten, dass Unternehmen in Mitteleuropa u.a. darauf angewiesen sein werden, ältere Mitarbeiter länger zu beschäftigen oder auch vermehrt für Neueinstellungen in Betracht zu ziehen. Sicherlich besteht auch die Möglichkeit der Erhöhung der Frauenerwerbsquote oder die Mehrbeschäftigung von ausländischen Arbeitskräften um einem Arbeitskräftemangel zu begegnen. Die Diskussion um eine deutsche „green card" in jüngerer Zeit hat jedoch deutlich gemacht, wie schwer sich gerade die deutsche Gesellschaft noch immer im Umgang mit der letztgenannten Thematik tut.

Unabhängig davon, wie die Frage einer schrumpfenden und gleichzeitig alternden Erwerbsbevölkerung letztendlich gelöst werden kann, wird das Personalmanagement in der Zukunft mit Belegschaften konfrontiert sein, die die demographischen Gegebenheiten in der Gesellschaft weitaus realistischer widerspiegeln als dies heute noch der Fall ist. Eine Belegschaft, die in vielen Bereichen der Unternehmen, insbesondere im Management heute hierzulande noch grob mit deutsch, weiß und männlich beschrieben werden kann, wird in Zukunft in verschiedener Hinsicht weitaus diverser sein. Dies bedeutet: mehr Frauen, speziell im mittleren und oberen Management, mehr Mitarbeiter unterschiedlichster Nationalität, kulturellem Hintergrund und Hautfarbe und nicht zuletzt mehr ältere Mitarbeiter. Global betrachtet bedeutet dies, dass die Industrienationen mit ihren inversen Altersstrukturen

Ländern der zweiten und dritten Welt gegenüberstehen, die eine erheblich jüngere Erwerbsbevölkerung vorweisen können. Unabhängig davon, ob nun Firmen aus Deutschland oder Italien mit einer „alternden" Belegschaft in Ländern agieren, deren Bevölkerung sich durch Jugend und Anzahl auszeichnet, oder aber deren junge Arbeitskräfte auf die hiesigen Arbeitsmärkte drängen, neben den vielfach bekannten kulturellen Unterschieden stellen auch Altersunterschiede die moderne Personalpolitik vor neue Herausforderungen.

Ausgehend von der Annahme, dass diverse Belegschaften zunehmend Realität werden, ist zu überlegen, wie eine moderne Personalpolitik diesen neuen Gegebenheiten begegnen muss, um die Erfüllung der Unternehmensaufgabe weiterhin optimal gewährleisten zu können. Ein Ansatzpunkt ist das Erkennen von Unterschiedlichkeit von Mitarbeitern als Potential für Unternehmen. Ein bewusstes Umgehen mit dieser Unterschiedlichkeit stellt das Konzept des Managing Diversity dar. Im Folgenden soll kurz das genannte Konzept vorgestellt werden, um daraus Überlegungen abzuleiten, inwieweit Managing Diversity dazu geeignet ist, am Beispiel des Merkmals „Alter" die Gruppe der älteren Mitarbeiter in einem vielfältigen Umfeld als „betriebliches Erfolgspotential" zu erklären.

Diversity und Managing Diversity

Diversity meint die Vielfalt, die dadurch entsteht, dass Menschen sich in vielfacher Hinsicht unterscheiden können. Eine Unterscheidung ist zum einen hinsichtlich äußerlich wahrnehmbarer Merkmale zu treffen. Dies sind Hautfarbe, Geschlecht, Alter oder körperliche Behinderung. Daneben ist eine Unterscheidung in kaum wahrnehmbare bzw. kaum sichtbare Merkmale möglich. Hierbei handelt es sich um Erziehung, Einstellungen, sexuelle Ausrichtung, Religion, Lebensstil, Werteverständnis etc. Bei der Betrachtung der Gruppe der älteren Mitarbeiter ist festzustellen, dass Alter nicht nur als ein wahrnehmbares Merkmal zu identifizieren ist, sondern ein starker Zusammenhang zwischen Alter und bestimmten Einstellungen zu Werten wie Pflicht, Ordnung oder Disziplin besteht, die bei der jüngeren Generation im Zuge des Wertewandels eine Neubewertung erfahren haben (vgl. *Menges*, 2000, S. 340 f.). Dies bedeutet, dass wahrnehmbare und kaum wahrnehmbare Merkmale der Unterschiedlichkeit gemeinsame Schnittmengen besitzen. Gleichzeitig ist innerhalb der Gruppe der älteren Mitarbeiter eine Differenzierung notwendig, da diese nicht notwendigerweise eine homogene Gruppe bilden. Dies machen Untersuchungen deutlich, die die Gruppe der älteren Arbeitnehmer in relevanten Bereichen – körperlich, geistig und sozial – als im Vergleich zu den Jüngeren heterogener identifizieren (vgl. *Hilb*, 1997, S. 29). Diese Erkenntnisse sind von wesentlicher Bedeutung für Managing Diversity, das eine ausreichende Balance zwischen organisationaler Integration und Differenzierung finden muss, um ökonomisch sinnvoll Erfolgspotentiale aus Unterschieden der Mitarbeiter realisieren zu können.

Managing Diversity basiert auf der Erkenntnis, das eine mögliche Vielfalt bezüglich der o.g. Merkmale vorteilhaft für die Verwirklichung der Unternehmensziele sein kann. Managing Diversity nimmt daher die Vielfalt an und realisiert durch unterschiedliche Maßnahmen Erfolgspotentiale. Managing Diversity ist aber nicht gleichzusetzen mit differenzierendem Personalmanagement, was seit einiger Zeit in deutschen Unternehmen für Mitarbeitergruppen wie Frauen, Führungskräfte, Jugendliche oder ältere Mitarbeiter praktiziert wird. Das Verständnis von Managing Diversity ist weiter gefasst. Die einzelnen Mitarbeitergruppen werden nicht isoliert betrachtet, sondern es wird durch integrierte Maßnahmen auf Wirkungszusammenhänge zwischen den verschiedenen Mitarbeitern eingegangen. Nur durch das aktive Management des Spannungsfeldes zwischen Unterschieden und Gemeinsamkeiten kann es gelingen, positive Effekte für das Unternehmen zu nutzen. Untersucht man das Verständnis von Managing Diversity, so sind drei Ansätze zu unterscheiden:

- Diskriminierungs- und Fairness-Ansatz,
- (Markt-)Zutritts- und Legitimitäts-Ansatz (Access and Legitimacy Approach) und
- Integrativer Ansatz (Learning and Effectiveness Approach).

Nachstehend werden die Ansätze kurz dargestellt und deren Bedeutung für das bewusste Umgehen mit älteren Mitarbeitern in den Unternehmen untersucht.

Ansätze von Managing Diversity

1. Diskriminierungs- und Fairness-Ansatz

Der *Diskriminierungs- und Fairness*-Ansatz ist gekennzeichnet durch die Auffassung, dass der bewusste Umgang mit Verschiedenartigkeit dazu beiträgt, unterschiedlichste Mitarbeiter (Unterschiede hinsichtlich sichtbarer Merkmale – Alter, Geschlecht, Rasse- sowie kaum wahrnehmbarer Unterschiede – Bildung, Persönlichkeit, kulturelle Werte, Religion, Erziehung, sexuelle Neigung etc.) gleichberechtigt im Unternehmen zu integrieren. Hierbei ist darauf hinzuweisen, dass dem Verständnis von Diversity als Gleichberechtigungsinstrument speziell in den USA eine große Bedeutung beigemessen wird, da dort die rechtlichen Rahmenbedingungen Einstellungsquoten für benachteiligte Mitarbeitergruppen und staatliche Regulierungsmaßnahmen vorsehen. So zielt z.B. der amerikanische „Age Discrimination in Employment Act" (ADEA) aus dem Jahre 1976 darauf ab, Arbeitnehmer zwischen 40 und 70 Jahren vor einer altersbedingten Diskriminierung in den Bereichen Einstellung, Beförderung, Entlohnung etc. zu schützen (vgl. *Menges*, 2000, S. 319, *Carr- Ruffino*, 1998, Chapter 10 – p. 17). Europaweit ist Spanien das einzige Land, welches spezifische gesetzliche Regelungen gegen die Altersdiskriminierung in den Arbeitsgesetzen festgeschrieben hat (vgl. *Drury*, 1993, S. 10).

Gleichzeitig wird hier auch die Notwendigkeit für deutsche Unternehmen deutlich, sich mit der Thematik des älteren Mitarbeiters auseinanderzusetzen, da ein global agierendes Unternehmen der unterschiedlichen Bedeutung des Alters in verschiedenen Nationen personalpolitisch begegnen muss.

Zielsetzung einer Personalpolitik, die die Unterschiedlichkeit von Mitarbeitern als Chance begreift, ist es, dass sich zum einen demographische Gegebenheiten in der Bevölkerung auch in der Belegschaft widerspiegeln sollen und das unterschiedliche Mitarbeiter fair behandelt werden müssen. Dieser Ansatz stellt dabei moralische Begründungen in den Vordergrund, die ökonomische Relevanz spielt eine untergeordnete Rolle.

Bezogen auf die demographische Entwicklung in der Bundesrepublik Deutschland (steigender Anteil älterer und alter Menschen an der Gesamtbevölkerung) würde dies bedeuten, das sich Unternehmen verstärkt um ältere Mitarbeiter bemühen müssten, um der gesellschaftlichen Situation Rechnung zu tragen. Ein Blick in die Unternehmen zeigt jedoch häufig eine gegenläufige Entwicklung. Während Deutschland eine alternde Gesellschaft ist, setzt sich in den Unternehmen der Trend zur Verjüngung noch immer fort. So versucht man zum einen, dem sich stetig beschleunigendem technischen Wandel durch eine immer jünger werdende Belegschaft entgegenzutreten, von der man sich erhofft, dass sie steigende Qualifikationsanforderungen besser bewältigt (vgl. *Haeberlin*, 1999, S. 588) und innovativer ist. Das Streben nach Verjüngung in den Unternehmen basiert dabei auf der unberechtigten Annahme, dass mit steigendem Alter die menschliche Leistung in allen Bereichen (körperliche und geistige Fähigkeiten) schwächer wird. In der Literatur wird diese Auffassung als Defizittheorie bezeichnet (vgl. *Grauer*, 1998, S. 33, *Menges*, 2000, S. 56 ff.) und ist Ursache für die in Unternehmen weitverbreiteten Stereotype älterer Mitarbeiter.

Deutlich wird diese Auffassung in einer altersselektiven Personalpolitik, die jüngere Mitarbeiter bewusst bevorzugt, z.B. in der betrieblichen Weiterbildung (vgl. *Kröll*, 1997, S. 29; *Veelken*, 1994, S. 2488), was zu einer „Diskriminierung des Alters" in vielen Unternehmen geführt hat (vgl. *Hilb*, 1997, S. 29). In diesem Zusammenhang spricht man auch von einer jugendzentrierten Personalpolitik, bei der sich die Maßnahmen des Personalmanagements auf die Gruppe der 20-35jährigen Mitarbeiter eines Unternehmens konzentrieren (vgl. *Uepping*, 1997, S. 170).

Age Discrimination in recruitment				
Country	Direct discrimination	Common features	Indirect discrimination	Common features
D	Yes	15-20% of adverts set limits	Yes	Invisible age limits
I	Yes	43% of adverst set upper limits of 35	Yes	Invisible upper limit of 45
E	No	None in theory. Legislations bans	Yes	Invisable age limits
F	-	(no information)	Yes	Invisable age limits
NL	Yes	30-50% of adverts set age limits of around 35	Yes	Reluctance to recruit older workers
UK	Yes	40+% of adverts set upper limits of 35/40	Yes	Invisable age limit

Abb. 1: Age Discrimination in recruitment (Quelle: Drury, Age dicrimination against older workers in the European Community, 1993, S. 34)

2. (Markt-)Zutritts- und Legitimitäts-Ansatz

Die Berücksichtigung von Unterschieden der Mitarbeiter durch das Personalmanagement wird in diesem Fall als strategisches Instrument gesehen, um unterschiedliche Märkte möglichst effizient und effektiv bearbeiten zu können. Annahme ist, das eine heterogene Belegschaft in zunehmend heterogener werdenden Märkten erfolgreicher agieren kann, als dies einer homogenen Belegschaft gelingen mag. Beispielsweise wäre die Ausrichtung der Struktur von Kundenbetreuern nach unterschiedlichen Merkmalen (bspw. Alter, Geschlecht, Nationalität) ähnlich der Kundenstruktur und somit der Diversität des Absatzmarktes eine Möglichkeit, dem Unternehmen Wettbewerbsvorteile zu verschaffen. Unternehmen, die diesen Ansatz verfolgen, gelten als stark marktorientiert und offerieren ihren unterschiedlichen Mitarbeitern entsprechende Karrieremöglichkeiten.

Bezug nehmend auf die Thematik, kann sicherlich festgestellt werden, dass sich Unternehmen verstärkt um ältere Menschen als Käufer von Produkten bemühen. Dies geschieht bisher allerdings eher auf der Ebene des Marketing, wo mit älteren Gesichtern in der Werbung auf eine ältere Käuferschicht zugegangen wird. Ob die jeweiligen Marketingstrategien auch von Mitarbeitern entwickelt worden sind, die eine ähnliche Altersstruktur wie die anvisierte Käuferschicht aufweisen, ist jedoch zu bezweifeln. Darüber hinaus wird in den Unternehmen die Gruppe der älteren Mitarbeiter nicht als Potenzial betrachtet und dementsprechend als Problem externalisiert. Dies zeigt sich beispielsweise in der Freisetzung älterer Mitarbeiter zu Gunsten Jüngerer im Falle eines Beförderungstaus (vgl. *Grauer*, 1998, S. 34)

3. Integrativer Ansatz (Learning and Effectiveness Approach)

Der integrative Ansatz versteht Diversity als ein ganzheitliches Konzept. Dieses beinhaltet zum einen die ökonomische Sichtweise, zielt aber in gleichem Maße auf eine Motivation und Integration unterschiedlichster Mitarbeitergruppen ab, um letztendlich ein „Lernen von der Vielfalt" zu ermöglichen. Dies macht eine Anpassung der Unternehmenskultur an sich verändernde personalstrukturelle Rahmenbedingungen notwendig, die eine ausgewogene Balance zwischen Integration und Differenzierung finden muss. Vergleicht man den integrativen Ansatz mit dem Diskriminierungs- und Fairness-Ansatz, so steht bei dem erstgenannten Ansatz nicht die Assimilation im Vordergrund, sondern eine nachhaltige Integration, ohne bestehende Unterschiede egalisieren zu wollen, da diese als Ausgangspunkt für interkulturelle Lerneffekte gesehen werden, von denen das Unternehmen auf vielfältigste Weise profitieren kann. Bezogen auf die Gruppe der älteren Mitarbeiter im Unternehmen, würde dies eine Neuausrichtung einer bisher überwiegend desintegrativen Personalpolitik, gekennzeichnet hauptsächlich von Personalfreisetzungsmaßnahmen z.B. in Form von Frühverrentungen (vgl. *Grauer*, 1998, S. 36 f.), notwendig machen. Ein integrativer Ansatz der Personalpolitik hingegen zielt vielmehr darauf ab, dass ältere Mitarbeiter z.B. von Maßnahmen der Personalentwicklung nicht länger ausgeschlossen werden, sondern entsprechend ihren veränderten Fähigkeiten in ein nach unterschiedlichen Mitarbeitergruppen differenziertes Weiterbildungskonzept des Unternehmens eingebunden werden. Die Ausgestaltung der einzelnen Personalentwicklungsmaßnahmen orientiert sich in diesem Falle am Alter des Mitarbeiters, was für ältere Mitarbeiter u.a. eine intensivere Nutzung gewonnener Erfahrungen sowie die stärkere Einbeziehung spezifischer Bedürfnisse Älterer beinhalten kann (vgl. *Uepping*, 1997, S. 176 ff.). Weitere Maßnahmen des Personalmanagements zur Überwindung von Altersbarrieren in der Erwerbstätigkeit sind der gleichberechtigte Zugang älterer Mitarbeiter zu Arbeitsplätzen (z.B. durch das Weglassen von Altersgrenzen in Stellenanzeigen), eine höhere Arbeitszeitflexibilität (u.a. Ausscheiden aus dem Arbeitsprozess step by step, flexible Regelungen zum Austrittsalter etc.), die Arbeitsplatzgestaltung (präventive Maßnahmen in diesem Bereich können „altersbedingte" Schwächen wie körperliche Verschleißerscheinungen verhindern oder kompensieren) und nicht zuletzt eine Veränderung der Werthaltung der Mitarbeiter hinsichtlich des Merkmales „Alter".

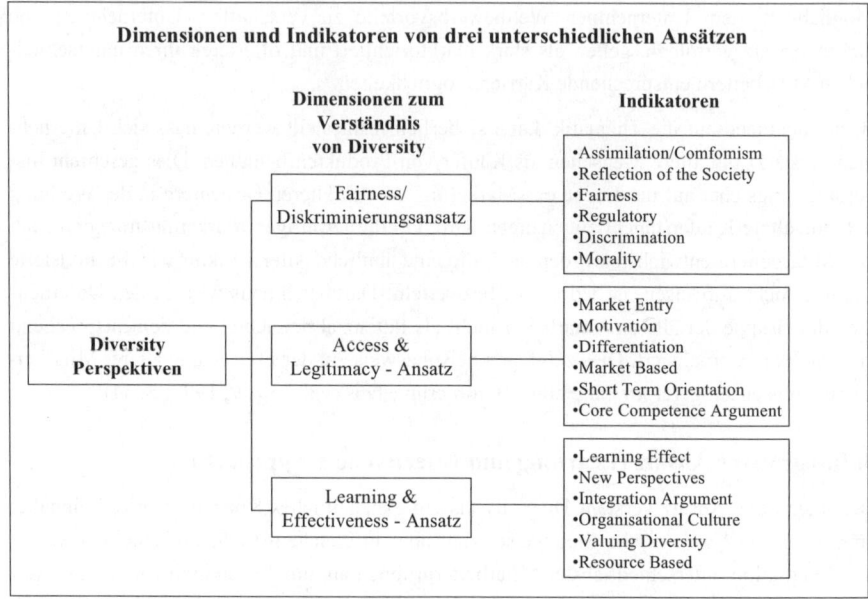

Abb. 2: *Dimensionen und Indikatoren der drei unterschiedlichen Ansätze*

Ältere Mitarbeiter als Wettbewerbsvorteil

Befürworter von Managing Diversity versprechen sich durch den bewussten Umgang mit der Unterschiedlichkeit der Mitarbeiter Wettbewerbsvorteile auf vielen Gebieten. In Anlehnung an *Cox* (1993) lässt sich durch Managing Diversity in den Bereichen

- Kosten,
- Marketing,
- Kreativität und Innovation,
- Personalmarketing,
- Problemlösungsqualität und
- Organisationale Flexibilität

eine verbesserte Wettbewerbsposition erzielen. In diesem Zusammenhang ist darauf hinzuweisen, dass für das Management von Diversity eine Reihe von Argumenten noch ungeklärt sind. So kann der bewusste Umgang mit Unterschiedlichkeit im Unternehmen sicherlich zu bestimmten Wettbewerbsvorteilen auf den genannten Gebieten führen, mögliche negative

Wirkungen müssen bei der Bewertung dieses Management-Konzeptes jedoch ebenfalls in Betracht gezogen werden.

Bezugnehmend auf die Gruppe der älteren Mitarbeiter im Unternehmen, gilt es nun zu überprüfen, inwieweit eine das Alter integrativ berücksichtigende Personalpolitik die oben genannten Wettbewerbsvorteile realisieren kann. Ein internationaler Vergleich zeigt jedoch, dass Unternehmen in anderen Ländern scheinbar bereits die Humanressource „Ältere Mitarbeiter" als Chance begriffen haben, Wettbewerbsvorteile zu realisieren. Waren 1994 in Deutschland nur 35 Prozent der 60-65jährigen noch erwerbstätig, so waren es in Schweden 58 Prozent, in den USA 55 Prozent und in Japan gar 76 Prozent. Inwieweit z.B. in den USA spezifische politisch-gesetzliche Rahmenbedingungen wie der ADEA oder ökonomische Einflüsse (geringe Arbeitslosenquote in den USA mit Arbeitskräftemangel in bestimmten Bereichen) verantwortlich sind für eine höhere Erwerbsquote älterer Mitarbeiter, gilt es jedoch in die Diskussion mit einzubeziehen. Auch auf der Makroebene wird vermehrt versucht, die Altersbarrieren in der Erwerbstätigkeit zu bekämpfen. Standen vor kurzem noch Maßnahmen der Frühverrentung im Mittelpunkt der Diskussion um ältere Mitarbeiter, so geben Länder wie Frankreich, Finnland oder Österreich deren Unterstützung mittlerweile auf (vgl. *Walker*, 1997, S. 11).

Kostenargument

Es wird angenommen, dass eine verstärkte Integration verschiedenster Mitarbeitergruppen dazu beitragen kann, Kostenvorteile zu erzielen. Eine stärkere Berücksichtigung der Unterschiedlichkeit in der Personalpolitik ermöglicht es, Motivation und Arbeitszufriedenheit des Einzelnen zu erhöhen, was eine größere Produktivität zur Folge hat. Unternehmen hingegen, die keine bzw. eine schlechte Integration spezifischer Mitarbeitergruppen betreiben, erzielen eine kostensteigernde Wirkung.

Eine stärkere Integration der Gruppe der älteren Mitarbeiter z.B. durch eine mehr altersorientierte Personalentwicklung deutet in mehrfacher Hinsicht positive Kostenwirkungen von Managing Diversity an. *Uepping* weist darauf hin, dass mit zunehmendem Alter steigende Personalkosten einer sinkenden Leistungskurve älterer Mitarbeiter gegenüberstehen. Ältere Mitarbeiter weisen daher aufgrund ihres durch die Unternehmen nur unzureichend oder nicht genutzten, altersbedingt veränderten Leistungspotentials zu einem bestimmten Zeitpunkt personalwirtschaftlich einen negativen Wertschöpfungsbeitrag auf (vgl. *Uepping*, 1997, S. 173). Ein integratives Personalmanagement für ältere Mitarbeiter in Form einer altersgerechten Personalentwicklung kann diese Tendenz umkehren, indem gerontolgische Erkenntnisse z.B. bezüglich des Kompetenzwechsels im Alter in Weiterbildungsmaßnahmen einbezogen werden, so dass die im Alter zunehmenden Kompetenzen betriebswirtschaftlich stärker genutzt werden können. Die verstärkte Berücksichtigung des Alters in unterschiedlichen Bereichen des Personalmanagements so z.B. auch bei der Personalbeurteilung entfaltet darüber hinaus ebenso eine starke Motivationswirkung bei älteren Mitarbeitern. Als Beispiel seien hier bessere Aufstiegsmöglichkeiten für ältere Mitarbeiter durch die stärkere Einbeziehung in betriebliche Weiterbildungsmaßnahmen genannt, da permanentes (lebenslanges) Lernen in einer sich stetig wandelnden Umwelt wesentliche Voraussetzung für den beruflichen Aufstieg ist.

Marketingargument

Eine vielfältig zusammengesetzte Arbeitnehmerschaft kann sich im Vergleich zu einer Organisation, deren Merkmal homogene Organisationsmitglieder sind, besser auf die Bedürfnisse und Wünsche des Marktes einstellen, der geprägt ist von zunehmender Diversität.

Wie schon in anderem Zusammenhang mehrfach erwähnt, ist die Population in Deutschland durch einen steigenden Anteil älterer und alter Menschen an der Gesamtbevölkerung gekennzeichnet. Wollen Unternehmen auch in der Zukunft erfolgreich sein, müssen Sie sich verstärkt dieser wachsenden Käuferschicht annehmen. So wie weibliche Mitarbeiter in bestimmten Bereichen eine besseres Verständnis für spezifisch weibliche Thematiken aufbringen und sich somit mehr auf die weibliche Kundschaft beziehen, so mag dies für ältere Mitarbeiter im Umgang mit Kunden ähnlichen Alters gelten. Dabei ist auch davon auszugehen, dass die ältere Käuferschicht es als positiv bewertet, wenn das Unternehmen, deren Dienstleistung man beansprucht oder deren Produkte man konsumiert, ältere Mitarbeiter wertschätzt und nicht als Problemgruppe stigmatisiert. Als Beispiel sei hier der Einzelhandel genannt, der entsprechend der demographischen Gesamtentwicklung mit einer im Durchschnitt ebenfalls alternden Kundschaft konfrontiert ist, die den Umgang mit älteren Mitarbeitern z.B. im Verkauf als angenehm empfindet (vgl. *Wollert*, 1997, S. 9). Des weiteren sind spezielles (Erfahrungs-)Wissen und ein altersspezifisches Auftreten älterer Mitarbeiter notwendige Voraussetzungen bei der Distribution bestimmter Produkte (vgl. ebenda). Auch hier kann die altersbedingte Kompetenzveränderung von Vorteil für die Wettbewerbsposition des Unternehmens sein, da mit steigendem Alter Markt- und Kundenorientierung zunehmen (vgl. *Uepping*, 1997, S. 174).

Kreativitätsargument

Ausgehend von den Nachteilen stark monokulturell geprägter Organisationen, z.B. ein Denken in Stereotypen, die Vermeidung von alternativen Denkweisen oder ein „Kulturdenken" als Folge erzwungener Konformität (vgl. *Krell*, 1996, S. 339), bedeutet im Umkehrschluss, dass weniger Konformität und die mit einer diversen Arbeitnehmerschaft verbundene größere Perspektivenvielfalt ein kreativeres Denken der Gruppe bei Problemlösungsprozessen ermöglicht.

Eine weitverbreitete Meinung in den Unternehmen ist, dass die Begriffe innovativ und jung gleichzusetzen seien. Angenommen wird, dass Innovationen den aktuellsten Wissensstand, z.B. vermittelt in einer gerade abgeschlossenen Ausbildung, Offenheit für Neues, Kreativität aber auch Belastbarkeit erfordern. Genannte Eigenschaften werden dabei eher mit jüngeren Mitarbeitern in Verbindung gebracht. (*Astor/Brasche/Stobernack*, 1999, S. 8 f.). Bei älteren Mitarbeitern ist durchaus eine Verringerung psychischer Eigenschaften wie der geistigen Beweglichkeit und Umstellungsfähigkeit oder auch des Abstraktionsvermögen festzustellen (vgl. *Haeberle*, 1999, S. 593), was auf den kreativen Prozess im Unternehmen möglicherweise eine hemmende Wirkung hat. Demgegenüber stehen aber mit steigendem Alter zunehmende Kompetenzen wie Erfahrung, soziale Kompetenz oder Urteilsvermögen, die als

Regulativ fungieren könnten, z.B. bei der Bewertung von Realisierungschancen neuer Produktideen oder bei der notwendigen Vermittlung zwischen der F&E und der Fertigung als Voraussetzung für eine erfolgreiche Innovation (*Astor/Brasche/Stobernack*, 1999, S. 9).

Personalmarketing

Diejenigen Unternehmen, die ihr Bemühen, eine vielfältige Arbeitnehmerschaft aufzubauen, in der Öffentlichkeit ausreichend kommunizieren, sind im Wettbewerb um die besten Arbeitskräfte aus den unterschiedlichsten gesellschaftlichen Gruppen erfolgreich. Managing Diversity erhöht somit die Reputation des Unternehmens nicht nur in der öffentlichen Wahrnehmung sowie bei potenziellen Arbeitnehmern, sondern auch innerhalb des Unternehmens.

Eine eindeutige Bewertung der (Weiter-)Beschäftigung älterer Mitarbeiter unter Personalmarketingaspekten ist nicht möglich. Eine altersselektive, sprich ältere Mitarbeiter nicht integrierende, sondern desintergrierende Personalpolitik und somit ein letztendlich das Alter und das Altern diskriminierender Umgang mit den betroffenen Mitarbeitern trifft europaweit bisher in der Gesellschaft keineswegs auf starke Ablehnung. Vielmehr gilt es in Zeiten hoher Arbeitslosigkeit durchaus als opportun, ältere Mitarbeiter in den Vorruhestand zu schicken, damit auf die nicht immer freiwillig geräumten Arbeitsplätze, so die Annahme, Jüngere nachrücken können (über einen Bewusstseinswandel auf staatlicher Seite in verschiedenen europäischen Ländern wurde weiter oben berichtet). Unternehmen, die ältere Mitarbeiter in ihrer Personalpolitik ausreichend berücksichtigen, könnten im Wettbewerb um jüngere Mitarbeiter sogar kurzfristig unterlegen sein, da potenzielle Bewerber einen schnellen Aufstieg durch ältere Kollegen gefährdet sehen. Gleiches gilt für junge Mitarbeiter, die bereits im Unternehmen tätig sind. Diese konkurrieren mit den älteren Mitarbeitern um das knappe Gut Arbeit im Falle von Entlassungen oder sind aufgrund ihres ausgeprägten Aufstiegsstrebens daran interessiert, dass ältere Mitarbeiter möglichst früh aus dem Unternehmen ausscheiden, damit sie deren Nachfolge antreten können (vgl. *Menges*, 2000, S. 212). Greift man jedoch die Argumentation auf, dass mittel- und langfristig nicht ausreichend junge Arbeitskräfte zur Verfügung stehen, um den Bedarf zu decken und die Unternehmen auf die Neu- und Weiterbeschäftigung älterer Mitarbeiter angewiesen sein werden (neben der Förderung und Erhöhung der Frauenerwerbsquote sowie der Förderung der Ausländerbeschäftigung), so erscheint es strategisch durchaus sinnvoll, eine mehr integrative Personalpolitik zu praktizieren, um im zukünftigen internationalen Wettbewerb um die besten Arbeitskräfte Vorteile erzielen zu können.

Problemlösungsqualität

Durch Diversity in Entscheidungsgremien oder Teams, die mit der Problemlösungen betraut sind, erhöht sich durch die Perspektivenvielfalt und die unterschiedlichen Erfahrungswerte einzelner Mitarbeiter die Qualität der Problemlösung.

In bezüglich des Alters heterogen zusammengesetzten Teams oder Arbeitsgruppen wird ein aufgrund altersbedingt unterschiedlich ausgeprägter Kompetenzen ganzheitlicher Lösungsprozess möglich, der gleichzeitig gegenseitige Lerneffekte realisiert (vgl. *Hilb*, 1997, S. 30).

Komparative Stärken älterer und jüngerer Mitarbeiter	
Jüngere Mitarbeiter	**Ältere Mitarbeiter**
• Körperliche Leistungsfähigkeit • Merkfähigkeit • Kurzzeitgedächnis • Fluide Intelligenz (Umstellungsfähigkeit, Wendigkeit)	• Gelassenheit (Ausgeglichenheit) • Übersicht (Erfassen von Sinnzusammenhängen) • Lebenserfahrung (Geübtheit) • Kristallisierte Intelligenz (Urteils- u. Entscheidungsfähigkeit)

Abb. 3: Komparative Stärken älterer und jüngerer Mitarbeiter (Quelle: in Anlehnung an Hilb, 1997, S. 30)

Die oben erwähnten spezifischen Kompetenzen älterer Mitarbeiter sind somit Ausdruck der Know-How-Funktion dieser Beschäftigtengruppe als Träger von Wissen und Erfahrungen. Als Inhaber einer derartigen betrieblichen Schlüsselfunktion können ältere Mitarbeiter eine große Bedeutung bei der Lösung betrieblicher Probleme haben (vgl. *Menges*, 2000, S. 134).

Organisationale Flexibilität

Die organisationale Flexibilität kann erhöht werden, indem die Veränderungsresistenz stark homogen geprägter Unternehmenskulturen durch eine stärkere Heterogenität aufgebrochen wird. Die ist für Unternehmen von entscheidender Bedeutung, da der vielfach besprochene Wandel auf vielfältigen Gebieten nur dann bewältigt werden kann, wenn das Unternehmen im möglichst kurzer Zeit flexibel auf Veränderungen reagieren kann. Geschwindigkeit ist in Zeiten der schnellen Veränderungen für eine Organisation überlebenswichtig. (Vgl. zum Überblick der Dimensionen der ökonomischen Relevanz Abb. 4.)

Diversity-Training

Diversity-Training zielt einmal darauf ab, in den Unternehmen ein nötiges Bewusstsein für die Sinnhaftigkeit von Diversity zu schaffen. In einem zweiten Schritt gilt es, entsprechende Fähigkeiten zu entwickeln, die helfen, Diversity effizient und effektiv für den Unternehmenserfolg zu nutzen.

Awareness-Training beinhaltet in diesem Zusammenhang bewusstseinsbildende Maßnahmen, die den Teilnehmern zum einen die Vielfalt, die im Unternehmen schon besteht oder

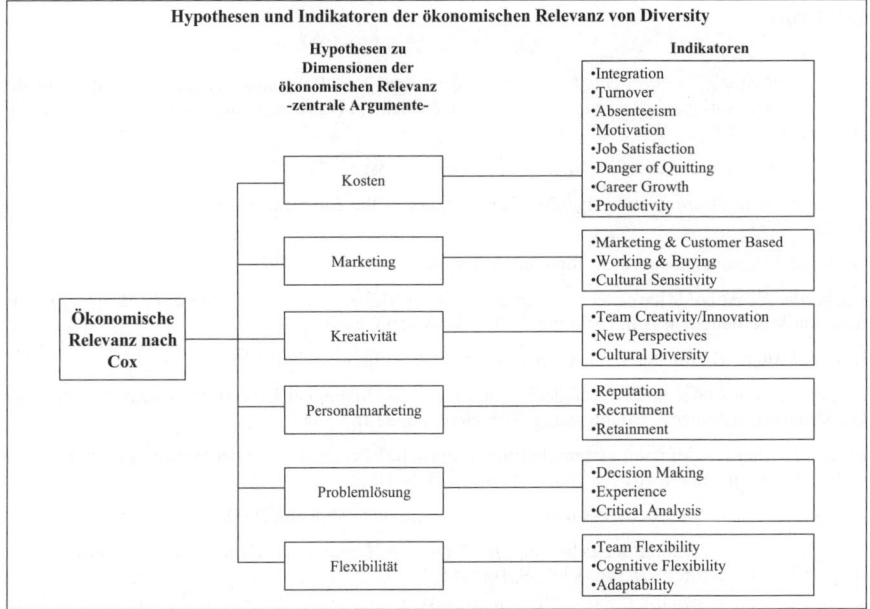

Abb. 4: Argumente für eine Verbesserung der Wettbewerbsposition nach Dimensionen in Anlehnung an Cox (1993)

bestehen sollte, vor Augen führt. Des weiteren sind bestehende Vorurteile gegenüber bestimmten Arbeitnehmergruppen und die damit für die einzelnen Mitarbeiter verbundenen Nachteile, so im Falle eines älteren Mitarbeiters z.B. der weitestgehende Ausschluss von Fortbildungsmaßnahmen, zu verdeutlichen. Resultat ist eine Sensibilisierung der Teilnehmer für das Vorhandensein von Unterschieden und die damit verbundenen Differenzen bei Werten und Einstellungen. Gleichzeitig werden Erkenntnisse über einen möglichen Erfolg von Managing Diversity gewonnen.

Zielsetzung einer Self-Awarness-Aktivität, die sich mit der Gruppe der älteren Mitarbeiter beschäftigt, ist es, z.B. jüngere Mitarbeiter mit ihren Überzeugungen und Stereotypen bezüglich Älterer zu konfrontieren. Es muss erfahrbar werden, inwieweit bestehende Vorurteile die eigene Wahrnehmung und Handlungsweisen beeinflussen.

Das Skill-Building-Training konzentriert sich auf das Vermitteln von Fähigkeiten bezüglich des Umgangs mit und der Führung vielfältiger Mitarbeiter. Dies beinhaltet u.a. die Kommunikation mit Menschen einer anderen Generation, insbesondere in Konfliktsituationen. Eine wesentliche Rolle spielen dabei Flexibilität und Anpassungsfähigkeit des Einzelnen.

Um ältere Mitarbeiter als betrieblichen Erfolgsfaktor wirksam zu machen, scheint ein Diversity-Training in den Unternehmen unerlässlich. Als Beispiel sei hier die in den Unternehmen noch immer vorherrschende Überzeugung der nachlassenden Leistungsfähigkeit älterer Menschen genannt. Nur durch ein verändertes Bewusstsein im Unternehmen kann es gelingen, die o.g. Wettbewerbsvorteile zu realisieren. Es gilt, den Mythos der altersbedingt nachlassenden Leistungsfähigkeit durch den Fakt der gewandelten Leistungsfähigkeit zu ersetzen.

Literatur

Astor, M./Brasche, U./Stobernack, M.: Altersstrukturen von Belegschaften und Innovation in der Industrie, Innovationen Berichte aus der angewandten Forschung und Entwicklung der FH Brandenburg, 1999.

Cox T. Jr.: Cultural Diversity in Organizations, San Francisco, 1993.

Drury, E.: Age discrimination against older workers in the European Community – A comparative analysis, 1993.

Grauer, F.: Personalmanagement für ältere Mitarbeiter, Wiesbaden 1998.

Haeberlin, F.: Ältere Mitarbeiter im Betrieb, in: *Rosenstiel, L. v./Regnet, E./Domsch, M.* (Hrsg.): Führung von Mitarbeitern 4. Aufl., Stuttgart, 1999, S. 585-598.

Hilb, M.: Ältere Mitarbeiter – ein echter Gewinn, in: Personalwirtschaft 12/97, S. 29-34.

Krell, G.: Mono- oder multikulturelle Organisationen? – Managing Diversity auf dem Prüfstand, in: Industrielle Beziehungen, 3. Jahrgang (1996), Heft 4; S. 31 ff.

Kröll, M.: Alterung des naturwissenschaftlich-technischen Personal gefährdet Innovationsfähigkeit von Unternehmen, in: angew. Arbeitswiss, Nr. 154, 1997, S. 18-35.

Menges, U.: Ältere Mitarbeiter als betriebliches Erfolgspotential, Köln, 2000.

Uepping, H.: Die Leistung der Erfahrung, in: *Kayser, F./Uepping, H.* (Hrsg.): Kompetenz der Erfahrung, Neuwied – Kriftel – Berlin, 1997, S. 166-185.

Veelken, L.: Ältere Mitarbeiter in der beruflichen Weiterbildung, in: Betriebsberater 1994 Heft 35/36, S. 2488-2490.

Wagner, D./Hummel, Th. R.: Perspektiven des differentiellen Personalmarketing, in: *Hummel, Th. R./ Wagner, D.* (Hrsg.): Differentielles Personalmarketing, Stuttgart 1996, S. 347-352.

Wagner, D./Sepehri, P.: Managing Diversity – alter Wein in neuen Schläuchen?, in: Personalführung 5/99, S. 18-21.

Walker, A.: Maßnahmen zur Bekämpfung von Altersbarrieren in der Erwerbstätigkeit – Ein europäischer Forschungsbericht, Dublin 1997.

Weber, C.: Demografischer Wandel in Japan, in: INIFES, ISF, SÖSTRA (Hrsg.): Erwerbsarbeit und Erwerbsbevölkerung im Wandel, Frankfurt (Main) – New York, 1998, S. 245-258.

Wollert, A.: Jeder will alt werden, keiner will alt sein, in: *Kayser, F./Uepping, H.* (Hrsg.): Kompetenz der Erfahrung, Neuwied – Kriftel – Berlin, 1997, S. 3-14.

Internationales Management im Spannungsfeld von Transformation und Globalisierung

Harald Zschiedrich

I Einleitung

Die Osterweiterung der EU stellt eine hohe Herausforderung für Politik und Wirtschaft dar. Allzu häufig werden in diesem Zusammenhang zu einseitig die Belastungen diskutiert und zu wenig die Impulse für vertieften Handel und Wirtschaftswachstum betont, auch wenn die neuen potenziellen Mitglieder zum Zeitpunkt des Beitritts noch nicht die ökonomische Stärke der „Altmitglieder" erreichen. Dabei geht es nicht nur um die internen Effekte („Trade creation"). Bei zunehmender Globalisierung erscheinen die „externen Effekte" wie zunehmende Größe des EU-Absatzmarktes, stärkeres Gewicht der erweiterten EU in den WTO-Verhandlungen, größere Attraktivität für ausländische Direktinvestitionen sowie erhöhte Effizienz der Ressourcennutzung im Ergebnis einer wirksamen europäischen Arbeitsteilung sogar noch bedeutsamer.

Die *entscheidende Herausforderung* für das internationale Management sowohl in den EU-Mitgliedsländern als auch in den Firmen der Beitrittsländer besteht darin, dass die Wirtschaften in Mittelosteuropa (MOE) *gleichzeitig* den Erfordernissen von *drei* Prozessen gerecht werden müssen:

- Makro- und Mikroökonomische Transformation,
- Globalisierung der Märkte und der Produktion und
- Erfüllung der Kriterien und Voraussetzungen für die Aufnahme in die EU.

Obwohl jeder dieser drei Prozesse bedingt durch seine Komplexität bereits genügend Aufgaben impliziert, besteht die eigentliche Schwierigkeit und Herausforderung darin, die *wechselseitigen Beziehungen* zwischen diesen drei Prozessen zu erkennen, daraus resultierende Chancen zu nutzen und diese über das Management von Ost-West Unternehmenskooperationen praktisch umzusetzen. Der *vorliegende Beitrag* will sich dabei auf die Herausarbeitung von Bedingungen und Möglichkeiten konzentrieren, die sich aus Transformation, außenwirtschaftlicher Öffnung in MOE einerseits und Globalisierung von Wertschöpfungsketten andererseits für das internationale Management ergeben. Den Ausgangspunkt bildet die konzeptionelle Überlegung, dass mit der EU-Osterweiterung *neue Impulse* für eine intensive europäische Arbeitsteilung ausgelöst werden. Die EU kann im weltweiten Wettbewerb nur bestehen, wenn die Möglichkeiten der Einbindung von Unternehmen aus MOE in globalisierte Forschungs-, Entwicklungs-, Beschaffungs-, Produktions- und Vertriebsstrukturen noch konsequenter als bislang genutzt werden. Dies ist eine große

Herausforderung für das internationale Management auf beiden Seiten, denn nur gut geführte Unternehmen werden diese doppelte Belastung – Anpassung an die Strukturen des EU-Binnenmarktes *und* gleichzeitige Einbindung in internationale Produktionsverbünde – bestehen können.

Anliegen des Beitrages ist es vor allem auch den *Wandel* aufzuzeigen, der sich bei der Wahl von Strategien zur Internationalisierung der Wirtschaften in Mittelosteuropa vollzogen hat. Hierbei knüpft der Beitrag an Ergebnisse des vom Autor geleiteten EU-PHARE Forschungsprojektes „East-West Joint Ventures in the process of transformation" an (1).

Orientierungsfragen zum Beitrag:

- Wie wandeln sich die Strategien des internationalen Managements beim Einstieg in die Märkte Mittelosteuropas?
- Warum sind Joint Ventures nicht mehr die dominante Form zur Markterschließung?
- Wie beeinflusst der Globalisierungsprozess Inhalte und Strukturen der Ost-West Unternehmenskooperation?
- Warum gewinnen Wertschöpfungspartnerschaften zwischen MOE-Zulieferunternehmen und Herstellern in der EU an Bedeutung?

II Einfluss von Transformationsprozessen auf die Wahl geeigneter Markterschließungsstrategien in MOE

Die enge Verflechtung von Transformations-, EU-Integrations- und Globalisierungsprozessen stellt das internationale Management vor neue Herausforderungen bei der Wahl der jeweiligen Strategie zur Erschließung der Märkte in den Beitrittsländern. Hier hat sich ein eindeutiger Wandel vollzogen: Hatten die westlichen Unternehmen zu Beginn des Transformationsprozesses nur die Möglichkeit, über Joint Ventures einen direkten Zugang zu den Märkten zu erhalten, so präferieren sie heute – natürlich auch in Abhängigkeit von der Unternehmensgröße; den bereits gesammelten Auslandserfahrungen sowie der Produkt- und Branchenspezifik – zunehmend die Bildung von Tochtergesellschaften; oft als „greenfield investments", sowie auch Niederlassungen und Unternehmensakquisitionen, um eine stärkere direkte Einflussnahme sowie höhere Flexibilität in den Märkten der MOE-Region zu erreichen.

Für Neulinge im Auslandsgeschäft – insbesondere gilt dies auch für exportierende KMU's aus den neuen Bundesländern – ist dabei die sofortige Gründung eines East-West Joint Venture oder eines Tochterunternehmens nicht zu empfehlen. Hier bietet sich eher ein stufenweises Vorgehen an (vgl. Abb. 1), wo zuerst im Rahmen einer schrittweisen Markterschließung durch Handelsaktivitäten (direkter oder indirekter Export) Erfahrungen in den Beitrittsländern gesammelt werden.

Die praktischen Erfahrungen bestätigen die These, dass jede der Stufen jeweils bestimmte Vor- und Nachteile aufweist. Handelsgeschäfte, die z.B. über Handelsvertreter von KMU's abgewickelt werden, haben immer einen bestimmten Nachteil bezüglich der fehlenden Kundennähe und fehlender *eigener* Erfahrungen, was dazu führt, dass das Management häufig fast ausschließlich nur auf Informationen aus zweiter Hand zurückgreifen kann. Dies führt dazu, dass eine bestimmte Unsicherheit herrscht, ob in der Tat das bestehende Marktpotenzial im jeweiligen EU-Beitrittsland voll ausgeschöpft wird. Immer mehr Unternehmen sind nunmehr im Verlauf des Transformationsprozesses dazu übergegangen, sich Wettbewerbsvorteile durch physische Präsenz vor Ort zu sichern; inkl. *Transaktionskostenvorteile*. Eine Schlüsselstellung nahmen dabei lange Zeit die *Joint Ventures* (vgl. Abb. 2) ein, deren Dominanz jedoch zurückging:

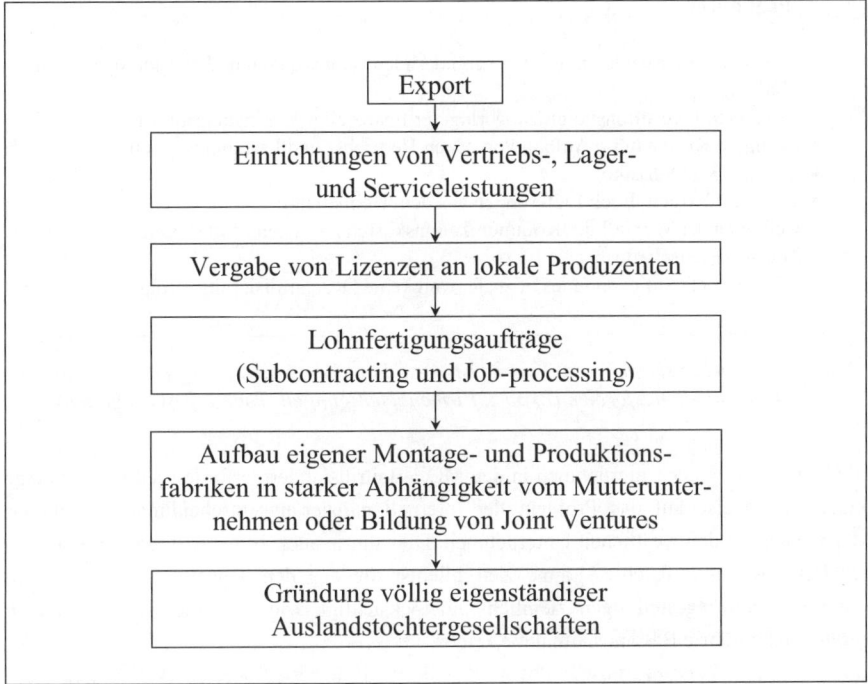

Abb. 1: Stufenweises Vorgehen bei der Markterschließung

Der *Aufbau* eines *Produktionsstandortes* in einem MOE-Beitrittsland bietet einem deutschen Unternehmen zugleich *mehrere Vorteile*:

- Intensivere Belieferung des Binnenmarktes im jeweiligen Zielmarkt im Vergleich zum reinen Exportgeschäft.
- Effizienzvorteile durch niedrigere Produktionskosten im Ergebnis von „Mischkalkulationen".
- Erschließung des Marktes für *Absatz- und Beschaffungszwecke*.
- Bessere Anpassung der Produkteigenschaften an die landesspezifischen Produktions und Betriebsbedingungen in der MOE-Region.

> **Vorteile von Joint Ventures gegenüber reinen Marktformen durch:**
>
> - geringere Kosten bei der Suche nach Kunden und Lieferanten im Gastland
> - Einsparung von Kosten bei der Vertragsvorbereitung
> - effizienter Wissenstransfer
> - schnellere Durchsetzung von Innovationen
> - geringere Kosten durch leichteren Zugang zu lokalen Ressourcen
> - größere Kundennähe
>
> **Vorteile gegenüber Markthierarchie (Tochtergesellschaften, Beteiligungen) bedingt durch:**
>
> - schnellere Anpassung an die sich verändernden Bedingungen in den osteuropäischen Märkten
> - geringeres Investitionsvolumen, geringerer finanzieller Vorleistungsbedarf
> - geringere Kosten beim Aufbau von neuen Vertriebs- und Fertigungssystemen
> - geringes Kapitalrisiko
> - geringere Kosten durch Lieferungen aus dem Heimatland
> - weitgehender Wegfall der Kommunikationskosten zwischen Mutter- und Tochtergesellschaft
> - kein Verzicht auf economies of scale, weil keine Dezentralisierung erfolgt

Abb. 2: Transaktionskostenvorteile von Ost-West-Joint Ventures im Vergleich mit anderen Markterschließungsformen (Export, Firmenbeteiligungen, Tochtergesellschaften)

Die Vorbereitung der Unternehmen in den MOE-Beitrittsländern erfordert jedoch noch eine andere Sichtweise auf das Problem der Internationalisierungsentscheidungen durch das Management in den westlichen Unternehmen. Dies führte auch zu neuen Fragestellungen in der Betriebswirtschaftslehre. Lange Zeit blieben die aus den Transformationsprozessen resultierenden Fragestellungen ziemlich unberücksichtigt, wie auch die von *Engelhardt/ Dähn* durchgeführte Bestandsaufnahme zeigte:

„Von einzelnen Ausnahmen abgesehen hat die deutschsprachige Betriebswirtschaftslehre die massiven Veränderungen international aktiver Unternehmen praktisch nicht nur zur Kenntnis genommen, geschweige denn analytisch aufgearbeitet. *Dies betrifft vor allem die wirtschaftlichen Umbrüche in MOE.*"(2)

Dabei geht es vor allem um die Frage, ob und in welchem Umfang die Internationalisierungsaktivitäten der westlichen Unternehmen einen Beitrag leisten, um den Transformationsprozess zu beschleunigen. Ein verantwortungsbewusstes Management sollte deshalb die *Interessen der Geschäfts- und Kooperationspartner in den MOE-Ländern* in die Entscheidungen einbeziehen: „Ob westliche Unternehmen das Ziel der Überwindung der Transformationskrise in ihrem Zielsystem berücksichtigen und so ihre Unternehmenspolitik auch an den Bedürfnissen der Menschen in MOE orientieren, ist nach derzeitigen Forschungsstand – so *Pohl/Large/Ardela* – nicht (klar) abschätzbar. Obwohl eine Tendenz zur stärkeren Berücksichtigung von Länderinteressen im Falle multinationaler Unternehmen erkennbar ist, kann im allgemeinen nicht von einer Einbeziehung von Entwicklungszielen in das Zielsystem des Management ausgegangen werden. Diese Einschätzung scheint durch die Analyse von Zielsystemen multinationaler Unternehmen gestützt zu werden, in deren Rahmen Ziele der Gastländer, wie z.b. die Güterversorgung oder die Schaffung von Arbeitsplätzen, nur sehr selten vorzufinden waren." (3) Dabei bestimmen die jeweiligen strategischen Optionen der transnationalen Unternehmen die möglichen zu erwartenden Beiträge für die Entwicklung in den Gastländern. (vgl. Abb. 3)

Kriterium	Strategische Optionen	
Strategisches Ziel	• Kosten-/Beschaffungsziele (Effizienzsteigerung)	• Marktorientierung/ Markterschließung
Markteintrittsformen	• 100%iges Tochterunternehmen • Mehrheitsbeteiligung oder Mehrheits-Joint Venture	• Klassisches Joint Venture (paritätische Geschäftsanteile)
Bereitgestellte Ressourcen	• Alle Ressourcen (wie z.B. Management, Finanzierung, F&E, Logistik usw.)	• Neue Produkte und Herstellverfahren • Marketing-Know-how
Erwarteter Beitrag des osteuropäischen Partners	• Qualifiziertes Personal • Geeignete gute industrielle und sonstige Infrastruktur • Qualifiziertes Lieferantennetzwerk	• Relevante Marktanteile • Gute Marktkenntnisse • Schlüssel-/Großkunden • Enge Kontakte zu den lokalen Behörden
Kriterien der Partnerwahl	• Nach verfügbaren Fertigungsmöglichkeiten • Erfahrung im geplanten Geschäftsfeld	• Stellung (Bedeutung) im lokalen und nationalen Markt
Kriterien der Standortwahl	• Primär nach der Infrastrukturqualität	• Nach der Marktgröße
Firmen-/konzerninterne Verbindungen	• Logistik • Integrierte Fertigung • Kontinuierlicher Technologietransfer	• Es bestehen kaum Verbindungen im Fertigungsbereich
Verbindungen mit der lokalen Wirtschaft in Mittel- und Osteuropa	• Nur wenige Kooperationen mit der lokalen/ nationalen Wirtschaft	• Kooperation mit MOE-Firmen im (sich entwickelnden) Zielmarkt
Organisationsstrukturen	• zentralisiert	• dezentralisiert
Organisationsform	• Cost Center	• Profit Center

Abb. 3: Strategische Optionen transnationaler Unternehmen in Mittel- und Osteuropa

Die im Rahmen des EU-PHARE Forschungsprojektes durchgeführten Untersuchungen bei *Volkswagen/Skoda*; *ABB* oder *Unilever* haben die zahlreichen *positiven Effekte* sichtbar gemacht, die durch die getätigten *Direktinvestitionen* ausgelöst werden. Mit der Wahl von *Direktinvestitionen* als Strategie zur Erschließung der Märkte in MOE sind enorme Wirkungen verbunden auf die makro- und mikroökonomische Entwicklung in diesen Ländern.

In immer mehr Fällen tragen sowohl multinationale aber auch mittelständische Unternehmen dazu bei, die Unternehmen aus den Beitrittsländern in weltweite Netze zu integrieren, wo sie ihre Produkte verkaufen können. Zu erwähnen ist vor allem der konstruktive Beitrag zur Entwicklung der nationalen Zulieferindustrien in Ungarn aber auch in der tschechischen Wirtschaft, was gegenwärtig schrittweise über erste Wertschöpfungspartnerschaften fortgeführt wird. Beiträge zur mikroökonomischen Anpassung in den MOE-Ländern resultierend aus ausländischen Direktinvestitionen ergeben sich heute vor allem in folgenden Richtungen:

- Einsatz moderner Managementtechniken,
- Förderung des Qualitätsbewusstseins,
- Aufbau einer Service-Kundendienst-Mentalität,
- Erfüllung der Anforderungen westlicher Standards/Normen im Prozess der wirtschaftlichen Kooperation und
- Weiterbildung in Kursen zu Personalpolitik, Anreizsystemen oder Produktivität.

So gesehen ergeben sich durchaus Wandlungen in den Interessenlagen und Zielsystemen der EU-Unternehmen mit Blick auf die Anpassungsprozesse in den MOE-Ländern. Mit anderen Worten: Der wachsende Einsatz ausländischer Direktinvestitionen in dieser Region hat auch dazu geführt, dass die Entwicklungsprobleme in den Beitrittsländern verstärkt ins Blickfeld des internationalen Management geraten. *Beispielgebend* sei hier die *Position* von *ABB* erwähnt: *„Der größte Beitrag, den europäische Unternehmen für den EU-Erweiterungsprozess leisten können, ist in den Bewerberländern zu investieren. So besuchten im Zuge der Investitionsaktivitäten in Polen pro Jahr 10.000 Mitarbeiter in Warschau Managementkurse oder Kurse in Produktqualität, Personalpolitik, Anreizsystemen u.a.. ABB besitzt ferner Zentren in der tschechischen Republik und in Moskau. Dank dieser und anderer Zentren kommen Tausende von Mitarbeitern in den Westen, um bei ABB zu arbeiten und ihre Qualifikationen zu verbessern. Somit geht es auch um das Eigeninteresse von ABB. Wenn z.B. 50 Mio. $ in der Slowakei investiert werden, liegt es durchaus im Interesse des Unternehmens, dass sich die Lage des Landes verbessert und eine gute Investitionsrentabilität erzielt wird."* (4)

Ausländische Direktinvestitionen als Markterschließungsstrategie in der MOE-Region werden jedoch künftig nur selektiv und schrittweise erfolgen können. Dies resultiert aus dem Stand der bisher erreichten Anpassung in den dortigen MOE-Unternehmen. Das Wichtigste für ein westliches Unternehmen – so die *Erfahrungen von ABB* – ist, eine *Wissensbasis aufzubauen* und Managementtechniken zu entwickeln, denn es kann nicht einer Armee von Ausländern die Leitung der Betriebe überlassen werden.

Eine *Schlüsselstellung* in Theorie und Praxis der Markterschließung in MOE mit Blick auf Transformation und EU-Integration nahm lange Zeit die Diskussion von Vor- und Nachteilen der East-West Joint Ventures ein (Abb. 4).

Was nun die sich im Laufe des Transformationsprozesses klar *veränderte Rolle von East-West Joint Ventures* betrifft, so lassen sich die recht unterschiedlichen Erfahrungen dieser komplizierten Form der Internationalisierung schwierig verallgemeinern. In der Theorie werden die Erfolgsaussichten sehr differenziert behandelt, wobei auch auf *potenzielle Konfliktfelder* zu verweisen ist. Diese können ihre Ursachen in folgenden drei Erscheinungen haben:

- Spannungen und Konflikte zwischen Kooperations- und Wettbewerbsbeziehungen,
- Ungenügende Erfahrungen mit dem Management interkultureller Beziehungen, Schwierigkeiten bei der Herstellung kultureller Kompatibilität sowie bei der Integration in die Wirtschaft des Gastlandes und
- Unterschätzung der Bedeutung von paritätischen Beteiligungsstrukturen.

Vorteile der Gründung von Joint Ventures	Nachteile der Gründung von Joint Ventures
• Höhere Akzeptanz bei den Marktpartnern, wie Zulieferer, Handelsunternehmen, Banken (im Vergleich zu Tochtergesellschaften) • Nutzung der Marktkenntnisse des Partnerunternehmens • Leichterer Zugang zu den lokalen Ressourcen, wie Grundstücken, Büros, Gebäuden, Rohstoffen, qualifizierten Arbeitskräften usw. (im Vergleich zu Tochterunternehmen) • Leichterer Zugang zu Behörden, öffentlichen Aufträgen und zum lokalen Kapitalmarkt (im Vergleich zu Tochterunternehmen) • Zum Teil höhere Steuervergünstigungen im Vergleich zu Tochtergesellschaften • Geringere Bedrohung durch diskriminierende Maßnahmen der Regierung des Gastlandes (z.B. geringere Enteignungsgefahr) als bei Tochtergesellschaften • Ausschöpfung eventueller komparativer Kostenvorteile (z.B. Lohnkosten) • Größere Kundennähe • Umgehung von Handelshemnissen (Zölle, Importbeschränkungen usw.)	• Wirtschaftliche Risiken in Form von begrenzten Einflussmöglichkeiten auf die Geschäftspolitik des Joint Venture (in Abhängigkeit von der Art der Beteiligung) • Erhöhtes Kapitalrisiko (in Abhängigkeit von der Art der Beteiligung) • Wechselkursrisiken (bei der Gewinnrückführung verursachen Schwankungen des Wechselkurses Probleme) • Hohes Investitionsvolumen ist nötig (Folge: Hohe finanzielle Vorleistungen) • Nur langfristig sind Umsatzrenditen realisierbar • Kosten-/zeitintensive Partnersuche • Nur langsamer Marktzugang • Gefahr von Interessenkonflikten und Leitungskonflikten zwischen den Partnern

Abb. 4: Übersicht über ausgewählte Vor- und Nachteile von „East-West Joint Ventures"

Die praktischen Untersuchungen zeigten, dass Joint Ventures nicht nur Probleme im Transformationsprozess lösten, sondern im Alltag der Kooperation zugleich neue Spannungsfelder schafften. Dies resultiert neben den bereits angesprochenen Ursachen wie fehlende paritätische Beteiligungsstrukturen (5) auch aus ungleichen Potenzialstrukturen der beteiligten Partner, die eine Kompatibilität erschweren können.

Ungeachtet der interessanten *Merkmale* und zahlreichen *positiven Wirkungen im Transformationsprozess* (vgl. Abb. 5), sind East-West Joint Ventures kein Allheilmittel. Gelingt es dem Joint Venture Management nicht, eine echte wechselseitige Lernatmosphäre zu schaffen („Lernen zu kooperieren" *und* „Kooperieren um zu lernen"), so wächst die *Instabilität*.

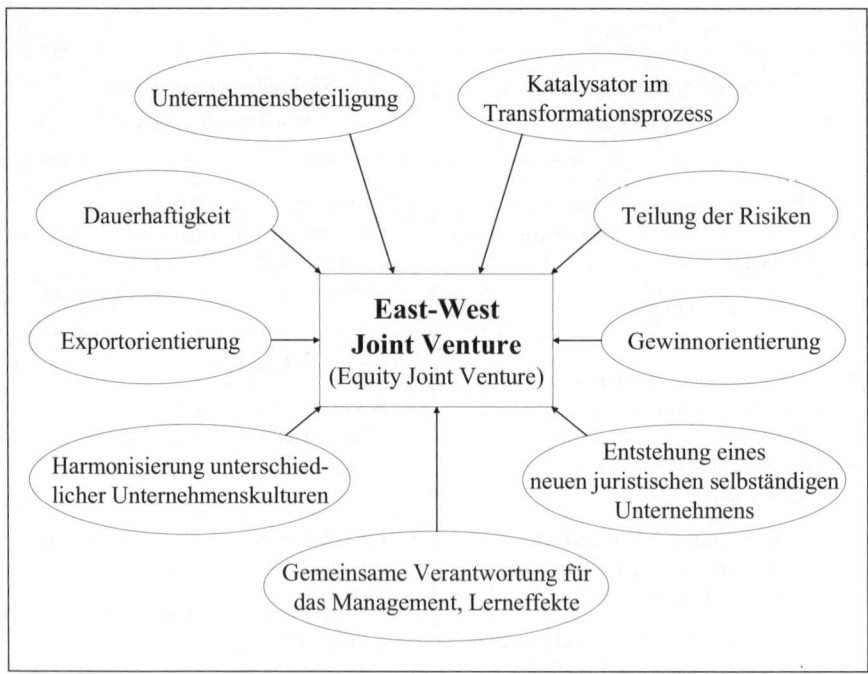

Abb. 5: Merkmale und Wirkungen eines East-West Joint Ventures

Zusammenfassend ergeben sich aus den Untersuchungen zur Rolle der einzelnen Internationalisierungsstrategien mit Blick auf Transformation und EU-Beitrittsvorbereitung folgende *Schlussfolgerungen*:

Erstens: Neben dem stufenweisen Vorgehen *und* der Erzielung von Lerneffekten gelangen wir zu der Auffassung, dass die Markteintrittsformen in MOE einen immer *komplexeren Charakter* erlangen; d.h. in der Praxis der Ost-West Geschäftsbeziehungen kommt es immer mehr zu effizienteren Kombinationen von Basisstrategien (Export, Auslandsproduktion in Tochtergesellschaften und vertraglichen Kooperationsformen). In diesem Kontext können Kooperationen (darunter auch Joint Ventures) immer häufiger eine Zwischenphase darstellen, die entweder wieder in Marktbeziehungen (Export-Importbeziehungen) oder in einer hierarchischen Beziehung (Schaffung 100%iger Tochtergesellschaften) fortgeführt werden.

Zweitens: Es ist eine zunehmende Präferenz für Internationalisierungsaktivitäten mit einem höheren Internationalisierungsgrad (Gründung eigener Tochterunternehmen; Übernahme bestehender Unternehmen) in MOE erkennbar. Dies gilt nicht nur für Großunternehmen, auch mittelständische Unternehmen (vgl. KRONE, Eberspächer AG u.a.) bevorzugten eindeutig solche Markterschließungsformen in MOE, die einen höheren Integrationsgrad aufweisen als der bei Joint Ventures. Unmittelbare Produktions- und Vertriebsniederlassungen, Tochtergesellschaften oder die Gründung neuer Produktionsstätten haben in den letzten Jahren in MOE eindeutig bislang die dominante Form der Joint Ventures als Träger ausländischer Aktivitäten abgelöst.

Drittens: Die Suche nach einer erfolgreichen Markteintrittsstrategie für ein Auslandsengagement in MOE ist sowohl für die multinationalen Unternehmen als auch für die mittleren und kleineren Unternehmen von großer Bedeutung. Die richtige Wahl der Strategie bestimmt das Interesse an weiteren Aktivitäten in MOE und bestimmt auch den Nutzen für die Kooperationspartner im Transformationsprozess. Die konkrete Entscheidung für ein Joint Venture oder eine andere Markteintrittstrategie wird von einer Zahl unterschiedlicher Einflussfaktoren bestimmt. Entscheidend ist dabei die Frage, *wie* ein multinationales Unternehmen oder ein kleines oder mittelständisches Unternehmen in MOE aktiv werden will. Im Mittelpunkt steht dabei die Entscheidung, ob und wie die Unternehmen aus MOE in die Wertschöpfungskette eines westlichen Unternehmens integriert werden, d.h. durch Lizenzvertrag, durch Kooperation (Joint Venture) oder in alleiniger Kontrolle und Regie des westlichen Mutterunternehmens (100%ige Tochtergesellschaft). Die richtige Markteintrittsstrategie muss somit einen optimalen Rahmen für die Aktivitäten auf dem MOE-Markt bilden.

Viertens: In der Praxis der Ost-West-Geschäftsbeziehungen haben Fortschritte im Transformationsprozess, das Streben nach alleiniger Unternehmenskontrolle, die mangelnden Fähigkeiten zur Konfliktlösung sowie die ungenügende Bereitschaft und Fähigkeit zur Kooperation dazu geführt, dass in MOE die Zahl von Tochtergesellschaften, Neugründungen und Firmenakquisitionen im Vergleich zur klassischen Markteintrittsform über ein Joint Venture an Bedeutung gewinnen. Dies darf jedoch nicht zu der Schlussfolgerung führen, dass Ost-West Joint Ventures generell etwa Neugründungen unterlegen sind.

Fünftens: In Abhängigkeit von Unternehmensgröße und Voraussetzungen zur Internationalisierung werden unterschiedliche Präferenzen anzutreffen sein:

- Multinationale Unternehmen gründen vorzugsweise dann eine Tochtergesellschaft, wenn in einem MOE-Land ein Standortvorteil existiert und das westliche Unternehmen Standortvorteile hat, die es unternehmensintern schützen und nutzen will.

- Mittlere und kleinere Unternehmen entscheiden sich dann für ein Joint Venture als Markteintrittsform, wenn: a) keine Erfahrungen in dem osteuropäischen Markt existieren und die Kooperation mit einem Joint Venture-Partner das Defizit an landesspezifischen Marketing-Know-how verringern, b) der Joint Venture-Partner den Zugang zu Behörden, öffentlichen Aufträgen und zum lokalen Kapitalmarkt erleichtert und c) das Ost-West Joint Venture mögliche Aversionen gegen eine westliche Geschäftstätigkeit vermindert oder local content-Vorschriften die Mitwirkung lokaler Partner erfordern.

Sechstens: Die multinationalen Unternehmen wenden schrittweise – in Abhängigkeit von den makro- und mikroökonomischen Gegebenheiten in MOE – ihre Erfahrungen an, die sie bei Markteinstieg in anderen Regionen gesammelt haben. Im Kern geht es dabei um die Verlagerung von Export- und Importaktivitäten zur Produktion vor Ort in MOE. Zur Realisierung der FDI in MOE werden jedoch alle vorhandenen Möglichkeiten und Formen, vom Joint Venture bis hin zu Fusionen und Übernahmen (Akquisitionen), genutzt. Entscheidend ist dabei weniger die unternehmensrechtliche Seite, sondern vielmehr der Trend zur Herausbildung internationaler Netzwerke bzw. Wertschöpfungsketten, in die osteuropäische Firmen eingebunden werden. Dies relativiert die Bedeutung von traditionellen Markteintrittsformen, wie sie Joint Ventures verkörpern, stärkt die Rolle von strategischen Allianzen und erhöht die Bedeutung der multinationalen Unternehmen in den Ost-West-Geschäftsbeziehungen, weil vor allem sie die Fähigkeit besitzen, grenzüberschreitende Produktionen in komplexen Systemen dauerhaft mit Erfolg zu managen (vgl. z.B. Fallstudie ABB in Polen im Rahmen unseres Projektes). Die weitere *Globalisierung der Märkte* – unter zunehmender Einbeziehung der mittelosteuropäischen Wirtschaften – wird eher durch ein Nebeneinander differenzierter Internationalisierungsstrategien als durch die in der Vergangenheit anzutreffende Dominanz einzelner Formen (z.B. Joint Ventures) gekennzeichnet sein. Dabei sind die einzelnen Strategien nur Mittel zum Zweck, d.h. zu einer Formierung von internationalen Netzwerken spezialisierter Produktionsstätten, die organisatorisch in einem Produktionsverbund miteinander verflochten sind und über wechselnde Formen der Internationalisierung koordiniert werden.

III Zur Einbindung der MOE-Wirtschaften in die Globalisierungsstrategien

Die enge Verflechtung von Transformations- und Globalisierungsprozessen führt dazu, dass sich die Region Mittel- und Osteuropa immer mehr zu einer echten Boomregion sozusagen vor der Haustür der Europäischen Union entwickelt. Die mit der Globalisierung von Produktionsstrukturen eng verbundene Verlagerung und Neukombination von Wertschöpfungsaktivitäten bietet echte strategische Chancen für eine vertiefte *Ost-West-Arbeitsteilung*. Die Idee dafür ist keineswegs ganz neu, wenn sich auch die Bedingungen jedoch für deren Umsetzung positiv geändert haben. Bereits 1993 gab es entsprechende Orientierungen von der damaligen „Zukunftskommission Wirtschaft 2000" (Baden-Württemberg):

> „Wir dürfen die Wirtschaften in MOE nicht nur als neue Konkurrenten sehen. Vielmehr sollten wir die Chance zur Kooperation ergreifen und durch einen strategischen Produktionsverbund insbesondere mit MOE unsere internationale Wettbewerbsfähigkeit steigern. Es ist dies ein Konzept, wie es unsere japanischen Konkurrenten in Südostasien realisiert haben."

Immer mehr Global Player (Unilever, ABB, Volkswagen, BMW u.a.) sowie andere große Unternehmen (KRONE, Jungheinrich, Linde, Eberspächer AG u.a.) nutzen die Möglichkeit, ein dichtes Netzwerk von Produktionsstätten aufzubauen, die auch aus logistischer Sicht von

Deutschland aus günstig zu erreichen sind. Grundlage und Träger dieses Prozesses sind die gestiegenen Direktinvestitionen der deutschen Unternehmen in dieser Region (vgl. Abb. 6).

Land	1989/90 bis 1997 (Mio DM)	1998 (Mio DM)	1999 (Mio DM)	Gesamt (Mio DM)	Kumuliert pro Einw. (DM)
Bulgarien	269	80	82	431	52
Estland	19	9	4	32	23
Lettland	97	14	43	154	64
Litauen	54	28	23	105	28
Polen	5.985	3.534	4.948	14.467	374
Tschechien	6.496	1.603	784	8.883	862
Ungarn	6.914	1.539	164	8.617	853
Slowakei	504	232	176	912	169
Slowenien	155	44	102	301	151
Rumänien	234	241	106	581	26
Gesamt	20.729	7.324	6.432	34.483	329

Abb. 6: Nettotransferleistungen für deutsche Direktinvestitionen in den Ländern von MOE (1999: Hochrechnung auf Grundlage der Ergebnisse 1. Halbjahr 1999)
Quelle: BMWi, eigene Berechnungen DIHT, vgl. auch: „Europa 2000 PLUS"
(DIHT Positionspapier Juni 2000)

Dabei gehen 93% aller deutschen Direktinvestitionen nach MOE in die drei Länder der ersten Beitrittswelle: Polen 14,5 Mrd. DM, Tschechien 8,9 Mrd. DM und Ungarn 8,6 Mrd. DM. Die investiven Engagements, die auf Absatzmarkterschließung und Nutzung günstigerer Arbeitskosten abzielen, sind auch zunehmend *mittelständisch* geprägt. Dabei kristallisiert sich heraus, dass für die großen global agierenden Unternehmen der Absatz an einem ausländischen Produktionsstandort immer größeres Gewicht erhält. Im Unterschied dazu nutzen KMU's ihr Handels- und Investitionsengagement dazu, um vor allem ihre internationale Wettbewerbsfähigkeit zu verbessern. Sie verlagern zunehmend ganze Produktionsbereiche nach MOE und stärken durch Re-Importe der dort gefertigten Vorprodukte die Wettbewerbsfähigkeit des Mutterunternehmens.

Die Wirtschaften der EU-Beitrittskandidatenländer entwickeln sich für die deutschen Unternehmen somit nicht nur zu wichtigen Absatzmärkten, sondern erlangen unter den Bedingungen der zunehmenden Globalisierung auch wachsende Bedeutung als *Beschaffungsmärkte*. Die intensive Tätigkeit der ausländischen Unternehmen in den MOE-Ländern hat die *Fähigkeiten* ihrer Firmen – wichtige Zulieferer nicht nur für Produkte in den heimischen Märkten, sondern auch für die EU-Märkte zu sein – erweitert. Einen wichtigen Schwerpunkt bilden dabei die *Kooperationsbeziehungen* und die *intensiven Engagements* der deutschen

Unternehmen vor allem in den Branchen Maschinen- und Metallbau, Elektrotechnik/Elektronik, Medizintechnik, Kraftfahrzeugbau, Ernährungswirtschaft, Umwelttechnik und -schutz, Leicht- und Verbrauchsgüterindustrie, Informationstechnologien, Energiewirtschaft und Pharmaindustrie sowie im infrastrukturellen Bereich.

Die unterschiedliche Intensität von Direktinvestitionen ausländischer Unternehmen in den Beitrittsländern (z.B. 1.720 US-$ pro Kopf in Ungarn, 385 US-$ in Polen und 1.010 US-$ in Tschechien im Zeitraum bis 1999) hat auch die differenzierte Ausprägung neuer arbeitsteiliger Ost-Weststrukturen beeinflusst. In der Tat widerspiegeln Kooperationsbeziehungen in internationalen Produktionsnetzwerken auch die mit den *Direktinvestitionen* verflochtenen Technologietransfers. Hieraus erklärt sich dann auch, dass eine Vielzahl gerade ungarischer Unternehmen z.B. in der Automobilindustrie in internationale Zuliefernetzwerke integriert sind.

Während in den ersten Jahren des Transformationsprozesses die Lohnveredelungsproduktionen noch stark die Exportstrukturen *aller* Transformationsländer prägten, hat sich mittlerweile ein *Differenzierungsprozess* zwischen den einzelnen Beitrittskandidaten vollzogen. Wegen der gestiegenen Löhne und angesichts des fortgeschrittenen technologischen Niveaus – nicht zuletzt im Ergebnis von Direktinvestitionen – spielen z.B. reine Lohnveredelungsgeschäfte heute vor allem noch in Rumänien und Bulgarien eine größere Rolle. Was dagegen einige Länder der „ersten Beitrittswelle" (Ungarn, Tschechien, Polen) betrifft, so vollzog und vollzieht sich ein *Up-grading weg von einfacher passiver Lohnveredelung hin zu anspruchsvollen Lieferungen* (Baugruppen im Maschinenbau, Automobilzubehör wie z.B. auch Austausch von Motoren und anderen Kfz-Teilen).

Die Unternehmen in den Beitrittsländern stehen somit vor der großen Aufgabe, sich auch als Produzenten von Gütern mit mittlerem und hohem Technologiegehalt zu etablieren. Strategien, die nur einseitig und ausschließlich auf die Lohnkostenvorteile setzen, sind langfristig zum Scheitern verurteilt.

Internationale Studien haben ergeben (6), dass die Ausgangsbedingungen in den mittelosteuropäischen Wirtschaften zu Beginn des Transformationsprozesses Anfang der 90er Jahre bezüglich der preislichen Wettbewerbsfähigkeit (value per kg in ECU – „unit value") sowie der Produktqualität außerordentlich *ungünstig* erschienen. So gehörten die MOE-Anbieter noch in der *ersten Hälfte* der 90er Jahre zur jener Gruppe von Zulieferern mit der niedrigsten Erzeugnisqualität. Eigene Untersuchungen im Rahmen eines EU-Forschungsprojektes zeigten jedoch, dass insbesondere in der Gruppe der Visegrad-Länder (Ungarn, Polen, Tschechien, Slowenien und Slowakei) – wenn auch differenziert – positive Veränderungen erzielt wurden. Einen bedeutenden Anteil hatten daran die *ausländischen Direktinvestitionen* in diesen Ländern, die einen ganz *wesentlichen Beitrag* zur Integration des verarbeitenden Gewerbes in dieser ersten Gruppe der Beitrittsländer in die europäischen Unternehmensstrukturen geleistet haben.

Je intensiver diese Direktinvestitionen auch mit den eigenen Bemühungen um eine aktive Produktspezialisierung verbunden wurden (Ungarn und Tschechien), desto erfolgreicher sind nunmehr auch die Voraussetzungen für erfolgreiche Wertschöpfungspartnerschaften in den stärker technologieintensiven Bereichen (Automobilindustrie und Elektrotechnik/Elektronik sowie im Maschinenbau).

Die mit der *Globalisierung* verbundene Tendenz des Outsourcing und der zunehmende Stellenwert des internationalen strategischen Beschaffungsmanagements eröffnen den Unternehmen in MOE neue Chancen, sich in die Strukturen der europäischen und weltweiten Arbeitsteilung zu integrieren. Mit anderen Worten: Die Unternehmen in den Beitrittsländern müssen jetzt Art und Umfang ihrer Beiträge an der globalen Wertschöpfung neu überdenken. Als beispielhaft kann hier die Position Ungarns angeführt werden, wenn es um die Positionierung der Unternehmen bei der Schaffung globaler Wertschöpfungsketten geht: „Auf keinen Fall – so *Prof. P. Bod* (Chefberater der ungarischen Regierung) wollen wir das Land sein, das der EU billige Arbeitskräfte anbietet. ... Ungarn hat (zwar) kein Image als Hightech-Land, aber der Export von Hightech aus Ungarn (auf der Basis von Wertschöpfungspartnerschaften – H.Z) ist auch keine nationale Frage, sondern ein globales Geschäft." (7)

Zeitgleich zu den Anstrengungen in den Wirtschaften der MOE-Staaten mit Blick auf die bevorstehende Integration in den EU-Binnenmarkt vollziehen sich auch in den Unternehmen innerhalb der EU-Mitgliedsländer im Zuge der Globalisierung *tiefgreifende Wandlungsprozesse*, die die gesamte Unternehmensorganisation sowie alle Wertschöpfungskettenglieder von der Produktion bis zum Absatz betreffen.

Auf der Suche nach neuen Wettbewerbsvorteilen werden früher stärker vertikal integrierte Produktionsprozesse aufgelöst; d.h. Systemführer bauen ihre Produkte aus einer zunehmenden Anzahl Einzelkomponenten, die von eigenständigen Anbietern zugeliefert werden. Der damit verbundene Weg zum globalen Qualitätsstandard ist schwierig und aufwendig. Er bietet jedoch gerade für Unternehmen aus MOE enorme Chancen, die sie aktiv über vielfältige Schulungs-, Lern- und Angleichungsprozesse wahrnehmen müssen.

Zeitgleich ist gegenwärtig eine zunehmende *Dekonstruktion* der traditionellen Wertschöpfungsketten im internationalen Management zu beobachten, d.h. ein *räumliches Aufbrechen*, um einzelne Glieder der Wertschöpfungskette neu zusammenzufügen – unter Nutzung von spezifischen Standortvorteilen verschiedener Regionen. In diesem Sinne wird die Wettbewerbsfähigkeit der EU-Unternehmen nicht mehr länger nur von den Bedingungen im EU-Binnenmarkt dominiert, sondern ergibt sich vielmehr als eine Resultante der Aggregation verschiedener länderspezifischer (darunter *auch von MOE-Ländern*) Standortvorteile.

Im Zusammenhang mit der Konstruktion globaler Wertschöpfungsketten suchen die international operierenden Unternehmen für jedes Glied der Wertschöpfungskette (Forschung, Entwicklung, Einkauf/Beschaffung, Fertigung, Finanzierung und Vertrieb) einen optimalen Standort. Dabei bietet gerade Global Sourcing auch für die Unternehmen in MOE die Chance, in den weltweiten Bezug von Vorleistungen integriert zu werden. Das gilt nicht für traditionelle Branchen wie Maschinenbau und Automobilindustrie. *H. Klodt* weist zu Recht darauf hin, dass dies auch für die Hochtechnologiebranche zutrifft: „Das slicing up the value-added chain, wie es Paul Krugman nennt, erlaubt es selbst in ausgeprägten Hightech-Branchen, die bislang als weitgehend sicher galten vor dem Konkurrenzdruck aus weniger entwickelten Ländern, standardisierte Produktionsmodule herauszubrechen und ins Ausland zu verlagern." (8)

Von diesen Trends werden jedoch in den Beitrittsländern nur jene Unternehmen profitieren, die schnell, zuverlässig und qualitätsgerecht auf veränderte Markterfordernisse reagieren können. Um diese Chancen durchzusetzen, reichen reine Ost-West Handelsbeziehungen nicht mehr aus. Es sind daher – wie *V. Vincentz* betont – vor allem solche Handelsbeziehungen zu fördern, bei denen neben dem reinen Austausch von Waren *auch* Know-how Übertragungen (im Management- und Marketingbereich) und Finanzierung in das Handelsgeschäft eingebunden sind. Solcher Handel hat sich bereits seitens westlicher Großfirmen entwickelt, deren *Einkaufbüros* gleichzeitig die *Sicherung* der Qualitätsstandards überwachen und Hilfen bei der Finanzierung der Vorleistungen geben. Noch haben deutsche Firmen (bislang) solche Produktionsbeziehungen stärker mit Ostasien, doch der Anteil Osteuropas wächst (9).

Welche *Schlussfolgerungen* ergeben sich aus dem bisherigen Verlauf der Globalisierung für eine weitere Integration mittelosteuropäischer Unternehmen in globale Produktionsstrukturen?

- Mit Blick auf die Anpassung an die Erfordernisse des EU-Beitritts stehen die MOE-Unternehmen und ihr Management vor der zentralen Aufgabe, sich als Produzenten und Lieferanten mit mittlerem und höherem Technologiegehalt zu etablieren. Die „Low-cost" Strategie, die durchaus für die erste Phase des Transformationsprozesses geeignet erschien (Reduzierung der Arbeitslosigkeit, geringere Belastung der Budgets), ist auf längere Sicht keineswegs geeignet, die Realeinkommens- und Innovationslücken zu schließen. Dies bedeutet, langfristig einen Wandel in den komparativen Vorteilen anzustreben, die bislang bei arbeitsintensiven Gütern lagen.

- Die Integration der MOE-Unternehmen in die Produktions- und Beschaffungsnetzwerke von westeuropäischen Unternehmen hat sich in recht unterschiedlichem Tempo vollzogen. In Ungarn ist dieser Prozess am eindeutig weitesten vorangeschritten. Danach wird bereits vor Beginn des EU-Beitritts ein Drittel des ungarischen BIP von Unternehmen produziert, die ganz oder teilweise in Besitz von EU-Unternehmen sind. Im Vergleich dazu liegt dieser Anteil in Polen und in der Tschechischen Republik noch unter 10%. Dessen ungeachtet sind in den beiden letzten Beitrittsländern die Unternehmen über vielfältige Verträge in die Zulieferketten der EU-Unternehmen einbezogen. Einen hohen Stellenwert nimmt dabei weiterhin vor allem in der Konsumgüterindustrie das „outward processing" ein (Passiver Lohnveredelungsverkehr). In einigen Sektoren beläuft sich der Anteil von „outward processing" auf 50-85% der Exporte in den EU-Bereich (10).

IV Strategische Ost-West Wertschöpfungspartnerschaften

Die bisherigen praktischen Erfahrungen haben gezeigt, dass die verstärkten Zulieferungen mittelosteuropäischer Unternehmen an deutsche oder andere westeuropäische Unternehmen in der Regel auch mit einem stärkeren Engagement der westlichen Unternehmen verbunden sind (Joint Ventures, Kooperationsaktivitäten bei Lohnveredelungsgeschäften u.a.). Die Ausgangsbedingungen und Marktchancen sind dabei differenziert einzuschätzen. Kernprobleme werden dabei in folgenden Feldern sichtbar:

- Qualitätsprobleme bei komplizierten Komponenten,

- Einhaltung der internationalen Qualitätsstandards,

- Liefer- und Vertragstreue und
- Fehlende eigene Marketingerfahrungen.

Charakteristisch hierfür erscheinen hier wiederum die *Erfahrungen* von *ABB*:

„Die *lokalen Zulieferer* sind ein *typisches Beispiel für die Auswirkungen der ausländischen Direktinvestitionen*. Am Anfang ist ihre Qualität noch unzureichend. Sie liefern manchmal gar nicht oder zumindest unpünktlich. Sie sind unzuverlässig. Wenn S*ie jedoch mit ihnen eine Zeit lang zusammengearbeitet haben, können Sie ein Netz aus zuverlässigen Zulieferern aufbauen*. Wenn diese Firmen so weit sind, dass sie Ihre Werke z.B. in Polen beliefern können, dann können sie auch Ihre Betriebe in Deutschland, Schweden oder den USA versorgen." (11)

Interesse und Bereitschaft zur Aufnahme von Wertschöpfungspartnerschaften hängen dabei ab von objektiven Branchenbesonderheiten und werden von der Tiefe des Wertschöpfungsprozesses beeinflusst. Dabei steigt mit abnehmender Fertigungstiefe das Interesse am Aufbau von stabilen Zulieferbeziehungen oder Wertschöpfungspartnerschaften. Bereiche mit extrem hohem Zukaufanteil stellen heute Halbleiter-, Computer- und in wachsendem Maße auch die Automobilindustrie dar. Letztere hat allein in den 80iger Jahren ihren Wertschöpfungsanteil um 6-10 Prozentpunkte verringert. Es ist daher nicht zufällig, wenn gerade die *Automobilindustrie* in den letzten Jahren zu einem Feld von Ost-West Wertschöpfungspartnerschaften in einigen Ländern der „ersten Beitrittswelle" entwickelt (Ungarn, Tschechien) wurde, denn es ist eben die *Wertschöpfungstiefe*, welche die Entwicklung der Kooperationsintensität in den Zulieferbeziehungen prägt.

Bei Wertschöpfungspartnerschaften geht es *nicht* um *einseitige* Kostenminimierungen in westlichen Unternehmen (*im Unterschied zu passiven Lohnveredelungsgeschäften*). Im Zentrum stehen *beiderseitige Wettbewerbsvorteile* durch Transfer- und Lernprozesse. Daher kennen solche Partnerschaften keine Verlierer, sondern verkörpern eine „*win-win"-Situation*. Die folgenden strategischen Zielsetzungen prägen u.a. den Inhalt von Wertschöpfungspartnerschaften (12):

- *Gemeinsame* Anstrengungen und Lösungen zur Kostensenkung,
- „Nullfehler"-Belieferung,
- Entwicklung vom Einzelteilelieferanten zum Systemlieferanten,
- Lieferant wird als vollwertiger Partner akzeptiert und
- Zulieferunternehmen muss Innovations- und Entwicklungskompetenz aufweisen.

Es muss den Unternehmen in MOE klar verdeutlicht werden, dass der anspruchsvolle Weg vom traditionellen Teilelieferanten zum Wertschöpfungspartner mit *hohen Ansprüchen* verbunden ist (saubere Kalkulationsgrundlagen, leistungsstarkes Informations- und Kommunikationssystem). Wertschöpfungspartnerschaften – das zeigen die ersten praktischen Erfahrungen – kann man nicht mit einer beliebigen Zahl von Zulieferern betreiben. Dies wird auch in den Transformations- und Beitrittsländern eine Konzentration auf wenige ausgewählte Unternehmen zur Folge haben. Dabei ergeben sich am Beginn der Einbindung in internationale Wertschöpfungsketten zunächst Chancen für eine sinnvolle Integration als Unterlieferant. Dies ergibt sich bei Teilen mit hohen manuellen Anteilen, wo die komparativen Kostenvorteile zu Buche schlagen. Die räumliche Nähe von MOE-Firmen zu den deutschen Unternehmen bietet dabei auch die Chance, eine relativ kurze logistische Kette zu realisieren, die es ermöglicht, auch im Weltmarkt wettbewerbsfähig zu bleiben. Dabei geht es – wie das nachfolgende Fallbeispiel Jungheinrich/Linde zeigt – um die *Erhöhung* der *beiderseitigen Wettbewerbsfähigkeit*.

Bei der Suche nach neuen Wettbewerbsvorteilen spielt also der strategische Einkauf eine zunehmende Rolle. Nach einer Studie von A. T. Kearney wird im Vergleich zu 1985 der Anteil der externen Wertschöpfung bis zum Jahr 2005 von 30 auf 80% in den Unternehmen ansteigen. Die damit verbundenen Kostensenkungspotenziale sind enorm, wenn man bedenkt, dass in einigen Branchen wie z.B. in der Kunststoffindustrie die Kosten der Beschaffung 80% der Wertschöpfung ausmachen. Dies bestätigt nur die alte kaufmännische Weisheit, wonach im „*Einkauf der Gewinn liegt*". Die Möglichkeiten des internationalen Einkaufs werden noch unzureichend genutzt, denn nach den jüngsten Untersuchungen des Frauenhofer-Instituts für Systemtechnik und Innovationsforschung kaufen nur 13% der Firmen zwischen 30 – 50% ihrer Vorleistungen außerhalb Deutschlands ein. Gerade im Hauptträger des deutschen Exports – dem Maschinenbau – richten mehr als drei Viertel der befragten Firmen ihre Beschaffung rein national aus, womit die Möglichkeiten *globaler Beschaffungsmärkte* bei weitem nicht ausgeschöpft werden.

Einseitigkeiten zeigen sich auch in der *Regionalstruktur des internationalen Einkaufs* der deutschen Firmen, denn von den international bezogenen Vorleistungen entfallen 56% auf den Bereich Westeuropa (EU), (nach Angaben des Bundesverbandes Materialwirtschaft, Einkauf und Logistik). Die folgende Abb. 7 zeigt insbesondere die „Reserven" mit Blick auf die Einkaufspotentiale in Mittel- und Osteuropa.

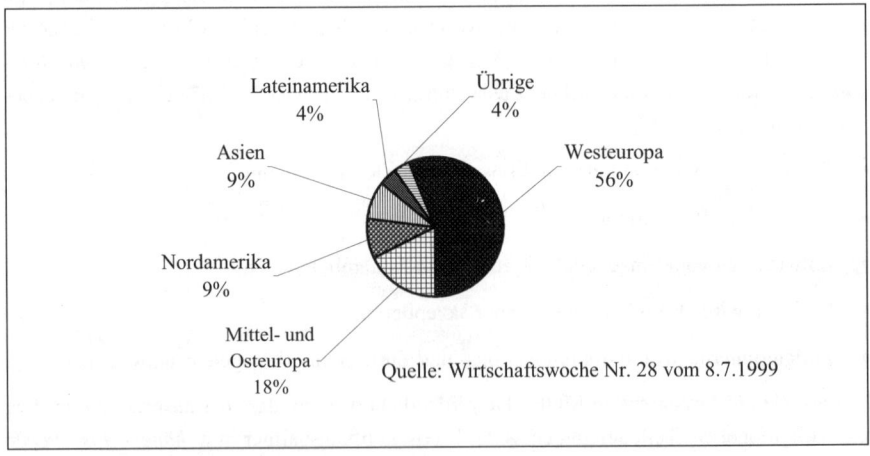

Abb. 7: Regionalstruktur des Beschaffungsvolumens deutscher Unternehmen im Ausland

Der bisherige relativ geringe MOE-Anteil ist natürlich ein Ausdruck der zunächst erforderlichen hohen Anstrengungen, die *gemeinsam mit den Zulieferpartnern* gemacht werden müssen, (Ausbildung, Schulung), um globale Qualitätsstandards zu erreichen. Das Verhältnis zu den Zulieferern in MOE wird dabei generell überdacht und neu definiert: Auch im

Rahmen von Wertschöpfungspartnerschaften kommt es auf die *Leistung* in erster Linie an und wer die nicht bringt, bleibt chancenlos.

Zweifellos ist bislang die Automobilindustrie der Vorreiter bei der Formierung von Wertschöpfungspartnerschaften gewesen, vor allem in Ungarn, in der tschechischen Wirtschaft (Skoda/VW) sowie auch in der slowakischen Zulieferindustrie (Joint Venture: VW-BAZ). Hierbei zeigen sich z.B. in der ungarischen Wirtschaft neue Entwicklungen (13).

In der Zusammenarbeit mit den Großunternehmen der Fahrzeugindustrie Audi, Opel, Suzuki und Ford lassen sich bestimmte *Differenzierungsprozesse* zwischen Herstellern für Hauptkomponenten und Produzenten von Einzelteilen erkennen. Hierbei liegt der Anteil der Hauptkomponentenhersteller bei insgesamt 8% noch ziemlich niedrig (Karosserie, Motoren, Getriebe, Kupplungen). 15% der Unternehmen sind kapitalmäßig zu 100% im Auslandsbesitz, 18% stellen Joint Ventures dar und 67% befinden sich in ungarischem Eigentum.

Ein interessantes Projekt für eine Partnerschaft mit den Zulieferfirmen finden wir im tschechischen Fahrzeugbau, wo Skoda sehr eng mit ausgewählten Lieferanten kooperiert. In Abhängigkeit vom vorhandenen Know-how entwickeln und fertigen lokale Firmen Systeme und Komponenten für Skoda oder liefern diese sogar direkt an die Fertigung. Basis ist die modulare Struktur des Fahrzeuges, wobei diese Module im Hause selbst oder durch Entwicklungspartner und Lieferanten entwickelt bzw. gefertigt und angeliefert werden. Das Besondere einer solchen Wertschöpfungspartnerschaft bei Skoda liegt darin, dass beim Cockpit und Front-End diese Module in der neuen Montagehalle von Skoda durch die *Lieferanten selbst zusammengebaut*, geprüft und direkt an die Linie geliefert werden. Wertschöpfungspartnerschaften mit einem derartigen Integrationsgrad setzen natürlich ein fundiertes Know-how voraus. Es ist daher ein erstrangiges Anliegen solcher Partnerschaften, die einheimische Zulieferindustrie unter Beibehaltung der günstigen Kostenstrukturen auf internationalen Standard zu bringen. Hierzu wurden in den vergangenen Jahren 50 East-West Joint Venture gebildet, 20 „Greenfield" Investments durchgeführt und 10 Lieferanten in die Fertigung direkt integriert.

V Fallbeispiel einer Ost-West Wertschöpfungspartnerschaft

Das nachfolgend kurz skizzierte Fallbeispiel geht davon aus, dass Großunternehmen und mittelständische Unternehmen einem hohen Globalisierungsdruck ausgesetzt sind, der ständig Anpassungsprozesse erfordert. Auch die in diesem Fallbeispiel beteiligten Unternehmen Jungheinrich und LINDE (beide Produzenten von Flurförderzeugen) gingen davon aus, dass traditionelle Organisationsformen allein nicht mehr optimale Wertschöpfungsketten garantieren. Die Entscheidung zum Bau eines gemeinsamen Komponentenwerkes (JULI Motorenwerk k.s. Moravany, Brünn in der Tschechischen Republik) ist unter folgenden Aspekten von Interesse:

Erstens: Die eingegangene Wertschöpfungspartnerschaft mit den tschechischen Unternehmen sichert Wettbewerbsvorteile für beide Seiten und führt über die Angleichung der Fertigungsbedingungen zu einer tieferen wirtschaftlichen Integration (vgl. Abb. 8).

Zweitens: Das Projekt ist zugleich ein interessantes Beispiel für neues Kooperationsverhalten von Unternehmen, die sich zugleich als Wettbewerber im gleichen Markt gegenüberstehen („Coopetition – Kooperativ Konkurrenz"). In diesem Fall ging es darum, vorhandenes Konkurrieren in effiziente Kooperation an einem mittelosteuropäischen Standort zu verwandeln.

Jungheinrich	**Linde/Still**
Produktion von Flurförderzeugen	Produktion von Flurförderzeugen
Eigenfertigung von Elektromotoren für Fahr-, Hubantriebe, Lenkunterstützung	Eigenfertigung von Elektromotoren für Fahr-, Hubantriebe, Lenkunterstützung
Hoher Kostendruck im Wettbewerb	Hoher Kostendruck im Wettbewerb
Kostensenkungspotential der Eigenfertigung ausgeschöpft	Kostensenkungspotential der Eigenfertigung ausgeschöpft

Bau des Komponentenwerkes JULI in der CR

- Gemeinsame Entwicklung und Fertigung von Elektromotoren in **höherer Stückzahl**
- **Kostenvorteile** durch Menge, Technologie und Standort
- **Wettbewerbsvorteile** durch Technologiesprung
- **Wachstum** durch Lieferung an Dritte
- **Geschäftsfeldausweitung** durch neue Anwendungen

Abb. 8: Wertschöpfungspartnerschaft im Rahmen des Baus eines gemeinsamen Komponentenwerkes (14)

Die wichtigsten potenziellen Vorteile der eingegangenen Wertschöpfungspartnerschaften mit den tschechischen Unternehmen zeigt die Abb. 9.

Internationales Management im Spannungsfeld von Transformation und Globalisierung 143

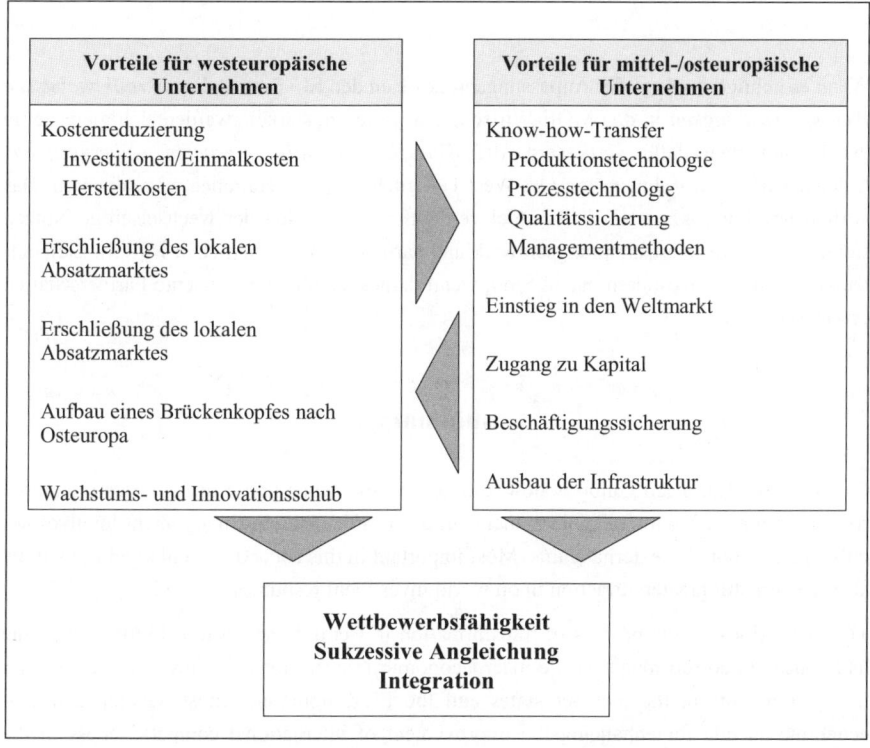

Abb. 9: *Two-winners-Prinzip bei Wertschöpfungspartnerschaften (15)*

Charakteristisch für die hier eingegangene Wertschöpfungspartnerschaft im Rahmen der Fertigung von Elektromotoren in Brünn ist der vollständige Einsatz von tschechischem Personal sowie der hohe Local Content (hoher Zulieferanteil tschechischer Firmen). Die vorliegenden konkreten *Ergebnisse* dieser eingegangenen Wertschöpfungspartnerschaften zeigen sich u.a. in folgenden Punkten:

- Reduzierung der Herstellungskosten um 30%,
- Senkung der Lieferzeiten um 70%,
- Sicherung der Wettbewerbsfähigkeit in der Gabelstaplerproduktion in deutschen Unternehmen (Sicherung deutscher Arbeitsplätze),
- Schaffung von ca. 300 neuen Arbeitsplätzen in der Region Brünn,
- Intensive Qualifizierung von ca. 300 tschechischen Mitarbeitern,
- Partnerschaften mit 30 lokalen Lieferanten und
- Aufbau des gemeinsamen Komponentenwerks zu 100% durch tschechische Firmen realisiert!

VI Zusammenfassung

Wenn es gelingt, im Zuge der Anpassungsprozesse an den EU-Beitritt die *mikroökonomische Wettbewerbsfähigkeit* in den MOE-Wirtschaften weiter zu stärken, werden sich gleichzeitig die Bedingungen dafür verbessern, die *Wertschöpfung als unternehmensübergreifende Gemeinsamkeit* im Rahmen von Ost-West Unternehmenskooperationen zu realisieren. Das vorliegende kurz skizzierte Fallbeispiel verdeutlicht, dass sich der wechselseitige Nutzen steigert, wenn die Wertschöpfungsentwicklung partnerschaftlich betrieben wird. In Lieferanten aus MOE zu investieren macht Sinn, wenn daraus stabile und effiziente Partnerschaften erwachsen.

Summary

Of course the European Union is now a more heterogeneous group of countries in comparison with former "southern" enlargements in the 1980's. Eastern Enlargement involves not only internal, but also external gains. Most important in this context, the enlarged EU will be able to exert still greater attraction upon world investment resources.

The discussions on the process of transformation in Central and Eastern Europe long time had concentrated too much on the macroeconomic issues. Preparing now the membership the governments in the member states and the EU-Commission must develop a microeconomic agenda for enhancing the improvement of international competitiveness in the CEE economies. In this connection the Foreign Direct Investments (FDI) are crucial for the transformation process and for including the CEE-economies in the globalization process. FDI – in their different forms – are playing a key role in the restructuring and modernization of the enterprises in CEE. The aim of this article is to show the new challenges for International Management using the new frameworks in CEE-States for deepening East-West enterprise cooperation. This study aims at describing the existing correlations between each stage in the transformation process of the CEE economies on the one hand and the changes in the selection of market entry strategies of Multinational firms and western Small and Medium sized Enterprises on the other hand. At the beginning of the transformation process the Joint Ventures were the only possibility to gain a rapid access to the CEE-markets. Our analysis, however, has proved that, when macro- and microeconomic conditions altered, Western investors increasingly began to use alternative strategies like subsidiaries and acquisitions. These forms of internationalisation provide them with more direct influence and more efficient control of their investment. Transformation and globalisation make it possible and necessary to integrate the enterprises from Central and Eastern Europe into European corporate structures. Thus the starting development of international cooperation networks and value added chains in selected branches changes the importance of traditional market entry forms and strengthens the role of new forms of East West firms cooperation. German firms and other EU-firms consider the CEE economies as import sales market and to increasing extent also as interesting supplier markets. Starting new East-West value added partnerships promote the process of "Mutual learning" and improve the international competitiveness on both sides. The East West value added partnerships (above all in automotive industries) represent an efficient contribution for preparing the EU-Membership on the microeconomic level.

Anmerkungen

(1) Vgl. hierzu: „East-West Joint Ventures in the Transformation process" (Final Report for EU PHARE/ACE-Project Brussels/Berlin/Budapest/Warshaw/Praha/Antwerpen – 1998).

(2) Vgl. *Engelhardt, J./Dähn, M.*: „Internationales Management", in: Die Betriebswirtschaft, Nr. 2/1994, S. 247-266.

(3) Vgl. *Pfohl, H.C./Large, R../Ardela, D.*: „Internationale Geschäftsbeziehungen und Transformationskrise in Mittel- und Osteuropa", in: DBW, Heft 2/1996, S. 185 ff.

(4) Vgl. *Barnevik, B.*: „Warum ein Aufschub der Erweiterung niemanden nützt"; in: Hat sich der EU-Erweiterungsprozess verirrt?; Beiträge des PHILIP MORRIS Institute FOR PUBLIC POLICY RESEARCH, Januar 2000.

(5) Vgl. *Büchel, B.* u.a.: „Joint Venture Management", Bern 1997.

(6) Vgl. hierzu: Burgstaller, J./Landesmann, M.: „Trade Performance of Eastern European Producers on EU-markets: An Assessment of Product Quality", in: Wiener Institut für Internationale Wirtschaftsvergleiche; Research Reports Nr. 255/1999.

(7) Vgl., *Bod, A.P.*: „Ungarn wird Hightech-Land", in: „Ost-West Contact", Heft 2/2000, S. 40.

(8) Vgl. *Klodt, H.*: „Globalisierung – Hintergründe und Perspektiven"; in: Das Ende der Politik?, Stuttgart, 1999, S. 201.

(9) Vgl. *Vincentz, V.*: Auswirkungen der wachsenden Arbeitsteilung zwischen Deutschland und seinen östlichen Nachbarn auf Arbeitsmarkt, Investitionen und Güterströme; in: Working Papers des Osteuropa Instituts München, Nr. 188, 1995.

(10) Vgl. „Integrating enterprises in Central Europe into European Corporate structures", in: Final Report EU-PHARE-ACE Project, 1998 Prague.

(11) Vgl. *Barnik P.:* a.a.O., S. 13.

(12) Vgl. *Baumgartner*: „Echte Wertschöpfungspartnerschaft kennt keine Verlierer"; in: Beschaffung aktuell, Heft 4/1995, S. 36.

(13) Vgl. *Bogdanovits, L.*: Mehr Spitzentechnologie bei Kfz-Zulieferern; in: Ost-West Contact, Heft 9/1999, S. 41.

(14) Vgl.: Management-Engeneers: Beschleunigte Ost-West Integration durch das „Two-Winners-Prinzip", in: Materialien des Symposium der internationalen Akademie Schloss Baruth, Berlin, Mai 1998.

(15) Ebenda.

Unternehmensführung und Personalmanagement mit der Balanced Scorecard

Margret Wehling

Die Balanced Scorecard wird seit einiger Zeit als „das" Instrument der strategischen Unternehmensführung propagiert. Häufig drängt sich jedoch der Eindruck auf, dass es sich um eine Modeerscheinung handelt, die alsbald von einem neuen Schlagwort abgelöst werden wird. Dies ist umso erstaunlicher, als die Balanced Scorecard das Potenzial für die Umsetzung eines integrierten strategischen Managements aufweist und zugleich dazu in der Lage ist, bisher isolierte Ansätze der strategischen Unternehmensführung miteinander zu verbinden. Als besonderes Charakteristikum ist festzustellen, dass das häufig auf strategischer Ebene vernachlässigte Personalmanagement und dessen Ausgestaltung bei der Anwendung der Balanced Scorecard einen völlig neuen Stellenwert gewinnt. Der vorliegende Beitrag strukturiert daher die bestehenden Grundrichtungen von Konzepten der strategischen Unternehmensführung, ordnet das Instrument der Balanced Scorecard entsprechend ein und stellt es in seiner Grundidee vor. Darüber hinaus wird analysiert, welche Konsequenzen die Einführung und Anwendung einer Balanced Scorecard für das Personalmanagement von Unternehmungen hat.

1 Ansatzpunkte der strategischen Unternehmensführung

Die in Managementliteratur und -praxis entwickelten vielfältigen Ansätze führen nach wie vor zu einer eher verschwommenen Identität des Bereichs der strategischen Unternehmensführung, ohne dass sich im Dschungel der Strategiebegriffe und -konzepte ein einheitliches Verständnis herauskristallisiert hat (vgl. z.B. *Welge/AL-Laham* (1992), S. 166ff., *Klaus* (1987), S. 50-68) und die jeweils zitierte Literatur). Gleichwohl lassen sich drei relevante strategische Grundrichtungen identifizieren, die nachfolgend zunächst isoliert voneinander kurz erläutert seien, bevor sie als Kernelemente eines integrierten Konzeptes eingeordnet werden (vgl. Abb.1).

Marktorientierte Unternehmensführung

Ursprünglich prägte insbesondere *Porter* mit seinen Publikationen zu Wettbewerbsvorteilen und Wettbewerbsstrategien maßgeblich die auf Absatzmärkte ausgerichteten strategischen Konzepte der Unternehmensführung (vgl. *Porter* (1980), *Porter* (1985)). Der besondere Verdienst *Porters* liegt darin, theoretische Erkenntnisse der industrieökonomischen Forschung für die Unternehmenspraxis in eine handhabbare Handlungsanleitung zur strategischen Analyse von Unternehmungen umgesetzt zu haben. Im Mittelpunkt der *Porter'schen* Betrachtungen stehen die Analysen von Branchen und Konkurrenten sowie unterschiedliche Strategietypen zur Erlangung von Wettbewerbsvorteilen, wobei die Strategien

- der Kostenführerschaft,
- der Differenzierung und
- der Konzentration auf Schwerpunkte

als relevante Strategiealternativen herausgearbeitet werden. Aufgrund der Dominanz der marktorientierten Sicht bleibt jedoch offen, ob bei einer primär auf den Absatzmarkt ausgerichteten Konzeption die Ansprüche der Kapitalgeber einer Unternehmung hinreichend erfüllt werden. Zugleich stellt sich die Frage, welche Bedingungen innerhalb einer Unternehmung vorliegen müssen, damit Wettbewerbsvorteile überhaupt erst entstehen können.

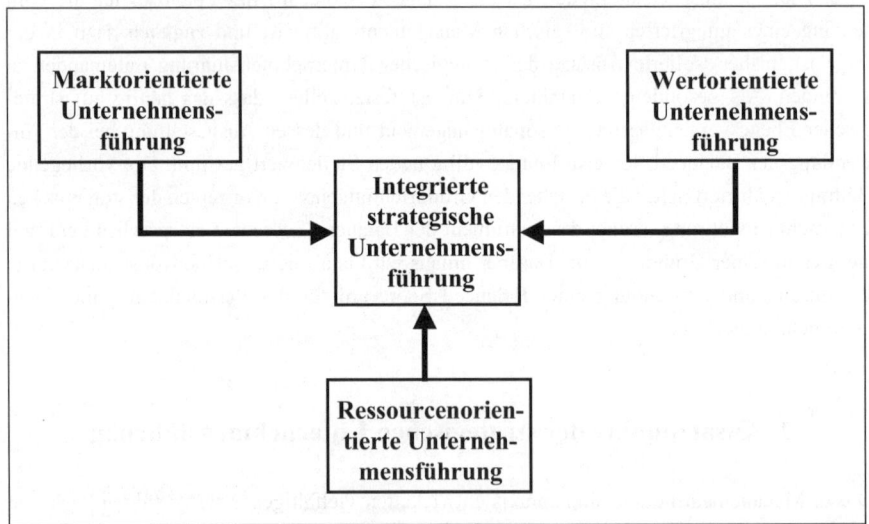

Abb. 1: Strategische Grundrichtungen der Unternehmensführung

Ressourcenorientierte Unternehmensführung

Die als ressourcenorientierter Ansatz bezeichnete Grundrichtung von Konzepten der strategischen Unternehmensführung wurde maßgeblich aufgrund der Kritik an den Konzepten der marktorientierten Unternehmensführung weiterentwickelt. Den Ausgangspunkt bildet die Erkenntnis, dass wegen der Dominanz marktbezogener Betrachtungen die internen Voraussetzungen der Entstehung von Wettbewerbsvorteilen und damit die relevanten Erfolgsursachen nicht hinreichend erfasst werden. Während die Grundlagen des ressourcenorientierten Ansatzes bereits auf *Penrose* (1959) zurückgehen, erlangte die ressourcenorientierte Sicht der strategischen Unternehmensführung erst in den 90er Jahren maßgebliche Bedeutung durch die praxisorientierten Veröffentlichungen von *Prahalad/Hamel* (1990) und *Hamel/Prahalad* (1994). Die Kernaussage dieser Publikationen liegt darin, dass durch die spezifische Bündelung der vorhandenen und noch zu entwickelnden Ressourcen Kernkompetenzen entwickelt werden, die zur Lösung von Kundenproblemen und damit zur Erlangung von Wettbewerbsvorteilen beitragen. Die Betrachtungen werden auf die internen Potenziale einer Unternehmung und damit auch auf das Personalmanagement als den für die Entwicklung von Humanressourcen zuständigen Bereich gelenkt. Damit erhält die strategische Dimension des Personalmanagements sowohl eine theoretische als auch eine konzeptionelle Grundlage (vgl. z.B. *Boxall* (1997) und die dort zitierten Quellen). Als problematisch erweisen sich aber die unklare Terminologie (z.B. der Kompetenzbegriff), die Operationalisierung der wichtigsten Merkmale strategischer Ressourcen sowie die geringe empirische Basis der Forschung (vgl. *Rasche* (1994), *Wernerfelt* (1995)).

Wertorientierte Unternehmensführung

Bedingt durch die Globalisierung der Kapitalmärkte erfolgte insofern ein drastischer Paradigmenwechsel in den Konzepten der strategischen Unternehmensführung, als verstärkt finanzwirtschaftliche Aspekte in die Betrachtungen aufgenommen wurden. Der durch Publikationen von *Rappaport* bekannt gewordene und von Beratungsgesellschaften weiterentwickelte Shareholder-Value-Gedanke fand schnellen Eingang in die internationale Managementliteratur und -praxis. In diesen Beiträgen wird die Aufmerksamkeit verstärkt auf die Steigerung des Aktionärsvermögens als relevante Zielgröße eines so genannten „wertorientierten Managements" gelenkt (vgl. *Rappaport* (1986), *Copeland/Koller/Murin* (1994), *Lewis* (1994)). *Rappaport* unternahm sogar den Versuch der Integration der *Porter'schen* Wertkettenanalyse in ein wertorientiertes strategisches Management. Um diese Integration zu ermöglichen, sollen die zur Steigerung des Aktionärsvermögens dienenden Werttreiber Umsatzwachstum, betriebliche Gewinnmarge, Gewinnsteuersatz sowie Investitionen in das Anlage- und Umlaufvermögen mit Hilfe der Wertkette systematisch geschätzt werden. Dabei entstand jedoch das Problem, dass der so konzipierte Shareholder-Value-Ansatz nur eine relativ geringe methodische Unterstützung für eine sinnvolle Handhabung der in praxi durchzuführenden strategischen Unternehmensanalyse lieferte. Der Grund liegt darin, dass die vorhandenen Organisationsstrukturen, Kostenstellen und Kostenkategorien in der Regel von den in der Wertkette erfassten Wertkategorien und Wertaktivitäten abweichen, so dass sich die Datenbeschaffung und die Definition der Wertkette als extrem problematisch erweist (vgl. *Welge/AL-Laham* (1999), S. 250-251, und die dort zitierten Quellen). Die Betrachtungen des Shareholder-Value-Ansatzes konzentrierten sich daher ursprünglich häufig darauf, Kennzahlen auf der Basis von finanzwirtschaftlichen Ertragszielen und daraus abgeleiteten Marktzielen auf Top-Management-Ebene zu operationalisieren, ohne entsprechende Steuerungsgrößen für die indirekten Bereiche, die nachgelagerten Hierarchieebenen und die Ressourcensteuerung zur Verfügung zu stellen.

Die Popularität und Akzeptanz des Shareholder-Value-Konzeptes litt in Deutschland insbesondere unter der von Arbeitnehmer- und Gewerkschaftsseite vertretenen vehementen Kritik an dessen Grundannahmen. Im wesentlichen stand die propagierte Alleindominanz von Kapitaleignerinteressen im Kreuzfeuer der kontroversen Auseinandersetzungen. Als besonders problematisch galt die unterstellte Selbstverständlichkeit, dass den Aktionärsinteressen stets eindeutig Vorrang vor allen anderen Interessen einzuräumen ist. Damit rücken zwangsläufig die berechtigten Interessen aller übrigen Anspruchsgruppen einer Unternehmung, wie z.B. Mitarbeiter, in den Hintergrund (vgl. dazu z.B. *Wagner* (1997), S. 95-97, *Prangenberg* (o. J.), S. 16-22, *Werder* (1998), S. 69-91, sowie die dort zitierten Quellen). Bei vorübergehenden Machtverschiebungen zwischen den Anspruchsgruppen einer Unternehmung können sich sogar negative Effekte für die langfristigen Kapitaleignerinteressen ergeben, wenn stets deren Dominanz betont wird und andere Ansprüche unbeachtet bleiben. Als Beispiel sei hier die Kündigung der vereinbarten Sonderschichten durch die Arbeitnehmer von Mercedes Benz im Jahr 1996 angeführt: Die von Seiten der Unternehmensleitung offenbar aus Gründen der Kosteneinsparung beabsichtigte Kürzung der Lohnfortzahlung im Krankheitsfall führte zu enormen Protestmaßnahmen, so dass durch den Ausfall der Sonderschichten drastische Produktionsausfälle und damit Ertragseinbrüche drohten. Erst durch die Beachtung der Arbeitnehmerforderungen und die Zusage, dass die Lohnfortzahlung im Krankheitsfall nicht gekürzt werde, konnte eine störungsfreie Produktion ermöglicht werden.

Notwendigkeit einer integrierten Unternehmensführung

Die Darstellung der drei Grundrichtungen der strategischen Unternehmensführung macht deutlich, dass jeweils die markt-, ressourcen- bzw. kapitalorientierten Interessen in den Vordergrund gestellt und isoliert voneinander betrachtet werden, so dass alle anderen Aspekte vernachlässigt werden und allenfalls als Nebenbedingungen in die Überlegungen eingehen. Angesichts der Tatsache, dass die Ansprüche relevanter Anspruchsgruppen legitim und zum Ausgleich zu bringen sind, erscheint ein integrierter, mehrzielorientierter Ansatz der strategischen Unternehmensführung notwendig und sinnvoll zu sein. Ein solcher Ansatz sollte die Ansprüche der relevanten Anspruchsgruppen erfassen sowie eine Balance des Machtgefüges sicherstellen (vgl. dazu auch *Wagner* (1997)). Folglich sind die Unzulänglichkeiten rein finanzwirtschaftlich ausgerichteter Planungs-, Steuerungs- und Kontrollsysteme ebenso zu beseitigen, wie rein marktorientierte bzw. ausschließlich ressourcenorientierte Konzepte und Instrumente wegen ihrer einseitigen Orientierung abzulehnen sind. Die Unternehmensstrategie ist als verbindlicher Rahmen für alle organisatorischen Einheiten und hierarchischen Ebenen einer Unternehmung hinsichtlich der relevanten Anspruchsgruppen zu operationalisieren und zu kommunizieren. Auch wenn der Gedanke eines integrierten Managements bzw. eines strategischen Anspruchsgruppenmanagements grundsätzlich nicht neu ist (vgl. z.B. *Cyert/March* (1963), *Bleicher* (1995)), mangelte es jedoch lange an einem allgemein akzeptierten, operationalisierten Ziel- und Meßsystem zur Umsetzung solcher Ansätze in die Praxis.

2 Das Instrument der Balanced Scorecard

Entstehung und Grundidee

Ein umfangreiches Forschungsprojekt zum Thema der Leistungsmessung von Unternehmungen unter der Leitung von *Kaplan/Norton* und unter Beteiligung von 12 US-amerikanischen Unternehmen führte zur Entwicklung der Balanced Scorecard (vgl. *Kaplan/Norton* (1996)). Sie stellt ein Instrument der Strategieumsetzung dar und trägt der Tatsache Rechnung, dass der Erfolg von strategischen Programmen eine präzise Ausformulierung und

Quantifizierung geeigneter Kenngrößen verlangt. Die Balanced Scorecard ist vor dem Hintergrund des Problems entstanden, dass Visionen und Strategien von Unternehmungen häufig das Stadium von idealtypischen unternehmenspolitischen Wunschvorstellungen nicht verlassen und folglich nicht handlungsleitend wirken (vgl. *Kaplan/Norton* (1997a), S. 186ff., *Kaufmann* (1997), S. 422). Insbesondere im Zusammenhang mit der Umsetzung von Shareholder Value-Ansätzen zeigte sich massiv, dass allein finanzwirtschaftliche Kenngrößen nicht ausreichen, um strategische Ziele tatsächlich erreichen zu können. Selbst zur Umsetzung als dominant erklärter wertorientierter Aspekte ist also offenbar eine weitergehende Operationalisierung der Unternehmensstrategie vorzunehmen. Dabei sind auch markt- und ressourcenorientierte Aspekte in die Konzeption einzuschließen, damit die in diesen Bereichen zur Erfolgserzielung erforderlichen Handlungen nachvollziehbar festgelegt und umgesetzt werden können.

Die Herausforderung der Entwicklung einer Balanced Scorecard besteht im Kern darin, Ursache-Wirkungs-Beziehungen zwischen den für die Unternehmensstrategie relevanten strategischen Stoßrichtungen bzw. den daraus abzuleitenden Kenngrößen zu identifizieren. Dies kann bei der Verfolgung der Idee eines integrierten Managements insofern ein Problem verursachen, als mit der Anwendung einer Balanced Scorecard implizit eine Zielpriorisierung durchgeführt wird. Damit werden Ansprüche von relevanten Anspruchsgruppen hinsichtlich ihrer Bedeutung dauerhaft in eine Rangfolge gebracht. Im Balanced Scorecard-Konzept von *Kaplan/Norton* wird den Kapitaleignerzielen die höchste Bedeutung beigemessen. Markt- und ressourcenorientierte Zielgrößen finden insofern Eingang in die Überlegungen, als Ursache-Wirkungs-Beziehungen zwischen ressourcen- bzw. marktorientierten Zielen und Kapitaleignerzielen zu identifizieren sind. Werden solche Ursache-Wirkungs-Beziehungen zwischen ressourcen-, markt- und wertorientierten Aspekten gefunden, bedeutet dies beispielsweise, dass die Erfüllung von spezifischen Mitarbeiteranforderungen zunächst positiv zur Erreichung von entsprechenden Kundenbedürfnissen und dies schließlich auch zur Befriedigung von Kapitaleignerinteressen beiträgt. Folglich stellt die Ermittlung von möglichen Harmonisierungspotenzialen zwischen den verschiedenen Anspruchsgruppen ein konstitutives Element der Balanced Scorecard dar. Dennoch ist festzuhalten, dass der Interessenlage der Kapitaleigner stets eine bevorzugte Position eingeräumt und damit eine Annahme getroffen wird, die aus Sicht eines integrierten Managementansatzes zu kritisieren ist. Daher erscheint die Bezeichnung „Balanced" Scorecard insofern irritierend, als die Konzeption kaum einer Ausgewogenheit der Interessen Rechnung trägt (vgl. auch *Klingebiel* (1998), S. 8). Andererseits erscheint es bemerkenswert, dass ausgehend von einem wertorientierten Konzept zur Steigerung des Aktionärsvermögens der Bereich des Personalmanagements als zur Erfolgserzielung relevanter Bereich an Aufmerksamkeit gewinnt.

Aufgrund der prinzipiellen Möglichkeit, vielfältige Messgrößen und unterschiedliche Ursache-Wirkungs-Beziehungen zwischen verschiedenen Leistungskennziffern aufnehmen zu können, weist die auf *Kaplan/Norton* zurückgehende Balanced Scorecard das Potenzial auf, die Operationalisierung eines integrierten Managements ohne eine einseitige Dominanz von Kapitaleignerinteressen zu fördern. Ob sich wegen dieses Arguments die enorme Popularität der Balanced Scorecard erklärt, mag dahingestellt bleiben. Gleichwohl ist festzuhalten, dass unpopuläre Managementstrategien aus Sicht anderer Anspruchsgruppen als der

Kapitaleigner keineswegs mit langfristig zu realisierenden Wertsteigerungen des Unternehmens zu rechtfertigen sind, auch wenn dies häufig behauptet oder kurzfristig über den Kapitalmarkt signalisiert wird. Mit Hilfe der Balanced Scorecard kann beispielsweise gezeigt werden, dass ein übertriebener Personalabbau zu einem hohen Know-How-Verlust führt, der mittel- bis langfristig die Kompetenzposition eines Unternehmens schmälert, so dass Marktwerteinbrüche die Folge sein werden (vgl. *Eigler* (1999), S. 252).

Die z.T. sehr ideologisch geführte Debatte um den Shareholder-Value-Ansatz hat sich offenbar vor diesem Hintergrund deutlich versachlicht, so dass mittlerweile von einer „reinen" Shareholder-Value-Orientierung nicht mehr die Rede ist. Das Instrument der Balanced Scorecard hat insofern Akzeptanz gefunden, als ein großer Kreis von Anwendern existiert. Mit Hilfe der Balanced Scorecard als Managementinstrument wird versucht, die in einem Unternehmen bestehenden divergierenden Interessen zwischen den verschiedenen Anspruchsgruppen transparent zu machen und zum Ausgleich zu bringen.

Die vier Perspektiven

Im Konzept der Balanced Scorecard werden idealtypisch vier verschiedene Perspektiven entwickelt, für die entsprechende Messgrößen zur Strategieumsetzung zu ermitteln sind. Während sich der kapitalbezogene Aspekt in der Finanzperspektive und der marktorientierte Aspekt in der Kundenperspektive wiederfinden, werden dem ressourcenorientierten Aspekt mit der Prozess- sowie der Lern- und Wachstumsperspektive sogar zwei Bereiche gewidmet (vgl. Abb. 2). Die vier genannten Perspektiven seien nachfolgend genauer erläutert:

Im Rahmen der **Finanzperspektive** steht die Frage im Mittelpunkt, wie die Kapitalgeber das Unternehmen sehen bzw. wie das Unternehmen gegenüber den Shareholdern auftreten soll, um erfolgreich zu sein. Für den finanziellen Rückfluss von Mitteln werden in Abhängigkeit von der Lebenszyklusphase, in der sich die Produkte einer Geschäftseinheit befinden, die folgenden zentralen Zielgrößen herangezogen:

- das Ertragswachstum und die Zusammensetzung des Ertrags (z.B. Umsatzanteile mit neuen Kunden und Produkten, Umsatzanteile mit vorhandenen Kunden und Produkten, Umsatz mit unprofitablen Kunden),
- Kostenreduktionen und Produktivitätssteigerungen (z.B. Kostenvergleich mit Konkurrenten, Ertrag pro Mitarbeiter) sowie
- die Mittelverwendung und Investmentstrategien (z.B. Kapazitätsauslastungsgrad, ROCE, Cash Flow, Investitionen in % des Umsatzes).

Die **Kundenperspektive** wird dadurch charakterisiert, dass die Frage, wie die Unternehmung in den Augen der Kunden erscheinen soll, fokussiert wird. Dabei sind z.B. Kundenzufriedenheit, Kundenbindung, Kundennutzen, Kundenprofitabilität und Marktanteile relevante Zielgrößen. Während sich die Zielgrößen der Kundenperspektive bei vielen Unternehmungen ähneln, sind die Leistungstreiber dieser Ziele in der Regel aber sehr unternehmensindividuell. Diese sind als spezifische Determinanten von erfolgreichen Strategien herauszuarbeiten und zu steuern.

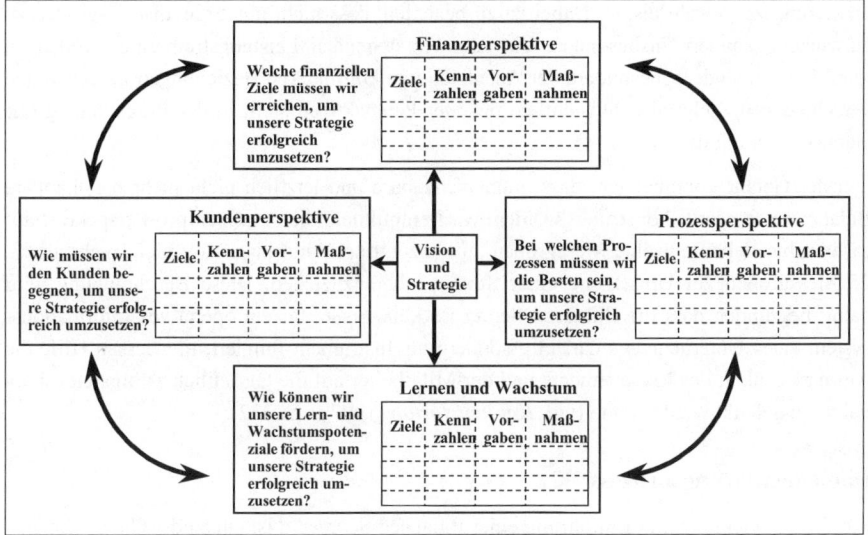

Abb. 2: Die vier Perspektiven der Balanced Scorecard
Quelle: Kaplan/Norton (1997a), S. 9 (modifiziert).

Die **Prozessperspektive** erfasst die erfolgskritischen internen Prozesse, die eine Unternehmung bei einer erfolgreichen Strategieumsetzung hervorragend beherrschen muss. Dabei werden nicht nur die Leistungserstellungsprozesse, sondern auch die Innovations- und Serviceprozesse in die Betrachtungen einbezogen. Dadurch wird ermöglicht, dass tatsächliche Ursache-Wirkungs-Beziehungen zwischen der Prozess-, der Kunden- und der Finanzperspektive abgebildet werden. Dies ist damit zu begründen, dass alle genannten Prozesse bei einer strategiekonformen Ausgestaltung zur Erfüllung von Kundenwünschen und schließlich zur Steigerung des Aktionärsvermögens maßgeblich beitragen.

Die **Lern- und Wachstumsperspektive** berücksichtigt die Infrastruktur, die ein Unternehmen für einen langfristigen Erfolg auf- und ausbauen muss. Als Hauptkategorien werden hier die Qualifizierung von Mitarbeitern, die Leistungsfähigkeit des Informationssystems sowie die Motivation und Zielausrichtung von Mitarbeitern erfasst. Damit finden auch Kenngrößen wie z.B. die Mitarbeiterzufriedenheit, Mitarbeiterbindung und Mitarbeiterqualifikation Eingang in die Konzepte der Strategieumsetzung.

Insgesamt ist zu beachten, dass die vier genannten Perspektiven lediglich eine Strukturierungsempfehlung darstellen, um die für eine Strategieumsetzung relevanten Zielgrößen zu ermitteln. Je nach unternehmensspezifischen Gegebenheiten kann es sinnvoll sein, eigene Perspektiven zu entwickeln bzw. zusätzliche Perspektiven in die Überlegungen aufzunehmen und ggf. auf eine oder einige der genannten Perspektiven zu verzichten (vgl. den Hinweis bei *Kaufmann* (1997), S. 426).

Zudem ist darauf hinzuweisen, dass hinsichtlich der in einer Balanced Scorecard vorgesehenen Perspektiven nur solche Kenngrößen zu ermitteln sind, die in Ursache-Wirkungs-Beziehungen zueinander stehen, damit ein isoliertes Nebeneinander von unzusammenhängenden Messwerten vermieden wird. Die Kenngrößen sollen ein konsistentes Bündel bilden und sich gegenseitig in ihrer Wirkung verstärken, um eine erfolgreiche Strategieumsetzung zu gewährleisten. Dabei ist zu beachten, dass nicht nur Ergebnismessgrößen zu entwickeln, sondern insbesondere die dahinter stehenden Leistungstreibermessgrößen zu identifizieren sind. Insbesondere der Ausgleich von konfliktären Beziehungen zwischen den verschiedenen Zielgrößen hinsichtlich der vier Perspektiven stellt in der Praxis eine große Herausforderung dar.

Um der Gefahr vorzubeugen, dass unüberschaubare und letztlich nicht mehr handhabbare Balanced Scorecards konstruiert werden, wird empfohlen, die Analysen pro Perspektive auf ca. vier bis sieben einzelne Messgrößen zu konzentrieren und insgesamt nicht mehr als ca. 25 Messgrößen zur Umsetzung einer Strategie heranzuziehen. Diese Beschränkung wird damit begründet, dass die Balanced Scorecard kein Ersatz für ein operatives Informationssystem eines Unternehmens darstellt, sondern als Instrument fungiert, mit dessen Hilfe die Aufmerksamkeit des Managements und der Mitarbeiter auf die tatsächlich erfolgsrelevanten Faktoren gelenkt werden kann (vgl. *Kaplan/Norton* (1997b), S. 332).

Implementierungsprozess

Für die Entwicklung und Einführung einer Balanced Scorecard ist ein an die Unternehmenssituation individuell angepasstes Vorgehen erforderlich. Bislang sind in Literatur und Praxis allerdings noch keine empirischen Ergebnisse über diesen Prozess vorhanden, so dass diesbezüglich keine empirisch gestützten Gestaltungsempfehlungen ausgesprochen werden können. Stattdessen sind einige konzeptionelle Überlegungen vorhanden, in denen auf der Basis praktischer Erfahrungen entsprechende Hinweise für den Einführungsprozess gegeben werden (vgl. z.B. *Kaplan/Norton* (1994), S. 102). Diese basieren auf einem Phasenmodell nach dem Muster des strategischen Managementprozesses, das nachfolgend dargestellt und erläutert wird (vgl. Abb. 3):

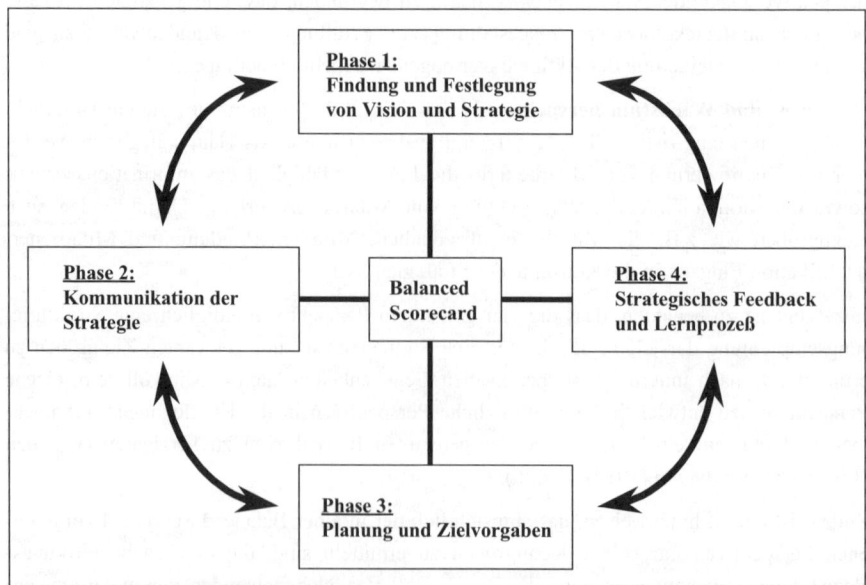

Abb. 3: Die Balanced Scorecard im Managementprozess
Quelle: Kaplan/Norton (1997a), S. 10 (modifiziert).

Da die Balanced Scorecard ein Instrument der Strategieumsetzung darstellt, sind in der **1. Phase** zunächst die Vision und anschließend die darauf aufbauende Strategie festzulegen. Ohne die Klärung von relevanten Fragen, wie z.B.

- was das Kerngeschäft der Unternehmung darstellt,
- welcher Wert für die Eigentümer geschaffen werden soll,
- wie das Unternehmen in den Augen der Kunden erscheinen möchte,
- welche Marktposition das Unternehmen erreichen soll,
- wie das Unternehmen von den Mitarbeiterinnen und Mitarbeitern wahrgenommen werden soll,
- welche Qualifikationen im Unternehmen verfügbar sein sollen und
- wie die technische Infrastruktur gestaltet werden soll,

ist keine Grundlage für die Entwicklung einer Balanced Scorecard vorhanden. Eine gänzlich fehlende, aber auch eine unklare Vision und Strategie führen dazu, dass keine Orientierung an gemeinsamen Zielen möglich ist und zukünftiges Handeln nicht erfolgsorientiert ausgerichtet werden kann. Da derartige Aufgaben durch das Top-Management zu erledigen sind, empfiehlt sich in der Regel ein top-down-Vorgehen bei der Erstellung der Balanced Scorecard, die kaskadenförmig im Unternehmen zu präzisieren ist.

Bei der Bestimmung von Vision und Strategie auf Top-Management-Ebene sind die für die Balanced Scorecard relevanten, in Ursache-Wirkungs-Beziehungen zueinander stehenden Ergebnis- und Leistungstreibermessgrößen hinsichtlich der vier dargestellten Perspektiven zu identifizieren. Dies geschieht in der Regel in einem zeitlich abgestuften Prozess, oft unter Einschaltung eines externen Beraters. Als sinnvoll kann es sich zu Beginn eines solchen Prozesses erweisen, Einzelinterviews mit den jeweils verantwortlichen Top-Managern durchzuführen. Im Anschluss daran werden in mehreren Workshops, ggf. unter Hinzuziehung von Mitarbeitern der nachfolgenden Hierarchieebene, Konkretisierungen und Klärungen über Unstimmigkeiten zwischen den Positionen vorgenommen. Diese Workshops werden häufig von externen Beratern moderiert, da diese eine entsprechende Moderationskompetenz aufweisen und ausgleichend zwischen den verschiedenen Interessen der Unternehmensmitglieder wirken können. Die endgültige Entscheidung über Vision und Strategie liegt stets beim Top-Management-Team, das in einem abschließenden Workshop auch die zu tolerierende Bandbreite für jedes einzelne Ziel der Balanced Scorecard festlegt. Darüber hinaus ist dafür Sorge zu tragen, dass rechtzeitig eine entsprechende Verknüpfung der Balanced Scorecard mit den relevanten Datenbanken und Informationssystemen erfolgt, um eine möglichst fundierte Datenbasis zu gewährleisten.

Nach Abschluss der ersten Phase steht in der **2. Phase** die Kommunikation von Vision und Strategie sowie der Inhalte der Balanced Scorecard im Mittelpunkt. Eine Verknüpfung der Balanced Scorecard mit einem Anreizsystem sollte jedoch erst nach einiger Zeit erfolgen, wenn das Instrument der Balanced Scorecard im Unternehmen etabliert ist und eine Konsolidierung der zugrunde liegenden Daten vorgenommen wurde. Insbesondere bei der erstmaligen Erstellung einer Balanced Scorecard ist die Ermittlung der Zielvorgaben wegen der oft fehlenden Daten oder Benchmarks problematisch. Demnach besteht bei einer allzu frühzeitigen Einführung eines Anreizsystems auf Basis einer Balanced Scorecard die Gefahr, dass die daraus resultierenden verhaltenssteuernden Effekte aufgrund der anfangs noch unsicheren Datenbasis die Strategieumsetzung eher gefährden als unterstützen. Bei der Einbindung der Balanced Scorecard in ein Anreizsystem ist schließlich stets zu beachten, dass die Ausprägungen der in einer Balanced Scorecard vorhandenen Zielgrößen auch tatsächlich von den betreffenden Personen beeinflussbar sein müssen, da sonst das Anreizsystem seine verhaltenssteuernde Wirkung verliert.

Die Planung und Zielvorgaben in der 3. **Phase** sehen vor, dass auf Basis der vom Top-Management-Team vorgegebenen Balanced Scorecard bereichsspezifische Balanced Scorecards entwickelt werden. In diesem Prozess steht die Frage im Mittelpunkt, welchen Beitrag die jeweiligen Bereiche leisten können, damit die in der Balanced Scorecard der übergeordneten Ebene formulierten Ziele erreicht werden. Dazu ist eine Bestimmung der Budgetvorgaben vorzunehmen und eine Abstimmung mit den nachgelagerten Ebenen über die zu erreichenden Meilensteine sowie die Aufteilung der erforderlichen Ressourcen durchzuführen. Aufgrund dieser Vorgehensweise kann sogar sehr schnell identifiziert werden, auf welche bisherigen bereichsspezifischen Aktivitäten verzichtet werden kann, die keinen Beitrag zur Erreichung der Unternehmensstrategie leisten.

Die 4. **Phase** ist durch ein strategisches Feedback und die Initiierung eines Lernprozesses auf allen Ebenen gekennzeichnet. Nach der Ermittlung der Ist-Ergebnisse bezüglich der in der Balanced Scorecard vorhandenen Ziele erhält das Management bottum-up eine Resonanz hinsichtlich der Zielerreichung sowie der empfundenen Adäquanz der einzelnen Ziele. Darüber hinaus wird eine Überprüfung der bisher in der Balanced Scorecard unterstellten Ursache-Wirkungs-Beziehungen vorgenommen. Zudem ist kritisch zu hinterfragen, ob sich der jeweilige Bereich bzw. die gesamte Unternehmung tatsächlich auf dem richtigen Weg befindet und ob sich die ggf. veränderte Umweltsituation auf die Vision, die Unternehmensstrategie sowie auf die Gestaltung der Balanced Scorecard auswirken müssen. Das Ergebnis dieser 4. Phase ist schließlich Ausgangspunkt für den erneuten Beginn der ersten Phase, mit dem der gesamte vierphasige Prozess top-down von neuem beginnt. Demnach ist der Einsatz einer Balanced Scorecard nicht als statischer, sondern als dynamischer Gegenstromprozess zu verstehen, der systematische Lernprozesse ermöglichen soll. In diesem Prozess ist die Vision und Strategie veränderbar. Um jedoch keine Desorientierung zu verursachen, ist eine allzu häufige Anpassung nicht zu empfehlen. Welche Zeiträume bis zu einer Modifikation der Balanced Scorecard auf Unternehmens- bzw. Bereichsebene angemessen sind, kann nicht generell festgelegt werden, da hier situative Besonderheiten, wie z.B. Branche, Unternehmensgröße und -alter oder relevante organisatorische bzw. technologische Veränderungen, zu beachten sind.

3 Implikationen der Balanced Scorecard für das Personalmanagement

Balanced Scorecard und Bedeutung des Personalmanagements

Mit der Einführung einer Balanced Scorecard in einem Unternehmen wird in der Regel das Ziel verfolgt, eine fundierte, quantifizierte Basis für eine erfolgreiche Strategieumsetzung bereit zu stellen. Dazu ist es notwendig, die Führung der an den Kernprozessen einer Unternehmung beteiligten Organisationseinheiten auf die Unternehmensstrategie und die kritischen Erfolgsfaktoren auszurichten. Folglich ist eine Abstimmung der Steuerungsgrößen zwischen den verschiedenen Organisationsbereichen (horizontal) und Hierarchieebenen (vertikal) vorzunehmen. Diese Koordination erfordert eine sinnvolle Definition von Zielvorgaben für die als wichtig identifizierten Steuerungsgrößen und deren Integration in die Führungsprozesse. Dazu gehört auch die Abstimmung der relevanten Kenngrößen zwischen dem Personalmanagement und den übrigen Geschäfts- bzw. Funktionsbereichen einer Unternehmung. Trotz der vielen Veröffentlichungen sind im Hinblick auf die Stellung des Personalmanagements bei der Einführung und Anwendung einer Balanced Scorecard bislang kaum Publikationen zu finden (vgl. lediglich *Dahmen/Maier/Kamps* (2000), *Bühner/Akitürk* (2000)). Diese Arbeit soll einen weiteren Beitrag zur Schließung dieser Lücke leisten.

Um die genannte Thematik hier eingehender behandeln zu können, sind mit dem funktionalen und dem institutionalen Verständnis zwei grundlegende Sichtweisen des Personalmanagements zu berücksichtigen:

- Im *funktionalen* Sinn wird der Begriff des Personalmanagements auf bestimmte Personalaufgaben in Unternehmungen bezogen, wie z.B. Personalentwicklung, Personalführung.

- Zur *institutionellen* Charakterisierung des Personalmanagements wird demgegenüber die Gesamtheit der organisatorischen Strukturen und Prozesse zur Bewältigung von Personalaufgaben herangezogen. Dabei steht die organisatorische Einheit der Personalabteilung mit ihrer hierarchischen Einordnung in die Unternehmensorganisation sowie die Gestaltung der prozessualen Beziehungen zwischen der Personalabteilung und den übrigen Organisationseinheiten im Mittelpunkt der Betrachtungen.

Hinsichtlich der funktionalen Sichtweise bietet die Implementierung einer Balanced Scorecard und das Herunterbrechen von geeigneten Messgrößen auf die verschiedenen Geschäfts- bzw. Funktionsbereiche einer Unternehmung den Vorteil, dass erfolgskritische Messgrößen in Bezug auf das Personal methodenimmanent in die Überlegungen und Handlungen zur Strategieumsetzung einfließen. Dies ist insbesondere wegen der expliziten Berücksichtigung einer auf das Personal gerichteten Lern- und Wachstumsperspektive in der Balanced Scorecard abgesichert. Dadurch wird die Wahrnehmung der häufig vernachlässigten, dezentral angesiedelten Aufgaben der Personalführung und der Personalentwicklung gefördert.

Um jedoch zu gewährleisten, dass die personalbezogenen Vorgaben einer Balanced Scorecard tatsächlich erfüllt werden, ist die Klärung der organisatorischen Beziehungen zwischen den jeweiligen Geschäfts- bzw. Funktionsbereichen und einer organisatorischen Einheit „Personalabteilung" vorzunehmen. Damit wird deutlich, dass die institutionale Sichtweise des Personalmanagements bei der Implementierung einer Balanced Scorecard keineswegs vernachlässigt werden darf.

Bei der Einführung einer Balanced Scorecard ist die Organisation der Personalarbeit im Gesamtunternehmen dahingehend zu überprüfen, inwieweit sie geeignet ist, einen sinnvollen Beitrag zur Unterstützung der Strategieumsetzung und der Etablierung der Balanced Scorecard zu leisten. Damit wird explizit die in einem Unternehmen vorhandene Verteilung von Aufgaben, Kompetenzen und Verantwortlichkeiten der Personalarbeit auf den Prüfstand gestellt. Dies kann zu einer deutlichen Kompetenzerweiterung einer häufig rein administrativ und operativ ausgerichteten sowie auf einer niedrigen Hierarchieebene angesiedelten Personalabteilung führen. Damit einher gehen kann aber auch die Überlegung, Personalaufgaben verstärkt dezentral anzusiedeln, um eine an den Erfordernissen der Geschäfts- und Funktionsbereiche ausgerichteten Personalarbeit sicher zu stellen. Im Rahmen einer solchen Entwicklung kann einer Personalabteilung sogar die Funktion einer zentralen Koordinationsstelle für übergeordnete, strategische Personalfragen eingeräumt werden, während bereichsspezifische Personalaufgaben dann auf dezentrale Personaleinheiten übertragen werden. Diese Tendenzen können bei der Überlegung, welche organisatorische Einheit die Rolle eines Prozessbegleiters im Rahmen der Einführung und laufenden Anwendung einer Balanced Scorecard einnehmen soll, verstärkt werden. Eine zentrale Personalabteilung könnte die notwendigen Beratungs- und Unterstützungsleistungen im Implementierungsprozess bereit stellen. Gedacht sei dabei z.B. an Kommunikationshilfen, die Vereinheitlichung des Zielvereinbarungsprozesses, die Durchführung von Klimaanalysen und die Übernahme von Vorverhandlungen mit dem Betriebsrat zum Abschluss einer ggf. als erforderlich angesehenen Betriebsvereinbarung über die Einführung einer Balanced Scorecard als neues Managementinstrument.

Um die auf den Linienpositionen der Geschäfts- bzw. der übrigen Funktionsbereiche sowie in den zentralen oder dezentralen Personalabteilungen anfallenden Personalaufgaben adäquat wahrnehmen zu können, ist es notwendig, dass entsprechend ausgebildete Führungskräfte und Personalmanager vorhanden sind. Diese müssen einerseits über das erforderliche strategische Know-how verfügen. Andererseits müssen sie nicht nur um die Erfolgskopplungen zwischen den zur Strategieumsetzung erforderlichen Geschäftsaktivitäten und der Personalarbeit wissen, sondern diese auch in ihrer täglichen Arbeit zu nutzen in der Lage sein. Häufig ist in der Praxis aber die Tendenz vorzufinden, in den Personalabteilungen primär Juristen für die Durchführung arbeitsrechtlicher Aufgaben und Psychologen für die Übernahme der Eignungsdiagnostik von Bewerbern zu beschäftigen. Darüber hinaus werden auf den Linienpositionen in den Fachabteilungen der Geschäfts- bzw. übrigen Funktionsbereiche oft entsprechende Experten für die Wahrnehmung der sonstigen betrieblichen Funktionen eingestellt, ohne dass die erforderlichen personalwirtschaftlichen Kenntnisse und Fähigkeiten vorhanden sind. Die ökonomischen Herausforderungen der von ihnen ebenfalls zu übernehmenden Personalarbeit werden daher häufig nicht erkannt und bewältigt.

Festzuhalten ist daher, dass bei einer gewünschten nachhaltigen Verankerung einer Balanced Scorecard ein Umdenken bezüglich der dem Personalmanagement im Unternehmen zugeordneten Bedeutung notwendig ist. Die Aufmerksamkeit der für eine erfolgreiche Strategieumsetzung verantwortlichen Manager wird bei der Anwendung der Balanced Scorecard methodenbedingt auch auf die ökonomischen Wirkungen der Personalarbeit gerichtet. Ein erfolgreicher Implementierungsprozess der Balanced Scorecard kann folglich ohne das erforderliche personalwirtschaftliche Know-how der verantwortlichen Führungskräfte in den verschiedenen Geschäfts- bzw. Funktionsbereichen sowie in den zentralen und dezentralen Personalabteilungen nicht bewerkstelligt werden.

Balanced Scorecard auf der Ebene der Personalabteilung

Die Balanced Scorecard bietet nicht nur für die Geschäfts- bzw. übrigen Funktionsbereiche eines Unternehmens, sondern auch für Personalabteilungen den Vorteil, dass eine Anbindung der eigenen Aktivitäten an die Unternehmensstrategie möglich wird. Zugleich können die Zielvereinbarungen der Mitarbeiter mit den Zielvereinbarungen der Abteilungen und denen des Gesamtunternehmens verknüpft werden. Da diese jeweils unternehmensindividuell zu gestalten und dabei spezifische Ursache-Wirkungs-Beziehungen zu beachten sind, ist es nicht möglich, idealtypische Balanced Scorecards für die verschiedenen Funktions- bzw. Geschäftsbereiche zu entwickeln. Stattdessen können aber einige exemplarische Überlegungen vorgenommen werden, die für die Erstellung einer Balanced Scorecard einer Abteilung bzw. eines Geschäfts- oder Funktionsbereichs relevant sind. Dies soll hier für eine Personalabteilung erfolgen. Dabei ist jedoch darauf hinzuweisen, dass die Balanced Scorecord kein Patentrezept zur Lösung der klassischen Problematik der ökonomischen Bewertung „weicher Faktoren" darstellt. Sie lenkt aber die Aufmerksamkeit auf die sonst häufig vernachlässigten relevanten Werttreiber der Personalarbeit, wie z.B. Personalimage, Mitarbeiterfluktuation und Personalentwicklungsaktivitäten. Die Balanced Scorecard ermöglicht so die Aufnahme von entsprechenden Kenngrößen der Personalarbeit, von denen ein Zusammenhang zu ökonomischen Erfolgen und zur Umsetzung der Unternehmensstrategie angenommen wird.

Die Entwicklung einer Balanced Scorecard für eine Personalabteilung setzt in dem geschilderten Ablauf des Implementierungsprozesses in der 3. Phase ein, da hier auf Basis der vom Top-Management-Team vorgegebenen Balanced Scorecard bereichsspezifische Balanced Scorecards abzuleiten sind. Die Personalleitung wird mit der Frage konfrontiert, welchen Beitrag die Personalabteilung leisten kann, damit die in der Balanced Scorecard des Gesamtunternehmens formulierten Ziele erreicht werden können. Um diese Frage beantworten zu können, ist eine Vision und Strategie der Personalleitung zu entwickeln und mit der ihr übergeordneten Stelle abzustimmen. Zusätzlich ist die Kenntnis des zur Verfügung stehenden Budgets, der einzuhaltenden Meilensteine und der Vorgaben hinsichtlich der Ressourcenaufteilung erforderlich. Beispielhaft sei nun angenommen, dass in der Balanced Scorecard des Gesamtunternehmens die folgende Vision und Strategie formuliert wird:

„Wir wollen zu den Top 5-Banken unseres Marktsegments werden und dafür einen gezielten Ausbau unserer Kompetenzposition anstreben."

Die Personalabteilung könnte daraus die Vision und Strategie ableiten, das Unternehmen als im betrachteten Marktsegment favorisierten Arbeitgeber zu positionieren sowie effiziente Personalmaßnahmen umzusetzen. Würde das betreffende Unternehmen aktuell z.B. Platz Nr. 20 im regelmäßig durchgeführten Benchmarking zur Attraktivität der relevanten Arbeitgeber einnehmen, könnte hier die Erreichung der Positionen 5-10 als Zielkorridor fixiert werden. Die angestrebte Effizienz von Personalmaßnahmen könnte z.B. durch eine Optimierung der relevanten Kennziffern sowie durch eine Flexibilisierung der Kostenstruktur angestrebt werden. Als Vorgaben mögen hier beispielhaft die folgenden Angaben dienen:

- **Zur Positionierung als attraktiver Arbeitgeber:** Steigerung des Personalentwicklungsbudgets im Jahr 2000 gegenüber 1999 um 30 %, Erhöhung des Personalmarketing-Budgets im Jahr 2000 um 40 % und im Jahr 2002 um 50 %, danach Einfrieren des

Personalmarketing-Budgets auf dem Niveau des Jahrs 2000, Erhöhung der Initiativbewerbungen, Entwicklung eines Aktienoptionsmodells.

- **Zur Erarbeitung effizienter Personalmaßnahmen:** Senkung der Verwaltungskosten der Personalabteilung um mindestens 5 %, Senkung des Anteils der fixen Personalkosten und Erhöhung des Anteils der variablen Kosten, angestrebtes Verhältnis: 80 % fix, 20 % variabel, Bewerberauswahl via Internet, Ermittlung des Personalentwicklungserfolgs.

Diese Vorgaben können die Anforderung, dass Ursache-Wirkungs-Beziehungen zwischen den Kenngrößen einer Balanced Scorecard vorhanden sein müssen, aus folgenden Gründen erfüllen: Die Steigerung des Personalentwicklungsbudgets kann dazu führen, dass das Unternehmen von internen Mitarbeitern und externen qualifizierten Bewerbern als attraktiv empfunden wird, weil in die Entwicklung der Fähigkeiten der Mitarbeiter investiert wird. Dies kann dazu beitragen, kompetente Personen an das Unternehmen zu binden. Die Erhöhung des Personalmarketing-Budgets kann darauf abzielen, das Unternehmen bei so genannten „High Potentials" bekannt zu machen, um sie anzureizen, sich zu bewerben. Durch derartige Maßnahmen kann die Kompetenzposition des Unternehmens auch gegenüber den Kunden verbessert werden, wenn es gelingt, qualifizierte Mitarbeiter für das Unternehmen zu gewinnen.

Soll vor diesem Hintergrund exemplarisch eine Balanced Scorecard für die Personalleitung der betreffenden Unternehmung entwickelt werden, sind konkrete Ziele hinsichtlich der relevanten Perspektiven der Balanced Scorecard festzulegen. Im hier betrachteten Beispiel sei angenommen, dass die Unternehmung auf die vier Perspektiven, die in dem von *Kaplan/ Norton* entwickelten Konzept der Balanced Scorecard vorgesehen sind, zurückgreift (vgl. Abb. 4).

Die dargestellte Balanced Scorecard geht hinsichtlich der **Finanzperspektive** davon aus, dass die genannte Optimierung der betriebswirtschaftlichen Kennziffern und die Flexibilisierung der Kostenstruktur angestrebte Zielrichtungen der Personalabteilung sind. Als Vorgaben sind die folgenden Angaben in die Maßnahmenplanungen aufzunehmen:

- Senkung der Verwaltungskosten um 5 %,

- Steigerung des Personalentwicklungsbudgets um 30 %,

- Steigerung des Personalmarketingbudgets um 40 % im Jahr 2000, um 50 % im Jahr 2001; ab 2002 soll das Personalmarketingbudget das Niveau des Jahres 2000 einnehmen sowie

- Veränderung des Anteils fixer und variabler Personalkosten auf ein Verhältnis von 80 % fixen Kosten zu 20 % variablen Kosten.

Um die angegebenen Ziele erreichen zu können, werden schließlich unter Beachtung der genannten Vorgaben konkrete Maßnahmen der Personalarbeit abgeleitet. Notwendig erscheint die Entwicklung eines neuen Personalentwicklungs- sowie eines Personalmarketingkonzepts, um eine sinnvolle Verwendung der erhöhten Budgets zu gewährleisten. In diese Konzepten sind geeignete Maßstäbe in Form betriebswirtschaftlicher Kennziffern aufzunehmen, damit eine Amortisation der investierten Beträge gesichert werden kann. Zugleich ist ein

Budget-Controlling aufzubauen, um die Verwendung der Beträge transparent und eine adäquate Planungsbasis verfügbar zu machen. Die informationstechnische Unterstützung personalwirtschaftlicher Prozesse soll zu einer rationelleren Personalarbeit und damit zu einer Kostensenkung beitragen. Die Entwicklung eines Modells zur leistungsabhängigen Entlohnung soll das Ziel der Flexibilisierung der Kostenstruktur erreichen helfen.

Perspektive	Ziele	Vorgaben	Maßnahmen
Finanzen	- Optimierung der betriebswirtschaftlichen Kennziffern - Flexibilisierung der Kostenstruktur	- Verwaltungkosten - 5 % - Steigerung des Personalentwicklungsbudgets + 30 % - Steigerung des Personalmarketingbudgets: 2000: + 40 %, 2001: + 50 %, ab 2002: wie 2000 - Veränderung des Anteils fixer und variabler Personalkosten: 80 % fix, 20 % variabel	- Entwicklung eines neuen Personalentwicklungs- und Personalmarketingkonzepts - Errichtung eines BudgetControlling - Informationstechnische Unterstützung personalw. Prozesse - Entwicklung eines Modells zur leistungsabhängigen Vergütung
Kunden	- Attraktivität extern und intern steigern	- Benchmarking des Arbeitgeberimage: Erreichung der Plätze 5-10 - Senkung der Fluktuation um 5 % - Erhöhung der Anzahl von Initiativbewerbungen um 25 % in 2000, um 30 % in 2001 und um weitere 30 % in 2002 - Aktienoptionsmodell entwickeln	- Controlling der Zielgrößen: Platz im Ranking des Arbeitgeberimage, Bewerberzahl und Fluktuationsquote - Austrittsgespräche führen - Frühwarnsystem für Vermeidung von Mitarbeiterfluktuation aufbauen
Prozesse	- Optimierung der Prozesse - Flexibilisierung der Kostenstruktur	- Verwaltungkosten - 5 % - Bewerberauswahl via Internet	- Informationstechnische Unterstützung der Rekrutierung
Lernen und Wachstum	- Anpassung der Qualifikationen zur Erlangung einer Kompetenzposition (Unternehmensstrategie) - Verbesserung des Informationssystems	- Steigerung des Personalentwicklungsbudgets + 30 % - Ermittlung des Erfolgs von Personalentwicklungsmaßnahmen	- Durchführung der notwendigen Personalentwicklungsmaßnahmen - Potenzialanalyse - Aufbau einer Evaluation der Personalentwicklung

Abb. 4: Beispiel einer Balanced Scorecard für eine Personalabteilung

Die **Kundenperspektive** ist durch das Ziel der Steigerung der externen und internen Attraktivität bei aktuellen und potenziellen Mitarbeitern charakterisiert, da diese die Kunden einer Personalabteilung darstellen. Bei der Ableitung der Maßnahmen zur Erreichung dieses Ziels sind verschiedene Vorgaben zu beachten. Das Arbeitgeberimage soll gesteigert werden, wobei sich das Unternehmen von Platz 20 auf die Plätze 5-10 einer im Rahmen eines Benchmarking erstellten Rankingliste verbessern soll. Die Fluktuationsquote soll um 5 % gesenkt und die Anzahl der Initiativbewerbungen soll sich im Jahr 2000 um 25 %, im Jahr 2001 um 30 % sowie im Jahr 2002 um weitere 30 % erhöhen. Darüber hinaus ist zur Steigerung des Arbeitgeberimages vorgesehen, ein Aktienoptionsmodell anzubieten, das von Seiten der Personalabteilung zu entwickeln ist. Als Maßnahme ist ein konsequentes Controlling der Zielgrößen „Platz im Ranking des Arbeitgeberimages", „Bewerberzahl" und „Fluktuationsquote" vorzunehmen. Zur Senkung der Mitarbeiterfluktuation ist die Einführung von Austrittsgesprächen geplant, mit deren Hilfe Austrittsgründe ermittelt werden sollen. Auch wenn dabei das Problem auftritt, die wahren Motive eines Arbeitgeberwechsels zu erfahren, soll durch dieses Instrument zumindest versucht werden, einige grundlegende Informationen zu erhalten. Um jedoch nicht nur reaktiv auf die Mitarbeiterfluktuation zu reagieren, sondern antizipativ Fluktuationen zu vermeiden, wird als weitere Maßnahme die Entwicklung eines entsprechenden Frühwarnsystems in die Planungen aufgenommen.

Die **Prozessperspektive** ist durch die Ziele der Optimierung der personalwirtschaftlichen Prozesse und der Flexibilisierung der Kostenstruktur gekennzeichnet. Die Prozessoptimierung muss unter der Vorgabe der Verwaltungskostensenkung in Höhe von 5 % erfolgen. Zugleich soll eine Bewerberauswahl via Internet erfolgen, mit der der Prozess der Rekrutierung rationalisiert werden kann. Eine Vorauswahl über das Internet kann beispielsweise dabei helfen, Reisekosten bei der Rekrutierung einzusparen, weil Leistungstests online durchgeführt werden. Darüber hinaus können ggf. die für die Rekrutierung anfallenden Durchlaufzeiten und sonstigen Verwaltungskosten reduziert werden, weil durch die online-Vorselektion einige Rüstzeiten der Durchführung von Leistungstests entfallen. Als Maßnahme zur Erfüllung der Ziele und Vorgaben ist die informationstechnische Unterstützung der Rekrutierung via Internet durchzuführen.

Hinsichtlich der **Perspektive „Lernen und Wachstum"** steht gemäß der Unternehmensstrategie die Anpassung der Qualifikationen zur Erlangung einer Kompetenzposition bei den Kunden im Mittelpunkt. Darüber hinaus soll die Verbesserung des Informationssystems erreicht werden. Die Steigerung des Personalentwicklungsbudgets um 30 % sowie die Ermittlung des Erfolgs von Personalentwicklungsmaßnahmen sind relevante Vorgaben, die die Personalleitung erfüllen muss. Die konkret durchzuführenden Maßnahmen liegen in der Durchführung der notwendigen Personalentwicklungsmaßnahmen, die nur dann sinnvoll möglich ist, wenn die Vergabe der Teilnehmerplätze an Personalentwicklungsmaßnahmen auf Basis einer Potenzialanalyse erfolgt. Zur Erfolgsermittlung und -kontrolle der Personalentwicklung ist als Maßnahme der Aufbau einer Evaluation der Personalentwicklung in die Balanced Scorecard aufgenommen worden. Dabei sollte nicht nur der pädagogische Lern- und Transfererfolg, sondern auch der ökonomische Erfolg der Personalentwicklungsmaßnahmen Berücksichtigung finden.

Je nach Größe und Ausdifferenzierung der Personalabteilung kann die dargestellte Balanced Scorecard schließlich für verschiedene Abteilungsbereiche, z.B. Personalentwicklung, Personalmarketing und Personalcontrolling, bis auf die Ebene einzelner Mitarbeiter konkretisiert werden. Damit wird deutlich, dass die Balanced Scorecard eindeutig darauf abzielt, eine höhere Zielqualität der Personalarbeit auf individueller, Bereichs-, Abteilungs-, Geschäftsbereichs- und Unternehmensebene durch eine kontinuierliche Ausrichtung an den übergeordneten strategischen Zielen sicher zu stellen.

4 Schlussbemerkungen: Perspektiven für Wissenschaft und Praxis

Die Balanced Scorecard ist bislang vielfach als Instrument der strategischen Unternehmensführung diskutiert worden. Dass die Einführung einer Balanced Scorecard fundamentale Auswirkungen auf das Personalmanagement einer Unternehmung hat, zeigt der vorliegende Beitrag. Die Balanced Scorecard ermöglicht eine strategiebezogene, kommunizierte und koordinierte Ausrichtung der Personalarbeit. Zugleich machen die Darstellungen deutlich, dass die Balanced Scorecard die Implementierung eines Zielvereinbarungssystems auf allen

Ebenen einer Unternehmung erfordert. Dies hat den Vorteil, dass die Erfüllung häufig vernachlässigter Personalaufgaben auf den Linienpositionen der Geschäfts- und Funktionsbereiche mittels entsprechender Kenngrößen abgesichert werden kann. Darüber hinaus wurde erarbeitet, dass die Organisation der Personalabteilung bei Einführung einer Balanced Scorecard einer kritischen Überprüfung bedarf. Die strategische Seite der Personalarbeit wird durch die Einführung einer Balanced Scorecard besonders betont, so dass die Verfolgung strategischer Personalziele entsprechende strukturelle Anpassungen nach sich ziehen kann.

Die wissenschaftliche Literatur liefert zur Zeit aber allenfalls konzeptionelle Darstellungen sowie exemplarische Fallstudien zur Einführung und Funktionsweise der Balanced Scorecard. Die Rolle des Personalmanagements im Implementations- und Anwendungsprozess der Balanced Scorecard findet nur eine äußerst geringe Aufmerksamkeit. Auch wenn in der Vergangenheit durchaus die Notwendigkeit von empirischen Untersuchungsergebnissen über den Zusammenhang zwischen den Aktivitäten des Personalmanagements und dem Erfolg von Unternehmensstrategien erkannt wurde, werden solche Untersuchungen nur selten vorgenommen (vgl. *Guest* (1997)). Die Debatte um die Balanced Scorecard fordert also Wissenschaft und Praxis dazu heraus, empirische Ergebnisse über die Anwendung, Probleme und Erfolge der Balanced Scorecard sowie die Rolle des Personalmanagements bei der Anwendung dieses Instruments zu ermitteln. Solche empirischen Ergebnisse können die bislang an Beispielen orientierte Literatur um empirisch fundierte Gestaltungsempfehlungen anreichern. Ohne die Durchführung empirischer Studien zur Balanced Scorecard besteht die Gefahr, dass die Balanced Scorecard tatsächlich ein Schlagwort in der wissenschaftlichen Literatur bleibt und als Modeerscheinung schnell in Vergessenheit gerät, sobald sich ein neues Konzept am Horizont der Managementmoden abzeichnet.

Summary

Since globalization is of major interest, strategic management has to focus on the economic value of capital. This is impossible without market- und resource-based view as the foundation for value-based management. The Balanced Scorecard has been promoted as an instrument of strategic management by academics and consultants alike. The Balanced Scorecard is often identified as a typical product of the management theory industry. This is very astonishing because the Balanced Scorecard is able to integrate the three major principle views of strategic management: market-, resource- and value-based view. In this article it is shown that Balanced Scorecard helps to combine these success factors of strategic management. Because the consequences of Balanced Scorecard and the integration in the work of human resource management are little discussed topics, the author deals also with these problems.

Literatur

Bleicher, K.: Das Konzept Integriertes Management, 3. Auflage, Frankfurt/Main und New York 1995.

Boxall, P.: The Strategic HRM Debate and the Resource-Based View of the Firm, in: Human Resource Management Journal, 6. Jahrgang, Heft 3/1996, S. 59-75.

Bühner, R./Akitürk, D.: Die Mitarbeiter mit einer Scorecard führen, in: Harvard Business Manager, 22. Jahrgang, Heft 4/2000, S. 44-53.

Copeland, T./Koller, T./Murrin, J.: Measuring and Managing the Value of Companies, 2. Auflage, New York 1994.

Cyert, R.M./March, J.G.: A Behavioural Theory of the Firm, Englewood Cliffs 1963.

Dahmen, C./Maier, G./Kamps, I.: Zwölf Erfolgsfaktoren für die Balanced Scorecard, in: Personalwirtschaft, 27. Jahrgang, Heft 7/2000, S. 18-25.

Eigler, J.: Bedeutung und Implikationen des Shareholder-Value-Ansatzes für das Personalmanagement, in: Zeitschrift für Planung, 10. Jahrgang, Heft 3/1999, S. 231-254.

Guest, D.E.: Human Resource Management and Performance: A Review and Research Agenda, in: The International Journal of Human Resource Management, 8. Jahrgang, Heft 3/1997, S. 263-276.

Hamel, G./Prahalad, C.K.: Competing for the Future, Boston 1994.

Janisch, M.: Das strategische Anspruchsgruppenmanagement: vom Shareholder Value zum Stakeholder Value, Bern/Stuttgart/Wien 1993.

Kaplan, R.S./Norton, D.P.: Wie drei Großunternehmen methodisch ihre Leistung stimulieren, in: Harvard Business Review, 16. Jahrgang, Heft 2/1994, S. 96-104.

Kaplan, R.S./Norton, D.P.: The Balanced Scorecard - Translating Strategy into Action, Boston 1996.

Kaplan, R S./Norton, D.P.: Balanced Scorecard - Strategien erfolgreich umsetzen, Stuttgart 1997a.

Kaplan, R.S./Norton, D.P.: Strategieumsetzung mit Hilfe der Balanced Scorecard, in: *Gleich, R./ Seidenschwarz, W.* (Hrsg.), Kunst im Controlling, München 1997b, S. 313-342.

Kaufmann, L.: ZP-Stichwort: Balanced Scorecard, in: Zeitschrift für Planung, 8. Jahrgang, Heft 4/1997, S. 421-428.

Klaus, P.: Durch den Strategie-Theorien-Dschungel ... Zu einem Strategischen Management Paradigma?, in: Die Betriebswirtschaft, Heft 1/1987, 47. Jahrgang, S. 50-68.

Klingebiel, N.: Performance Management – Performance Measurement, in: Zeitschrift für Planung, 9. Jahrgang, Heft 1/1998, S. 1-15.

Lewis, T.G.: Steigerung des Unternehmenswertes-Total-Value-Management, Landsberg/Lech 1994.

Penrose, E.T.: The Theory of the Growth of the Firm, Oxford 1959.

Porter, M.E.: Competitive Strategy, New York/London 1980.

Porter, M.E.: Competitive Advantage, New York/London 1985.

Prahalad, C.K./Hamel, G.: The Core Competence of the Corporation, in: Harvard Business Review, 68. Jahrgang, Heft 3/1990, S. 79-91.

Prangenberg, A.: Der Shareholder-Value-Ansatz. Arbeitshilfen für Arbeitnehmervertreter in Aufsichtsräten, hrsg. von der Hans-Böckler-Stiftung in Zusammenarbeit mit dem Arbeitskreis Mitbestimmung beim DGB-Bundesvorstand, Düsseldorf o. J.

Rappaport, A.: Creating Shareholder Value, New York 1986.

Rasche, C.: Wettbewerbsvorteile durch Kernkompetenzen. Ein ressourcenorientierter Ansatz, Wiesbaden 1994.

Wagner, H.: Marktorientierte Unternehmensführung versus Orientierung an Mitarbeiterinteressen, Shareholder-Value und Gemeinwohlverpflichtung, in: *Bruhn, M./Steffenhagen, H.* (Hrsg.), Marktorientierte Unternehmensführung. Reflexionen-Denkanstöße-Perspektiven, Festschrift für Heribert Meffert zum 60. Geburtstag, Wiesbaden 1997, S. 87-102.

Welge, M.K./AL-Laham, A.: Strategisches Management. Grundlagen-Prozess-Implementierung, 2. Auflage, Wiesbaden 1999.

Welge, M.K./AL-Laham, A.: Planung. Prozesse-Strategien-Maßnahmen, Wiesbaden 1992.

Werder, A. v.: Shareholder-Value-Ansatz als (einzige) Richtschnur des Vorstandshandelns?, in: Zeitschrift für Unternehmens- und Gesellschaftsrecht, 27. Jahrgang, Heft 1/1998, S. 69-91.

Wernerfelt, B.: The Resource-Based View of the Firm: Ten Years After, In: Strategic Management Journal, 16. Jahrgang, Heft 2/1995, S. 171-174.

Current Trends in Human Resource Management in the USA

Ian Walsh

Many of the human resource management concepts used in advanced industrial societies originated in the USA over the last hundred years. In the age of the New Economy, American personnel professionals are having to come up with answers to new questions. Europe will follow.

1 Introduction

Many of the developments in modern personnel management come from the USA. Among the most important names are:

Frederic Winslow Taylor (1856-1915)
was one of the first to make a systematic analysis of human behaviour at work. The model for his „scientific management" was the machine. Taylor attempted to do to complex organisations what engineers had done to machines and this involved making individuals into the equivalent of machine parts. He looked at interaction of human characteristics, social environment, task, and physical environment, capacity, speed, durability, and cost. The overall goal was to remove human variability.

One result of Taylor's separation of planning and operations was the formation of new departments such as industrial engineering, quality control, and personnel. Rational rules replaced trial and error; management became formalised and efficiency increased.

Taylor also studied issues such as fatigue and safety and urged management to study the relationship between work breaks, and the length of the work day and productivity and convinced many companies that the careful introduction of breaks and a shorter day could increase productivity.

George Elton Mayo (1880-1949)
a critic of scientific management, claimed that industrialisation, the factory system and growing urbanisation had led to a breakdown of social structures and to the alienation of the workforce. Mayo went on to take charge of experiments on human behaviour carried out at the Hawthorne Works of the General Electric Company in Chicago between 1924 and 1927. His research, showing that an organisation is not only a formal arrangement of functions but also a social system, provided the basis for the human relations view of management.

Frederick Herzberg (1923-)
contributed the theory of hygiene factors and motivators to human relations in terms of organisation development. Hygiene factors such as working conditions, salary, status and security do not of themselves motivate but their absence leads to dissatisfaction. The motivators – achievement, recognition, growth/advancement and interest in the job – give the worker more personal satisfaction in his work and his surroundings, resulting in higher output

Douglas McGregor (1906-64)
formulated two models on the behaviour of individuals at work which he called Theory X and Theory Y. His work supported the assumption that staff will contribute more to the organisation if they are treated as responsible and valued employees.

Abraham H. Maslow (1908-1970)
carried out investigations into human behaviour which suggested that people have a hierarchy of needs ranging from basic needs such as hunger, thirst, sleep, etc. at one extreme to the a need for self actualisation or self-fulfilment at the other.

Peter F. Drucker (born 1909)
the leading management thinker of the last century, emphasised inter alia the importance of high quality personnel management, education and training. Business organisations should be viewed as human and social structures rather than merely economic ones. Knowledge workers must be seen as capital assets, not costs.

Soon after 1910, American firms established the first personnel departments, and eventually some of the larger companies took the lead in creating environments conducive to worker efficiency. Safety devices, better sanitation, plant cafeterias, and facilities for rest and recreation were provided, thus adding to the welfare of employees and enhancing morale. Many such improvements were made at the insistence of employee groups, especially labour unions.

From the 1930's personnel practice progressed from administration and systems towards models based on strategic business needs.

2 The Role of the Human Resource Manager

Human resource management has been portrayed as embodying the values of the American dream – individualism, hard work and achievement. But there has also been some theoretical discussion about the „hard" model of HRM in comparison with the „soft" form of traditional personnel management. The first emphasises the close integration of human resource policies with business strategy and regards employees as a resource to be managed in the same rational way as any other resource being exploited for maximum return. In contrast, the soft model sees employees as valued assets and as a source of competitive advantage through their commitment, adaptability and high level of skills and performance.

In practice, of course, it is difficult to differentiate the two. Nonetheless, the question remains as to the role of HRM in the USA today.

The booming economy, historically low unemployment, an ageing workforce, the technological revolution, globalisation, the emergence of the New Economy and the changed work ethic of the so-called X and Y generations: all these have resulted in a challenging environment for the human resource manager.

Speaking at the Annual Conference of the Society for Human Resource Management in June 2000 (1), Chairman Michael R. Losey claimed that HR was now a profession with a body of knowledge that can be taught and tested and with ethical standards. The job of the profession was to make HR a strategic business partner in the organisation. This meant running HR like a business but seeking at the same time to keep the „human" in human resources.

A strategic business partner has to address the four great challenges of the day: leading and motivating the white-collar workforce, overcoming a growing skill shortage, low unemployment and continued reductions in the rate of labour force growth. In addition, HR professionals should learn about international business and become experts in the similarities and differences of international and domestic personnel management. This includes an expanded, comparative knowledge of laws, social and cultural issues and leading edge practices.

Losey predicted that challenges such as these would serve in the future to weed out all but the most qualified.

This prophecy is already being fulfilled: outsourcing the human resource function is predicted to grow by up to 30% per year in the near term. The most spectacular example is BP Amoco's $600m five-year deal with Exult covering the whole of the merged company's HR operations. All that remains with BPA are „the things that require judgement and policy" (2). In other words, the issues with which an internal strategic partner must deal.

3 Trends in Work and Employment

A key finding in the latest biennial study of the state of working America, published by the Washington-based independent think-tank, the Economic Policy Institute (EPI), is that a shift is taking place away from flexible employment towards full-time, permanent jobs (3). The percentage of workers in regular part-time jobs fell from 16.5% of the workforce in 1995 to 15.5% at the end of the millennium. More important, the proportion of involuntary part-time workers – those who would prefer to work full-time – declined to 2.6%. This is seen as a return to job security after many years of downsizing, re-engineering and loss of workers' bargaining power. Further findings of the study were:

- The wages of workers at all levels grew rapidly between 1995 and 1999. Increases in the minimum wage, combined with sustained low unemployment of the late 1990s, led to disproportionately higher wages for workers at the bottom.

- The current period of sustained low unemployment is unprecedented in recent US economic history. At no other time since 1970 has the unemployment rate remained below 5.5% for more than two consecutive years.

- In 1999, unemployment for whites was less than half the rate for blacks (8.0%) and well below the rate for Hispanics (6.4%). However, between 1989-99 the unemployment situation improved more for blacks and Hispanics than for whites (see table).
- Average hourly wages grew at 2.6% p.a. between 1995-99. Around 63% of private sector workers had health insurance provided by their employers, around 49% had pension schemes.
- The family income of a middle-class couple rose over 9% between 1989-99 but much of this was due to an increase in family work hours by around six weeks per year over the period. African-American middle-income families worked about twelve weeks more than white families.

	White	Black	Hispanics
Unemployment 1999	3.7%	8.0%	6.4%
Unemployment 1989	4.5%	11.4%	8.0%
Change1989-99	-0.8%	-3.4%	-1.6%

Table 1: Unemployment rates and changes 1989-99 Source: EPI Report

One of the interesting developments of recent years has been the increasing call for what „Business Week" (4) calls a new social contract. „It has to do with corporations being in their (employees') faces all the time while not delivering on service. It has to do with being exhausted night after night in a 24/7 world and not having time or energy left for loved ones. People are grumbling about what they see as business' disregard for their safety, the norms of equity and the absence of responsibility".

According to this view, the New Economy is creating a new society which companies need to be aware of and to which they need to respond.

4 Equal Opportunities

In the USA, it is illegal to discriminate against employees on the basis of gender, race, religion, national origin, age or disability. The laws are monitored and enforced by the Equal Employment Opportunities Commission (EEOC). The mission of the EEOC, as set forth in its strategic plan, is to promote equal opportunity in employment through administrative and judicial enforcement of the federal civil rights laws and through education and technical assistance.

One example of education is the report on best practices (5) (1997), which set out what some of the leading companies are doing to further equality of opportunity. Some examples are given in the tables 2-5.

The legislation can have consequences that Europeans would not expect. Thus it might be construed as discriminatory if training programmes are only made available to younger employees (6). With regard to disability, the Americans with Disabilities Act protects those who are „substantially limited" in any „major life activity" such as thinking, walking and reproduction. As one commentator has written: „If you can think, eat, sleep, shop, have sex – and occasionally push a vacuum cleaner over the carpets – you have just given up seven of eight potential ways to qualify as 'disabled' under American law (7).

The EEOC has encouraged liberal readings of the law, suggesting for instance that eating disorders may substantially limit the major life activity of eating, with the result that there is some way to go before disability is defined in a way which satisfies employees, employers, society and the law.

At the moment the pendulum is swinging back to the side of common sense. The Supreme Court has ruled that wearing glasses is not a disability. A local court of appeal ruled that an employer is not required to provide an „aggravation-free environment", including an unmonitored phone line so that an employee with emotional problems could talk to his doctor or family if he had a panic attack.

The silly aspects of equal opportunities aside, many employees make serious efforts not only to comply with the law but also to take a lead in offering more than the basic requirements, as the tables 2-5 show.

The emphasis on anti-discriminatory guidelines is mainly directed at racial or colour discrimination and even though nearly every other sort of discrimination is provided for, there are gaps which ensure that more will be done to make protection complete. Thus, „lookism", discrimination on the basis of being short, fat, ugly or just „uncool" is leading to a call to expand the laws to cover discrimination on the grounds of appearance.

Non-Americans also need to be aware of the new vocabulary spawned by anti-discrimination legislation. Thus, short-sighted becomes visually impaired, and short in stature is described – with tongue in cheek – as vertically challenged. Although anti-discrimination legislation and its accompanying -isms (lookism, ageism, sexism, etc.) can be made to appear ridiculous in its extreme form, it can also be used to strategic advantage in the positive sense of managing diversity.

5 Diversity

The Civil Rights Act of 1964 focused on racial issues. Then came affirmative action (positive discrimination), attempting to bring equality to the workplace. However, this attempt to force equality through compliance led to a backlash – some whites felt they were being discriminated against – and race relations at work entered a new phase. Courts upheld challenges to affirmative action and state referenda limited its use. Faced with this opposition, proponents of equality in the workplace began to rally around diversity. Whilst affirmative action aimed to promote equality, the current diversity movement aims at fostering fairness.

However, beyond the political rationale for diversity and a certain degree of political correctness – diversity initiatives are the „right thing" to do – there is also a business case. The appropriate management of a diverse workforce is critical to competitive advantage: looking for ways to be a truly inclusive organisation making full use of the contributions of all employees yields greater productivity and promotes innovation.

Company	Best Policies, Programs, and Practices
Armstrong World Industries, Inc	Lancaster Partnership Program with focus on dropout prevention, scholarships for education, and internship programs. Corporate Mentoring Program to work with the students in an effort to identify, recruit, and hire qualified candidates. Elizabethtown Multicultural Scholarship Program (Elizabethtown College and African American and Latino students). National Achievement Scholarship Program (young African American students). Armstrong Multicultural Education Scholarship. INROADS.
International Business Machines (IBM)	One aspect of IBM's recruitment program-Project View, a diversity recruiting program. It is a national effort to reach outstanding African American, Hispanic, and Native American graduating BS, MS, and Ph.D. students and generates 55% of the company's minority hires directly from college. The program's three-day format is a combination of networking, career fair, and interviewing. Of 600 students who were to graduate between August 1996 and August 1997, 40% of the interviews resulted in on-the-spot job offers.
Motorola	Uses internal recruiters and external search firms, and both are required to present diverse candidate pools. Recruits at minority universities; provides Hampton University's engineering department with money, equipment, faculty training and the summer assignment of faculty to work at the company. Supports the television broadcasts of two Engineer of the Year programs (Black, Hispanic). Company's internship program includes Minority Scholarship Internship Investment Program (MSIIP), offering summer internships to sophomores and juniors in engineering and finance.
Procter and Gamble	Supports individuals who head up minority programs in Engineering and Business. Involvement with student groups. Summer intern/co-op program. INROADS. Scholarships for women and minorities. Supports an array of minority and women's organisations. Invests in efforts which expand pipeline by attracting a greater proportion of talented minority students to engineering and scientific studies. Collaborative efforts with educators to increase motivation and preparation of minority students to go to college and obtain degrees in mathematics, science, and engineering. Major corporate supporter of United Negro College Fund (UNCF).

Table 2: Equal opportunities – Examples of „best" practices in recruitment and hiring (8)

Company	„Best" Policies, Programs, and Practices
BankBoston	When eliminating 2,000 positions in 1996, created a multi-faceted approach to ease the transition for all of the affected employees – Transition Assistance Program; allowed 700 positions to be eliminated through attrition; announced an Early Retirement Plan which applied to 1,500 workers who were over fifty-two years of age with at least ten years of service; provided laid-off workers two weeks of severance pay for every year of service, plus a supplement of between ten and thirty weeks of extra pay. Terminated employees also receive outplacement and financial counselling, plus access to education, training, grants, and loans. Terminated employees may choose from among: internship with non-competitor; stipend for community service work; or support for individuals looking to start a new business.
Erie Insurance Group	Has a Displaced Employees Program for those who are displaced medically or technologically, which aims to successfully place individuals as quickly and expeditiously as possible, although there are no guarantees. An Employee Action Plan is developed for 90 days; the Corporate Education and Development Center designs a program and workbook to help guide the employee through the identification of two or three possible positions the employee would like to pursue, and the planning and follow-through that will be needed. The employee is instructed in resume writing and successful interview techniques; he/she may be sent to educational programs to beef up skills; and other experts deal with stress and adjustment issues. EIG reports that all individuals displaced medically or technologically were placed into permanent positions, but some experienced pay reductions.
Wisconsin Electric Power	Company downsized in 1994. To ensure that women, people of diverse ethnic and racial background, and older employees were not disproportionately being terminated, a snapshot of each business unit/department was taken before any layoffs occurred. Business units/departments were then asked to submit their „proposed" layoffs; the Workforce Diversity staff performed an adverse impact analysis on the proposed layoffs and shared the results with the units. If the proposed layoffs would have adverse impact, units/departments were asked to think about ways to reduce the impact.

Table 3: Equal opportunities – Examples of „best" practices in termination and downsizing (9)

Company	„Best" Policies, Programs, and Practices
B E and K	Company has a five-option program called Employee Solution Program, consisting of: Open Door Policy, voluntary, which allows employee to talk to immediate supervisor or higher levels of management without fear of retaliation; Employee Hotline, where employee is referred to a free, expert, and confidential advisor about available options for problem solving; Conference, a meeting where the employee and a company representative sit with someone from Employee Solution Program to talk about the dispute; Mediation, where if either party requests it, the other party has to participate; Arbitration, which, although it is not a requirement, the employee may elect to make binding. The last two, if requested by the employee, requires him/her to pay a $50 processing fee. Employee still may go to EEOC.
Dial Corporation	Has an internal Complaint Resolution Process, through which employees are encouraged to first seek assistance from their supervisor; but if that is not appropriate, from their Human Resources Representative; or if the employee prefers, from the Director of Diversity and People Development, who thoroughly and discreetly investigates, with a review of legal issues with appropriate Legal Staff. An investigative report goes to the Sr. Vice President of Human Resources and the appropriate functional Vice President within the organisation where the alleged offence occurred. Where the company or one of its leaders was in error, every effort is made to make a full resolution of the situation. Nothing in the internal process prevents or discourages the employee from pursuing other remedies available under various laws.
Wisconsin Electric Power	Company initiated the Consulting Pairs Program, where Consulting Pairs teams take the lead in breaking down relationship barriers within the workforce. They confidentially mediate a broad range of „issue resolutions" to improve work relations among employees; facilitate „join-ups" for new or transferred employees to reduce the orientation period and allow them to contribute to their work area as quickly as possible. All team members must complete fifteen days of training on race, gender, and conflict resolution skills. Employees are encouraged to use a hot-line which triggers an assignment of the employee's issues to a pairs team that best mirrors the employee(s) involved. Consulting Pairs serve for an eighteen month period; and a total of eighteen members are selected to represent approximately 500 employees.

Table 4: Equal opportunities – Examples of „best" practices in alternative dispute resolution (10)

Company	„Best" Policies, Programs, and Practices
Erie Insurance Group	Mandatory training in EEO policies and the handling and reporting of discrimination/harassment complaints is provided for employees every two years; and the company indicates that its Policy Statement includes all of the issues plus methods of implementing its EEO policy.
Fannie Mae	Special programs recognising and highlighting the contributions of various cultural heritages; „Managing Diversity" workshops for all supervisors and managers; Diversity and affirmative action programs designed to remove barriers to equal employment opportunity; broad spectrum of recognised support groups; numerous fact sheets informing employees of EEO rights and duties; philanthropic activities; engaging with minority- and women-owned business activities.
International Business Machines (IBM)	Has thirty-one diversity councils around the world; and also holds diversity town meetings. Has community service assignment and career programs, and many volunteer IBMers. Provides purchasing and marketing opportunities to minority-, women-, and disabled-owned companies; and has long-standing relationship with United Negro College Fund. Restructured its educational opportunities to focus on school reform, e.g., Reinventing Education. Sponsors PBS television show for children, Puzzle Place. Has Faculty Loan, Minority Campus Executive, and Technical Academic Career Programs.
Turner Construction	Says it is acutely aware of its responsibilities to its neighbours; therefore, company staff actively participates in various community programs such as YouthForce 2000, INROADS, Christmas in April, and Habitat for Humanity. Has sought out Minority Business Enterprise(s) with whom it can do business; states that it created California's first minority joint venture, and paved the way for minority joint ventures in the industry. Since 1979, has entered or completed 17,437 contracts involving minority and women enterprises as subcontractors or joint venture partners, with a value on the contracts of more than $5.9 billion.

Table 5: Equal opportunities – Examples of other „best" policies, programs and practices (11)

This realisation was recently underscored by the publication of a study by the Public Policy Institute of California (PPIC) (12), which showed that immigrant entrepreneurs in Silicon Valley are starting record numbers of businesses and generating jobs and wealth for the Californian economy.

The study examined the economic contributions of Silicon Valley's highly skilled immigrants, focusing in particular on the region's Chinese and Indian computer scientists and engineers. In 1998, firms started by Chinese and Indians between 1980 and 1998 collectively accounted for nearly $17 billion in sales and over 58,000 jobs (6).

The study also found that, in 1998, Chinese and Indian engineers were running a quarter of Silicon Valley's high-technology businesses. In that year, their 2,775 companies collectively accounted for more than $16.8 billion in sales and over 58,000 jobs. The pace of immigrant entrepreneurship is increasing significantly. Chinese and Indian CEOs were running 13 percent of Silicon Valley technology companies started between 1980 and 1984 and 29 percent of those started between 1995 and 1998.

	No. of Firms	Total Sales ($ M.)	Total Employees
Indian	774	3,588	16,598
Chinese	2,001	13,237	41,684
Total	2,775	16,825	58,282
Share of Silicon Valley high-technology firms	24%	17%	14%

Table 6: Sales and Employment of Silicon Valley High-Technology Firms led by a Chinese or Indian CEO (firms founded 1980-98; Source: Dun & Bradstreet, cited in PPIC-Report)

US managers increasingly support diversity initiatives for business reasons. According to the results of a 1998 survey by the Society for Human Resource Management (13), 84% of HR professionals in Fortune 500 companies said that their top-level executives regard diversity management as important. The Society cites the following factors as important in the business case for diversity (14):

- Diversity initiatives can improve the quality of the organisation's workforce and be the catalyst for a better return on investment in human capital.

- Diversity initiatives help to capitalise on new markets as customer bases are becoming even more diverse than the workforce.

- Recognised diversity initiatives and diversity results will attract the best and brightest employees to a company.

- A by-product of capitalising on differences is creativity.

- Making adaptations required by diversity keeps an organisation flexible.

All leading companies now have diversity initiatives. Table 7 contains some examples of the approach:

Company	Diversity Initiative
Microsoft Corporation	„At Microsoft, we believe that diversity enriches our performance and products, the communities in which we live and work, and the lives of our employees. As our workforce evolves to reflect the growing diversity of our communities and global marketplace, our efforts to understand, value and incorporate differences become increasingly important. At Microsoft, we have established a number of initiatives to promote diversity within our own organisation, and to demonstrate this commitment in communities nation wide."
Texas Instruments	„The effectiveness at using the talents of people of different backgrounds, experiences and perspectives is key to our competitive edge...Diversity is a core TI value; valuing diversity in our work force is at the core of the TI Values Statement...Every TIer must work to create an environment that promotes diversity...Each TI business will develop diversity strategies and measurements...."
BankBoston	„Diversity at BankBoston is defined broadly to include group differences (based on age, race, gender, sexual orientation, disabilities, parental status or job group, for instance) and individual differences, including communications style, career experience, and other variables. Our goal is to create an environment that is inclusive, drawing upon the strength of the diversity of our workforce to exceed the expectations of BankBoston's customers."

Table 7: Examples of Diversity Initiatives (Source: SHRM)

This is one area where HRM in the US is particularly advanced in comparison with Europe, and with Germany in particular (15).

6 Telecommuting

The number of people working from home is growing at 15% per year. Around 7% of American employees claim to spend at least some of their time working at home and there are now nearly 16 million telecommuters (from „telephone" and „commute" (16)) in the USA. The Society for Human Resource Management found that two days' homeworking per employee per week saves an employer $6,000-$12,000 annually, due to savings in office, equipment and employee turnover costs as well as higher productivity (17). On average, each telecommuting job requires an investment of $4,000-$6,000.

The trend took off during the Atlanta Olympics in 1996, when BellSouth advised workers to stay at home as a contribution to reducing traffic chaos. Some 2.500 workers continued working at home, even after the Games had finished. BellSouth now provides tips for homeworkers on its website and offers arguments for convincing bosses of the advantages of telecommuting (18).

7 Recruitment and Retention

In April 1999 a group of 16 Internet engineers created a stir when they put themselves up for auction on eBay. Their suggestion for an opening bid was $3.14 million. Although no offers were forthcoming a trend had been started and so-called People Auctions became the rage. The leader in the field was Monster.com.

At the time there was much discussion as to whether the Web job market would amount to much. In the meantime it has established itself as a standard form of recruitment. Software is available for screening the soft skills of applicants, for directing candidates to online test sites and for checking references (19). Companies such as Motorola, Citibank and Sony even advertise directorships on the Web. The leader in what is now known as e-cruiting is Cisco Systems, which recruits two thirds of its people and receives over 80% of the CVs sent to it via the Internet. It pays: recruiting costs per new employee are around $6,500 as compared with an industry average of nearly $11,000.

With such low employment and a shortage of skilled applicants the job market has been changing rapidly. On the one hand, recruitment is demanding ever more creativity; on the other, employee loyalty is dropping. A typical phenomenon is the Five o'clock Club, an „employee advocacy organisation" offering career advice to people who are not moved by loyalty. Members are encouraged to decide on their own personal goals and then to design their careers around those goals.

The success of the club is symptomatic for an environment in which seventeen million Americans changed their jobs voluntarily in 1999 and in which the average employee has had nine jobs by the age of thirty-two.

Employers are responding with retention strategies of increasing sophistication. One approach is to ensure that the employee has all he or she needs at work without having to go home. Free fruit, soft drinks, coffee and popcorn, television, massage services, car wash and oil change, banking and hairdressing services are all part of a typical package designed to keep employees happy. The company is becoming more than a place of work: it is office, home and community in one. Even beds are provided so that people can rest before returning to the job. The place of work as home: that is the new philosophy of the 100 most employee-friendly firms in the USA (a list published annually by Fortune magazine).

These companies do not just offer material perks, they provide clubs and societies for almost every subject under the sun; from chess to model aircraft and genealogy, as well as interest groups for religion, sport, cancer therapy and even dating agencies. There is no longer talk of a balance between private and professional life. Integration of the two is now the aim, so that the employee may pass freely between personal and office activities without having to change location.

8 Trade Unions

By 1998 trade union membership had fallen to around 14% of the working population. Since then there has been a renewed interest in union representation, not despite but because of the New Economy. A case in point is Silicon Valley, where a modern type of activist is having success in breathing life into the trade union movement. Flexibility is the cause: whilst the lowest-paid workers struggle to make ends meet, the best-paid are often on fixed-term contracts offering little security of tenure. Both groups are renewing their interest in unionism.

An indication of the new power of the unions was given by the strike in summer 2000 against Verizon, the result of a merger between Bell Atlantic and GTE. While Bell Atlantic had been heavily unionised, much of the former GTE was not. The merged company had demanded the right to move jobs to non-union areas. There were also differences over job security and the union representation of workers at Verizon's non-union operations, particularly its wireless division. Other issues included forced overtime and working conditions.

Between 1984 and 2000 the number and percentage of unionised workers in the telecommunication industry fell dramatically, from more than 700,000 in 1984 to about 400,000 today. AT&T, the largest long distance company, had 300,000 CWA (Communication Workers of America) members in 1984. Today it has only 36,400 or 25 percent of its 148,000 workers. MCI-Worldcom, the second largest long distance company and the largest carrier of Internet traffic, is completely non-union. Sprint is only 13 percent unionised and Nextel, VoiceStream and US Cellular are entirely non-union.

After a seventeen-day strike the unions won an agreement to let them try organising workers in the company's largely non-union wireless division. As far as union officials were concerned, Verizon's agreement to allow union officials to talk with Verizon Wireless workers gave a clear signal to other wireless companies like AT&T and Sprint, whose wireless employees are non-union.

9 Human Resource Accounting

The market-to-book ratio of the Standard & Poor's 500 has increased in the last twenty years to more than six. In other words, the balance sheet represents only between 10-15% of the true value of these companies. The rest is intangibles – assets such as patents, copyrights, organisational and human capital, and „goodwill". Increasingly, these assets and other factors are becoming the real sources of value in corporations, and in the economy as a whole, as the dominant drivers of economic activity and wealth shift away from manufacturing toward information-based services.

This trend has been steadily increasing. In 1929, the ratio of intangible to tangible business capital was 30% to 70%. By 1993 the ratio had become 63% to 37%. The high share values of the New Economy are clearly more than speculation – they are the result of taking into account the values of intangibles.

Yet traditional accounting measures provide little useful information about these items. Accordingly, there is a growing increase in seeking ways of improvement. With the support of companies such as Dow Chemical, IBM, Pfizer and Steelcase Inc. the respected Brookings Institution has commissioned a report to be written by Baruch Lev, professor of accounting at New York University's Stern School of Management. He will bring together available data and other information documenting trends in investments in intangibles, and review existing practices regarding measuring, monitoring and reporting of these investments. The report will also outline what is known about how firms and other organisations make decisions involving investments in intangibles.

Among the questions to be addressed are:

- Are there public policies influencing labour and employment practices, funding for training, or other aspects of the employment relationship, that may be biasing efforts by the private sector to measure or evaluate their investments in human capital (20)?

The practical applications of such studies may be observed on the website of Steelcase, where, next to sections on products and services, there is an area devoted to „Knowledge" – including topics such as „Learning Environments for the Internet Age" and „Assessing Workplace Intangibles: techniques for understanding" (21).

10 Corporate Universities

According to one list selected at random on the Internet, there are around 70 genuine corporate universities in the USA (22). According to AACSB (23) estimates, companies with management education/training divisions called colleges, institutes or universities increased from 400 to more than 1,000 between 1988 and 1995.

Whereas in 1988 most corporate universities were concentrated in computer and high technology companies, by 1995 the field had widened to telecommunications, finance, utilities and health care corporations. Some of the factors influencing the growth of corporate universities are:

- trying to link employees' education more closely with business goals,
- spreading the common culture and values,
- driving change.

A further reason is to develop the employability of workers.

AT&T School of Business is part of one of the largest corporate education providers in the USA. The school has a staff of about 100 but about 50 percent of the education is outsourced to other providers. The school has relationships with more than 100 universities across the country, including blue chip establishments such as Harvard, MIT and Wharton (24). Nynex is another high technology company that outsources much of its employee education. Nynex found 23 universities in New England alone that were willing to be partners in creating a customised associate's degree in telecommunications technology.

AT&T and Nynex are typical in this respect: most corporate universities wish to establish partnerships and alliances with universities in their local area. Thus, the Arthur D. Little (ADL) School of Management has been exploring experimental training ventures with its neighbourhood schools of Boston College, Boston University and Babson College; American Express has entered a partnership with Ria Salada, a community college in Phoenix, to offer an associate's degree in customer service for front-line customer service reps for their travel-related division.

One of the best known corporate universities is Motorola's. Except for some proprietary courses, company managers are not obliged to use Motorola University (MU), but there are cost arguments in favour: an ISO 9000 course at a traditional university costing $3,000 a day may be had for $200 a day at MU. Motorola uses a funding model that has been setting the trend for other corporate universities: the company provides about 35% of the budget, the remainder coming from course fees

Motorola is an example of a so-called initiative-driven corporate university, one founded to drive a particular initiative. In this case the role of MU is to play an important role in driving the company's quality initiative. At the same time, Motorola University has also been involved in strategic planning and in helping the company cope with expansion into China and other parts of the world.

Another reason for setting up a corporate university – at least in the initial phase – is to drive change or facilitate a transformation process in a company. The National Semiconductor University helped to drive a Leading Change programme which helped achieve a financial turn-around in the mid-nineties. The university has now become more focused on leadership and skill development.

General Electric's Management Development Institute at Crotonville, New York focuses on developing managers and leaders for the company. It has been almost exclusively the tool of the famous CEO, Jack Welch, for orienting and assimilating new managers to the company. It is known for its strategic focus: programmes such as Workout and the Change Acceleration Process are all products of Crotonville.

Developments such as these are changing the way the management education market is structured. Traditional Universities are facing competition not only from other business schools but also corporate universities and management consultancies. At the same time, the purchasers of such services are becoming increasingly sophisticated. The highest growth is in demand for customised programmes, a market today worth $1.5 bn in the USA. These last two factors alone will ensure that the interest in corporate universities is not likely to diminish in the near future.

11 Some common misunderstandings of German managers in the USA

- Thinking they can hire and fire at will, thereby forgetting that there are laws and procedures in the USA, too.

- Not being aware that anti-discrimination laws go beyond racial discrimination – ageism is rife in Germany, but banned in America.

- Risqué jokes either verbal or in the form of forwarded e-mails can be actionable if interpreted as sexual harassment.

- Assuming that the absence of a works council gives carte blanche for macho management.

- Seeing gaps in a CV as a problem. Americans are more flexible in their career patterns and sometimes take time out.

- Pitying US employees because their contracts contain short periods of notice. Many employees see the three-month period of notice common in Europe as a hindrance to their mobility.

- Underestimating the power of American trade unions.

- Thinking that a fluent command of the language means they always know what Americans are saying to them, or what they are saying to Americans (beware of cultural differences!).

Annotations

(1) HR News Online, 28.06.00.

(2) Financial Times, 4.01.00.

(3) Economic Policy Institute: The State of Working America 2001-2001, Lawrence Mishel, Jared Bernstein and John Schmitt.

(4) New Economy, New Social Contract, Business Week, 11 September 2000.

(5) The U.S. Equal Employment Opportunity Commission, *Best Practices of Private Sector Employers*.

(6) *Walsh, Ian:* USA Exklusiv, in Personalwirtschaft 2/2000.

(7) *Waldmeir, Patti*: Get a major life activity or get a lawyer, Financial Times, 26 April 2000.

(8) The U.S. Equal Employment Opportunity Commission, *Best Practices of Private Sector Employers*.

(9) ibid.

(10) ibid.

(11) ibid.

(12) Saxenian, AnnaLee, Silicon Valley's New Immigrant Entrepreneurs, PPIC 1999.

(13) Survey of Diversity Initiatives, SHRM, 1998.

(14) Society for Human Resource Management, Workplace Diversity Initiative, 2000.
(15) See *Walsh, Ian*: Manager müssen umlernen, die tageszeitung 1./2. April 2000.
(16) For my German publications I translate this as „telependeln"!
(17) SHRM website.
(18) Fortune, 9 November 1998.
(19) Fortune, 5 July 1999.
(20) See Brookings Institution website.
(21) See „Internet resources" below.
(22) www.glresources.com/corp_ed/culist.htm.
(23) AACSB - The International Association for Management Education, St. Louis, Missouri.
(24) Financial Times, 17 May 1999.

Bibliography

Jac Fitz-Enz: The ROI of Human Capital : Measuring the Economic Value of Employee Performance, 2000
„Silicon Valley's New Immigrant Entrepreneurs", Public Policy Institute of California, 1999.
Walsh, Ian: USA exklusiv, monthly column in *Personalwirtschaft* about HRM trends in the USA.

Internet Resources

EEOC Equal Employment Opportunities Commission: www.eeoc.gov/index.html

HRM Resources on the Internet: www.nbs.ntu.ac.uk/depts/hrm/hrm_link.htm

HR best practices: www.ilr.cornell.edu/library/reference/guides/hri/bench_best.html

The Brookings Institution: www.brook.edu/

Public Policy Institute of California: www.ppic.org

Society for Human resource Management: www.shrm.org

Steelcase Corp.: www.steelcase.com/knowledgebase/keytopic.htm

B.II. Internationales Technologiemanagement und internationales Vertriebsmanagement als Beispiel eines unternehmensinternen, personalwirtschaftlichen Auftrages

Innovationskompetenz durch Systemfähigkeit – Das Beispiel Siemens AG als Anbieter von modernen Mobilfunksystemen

Claudia Hentschel / Peter Scholz

Zusammenfassung

Das Internet forciert eine Geschäftswelt, die als „new-economy" völlig neue Dienstleistungen schafft. Darüber hinaus bietet sie aufgrund ihrer einheitlichen Systemplattform der „old-economy" über die Produktion realer Güter hinaus die Möglichkeit, zusätzliche Dienstleistungen schneller und in weltweiter Kooperation anzubieten. Der Konsumgüterindustrie bietet das Internet einen direkten Kundenkontakt und eine transparentere „supply chain", aber besonders der Investitionsgüterindustrie erschließen sich völlig neue Geschäftsmodelle. Hier ist ein Umdenken erforderlich, da die Kunden nicht mehr nur hervorragende Standardprodukte, sondern maßgeschneiderte Problemlösungen schlüsselfertig aus einer Hand erwarten. Diese Anforderungen bei immer kürzeren Innovationszyklen umzusetzen, erfordert die konsequente Integration der Bausteine Mensch, Organisation und Technik.

Der Bereich Information and Communication Mobile (ICM) der Siemens AG zählt weltweit zur kleinen Spitzengruppe der Komplettanbieter für moderne Mobilfunknetze. Er demonstriert bereits jetzt die Fähigkeit, schnell die beste technische Lösung für den Endkunden zu finden und entwickelte sich dabei nicht nur zu einem Anbieter schlüsselfertiger Mobilfunk-Infrastruktur, sondern auch zu einem Entwicklungspartner für neue, kundenspezifische Geschäftsmodelle. Die Komplexität dieser Anlagen übersteigt zunehmend die Kompetenz eines reinen Produktherstellers und erfordert zwangsläufig eine Ausweitung der Kompetenzen hin zur Lösungs- oder Systemfähigkeit. Die Vielzahl der Aufgaben legt eine vertrauensbasierte Partnerschaft mit Lieferanten und Kunden nahe. Solche Partnerschaften versetzen ICM erst in die Lage, auch ausgefallene Ideen und Kundenanforderungen bei gleichbleibend hoher Qualität in noch kürzerer Zeit umzusetzen. Dabei bildet eine fehlertolerante Organisation mit eigenverantwortlich handelnden, experimentierfreudigen Mitarbeitern eine unabdingbare Voraussetzung.

1 Vom Produkt- zum Systemgeschäft

1.1 Der Telekommunikationsmarkt im Wandel

Stand ein Unternehmen früher vor einer klaren Situation mit wenigen Kunden und langfristig etablierten Geschäftsbeziehungen, vervielfacht sich heute mit der Globalisierung und

Liberalisierung der Telekommunikationsbranche das Marktpotenzial, aber auch die Anzahl der Wettbewerber. Gleichzeitig stellen immer kürzere Innovationszyklen bei Produkten, Technologien und Markttrends neue Herausforderungen an die Unternehmen. Der Wegfall des Netz- und Telefondienstmonopols in verschiedenen Ländern führt zu einer vollständigen Öffnung des Marktes für private Anbieter und damit zu einer bislang unbekannten Dynamik. Führte dies in der ausgereiften Festnetz-Telefonie lediglich zu einem rasanten Preiswettbewerb basierend auf etablierten Technologien, entwickelte der Bereich Mobilfunk hingegen eine nie da gewesene Marktdurchdringungs- und Innovationsgeschwindigkeit. So musste beispielsweise die Anzahl der Teilnehmer am weltweit erfolgreichsten Mobilfunkstandard Global System for Mobile Communications (GSM) mit derzeit ca. 60% Marktanteil fortwährend nach oben korrigiert werden (vgl. Abb. 1).

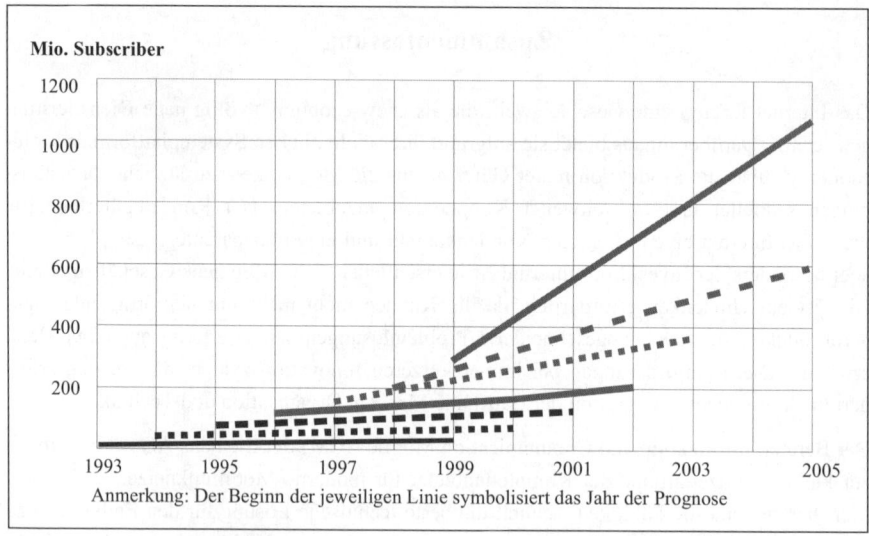

Abb. 1: Prognosen der Entwicklung von GSM-Teilnehmerzahlen

Insbesondere die technische Umsetzung mit all ihren Risiken, als auch die Schaffung völlig neuer Dienstleistungen sind von der hohen Innovationsgeschwindigkeit betroffen. Voraussetzung für diese neuen Geschäftsfelder ist häufig der Aufbau einer gänzlich neuen Netzinfrastruktur (vgl. Abb. 2).

Dies fordert von den Netzbetreibern mit erheblichen Investitionen in Vorleistung zu treten. Zusätzlich zu den hohen Investitionsvolumina sind die Planungsgrundlagen unsicher, da während des Investitionszeitraumes erfahrungsgemäss ein starker Preisverfall einsetzt und somit das Return on Investment nie als sicher gelten kann. Deshalb erwarten die Netzbetreiber von den Infrastrukturanbietern technisch immer ausgefeiltere Lösungen bei ebenfalls sinkenden Preisen.

1.2 Neue Dienste im Mobilfunk

Standen früher allein die reine Flächenabdeckung oder die Erreichbarkeit eines bestimmten Prozentsatzes der Bevölkerung durch besondere Ausleuchtung der Ballungsräume im

Innovationskompetenz durch Systemfähigkeit – Das Beispiel Siemens AG

Abb. 2: Antennenanlage als Beispiel einer sichtbaren Komponente von Mobilfunknetzen

Vordergrund, reagieren die Netzbetreiber heute auf den schärferen Wettbewerb durch zusätzliche Alleinstellungsmerkmale. Beispielsweise bieten sie ihren Mobilteilnehmern heute bereits Zusatzdienste wie Anrufumleitung und Multiple Subscriber Profile (MSP), Cell Broadcast (CB) oder internationales Roaming an. Hinzu kommen gestiegene Anforderungen an die Sicherheit und die Bedienerfreundlichkeit sowohl der Basis- als auch der Zusatzdienste.

Basisdienste stellen die Grundvoraussetzung zur Nutzung von Telekommunikationsdiensten dar, sie erlauben überhaupt erst den Aufbau von Sprechverbindungen zwischen verschiedenen Mobil- und Festnetzteilnehmern. Dazu gehört auch, dem Mobilteilnehmer jederzeit eine kostenlose Sprechverbindung zu einer dem Aufenthaltsort zugeordneten Notrufzentrale zu ermöglichen. Andere Dienste, wie Short Message Services (SMS) oder Faxen muss der Netzteilnehmer mit Abschluss eines Teilnehmer-Abonnements gesondert ordern und bezahlen.

Zusatzdienste modifizieren oder erweitern die Basisdienste und können vom Netzbetreiber nur in Verbindung mit einem Basisdienst angeboten werden. Es sind verschiedene Gruppen von Zusatzdiensten zu unterscheiden, die von der Rufnummernidentifikation mit Anzeige oder Unterdrückung der Identität des Teilnehmers über Anrufumleitung, Anklopf- und Rückruffunktionen, Konferenzschaltungen oder Gebührenhinweise reichen. So kann bei der Anrufumleitung ein angerufener Mobilteilnehmer im Falle seiner Netzausbuchung oder im Falle einer Funküberlastung alle ankommenden Anrufe zu einer anderen Rufnummer senden lassen. Der Dienst Multiple Subscriber Profile (MSP) bietet dem Nutzer die Möglichkeit, seine persönliche Identität zu trennen, beispielsweise in privat und geschäftlich, und damit sowohl ankommende als auch abgehende Anrufe unterschiedlich zu behandeln.

Cell Broadcast bedeutet, Nutzergruppen gezielt Informationen zu übertragen. Diese Nutzergruppen können Teilnehmer sein, die sich zu einem bestimmten Zeitpunkt am gleichen Ort in einer gemeinsamen Funkzelle, in einem Eisenbahnzug oder in einer Region aufhalten, um ihnen beispielsweise Informationen über regionale Veranstaltungen zu übermitteln oder sie vor kritischen Situationen, beispielsweise Verkehrsstaus, zu warnen.

Beim internationalen Roaming handelt es sich um die Ausweitung der Mobilität eines Mobilfunkteilnehmers. Er kann sich nicht mehr nur im gesamten Bereich des Funksystems seines Netzbetreibers frei bewegen, sondern darüber hinaus auch in ausländischen Funknetzen. Hierzu bedarf es eines internationalen Roaming-Abkommens der verschiedenen Netzbetreiber sowie des Freischaltens dieses Dienstes durch den Teilnehmer, so dass er im betreffenden ausländischen Netz auch lokalisiert werden und unter seiner Rufnummer ohne Ländervorwahl Gespräche führen kann. Somit erweitert sich die Angebotspalette an Zusatzdiensten durch Attribute wie Lokalisierung des Standortes eines Netzteilnehmers, seine sofortige Einwahlmöglichkeit ins Internet und Personalisierung zwecks individueller Informationsbereitstellung (1). Diese Anwendungen sind in der heute gängigen zweiten Mobilfunkgeneration, die auf dem GSM-Standard basiert, bereits verfügbar.

Derzeit wird beispielsweise in Deutschland für 2002/03 die technische Einführung der dritten Mobilfunkgeneration Universal Mobile Telecommunikations System (UMTS) vorbereitet. Dieser Standard wird den Aufbau eines neuen Mobilfunknetzes erfordern, und zwar zusätzlich zu dem aktuellen GSM-Standard, da er in einem Frequenzbereich um 2 GHz (1900 MHz) sendet, GSM jedoch um 900 MHz bzw. 1800 MHz. UMTS soll zusätzlich zu dem etablierten GSM-Standard aufgebaut werden und bis 2005 eine 50-prozentige Abdeckung der Bevölkerung in Deutschland erreichen, überwiegend konzentriert in den „Hot Spots", den Ballungsregionen. Dieser Standard soll die Übertragungskapazitäten um ein Vielfaches erweitern und die Datenübertragungszeiten erheblich verkürzen. Damit werden neue Dienste, wie der Zugriff auf das Internet über das Telefon, Bildtelefonie, Videokonferenzen, elektronischer Handel und Bankverkehr möglich.

Allerdings bedeutet ein schnelleres Netz noch keine sicheren Gewinne für den Netzbetreiber. Sie hängen entscheidend von der Entwicklung und der Nachfrage nach den UMTS-Dienstleistungen und Produkten ab. So haben die Mobilfunk-Netzbetreiber nur in Deutschland ca. 100 Milliarden DM in die UMTS-Lizenzen investiert. Eine Lizenz hat allein dem Netzbetreiber D2 ca. 40 Milliarden DM gekostet, zuzüglich ist mit Kosten für den Aufbau der Infrastruktur in der gleichen Größenordnung wie bei GSM zu rechnen.

Um die Milliardenausgaben für die Lizenzen und den Aufbau der neuen, multimediatauglichen Netze zu refinanzieren, wird ein Kampf um die Entwicklung der besten Anwendungen für den Kunden entbrennen. Dabei werden die teuren Minutenpreise für Mobilfunkgespräche massiv an Bedeutung verlieren. Wer beispielsweise als Mobilfunkteilnehmer den Dienst des Mobile Banking nutzen will, wird „Content-based Billing" favorisieren und allenfalls die Abrechnung der tatsächlich übertragenen Datenmenge akzeptieren oder gleich nach „Flat Rates" verlangen. Damit wächst der Druck auf die Netzbetreiber, sich neue Einkommensquellen zu erschließen, beispielsweise über den Aufbau von Mobile Commerce Portalen, über die sie Shopbetreibern die Kundschaft liefern und dafür pro Transaktion einen Umsatzanteil einfordern. Dem Netzbetreiber kommt zunehmend die Rolle eines Maklers zu, schließlich verfügt er schon heute über millionenfache Kundenkontakte und kann den Zugang der Nutzer ins Mobilfunknetz kontrollieren.

Die Bereitstellung dieser Zusatzdienste bedeutet für den Netzbetreiber einen beträchtlichen Aufwand, und zwar nicht nur für Hard- und Software, die technische Realisierung oder individuelle Abrechnung, sondern auch für die Entwicklung der neuen Geschäftsmodelle. In dem Maße, wie technische Funktionalität des Netzes sowie Zusatzdienste zunehmen, steigt auch die Komplexität des Gesamtprojektes und der Aufwand beim Netzbetreiber für dessen Koordination. Das bedeutet auch den Ausbau der sogenannten Customer Care Dienstleistungen in ihrer Wertschöpfung, die bereits heute einen wesentlichen Anteil der life cycle costs verschlingen.

Um diesen Aufwand zu minimieren, fokussiert sich der Netzbetreiber auf seine Hauptgeschäftsgrundlage und überträgt zunehmend Aufgaben des Projektmanagements an die Lieferanten, was zu einer drastischen Veränderung der Kunden- und Lieferantenbeziehungen über die Zeit gesehen führt (vgl. Abb. 3).

Der Netzbetreiber oder Kunde eines Infrastrukturanbieters stellte früher eigenständig die Komponenten und damit die gewünschten Zulieferer seines Netzes zusammen. Er trat mit jedem Einzellieferanten in eine feste Vertragsbeziehung, nachdem er selbst das Pflichtenheft für die technische Spezifikation erstellte. Als Beispiel sei die Deutsche Telekom genannt, die früher als Monopolanbieter von Telekommunikationsdiensten allein die technische Verantwortung für die Netzinfrastruktur und deren Weiterentwicklung trug. Neuentwicklungen wurden nur wohl dosiert zugelassen, da sie für die Telekom als Netzbetreiber und Gesamtkoordinator jeweils ein erhebliches Risiko für die Kompatibilität der Komponenten bargen.

Der Wegfall des Netz- und Telefondienstmonopols steigerte die Funktionalitätsanforderungen und damit auch Komplexität der Mobilkommunikation. Standen früher die Flächenabdeckung und Erreichbarkeit im Vordergrund, werden nun Alleinstellungsmerkmale wichtiger. Der Netzbetreiber entwickelt verstärkt eigene Geschäftsmodelle und umwirbt eigenständig neue Teilnehmer, beispielsweise mit unterschiedlichen Tarifmodellen. Er löst zunehmend die ehedem festen Vertragsbeziehungen zugunsten von Rahmenverträgen mit den Zulieferern, die sich verstärkt untereinander über die technische Spezifikation und Umsetzung der Wünsche des Netzbetreibers abstimmen müssen. In dem Maße, wie sich der Netzbetreiber auf eigene Kernkompetenzen konzentriert, übernimmt er auch nur noch die Funktion eines Grobkoordinators für das Projekt.

Mit Kernkompetenzen „sind die Fähigkeiten eines Unternehmens gemeint, die den potenziellen Zugang zu einem weiten Spektrum von Produkten und/oder Märkten sichern, die nicht einfach zu kopieren sind und die einen erheblichen Anteil an den von den Kunden wahrgenommenen Vorzügen des Endproduktes haben" (2). Auch der Aufbau und die Weiterentwicklung von Kernkompetenzen erfordern ständige Investitionen. Dabei kommt es darauf an, sich auf diejenigen Kompetenzen zu konzentrieren, die den Kern des Unternehmenserfolges in sich tragen und eine häufige und vielfältige Verwendung in verschiedenen Lösungen ermöglichen.

Um sich noch mehr auf eigene Kernkompetenzen zu konzentrieren und die Komplexität des eigenen Projektmanagements zu reduzieren, wird der Netzbetreiber zukünftig verstärkt nicht

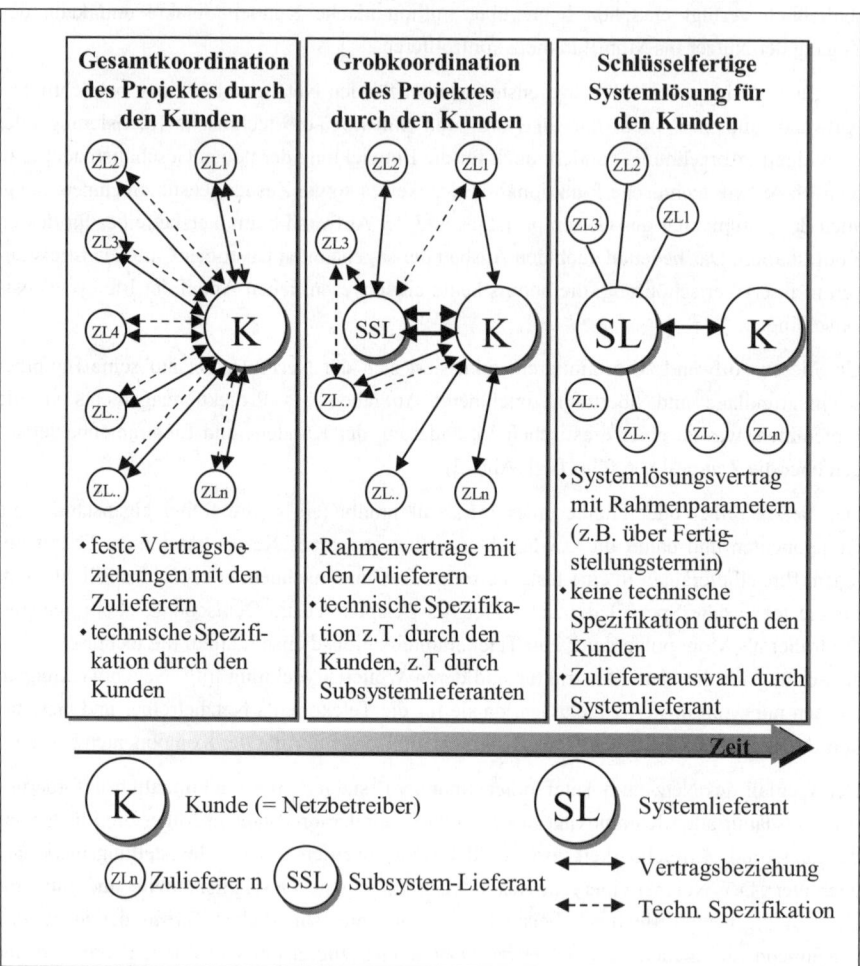

Abb. 3: Konsequenzen der Kernprozess-Fokussierung bei Netzbetreibern

nur die schlüsselfertige Lieferung eines funktionsfähigen Mobilfunknetzes fordern, sondern den Gesamtlieferanten auch als alleinigen Ansprechpartner wünschen. Diesem Anbieter von Mobilfunknetz-Infrastruktur wird die Verantwortung für die Kompatibilität der Anlagenteile, das Risiko für die Ausfallsicherheit des Netzes, die Entwicklung völlig neuer Geschäftsmodelle und die gesamte Projektkoordination bis hin zur schlüsselfertigen Übergabe zu einem gewünschten Termin vollständig übertragen. Diese Entwicklung zwingt die wenigen Anbieter von Netzinfrastruktur zur Systemfähigkeit.

1.3 Was heißt Systemfähigkeit?

Der Systembegriff kann recht unterschiedlich gefasst werden. Im technischen Sinne beschreibt ein System „eine in einem betrachteten Zusammenhang gegebene Anordnung von Gebilden, die miteinander in Beziehung stehen. Diese Anordnung wird aufgrund bestimmter Vorgaben gegenüber ihrer Umgebung abgegrenzt" (3). Ein technisches System lässt sich beispielsweise dadurch bestimmen, dass seine Bestandteile innerhalb des Systems komplexere Schnittstellen aufweisen als zu ihrer Umgebung.

Der Begriff Systemfähigkeit bezeichnet die Kompetenz des Auftragnehmers, verschiedenste, auch unternehmensexterne Leistungen zu einem kundenspezifischen Problemlösungspaket zu schnüren. Systemfähigkeit bedeutet damit, kundengerechte Einzelleistungen als umfassende Systemangebote kundenspezifisch zusammenzustellen und dem Kunden als seine Problemlösung zu vermarkten (4). Auch Netzbetreiber erwarten von Infrastruktur-Anbietern Systemfähigkeit (vgl. Abb. 4).

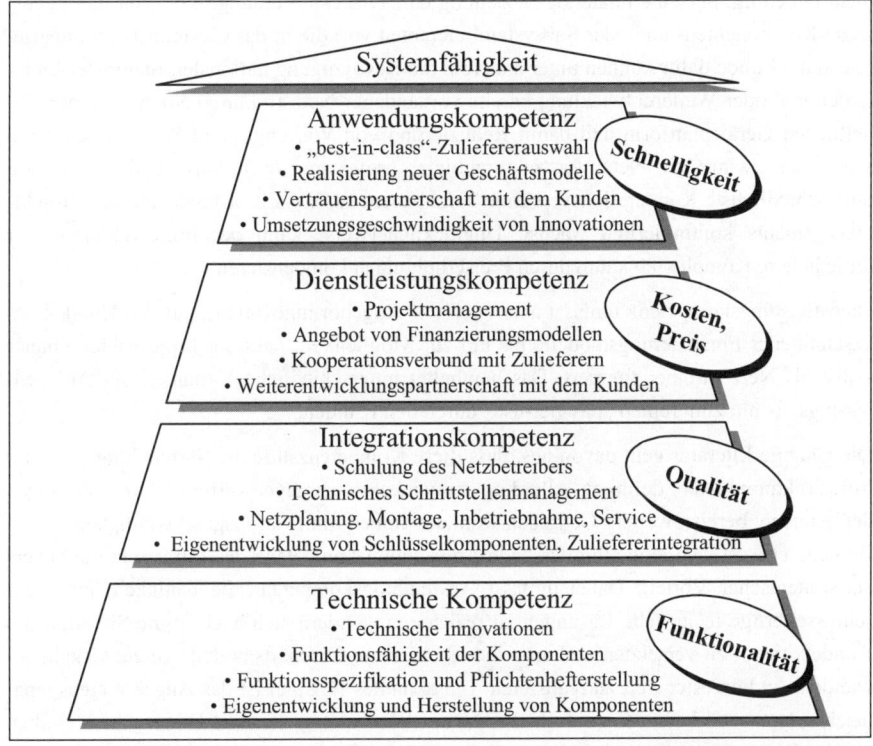

Abb. 4: Komponenten der Systemfähigkeit und ihre Erfolgsfaktoren

Früher definierte sich ein Infrastrukturanbieter über die technische Exzellenz seiner Produkte. Sie waren Kern der jeweiligen Corporate Identity und wurden ausschließlich vermarktet. Seine technische Kompetenz demonstrierte ein Infrastrukturanbieter primär über die Funktionalität und die technische Qualität seiner Komponenten und des dafür erforderlichen Managementprozesses wie Pflichtenhefterstellung, Entwicklung und Test.

Mit zunehmender Anzahl von Wettbewerbern aber auch von weltweit verfügbaren Lieferanten rückt zusätzlich das Kriterium Qualität des techniknahen Services und die Integrationskompetenz in den Vordergrund. Dabei spielten die Fähigkeit zu Netzplanung, -aufbau und

Inbetriebnahme, Anwenderschulung des Netzbetreibers sowie Service bis hin zur Außerbetriebnahme eine größere Rolle und erweitern das Kerngeschäft bis hin zur Integration fertiger Komponenten verschiedenster Lieferanten.

Heute erwarten die Netzbetreiber eine noch höhere Flexibilität was den Einsatz von Geräten unterschiedlicher Hersteller betrifft: Es geht nicht nur um die Nutzung zugelieferter Geräte, sondern auch deren Weiter- und Neuentwicklung bis hin zu einem mittelfristigen Kooperationsverbund mit Subsystemlieferanten. Gleiches gilt auch zwangsläufig für die Kundenseite in dem Maße, wie der Kunde eigene technische Entwicklungskompetenz abbaut, was zur Etablierung von Weiterentwicklungspartnerschaften mit dem Netzinfrastrukturanbieter führt. Eine umfassende Dienstleistungskompetenz ist die Basis dieser Partnerschaft, die aber nicht unbedingt nur eine bilaterale Beziehung darstellt. Der Kunde gibt oft von ihm bevorzugte Komponenten- und/oder Subsystemlieferanten vor, die in das Gesamtnetz zu integrieren sind. Gründe dafür können unter anderem die Bevorzugung nationaler, regionaler Lieferanten und/oder Weiterentwicklung bereits vorhandener Netzstrukturen auf Basis einer einheitlichen Geräteplattform und damit Reduzierung von Wartungs- und Schulungsaufwand sein. Dies zwingt die Netzinfrastrukturanbieter projektspezifisch kurz- und mittelfristig unterschiedlichste Kooperationsverbünde aufzubauen, so dass die Komplexität des Projektmanagements kontinuierlich wächst. Unglücklicherweise kann der Infrastrukturanbieter diese höhere Komplexität kaum durch Preiserhöhungen kompensieren.

Dienstleistungskompetenz umfasst aber auch das Angebot innovativer, auf den Kunden zugeschnittener Finanzierungsmodelle bis hin zur Möglichkeit, dass der Infrastrukturanbieter selbst als Netzbetreiber fungiert. Das beinhaltet unterschiedliche Varianten des Anlagenleasings bis hin zum reinen „pay-per-use" durch den Kunden.

Die gängige Literatur geht davon aus, dass diese Kompetenzstufe die Systemfähigkeit eines Infrastrukturanbieters definiert. Allerdings entwickeln sich gegenwärtig die Anforderungen der Kunden bereits weiter. Getrieben von der hohen Innovationsgeschwindigkeit dieser Branche erweist sich eine allumfassende Anwendungskompetenz des Infrastrukturanbieters als strategischer Vorteil. Dabei umfasst Anwendungskompetenz die Fähigkeit, nicht nur schlüsselfertige technische Lösungen zu realisieren, sondern sich auch in die Situation des Kunden hinein zu versetzen und an seiner Stelle neue Geschäftsmodelle zu entwickeln sowie diese in kürzester Zeit zu realisieren. Ein aktuelles Beispiel ist das Angebot eines japanischen Netzbetreibers, seinen Teilnehmern auf Wunsch täglich neue Bilder und Melodien auf das Display des Mobiltelefons zu schicken. Hier zeigt sich deutlich, dass das Mobilfunkgeschäft zunehmend auch emotional geprägt ist. Die Entwicklung einer solchen Anwendungskompetenz erfordert die Aufgabe tradierter Denkweisen und führt zu einem doppelten Paradigmenwechsel.

1.4 Schnelligkeit vor Preis vor Qualität vor Funktionalität

Das Vertrauen des Kunden darauf, vom Systemlieferanten immer die beste Lösung zu erhalten, stellt ein erstes Paradigma dar. Allerdings kann sich dieses Vertrauen in die Systemfähigkeit eines Anbieters nur aus seiner technologischen Kompetenz heraus entwickeln (5). Ein branchenfremder Dienstleister, der nur das Projektmanagement beherrscht, stellt kaum einen ernstzunehmenden Partner im Geschäft mit Systemlösungen dar.

Im Extremfall kann diese Entwicklung dazu führen, dass ein Infrastrukturanbieter gar keine eigenen Hard- und Softwarekomponenten mehr verkauft, sondern ausschließlich für das Projektmanagement zur schlüsselfertigen, schnellstmöglichen Übergabe der Gesamtlösung verantwortlich zeichnet. Es setzt sich also zunehmend die Denkrichtung durch, jede Systemkomponente eines Mobilfunknetzes einem konsequenten internationalen Benchmarking zu unterziehen und jeweils nur von „best-in-class" Lieferanten zu beziehen. Nur wer als Infrastrukturanbieter diese „best-in-class" Philosophie vollständig in die internen Geschäftsprozesse integriert hat, kann bei den Kunden als vollständig systemfähig gelten.

Das zweite Paradigma bezieht sich auf die Frage: Was bedeutet „best-in-class"? Stand noch vor kurzem die Produktqualität mit ihren technischen Merkmalen wie Sprachqualität, Netzverfügbarkeit oder Kapazität im Vordergrund, so bestimmen heute Faktoren wie Schnelligkeit und Kreativität den Erfolg (vgl. Tab. 1).

	Anfang 90er Jahre	Ende 90er Jahre	Ab 2000 -?
Märkte/ Kunden	Wenige, etablierte Kunden aufgrund von Mono- und Oligopolen der Netzbetreiber; Klare Wettbewerbssituation	Steigende Konkurrenz unter den Netzbetreibern (4 und mehr pro Land); zunehmende Bedeutung von Alleinstellungsmerkmalen	Etablierte Betreiber positionieren sich in neuen Märkten und Geschäftsfeldern (z.B. e-business, m-business, UMTS)
Produktmerkmale	<eigene Hardware mit zugekaufter Software (Komponenten für Netzinfrastruktur)	Software in Verbindung mit schneller Verfügbarkeit; steigende Unabhängigkeit der Software von der Hardware	Systemlösungen und Anwendungen; neue Geschäftsmodelle
Zulieferer	Wenige feste oder gar keine Partner	Vertraglich geregelte, feste Partnerschaften mit statischer Aufgabenteilung (10 – 15 feste Zulieferer)	Häufig wechselnde Zulieferer in Abhängigkeit des Kundenbedarfs; „best-in-class" Partnerschaften mit ca. 50 Zulieferern
Erfolgsfaktoren	Funktionalität	Qualität (z.B. Netzverfügbarkeit, Sprachqualität, Kapazitätserweiterung) und Preis	Schnelligkeit, Kreativität

Tab. 1: Situations-Zeit-Vergleich eines Mobilfunk-Infrastrukturanbieters aus unternehmensexterner Sicht

Dies allein stellte noch keinen bedeutenden Paradigmenwechsel dar: Bei gleichbleibend hoher Funktionalität und Qualität zu sinkenden Preisen schneller anzubieten, ist die gängige Forderung aller Märkte. Zum Paradigmenwechsel wird es erst, wenn der Kunde zugunsten der Schnelligkeit auf Qualität oder Funktionalität bewusst verzichtet.

Ein Beispiel hierfür stellt die Einführung des Wireless Application Protocol (WAP) dar. Einige Netzbetreiber und Diensteanbieter haben bereits Ende 1999 auch aufgrund des Drucks im Betreiberwettbewerb massiv diese Schnittstelle zwischen Internet und Mobiltelefon beworben, die es dem Teilnehmer ermöglicht, per Mobiltelefon auf Informationen aus dem Internet zuzugreifen. Voraussetzung hierzu ist allerdings ein WAP-fähiges Mobiltelefon, das zu diesem Zeitpunkt noch von keinem Anbieter verfügbar war. Des weiteren ist festzustellen, dass bei deren Einführung die Nutzer erhebliche Einschränkungen hinnehmen mussten: So erwies sich die nach GSM-Standard übliche Übertragungsrate von 9,6 kbit/s als nicht hinreichend für Internetanwendungen. Hier sollen zwischenzeitlich durch General Packet Radio Services (GPRS) und High Speed Circuit Switched Data (HSCSD) unter GSM höhere Datenraten erzeugt werden und in Zukunft der neue Standard UMTS für Abhilfe sorgen. Aber auch die herkömmlichen mobilen Endgeräte sind aufgrund ihres kleinformatigen Displays nur sehr bedingt für den Zugriff auf die Informationsfülle des World Wide Web geeignet. Für Videokonferenzen, Bildtelefonate und andere Internetanwendungen werden daher schon heute neuartige Geräte mit großen Displays konzipiert, die mit den bekannten Mobiltelefonen oder Organizern nur noch wenig gemein haben (vgl. Abb. 5).

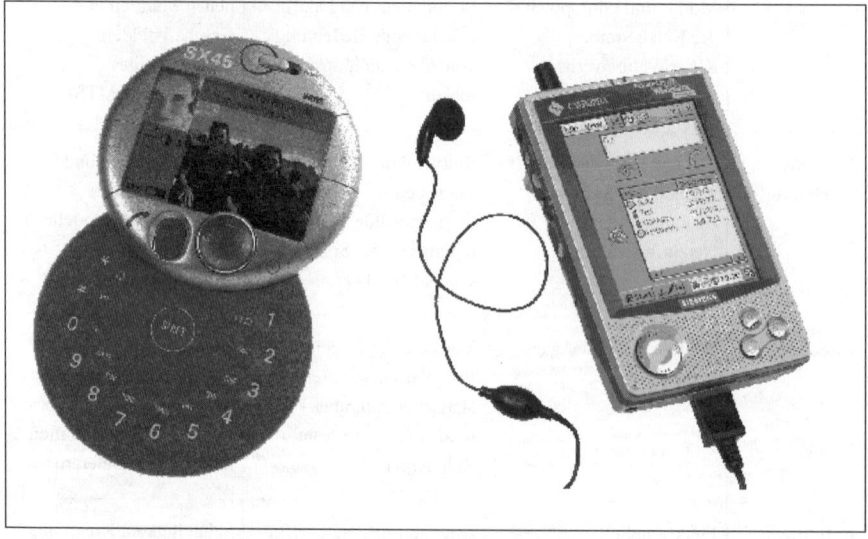

Abb. 5: Siemens Design Studie eines UMTS-Mobiles der Zukunft (links) und eines Mobile Pocket Computers (rechts)

Schnelligkeit betrifft aber nicht nur die Realisierung neuer technischer Produkte und Zusatzdienste, sondern auch die Entwicklung und Umsetzung neuer, kreativer Geschäftsmodelle wie mobile Web-Portals, Börsendienste und Reiseführer. Die Dominanz des Erfolgsfaktors Schnelligkeit vor Preis vor Qualität und vor Funktionalität hat beispielsweise folgende Gründe:

- nahezu völlige Gleichheit der Basisangebote von Netzbetreibern (z.B. D1, D2, Viag Interkom, E-plus, ...),

- sehr geringe Kundenbindung oder Markentreue der Netzteilnehmer aufgrund einfacher Netz-Wechselmöglichkeiten und preiswerter prepaid-Komplettangebote und

- Timing-Strategie: First-to-market sichert die größten Marktanteile und damit einen return-on-investment bei immer kürzeren Innovationszyklen.

Sicherlich erscheint die genannte Reihenfolge der Erfolgsfaktoren fragwürdig, insbesondere wenn es darum geht, Qualitätsmaßstäbe zugunsten der Schnelligkeit zu relativieren. Aber es gilt gerade hier: Je kürzer die Lebensdauern von innovativen Lösungen, desto drastischer die Ergebniseinbuße durch eine zu lange Entwicklungszeit (6). Hauptgründe dafür liegen darin, dass

- lange Entwicklungszeiten mit einer erheblichen Ressourcenbindung verbunden sind und

- bereits unmittelbar nach Markteinführung der Innovationen ein starker Preisverfall einsetzt, so dass Anbieter mit langen Entwicklungszeiten sich zusätzlich mit tieferen Preisen zufrieden geben müssen.

Ansatzpunkte zur Beschleunigung von Innovationsprozessen sind schon seit einiger Zeit Gegenstand des Innovationsmanagements. Als wohl einhellige Meinung hat sich dabei auch die herausragende Bedeutung der Organisation herauskristallisiert. Fraglich ist nun, ob diese komplexe Herausforderung allein durch Parallelisierung der Prozessschritte bewältigt werden kann oder ob nicht noch weitergehende organisatorische Änderungen erforderlich sind.

2 Mehrdimensionale Dynamik – Organisatorische Evolution oder Revolution?

Die Anforderungen, die das Systemgeschäft an einen Systemanbieter stellt, folgen einer seit langem praktizierten einfachen – um nicht zu sagen „eindimensionalen" – Dynamik: es galt, immer kürzere Innovationszyklen bei gleichzeitig sinkenden Preisen zu realisieren. Diese Marktanforderungen sind aus vielen Branchen schon seit langer Zeit bekannt, und jede Unternehmensorganisation reagierte durch eine ebenso eindimensionale Dynamik: Simultaneous Engineering verkürzt Produktentwicklungszeiten durch Überlappung und Parallelisierung aller Prozessschritte, CAD-Systeme beschleunigen jeden Prozessschritt und Virtual Prototyping simuliert komplexe Produktstrukturen, bevor Zeit und Geld in physische Modelle investiert werden. Wir haben also in den 90er Jahren gelernt, in unseren konventionellen Organisationen unter Einsatz moderner Werkzeuge in gewissen Grenzen schneller zu werden (vgl. Tab. 2).

Gegenwärtig erreicht die technische Optimierung der Prozessschritte einen Punkt, an dem weitere Beschleunigungseffekte nur mit einem unverhältnismäßig hohen Aufwand zu erreichen wären. Der drastische Wettbewerb der Netzbetreiber verlangt aber eine weitere Verkürzung der Innovationszyklen, dem ein Systemanbieter nicht mehr mit den klassischen Methoden allein begegnen kann. Der einzig betriebswirtschaftlich sinnvolle Ausweg aus dieser Situation eröffnet sich darin, ganze Prozessschritte auch im Umfeld der technischen Entwicklung in Frage zu stellen (7). Ziel muss es daher sein, eine „mehrdimensionale Dynamik" in der Organisation zu schaffen, um weitere Beschleunigungseffekte sicherzustellen.

	Anfang 90er Jahre	Ende 90er Jahre	Ab 2000 -?
Innovations-zyklus	1 x pro Jahr; große Produktänderungen alle 2 Jahre	2 x pro Jahr; große Produktänderungen 1 x pro Jahr	4 x pro Jahr bis hin zu kundenindividuellen Releases
Innovations-prozess	Eingespielte, sequentielle Prozesse im eigenen Unternehmen; Entwicklungsdauer 18 – 36 Monate	Parallelisierung der Abläufe unter Einbeziehung aller Beteiligten; Entwicklungsdauer 9 – 18 Monate	Unternehmensübergreifende Projektteams; Entwicklungsdauer 1 Woche – 3 Monate
Organisation	Klare Aufgabenteilung, Funktionale Organisation	Stärker integrierte Abläufe, cross-functional teams mit fester Aufgabenzuordnung	Unternehmensübergreifende interdisziplinäre Projektteams mit loser Aufgabenzuordnung
Qualifika-tionsanfor-derungen	Technische Spezialisten aus dem eigenen Unternehmen mit ausgeprägtem Produktverständnis	Spezialisten mit ausgeprägtem Verständnis von Produkt- und Systemabhängigkeiten und -schnittstellen	Spezialisten und Generalisten mit der Fähigkeit, Kundenbedarfe und Business Opportunities zu antizipieren und umzusetzen

Tab. 2: *Situations-Zeit-Vergleich eines Mobilfunk-Infrastrukturanbieters aus unternehmensinterner Sicht*

Ein Beispiel hierfür stellt die vertragliche Ausgestaltung und technische Spezifikation im Systemgeschäft dar. Sichert heutzutage ein Systemanbieter die Kooperation mit seinen Lieferanten über komplexe Vertragswerke auf Basis technischer Produktspezifikationen ab, bleibt zukünftig dafür kaum noch Zeit. Eine sequentielle Vorgehensweise – erst verhandeln, dann entwickeln – gehört damit der Vergangenheit an. Außerdem gilt: Ein hoher Grad an Innovation lässt keine vorab fest definierte technische Spezifikation zu, die Verhandlungsgegenstand sein könnte. An die Stelle des konventionellen Detailvertrages tritt dann ein offener Rahmenvertrag über eine Entwicklungspartnerschaft, der im wesentlichen die groben Entwicklungsziele definiert und die Anteile am Gesamtentwicklungsrisiko regelt. Vertrauen ersetzt hier wo immer möglich Paragrafen.

Einen noch größeren Vertrauensbeweis liefern zukünftig die Ingenieure: Sie müssen ohne vorab detailliert beschriebene Spezifikationen in unternehmensübergreifenden interdisziplinären Teams gemeinschaftlich neue Produktfunktionen entwickeln. Das bedeutet:

- Lieferanten erhalten kein feststehendes Entwicklungsdatenblatt als Input vom Kunden,

- während der Entwicklungszeit ändern sich technische Rahmendaten aufgrund zusätzlicher Anforderungen oder veränderter Wünsche des Netzbetreibers,

- zwischen den Entwicklungsteams ändern sich technische Schnittstellendaten aufgrund neuer Erkenntnisse im Entwicklungsverlauf,

- ein definitives „Design Freeze" verlagert sich auf einen extrem späten Zeitpunkt im Projektablauf,

- die Zeitspanne für Produktintegrationstest und -optimierung verkürzt sich extrem oder verlagert sich sogar zum Kunden und

- die technische Komplexität neuer Funktionen wie GPRS oder HSCSD verlangt häufig nach Funktionstests, auch wenn die Standardisierung noch gar nicht abgeschlossen ist.

Je radikaler die geforderten Innovationen sind, desto schwerer lassen sich Entwicklungsziele und -schritte im Voraus fixieren. Die Systemanbieter unterliegen somit einer permanenten „mehrdimensionalen Dynamik" der technischen und juristischen Vorgaben, der Lieferantenstrukturen, der Zusammensetzung von Entwicklungsteams und damit auch der Qualifikationsanforderungen, und das auch während der Entwicklungs- und Implementierungsphase. Wer auf dieser Basis ständig mit beweglichen Zielen arbeitet, überfordert seine konventionelle Organisation und muss daher eine neue Kultur der Zusammenarbeit entwickeln ((2), (8), (9)).

Diese neue Kultur bezieht sich auf alle dem eigentlichen Projekt vorangestellten Aufgaben und auf die Projektarbeit selbst. Die Phasen der Projektanbahnung und -vorbereitung lassen sich unter folgenden Bedingungen wesentlich effizienter und schneller gestalten (vgl. Abb. 6):

- Der Systemanbieter baut eine Kooperationsplattform auf, die alle leistungsfähigen Lieferanten umfasst.

- Im Rahmen dieser Kooperationsplattform haben sich alle Lieferanten auf einheitliche IT-Systeme oder kompatible Kommunikationsschnittstellen geeinigt.

- Alle potenziellen Anbieter und Lieferanten von Komponenten oder Subsystemen werden permanent vom Systemanbieter evaluiert, unabhängig davon, ob sie gerade in einem Projekt zusammenarbeiten oder nicht. Dies stellt sicher, dass zu Projektstart kurzfristig auf die besten Lieferanten zugegriffen werden kann, ohne Zeit mit einer klassischen Lieferantensuche, -bewertung und -auswahl zu verlieren.

- Weitere Minimierung der Zugriffszeiten auf Lieferanten ist zu erreichen, indem beispielsweise die aktuelle Kapazitätsplanung oder Preisstruktur des Lieferanten dem Systemanbieter bekannt ist. Allerdings handelt es sich hier um sensible firmenspezifische Daten des Lieferanten, der einen solchen Schritt sicher nur bei einer gewissen Kontinuität der Zusammenarbeit zulässt. Gerade hier ermöglicht moderne Informationstechnologie einen Online-Austausch aktueller Planungsdaten und begünstigt auch die damit einhergehenden organisatorischen Veränderungen (10).

- Projektspezifisch stellt der Systemanbieter verschiedene Lieferanten der Kooperationsplattform zusammen, es bildet sich ein „aktiviertes Netzwerk", das für die Projektdauer existiert.

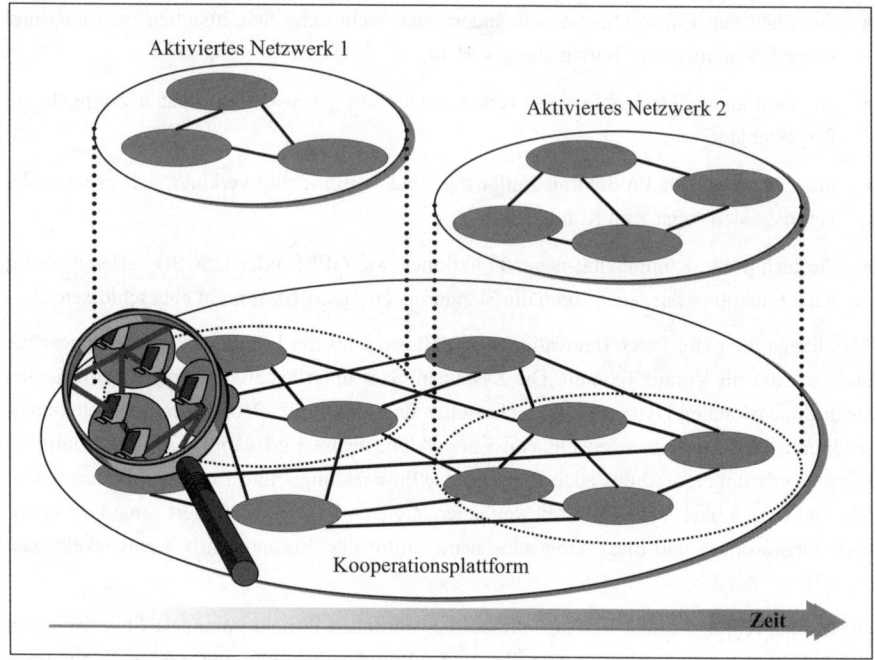

Abb. 6: Evolution von Unternehmensnetzwerken (nach (2))

Diese Art der Zusammenarbeit mit temporär aktivierten Unternehmensnetzwerken auf Basis eines IT-unterstützt vernetzten Lieferantenpools feiert die Fachliteratur derzeit unter Begriffen wie „virtuelles Unternehmen", „Tele-Organisation" oder „grenzenloses Unternehmen" und unterstellt teilweise sogar eine revolutionär neue Organisationsform. Allerdings bedient sich die Investitionsgüterindustrie bereits seit langem dieser Art der Kunden-Lieferanten-Kooperation. Neu daran ist allerdings die Tatsache, dass wesentlich mehr Lieferanten für gleiche Komponenten und Subsysteme potenziell verfügbar gehalten werden, und die permanente Evaluation sowie datentechnische Transparenz die Zeiten für die Zusammenstellung eines auftragsspezifischen Projektteams drastisch verkürzen.

Kann man die Projektvorbereitung noch durch die genannten Maßnahmen einer gewissen Formalisierung unterwerfen, gilt dies für die Projektdurchführung immer seltener. Insbesondere bei Projekten mit hohem Innovationsgrad weist die Projektorganisation immer weiter fortschreitende informelle Strukturen auf. Hier basiert die Zusammenarbeit auf kreativen, experimentierfreudigen Mitarbeitern und Führungskräften mit einem hohen Maß an Selbständigkeit. Gerade Führungskräfte finden sich in einer Arbeitsatmosphäre des „Trial and Error" gepaart mit völliger Aufgaben- und Datentransparenz nicht immer leicht zurecht. Dennoch sind sie es, die auch auf Basis unsicherer Fakten Entscheidungen herbeizuführen haben, um den Termin- und Kostenplan einzuhalten. Dies lässt sich nur in einer Arbeitskultur verwirklichen, die ein hohes Maß an Fehlertoleranz gewährleistet und dies auch unternehmensübergreifend mit den Entwicklungspartnern praktiziert. Vertrauen und eine gemeinsame Vision ersetzen hier Weisungshierarchien. Gerade aber hier offenbart sich, dass der Mitarbeiter nicht nur mit seinen technischen Fähigkeiten, sondern insbesondere mit seiner sozialen, kommunikativen und besonders individuellen Kompetenz der entscheidende Erfolgsfaktor wird (11).

3 Personelle Konsequenzen

3.1 Systemfähigkeit auch bei den Mitarbeitern – Alleskönner als Vision

Selbständigkeit, Belastbarkeit, Flexibilität, Fehlertoleranz, technische Versiertheit gepaart mit Individualität und Managementqualitäten; wo gibt es solche Mitarbeiter? Sicherlich erscheinen diese Anforderungen als Vision, als kaum zu erreichende Wunschvorstellung. Dennoch können Systemanbieter komplexer Investitionsgüter nicht mehr mit der klassischen Aufgabentrennung in Technik-Experten und Manager ihre Spitzenpositionen im Wettbewerb sichern. Das interdisziplinäre multifunktionale Projektteam muss Ziel eines konsequenten Personalmanagements sein. Daraus leiten sich die Vorgaben sowohl für das Recruiting als auch für die Personalentwicklung ab.

Die Entwicklung der letzten Jahre hat bereits zu einer beachtlichen Flexibilisierung der Mitarbeiter geführt. Meist erfolgte diese Erweiterung der Kompetenzen durch die jeweilige Arbeitssituation im Projekt: Arbeiten in einer Fremdsprache wird im internationalen Systemgeschäft zur Selbstverständlichkeit. Darüber hinaus entwickelte sich die Nutzung moderner Kommunikationsmedien zur täglichen Arbeitsgrundlage. Weitere Anforderungen ergeben sich aus den Charakteristika des Systemgeschäftes und durch die zum Teil hoch innovativen Projekte:

- Arbeiten unter permanenter Änderung technischer und wirtschaftlicher Parameter,
- Entwicklung einer offenen Diskussionskultur,
- Überwindung der mentalen Barrieren bei der Diskussion alternativer Lösungsprinzipien anderer Entwicklungsteams („not-invented-here-Syndrom"),
- hohe Motivationsfähigkeit und ausgeprägte Selbständigkeit,
- die Fähigkeit, häufig zwischen freien kreativen Phasen und intensiven Ausarbeitungsphasen zu wechseln und
- nicht immer nach der allumfassenden Perfektlösung zu suchen, sondern auch mit der zweitbesten Variante leben zu können; gerade der Grundsatz Schnelligkeit vor Preis vor Qualität vor Funktionalität fordert hier ein radikales Fokussieren auf die Mindestanforderungen des Kunden.

Die letzten beiden Punkte betreffen gerade die Führungskräfte, die „ihre" Spezialisten immer wieder auf den Boden der terminlichen und betriebswirtschaftlichen Realität zurückholen müssen. Ihnen fällt in dieser Situation eine Mittlerrolle zu, die Kundenanforderungen in Entwicklungsaufgaben zu transformieren, deren Ausführung zu kontrollieren oder aufgrund technischer Unverträglichkeiten den Kunden auch zur Änderung seiner Anforderungen zu bewegen. Diese Schnittstelle zwischen Kunde und Detail-Entwicklung bedarf einer Querschnittsqualifikation aus betriebswirtschaftlichem und technischem Know-how, die heute leider immer noch selten ist. Die Vision ist: Jeder kann alles und jeder im Projektteam macht, was gerade ansteht. Diese Philosophie würde eine optimale Projektarbeit gewährleisten, die reine Führungsaufgaben auf ein Minimum reduziert.

3.2 Konsequenzen für das Personalmanagement

Welche Aufgaben kommen damit auf die Personalentwicklung zu? Ingenieure zu Managern schulen oder Manager mit Ingenieurwissen versorgen? Welche Zielgruppe eignet sich besser? Ist es leichter aus einem Ingenieur einen Manager zu machen oder umgekehrt? Ganz abgesehen davon ist es meist nicht damit getan, Ingenieuren Kostenrechnung beizubringen: Viel größere Defizite liegen oft in der Kommunikation mit Kunden, der Präsentation oder dem strategischen Denken und Handeln. Ähnlich sieht es mit Managern aus: Wer strategisch Denken gelernt hat, begeistert sich nur selten für Detailprobleme der Hochfrequenztechnik, selbst wenn die mathematischen Grundkenntnisse noch ausreichten.

Eine definitive Antwort auf diese Frage wird sich kaum finden lassen. Sicher jedoch ist, dass nur eine Mischung aus Schulung und einem großen Anteil „Training-on-the-job" den richtigen Weg weist (12). Wie aber bringt man einen Entwickler dazu, sein angestammtes Terrain zu verlassen und im Bereich der kommunikativen, strategischen Kompetenz aufzurüsten? Das Motivationsmittel Personalverantwortung, Prestige, Macht oder Aufstieg steht heute in flachen Projektstrukturen mit wenigen Leitungsfunktionen kaum zur Verfügung, und selbst wenn es zur Verfügung stünde: Ein „echter" Ingenieur sieht darin nicht unbedingt einen Anreiz. Das gleiche gilt für Manager: Anerkennung durch die Techniker, weil man nach der Weiterbildung jetzt einer von ihnen ist? Ohne entsprechenden Titel ist das wohl kaum zu erwarten und dann scheint dies auch nur ein zweifelhafter Anreiz.

Kommt man also wieder zurück auf sehr klassische Motivationsmittel wie monetäre Anreize? Ein Modell, das sich seit Jahren in der Produktion bewährt hat, kann mit Modifikationen durchaus auf den Forschungs- und Entwicklungsbereich übertragen werden. Prämienlohnsysteme, die wechselnde Tätigkeiten und Multiqualifikation honorieren, lösen das Zeitlohnsystem ab. Da gerade Fähigkeiten wie soziale, strategische Kompetenz nur mit viel Übung perfektioniert werden können, wird eine entsprechende Prämie nur gezahlt, wenn der Mitarbeiter auch nachweislich regelmäßig einen gewissen Anteil seiner Monatsarbeitszeit in seiner Zweit- und Drittqualifikation gearbeitet hat.

Die Erfahrungen im gewerblichen Bereich vieler Produktionsbetriebe beweisen, dass dies in einem Arbeitsteam sehr schnell dazu führt, dass jeder Mitarbeiter selbst darauf achtet, in verschiedenen Funktionen zu arbeiten. Hier kommt man dem Ideal „jeder kann alles, und jeder macht, was gerade anfällt" bereits heute sehr nahe. Es gibt keinen Grund, warum dieses Prinzip im Bereich Forschung und Entwicklung nicht ebenso funktionieren sollte. Als einzige Einschränkung sollte man allerdings akzeptieren, dass aufgrund der individuellen Persönlichkeit in einem Team hochspezialisierter Forscher nie alle in die neue Rolle hineinwachsen können oder wollen. Um diese Mitarbeiter nicht auszugrenzen, müssen sich Prämien – vielleicht etwas reduziert – auch auf technische Mehrfachqualifikation beziehen. Eine weitere Möglichkeit besteht darin, Prämien an ein Team auszuschütten, um Einzelegoismen zu vermeiden. Hierdurch wird möglicherweise auch das Verständnis gefördert, Aufgaben von anderen bei Bedarf zu übernehmen, um das Team zum Erfolg zu führen.

Monetäre Anreize sind aber sicherlich nicht die einzigen Motivationsmittel. Überhaupt stellt sich die Frage, ob „von außen" motiviert werden kann oder ob dies nicht vielmehr zu einer Abhängigkeit führt. Alternativen wie die gemeinsame Vision, die persönliche Erfüllung durch die Lösung einer schwierigen Aufgabe oder ein starkes Zusammengehörigkeitsgefühl der Gruppe können ungleich wirkungsvoller sein. Insbesondere Entwickler lassen sich durch die Arbeit an einer innovativen, anspruchsvollen und ruhmträchtigen Herausforderung oft mehr begeistern als durch jede Prämie.

Welchen Weg man auch wählt geeignete Mitarbeiter in Forschung und Entwicklung auszuwählen und an neue Aufgaben heran zu führen: Es bleibt gerade hier an der Schnittstelle zwischen technischem Expertentum und kundenorientiertem Projektmanagement eine der schwierigsten Aufgaben im modernen Personalmanagement.

Summary

The internet emerges a business world, the so-called „new-economy", which creates completely new services and business models. In addition to that, it enables the old economy, due to its standardized system platform, to offer additional services much faster and using worldwide cooperations. The consumer goods industry takes advantage from the internet by offering intensified customer relationship and more transparent supply chains, whereas for the industrial goods branch the internet particularly reveals completely new business models. This requires a change in views and thinking, as the customers do not simply expect excellent standard products, but customized, turn-key problem solutions out of one hand. To realize these demands at ever shortening innovation cycle times, a consequent integration of the elements personnel, organisation and technology is needed.

The Siemens business field Information and Communication Mobile (ICM) is one of the small leading group members of turn-key suppliers for modern mobile network infrastructure. It demonstrates already today its capability to develop the best technical solutions for its customers fast and to evolve to a supplier of complete mobile networks. In addition to that, it became a reliable partner in generating promising and customized business models and giving consultancy wherever needed. The complexity of such facilities exceeds increasingly the competence of a mere product manufacturer and inevitably leads to a widing of competences in the direction of a solution or system capability. The numerous tasks a system supplier has to fulfil suggest a confidence-based partnership with suppliers and customers. Such partnerships enable ICM to realize also uncommon ideas and customer requirements at constant high quality in shortening innovation cycles. For that, a failure tolerant organisation with people who are encouraged to experiment is an inevitable prerequisite.

Anmerkungen

(1) www.durlacher.com, Mobile Commerce Report. United Kingdom: Durlacher Research Ltd., Stand: Mai 2000.

(2) *Schuh, G./Millarg, K./Göransson, A.*: Virtuelle Fabrik: neue Marktchancen durch dynamische Netzwerke. München, Wien: Carl Hanser Verlag, 1998.

(3) DIN 19226, Teil 1. Regelungstechnik und Steuerungstechnik. Allgemeine Grundbegriffe. Berlin: Beuth Verlag, 1994.

(4) *Dittler, T.*: Das Systemgeschäft – worauf es ankommt. In: Harvard Business Manager, Nr. 4, 1995, S. 29-34.

(5) *Weule, H.*: Technologiemanagement im integrierten Technologiekonzern. In: *Zahn, E.* (Hrsg.): Handbuch Technologiemanagement. Stuttgart: Schäffer-Poeschel Verlag, 1995, S. 727-757.

(6) *Gassmann, O./v. Zedtwitz, M.* (Hrsg.): Internationales Innovationsmanagement. Gestaltung von Innovationsprozessen im globalen Wettbewerb. München: Verlag Franz Vahlen, 1996.

(7) *v. Braun, C.-F.*: Der Innovationskrieg. Ziele und Grenzen der industriellen Forschung und Entwicklung. München, Wien: Carl Hanser Verlag, 1994.

(8) *Reichwald, R./Möslein. K./Sachenberger, H./Englberger, H.*: Telekooperation. Verteilte Arbeits- und Organisationsformen. 2. Auflage. Berlin, Heidelberg: Springer Verlag, 2000.

(9) *Scholz, C.*: Strategische Organisation. Prinzipien zur Vitalisierung und Virtualisierung. Landsberg/Lech: mi, Verlag Moderne Industrie, 1997.

(10) *Bauer, S./Stickel, E.*: Auswirkungen der Informationstechnologie auf die Entstehung kooperativer Netzwerkorganisationen. In: Wirtschaftsinformatik 40, 1998, S. 434-442.

(11) *Sprenger, R. K.*: Aufstand des Individuums. Warum wir Führung komplett neu denken müssen. Frankfurt/Main, New York: Campus Verlag, 2000.

(12) *Gidion, G.*: Qualifizierung in dezentralen Strukturen. In: Effizientes Informationsmanagement in dezentralen Strukturen. Hrsg.: *Bullinger, H.-J.* Berlin, Heidelberg: Springer Verlag, 1999, S. 95-124.

Zum Wandel von Produktionsparadigmen in internationalen Organisationen – Die Adaption des Toyotaproduktionssystems in der Automobilindustrie

Hajo Weber / Martina Wegge

Zusammenfassung

Die Annahme, dass internationale Organisationen im Verlaufe ihrer Entwicklung gleiche Organisationseigenschaften ausprägen, ist unwahrscheinlich. In den internationalen Organisationen der Automobilhersteller wird dies jedoch im internationalen Maßstab versucht. Es ist eine weitgehend offene Frage, inwieweit der Trend zur weltweiten homogenen Ausgestaltung von Organisationen in der Autoindustrie realisiert wird. Auf der einen Seite findet man Deklarationen von führenden Automobilherstellern, international ein gleiches Produktionssystem einzuführen, mit der Konsequenz, dass die Organisationen im internationalen Kontext einen homogeneren Charakter bekämen. Auf der anderen Seite ist es eine offene Frage, in wieweit nationale Besonderheiten des gesellschaftlichen Kontextes zu Variationen führen. Gleichwohl kann die Entwicklung der internationalen Organisationen der Automobilindustrie bezogen auf die die Organisationseigenschaften prägenden Produktionsparadigmen in drei Phasen geteilt werden. Die nur kurze Zeit andauernde Phase der Handwerksproduktion (Craftproduction) wurde in den 20er und 30er Jahren von einer Phase der Massenproduktion (Massproduction) abgelöst, die seit den 90er Jahren eine Reorientierung durch das Toyota-Produktionssystem (TPS) erfährt und unter den Label „Schlanke Produktion" (Leanproduction) firmiert. Der Beitrag diskutiert die Ausgangslage und die Mechanismen, die eine Homogenisierung der Entwicklung von Organisationseigenschaften fördern und organisationale Bedingungen und gesellschaftliche Kontextbedingungen, die diese Prozesse negativ tangieren.

1 Organisationale Gleichartigkeit in verschiedenartiger Welt: Internationale Organisationen auf dem Weg zum einheitlichen Produktionskonzept

Internationale Organisationen sind evolutionäre Organisationen. Evolution bedeutet, dass Organisationen sich entwickeln und die Zielrichtung der Veränderung im Vorhinein unbekannt ist. In Konsequenz dessen ist zu erwarten, dass Organisationen im Zuge dieser Evolution Ausprägungen entwickeln, die sie von anderen Organisationen stark unterscheiden. Organisationen sind darüber hinaus eingebettet in einen gesellschaftlichen Kontext und dieser Kontext bietet ihnen entsprechende „Constrains" und „Opportunities", d.h., dass rechtliche Gegebenheiten die Strukturen des Bildungssystems, Regulationsformen der Arbeitsmärkte etc. die Möglichkeiten organisatorischer Gestaltung beeinflussen oder prägen.

Organisationen können den entsprechenden Kontext nicht einfach ignorieren, sondern sie sind darauf angewiesen, sich selbst mit dem gesellschaftlichen Kontext kompatibel zu gestalten, d.h. sich einzupassen. Ausgehend von der These, dass Organisationen nicht losgelöst vom gesellschaftlichen Kontext existieren und in Anbetracht der Varianz gesellschaftlicher Kontexte im internationalen Zusammenhang, etwa in Japan, USA oder Deutschland, sind den jeweils unterschiedlichen Kontexten entsprechend unterschiedlich geprägte Organisationen zu erwarten. Sowohl die Annahme der Evolution als auch die der gesellschaftlichen Eingebettetheit lassen damit erwarten, dass Organisationen grundsätzlich unterschiedlich ausgestaltet sind. Es mangelt dementsprechend nicht an entsprechender Literatur, die deutlich werden lässt, dass sich etwa japanische Unternehmen in unterschiedlichen Organisationsdimensionen anders entwickeln bzw. darstellen als amerikanische oder deutsche Unternehmen (1).

Der These zur Verschiedenartigkeit von Organisationen im internationalen Kontext stehen Proklamationen und empirische Befunde in der Automobilindustrie gegenüber, die andeuten, dass es rückblickend organisationale und gesellschaftliche „Faktoren" geben muss, die vereinheitlichend auf die Verschiedenartigkeit von Organisationen wirken. Ziel dieses Beitrags ist es zu zeigen, welche gesellschaftlichen organisationalen Faktoren darauf wirken, dass internationale Organisationen in unterschiedlichen gesellschaftlichen Kontexten ähnliche Ausprägungen entwickeln und welche gesellschaftlichen Bedingungen zu Variationen führen können. Der Beitrag wird illustriert durch Entwicklungen in der internationalen Automobilindustrie; es wird gezeigt, wie internationale Organisationen mit gleichen Produkten in gleichen Märkten unter Druck geraten. Die Orientierung an den jeweils erfolgreichsten organisationalen Modellen der Wettbewerber führt zu dem Versuch, genau diese Modelle in der eigenen Organisation zu implementieren. Ob und in welchem Maße dies in unterschiedlichen gesellschaftlichen Kontexten auf der einen Seite und vor dem Hintergrund der jeweiligen Systemgeschichte der Organisation auf der anderen Seite gelingt, ist eine offene Frage. Nicht offen ist hingegen die Tendenz der gleichförmigen Organisation von Wettbewerbern in der Weltautomobilproduktion. Deutlich auszumachen ist, dass die einzelnen Hersteller für ihre Produktionsstandorte in unterschiedlichen Ländern, nicht nur in Japan, den USA und Deutschland, sondern auch in anderen Ländern, ein weitgehend einheitliches Produktionskonzept verfolgen bzw. zu realisieren trachten.

2 Metastrukturen organisationaler Ähnlichkeit: die Evolution von Produktionsparadigmen

Die Unternehmen in der Automobilindustrie – dazu zählen sowohl die Herstellung von Personenkraftwagen als auch die von Nutzfahrzeugen – zeichnen sich schon über sehr lange Zeit als Organisationen mit internationaler Orientierung aus, die trotz der gesellschaftlichen Spezifikationen ein gewisses Maß an organisatorischer Kohärenz aufweisen. Dieser organisatorischen Kohärenz steht sowohl die These der organisationalen Evolution als auch die

These der gesellschaftlichen Eingebettetheit organisationaler Entwicklung entgegen. Schon ein kurzer Überblick über die Entwicklung in der internationalen Automobilindustrie zeigt, dass namhafte international operierende Unternehmen der Autoindustrie – sei es aus Japan, sei es aus den USA oder aus Westeuropa bzw. aus Deutschland – miteinander im weltweiten Wettbewerb um Marktanteile stehen. Eine entscheidende Rolle für die erfolgreiche Positionierung der Organisationen am Markt sind die jeweiligen Produktionssysteme. Angesichts der nur noch in wenigen Teilen der Welt wachsenden Absatzmärkte, stellt sich neben einer Produktoffensive die Effektivität und Effizienz der Produktionssysteme als wesentlicher Erfolgsfaktor für die international operierenden Unternehmen dar. Ob bei General Motors, DaimlerChrysler oder Toyota überall finden wir Verlautbarungen, Absichtserklärungen und detaillierte Strategiepläne zur Entwicklung und Implementation der „effektivsten und effizientesten" Produktionssysteme in ihren Unternehmensorganisationen, die sich in ihrer Struktur sehr ähneln. Innerhalb der Konzerne gibt es also einen Trend, im internationalen Maßstab nahezu identische Organisationen in unterschiedlichen gesellschaftlichen Kontexten aufzubauen und zur Wirksamkeit zu bringen. Trotz aller gesellschaftlichen Eingebundenheit von Organisationen und trotz aller Dependenz von der Entscheidungsgeschichte innerhalb von spezifischen Organisationen kann somit einen Trend zur Homogenität der Ausgestaltung von Organisationen in der internationalen Automobilindustrie konstatiert werden.

Dieser Trend zur homogenen Organisationsgestaltung innerhalb von internationalen Organisationen der Automobilindustrie erscheint nur auf den ersten Blick als ein neues Phänomen. Bei einer Betrachtung der Entwicklung der Organisationseigenschaften von Unternehmen in der Automobilindustrie in der Retrospektive ist festzustellen, dass ein gewisser Trend zur Homogenisierung der Organisationseigenschaften in der Autoindustrie bereits seit vielen Jahrzehnten existiert. Die Orientierungsfolie für die Homogenisierung der Organisationseigenschaften bis zu den 90er Jahren bildete das von Henry Ford, Frederik Winslow Taylor und anderen amerikanischen Organisationsexperten geprägte international wirksame Produktionsparadigma der Massenproduktion.

3 Produktionsparadigmen: die Vereinheitlichung organisationaler Varietät

Bei einer Systematisierung der wirtschaftlichen Aktivitäten im gewerblichen Bereich ist eine Phasenabfolge für die Vereinheitlichung organisationaler Varietät zu beobachten, die sich für die Automobilindustrie wie folgt darstellt. Betrachtet man rückblickend die Geschichte der organisationalen Ausprägung in den Organisationen der Automobilindustrie wird ersichtlich, dass nach einer relativ kurzen Phase der handwerklichen Autoproduktion Anfang des letzen Jahrhunderts eine Phase folgte, in der die Automobilproduktion nach den Prinzipien der Massenproduktion organisiert wurde. Die von Frederick Winslow Taylor und von Henry Ford entwickelten Prinzipien der industriellen Fließbandproduktion, die durch konkrete Arbeitsanweisungen für die Produktionsmitarbeiter, eine stark arbeitsteilig organisierte Produktion und eine Trennung zwischen Kopf- und Handarbeit gekennzeichnet sind, wurde – mit gewissen gesellschaftlichen Modifikationen versehen – die Blaupause für organisationsprägende Eigenschaften der Automobilunternehmen auf nahezu allen Kontinenten der Welt.

Internationale Organisationen, die Eigenschaften von Massenproduktionsorganisationen entwickelten, bildeten und strukturierten sich in den 20er und 30er Jahren in Nordamerika und fanden in der Nachkriegsepoche in Westeuropa und auch in anderen Teilen der Welt Anwendung. Auch wenn der Siegeszug der industriellen Produktion gegenüber der Handwerksproduktion seinen Ausgangspunkt und in Reinform auch seinen Schwerpunkt bei den Unternehmen in Nordamerika hatte, wo die Prinzipien der Massenproduktion entwickelt und auch auf den gesellschaftlichen Kontext hin zugeschnitten waren, wirkten die Prinzipien auch in Westeuropa und in Deutschland orientierend. Ford und GM bzw. Chrysler in Nordamerika und die europäischen Hersteller, insbesondere VW, aber auch Renault, standen für die Massenproduktion in den 50er und 80er Jahren.

In die Diskussion geriet das System der Massenproduktion in den achtziger Jahren und führte zu einer neuerlichen Restrukturierungswelle, die in den USA etwas früher startete als in Europa, wo sie in den 90er Jahren begann; diese Restrukturierungswelle dauert heute noch an. Die ökonomische Krise der Automobilindustrie, in der eine Reihe von zentralen Unternehmen in Westeuropa und zuvor bereits in Nordamerika Produktionskapazitäten herunterfuhren, den Einsatz von Arbeitskraft, sei es durch Entlassungen oder durch Kurzarbeit reduzierten und eine Reihe von international operierenden Unternehmen „rote Zahlen" schrieben, führte zu Verunsicherungen bei den Herstellern. Die in der Untersuchung des MIT herausgestellte Effektivität und Effizienz der japanischen Automobilindustrie und insbesondere des Herstellers Toyota mit seinem bis dahin kaum zur Kenntnis genommenen Toyota-Produktionssystem verschärfte die Situation. Die sich auf den Märkten etablierenden automobilproduzierenden japanischen Unternehmen, wiesen von den anderen weltweit operierenden internationalen Organisationen der Automobilindustrie abweichende organisationsprägende Eigenschaften auf, mit denen effektiver und effizienter produziert werden konnte. In einer Situation, in der auf nahezu gleichen Märkten mit gleichen Produkten Wettbewerber auftreten, die mit der Hälfte an Zeit, Arbeitskraft und Kosten eine höhere Qualität liefern können, sind alle Unternehmen, die in diesem Bereich tätig sind, vor die Herausforderung gestellt, ihre Produktionssysteme zu verbessern.

Das von Toyota seit den 50er Jahren in der Auseinandersetzung mit der Massenproduktion entwickelte, auf die gesellschaftlichen Kontexte in Japan angepasste Produktionsmodell, das Toyota-Produktionssystem (TPS), wurde zur Blaupause für die dann einsetzenden Restrukturierungen bei den Weltautomobilproduzenten. Die Auseinandersetzung mit dem TPS führte zu einer neuerlichen Revolution der Produktionsparadigmen in der Automobilindustrie; der „zweiten industriellen Revolution" (2) nach der Massenproduktion in den 20er und 30er Jahren.

Die einzelnen Automobilkonzerne versuchen gegenwärtig, für ihren Konzern ein einheitliches für alle Produktionsstandorte verbindliches Produktionssystem zu etablieren. GM hat durch die Kooperation mit Toyota in den USA ein System entwickelt, das in Deutschland getestet und weiterentwickelt wurde. Opel Eisenach ist für GM die Blaupause für die Entwicklung von neuen Werken und auch für die Reorganisation von alten Werken weltweit.

Mit ähnlichem Anspruch sind Produktionskonzepte bei fast sämtlichen international operierenden Automobilherstellern entwickelt worden.

3.1 Die Referenz für die Vereinheitlichung der organisationalen Varietät: das Toyota Produktionssystem

Das Toyotaproduktionssystem wurde im gesellschaftlichen Kontext Japans entwickelt und auch auf den Kontext abgestimmt, gleichwohl weisen die dem Produktionssystem entsprechenden Werke Toyotas auch im internationalen Maßstab eine weitgehend identische und kohärente Ausprägung der wesentlichen Organisationseigenschaften auf.

Die organisatorische Entscheidungsgeschichte und die Art und Weise wie Organisationen mit Gesellschaft umgehen, findet ihren Niederschlag in Managementkonzepten bzw. -strategien, die die Wirkbeziehungen in einem Unternehmen bestimmen. In diesen Konzepten sind die vorgängigen Entscheidungsgeschichten in Bezug auf die Organisation bzw. auf die Art und Weise, wie die Organisation sich mit ihrer Umwelt auseinander setzt, beinhaltet. Das jeweils verfolgte Muster von Managementstrategien gibt darüber Auskunft, welche Konzepte in Bezug auf bestimmte Bereiche bzw. Problemlagen die Organisation verfolgt.

Die in der Abbildung 1 aufgeführten Managementkonzepte stehen in einem Zusammenhang und sind je nach gewähltem Produktionsparadigma anders ausgeprägt und miteinander verknüpft.

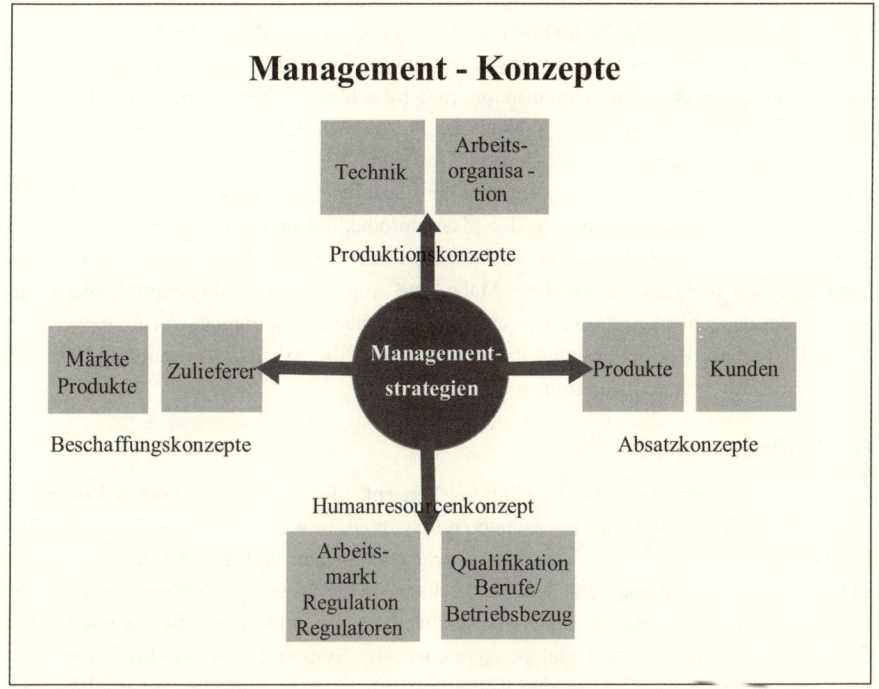

Abb. 1: Strategien und Konzepte des Management

Absatzkonzepte

Wirtschaftsorganisationen sind Organisationen, die durch den Verkauf ihrer Produkte das Geld erzeugen, mit dem sie existieren und das sie benötigen, um ihre weiteren Operationen fortzusetzen. Produkte werden an Absatzmärkten gehandelt, an denen es eine spezifische Struktur von Kunden gibt. Produkte, Absatzmärkte und Kundenstruktur und „als Spiegel" die Strategien der Wettbewerber, sind daher entscheidend für die Entwicklung von Absatzkonzepten. In der Logik der Massenorganisationsstrategie lag es nahe, den Absatz bzw. den Markt als großes Lager zu begreifen, in dem die Produkte auf die Kunden warteten. Diverse Entwicklungen in der Gesellschaft haben dazu geführt, dass dieses Modell nicht länger haltbar ist. Kunden wünschen spezifizierte Produkte und die Wettbewerber wissen dies auch. Kundenorientierte Fertigung ist daher die Antwort auf diese Strategie. Vor diesem Hintergrund ist die Logik für den Absatz bzw. den Vertrieb eine neue. Zugleich, und das hat die Diskussion über die unterschiedlichen Produktionsparadigmen gezeigt, steht der Vertrieb bzw. der Absatz auch unter Erwartung sowohl der Produktion als auch der Konstruktion. Kundenorientierte Fertigung in kurzer Zeit erfordert andere Absatzkonzepte und Produktionskonzepte als im Typus der Massenproduktion. Sollten sich Wettbewerber finden, die kundenorientierte Produktion bzw. den kundenorientierten Absatz realisieren, dann haben all jene einen Nachteil, die dies nicht realisieren. Sie geraten unter den Druck, sich ähnlich effektiv zu organisieren.

Produktionskonzepte

Im traditionellen Produktionskonzept der Massenproduktion hatte die Produktion Priorität. Produziert wurde, was die Produktion produzieren konnte. Die Potenziale für eine kundenorientierte Fertigung waren gering, sowohl aufgrund der Technik, die wenig flexibel war und auch aufgrund der Arbeitsorganisation, in der das Flexibilitätspotential ebenfalls gering war. Das Toyota-Produktionssystem bietet das Potential für schnelle Marktreaktionen. Eine schnelle Reaktionsfähigkeit bei kleinster Stückzahl, geringster Fehlerquote, höchster Produktivität und bei größter Involviertheit der herstellenden Arbeiter, ist in dieses Modell integriert. Die Produktionskonzepte der Massenproduktion und der schlanken Produktion sind daher sowohl hinsichtlich der Technik als auch hinsichtlich der Arbeitsorganisation unterschiedlich gestaltet. In welchem Maße eine Anpassung der Massenproduktionskonzepte an das der schlanken Produktion erfolgen kann, hängt wiederum davon ab, in welchem Maße die Technik flexibel gestaltet werden kann bzw. die Arbeitsorganisation im Rahmen der jeweiligen Regulation Variationen ermöglicht.

Beschaffungskonzepte

Ob und in welchem Maße das Beschaffungskonzept effektiv mit den anderen Konzepten verknüpft werden kann, hängt unter anderem davon ab, in welcher Art und Weise das Zuliefersystem in den jeweiligen gesellschaftlichen Kontexten und den damit verbundenen Märkten organisiert ist und verändert werden kann. In der Massenproduktion herrschte eine Logik vor, in der der Anteil an Eigenfertigung weit ausgedehnt war und die Rolle der Zulieferer dementsprechend gering und preisgesteuert. Im System des Toyota-Produktionssystems übernehmen die Zulieferer eine Rolle hinsichtlich der Entwicklung der Produkte, der Qualität und der Produktion. Das Toyota-Produktionssystem arbeitet mit wenigen zentralen Zulieferern, die eng an das Unternehmen gebunden sind.

Die nationalen Kontexte variieren jedoch sowohl aufgrund der rechtlichen Regularien, wie etwa der Produkthaftung, des Kartellrechts etc., aber auch aufgrund der Art und Weise, wie bestimmte Teile in das Produktionsspektrum und Produktspektrum integriert werden. Im Nutzfahrzeugbereich beispielsweise werden im europäischen Kontext die Komponenten von den Herstellern hergestellt, während sie im nordamerikanischen Kontext weitgehend von eigenständigen Unternehmen entwickelt, produziert und auch gewartet werden.

Humanressourcenkonzepte

Die Ausgestaltung der Arbeitsorganisation und die der Produktionskonzepte stehen im engen Zusammenhang zu den Eigenschaften der Arbeitsmärkte, der Regulation der Arbeitsmärkte und der Qualifikation. Ob und in welchem Maße Organisationen der international operierenden Automobilindustrie gleiche Organisationseigenschaften entwickeln können, hängt nicht zuletzt mit dem „Matching" dieser gesellschaftlichen Bedingungen ab. Im klassischen Modell der Massenproduktion in Nordamerika spielt die Unterscheidung zwischen internen und externen Arbeitsmärkten keine besondere Rolle. Unternehmen waren an den externen Arbeitsmärkten interessiert, die Arbeitenden auch. Man übernahm einen Job in einem Unternehmen und wenn es eine bessere Möglichkeit gab, wechselte man zu einem anderen Unternehmen. Ging die Konjunktur nach unten, wurde das Personal reduziert, stiegen die Produktionsvolumina wurde Personal eingestellt. Im deutschen Modell führen Konjunkturschwankungen nur in letzter Konsequenz zu Entlassungen und im japanischen Modell – mit einer Unterteilung in eine Kernbelegschaft mit quasi lebenslanger Beschäftigungsgarantie und einer Randbelegschaft, die flexibel eingesetzt wird – sind Entlassungen noch seltener.

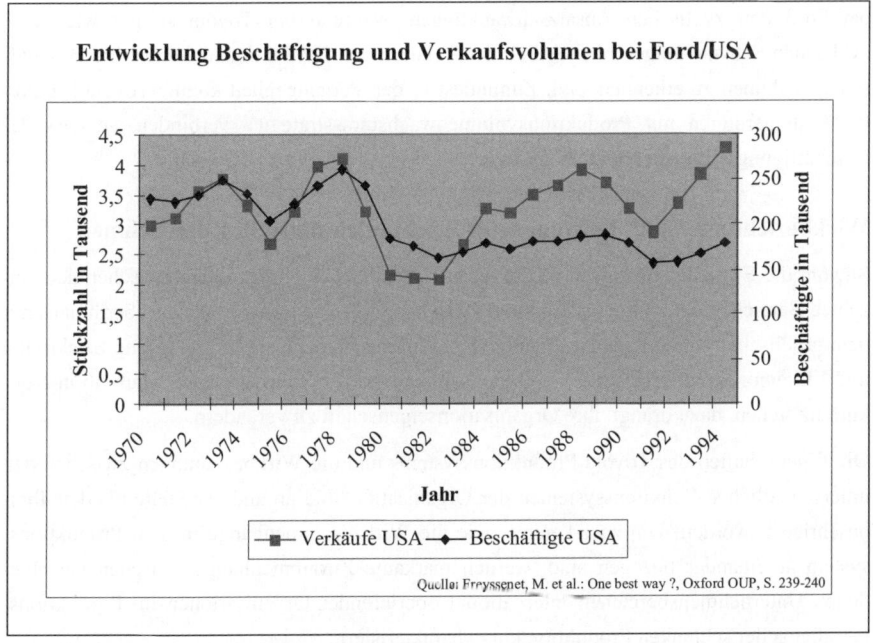

Abb. 2: Entwicklung Beschäftigung und Verkaufsvolumen bei Ford/USA

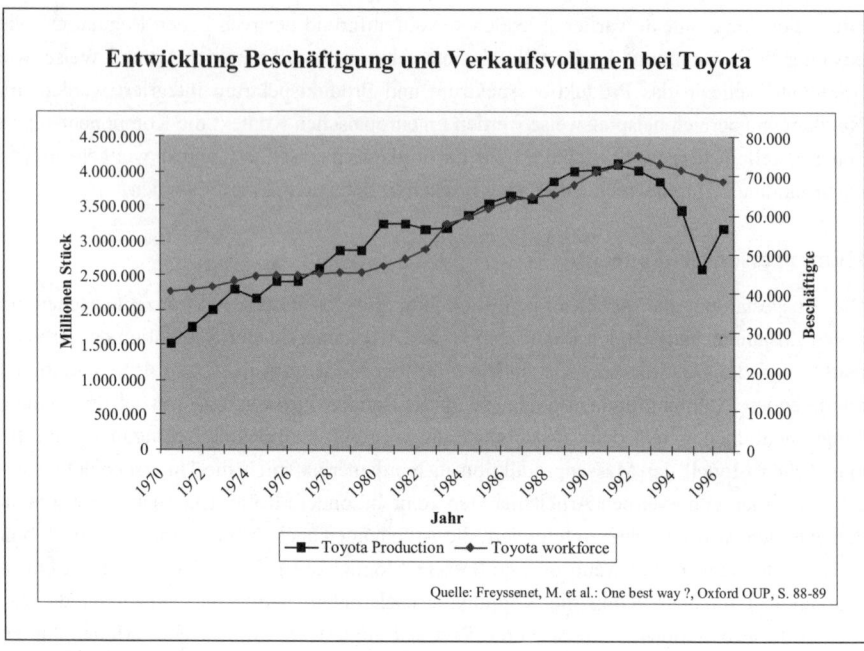

Abb. 3: *Entwicklung Beschäftigung und Verkaufsvolumen bei Ford/USA*

Die obigen Abbildungen veranschaulichen die Verbindung zwischen den unterschiedlichen Humanressourcen und Produktionsvolumenstrategien. Der Personalabbau und Aufbau folgt bei Ford den zyklischen Absatzschwankungen, während bei Toyota so gut wie keine zyklischen Schwankungen hinsichtlich der Relation von Produktionsvolumen und Beschäftigungsvolumen zu erkennen sind. Zumindest in der Vergangenheit konnte Toyota Produktivitätssteigerungen mit Produktionsvolumenwachstumsstrategien verbinden, so dass das Beschäftigungsvolumen ebenfalls anstieg.

Wirkbeziehungen und Leistungsaustauschbeziehungen in Unternehmen

Sowohl die Eigenschaften als auch die jeweils spezifischen Konektionen zwischen den einzelnen Bereichen einer Organisation und zwischen Organisationen sowie darüber hinaus mit dem gesellschaftlichen Kontext ergeben den Wirkzusammenhang, der erst jene Effektivität und Effizienz entwickeln lässt, die Organisationen, die im internationalen Maßstab in Konkurrenz stehen, dazu drängt, ihre Organisationseigenschaft zu verändern.

Die Eigenschaften des Toyota Produktionssystems und die Wirkbeziehungen zwischen den unterschiedlichen Funktionssystemen der Organisation sind an anderer Stelle (3) detailliert beschrieben worden. Um zu erkennen, wie die Wirkzusammenhänge in dem Produktionssystem aufeinander bezogen sind, werden markante Zusammenhänge zwischen verschiedenen Unternehmensbereichen international operierender Organisationen im Produktionsparadigma der schlanken Produktion kurz charakterisiert.

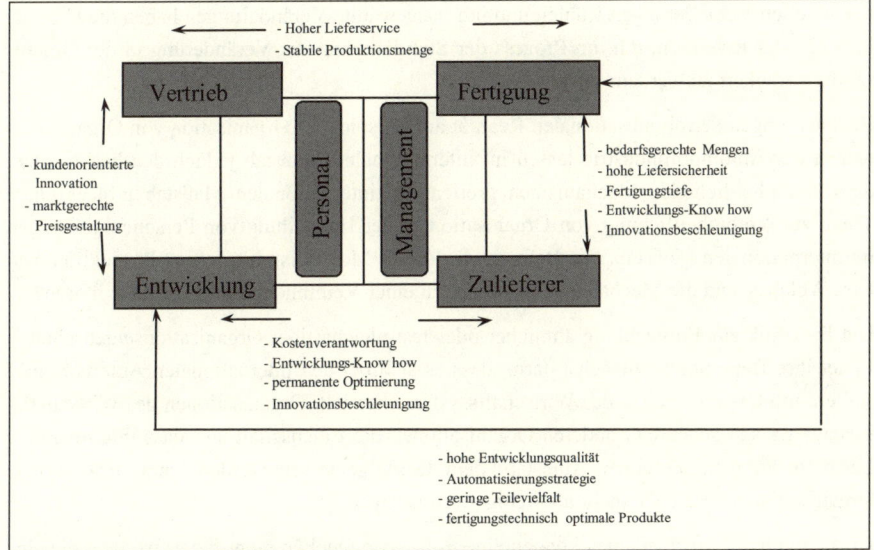

Abb. 4: Wirkbeziehungen in Unternehmen

Die wichtigen Aspekte der Ausprägungen in den einzelnen Funktionsbereichen eines Unternehmens werden in der Abbildung deutlich und sind Ergebnis der jeweiligen Managementkonzepte.

Wesentlich für das Verständnis ist hierbei, dass der Begriff der Produktionssysteme in diesem Zusammenhang nicht zu sehr mit dem deutschen Begriff Produktion oder Fertigung verknüpft werden darf. „Production-Systems" sind in einem umfassenderen Sinne zu verstehen. Das „Toyota-Production-System" bezieht sich auf ein in sich konsistent abgestimmtes Ensemble von organisatorischen Eigenschaften, die die Gesamtheit des Unternehmens durchziehen und charakterisieren. Der Vertrieb, die Fertigung, Forschung und Entwicklung, das Zuliefersystem, die Art und Weise des Einsatzes von Arbeitskräften, deren Regulation und schließlich das Managementsystem besitzen spezifische Ausprägungen in den Organisationen, die dieses Produktionssystem einsetzen. Um die Mechanismen, die zur Vereinheitlichung von Produktionsparadigmen und damit der Angleichung von Organisationseigenschaften in internationalen Organisationen der Automobilindustrie beitragen, richtig verstehen zu können, ist es wichtig, zwischen den Eigenschaften und deren Ausprägung in diesen einzelnen Bereichen und den Zusammenhängen zwischen diesen Bereichen zu unterscheiden.

3.2 Mechanismen der Reduktion von Varietät: Beobachtende und sich vergleichende Organisationen

Unter dem Gesichtspunkt der Evolution ist eine Gerichtetheit der Entwicklung der Organisation sehr unwahrscheinlich, weil die Mechanismen der Evolution, Variation, Selektion und Retention dies kaum erwarten lässt. Variation bedeutet die Möglichkeit zur Veränderung; Selektion heißt in diesem Zusammenhang, dass Organisationen aus dem Angebot an potenziellen Veränderungen wählen und nur ausgewählte Veränderungen haben die Chance, im Zuge der Retention, d.h. im Prozess der Stabilisierung der Veränderung in der Organisation, verankert zu werden.

Beobachtungen der organisationalen Realität am Beispiel der Organisation von Organisationen in der Automobilindustrie lassen im internationalen Maßstab jedoch deutlich werden, dass vereinheitlichende Mechanismen greifen. Im internationalen Maßstab gibt es einen Trend zur Vereinheitlichung von Organisation in der Herstellung von Personenkraftwagen im internationalen Maßstab. Die Referenz für dieses Modell ist das Toyota-Produktionssystem. Welches sind die Mechanismen, die hier zu einer Vereinheitlichungstendenz führen?

Die Dynamik zur Entwicklung ähnlicher oder fast gleichartiger Organisationseigenschaften findet ihre Begründung zunächst darin, dass es sich bei den internationalen Automobilherstellern um Organisationen des Wirtschaftssystems handelt. Organisationen des Wirtschaftssystems weisen gegenüber anderen Organisationen die Eigenschaft auf, dass ihre operative Leistungsfähigkeit an einem Maßstab, dem Geld, gemessen werden kann. Erfolgreiche Organisationen verdienen mehr als weniger erfolgreiche.

Hinsichtlich der Mechanismen können eine Reihe von Quellen identifiziert werden, die eine Vereinheitlichung der Produktionssysteme vorantreiben. Erstens haben die veränderten Nachfragestrukturen in der Automobilindustrie dazu geführt, dass die Variantenvielfalt steigt, Serienumfänge reduziert werden mussten und die Produktlebenszyklen der einzelnen Modelle kürzer wurden. Zweitens hat eine Entwicklung stattgefunden, die ausgehend von einer Internationalisierung der Automobilindustrie, die vorwiegend durch Export in andere Länder gekennzeichnet war, zu einer global an internationalen Standorten produzierenden Automobilindustrie geführt hat, die mit diversifizierten, den Nachfragemärkten entsprechenden Qualitätsprodukten verbunden ist. Drittens haben die Wettbewerbsstrategien der Organisationen der Automobilindustrie zu einer die Nachfrage übersteigenden Überkapazität auf den Märkten geführt. Die Folge davon ist ein verstärkter Wettbewerb zwischen den Unternehmen, der zu Unternehmenskonzentrationen führt.

Dieser Veränderungsdruck wird viertens verstärkt durch die Einkopplung von Wirtschaftsorganisationen in das System globaler Finanzmärkte. Internationale Organisationen in der Automobilindustrie operieren in global differenzierten Märkten, werden jedoch weltweit aufgrund der Einheitlichkeit des Finanzsystems am gleichen Maßstab beurteilt. Shareholdervalue und die jeweilige Einbindung des Finanzsystems in nationale Kontexte erweisen sich damit als diejenigen finanziellen Mechanismen, die Wirtschaftsorganisationen veranlassen, ihre Effizienz fortzuentwickeln. Diese Fortentwicklung der Effizienz wiederum bedeutet, einen Vergleich mit anderen erfolgreichen Organisationen der Branche anzustellen. Die Besten in der Branche wiederum generieren das, was als „best-practice" bekannt ist.

Das Operieren dieser Organisationen auf den gleichen Märkten mit ähnlichen Produkten setzt die Organisationen unter Druck, sich ähnlich effizient organisieren wie die Leistungsträger in diesem Feld. Wenn man so will, führt das leistungsstärkste Produktionskonzept – also das mit der höchsten Produktivität, mit der besten Qualität und der schnellsten Reaktionsfähigkeit auf Marktveränderungen – dazu, dass Produktionskonzepte, die orientierend für die Organisationseigenschaften anderer Organisationen sind, unter Druck geraten.

Um die Reorganisation der internationalen Organisationen überhaupt in eine bestimmte Richtung zu ermöglichen, muss die Vergleichbarkeit hinsichtlich relevanter Dimensionen organisationaler Leistungsfähigkeit gegeben sein. Transparenz hinsichtlich der Differenz der Organisationseigenschaften und eine Definition von Leistungsparametern ist für die Referenz der Organisierung von Veränderung erforderlich. Die in den spezifischen Dimensionen leistungsfähigste Einheit muss identifiziert werden und wird dann zur Referenz bzw. „best-practice".

Der Mechanismus zur Identifizierung der „best-practice", ist dann das „Benchmarking". „Benchmarking" ist der organisationale Begriff des Vergleichs unterschiedlicher Leistungsparameter von unterschiedlichen Organisationen und der Versuch, die jeweils besten Werte in den einzelnen Organisationen zu identifizieren. Es gibt eine bestimmte Art und Weise, bestimmte Operationen bzw. Prozesse zu gestalten und diese Art und Weise der Gestaltung von Prozessen gilt für eine gewisse Zeit als Referenz für das, was als Bestes behandelt wird. Wie Autos zusammengebaut werden, wie bestimmte Prozesse gesteuert werden, wie Geschäftsprozesse optimiert, wie Fahrzeuge entwickelt und wie Zuliefersysteme gestaltet bzw. wie das gesamte Fabriklayout zu strukturieren ist, wird dann weltweit ein Gegenstand von Untersuchungen des „best-practice".

Damit Organisationen sich in eine gleiche Richtung entwickeln können, bedarf es nicht nur der Beobachtung und der Identifikation von Differenzen, sondern auch einer Kommunikation dieser Organisationen untereinander, die orientierend wirkt. Erst kommunizierte Differenzen wirken potenziell homogenisierend.

In der deutschen Autoindustrie, aber auch zwischen den internationalen operierenden Unternehmen existieren zum Teil enge Kooperations- bzw. Kommunikationsverbünde. Die Etablierung einer Kultur der Kommunikation über die besten Standards führt dazu, dass die Resultate von Organisation zu Organisation fließen. Die Konzentrationsbewegungen in der Branche aufgrund von „Mergern" und Aqkuisitionen wirken darüber hinaus international homogenisierend. Die Varianzen, die in den Organisationseigenschaften dieser ehemals eigenständigen Organisation existieren, sollen konzernintern homogenisiert werden. Ob in den Werken in Nordamerika, Westeuropa, Osteuropa oder Südamerika soll eine an einem einheitlichen Produktionskonzept orientierte Strukturierung erfolgen.

Organisationen wie GM, Ford, DaimlerChrysler, Toyota und ihre jeweiligen Werke stehen häufig in einem konzerninternen, aber auch in einen konzernübergreifenden Arbeits- und Benchmark-Zusammenhang. Auch hier ist es üblich, Differenzen zu beobachten und zu kommunizieren und damit Veränderungen zu induzieren.

Auch aufgrund von Joint Ventures wird die Kommunikation, die gegenseitige Abhängigkeit und die Kooperationsbereitschaft zur Identifizierung von „best-practice" verstärkt. „Die zweite industrielle Revolution in der Autoindustrie" wurde schließlich auch dadurch ausgelöst, dass über sie wissenschaftlich publiziert und kommuniziert wurde. Durch sie wurde die Beobachtung von Organisationseigenschaften der einzelnen Organisationen zu einer anerkannten Methode in der Automobilindustrie.

Diese Erkenntnisse können handlungsorientierend für die Neustrukturierung von internationalen Organisationen werden. Dies bedeutet jedoch nicht, dass die identifizierten Eigenschaften und Ausprägungen einfach übernommen werden können. Die Möglichkeiten einer

Adaption hängen von den Systemgeschichten der jeweiligen Organisationen und den gesellschaftlichen Kontexten ab. Unter dem Gesichtspunkt der Evolution von Organisationen würde die identifizierte „best-practice" für die Vielzahl an möglichen Variationen eine Referenz für die Selektion von Variationen ermöglichen. Wie die Organisationen diese dann adaptieren, hängt davon ab, in welchem Maße diese Variationen an die Organisationsgeschichte anschlussfähig gemacht werden kann.

4 Organisation und gesellschaftlicher Kontext

Die Potenziale für eine Adaption von „best-practice" sind also grundsätzlich unterschiedlich zu bewerten. Die Veränderungen in den Organisationseigenschaften, auf die die Unternehmen direkten Einfluss ausüben können, sind unter Berücksichtigung der Systemgeschichte der Organisation eher zu beeinflussen als Veränderungen, die die Organisationsgrenzen überschreiten, indem sie interorganisatorische Bezüge oder Bezüge zu gesellschaftlichen Kontexten aufweisen. Zu den ersteren zählen Restrukturierungen in der Fertigung, der Produktion sowie im Bereich Forschung und Entwicklung. Zu der zweiten Kategorie gehört die Restrukturierung des Zuliefersystems, aber auch die Neuausrichtung des Vertriebs.

Jede Restrukturierung wird tangiert durch die jeweiligen Eigenschaften und Ausprägungen der Arbeitsmärkte, der industriellen Beziehungen als Regulation in Bezug auf die Arbeitsmärkte, aber auch als regulative Instanz für die Ausgestaltung der arbeitsorganisatorischen Modelle. Ähnliche Effekte erzeugen die Eigenschaften und Ausprägungen der jeweiligen Qualifikationssysteme.

Die Systeme industrieller Beziehungen und ihre jeweilige Ausprägung etwa Betriebsgewerkschaften in Japan, Branchengewerkschaften in den USA und Industriegewerkschaften kombiniert mit Betriebsräten in Deutschland besitzen Einfluss darauf, in welchem Maße sich die Identität und Gleichartigkeit von Produktionssystemen unverfälscht im internationalen Maßstab durchsetzt. Im japanischen Modell wird Teamarbeit als das Herz der schlanken Fertigung gesehen. In Deutschland wurde in den 90er Jahren in der Autoindustrie in starkem Maße Gruppenarbeit eingeführt. Die hier gewählte Variante knüpft an das eine Zeit lang orientierende Vorbild der teilautonomen Gruppen an und unterscheidet sich erheblich von dem japanischen Modell der Teamarbeit. Im amerikanischen Kontext, wo versucht wurde, Gruppenarbeit vom Management einzuführen, um „die amerikanischen Gewerkschaften auszuhebeln", findet man einen weitgehenden Verzicht auf Gruppenarbeit. Eine offene Frage ist, inwieweit es möglich ist, bestimmte Organisationseigenschaften des Toyota-Produktionssystems durch funktional wirkende Äquivalente zu ersetzen. Industrielle Beziehungen, aber auch die Strukturen von Qualifikationssystemen – Berufsausbildung versus Job versus Betriebsqualifikation – wirken als Filter der Umsetzung von einheitlichen Produktionskonzepten.

Hinzu kommt, dass auch die Entscheidungsgeschichte innerhalb von Organisationen, also das, was unter „structural inerta" diskutiert wird, dazu führt, dass sich international Rationalisierungs- und Reorganisationsdynamiken nur gebrochen durchsetzen.

Ein Beispiel dafür ist die unterschiedliche Art und Weise, in der Elemente des Toyota-Produktionssystems in neuen Produktionswerken („green field"-Werken) aufgebaut und in bestehenden („brown field"-Werken) eingeführt werden können. Weitgehend unbestritten ist, dass dem internationalen Maßstab folgend, neue Fabrikorganisationen sehr stark am Modell des Toyota-Produktionssystems orientiert, errichtet und betrieben werden können. Sowohl in Großbritannien, Nordamerika oder Westdeutschland, aber auch in anderen Ländern findet man Beispiele dafür, dass am Toyota-Produktionssystem betriebene „neue Werke" operativ gestaltet werden können. Das Vorgehen bei dem Aufbau neuer Werke entspricht dem Vorgehen von Toyota beim Aufbau von Transplants.

Von japanischen Unternehmen weiß man, dass sowohl im nordamerikanischen als auch im britischen Kontext, wo sie entsprechende Fabrikationsorganisationen aufgebaut haben, der Versuch unternommen wurde, die Arbeitsbeziehungen und die Qualifikationsstrukturen dem japanischen Kontext anzunähern bzw. entsprechend neu aufzubauen. Dies äußert sich darin, dass sowohl in Nordamerika als auch in Großbritannien das System der Regulation der industriellen Beziehungen nach Möglichkeit dem japanischen Beispiel folgend gestaltet bzw. die jeweiligen gesellschaftlichen Kontexte ausgeblendet wurden. Dies trifft auch auf das Muster der Qualifizierung zu, wo in beiden Kontexten eine starke betriebsspezifische Qualifikation erfolgte und die damit vorhandenen nationalen Qualifikationssysteme weitgehend ignoriert werden können. Gleiches ist für den Aufbau des Opel Werkes in Eisenach zu verzeichnen.

Die Strategie besteht also darin, die gesellschaftlichen Kontextbedingungen auszublenden und die Bedingungen für die Ausgestaltung der Organisationseigenschaften so weit wie möglich den Bedingungen des Referenzmodells anzugleichen.

Diese Bedingungen können im Falle von Restrukturierungen in bestehenden Werken nur bedingt geschaffen werden. Ob und in welchem Maße Modifikationen in bestehenden Werken, also den sogenannten „brown field" Werken realisiert werden können, ist zur Zeit noch eine offene Frage. Allerdings mehren sich die Beispiele, dass die Unternehmen im internationalen Maßstab eine Kompetenz entwickeln, auch dort einheitliche Produktions- und Organisationsprinzipien zu Geltung bringen zu können. Hinzuweisen ist an dieser Stelle darauf, dass diese Restrukturierungen meistens mit einer Standortdiskussion gekoppelt sind. Die Restrukturierung des Opel Werkes in Antwerpen oder des Ford Werkes in Saarlouis sind Beispiele für erfolgreiche Reorganisationen dieser Variante. Zukünftig kommt eine dritte Variante hinzu, der Aufbau eines neuen Werkes in einem alten Werk; diese Strategie wird bei GM als „lean field" bezeichnet.

Bei den beiden letzten Strategien muss sich zukünftig jedoch erst noch erweisen, wie nachhaltig die Restrukturierungen gegriffen haben. Sowohl ein Rückfall in alte Strategiemuster bspw. hinsichtlich des Verhältnisses von Management und Belegschaft als auch eine Verstetigung des neuen Produktionskonzeptes stellen eine Option dar (4).

Eine wesentliche Einschränkung hinsichtlich der Beurteilung der Tendenz zur Vereinheitlichung der Produktionskonzepte ergibt sich zudem aufgrund der Forschungslage. Es ist zur Zeit noch nicht zu entscheiden, ob das Toyota-Produktionssystem als Orientierungsfolie für die Reorganisation internationaler Organisationen in allen Unternehmensbereichen in gleichem Maße greift. Die empirische Praxis und auch ein Blick auf die Verwendung des

Begriffs Toyota-Produktionssystem lässt deutlich werden, dass das Produktionssystem zur Zeit verkürzt als „Fertigungssystem" verstanden wird. Erst in einer zweiten bis dritten Reorganisationswelle könnten die übrigen Bereiche reorganisiert werden. Selbst wenn sich ein Trend zur einheitlichen Orientierung am Toyota-Produktionssystem mit weltweit geringen Modifikationen in allen Unternehmensbereichen durchsetzen sollte, wird es den Unternehmen nicht leicht fallen, in Bezug auf den Arbeitsmarkt und das Qualifikationssystem und deren Regulation die Reorganisation in allen Unternehmensbereichen übergreifend und zusammenhängend zu organisieren.

Anmerkungen

(1) Vgl. statt anderer *Freyssenet* u.a.1998.
(2) Vgl. *Ford* (1923), *Ohno* (1993), *Womack* u.a. (1992).
(3) Vgl. *Womack* u.a. 1992, *Nomura/Jürgens* 1995, *Weber* 1996, *Weber* u.a. 1999.
(4) Vgl. *Springer* 1999.

Literatur

Ford, H. (1923): Mein Leben und Werk, Auflage 27, Leipzig, List.

Freyssenet, M./Mair, A./Shimizu, K./Volpato, G. (Hrsg.) (1998): One Best Way. Trajectories and Industrial Models of the World's Automobile Producers. Oxford. University Press.

Jürgens, U. (Hrsg.) (2000): New Development and Production Networks. Global Industrial Experience. Berlin. Springer.

Nomura, M./Jürgens, U. (1995): Binnenstrukturen des japanischen Produktivitätserfolges. Arbeitsbeziehungen und Leistungsregulierung in zwei japanischen Automobilunternehmen. Berlin. Sigma.

Ohno, T. (1993): Das Toyota-Produktionssystem. Frankfurt/New York. Campus.

Springer, R. (1999): Die Rückkehr zum Taylorismus?. Frankfurt. Campus.

Weber, H. (1996): Die Evolution von Produktionsparadigmen: Craft Production, Mass Production, Lean Production. In: ders. (Hrsg.): Lean Management – Wege aus der Krise. Organisatorische und gesellschaftliche Strategien. Wiesbaden. Gabler, S. 21-44.

Weber, H./Königstein, U./Töpsch, K. (1999): Hochleistungsorganisation. Wettbewerbsfähigkeit und Restrukturierung. München. Beck.

Womack, J./Jones, D.T./Roos, D. (1992): Die Zweite Revolution in der Autoindustrie. Konsequenzen aus der weltweiten Studie des Massachusetts Institute of Technology. Frankfurt/ New York. Campus.

Customer Relationship Management als Leitvision des Internationalen Vertriebs- und Kommunikationsmanagement bei Automobilunternehmen

Hans-Hermann Jung / Michael Friedrich

1 Zusammenfassung

Breite und Tiefe der Auseinandersetzung mit der Thematik des Customer Relationship Management (insbesondere Gewinnung, Bindung und Entwicklung von Zielkunden) bilden eine wesentliche Voraussetzung dafür, adäquate Antworten auf Herausforderungen im internationalen Vertriebs- und Kommunikationsmanagement bei Automobilunternehmen zu finden. Gefordert sind integrierte Ansätze, die das enge „Kästchendenken" der Vergangenheit in Automobilunternehmen überwinden und das Wissen aus den unterschiedlichsten Bereichen zusammenführen.

Mit dem vorliegenden Beitrag wollen die beiden Autoren aus einer praxisbezogenen Perspektive Erfolgsfaktoren des Customer Relationship Management als Leitvision des internationalen Vertriebs- und Kommunikationsmanagement bei Automobilunternehmen verdeutlichen. Die Ausführungen entstehen vor dem Hintergrund einer konkreten Anwendung, der Entwicklung sowie der Implementierung eines Customer Relationship Management-Programms für die Marke Mercedes-Benz in Europa.

Ausgehend von einer knappen Skizze der aktuellen und künftigen Herausforderungen des Europäischen Automobilmarktes werden die wesentlichen Anforderungen an ein modernes Vertriebs- und Kommunikationsmanagement abgeleitet. Im Weiteren wird zunächst ein Bezugsrahmen des Customer Relationship Management vorgestellt, der die Grundphilosophie des Konzepts skizziert. In diesem werden die wesentlichen Veränderungen gegenüber dem traditionellen Managementverständnis aufgezeigt sowie ausgewählte Orientierungs- und Gestaltungsparameter dieser Leitvision definiert.

Der Hauptteil des Beitrags greift diese Orientierungs- und Gestaltungsparameter des Customer Relationship Management für die Automobilindustrie auf. Dabei werden ausgewählte strategische Alternativen erörtert sowie die Erfolgsfaktoren einer erfolgreichen Umsetzung exemplarisch verdeutlicht.

2 Herausforderungen im internationalen Vertriebs- und Kommunikationsmanagement

Das marktliche Umfeld von Unternehmen sowie deren interne Organisation sind einem stetigen Wandel unterworfen. Aus diesem Blickwinkel stellen die wachsende Komplexität der Veränderungen (z.B. Globalisierung) sowie die Geschwindigkeit von Wandlungsprozessen in Unternehmen (z.B. Lean Management) selbst und in deren Umfeld das internationale Vertriebs- und Kommunikationsmanagement von Automobilunternehmen vor zunehmend schwierigere Aufgaben. Wesentliches Erfolgskriterium eines modernen Managementverständnisses ist es daher, stattfindende Veränderungen frühzeitig zu erkennen und deren Auswirkungen auf ein Unternehmen und dessen weitverzweigtes Prozessgeflecht zu Beschaffungs- und Absatzmärkten als auch zum gesellschaftlichen Umfeld zu antizipieren *(Payne, A., Rapp, R. 1999)*. Dies ist Voraussetzung dafür, die Organisation rechtzeitig darauf vorzubereiten, dass diese in der Lage ist, sowohl den externen als auch den internen Wandel kontinuierlich und proaktiv zu gestalten.

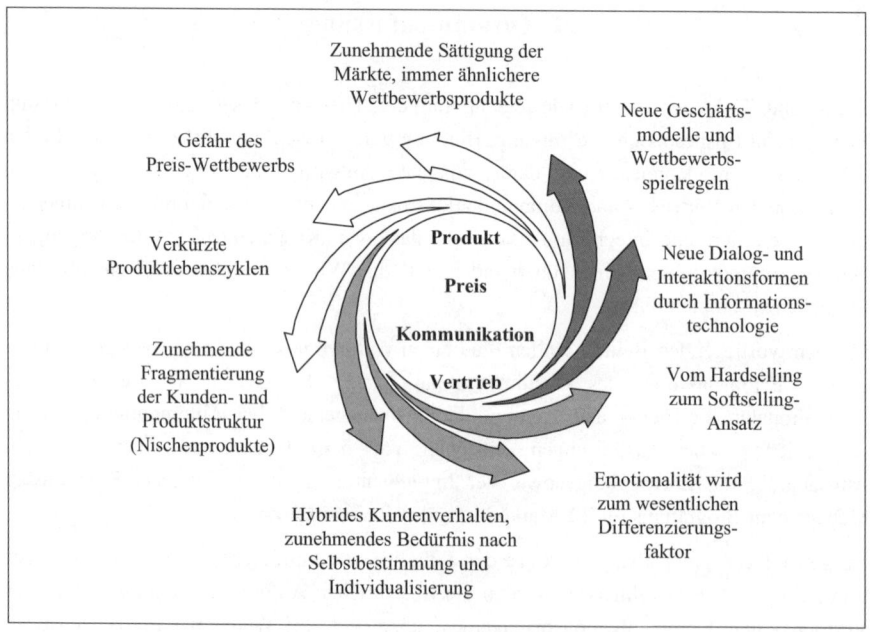

Abb. 1: Aktuelle Trends im Automobilmarkt

Speziell in der Automobilindustrie führen Trends dazu (siehe Abb. 1), die existierenden Managementkonzepte und speziell die Ausrichtung und Ausgestaltung der internationalen Kommunikations- und Vertriebsstrategie zu überprüfen:

- Aufgrund der positiven Entwicklung der Verkaufszahlen in der letzten Dekade des 20. Jahrhundert gilt der Automobilmarkt für Personenkraftwagen als zunehmend gesättigt, auch wenn sich in einzelnen Regionen und Marktsegmenten zusätzliche Wachstumspotenziale abzeichnen. Schätzungen gehen davon aus, dass weltweit Fahrzeuge über den Bedarf hinaus produziert werden (*Rother, F. W., 1999*).

- Dennoch vergrößern einzelne Produzenten ihre Kapazitäten – beispielsweise wechselseitige Verflechtung, Übernahmen oder den Ausbau von Produktionsstätten – um globale Skaleneffekte und damit einen akzeptablen Shareholer Value zu realisieren. Betrachtet man die Fahrzeuge ausgewählter Produzenten in den jeweiligen Marktsegmenten, so ist nicht zuletzt vor diesem Hintergrund der Trend zu verzeichnen, dass die Angebote hinsichtlich ihrer technischen Produktparameter zunehmend ähnlicher werden. Dazu trägt neben der geringen Fertigungstiefe der Produzenten nicht zuletzt das Bestreben von Multi Marken-Produzenten bei, durch die Realisierung von Plattform- bzw. Gleichteilekonzepten kritische Markt- und Produktionsmasse zu realisieren. Im Bereich der Produktpolitik erlauben zwar schlankere Entwicklungs- und Produktionsprozesse raschere Modellwechsel, andererseits resultieren daraus aber auch verkürzte Produktlebenszyklen für die jeweiligen Modelle. Nischenprodukte erschweren zudem – zumindest teilweise – den oben skizzierten Bestrebungen der Realisierung von Plattformkonzepten.

- Um angesichts der abnehmenden Produktdifferenzierungspotenziale der Gefahr eines Preis-Wettbewerbs und der daraus resultierenden Profit-Falle zu entgehen, verstärken Automobilproduzenten ihre Bemühungen, Differenzierungspotenziale hinsichtlich der verbleibenden Marketingparameter zu realisieren (siehe Abb. 1). Dabei ist jedoch zu berücksichtigen, dass diese Potenziale nicht bei allen Marketingparametern im gleichen Maße bestehen (*Peren, F.W., 1996*).

- Analysiert man hingegen die Differenzierungspotenziale im Bereich der Kommunikations- und Vertriebspolitik, so lassen sich in diesem Bereich mit Blick auf Europa spezifische Trends identifizieren. Auf der Marktseite ist seit mehreren Jahren ein zunehmend hybrides Kundenverhalten mit einem wachsenden Bedürfnis nach Selbstbestimmung und Individualisierung verbunden. Die Differenzierung der Informations-, Service- und Erlebnisleistungen weist im Kontext Automobilkauf und Automobilnutzung derzeit die größten Potenziale auf. Um diese jedoch für Automobilproduzenten erschließen zu können, ist es erforderlich, eine tragfähige Beziehung zu aktuellen und potenziellen Automobilkunden aufzubauen. Neben der bislang dominierenden Dimension Rationalität gewinnt so die Emotionalität der Beziehung zwischen Automobilhersteller und Kunde als wesentlicher Differenzierungsfaktor eine besondere Bedeutung. Damit verbunden ist zudem ein Wandel der Vertriebspolitik vom Hardselling zum Softselling, bei dem der Kunde eine aktive Partnerrolle übernimmt (siehe Abschnitt 4.4).

- Unterstützt wird der Aufbau einer intensiveren Bindung zwischen Kunden und Automobilhersteller durch die rasche Entwicklung und Verbreitung von Informations- und Kommunikationstechnologien (z.B. Web, Wap, Telematik), die erweiterte Dialog- und Interaktionsformen ermöglichen. Informations- und Kommunikationstechnologien bilden darüber hinaus die Basis für neue Spielregeln im Automobilmarkt. Nicht nur Produzenten von Automobilen nutzen diese Technologien, um Kundeninformationen zu übermitteln (z.B. Telematik als Kommunikationsschnittstelle im Fahrzeug) und in individualisierte Produkte, Dienstleistungen und Erlebnisangebote umzusetzen. Zudem treten neue Mitbewerber auf den Plan und entwickeln auf Basis dieser Technologien innovative Wertschöpfungsmodelle (z.B. e-Matchmaker, e-Auctioning, e-Subscription). In Europa werden in naher Zukunft zudem Veränderungen im politisch-rechtlichen Umfeld relevant (z.B. Gruppenfreistellungsklausel), welche die Spielräume für die Neugestaltung der automobilen Wertschöpfungskette an der Schnittstelle zwischen Kunden und Automobilhersteller zusätzlich erweitern.

Dem Customer Relationship Management kommt angesichts der an dieser Stelle lediglich exemplarisch und im Blick auf die Themenstellung akzentuiert wiedergegebenen Trends eine strategische Bedeutung zu, welche weit über prozessuale und technologische Aspekte hinaus relevant ist. Customer Relationship Management ermöglicht Automobilherstellern, die erst in der letzten Dekade von den Prinzipien der Massenproduktion Abschied genommen haben, sich nun auch vom Massenvertrieb bzw. der Massenkommunikation zu lösen.

3 Customer Relationship Management als integrative Leitvision

Unterzieht man die bisherigen Managementleitbilder (z.B. Produkt-, Potenzial-, Wettbewerbs-Orientierung) einer kritischen Analyse, so ist festzuhalten, dass diese den aktuellen und künftigen Anforderungen nicht in ausreichendem Maße genügen.

- Insellösungen bestimmten in zahlreichen Unternehmen das Denken und Handeln. So blieb beispielsweise die Analyse von Kundenpotenzialen (z.B. Customer Lifetime Potenzial) und die Planung von spezifischen Produkt-, Kommunikations-, Service- und Erlebnisstrategien in oftmals schlichten, nicht am Markt bzw. am Kundenwert orientierten Modellen verhaftet. Dies führte dazu, dass selbst einfachen prozessualen Kundenanforderungen nicht immer in ausreichendem Maße Rechnung getragen wird.

- Selbst dort, wo auf der Managementebene moderne und umfassende Ansätze verfolgt wurden, fehlte es, nicht zuletzt aufgrund der Grenzen der bislang eingesetzten veralteten Business-, System- und Prozessmodelle, an einer entsprechenden quantitativen Fundierung der Entscheidungen. Eine Vielzahl der nicht am Markt bzw. am Kunden ausgerichteten Konzepte und Programme reduziert die herrschende Komplexität und Dynamik der Kundeninteraktionen und -transaktionen, womit die Abbildung der Realität auf unzulässige Weise vereinfacht bzw. verzerrt wurde.

Die Ursachen für die gekennzeichneten Missstände fanden sich in der Vergangenheit also gerade in den Think Tanks der internationalen Vertriebs- und Kommunikationsabteilungen in Automobilunternehmen, in denen eigentlich angesichts der sich bereits abzeichnenden Umwelt- und Marktveränderungen die Keimzellen für neue Lösungen angelegt werden sollten. Erst in jüngster Zeit zeichnet sich ein Wandel im internationalen Vertriebs- und Kommunikationsmanagement-Leitbild der Automobilhersteller ab. Zahlreiche Unternehmen der Branche reagieren mit einer verstärkten Kundenorientierung im Sinne des Customer Relationship Management auf den Wandel. Verbunden mit der Kundenorientierung ist das Bestreben, die Elemente des internationalen Kommunikations- und Vertriebsmanagement-

Mix auf die jeweiligen Bedürfnisse bestimmter einzelner Kunden(gruppen) auszurichten. Diese Entwicklung trägt dabei unter anderem dem Umstand Rechnung, dass sich das Automobil aus der Sicht bestimmter Käufer- und Nutzergruppen vom Statussymbol zum Instrument der Erlebnisrealisierung und zum Mittel zur Befriedigung persönlicher Lebensstilvorstellungen entwickelt hat.

Angesichts der eingangs lediglich ausschnittsweise akzentuierten Herausforderungen dient Customer Relationship Management im Interesse einer effizienteren und effektiveren Leistungserstellung und -vermarktung dazu, nach neuen Möglichkeiten der Orientierung und Gestaltung der Beziehungen mit relevanten Anspruchsgruppen (z.B. Interessenten, Kaufwilligen, Kunden, Nutzern, Markenadvokaten) zu suchen. Die Möglichkeit, ein personalisiertes – d.h. auf den einzelnen Kunden zugeschnittenes – Marketingmanagement zu betreiben (*Gummesson, E.* 1999), gilt als das Grundmodell des am Kauf- und Nutzungsprozess orientierten, integrativen Customer Relationship Management. Um erfolgreich zu sein, ist es erforderlich, den einzelnen Kunden ins Zentrum des Management-Denkens und -Handelns zu stellen und alle Transaktions- und Interaktionsprozesse an einer prozessorientierten Kundenperspektive auszurichten (siehe Abb. 2)

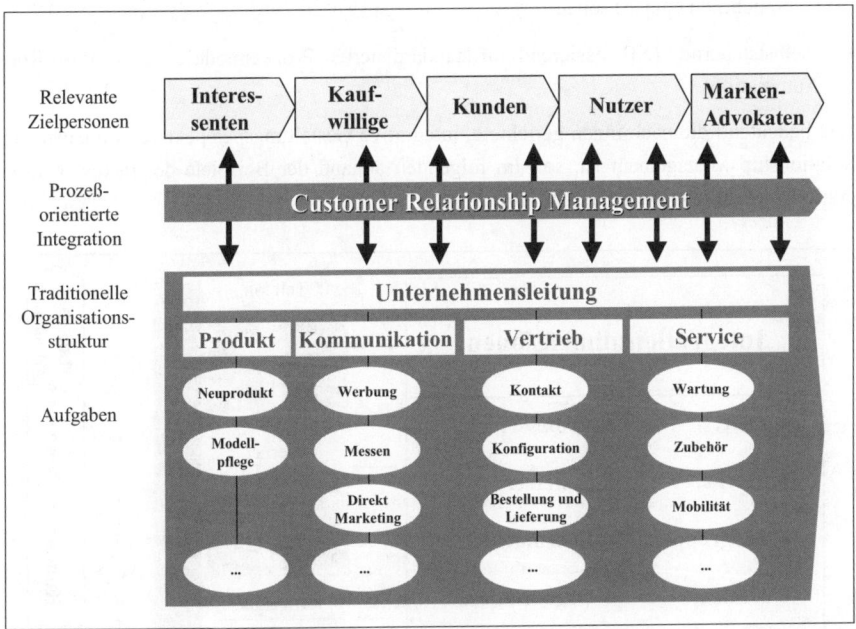

Abb. 2: *Bezugsrahmen des Customer Relationship Management*

Customer Relationship Management als Orientierungsperspektive ist als eine Change Management Tool Box zu verstehen, welche auf die Schnittstellen eines Automobilunternehmens mit seinen aktuellen und potenziellen Zielkunden anzuwenden ist, um diese

- zu identifizieren (z.B. Stufe des Kauf- und Nutzungsprozesses),
- zu motivieren (z.B. Dialogbereitschaft),

- zu informieren (z.B. adäquates Medium, kundenspezifisches Timing der Botschaften),
- zu betreuen (z.B. kundenwertspezifische Qualität der Dialogbetreuung),
- zu aktivieren (z.B. Incentivierung des Markenadvokaten),
- rational und emotional zu binden (z.B. Gratifikation für Cross Selling, spezifische Erlebniswelten, Einbinden in Communities) und
- zu (re-)aktivieren (z.B. Wiederkauf, Verkürzung der Kaufintervalle, Upgrading).

Customer Relationship Management in seiner Gestaltungsperspektive ist zudem die nach innen auf die Automobilorganisation ausgerichtete Integration Management Tool Box, die dazu dient, wertschöpfende Strukturen und Prozesse so zu gestalten, dass sie die Bedarfe von Zielkunden optimal erfüllen:

- informationsgetrieben und kundengesteuert (z.B. phasenspezifische Items wie etwa Produktinteresse, Preisbereitschaft, Kaufzeitfenster),
- kontinuierlich und umfassend (z.B. integrierte Dialogplattform, Warteprogramme zwischen Kauf und Auslieferung des Fahrzeugs, Mobilitätsservice, Rücknahme von Gebrauchtfahrzeugen) sowie
- „selbststeuernd" (z.B. basierend auf standardisierten Prozessmodulen, Case Base Rule Automation).

Wie bedeutend die nach innen gerichtete, integrative Gestaltungsperspektive von Customer Relationship Management ist, soll im folgenden anhand der Beispiele der medialen Integration verdeutlicht werden (siehe Abbildung 3).

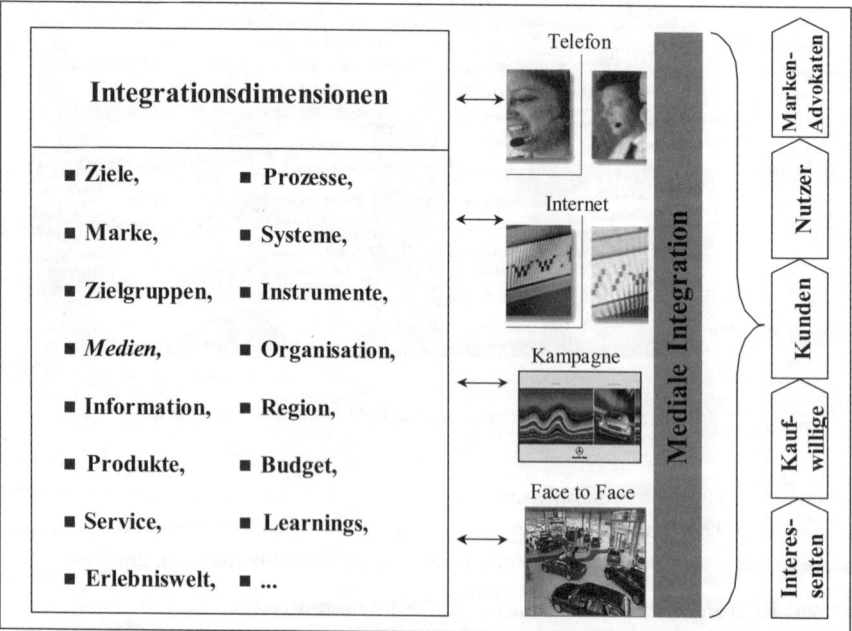

Abb. 3: Integrationsdimensionen des Customer Relationship Management

Betrachtet man die aktuelle Situation aus Sicht eines potenziellen oder aktuellen Kunden, so lässt sich oftmals feststellen, dass Automobilunternehmen, Händler, Serviceorganisation und Kommunikation zahlreiche Kommunikationsanstöße unternehmen, um Informationen zu vermitteln oder zu erhalten, die nicht miteinander vernetzt sind:

- Konfiguriert beispielsweise ein Interessent ein Fahrzeug auf der Web-Seite eines Automobilherstellers (Internet), so ist oftmals nicht gewährleistet, dass ein Verkäufer in einem, einige Tage später stattfindenden Verkaufsgespräch auf diese Informationen zurückgreifen kann (Face to Face).

- Ein Kaufwilliger steht mit mehreren Händlerbetrieben eines Automobilherstellers in Verkaufsverhandlungen (Face to Face). Er hat bereits mehrere Testfahrten mit dem Fahrzeug seiner Wahl absolviert und lotet die jeweiligen Rabattspielräume der Händler aus, um das günstigste Angebot zu erhalten. Gleichzeitig wird er von der Zentrale in eine Europaweite Neuprodukt-Kampagne einbezogen, obwohl er sich für ein anderes Fahrzeug der Marke interessiert (Kampagne).

- Obwohl ein Automobilkunde erst vor wenigen Tagen mit seinem Fahrzeug aufgrund eines technischen Defekts im Urlaub liegengeblieben ist – derzeit kommuniziert er mit dem für den Mobilitätsservice zuständigen Call Center des Unternehmens, um die Reparatur zu regeln – wird er von der Service-Abteilung in die turnusmäßige Kampagne einbezogen und erhält einen Zusatzbehör-Katalog zu seinem aktuellen Fahrzeug, den er nach seiner Rückkehr im Briefkasten findet (Kampagne).

- Ein langjährig loyaler Kunde eines Automobilunternehmens hat vor wenigen Monaten einen Zweitwagen erworben (Face to Face). Aus den aktuellen Tagesmedien erfährt er, dass das Unternehmen plant, das derzeitige Modell im nächsten Jahr durch ein Nachfolgemodell abzulösen. Mit dieser Information wird der Wiederverkaufswert seines Fahrzeuges erheblich reduziert. Wenige Tage später erhält er Post von der Leasing-Tochter des Automobilherstellers, welche darüber informiert, dass neue, noch attraktivere Leasing-Kontrakte angeboten werden (Kampagne).

Die Beispiele – auch wenn sie zum Zwecke der Akzentuierung der Problemstellung konstruiert wurden – machen deutlich, dass die Kommunikation zwischen den Beteiligten der automobilen Wertschöpfungskette sowie dem Endverbraucher in vielen Fällen nicht miteinander vernetzt bzw. nicht auf die individuellen Bedarfe des Kunden ausgerichtet sind. Zu beobachten ist darüber hinaus, dass die an unterschiedlichen Bereichen der Prozesskette anfallenden Kundeninformationen nicht an allen Stellen, die ebenfalls mit dem Kunden in Kontakt stehen, zur Verfügung stehen. Die Kommunikation zwischen Kunde und Unternehmen lässt sich jedoch nur dann erfolgreich gestalten, wenn für alle Beteiligten ein unmittelbar konkreter Nutzen verbunden ist. Die Praxis der traditionellen Automobilkommunikation zeigt, dass bei Missachtung dieser Grundregel die Reaktanz gegenüber Kommunikationsversuchen ständig zunimmt (*Rafféе, H.* 1994). Zudem ist eine verstärkte Informationsüberlastung festzustellen (*Kroeber-Riel, W.* 1988), die zu einer Wissensarmut im Informationsüberfluss bei Unternehmen als auch bei den Konsumenten führen kann.

Eng mit der effizienten und effektiven Personalisierung des Customer Relationship Management verbunden ist die Verwendung von standardisierten Dialogmodulen, die kundenindividuell zusammengefügt werden können. Dialogmodule sind definierte Lösungsansätze für identifizierte Anforderungen und Bedarfe aktueller und potentieller Kunden. Mit Hilfe weitgehend selbststeuernder, systemgestützter Prozesse wird dabei unternehmensweit festgelegt, wie auf bestimmte Ereignisse zu antworten ist, welche interne als auch externe Nachrichten und Aktionen ausgelöst werden, die für das kundenspezifische Ereignis relevant sind. Um Customer Relationship Management zu realisieren, müssen Organisationen alle relevanten Integrationsdimensionen identifizieren sowie die notwendigen Integrationsprozesse und -technologien fördern, um koordinierte Kundeninteraktionen zu jedem Zeitpunkt und in allen vom Kunden gewählten Kanälen zu gewährleisten.

Vor diesem Hintergrund ist Customer Relationship Management nicht eine Technologie, sondern als eine strategische Orientierungs- und Gestaltungsaufgabe zu verstehen, welche ein technologiegestütztes Change Management und Integration Management erfordert. Ausgewählte strategische Elemente, die im Rahmen des Customer Relationship Management zu evaluieren sind, werden im folgenden Abschnitt vorgestellt.

4 Elemente des Customer Relationship Management

4.1 Vertriebs-Strategie: „Seemless, Consumer-Centric Processes"

Die Neuformulierung des internationalen Vertriebs- und Kommunikationsmanagement von Automobilunternehmen im Rahmen des Customer Relationship Management bedingt nicht nur – wie im letzten Abschnitt verdeutlicht – die mediale Integration der Kundenkontaktpunkte. Als wesentliche Prämisse erweist sich in der Praxis die Analyse und Neuausrichtung der im Unternehmen ablaufenden Kundenmanagementprozesse. Während in der Vergangenheit der Schwerpunkt der Vertriebs- und Kommunikationsaktivitäten von Automobilunternehmen darauf ausgerichtet war, das Konsumentenverhalten zu beeinflussen, erwächst aus der Orientierungs- und Gestaltungsperspektive des Customer Relationship Management die Anforderung, die Organisation des Kundenkontaktes auf globaler, nationaler und regionaler Ebene am Kundenprozess auszurichten.

Ist ein Automobilunternehmen auf diesen drei Ebenen traditionell hierarchisch organisiert (siehe Abb. 4), bestehen in der Organisation aufgrund der ausdifferenzierten Arbeitsteilungen hohe Redundanzen, kennzeichnen Informationsasymmetrien die Zusammenarbeit der unterschiedlichen Ebenen, oftmals sind zudem die Entscheidung über die Gestaltung von kundenspezifischen Lösungen und deren Umsetzungsverantwortung voneinander getrennt. Wesentliche Aufgabe des Customer Relationship Management ist es zu analysieren, ob bestehende, hierarchische Strukturen in der Lage sind, aus Sicht eines aktuellen oder potenziellen Kunden adäquate Leistungen zu offerieren.

Wesentlichen Einfluss auf die erfolgreiche Gestaltung der Organisation im Sinne des Customer Relationship Management hat die Einrichtung von High Level-Prozessen, die sich direkt am Kundenprozess orientieren. Bereits im traditionellen Vertriebs- und Kommunikationsmanagement von Automobilunternehmen existieren zahlreiche globale, generische Prozesse (z.B. Produktentwicklung, Massenkommunikation, Produktion, Logistik). Jedoch erst mit der Etablierung von spezifischen, alle organisatorische Ebenen umfassenden

Kundenakquisitions- bzw. Loyalitätsprozessen lässt sich die Kundenorientierung im Unternehmen entsprechend umsetzen.

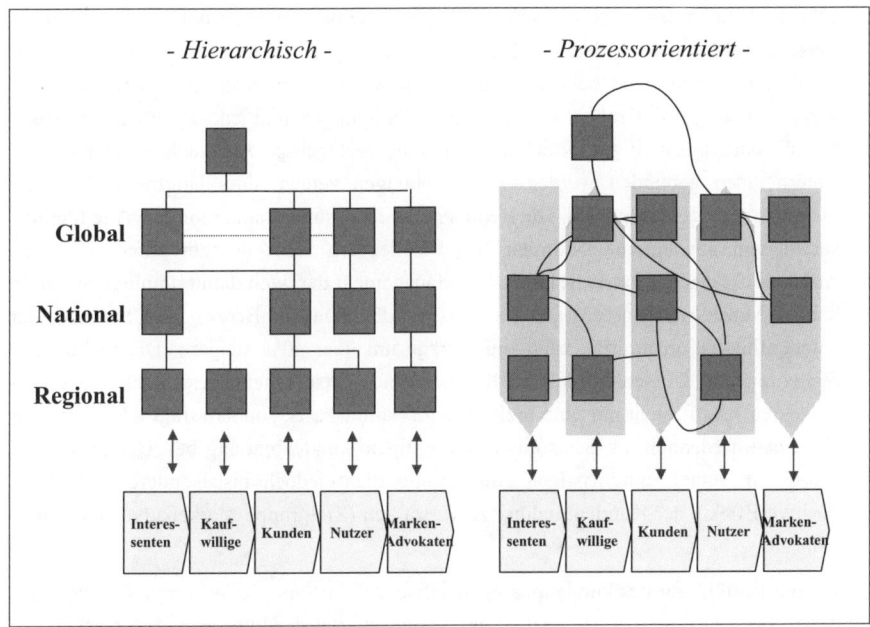

Abb. 4: Seamless, Consumer Centric Process

Die folgenden praxisorientierten Fallbeispiele sind mit der Zielsetzung ausgewählt worden, durch die Identifikation von Engpässen Ansatzpunkte für ein effizientes und effektives Customer Relationship Management aufzuzeigen (*Jung, H.H.* 1997):

- Der Kundenakquisitionsprozess umfasst die gezielte Identifikation und Ansprache von Interessenten und Kaufwilligen (siehe Abb. 2). Im Rahmen dieses Prozesses gilt es angesichts der hohen Akquisitionskosten zur Gewinnung eines Neukunden, das Leistungsangebot und die Ansprache von Neukunden zielgerichtet zu gestalten. Analysen zeigen, dass es traditionellen Vertriebs- und Kommunikationsprogrammen beispielsweise nicht gelingt, hohe Bekanntheits- und Sympathiewerte am Markt zu nutzen, Neukunden zu gewinnen. Das unausgeschöpfte Marktpotenzial sog. „aktivierbarer Sympathisanten" beträgt, je nach Hersteller, zwischen 6% und 10%. Eine der zentralen Ursachen für das unausgeschöpfte Marktpotenzial ist, dass ein isoliertes Kommunikationsangebot etwa auf regionaler (Händlerorganisation) oder nationaler Ebene (Marktleistungszentren) nicht umfassend genug ist (z.B. Dauer der Ansprache, Qualität und Umfang der Kommunikationsinhalte) und damit nicht ausreichend auf die Bedarfe von Interessenten und Kaufwilligen eingeht. Diese Leistungslücke ist in Bezug auf das Informations-, Produkt-, Service- bzw. Erlebnisangebot von Unternehmen – je nach Region – unterschiedlich stark ausgeprägt.

- Der Loyalitätsprozess beinhaltet den Aufbau und die Sicherung der Zielkundenbindung und richtet sich an die Zielgruppen Kunden sowie Nutzer (siehe Abb. 2). Dieser muss deshalb besonders frühzeitig ansetzen, um negative Effekte zu verhindern, da bei etwa 10% der Neukunden im ersten Jahr die Weichenstellung für einen potenziellen Markenwechsel erfolgt (z.B. Effekt der Nachkaufdissonanz). Indikatoren für potenzielle Abwanderungskunden sind beispielsweise abnehmende Dialogbereitschaft bzw. sinkende Servicenutzung. Ein Großteil der (inneren) Kündigungen sind jedoch vermeidbar, wenn die abwanderungswilligen Kunden durch eine rechtzeitige Ansprache weiter an das Unternehmen gebunden werden. Untersuchungen zeigen, dass langfristig 30% der Stammkunden gefährdet sind. Die Reduzierung der Kundenfluktuation bzw. die Identifikation von abwanderungswilligen Kunden/Sleepern stellt deshalb einen wichtigen Ansatzpunkt des Customer Relationship Management dar, weil damit unmittelbar und in hohem Maße Ertragspotenziale gesichert werden können. Bereits eine Senkung der Kundenfluktuation um 5% kann die Erträge um über 50% steigern. Die rechtzeitige Sicherung der Kundenbindung im Rahmen eines entsprechend gestalteten Loyalitätsprozesses schafft nicht nur eine breitere Informationsbasis, sondern trägt wesentlich zur Kundenzufriedenheit als Basis einer langfristigen Kundenbindung bei. Der Loyalitätsprozess in seiner mittelfristigen Ausrichtung dient jedoch insbesondere auch dazu, positive Effekte der Kundenbindung zu verstärken (Zielgruppe Markenadvokaten, siehe Abb. 2).

Gerade die Einführung des kundenphasenspezifischen Customer Relationship Management auf einem High Level-Prozessniveau ist auf das engste mit der Integration der verfügbaren Vertriebs- und Kommunikationsinstrumente (siehe Abschnitt 4.2) sowie der Leistungsfähigkeit Informationsmanagement (siehe Abschnitt 4.3) verknüpft. Benchmarks wie Reaktionszeit auf Kundenanfragen, Vollständigkeit des Kenntnisstands in Bezug auf relevante Ereignisse in der Kundenhistorie bzw. im Kundenstatus, Fach- und Entscheidungskompetenz des Kundenkontaktmanagers, einheitlich hohes Qualitäts- und Markenerlebnisniveau des Kundenkontakts sowie Grad der Kundenorientierung der Lösung geben Hinweise darauf, wie erfolgreich ein Unternehmen seine Organisation entsprechend des Prinzips der „Seemless, Consumer-Centric Processes" ausgerichtet hat.

4.2 Kommunikations-Strategie: „One Voice to the Consumer"

Automobilunternehmen und deren Absatzmittlern stehen eine ständig anwachsende Zahl individualisierbarer Kommunikations- und Dialoginstrumente zur Verfügung, um eine Beziehung zu aktuellen und potenziellen Kunden im Rahmen des Akquisitionsprozesses zu entwickeln bzw. mittels des Loyalitätsprozesses aufrecht zu erhalten bzw. zu pflegen. Beispielhaft soll die Integrationsanforderung des Customer Relationship Management an der bereits eingangs exemplarisch skizzierten medialen Integration detailliert werden (siehe Abb. 5).

Trotz oder gerade angesichts der Vielfalt der möglichen Kontaktpunkte erwarten Kunden heute von Automobilherstellern, dass alle relevanten Informationen ihrer bisherigen Interaktions- und Transaktionskontakte mit der Organisation und den Mitarbeitern des Unternehmens dem jeweiligen Ansprechpartner zur Verfügung stehen, mit dem sie gerade in

Kontakt treten. Dies gilt im Übrigen unabhängig davon, welchen Dialogkanal sie für die aktuelle Ansprache wählen.

Entsprechendes gilt auch aus Sicht eines auf Markenmanagement bedachten Automobilherstellers. Um ein angestrebtes hohes Serviceniveau und ein durchgängiges Markenerlebnis zu vermitteln, versuchen diese, das sog. „One Voice to the Consumer"-Prinzip zu realisieren.

- Transaktions- und Interaktionsziele -		- Mediale Integration i.S. des One Voice to the Consumer-Ansatzes -	
	Klassische Instrumente	**Plattformen für Dialog**	**Dialogstimuli**
Informations- und Interessenaustausch	• Mediawerbung • Verkaufsförderung • Personal Selling • Händlerkommunikation • Sponsoring • Placement • Event • Kundenkarte • Public Relation • Investor Relation • ...	• Akquisitionsprogramme • Loyalitätsprogramme • Kundenclubs • Call Center • Web Communities • Wap Groups • Interactive TV • Telematik • Produktvorführung • Kundenseminare • Messen • Betriebsbesichtigungen • Kundenforen • Kreativzirkel • Fokusgruppen • ...	• Produkteinführung • Kundenzeitschrift • Newsletter • Coupons- bzw. Couponanzeigen • Promotion • Cross-Promotion • Help Desk • Faxanzeigen • Tip in card • Tip on Letter • Banner • E-mail • Wap-Message • Verbraucherabteilungen • Gebrauchsanweisung • ...
Produkt-, Service-, Erlebnisvermittlung			
Qualifizierung des Beziehungsstatus			
Beziehungsklärung und Konfliktlösung			
Legitimationssicherung			
Konsensbildung			
Schaffung von Communities			

Abb. 5: *Mediale Integration im Sinne des One Voice to the Consumer*

Das Management von Kundenbeziehungen im Sinne des „One Voice to the Consumer"-Prinzips wird durch das Customer Relationship Management zum entscheidenden Wettbewerbsparameter. Im Zuge der Vermittlung von Customer Relationship Management resultiert für die Automobilunternehmen die Notwendigkeit, durch die Integration bestehender und den Aufbau neuer, dialogorientierter Kommunikationsbeziehungen in kontinuierlicher Form den Informations- und Lösungsbedarf eines Kunden aufzunehmen, zu speichern und allen potentiellen Kundenkontaktpartnern des Unternehmens zugänglich zu machen. Dies ist nicht zuletzt deshalb erforderlich, weil Kunden entsprechend dem dialogorientierten Modell des Customer Relationship Management sowohl die Rolle eines „Initiators von" als auch die eines „Reagierers auf" Kommunikation einnehmen. Das Automobilunternehmen ist seinerseits gefordert, nicht nur die Entwicklung wirkungsvoller Mechanismen des „Sendens" ebenso wie effiziente Strategien und Instrumente des „Empfangens" zu unterstützen *(Wiedmann, K.P., Jung, H.H. 1995).*

Die Praxis des Customer Relationship Management im internationalen Vertriebs- und Kommunikationsmanagement von Automobilunternehmen zeigt zudem, dass ein aktueller bzw.

potenzieller Kunde erst dann eine langfristige Beziehung mit einem Autohersteller eingeht, wenn er sich daraus einen Nutzen verspricht (Uses and Gratification-Ansatz, *Palmgreen P. 1984)*. Die modellimmanente Hypothese, dass sich im Rahmen des Kommunikationsvorgangs ein Austausch von Werten zwischen den Gesprächspartnern zum gegenseitigen Vorteil vollzieht, kann als wesentlicher Erfolgsfaktor des Customer Relationship Management in der Automobilpraxis charakterisiert werden. Der Nutzen- und Belohnungsansatz besagt, dass nur durch entsprechende Berücksichtigung der Ziele, Bedürfnisse und Erwartungen von Konsumenten die erhoffte Bindungswirkung zu erzielen ist. Dementsprechend lässt sich für die Dialogwirkung sagen, dass Dialoge nur in dem Maße wirksam sind, in dem ihnen Rezipienten eine Wirksamkeit zugestehen.

Die Praxis zeigt, dass das Customer Relationship Management eine Lösung für die Integrationsnotwendigkeit bereits vorhandener „Front Office"-Prozesse und Anwendungen für Verkäuferunterstützung, Call Center, Außendienst, Help Desk- und Marketingkommunikation-Programmen bietet. Die erfolgreiche Bewältigung der Integrationsanforderungen bildet daher auch eine wesentliche Voraussetzung für die Nutzung des Internet als Dialogmedium mit dem Automobilkunden. Die negativen Erfahrungen der Benutzer mit einigen der Pioniere des Web-Marketing haben die Notwendigkeit hervorgehoben, diese verschiedenen Funktionen zu integrieren, um das hohe Anforderungsniveau an den Online-Dialog – den Kunden jetzt erwarten – auf allen Dialogkanälen zur Verfügung zu stellen.

4.3 Informationsmanagement-Strategie:
„Only Information – Champions are Consumer Champions"

Mit Hilfe eines umfassend verstandenen Customer Relationship Management soll es gelingen, Interaktionen und Transaktionen zwischen Automobilunternehmen und Kunden zu erweitern, intensiver zu gestalten und diese zu individualisieren. Ein umfassender Ansatz des Customer Relationship Management erscheint u.E. erfolgversprechend, da es heute möglich ist, diesen mit verschiedenen Elementen des modernen Informationsmanagement zu verknüpfen. Dafür sprechen zahlreiche Argumente:

- Daten- und Kommunikationstechnologien bilden aufgrund ihres Querschnittcharakters ein wesentliches integratives Element in Unternehmen (Intranet) selbst und zwischen diesen und deren Markt- und Umfeldpartnern (Internet-basierte B2B bzw. B2C Lösungen) und bieten daher neue Plattformen für das Customer Relationship Management.

- Die mit diesen Technologien erzeugten, gespeicherten und weitergegebenen Daten gewinnen als Produktionsfaktor im (makro-)ökonomischen und damit als Wettbewerbsfaktor im betriebswirtschaftlichen Kontext zunehmend an Bedeutung. Dies bedeutet, dass das Unternehmen, welches etwa im Rahmen des Beziehungsmanagement die intelligenteste Datenbeschaffungsstrategie entwickelt, komparative Vorteile gegenüber Mitwerbern gewinnt.

- Die integrative Veredelung von Daten zu entscheidungsrelevanten Informationen, die ihrerseits wiederum – z.B. im Rahmen des Organisational Learning – zu Management Know-How weiterentwickelt werden müssen, wird damit zu einem zentralen, sich selbst verstärkenden Schlüsselprozess des Customer Relationship Management. D.h., dass das Unternehmen, welches in der Lage ist, die im Rahmen des Dialogs mit dem Kunden gewonnenen Daten optimal auswerten, auch jenes ist, welches die am besten an den Bedarfen der aktuellen und potentiellen Kunden ausgerichtete Beziehung anbieten kann.

Die skizzierten Trends zeigen, dass sich aus dem Feld des Informationsmanagement Gestaltungsperspektiven ergeben, deren konsequentes Ausschöpfen einen wesentlichen strategischen Erfolgsfaktor des Customer Relationship Management darstellt (Only Information Champions are Consumer Champions).

Hinzu kommt, dass sich im Rahmen des Veredelungsprozesses der Daten hin zum ökonomischen Nutzen neue Gestaltungsperspektiven ergeben, deren konsequentes Ausschöpfen einen wesentlichen strategischen Erfolgsfaktor eines Unternehmens darstellt. Hinzuweisen ist hier etwa auf neue Möglichkeiten zur Integration von unternehmensinternen und externen Daten im Sinne des Data Warehouse-Gedankens oder auch der Nutzung intelligenter Data Mining-Tools wie etwa neuronale Netze, die eine sehr viel differenziertere Verarbeitung von Informationen über Unternehmenspotenziale, Kundenverhaltensmuster oder Marktbedingungen ermöglichen. Voraussetzung hierfür bildet allerdings, dass sowohl Data Warehouse-Konzepte als auch Data Mining-Tools nicht zum Selbstzweck avancieren, sondern streng in eine fundierte inhaltliche Auseinandersetzung und mithin in eine intelligente Problemlösungsorientierung integriert bleiben.

Die Idee des Data Warehouse-Konzepts *(Inmon, W., Hackathorn, R. 1994)* ist aus der Notwendigkeit heraus entstanden, die an unterschiedlichen Stellen eines Unternehmens – zumeist aufgrund der inflexiblen, hierarchischen Struktur gewachsener Datenbanksysteme – anfallenden Daten zu extrahieren und in ein entscheidungsorientiertes Datenmodell zu überführen. Das Data Warehouse basiert auf einer Datenbanktechnologie, welche die Normalisierung der Daten und damit deren aufgabenorientierte Selektion, Aggregation bzw. Verknüpfung ermöglicht. Bisherige Informationssysteme im Marketing weisen, insbesondere aufgrund der veralteten Datenbanktechnologie bzw. der Grenzen etwa abteilungsspezifisch verteilter Datenbasen, erhebliche Defizite im Bereich der informationstechnologischen Schnittstellen auf. Dass ein Data Warehouse hingegen in der Lage ist, die informationstechnologische Basis für ein intelligentes Customer Relationship Management zu liefern, gilt heute in Fachkreisen als anerkannt:

- Neben informationstechnologischen Schnittstellen lassen sich im Rahmen eines Data Warehouse-Ansatzes zudem inhaltliche Schnittstellen zur Integration unternehmensinterner und -externer Daten schaffen. Mit Hilfe entscheidungsorientierter Identifikatoren einerseits sowie neuen Methoden andererseits ist es möglich, die Informationseffizienz und -effektivität im Rahmen des Customer Relationship Management deutlich zu steigern.

- Das entscheidungsorientierte Data Warehouse umfasst Daten, Informationen und Wissen über Zielkunden nicht nur in zeitpunktspezifischer, sondern hält diese auch in zeitraumbezogener Form bereit (z.B. Kundenhistorie, Kundenpotenzial-Projektion).

- Die Qualität der Daten, Information und des Wissens ist durch vertiefende Aktivitäten bzw. Studien auf den Prüfstand zu stellen und zu validieren (z.B. Re-Qualifizierung der Information, Data Clensing).

- Da speziell vertiefende Studien mit zusätzlichen Kosten verbunden sind, werden diese in aller Regel nur in bestimmten Intervallen durchgeführt. Die Überbrückung der Erhebungslücken und eine damit verbundene Reduktion der Studienkosten lässt sich mittels methodengestützter Simulation erreichen.
- Darüber hinaus lässt sich im Rahmen der vertiefenden Studien feststellen, inwieweit neue Beobachtungsfelder (z.B. Frühindikatoren) künftig in das entscheidungsorientierte Data Warehouse zu übernehmen sind.

Damit das internationale Vertriebs- und Kommunikationsmanagement in Automobilunternehmen im Rahmen des Customer Relationship Management die richtigen Entscheidungen trifft, ist es erforderlich, dass das Informationsmanagement intelligente Verfahren zur Verfügung stellt, um die Entscheidungen auf eine quantitative fundierte Basis zu stellen. Als Vorteile eines quantitativ fundierten Zielkundenmanagements lassen sich anführen, dass

- die Quantifizierung zu einer intensiven gedanklichen Durchdringung des Verhaltens von Zielkunden und der Wirkung von Vertriebs- und Kommunikationsmaßnahmen zwingt.
- die quantitativen Methoden aufgrund ihrer hohen formalen Präzision die Möglichkeit bieten, entsprechende Simulations- und Optimierungskalküle zur Ableitung von Entscheidungskonsequenzen anzuwenden.
- die Algorithmen quantitativer Verfahren eine intersubjektive Überprüfung der Hypothesen bzw. der getroffenen Entscheidungen erleichtern.
- im Verbund mit innovativen Informationskonzepten (z.B. Data Warehouse) die Aussicht besteht, die relativ engen Grenzen der „mental arithmetics" menschlicher Informationsverarbeitung – zumindest stückweise – zugunsten quantitativ fundierter Maßnahmenentscheidungen auszudehnen.
- das im Rahmen von Data Mining-Prozessen gewonnene Wissen nicht nur dem einzelnen Entscheider zur Verfügung steht, sondern mit Hilfe automatisierter Case Base Tools multipliziert und somit unternehmensweit i.S. des Total Quality Management bereitgestellt werden kann.

Um eine Quantifizierung der Entscheidungen des Customer Relationship Management zu unterstützen, stehen schon heute eine Vielzahl von Tools zur Verfügung, zudem kommen fast täglich neue Instrumente auf den Markt. Entscheidend für die Leistungsfähigkeit der Informationsmanagement-Strategie, diese nicht als Stand Alone-Systeme zu betrachten, sondern diese als intelligente System- und Methodenverbünde in die Prozesse des Interessenten- und Kundenmanagement zu integrieren (siehe Abschnitt 4.2).

4.4 Internationalisierungs-Strategie: „Think Global, Act Local"

Das Grundprinzip des Customer Relationship Management als Leitbild des internationalen Vertriebs- und Kommunikationsmanagement von Automobilunternehmen ist es, eine individualisierte Beziehung zwischen Interessenten bzw. Kunden und einer Marke auf- und auszubauen. Aus diesem Grunde ergeben sich zwei wesentliche Ansatzpunkte zur Ausgestaltung der Internationalisierungs-Strategie entsprechend des Prinzips „Think Global, Act Local":

- Einerseits ist eine Inter Cultural-Perspektive erforderlich, welche darauf abzielt, Gemeinsamkeiten in den Interaktions- und Transaktionsoptionen zwischen Automobilunternehmen und Interessenten sowie Kunden vor dem Hintergrund unterschiedlicher nationaler und kultureller Kontexte zu ermitteln. Im Rahmen des Customer Relationship Management ist die Inter Cultural-Perspektive jedoch nicht nur auf den Rahmen der Interaktion zwischen Marken und nationalen Kulturen zu beschränken. Gegenstand der Analyse ist vielmehr das gesamte Spektrum der Interaktion, so etwa die Wirkung von Kommunikationsbotschaften auf Konsumenten unterschiedlicher Kulturen. Dies gilt für alle übrigen Parameter von Akquisitions- und Loyalitätsprogrammen (z.B. Dialogintensität, mediale Präferenzen, Verbreitungs- und Nutzungsgrad von innovativen Medien).

- Andererseits sind im Sinne eines Cross Cultural-Ansatzes, der versucht, die nationalen bzw. lokalen Vertriebs- und Kommunikationsansätze anhand lokaler Kundenverhaltensmuster zu bewerten. Diese Art der Analyse ist erforderlich, um die Umsetzung von globalen Customer Relationship Management-Aktivitäten in unterschiedlichen lokalen Kontexten zu ermöglichen (z.B. nationale Datenschutzbestimmungen).

Die zentrale These, die dem Aufbau eines effizienten und effektiven Customer Relationship Management als Basis eines internationalen Vertriebs- und Kommunikationsmanagements der Automobilindustrie zugrunde liegt, ist die Identifikation robuster Cross Cultural Elemente. Im Blick auf den Europäischen Markt ist zu konstatieren, dass Automobilkunden zahlreiche Gemeinsamkeiten im Informations- und Kommunikationsverhalten aufweisen, die den Kern eines Customer Relationship Marketing Konzepts bzw. Programms bilden können. Insbesondere im Blick auf innovative Medien wie das Internet haben sich Dialogmuster entwickelt, die grenzüberschreitend wirksam sind.

Dies soll im folgenden anhand eines Beispiels verdeutlicht werden: Moderne Gesellschaften sind zeitbasiert *(Usunier, J.C., 1996)*. Die Märkte der Triade (Vereinigte Staaten, Europa, Japan) lassen sich als „Zeit ist Geld"-Kulturen charakterisieren. In diesen Kulturen stellt Zeit ein ökonomisches Gut dar, eine Art universeller Währung, die als Grundlage für die Nutzenkalküle des Customer Relationship Management (siehe Abschnitt 4.2) gelten kann, und dies sowohl auf Unternehmensseite als auch aus der Sicht der Interessenten bzw. Kunden (z.B. Prozesse schneller, damit qualitativ besser und kostengünstiger abwickeln).

Da Zeit eine knappe Ressource ist oder zumindest als solche verstanden wird, sehen Konsumenten es als notwendig an, konkurrierende Anforderungen an ihr Zeitbudget abzuwägen. In dem Maße, in dem Zeit für Interessenten und Kunden von Automobilunternehmen ein wertvolles Gut geworden ist, sind sie bestrebt, ihre Zeit weitgehend selbständig zu bestimmen. Global wird Zeit von Konsumenten als eine Währung verstanden, die sie beispielsweise genießen, sparen oder investieren.

In dieser Hinsicht zieht das traditionelle Marketing Zeit nicht ausreichend in Betracht. Sei es die Fernsehwerbung, die den Genuss des laufenden Programms stört, oder der Telemarketinganruf, der das Familienabendessen unterbricht. Traditionelles Marketing basiert auf dem Prinzip Hoffnung, unsere Aufmerksamkeit von dem zu lösen, das wir tun (Interruption Marketing, *Godin S., 1999*). Statt potenzielle Kunden durch Unterbrechung zu verärgern und das von ihnen hochgeschätzte Gut Zeit zu missbrauchen, zielt das Customer

Relationship Management darauf ab, Anreize zu bieten, um die Erlaubnis des Verbrauchers zu erhalten, eine Kommunikationsbotschaft zu akzeptieren oder eine Beziehung aufzubauen (Permission Marketing, *Godin S.,* 1999).

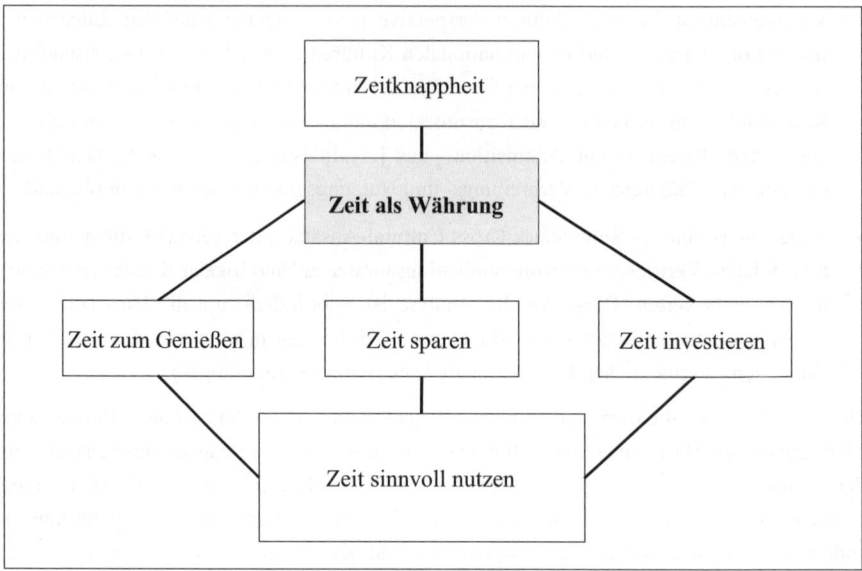

Abb. 6: Cross Cultural-Perspektive: Zeit als universelle Währung

Im Rahmen dieses Beitrags ist es nicht möglich, alle Aspekte des Customer Relationship Management ausführlich vor dem Hintergrund Cross Cultural-Adaptation bzw. Inter Cultural Standardisierung zu erörtern. Das angeführte Beispiel mag verdeutlichen, welche grundsätzlichen Überlegungen in Bezug auf alle Integrationsdimensionen des Customer Relationship Management (siehe Abb. 3) anzustellen sind.

4.5 Implementierungs-Strategie: „Process of Continuous Improvement"

Im Bereich der Managementaufgaben der Customer Relationship Management müssen eine erhöhte Aufgeschlossenheit für Herausforderungen, visionäre Fähigkeiten sowie offene und pluralistische Unternehmenskulturen als wichtige strategische Erfolgspotenziale eingestuft werden. Dies gilt insbesondere im Hinblick auf die kritische Überprüfung der bisherigen Management- und Instrumentenbasis des internationalen Vertriebs- und Kommunikationsmanagement. Die für diese Bereiche verantwortlichen Führungskräfte in einem Unternehmen sollten hier Impulsgeber-, Orientierungs-, Gestaltungs-, Koordinations- und Überwachungsfunktionen übernehmen, um gegebenenfalls

- am Entwurf tragfähiger Visionen hinsichtlich eines zukunftsgerichteten Customer Relationship Management inhaltlich mitzuwirken,

- Umdenkungsprozesse im Unternehmen auf der Basis systematischer Analysen der Herausforderungen einerseits und der Stärken und Schwächen der aktuellen Vertriebs-

und Kommunikationsaktivitäten andererseits einzuleiten und notfalls die Unternehmensführung hartnäckig „wachzurütteln",

- das notwendige Klima der Offenheit und Aufgeschlossenheit für Veränderungen zu schaffen und zu fördern und Abweichungen von einer neuformulierten Customer Relationship Management-Philosophie sorgfältig zu registrieren, zu hinterfragen und gegebenenfalls deren Korrektur nachdrücklich einzufordern (z.B. Auditing, Controlling, Assessment).

Insgesamt wird deutlich, dass die Planung, Steuerung und Entwicklung einer Neukonzeptionierung des internationalen Vertriebs- und Kommunikationsmanagement in Automobilunternehmen erforderlich wird, um der aktuellen und künftigen marktlichen Entwicklung einerseits und den aus dem Leitbild des Customer Relationship Management resultierenden Anforderungen andererseits Rechnung tragen zu können. Einblick in die Grundstruktur eines umfassenden „Projektmanagement im Sinne eines Process of Continuous Improvement" vermittelt die folgende Abbildung.

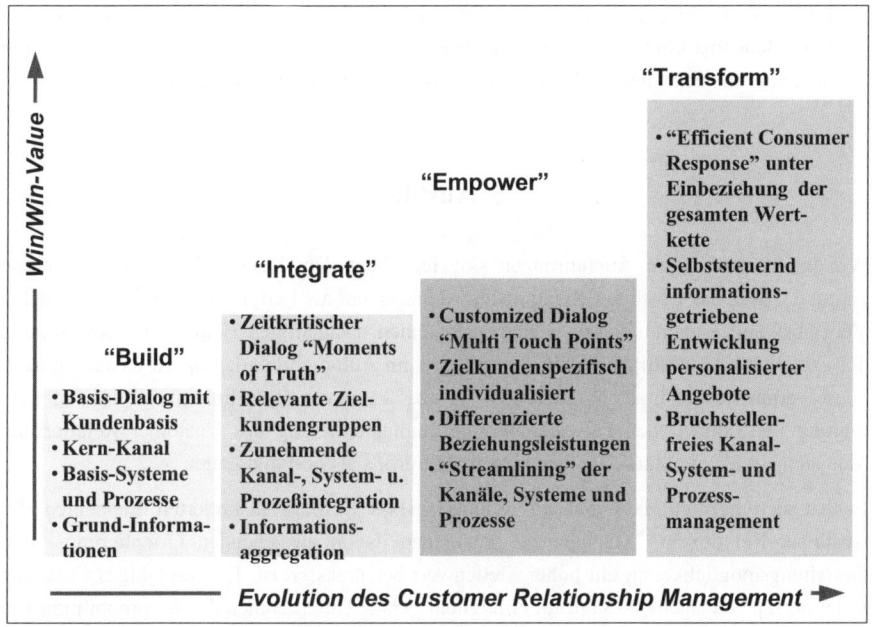

Abb. 7: Ausgewählte Stufen der permanenten Weiterentwicklung

Als erste robuste Schritte auf dem Weg zur Implementierung des Customer Relationship Management im Rahmen eines Stufenkonzeptes von der Ideenphase bis zum unternehmensweiten Einsatz lassen sich jedoch diejenigen Phasen kennzeichnen, die in der oben stehenden Abbildung enthalten sind: Build, Integrate, Empower, Transform.

Ausgehend von einem langfristigen und ganzheitlichen Customer Relationship Management-Konzept, welches die umfassende Nutzung der Leistungsfähigkeit der Leitvision gewährleistet und deren Umsetzung mit Hilfe innovativer Managementmethoden vorantreibt, ist es erforderlich, dass

- die Auswahl erster Basisprozesse (z.B. Akquisitions-, Loyalitätsprozess) und die Durchführung von Pilotanwendungen unter besonderer Berücksichtigung ihrer Erfolgswahrscheinlichkeit erfolgt, was impliziert, dass Kosten und Nutzen der traditionellen Prozesse bzw. der Customer Relationship Management Pilotanwendung eindeutig zu ermitteln sind.

- nach erfolgreichen Pilotanwendungen eine frühzeitige Integration von Fach- und Machtpromotoren erfolgt, um Meinungsführer im Unternehmen zu gewinnen, die u.a. zu einem Abbau von Akzeptanzbarrieren für die Folgephasen beitragen können.

- es gelingt, interdisziplinäre und international besetzte Anwendungsteams zu installieren, die in der Lage sind, Synergie- und Erfahrungskurvenpotenziale in ausreichendem Maße zu realisieren.

- soweit erforderlich, in allen Phasen der Implementierung eine ausreichende Nutzung des Informations- und Anregungspotenzials auch von externen Experten gewährleistet ist (z.B. Benchmarking), um etwa an der Weiterentwicklung der Leitvision zu partizipieren oder aber die Entstehung von überflüssigen Overhead-Kosten zu vermeiden.

5 Ausblick

Wie in den bisherigen Ausführungen skizziert, liegt dem Beitrag die Arbeitshypothese zugrunde, dass das Customer Relationship Management als Leitvision eines internationalen Vertriebs- und Kommunikationsmanagement einen nachhaltigen Beitrag zur Bewältigung der aktuellen und künftigen Herausforderungen im Automobilmarketing zu leisten vermag. Diese vermutete Leistungsfähigkeit des Ansatzes kann vor dem Hintergrund der Praxiserfahrung im Rahmen der Entwicklung und Implementierung des Customer Relationship Management für die Marke Mercedes-Benz in Europa als bestätigt gelten.

Es hat sich gezeigt, dass den im Rahmen dieses Beitrags diskutierten Elementen des Customer Relationship Management sowie den davon ausgehenden Orientierungs- und Gestaltungsmöglichkeiten ein hoher Stellenwert beizumessen ist. Ein tragfähiges Customer Relationship Management-Konzept ermöglicht gerade Unternehmen der Automobilindustrie eine Annäherung an marktliche und gesellschaftliche Interaktions- und Transaktionspartner, die Schaffung und Intensivierung einer Bindung der Dialogpartner und somit die Errichtung von Eintrittsbarrieren für Konkurrenten, die letztendlich zur Gewinnung eines dauerhaften Wettbewerbsvorteils führen können. Zudem eröffnet Customer Relationship Management die Möglichkeit, neue Geschäftsfelder auf der Basis der gewonnen Kundeninformationen zu erschließen.

Insbesondere sollte dieser Beitrag jedoch die im Folgenden dargestellten grundlegenden Voraussetzungen für die Implementierung eines Customer Relationship Management-Konzepts in der Praxis schaffen.

- Die Einsicht in die Notwendigkeit (z.B. die Anforderungen einer zunehmend kritischer werdenden Öffentlichkeit).

- Die Erkenntnis, dass das Eingehen von Kundenbeziehungen kein leichtzunehmendes Spiel darstellt (z.B. die sich möglicherweise in einer Anspruchsspirale steigernde Anspruchshaltung der Dialogpartner).

- Die Problematik einer Balance zwischen dem Willen und dem Mut zur Veränderung einerseits und der realistischen Einschätzung des Machbaren andererseits.

Literatur

Gummesson, E.: Total Relationship Marketing, Oxford 1999.

Godin, S.: Permission Marketing, New York 1999.

Inmon, W./Hackathorn, R.: Using the Data Warehouse, Chichester 1994.

Jung, H.-H.: Integriertes Database Marketing als zukunftsorientierte Lösung für erfolgreiches Zielkundenmanagement, in: Database Marketing, Nr. 1, S. 6-11, 1997.

Kroeber-Riel, W: Kommunikation im Zeitalter der Informationsüberlastung, in: Marketing-ZfP, Nr. 3, S. 182-189, 1998.

Palmgreen, P.: Der 'Uses and Gratifications-Approach'. Theoretische Perspektiven und praktische Relevanz, in: Rundfunk und Fernsehen, Nr. 1, S. 51-62, 1984.

Payne, A./Rapp, R.: Relationship Marketing: Ein ganzheitliches Verständnis von Marketing, in: *Payne, A./Rapp, R.* (Hrsg.): Handbuch Relationship Marketing, S. 3-17, 1999.

Peren, F.W.: Die Bedeutung des Customizing für die Automobilindustrie – ein grundsätzliche Einführung, in: *Peren, F.W./Hergerth, H.A.* (Hrsg.): Customizing in der Weltautomobilindustrie, S. 13-25, 1996.

Raffée, H.: Chancen und Risiken des interaktiven Fernsehens für öffentlich-rechtliche Rundfunkanstalten aus der Sicht des Marketing, in: *Reinhard, U.* (Hrsg.): Interaktives Fernsehen – 2. Veranstaltung zum Thema „Rundfunkmarketing" an der Universität Mannheim am 26. April 1994, Heidelberg, S. 23-37, 1994.

Rother, F. W.: Wem die Stunde schlägt. In: Wirtschaftswoche, Heft 4, S. 36-40, 1999.

Usunier, J.C.: Marketing across cultures, London, 1996.

Wiedmann, K.P./Jung, H.-H.: Dialogorientierte Kommunikation – Grundlagen, Trends, Orientierungs-, Bewertungs- und Gestaltungsperspektiven für die Automobilindustrie, Mannheim 1995.

Team Selling im industriellen Anlagengeschäft

Günther Heger

Team Selling findet in den letzten Jahren sowohl in der Vertriebspraxis (1) als auch in der Marketingtheorie (2) verstärkt Aufmerksamkeit. Teamorientierte Vertriebsstrukturen werden als adäquate Antwort auf die sich strukturell verändernden Rahmenbedingungen in der Zusammenarbeit von Unternehmen gesehen (3):

- Durch Reduzierung der Lieferantenzahl (Single Sourcing) und zunehmende Konzentration der Abnehmerseite nimmt die Bedeutung des (teamorientierten) Geschäftsbeziehungsmanagements (4) zu.

- Kunden erwarten zunehmend individuelle Systemlösungen. Um kundenspezifische Leistungen flexibel erbringen zu können, müssen die Potenziale und Prozesse der Anbieter verstärkt auf die Integration des Kunden in den Leistungserstellungsprozess (Customer Integration [5]) ausgerichtet werden.

- Kunden beziehen Lieferanten frühzeitig in Produktentwicklungsprozesse ein. Die komplexer werdenden Aufgaben erfordern die Bildung funktions-, bereichs- und unternehmensübergreifender Teams.

- Gemeinsam optimierte Wertschöpfungsketten werden zum vorrangigen Ziel von Geschäftsbeziehungen. Win-Win-Beziehungen erfordern vertriebsübergreifende Kooperationsprozesse.

- Der zunehmende Einsatz projektbezogener Einkaufsgremien (Buying Center) erfordert multifunktionale Selling Center auf der Anbieterseite; Teamverhandlungen und Teamverkauf werden wichtiger.

- Durch einen Mix aus zentraler und dezentraler Beschaffung in Konzernen wird eine koordinierte Betreuung von Konzernzentralen und einzelnen Werken erforderlich.

- Die Tendenz zum Global Sourcing erfordert zunehmend internationale Key Account Management-Teams.

- Erforderliche Effizienzsteigerungen im Vertrieb bedingen eine Verkleinerung der Vertriebsmannschaften, eine Verflachung von Hierarchien und neue Organisationsmodelle, z.B. Vertriebsteams.

- E-Business und Rationalisierung in der Auftragsabwicklung erfordern eine Neudefinition der Aufgaben im persönlichen Verkauf. Funktionsübergreifende Beratung und Betreuung treten verstärkt in den Vordergrund.

Aufgrund der Besonderheiten des industriellen Anlagengeschäfts ist dieser Geschäftstyp schon immer mit einer Reihe der oben genannten Forderungen konfrontiert. Die hohe Komplexität des Anlagengeschäfts, die sich unter anderem aus der Spezifität der Leistung, der hohen Wertdimension und der Internationalität ergibt, erfordert zur effizienten Problemlösung entsprechend komplexe, multipersonale und -organisationale Lösungssysteme bzw. Selling Center. Im vorliegenden Beitrag werden vor dem Hintergrund des industriellen Anlagengeschäfts Planungs- und Kontrollinstrumente für eine teamorientierte Aufgabenbewältigung vorgestellt: Das Blueprinting als Instrument zur prozessorientierten Aufgabenanalyse, das Funktionendiagramm zur Festlegung von Mitwirkungsanteilen und das Responsibility Charting als umfassendes Planungs- und Kontrollinstrument.

1 Wesensmerkmale des industriellen Anlagengeschäfts

Industrielle Anlagen sind Leistungsangebote, die ein durch die Vermarktungsfähigkeit abgegrenztes, kundenindividuelles Hardware-/Software-Bündel zur Fertigung weiterer Güter darstellen. Die Erstellung der Hard- und Software-Elemente erfolgt zum großen Teil in Einzel- oder Kleinserienfertigung; die Montage zu funktionsfähigen Einheiten wird in der Regel beim Kunden durchgeführt (6).

Die Realisierung einer Anlage umfasst eine Vielzahl heterogener Einzelaufgaben, an der – mit unterschiedlichen Mitwirkungsanteilen – der Anlagenbauer, der Kunde und Dritte (z.B. Unterlieferanten, Konsortialpartner, Consulting Engineers, Banken) beteiligt sind. Die Problemstellung im Anlagengeschäft hat eindeutigen Projektcharakter, sowohl auf der Anbieter- als auch auf der Nachfragerseite: Es handelt sich um einmalig durchzuführende Vorhaben, die durch eine zeitliche Befristung, eine hohe Komplexität und eine interdisziplinäre Aufgabenstellung zu charakterisieren sind (7). Das Spektrum industrieller Anlagen reicht von großindustriellen Anlagen (z.B. Raffinerien, Walzwerke) bis hin zum Sondermaschinenbau.

Typische Merkmale des Anlagengeschäfts sind:

(1) Auftrags-/Einzelfertigung
Industrielle Anlagen werden, obwohl eine Anlage selbstverständlich auch standardisierte Komponenten enthält, fast immer kundenspezifisch zugeschnitten und errichtet. Der Interaktionsbedarf zwischen Anlagenbauer und Kunde ist daher relativ hoch.

Aufgrund der anderweitig eingeschränkten Verwendbarkeit einer kundenspezifischen Anlage kann nicht für einen anonymen Markt vorproduziert werden. Es ist erforderlich, vor dem Fertigungsprozess Leistung und Gegenleistung zu kontrahieren; der Vermarktungsprozess liegt also zeitlich vor dem Fertigungsprozess. Solche Güter, die ohne Spezifizierung durch den Kunden oder ohne dessen Mitwirkung ökonomisch nicht sinnvoll bzw. überhaupt nicht hergestellt werden können und die darüber hinaus komplex und hochwertig sind, werden in der Literatur als Kontraktgüter (8) bezeichnet. Wenn Anlagenbauer und Kunde über ein Projekt disponieren müssen, das es bei Vertragsabschluss noch gar nicht gibt, erwachsen für beide Marktparteien besondere Unsicherheitsprobleme und Abstimmungserfordernisse.

(2) Langfristigkeit

Akquisition und Abwicklung von Anlagenprojekten erstrecken sich in der Regel über einen längeren Zeitraum. Im Großanlagengeschäft handelt es sich oft um mehrere Jahre. Die Unsicherheit im Vermarktungsprozess, die sich z.B. aus künftigen Kostenänderungen oder politischen Veränderungen ergibt, wird durch den Langfristcharakter des Anlagengeschäfts erhöht und erfordert, dass wichtige Einflussfaktoren in ihren Auswirkungen vertraglich geregelt werden müssen. Allerdings ist ein alle Eventualitäten berücksichtigender Vertrag aufgrund der prohibitiv hohen Transaktionskosten nicht möglich und auch ökonomisch nicht sinnvoll.

(3) Hohe Wertdimension der Anlagen

Der Wert eines Auftrags im Anlagenbau übersteigt oft die Millionengrenze. Für Anbieter und Nachfrager ergeben sich daraus erhebliche projektspezifische Risiken, die wiederum umfangreiche vertragliche Regelungen erfordern.

(4) Variabilität des Lieferumfangs und des Auftragsinhalts

Typisch für das Anlagengeschäft ist, dass der Auftragsumfang während der gesamten Akquisitionsphase und teilweise auch noch nach Vertragsabschluss durch Verhandlungen zwischen Anbieter und Nachfrager verändert werden kann. Besondere Ungewissheitsprobleme können sich ergeben, wenn neue technische Lösungswege in der Leistungserstellung beschritten und erst vom Anbieter entwickelt werden müssen.

(5) Kooperative Anbieterorganisation

Aufgrund der hohen Komplexität von Anlagen und des hohen Auftragswertes werden Anlagen häufig durch Zusammenarbeit mehrerer Unternehmen angeboten und realisiert. Der einzelne Anbieter ist oft nicht in der Lage, alle Teilleistungen (z.B. Mechanikteil, Elektrikteil, Bauteil, Logistikteil) selbst zu erbringen bzw. kann das Risiko, alleine einen Großauftrag abzuwickeln, nicht tragen. Die Verhandlungen über die Organisation von Anbietergemeinschaften (Konsortien, Generalunternehmerschaften) sind oft ähnlich bedeutsam wie die kundenorientierte Akquisition.

(6) Zunahme der Dienstleistungskomponenten

Der Dienstleistungsanteil im Anlagengeschäft gewinnt an Bedeutung. Über die reine Anlage hinaus verlangen Nachfrager weitergehende Zusatzleistungen wie:

- Personalschulung,
- Übernahme des Managements der Betriebsführung,
- Wartungs- und Instandhaltungsleistungen,
- Vermarktungshilfen für die auf der Anlage produzierten Güter und
- Auftragsfinanzierung.

Insbesondere einem konkurrenzfähigen Finanzierungsangebot kommt eine Schlüsselstellung im Marketing von Anlagen zu, vor allem bei Nachfragern aus Entwicklungs- oder Schwellenländern, die oft nicht über ausreichende finanzielle Mittel verfügen.

(7) Internationalität und Diskontinuität des Auftragseingangs

Größere Anlagenprojekte werden in der Regel international ausgeschrieben bzw. angefragt. Daraus ergeben sich besondere, wirtschaftlich (z.B. Wechselkursmanagement), technisch (z.B. Koordination von Angebotspartnern aus Ländern mit verschiedenen Normen), politisch und kulturell determinierte Probleme. Die Exportquote der deutschen Großanlagenbauer belief sich im Jahr 1999 auf 65%. Dabei entfiel etwa die Hälfte der Auslandsorder auf Großprojekte. Dies sind Einzelaufträge mit einem Wertvolumen von mindestens 25 Mio. DM (9).

2 Phasenstruktur des Anlagengeschäfts

Der Vermarktungsprozess im Anlagengeschäft kann in verschiedene Phasen gegliedert werden, in denen jeweils spezifische Problemstellungen auftreten (10). Aus Anbietersicht können in einer sachlogischen Reihenfolge die Voranfragen-, die Anfragenbewertungs-, die Angebots-, die Verhandlungs- und die Liefer- und Gewährleistungsphase unterschieden werden. Spiegelbildlich kann auch der Beschaffungsprozess auf der Nachfragerseite in Phasen gegliedert werden. Jede Phase ist durch bestimmte Entscheidungen bzw. Ergebnisse auf Anbieter- und Nachfragerseite gekennzeichnet, die den weiteren Phasenablauf bestimmen. Zwischen Anbieter- und Nachfragerseite finden während des Vermarktungsprozesses Interaktionen statt (z.B. Diskussion von Lösungsvarianten, Verhandlungen). Bedingt durch die Multiorganisationalität des Anlagengeschäftes kommen dazu Interaktionen innerhalb der Anbieterseite, z.B. bei kooperativer Anbieterorganisation, und innerhalb der Nachfragerseite, wenn z.B. die nachfragende Organisation Berater (Consulting Engineers) eingeschaltet hat.

Abb. 1 zeigt die Phasen des Vermarktungsprozesses. Der tatsächliche Phasenablauf folgt dabei nicht immer dem dargestellten sachlogischen. Teilweise werden Phasen wiederholt durchlaufen, z.B. wenn der Kunde während der Verhandlungsphase feststellt, dass der Bedarf falsch spezifiziert wurde und er seine Beschaffungsplanung modifizieren muss.

Phasen des Anlagengeschäfts aus Anbieterperspektive	intraorganisationale Aktivitäten der Anbieterseite	Interaktionen zwischen Anbieter- und Nachfragerseite	intraorganisationale Aktivitäten der Nachfragerseite	Phasen des Anlagengeschäfts aus Nachfragerperspektive
Voranfragenphase	- Marktforschung bezüglich neuer Projekte - Stimulieren des Bedarfs - Erstellen von Vorstudien	-Kommunikation über potentielle Bedarfsfälle	- Problemerkennung - Beurteilung der Vorstudie - Beurteilung der Realisierungsmöglichkeit - Ausarbeitung von Spezifikationen	Problemerkennungs-/Beschaffungsplanungsphase

				- Entschluss zur Einholung von Angeboten - Erstellung der Ausschreibungs- bzw. Anfrageunterlagen	
Anfragenbewertungsphase	- Selektion von Anfragen - Entschluss über die Angebotserstellung	- Klärung von Rückfragen	- Anfragetätigkeit		**Anfragephase**
Angebotsphase	- Erstellung von technischen Lösungsvorschlägen - Angebotskalkulation - Terminplanung - Financial Engineering - Festlegung der Angebotsbedingungen - Freigabe des Angebots	- Informationsaustausch	- Beurteilung der Angebote - Vorselektion der Angebote		**Angebotsbewertungsphase**
Verhandlungsphase	- Modifizierung des Angebots - juristische Vertragsausfertigung - Vertragsabschluss	- Verhandlungen über technische, ökonomische Konditionen und Lieferzeit	- Modifizierung der Nachfrage - Letter of Intent - juristische Vertragsausfertigung- - Vertragsabschluss		**Verhandlungsphase**
Liefer- und Gewährleistungsphase	- Fertigung - Montage - Inbetriebnahme - Entschluss über Preisauswirkungen von nachträglichen Änderungen des Leistungsumfangs - Bearbeitung von Gewährleistungen	- Inbetriebnahme - Kulanzverhandlungen	- Überwachung - Abnahmeentscheidung - Prüfung von Gewährleistungsansprüchen		**Realisierungs- und Nutzungsphase**

Abb. 1: Phasen des Vermarktungsprozesses im Anlagengeschäft

3 Das Selling Center im Anlagengeschäft

Die Gesamtheit der Personen, die auf der Anbieterseite in den Vermarktungsprozess einbezogen sind, wird als Selling Center bezeichnet (11). Auf das industrielle Anlagengeschäft bezogen, stellt das Selling Center ein projektbezogenes und damit temporäres Subsystem der Anbieterseite dar, das der Vermarktungsfunktion dient. Im Einzelfall ist das Selling Center hinsichtlich dreier Dimensionen abzugrenzen:

(1) zeitliche Dimension
Bezüglich der zeitlichen Dimension ist festzulegen, welche Phasen des Vermarktungsprozesses interessieren. Soll das Selling Center von der Voranfragenphase bis zur Liefer- und Gewährleistungsphase analysiert werden oder interessieren nur bestimmte Abschnitte bzw. Phasen des Prozesses?

(2) sachliche Dimension
Zur Bestimmung der sachlichen Dimension sind die interessierenden Funktionen bzw. Aktivitäten innerhalb des zeitlich abgegrenzten Prozesses festzulegen. Beispielsweise ist zu entscheiden, ob dispositive und/oder administrative und/oder operative Aktivitäten interessieren und ob nur Aktivitäten mit Kundenkontakt und/oder auch organisationsinterne Aktivitäten als relevant erachtet werden.

(3) Mitwirkungsdimension
Hier sind Kriterien zu definieren, die eine Bestimmung der Personen erlauben, deren Verhalten der Erfüllung von Funktionen im Vermarktungsprozess dient. Als erstes Kriterium bietet sich an, ob die Mitwirkung bewusst organisiert bzw. geplant oder ungeplant ist. Nach dieser Unterteilung können dem Selling Center Personen zugeordnet werden, die formell und/oder informell auf den Vermarktungsprozess einwirken. Formell gehören diejenigen Personen zum Selling Center oder Selling Team, die im Organisationsplan für die Mitwirkung an einer bestimmten Funktion vorgesehen sind, z.B. im Rahmen eines Projektteams (12). Eine informelle Zugehörigkeit zum Selling Center ergibt sich durch ungeplante Einflussnahmen von Personen.

Ein zweites Kriterium für die Mitwirkung im Selling Center ist die Zugehörigkeit zu einer bestimmten Organisation. Hier ist festzulegen, ob neben den Mitgliedern der Anbieterorganisation auch organisationsexterne Personen von Drittparteien mit ihrem Einfluss auf den Vermarktungsprozess interessieren (multiorganisationales Selling Center). Zu den Drittparteien gehören Koalitionspartner der Anbieterorganisation (z.B. Konsorten), Berater und öffentliche oder private Stellen, die für Genehmigungen, Garantie- und Kreditvergaben zuständig sind.

Die Beschreibung der Struktur des Selling Centers als Subsystem des Unternehmens kann in allgemeiner Weise durch dessen Komplexität erfolgen. Diese resultiert insbesondere aus der Anzahl der involvierten Personen, der Unterschiedlichkeit der Personen (z.B. Ausbildungs- oder Hierarchieunterschiede), dem Grad der Unterschiedlichkeit sowie dem individuellen Aktionsspielraum der Mitglieder des Selling Centers.

Die Strukturmerkmale des Selling Centers werden durch unternehmens- und aufgabenspezifische Faktoren beeinflusst. Unternehmensbezogene Einflussfaktoren liegen in der Organisationsstruktur des Gesamtunternehmens, der Unternehmensgröße und in strategischen Vorentscheidungen, die z.B. den Einsatzzeitpunkt eines Projektverantwortlichen betreffen. Die aufgabenbezogenen Einflussfaktoren lassen sich anhand der Komplexität der Problemstellung beschreiben. Indikatoren der Problemkomplexität sind der relative Wert des Projektes, die Neuartigkeit der Aufgabenstellung (projekt- und/oder kundenbezogen) sowie der durch die Aufgabenstellung ausgelöste organisatorische Wandel (13).

Im industriellen Anlagengeschäft kann aufgrund der geschäftstypischen Besonderheiten generell von einer hohen Komplexität der Aufgabenstellung ausgegangen werden. Für eine effiziente Problemlösung ist daher ein entsprechend komplexes Lösungssystem bzw. Selling Center erforderlich. Zur Planung des Selling Centers für ein konkretes Projekt ist es hilfreich, zunächst eine projektbezogene Aufgabenanalyse durchzuführen sowie die Mitwirkungsanteile der Selling Center-Mitglieder zu spezifizieren. Zur Kontrolle der Qualität der Zusammenarbeit bzw. der Entscheidungsprozesse im Selling Center bietet sich darüber hinaus eine umfassende Mitwirkungs- bzw. Verantwortlichkeitsanalyse (Responsibility Charting) an.

4 Aufgabenanalyse und Aufgabenverteilung im Selling Center

4.1 Blueprinting als Instrument zur prozessorientierten Aufgabenanalyse

Die Analyse der Aufgaben im Vermarktungsprozess kann mit Hilfe eines Blueprints erfolgen. Blueprinting ermöglicht die graphische Veranschaulichung der Tätigkeitsfolgen in den einzelnen Phasen des Anlagengeschäfts. Abb. 2 zeigt den Aufbau eines Blueprints. Beispielhaft ist von der ersten Kontaktaufnahme bis zur Auftragserteilung die grundsätzliche Vorgehensweise bei der Abwicklung von Projekten bei einem Hersteller von Automatisierungsanlagen wiedergegeben.

Im Blueprint werden die Aktivitäten nach ihrer zeitlichen Reihenfolge (horizontal) von links nach rechts abgetragen. Auf der Vertikalen werden die Tätigkeiten verschiedenen Ebenen zugeordnet (14): Während die Tätigkeiten oberhalb der „Line of Interaction" vom Kunden durchgeführt werden, sind die Aktivitäten unterhalb dieser Ebene beim Anbieterunternehmen anzusiedeln. Die „Line of Visibility" trennt zwischen den für den Kunden sichtbaren Aktivitäten (front office) und den für den Kunden nicht mehr sichtbaren Aktivitäten (back office). Die Tätigkeiten der Personen, die direkten Kundenkontakt haben, werden durch Aktivitäten anderer Mitarbeiter aus dem Anbieterunternehmen unterstützt. Oberhalb der „Line of Internal Interaction" sind die dem direkten Kundenkontakt dienenden Aktivitäten angeordnet, darunter finden sich diejenigen Aktivitäten, die mit dem Kunden nicht mehr direkt in Beziehung stehen. Schließlich trennt die „Line of Implementation" die Planungs-, Steuerungs- und Kontrollaktivitäten von den Durchführungsaktivitäten.

Im dargestellten Blueprint sind lediglich die Tätigkeitsfolgen der Projektbearbeitung für zwei Organisationen (eine Anbieter- und eine Nachfragerorganisation) dargestellt. Insbeson-

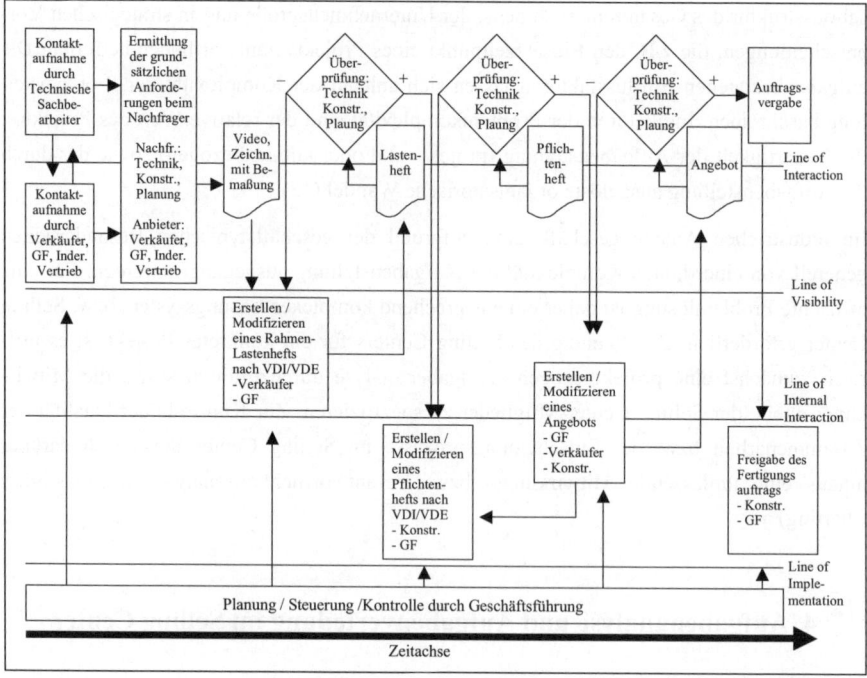

Abb. 2: Blueprint für den Vermarktungsprozess eines Herstellers von Automatisierungsanlagen (Quelle: Weiber, Rolf; Jacob, Frank: Kundenbezogene Informationsgewinnung, in: Technischer Vertrieb – Grundlagen des Business-to-Business Marketing, hrsg. von Wulff Plinke und Michael Kleinaltenkamp, 2., neubearbeitete und erweiterte Aufl., Berlin u.a. 2000, S. 583)

dere bei kooperativen Anbietergemeinschaften müsste das Blueprint durch Einfügung einer dritten Dimension um die erforderlichen Aktivitäten zwischen den Organisationen der Anbieterseite erweitert werden.

Zur Gestaltung des Selling Centers stellt das Blueprint aus verschiedenen Gründen ein geeignetes Hilfsmittel für die Erfassung der Aktivitäten im Vermarktungsprozess dar. Zum einen werden der Prozesscharakter der Leistungserstellung und die Notwendigkeit der Integration des Kunden in den Leistungserstellungsprozess, die bei den Unternehmen immer stärker ins Blickfeld rücken, explizit erfasst. Zum anderen wird durch die verschiedenen Lines auch deutlich, dass nur durch bereichsübergreifende Zusammenarbeit und Kommunikation eine kundenorientierte Problemlösung zu erwarten ist.

4.2 Festlegung von Verantwortlichkeiten durch Funktionendiagramme

Nach der Aufgabenanalyse sind die Funktionen und Kompetenzen für die Aufgaben auf die Bereiche bzw. Stellen im Unternehmen zu verteilen; es ist ein projektspezifisches Selling Center festzulegen. Da im Anlagengeschäft die Mitwirkung relativ vieler Stellen erforderlich ist, bietet es sich an, die Funktionen und Kompetenzen der Stellen in Form eines Funktionendiagramms darzustellen. Funktionendiagramme zeigen horizontal die Bereichs- bzw. Stellengliederung und vertikal die Aufgaben; in die Matrixfelder werden die Funktionen und Kompetenzen eingetragen (15). Funktionendiagramme helfen sicherzustellen, dass im Selling Center alle Funktionen bzw. Kompetenzen in bezug auf die definierten Aufgaben zugeteilt sind, dass keine Doppelarbeiten anfallen und dass die von den einzelnen Projektbeteiligten zu erfüllenden Aufgaben erkennbar werden. Der letztgenannte Aspekt sollte durch funktionsträgerbezogene Stellenbeschreibungen weiter konkretisiert werden, insbesondere für den Projektleiter.

Abb. 3 zeigt beispielhaft und stark vereinfachend den Aufbau eines Funktionendiagramms für ein Anlagenprojekt (Matrix-Projektorganisation) (16). In der ersten Spalte sind die identifizierten Aufgaben nach Projektphasen gegliedert. In der Kopfzeile finden sich die zum Selling Center gehörenden Stellen bzw. Bereiche: Geschäftsleitung, Ländervertretung, Zentraler Vertrieb, Projektierung/Engineering, Projektleiter, Projektcontroller, Projektkaufmann, Fachprojektleiter, Fertigung und Montage. Projektspezifisch sind weitere Stellen einzubeziehen, z.B. Einkauf/Materialwirtschaft, Transport/Logistik, Rechnungswesen, Finanzwesen, Rechtsabteilung, Versicherungswesen. Für jede Stelle müssen nun die Funktionen bzw. Kompetenzen definiert werden. Es ist festzulegen, ob die Stelle verantwortlich, entscheidend, beratend, informierend oder mitwirkend beteiligt ist. Die Beschreibung der Mitwirkungsaktivitäten findet sich in Abb. 4.

Stelle / Aufgabe	Geschäftsleitung	Ländervertretung	Zentraler Vertrieb	Projektierung/Engineering	Projektleiter	Projektcontroller	Projektkaufmann	Fachprojektleiter	Fertigung	Montage
Voranfragenphase										
- Ermittlung von Bedarfsfällen		M	V,A	B						
- Setzen von Prioritäten	E		V,A	B						
Anfragenbewertungsphase										
- Bewertung der Anfrage		B	V,A	M		B		B	B	B
- Freigabe der Angebotsbearbeitung	E	I	V,A	I		I		I	I	I
Angebotsphase										
- technische Angebotsklärung (z.B. Erstellung des Pflichtenheftes)			M	V,A	M			M	M	M
- Projektierung				V,A	M	I	M	M	B	M
- kommerzielle und vertragliche Klärung	I	M	M	V,A	M	B	M	B	I	I
- Angebotskalkulation	I		V,A	M	M	M	M			
- Freigabe der Angebotsabgabe incl. Preisentscheidung	E	I	V,A	I	I	I	I			
Verhandlungsphase										
- Modifizierung des Angebots	E	M	M	V,A	M	M	M	B		
- Vertragsabschluss	E	I	V,A	I	M	I	I	I	I	I
Liefer- und Gewährleistungsphase										
- Projektabwicklung		M	M	V,A	M	M	M	M	M	M
- Mitlaufende Kalkulation/ Abweichungsanalyse			M	M	M	V,A	M	M	M	M
- Übergabe/Inbetriebnahme/ Gewährleistung	I			V,A	M				M	M
- Projektabschluss/ Nachkalkulation	I	M	M	M	V,A	M	M	M	M	M

Abb. 3: Funktionendiagramm eines Projektes im Anlagengeschäft

> **V: Gesamtverantwortung für eine (Teil-)Aufgabe bzw. einen Entscheidungsprozess**: Die Stelle ist verantwortlich für die Entwicklung von Lösungsvorschlägen, die Alternativenprüfung, die Situationsanalyse, die Einbeziehung von beratenden Mitgliedern des Selling Centers sowie die Empfehlung von Handlungsweisen.
>
> **E: Zustimmung bzw. Entscheidung**: Die Stelle hat Entscheidungskompetenz, sie hat die Möglichkeit, Lösungsvorschlägen zuzustimmen, abzulehnen oder ein Veto einzulegen.
>
> **B: Beratung**: Die Mitwirkung der Stelle ist vorwiegend beratender Natur, ohne Vetorecht.
>
> **I: Information**: Die Stelle ist über Entscheidungen lediglich zu informieren.
>
> **A: Ausführung bzw. Implementierung**: Die Stelle ist verantwortlich für die Umsetzung einer Entscheidung.
>
> **M: Mitwirkung bei der Ausführung**: Die Stelle wirkt bei der Ausführung mit.

Abb. 4: Katalog der Funktionen bzw. Kompetenzen

5 Responsibility Charting als Planungs- und Kontrollinstrument

Die Verteilung der Verantwortlichkeiten bzw. Mitwirkungsrollen im Selling Center ist in der Praxis oft nicht eindeutig geregelt, zumindest wird die erwartete Mitwirkung subjektiv durch die einzelnen Teammitglieder oft unterschiedlich wahrgenommen. Dies kann z.B. durch die Verwendung der Matrixorganisation und eine zunehmende Einbeziehung von Spezialisten begünstigt sein. Eine unklare Zuweisung bzw. Wahrnehmung der Mitwirkungsanteile im Vermarktungsprozess kann verschiedene Konsequenzen haben. Zum einen können Entscheidungsprozesse durch unterschiedliche Wahrnehmung der Mitwirkungsrollen verzögert und die Ressourcen im Selling Center durch Doppelarbeit nicht optimal ausgeschöpft werden. Zum anderen wird das Konfliktpotential und das Auftreten von Rollenambiguität durch widersprüchliche oder uneindeutige Mitwirkungserwartungen erhöht. Dies kann zur Herabsetzung der Motivation der einzelnen Mitarbeiter und der Leistungsfähigkeit des Teams führen.

Zur Verbesserung der Planung der Aufgabenverteilung im Selling Center und zur Diagnose der aktuellen Situation der Zusammenarbeit im Selling Center kann ein Responsibility Charting durchgeführt werden (17). Diese Technik der Mitwirkungsanalyse basiert auf einer Festlegung der Aufgaben im Vermarktungsprozess und der involvierten Stellen bzw. Bereiche sowie einer Definition der Mitwirkungsaktiviäten, wie sie z.B. in Abb. 4 beschrieben wurde. Durch Befragung der Mitglieder des Selling Centers wird dann die Art der Mitwirkung untersucht. Dabei ist es sinnvoll, zwischen der Eigen- und Fremdeinschätzung der Mitwirkungsrollen zu differenzieren und auch zwischen der zum gegenwärtigen Zeitpunkt wahrgenommenen Mitwirkungsrolle und der zukünftig gewünschten bzw. für sinnvoll erachteten Rolle. Die Analyse der Mitwirkungsrollen kann in vierfacher Weise erfolgen:

(1) Rollenvergleich
Der Rollenvergleich dient der Analyse der Mitwirkungsanteile in Eigen- und Fremdeinschätzung. In Abb. 5 ist eine mögliche Rollenverteilung dargestellt, die die Wahrnehmung der Mitwirkung an einem Entscheidungsprozess in Eigen- und Fremdeinschätzung wiedergibt.

Mitwirkungsrolle aus der Sicht von	Mitwirkende Stelle bzw. Bereich				
	Projektleiter	Projekt-Kaufmann	Geschäftsleitung	Engineering	Montage
Projektleiter	V	B	E	-	-
Projekt-Kaufmann	V	E	E	B	-
Geschäftsleitung	V	B	E	-	-
Engineering	V	B	I	B	-
Montage	V	B	E	B	B

Abb. 5: Wahrgenommene Mitwirkungsrollen in einem Entscheidungsprozess (Beispiel)

Die erhobene Rollenverteilung verdeutlicht einige Diskrepanzen in der Wahrnehmung der Mitwirkungsanteile. Lediglich die Rolle des Projektleiters wird von allen Selling Center-Mitgliedern eindeutig als „gesamtverantwortlich" definiert. Die Rolle des Projektkaufmanns ist in seiner eigenen Wahrnehmung „zustimmend bzw. entscheidend". Aus Sicht der übrigen Mitglieder im Selling Center kommt dem Kaufmann aber lediglich beratende Funktion zu. Ähnliche Unterschiede der wahrgenommenen Mitwirkungsrollen zeigen sich bei der Geschäftsleitung, dem Engineering und der Montage. Besonders deutlich werden die Diskrepanzen bei der wahrgenommenen Mitwirkungsrolle der Montage. Diese sieht sich selbst als „beratend" involviert, während die anderen Beteiligten die Montage überhaupt nicht als einbezogen ansehen.

(2) vertikale Analyse der Mitwirkung
Durch eine vertikale Mitwirkungsanalyse wird die Beteiligung der einzelnen Mitglieder des Selling Centers über alle Aufgaben im Vermarktungsprozess festgestellt. Durch die Mitwirkungsanalyse über alle Aufgaben wird deutlich, wo insgesamt sehr einflussreiche und sehr schwache Stellen liegen.

(3) horizontale Analyse der Mitwirkung
Durch horizontale Analyse der Mitwirkung werden die Mitwirkungsanteile über alle Beteiligten an einer Aufgabe offengelegt. Die horizontale Analyse liefert Informationen, wer welche Verantwortungs- bzw. Mitwirkungsrolle bei einer Aufgabe hat und wo eventuell Mängel in der Koordination und Kommunikation liegen.

(4) Soll-Ist-Analyse der Mitwirkung
Durch Gegenüberstellung von gegenwärtig wahrgenommener Mitwirkungsrolle und zukünftig gewünschter bzw. für sinnvoll erachteter Rolle können Informationen über die Zufrie-

denheit der Selling Center-Mitglieder mit der eigenen Rolle und Anstöße für Reorganisationsprozesse gewonnen werden.

6 Fazit

Team Selling wird den spezifischen Erfordernissen komplexer Vertriebsaufgaben in besonderer Weise gerecht. Allerdings erfordert der Einsatz von Selling Centern neben einer Aufgabenbeschreibung der beteiligten Stellen auch eine adäquate ablauforganisatorische Planung: Abläufe von Vermarktungsprozessen müssen festgelegt, Schnittstellen definiert und Richtlinien für die Zusammenarbeit zwischen Stellen erarbeitet werden. Durch den Einsatz der vorgestellten Instrumente Blueprinting, Funktionendiagramm und Responsibility Charting kann die Prozesstransparenz erhöht und die Qualität der Zusammenarbeit gesteigert werden.

Anmerkungen

(1) Vgl. z.B. *Bösch, W./Schreiber, M./Wirbals, H.*: Entwicklung und Implementierung von Selling Teams und ihre Einbindung in die integrierte Kundenkommunikation, in: Thexis, 4/2000, S. 12-16. *Wittmer, G./Putze, T.*: Team Selling als Baustein einer globalen Team-Organisation, in: Thexis, 4/2000, S. 29-31.

(2) Vgl. z.B. *Jackson, Jr., D.W./Widmier, S.M./Giacobbe R./Keith, J.E.*: Examining the Use of Team Selling by Manufacturers´ Representatives – A Situational Approach, in: Industrial Marketing Management, Vol. 28, 1999, S. 155-165.

(3) Vgl. zu den Trends im Vertrieb *Bussmann, W.F./Rutschke, K.*: Mit Team Selling ins neue Jahrtausend, in: Thexis, 4/2000, S. 2-7.

(4) Vgl. *Gemünden, H.G./Helfert, G.*: Hypothesen zum Einsatz von Teams bei Kundengeschäftsbeziehungen, in: Marketing ZFP, 4/1997, S. 247-258.

(5) Vgl. *Kleinaltenkamp, M.*: Customer Integration – Kundenintegration als Leitbild für das Business-to-Business-Marketing, in: Customer Integration – Von der Kundenorientierung zur Kundenintegration, hrsg. von *Kleinaltenkamp, M./Fließ, S./Jacob, F.*, Wiesbaden 1996, S. 13-24.

(6) Vgl. zur Charakterisierung des Anlagengeschäfts *Backhaus, K.*: Industriegütermarketing, 6., überarbeitete Aufl., München 1999, S. 451 ff.

(7) Vgl. *Madauss, B.J.*: Handbuch Projektmanagement – Mit Handlungsanleitungen für Industriebetriebe, Unternehmensberater und Behörden, 6., überarbeitete und erweiterte Aufl., Stuttgart 2000.

(8) Vgl. *Kaas, K.P.*: Kontraktgütermarketing als Kooperation zwischen Prinzipalen und Agenten, in: Zeitschrift für betriebswirtschaftliche Forschung, 10/1992, S. 884-901.

(9) Vgl. Arbeitsgemeinschaft Großanlagenbau im VDMA: Lagebericht 1999, Frankfurt am Main 2000.

(10) Vgl. *Backhaus, K.*: Industriegütermarketing, 6., überarbeitete Aufl., München 1999, S. 454 ff.

(11) Vgl. *Heger, G.*: Anfragenbewertung im industriellen Anlagengeschäft, Berlin 1988; *Moon, M./Armstrong, G.M.*: Selling Teams: A Conceptual Framework and Research Agenda, in: Journal of Personal Selling & Sales Management, Vol. 14, 1/1994, S. 17-30.

(12) Vgl. zu den Formen der Projektorganisation im Anlagengeschäft *Rinza, P.*: Projektmanagement – Planung, Überwachung und Steuerung von technischen und nichttechnischen Vorhaben, 4., neubearbeitete Aufl., Berlin u.a. 1998; zur Aufbauorganisation in der Angebotsbearbeitung vgl. VDI-EKV (Hrsg.): Angebotsbearbeitung – Schnittstelle zwischen Kunden und Lieferanten: kunden-

orientierte Angebotsbearbeitung für Investitionsgüter und industrielle Dienstleistungen, Berlin u.a. 1999.

(13) Vgl. *Kirsch, W./Kutschker, M.*: Das Marketing von Investitionsgütern – Theoretische und empirische Perspektiven eines Interaktionsansatzes, Wiesbaden 1978.

(14) Vgl. zur Beschreibung des Blueprints *Weiber, R./Jacob, F.*: Kundenbezogene Informationsgewinnung, in: Technischer Vertrieb – Grundlagen des Business-to-Business Marketing, hrsg. von *Plinke, W./Kleinaltenkamp, M.:* 2., neubearbeitete und erweiterte Aufl., Berlin u.a. 2000, S. 523-611; *Allert, R./Fließ, S.*: Blueprinting – Eine Methode zur Analyse und Gestaltung von Prozessen, in: Prozessmanagement im technischen Vertrieb – Neue Konzepte und erprobte Beispiele für das Business-to-Business Marketing, hrsg. von *Kleinaltenkamp, M./Ehret, M.*, Berlin u.a. 1998, S. 193-211.

(15) Zum Aufbau von Funktionendiagrammen vgl. *Hill, W./Fehlbaum, R./Ulrich, P.*: Organisationslehre 2 – Theoretische Ansätze und praktische Methoden der Organisation sozialer Systeme, 4., ergänzte Aufl., Bern und Stuttgart 1992.

(16) Vgl. *Andreas, D./Rademacher, G./Sauter, B.*: Projekt-Controlling und Projekt-Management im Anlagen- und Systemgeschäft, Frankfurt am Main 1992.

(17) Vgl. *McCann, J.E./Gilmore, Th.N.*: Diagnosing Organizational Decision Making Through Responsibility Charting, in: Sloan Management Review, Vol. 24, 1983, S. 3-15.

Globalisierung der Wirtschaft durch Konvergenz der Kulturen? – Vorüberlegungen und erste empirische Befunde

Reinhard Hünerberg

1 Globalisierung – Ein komplexes Konzept

Globalisierung ist zu einem Schlag- und Modewort geworden, das für jegliche tatsächliche und angenommene internationale Einflüsse auf regionale, nationale und sonstige sub-globale Strukturen verwendet wird. Es wird je nach Standpunkt als bedrohlich oder förderlich, grundsätzlich als unausweichlich angesehen. Ein Indiz für die Bedeutung des dahinter stehenden Phänomens und die ausgelöste Betroffenheit ist die Universalität der Globalisierungsdebatte, die an Stammtischen, in den Massenmedien und in der Fachliteratur stattfindet. Im Mittelpunkt stehen dabei die Fragen nach den Ursachen und den Auswirkungen der Globalisierung sowie nach (verbleibenden) Handlungsmöglichkeiten von – global und nicht-global agierenden – Entscheidungsträgern (vgl. z.B. *Martin/Schumann* 1997).

Der Globalisierungsbegriff wird zwar im allgemeinen und wissenschaftlichen Sprachgebrauch als scheinbar allgemein verständlicher Terminus verwendet, er bedarf gerade im wissenschaftlichen Kontext jedoch der Konkretisierung, um die dahinter stehende komplexe Realität erfassen zu können (vgl. u.a. *Winter* 2000, S. 13 ff.). So scheint es wesentlich, die Globalisierungsschwelle zu definieren, eine Abgrenzung zu anderen Begriffen durchzuführen und die im Globalisierungskontext zu untersuchenden Variablen festzulegen.

Um Globalisierung zu definieren, dürfte es zweckmäßig sein, zunächst von einem Verknüpfungsprozess in geografischer Hinsicht auszugehen, der zu einer Angleichung führen kann: Geografische Einheiten, insbesondere Regionen, Staaten, Kulturkreise, verändern sich im Hinblick auf bestimmte Variablen bzw. Variablengruppen derart, dass sie sich von anderen geografischen Einheiten nicht oder kaum mehr unterscheiden oder von diesen zumindest wesentlich beeinflusst werden. Wenn eine Globalisierungsschwelle im Sinne von geografischer Reichweite und Bedeutung der Verknüpfung bzw. Angleichung überschritten wird, ist von Globalisierung zu sprechen. Das wird dann der Fall sein, wenn große Teile der Welt, etwa alle Triaderegionen, betroffen sind oder eine wichtige Rolle spielen. Allerdings hängt es im einzelnen von den betrachteten Globalisierungsinhalten ab, welche Regionen bedeutungsmäßig einen „großen Teil der Welt" ausmachen und wie „wichtige Rollen" definiert werden. Unterhalb der Globalisierungsschwelle wird man die Ergebnisse entsprechender Angleichungs- und Verknüpfungsprozesse als Internationalisierung bezeichnen oder bei entsprechenden Prozessen innerhalb sub-globaler Gebiete sich auf diese beziehen, indem man etwa von Europäisierung, Islamisierung usw. spricht. Der einer Internationalisierung entgegengesetzte Effekt kann als Lokalisierung verstanden werden. Solange die Globalisierungsschwelle nicht unterschritten wird, lässt sich analog von De-Globalisierung sprechen. Es hängt vom jeweiligen Betrachtungsstandort ab, ob Internationalisierung oder Lokalisierung bzw. Globalisierung oder De-Globalisierung vorliegt. So sind aus Sicht der Welt als Ganzes alle Sachverhalte unterhalb der Globalisierungsschwelle als lokal zu kennzeichnen, aus Sicht eines Landes länderübergreifende Sachverhalte als international, jenseits der Globalisierungsschwelle als global. Dieser Vorstellung liegt ein Lokalisierungs-Internationalisierungs-Kontinuum bzw. ein Globalisierungs-De-Globalisierungs-Kontinuum zugrunde (Abb. 1).

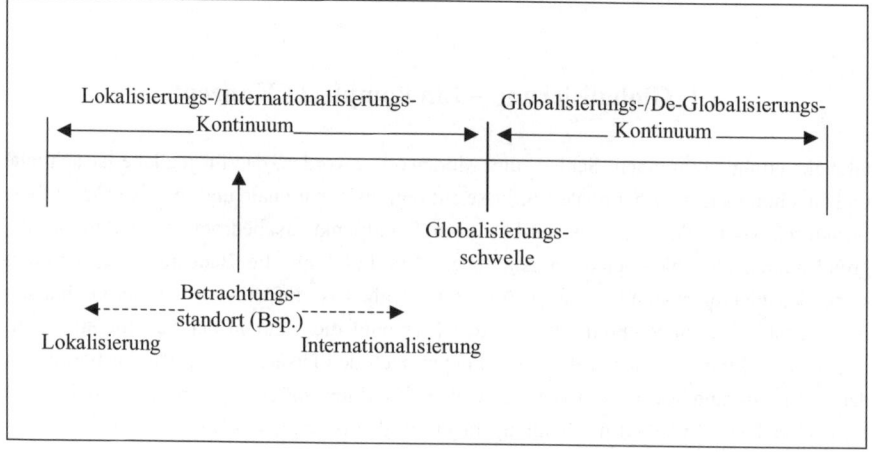

Abb. 1: Kontinuum-Konzept der Globalisierung

Was die Globalisierungsinhalte – die Variablenzusammenhänge – angeht, dominieren bestimmte Felder, insbesondere Wirtschaft, Politik, Kultur, Wissenschaft mit ihren zahlreichen Teilbereichen das allgemeine Interesse. Im Einzelnen ist von einem komplexen Geflecht von Variablen auszugehen, welche bestimmte Globalisierungsinhalte, etwa globale Einstellungsmuster, bewirken. Insbesondere dürften auch zahlreiche rekursive Beziehungen, Multikausalitäten und (zunächst) verdeckte Variablen, nicht-lineare, nicht-stetige und sonstige komplexe Zusammenhänge vorhanden sein (Abb. 2). Dadurch können Selbstverstärkungs-, Kompensations-, Sprung- und andere Effekte auftreten, welche auch zur Überschreitung der Globalisierungsschwelle nach der einen oder anderen Seite führen. Ein Modell der Globalisierung wird wegen dieser Komplexität und der Dynamik der meisten Variablen lediglich Teilbereiche wiedergeben können und empirisch nur partiell validierbar sein.

Eine besondere Rolle werden in diesem Globalisierungs-Beziehungsgeflecht die (globalen) IuK-Technologien und sonstige Faktoren spielen, welche die Wissens- und die physische Mobilität fördern. Bis zu einem gewissen Grade geht es dabei um wirtschaftliche Einflüsse und Auswirkungen. Sie führen in besonderem Maße zu einer zeitlich-räumlichen Verdichtung, zu einer „Verzahnung" von Strukturen und Verhalten über zahlreiche geografische

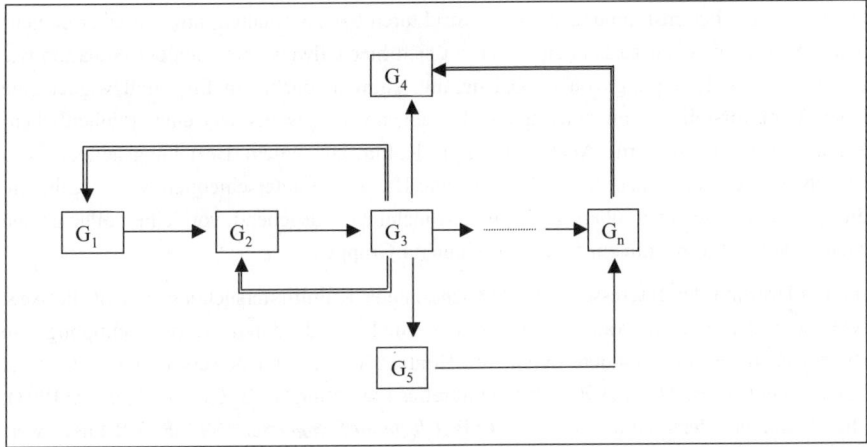

Abb. 2: Beispiel für ein Beziehungsgeflecht von Globalisierungsvariablen (G_n)

Grenzen hinweg. Dennoch sind entgegengesetzte Lokalisierungskräfte zu berücksichtigen. Diese werden speziell in Kulturgegebenheiten gesucht, etwa Sprache, Geschichte, Religion, Sozialstrukturen usw. in Verbindung mit geografischen Besonderheiten, die zu einer Abkopplung von Trends in anderen Regionen und zur Bewahrung eigenständiger Strukturen und Verhaltensweisen führen. Im Folgenden werden einige Variablen aus dem Wirtschaftsbereich im Zusammenhang mit Kulturfaktoren untersucht. Es sei aber nochmals darauf hingewiesen, dass es sich bei dieser Betrachtung lediglich um einen (kleinen) Teilbereich der Globalisierungszusammenhänge handelt, der aus dem Gesamtkontext herausgetrennt ist.

2 Wirtschaft und Kultur im Globalisierungskontext

Wirtschaft wird hier primär aus der Sicht von Unternehmen, speziell im Hinblick auf Marketing- sowie Personal- und Führungsentscheidungen untersucht. Es geht also um die Frage, inwieweit die Globalisierungsentwicklung dieser unternehmerischen Aktivitätsbereiche durch Kulturvariablen gefördert oder behindert wird.

Die Definitionsversuche für den Kulturbegriff und die damit zu berücksichtigenden Kulturvariablen sind kaum mehr überschaubar. Als Kern findet sich im allgemeinen der Hinweis auf eine einheitliche Prägung emotionaler und kognitiver Strukturen sowie Verhaltensdispositionen und realisierten Verhaltensweisen von Individuen innerhalb größerer sozialer Einheiten. Beispielhaft sei *Harris* in der deutschen Übersetzung zitiert: „*Kultur* beinhaltet die erlernten, sozial angeeigneten Traditionen und Lebensformen der Mitglieder einer Gesellschaft einschließlich ihrer strukturierten, gleichbleibenden Weisen des Denkens, Empfindens und Handelns (d.h. des Verhaltens)" (*Harris* 1989, S. 20). Die Aneignung der Kultur durch die Individuen geschieht in einem Enkulturationsprozess, die Ausbreitung auf andere Gesellschaften in einem Diffusionsprozess.

Ungeklärt und letztlich im Rahmen forschungspragmatischer Überlegungen festzulegen sind die Kulturgrenzen bzw. die Abgrenzung einer Kultur von Subkulturen und der als notwendig erachtete Übereinstimmungsgrad von Strukturen bzw. Verhalten, um von einer einheitlichen Kultur sprechen zu können. Es ergibt sich hier teilweise eine analoge Situation wie bei der Begriffsfestlegung von Globalisierung; sinnvoll dürfte im Einzelfall wieder eine Kontinuumsvorstellung mit einer Schwelle sein, ab der jeweils von einer (einheitlichen) Kultur ausgegangen wird. Auch setzt sich Kultur aus einem Beziehungsgeflecht von Einzelvariablen zusammen. Schließlich ist eine Hierarchie unterschiedlich weiter Kulturen, die sich teilweise auch überschneiden, anzunehmen, ausgehend von einer allgemeinen Menschheitskultur bis hin zur Subkultur kleinerer Gruppen.

Im Vordergrund des Interesses wirtschaftsgerichteter Kulturuntersuchungen steht die Analyse wirtschaftlich relevanter Länderunterschiede und deren Berücksichtigung im strategischen und insbesondere operativen Kontext. Unter der Überschrift „Cross Cultural Management" (z.B. *Mead* 1990), „Interkulturelles Marketing" (z.B. *Usunier/Walliser* 1993), „Internationales Personalmanagement" (z.B. *Clermont/Schmeisser* 1997, S. 3 ff.) usw. werden bestimmte unternehmerische Aufgaben im internationalen Geschäft mehr oder minder grundsätzlich und theoretisch fundiert untersucht. Im Vordergrund steht häufig die Kommunikationsfunktion (z.B. *Knapp* 1995, S. 8 ff.). Die einschlägigen Lehrbücher hierzu behandeln dabei Kulturvariablen als wesentliche Rahmenbedingungen im Sinne von Restriktionen für ein über Länder standardisiertes Vorgehen (vgl. z.B. *Hünerberg* 1994, S. 59 ff.). Sofern es sich nicht um bloße Hinweise auf Grund von Erfahrungen – „how to do business with ...." – handelt (vgl. z.B. *Lamont* 1992), beruhen die Überlegungen insbesondere auf psychologischen (vgl. z.B. *Ho* 1994), sozial-psychologischen (vgl. z.B. *Gabrenya* 1988) und anthropologischen Grundlagen (vgl. z.B. *Bock* 1974).

Im Hinblick auf Globalisierungsprozesse scheint zwischen wirtschaftlicher und kultureller Sichtweise daher ein grundsätzlicher Unterschied zu bestehen. Im wirtschaftswissenschaftlichen Kontext wird generell und zunehmend von der Dominanz der Globalisierung ausgegangen (vgl. u.a. *Bendixen* 2000, S. 107 ff.). Gründe hierfür liefern offensichtliche Phänomene, beispielsweise die Liberalisierung der Märkte und der wirtschaftlichen Amussenbeziehungen zahlreicher Staaten, die Dominanz der kapitalistisch-marktwirtschaftlichen Wirtschaftsordnung, die wirtschaftlichen Integrationsansätze der EU und anderer staatlicher Zusammenschlüsse, die Rolle internationaler Organisationen wie des IWF beim internationalen Krisenmanagement, die akzelerierende Entwicklung grenzüberschreitender Akquisitionen, Fusionen und Kooperationen, die zunehmende Mobilität/Migration von Individuen und Organisationen, die Rolle des Englischen als lingua franca und in besonderem Maße das weltumspannende Internet, das der Verfügbarkeit über das Gut Information den Raum- und Zeitbezug nimmt. Kulturbezogene Untersuchungen betonen demgegenüber die Unterschiede zwischen Kulturen und untersuchen eine große Zahl von Variablen, für die teilweise extrem andere Ausprägungen in verschiedenen Kulturen festzustellen sind (vgl. z.B. *Hall/Hall*, 1990). Marketing, Personalwirtschaft und die anderen wirtschaftswissenschaftlichen Teildisziplinen akzeptieren diese Unterschiede und sehen sie als die lokalisierungsfördernden Kräfte an, welche gegenüber den globalisierungsfördernden Kräften im Sinne des „Integration-Responsive-Paradigmas" abzuwägen sind (vgl. z.B. die Darstellung bei *Meffert/Bolz*, 1998, S. 61 ff.).

Sowohl im wirtschaftswissenschaftlichen als auch im kulturbezogenen Zusammenhang spielen Untersuchung und Ergebnisse von *Hofstede* eine besondere Rolle (z.B. *Hofstede*

1997). Dieser Autor hat den Versuch unternommen, aus der Fülle potenzieller kultureller Einflussgrößen zentrale Variablen zu isolieren, welche die Hauptunterschiede zwischen Kulturen darstellen. Er kommt zu den inzwischen vielfach herangezogenen Dimensionen „Machtdistanz", „Individualismus/Kollektivismus", „Maskulinität/Feminität", „Unsicherheitsvermeidung" und zusätzlich „Langfrist-/Kurzfristorientierung" (vgl. Abb. 3). Trotz der Einschränkungen des Modells – u.a. Gleichsetzung von Staaten und Kulturen, nicht-repräsentative Auswahl der Probanden, die alle Angestellte des multinationalen Unternehmens IBM sind, problematischer Bezeichnungen und Zuordnungen im Rahmen der durchgeführten Faktorenanalyse – ist es wegen seiner umfassenden empirischen Fundierung, seines Umfangs und seiner grundsätzlichen theoretischen und technologischen Bedeutung als Meilenstein kulturbezogener Forschung, insbesondere auch im Hinblick auf Managementanwendungen, anzusehen (vgl. *Mead* 1990, S. 23 ff.). In zahlreichen Folge- und Wiederholungsstudien wurden die Ergebnisse teilweise validiert, manchmal auch ergänzt, z.B. im Hinblick auf die fünfte Dimension Kurzfrist-/Langfristorientierung (vgl. *Hofstede* 1997, S. 367 ff.). Somit steht eine übersichtliche strukturierte Schnittstelle zwischen Wirtschaftswissenschaften und Kultureinflüssen zur Diskussion.

Kulturfaktor	**Erläuterung**
Machtdistanz	Machtdistanz betrifft die Akzeptanz/Erwartung von ungleicher Machtverteilung durch schwächere Mitglieder der Gesellschaft/in Organisationen
Individualismus gegenüber Kollektivismus	Individualismus beschreibt Gesellschaften, in denen die Bindung zwischen den Individuen locker sind, indem man z.B. erwartet, dass sich jeder selbst um sich und um seine unmittelbare Familie kümmert. Der Kollektivismus als Gegenstück beschreibt Gesellschaften, in denen der Mensch von Geburt an in starke, geschlossene Wir-Gruppen integriert ist, die ihn sein Leben lang schützen und dafür weitreichende Loyalität verlangen.
Maskulinität gegenüber Feminität	Maskulinität und Feminität stehen dafür, ob Bestimmtheit oder Bescheidenheit/Fürsorglichkeit im menschlichen Verhalten dominiert. Maskuline Gesellschaften sind insgesamt konkurrenzbetonter als feminine, der Unterschied zwischen männlichen und weiblichen Wertvorstellungen ist anders als in feministischen Gesellschaften sehr groß.
Unsicherheitsvermeidung	Unsicherheitsvermeidung ist definiert als der Grad, in dem sich die Mitglieder der Gesellschaft durch ungewisse oder unbekannte Situationen bedroht fühlen und strukturierte Zustände anstreben.
Langfristige gegenüber kurzfristiger Orientierung	Bei langfristiger Orientierung dominieren Wertvorstellungen wie Ausdauer, Ordnung der Beziehungen nach dem Status, Sparsamkeit. Bei kurzfristiger Orientierung stehen Werte wie persönliche Standhaftigkeit, Festigkeit, Wahrung des „Gesichtes", Respekt vor Tradition im Vordergrund.

Abb. 3: Die Hofstede-Dimensionen

3 Zur Kulturdynamik

Hofstede geht von einer weitgehenden Invarianz von Kulturen aus und vermutet sogar eine weitere Differenzierung hin zu Sub-Kulturen (*Hofstede* 1997, S. 331): „Forschungsarbeiten über die Entwicklung kultureller Werte haben wiederholt gezeigt, dass es nachweislich kaum Anhaltspunkte dafür gibt, dass sich Kulturen mit der Zeit international einander annähern. Ausnahme ist hier eine Zunahme des Individualismus in Ländern, die reicher geworden sind. Unterschiede in den Werten bei Ländern, die bereits vor Jahrhunderten von einigen Autoren beschrieben wurden, gibt es bis zum heutigen Tag, trotz fortdauernder intensiver Kontakte zwischen den Ländern. Auch in den kommenden Jahrhunderten werden die Länder kulturell sehr verschieden bleiben. Nicht allein die kulturelle Verschiedenartigkeit wird weiterbestehen: Es hat sogar den Anschein, dass die Unterschiede innerhalb eines Landes immer größer werden."

Es liegt aber dennoch nahe, als eine zentrale These die Veränderung des Einflusses zumindest einzelner Kulturvariablen zu postulieren. Wenn in zahlreichen unterschiedlichen Lebensbereichen immer wieder dynamische Entwicklungen festgestellt werden, bleibt der Kulturbereich hiervon nicht unberührt. Viele Veränderungen, von denen eine größere Zahl auch mit dem Individualismus verknüpft sein mögen, sind hier durchaus evident. Das reicht von Essgewohnheiten über die Mediennutzung bis zur sogenannten Arbeitsmoral. Zwar handelt es sich dabei vielleicht um scheinbar vordergründige Indikatoren, letztlich sind sie aber sowohl abhängige als auch unabhängige Variablen, die das komplexe Konstrukt Kultur betreffen. Die von *Hofstede* ursprünglich untersuchten Personen gehören einem bestimmten Segment an, und derartige segmentspezifische Untersuchungen dürften auch besonders aufschlussreich sein. Auf diese Weise wird die Entwicklung in homogeneren Gruppen untersucht, die u.U. eindeutiger sind, da z.B. gegenläufige Trends in anderen Gruppen, die zu Kompensationseffekten führen, wegfallen. Zudem kann so auf Diffusionsprozesse in Gesellschaften eingegangen werden (vgl. u.a. *Rogers* 1996), welche sich auf die Ausbreitung von Änderungen in und über verschiedene Gruppen anwenden lässt, sowie die damit verbundene Rolle von Opinion Leadern (vgl. u.a. *Kroeber-Riel/Weinberg* 1999, S. 506 ff.) im Sinne meinungsprägender Segmente in einer Kultur.

Geht man von einer Dynamik einzelner Kulturvariablen aus, dann lässt sich vermuten, dass dabei auch Veränderungen in Form von Internationalisierungs- oder sogar Globalisierungstendenzen auftreten. Die im Zusammenhang mit der Wirtschaft genannten Faktoren, insbesondere die globalen Kommunikationsmedien, wirken genauso auf kulturelle Sachverhalte ein, unter Umständen allerdings indirekt über andere Faktoren und als Rückkoppelungseffekte. Unabhängig von den Wirkmechanismen im einzelnen lässt sich als „Nettoeffekt" eine Angleichung bzw. Distanzverminderung bei zentralen Kulturgrößen über Länder bzw. Kulturen hinweg postulieren, zumindest bei einigen Segmenten, speziell solchen, die globalisierungsaffine Kommunikationsagenten, „Peer Groups", darstellen. Gegenläufige Effekte werden damit nicht ausgeschlossen, allerdings wird zunächst angenommen, dass Lokalisierungseffekte in Summe und Bedeutung hinter die Internationalisierung/Globalisierung zurücktreten.

Die Konsequenz einer solchen Entwicklung wäre das Verschwinden bzw. die Verringerung der Bedeutung von kulturellen Restriktionen für eine standardisierte Unternehmenspolitik.

Gemäß der anfangs aufgezeigten Vorstellung von Globalisierung muss zwar nicht oder noch nicht das Stadium der Globalisierung für alle Kulturvariablen erreicht sein, bei manchen Aspekten vielleicht sogar eher eine De-Globalisierung vorliegen, dennoch wären zumindest einige kulturelle Besonderheiten zunehmend weniger zu beachten.

Globalisierungstendenzen können sich in unterschiedlicher Form zeigen (Abb. 4). Entweder verringert bzw. vergrößert sich die Varianz im Hinblick auf bestimmte Variablen, die Ausprägungen auf die Variablen werden also homogener bzw. heterogener, oder der Mittelwert der Verteilung der individuellen Ausprägungen verschiebt sich; schließlich kommt eine Kombination beider Veränderungen in Betracht. Im Vergleich zweier Länder bedeutet das eine Verringerung der Distanz zwischen extremen Ausprägungen, eine größere Nähe bzw. eine stärkere Überschneidung von Ausprägungen, eine Annäherung der durchschnittlichen Ausprägungen oder eine Kombination dieser Effekte. Grundsätzlich ist vor dem Stereotypen-Fehlschluss zu warnen, der im Rückschluss von Kollektiv- auf Individualmerkmale besteht, und der trotz seiner offensichtlichen Unzulässigkeit immer wieder zu finden ist. Der Regelfall bei vielen Variablen dürfte sogar eine Überschneidung von Ausprägungen sein, so dass es Individuen gibt, die ein Merkmal aufweisen, das der Gesamtheit eher nicht zukommt, z.B. eine hohe Individualismus-Ausprägung in einer kollektivistischen Gesellschaft und umgekehrt. Dieser Tatbestand spricht übrigens dafür, dass dann auch eine Varianz- und/oder Mittelwertverschiebung, z.B. von diesen Individuen (mit) verursacht, denkbar ist.

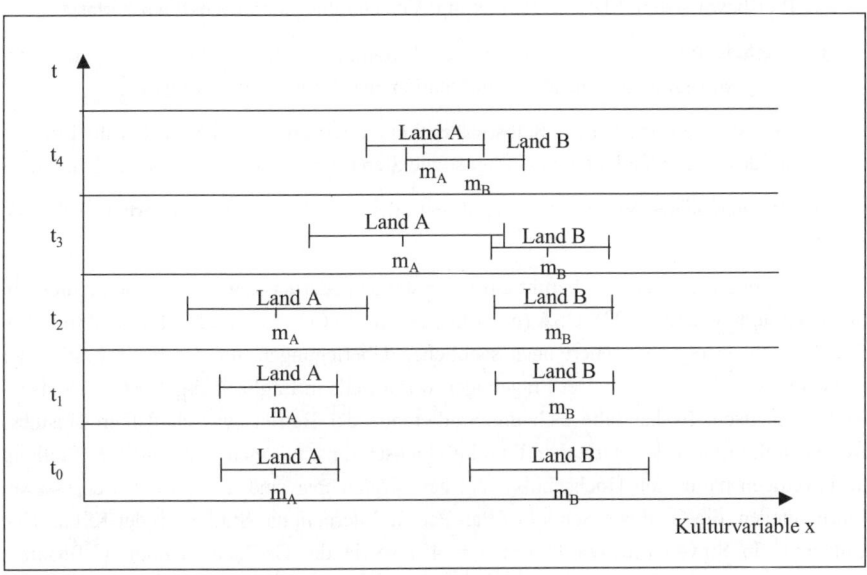

Abb. 4: Beispiele für Globalisierungseffekte (2 Länder – 1 Variable)

4 Untersuchungsvariablen und Methodik

In einer empirischen Untersuchung sind vom Autor eine Reihe von Variablen untersucht worden, die im Kultur-Wirtschafts-Globalisierungs-Kontext eine Rolle spielen könnten.

- Dabei handelt es sich zum einen um Faktoren, die unter Umständen zu einer Internationalisierung/Globalisierung beitragen, indem sie über den eigenen Gesellschafts-/Kulturkreis hinausgehende Kenntnisse vermitteln bzw. Kontakte etablieren, beispielsweise über die Nutzung ausländischer Produkte, Kontakte mit Ausländern, Auslandsaufenthalt, Internetnutzung und Nutzung ausländischer Medien, Fremdsprachenkenntnisse usw.

- Zum anderen geht es um potenzielle Globalisierungsindikatoren, nämlich Einstellungen und Verhaltensweisen im Zusammenhang mit internationalen/globalen Sachverhalten:

    1. Es wurden erstens allgemein-grundsätzliche Aspekte, wie sie sich teilweise auch in den *Hofstede*-Kategorien widerspiegeln (Einstellungen zu Individualität, Emanzipation, Freizeit, Konflikten, Wettbewerb, Langfristorientierung, Risiken, Materialismus u.a.), erhoben.

    2. Zweitens wurde auf generelle wirtschaftliche Sachverhalte (Bevorzugung einheimischer Waren, Einstellung zur Ethikorientierung von Unternehmen, zu Auslands-/Ausländereinfluss, Vernetzung von Volkswirtschaften, Protektionismus usw.) abgestellt.

    3. Drittens wurden spezifische Variablen des Konsumverhaltens (Innovationsverhalten, Preisbewusstsein, Markenorientierung, Verschuldungsbereitschaft u.a.) erfasst.

    4. Viertens ging es um den Themenkreis Kommunikationsverhalten (Kontextorientierung, Anpassung an Ausländer, Internationalisierungsbereitschaft usw.).

    5. Des weiteren wurden die Selbstwahrnehmung der eigenen Nation und ihr Einfluss auf das eigene Verhalten abgefragt sowie Stereotype mit Blick auf andere Länder.

Einige der untersuchten Variablen stehen direkt oder indirekt in Bezug zur Arbeitswelt (vgl. Abb.5).

Die empirische Untersuchung beruht auf einer standardisierten schriftlichen Befragung von Studenten in Korea (n = 100), USA (n = 125), Schweden (n = 58) und Deutschland (n = 90). Die Auswahl erfolgte gesteuert nach sachlichen Überlegungen auf der Basis bestimmter Kurse und ihrer Teilnehmer. Der Fragebogen war jeweils in Englisch abgefasst, in Deutschland in Deutsch. Es handelte sich um Studierende der Betriebswirtschaftslehre/Business Administration nach dem Grundstudium an Hochschulinstitutionen, die von ihrer Stellung im jeweiligen nationalen Hochschulsystem her vergleichbar sind. In Korea waren es zwei Einrichtungen, die Graduate School of Pan-Pacific International Studies an der Kyung Hee University in Suwon („Korea I" mit n = 43) sowie die Graduate School of Business Administration an der Dongguk University in Seoul („Korea II" mit n = 57), in den USA das College of Business and Management der University of Maryland in College Park, in Schweden der wirtschaftswissenschaftliche Fachbereich der Linköpings Universitet in Linköping, in Deutschland der Fachbereich Wirtschaftswissenschaften der Universität Gesamthochschule Kassel. Die Studenten waren durchschnittlich 24,1 Jahre alt (Korea 26,2 Jahre, USA 22,0 Jahre, Schweden 23,4 Jahre, Deutschland 25,2 Jahre) und im Durchschnitt zu 42,2 % weiblich (Korea 39,5%, USA 43 %, Schweden 56,9 %, Deutschland 37,1 %). Die Untersuchung fand im Wintersemester 1999/2000 relativ zeitgleich in allen Ländern statt.

Die Heranziehung von Studenten im Rahmen empirischer Untersuchungen ist eine häufig zu konstatierende pragmatische Vorgehensweise, die allerdings sachlich eher selten gerechtfertigt ist. Im vorliegenden Fall sind Studenten jedoch speziell aus inhaltlichen Forschungsüberlegungen ausgewählt worden. Es dürfte zum einen davon auszugehen sein, dass Studenten eine gewisse Meinungsführerfunktion in den meisten Gesellschaften zukommt, sich andererseits neue Trends, etwa bei Einstellungen und Verhalten, in dieser Gruppe zuerst oder relativ früh erkennen lassen. Falls Internationalisierungs- oder sogar Globalisierungstendenzen in einer Gesellschaft/Kultur existieren, sollten besonders diese bei Studenten am ehesten erkennbar sein. Es scheint daher also lohnend zu sein, bei entsprechenden Fragestellungen gerade diese Bevölkerungsgruppe über Länder hinweg zu vergleichen.

1. Beeinflussung des Verhaltens gegenüber Vorgesetzten durch Besonderheiten des eigenen Kulturkreises (Selbsteinschätzung)
2. Beeinflussung des Verhaltens gegenüber Ausländern (auch am Arbeitsplatz) durch Besonderheiten des eigenen Kulturkreises (Selbsteinschätzung)
3. Verlässlichkeit von Freunden und Kollegen (Einschätzung)
4. Karrierechancen von Frauen (Forderung)
5. Geltung des Senioritätsprinzips (Akzeptanz)
6. Loyalität, auch gegenüber Vorgesetzten (Akzeptanz)
7. Freizeitorientierung (geäusserter Wunsch)
8. Rolle von Beziehungen für Erfolg/Karriere (Akzeptanz)
9. Offene Konfliktaustragung (Forderung)
10. Leistungsprinzip ohne Rücksicht auf Status (Forderung)
11. Individuelle Nutzung von Chancen ohne Beschränkungen (Akzeptanz)
12. Wettbewerb in allen Lebensbereichen (positive Einschätzung)
13. Langfristperspektiven (Wunsch)
14. Risikovermeidung (Wunsch)
15. Materialismus als Lebensziel (Zustimmung)
16. Ausländer im Top-Management von Unternehmen (Forderung)
17. Anpassung von Ausländern an nationalen „way-of-life" im Geschäftsleben und am Arbeitsplatz (Forderung)

Abb. 5: Untersuchungsinhalte mit (teilweisem) Bezug auf die Arbeitswelt

Viele Untersuchungen gehen davon aus bzw. zeigen, dass sich die hier einbezogenen Länder in zahlreichen Variablen besonders unterscheiden. Das gilt speziell für Korea im Vergleich zu den westlichen Ländern, aber auch innerhalb der westlichen Länder. So unterstreichen die speziell für Auslandsentsendungen von Unternehmensmitarbeitern und andere Kontaktanlässe verfassten Führer die Mentalitätsunterschiede und die daraus folgenden Implikationen, besonders die potenziellen Missverständnisse im geschäftlichen und privaten Alltag zwischen Koreanern und Menschen aus dem westlichen Kulturkreis (vgl. u.a. *Kim*, 1998, S. 235 ff.). Immer wieder finden sich auch Hinweise auf die grundsätzlichen Kulturunterschiede, wobei die Dimensionen von *Hofstede* häufig mit herangezogen werden. *Steers* betont das konfuzianische Erbe der Koreaner und die darauf zurückzuführenden fünf Tugenden „filial piety", „absolute loyalty", „strict seniority", „sex-role differentiation", and „mutual trust between friends and colleagues" (*Steers* 1999, S.20 ff.). Geht man nur von den vier ursprünglichen *Hofstede*-Dimensionen aus, zeigt sich für die vier untersuchten Länder die folgende Situation (Abb. 6):

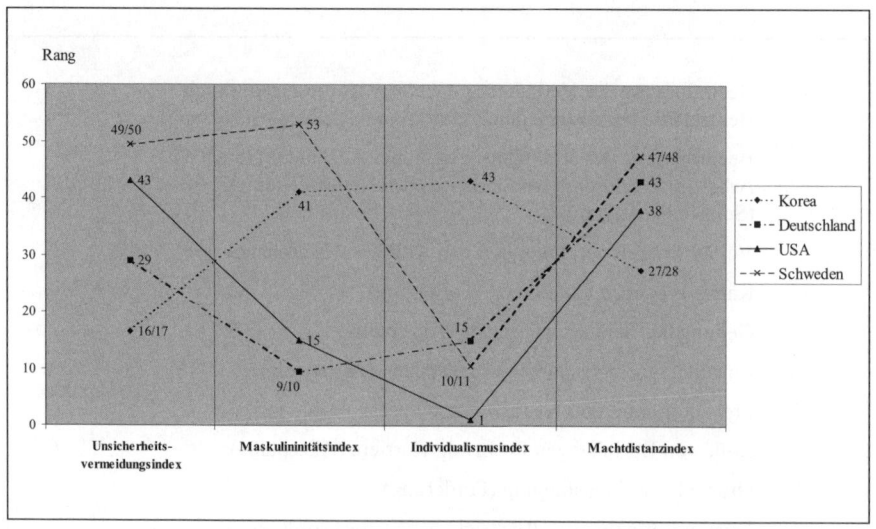

Abb. 6: *Positionen der untersuchten Länder auf den ursprünglichen 4 Hofstede-Dimensionen (Quelle: Hofstede 1997, S. 30, 65f., 115f., 157f.)*

Falls eine Globalisierung im Sinne einer Angleichung von Kulturen zu erwarten ist, sollte man sie also durch Vergleich gerade dieser Länder, für die eigentlich große Unterschiede postuliert werden, aufzeigen können. Wenn es eine solche Tendenz gibt, müsste sie des weiteren – gemäß der vorstehenden Argumentation – insbesondere bei der Zielgruppe Studenten nachweisbar sein. Während die koreanische Studententeilgruppe von der Kyung Hee University einen internationalen Ausbildungsgang, teilweise in englischer Sprache mit Auslandsaufenthalten, absolviert, ist die Teilgruppe von der Dongguk University als besonders traditionell einzustufen, handelt es sich bei dieser Universität doch um die (einzige) buddhistische Universität des Landes. Ein Vergleich dieser beiden Teilgruppen könnte daher weiteren Aufschluss über den Einfluss von Internationalisierungsdeterminanten geben.

Die Globalisierungsproblematik lässt sich grundsätzlich in Querschnitts- und in Längsschnittuntersuchungen analysieren, das heißt in Vergleichen über Länder/Kulturen zu einem Zeitpunkt, wie es in der vorliegenden Untersuchung geschehen ist, aber auch im Vergleich über die Zeit. Eine solche Untersuchung von Veränderungen über die Zeit im Rahmen von Wiederholungsbefragungen ist vorgesehen. Zur Identifikation entsprechender Identifikations- und Angleichungsprozesse ist aber unter Umständen eine längere Zeitspanne in die Betrachtung einzubeziehen.

5 Ergebnisse

Im Hinblick auf die erstgenannte Gruppe von Internationalisierungseinflüssen wurden fünf Variablen mit ihren Ausprägungen zu einem Internationalisierungsindex (IX) verdichtet, der sich – letztlich willkürlich – wie folgt zusammensetzt: Es wurden fünf gleichgewichtete dichotome Nominalskalen gebildet, die addiert zu einem Maximum von fünf Punkten für extreme Internationalisierung führen. Dabei handelte es sich um folgende Variablenausprägungen: Mehr als vier Kontakte im Monat zu Ausländern, häufig oder dauernde Nutzung des Internets über das Heimatland hinaus, Auslandsaufenthalt von insgesamt drei Monaten oder mehr und nicht nur zu touristischen Zwecken, Lesen von fremdsprachlichen Print-Beiträgen (zumindest hin und wieder), mindestens relativ gute Kenntnis internationaler Trends in drei oder mehr Bereichen von insgesamt neun vorgegebenen. Es ergab sich die erwartete (signifikante) Differenz zwischen den beiden koreanischen Untergruppen, ansonsten lautete die Reihenfolge nach absteigendem Internationalisierungsgrad auf Basis dieses Indexes: Schweden, Korea I, Deutschland, Korea II, USA (Abb. 7).

	n	Mittelwert	Standardabweichung
Schweden	56	3,3929	1,1390
Korea I	43	3,2558	1,0022
Deutschland	90	2,5333	1,2197
Korea II	57	2,1754	1,2410
USA	116	1,7759	1,1351
Gesamt	362	2,4530	1,3060

Abb. 7: Internationalisierungsindex

Die USA sind ein Sonderfall. Da dieses Land als führende Nation in vielerlei Bereichen anzusehen ist und Englisch als linguistisches Medium weltweit dominiert, kann die Zugehörigkeit zu diesem Staat bereits als Internationalisierungseigenschaft anzusehen sein. Die mangelnde Kenntnis fremder Sprachen, die im verwendeten Index indirekt Berücksichtigung findet, ist dann als weniger relevant einzustufen. Zieht man zufriedenstellende oder bessere Kenntnisse der englischen Sprache als Indikator für die Internationalisierung heran, so ergibt sich für die Nicht-Muttersprachler eine etwas andere Rangfolge als beim IX: Schweden (94,8%), Deutschland (80,5%), Korea I (74,4%), Korea II (40,4 %). Die vergleichsweise niedrigen Werte bei den koreanischen Studenten dürften auf die großen Differenzen zwischen beiden Sprachen und wohl auch auf eine zurückhaltende Selbsteinschätzung zurückzuführen sein.

Die Ergebnisse der Untersuchung zeigen ansonsten, dass sich bei der zweiten Variablengruppe, die Einstellungen und Verhalten im Internationalisierungs-/Globalisierungskontext beinhaltet, bei vielen Ausprägungen kaum oder nur geringe (signifikante) Unterschiede zeigen.

So liegen die Mittelwerte im Hinblick auf die allgemein-grundsätzlichen Aspekte bei Fragen, welche sich auf die *Hofstede*-Kategorien beziehen, nicht weit auseinander. Das gilt für die Machtdistanz, operationalisiert durch die Frage nach der Akzeptanz von Weisungen durch Vorgesetzte, selbst wenn diese im Unrecht sind. Hier ergibt sich ein niedriger Zustimmungsgrad, der für die verschiedenen Gruppen zwischen 1,3 und 2,2 auf einer Fünferskala liegt. Bei der Operationalisierung der Wettbewerbsorientierung durch das Statement, dass Konkurrenz das Leben interessanter macht, zeigen alle Gruppen eher Zustimmung (Mittelwerte zwischen 3,1 und 3,7). Noch stärkere Zustimmung rief die Feststellung hervor, dass alle Chancen vom Individuum genutzt werden sollten. Dieser Indikator für die Individualität bewegte sich zwischen 4,0 und 4,4 mit der Ausnahme der Gruppe Korea II (3,4), die damit etwas besser in das traditionelle Bild vom kollektiv geprägten Korea passt. Im Hinblick auf Unsicherheitsvermeidung (Statement, dass Ungewissheit über die Zukunft ein Hauptproblem des Lebens darstellt) zeigte sich ein analoges Bild mit Zustimmungswerten zwischen 2,6 und 3,3, bei Korea II mit 4,0. Langfristorientierung schließlich (Forderung nach einer langfristigen Perspektive im Leben) wurde mit Mittelwerten zwischen 3,1 und 4,0 postuliert. Insgesamt entspricht – im Rahmen der relativ geringen Spannweiten – die Länderreihenfolge der von *Hofstede* nur beim Faktor Machtdistanz. Allerdings sind auf Basis der – problematischen – Berechnung von Signifikanzen für die Länderunterschiede auf Grundlage des *Bonferroni*-Tests nur bedingt Aussagen möglich. Ein recht eindeutiges Bild ergab sich bei einer Reihe anderer Variablen. So lagen insbesondere die Einstellungen zur Freizeit (mittlerer Wert) und zum Wohlstand als Hauptlebensziel (mittlere bis höherer Zustimmung) in den Gruppen sehr dicht beieinander. Im Hinblick auf Karrierechancen für Frauen signalisierte die Gruppe Korea II jedoch eine deutlich weniger positive Einstellung, als es bei den anderen Gruppen der Fall war.

Im Zusammenhang mit den Fragen zu generellen wirtschaftlichen Sachverhalten ergeben sich über die Gruppen einheitliche Ansichten, beispielsweise bei der Forderung nach besserem Schutz des inländischen Verbrauchers (Mittelwerte zwischen 3,2 und 3,5), wobei hier Schweden mit 2,5, also einer signifikant geringeren Bedeutungseinschätzung dieses Sachverhalts, herausfällt. Auch der Forderung nach Verantwortung von Unternehmen für die Gesellschaft wird in allen Gruppen eher zugestimmt (Mittelwerte zwischen 3,5 und 4,2). Der Verlust kultureller Werte durch die Globalisierung wird in allen Gruppen befürchtet, besonders stark ist diese kritische Einstellung gegenüber der Globalisierung in Schweden und in den USA ausgeprägt (83,3 % bzw. 84,0% im Vergleich zu ca. 74% in den anderen Gruppen). Entsprechend ergibt sich ein Plädoyer gegen eine weitere weltweite wirtschaftliche Integration bei über 80% der Befragten in den Ländern. Lediglich Korea I liegt hier mit 74,4% niedriger. Unterschiede gibt es besonders bei der Bevorzugung heimischer gegenüber vergleichbaren ausländischen Produkten. Dieses Verhalten findet sich z.B. bei ca. 21% der Befragten in der Gruppe Korea I, aber bei ca. 51% der deutschen Studenten.

Im Zusammenhang mit spezifischen Konsumvariablen sei lediglich darauf verwiesen, dass in allen Gruppen guter Service gleichermaßen als wichtig angesehen wird (Mittelwerte zwischen 4,2 und 4,5) und der Preis bei allen durchaus manchmal als Qualitätsmaßstab verwendet wird (Mittelwerte zwischen 3,0 und 3,3). Unterschiedlich wird z.B. die Bedeutung der Werbung als Informationsquelle eingeschätzt; die Werte reichen von ca. 9% der Befragten, die Werbung als wichtige Informationsquelle einschätzen (Korea II) bis zu ca. 54% (Schweden).

Die Erhebung zum Kommunikationsverhalten zeigte, dass auch hier relativ gleichartige Ansichten und Einschätzungen vorliegen. So wird überall die Kontextabhängigkeit von Kommunikation erkannt. Allerdings wird die Beeinflussung der Kommunikationsbedeutung durch die Situation weniger akzeptiert; erstaunlicherweise am ehesten durch die schwedischen Studenten. Diese wünschen sich auch am wenigsten eine gemeinsame Sprache.

Die Untersuchung zu Stereotypen hinsichtlich Menschen aus bestimmten Ländern hat kaum eindeutige Ergebnisse gezeigt, was in vorsichtiger Interpretation darauf hindeutet, dass diese nur bedingt vorhanden sind. Allerdings wird der Einfluss länderspezifischer Kulturbesonderheiten auf das eigene Verhalten in Familie und Freundeskreis stark unterschiedlich eingeschätzt. Erwartungsgemäß geben beide koreanische Gruppen hier einen stärkeren Einfluss an (Mittelwert jeweils 3,6 bzw. 3,4 und 3,2), während die Deutschen davon am wenigsten ausgehen (Mittelwert von 2,3 in beiden Fällen).

Im Hinblick auf die angesprochenen personalwirtschaftlich besonders relevanten Größen (vgl. Abb. 5) seien einige Ergebnisse und Schlussfolgerungen besonders hervorgehoben:

- Die deutschen und die amerikanischen Studenten sehen nur wenig Kultureinflüsse des Heimatlandes auf ihr Verhalten gegenüber Vorgesetzten, während bei den Koreanern und den Schweden dieser Einfluss als stärker eingeschätzt wird. Hierin lässt sich eine unterschiedliche Kulturbindung des Arbeitskontextes sehen und eventuell auch eine unterschiedliche Anpassungsfähigkeit. Im Hinblick auf Ausländer ist dieser Kultureinfluss nur bei den Schweden stärker ausgeprägt.

- Aus den vergleichsweise niedrigen Werten hinsichtlich des Vertrauens in Kollegen und Freunde bei den Deutschen lässt sich u.U. eine etwas geringere Teamfähigkeit ableiten. Zwischen den anderen Gruppen gibt es dagegen keine (signifikanten) Unterschiede.

- Die Tatsache, dass Koreaner gleiche Karrierechance für Frauen weniger eindeutig fordern, ist auf die traditionelle koreanische Lebensform zurückzuführen, bei der die Rolle der Frau noch immer in Haus und Familie gesehen wird. Allerdings deutet der höhere Wert in der Gruppe Korea I, also bei den internationaler ausgerichteten Studenten darauf hin, dass auch hier ein Einstellungswandel einsetzt.

- Arbeitgeber können generell davon ausgehen, dass Mitarbeiter in Zukunft überall eher kritisch sind und Vorgesetzten-Weisungen nicht bedingungslos folgen. Zwar unterscheiden sich die koreanischen Studenten hier noch signifikant in ihrer Meinung von den anderen, wie es auch die konfuzianischen Werte der Seniorität und Loyalität postulieren, der Unterschied ist aber nicht sehr groß. Die Meinung zur Inkaufnahme von Illoyalität auf der Zustimmungs-Ablehnungsskala ist eher unentschieden, aber es gibt besonders hier kaum Länderunterschiede. Dagegen wird die Nutzung individueller Chancen überall stark bejaht. Diese Ergebnisse lassen Rückschlüsse auf mögliche und notwendig individuelle Anreizsysteme und die zu implementierende Kultur in Unternehmen zu.

- Freizeitorientierung und Wohlstandsstreben sind in allen Ländern zwar nicht in extremer Ausprägung, aber grundsätzlich vorhanden. Es ist erstaunlich, dass es keine (signifikanten) Unterschiede über die Länder gibt, denn die faktische Situation bei Einkommen und Arbeitszeit differiert erheblich, insbesondere auch zwischen Korea und den westlichen Ländern.

- Die Verknüpfung von Karriere und Beziehungen hat eine besondere Tradition in Korea und spiegelt sich noch in der Akzeptanz dieses Sachverhalts in der Gruppe Korea II wider. Es ist aber bemerkenswert, dass die USA einen niedrigen Wert aufweisen als Korea I. Man wird also auch hier von einer Einstellungsänderung ausgehen müssen, die dann zu einer Änderung der faktischen Situation führen kann.

- Die Vermeidung von offenen Konflikten und deren Austragung als Ausfluss weiterer traditioneller koreanischer Werte (inhwa als soziale Harmonie, kibun als innere Ausgeglichenheit und ch'emyon als Wahrung des Gesichts) wird zwar noch ersichtlich, unterscheidet sich aber bei Korea I kaum mehr von den westlichen Haltungen. Daraus folgt, dass sich auch die Unternehmens- und Führungskultur in Korea westlichen Standards anpassen könnte.

- Das Konkurrenzprinzip als Basis der Karriere ist nirgends umstritten; insofern ist das marktwirtschaftliche Prinzip im Rahmen dieser Umfrage generell akzeptiert. Die Tatsache, dass allein bei Schweden ein geringerer Akzeptanzwert vorliegt, zeigt, dass es hier keinen Gegensatz zwischen westlichen und asiatischen Ländern oder entwickelten und sich entwickelnden Ländern gibt, sondern eher wohl Einflüsse auf Basis bestimmter Sonderentwicklungen in manchen Ländern.

- Eine internationale Führungsstruktur auch in inländischen Unternehmen wird kaum unterschiedlich und eher positiv gesehen. Dieses Ergebnis macht eine gewisse Akzeptanz globaler Verflechtungen deutlich und die Bereitschaft zur Aufgabe nationaler Machtpositionen im Unternehmensbereich. Nicht ganz so eindeutig, aber wieder ohne große Unterschiede über die Länder stellt sich die Toleranz gegenüber ausländischen Kollegen und Unternehmen im Hinblick auf abweichendes Verhalten dar.

Im einzelnen sind die wichtigsten personalwirtschaftlich relevanten Ergebnisse in Abb. 8 dargestellt.

6 Fazit

Die Ergebnisse der bei Studenten verschiedener Länder durchgeführten Studien zeigen, dass es weiterhin Länderunterschiede gibt, die auch teilweise den in Wissenschaft und Praxis diskutierten Besonderheiten entsprechen. Allerdings sind die Differenzen häufig gering und/oder nicht signifikant. In vielen Fällen und in verschiedenen Bereichen ließen sich keinerlei Verschiedenheiten zeigen, oder es ergaben sich sogar Rangfolgen, die bisherigen Studien weniger entsprechen. Diese Resultate lassen den Schluss zu, dass sich bei vielen

	Mittelwerte (Mw) der dezidierten Urteile					Das trifft ...					Signifikanz (Bonferroni-Test)
	GER	KOR 1	KOR 2	SWE	USA	überhaupt nicht zu (1)	kaum zu (2)	teilweise zu (3)	sehr zu (4)	voll zu (5)	
Man sollte immer eine langfristige Perspektive haben	3,7	4,0	3,6	3,1	3,9						SWE ↔ GER, KOR1, USA
Ein Hauptproblem des Lebens ist die Ungewißheit, die in der Zukunft liegt	2,6	3,3	4,0	2,4	3,0						GER ↔ KOR1; SWE ↔ KOR1+2, USA; KOR2 ↔ GER, USA
Das Erreichen von Wohlstand stellt ein Hauptziel im Leben dar	3,3	3,2	3,5	3,5	3,4						n.s.
Es wäre gut, wenn das Top-Management von Unternehmen auch Ausländer einschließen würde	3,9	3,5	3,4	3,5	3,4						GER ↔ USA
Ausländer, die im Inland arbeiten oder unternehmerisch tätig sind, sollten sich der Verhaltensweise der Inländer anpassen	3,1	2,7	3,0	3,0	3,3						KOR1 ↔ USA

Abb. 8: Ergebnisse für Variable mit Bezug zur Arbeitswelt I

	Mittelwerte (Mw) der dezidierten Urteile					Das trifft ...					Signifikanz (Bonferroni-Test)
	GER	KOR 1	KOR 2	SWE	USA	überhaupt nicht zu (1)	kaum zu (2)	teilweise zu (3)	sehr zu (4)	voll zu (5)	
Freizeit ist wichtiger als Arbeit	3,0	3,3	3,3	3,0	3,1						n.s.
Karriere und Erfolg sollten nicht von der Beziehung zu einflußreichen Menschen abhängen	3,9	3,2	2,6	3,8	2,9						GER ↔ KOR1+2, USA; SWE ↔ KOR1+2, USA
Wenn nötig, sollten Konflikte nicht verdrängt, sondern offen diskutiert werden	4,5	3,9	3,4	4,3	4,0						GER ↔ KOR1+2, USA; KOR2 ↔ SWE, USA
Jeder sollte unabhängig von seinem Status nur gemäß seinen Leistungen behandelt werden	4,3	3,3	3,2	3,9	3,3						GER ↔ KOR1+2, USA; SWE ↔ KOR1+2, USA
Jeder sollte die Freiheit haben, immer sich ihm/ihr bietende persönliche Möglichkeiten zu nutzen	4,4	4,0	3,4	4,3	4,1						GER ↔ KOR2, USA; KOR2 ↔ KOR1, SWE, USA
Konkurrenz in allen Bereichen des Lebens macht es interessanter	3,4	3,4	3,7	3,1	3,7						SWE ↔ KOR2, USA

Abb. 9: Ergebnisse für Variable mit Bezug zur Arbeitswelt II

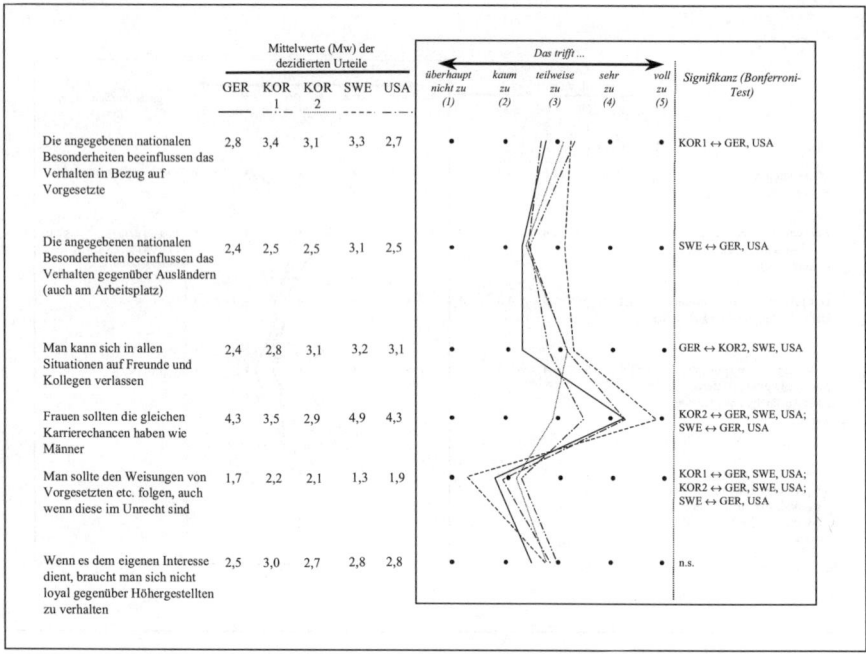

Abb. 10: Ergebnisse für Variable mit Bezug zur Arbeitswelt III

Variablen, die alle im weiteren Sinne aus dem Kulturbereich stammen, Verschiebungen auf dem Internationalisierungs-Globalisierungs-Kontinuum stattgefunden haben. Eine gewisse Tendenz zur Angleichung lässt sich auch aus den Unterschieden zwischen den beiden koreanischen Untergruppen, die auf Basis ihrer mit dem belegten Studiengang verbundenen Internationalitätsausrichtung gebildet wurden, erkennen. Die dem internationalen Umfeld stärker ausgesetzten koreanischen Studenten ähnelten ihren Kommilitonen aus den anderen Ländern grundsätzlich stärker, entfernten sich von den Koreanern der anderen Gruppe manchmal sogar mehr als Studenten anderer Länder.

Allerdings ist zu bedenken, dass Studenten nicht mit anderen Bevölkerungsgruppen vergleichbar sein müssen. Hier wurde jedoch unterstellt, dass generelle Entwicklungen in dieser Gruppe bis zu einem gewissen Grade vorweggenommen werden. Dabei bleibt zwar ein Unsicherheitsfaktor bestehen, insbesondere auch mit Blick auf den Zeitpunkt eintretender Entwicklungen, dennoch sollten Unternehmen im Sinne einer Früherkennung oder Szenariobetrachtung solche Signale beachten. Auch und gerade das Personalmanagement sollte davon ausgehen, dass auch in diesem Bereich Globalisierungseffekte stattfinden werden, die sich in Einstellungen und Verhalten niederschlagen. Entlohnungsstrukturen und Anreizsysteme, Führungsprinzipien, Personalentwicklung sind darauf auszurichten. Eine verstärkte Internationalisierung des Personalmanagements dürfte zu einer unabdingbaren Voraussetzung werden.

Die durchgeführte empirische Untersuchung kann allerdings nur erste Hinweise geben. Die methodischen Beschränkungen sind evident. Mangelnde Zufallsauswahl und daher nur bedingt möglicher Einsatz von Teststatistiken, kleine Fallzahlen, Probleme der Vergleichbarkeit der Gruppen und die noch fehlende Realisierung von Längsschnittuntersuchungen seien beispielhaft angeführt. Es scheint sowohl aus Praxis- als auch aus Wissenschaftssicht von großer Bedeutung, den Entwicklungen von Kultureinflüssen im Globalisierungskontext in weiterreichenden Untersuchungen nachzugehen. Insbesondere wäre die Abbildung der Zusammenhänge in (einfachen) Globalisierungsmodellen zu überprüfen.

Literatur

Bendixen, P. (2000): Die ökonomische Entfesselung der Globalisierung und ihr Einfluss auf den Kulturwandel. Aufgaben der Kulturwissenschaften aus der Sicht des Ökonomen, in: Kulturwandel und Globalisierung, hrsg. v. *Robertson, C.Y./Winter, C.* Baden-Baden, S. 107-136.

Bock, P.K. (1974): Modern Cultural Anthropology, 2. Aufl., New York.

Clermont, A./Schmeisser, W. (1997): Internationales Personalmanagement-Management mit Fingerspitzengefühl, in: Internationales Personalmanagement, hrsg. v. *Clermont, A./Schmeisser, W.*, S. 3-15, München.

Gabrenya, W.K. (1988): Social Science and Social Psychology: The Cross-Cultural Link, in: The Cross-Cultural Challenge to Social Psychology, hrsg. v. *Bond, M.H.*, Newbury Park usw.

Hall, E.T./Hall, M.R. (1990): Understanding Cultural Differences, Yarmouth.

Harris, M. (1989): Kulturanthropologie, Frankfurt – New York.

Ho, D.Y.-F. (1994): Introduction to Cross-Cultural Psychology, in: Cross-Cultural Topics in Psychology, hrsg. v. *Adler, L.L./Gielen, U.P.*, Westport – London.

Hofstede, G. (1993): Interkulturelle Zusammenarbeit – Kulturen, Organisation, Management, Wiesbaden.

Hofstede, G. (1997): Lokales Denken, globales Handeln, München.

Hünerberg, R. (1994): Internationales Marketing, Landsberg.

Kim, Hung-Hyon (1998): Deutsche und Koreaner: Gemeinsamkeiten und Gegensätze, 2. Aufl., Seoul.

Knapp, K. (1995): Interkulturelle Kommunikationsfähigkeit als Qualifikationsmerkmal für die Wirtschaft, in: Cross Culture – Interkulturelles Handeln in der Wirtschaft (hrsg. v. *Bolten, J.*): S. 8-23, Berlin 1995

Kroeber-Riel, W./Weinberg, P. (1999): Konsumentenverhalten, 7. Aufl., München.

Lamont, D. (1992): Marketing International – Zehn Erfolgsstrategien, Frankfurt – New York.

Martin, H.-P./Schumann, Harald (1997): Die Globalisierungsfalle, Reinbek.

Mead, R. (1990): Cross Cultural Management Communication, Chichester usw.

Meffert, H./Bolz, J. (1998): Internationales Marketing-Management, 3. Aufl., Stuttgart usw.

Rogers, E.M. (1996): Diffusion of Innovations, 4. Aufl., New York usw.

Steers, R.M. (1999): Made in Korea, New York – London.

Usunier, J.C./Walliser, B. (1993): Interkulturelles Marketing, Wiesbaden.

Winter, C. (2000): Kulturwandel und Globalisierung. Eine Einführung in die Diskussion, in: Kulturwandel und Globalisierung, hrsg. v. *Robertson, C.Y./Winter, C.*, Baden-Baden, S. 13-73.

C. Strategisches Personalmanagement als wertschöpfendes Prozessmanagement in multikontextualer Perspektive

C.I. Technokratischer Ansatz: Implementierungsproblematik von Strategien sowie methodisch-instrumentelle Unterstützung

Perspektiven/Bezugsrahmen eines Strategischen Personalmanagements

- Technokratischer Ansatz -

Metapher: Strategisches Personalmanagement: Ein Instrument der Strategieimplementierung

- Ziele, Aufgaben, Synergien, Information/Kommunikation, Effizienz/ Produktivität, Wirtschaftlichkeit stehen im Mittelpunkt
- „Technische Analyse", Umsetzung und Kontrolle der Strategie
- Gestaltung der Aufbau- und Ablauforganisation zur Strategieimplementierung
  u.a. – bei Fusionen, Outsourcing, Neuen Technologien
        – unter informatorischen Gesichtspunkten führt dies bis zur virtuellen Unternehmung

---

Perspektiven/Bezugsrahmen eines Strategischen Personalmanagements

- Technokratischer Ansatz -

Prämissen

1. Die Unternehmung wird mehr oder weniger von ihrer Umwelt isoliert betrachtet.
2. Beschränkung auf ein rationales Zweckmodell der Strategieimplementierung.
3. Unterstellt wird ein mechanistisch-instrumentelles Menschenbild.
4. Die Technik wird als passives Element angesehen.
5. Nur die „Politische Spitze", die Unternehmensleitung, in Anlehnung an Max Weber hat das Recht, Unternehmensziele und Strategien zu bestimmen.
6. Strategie, gegebenes Ziel und Effizienz stehen im Mittelpunkt der Organisationsuntersuchung und -gestaltung des Personalmanagements.

Balanced Scorecard als Instrument des Personalcontrolling

Silke Wickel-Kirsch

Personalcontrolling stellt heute ein wichtiges Instrument der Personalarbeit dar. Um diese Funktion erfolgreich wahrnehmen zu können, fehlen vielen Unternehmen handhabbare Instrumente. Der Anspruch an die Instrumente ist dabei zugleich Einfachheit und möglichst vollständiges Erfassen der relevanten Größen im Personalbereich. Der folgende Beitrag beschreibt das Instrument „Balanced Scorecard" mit seinen Vor- und Nachteilen sowie seinen Anwendungsmöglichkeiten im Personalcontrolling.

1 Personalcontrolling als eine der Kernaufgaben des Personalbereichs

Die Personalwirtschaft im Unternehmen beschäftigt sich zum einen mit Aufgaben, die als Grundfunktionen der Personalarbeit bezeichnet werden können, wie Gehaltsabrechnung und Einstellungen. Zum anderen werden immer stärker die Kernaufgaben der Personalwirtschaft fokussiert, da diese Aufgaben aus Sicht des Unternehmens und der Personalabteilung einen hohen Wertbeitrag leisten. Die Kernaufgaben der Personalwirtschaft können in drei große Aufgabenbereiche unterteilt werden (siehe Abbildung 1).

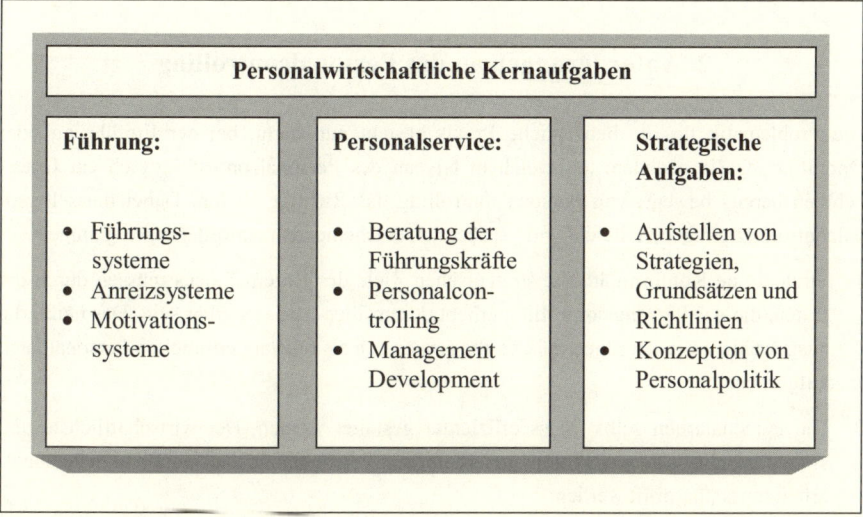

Abb. 1: Kernaufgaben der Personalwirtschaft

In den meisten Unternehmen werden die genannten Aufgabenbereiche durch die Personalabteilung wahrgenommen. Die Ausnahme von dieser Regel bildet jedoch häufig das Personalcontrolling. Hier existieren Berührungsängste unterschiedlicher Ausprägung und die Funktion des Personalcontrolling wird in vielen Fällen als wenig wichtig und keine zusätzlichen Erkenntnisse zum Unternehmenscontrolling generierend abgetan.

Die Berührungsängste liegen vor allem darin begründet, dass Personalarbeit mit vielen qualitativen Aspekten verbunden ist, die schwer erfassbar und noch schwerer quantifizierbar sind. Häufig kann – zumindest auf den ersten Blick – keine eindeutige Kausalität zwischen beobachtbaren Phänomenen und dahinter liegenden Ursachen hergestellt werden. Sicherlich spielt eine Rolle, dass das Gros der Mitarbeiter in Personalabteilungen wenig geübt ist im Umgang mit Zahlen und auch wenig Neigung vorhanden ist, sich mit Controlling intensiv auseinander zu setzen.

Auf der anderen Seite steht die Unternehmensleitung, die zunehmend Druck auf die Personalabteilung ausübt, den Wertbeitrag der Personalarbeit nachzuweisen und die Ergebnisse zu quantifizieren. Seitens der Unternehmensleitung oder des Unternehmenscontrolling wird nach dem Motto verfahren, „what you can´t measure you can´t manage". Daraus leitet sich die Forderung an die Personalarbeit ab, Messinstrumente einzuführen und somit die Funktion „Personalcontrolling" auszubauen. Hinzu kommt, dass der Personalabteilung häufig vorgeworfen wird, dass sie ineffizient arbeitet und Mittel des Unternehmens verschwendet. Diesem Vorwurf kann begegnet werden, indem durch Controlling und zusätzlich eventuell Benchmarking aufgedeckt wird, ob tatsächlich Ineffizienzen im Personalbereich existieren. Außerdem fordert die Unternehmensleitung, dass nicht wahllos Controllingdaten aus dem Personalbereich erhoben werden sollen. Vielmehr ist der Anspruch, dass die aus Sicht der Unternehmensleitung relevanten Daten erhoben, ausgewertet und zur Steuerung der Personalarbeit eingesetzt werden.

2 Anforderungen an das Personalcontrolling

Die Problematik für die betriebliche Praxis besteht nun darin, bei der Einführung oder Durchführung (je nachdem auf welchem Niveau des Personalcontrolling sich ein Unternehmen bereits bewegt) von Personalcontrolling das Richtige zu tun. Dabei muss Personalcontrolling einigen vielleicht widersprüchlich erscheinenden Anforderungen genügen:

1. Strategische Konformität: Die strategischen Ziele des Unternehmens müssen durch die Daten, die das Personalcontrolling erhebt, kontrollier- und steuerbar sein. Das heißt, die ausgewählten Steuergrößen müssen die strategisch als relevant ermittelten Personaldaten aufgreifen.

2. Die Personalarbeit selbst muss effizienter gestaltet werden. Der wirtschaftlichste und sinnvollste Einsatz von Mitteln innerhalb des Personalbereichs und für die Personalarbeit muss überprüft werden.

3. Das Personalcontrolling darf nicht nur quantitative Zusammenhänge erfassen, sondern muss auch qualitative Größen berücksichtigen.

4. Die Ausgestaltung des Personalcontrolling muss praktikabel sein, das heißt, die Durchführung darf je nach Größe des Unternehmens nicht zu viele personelle und finanzielle Ressourcen in Anspruch nehmen, sondern muss so effizient wie möglich erfolgen.

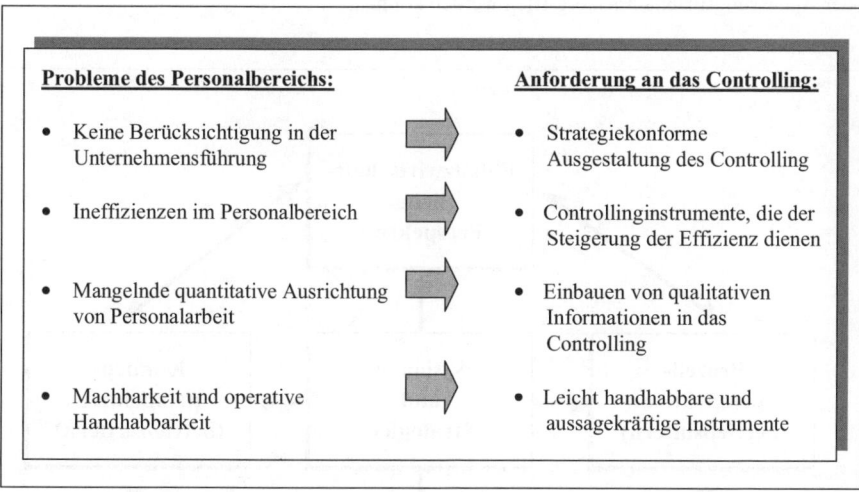

Abb. 2: Spezifische Anforderungen an das Personalcontrolling

Wenn die Anforderungen klar definiert sind, geht es im nächsten Schritt darum, ein Instrument oder mehrere Instrumente zu finden, die die Anforderungen so gut als möglich erfüllen. Die klassischen Instrumente des Personalcontrolling wie Kennzahlenbildung, Mitarbeiterbefragungen, Mitarbeiterportfolios oder Benchmarking etc. sind alle sinnvoll und erfolgreich einsetzbar, aber können dennoch nicht alle der oben aufgezeigten Anforderungen erfüllen. Insbesondere die Forderung nach strategischer Einbindung in eine Gesamtstrategie bleibt bei den meisten Instrumenten unbeantwortet.

3 Die Balanced Scorecard

Die Balanced Scorecard stellt einen Ansatz bzw. ein Instrument dar, der ursprünglich aus dem Bereich der Unternehmensführung stammt. Dieser Ansatz verknüpft vergangenheitsbezogene Finanzkennzahlen mit zukunftsorientierten Leistungsperspektiven und vernetzt die einzelnen Größen miteinander (1), so dass Abhängigkeiten deutlich werden und Auswirkungen von Veränderungen einer Größe unmittelbar sichtbar gemacht werden können. Die Unternehmung wird dabei aus vier unterschiedlichen Perspektiven beleuchtet, die zusammen die Gesamtheit des Unternehmens erfassen: Finanzwirtschaft, Kunden, Geschäftsprozesse und Mitarbeiter/Lernen (2). Damit wird sowohl die Innen- als auch die Außenperspektive des Unternehmens beleuchtet und kann näher analysiert werden (siehe Abbildung 3). Außerdem bietet die Balanced Scorecard die Möglichkeit, Veränderungen in der Strategie oder den Visionen direkt in den einzelnen Perspektiven abzubilden, indem die Größen oder Zielwerte in den Perspektiven verändert werden. Zugleich kann die Balanced Scorecard eine Frühwarnfunktion wahrnehmen, da Veränderungen in den Größen frühzeitig hinsichtlich ihrer Auswirkungen auf die Unternehmensstrategie erfasst und somit rechtzeitig Gegen- oder Anpassungsmaßnahmen ergriffen werden können.

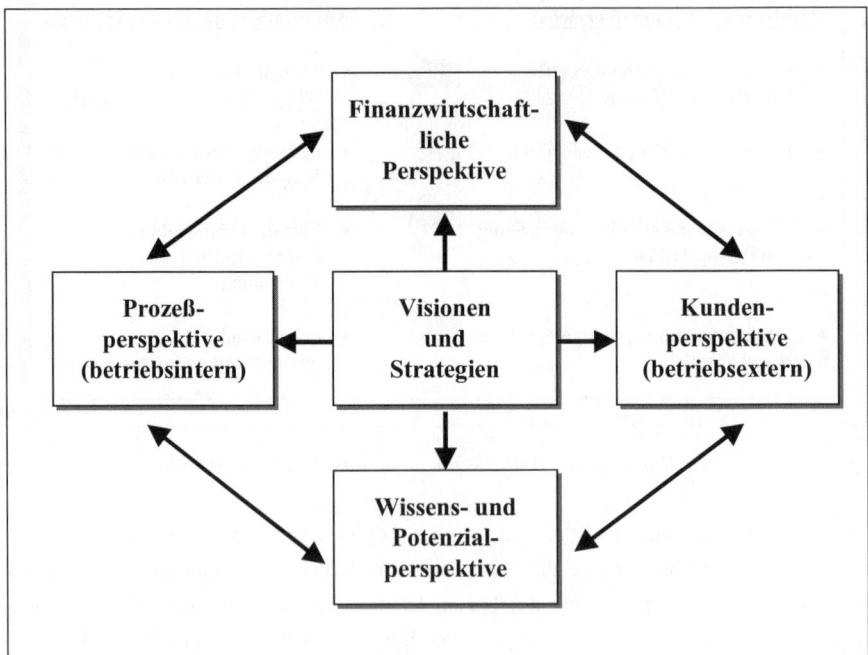

Abb. 3: Balanced Scorecard

Im Folgenden wird die Übertrag- und Anwendbarkeit der Balanced Scorecard auf den Personalbereich dargestellt. Bei der Übertragung auf den Personalbereich wird zugleich das Konzept der originären Balanced Scorecard verdeutlicht.

Die Idee der Balanced Scorecard kann in dreierlei Hinsicht als Controllinginstrument auf den Personalbereich übertragen werden, um die oben genannten Probleme zu überwinden. Zum ersten kann die Balanced Scorecard als Instrument des Personalbereichs zur Ableitung strategierelevanter Steuerungsgrößen aus der Gesamtunternehmensstrategie eingesetzt werden. Zum zweiten kann eine Balanced Scorecard für den Personalbereich reflexiv erstellt werden, um die quantitative und qualitative Ergebnismessung im Personalwesen voranzutreiben und damit auch die Effizienz des Handelns zu erhöhen. Sie kann hierbei als übersichtliches und leicht zu verstehendes Instrument des Personalcontrolling verwendet werden. Zum dritten schließlich kann sie als Richtschnur im Bereich der Zielvereinbarungen dienen. Sie gibt dann die in den Zielvereinbarungen aus strategischer Sicht zu verankernden Größen vor.

4 Einsatz der Balanced Scorecard als Instrument der Unternehmensführung mit Fokus auf „Personal"

Aus Sicht der Unternehmensführung muss der Faktor Personal als einer unter mehreren im Zusammenspiel für das Gesamtunternehmen berücksichtigt werden. Diese Sichtweise wird in einer BSC für die gesamte Unternehmung deutlich. Dabei fordert die Unternehmensführung die für das Gesamtunternehmen jeweils wichtigen Kenngrößen vom Personalbereich an, der die Datenhoheit über die gewünschten Daten ausübt. Allerdings wird in dieser Vorgehensweise der Personalbereich nicht eigenständig berücksichtigt, sondern nimmt aus Sicht des Unternehmens Zulieferfunktion für bestimmte, von der Unternehmensführung vorgegebene Daten wahr.

4.1 Mitwirkung des Personalbereichs an der Unternehmensstrategie unter der Perspektive „Wissen/Potential"

Die Aufgabe aus Sicht des Personalbereichs besteht darin, sich in den Prozess der Erstellung einer Balanced Scorecard für das Unternehmen einzubringen. Damit bekommt der Personalbereich die Chance, seine Interessen zu wahren und sich einen wichtigen Platz in der Unternehmensführung zu sichern, eine Aufgabe, die traditionell häufig vom Personalbereich vernachlässigt wurde und immer noch wird. Bei dem Erstellen einer Balanced Scorecard ist eine Mitwirkung des Personalbereichs bzw. seiner wichtigsten Vertreter jedoch unabdingbar. Zum einen wird das vorhandene Know-how dringend benötigt. Zum anderen kann es nicht im Interesse des Personalbereichs sein, Vorgaben für Kennzahlen aus dem Unternehmenscontrolling diktiert zu bekommen, da diese am Bedarf, der Realität und dem Machbaren vorbei gehen können. Vielmehr muss der Personalbereich dafür Sorge tragen, dass nicht nur die aus seiner und Unternehmenssicht richtigen, sondern auch die realistischen Kennzahlen ausgewählt werden.

4.2 Konkretisierung der Perspektive „Wissen/Potential"

Bei der Ableitung aussagekräftiger Kennzahlen steht insbesondere die Frage im Vordergrund, welchen Beitrag die Mitarbeiter zur Sicherung des Unternehmenserfolgs leisten. Gängige Größen für die Konkretisierung der Wissens-/Potentialperspektive sind beispielsweise Anzahl der Schulungs- und Weiterbildungsaktivitäten, Mitarbeiterzufriedenheit, Fluktuationsrate und Produktivität der Mitarbeiter (3).

Bei der Konkretisierung in Form von Kennzahlen der Wissens-/Potentialperspektive muss im ersten Schritt gefragt werden, welche Rolle die Mitarbeiter und deren Wissen im Unternehmen spielen. Dabei geht es auch um Konkretisierung der Rollen, die unterschiedliche Gruppen von Mitarbeitern spielen. „Gruppe" kann dabei sowohl im Sinne von organisatorischen Einheiten gesehen werden als auch im Sinne von Mitarbeitertypen wie gewerbliche Mitarbeiter.

Wie ein solches Vorgehen aussehen kann, soll am Beispiel einer Unternehmensberatung dargestellt werden. Aus Sicht einer Unternehmensberatung spielen die Mitarbeiter die letztlich alles entscheidende Rolle, da eine Unternehmensberatung im Grunde nichts anderes als das Know-how ihrer Mitarbeiter an die Kunden verkauft. Insbesondere interessiert für eine Balanced Scorecard eine Unternehmensberatung daher, ob die Mitarbeiter zufrieden sind und ob die Mitarbeiter qualitativ hochwertig sind.

Eine im Personalbereich häufig verwendete Kennzahl, um die Zufriedenheit der Mitarbeiter zu messen, ist die Fluktuationsrate. Die Qualität der Mitarbeiter kann durch Beurteilungen überprüft werden, die in Unternehmensberatungen vergleichsweise häufig erfolgen. Um in einer Balanced Scorecard Verwendung zu finden, müssen diese Beurteilungen zu Indizes über die Verteilung der Noten aggregiert werden. Im nächsten Schritt kann eine Kopplung der Noten mit Fluktuation erfolgen, da in Unternehmensberatungen üblicherweise zwischen erwünschter und unerwünschter Fluktuation unterschieden wird. So gilt als personalwirtschaftliches Ziel von Unternehmensberatungen häufig, dass diejenigen Mitarbeiter gehen sollen, die schlecht beurteilt werden, aber diejenigen gehalten werden sollen, die gut beurteilt werden. Zusätzlich kann die Auswertung der Beurteilungen nicht nur nach Noten, sondern im Zeitablauf erfolgen. Dadurch kann die Unternehmung erkennen, ob sich die Fluktuation in die aus ihrer Sicht gewünschte Richtung entwickelt. Sollte die Fluktuation sich nicht in der geplanten Art und Weise entwickeln, muss über mögliche Gegensteuerungsmaßnahmen seitens der Personalabteilung nachgedacht werden.

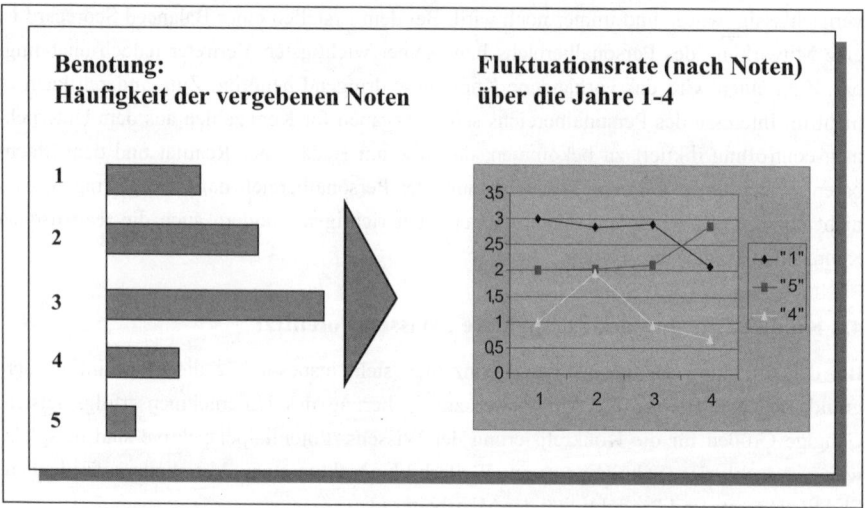

Abb. 4: Umsetzung der Balanced Scorecard in Personalgrößen

Als Größen, die aus Gesamtunternehmenssicht in eine Balanced Scorecard für die Wissens-/Potentialperspektive aufgenommen werden sollten, können daher folgende genannt werden:

- Mitarbeiterzufriedenheit gemessen an der Fluktuationsrate,
- Qualität der Mitarbeiter gemessen an der internen Benotung (aggregiert) und
- Mitarbeiterloyalität gemessen an der „wünschenswerten" Fluktuation.

5 Einsatz der Balanced Scorecard als reflexives Steuerungsinstrument für den Personalbereich

Wenn ein Unternehmen keine Balanced Scorecard für das Gesamtunternehmen erstellt, kann der Personalbereich dies für sich selbst tun. Maßgeblich ist dann die Personalstrategie, um zu einer Balanced Scorecard zu gelangen. Zunächst wird im folgenden aufgezeigt, wie das Konzept auf den Personalbereich im Sinne einer organisatorischen Einheit übertragen werden kann. Im nächsten Schritt werden in Frage kommende Messgrößen für den Personalbereich entwickelt.

5.1 Übertragung des Konzeptes auf den Personalbereich

Die vier Perspektiven der ursprünglichen Balanced Scorecard müssen auf den Personalbereich übertragen werden. Oder anders ausgedrückt: was bedeuten die einzelnen Perspektiven, wenn der Personalbereich selbst mit Hilfe der Balanced Scorecard gesteuert werden soll?

Die finanzielle Perspektive des Personalbereichs kann darin gesehen werden, dass der Personalbereich als organisatorische Einheit unter finanziellen Aspekten durchleuchtet wird. Konkretisiert bedeutet dies, dass die Kosten des Personalbereichs im Sinne des Budgets des Personalbereichs analysiert werden müssen. Diese Größe kann zum einen eine erhebliche Höhe erreichen, zum anderen ist die Steuerung des Budgets der Personalabteilung traditionell ein wichtiger Ansatzpunkt für die Unternehmenssteuerung. Die Kosten für die organisatorische Einheit „Personalabteilung" sind unabhängig davon, ob die Abteilung als Cost Center oder Profit Center geführt wird, von Interesse für eine wirtschaftliche Unternehmensführung. Dies zeigt sich unter anderem darin, dass das Budget der Personalabteilung immer wieder und immer stärker unter die Lupe genommen wird, um nach Möglichkeiten der Kürzung zu suchen. Ausfluss dieser Bemühungen sind häufig Outsourcingaktivitäten, die in den letzten Jahren stark zugenommen haben. „Finanzielle Perspektive" richtet sich aber in Zeiten, in denen Unternehmen nach Shareholder Value geführt werden, auch auf die Kosten des Faktors „Arbeit", also die Kosten für Gehälter und Sozialleistungen, die im Unternehmen anfallen. Auch hier ist die Personalabteilung in der Pflicht, die Arbeitskosten zu steuern. Durch geeignete Modelle der Total Compensation, professionelle Schichtpläne oder neuartige Arbeitszeitmodelle, die die Personalabteilung entwickelt, kann durchaus ein erheblicher Einfluss auf die Höhe der Gehälter oder Sozialleistungen genommen werden.

Die Kundenperspektive aus Sicht des Personalbereichs richtet sich meist nicht auf externe, sondern auf die unternehmensinternen Kunden des Personalbereichs, die Führungskräfte, den Betriebsrat und die Mitarbeiter. Auf welche Kundengruppe jeweils der Fokus gerichtet wird, hängt von der einzelnen Unternehmung und der aktuellen Situation des Unternehmens ab. Der Kundenfokus verlagert sich üblicherweise im Zeitablauf. Unabhängig davon, welche Kundengruppe im Mittelpunkt des Interesses steht, ist es das Ziel, die Kundenzufriedenheit zu steigern oder zu halten. Um die Zufriedenheit zu steigern, müssen die Produkte und Dienstleistungen des Personalbereichs beurteilt werden, da diese die entscheidende Rolle für Zufriedenheit spielen. In einem weiten Sinne kann als Kunde der Personalabteilung auch die Gesellschaft als Ganzes angesehen werden, da sie potenzielle Arbeitnehmer umfasst und diese zur Nutzung von Leistungen der Personalabteilung angeregt werden sollen, z.B. indem sie in einen Bewerbungsprozess mit der Unternehmung (und damit auch mit der Personalabteilung) eintreten.

Die interne Prozessperspektive untersucht die Prozesse, die der Personalbereich auslöst bzw. die er durchführt. Beispiele für solche Prozesse sind Einstellungen, Versetzungen oder Pensionierungen. Voraussetzung für die Analyse der Prozesse auf Verbesserungen hin ist jedoch, dass zunächst eine Prozessanalyse für alle Prozesse des Personalbereichs durchgeführt wird sowie dass für diese Prozesse Preise ermittelt werden. Wichtig ist, dass bei der Analyse nicht nur interne Prozesse innerhalb der Personalabteilung analysiert werden, sondern auch Prozesse, die über die Grenzen der Personalabteilung hinaus gehen (4). Als Beispiel sei der klassische Prozess der Einstellung genannt. Nur Teile dieses Prozesses kann die Personalabteilung selbstverantwortlich steuern (es sei denn, es wird ein Mitarbeiter für die Personalabteilung gesucht). Denn die Fachabteilung oder der Unternehmensbereich, in dem der Bewerber später als Mitarbeiter eingesetzt werden soll, will und muss in den Prozess der Einstellung einbezogen werden. Diesem zukünftigen Einsatzbereich obliegt auch die letztendliche Entscheidung über Einstellung und die Verantwortung für den Mitarbeiter. Zusätzlich kann differenziert werden in aufwendige und damit unter Umständen auch teure Beratungsprozesse und einfache Standardprozesse, die wenig kosten dürfen und tendenziell wenig zur Wertschöpfung im Unternehmen beitragen.

Schließlich bleibt noch die Perspektive „Wissen und Potenzial", die auf den Personalbereich übertragen werden muss. Aus Sicht des Personalbereichs heißt Wissens- und Potenzialerhaltung primär, dass die Mitarbeiter des Personalbereichs ihr Wissen erhalten oder erweitern und ihr Potenzial ausbauen oder wahren sollen. Im zweiten Schritt bedeutet „Wissen und Potenzial" aus Sicht der Personalabteilung aber auch, dass die geeigneten Maßnahmen für die Mitarbeiter des Unternehmens ergriffen werden müssen, um deren wettbewerbsrelevantes Wissen aufzubauen oder marktgerecht zu verändern. Die Forderung, für alle Mitarbeiter eines Unternehmens Wissen sicherzustellen, ist an die Personalabteilung zu richten, da sie in den meisten Fällen die Hoheit über Bildungsmaßnahmen, -programme, Bildungsorganisation und -controlling hat.

Die auf den Personalbereich aus der Balanced Scorecard übertragenen Perspektiven müssen in messbare Größen und Kennzahlen um- und übersetzt werden, damit sie in einen Controllingprozess eingesteuert werden können. Solche möglichen Maßgrößen werden im Folgenden aufgezeigt. Sie sind als Beispiele, die keine erschöpfende Aufzählung sind, zu verstehen. Für die Maßgrößen werden außerdem denkbare Zielwerte angegeben, da Controlling ohne Soll- oder Zielgrößen nicht funktionieren kann. Ein Unternehmen könnte die aufgeführten Maßgrößen und Zielwerte übernehmen, sollte dies jedoch nicht ohne reifliche Überlegung tun, da die Individualität eines Unternehmens in einer allgemeinen Aufstellung nicht berücksichtigt werden kann. Somit bleibt jedes Unternehmen in der Pflicht, spezifische Maßgrößen zu definieren und zu „controllen".

5.2 Maßgrößen zur Operationalisierung für den Personalbereich

Abbildung 5 zeigt zu den einzelnen Perspektiven denkbare Operationalisierungsmöglichkeiten im Sinne von strategischen Zielen und Maßgrößen. Wenn die Maßgrößen feststehen,

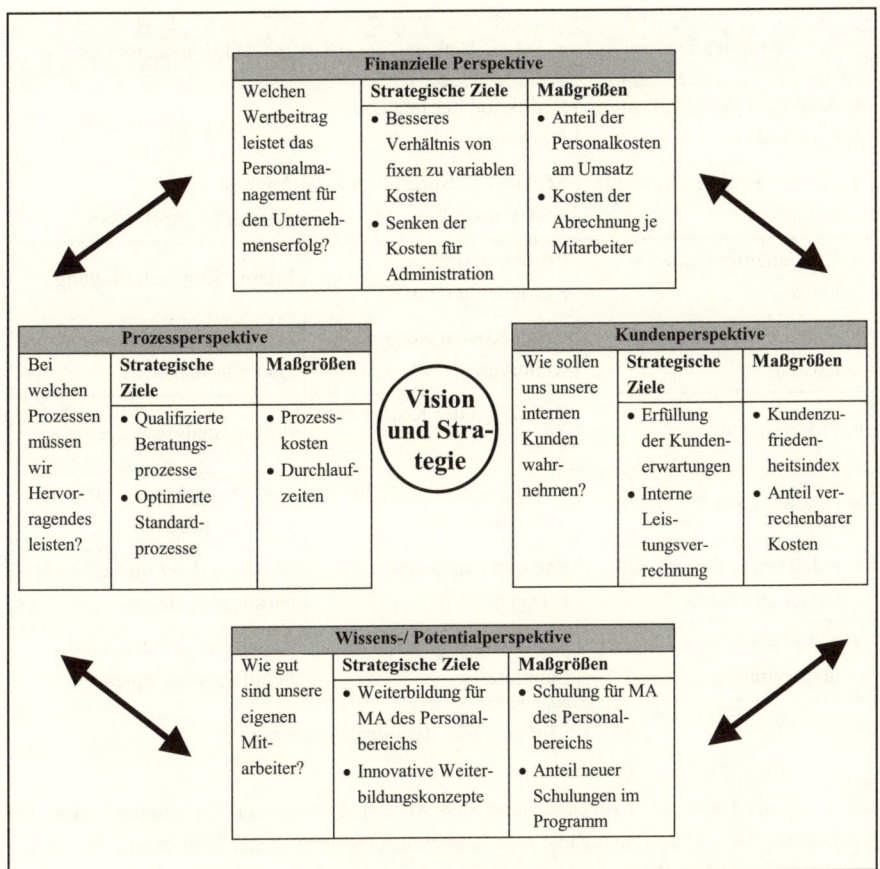

Abb. 5: Operationalisierung der Perspektiven für den Personalbereich (5)

werden die entsprechenden Zielwerte entweder von der Unternehmensleitung oder von der Leitung des Personalbereichs für die nächste Periode, z.B. Jahr oder Quartal, ausgewählt. Wenn auch sie feststehen, müssen Aktionsprogramme abgeleitet und in die Praxis umgesetzt werden. Wichtig sind hier insbesondere die Aktionsprogramme, die von den Führungskräften und Mitarbeitern der jeweils betroffenen Organisationseinheit umgesetzt werden müssen und daher der Akzeptanz der Betroffenen bedürfen. Beispiele für denkbare Zielwerte und Aktionsprogramme, die zu den aufgezeigten Maßgrößen passen, zeigt Abbildung 6.

Für die Balanced Scorecard des Personalbereichs werden passend zur jeweiligen Perspektive gängige Kennzahlen erfasst. Je länger diese Kennzahlen schon im Unternehmen analysiert werden, um so eher sind sie „selbstverständlich" und werden von den Mitarbeitern akzeptiert. Existieren noch keine entsprechenden Kennzahlen, so müssen diese strategiekonform entwickelt werden. Allerdings ist zu beachten, dass die Kennzahlen so einfach wie möglich gehalten werden sollten. Außerdem ist die Meßlatte der Ermittelbarkeit anzulegen. Kennzahlen, die mit den im Unternehmen vorhandenen Mitteln nicht gebildet werden können oder die extreme Probleme bei der Interpretation der Daten hervorrufen, sollten bei Ein-

Maßgrößen	Zielwert	Aktionsprogramm
• Anteil der Personalkosten am Umsatz	Reduktion der heutigen Kosten um x %	Personalkostenanalyse
• Kosten der Abrechnung je Mitarbeiter	Senken der Abrechnungskosten um 5 %	Analyse der Abrechnungsprozesse
• Kundenzufriedenheitsindex	Erhöhung der Zufriedenheit auf „2"	Interne Kundenbefragung
• Anteil verrechenbarer Kosten	% der Kosten werden weiterverrechnet	Leistungsvereinbarungen mit Qualitätsstandards
• Prozesskosten	Reduktion der Kosten um x %	Prozessanalyse
• Durchlaufzeit	Verkürzung der Zeit um x Minuten	Einführung von Standardsoftware prüfen
• Schulungen für MA des Personalbereichs	Schulungsmaßnahmen von x Tagen	Schulungstage in Zielvereinbarungen einbauen
• Anteil neuer Schulungen im Programm	Mehr als 20 % der Schulungen	Regelmäßige Revision des Schulungskonzeptes

Abb. 6: Ableiten von Aktionsprogrammen

führung einer Balanced Scorecard vermieden werden. Entscheidend ist zugleich, dass die Kennzahlen die strategischen Ziele repräsentieren. Das heißt in der Umsetzung, dass nicht immer der einfachste Weg der bereits vorhandenen Kennzahlen beschritten werden kann. Gelegentlich ist ein eigener Index oder eine neue Kennzahl zu entwickeln, um die Balanced Scorecard füllen zu können.

6 Die Balanced Scorecard als Instrument im Zielvereinbarungsprozess

Die Balanced Scorecard kann nicht nur auf Gesamtunternehmens- und Personalbereichsebene, sondern auch auf „Ebene" eines einzelnen Mitarbeiters angewendet werden. Hier fungiert die Balanced Scorecard als Kompass für die Größen, die in die Zielvereinbarung des einzelnen Mitarbeiters aufgenommen werden. Auch diese Art des Einsatzes der Balanced Scorecard kann als Aufgabe des Personalcontrolling definiert werden, da Zielvereinbarungen klassische Instrumente der Personalarbeit darstellen.

6.1 Verknüpfung von Balanced Scorecard und Zielvereinbarungen

Die Balanced Scorecard als Instrument der strategischen Unternehmensführung enthält in aggregierter Form die wichtigsten Ziele des Unternehmens bzw. sind diese unmittelbar aus der Balanced Scorecard ableitbar. So bietet sich die Chance, Balanced Scorecard und Zielvereinbarungen zu koppeln und damit größere Stringenz im Zielvereinbarungsprozess zu erreichen. Die immer wieder im Unternehmen aufkommende Diskussion um adäquate Ziele kann durch Verknüpfung mit einer Balanced Scorecard zumindest für die oberen Führungskräfte beantwortet werden. Eine Einschränkung auf erste und zweite, eventuell noch dritte Führungsebene erscheint im ersten Schritt sinnvoll. Ein Herunterbrechen der Ziele auf die unteren Führungsebenen oder alle Mitarbeiter könnte problematisch werden, da das Ableiten passender und von einzelnen Mitarbeitern beeinflussbarer Ziele zunehmend schwieriger wird.

Außerdem hat dieses Vorgehen den Vorteil, dass nicht einseitige Ziele nur aus einem, meist einem naheliegenden und mit dem Tagesgeschäft verknüpften Bereich vereinbart werden, z.B. nur aus dem Bereich der Produktion. Vielmehr wird ein breites Spektrum an Zielen vereinbart, das die gesamte Breite der Unternehmensführung abdeckt, weil die Balanced Scorecard den Blick auf alle Felder lenkt. Dadurch werden die Führungskräfte zugleich an ihre „Rundum-Verantwortung" für das Unternehmen erinnert und gebunden.

6.2 Zielvereinbarung und Controlling

Das Verknüpfen von Zielvereinbarung und Balanced Scorecard hat auch unter Controllingaspekten Vorteile. Zielvereinbarungen bzw. die in ihnen festgeschriebenen Größen können über verschiedene Organisationseinheiten und Hierarchieebenen aggregiert werden. Die vereinbarten Zahlen müssen über das Gesamtunternehmen addiert die Unternehmensziele ergeben. Wenn Änderungen in den Unternehmenszielen auftreten, können diese unmittelbar in die Zielvereinbarungen übernommen werden. Wenn sich unterjährig Probleme bei dem Erreichen der Ziele des einzelnen Mitarbeiters abzeichnen bzw. auftreten, können die Auswirkungen auf die Gesamtzielerreichung direkt abgeleitet werden, und es können frühzeitig Gegensteuerungsmaßnahmen von der Unternehmensleitung und den jeweiligen Führungskräften ergriffen werden.

Aufgabe der Personalabteilung ist es, in diesem Prozess das System der Zielvereinbarungen so zu strukturieren und aufzubauen, dass eine Stimmigkeit mit einer Balanced Scorecard in der Zielvereinbarung angelegt ist und die entsprechenden Kategorien in den Formularen für die Zielvereinbarungen vorgegeben sind.

7 Controlling mit Hilfe der Balanced Scorecard

Ausgangspunkt unserer Überlegungen war die Frage, welches Instrument sich gut für Personalcontrolling eignet und zugleich die definierten Anforderungen erfüllt. Inwiefern die Balanced Scorecard die Anforderungen erfüllt, wird im Folgenden erläutert. Im Anschluss daran wird ein modellhafter Personalcontrollingprozess aufgezeigt.

7.1 Balanced Scorecard als praktikables und strategisches (Personal-)Controllinginstrument

Die Anforderungen, die an ein Controllinginstrument des Personalbereichs gestellt werden, sind eingangs (Punkt 2) definiert worden. Es muss jetzt die Frage beantwortet werden, ob die Balanced Scorecard diese Anforderungen erfüllt: Strategiekonforme Ausgestaltung,

Steigerung der Effizienz des Personalbereichs, Erfass-/Auswertbarkeit von qualitativen Informationen und Praktikabilität.

Die strategiekonforme Ausgestaltung des Personalcontrolling kann durch die Balanced Scorecard erfüllt werden, da die Auswahl der zu steuernden Größen strategiegeleitet erfolgt. Primär werden die Größen, die der Personalbereich zu steuern hat, aus der Unternehmensstrategie abgeleitet. Somit erfolgt eine sehr direkte und stringente Umsetzung der Strategie in Controllinggrößen, wie kaum ein anderes Instrument sie zu leisten vermag. In das fokale Interesse sowohl des Personal- als auch des Unternehmenscontrolling rücken Größen, die für die Umsetzung und das Gelingen der Strategie unabdingbar sind. Zugleich kann ein permanentes Scanning mit Hilfe der Kennzahlen erfolgen, ob die Strategie eingehalten wird und ob sie erfolgreich ist. Zusätzlich (oder als Alternative) kann bei Erstellen einer Personal-Balanced Scorecard auch die Personalstrategie den Takt schlagen und die Kennzahlen determinieren. In diesem Fall wird die Personalstrategie und ihre Umsetzung auf den Prüfstand gestellt. In beiden Fällen nimmt die Balanced Scorecard auch strategische Frühwarnfunktionen wahr.

Die Effizienz im Personalbereich kann durch den Einsatz der Balanced Scorecard ebenfalls gesteigert werden, da alle relevanten Bereiche, in denen Einspar- oder Effizienzsteigerungspotenziale liegen können, durch den Einsatz der Balanced Scorecard erfasst und analysiert werden. Hier kommt zum Tragen, dass die Balanced Scorecard ein Instrument ist, das eine hohe heuristische Kraft hat und durch seine Struktur dafür sorgt, dass kein Bereich vergessen wird.

Für die Anforderung, dass ein Controllinginstrument für den Personalbereich qualitative Größen erfassen und auswertbar machen muss, kann die Balanced Scorecard ebenfalls als geeignetes Instrument angesehen werden. In den Perspektiven sind explizit qualitative Größen wie „Wissen" genannt. Außerdem können und müssen, wie Theorie und Praxis gezeigt haben, als strategische Ziele qualitative Größen aufgenommen werden. Diese qualitativen Größen sind im nächsten Schritt in Kennzahlen oder Indizes zu transformieren, um sie steuern zu können. Als Beispiel hierfür sei der oben genannte Kundenzufriedenheitsindex angeführt. Die Problematik, dass durch die Transformation in auswertbare Kennzahlen oder Indizes Informationen verloren gehen oder eine Scheingenauigkeit erzeugt wird, eventuell auch Monokausalität angenommen wird, kann auch in der Balanced Scorecard nicht gelöst werden. Die Leistung der Balanced Scorecard liegt vielmehr in einer Kombination von qualitativen und quantitativen Controllinggrößen in einem Instrument. Die eher qualitativ ausgerichteten Personalabteilungen erhalten somit die Chance, sich einen Platz in der Unternehmensführung zu sichern und nicht immer nur als „lästiges", da nicht mit Zahlen operierendes „Anhängsel" zu fungieren.

Die Anforderung der operativen Machbarkeit und Praktikabilität des Controllinginstruments wird durch die Balanced Scorecard ebenfalls erfüllt. Bereits vorhandene Kennzahlen können in vielen Fällen für eine Balanced Scorecard verwendet werden. In vielen Unternehmen führt die Erstellung einer Balanced Scorecard eher zu einem strategiegeleiteten Ausdünnen der Controllingzahlen. Zusätzlich erfolgt eine Kopplung mir dem Unternehmenscontrolling, was ebenfalls zu einer Straffung und Vereinfachung des Controlling führt.

In Unternehmen, die ein Personalcontrolling erst aus der Taufe heben wollen, schärft eine Balanced Scorecard den Blick für das Wesentliche. Zunächst wird das Unternehmen respektive der Personalbereich sich auf die von der Unternehmensführung vorgegebenen strategierelevanten Kennzahlen konzentrieren. Es handelt sich bei diesen strategiegetriebenen Kennzahlen um diejenigen, die unbedingt erhoben werden müssen, so dass für den Personalbereich der Druck besteht, die entsprechenden Informationen zu generieren. Ein Beschränken auf diese Kennzahlen dürfte im ersten Schritt auf jeden Fall genügen. Die operative Machbarkeit hängt in den meisten Fällen von der zur Verfügung stehenden EDV ab, die jedoch mittlerweile in den meisten Fällen keinen Engpassfaktor mehr darstellt, da auf dem Markt diverse Standardsoftware verfügbar ist.

7.2 Weitere Potentiale der Balanced Scorecard

Die Anwendung einer Balanced Scorecard im Controlling bietet weitere Vorteile, die jedoch nicht direkt mit den eingangs definierten Anforderungen in Verbindung stehen.

Das Instrument Balanced Scorecard ist schnell erlernbar und zeitigt innerhalb kurzer Zeit gute und verwendbare Ergebnisse. Die Idee, die hinter einer Balanced Scorecard steht, ist leicht zu verstehen und relativ leicht umzusetzen. So hat sich in der Praxis gezeigt, dass innerhalb eines Workshops mit verschiedenen Fach- oder Führungskräften bereits die wichtigsten Elemente einer Balanced Scorecard erarbeitet werden können. Zusätzlich ist die Balanced Scorecard ein Instrument mit einer hohen Anschaulichkeit, das Mitarbeiter eines Unternehmens unabhängig von ihrer Ausbildung schnell verstehen, einsetzen und akzeptieren können. Sowohl Techniker als auch Juristen und Kaufleute, die häufig mit unterschiedlich gefärbten Brillen auf einen Sachverhalt blicken, einigen sich unter Einsatz des Instruments „Balanced Scorecard" vergleichsweise schnell auf strategische Größen. Der Aufbau und die Intention der Balanced Scorecard sind „auf einen Blick" einleuchtend und unmittelbar verständlich.

Eine Balanced Scorecard bietet außerdem den großen Vorteil, dass sie vernetzt ist. Die einzelnen Größen stehen untereinander in Beziehung und Veränderungen in der einen Größe werden in ihren Auswirkungen auf andere Größen auch in anderen Unternehmensbereichen nachvollziehbar. Damit wird den agierenden Mitarbeitern zugleich bewusst gemacht, welche Wirkungen ihr Handeln auf andere Einheiten des Unternehmens im positiven wie im negativen Sinne hat. Die Notwendigkeit des Kooperierens im Sinne des Gesamtunternehmens wird verdeutlicht. Es wird aufgezeigt, wie unabhängig voneinander scheinende Größen miteinander verbunden sind und im Zusammenhang optimiert werden müssen.

Die Balanced Scorecard mit den eindeutig definierten Perspektiven bietet eine gut strukturierte Diskussionsgrundlage in einem schlecht strukturierten Prozess, in dem strategisch relevante Größen gefunden, abgestimmt und in Kennzahlen umgesetzt werden müssen. Dieser strukturierte Handlungsrahmen ist vor allem dann von Vorteil, wenn die Größen nicht nur im Kreis des Topmanagement, sondern auch im mittleren Management und in den unteren Hierarchieebenen diskutiert werden. Da alle Beteiligten die „gleiche Sprache sprechen", wird der Prozess stark vereinfacht. Außerdem wird die Akzeptanz der eingeführten Kennzahlen und des Vorgehens erhöht, wenn möglichst viele Mitarbeiter in den Prozess eingebunden werden. Dieses Einbinden einer großen Zahl von Mitarbeitern führt in vielen

Fällen zu einem „Ausfasern" des Prozesses und zu diffusen Ergebnissen. Im Falle des Einsatzes der Balanced Scorecard ist die Gefahr des Scheiterns deutlich geringer, da der Handlungsrahmen eng gesteckt ist.

Die Balanced Scorecard ist außerdem kein statisches, sondern ein dynamisches Instrument. Im Zeitablauf ändern sich analog zur Strategie die Größen, die in eine Balanced Scorecard aufgenommen werden. Damit zwingt eine Balanced Scorecard die Unternehmen, die sie anwenden, sich immer wieder Gedanken über die Richtigkeit ihres Handelns zu machen. Die Balanced Scorecard zeigt frühzeitig (potenzielle) Problembereiche auf und löst Änderungen in den Kennzahlen aus. Damit erfolgt ein permanentes Überprüfen der Sinnhaftigkeit des Handelns und die Unternehmen bleiben auf dem richtigen (strategischen) Weg.

7.3 Personalcontrollingprozess mit Hilfe der Balanced Scorecard

Die Balanced Scorecard muss als Instrument in einen geregelten Controllingprozess eingebunden werden. Sie ist im Sinne eines Regelkreises zu verstehen, der immer wieder neu durchlaufen werden muss. Ein einmaliges Erstellen griffe zu kurz und würde den Möglichkeiten, die die Balanced Scorecard bietet, nicht gerecht werden.

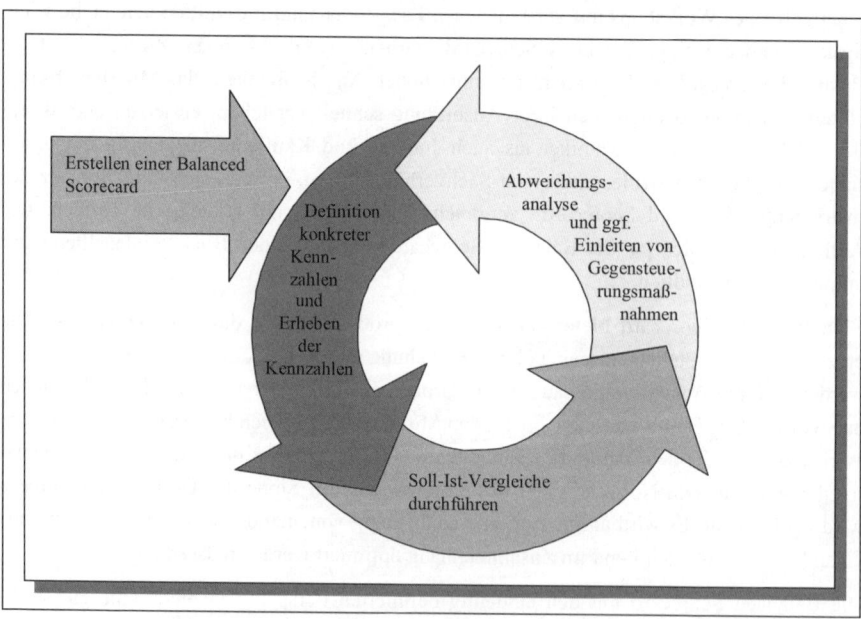

Abb. 7: Controlling mit Hilfe der Balanced Scorecard

Am Anfang des Controllingprozesses steht das Erstellen einer Balanced Scorecard, wobei unerheblich ist, ob es sich dabei um eine für das Gesamtunternehmen oder für den Personalbereich oder für einen anderen Unternehmensbereich handelt. Es bietet sich an, die Balanced Scorecard im Zuge eines oder mehrerer Workshops unter Beteiligung unterschiedlicher Mitarbeitergruppen zu erarbeiten. Im nächsten Schritt müssen die konkreten Kennzahlen, soweit dies nicht bereits im Zuge des Workshops zur Erstellung geleistet wird, definiert werden. Danach ist es die Aufgabe der jeweils betroffenen Abteilung, welche die Datenhoheit über die Kennzahlen ausübt, diese zu erheben und laufend durch Soll-Ist-Vergleiche zu überprüfen. Bei Abweichungen vom Sollzustand sind Gegenmaßnahmen zu initiieren oder Rückmeldung an das Unternehmenscontrolling zu geben, damit die Aktualität der Balanced Scorecard überprüft werden kann. In geregelten Abständen sind neue Workshops, ähnlich Strategieworkshops, zu initiieren, um die Balanced Scorecard grundlegend zu überprüfen und zu überarbeiten.

7.4 Geschlossenes Controllingsystem mit Hilfe der Balanced Scorecard

Die Anwendung der Balanced Scorecard bietet die Möglichkeit, ein geschlossenes Controllingsystem im Wesentlichen mit Hilfe eines Instruments einzuführen. Das Erstellen einer Gesamtunternehmens Scorecard ist der erste Controllingregelkreis, der verknüpft ist mit dem Controllingkreis der Personal-Balanced Scorecard. Beide wiederum stehen in direktem Zusammenhang mit dem Controllingkreis „Zielvereinbarung". Alle drei Ebenen zusammen ergeben ein Controllingsystem, durch das sich das Gesamtunternehmen steuern lässt. Bei Abweichungen in einem Controllingsystem werden die Auswirkungen auf die anderen Systeme sichtbar und es kann jeweils an der geeignetsten Stelle in das System eingegriffen werden, um die Soll-Ist-Abweichung zu beheben.

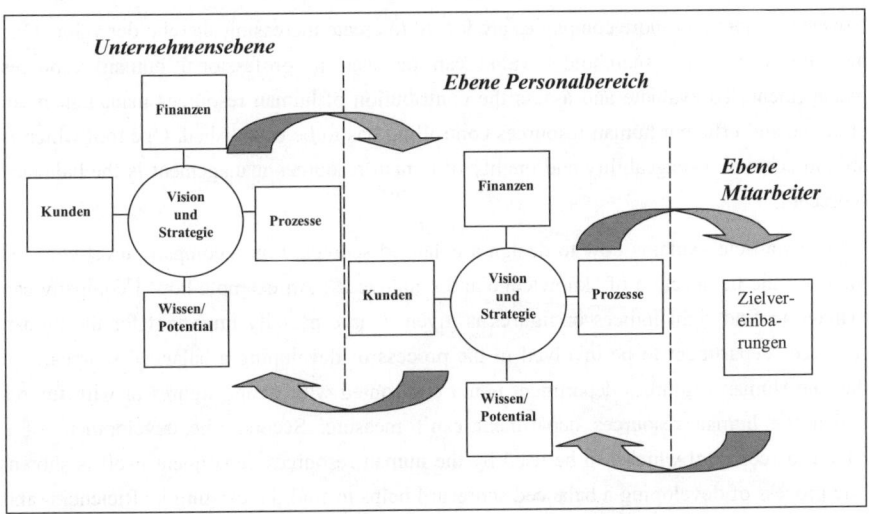

Abb. 8: Geschlossenes Controllingsystem durch Balanced Scorecard

8 Fazit und Ausblick

Die Balanced Scorecard kann als ein praktikables und aussagekräftiges Controllinginstrument im Personalbereich und für den Personalbereich eingesetzt werden. Sie bietet viele Vorteile, die die Personalabteilung für sich nutzen sollte, um den Vorwurf zu entkräften, sich hartnäckig Kontroll- und Controllingversuchen zu entziehen. Die Schwächen, die das Instrument „Balanced Scorecard" aufweist, dürfen jedoch nicht vernachlässigt werden. Vielmehr müssen sie berücksichtigt werden, wenn der Einsatz in der Praxis erfolgreich verlaufen soll.

Die Balanced Scorecard bietet darüber hinaus die Möglichkeit für die Personalabteilung, sich auf dem Feld des Controlling zu profilieren. Es kann nicht nur die Effizienz der Personalabteilung selbst steigern, eine Balanced Scorecard zu erstellen. Vielmehr bietet sich die Möglichkeit für den Personalbereich, als Keimzelle für das Gesamtunternehmen zu fungieren und die Idee der Balanced Scorecard in das Gesamtunternehmen zu tragen. Das bedeutet, dass der Personalbereich sich unter Umständen als erster dem Prozess der Erstellung einer Balanced Scorecard unterziehen muss. Wenn sich dieses Vorgehen als erfolgreich erweist, kann eine Balanced Scorecard auf Initiative des Personalbereichs für das Gesamtunternehmen entwickelt werden. Die Initialzündung für den Einsatz eines solchen Instruments aus dem Personalbereich kann sehr zur Akzeptanzerhöhung des Personalbereichs und seiner Arbeit im Unternehmen beitragen.

Summary

Nowadays more and more companies are forced to create increasing shareholder value. One measure to increase shareholder value can be seen in professional human resources management. To evaluate and assess the contribution of human resources management an effective and efficient human resources controlling has to be established. One tool which is able to achieve manageability and quality of human resources management is the balanced scorecard.

First this article explains how to design a balanced scorecard on a company level with the focus on the perspective of „knowledge and employees". An example how a company can manage to find right indices or figures is given. It is especially important for the human resources department to be involved in the process of developing a balanced scorecard so that the Human resources department is not confronted with wrong figures or with figures which the human resources department can't measure. Second, the development of a balanced scorecard which can be used by the human resources department itself is shown. The process of developing a balanced scorecard helps to find the existing inefficiencies and shows how to overcome and solve these problems. Third, the article shows how the balanced scorecard can be used for a management by objectives process. A company which manages to align the company objectives defined in the balanced scorecard with individual objectives for each employee is will more probably succeed as a whole company.

The article finally discusses the advantages and disadvantages of the tool „balanced scorecard" and shows how the controlling process can be established in a company as a whole and in the human resources department.

Anmerkungen

(1) Vgl. *Kaplan/Norton*, 1996a, S. 8.
(2) Vgl. *Horvath/Kaufmann*, 1999, S. 41.
(3) Vgl. *Wunderer/Jaritz*, 1999, S. 332f.
(4) Vgl. *Wunderer/Jaritz*, S. 333.
(5) Nach *Kaufmann*, 1997, S. 423 und Dr. Jäger Management-Beratung, 1999.

Literatur

Dr. Jäger Management-Beratung (Hrsg.): Personalcontrolling „2000plus", Königstein, 2000.

Horvath, P./Kaufmann, L.: Balanced Scorecard – ein Werkzeug zur Umsetzung von Strategien, in: Harvard Business Manager, 5/1998, S. 39-48.

Kaplan, R.S./Norton, D.P.: The Balanced Scorecard – Translating Strategy into Action, Boston, 1996, Dt. Übersetzung 1997.

Kaufmann, L.: Balanced Scorecard, in: Zeitschrift für Planung, Bd. 8, 1997, Seite 421-428.

Wunderer, R./Jaritz, A.: Unternehmerisches Personalcontrolling – Evaluation der Wertschöpfung im Personalmanagement, Neuwied/Kriftel, 1999.

Outsourcing von Personaldienstleistungen – Ein kernkompetenzorientiertes Entscheidungsverfahren

Reinhard Meckl

1 Problemstellung

Die Empfehlung von Unternehmensberatern und Börsenanalysten an das Management und die strategischen Planer von Unternehmen ist eindeutig: Eine Fokussierung auf die Kernkompetenzen ist unabdingbare Voraussetzung für die langfristige Wettbewerbsfähigkeit eines Unternehmens! Konglomerate werden an der Börse mit einem Abschlag belegt, Verkäufe und Ausgliederungen von Unternehmensteilen werden regelmäßig mit steigenden Kursen belohnt. Diejenigen Stufen der Wertschöpfungskette eines Unternehmens, die nicht zu den strategisch wichtigen Teilen des Leistungserstellungsprozesses gehören, sollen ausgelagert werden. Die knappen Ressourcen sollen primär dazu verwendet werden, die Kernkompetenzen weiterzuentwickeln, um so einen Wettbewerbsvorteil gegenüber der Konkurrenz zu erreichen. Dies gilt insbesondere auf den internationalen Märkten, auf denen die Wettbewerbsintensität ohnehin sehr hoch ist und wo es sich kein Unternehmen leisten kann, sich in „unwichtigen" Aktivitäten zu verzetteln.

Folgt man dieser Argumentation, so stellt sich zwangsläufig die Frage, was denn nun die Kernkompetenzen eines Unternehmens jeweils sind. Mag diese Frage im Bereich der Technologien (vgl. dazu näher Kapitel 2) zumindest noch deskriptiv zu beantworten sein, so ergeben sich im Bereich der unterstützenden Funktionen im Leistungserstellungsprozeß erhebliche Schwierigkeiten bei der eindeutigen Beantwortung dieser Frage. Die Antwort auf diese Frage ist aber Voraussetzung zur Umsetzung der empfohlenen „Verschlankungsstrategien", da vor der Auslagerung bekannt sein muss, was die Kernkompetenzen des Unternehmens sind.

Besonders schwierig ist die Antwort im personalwirtschaftlichen Feld zu finden. Gehört Personalwirtschaft überhaupt zu den Kernkompetenzen eines Unternehmens oder handelt es sich bei den personalwirtschaftlichen Aktivitäten um mechanistische Tätigkeiten, die ein Externer ohnehin besser und zu niedrigeren Kosten erledigen kann? Oder ist Personalwirtschaft, da sie sich mit dem zentralen Produktionsfaktor, den Humanressourcen des Unternehmens beschäftigt, die letztendliche, von vielen unterschätzte Kernkompetenz eines Unternehmens? Oder liegt die Wahrheit dazwischen: einige personalwirtschaftliche Aktivitäten haben Kernkompetenzcharakter, wohingegen andere nicht zu den zentralen Aufgaben des Unternehmens gehören. Welche der personalwirtschaftlichen Aktivitäten sind dann aber als kernkompetenzrelevant anzusehen und welche nicht? Welche können also dann ohne „schlechtes Gewissen" ausgelagert werden?

Der folgende Beitrag versucht, auf diese Frage eine Antwort zu geben. Ziel ist es, ein Entscheidungsverfahren zu entwickeln, das unternehmensspezifisch die Kernkompetenzrelevanz einer personalwirtschaftlichen Aufgabe beurteilt. Zunächst wird als Basis der Argumentation das Konzept der Kernkompetenzen erläutert (vgl. Kapitel 2), um eine spätere Qualifikation von Aktivitäten als Kernkompetenzen vornehmen zu können. Kapitel 3 zeigt Grundüberlegungen zur Outsourcingentscheidung. Das anschließende Kapitel 4 beschäftigt sich zunächst mit den aktuellen Rahmenbedingungen für das Personalmanagement, bevor dann erste Überlegungen zum möglichen Kernkompetenzcharakter von personalwirtschaftlichen Aktivitäten angestellt werden. In Kapitel 5 wird versucht die Frage zu beantworten, welche personalwirtschaftlichen Felder ausgelagert werden können, ohne dass Kernkompetenzen geschädigt werden. Dieses Kapitel enthält auch Ergebnisse einer empirischen Untersuchung zum Outsourcingverhalten bei deutschen Unternehmen im Personalbereich. Danach wird ein Verfahren zur konkreten Durchführung einer Auslagerungsentscheidung entwickelt. Den Abschluss bildet eine zusammenfassende Bewertung des entwickelten Ansatzes.

2 Das Konzept der Kernkompetenzen

Nach *Prahalad/Hamel* bezeichnen Kernkompetenzen diejenigen Fähigkeiten und Ressourcen eines Unternehmens, die (vgl. *Prahalad/Hamel* 1990, S. 83-84; *Rasche* 1994; vgl. zur genauen Typisierung *Bouncken* 2000, S: 866-870):

- geschäftsfeld- bzw. prozessübergreifend die Know-how-Basis für die Entwicklung verschiedenartiger Produkte bilden,
- schwer imitierbar und damit nachhaltig einzigartig, d.h. spezifisch für das Unternehmen sind und
- in direkter Verbindung zu dem Kundennutzen des Endprodukts stehen.

Fähigkeiten und Ressourcen, die diese Kernkompetenzeigenschaften aufweisen, bezeichnen *Prahalad* und *Hamel* als die Wurzeln eines Unternehmens. Die daraus hervorgehenden Produkte, unterschieden nach Kern- und Endprodukten bilden die Äste und Zweige des „Unternehmensbaums" (vgl. Abbildung 1).

Ein anschauliches Beispiel für eine Kernkompetenz bietet das japanische Unternehmen NEC. NEC beherrscht die grundlegende Fähigkeit, winzige elektrische Schaltkreise herzustellen, was zu dem Kernprodukt der elektronischen, miniaturisierten Baugruppe führte (vgl. *Amponsen/Bauer/Gerpott/Mattern* 1996, S. 221). Bei der Suche nach möglichen Anwendungen dieser Fähigkeit wurden so verschiedene Endprodukte wie PCs, Kopierer und Telekommunikationsausrüstung erfolgreich entwickelt und vermarktet.

Organisatorische Routinen als Kernkompetenzen

Lag zu Beginn der Entwicklung des Konzepts der Kernkompetenzen der Fokus eindeutig auf technischen Fähigkeiten, so wurden die Überlegungen bald auch auf andere Kompetenzen eines Unternehmens übertragen. Dementsprechend werden Kernkompetenzen in der

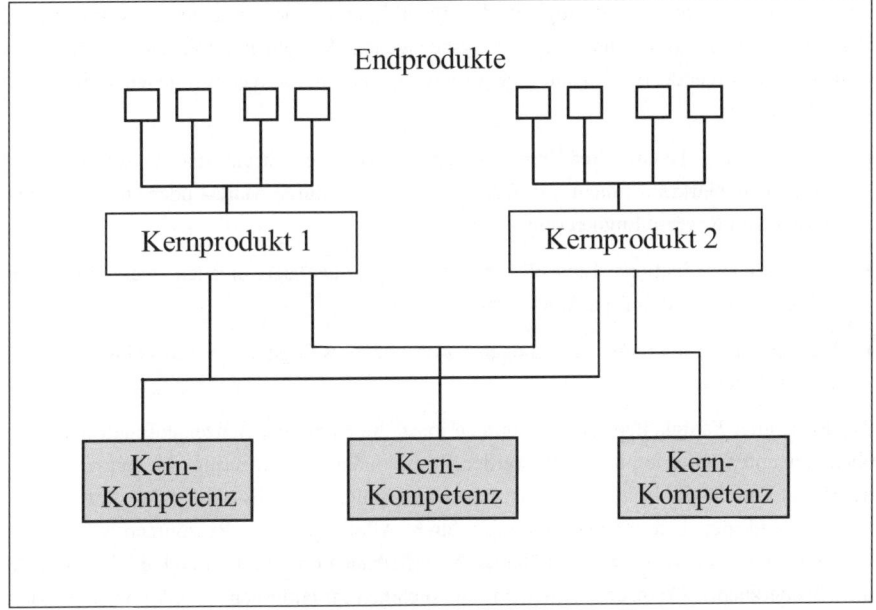

Abb. 1: Kernkompetenzen eines Unternehmens

erweiterten Version, die auch im folgenden unterstellt wird, generell als organisatorische Routinen bezeichnet, die personengebundene Fähigkeiten, Technologie-Know-how und materielle/immaterielle Ressourcen eines Unternehmens so koordinieren, dass Leistungen erreicht werden, die von anderen Unternehmen nicht nachvollzogen werden können (vgl. *Friedrich* 1996, S. 72). Die amerikanische Handelskette WalMart weist als Kernkompetenz die Entwicklung und Steuerung von komplexen Logistiksystemen auf. Der Sportartikelhersteller Nike definiert Design und Vertrieb/Marketing als seine Kernkompetenzen und konzentriert sich konsequent auf diese Teile der Wertschöpfungskette. Forschungsorientierte Unternehmen sehen ihre Kernkompetenz in der organisatorischen Fähigkeit, Forscherteams effizient zu koordinieren.

Identifikation und Entwicklung von Kernkompetenzen

Die wesentliche Aussage des ressourcenorientierten Managementansatzes (vgl. dazu z.B. *Rasche/Wolfrum* 1994) besteht darin, dass auf der Basis der vorhandenen Unternehmensressourcen Produkt-, Markt- und auch Internationalisierungsstrategien für das Unternehmen entwickelt werden müssen. Dies stellt einen wesentlichen Unterschied zum marktorientierten Ansatz dar, der den Fokus auf die marktlichen Gegebenheiten legt (zum Vergleich der Ansätze vgl. z.B. *Hahn* 1998, S. 567). Den Kernkompetenzen kommt dementsprechend im ressourcenorientierten Ansatz eine zentrale Rolle zu, da sie letztendlich die Basis für die langfristige Wettbewerbsfähigkeit und die strategische Flexibilität des Unternehmens bilden. Eine qualitativ und quantitativ unzureichende Kernkompetenzbasis verhindert die Realisierung von Marktchancen, die sich in dynamischen Märkten bilden. Wie können nun aber Kernkompetenzen gezielt gefördert werden, um die Wettbewerbsposition zu verbessern?

Zunächst besteht die Notwendigkeit der Identifizierung der unternehmensspezifischen Kernkompetenzen. Bei einer anwendungsbezogenen Vorgehensweise stehen dazu im wesentlichen folgende Instrumente zur Verfügung (zu alternativen Vorgehensweisen vgl. *Bouncken* 2000):

- Benchmarking: Detaillierter Vergleich von Technologien, Strukturen, Prozessen, Funktionen und Marktpositionen mit Wettbewerbern z.B. durch Markt- oder Organisationsstudien und Reverse Engineering,
- Technologieevaluation: Einschätzung des Potentials der eigenen technologischen Fähigkeiten für zukünftige Anforderungen sowie
- Kunden- und Lieferantenbefragungen zu besonders wahrgenommenen Fähigkeiten des Unternehmens.

Auf Basis aller Fähigkeiten und Ressourcen muss die Kernkompetenzeigenschaft nach den oben genannten Kriterien überprüft werden. Insbesondere das Kriterium der schweren Imitierbarkeit und damit Nachhaltigkeit ist kritisch zu hinterfragen. Es obliegt der strategischen Planung und der Unternehmensleitung, durch Allokation von Ressourcen spezifische Fähigkeiten zu fördern oder neue Fähigkeiten aufzubauen oder bestimmte Fähigkeiten nicht mehr weiterzuentwickeln bzw. aus dem Unternehmen zu entfernen. Abbildung 2 skizziert die Vorgehensweise.

Was die Förderung von Kernkompetenzen betrifft, so lassen sich drei Ebenen erkennen, die gemeinsam gegeben sein müssen, um erfolgreich eine Kernkompetenz auszubauen oder neu zu entwickeln.

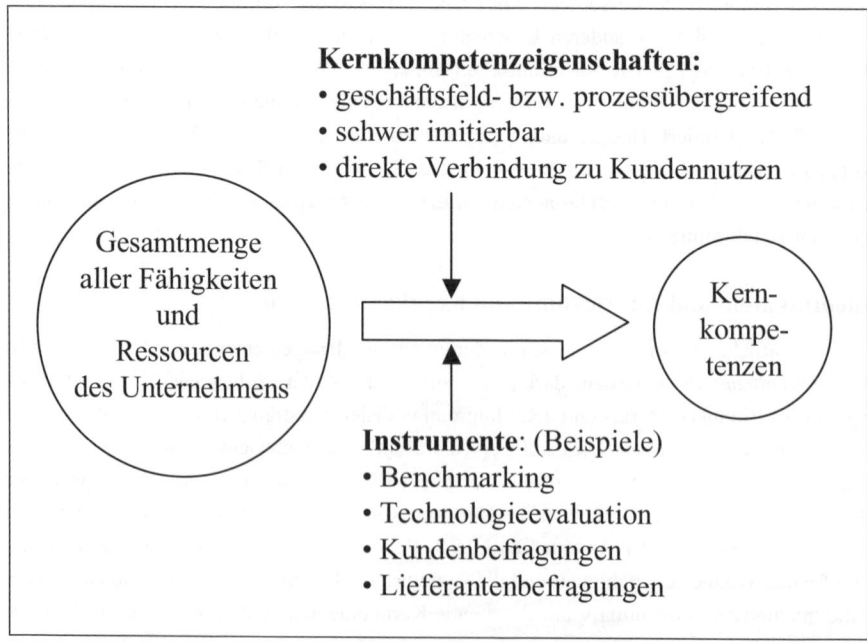

Abb. 2: Identifizierung von Kernkompetenzen

- Individuelle Komponente: Kernkompetenzspezifisches Know-how, Lern- und Leistungsfähigkeit sowie Leistungsbereitschaft der Mitarbeiter;

- Organisatorische Komponente: Organisatorische Lernfähigkeit, offene Unternehmenskultur und Kommunikation, Wissenstransfer und -steuerung, Bündelung der internen Ressourcen;

- Management-Komponente: Explizite Kernkompetenz-Planung mit Zielvorgaben und Steuerung der internen Ressourcen.

3 Kernkompetenzen und Outsourcing

Entscheidet sich das Management dafür, bestimmte Fähigkeiten nicht mehr weiterzuentwickeln bzw. auf diese Fähigkeiten verzichten zu können, stellt sich die Frage nach dem Outsourcing der damit verbundenen bisherigen „In-House"-Aktivitäten. Unter *„Out*side Re*source* Us*ing"* (Outsourcing) wird im folgenden die Auslagerung oder Fremdvergabe von im Unternehmen erbrachten ökonomischen Leistungen an unternehmensexterne Dritte auf der Grundlage von Marktbeziehungen verstanden (vgl. zu ähnlichen Abgrenzungen z.B. *Bühner/Tuschke* 1997, S. 21-22; *Behme* 1993, S 291; vgl. auch *Meckl/Eigler* 1998, S. 101). Dabei fallen auch Tochtergesellschaften, denen die Erstellung der Leistung übertragen wird bzw. die explizit für die Aufgabe gegründet oder ausgelagert werden, unter den Begriff „Dritte". Zur besseren Problemerfassung wird hier also eine weite Begriffsdefinition gewählt.

Grundlage der Outsourcingdiskussion ist die Frage nach der optimalen Wertschöpfungstiefe eines Unternehmens, also die klassische „Make-or-Buy-Entscheidung". Diese Entscheidung wird in der Literatur in vielen Fällen eindimensional aus Kostensicht modelliert. Das zugrundeliegende Entscheidungskalkül ist relativ einfach: Der Angebotspreis eines Lieferanten, in diesem Fall also eines Anbieters von personalwirtschaftlichen Leistungen, muss bei gleicher Qualität niedriger sein als die variablen Kosten, falls die Fixkosten im Unternehmen bestehen bleiben; er muss niedriger sein als die Herstellungskosten, falls die Fixkosten abgebaut werden können (vgl. *Bliesener* 1994, S. 287; *Meckl* 1997). Dieses kostenrechnungsbasierte Kalkül wird also wesentlich bestimmt vom Verhalten und der Berücksichtigung der Fixkosten. In der weitergehenden Literatur zur „klassischen" Outsourcingentscheidung werden zusätzliche Entscheidungskriterien entwickelt, mit Hilfe derer weitere relevante Aspekte berücksichtigt werden sollen. Zusammenfassend lassen sich folgende klassische Outsourcing-Kriterien identifizieren (vgl. zur detaillierteren Behandlung *Männel* 1996; *Scherm* 1996; *Picot/Maier* 1992):

- Kostenvergleich: Fremdbezug vs. Eigenerstellung,

- Abbau Fixkosten, Erhöhung variable Kosten,

- Vorhandensein geeigneter Lieferanten,

- Kapazitätsauslastungs- und Nachfrageoptimierung,

- Transaktionskostenersparnis und
- Anforderungsgerechte Abwicklung der Transaktion.

Im Blickfeld der klassischen Outsourcingentscheidung steht damit die schnelle Vergabe von wirklichen oder vermeintlichen Kostentreibern an externe Dritte. Diese starke Betonung kann zu einer Eigendynamik führen, die zur Auslagerung von Bereichen führt, die ursprünglich nicht für ein Outsourcing vorgesehen waren, wie Abbildung 3 verdeutlicht.

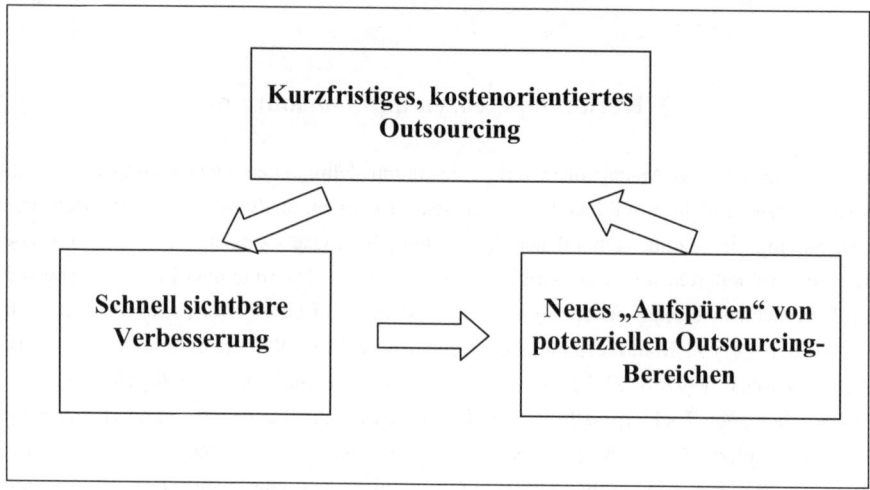

Abb. 3: Eigendynamik des Outsourcing

Kriterien, die explizit die Kernkompetenzeigenschaften aus obigem Kapitel zum Gegenstand haben, finden sich nicht. Aus Sicht des ressourcenorientierten Ansatzes muss jedoch alles vermieden werden, was die Kernkompetenzbasis des Unternehmens schwächen würde. Die Auslagerung von Fähigkeiten bzw. Aktivitäten, die nach den obigen Kriterien Kernkompetenzcharakter haben, birgt erhebliche Gefahren für das Unternehmen.

Wissensverlust

Grundsätzlich besteht die Gefahr, dass bei einer Auslagerung und dem sich konsequenterweise daran anschließenden Abbau der eigenen Aktivität, in dem hier behandelten Fall im personalwirtschaftlichen Bereich, das Know-how zur Erstellung dieser Leistung verloren geht. Es gibt deutliche Hinweise, dass Unternehmen, die der Empfehlung eines rigorosen Outsourcing gefolgt sind, nun mit den negativen Konsequenzen aus der zu starken Auslagerung von Leistungen zu leben haben (vgl. Arbeitskreis Organisation 1996, S. 642-645). Schlagworte, die in diesem Zusammenhang fallen, wie z. B. „corporate Alzheimer" (Economist 1995, S. 57) oder „Phantomschmerzen" implizieren einen „Gedächtnisverlust" eines Unternehmens durch starke Verringerung der eigenerstellten Leistungen, der zu einem Abbau von Fähigkeiten führt, die langfristig Garant für das Überleben des Unternehmens sind. Die aktuell sehr intensiv geführte Diskussion zum Wissensmanagement im Unternehmen macht deutlich, dass gerade dieser „weiche" Wettbewerbsfaktor eine immer wichtigere und in vielen Branchen die entscheidende Rolle bei der Erlangung von Wettbewerbsvorteilen spielt (zum Wissensmanagement vgl. z.B. *North* 1998).

Verlust der Lernfähigkeit

Routineprozesse und formelle als auch informelle Kontakte werden bei der Auslagerung einer Teilfunktion unterbrochen, fruchtbare Interdependenzen zwischen Wertschöpfungsstufen können in einer solchen „lean company" nicht mehr genutzt werden. Individuelle und organisatorische Erfahrungen werden zerstört, die „Lernkommunikation" behindert.

Abhängigkeit vom Outsourcing-Partner

Des weiteren ergibt sich die Gefahr der latenten Abhängigkeit von dem externen Partner, der die Leistungen erbringt. Diese Gefahr ist insbesondere dann gegeben, wenn die erbrachte Leistung sehr spezifisch ist, also von keinem anderen Anbieter in der gewünschten Qualität erbracht werden kann. Bei einer engen Zusammenarbeit ist der Know-how-Abfluss auch bzgl. der wichtigen Bereiche im Unternehmen kaum mehr zu kontrollieren. Der Externe baut ein spezifisches Know-how auf, das unentbehrlich für das auslagernde Unternehmen ist. Dieses Phänomen, auch als „hollowing-out" („Aushöhlung") bezeichnet, lässt Unternehmen, wie in den USA zu Beginn der neunziger Jahre geschehen, zu reinen label-Marken oder OEM-Vertriebskanälen, in diesem Fall v.a. von fernöstlichen Anbietern, verkümmern. Die Quasimonopolanbieterschaft des Externen birgt die Gefahr der Erhöhung des Preises und/oder Verminderung der Qualität der erbrachten Leistung.

Unberücksichtigte Folgekosten

Outsourcing schafft neue Komplexitäts- und Koordinationskosten, die sich durch die Notwendigkeit der Abstimmung mit einem externen Partner und auch dessen Überwachung ergeben. Aus Kernkompetenzsicht ist die häufig gegebene Irreversibilität der Outsourcingentscheidung wichtig, da der Wiederaufbau einmal verlorengegangener Fähigkeiten und Ressourcen in vielen Fällen einen hohen Zeit- und Finanzbedarf nach sich zieht.

Fasst man diese Gefahren zusammen, so gibt es offensichtlich eine Grenze des Outsourcing, die durch eine reine Kostenbetrachtung nicht hinreichend genau bestimmt werden kann, da auch die Auswirkungen auf die Fähigkeiten und Ressourcen eines Unternehmens, kurz gesagt die strategischen Konsequenzen beachtet werden müssen (vgl. zum strategischen Outsourcing auch *Friedrich* 1996; *Quinn/Hilmer* 1994). Ein unüberlegtes Outsourcing kann zu einer Schädigung der Kernkompetenz-Basis infolge Auslagerung vitaler Fähigkeiten und Ressourcen führen. Um dieser Gefahr aus dem Weg zu gehen, müssen die Konsequenzen einer Outsourcingentscheidung für die Kernkompetenz-Basis geprüft werden. Dazu ist eine Reihe neuer Kriterien, die über die klassische Make-or-Buy-Entscheidung hinausgehen, zu berücksichtigen. Demnach ist eine Outsourcingentscheidung aus Kernkompetenzsicht dann unproblematisch, wenn:

- Kernkompetenzrelevante Fähigkeiten zusätzlich erlangt bzw. die eigenen Fähigkeiten zumindest nicht geschwächt werden,
- Eigenständigkeit/Flexibilität bei der Entwicklung von Kernkompetenzen weiterhin vorhanden ist,

- der Aufbau von Kernkompetenz-Know-how durch Outsourcing-Partner keine Gefahr für die eigene Wettbewerbsposition bedeutet,
- kritische Informationen über Kernkompetenzen nicht an Dritte gehen sowie
- Kenntnis und Kontrolle der aktuellen und geplanten Qualität/Quantität der Kernkompetenzen erhalten bleiben.

Was diese Erkenntnis nun für die Personalwirtschaft bedeutet und die Frage nach der Auslagerung von Teilen oder des gesamten Bereichs sollen im Folgenden behandelt werden.?

4 Personalwirtschaft als Kernkompetenz?

Anforderungen an ein modernes Personalmanagement

Es muss also festgestellt werden, inwieweit Personalwirtschaft Kernkompetenzcharakter für ein Unternehmen hat. Dazu müssen als erstes die allgemeine Relevanz und die Anforderungen an ein modernes Personalmanagement deutlich gemacht werden. Als Konsequenz der starken Veränderung der Rahmenbedingungen für Unternehmen im Ganzen sieht sich auch das Personalmanagement neuen Einflussfaktoren gegenüber, die in den Inhalten und der Organisation von personalwirtschaftlichen Aktivitäten berücksichtigt werden müssen, um eine möglichst hohe Effizienz dieses betriebswirtschaftlichen Funktionsfelds zu erreichen. Abbildung 4 zeigt in der oberen Hälfte eine Zusammenstellung der für die Personalwirtschaft relevanten Umfeldveränderungen.

Generell kann festgehalten werden, dass sich auch und gerade die Personalwirtschaft als unterstützende Funktion den Herausforderungen aus der höheren Dynamik und der erhöhten Wettbewerbsintensität stellen muss. Vor allem die Veränderung der Beziehung zwischen dem Individuum, das zunehmend nach Flexibilität und Freiräumen in der inhaltlichen und strukturellen Gestaltung des Arbeitsverhältnisses verlangt, und dem Arbeitgeber muss berücksichtigt werden. Dies gilt insbesondere in Branchen wie z.B. der Softwarebranche, in denen ein Nachfrageüberhang nach qualifizierten Mitarbeitern besteht. Eine hohe Flexibilität und generell eine starke Kundenorientierung, wobei mit Kunden die Mitarbeiter und vor allem auch die Führungskräfte in den Unternehmensbereichen gemeint sind, wird von einem modernen Personalmanagement verlangt. Aufgrund der steigenden Wettbewerbsintensität hat der Kostendruck gerade auf die nicht unmittelbar an dem Wertschöpfungsprozeß beteiligten Abteilungen des Unternehmens, also auch die Personalabteilung, erheblich zugenommen. Hinzu kommt, dass, abgesehen von den rein lokal tätigen Unternehmen, internationale Aspekte für die Unternehmenstätigkeit eine immer gewichtigere Rolle spielen, was dementsprechend erhebliche Änderungen in Inhalt und Instrumenten der Personalarbeit zur Folge hat (vgl. näher dazu *Meckl* 2000). Generell führt die zunehmende Wertorientierung vor allem börsennotierter Unternehmen zu der Forderung von Seiten des Management und der Anteilseigner, dass auch die Personalabteilung wirkungsvolle und vor allem messbare Beiträge zur Wertsteigerung der Unternehmens liefern muss.

Vor dem Hintergrund dieser gewichtigen neuen Herausforderungen an das Personalmanagement spricht in der Tat auf den ersten Blick einiges dafür, dass durch Auslagerung einige der

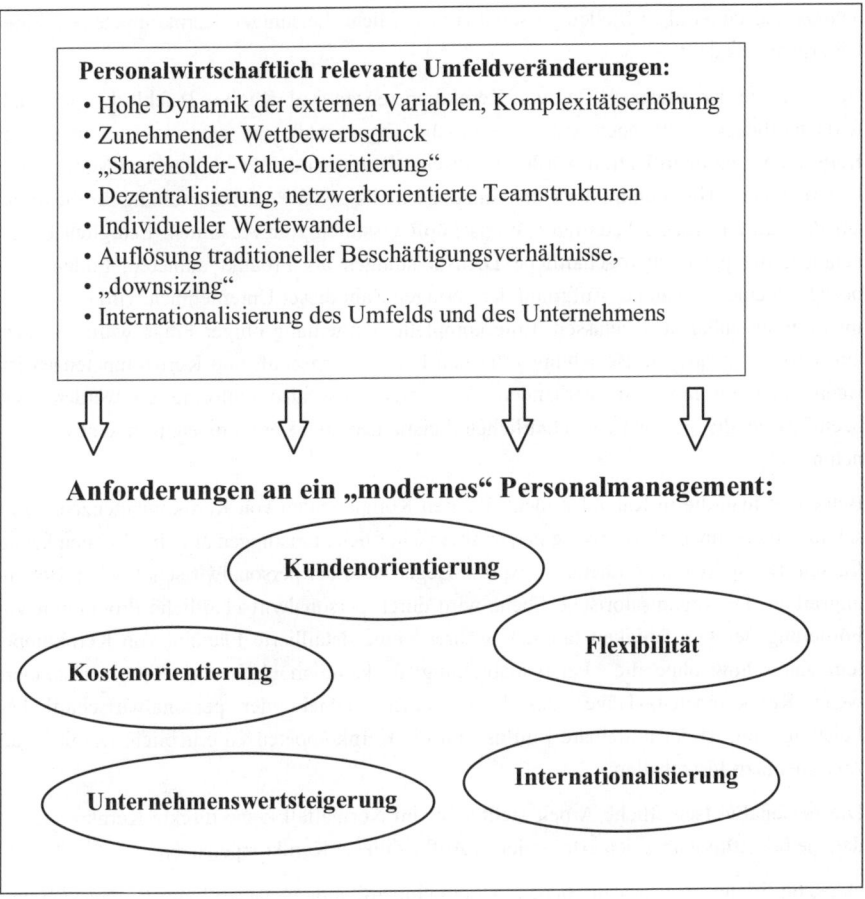

Abb. 4: *Anforderungen an ein modernes Personalmanagement*

oben postulierten Ziele besser erreicht werden können. Besonders die Kostenorientierung führt zur Auslagerung, wie oben ausgeführt. Aber auch die durch Outsourcing erhöhte Transparenz der Kosten/Nutzen-Relation erlaubt eine bessere Berechnung der Steigerung des Unternehmenswerts. Neue und durchaus komplexe Inhalte der personalwirtschaftlichen Arbeit, die sich bei Internationalisierung stellen, legen es nahe, sich vor Ort, also im ausländischen Markt, Externe zu suchen, die dieses Know-how bereits besitzen.

Wie oben erläutert greifen diese Argumente aber dann zu kurz, wenn die Kernkompetenzbasis bei einem Outsourcing verletzt würde. Das bedeutet, dass zur endgültigen Beantwortung der Outsourcingfrage der Kernkompetenzcharakter von personalwirtschaftlichen Aktivitäten geklärt werden muss.

Kernkompetenzrelevanz personalwirtschaftlicher Aktivitäten

Die Frage, die für die Outsourcingentscheidung beantwortet werden muss, aber auch von grundsätzlicher Relevanz für das Selbstverständnis der Personalabteilung in einem Unternehmen ist, lautet also: Stellen personalwirtschaftliche Leistungen Kernkompetenzen eines Unternehmens dar?

Gemessen an den Eigenschaften von Kernkompetenzen (vgl. Kapitel 2) fehlt den personalwirtschaftlichen Leistungen eine wesentliche Eigenschaft, die sie uneingeschränkt als Kernkompetenz qualifizieren würde: der direkte Bezug zu den Produkten und Märkten des Unternehmens. Hier kommt der Unterstützungscharakter der Personalabteilung für die direkt am Produktionsprozess beteiligten Wertschöpfungsstufen zum Ausdruck. Lediglich Unternehmen, die personalwirtschaftliche Dienstleistungen als Produkt anbieten, bilden diesbezüglich eine Ausnahme. Aufgrund der geringen Zahl dieser Unternehmen wird dieser Fall im weiteren außer acht gelassen. Eine komplette Verneinung obiger Frage würde aber zu kurz greifen, denn eine Beziehung zwischen Personalwirtschaft und Kernkompetenzen ist, wenn auch nur mittelbar, vorhanden. Die Frage muss also umformuliert werden: Wie beeinflussen die personalwirtschaftlichen Leistungen die Kernkompetenzen eines Unternehmens?

Betrachtet man die in Kapitel 2 identifizierten Komponenten von Kernkompetenzen, so ist schnell zu erkennen, dass diverse personalwirtschaftliche Leistungen alle drei Ebenen beeinflussen. Die individuelle Ebene ist explizit Gegenstand der personalwirtschaftlichen Betreuungsarbeit. Die organisatorische Ebene wird durch personalwirtschaftliche Programme zur Förderung der Lernfähigkeit tangiert, während eine detaillierte Planung von Kernkompetenz-Know-how ohne die Personalabteilung als kaum möglich erscheint. Insbesondere wenn Kernkompetenz-Träger des Unternehmens Objekt der personalwirtschaftlichen Leistung sind, ist der mittelbare Einfluss auf die Kernkompetenzen erheblich. Damit ist als Zwischenfazit festzuhalten:

Die personalwirtschaftliche Arbeit stellt zwar im Normalfall keine direkte Kernkompetenz dar, sie beeinflusst aber den erfolgreichen Aufbau dieser Kernkompetenzen.

Oder, um in der oben beschriebenen „Unternehmensbaum-Metapher" von *Prahalad/Hamel* zu bleiben: die personalwirtschaftlichen Leistungen sind zwar nicht Wurzel oder Stamm des Unternehmensbaums, sie stellen aber den „Dünger" dar, ohne den ein Gedeihen nur schwer möglich ist.

Für die konkrete Outsourcingentscheidung reichen allerdings solche allgemeinen Aussagen nicht aus. Es müssen diejenigen personalwirtschaftlichen Funktionsfelder identifiziert werden, die einen Einfluss auf die drei Komponenten der Kernkompetenzen ausüben und bei einem Outsourcing damit zur Verletzung der in Kapitel 3 aufgelisteten kernkompetenzrelevanten Outsourcing-Kriterien führen könnten. Im einzelnen sind dies:

Strategisches Personalmanagement:

Das strategische Personalmanagement identifiziert durch die enge Verzahnung mit der strategischen Unternehmensplanung die für den Aufbau der Kernkompetenzen notwendigen Personalpotentiale und initiiert deren Beschaffung. Das strategische Personalmanagement ist damit integraler Bestandteil der Planungsebene für Kernkompetenzen. Ohne diese explizite Planung können personalwirtschaftliche Beschränkungen des Aufbaus dieser wichtigen Fähigkeiten nicht antizipiert und proaktiv beseitigt werden.

Personalbereitstellung:

Die Personalbereitstellung umfasst die Personalbeschaffung, -auswahl und -freisetzung sowie die Personaleinsatzplanung. Dieses personalwirtschaftliche Feld spielt eine geradezu entscheidende Rolle für die mitarbeiterbezogene Ebene der Kernkompetenzen, da die Qualifikation bzw. das Qualifikationspotential und die Motivation der bereitgestellten Kernkompetenz-Träger von erheblicher Bedeutung sind. Die Auswahlkriterien für neue Mitarbeiter müssen deshalb aus den Kernkompetenzen abgeleitet werden. Dies gilt übrigens auch für die Freisetzungskriterien, um „corporate Alzheimer" zu vermeiden. Die Personaleinsatzplanung sorgt z.B. über Personal-Transfer-Programme zwischen Unternehmenseinheiten dafür, dass das Know-how zum Aufbau oder zur Weiterentwicklung von Kernkompetenzen gebündelt bzw. ausgetauscht werden kann, betrifft also im wesentlichen die Unternehmensebene. Insgesamt gesehen lässt sich feststellen, dass die Personalbereitstellung durchaus Aspekte enthält, die eine wichtige Beeinflussung der Kernkompetenzen des Unternehmens erwarten lassen.

Personalentwicklung:

Die Entwicklung kernkompetenzrelevanter individueller Qualifikationen sowohl technischer als auch verhaltensorientierter Natur sind zentraler Bestandteil des Aufbaus von Kernkompetenzen im Unternehmen. Zu trennen sind hier allerdings Standardinhalte im Sinne von nicht kernkompetenzrelevanten Themen der Personalentwicklung von dem Know-how-Transfer, der zur Verbreitung des für die Kernkompetenzen wichtigen Wissens sowohl individuell als auch auf Unternehmensebene durchgeführt werden muss.

Personal-Controlling:

Aufgabe des Personal-Controlling ist die erfolgsorientierte, laufende Kontrolle und ggf. Korrektur aller personalwirtschaftlichen Maßnahmen. Im Rahmen der Management-Komponente der Kernkompetenzen überprüft das Personal-Controlling die personalwirtschaftlichen Leistungen hinsichtlich ihres Wertbeitrags zur Schaffung der geplanten bzw. zur Unterstützung der bestehenden Kernkompetenzen und übernimmt damit eine wichtige Steuerungsfunktion.

Internationales Personalmanagement:

Die Verbreitung des Kernkompetenz-Know-hows im internationalen Bereich und die Planung des Aufbaus von Kernkompetenzen durch Bündelung der individuellen Qualifikationen von Mitarbeitern verschiedener Nationalitäten stellen gerade für internationale Unternehmen einen wesentlichen Wettbewerbsvorteil dar, so dass auch diesem Bereich des Personalmanagement Kernkompetenzrelevanz bescheinigt werden muss.

Diese Aufzählung und Einschätzung der Kernkompetenzrelevanz der personalwirtschaftlichen Funktionen ist nicht als abschließend zu sehen, umfasst aber die wichtigsten Gebiete. Zu bedenken ist außerdem, dass der Kernkompetenzcharakter auch unternehmensspezifische Variablen hat, also nicht allgemeingültig festgelegt werden kann.

5 Outsourcing personalwirtschaftlicher Leistungen

5.1 Empirische Ergebnisse zur Auslagerung personalwirtschaftlicher Leistungen

Wenn nun, wie im vorigen Abschnitt begründet, die Personalwirtschaft zwar keine Kernkompetenz darstellt aber teilweise erheblichen Einfluss auf die Kernkompetenzen und deren Weiterentwicklung hat, dürfen dann personalwirtschaftliche Aktivitäten ausgelagert werden? Sollte dies der Fall sein, welche können ohne „strategische" Bedenken nach außen gegeben werden? Bevor an die konkrete Entwicklung eines Instruments zur Beantwortung der Frage gegangen wird, wird zunächst eine empirische Untersuchung vorgestellt, um zu sehen, ob die oben gestellte Frage auch in der Unternehmenspraxis als relevant angesehen und wie damit umgegangen wird.

Die im folgenden referierten Ergebnisse stammen aus einer Untersuchung, die von *Meckl/ Eigler* im Sommer 1998 zu dem oben genannten Thema vorgenommen wurde (vgl. *Meckl/ Eigler* 1998 und *Eigler/Meckl* 1998). Die Studie hatte das Ziel, die bisherigen Erfahrungen, die Unternehmen mit dem Restrukturierungsinstrument Outsourcing gemacht haben, zu eruieren, entscheidende Erfolgsfaktoren und auch „Brennpunkte" des Themas zu identifizieren. Für die Studie wurden 150 deutsche mittelständische Unternehmen schriftlich befragt.

Grundsätzlich ist festzuhalten, dass die Relevanz des Outsourcing durch die Untersuchung bestätigt wurde. Die in der Literatur zu findende verstärkte Auseinandersetzung mit dem Thema (vgl. z.B. *Lamers* 1997; *Meier/Stuker/Trabucco* 1997; *Pichert* 1996) hat also eine Entsprechung in der praktischen Relevanz des Themas. Von den 47 antwortenden Unternehmen hatten immerhin 51% in der Vergangenheit bereits personalwirtschaftliche Leistungen ausgelagert und/oder dies für die Zukunft geplant. Dies zeigt einerseits, dass sich gegenwärtig nicht wenige Unternehmen intensiv mit Überlegungen zu einem Outsourcing personalwirtschaftlicher Leistungen befassen und dass andererseits dem Outsourcing personalwirtschaftlicher Leistungen auch in den nächsten Jahren verstärkt Aufmerksamkeit geschenkt werden wird. Dies wurde auch in einzelnen Antwortschreiben betont. Dabei war nicht zu erkennen, dass sich vor allem Groß- oder vorzugsweise mittelständische Unternehmen mit dem Outsourcing im Personalbereich auseinandersetzen. Vielmehr beschäftigte man sich in allen Größenklassen mit dem Thema. Offensichtlich wird also die Auslagerung von Leistungen als ein Instrument zur Erhöhung der Effizienz des Personalmanagement vor dem Hintergrund der oben abgeleiteten Umfeldveränderungen und neuen Herausforderungen gesehen.

Ziele des Outsourcing

Was die Ziele des Outsourcing betrifft, so ist als eindeutiges Ergebnis festzustellen, dass, erwartungsgemäß die kostenorientierten Ziele im Vordergrund stehen. Abbildung 5 belegt dies.

Wichtig ist das Ergebnis, dass auch die Erhöhung der Qualität personalwirtschaftlicher Leistungen, die durch ein Outsourcing realisierbar ist und die Möglichkeit, das eigene Know-how zu verbessern, nicht übersehen wird. Diese Ziele implizieren durchaus ein Bewusstsein für die Kernkompetenzrelevanz der personalwirtschaftlichen Leistungen.

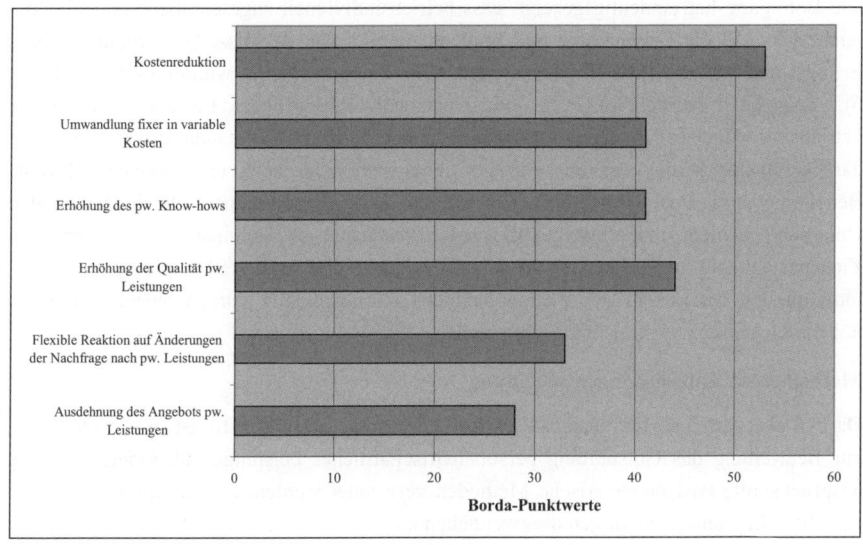

Abb. 5: Ziele des Outsourcing von personalwirtschaftlichen (pw.) Leistungen

Gegenstand des Outsourcing im Personalbereich

Angesichts dieser Ziele ist die Frage nach der Art der ausgelagerten Leistungen interessant, gibt sie doch Aufschluss darüber, welche personalwirtschaftlichen Aktivitäten als entbehrlich, zumindest was die Eigenerstellung betrifft, angesehen werden.

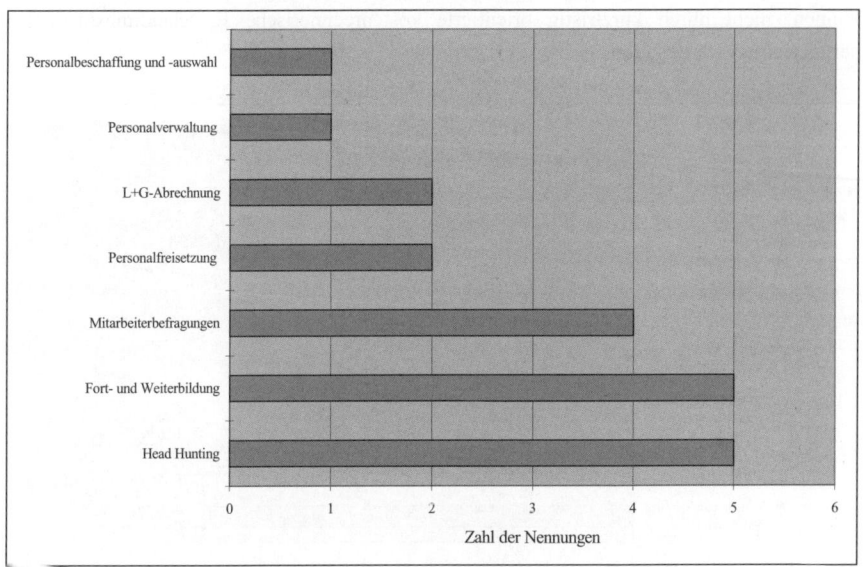

Abb. 6: Art der ausgelagerten Leistung

Die Befragung hat eindeutig gezeigt, dass betriebsindividuell zugeschnittene Aufgabenbereiche wie z.B. die Entwicklung und Implementierung von Arbeitszeit-, Vergütungs- oder Erfolgs- und Vermögensbeteiligungssystemen nicht fremdvergeben wurden (vgl. Abbildung 6). Ausgelagert wurden hingegen solche personalwirtschaftlichen Leistungen, die keine betriebsindividuellen Lösungen verlangen, aus diesem Grund gut standardisierbar sind und darüber hinaus keine oder nur geringe strategische oder auch unternehmenspolitische Bedeutung aufweisen. Dies ist ein Beleg dafür, dass Outsourcingentscheidungen in den Unternehmen nicht unüberlegt gefällt werden. Aufgrund der Dominanz kostenorientierter Ziele besteht aber die Gefahr, dass in Zukunft versucht wird, auch bei komplexeren betriebsindividuellen Leistungen des Personalbereichs Auslagerungen vorzunehmen, weil diese höhere Kostensenkungspotentiale versprechen.

Methoden zur Outsourcingentscheidung

Da Kostensenkung als dominantes Ziel des Outsourcing verfolgt wird, ist zu erwarten, dass zur Beurteilung des Outsourcing personalwirtschaftlicher Leistungen überwiegend wenig anspruchsvolle kostenrechnerische Methoden verwendet werden. Die in Abbildung 7 dargestellten Ergebnisse bestätigen dies weitgehend.

Für die Wahl der Methoden wurden bei offener Antwortmöglichkeit sehr unterschiedliche Gründe genannt. Es ist aber erkennbar, dass Kostenbetrachtungen, Kennzahlenvergleiche und einfache Vorteils-/Nachteilsvergleiche vorherrschten. Es handelt sich dabei zusammenfassend um eher wenig anspruchsvolle und leicht handhabbare Methoden. Hauptnachteil dieser Vorgehensweise ist, dass langfristige strategische Folgen der Outsourcingentscheidungen wie z.B. Verluste personalwirtschaftlichen Know-hows, Verluste von Wettbewerbsvorteilen oder der Qualität der eigenen Personalarbeit oder auch Abhängigkeiten von externen Dienstleistern, die sich in Preiserhöhungen oder Qualitätsabstrichen ausdrücken können, nicht durch kurzfristig orientierte kostenrechnerische Entscheidungsmethoden berücksichtigt werden können.

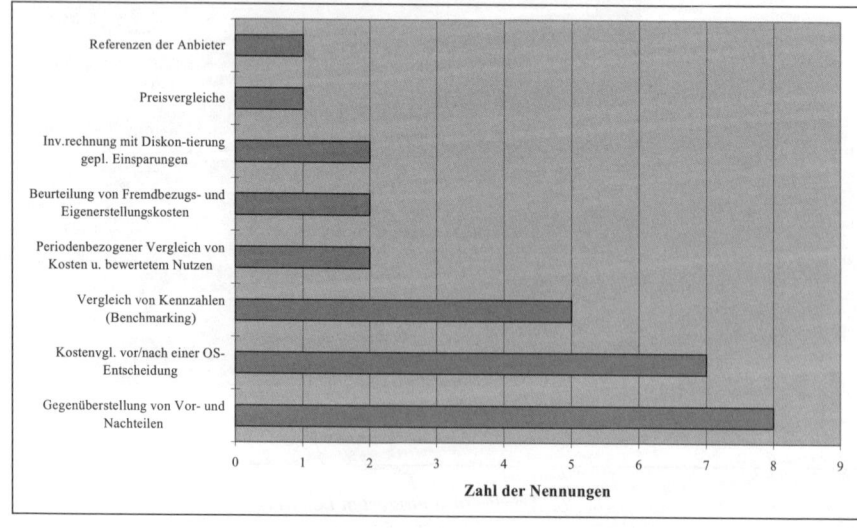

Abb. 7: Methoden zur Outsourcingentscheidung

5.2 Ein Entscheidungsverfahren zum Outsourcing personalwirtschaftlicher Aktivitäten

Als Ergebnis der empirischen Untersuchung kann festgehalten werden: Offensichtlich ist in der Unternehmenspraxis bei den meisten Unternehmen durchaus ein Bewusstsein bzgl. der Kernkompetenzrelevanz und der daraus hervorgehenden Gefahren einer überschnellen Auslagerung von Aktivitäten vorhanden. Methodisch findet diese Erkenntnis aber noch keinen Niederschlag in der Art der Entscheidungsfindung bzgl. des Outsourcing. Was fehlt, ist ein Entscheidungsmodell, das die explizite Kernkompetenzrelevanz von personalwirtschaftlichen Leistungen überprüft und in den Entscheidungsprozeß des Outsourcing einbringt.

Wird die Kernkompetenzrelevanz bei der Entscheidung berücksichtigt, können die in Kapitel 3 beschriebenen Gefahren des Wissensverlusts und des Verlusts an Lernfähigkeit vermieden werden. Wie man bei den Gefahren eines zu schnellen Outsourcing aber gesehen hat, sind neben der Beschädigung der Kernkompetenzen noch die Abhängigkeit vom Partner und die Folgekosten zu bedenken. Während letzteres Risiko in den ohnehin schon verwendeten kostenorientierten Methoden abgedeckt werden kann, muss die Beziehung zum Partner in einem Entscheidungsmodell, das die wesentlichen Variablen berücksichtigen will, beachtet werden. Im Folgenden wird ein solches Verfahren entwickelt.

Eine Entscheidungsmatrix

Damit lassen sich folgende Anforderungen an ein Entscheidungsverfahren postulieren:

- Berücksichtigung der möglichen Kernkompetenzrelevanz der zur Disposition stehenden personalwirtschaftlichen Leistung;
- Berücksichtigung der Auswirkungen einer Abhängigkeit vom Partner;
- Möglichst hohe Transparenz und Nachvollziehbarkeit des Inhalts und der „Verarbeitung" der zu Grunde gelegten Informationen;
- Vermeidung von hoher Komplexität im Verfahren.

Diese Anforderungen legen nahe, dass als Gerüst für das Verfahren eine Entscheidungsmatrix gewählt wird. Eine Dimension wird gebildet von der Kernkompetenzüberprüfung, die für die zur Disposition stehenden personalwirtschaftlichen Leistungen nach dem obigen Schema vorgenommen werden kann (vgl. Kapitel 4).

Die Abhängigkeitsbeziehung zum Partner ist gut abbildbar durch die Spezifität einer personalwirtschaftlichen Leistung. Ist eine personalwirtschaftliche Leistung wenig spezifisch, so kann sie von vielen Anbietern auf dem Markt erbracht werden, was eine Disziplinierung der Outsourcingpartner bzgl. Qualität und Preis durch den herrschenden Wettbewerb bewirkt. Anders sieht dies aus, wenn über eine längere Zeit eine hochspezifische, d.h. eine auf ein Unternehmen zugeschnittene personalwirtschaftliche Leistung von einem Outsourcingpartner exklusiv erbracht wird. Eine solchermaßen konstruierte Matrix hat das in Abbildung 8 dargestellte Aussehen.

Aus den einzelnen Feldern ergeben sich folgende Handlungsempfehlungen: Eine eindeutige Empfehlung ergibt sich bei dem Feld links unten. Lässt sich eine personalwirtschaftliche Leistung bzgl. der Matrixdimensionen so charakterisieren, dass der Einfluss auf die Kern-

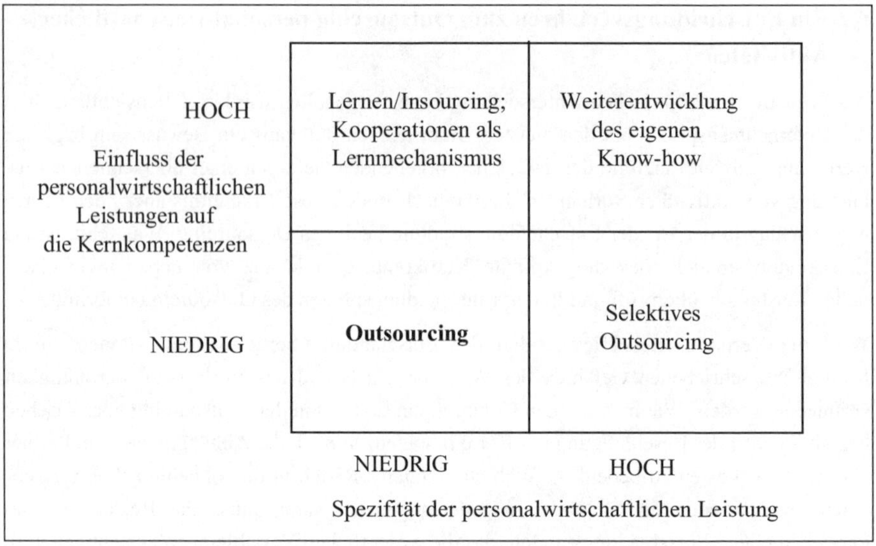

HOCH Einfluss der personalwirtschaftlichen Leistungen auf die Kernkompetenzen	Lernen/Insourcing; Kooperationen als Lernmechanismus	Weiterentwicklung des eigenen Know-how
NIEDRIG	**Outsourcing**	Selektives Outsourcing
	NIEDRIG	HOCH
	Spezifität der personalwirtschaftlichen Leistung	

Abb. 8: Entscheidungsmatrix für das Outsourcing im Personalbereich

kompetenzen als gering anzusehen ist und gleichzeitig spezifische Anforderungen für das auslagernde Unternehmen fehlen, so steht einer Auslagerung aus Kernkompetenzsicht nichts im Wege. Es muss natürlich geprüft werden, ob die klassischen Kriterien einer Outsourcingentscheidung (vgl. Kapitel 3) eine Auslagerung nahelegen oder nicht. Allerdings dürfte bei diesem Feld eindeutig das Kostensenkungsziel im Vordergrund stehen. Über Kostenvergleichsmethoden muss bestimmt werden, ob der Fremdbezug oder die Eigenerstellung Kostenvorteile bringt. Aufgrund von Volumenvorteilen externer Anbieter dürfte der externe Bezug normalerweise vorteilhaft sein. Aufgrund der fehlenden Spezifität ist zu erwarten, dass es genügend Anbieter dieser Standarddienstleistung gibt. In diesem Feld ist also der einfache kostenrechnerische Vergleich von Fremdbezug und Eigenerstellung die Methode der Wahl.

Ebenfalls eindeutig ist das Feld rechts oben. Die hohe Kernkompetenzrelevanz verbietet eine Auslagerung von personalwirtschaftlichen Aufgaben, die in dieses Feld fallen. Außerdem ist die Spezifität so hoch, dass zum einen die Abhängigkeit von einem Zulieferer sehr schnell gegeben wäre und zum anderen überhaupt erst ein Anbieter einer so hochspezifischen Leistung gefunden werden müsste. In diesem Feld wären personalwirtschaftliche Kernaufgaben zu positionieren, die grundsätzlich nicht auslagerungsfähig sind. Ziel muss hier der Aufbau und die Ausweitung der eigenen Kompetenz sein, da dies konstitutiv für die Entwicklung eigener Wettbewerbsvorteile ist. Falls ein Unternehmen also nicht bereits über eine eigene Kompetenz bei einer derart eingestuften Leistung verfügt, so muss das eigene Know-how weiterentwickelt werden.

Anders sieht es aus, wenn die strategische Bedeutung einer zur Disposition stehenden personalwirtschaftlichen Aufgabe gegeben ist, die Spezifität allerdings niedrig (Feld links oben). Es kann sich hier um branchenspezifisches Know-how handeln. Diese Konstellation impliziert, dass bei der Outsourcingentscheidung auch langfristige Entscheidungswirkungen berücksichtigt werden müssen und deshalb auf das Outsourcing verzichtet werden sollte. Diese Überlegungen befreien das Unternehmen allerdings nicht von der Notwendigkeit, diese intern erstellten Leistungen effizient zu produzieren, da es bei einer standardisierbaren Leistung primär darauf ankommt, sie möglichst kostengünstig zu erstellen. Hier würde es sich z.B. anbieten, über Kooperationen mit anderen Unternehmen eine Verteilung der Fixkosten auf mehrere Schultern zu erreichen und damit implizit Volumeneffekte zu generieren. Im Rahmen solcher Kooperationen können evtl. auch Lernprozesse initiiert werden, da als mittelfristiges Ziel auf jeden Fall die selbständige Fähigkeit des Unternehmens zur qualitativ hochstehenden und kostenmäßig günstigen Erstellung dieser Leistung verfolgt werden sollte.

Bleibt als letztes die Kombination einer niedrigen strategischen Bedeutung, aber hohen Spezifität (Feld rechts unten). Dominierend ist hier das Kostensenkungsziel, allerdings ist ein „normales" Outsourcing aufgrund der hohen Spezifität wahrscheinlich schwierig. Da sich vermutlich kein Anbieter finden wird, der die spezifische Leistung anbieten kann, bleiben folgende Möglichkeiten:

- Die spezifische, interne Leistungserstellung wird eingestellt, eine vergleichbare, unspezifische Leistung wird unter Inkaufnahme des Qualitätsverlusts extern beschafft;
- die Gesamtaufgabe wird in Teilaufgaben zerlegt, von denen einige wiederum einen so hohen Standardisierungsgrad aufweisen, dass sie ausgelagert werden können;
- es wird ein intensiver Know-how-Transfer zum externen Lieferanten vorgenommen, damit dieser die spezifische Leistung zumindest mittelfristig anbieten kann;
- auf eine Auslagerung wird verzichtet, wobei versucht wird, intern ähnliche Kostenstrukturen zu erreichen, wie sie sich bei der Beschaffung von Externen ergeben würden.

Welche dieser Möglichkeiten gewählt werden sollte, hängt von den Gegebenheiten des Einzelfalls insbesondere bzgl. der Art der auszulagernden Leistung und der Angebotskonstellation auf dem Dienstleistungsmarkt ab. Wendet man die allgemein formulierten Überlegungen auf konkrete personalwirtschaftliche Felder an, so ergeben sich die in Abbildung 9 dargestellten Zuordnungen.

Die Matrix eröffnet die Möglichkeit, die als wesentlich erkannten Kriterien bei der Outsourcingentscheidung für personalwirtschaftliche Leistungen zu berücksichtigen.

Einbettung der Entscheidungsmatrix in ein Entscheidungsverfahren

Diese Matrix stellt zwar eine zentrale, aber nicht die einzige Komponente in dem Gesamtentscheidungsprozess zur Auslagerung dar. Sie muss deshalb in diesen Gesamtprozess eingebunden werden, um so dem Ziel einer durchgehenden, konsistenten Entscheidungsfindung bei der Auslagerung von personalwirtschaftlichen Leistungen näher zu kommen. Das Entscheidungsverfahren sollte folgende Struktur aufweisen:

1. Identifikation und Erfassung von personalwirtschaftlichen Leistungsbereichen, die grundsätzlich für ein Outsourcing in Frage kommen:
Hier sollte ohne Tabus untersucht werden, wie einzelne Pakete von personalwirtschaftlichen Dienstleistungen abgegrenzt werden können, die dann als grundsätzlich auslagerungsfähig erachtet werden. Vor allem bestehende organisatorische Strukturen der

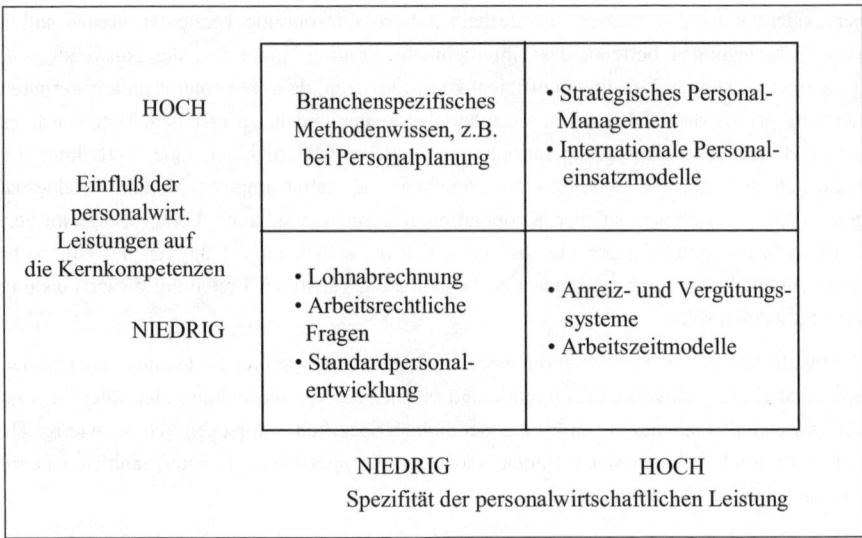

Abb. 9: Einordnung personalwirtschaftlicher Funktionen in die Entscheidungsmatrix

Arbeitsteilung dürfen hier nicht als Beschränkung angesehen werden, da eine Reorganisation im Zuge des Outsourcing durchaus möglich ist.

2. Markttransparenz für die personalwirtschaftlichen Leistungen verschaffen und Prüfung der Kostendominanz einer externen Vergabe:
   Anbieter aus den verschiedenen personalwirtschaftlichen Funktionsfeldern müssen angefragt und deren Leistungsfähigkeit eingeschätzt werden. Referenzen von anderen Unternehmen sind ein adäquates Mittel zur Einschätzung der Qualität des Anbieters.

3. Einschätzung der Kernkompetenzrelevanz der zur Disposition stehenden personalwirtschaftlichen Leistungen:
   Wie oben beschrieben muss der Einfluss der Leistung auf die drei Komponenten der Kernkompetenzen überprüft werden.

4. Einschätzung der Spezifität der für das Outsourcing vorgesehenen personalwirtschaftlichen Leistung:
   Im Wesentlichen kommt es hier darauf an, die Übertragbarkeit der Leistung auf andere Unternehmen zu überprüfen.

5. Positionierung der zur Disposition stehenden personalwirtschaftlichen Leistung in der Entscheidungsmatrix.

6. Entscheidung und Implementierung.

5.3 Implementierung des Entscheidungsverfahrens: Der Outsourcing-Controller

Eine effektive Anwendung des Verfahrens setzt voraus, dass ein Träger bestimmt wird, der sich als Promotor des Verfahrens versteht und die Konzeption, die inhaltliche Durchführung, die Kontrolle und nicht zuletzt die Kommunikation der Ergebnisse hauptamtlich vornimmt.

Für eine solche Person oder Abteilung ergeben sich darüber hinaus aber noch weitere wichtige Aufgaben in Zusammenhang mit dem Outsourcing. Die Auslagerung einer Leistung bedeutet nicht, dass man sich im Unternehmen nicht mehr darum „kümmern" muss. Gerade wenn mehrere Leistungen an Dritte vergeben werden, muss sichergestellt sein, dass:

- die externen Partner vor allem in der Anfangsphase alle nötigen Informationen bekommen, die für die Erbringung einer qualitativ hochstehenden Leistung nötig sind,
- die externen Partner koordiniert werden und zwar untereinander als auch mit den Kunden in der Linie des auslagernden Unternehmens,
- die externen Partner überwacht werden und gegebenenfalls Defizite in der Qualität ihrer Leistung von kompetenter Seite aufgezeigt werden sowie
- neue, innovative Projekte angestoßen und inhaltlich und konzeptionell betreut werden.

Diese Aufgaben können sinnvoll nicht von den Linienmanagern als letztendliche Kunden der externen Partner wahrgenommen werden. Deshalb sollte eine eigene Stelle geschaffen werden, die die Rolle des Schnittstellenmanagers übernimmt. Abbildung 10 zeigt die Stellung und die Aufgaben, die einem solchen als Outsourcing-Controller zu bezeichnenden Mitarbeiter der Personalabteilung zukommen.

Die Aufgaben eines Outsourcing-Controllers weisen die typischen Merkmale eines Controlling auf. Im Rahmen eines „externen Outsourcing-Controlling" bildet der Outsourcing-Manager die kompetente Schnittstelle mit Koordinations- und Überwachungsaufgaben zu den externen Partnern. Neue Projekte und Themen werden ebenfalls von ihm initiiert.

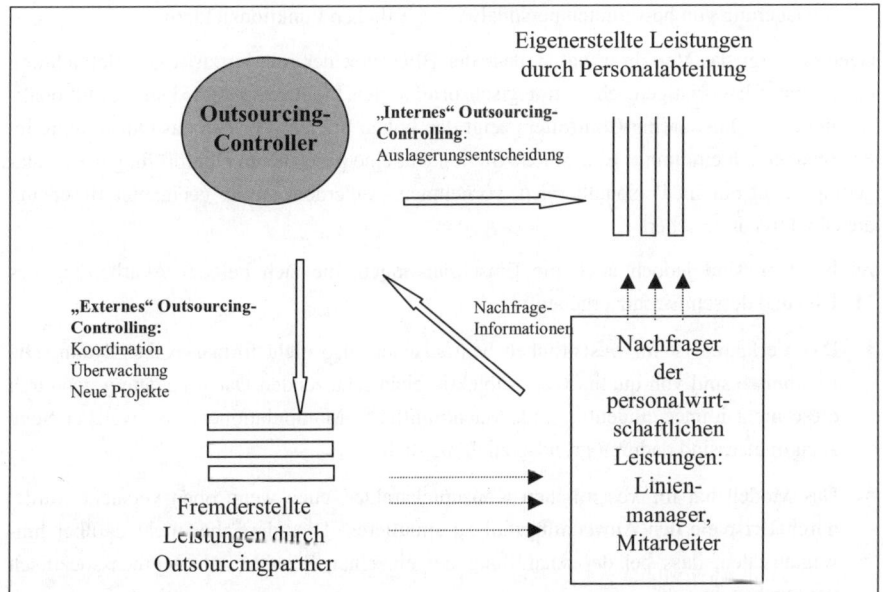

Abb. 10: Funktionen eines Outsourcing-Controllers im Personalbereich

Im Rahmen des „internen Outsourcing-Controlling" muss ständig geprüft werden, ob die ausgelagerten Leistungen nicht wieder Kernkompetenzrelevanz erlangen und deshalb die Fähigkeit zur Eigenerstellung wieder erreicht werden muss. Wichtig ist aber auch die Prüfung, ob die bisher eigenerstellten Leistungen nicht ausgelagert werden sollten. Dazu ist das in den vorigen Abschnitten aufgezeigte strategische Entscheidungsmodell in regelmäßigen Abständen anzuwenden. Es erweist sich damit als wichtiges Steuerungsinstrument für das Outsourcing.

6 Bewertung des Entscheidungsverfahrens und Ausblick

Die in Abschnitt 5.2 postulierten Anforderungen an ein Entscheidungsverfahren für ein Outsourcing im Personalbereich sind weitestgehend erfüllt:

- Eine Schädigung der Kernkompetenzbasis wird vermieden durch explizite Berücksichtigung eines entsprechenden Kriteriums;
- Dies gilt ebenfalls für das Kriterium der Abhängigkeit vom Partner;
- Das Verfahren bietet eine Strukturierungshilfe, die ein logisch konsistentes Vorgehen sichert und damit für Transparenz sorgt;
- Diese eindeutige Vorgehensweise verhindert eine hohe Komplexität und damit auch einen hohen finanziellen und zeitlichen Aufwand bei der Implementierung;
- Das Verfahren stellt eine rationale Argumentationsgrundlage dar, die zur Kommunikation der Ergebnisse sowohl zur Unternehmensleitung als auch zu den betroffenen Mitarbeitern dienen kann. Dies gilt insbesondere auch für die Argumentation gegen die Auslagerung von bestimmten personalwirtschaftlichen Funktionsfeldern.

Generell sorgt das Verfahren dafür, dass der Blick von der rein kurzfristigen Betrachtung hin zu einer langfristigen, eher strategisch orientierten Sichtweise geht. Die Institutionalisierung eines Outsourcing-Controllers zeigt den hohen Stellenwert, den das Outsourcing im Personalbereich einnimmt. Eine solche Stelle kann eine permanente Überprüfung der Auslagerung, nicht nur im Personalbereich, vornehmen. Außerdem ist bei geeigneter Besetzung die Objektivität gesichert.

Zu beachten sind jedoch auch die Einschränkungen, die sich bei der Abarbeitung des Modells und dessen Einsatz ergeben:

- Das Verfahren ist im wesentlichen heuristischer, also nicht formal-exakter Natur. Die Ergebnisse sind von qualitativen, subjektiv einzuschätzenden Daten abhängig, wodurch diese nicht immer eindeutig sind. Machtpolitische Manipulationen, von welcher Seite auch immer, sind dadurch grundsätzlich möglich.
- Das Modell hat im wesentlichen Konzeptcharakter, auch wenn oben versucht wurde, durch Beispiele den Anwendungsfall zu simulieren. Dies darf aber nicht darüber hinwegtäuschen, dass bei der Ausfüllung der einzelnen Schritte unternehmensspezifisch vorzugehen ist.

Trotz dieser Defizite bietet sich insgesamt gesehen durch die vorgeschlagene Vorgehensweise die Möglichkeit, Outsourcingentscheidungen zu strukturieren, strategische Aspekte dabei zu integrieren und damit die Effizienz von Outsourcingentscheidungen deutlich zu erhöhen. Nicht zuletzt die empirischen Ergebnisse zeigen, dass das Outsourcing im Personalbereich kaum als eine Modeerscheinung abgetan werden kann. In Zukunft, wenn die Auslagerung von Teilaufgaben immer stärker betrieben werden wird, kommt es zunehmend darauf an, den strategischen Gefahren dieser Maßnahme zu begegnen. Mit diesem Vorgehen kann man sich dem Optimum eines Outsourcing von Personalleistungen, bestimmt durch Kosteneinsparungen auf der einen und Schädigungsgefahr für die Kernkompetenzen auf der anderen Seite, zumindest annähern.

Literatur

Amponsen, H./Bauer, St./Gerpott, T. J./Mattern, K.: Konzernorganisation nach Kernkompetenzen. In: ZfO, Heft 4, 1996, S. 219-225.

Arbeitskreis Organisation der Schmalenbachgesellschaft/Deutsche Gesellschaft für Betriebswirtschaft: Organisation im Umbruch. In: ZfbF, Heft 6, 1996, S. 621-665.

Behme, W.: ZP-Stichwort: Outsourcing. In: Zeitschrift für Planung, 4. Jg. 1993, S. 291-294.

Bliesener, M.-M.: Outsourcing als mögliche Strategie zur Kostensenkung. In: Betriebswirtschaftliche Forschung und Praxis, 46. Jg. 1994, S. 277-290.

Bouncken, R.: Dem Kern des Erfolgs auf der Spur? State of the Art zur Identifikation von Kernkompetenzen. In: ZfB, H. 7/8, 2000, S. 865-885.

Bühner, R./Tuschke, A.: Outsourcing. In: Die Betriebswirtschaft, 57. Jg. 1997, S. 20-30.

Economist, Heft 20.04.1995, S. 57-58.

Eigler, J.: Bedeutung und Implikationen des Shareholder-Value-Ansatzes für das Personalmangement. In: Zeitschrift für Planung, 1999, S. 231-254.

Eigler, J./Meckl, R.: Outsourcing personalwirtschaftlicher Leistungen – Aktuelle empirische Ergebnisse. In: Personal, H. 10, 1998, S. 476-479.

Friedrich, St. A.: Outsourcing: Wie strategische Fehler vermieden werden können. In: io Management Zeitschrift, Heft 9, 1996, S. 70-74.

Hahn, D.: Konzepte strategischer Führung. Entwicklungstendenzen in Theorie und Praxis unter besonderer Berücksichtigung der Globalisierung. In: ZfB, H. 6, 1998, S. 563-579.

Lamers, St.: Reorganisation der betrieblichen Personalarbeit durch Outsourcing. Münster 1997.

Männel, W.: Make-or-Buy-Entscheidungen. In: Kostenrechnungs-Praxis - Zeitschrift für Kostenrechnung und Controlling, 40. Jg. 1996, S. 148-150.

Meckl, R.: Controlling im internationalen Unternehmen. München 2000.

Meckl, R. (Hrsg.): Personalarbeit und Outsourcing. Frechen 1999.

Meckl, R.: Orientierung an Kernkompetenzen. In: Personalwirtschaft, H. 1, 1997, S. 16-20.

Meckl, R./Eigler, J.: Gefahren des Outsourcing personalwirtschaftlicher Leistungen – Eine empirisch gestützte Analyse. In: Journal für Betriebswirtschaft, H. 3, 1998, S. 101-112.

Meier, A./Stuker, Ch./Trabucco, A.: Auslagerung von Personaldienstleistungen. In: Zeitschrift Führung + Organisation, 66. Jg. 1997, S. 138-145.

North, K.: Wissensorientierte Unternehmensführung. Wiesbaden 1998.

Pichert, P.-H.: Outsourcing als Gestaltungsauftrag für das Personalmanagement. In: Personalführung, H. 6, 1996, S. 464-473.

Picot, A./Maier, M.: Analyse- und Gestaltungskonzepte für das Outsourcing. In: Information Management 4/1992, S. 14-27.

Prahalad, C. K./Hamel, G.: The Core Competence of the Corporation. In: Harvard Business Review, May-June 1990, S. 79-91.

Quinn, J. B./Hilmer, F. G.: Strategic Outsourcing. In: Sloan Management Review, Summer 1994, S. 43-55.

Rasche, Chr.: Wettbewerbsvorteile durch Kernkompetenzen. Wiesbaden 1994.

Rasche, Chr./Wolfrum, B.: Ressourcenorientierte Unternehmensführung. In: DBW, H. 4, 1994, S. 501-517.

Scherm, E.: Outsourcing – Ein komplexes, mehrstufiges Entscheidungsproblem. In: Zeitschrift für Planung, H. 7, 1996, S. 45-60.

Die durchgehende Informatisierung der personalwirtschaftlichen Geschäftsprozesse als Grundlage des Personalcontrollings am Beispiel der BASF AG

Wolfgang Littmann

Die Informatisierung der personalwirtschaftlichen Prozesse hat ihren Ausgangspunkt in der Rationalisierung der Entgeltabrechnung und in der Regel nutzt das Personalcontrolling daher diese administrativen Daten für seine Aufgaben.

Sieht man die Aufgaben des Personalcontrollings darin,

- **den Einsatz, die Qualität und die Kosten der Ressource Personal transparent darzustellen,**
- **die Effizienz der personalwirtschaftlichen Prozesse zu bewerten und**
- **Entscheidungsalternativen zu erarbeiten,**

so benötigt man umfangreichere und qualitativ bessere, d.h. auf die Anforderungen des Controllings zugeschnittene Daten, als sie sich einfach aus der administrativen Arbeit ergeben. Auf der anderen Seite ist es weder wirtschaftlich gerechtfertigt, ein nur auf die Anforderungen des Controllings ausgerichtetes Datenerfassungs- und Auswertesystem zu entwickeln, zu installieren und zu betreiben, noch wird es gelingen, ein solches System kongruent zu den Daten der realen administrativen Systeme zu halten. Da aber nichts schlimmer ist als ein Abweichen der Berichtsdaten von den operativen Daten, gilt es eine Lösung zu finden, die

- **wirtschaftlich ist, d.h. keine doppelte Datenhaltung und Datenpflege erfordert,**
- **den Qualitätsanforderungen des Controllings genügt und**
- **eine einheitliche Datenbasis sicherstellt.**

Die Anforderungen an eine DV-Konzeption umfassen daher nicht nur die Unterstützung der klassischen Abläufe, sondern es müssen auch Aufgaben wie Kommunikation, Informationssammlung und -verteilung sowie Entscheidungsfindung und deren Abwicklung unterstützt werden.

Geschäftsprozesse – Analyse und DV-technische Unterstützung

Aus den oben genannten Anforderungen ergibt sich zwingend, dass bei der Analyse der Geschäftsprozesse und der späteren DV-technischen Umsetzung neben den operativ Beteiligten auch das Controlling mit seinen Anforderungen eingebunden sein muss. Am effizientesten ist es, wenn dazu gemeinsam ein Datenmodell und ein Bebauungsplan erstellt und gepflegt werden. Selbst wenn die Praxis zeigt, dass es schwierig ist, diese Dokumentationen aktuell zu halten, wenn verschiedene Softwareprodukte eingesetzt werden, so sind ein Bebauungsplan und ein Datenmodell doch hilfreich bei der Lösung von auftretenden Problemen. Dazu ist es wichtig, dass mit diesen pragmatisch umgegangen wird, denn die Vorteile liegen darin, dass sich die Nutzer der Anwendungen und die Controller wiederfinden und Instrumente haben, um ihre Anforderungen darzustellen.

Dabei ist es nützlich, anhand eines stark vereinfachten Schemas (Abb. 1) die einzelnen Vorgänge durchzusprechen, die Arbeitsschritte und die zu erfassenden Daten zu ermitteln, ehe man dann die komplexeren Abläufe einer Prozesskette wie z.B. eine Stellenbesetzung darstellt (Abb. 2).

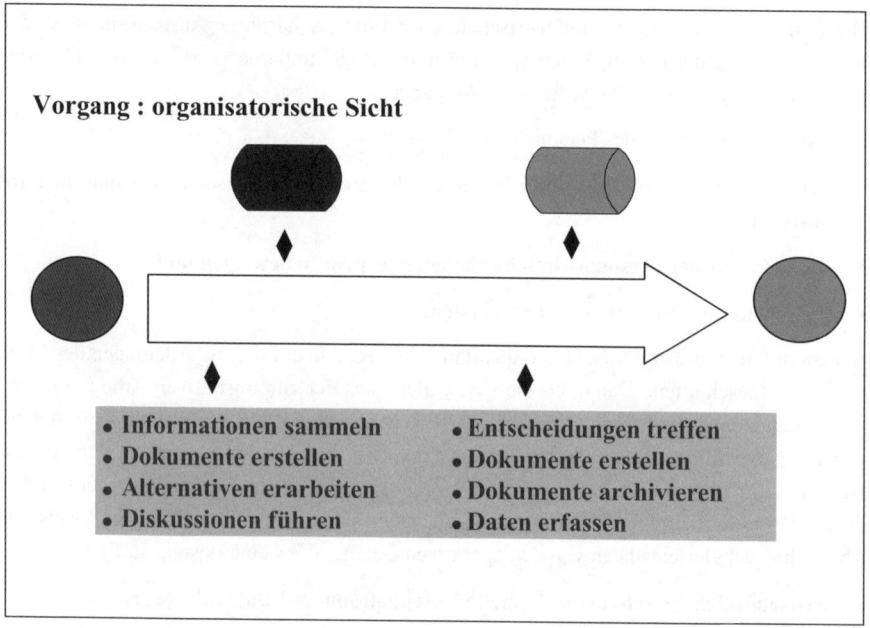

Abb. 1: Vorgang: Organisatorische Sicht

Das einfache Schema in Abb. 1 mit den acht Teilarbeiten

- Informationen sammeln,
- Dokumente erstellen,
- Alternativen erarbeiten,
- Diskussionen führen,
- Entscheidungen treffen,
- Dokumente erstellen,
- Dokumente archivieren und
- Daten erfassen,

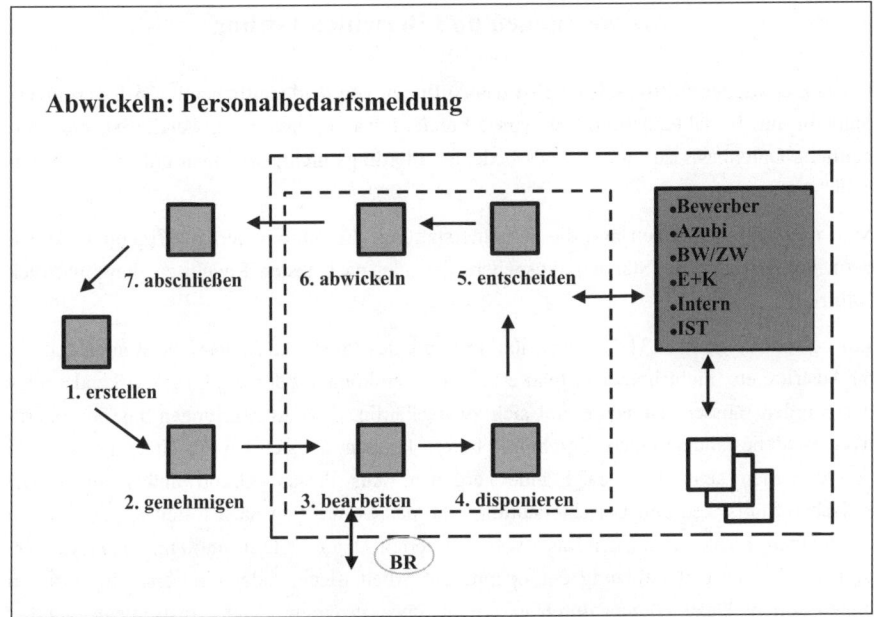

Abb. 2: Abwickeln: Personalbedarfsmeldung

scheint trivial, ist aber sehr wirkungsvoll, um den Datenumfang und die -struktur zu erfassen. Dabei kommt man sehr schnell zu dem Ergebnis, dass für den Controller vor allem eine Kategorisierung der Daten wichtig ist, um auch langfristig aussagefähige Auswertungen erstellen zu können.

Am Beispiel der Bewerberabwicklung soll dies erläutert werden. Operativ ist es wichtig, dass auf Bewerbungen schnell reagiert wird und Bewerber, die sich am meisten eignen, ausgewählt werden.

Aus Controllingsicht sind allerdings die Kosten dieser Vorgänge und auch die Effizienz der einzelnen Wege und Medien von Interesse.

So müssen systematisch und regelmäßig die Kosten der einzelnen Schritte einer Bewerbung und einer Stellenbesetzung ermittelt werden, um Verbesserungspotential zu erkennen und den Gesamtablauf zu optimieren. Weniger die Kosten sind entscheidend, die bei der Nutzung eines Mediums (z.B. Anzeige in einer überregionalen Tageszeitung) anfallen, als vielmehr die Erkenntnis, über welche Medien die erfolgreichsten Bewerber gewonnen werden konnten. Hier kommt man oft zum Ergebnis, dass bei der Suche von Spezialisten in Fachzeitungen zwar wenige, aber dafür meist geeignete Bewerbungen eingehen. Dies kann sicherlich von Branche zu Branche und von Unternehmen zu Unternehmen variieren. Eine gemeinsame Betrachtung des Gesamtprozesses durch den Prozessverantwortlichen und den Controller kommt daher zu überraschenden Ergebnissen mit vorher nicht vermutetem Verbesserungspotential. Dazu müssen allerdings die Vorgänge vollständig elektronisch abgewickelt werden, um auch nachträglich Strukturdaten ermitteln zu können, von denen man erst später weiß, dass sie von Bedeutung oder Interesse sind.

Auswertungen und Berichterstattung

Ein immer wieder strittiges Thema ist das Auftreten von Widersprüchen bei Auswertungen, Statistik und Berichterstattung. Es wurde bereits erwähnt, dass es notwendig ist, eine einheitliche Datenbasis zu nutzen. Dies bedeutet allerdings nicht, dass man mit einer „Datenbank" auskommt.

Man muss für Statistiken und die Berichterstattung, die reproduzierbare Ergebnisse erfordern, von definierten „Ständen" ausgehen, die man nach festen Regeln zu diesem Zweck „einfriert".

Ein Personalstand zum 31.12. wird sich im Laufe des folgenden Januars meist noch ändern, da Austritte etc. nicht immer zeitnah erfasst werden können oder sogar rückwirkend verändert werden müssen. Daraus ergibt sich zwangsläufig, dass Auswertungen aus den operativen Datenbeständen andere Ergebnisse liefern können, als sich bei der Nutzung der oben beschriebenen „eingefrorenen Stände" ergeben. Aus diesem Grund unterscheiden wir zwischen Statistiken und Berichterstattung, die das Controlling nach festen Regeln und zu bestimmten Terminen auf der Basis von definierten Daten erstellt, und *einfachen* Auswertungen, die zur Unterstützung der operativen Arbeit dienen oder eine erste Information bieten sollen. Dazu können durchaus die gleichen Programme oder Instrumente genutzt werden. Man muss aber sowohl bei der Nutzung der Begriffe als auch bei der Bezeichnung der Ergebnisse eine angemessene Disziplin wahren.

Mit der Bereitstellung von Standardreports in SAP HR – auch auf der Basis des Ad-hoc-Querys – können die meisten Datenauswertungen der zentral vorliegenden Stamm-, Zeit- und Entgeltdaten einfach und schnell durchgeführt werden. Für vorgangsbezogene Auswertungen werden die Ansichten und Auswertemöglichkeiten von Lotus Notes genutzt; ggf. erfolgt ein Download von Daten aus SAP HR und Lotus Notes in Excel; dort werden die Daten dann weiter aufbereitet.

Eine Besonderheit, die in der BASF genutzt wird, ist die Auswertung der Stammdaten in Lotus Notes (Abb. 3).

Die Personalstammdaten werden im zentralen SAP HR-System gepflegt. Dies kann durch dezentral und zentral angesiedelte Mitarbeiter erfolgen oder auch per System durch Schnittstellen von entsprechenden Vorsystemen. Um vorgangsbezogene Formulare mit den personenbezogenen Daten zu ergänzen, wird täglich eine Notes-Datenbank mit den gültigen Stammdaten aktualisiert, die dann die entsprechenden Lotus Notes-Anwendungen versorgt. Sehr schnell haben die Mitarbeiter gelernt, dass sie Auswertungen – keine Statistiken im oben definierten Sinn – auf diese Weise schnell und bequem erstellen können.

Softwareprodukte

Welche Software wird nun eingesetzt? Neben den schon erwähnten Produkten

- **SAP HR,**
- **Lotus Notes**

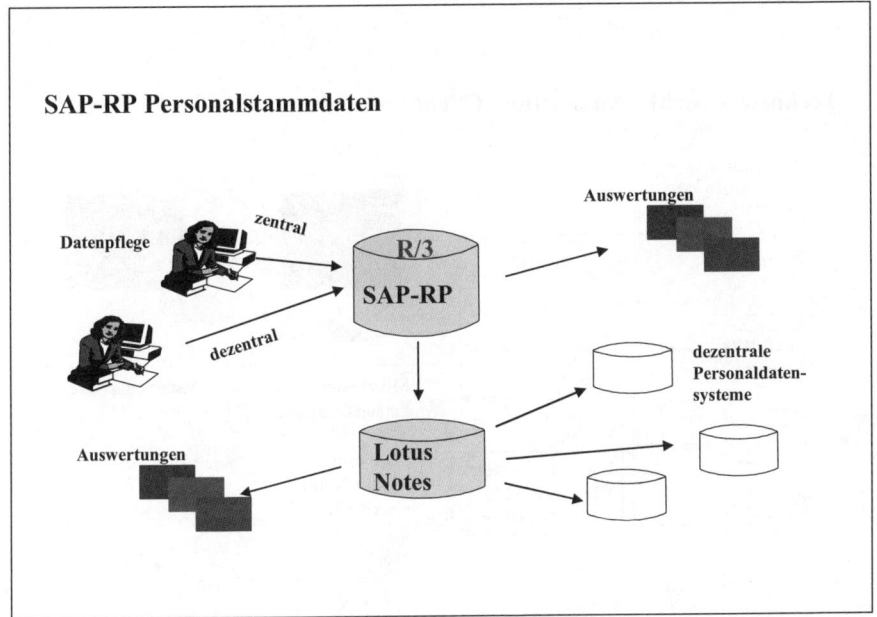

Abb. 3: SAP-RP Personalstammdaten

werden noch die folgenden Produkte an jedem Arbeitsplatz eingesetzt:

- **Microsoft Office (Excel, Word, PowerPoint) und**
- **Netscape Navigator.**

Zur optischen Archivierung wird **Visual Info** genutzt. Davon bekommt allerdings der einzelne Anwender nichts mit. Zusätzlich kommen an einzelnen Arbeitsplätzen noch weitere Softwareprodukte zum Einsatz, wobei stets geprüft wird, ob nicht die vorgenannten Produkte doch ausreichen.

Technische Sicht – Ausstattung Client/Software

Um alle Anforderungen der Anwender auf möglichst einfache Weise abzudecken, wurde die Struktur gewählt, wie sie in Abb. 4 dargestellt ist. Dabei erkennt man, dass Personalsachbearbeiter SAP GUI, Lotus Notes und den Browser nutzen, während der Mitarbeiter, um Personalanwendungen abzufragen, in der Regel den Browser verwendet, für einige Anwendungen allerdings auch Lotus Notes.

Die Abb. 4 zeigt deutlich, dass Daten auch aus anderen Anwendungen als SAP HR und Lotus Notes verfügbar gemacht werden. Dies liegt darin, dass die Abb. nicht nur die Situation der BASF AG beschreibt, sondern dass hier die BASF-Gruppe in Europa dargestellt wird. Einige Gruppengesellschaften nutzen die Dienste von Serviceprovidern, so dass die benötigten Daten aus weiteren Systemen stammen können.

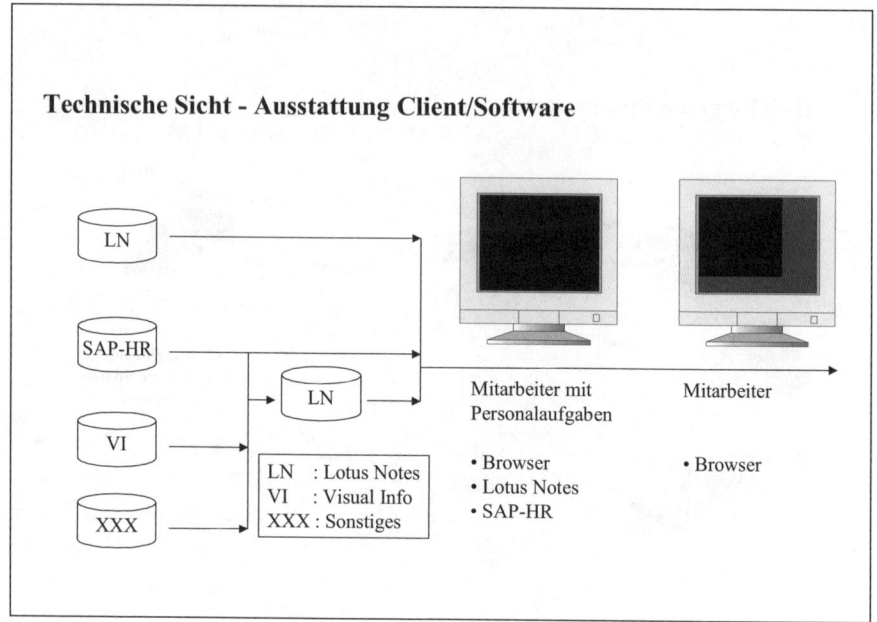

Abb. 4: Technische Sicht – Ausstattung Client/Software

Beispiel

Als Beispiel für eine umfangreiche DV-Anwendung zur Administration eines Geschäftsprozesses und unter Berücksichtigung der notwendigen Anforderungen des Controllings, sei die „Altersteilzeitanwendung" genannt, die bereits früher vorgestellt wurde (*Wolfgang Krautschneider*, BASF AG, Ludwigshafen/Rh. in CoPers. 5/98).

Intranet

Ein Schwerpunkt der weiteren Entwicklung des DV-Einsatzes in der Personalarbeit wird die Nutzung des Intra- und Internets sein.

Im Rahmen der vorhandenen Personaldatenverarbeitung bietet sich natürlich der Einsatz von Self-Service-Funktionen an. So kann jeder Mitarbeiter über das BWW (BASF Wide Web) passwortgeschützt seine Zeitkonten abfragen, aber auch auf seine gespeicherten Stammdaten zugreifen. Dadurch kann die bisher jährlich erfolgte schriftliche Information entfallen. Zusätzlich erwarten wir, dass dadurch der Mitarbeiter eher fehlerhafte Daten moniert, so dass eine bessere Qualität und eine höhere Aktualität der Daten erreicht werden.

Für das Personalcontrolling wird das Intranet dahingehend genutzt, dass Statistiken und Berichte für die ausgewählten Nutzer jederzeit abrufbar sind.

Wenn alle Personalstatistiken, die gesamte Personalberichterstattung und die dazugehörigen Erläuterungen der Randbedingungen im Intranet verfügbar sind, wird man das Problem, widersprüchliche Werte erklären zu müssen, durch den Zugriff auf eine gemeinsame Datensammlung deutlich verringern.

Personalwirtschaftliche Kennzahlensysteme im Rahmen eines wertorientierten internationalen Personalcontrolling

Joachim Hentze / Andreas Kammel

Das Personalmanagement multinationaler Unternehmungen ist gekennzeichnet durch sehr heterogene Aufgabenstellungen, was sich u.a. äußert in einer Zunahme administrativer Funktionen, in landesbezogenen Rahmenbedingungen mit einem hohen Grad an Differenziertheit und Unsicherheit, erweiterten Aufgabenstellungen im Rahmen internationaler Personaleinsatzpolitik, Entlohnungs- und Anreizkonzepten sowie kulturübergreifender Kommunikation im Spannungsfeld von Stammhaus- und lokalen Anforderungen bei den Auslandsgesellschaften. Die mit der enormen Komplexität verbundenen hohen Anforderungen an die strategische wie operative Personalplanung müssen durch ein wirksames Personalcontrolling unterstützt werden, das umfassende Steuerungs-, Informations- und Koordinationsfunktionen wahrnimmt. Dabei geht es heute nicht mehr nur um Kostenkontrolle und -analyse, sondern ergänzend auch um die Fragestellung, welchen Beitrag die Humanressourcen und die Maßnahmen des Personalmanagements zur Wertschöpfung des Unternehmens leisten. Personalkennzahlensysteme sind geeignet, auf konzentrierte Weise über verschiedene Aufgabenbereiche in multinationalen Unternehmen – entscheidungsbezogen verdichtet – Auskunft zu geben.

1 Ziele und Aufgabenstellungen eines wertorientierten internationalen Personalcontrolling

Die globale Perspektive und das größere Ausmaß an Aktivitäten im Personalmanagement multinationaler Unternehmungen machen es notwendig, dass die Personalplanung durch ein institutionalisiertes Steuerungskonzept unterstützt wird. Unterstützung bezieht sich funktional und instrumental auf **Planungs-, Kontroll-, Koordinations- und Informationsaufgaben** (vgl. *Hentze/Kammel* 1993; *Wunderer/Schlagenhaufer* 1994; *Gerpott/Siemers* 1995). Personalcontrolling stellt sich hierbei als durchaus komplexer Prozess der Informationsbeschaffung, -verarbeitung, -speicherung und -übertragung dar. Es steuert gezielt die Abstimmung der verschiedenen Teilbereiche des Personalmanagements und dessen Ausrichtung in allen Organisationseinheiten auf übergeordnete Ziele und unternehmensspezifisch bzw. geschäftseinheitsbezogen präzisierte Standards.

Eine **multinationale Unternehmung** benötigt nicht nur in den Auslandsgesellschaften eine solide Informationsgrundlage für die Personalplanung, sondern auch eine effektive, grenzüberschreitend zugängliche Informationsbasis, die den Know-how-Austausch zwischen den dezentralen Einheiten ermöglicht (vgl. *Scherm* 1995, S. 120ff.). Traditionell steht Personalcontrolling in der Regel noch immer als Synonym für ein kostenbewussteres Personalmanagement. Nach wie vor ist eine detaillierte Kostenerfassung und -zurechnung für eine ökonomische Betrachtung des Personalmanagements unabdingbar.

Um eine Verbesserung der Gesamtzielerreichung zu realisieren, ist indes die Aufgabe der Unterstützung einer optimalen Wertschöpfung der Humanressourcen mindestens ebenso wichtig (vgl. *Wunderer/Jaritz* 1999).

Die **betriebliche Wertschöpfung** stellt die Differenz zwischen der betrieblichen Gesamtleistung und den von anderen Unternehmen bezogenen Vorleistungen dar. Sie ist eine in Geldeinheiten ausgedrückte Wertbewegungsgröße, die den Mehrwert deutlich macht, den eine Unternehmung erwirtschaftet hat.

Wertorientierung im Personalcontrolling bedeutet, den Personalbestand, Leistungsvermögen und Erfolgsursachen als wesentliche Maßgrößen und Wachstumsindikatoren ins Visier zu nehmen. **Leistung** wird dabei als das Ergebnis unternehmerischer Tätigkeit interpretiert, die auch durch nichtmonetäre Größen gekennzeichnet ist.

Ein **wertorientiertes Personalcontrolling** muss ganz zentral Kennzahlen aus den Bereichen Arbeitsproduktivität, Einstellungen (Unternehmenskultur/„Commitment"), Kompetenzen, Arbeitszufriedenheit, Verhalten als Folge personaler und struktureller Führungsmaßnahmen, Wertschöpfungsprozess, Innovation und Lernen generieren und für Zwecke der Unternehmenssteuerung und des Personalmanagements zur Verfügung stellen mit dem Ziel, die wichtige Rolle von **Investitionen in Humankapital** zu verdeutlichen und Messgrößen hierfür bereitzustellen. Mit wachsender Internationalisierung eines Unternehmens (Direktinvestitionen, Gründung von Tochtergesellschaften im Ausland, Übernahme von Unternehmen, Erweiterungen des bestehenden globalen Unternehmensnetzwerkes) steigt die Komplexität personalwirtschaftlicher Aktivitäten und die Notwendigkeit, Transparenz in Bezug auf die Humanressourcen und das Personalmanagement als Voraussetzung für aktives Handeln zu schaffen.

2 Personalwirtschaftliche Kennzahlensysteme

Kennzahlen repräsentieren allgemein jene Maßgrößen, die in schlechtstrukturierten Entscheidungssituationen auf konzentrierte und knappe Weise Informationsfunktionen erfüllen. Sie sollen dazu beitragen, über einen bestimmten Aufgabenbereich der Unternehmung schnell und präzise zu informieren, „[...] für den prinzipiell eine Vielzahl relevanter Einzelinformationen vorliegt, deren Auswertung jedoch für bestimmte Informationsbedarfe zu zeitintensiv und aufwendig ist" (*Weber* 1988, S. 73). Durch Kennzahlenbildung kann die Essenz der betrieblichen Datenflut verdichtet, dokumentiert und im Zeitablauf verfolgt werden. Kennzahlen sollten einen starken **Entscheidungsbezug** aufweisen, d.h., Kennzahlen sind auf ihren praktischen Anwendungsbezug hin zu definieren. Mit der Hilfe von Kennzahlen können personalwirtschaftliche Ziele und Aufgabenstellungen operationalisiert werden. Auf diese Weise wird eine Basis für weitere Planungsschritte und für die Aufstellung von Kontrollstandards geschaffen. Kennzahlen können so im personalwirtschaftlichen

Planungsprozess als Impulsgeber für die Identifikation von Problemen dienen. Nicht selten wird ein Entscheidungsträger erst durch Kennzahlen auf bestimmte Probleme aufmerksam. Ein **personalwirtschaftliches Kennzahlensystem** (vgl. *Schulte* 1989) kann als eine geordnete, auf einen einheitlichen Sachverhalt ausgerichtete Gesamtheit personalwirtschaftlich relevanter Kennzahlen unterschiedlicher Komplexität aufgefasst werden, die sich gegenseitig ergänzen und zum Teil erklären.

Bei der Gestaltung eines personalcontrollingbezogenen Kennzahlensystems sind im wesentlichen folgende **Anforderungen** zu beachten:

- Das personalwirtschaftliche Kennzahlensystem muss wesentliche Informationen (Grunddaten) für gängige Aufgabenstellungen im personalwirtschaftlichen Zielsystem vollständig und in geordnetem Zusammenhang laufend bereithalten.
- Das Kennzahlensystem sollte flexibel gestaltet werden, so dass neue Tatbestände Berücksichtigung finden können.
- Die Daten des Kennzahlensystems müssen aus ihren ursprünglichen Quellen ableitbar sein.
- Die historische Entwicklung der einzelnen Kennzahlen des Systems muss erkennbar sein. Die zu erfassenden Größen, Ermittlungsmethoden und Quellen sollten genau festgelegt werden.
- Es empfiehlt sich dringend, den Zeit- und Kostenaufwand für die Beschaffung und Analyse von Daten als Basis für die Kennzahlenbildung zu berücksichtigen.

Durch eine regelmäßige „Datenpflege" in Kennzahlensystemen wird ein **Zeitvergleich** möglich, der Langzeitentwicklungen der Kennzahlen aufzeigt und damit ungewöhnliche Entwicklungen anzeigen kann. Eine solche „Kennzahlenhistorie" kann wertvolle Impulse und Hinweise für Problem- und Abweichungsanalysen geben. Zweckmäßig ist ferner ein **Soll-Ist-Vergleich**, d.h. der Vergleich von personalwirtschaftlichen Ist-Werten eines Objekts mit eigenen Vorgaben, aber auch mit entsprechenden Sollzahlen gleichstrukturierter anderer Objekte (z.B. Branchendurchschnitt, vergleichbares Konkurrenzunternehmen). Bei **„Interobjektvergleichen"** (innerbetriebliche Teilbereiche des Stammhauses, Auslandstöchter, Konkurrenz, „Benchmarking", Branche, Gesamtwirtschaft) ist besonders auf die materielle und formelle Vergleichbarkeit der Kennzahlen zu achten.

Während sich die Kosten-Kennzahlen in der Regel direkt erfassen lassen, kann die Outputdimension personalwirtschaftlicher Aktivitäten oft nur über (schlussfolgernde) Indikatoren operationalisiert und auf diese Weise einer Messung zugänglich gemacht werden. **Indikatoren** kommen immer dann zum Einsatz, wenn sich die zu messende Realität aufgrund ihrer Komplexität einer umfassenden, objektiv nachprüfbaren Erfassung und Bewertung entzieht. Bei den Indikatoren handelt es sich allgemein um Maßgrößen, die die Realität lediglich ausschnittsweise bzw. stellvertretend abbilden. Als schlussfolgernde Indikatoren gelten solche, bei denen von unterschiedlichen Merkmalsausprägungen auf das Vorliegen bestimmter Sachverhalte geschlossen werden kann.

Im Personalmanagement geht es zentral darum, die mannigfaltigen Nutzenwirkungen bestimmter Maßnahmen zu erfassen und dabei die Subjektivität in der Bewertung zurückzudrängen. Dabei kann die begrenzte Validität, die durch die Reduktion auf bestimmte Ausschnitte bedingt ist, auf dem Wege der Heranziehung einer Vielzahl unterschiedlicher Indikatoren zumindest teilweise kompensiert werden, wenn ein möglichst breites Spektrum relevanter Informationen Berücksichtigung findet.

Das idealtypische Vorgehen zur Entwicklung eines **unternehmensspezifischen Personalkennzahlensystems** zeigt die Abbildung 1. Zunächst werden Soll- und Ist-Werte, Beobachtungsbereiche sowie Vergleichsobjekte ermittelt. Analysezweck, Verfügbarkeit, zeitlicher und kostenmäßiger Aufwand und Eignung des Indikators zur Abbildung eines bestimmten Beobachtungsbereiches bestimmen dabei das Ergebnis. Die Schwierigkeiten einer qualitativen Evaluation im Personalbereich und die Erkenntnis, dass immer differenziertere und nur scheinbar aussagekräftigere Kennzahlen die Wertschöpfung nicht automatisch erhöhen, bedingen, sich bei der Systemgestaltung auf das Wesentliche zu beschränken, d.h., alle Maßnahmen der Kennzahlengenerierung und Evaluation sollten in einem unmittelbaren Zusammenhang zum Zielsystem des Personalmanagements stehen. Die konstituierende Frage nach der Festlegung/Operationalisierung von einzelnen Kennzahlen und deren Bewertung sollte, um mögliche Konflikte im Zusammenhang mit der Evaluation zu bewältigen, mit den Betroffenen und Beteiligten möglichst konsensual gelöst werden, z.B., indem wichtige „Stakeholder" des Unternehmens die Entwicklung eines Personalkennzahlensystems im Rahmen eines Workshops unter Involvierung einschlägiger (externer) Berater (neu-)institutionalisieren.

---

(1) Bestimmung und Gewichtung von Zielen, Aufgaben und insbesondere von strategisch relevanten Beobachtungsbereichen

(2) Identifikation von Personalkennzahlen, Indikatoren, Vergleichsobjekten, Sollwerten und Toleranzen

(3) Suche nach und Erschließung von Informationsquellen und Vergleichsgrundlagen

(4) Festlegung von Erhebungszeitpunkten/-räumen und Bearbeitern, Ausgestaltung von Informationskanälen und -verarbeitungsprozessen

(5) Darstellung und Dokumentation von Kennzahlenergebnissen und Übermittlung an die Adressaten

---

Abb. 1: Entwicklung eines unternehmensspezifischen Personalkennzahlensystems in fünf Schritten

3 Informationsbedarf und Kennzahlen der Stellenbesetzung

Zur Beschaffung personalrelevanter Informationen ist der Personalcontroller auf eine ausreichend exakte Kenntnis des spezifischen **Informationsbedarfs** in einer bestimmten Entscheidungssituation angewiesen. Dieser Bedarf lässt sich für Zwecke des internationalen

Personalmanagements keineswegs standardisieren. Es können allenfalls wichtige Informationskategorien hervorgehoben werden. Informationen über Personalbestände, den Personalbedarf und über den Arbeitsmarkt, künftige Qualifikationserfordernisse sowie Mitarbeitereinstellungen und -erwartungen sind wesentliche Informationskategorien, die um eine internationale Komponente zu erweitern sind. Die konkrete Festlegung des den weiteren Informationsprozess determinierenden Informationsbedarfs leitet sich im einzelnen aus der zu lösenden Aufgabenstellung ab.

Beispielsweise sollten grundlegend im Rahmen der **strategischen Personalplanung** im multinationalen Unternehmen folgende Daten erhoben werden:

- derzeitige und zukünftig zu erwartende Eigenschaften personaler Erfolgspotentiale multinationaler Unternehmen,
- soziale Auswirkungen personalpolitischer Maßnahmen im Rahmen von Unternehmensstrategien,
- Entwicklungen im ökonomischen, technologischen, kulturellen, rechtlich-politischen internationalen Umfeld des Unternehmens und in der Branche,
- strategisch interessierende Entwicklungen auf den nach Regionen differenzierten internationalen Arbeitsmärkten und
- länderspezifisch geprägte Erwartungen an spezifische Arbeitsplatzsituationen innerhalb der einzelnen Segmente des unternehmensinternen Arbeitsmarktes.

Unternehmensintern benötigt die Personalplanung u.a. Informationen für folgende Aufgaben:

- quantitative, qualitative, zeitliche und örtliche Bestimmung des Führungskräftebedarfs für die inländischen sowie ausländischen Organisationseinheiten des Unternehmens auf der Grundlage von strategischen Planungsüberlegungen über die Entwicklung des Unternehmens,
- Identifizierung von potenziellen Führungskräften für alle Managementpositionen und Planung ihrer beruflichen Weiterentwicklung (Quantität und Qualifikationsstruktur des Führungskräfte-„Pools"/Führungsnachwuchses),
- laufende Überwachung der Leistungsfähigkeit und der Altersstruktur der gegenwärtigen Inhaber von Führungspositionen,
- Planung der Nachfolge für alle Führungspositionen und Designation von potenziellen Nachfolgern sowie
- Festlegung von Beförderungen und Versetzungen, Weiterbildungsprogrammen, Entlohnungsstrukturen und einheitlichen Leistungsbewertungssystemen.

Basisdaten für Personalbedarfsermittlung und interne Maßnahmen der Personalbeschaffung, -auswahl und auch -entwicklung liefert eine genaue **Personalbestandsanalyse**.

Die Feststellung des gegenwärtigen quantitativen Personalbestandes bereitet dabei wenig Schwierigkeiten, da dieser sich aus dem Stellenbesetzungsplan ergibt. Weitere aktuelle Daten über die Personalstruktur, Personalbewegungen, internationale Personaleinsätze von

Mitarbeitern, Arbeitszeit, Gehälter etc. lassen sich aus der **Personalstatistik** entnehmen. Die Analyse des gegenwärtigen qualitativen Personalbestandes gestaltet sich schwieriger. Hierbei ist zunächst die Erfassung des aktuellen **Leistungspotentials** der Belegschaft von Bedeutung. Gegenstandsbezogen geht es zunächst um die tatsächlich bewiesene Leistungsfähigkeit, die der jeweilige Mitarbeiter (bzw. die bestimmte Arbeitsgruppe oder die Gesamtbelegschaft) auf seiner gegenwärtigen Stelle zum gegenwärtigen Zeitpunkt zeigt. Informationsquellen hierfür stellen insbesondere die regelmäßige **Personalbeurteilung** (Fähigkeitsprofile, Qualifikationsprofile etc.), aber auch die Personalstrukturstatistik dar. Neben dem tatsächlich eingesetzten Leistungspotential muss ergänzend auch das vorhandene, aber nicht genutzte und insofern latente Leistungspotential sorgfältig identifiziert, analysiert und Gründe für ein „Brachliegen" dieser Leistungsreserve erkundet werden.

Künftig zu erwartende Personalbewegungen sind in Abhängigkeit der verschiedenen Einflussfaktoren auf den Personalbestand (vgl. hierzu im einzelnen *Potthoff/Trescher* 1986, S. 36ff.) in kurzfristiger Sicht zwar relativ sicher voraussehbar, lassen sich langfristig allerdings auf der Basis von Personalstatistiken, Arbeitsmarktanalysen und gesamtwirtschaftlichen Prognosen nur vage abschätzen. **Länderanalysen** enthalten u.a. Informationen bezüglich einzelner nationaler Arbeitsmärkte, wie:

- Arbeitslosenquoten/Erwerbsquoten (differenziert),
- Arbeitsproduktivität, Arbeitskosten, Lohnstückkosten,
- Arbeitsmotivation, wirtschafts- und arbeitskulturelle Einstellungen,
- Ausbildungsgrad und Fähigkeiten für bestimmte Mitarbeitergruppen,
- Erwerbspersonenpotential, Vorhandensein von Spezialisten,
- Arbeitszeit,
- Einkommenshöhe/-struktur oder
- Bildungssystem, Weiterbildungs-Infrastruktur.

Voraussagen über die zukünftige Entwicklung des Leistungspotentials bereiten große Schwierigkeiten, weil auch hier eine Fülle von Einflussgrößen einschließlich der personalwirtschaftlichen Aktivitäten selbst eine bedeutende Rolle spielt. Die Grundlage bilden u.a. die Personalbeurteilung und die Ergebnisse von Mitarbeiterbefragungen, wobei Entwicklungspotentiale z.B. durch Assessment-Center abgeschätzt oder – sofern vorhanden – im Rahmen einer betrieblichen Sozialforschung relevante Aspekte der Leistungsfähigkeit und Leistungsbereitschaft über eine Analyse von Einstellungen, Bedürfnissen und Verhaltensweisen ermittelt und abgeschätzt werden.

Länderspezifisch lohnt sich – zumindest in komprimierter Form – die **Analyse des soziokulturellen Umfeldes** als Voraussetzung und Grundlage für die Vornahme rationaler Entscheidungen im multinationalen Unternehmen. Eine besondere methodische Schwierigkeit besteht allerdings darin, dass es sich hierbei um vorwiegend qualitative Daten handelt, die nur schwer und aufwendig zu ermitteln sind und außerordentlich vorsichtig interpretiert werden müssen.

Hinsichtlich konkreter Maßnahmen der **Personalbeschaffung** lassen sich z.B. folgende inputorientierte Kennzahlen ermitteln:

- direkte Kosten pro Bewerbungsgespräch,
- direkte Kosten pro Stellenbesetzung,
- Zeiteinsatz pro Stellenbesetzung,
- bewerteter Zeiteinsatz pro Stellenbesetzung und
- Gesamtkosten (direkte Kosten + bewerteter Zeiteinsatz) pro Stellenbesetzung.

Auf Basis der so gewonnenen Kennzahlen lassen sich (formale) Ist-Ist-Vergleiche, Soll-Ist-Vergleiche und Trend-Soll-Vergleiche und – weiterführend – Abweichungs- und Angemessenheitsanalysen erstellen. Die kostenbezogene Inputdimension der Personalbeschaffung ist dem Nutzen bzw. der Erfolgswirksamkeit von Personalbeschaffungsmaßnahmen gegenüberzustellen.

Die **Erfolgswirkungen** von Maßnahmen der Personalbesetzung sind empirisch schwer direkt beobachtbar, da eine kausale Zurechnung von einzelnen Maßnahmen und Beschaffungserfolgen in der Regel nicht vorgenommen werden kann. Dennoch lassen sich u.a. zwei Indikatoren für Effektivität und Effizienz von Beschaffungswegen heranziehen (vgl. *Schulte* 1989, S. 60ff.):

- Effektivität der Personalbeschaffung (Menge der Beschaffungsvorgänge pro „Beschaffungsmitarbeiter"): Die Beobachtung dieses Maßes für den Erfolg kostenintensiver Beschaffungsmaßnahmen im Soll-Ist-Vergleich, Zeitvergleich bzw. Betriebsvergleich ist sehr problematisch, da externe Einflüsse (Arbeitsmarktlage, Unternehmenskontexte) die Effektivität der Beschaffung determinieren.

- Effizienz der Beschaffungswege (Bewerbungen pro Beschaffungsweg xy; Vorstellungen pro Beschaffungsweg xy; Einstellungen pro Beschaffungsweg xy): Hierbei können für die Planung und Kontrolle der Personalbeschaffung Anhaltspunkte hinsichtlich der Bewertung alternativer Beschaffungswege gewonnen werden. So kann z.B. durch die laufende Überwachung von Bewerbungen, Vorstellungen und letztlich Einstellungen aufgrund von Stellenanzeigen in verschiedenen Zeitschriften auf die Qualität der Akquisitions-, Selektions- und Aktionswirkung geschlossen werden, allerdings nicht, ohne andere Einflussgrößen (Arbeitsteilmarktsituation, Image der Unternehmung etc.) zu berücksichtigen.

4 Kennzahlen der Personalentwicklung

Auch im Rahmen von **Personalentwicklung** und **betrieblicher Weiterbildung** in multinationalen Unternehmungen können Kennzahlen zur Durchführung von **Kosten-Nutzen-Analysen** herangezogen werden (vgl. auch *Cascio* 1991, S. 267ff.).

Lassen sich im Bereich der Kosten noch einigermaßen verlässliche Kennzahlen generieren, so ist die Bildung aussagekräftiger Kennzahlen im Bereich des **Qualifikationserfolges** weit schwieriger.

Die Personalentwicklung ist gekennzeichnet u.a. :

- in starkem Maße durch eine Zukunfts- und Langfristorientierung,

- durch das Erfordernis, eine Übereinstimmung der Qualifikationen mit den jetzigen und zukünftigen Anforderungen des Managements herzustellen und

- durch eine enge Einbettung in die Personal- und die Unternehmenspolitik; im Rahmen einer strategisch orientierten Personalentwicklung wird ein für die strategische Führung aktiv und passiv fähiges Mitarbeiterpotential aktiv erfasst, qualifiziert und eingesetzt.

Grundlegendes Ziel im multinationalen Unternehmen ist die Aneignung einer „internationalen Perspektive", d.h. die Förderung der Fähigkeit, betriebliche Entscheidungen unter Berücksichtigung der multinationalen Verpflichtung des Unternehmens zu treffen (vgl. *Schöllhammer* 1992, Sp. 1871). Gewährleistet werden muss v.a. die laufende Bereitstellung der entsprechend qualifizierten und motivierten Fach- und Führungskräfte in ausreichender Zahl. Wichtig ist die Vermittlung von Kenntnissen und Verhaltenstechniken zur zielkonformen Bewältigung **internationaler Managementaufgaben**. Dies betrifft z.B.

- das Erkennen von Normen, die soziale Situationen regulieren, wie z.B. Normen des Verhaltens gegenüber Vorgesetzten und älteren Personen,

- Einsichten in die kulturabhängige Rollenstruktur, z.B. die Erwartungen von Mitarbeitern an das Vorgesetztenverhalten,

- Fertigkeiten im Erfassen intentionaler Bedeutungen von Ausdrucksmerkmalen,

- Kenntnisse über das Selbstkonzept wichtiger Bezugspersonen, wie z.B. das Selbstkonzept von fremdkulturell geprägten Verhandlungspartnern, Vorgesetzten und Untergebenen sowie

- die Entwicklung eines fein abgestimmten Spürsinns für erwünschtes und unerwünschtes Verhalten in sozialen Interaktionssituationen, wie z.B. bei Erstbegegnungen, bei geschäftlich oder privat veranlassten Begegnungen.

Die **Erfolgskontrolle** in der Personalentwicklung erfüllt unterschiedliche Funktionen (vgl. *Hentze* 1994). Wichtigste Aufgabe ist die Ermittlung des Qualifikationserfolges, inwieweit also die möglichst operationalen Lernziele (als Kontrollstandards) erreicht und in der Praxis auch umgesetzt werden. Durch den Vergleich von Maßnahmen ergeben sich die Entscheidungsgrundlagen für alternative Programme und konkrete Hinweise für Verbesserungsnotwendigkeiten bestehender Konzepte. Ob im einzelnen die anspruchsvollen Ziele wie Kultursensibilisierung, Empathie, Motivation, partnerschaftlicher Umgang miteinander, Konflikthandhabung usw. zur Bewältigung interkultureller Managementaufgaben erreicht werden, lässt sich nur schwer ermessen. Denn bei dem Versuch der Messung der Zielwirksamkeit von Trainingsmaßnahmen ist neben der Bestimmung maßgeblicher (v.a. qualitativer) Indikatoren der Messzeitpunkt besonders sorgfältig auszuwählen, da Bildungsaktivitäten im Rahmen internationaler Personaleinsätze und der Führungskräfteentwicklung erst mit längeren zeitlichen Verzögerungen nach Abschluss von Trainingsmaßnahmen angewandt und tatsächlich wirksam werden können. Bei der Erfolgsmessung des Trainingstransfers in die Praxissituation tritt generell das **Problem der Erfolgszurechnung** auf. Es ist zu beurteilen, ob die Kenntnisse und Fertigkeiten des Ausgebildeten auf die Bildungsmaßnahme selbst oder auf Einflüsse außerhalb gezielter Bildungsmaßnahmen zurückzuführen sind.

Die Kontrolle des Qualifizierungserfolges zielt darauf ab zu überprüfen, ob und inwieweit der Kenntnisstand und die Fähigkeiten der Mitarbeiter an durch Internationalisierungsstrategien des jeweiligen Unternehmens geprägte Qualifikationsanforderungen ständig angepasst werden und eine ausreichende Versorgung der Unternehmung mit fachlich, methodisch und sozio-kulturell qualifizierten Mitarbeitern sichergestellt wird. Hinweise hierzu ergeben sich aus Indikatoren wie

- Qualifikationsstruktur,
- Weiterbildungsquote des Fach- und Führungspersonals,
- Zahl der Weiterbildungstage und -programme pro Jahr,
- Zahl der Mitarbeiter, die in Personalentwicklungsprogramme involviert sind,
- Zahl der Trainingseinheiten je Inhaltsbereich (z.B. Marktkenntnisse, interkulturelles Training),
- Struktur der Bildungsmaßnahmen,
- Vergleichsdaten von weitergebildeten Mitarbeitern und Mitarbeitern ohne Bildungsmaßnahmen,
- Daten aus Leistungstests nach Trainingsmaßnahmen,
- verbesserte Servicequalität/Kundenzufriedenheit und
- verbesserte soziale/kulturelle Kompetenz und Teamwork.

In qualitativer Hinsicht lassen sich Lernfeld („pädagogische Erfolgskontrolle"), Funktionsfeld („Wenden die Mitarbeiter das Gelernte tatsächlich an?") und die betriebliche Ebene („Performance Verbesserung: Profitiert die Unternehmung vom Gelernten?") unterscheiden. **Pädagogische Erfolgskontrollen** sind wesentlich einfacher durch direkte Abprüfung des Gelernten vornehmbar als „Performance"-Ergebnisse (**ökonomische Erfolgskontrolle**), die durch vielfältige Einflüsse – nicht nur durch Personalentwicklung – zustande kommen. Dennoch ergeben sich im Hinblick auf den Praxistransfer wertvolle Informationen für die Gestaltung der Personalentwicklungsmaßnahmen. Systematische Methoden sind neben Fragebögen, Tests, Beobachtungen am Arbeitsplatz insbesondere längerfristig die Personalbeurteilungen und Potenzialeinschätzungen von individuellen Mitarbeitern und Teams.

Kostenarten im Bildungsbereich sind:

- Kosten externer Bildungsmaßnahmen (unter anderem Seminargebühren, Kosten für ausgefallene Arbeitszeiten, Verwaltungskosten),
- Kosten interner Bildungsmaßnahmen außerhalb des Arbeitsplatzes (z.B. Honorare externer Referenten, Lehrmittel, anteilige Gehälter interner Referenten) und
- Kosten interner Bildungsmaßnahmen am Arbeitsplatz (z.B. durch Unterweisung und Schulung durch den Vorgesetzten).

Zur Beurteilung der Weiterbildungskosten, für Kostenvergleiche und als Basis für detaillierte Abweichungs- bzw. Angemessenheitsanalysen können z.B. folgende Kennzahlen von Nutzen sein:

- Kosten der Weiterbildung je Kopf nach Mitarbeitergruppen,
- Kosten der Weiterbildung je Geschäftsjahr in Prozent der Lohn- und Gehaltssumme (getrennt nach Arbeitern und Angestellten),
- Anteil der Aufwendungen für die Ausfallzeiten am gesamten Weiterbildungsaufwand,
- Anteil der Weiterbildungskosten an den Gesamtpersonalkosten,
- Kosten der durchgeführten Trainingseinheit und
- Kosten pro Weiterbildungsstunde.

Nicht alle Kostenarten lassen sich zuverlässig und exakt bestimmen. Das gilt besonders für **Opportunitätskosten**, die Kosten nicht genutzter Kapazität aufgrund einer Teilnahme an Bildungsmaßnahmen darstellen.

5 Führungseffizienz und „Commitment"

Ein zentraler Index des Führungserfolges, durch dessen Eintreten direkt oder indirekt zum Gesamterfolg einer Organisation bzw. Unternehmung beigetragen werden soll, ist die Effizienz. Unter **Effizienz** kann die Erreichung eines Zieles bzw. die Lösung einer Aufgabe mit möglichst geringem Aufwand verstanden werden. Bei der Beurteilung von **Führungseffizienz** ist festzulegen, wie die personalführungsinduzierten Einsatzgrößen zu den zielbezogenen Outputgrößen in Relation stehen. Effizienz stellt aber so lange eine Leerformel dar, bis der Zielbeitrag (Nutzen, „Output" einer Maßnahme) und der damit verbundene Aufwand problemadäquat inhaltlich näher konkretisiert werden.

Die Ableitung von Effizienzvariablen aus dem zunächst recht vagen Konstrukt der (Gesamt-)Effizienz impliziert, zweckbezogen operationale Indikatoren(-systeme) zu entwickeln, die in der Realität beobachtbare und messbare Äquivalente einzelner Effizienzdimensionen darstellen. Was im Einzelnen gemessen werden soll, hängt vom angestrebten Ziel des Messenden ab. Bei der **Auswahl von Messkriterien** kommen viele Faktoren aus dem Bereich Wissen, Fähigkeiten und Verhalten in Frage. Die wichtigsten leiten sich aus den Zielen der jeweiligen Organisation ab. Kriterienkataloge sind von daher auf die situativen Voraussetzungen der jeweiligen Organisation maßzuschneidern. Die gewünschte Eindeutigkeit von Ziel und Effizienz geht in der Realität allerdings häufig dadurch verloren, dass das Ziel auf einem höheren Abstraktionsniveau formuliert ist. Subjektivität bei der Deduktion kann auch bei einer nachvollziehbaren „theoriegeleiteten" Bestimmung von Effizienzvariablen nicht völlig ausgeschlossen werden, da in Ermangelung von Gesetzmäßigkeiten Plausibilitätsüberlegungen zugrunde liegen, wenn schließlich auf dem Wege der Disaggregation hierarchisch strukturierte, stufenweise konkretisierte Effizienzvariablensysteme entwickelt werden. Vergleichsweise wesentlich höher ist die Gefahr mangelnder Validität bei der Ermittlung von Effizienzvariablen allerdings, falls allein „Vor-Urteile", Wertvorstellungen oder Praktikabilitätsüberlegungen (in der Praxis wie in der Forschung) die Auswahl determinieren. Hinzu kommt, dass je mehr schwer operationalisierbare qualitative Tatbestände zur Effizienzmessung herangezogen werden, desto mehr Interpretationsspielräume ergeben sich.

Vereinfachende Kennzahlen lassen sich nicht mehr angeben, wenn es um verhaltensdeterminierende Einstellungen bzw. „**Commitments**" geht. Letztere beschreiben die individuelle Identifikation mit, Loyalität zu und langfristige Involvierung in eine(r) bestimmte(n) Unternehmung. Commitment ist gekennzeichnet durch

- eine uneingeschränkte Akzeptanz der Unternehmensziele und -werte und
- eine hohe Bereitwilligkeit, sich uneingeschränkt engagiert für die Unternehmung einzusetzen.

Es beinhaltet also statt rein passiver Loyalitätsbekundungen eine „aktive Beziehung" mit der Organisation dahingehend, dass „individuals are willing to give something of themselves in order to contribute to the organization's well being" (*Modway/Steers/Porter* 1979, S. 226).

Zur operationalen Messung der Führungseffizienz lassen sich Indikatoren aus fünf Variablen-Komplexen heranziehen (*Witte* 1995). Die **Leistungseffizienz** (ökonomische Effizienz) kann unterteilt werden in:

(1) die **Effizienz des Leistungsergebnisses** (generelle ökonomische Effizienz), z.B.:

- Gewinn,
- Rentabilität,
- Produktivität,
- Produkt-Marktanteil,
- Umsatzwachstum,
- kundengerechte Qualität der Leistung;

(2) die **materielle Leistungsprozesseffizienz**, z.B.:

- Planabweichungen,
- Ausschuss,
- Leistungsqualität,
- Liefertreue,
- Reklamationen;

(3) die **immaterielle Leistungsprozesseffizienz**, z.B.:

- Problemlösungsgenauigkeit,
- Innovationsbereitschaft,
- Partizipationsbereitschaft,
- Zielbestimmtheit,
- Problemlösungszeit und
- Zahl und Qualität generierter Handlungsalternativen.

Die **Personeneffizienz** (soziale Effizienz) lässt sich differenzieren in:

(4) **arbeitsbezogene Einstellungen**, z.B.:

- Arbeitszufriedenheit,
- Initiative,
- Fehlzeitenrate,
- Fluktuationsquote;

(5) **individualbezogene Einstellungen**, z.B.:

- Beziehungsorientierung,
- Leistungsmotivation,
- Kooperationsbereitschaft,
- Konflikthäufigkeiten und
- Vertrauen.

Die **Gesamteffizienz der Führung** kann als Erreichungsgrad der Integrationsleistung von unterschiedlichen Bedürfnissen und Zielen definiert werden. Während die Leistungseffizienz multipersonal-arbeitsteilig bestimmt ist und selten Einzelpersonen (den Führenden) zurechenbar ist, bezieht sich speziell die Personeneffizienz auf das erfolgswirksame Handeln (Input) von Führungskräften. Häufig wird man hier auf subjektive Beurteilungen von Vorgesetzten, Kollegen und Mitarbeitern sowie Selbsteinschätzungen der Betroffenen zurückgreifen müssen, sollen etwa Problemlösungsverhalten, Initiative, Kooperationsbereitschaft, Konfliktlösung, Organisationstalent, Motivation von Mitarbeitern, Flexibilität, Förderung der Gruppenkohäsion, Verbesserung der Arbeitsbedingungen und anderes mehr beurteilt werden. Zur Erfassung von Arbeitszufriedenheit, der Akzeptanz der Vorgesetzten, von „Commitment", der Einschätzung von Arbeitsbedingungen und Entwicklungsmöglichkeiten wird man üblicherweise mit Fragebögen oder Interviews arbeiten. Objektivere Indikatoren bilden beispielsweise Fluktuations- und Absentismusraten, Beschwerden gegenüber der Unternehmensleitung, Bitten um Versetzung, signifikante Arbeitsverlangsamung („Dienst nach Vorschrift" aufgrund „innerer Kündigung" durch Führungsfehler).

Bei Analyse, Interpretation und Intervention im Bereich der Personalführung in multinationalen Unternehmen muss stets der jeweilige relevante **kulturelle Kontext** (mentale „Programme" der Mitarbeiter, kulturspezifische Werthaltungen, Unternehmenskultur in einzelnen Tochtergesellschaften, vorherrschende Führungsstile, Arbeitsmotivation) Berücksichtigung finden. Bei der Konzeptionalisierung, Veränderung und Implementierung von Führungs- und Anreizsystemen ist demnach auf die Kompatibilität mit den jeweils vorherrschenden kulturspezifischen Wertvorstellungen und Motiven zu achten. Dies gestaltet sich insofern schwierig, weil weder die im wesentlichen in den USA entwickelten **Motivationstheorien** universell und somit ohne weiteres interkulturell übertragbar sind noch sehr konkrete kulturspezifische Forschungsergebnisse Hilfestellung für die Ausgestaltung geben können (vgl. hierzu grundlegend *Hofstede* 1980).

6 Defizite personalwirtschaftlicher Kennzahlensysteme

Personalkennzahlen bestechen durch Operationalität und Komprimierung komplexer personalwirtschaftlicher Realität. Der Personalcontroller sollte aber eine kritische Distanz im Umgang mit Kennzahlen wahren, da bei ihrer Anwendung zahlreiche Gefahren aus **konzeptionellen, messtheoretischen** und **anwendungsbezogenen Mängeln** entstehen können. Auf diese Weise bleibt die Eignung der quantitativen Maßgrößen im Hinblick auf die Zielsetzung häufig offen, und es kann nicht von der Annahme ausgegangen werden, dass die Maßgrößen eindeutig, zuverlässig und adäquat sind. Den Vorteilen des Einsatzes von Kennzahlen als Instrument komprimierter Darstellung und Übermittlung quantifizierbarer ergebnisorientierter Informationen steht speziell im Personalmanagement die maßgebliche Restriktion nur teilweiser **Operationalisierungsmöglichkeiten** personalwirtschaftlicher Leistungen (Outputs) gegenüber. Falls eine Operationalisierung dennoch gelingt, stehen oft geeignete Vergleichszahlen bzw. Referenzwerte nicht zur Verfügung. Bei Abweichungen und daraus entstehenden Interpretationsproblemen gibt es meist keine Regeln, die eine eindeutige Beurteilung gewährleisten. Besonders dann, wenn Kennzahlen in einer Erklärungsabsicht verwendet werden, bleibt unklar, unter welchen Bedingungen die Erklärung Gültigkeit besitzt. Daraus resultiert, dass eine problemadäquate Interpretation zufallsabhängig ist.

Eine inhaltliche Zuordnung von Leistungen zu Kosten ist zumeist schwierig, da selten **Kausalbeziehungen** zwischen Input (personale Maßnahmen/Programme) und Output (verbesserte zielwirksame Leistungen der Mitarbeiter) bestehen. Außerdem lässt sich die **Gesamtwirkzeit** personalwirtschaftlicher Maßnahmen nicht exakt prognostizieren und ihr periodenmäßiger Anteil nicht hinreichend abschätzen. Schließlich sind behelfsweise subjektive Bewertungen des Nutzens bzw. der Erfolgswirksamkeit personalwirtschaftlicher Maßnahmen und Kennzahlen häufig sehr willkürlich und werden im Unternehmen individuell und (interessen-)gruppenbezogen unterschiedlich interpretiert. Defizite in den **verhaltenstheoretischen Grundlagen** verhindern die genaue Abschätzung der Wirkungen bestimmter Maßnahmen.

7 Fazit

Zweifelsohne informieren **Personalkennzahlensysteme** als überschaubares Mengengerüst absoluter bzw. relativer Zahlen und Indikatoren über personalbezogene Sachverhalte im multinationalen Unternehmen und sind wesentlicher Bestandteil eines wertorientierten Personalcontrolling. Es darf aber nicht allzu sehr in den Hintergrund gedrängt werden, dass es sich bei Kennzahlen um Abstraktionen vom Inhalt und von der Komplexität konkreter Erscheinungen handelt, qualitative Zusammenhänge zu wenig berücksichtigt werden und oft lediglich auf Plausibilitätsüberlegungen beruhende, wissenschaftlich aber unbegründete Spekulationen zwischen Kennzahlen bzw. gemessenen Wirkungen und deren Ursachen für die Personalpraxis bestehen. Die Gestaltung von Personalkennzahlensystemen kommt ohne **kritische Reflexion** nicht aus und ist informatorisch möglichst zu ergänzen durch Erkenntnisse theoretischer Erklärungsansätze und der Personalforschung, um aussagekräftige

(Kausalitäts-)Annahmen über erfolgssteuernde Variablen und zentrale Variablen-Verknüpfungen zu erhalten.

Literatur

Cascio, W.F. (1991): Costing Human Resources: The Financial Impact of Behavior in Organizations, 3. Aufl., Boston (Kent Publishing).

Gerpott, T.J./Siemers, S.H. (Hrsg.) (1995): Controlling von Personalprogrammen, Stuttgart (Schäffer-Poeschel).

Hentze, J. (1994): Personalwirtschaftslehre 1, 6.Aufl., Bern et al. (Haupt).

Hentze, J./Kammel, A. (1993): Personalcontrolling, Bern/Stuttgart/Wien (Haupt).

Hofstede, G.(1980): Motivation, Leadership, and Organization: Do American Theories Apply Abroad? In: Organizational Dynamics, Vol. 8 (1980), Summer, S. 42-63.

Mowday, R.T./Steers, R.M./Porter, C.W. (1979): The Measurement of Organizational Commitment, in: Journal of Vocational Behavior, Vol. 14 (1979), S. 224-247.

Potthoff, E./Trescher, K. (1986): Controlling in der Personalwirtschaft, Berlin/New York (de Gruyter).

Scherm, E. (1995): Internationales Personalmanagement, München/Wien (Oldenbourg).

Schöllhammer, H. (1992): Personalwesen im multinationalen Unternehmen, in: *Gaugler, E./Weber, W.* (Hrsg.), Handwörterbuch des Personalwesens, 2. Aufl., Stuttgart, Sp. 1863-1880.

Schulte, Ch. (1989): Personal-Controlling mit Kennzahlen, München (Vahlen).

Weber, J. (1988): Einführung in das Controlling, Stuttgart (Schäffer-Poeschel).

Witte, E. (1995): Effizienz der Führung, in: *Kieser, A./Reber, G./Wunderer, R.* (Hrsg.), Handwörterbuch der Führung, 2. Aufl., Stuttgart, Sp. 263-276.

Wunderer, R./Jaritz, A. (1999): Unternehmerisches Personalcontrolling – Evaluation der Wertschöpfung im Personalmanagement, Neuwied (Luchterhand).

Wunderer, R./Schlagenhaufer, P. (1994): Personal-Controlling, Stuttgart (Schäffer-Poeschel).

Strukturwandel und Prozessoptimierung als Voraussetzungen für E-Business im Personalmanagement

Ursula-Christina Fellberg

Vorbemerkung

Moderne Informationstechnologien und E-Business-Szenarien eröffnen der Personalarbeit in Unternehmen völlig neue Chancen und Möglichkeiten. Hohe Flexibilität von Prozessketten in virtuellen Strukturen wird zum entscheidenden Wettbewerbsfaktor im Personalmanagement. Die erforderliche Anpassung an die Anforderungen globalisierter Märkte und weltweit vernetzter Strukturen sowie die personalisierte Dienstleistung im Personalbereich können jedoch nur dann sinnvoll technisch umgesetzt werden, wenn die organisatorischen Basisstrukturen dies erlauben. Ein Paradigmenwechsel im Organisations- und Rollenverständnis sowie in der Technologie (hin zur Web-Technologie) ist daher unumgänglich.

1 Wandel von Strukturen zu Prozessen

Gewachsene Strukturen im Personalbereich gründen auf der traditionellen Aufbauorganisation. Abhängig von Größe und Aufbau des Personalbereichs werden klassische Themengebiete wie beispielsweise „Beschaffung", „Betreuung", „Personalentwicklung", „Grundsatzfragen" oder „Lohn und Gehalt" durch einzelne Ressorts oder Referate abgedeckt, die klar voneinander getrennte Ziele und Aufgabenfelder haben. Im Gegensatz hierzu steht der ablauforientierte Organisationsansatz auf Basis des Geschäftsprozessmodells. Basisaktivitäten und Kernprozesse wie Personalplanung oder Personalbeschaffung werden getrennt von Unterstützungsprozessen (Personalwirtschaftliche Instrumente, Personalcontrolling) dargestellt. Die Prozessorientierung dient durch die höhere Transparenz der Arbeitsabläufe, die flacheren Organisationsstrukturen, den Dezentralisierungseffekt und den geringeren Ressourcenverbrauch der Effizienzsteigerung. Es entstehen neue Freiräume, die strategisches Handeln, interne Beratungsaufgaben, Serviceorientierung und die Optimierung personalwirtschaftlicher Instrumente in den Mittelpunkt der Personalarbeit rücken lassen.

Doch welche Arbeitsabläufe lassen sich in Prozessen darstellen und optimieren? Grundsätzlich ist jeder Prozess als „Abfolge von Aktivitäten, die inhaltlich einen Geschäftsvorgang vom Anstoß bis zum Ende verbindlich und sequentiell abbilden" zu verstehen. Die Prozessoptimierung beschreibt die Summe aller Maßnahmen, die dazu dienen, einen Prozess bezüglich Qualität, Wirtschaftlichkeit und Durchlaufzeit zu verbessern, das heißt nicht wertschöpfende Bestandteile zu ändern oder zu entfernen. Zu den wesentlichen Prinzipien prozessorientierter Gestaltung gehören:

- die bereichsübergreifende Betrachtung des Gesamtprozesses mit allen zugehörigen Aktivitäten, also nicht nur die Suboptimierung einzelner Prozessabschnitte,
- die einmalige Erfassung von Daten an ihrem Entstehungsort,
- die Vermeidung von Medienbrüchen innerhalb des Arbeitsprozesses,
- die Minimierung von Kontrollfunktionen sowie
- die Durchgängigkeit der Prozesse.

Über ein hohes Optimierungspotenzial verfügen Abläufe, die:

- einen hohen administrativen Anteil haben (Lohn- und Gehaltsabrechnung, Zeitwirtschaft, Reisekostenabrechnung).
- mit Wiedervorlagen, Dokumentenverwaltung, Abstimmungen und Kontrollen verbunden sind (Personalbeschaffung, Veranstaltungsmanagement).
- einen hohen Papierumlauf haben, der durch elektronischen Informationsfluss ersetzt werden kann (Qualifizierungsmaßnahmen, Personalbeschaffung).
- der Unterstützung beim Einsatz personalwirtschaftlicher Instrumente mit hohem Beratungsanteil dienen (personenbezogene Grunddaten beim Mitarbeitergespräch).

Ausschlaggebend bei der Umgestaltung der Arbeitsabläufe ist jedoch das Verständnis und der Wille aller Beteiligten, das Personalmanagement von der Beschränkung auf funktionsorientierte, administrative Aufgaben zu lösen und zur prozessorientierten, ganzheitlichen und innovativen Personalarbeit zu kommen. Für die Mitarbeiterinnen und Mitarbeiter bedeutet dies die Bereitschaft, Prozessverantwortung zu übernehmen, sich mit neuen Leistungsmaßstäben zu identifizieren, die Fähigkeit zur Kommunikation und Konfliktlösung weiter zu entwickeln und das personalfachliche Wissen zu stärken. Nicht zuletzt bedeutet die Festlegung von organisatorischen Randbedingungen bei der Umsetzung auch das Definieren und Festlegen von Rollen, da die Grenzen der bisherigen Zuständigkeits- und Sachgebiete mit der Prozessorientierung fließend werden. So muss jede künftige Rolle in Bezug auf Organisation, Verhalten und Arbeitsergebnisse in der Personalorganisation definiert werden, um die Veränderung der Arbeitsweise konzipieren und umsetzen zu können. Im organisatorischen Bereich sind Einbindung und Verantwortlichkeiten zu klären, im Verhaltensbereich sind Kompetenzen, Fähigkeiten, Wissen und die Nutzung der Arbeitszeit abzustimmen und im Ergebnisbereich die Perspektiven (Kundenperspektive, persönliche Perspektive, Innovationsperspektive), die Kostenaspekte und die Zielsetzung einzugrenzen. Dabei sind die Rollen von Aufgabenträgern und Stellenplänen unabhängig; sie beschreiben die Zusammenfassung von logisch zusammenhängenden Aufgaben – hierbei kann eine Rolle mehrfach besetzt sein oder ein Aufgabenträger mehrere Rollen einnehmen.

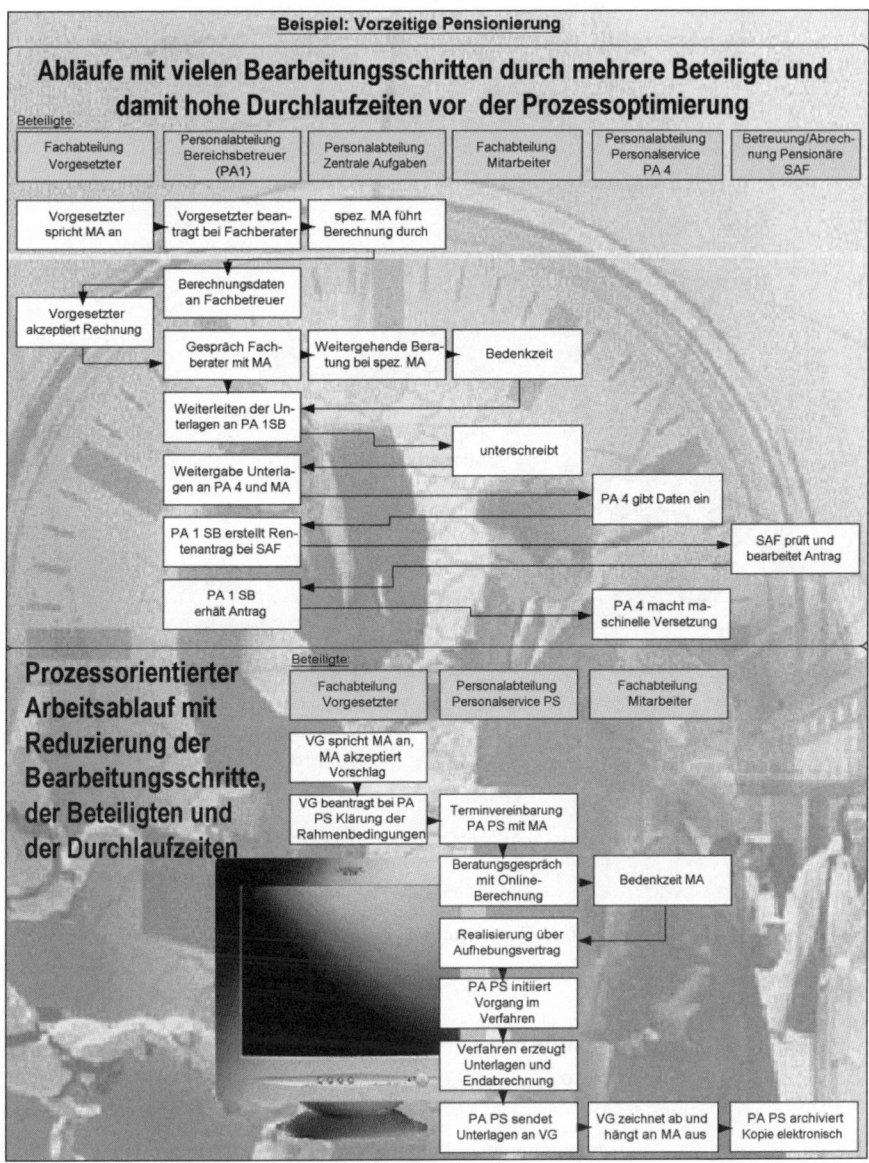

Abb. 1: Vorzeitige Pensionierung

Um das prozessorientierte Denken und Handeln zu erreichen, muss die gesamte Personalarbeit und deren Unterstützung durch Informationstechnologien (IT) an die Unternehmenspolitik angepasst werden. Schnellere und kürzere Prozessabläufe sind zu beschreiben und umzusetzen, die Mitarbeiter in die IT-technischen Prozessabläufe einzubinden, Sachbearbeiter zu internen Beratern und Prozessverantwortlichen zu schulen, die Verantwortung entsprechend zu übertragen und das Arbeiten in Rollen und wechselnden Teams zu erlernen – kurz: alle Beteiligten müssen lernen, im Gesamtprozess zu denken und zu handeln.

Abb. 2: Prozessgestaltung tangiert unterschiedliche Bereiche

2 Prozessdesign in der Wertschöpfungskette des Personalmanagements

Die Praxis zeigt, dass sich hochkomplexe Aufgaben wie die Prozessoptimierung der Personalarbeit am besten mit Hilfe eines Leitfadens „im Griff" halten lassen. Dieser Leitfaden zerlegt die Personalprozesse innerhalb des Personalmanagements in einzelne Abschnitte, gibt eine Kurzbeschreibung der Prozesse, identifiziert die Ereignisse, auf die das Personalmanagement reagieren muss und modelliert die heutigen und zukünftigen Personalprozesse. Frei gestaltete Prozessflussdiagramme dienen der Dokumentation des Projektverlaufs. Inhaltlich teilt sich der Leitfaden für die Prozessoptimierung in drei Kernbereiche auf:

- Personalprozess-Leitmodell,
- Personalprozess-Modell und
- Personalprozess-Performancemodell.

Das **Leitmodell** hat 2 Aufgaben:

Es beinhaltet die Beschreibung einer überzeugenden Vision und Handlungsbegründung, um den gesellschaftlichen Wandel im Personalmanagement zu vollziehen. Dazu sollte eine Vision knapp, aber einprägsam formuliert und ein Leitbild geschaffen werden. Das Leitbild sollte eine Kurzbeschreibung künftiger Personalarbeit enthalten. Ferner stellt es Prinzipien für die Prozessgestaltung auf und beschreibt Randbedingungen sowie Annahmen für Festlegungen künftiger Veränderungen.. Beide Aufgaben bilden die Voraussetzungen dafür, dass die zukünftigen Personalprozesse auch tatsächlich im Einklang mit der gesamten Unternehmensvision stehen. Eine überzeugende Vision und Handlungsbegründung motiviert den Wandel im Geschäftsfeld Personal und zeigt den erwarteten Nutzen auf. Prinzipien bilden die „Spielregeln", die als Richtschnur für nachfolgende Entscheidungen und Maßnahmen dienen.

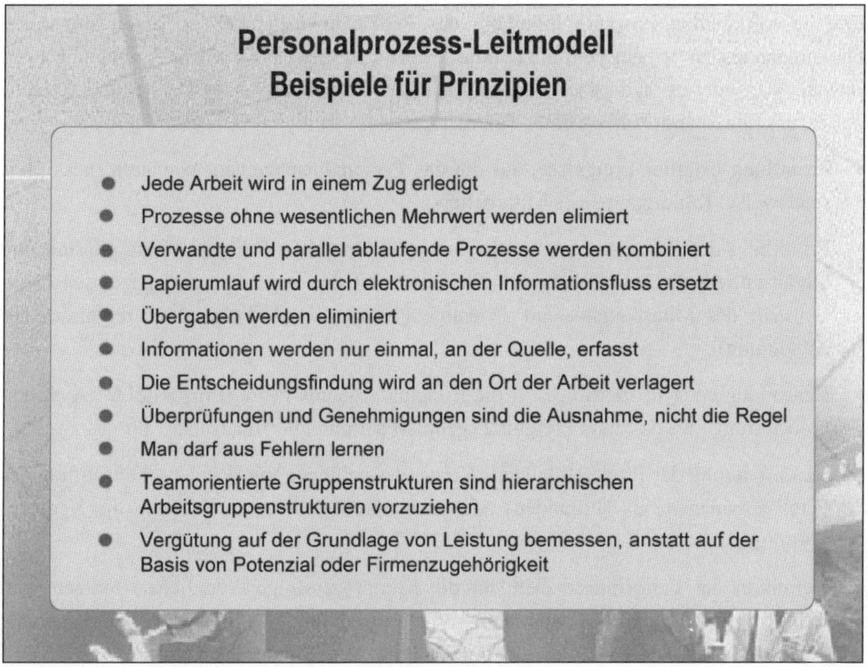

Personalprozess-Leitmodell
Beispiele für Prinzipien

- Jede Arbeit wird in einem Zug erledigt
- Prozesse ohne wesentlichen Mehrwert werden elimiert
- Verwandte und parallel ablaufende Prozesse werden kombiniert
- Papierumlauf wird durch elektronischen Informationsfluss ersetzt
- Übergaben werden eliminiert
- Informationen werden nur einmal, an der Quelle, erfasst
- Die Entscheidungsfindung wird an den Ort der Arbeit verlagert
- Überprüfungen und Genehmigungen sind die Ausnahme, nicht die Regel
- Man darf aus Fehlern lernen
- Teamorientierte Gruppenstrukturen sind hierarchischen Arbeitsgruppenstrukturen vorzuziehen
- Vergütung auf der Grundlage von Leistung bemessen, anstatt auf der Basis von Potenzial oder Firmenzugehörigkeit

Abb. 3: Beispiele für Prinzipien

Im zweiten Schritt beschreibt das **Personalprozess-Modell** detailliert den heutigen und den zukünftigen Zustand für das Personalmanagement. Bestehende Abläufe werden in ihrer logischen Abfolge aufgezeigt und damit eine Prozesshierarchie gebildet. Auf der Basis des Ist-Zustands wird in der Folge der künftige Soll-Zustand der Abläufe modelliert. Aus den entstehenden Abweichungen im Vergleich zwischen Soll und Ist wird der Handlungsbedarf ersichtlich.

Anschließend werden personalwirtschaftliche Ereignisse, auf die die Personalprozesse reagieren müssen und deren Endresultate aufgezeigt.

Den Abschluss bilden Prozessdiagramme und Prozessflussdiagramme, um die Abläufe innerhalb der Personalarbeit übersichtlich darzustellen. Die Prozessdiagramme für die Kernprozessfolgen werden um Angaben zu Zeit, Kosten, Qualität und Klassifizierung ergänzt. So entsteht in der Zusammenfassung ein konzeptionelles Flussdiagramm, das die zukünftigen Personalprozesse abbildet. Die Prozessflussdiagramme für die Kernprozessfolgen berücksichtigen folgende Faktoren:

- Personalwirtschaftliche Ereignisse,
- Ergebnisse des Personalmanagements,
- Unterbrechungen von Prozessfluss und -folge,
- Iteration, Option und Exklusivität von Personalprozessen und
- Erklärende Kommentare.

Um die zahlreichen Prozesse innerhalb des Personalmanagements in einen sinnvollen Zusammenhang zu bringen und abzubilden, welche Prozessen voneinander abhängig bzw. einander vor- oder nachgeordnet sind, empfiehlt sich die hierarchische Darstellung. Folgende Schritte führen zum Aufbau einer Prozesshierarchie:

- Ermittlung externer Ereignisse, auf die das Personalmanagement reagieren muss (beispielsweise: Kündigung eines Mitarbeiters).

- Ermittlung der Primärergebnisse, die mit jedem externen Ereignis verknüpft sind und die anschließende Verbindung der Ereignisse mit den zugehörigen Ergebnissen (z.B.: „Austritt des Mitarbeiters" und „Vakante Position" – als Folge des Ereignisses der Kündigung).

- Benennung einer Prozessfolge für die Ereignis/Ergebnis-Paare (Prozessfolge „Austrittsvorbereitung" für das erste Ereignis/Ergebnis-Paar und „Personalsuche" für das zweite).

- Klassifizierung der Prozessfolgen als Kern- (das heißt eng mit dem Geschäftsauftrag des Personalmanagements verbunden) oder Nebenprozessfolge (unterstützen die Kernprozessfolgen).

- Definition der Performance-Ziele für die Kernprozessfolgen (zeitlicher Rahmen vom Initialereignis bis zum Ergebnis, Kosten der Bearbeitung, Qualitätswert oder akzeptable Fehlerrate, Aufwand zur Unterstützung des Prozesses, Kundendienstniveau).

Nach dieser Basisarbeit werden die allgemeinen Managementprozesse identifiziert. Diese sind nicht mit spezifischen Ereignissen verknüpft, sondern überwachen die allgemeine Performance (z.B. Personalcontrolling). Anschließend können die oberste Ebene der Prozesshierarchie angelegt und die einzelnen Prozessfolgen in die Hierarchie aufgenommen und eingeordnet werden. Dabei werden die allgemeinen Managementprozesse gemeinsam mit den zugehörigen Prozessfolgen jeweils auf der untersten passenden Stufe der Prozesshierarchie angeordnet. Steigt die Zahl der Prozesse unterhalb eines übergeordneten Prozesses auf mehr als 10 Prozessfolgen, ist eine weitere Unterteilung sinnvoll. Abschließend werden die Elementaren Geschäftsprozesse (Elementary Business Process – kurz: EBP's) innerhalb der Kernprozessfolge ermittelt. EBP's bezeichnen personalwirtschaftliche Aktivitäten, werden ausschließlich von einer einzelnen Person an einem bestimmten Ort und zu einer bestimmten Zeit erledigt; es handelt sich um eine Komponente, die auf jeden Fall untersucht werden sollte.

Ist die Prozesshierarchie komplett, kann mit der stichpunktartigen Definition der Prozessfolgen und Prozesse begonnen werden. Jeder Prozess erhält eine Bezeichnung, eine kurzgefasste Zielaussage und eine Klassifizierung. Dabei wird wie folgt unterschieden:

1. Ebene: Geschäftsbereich Personal,

2. Ebene: Primär-Prozessgruppe,

3. Ebene: Prozessfolgen und allgemeine Managementprozesse und

4. Ebene: Elementare Geschäftsprozesse (EBP's).

Im **Performance-Modell** werden die Anforderungen, Performance-Messgrößen wie auch die heutige und die gewünschte Performance für die Kunden des Personalmanagements ermittelt. Kundenerfordernisse werden festgestellt und dargelegt, Best-Practice-Erfahrungen gesammelt und die Positivfaktoren für eine bessere Performance herausgefiltert. Für jede Kernprozessfolge wird die heutige und die zukünftige Performance in Bezug auf Zeit, Kosten und Qualität bestimmt. Das Modell ist ein leistungsfähiges Hilfsmittel zur Festschreibung der heutigen Performance des Personalmanagements und dient gleichzeitig der Definition zukünftiger Ziele.

Die Zusammenfassung der Kundenerfordernisse identifiziert die Ergebnisse (Produkte, Dienstleistungen und Informationen) des Personalmanagements, die jeder der Kunden benötigt sowie die Performance-Anforderungen in Bezug auf diese Ergebnisse. Dabei sind nachstehende Elemente zu berücksichtigen:

- Wie wird die Performance in Bezug auf die Kundenanforderung gemessen?
- Wie wichtig ist die Kundenanforderung (hoch, mittel, niedrig)?
- Wie hoch ist der heutige Grad der Kundenzufriedenheit (hoch, mittel, niedrig)?
- Wie hoch ist der heutige Wert der Performance-Messgröße?
- Wie hoch ist der angestrebte Wert der Performance-Messgröße?
- Wie werden die Ergebnisse von den Kunden genutzt?
- Existieren weitere offene Punkte im Zusammenhang mit den Kundenanforderungen?

Bei der Zusammenstellung der Best-Practice-Erfahrungen empfiehlt sich die Erstellung einer Tabelle, die die Ergebnisse übersichtlich präsentiert. Dabei werden Prozessgruppen, Prozessfolgen und EBP's berücksichtigt, die Performance-Messgrößen und Performance-Lücken aufgezeigt, Benchmarks anderer Unternehmen dargestellt und Positivfaktoren bzw. Entwicklungspotenziale sichtbar gemacht. Für jede Performance-Messgröße lässt sich die eigene, derzeitige Performance mit den Ergebnissen vergleichen, die andere unter Nutzung der besten Praxiserfahrungen erzielen. Außerdem werden die Methoden aufgezeigt, mit denen die besten Ergebnisse erreicht wurden.

Wie lässt sich die Prozess-Performance messen? Je nach Prozessart können Zykluszeitmessungen (Zeit pro Transaktion), Kostenmessungen oder Qualitätsmessungen zum Einsatz kommen. Das System zur Messung der Performance berücksichtigt und integriert somit Messungen der Quantität, Qualität, Kosten und Zeit. Dabei werden alle einschlägigen Sichtweisen in Richtung Kunden des Personalmanagements, Kunden des Personalprozesses und Eigentümer des personalwirtschaftlichen Ereignisses ebenso berücksichtigt wie Messungen auf der Organisations-, Prozess- und Aufgabenebene. Mit Hilfe eines ausgewogenen Berichtsystems, das keinen speziellen Performance-Aspekt überbetont und der direkten Lieferung von Messergebnisses an die Prozessträger lösen die Ergebnisse Maßnahmen zur Verbesserung des Prozesses aus. Wesentlich hierbei ist ein funktionierendes Performance-Management-System, das die kontinuierliche Prozessverbesserung ermöglicht.

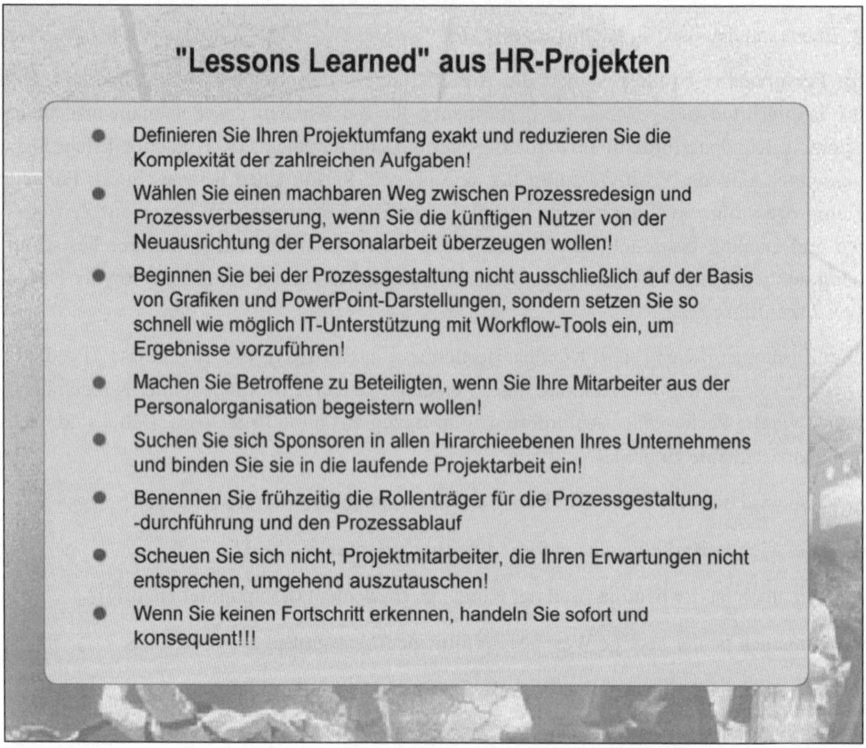

"Lessons Learned" aus HR-Projekten

- Definieren Sie Ihren Projektumfang exakt und reduzieren Sie die Komplexität der zahlreichen Aufgaben!
- Wählen Sie einen machbaren Weg zwischen Prozessredesign und Prozessverbesserung, wenn Sie die künftigen Nutzer von der Neuausrichtung der Personalarbeit überzeugen wollen!
- Beginnen Sie bei der Prozessgestaltung nicht ausschließlich auf der Basis von Grafiken und PowerPoint-Darstellungen, sondern setzen Sie so schnell wie möglich IT-Unterstützung mit Workflow-Tools ein, um Ergebnisse vorzuführen!
- Machen Sie Betroffene zu Beteiligten, wenn Sie Ihre Mitarbeiter aus der Personalorganisation begeistern wollen!
- Suchen Sie sich Sponsoren in allen Hirarchieebenen Ihres Unternehmens und binden Sie sie in die laufende Projektarbeit ein!
- Benennen Sie frühzeitig die Rollenträger für die Prozessgestaltung, -durchführung und den Prozessablauf
- Scheuen Sie sich nicht, Projektmitarbeiter, die Ihren Erwartungen nicht entsprechen, umgehend auszutauschen!
- Wenn Sie keinen Fortschritt erkennen, handeln Sie sofort und konsequent!!!

Abb. 4: Praxiserfahrungen bei der Prozessoptimierung

3 Prozessorientierte Arbeitsweise mit Hilfe zeitgemäßer DV-Lösungen

Workflow-Systeme unterstützen das prozessorientierte Arbeiten erheblich. Sie übernehmen zeit- und ereignisgesteuert die Abwicklung von Prozessen und die Vorgangsbearbeitung, zudem wird der Informationsfluss deutlich beschleunigt und Schritt für Schritt koordiniert und überwacht. Jeder in einer Workflow-Kette erledigte Arbeitsschritt löst automatisch den Folgeschritt aus und befördert gleichzeitig Daten und elektronische Dokumente gezielt und zeitgerecht dorthin, wo sie benötigt werden. Damit erhöht die Einbindung von Workflow-Systemen die Effizienz aller personalwirtschaftlichen Prozesse.

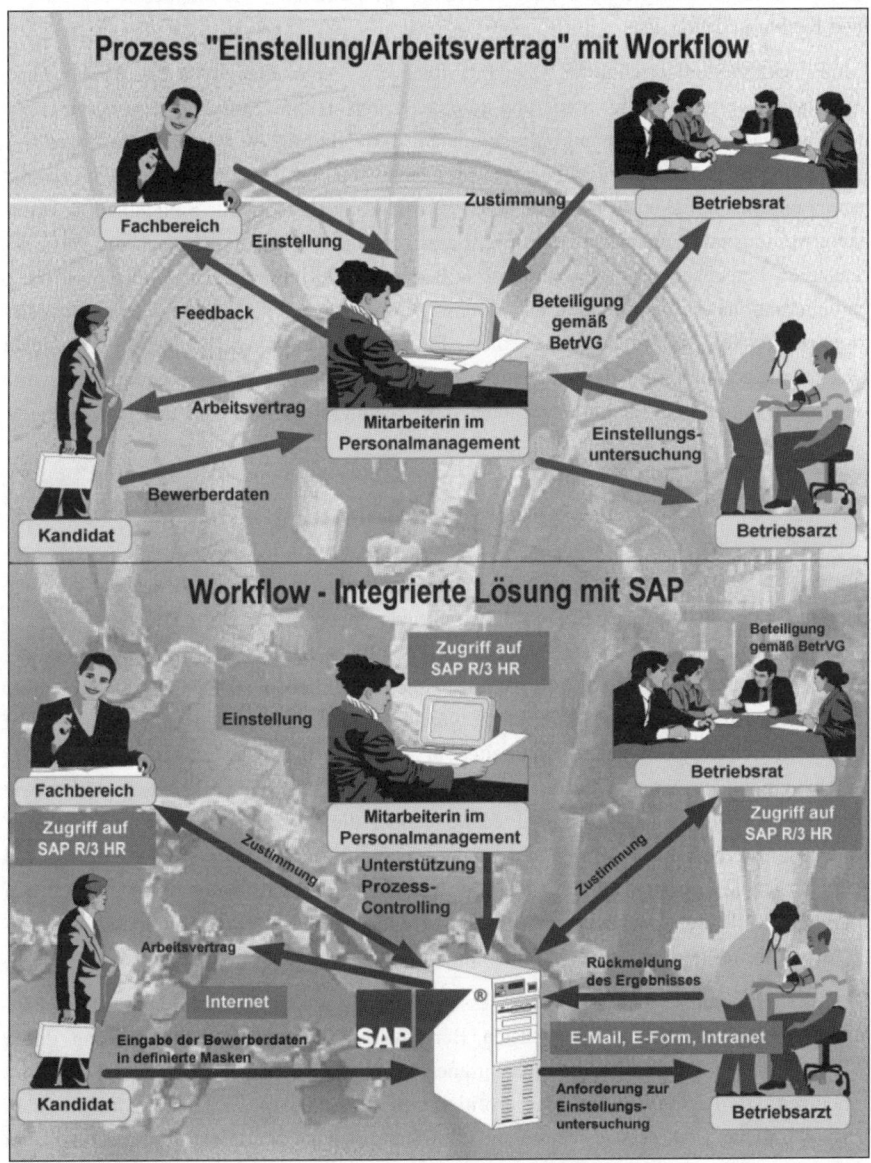

Abb. 5: Beispiel: Einstellung/Arbeitsvertrag

Die Vorteile von Prozessgestaltung mit Workflow-Unterstützung liegen auf der Hand: weniger Bearbeitungsschritte, kürzere Durchlaufzeiten und damit geringere Kosten. Zudem können alle Beteiligten (Führungsebene, Betriebsrat) mit einbezogen werden. Der Informationsfluss erfolgt ereignisnah und automatisch und der Prozessverantwortliche hat stets den

Überblick über den Gesamtprozess. Dies bewirkt einerseits eine stärkere Identifikation mit den Arbeitsinhalten und macht andererseits die eigene Wertschöpfung bewusst. Eine hohe Ablaufsicherheit und Termintreue werden ebenso gewährleistet, wie die Vermeidung unnötiger Fehlerquellen.

Der Einsatz zukunftsorientierter Standardsoftware im Personalbereich bietet noch weitere Wettbewerbsvorteile bei der Steuerung komplexer Personalprozesse. Hierzu gehören effektive Personal- und Einsatzplanungsinstrumente, die elektronische Personalakte, Executive Information Systems und die Möglichkeit des Employee Self Service ebenso wie die Transparenz und Schnelligkeit in Hinblick auf Bewerberverwaltung, interne Stellenmärkte, Seminarverwaltung und Qualifikationsprofile. Selbstverständlich haben sich auch die Anforderungen an Personalsysteme gewandelt. Internationales Design auf Basis länderspezifischer und internationaler Funktionalität wird ebenso gefordert, wie die unterschiedliche Lokalisierungsmöglichkeit von Standard-, Partner-, Projekt- und Branchenlösungen. Vereinfachte Systemkonfiguration, globaler Datenaustausch, rollenbezogene Applikationen und die volle Integration in die Web-Technologie runden das Leistungsspektrum ab.

4 E-Business im Personalmanagement

Die Web-Technologie revolutioniert die unternehmensinternen Personal-Prozesse: die hohe Flexibilität der Prozessketten in virtuellen Strukturen wird zum entscheidenden Wettbewerbsfaktor und die Personalarbeit gewinnt eine völlig neue Qualität. Im Weiterbildungs-, Service-, Organisations- und Informationsbereich erschließen sich Möglichkeiten, über Internet oder Intranet sowie Mailsysteme gänzlich individuell und in einer bislang nicht gekannten Schnelligkeit jeden Mitarbeiter an seinem Arbeitsplatz zu erreichen – völlig unabhängig davon, wo sich dieser räumlich befindet. Speziell standardisierte Prozesse, wie beispielsweise Reiseplanung und -abrechnung oder die Übermittlung personenbezogener Daten an externe Dienstleister und Sozialversicherungsträger lassen sich effizienter und schneller abwickeln. Der individuellen und personalisierten Ausrichtung der verschiedenen Angebote des Personalmanagements an seine „Kunden", die Mitarbeiterinnen und Mitarbeiter, die Führungskräfte oder die Arbeitnehmervertreter steht zukünftig nichts mehr im Weg.

Optimierungspotenzial bei Personalprozessen durch die konsequente Nutzung neuer Technologien zeigt sich in verschiedensten Bereichen: bei der Personalbeschaffung durch Information und Präsenz im Internet/Intranet sowie Active Searching und Nutzung von Jobbörsen. Die Personalentwicklung profitiert von Computer Based Trainings bis hin zum Virtual Campus, die Personalbetreuung und -führung von virtuellen Teammeetings und einem Marktplatz der Kommunikation. Die Personalverwaltung wandelt sich in ein HR Service Center, das seine Dienstleistungen für den Employee Self Service zur Verfügung stellt.

E-Business im Personalmanagement führt im logischen nächsten Schritt zu C-Commerce (collaborative Commerce), das als Bestandteil der HR-Strategie eines Unternehmens die Konzentration auf die Kernkompetenzen unterstützt. Die Zusammenarbeit mit Partnern wie

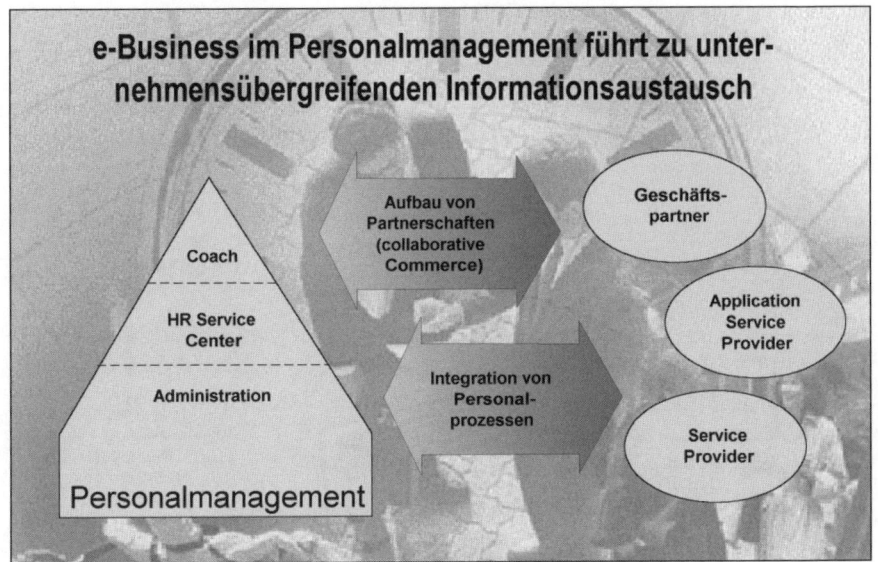

Abb. 6: E-Business im Personalmanagement

der öffentlichen Verwaltung, Zeitarbeitsfirmen, Banken, Versicherungen, Jobbörsen und HR-Dienstleistern wird soweit erleichtert und erfolgt so zeitnah, dass Outtasking und Outsourcing zur Selbstverständlichkeit werden. C-Commerce nach außen nutzt Tools wie ein HR-JobCenter-Portal, das über einen Kapazitätsabgleich die Buchung von Zeit- und Aushilfskräften über Zeitarbeitsfirmen oder das Arbeitsamt ermöglicht, ein HR-Service-Portal dient der Durchführung der Lohn- und Gehaltsabrechnungen inklusive der Personaladministration durch externe Dienstleister. Mit einem HR-Recruitment-Portal lässt sich die Personalbeschaffung über Personalberatungsfirmen und das Arbeitsamt steuern und das HR-Authority-Portal ermöglicht Auskünfte und Datenübermittlung von personenbezogenen Daten von und zu Sozialversicherungsträgern oder Behörden.

Intern bietet ein HR-JobMarket-Portal Mitarbeiterinnen und Mitarbeitern eine Jobbörse über das Internet/Intranet an, das HR-Trainings-Portal steuert und verwaltet die internen und externen Weiterbildungsaktivitäten. Mit dem HR-Travel-Portal lassen sich Dienstreisen planen, buchen und verrechnen und der HR-Mitarbeiterdialog bietet Services wie die strukturierte Vorbereitung auf Mitarbeitergespräche, das Beurteilungswesen sowie die Durchführung von Mitarbeiter- und Führungskräftebefragungen.

Kernstück des E-Business im Personalwesen bildet die HR Knowledge Base (siehe Grafik), die Daten und Informationen elektronisch strukturiert, verarbeitet, bündelt und zielgerichtet rund um die Uhr bereitstellt. Als Basis für die effektive Abwicklung der Personalprozesse wird individuelles Wissen im Unternehmen für die optimale Nutzung aufbereitet – eine Lernlandschaft mit modernen Informations- und Kommunikationstechnologien entsteht.

Abb. 7: Rolle des Personalmanagements

Das HR Call Center unterstützt die neue Kundenorientierung im Personalmanagement, indem es ebenso als Kommunikationstreffpunkt für Mitarbeiter, Führungskräfte, Kunden, Behörden, Bewerber und Interessenten dient wie auch als Informationspool und Interaktions-Zentrum.

Als neue Dienstleistung im Personalmanagement fungiert das HR Case Management, das Mitarbeitern und Führungskräften professionelle Unterstützung in allen personalwirtschaftlichen und rechtlichen Fragestellungen bietet. Parallel werden hier Leitlinien und Standards entwickelt, Hilfen vermittelt, Zuständigkeiten geklärt und einzelfallbezogene Maßnahmen in die Wege geleitet. Zudem übernimmt das HR Case Management die Aufgabe der Qualitätssicherung, erarbeitet Optimierungsmöglichkeiten, wertet die Mitarbeiterzufriedenheit aus und entwickelt Vorschläge für die Aus- und Weiterbildung.

Der Baustein Employee Self-Service und Workflow integriert die Mitarbeiter und Führungskräfte in die Personalprozesse und umfasst die im Folgenden dargestellten Elemente.

- Mitarbeiterverzeichnisse/Organisationspläne,
- Änderung von Adressdaten und Bankverbindungen,
- Zeitmanagement (Urlaubs- und Arbeitszeitplanung),
- Arbeitgeberleistungen (Cafeteria-Systeme),
- Vergütungsmanagement (jährliche Gehaltsrunden),
- Beschäftigungs- und Gehaltsnachweise,
- Bewerbermanagement,
- Seminarverwaltung,
- Steuerrechtliche Angaben,
- Reisemanagement und
- Manager's Desktop (Einbeziehung des Personalmanagements in das unternehmensweite Controlling).

Die Chancen für nachhaltige Wertsteigerungen im Personalmanagement durch Einbindung von E-Business-Prozessen und -Technologien sind offensichtlich: das Unternehmen profitiert von einer strategisch und operativ verbesserten Personalarbeit, das Denken und Handeln wird weltweit vernetzt. Das Personalmanagement selbst integriert neue Services, die Transparenz der erbrachten Leistungen nimmt zu und ein internationales HR-Controlling wird ebenso greifbar wie beispielsweise ein weltweiter Stellenmarkt. Für die Mitarbeiterinnen und Mitarbeiter bedeutet der schnelle Zugriff auf relevante Informationen Karrierechancen im Hinblick auf den internen Stellenmarkt, das interaktive Lernen, einen zielgerichteten und unkomplizierten Umgang mit der Informationsflut sowie Empowerment durch Employee Self-Services.

Unbestreitbar entsteht durch E-Business eine neue Kundenorientierung und ein neues Dienstleistungsverständnis in der Personalarbeit. Die oben beschriebenen Bausteine Employee-Self-Service, Workflow Management, HR Call Center und HR Case Management bilden gemeinsam und mit Hilfe der Web-Technologie das Employee Relationship Management – gestützt von neuen Prozessstrukturen und einem neuen Selbstverständnis in der Personalarbeit.

Technologiegestütztes Workflowmanagement im Personalbereich

Stefan Huber

Organisatorische Veränderungen im Unternehmen zielen in den letzten Jahren verstärkt auf die Gestaltung eines Geschäftsprozessmanagements. Ansatzpunkt dieser Restrukturierungsmaßnahmen sind die auf die Erfüllung von Kundenwünschen ausgerichteten Geschäftsprozesse, also die Abfolgen von Aktivitäten, die erforderlich sind, um ein bestimmtes Geschäftsziel des Unternehmens durch Umformung, Transport oder Speicherung von Ressourcen (wie z.B. Materialien oder Informationen [1]) zu erreichen. Dieses Zusammenspiel von Menschen, Materialien, Informationen und Verfahren, das darauf ausgerichtet ist, eine bestimmte Dienstleistung zu erbringen oder ein bestimmtes Endprodukt zu erzeugen, wird nach abfolgelogischen Aspekten unter Optimierungsbestrebungen von Qualitäts-, Zeit- und Kostenmerkmalen (um-)organisiert, so dass ein „Workflow" entsteht. Gegenstand der Betrachtung ist der Arbeitsfluss, also „wie" Arbeit verrichtet wird, indem sie durch die verschiedenen Stellen und Einheiten eines Unternehmens oder eines Bereiches fließt; dabei leisten diese Stellen und Einheiten jeweils ihren spezifischen Beitrag.

Auch das Personalmanagement wird unter dieser Perspektive betrachtet; strategisches Personalmanagement beginnt vielfach mit einer Optimierung von Personalmanagementprozessen, für die das technologiegestütze Management von Workflows die Basis bietet. Die hiermit verbundenen Verbesserungspotentiale des operativen Personalmanagements setzen Kapazitäten für die Wahrnehmung strategischer Personalmanagementaufgaben frei.

Workflows können betrachtet werden als unter Qualitäts-, Zeit- und Kostenkriterien optimierte Netze, die Aufgaben bzw. Aktivitäten (als Maßnahmen zur Erledigung einer Aufgabe) zur Erreichung gegebener Ziele und Aufgabenträger miteinander verknüpfen. Sie beinhalten drei Ebenen: die Aufgabenebene, die Aufgabenträgerebene sowie die Zuordnungsebene, d.h. die Beziehungen zwischen der Aufgaben- und Aufgabenträgerebene.

A. Aufgabenebene

Die Phasen der Bearbeitung von Aufgaben lassen sich trennen in die Lenkung (= Planung, Steuerung und Kontrolle) der Aufgabendurchführung und die Aufgabendurchführung per se. Da zumindest die Lenkung der Aufgabendurchführung automatisiert werden kann, ermöglicht diese Differenzierung eine Softwareunterstützung sowohl (teil-)automatisierter als auch manueller Aufgaben.

B. Aufgabenträgerebene

Aufgabenträger sind Menschen, Maschinen und Rechner; auch Rechnerverbundsysteme, Personengruppen und Organisationseinheiten können hierzu gezählt werden. Abgebildet werden allerdings nicht alle Eigenschaften des bzw. der Aufgabenträger, sondern nur diejenigen Eigenschaften, die in einem Prozessablauf relevant sind. Dies sind beim Aufgabenträger Mensch z.B. Rollen und Kompetenzen.

C. Zuordnungsebene

Durch eine integrierte Betrachtung der beiden Ebenen können auf der Zuordnungsebene flexible Zuordnungen von Aufgaben zu Aufgabenträgern erfolgen und diese durch Software unterstützt werden.

Workflowmanagement-Systeme (2) stellen die Abbildung von Geschäftsprozessen auf das DV-System dar und sind Softwareteilsysteme, die das *Workflowmanagement* (3), d.h. die Definition und Spezifikation sowie die Durchführung von Workflows, unterstützen. Sie stellen den Anwendern zur richtigen Zeit am richtigen Ort automatisch alle prozessrelevanten Daten, Dokumente sowie die zur Bearbeitung notwendigen DV-Applikationen, Kommunikations- und Bürowerkzeuge zur Verfügung. Fallabhängig übernehmen sie die Automatisierung einzelner Arbeitsschritte, die aktive Steuerung des Arbeits- und Informationsflusses und/oder die Kontrolle von Bearbeitungsschritten (4).

Bisherige Anwendung von Workflowmanagement im Personalbereich

Während typische Geschäftsprozesse wie Auftragsabwicklung, Entwicklungs- und Fertigungsprozess schon Gegenstand vieler Betrachtungen waren und einer Restrukturierung unterzogen worden sind, existiert in den indirekten Unternehmensbereichen noch eine Vielzahl relevanter Prozesse, die ein großes, bislang noch weitgehend ungenutztes Optimierungspotenzial bieten. Insbesondere im Personalbereich finden sich erst wenige Überlegungen, die sich mit diesem Thema auseinandersetzen. Der Einsatz der Informationstechnologie wurde im Personalmanagement bisher hauptsächlich auf administrative Aufgaben insbesondere im Rahmen der Verwaltung von Personaldaten, der regelmäßigen Lohn- und Gehaltsabrechnung und der Erstellung überwiegend interner Personalstatistiken bezogen. Dies hat seinen Grund darin, dass für ein Unternehmen die Verwaltung der Massendaten im Personalbereich sowie die regelmäßige Lohn- und Gehaltsabrechnung von angestellten und gewerblichen Mitarbeitern (mit vielfältigen Zulagen und Zuschlägen für Schicht- und Feiertagsarbeit) von erheblicher Wichtigkeit ist. Zudem werden in diesen Funktionen Daten erzeugt, die als Basis für Funktionen der mittel- und langfristigen Personalplanung, der Personalbeschaffung, des Personaleinsatzes, der Personalbetreuung und der Personalentwicklung genutzt werden. Diese hier aufgezählten Felder des Personalmanagements sind jedoch bislang selten in Workflowmanagement-Systeme eingebunden worden, obwohl sie ebenfalls teilweise einen hohen Anteil an administrativen Aufgaben aufweisen. Zum einen ist der Grund hierfür in der fehlenden Kenntnis bzw. in fehlenden Informationen über Workflowmanagement-Systeme und deren Nutzen zu sehen, zum anderen wird dies mit den mangelnden personellen und zeitlichen Ressourcen zur Umsetzung begründet (5). Empirische Untersuchungen zeigen jedoch, dass nach Einführung eines Workflowmanagement-Systems eine durchschnittliche Reduktion der Durchlaufzeit von Geschäftsprozessen um 39 % erzielt worden ist und damit zeitliche Ressourcen freigesetzt werden können (6).

Nutzen von Workflowmanagement im Personalbereich

Die tägliche Praxis in der Personalsachbearbeitung vieler Unternehmen ist dadurch geprägt, dass zumeist durch Anfragen bzw. Bedürfnisse seitens der Unternehmensmitarbeiter oder durch das Abarbeiten von Ablagen eine Kette von Aktivitäten in der Personalabteilung ausgelöst werden. Diese bestehen oftmals in Telefonaten, Rückfragen oder dem Durchsuchen von Ablagen zur Verfolgung eines Vorganges. Häufig wird dabei auf Checklisten zur Kontrolle der Vollständigkeit von Daten bzw. Bearbeitungsschritten zurückgegriffen. Für dringende Vorgänge und Termine gibt es besondere Vermerke und Ablagen, z.B. eine Wiedervorlagemappe. Anhand der Schritte der Bearbeitung eines Urlaubsantrages soll verdeutlicht werden, welche Potentiale sich bei der Nutzung eines Workflowmanagement-Systems im Personalbereich bieten. Ohne den Einsatz dieses Systems gleicht der Ablauf im wesentlichen folgendem Schema:

Ingenieur X möchte in vier Wochen einen Tag Urlaub, um mit seiner Familie zu einer Familienfeier fahren zu können. Er spricht mit seinem Vorgesetzten Y und reicht diesem einen Urlaubsantrag ein. Vorgesetzter Y legt diesen Antrag auf Wiedervorlage am nächsten Tag, erkundigt sich beim Personalsachbearbeiter nach der Anzahl der verbleibenden Urlaubstage von X, befürwortet nach positiver Auskunft dann mit seiner Unterschrift den Antrag und lässt den Antrag über sein Sekretariat an Ingenieur X schicken, welcher den Antrag an die Personalabteilung weiterleitet. Der zuständige Personalsachbearbeiter erhält per Werkspost den Antrag, erfasst die Abwesenheit von X und erledigt Folgeaktivitäten (z.B. Verrechnung von Kantinenessen).

Die Struktur dieses Ablaufes bedingt einige inhärente Problematiken wie z.B. lange Genehmigungs- und damit Bearbeitungswege, häufige Prozessschleifen, mangelhafte Aufgabenerledigung durch Kollegen bei Urlaub oder Krankheit eines Sachbearbeiters oder auch einen unzureichenden Informationsstand über Bearbeitungs- bzw. Prozessstand. Der Ablauf „Beantragung von Urlaub" kann mit Hilfe eines Workflowmanagement-Systems bezogen auf dieses Fallbeispiel wie folgt gestaltet werden:

Ingenieur X sitzt an seinem PC und öffnet ein im Intranet abgelegtes Formular „Urlaubsantrag", ergänzt dieses um die erforderlichen Daten wie z.B. Urlaubsbeginn und Urlaubsende und sendet es als „elektronische Post" (Electronic mail) an seinen Vorgesetzten Y. Dieser erhält die E-mail; da er an diesem Tag nicht im Büro ist, legt das System die Mail zur Wiedervorlage am nächsten Tag ab. Am darauffolgenden Tag erscheint die E-mail von X automatisch auf dem PC von Y, der durch einen einfachen Mausklick auf den Antwort-Button „Einverstanden" den Antrag befürwortet; aufgrund dieser Befürwortung sendet das System wiederum als E-mail sowohl eine Nachricht an X zur Bestätigung der Befürwortung des Urlaubs als auch gleichzeitig eine E-mail an den Personalbetreuer Z von Ingenieur X. Zudem löst die E-mail auch die Abbuchung der entsprechenden Zahl von Urlaubstagen im Personalinformations- und -abrechnungssystem sowie eine Verrechnung des entsprechenden Betrages beim Zuschuss für das Kantinenessen aus.

Welche Änderungen ergeben sich somit durch den Einsatz von Workflowmanagement-Systemen? Der Eingang von Aufgaben erfolgt im „elektronischen Post-Eingangskorb" automatisch (d.h. die Arbeit kommt zum Bearbeiter). Dabei geschieht die Zuleitung automatisch mit Vertreterregelung, d.h. das System kennt zuständige Bearbeiter für eine Aufgabe ebenso wie Abwesenheiten dieser Personen und leitet Nachrichten dann an entsprechend zuvor definierte Vertreter weiter. Einfache Abfragen und Protokolle sowie eine automatische Vollständigkeits-/Plausibilitätsprüfung sorgen im System dafür, dass der Bearbeiter durch den Prozess geleitet wird und alle notwendigen Aktivitäten zur Aufgabenbewältigung ausgeführt werden (kein „Vergessen" einzelner Schritte). Das System übernimmt auf Wunsch eine automatische Sortierung von Aufgaben/Anfragen nach Dringlichkeit und überwacht die Termineinhaltung. Neben der automatischen Erzeugung, Verfolgung und Übergabe von Bearbeitungsvorgängen ist auch die Abbildung von Prozessen möglich. Diese Visualisierung in Form von grafischen Ablaufplänen und Flussdiagrammen erleichtert die Suche nach Verbesserungspotentialen. Umfassende Workflowmanagement-Systeme bieten schließlich neben der Unterstützung beim Analysieren von Prozessen und ihrer Darstellung in grafischen Benutzermasken auch die Möglichkeit, Änderungen in diesen Prozessen mit dem Simulationssystem zu simulieren (7).

Der Einsatz von Workflowmanagement-Systemen bietet damit einige bedeutende Vorteile (8):

- Die prioritätengesteuerte Verwaltung eines Posteingangskorbes für jeden Prozessbeteiligten unterstützt eine optimale Bearbeitung des Geschäftsprozesses. Das Workflowmanagement-System kennt die zuvor definierte Bearbeitungsfolge und steuert so den Fluss der Dokumente/Informationen.

- Durch die automatische elektronische Weiterleitung von Dokumenten/Informationen an die im Prozessablauf nachfolgende Stelle werden längere Liege- und Transportzeiten vermieden bzw. reduziert. Dabei werden auch für die Bearbeitung erforderliche und durch elektronische Unterschriften autorisierte Dokumente/Informationen weitergeleitet, so dass Rückfragen und das Sammeln erforderlicher Informationen entfallen.

- Während der Bearbeitung ist es zu jeder Zeit möglich, den Bearbeitungsstand eines Prozesses abzurufen, da alle in Bearbeitung befindlichen Prozesse und dazugehörende Dokumente in einer Datenbank verwaltet werden. Dadurch kann zum einen der Bearbeitungsstand jederzeit kontrolliert und zum anderen insbesondere bei Kundenanfragen umgehend Auskunft erteilt werden. Dadurch wird auch Transparenz im Sinne der Nachvollziehbarkeit von Bearbeitungsschritten erreicht.

- Der Einsatz eines Workflowmanagement-Systems trägt entscheidend zur Sicherung der Qualität der Bearbeitung von Aufgaben bei. Zum einen stehen den Prozessbearbeitern in Analogie zu Formularsätzen Vorlagen für bestimmte Prozesse (z.B. Anträge oder Bescheinigungen) im System zur Verfügung, zum anderen werden dem Bearbeiter zur Bearbeitung einer Aufgabe alle erforderlichen Dokumente/Informationen zur Verfügung gestellt und schließlich werden alle Änderungen bzw. Ergänzungen des Bearbeiters vor der Weiterleitung auf ihre Plausibilität geprüft und somit das Risiko „falscher Bearbeitungsschritte" minimiert. Dies spielt auch im Hinblick auf zunehmende Zertifizierung von Personalabteilungen eine große Rolle; die Dokumentation der Qualität der Arbeit erfolgt durch den Nachweises des Einsatzes eines Workflowmanagement-Systems. Auch für externe Dienstleister im Personalmanagement kann dies zu einer wichtigen

Größe werden, wenn Kunden den Einsatz eines Workflowmanagement-Systems als „institutionalisierte Qualitätssicherung" verlangen.

Diese Vorteile greifen nicht nur bei dem hier aufgeführten Fallbeispiel. Werden Unternehmensleitung, Fachabteilungen, Führungskräfte, Mitarbeiter, Betriebsräte, Bewerber und externe Institutionen wie Verbände oder Versicherungsträger als Kooperationspartner bzw. Kunden des Personalbereichs gesehen, so lassen sich zahlreiche Beispiele für Workflows und damit Ansatzpunkte für ein Workflowmanagement im Personalbereich finden (vgl. Abb. 1).

1. Transaktionen zwischen Fachabteilung/Führungskräften, Personalbereich und Betriebsrat
- Versetzungsmeldungen gegenüber dem Betriebsrat
- Mehrarbeitsmeldungen gegenüber dem Betriebsrat

2. Transaktionen zwischen Mitarbeitern, Fachabteilung/Führungskräften und Personalbereich
- Urlaubs-, Reise- oder Weiterbildungsanträge von Mitarbeitern
- Verdienstbescheinigungen/Bescheinigungswesen
- Automatische Korrespondenz beim Verlegen eines Seminars oder bei Stornierung durch einen Teilnehmer

3. Transaktionen zwischen Externen, Personalbereich und Fachabteilung/Führungskräften
- Bewerberverwaltung
- Datenaustausch über statistische Angaben (z.B. mit Behörden)

4. Transaktionen zwischen Fachabteilung/Führungskräften und Personalbereich
- Personalplanung (z.B. Genehmigung neuer Planstellen)
- Meldung von Arbeits- und Fehlzeiten im Produktionsbereich

Abb. 1: Beispiele für Workflows

Grenzen von Workflowmanagement im Personalbereich

Bevor auf die Prämissen eines Einsatzes von Workflowmanagement-Systemen eingegangen wird, sind neben Nutzenkalkülen auch Grenzen bzw. Nachteile dieser Systeme zu beachten. Ein bedeutender Nachteil liegt – ungeachtet der Fülle der oben beschriebenen Beispiele – in dem eingeschränkten Anwendungsfeld. Die elektronische Vorgangsbearbeitung ist nicht für flexible Vorgänge und Geschäftsprozesse geeignet. Der Einsatz von Workflowmanagement-Systemen bietet sich nur bei gut strukturierten Prozessen an. Diese weisen eine niedrige Komplexität auf, sind gut planbar, verfügen über einen eindeutig festgelegten Bearbeitungsweg; der Informationsbedarf zur Bearbeitung dieser Prozesse ist im voraus ebenso genau bestimmbar wie die in den Prozess involvierten Personen und ihre jeweiligen Rollen.

Eine nicht zu unterschätzende Gefahr liegt in der möglichen Dequalifizierung und Demotivation von Sachbearbeitern. Workflowmanagement-Systeme nehmen dem Einzelnen vielfach das eigenständige Denken und Arbeiten ab; ihm kommt nur noch die Rolle des Ausführenden zu. Fließbandarbeit hält Einzug ins Büro, und es kann sich ein Monotonie-Effekt einstellen. Der Einzelne hat keinen Einfluss mehr auf den Ablauf eines Prozesses; seine Fähigkeiten werden nur noch in einem geringen Maße, seine Potenziale gar nicht mehr abgefordert. Der bei Routineaufgaben nur noch kleine individuelle Gestaltungsspielraum der Sachbearbeiter z.B. bezüglich des Zeitpunktes oder der Reihenfolge der Aufgabenbearbeitung wird minimiert. Eine sinkende Arbeitsmotivation kann die Folge sein. Dem wird vielfach das Argument entgegengehalten, dass sich die Sachbearbeiter aufgrund der Entlastung von administrativen Aufgaben verstärkt dispositiven Aufgaben zuwenden können. Dies setzt allerdings voraus, dass Leistungsfähigkeit und Leistungsbereitschaft für diese Aufgaben auch vorhanden sind. Sonst können Überforderungen und daraus resultierende Demotivation auftreten.

Durch die eindeutige Festlegung von Bearbeitungsschritten, deren Zeitbedarf und deren Bearbeiter ist auf der einen Seite ein Monitoring möglich, d.h. durch die ständige Transparenz des Bearbeitungsstandes eine bessere Kontrolle von Prozessen sowie die Nachvollziehbarkeit der Bearbeitungsschritte. Auf der anderen Seite eröffnet diese exakte Dokumentation aber auch die Möglichkeit, bei abgeschlossenen Prozessen im nachhinein festzustellen, wer welche Bearbeitungsschritte wann durchgeführt hat – und somit eine vollständige Transparenz der Arbeitsleistung zu erreichen. Was während des Prozesses zur Steuerung dient, kann nach Prozessbeendigung auch als Kontrollmittel verwendet werden.

Aus organisatorisch-technologischer Sicht lässt sich feststellen, dass (noch) nicht alle Prozesse auf elektronischen Medien erfasst sind, sich somit Medienbrüche ergeben und damit Schnittstellenprobleme oder doppelte Dateneingaben als Folge auftreten können. Für die Lösung dieser Probleme sind zusätzliche Ressourcen bereitzustellen. Zudem ist zu beachten, dass das Flexibilitätspotential, welches durch den Gestaltungsspielraum der Sachbearbeiter im Rahmen eines Arbeitsprozesses bislang noch vorhanden war (Prozessflexibilität), verschwindet – und damit auch die Fähigkeit, auf Prozessänderungen bzw. Nicht-Standardprozesse flexibel zu reagieren und Kunden individuell zu betreuen. Bestimmte Flexibilitätsanforderungen können von Workflowmanagement-Systemen nur schwer bewältigt werden; so sind zum Beispiel ad-hoc-Bearbeiterwechsel innerhalb der Prozesskette bzw. Delegation von Schritten an andere Mitarbeiter einschließlich der Rückmeldung des Arbeitsfortschrittes, ein „Ausbrechen" aus dem Vorgang und Wiedereinsetzung des Vorganges an beliebiger Stelle oder Stornierungen des Ablaufs bislang nicht in allen Systemen immer möglich. Damit ist die Eignung eines Workflowmanagement-Systems im Rahmen von Teamarbeit zur Zeit nur eingeschränkt gegeben.

Insbesondere die Aspekte der Vertraulichkeit, des Zugriffsschutzes und damit verbunden des Berechtigungskonzeptes müssen beachtet und sorgfältig umgesetzt werden. Dabei sind die Fragen nach der Art des Zugriffes auf Dokumente oder Workflow-Informationen (Lesend, verändernd, neu anlegend, löschend etc.) wie auch Datensicherungsanforderungen und Aufbewahrungsfristen zu beachten.

Abstrahiert von softwarebedingten Umsetzungsschwierigkeiten können sich auch qualitative Probleme ergeben. Workflowmanagement dient zur Sicherung von ex-ante definierten Qualitätsstandards. Wird der Begriff Qualität als Erfüllung von Kundenanforderungen verstanden, kann ein standardisiertes Qualitätsverständnis dazu führen, dass zwar die so definierte Qualität den Anforderungen der Mehrzahl der Kunden gerecht wird, individuelle Wünsche und Interessen von Kunden jedoch nicht umgesetzt werden können. Flexibilität und Individualität der „Kundenbetreuung" bei administrativen Angelegenheiten werden zugunsten der Standardisierung zurückgestellt. Während in der klassischen Ausprägung der Personalarbeit der Personalbetreuer noch Einfluss auf den Ablauf eines Prozesses hat, verliert er eingebunden in ein Workflowmanagement-System Einflussmöglichkeiten der Steuerung für diesen Prozess.

Anwendungsvoraussetzungen von Workflowmanagement im Personalbereich

Um das Potential, welches ein Workflowmanagement-System trotz der eben aufgezeigten Grenzen bietet, nutzen zu können, ist organisatorisches Fachwissen notwendig. Die Einführung des Systems sollte auf einer fundierten organisatorischen (Neu-)Gestaltung der Personalmanagementprozesse (Personalgewinnung, Personaleinsatz, Personalentwicklung, Personalbetreuung, Personalfreisetzung) beruhen, um der Gefahr aus dem Wege zu gehen, nicht effektive und effiziente Arbeitsabläufe im System lediglich abzubilden und vorhandene Verbesserungspotentiale dieser Abläufe nicht auszuschöpfen. Zur Reorganisation von Prozessen und der nachfolgenden Abbildung dieser Prozesse in Workflowmanagement-Systemen ist es in Anlehnung an die Organisationslehre von *Kosiol* erforderlich zu bestimmen,

- welche Aktivitäten durchzuführen sind,
- wer die Aktivitäten durchführt und verantwortet,
- wer der „Kunde" dieser Aktivitäten ist und welche Anforderungen er stellt,
- welche Hilfsmittel und Dokumente verwendet bzw. erzeugt werden,
- welche Informationen benötigt bzw. generiert werden und woher diese kommen bzw. wohin diese gehen,
- in welchen zeitlichen und inhaltlichen Abhängigkeiten die einzelnen Aktivitäten zueinanderstehen und
- welche Partner mit welchen Funktionen (Rollen) in den Prozess miteingebunden sind.

Welche Arbeitsabläufe sind nun für die Einbindung in ein Workflowmanagement-System geeignet? Grundsätzlich lassen sich einige Merkmale herausarbeiten, deren Existenz den Einsatz von Workflowmanagement-Systemen sinnvoll macht:

(1) Abläufe, die einen hohen Strukturierungsgrad bezogen auf die Folge der notwendigen Aktivitäten aufweisen und die häufig wiederholt werden, bieten sich für eine Abbildung im System an.

(2) Zudem sind auch Abläufe, in die viele organisatorische Einheiten involviert sind, besonders für ein Workflowmanagement-System geeignet, da durch die damit verbundene organisatorische Komplexität auch das Potential für Verbesserungen groß sein wird. Dabei sollten die beteiligten Kooperationspartner ex-ante festgelegt werden.

(3) Gleiches gilt für Aufgabenfolgen, die sich durch eine hohe Anzahl von Arbeitsschritten und entsprechend lange Bearbeitungszeiten auszeichnen.

Grundsätzlich lässt sich feststellen, dass exakt bekannte bzw. vorhersagbare gut strukturierte, eine Reihe von Aktivitäten umfassende Abläufe, welche häufig in gleichen oder ähnlichen Formen auftreten, sich in klaren sogenannten Wenn-Dann-Regeln abbilden lassen und an denen mehrere Personen oder Personengruppen beteiligt sind (und daher ein hoher Koordinationsbedarf vorhanden ist), besonders gut geeignet sind, um in einem Workflowmanagement-System abgebildet und gesteuert zu werden. Sehr viel schwieriger ist eine Einbindung in ein System, wenn die Prozessparameter der betrachteten Prozesse laufend oder häufig verändert werden (z.B. Reihenfolgewechsel von Aktivitäten, inhaltliche Änderung von Aktivitäten etc.).

Eine weitere zwingende Voraussetzung für den Einsatz von Workflowmanagement-Systemen ist eine fundierte methodische Vorgehensweise. Die Implementation eines Workflowmanagement-Systems ist ein Projekt, das mit größter Sorgfalt geplant, realisiert und evaluiert werden muss. Professionelles Projektmanagement ist notwendig, um Personalmanagement in den Phasen vor, während und nach der Einführung eines Workflowmanagement-Systems in seiner Funktionsfähigkeit und Aufgabenwahrnehmung nicht zu beeinträchtigen.

Zudem bedarf es der Kenntnis der verfügbaren System-Funktionalitäten sowie einer ex ante definierten Vorstellung bezüglich geeigneter Einsatzkonzepte und deren technologischer Umsetzung (Intranet, Internet, E-mail etc.). Hier ist das Einbringen von Kompetenzen notwendig, über die ein Personalmanager in der Regel nicht verfügt und daher auf die Unterstützung von IT-Spezialisten angewiesen ist.

Struktur eines Workflowmanagement-Systems

Grundsätzlich basieren Workflowmanagement-Systeme auf einem dem gesamten System zugrundeliegenden Modellierungsansatz. Welcher Ansatz angewendet wird, hängt im einzelnen von dem verwendeten System ab. Als charakteristisch für sehr viele Workflowmanagement-Systeme kann jedoch der nachfolgend dargestellte Modellierungsansatz bezeichnet werden. Er besteht aus der Definition folgender Elemente und ihrer Verknüpfungen:

- Geschäftsobjekt (z.B. Material, Abwesenheitsermittlung, Buchungsbeleg),
- Ereignis (z.B. Anfrage, Nachrichtensteuerung, Änderungsbelege auslösende und beendende Ereignisse),
- Schritte (dienen der Steuerung und Ausführung von Workflows z.B. Aktivitäten, Schleifen, Benutzerentscheidung),

- Rolle/Kompetenz (z.B. X ist verantwortlich für Kostenstelle 001, Y ist Vorgesetzter von Z, d.h. die Kompetenz eines Bearbeiters wird nicht in ihrer Ganzheitlichkeit abgerufen, sondern nur partiell als einzelne situationsabhängige abgrenzbare Kompetenz oder Rolle).

Der gewählte Ansatz wird in allen Komponenten eines Workflowmanagement-Systems verwendet. Die *Modellierungskomponente* wird benötigt, um das der Bearbeitung der Prozesse zugrundeliegende Modell, d.h. die Beschreibung aller Elemente und der zwischen ihnen bestehenden Verbindungen, im System hinterlegen zu können. Im Rahmen der Modellierung ist es erforderlich, die verschiedenen Sichtweisen bei der Gestaltung von Prozessen zu integrieren. Die Prozess- und Funktionssicht befasst sich mit der Frage nach dem Zweck und dem Ziel eines Prozesses, die Daten- und Informationsflusssicht beschäftigt sich mit den zur Bearbeitung notwendigen Daten und ihrem Fluss im Prozessverlauf und die Organisationssicht konzentriert sich auf die Verknüpfung aller Elemente zu einem sinnvollen organisatorischen Gebilde. Eine wesentliche Bedeutung kommt hierbei der Art der Steuerung eines Workflows zu. Sie kann grundsätzlich auf mehrere Arten geschehen. Ein Marktüberblick über die zur Zeit vorhandenen Workflowmanagement-Systeme zeigt, dass insbesondere zwei Steuerungsarten favorisiert werden. Dabei handelt es sich um *ereignisgesteuerte* und *zeitpunktgesteuerte* Systeme. Ereignisgesteuerte Systeme zeichnen sich dadurch aus, dass der Fluss zwischen Aktivitäten über dazwischenliegende Ereignisse gesteuert wird, d.h. eine Aktivität wird erst abgefordert, wenn ein bestimmtes Ereignis eintritt. Im Gegensatz hierzu sind zeitpunktgesteuerte Systeme dadurch gekennzeichnet, dass das Erreichen eines vordefinierten Zeitpunktes eine Aktivität auslöst bzw. abfordert. Die Modellierung beinhaltet schließlich neben der Entscheidung für das Steuerungssystem die Beschreibung folgender Attribute:

- Schrittbeschreibung – verbale Schrittbeschreibung,

- Bearbeiter – Bearbeiter des Schrittes (z.B. Benutzername, Rolle, Gruppe, Organisationseinheit),

- Frist – absoluter, relativer oder berechneter Zeitpunkt, bis zu dem der Schritt ausgeführt sein muss (zusätzlich Bedingungen, Parallelitäten, Synchronisation),

- Nachfolger/Vorgänger – Angabe des nächsten Schrittes und – optional – des vorhergehendes Schrittes,

- Schrittnummer – Schlüsselnummer zur Identifizierung eines Schrittes.

Nachdem in der Modellierungskomponente die Struktur der Ausführung eines Workflows definiert worden ist, dient die *Ausführungskomponente* anschließend dem Einsatz des Systems im betrieblichen Alltag. Sie stellt das Echtsystem dar, das von den beteiligten Personen genutzt wird. Die *Simulationskomponente* erlaubt schließlich, Änderungen beim Prozessablauf als Probelauf zu simulieren und Szenarien „Was wäre, wenn ...?" in einem Testsystem durchzuspielen.

Trends und Ausblick

Der Einfluss moderner Technologien auf das Personalmanagement wird weiter zunehmen. Bereits heute existieren eine Reihe technologischer Möglichkeiten, deren Nutzung immer einfacher wird. So sind auch im Bereich der Workflowmanagement-Systeme bereits Entwicklungen erkennbar, ihren Anwendungsbereich im Personalmanagement weiter zu vergrößern. Nachdem bei den ersten Workflowmanagement-Systemen noch keine Möglichkeiten vorhanden waren, diese mit Standardanwendungen zu verknüpfen, ist heute bei einer zunehmenden Zahl von Workflowmanagement-Systemen eine Integration von Office-Anwendungen (z.B. MS Exchange, MS Outlook, MS Word) oder anderer gängiger Anwendungen wie Lotus Notes möglich. Des weiteren wird die Erstellung von Workflows durch vorgegebene und einfach adaptierbare Standardlösungen wie „Workflow-Muster" und „Workflow-Wizards" von SAP auch für Nicht-IT-Spezialisten einfacher. In umfassenden Softwarelösungen wie z.B. SAP sind bereits Workflows über das sogenannte Customizing, d.h. das Anpassen der Software auf die individuellen Gegebenheiten des Unternehmens bzw. des Personalmanagements, programmierbar, ohne dass zusätzliche Software benötigt wird. Die Öffnung zum Internet bietet weitere Möglichkeiten der Einbindung auch Externer (z.B. externe Bewerber, Behörden und andere Institutionen) in einen Workflow, was die Einsatzmöglichkeiten von Workflowmanagement-Systemen weiter erhöht.

Workflowmanagement-Systeme stellen zudem technologisch-organisatorische Hilfsmittel dar, mit denen Change Management im Unternehmen vorangetrieben werden kann. Die Verbindung von Workflows zum Change Management liegt darin, dass das Ziel des Change Management – i.e. Unternehmen dauerhaft wandlungsfähig zu machen – über konsequente Prozessorientierung erreicht werden kann. Die Potenziale des Change Management liegen in den Wechselwirkungen zwischen der Organisation, den Prozessen, der Informationstechnologie und nicht zuletzt den Menschen. Es schafft Rahmenbedingungen, in denen die Menschen die erforderlichen Fähigkeiten und Motivationen für die Einführung von Veränderungen entwickeln können und zeigt zugleich die Notwendigkeit des Wandels auf. Change Management vollzieht sich über die Veränderung von Prozessen und die mentale Einstellung zur Bearbeitung dieser Prozesse. Workflow bildet Prozesse ab – und schafft damit die funktionale und instrumentale Basis für ein erfolgreiches Change Management.

In der Organisation der Arbeit in Workflows wird die Chance zur effizienten Telearbeit gesehen. Mit Hilfe der Informationstechnologie wird es möglich, arbeitsplatzunabhängig Aktivitäten durchzuführen. Die Einbindung in einen Workflow sorgt dafür, dass eine Koordination sämtlicher Aktivitäten aller in einen Prozess involvierten Personen vorgenommen wird und ein für alle transparenter Bearbeitungsstand abgefragt werden kann. Damit wird das Workflowmanagement-System zur Informationsplattform personalmanagementrelevanter Sachverhalte.

Vernetzte Workflowmanagement-Technologien werden als „Medium" und als „Werkzeug" eine Schlüsselrolle bei der u.a. durch die Zunahme rechtlicher Rahmenbedingungen, die Knappheit wichtiger Qualifikationen auf dem Arbeitsmarkt und den zunehmenden Beitrag des Managements von Human Ressourcen zum Unternehmenserfolg steigenden Komplexität des Personalmanagements spielen. Als „Medium" insofern, als neue Formen der Lebens- und Arbeitsgestaltung, der internationalen Arbeitsteilung und des internationalen

Wettbewerbs entstehen; als „Werkzeug" insofern, als diese Technologie zusätzliche Gestaltungsmöglichkeiten zur Effizienzsteigerung und Kostenreduktion eröffnet. Welche Kosteneffekte durch den Einsatz von modernen Technologien im Personalmanagement eintreten können, zeigt die Betrachtung des Unternehmens CISCO. Die Gesamtzahl der Mitarbeiter im HR-Bereich wurde in den letzten Jahren trotz eines – bezogen auf die Mitarbeiterzahl – durchschnittlichen jährlichen Wachstums von 30-40 % beibehalten. Dies gelang durch die Steigerung des Verhältnisses von HR-Mitarbeitern zu allen Mitarbeitern von 1:100 (Durchschnitt bei amerikanischen Unternehmen) auf 1:500, die Senkung der HR-Kosten pro Mitarbeiter betrug durchschnittlich 20 %. Sicherlich ist dieses Beispiel aus dem Bereich der New Economy nicht repräsentativ für alle Branchen insbesondere der Old Economy, doch es zeigt die Möglichkeiten, die mit dem Einsatz von modernen Personalmanagement-Technologien verbunden sind.

Anmerkungen

(1) Unter Information versteht *Breuer* den Gewinn an Wissen zur Erreichung von Handlungskompetenz. Vgl. *Breuer, H.*: DTV-Atlas zur Informatik, Tafeln und Texte, München 1995, S. 13.

(2) „A system that completely defines, manages and executes workflow processes through the execution of software whose order of execution is driven by a computer representation of the workflow process logic", Workflow Management Coalition (Ed.), Glossary: A Workflow Management Coalition Specification, Brüssel 1994, S. 39. Die Workflow Management Coalition wurde 1993 gegründet und ist ein Zusammenschluss von namhaften Herstellern und Anwendern mit dem Ziel, im Workflow-Bereich Standards zu setzen.

(3) „The management of processes through the execution of software whose order of execution is controlled by a computerized representation of the process", Workflow Management Coalition (Ed.), Glossary, Brüssel 1994, S. 4.

(4) Einen detaillierten Überblick über häufig verwendete Workflowmanagement-Systeme gibt *Götzer, K.*: Workflow. Technik – Einsatz – Technologie, 2. Aufl., München 1997, S. 119-125.

(5) Als Grund für die Nichtanwendung eines Workflowmanagement-Systems gaben Ende 1997 Unternehmen an (n=110, Mehrfachnennungen möglich): Keine Zeit (31 %), fehlende Kenntnis (25 %), kein Bedarf (9 %), fehlende Informationen (8 %), zu geringe technische Produktreife (3 %), andere Gründe (24 %). Quelle: Integration von Mensch, Organisation und Technik: eine partielle Bilanz, Beiträge zum EMISA-Fachgruppentreffen 1998.

(6) *Götzer* führte gemeinsam mit der Zeitschrift Computerwoche eine Anwenderbefragung zum Nutzen von Workflowmanagement-Systemen durch. Der verwendete Fragebogen sowie die Ergebnisse finden sich bei *Götzer, K.*: a.a.O., S. 189-199.

(7) Vgl. *Weiß, D.*: Prozesskostenrechnung und Workflow Management. Konzeption und Umsetzung eines Schnittstellensystems, Wiesbaden 1998 S. 59.

(8) Vgl. auch *Pullig, K.-H.*: Neue Organisationsmodelle, Heidelberg u.a. 1995, S. 720.

Literatur

Breuer, H.: DTV-Atlas zur Informatik, Tafeln und Texte, München 1995.

Götzer, K.: Workflow. Technik – Einsatz – Technologie, 2. Aufl., München 1997.

Integration von Mensch, Organisation und Technik: eine partielle Bilanz, Beiträge zum EMISA-Fachgruppentreffen 1998.

Jablonski, S./Böhm, M./Schulze, W. (Hrsg.): Workflow-Management: Entwicklung von Anwendungen und Systemen; Facetten einer neuen Technologie, 1. Aufl., Heidelberg 1997.

Pullig, K.-H.: Neue Organisationsmodelle, Heidelberg u.a. 1995.

Weiß, D.: Prozesskostenrechnung und Workflow Management. Konzeption und Umsetzung eines Schnittstellensystems, Wiesbaden 1998.

Workflow Management Coalition (Ed.), Glossary: A Workflow Management Coalition Specification, Brüssel 1994.

Entwicklungsstufen von Corporate Universities und Distance Learning

Armin Töpfer

1 Corporate Universities

1.1 Gründung von Corporate Universities

Immer mehr Unternehmen nehmen die Entwicklung ihres Humankapitals selbst in die Hand und gründen sogenannte Corporate Universities. In den letzten Jahren ist in dem Markt für „Education & Training" eine starke Aufbruchstimmung entstanden. Auf dem internationalem Kongress „Designing a Virtual Corporate University" im Jahr 1999 in Washington D.C. waren über 400 Teilnehmer aus 20 Ländern.

Der Bereich „Higher Education/Corporate Training" ist das am raschesten wachsende Segment im Bildungsmarkt. Gab es 1988 ca. 400 Corporate Universities in den USA, so waren es 1997 ca. 1.000 und 1999 ca. 1.600 solcher Institutionen (1). Die Anzahl ist weiter steigend. Ca. 40 Prozent der 500 weltweit größten Unternehmen betreiben eine eigene Firmenuniversität.

Die Gründe für die steigende Bedeutung von Corporate Universities liegen auf der Hand:

- Die zunehmende Internationalisierung der Unternehmen macht es erforderlich, Wissen schnell und gezielt zu ergänzen und auch inhaltlich anzupassen.
- Angestrebt sind dabei maßgeschneiderte Trainingskonzepte für Führungskräfte und Mitarbeiter sowie auch für Kunden und Partner.
- In einer Zeit zunehmender Unternehmenszusammenschlüsse und Akquisitionen wird durch diese unternehmensspezifischen Weiterbildungsinstitutionen ein schnelleres Zusammenwachsen der Unternehmensteile gefördert.
- Hinzu kommt eine weitere Möglichkeit: Gut entwickelte und konkurrenzfähige Corporate Universities offerieren Kursangebote auch am „freien Markt", um so eine bessere Kostendeckung zu erreichen. Dies fördert zugleich auch das kundenorientierte Unternehmertum in diesen Fortbildungszentren.

Gerade in den heute immer häufiger dezentral strukturierten Unternehmen ist effizientes Wissensmanagement von entscheidender Bedeutung (2). Wenn das im Unternehmen vorhandene Know-how erschlossen und allen verfügbar gemacht werden kann, stiftet es dort hohen Nutzen, wo ähnliche Problemlösungen gefunden werden müssen. Gleichzeitig werden so internationale und interkulturelle Netzwerke geschaffen. Persönliche Kontakte und ein effizientes Wissensnetz werden in Zukunft in noch stärkerem Maße auch für den Einzelnen in seiner Karriere erfolgsentscheidend sein.

Die Corporate Universities der Wirtschaft unterscheiden sich auch hinsichtlich ihrer Zielgruppe: Manche wie die MG Academy richten sich ausschließlich an Führungskräfte, andere fassen in ihr ihre international ausgerichteten Seminare zusammen wie die Henkel-Global-Academy. Die Lufthansa Business School richtet sich hingegen an nahezu alle Mitarbeiter (3).

Für die Unternehmen ist es wichtig, durch die Corporate University ihren Bedarf an bestimmten Qualifikationen abzudecken. So will Siemens z.B. mit der Neuausrichtung ihrer Technik-Akademie die entstehende Ingenieurslücke füllen. Andere Unternehmen verknüpfen die Berufsausbildung mit einem Studium z.B. an einer Berufsakademie (4).

Konzept und Nutzen einer Corporate University sind in folgenden neun Bausteinen verankert:

1. Wissen wird in Form von konzentrierten theoretischen Grundlagen und Fakten vermittelt, aber nur entsprechend dem unternehmensspezifischen Bedarf. Dies spart Zeit und Geld, da aus Unternehmenssicht unnötiger allgemeiner „Wissensballast" von anderen Bildungsinstitutionen und dabei nicht zuletzt von Universitäten vermieden wird.

2. Zugleich werden die Umfeldfaktoren des Unternehmens in den Trainings stärker berücksichtigt als dies externe Weiterbildungsinstitutionen tun können. Kernelemente des Qualifizierungsprozesses sind damit Erfahrungswissen aus dem Unternehmen und Umsetzungsfähigkeit im Unternehmen. Dies wird insbesondere dadurch erreicht, dass auch die Führungskräfte als Dozenten und Trainer an der Corporate University wirken.

3. Das damit verbundene Ziel ist „Learning by Earning". Lernen wird so zum integrierten Bestandteil des unternehmerischen Handelns und ist ein Kernelement von Wertschöpfungsprozessen.

4. Dies wird dadurch erreicht, dass Lernen insbesondere auch am eigenen Business-Case erfolgt. Durch den Einsatz unternehmensspezifischer Fallstudien werden nicht nur entsprechende Sachverhalte analysiert, sondern zugleich auch Fehlererkennung und strukturierte Entscheidungsprozesse trainiert sowie damit Problemlösungskompetenz entwickelt.

5. Führungskräfte des Unternehmens als Lehrende und Lernende einbeziehen: Dabei ist klar, dass sich keine Führungskraft, egal auf welcher Ebene, diesem Prozess des begleitenden und lebenslangen Lernens entziehen kann respektive darf. Mindestens genauso wichtig ist der Aspekt, dass Führungskräfte aller Ebenen bei dem Prozess des Erfahrungsaustausches und der Strategievermittlung als Lehrende fungieren können und sollen. Dies verstärkt nicht nur den situationsspezifischen Praxisbezug, sondern erhöht zugleich auch die Überzeugungskraft der vermittelten Inhalte. Abgesehen davon, qualifiziert es zugleich auch die Führungskräfte und verbessert ihre Kommunikationsfähigkeit.

Führungskräfte als Lehrende treten so zugleich als Berater und Mitgestalter von Lernprozessen auf und haben die Aufgabe, Problemsituationen und „Werkzeuge" zur Problembearbeitung zur Verfügung zu stellen und bei Bedarf auf Bedürfnisse der Lernenden zu reagieren (5).

6. Dies führt dazu, dass die Unternehmensstrategie auf diese Weise kommuniziert und besser verstanden sowie im Ergebnis also auch im Unternehmen besser verankert wird. Die Unternehmensstrategie ist eine wesentliche Grundlage für die angestrebte Unternehmenskultur, die so greifbar und umsetzbar stärker verinnerlicht wird.

7. Nicht zuletzt können mit dieser Vorgehensweise im Rahmen der zunehmenden Internationalisierung Kursteilnehmer aus verschiedenen Unternehmensbereichen und Weltmarktteilen zusammengebracht werden. Hierdurch wird der Wissenstransfer innerhalb des Unternehmens verstärkt, ein international ausgerichteter und zusammengesetzter Führungsnachwuchs aufgebaut und zugleich auch ein für die Zukunft des Unternehmens wichtiges Networking erreicht (6).

8. Neue Technologien für schnelleres dezentrales Lernen und bessere Lernerfolgskontrolle nutzen: Über Computer Based Training hinausgehendes, Web-basiertes Lernen ermöglicht es, eine klare Differenzierung zwischen dieser sehr effizienten und effektiven Form der Wissensvermittlung sowie dem Präsenz-Lernen vorzunehmen. Partner-Universitäten kommt hierbei auch die Aufgabe zu, diese praxisorientierten Lerneinheiten zu schaffen. Multimediales Lernen nimmt auf Grund des gestiegenen Weiterbildungsbedarfs bei knappen Trainingskapazitäten und einem zusätzlichen Kostendruck auf betriebliche Weiterbildungsbudgets stark zu.

9. Corporate University als Profit-Center/Business Center im Unternehmen führen: In der Konsequenz ist diese neue Lerneinheit wie ein Unternehmen im Unternehmen zu führen, unabhängig davon, ob Lerneinheiten an Externe und dabei nicht nur an Kunden und Lieferanten angeboten werden. Das Ziel ist, den Nutzen und Wert der Investitionen in die Weiterbildung regelmäßig messen und dann noch verbessern zu können. Kursangebote am „freien Markt" erhöhen nicht nur das Unternehmertum, sondern verbessern zugleich auch die Kostendeckung.

Eine weitere Stärke von Corporate Universities liegt darin, unterschiedliche Lernschritte in übergeordnete Lehrgänge zu integrieren und damit nicht nur einzelne Seminare und Workshops anzubieten. Überdies können Corporate Universities neben der Fortbildung von Fach- und Führungskräften den Wissensaustausch unter Managern verstärken. Ein weiterer Vorteil unternehmenseigener Universitäten liegt darin, einen Kanon von Wissen und Werten aufzubauen, der die Grundlage für Management, Unternehmenskultur und Administration bildet. Ein Kanon kann gegenüber der Vielzahl von neuen Managementphilosophien zu Sicherheit verhelfen, besonders wenn dieser mit Fallstudien aus dem eigenen Unternehmen hinterlegt ist (7).

Neben allen diesen positiven Aspekten stellt sich allerdings die Frage, ob Corporate Universities immer diesem Anspruch gerecht werden oder nicht selten nur ein Etikettenschwindel sind.

Diese Vermutung ist manchmal nicht von der Hand zu weisen. Denn zum Teil werden interne oder outgesourcte Trainingsabteilungen lediglich mit einem wohlklingenden Etikett versehen. Funktionen des Lernens werden im Rahmen des Unternehmenskonzeptes dann substanziell nicht neu definiert. Und nicht zuletzt werden keine fortschrittlichen Organisationslernarchitekturen und keine neuen Erlebniswelten des Lernens geschaffen (8). Dies bedeutet, dass das, was nach außen unter dem Titel „Corporate University" in Erscheinung tritt, heute eine ganze Bandbreite von Modellen präsentiert, die von traditionellen Trainingszentren bis zu genialen Organisationslernarchitekturen à la General Electric reichen (9).

Gelingt es andererseits, Lernaktivitäten mit täglichen Geschäftsprozessen und mit der Umsetzung der Unternehmensstrategie in zunehmendem Maße zu verbinden, dann wird durch diese Integration von Lernen und Tun eine Corporate University von der Modeerscheinung zum strategischen Erfolgsfaktor.

1.2 Entwicklungsstufen von Corporate Universities

In einer grundsätzlichen Unterscheidung lassen sich drei Entwicklungsstufen von Corporate Universities differenzieren. In Abbildung 1 sind sie wiedergegeben (10).

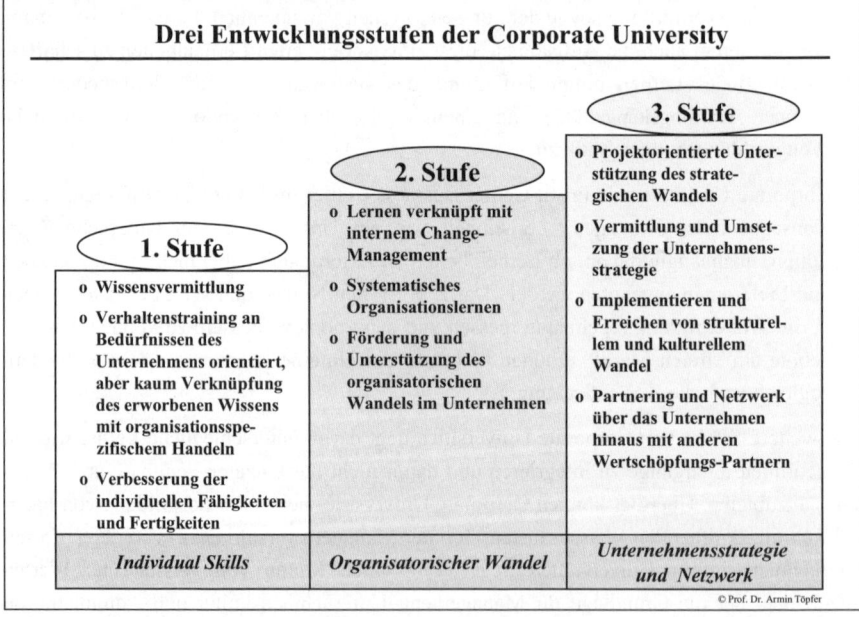

Abb. 1: Drei Entwicklungsstufen der Corporate University

In der ersten Stufe sind die Corporate Universities ausschließlich darauf ausgerichtet, Wissen zu vermitteln, Verhalten zu trainieren und so die individuellen Fähigkeiten und Fertigkeiten auf die betrieblichen Bedürfnisse des Unternehmens auszurichten. Beispiele sind Einrichtungen wie die Disney University, bei der nach dem Konzept „den Geist der Maus atmen" die Weiterbildung darauf ausgerichtet ist, Verhalten mit hoher Servicequalität zur Erfüllung der Standards zu prägen. Ein weiteres Beispiel für die erste Stufe ist die Corporate University bei McDonalds. Das Ziel besteht darin, durch Trainings eine globale Standardisierung der Produkte und Dienstleistungen zu erreichen sowie Skaleneffekte zu erzielen. Das Training in „Core Practices" soll Kosteneinsparungen im Einkauf und im Prozessmanagement bewirken (11).

Die Corporate University von Motorola wurde bereits 1981 gegründet. Sie ist ein Beispiel für die zweite Stufe: Lernen wird mit internen Veränderungen verknüpft und soll so organisationales Lernen ermöglichen. Lernen soll auf diese Weise den organisatorischen Wandel fördern und unterstützen. Bei Motorola stand im Zentrum des Lernens die weltweite Implementierung von Qualitätsprogrammen. Durch „Agents of Change" und ein abgestuftes Konzept der Weiterbildung aller Mitarbeiter sind Fähigkeiten und Verhaltensbereitschaften vermittelt worden, die es ermöglichten Six-Sigma-Projekte mit dem Ziel der Null-Fehler-Qualität durchzuführen.

Deutsche Unternehmen wie Bertelsmann und DaimlerChrylser gehen einen ähnlichen Weg. Bei Bertelsmann wird beispielsweise die Verbindung von Organisations-, Unternehmens- und Persönlichkeitsentwicklung angestrebt, um auf diese Weise die Unternehmenskultur zu prägen und weiterzuentwickeln. Mit dem Ziel einer besseren weltweiten Zusammenarbeit werden europäische und amerikanische Perspektiven verknüpft. Wissenschaft und Praxis werden in Fallstudien sowie Online-Konferenzen kombiniert.

Bei DaimlerChrysler steht die Internationalisierung und die Vermittlung der Konzernstrategie auf der einen Seite sowie Leadership in der Führungskräfteentwicklung und ein Networking der Führungskräfte auf der anderen Seite. Durch gezieltes Wissensmanagement soll die Corporate University als Instrument zur strategischen Weiterentwicklung des Konzerns und zur Unternehmenswertsteigerung insbesondere auch des Intellectual Capital dienen. Management Development wird verknüpft mit Strategie-Dialogen und einem Innovations- und Wissenstransfer. Hierdurch sollen beispielsweise Web-basierte Learning Communities entstehen, die bezogen auf aktuelle Praxisprobleme in Business Communities im Sinne von Communities of Practice überführt werden.

Eine Institution, die eindeutig zur dritten Stufe gehört, ist die Corporate University von General Electric in Crotonville. Im Vordergrund stehen auf diesem Niveau die Unternehmensstrategie und Netzwerke. Die Umsetzung der Unternehmensstrategie soll durch eine projektorientierte Unterstützung des strategischen Wandels erfolgen. Einbezogen werden hierin auch Wertschöpfungs-Partner außerhalb des Unternehmens. Die General Electric Corporate University besteht bereits seit den 50er Jahren. Qualifiziert werden Führungskräfte und Mitarbeiter mit dem Anspruch, Business Excellence zu erreichen und umzusetzen. Inhaltliche Schwerpunkte der Work-Out-Programme waren beispielsweise Kosteneinsparungen durch Prozessoptimierung, Entbürokratisierung, das grenzenlose Unternehmen, Six Sigma und E-Commerce (12). Die Corporate University ist ein Instrument um den jeweils erforderlichen Wandel durch General Electric hindurch zu realisieren. Jack Welch selbst, der CEO von General Electric, steht im Durchschnitt zwei Tage pro Monat als Dozent und Sparringspartner für die Corporate University zur Verfügung.

Ein aktuelles Beispiel einer in Deutschland – auf der Basis vorhandener Trainingseinrichtungen neu geschaffenen Corporate University ist die im Frühjahr 2000 eröffnete Print Media Academy der Heidelberger Druckmaschinen AG (HDM). Der Weltmarktführer in der Druckmaschinenbranche trägt damit den Anforderungen der Internationalisierung und der stärkeren Kundenorientierung Rechnung. Abbildung 2 gibt einen Eindruck von den Zielgruppen, den Produkttrainings und den Management-Trainings. Eine eindeutige Zuordnung auf eine der drei Entwicklungsstufen ist noch nicht möglich. Im Vordergrund stehen offensichtlich die Vermittlung von Fähigkeiten und Fertigkeiten und der technologische sowie organisatorische Wandel.

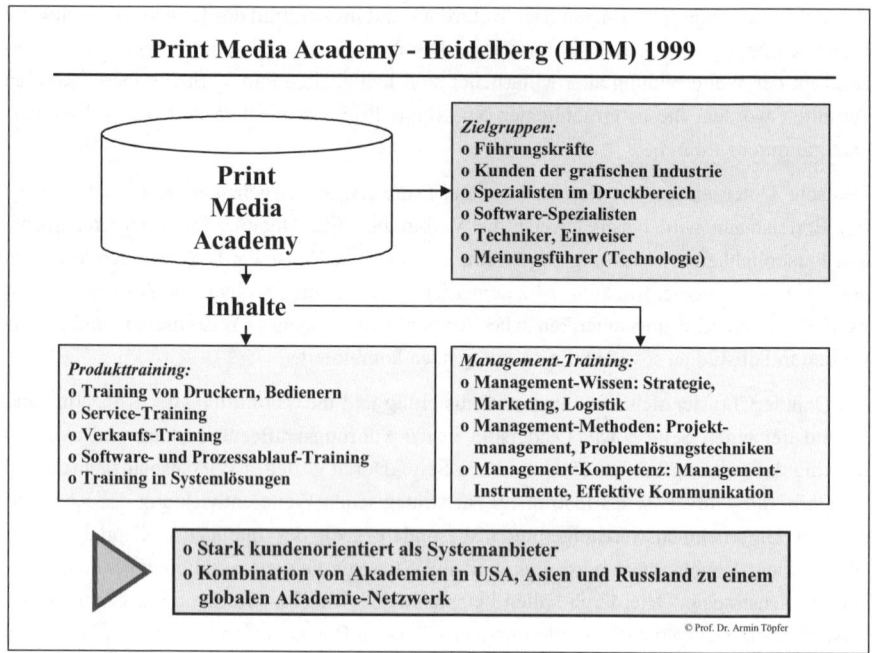

Abb. 2: Print Media Academy - Heidelberg (HDM) 2000

1.3 Konzepte und Ergebnisse von Corporate Universities

Was Corporate Universities an Ergebnissen bewirken können, zeigen die 1999 von der Corporate University Xchange Inc. preisgekrönten Unternehmensbeispiele in fünf Kategorien (13).

- Die Tennessy Valley Authority University, Fortbildungseinrichtung eines großen Energieversorgers, wurde prämiert für das integrierte Ausrichten von Geschäftsstrategien und Lernen im Unternehmen und das Einbeziehen der höchsten Führungskräfte in den Lernprozess.

- IDX Institute of Technology, eine kleine Software-Firma in Vermont, entwickelte Lernallianzen mit Universitäten. Zielgruppen waren sowohl die Kunden als auch die Mitarbeiter. Lehrkräfte stehen für kooperierende Universitäten zur Verfügung. Studenten dieser Universitäten können bei IDX studieren.

- Die IBM Corporate University wurde dafür ausgezeichnet, dass sie Technologie einsetzte, um eine kontinuierlich nutzbare Lernumgebung zu erstellen. 1998 konnten so 100 Millionen US-Dollar bei den Ausbildungskosten eingespart werden.

- Dell Learning war einer der Gewinner aufgrund der Messung des Wertes der Investition in die Aus- und Weiterbildung: Ein Sales Training für 101 Vertriebsmitarbeiter kostete exakt 41.309 US-Dollar und bewirkte einen zusätzlichen Gewinn von genau 279.265 US-Dollar. Dies entsprach einem Return on Investment von 676%.

- Die ST University der ST Microelectronics, einem französischem Halbleiterhersteller, entwickelte und implementierte innovative Marketingstrategien. Der Marketing-Plan umfasst Promotion, Web-Advertising und Konferenzen für Mitarbeiter sowie Auszeichnung der Manager, welche die ST University am meisten unterstützt haben. Lieferanten und Geschäftspartner wurden in das Programm eingebunden.

Neben diesen preisgekrönten Corporate Universities gibt es auch Beispiele für erfolgreiche Corporate Universities deutscher Unternehmen.

Lufthansa School of Business

Die Lufthansa School of Business ist die konzernweite Plattform der Lufthansa für strategischen und kulturellen Wandel. Sowohl die lernende Person als auch die lernende Organisation stehen dabei im Mittelpunkt. Ein Auftrag ist dabei, das „Intellectual Capital" als essentiellen Baustein für den Unternehmenserfolg an das Unternehmen zu binden und gemäß den zukünftigen Erfordernissen weiterzuentwickeln (14).

Die Lufthansa School of Business hat drei Zielfelder, in die individuelle und kollektive Veränderungsprozesse ineinanderfließen. Die Ziele sind:

- Agile & unternehmerische Leadership; z.B. Forcierung von mentalem Wandel und wettbewerbsstarker Führungskultur,

- Globaler Mindset; z.B. Internationalisierung von Lernen & Leadership-Entwicklung und

- Integration von und in fluiden Netzwerkstrukturen; z.B. Erhalt kultureller Bande und Integration in dezentralen Strukturen (15).

Das Aufgabenspektrum der Lufthansa Business School fasst alle Aktivitäten der Management- und Nachwuchsentwicklung sowie der internen und externen Marktfähigkeit aller Mitarbeiter auf Konzernebene zusammen. Dazu ist die Lufthansa School of Business auf fünf Geschäftsfeldern aktiv:

- Lufthansa Leadership-Programme: Umfassendes Qualifizierungs- und Personalentwicklungskonzept für das Management weltweit.

- Transformations- und Change-Netzwerke: Initiativen, um den strategischen Wandel zu beschleunigen und die Führungs- und Leistungskultur voranzutreiben.

- Plattform des strategischen und kulturellen Dialogs: Kommunikationsprogramme für wichtige Geschäftsthemen sowie Veränderungs- und Aktionsimpulse.

- Lufthansa Future Generation: Bündelung von Programmen zur Förderung hochqualifizierter Nachwuchskräfte.

- Employability-Initiativen: Dienen der Steigerung der internen und externen Marktfähigkeit von Mitarbeitern (16).

Mit den Leadership-Programmen will das Unternehmen Managemententwicklung auf Weltklasse-Niveau anbieten. Die Leadership-Programme sind wesentlich durch den Grundsatz geprägt, wo immer sinnvoll und möglich Lernpartnerschaften mit erstklassigen akademischen Partnern sowie exzellenten Unternehmen einzugehen. Trotz intensiver und stabiler Beziehungen mit universitären Partnern, hat es die Lufthansa Business School vermieden, sich zu stark an einen einzigen akademischen Partner anzulehnen. Vielmehr bindet sie einige führende Business Schools in Nordamerika, in Asien und Europa zu einem akademischen Netzwerk zusammen (17). Insgesamt weist diese Corporate University ein hohes Niveau auf.

Merck University

Die Merck University der Merck KgaA richtet sich an alle Mitarbeiter im Unternehmen und bietet Studiengänge in Modulform an. So können z.B. Labortechniker eine Ausbildung zum Dipl.-Ingenieur Biotechnologie (FH) mit vier Jahren Dauer absolvieren. Junior Manager oder Office Administratoren können sich als Dipl.-Wirtschaftsinformatiker oder Dipl.-Betriebswirt (FH) ausbilden lassen. Anschließend wäre z.B. das Studium und der Abschluss des European MBA möglich. Das nächste Modul umfasst die IMP International Management Programme und den MBA Ashridge (18).

Die Zielsetzung der Merck University ist u.a. die Steigerung der Wettbewerbsfähigkeit von Merck durch Investition in die Mitarbeiter auf allen Ebenen. Die Attraktivität, bei Merck den Berufseinstieg zu beginnen, soll für besonders qualifizierte Hochschulabsolventen und Abiturienten gesteigert werden. Wichtig ist Merck insbesondere, den Prozess der Internationalisierung durch Personalentwicklungsmaßnahmen zu beschleunigen und zu begleiten. Weitere wichtige Ziele sind, zum einen dem Managementnachwuchs eine fachlich umfassende und persönlichkeitsbezogene Weiterentwicklung zu ermöglichen und zum anderen der verstärkte Aufbau internationaler Netzwerke (19).

Merck möchte den Austausch zwischen den Kulturen fördern. So reisen die Teilnehmer u.a. zur J.L. Kellogg Graduate School of Management in Chicago, zur London Business School oder zur Hong Kong University. Künftig sollen auch andere Unternehmen Zugang zur Merck-University haben (20).

Mit diesem Lehrkonzept erfüllt die Merck University also eine Reihe wesentlicher Anforderungen an fortschrittliche Corporate Universities, aber insbesondere im Hinblick auf die Strategie vermittelt sie noch nicht das gesamte Spektrum.

Allianz Management Institute

Das Programm des Allianz Management Institute umfasst Führungskräfte-Qualifizierung, überregionale Fachqualifizierung, Organisationsentwicklung und institutionelle Kooperationen (21). Kooperiert wird dabei z.B. mit führenden ausländischen Business Schools und Stiftungslehrstühlen (Humboldt-Universität Berlin, WHU Koblenz) (22). Als Lernmethoden werden u.a. die im Folgenden beschriebenen eingesetzt.

- Computer Based Training (CBT) und Web Based Training (WBT),
- Praxisorientiertes Simulationslernen (Planspiele) und
- Learning-near-the-job (Entwicklungs- und Förderkreise) (23).

Das Allianz Management Institute ist eng verzahnt mit dem internationalen Knowledge Management der Allianz. Zu dem International Knowledge Management gehören Workshops (z.B. Möglichkeiten des Internets) sowie temporäre und ständige Arbeitsgruppen (24).

Wichtig ist für die Allianz, heterogene Ansprüche der Kunden zu berücksichtigen. So gibt es erstens eine Grundausbildung für Führungskräfte. Dazu gehören die General Management Seminare, die für jede Führungskraft obligatorisch sind (z.B. Seminare zum Thema Kulturwandel). Zweitens gibt es zielgruppenspezifische Angebote. Diese umfassen die systematische Qualifizierung von Fachgruppen (z.B. für Finanzmitarbeiter). Drittens gibt es „Specials". Hier handelt es sich um Angebote zu strategisch wichtigen Themen, z.B. wertorientierte Unternehmensführung und Wissensmanagement (25).

Das Allianz Management Institute deckt somit auch die strategische Komponente ab. Positiv ist die Anwendung moderner problemorientierter Lernmethoden, wie z.B. Planspiele.

mg academy

Für die mg academy der Metallgesellschaft AG steht nicht die Wissensvermittlung im Vordergrund, sondern dass Spitzenmanager strategische Kompetenz erwerben. Folgende Fragen beziehen sich darauf:

- Wohin steuert der Gesamtkonzern?
- Was ist die Strategie?
- Was kann ich als Führungskraft und Teilnehmer der mg academy innerhalb der Leadership-Aufgaben meines Führungsbereiches dazu beitragen?
- Wo und wann werde ich ausdrücklich dazu aufgefordert?

Transferziele gehen über die Ziele der herkömmlichen Personalentwicklung hinaus. Sie reichen bis in die Organisationsentwicklung, Strategieumsetzung und -bildung hinein. Wichtig ist auch, dass die Teilnehmer selbst ihr Wissen, ihre Erfahrung und ihre Lösungskompetenz einbringen und sich gegenseitig coachen (26).

Der Praxistransfer soll insbesondere durch Fallstudien erfolgen. Bereits vor einer Veranstaltung wählen die Teilnehmer Fallbeispiele aus ihrem Führungsbereich aus, bereiten diese auf, präsentieren und diskutieren sie. Ihre dabei erworbenen Problemlösungskompetenz wird damit in der Veranstaltung offengelegt und weitergegeben (27).

Die mg academy ist fortschrittlich hinsichtlich der strategischen Komponente und des Praxistransfers. Allerdings umfasst ihre Zielgruppe nicht alle Mitarbeiter im Unternehmen, sondern richtet sich schwerpunktmäßig an Führungskräfte.

1.4. Zusammenarbeit mit Universitäten und Business Schools

Die Beispiele der preisgekrönten Corporate Universities sowie andere Firmenkonzepte zeigen, dass häufig eine enge Zusammenarbeit mit Universitäten und Business Schools angestrebt wird. Der Grund liegt darin, dass die Corporate Universities oftmals vorwiegend virtuelle Gebilde mit einer überschaubaren Infrastruktur sind. Insbesondere beschränkte Budgets, aber auch fehlendes spezielles Know-how zwingen dazu. Deshalb ist eine professionelle und renommierte externe Bildungsinstitution notwendig als Katalysator für relevantes Wissen in Richtung Business Excellence. Der Modetrend der Lean-Education wird noch dadurch verstärkt, dass sich Wissen heute alle fünf Jahre verdoppelt, aber gleichzeitig auch – je nach Branche – bereits nach wenigen Jahren veraltet.

Um in der vordersten Front des Business sowie des Wissenstransfers zu sein und um leistungsfähige Konzeptionen schnell nutzen zu können, wird die Zusammenarbeit mit exzellenten Universitäten und Business Schools angestrebt. Wie die Ergebnisse einer Befragung im Jahre 1999, ebenfalls durchgeführt von der Corporate University Xchange als führender Transfer- und Beratungsinstitution, belegen, suchen über 50% der Weiterbildungsabteilungen von Unternehmen Partnerschaften mit Universitäten für akkreditierte Kurse. Es versteht sich von allein, dass die Corporate Universities mit dieser Zielrichtung nicht zu „Makler- und Reisebüros" für renommierte Business Schools entarten dürfen.

Die Vorteile der Netzwerkzugehörigkeit für Corporate Universities auf der einen Seite und Universitäten und Business Schools auf der anderen Seite sind in Abbildung 3 dargestellt.

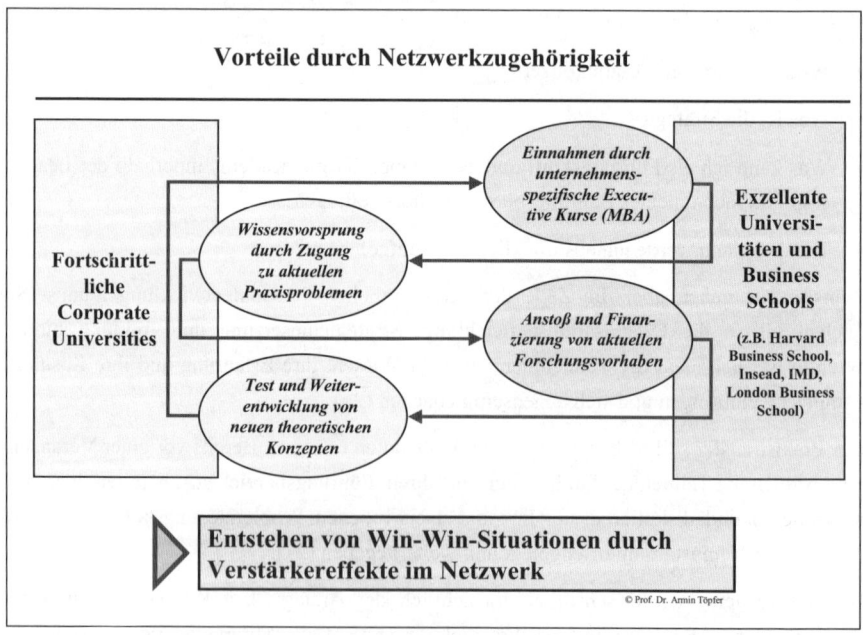

Abb. 3: Vorteile durch Netzwerkzugehörigkeit

Die exzellenten Universitäten und Business Schools erhalten als ausgewählte Partner fortschrittlicher Corporate Universities regelmäßige und nicht unerhebliche Einnahmen durch unternehmensspezifische Executive Kurse oder maßgeschneiderte MBA-Programme. Sie erhalten zusätzlich einen Wissensvorsprung durch den Zugang zu aktuellen Praxisproblemen, die Gegenstand der unternehmensspezifischen Kurse sind. Dadurch bekommen sie den Anstoß und häufig auch die Finanzierung für aktuelle Forschungsvorhaben. Dies versetzt sie in die Lage, neue und theoretisch fundierte, aber zugleich praxisorientiert ausgerichtete Konzepte zu testen und weiterzuentwickeln. Hierdurch steigt ihre Attraktivität für fortschrittliche Corporate Universities. Es entsteht also eine Win-Win-Situation für beide Seiten mit zusätzlichen Verstärkereffekten in diesem Netzwerk (28).

Zwischen Universitäten kommt es bereits zu Joint Ventures, so beispielsweise zwischen der Cambridge University in Großbritannien und dem Massachusetts Institute of Technology (MIT) in den USA. Das konkrete Ziel ist, durch die Gründung eines Institutes die Wettbewerbsfähigkeit der britischen Industrie zu erhöhen und neue Technologien in Großbritannien zu entwickeln. Vermittelt werden soll die Fähigkeit des MIT, Wissen in Geschäftserfolge und Wertsteigerung zu transferieren. Das Institut ist staatlich gefördert. Für die ersten fünf Jahre beträgt das Budget 114-130 Mio. US-Dollar. Der erwartete Beitrag der britischen Industrie zu den laufenden Kosten beträgt ca. 15 Mio. US-Dollar. MIT und Cambridge University wollen ein Austauschprogramm für Studenten und Fakultätsmitglieder einrichten, und die gemeinsamen Forschungsprogramme sollen zur Entwicklung neuer Technologien führen (29).

2 Distance Learning/Education als Zukunftsanforderung

Nach einer Prognose der International Data Corporation (IDC) aus dem Jahre 1999 vergrößert sich der Markt für Web-basiertes Training von ca. 197 Millionen US-Dollar im Jahre 1997 auf ca. 5,5 Milliarden US-Dollar im Jahre 2002. Diese „Explosion" im Weiterbildungsmarkt wird durch eine Befragung der Corporate University Xchange im Jahre 1999 bestätigt: 82% der Corporate Universities nutzen bereits Web-basierte Technologien. Die Zukunft hat also bereits begonnen. Es wird erwartet, dass im Jahre 2003 96% aller Weiterbildungsmaßnahmen von Unternehmen Online über das Netz durchgeführt werden.

Der Nutzen von Web-basierten Trainings lässt sich in folgenden fünf Punkten zusammenfassen. Sie beziehen sich primär auf die drei Kriterien Zeit, Kosten und Lernerfolg:

1. Ermöglicht wird gemeinsames Lernen auch bei räumlicher Distanz, wobei die Entfernung völlig nebensächlich wird. Alle Mitarbeiter sind so an jedem Ort des Unternehmens über den Globus verteilt gleichzeitig erreichbar und einbeziehbar.
2. Ein weiterer Vorteil liegt im „Just-in-Time"-Lernen. Wissensvermittlung wird bei Bedarf auf der Grundlage von stets aktuellen Informationen möglich. Es gibt also keine Verfallszeiten von Wissen über die räumliche Distanz.
3. Mitarbeiter können bei der asynchronen Selbststeuerung das eigene Lerntempo bestimmen. Es ist also individuell möglich, Neues zu vertiefen und Unklares zu wiederholen, wo und wie auch immer die Schwerpunkte gesetzt werden.

4. Insgesamt ist bei Web-basierten Trainings ein deutlich kürzerer Zeitaufwand für Lernvorgänge erforderlich. Erfahrungswerte gehen bis zu einer Zeitverkürzung von 50% durch eine straffere Lernorganisation. Hiermit verbunden sind entsprechende Kosteneinsparungen durch den höheren Durchsatz des Lernens und kürzere Lernzeiten als Opportunitätskosten.

5. Auf der Basis interaktiver multimedialer Techniken ist zusätzlich eine Bewertung und Auswertung des Teilnehmer-Leistungsniveaus möglich. Dies läuft darauf hinaus, dass die Erfolge und Probleme beim Lernfortschritt durch den Lehrenden unmittelbar ermittelt werden können und so Rückkopplungen, beispielsweise auch in Präsensveranstaltungen, gezielt an Lerndefiziten ansetzen können.

Zwei Beispiele sollen den Einsatz und den Erfolg des Web-basierten Lernens belegen. Der bereits angesprochene IBM Global Campus, der seit April 1999 existiert, wurde von über 70.000 Mitarbeitern weltweit genutzt. Die Internet- Lernangebote des virtuellen Bildungszentrums zur Schulung der Mitarbeiter haben bereits im ersten Jahr eine nachhaltige Wirkung gezeigt:

- Lou Gerstner, der CEO von IBM, beziffert die Einsparungen und Produktivitätssteigerungen auf 100 Mio. US-Dollar. Ein Drittel der internen Trainings war im Jahre 1999 bereits per „Distributed Learning" durchgeführt worden.

- Urs Hinnen setzt die erreichte Kostenreduzierung für einen netzbasierten Trainingskurs mit 60 – 70 % an.

- Ein Erfahrungswert belegt, dass 400.000 US-Dollar Kosten eingespart werden können, wenn ein Unternehmen 1.000 Stunden Präsenz-Training durch netzbasierte Weiterbildung ersetzt. Gerade auch bei zeitkritischer Qualifizierung können weltweit gleiches Wissen und gleiche Methoden eingesetzt werden (30). Das Unternehmen war, wie vorstehend angeführt, hierfür im Jahre 1999 ausgezeichnet worden.

Das zweite Beispiel bezieht sich auf das Cisco Academy Programme:

- Trainingseinheiten von maximal 20 Minuten ermöglichen es den Außendienstmitarbeitern, die Lerneinheit kurz vor dem Kundengespräch durchzugehen.

- Selektives Lernen wird verstärkt. Ein Eingangstest zeigt, ob die Inhalte einer Kurseinheit bereits beherrscht werden. Die Testergebnisse belegen gleichzeitig die Qualität des Trainingskurses und das Wissensniveau der Mitarbeiter.

- Mit dem Cisco-Online-Trainings-System werden jeden Tag 2.000 Wissens-Tests durchgeführt. Ein positives Begleitergebnis hierbei ist: Die Mitarbeiter mancher Landesgesellschaften wollen auf diese Weise ihr gutes Qualifikationsprofil dem Unternehmen demonstrieren.

- Als Ziel wurde bereits formuliert: Das System soll auch Cisco-Absatzmittlern zur Verfügung gestellt werden. Die Prognose geht dahin: Eines Tages wird das Training für jeden Job auf der Welt über Internet verfügbar sein (31).

3 Empfehlungen für den Aufbau einer Corporate University

Der eingangs festgestellte Wettbewerb mit einer hohen Dynamik der Veränderungen im Weiterbildungsbereich wird durch die aufgezeigten Entwicklungslinien und gegebenen Beispiele nachhaltig belegt. Unternehmen, die auf diesem Gebiet zur Steigerung des Intellectual Capital nicht früh genug und konsequent genug handeln, geraten eindeutig ins Hintertreffen. Für den erfolgreichen Aufbau einer Corporate University lassen sich fünf Empfehlungen geben (32):

1. Um die Ergebnisverantwortung, Schnelligkeit und den unternehmerischen Spielraum zu erhöhen, ist der Weiterbildungsbereich – wie immer er im Unternehmen bezeichnet wird – als Profit-Center und Business Unit zu führen.

2. Die Führungskräfte des Unternehmens sind als Lehrende und Lernende in die Umsetzung des Vorhabens einzubeziehen. Die Akzeptanz und die Durchschlagskraft werden hierdurch eindeutig erhöht. Die Unternehmensleitung muss Vorbild sein.

3. Um die Infrastruktur klein zu halten und um auf dem neuesten Stand des Wissens und der Methoden zu bleiben, sind neue Formen der Partnerschaft mit Universitäten und Business Schools aufzubauen.

4. Neue Technologien sind für schnelleres und dezentrales Lernen sowie für bessere Lernerfolgskontrollen im angepassten multimedialen Verbund zu nutzen.

5. Der Nutzen und der Wert der Investitionen in die Weiterbildung sind regelmäßig zu messen, und zwar direkt quantitativ und qualitativ über Indikatoren. Die Verantwortlichen erhalten hierdurch eine bessere Argumentationsbasis und Grundlage für neue Investitionen.

Anmerkungen

(1) Vgl. *Authers, J.*: Keeping company with the campus, in: Financial Times 26.04.1999, S. 11.

(2) Vgl. *Wössner, M.* zitiert in: *Schwertfeger, B.*: Rosinen picken, in: Wirtschaftswoche Nr. 45/ 29.10.1998, S. 169.

(3) Vgl. *Burgmaier, S.*: Exklusives Angebot, in: Wirtschaftswoche Nr. 27 / 1.7.1999, S. 101.

(4) Vgl. ebenda.

(5) Vgl. *Büssing, A.*: Lernen mit neuen Medien in Organisationen, in: Erwachsenenbildung EB, Vierteljahresschrift für Theorie und Praxis, Heft 1, 45. Jahrgang 1999, S. 19.

(6) Vgl. *Töpfer, A.*: Corporate Universities als Intellectual Capital, in: Personalwirtschaft, 7/1999, S. 33 f.

(7) Vgl. *Töpfer, A./Schütte, S.*: Oft nur Etikettenschwindel, in: wirtschaft und weiterbildung, 1/2000, S. 50.

(8) Vgl. ebenda.

(9) Vgl. *Deiser, R.*: Corporate Universities – Modeerscheinung oder strategischer Erfolgsfaktor?, in: Organisationsentwicklung Heft 1/98, S. 41.

(10) Vgl. *Töpfer, A.*: Corporate Universities, S. 35 f.

(11) Vgl. *Deiser, R.*: a.a.O., S. 43.

(12) Vgl. ebenda, S. 42.

(13) Vgl. *Authers, J.*: a.a.O., S. 11.

(14) Vgl. *Heuser, M./Sattelberger, Th.*: Erste Corporate University in Deutschland: Die Lufthansa Business School, S. 3, Artikel als Konferenzunterlage beigefügt, 13./14.12.1999, Frankfurt/M.

(15) Vgl. *Sattelberger, Th.*: Wissenskapitalisten oder Söldner? Personalarbeit in Unternehmensnetzwerken des 21. Jahrhundert, Wiesbaden 1999, S. 226.

(16) Vgl. *Heuser, M./Sattelberger, Th.*: a.a.O., S. 3.

(17) Vgl. ebenda, S. 4.

(18) Vgl. „Management Development System" aus Vortrag *Dr. Hermann-Peter Weicht*: Merck – ein Unternehmen auf dem Weg zur Internationalisierung, 13./14.12.1999, Frankfurt/M.

(19) Vgl. „Zielsetzung der Merck University" aus Vortrag *Dr. Hermann-Peter Weicht*, ebenda.

(20) Vgl. *Bialek, C.*: Merck-Konzern eröffnet eigene Universität – Top-Manager im Hörsaal, Firmenunis schweißen zusammen, in: Handelsblatt, 24./25.9.1999, S. 18.

(21) Vgl. „Allianz Management Institute: Das Programm" aus Vortrag *Dr. Daniel Dirks*: Allianz Management Institute, 13./14.12.1999, Frankfurt/M.

(22) Vgl. „Wahl geeigneter Kooperationspartner und Referenten: Leitlinien" aus Vortrag *Dr. Daniel Dirks*, ebenda.

(23) Vgl. „Unterschiedliche Methodik: Basishomogenisierung" aus Vortrag *Dr. Daniel Dirks*, ebenda.

(24) Vgl. „Das AMI ist eng verzahnt mit dem Internationalen Knowledge Management der Allianz." aus Vortrag *Dr. Daniel Dirks*, ebenda.

(25) Vgl. „Heterogene Ansprüche der Kunden: Entwicklung eines umfassenden Angebots von *Dr. Daniel Dirks*, ebenda.

(26) Vgl. *Gottwald, U.*: Die mg academy setzt auf Führungskräfteentwicklung, in: Personalwirtschaft Heft 4/2000, 27. Jahrgang, S. 46.

(27) Vgl. ebenda, S. 47.

(28) Vgl. *Töpfer, A.*: a.a.O., S. 37.

(29) Vgl. *Kelly, J.*: Joint university plan wins funding, in: Financial Times, 06/07.11.1999, S. 5.

(30) Vgl. *Schütte, S.*: Lernen in der Informationsgesellschaft, in: wirtschaft & weiterbildung Nov./Dez.1999, S. 12 ff.

(31) Vgl. *Taylor, R.*: On target, on course and online, in: Financial Times vom 22.09.1999, S. 22.

(32) Vgl. Fortune vom 11.01.1999.

Literatur

Authers, J.: Keeping company with the campus, in: Financial Times vom 26.04.1999.

Bialek, C.: Merck-Konferenz eröffnet eigene Universität – Top Manager im Hörsaal; Firmenunis schweißen zusammen, in: Handelsblatt, 24./25.9.1999.

Burgmaier, S.: Exklusives Angebot, in: Wirtschaftswoche Nr. 27 / 1.7.1999.

Büssing, A.: Lernen mit neuen Medien in Organisationen, in: Erwachsenenbildung EB, Vierteljahresschrift für Theorie und Praxis, Heft 1, 45. Jahrgang 1999, S. 19.

Corporate University Xchange, Inc.: Survey of Corporate University Future Directions, unter: http://www.learningstore.com/corpu (abgerufen im April 2000)

Deiser, R.: Corporate Universities – Modeerscheinung oder strategischer Erfolgsfaktor?, in: Organisationsentwicklung Heft 1/98.

Gottwald, U.: Die mg academy setzt auf Führungskräfteentwicklung, in: Personalwirtschaft Heft 4/2000, 27. Jahrgang.

Kelly, J.: Joint university plan wins funding, in: Financial Times vom 06/07.11.1999.

Sattelberger, Th.: Wissenskapitalisten oder Söldner? Personalarbeit in Unternehmensnetzwerken des 21. Jahrhundert, Wiesbaden 1999.

Schütte, S.: Lernen in der Informationsgesellschaft, in: wirtschaft & weiterbildung Nov./Dez.1999.

Schwertfeger, B.: Rosinen picken, in: Wirtschaftswoche Nr. 45/ 29.10.1998.

Taylor, R.: On target, on course and online, in: Financial Times vom 22.09.1999, S. 22.

Töpfer, A.: Corporate Universities als Intellectual Capital, in: Personalwirtschaft, 26. Jg. 1999, Heft 7, S. 33-37.

Töpfer, A.: Corporate University und Distance Learning, in: *Knauth, P./Wollert, A.* (Hrsg.); Praxishandbuch Human Resource Management, Köln 2000, Kap. 5.30, S. 1-32.

Töpfer, A./Schütte, S.: Oft nur Etikettenschwindel, in: wirtschaft und weiterbildung, 12. Jg., 2000, Heft 1, S. 50.

Verrechnung von Personaldienstleistungen – dargestellt am Beispiel der Festo Gruppe

Peter Speck / Alexandra Ulmer

1 Einleitung

Der Personalbereich als interner Dienstleister muss in zunehmendem Maße seinen Beitrag zur Wertschöpfung herausstellen. Besonders durch den Trend, Unternehmensbereiche sowie interne Dienstleister, wie sie ja auch der Personalbereich darstellt, outzusourcen, erlangt diese Thematik größere Bedeutung. Für die Unternehmen entscheidend sind dabei oft die Kosten-Ertrag-Relationen, an denen sich folglich auch der Personalbereich misst und messen lassen muss. Verrechnungspreise sind, um eine realitätsnahe Kosten-Ertrags-Relation abzubilden, deshalb oft unerlässlich.

Der Personalbereich ist in der Gestaltung seiner Verrechnungspreise für die zu erbringenden Dienstleistungen zudem in einer besonderen Situation, weil er neben rein quantitativen Messgrößen viele qualitative Messgrößen/Themen abdeckt und darüber hinaus auch hoheitliche Aufgaben z.B. gegenüber Gesetzgeber, Sozialversicherungsträger, Arbeitnehmervertretung u.v.a.m. zu erfüllen hat. Hieraus ergeben sich besondere Schwierigkeiten. Der nachfolgende Beitrag stellt neben einer kurzen Einführung in die theoretischen Rahmenbedingungen das Praxisbeispiel der Festo Gruppe dar.

In Kapitel 2 wird zunächst die organisatorische Eingliederung nach verschiedenen Centerkonzepten aufgezeigt. In Kapitel 3 werden die Möglichkeiten der Verrechnungspreisvarianten sowie der Verrechnungspreisbildung erläutert. Im folgenden Praxisbeispiel der Festo Gruppe wird in Kapitel 4.1 zunächst näher auf den Dienstleistungskatalog und die interne Leistungsverrechnung eingegangen. Im Anschluss daran werden in Kapitel 4.2 und 4.3 weitere Beispiele aus der Festo Gruppe beschrieben. Zum Schluss gibt Kapitel 5 ein generelles Resümee über die Verrechnung von Personaldienstleistungen.

2 Centerkonzepte der Personalarbeit als Basis zur Verrechnung von Personaldienstleistungen

Mit der Wandlung der Personalarbeit von der Personaladministration hin zum Personalmanagement, erlangte auch die organisatorische Eingliederung der Personalarbeit weitergehende Beachtung. Während das Profit-, das Service-, und das Cost-Center bekannte Modelle der Organisation sind, gehört das Wertschöpfungs-Center zu den weiterentwickelten Modellen, Personalarbeit zu organisieren. Jedes dieser Modelle spricht teilweise andere Ziele und Ansätze an. In den folgenden Kapiteln 2.1 bis 2.4 werden diese Ziele und Ansätze der unterschiedlichen Center-Modelle kurz beleuchtet (1).

2.1 Der Personalbereich als Profit-Center

Den stärksten Bezug zum Markt weist die Organisation des Personalbereichs als Profit-Center auf. Die wesentlichen Merkmale eines Profit-Center-Personal stellen die Ergebnisverantwortung und die Autonomie von den anderen Centern eines Unternehmens dar (2). Um diese beiden Merkmale realisieren zu können, unterstehen sämtliche Funktionsbereiche des Profit-Center-Personal dem Personalleiter (3). Die Ergebnisverantwortung verlangt die Maximierung der Gewinne als oberstes Ziel. Das bedeutet, über entsprechende Erlöse und unter Abzug der centereigenen Kosten, der Gemeinkostenzuschläge sowie aller Vorleistungen das bestmögliche Ergebnis zu realisieren. Angesprochen sind sowohl interne Kunden, also bspw. die Unternehmensleitung, der Betriebsrat oder die Personalreferenten, wie auch externe Kunden, wie z.B. andere Unternehmen, die für ihren Personalbereich Personaldienstleistungen (z.B. Lohn- und Gehaltsabrechnungen, Seminare u.a.) einkaufen. Dementsprechend erfolgt die (Verrechnungs-) Preisbildung marktorientiert. Die Autonomie ermöglicht dem Profit-Center-Personal sowohl die Formulierung eigener Ziele und Strategien für den relevanten Markt wie auch eine exakte Ergebniszuweisung.

Durch die starke Marktorientierung des Profit-Center-Personal ergibt sich jedoch auch das Problem, wie Leistungen, die zwar notwendig sind, aber vom Markt nicht verlangt werden, gerechtfertigt werden und über einen entsprechenden Preis abgedeckt werden können. Hierzu zählen v. a. soziale und interne Leistungen sowie hoheitliche Aufgaben (4).

2.2 Der Personalbereich als Service-Center

Die Marktorientierung des Service-Center-Personal hat einen sehr starken internen Bezug (5). Zwar kalkuliert das Service-Center-Personal mit marktfähigen Preisen, die Leistungen sind jedoch ausschließlich internen Kunden vorbehalten. Die Steuerungsgröße des Service-Center-Personal sind somit die erbrachten Leistungen (6). Ziel ist der Ergebnisausgleich, womit das Service-Center-Personal zwischen Profit- und Cost-Center steht. Dementsprechend finden sich im Service-Center-Personal sowohl Elemente des Profit- wie auch des Cost-Center-Personal.

2.3 Der Personalbereich als Cost-Center

Im Gegensatz zu Profit- und Service-Center-Personal liegt der Fokus des Cost-Center-Personal auf den entstandenen Kosten. Die Verrechnungspreise werden ausschließlich nach diesen kalkuliert und für die jeweiligen Kunden in der Leistungsverrechnung i.d.R. nicht detaillierter aufgeschlüsselt. Oberstes Ziel ist die Minimierung der Kosten. Diese stellt somit zugleich die Steuerungsgröße des Cost-Center dar (7). Der Personalleiter ist ausschließlich für diese Größe verantwortlich, d.h. die Steuerungsgröße des Cost-Center sind die Kosten auch, wenn nach dem Kostenstellenplan teilweise keine verursachungsgerechte Verantwortung vorliegt. Dies gilt bspw. für Aufwendungen bzgl. der Kantine, des Betriebsrates, u.a. Der Markt, bzw. die „Marktfähigkeit" des Cost-Center-Personal ist keine relevante Größe. Leistungen werden folglich ausschließlich internen Kunden bereitgestellt. Organisatorisch ist das Cost-Center-Personal das am stärksten an das Unternehmen angebundene Modell (8).

2.4 Der Personalbereich als Wertschöpfungs-Center

Das Wertschöpfungs-Center Personal stellt eine weitere innovative Form der Gestaltung der Personalarbeit dar, die im Wesentlichen von *Wunderer* in den späten 80er und Anfang der 90er Jahre geprägt wurde (9). Grundansatz des Wertschöpfungs-Center-Personal ist die Wertkette von *Porter* (10). Die Funktionen dieser Wertkette, adaptiert auf die Personalarbeit, lassen sich den Grundmodellen des Profit-, Service-, und Cost-Center-Personal zuordnen. Dadurch entsteht ein unternehmerischer Gestaltungs- und Handlungsspielraum. Je nach Situation und den Bedürfnissen der einzelnen Funktionen können diese unterschiedlichen Center-Konzepten zugeteilt werden (siehe Abbildung 1). Zusätzlich wird das Wertschöpfungs-Center-Personal über die Management-, die Service- und die Business-Dimension gesteuert (11).

Im Ganzen hat das Wertschöpfungs-Center-Personal zum Ziel, zunächst das Ergebnis auszugleichen, wenn möglich aber zusätzlich Erlöse zu erwirtschaften (12). Die Leistungen richten sich primär an interne Kunden. Eine Ausweitung auf externe Kunden kann entweder bei vorhandenen Kapazitäten oder durch die Vorgabe der Unternehmensleitung, bspw. einen bestimmten Prozentsatz des Gesamtbudgets extern zu erzielen, erfolgen. Dementsprechend erfolgt sowohl eine marktorientierte als auch eine kostenorientierte Verrechnungspreisbildung. Im Fallbeispiel Festo wurde dieser Satz mit maximal 15% des Kostenbudgets angesetzt.

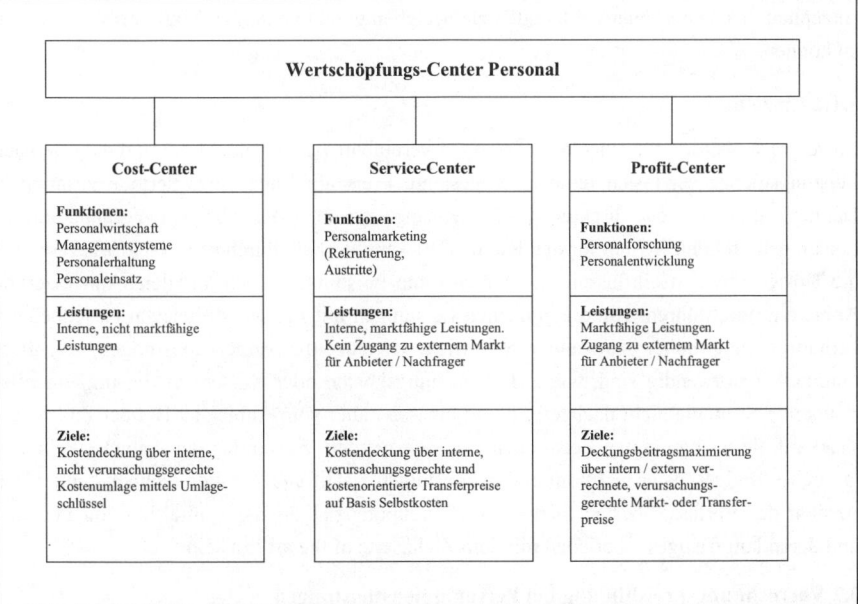

Abb. 1: Das Wertschöpfungs-Center Personal mit seinen drei „responsibility units" und den darin ausgeführten Funktionen (13)

3 Verrechnungsproblematik: Konsequenzen aus der organisatorischen Eingliederung

3.1 Verrechnungsvarianten von Personaldienstleistungen

Auf der Grundlage des Centerkonzepts, das für den Personalbereich besteht sowie des Standardisierungsgrades und der anfallenden Leistungsmenge ist zu entscheiden, „wie" die Personaldienstleistungen verrechnet werden. Dazu bietet sich die Verrechnung als Paket- oder als Einzelpreis an, wie sie im Folgenden näher beschrieben wird.

3.1.1 Paketpreis

Der Paketpreis sieht vor, die kompletten Leistungen einer Budgetperiode zusammenzufassen, und diese als Ganzes abzurechnen. Der Umfang der Leistungen kann, entsprechend den Vereinbarungen, variiert werden. Dieses Vorgehen erfordert zunächst einen größeren Aufwand zur Festlegung und Definition des Umfangs und der Leistungen bzw. des Qualitätsstandards. Dieser Aufwand verringert sich jedoch in den Folgeperioden, da bereits eine Grundlage vorhanden ist, die lediglich aktualisiert und angepasst werden muss. Welche Leistung wie viel kostet ist dagegen aus dem Paketpreis i.d.R. für den Kunden nicht zu erkennen. Ebenso wenig kann dieser nach Abschluss der Vereinbarung, durch sein Nachfrageverhalten in der vereinbarten Laufzeit der Vereinbarung, den Paketpreis als Ganzes beeinflussen.

Voraussetzung ist jedoch eine entsprechende Qualität der erbrachten Leistungen nach den Kriterien Zeit, Menge, Kosten und ein sowohl intern als auch extern vermarktungsfähiges Preis-Leistungsverhältnis. Der Anbieter Personal muss „besser sein als der Markt", um eine Akzeptanz bei seinen internen Kunden zu erreichen und am externen Markt erfolgreich sein zu können.

3.1.2 Einzelpreis

Einzelpreise werden für einzelne Leistungen vereinbart (siehe Kapitel 4.2 und 4.3). Je nach Leistungsmenge setzt sich daraus der gesamte Preis am Ende einer Periode zusammen. Daraus ergibt sich ein direkter Zusammenhang zwischen der Menge der nachgefragten Leistungen und den Kosten für den Kunden. Er kann deshalb durch sein Nachfrageverhalten die Kosten direkt beeinflussen und für einzelne Leistungen einen Vergleich mit externen Anbietern durchführen. Um die einzelnen Leistungen mit Preisen zu belegen ist jedoch ein verhältnismäßig hoher Aufwand erforderlich. Gleichzeitig werden Leistungen, die nicht unmittelbar notwendig sind, wie z.B. Forschungskosten oder Kosten für die Implementierung einer Strategie nicht nachgefragt und müssen daher vom Anbieter z.B. über Zuschlagssätze auf die nachgefragten Leistungen realisiert werden. Zudem hat der Anbieter kein verlässliches Budget, da er nicht mit einem konstanten Nachfrageverhalten rechnen kann. Nach Ansicht der Verfasser besteht hier ein Gefahrenpotenzial für die Zentralfunktion Personal und deren langfristiges Überleben mit dem Ziel „state of the art" zu sein.

3.2 Verrechnungspreisbildung bei Personaldienstleistungen

Verrechnungspreise bewerten intern erbrachte Leistungen. Wiederum abhängig von der organisatorischen Eingliederung können Verrechnungspreise unterschiedliche Aufgaben haben. Diese lassen sich in die Abrechnungs- und Planungsfunktion, die Lenkungsfunktion sowie die Erfolgzuweisungsfunktion einteilen (14). Bei Verrechnungspreisen handelt es sich i.d.R. um keinen reellen Finanzmittelfluss, sondern um ein Austauschverhältnis (15). Sie können sowohl markt- wie auch kostenorientiert kalkuliert werden. Zusätzlich kann die politische Lenkungs- und Steuerungsfunktion der Preise eine wesentliche Rolle bei der Verrechnungspreisbildung spielen (16). Im Folgenden werden diese drei Modelle der Verrechnungspreisbildung kurz dargestellt.

3.2.1 Marktorientierte Preise

Marktorientierte Preise spiegeln die Situation des externen Marktes wider. Determiniert werden sie durch die Faktoren des Marktes, wie z.B. Kunden, Nachfrage, Angebot oder der Konkurrenzsituation. Sofern die marktorientierten Preise über den Selbstkosten liegen, ermöglichen diese die Realisierung von Deckungsbeiträgen und Gewinnen. Diese können zur Sicherung von Innovationen im Personalwesen und dadurch zur Sicherung des Fortbestehens des Unternehmens und der Personalfunktion eingesetzt werden. Bei entsprechend niedrigen Marktpreisen besteht gleichzeitig aber die Gefahr einer dauerhaften Unterdeckung der Selbstkosten, die nicht finanzierbar ist (17). Ein weiterer Problembereich besteht im Angebot von nicht-marktfähigen Dienstleistungen, die über marktorientierte Preise nicht abbildbar sind. Darunter fallen häufig interne und soziale Aufgaben, wie bspw. die Betriebsratsarbeit, die Kontaktpflege zu Arbeitsämtern oder die Kantine, deren Bearbeitung gewährleistet werden muss.

3.2.2 Kostenorientierte Preise

Vom Markt völlig losgelöst werden kostenorientierte Preise kalkuliert. Diese bilden ausschließlich die Verrechnung der Ist-Kosten ohne Gewinnaufschlag ab. Als Basis dienen Vollkosten oder Grenzkosten. Durch die Kalkulation ohne zusätzlichen Gewinnaufschlag erfolgt die Verrechnung ohne Mehrbelastung an die internen Kunden. Für repetitive Tätigkeiten bietet sich hier beispielsweise eine Divisionskalkulation an. Kostenorientierte Preise gewährleisten eine transparente und zugleich nachvollziehbare Kostenumlegung und unterliegen somit einer sauberen Vergleichbarkeit und Kontrolle. Dagegen können interne Probleme entstehen, falls die intern ermittelten Preise höher als externe Angebote liegen. Besteht für die internen Kunden die Möglichkeit einer make-or-buy Entscheidung, werden diese den günstigeren, externen Anbieter gegenüber dem internen bevorzugen (18). Sind die internen Kunden dagegen an den unternehmenseigenen Anbieter gebunden, wäre Unzufriedenheit der Leistungsabnehmer eine wahrscheinliche Folge.

3.2.3 Politische Preise

Über die direkte Lenkungs- und Steuerungsfunktion der politischen Preise können unternehmerische oder strategische Ziele, ohne kalkulatorische Grundlage, realisiert werden (19). Darunter fällt beispielsweise die Einführung neuer Berufsbilder, Personalmarketingaktivitäten oder der Neuaufbau eines Traineeprogrammes. Also Ziele, die sich erst längerfristig erfolgreich niederschlagen und in der Einführungsphase nur mit Kosten und sehr geringem Nutzen verbunden sind. Politische Preise ermöglichen eine konsequente Verfolgung dieser Ziele und erlangen deshalb besondere Bedeutung. Da sie einer direkt kalkulierbaren Grundlage entbehren, sind sie nicht transparent oder nachvollziehbar und deshalb häufig in der Kritik der Kunden.

4 Praxisbeispiel Festo Gruppe

4.1 Verrechnung anhand des Dienstleistungskataloges in der Festo Gruppe als Beispiel für Paketpreisverrechnung und Einzelverrechnung in einem Wertschöpfungs-Center-Personal

Das Personalwesen der Festo Gruppe ist nach dem Modell des Wertschöpfungs-Center-Personal strukturiert (siehe Kapitel 2.4). Dieses gliedert sich in die Funktionen Ausbildung, Weiterbildung, Personalsysteme und -controlling, Personalwesen International und Personalbetreuung.

4.1.1 Ist-Situation der Festo AG & Co. vor der Leistungsverrechnung durch den Dienstleistungskatalog

Vor der Implementierung der Leistungsverrechnung durch den Dienstleistungskatalog verrechnete die Festo AG & Co. interne Leistungen durch traditionelle Umlageverfahren (Umsatz/Köpfe). Das Verhältnis der indirekten und der direkten Kosten driftete auch bei der Festo AG & Co. auseinander (20). Dadurch wurden diese Zuschlagssätze immer weniger den tatsächlich entstandenen Kosten für ein Produkt, und somit letztendlich auch der Kalkulation dieser, gerecht.

4.1.2 Auslöser

Die Festo Gruppe wurde Anfang der 90-er Jahre in drei unternehmerische Einheiten (Business Center) gegliedert; das Geschäftsfeld der Didactic (Lernsysteme in der Aus- und Weiterbildung), der Tooltechnic (Elektro- und Druckluftwerkzeuge) und der Pneumatic (Automatisierungstechnik).

Impuls und damit Auslöser für die Reorganisation waren die verschiedenen Marktbedingungen, die unterschiedliche Größe der drei Business Center sowie die unterschiedlichen Positionierungen im Markt. Eine ganzheitliche, übergreifende Aussteuerung dieser drei Business Center war daher nicht mehr möglich und sinnvoll.

Die Reorganisation mit dem Ziel einer besseren Steuerung der Business Center, hatte eine Verrechnung der Leistungen von Zentralbereichen wie bspw. der Personalfunktion an die Business Center zur Folge.

4.1.3 Konzeption, Projektbeginn und Implementierung

Zunächst wurde eine Projektgruppe mit Teilnehmern aus den Bereichen Betriebswirtschaft, Controlling, Recht und Personal zur Konzeption und Implementierung des Dienstleistungskataloges eingesetzt. Diese Projektgruppe definierte Rahmenbedingungen wie bspw. der Festlegung des Wertes von 15% für die Erwirtschaftung am externen Markt. Die Geschäftsleitung nahm anschließend die Rahmenbedingungen an.

Jede Zentralfunktion war zunächst aufgefordert, einen Dienstleistungskatalog über die bisher erbrachten Leistungen zu erstellen. Der Personalbereich erstellte diesen im Rahmen einer traditionellen Ist-Aufnahme. Es wurde eine kleine Projektgruppe eingesetzt, die durch eine Expertenbefragung bzw. Brainstorming-Sitzungen die erbrachten Leistungen aufgelistet und gewichtet hat. Die bereits angedeuteten Schwierigkeiten von beispielsweise hoheitlichen Aufgaben wie Betriebsrat, Verbandsarbeit, offiziellen Meldungen an Stellen wie Berufsgenossenschaft, Arbeitsamt u.v.a. mehr wurden dabei berücksichtigt. In innerbetrieblichen Abstimmungsprozessen wurden die übergeordneten Themenstellungen den Verantwortlichen der Business Center verdeutlicht.

Entstanden ist der unter 4.1.4 aufgeführte Dienstleistungskatalog mit der Differenzierung in Kern-, Standard- und Sonderleistungen.

Bereits hier wurde in der Projektgruppe intensiv diskutiert, ob Einzelverrechnung analog eines Werkvertrages oder Paketverrechnungen stattfinden sollten. Nach langen, teilweise intensiven und kontroversen Diskussionen beschloss die Projektgruppe eine Mischung der Verrechnungsvarianten.

Die Kern- bzw. Standardleistungen werden als Paketpreis (siehe Kapitel 3.2.1) verrechnet. Der immense Aufwand für eine laufende Einzelpreisverrechnung würde an sich keine Wertschöpfung darstellen, für die ein Kunde bereit gewesen wäre die Kosten zu übernehmen. Zudem wurde durch den Verzicht auf eine Einzelverrechnung bewusst eine Komplexitätsreduktion angestrebt. Ebenso wenig sollte eine „Erbsenzählermentalität" z.B. durch Schaffung einer eigenen Buchhaltung entstehen.

Die Sonderleistungen werden entsprechend einer Einzelpreiskalkulation (siehe Kapitel 3.2.2) verrechnet. Andererseits stellt die Differenzierung der Einzelpreise ein politisches Steuerungselement dar, das der Positionierung des Zentralbereiches Personal der Festo Gruppe zugute gekommen ist. Die Nachfrage nach Einzelleistungen wurde somit sehr stark durch vorhandene Budgets in den einzelnen Business Center gesteuert. Damit wurde das Hinterfragen, ob eine Leistung tatsächlich benötigt wird, gefördert. Nach zwischenzeitlich mehrjähriger Erfahrung mit diesem Grundprinzip, ist dieses Vorgehen nach Ansicht der Verfasser als praxisgerecht und in die Festo-spezifische Unternehmenskultur passend zu bezeichnen. Auch die Integration neuer Unternehmen in die Festo Gruppe ist problemlos möglich.

Als Pilotfall wurde das kleinste Business Center ausgewählt. Mit der Wahl des kleinsten Business Centers konnte eine zeitnahe Reaktion bzgl. möglicher Fehler und unnötige Störgrößen in den großen Business Centern vermieden werden. Ein Jahr später zogen, nach erfolgreicher Implementierung im kleinsten Business Center und überwiegend positiver Resonanz, die zwei größeren Business Center nach. Insgesamt dauerte der Implementierungsprozess ca. 2-3 Jahre.

Die Preise wurden zunächst aus der Kostenstellenübersicht abgeleitet und im Folgenden mit den Business-Center-Verantwortlichen intensiv verhandelt.

4.1.4 Dienstleistungskatalog

Wie unter 4.1.3 beschrieben, gliedert sich der Dienstleistungskatalog in Kern-, Standard- und Sonderleistungen. Diese Differenzierung zeigt den Grad der Abnahmeverpflichtung bzw. der Wahlmöglichkeit der Business-Center an. Aus der Vereinbarung des Dienstleistungskataloges ergibt sich die interne Leistungsverrechnung der Personaldienstleistungen in der Festo Gruppe. Die Abbildungen 2 und 3 zeigen die Leistungsvereinbarung der Festo Gruppe am Beispiel des Business Centers Didactic, das für die Pilotphase ausgewählt wurde.

Leistungsvereinbarung über personalwirtschaftliche Dienstleistungen
zwischen der Didactic GmbH & Co.
und dem Bereich Human Resources der Festo AG & Co.
für das Jahr 2000

Wie zwischen Ihnen und dem Leiter Personalsysteme und -controlling vereinbart, beträgt der direkt verrechenbare Pauschalbetrag der Leistungsvereinbarung für das Jahr 2000

DM 295.000,-- zuzüglich Mehrwertsteuer.

In diesem Pauschalbetrag sind die Kosten für die im Anhang definierten Leistungen Nr. 1 und 2 enthalten.

Die Kosten für die im Anhang definierten Leistungen Nr. 3 und 4 (Mitarbeiterverpflegung sowie anteiligen Kosten, die VI [Vorstandsressort Informations- und Wissensmanagement] dem Bereich Human Resources für EDV-Leistungen in Rechnung stellt) werden am Jahresende festgestellt und zusätzlich zum o.a. Pauschalbetrag in Rechnung gestellt.

Die Kosten für Auslandsentsendungen bzw. für andere Leistungen im Zusammenhang mit Auslandseinsätzen (Leistung Nr. 5 im Anhang) sind nicht in der Leistungsvereinbarung enthalten, sondern werden bei Bedarf separat vereinbart und zusätzlich in Rechnung gestellt.

Leistungen der Festo Academy (Nr. 6 im Anhang) werden gesondert vereinbart und nach Preisliste separat in Rechnung gestellt.

Die Kosten für Berufsgenossenschaftsbeiträge, Pensionssicherungsverein sowie den Betriebsrat Didactic werden der Didactic direkt belastet.

....
Datum   Business-Center-Verantwortlicher   Datum   Dr. Peter Speck

---

Abb. 2: Beispiel einer Leistungsvereinbarung der Festo Gruppe (Seite 1)

Anhang
zu der Leistungsvereinbarung über personalwirtschaftliche Dienstleistungen zwischen der Didactic GmbH & Co. (Didactic) und dem Bereich Human Resources der Festo AG & Co. (HR) für das Jahr 2000 vom 18.11.1999

Leistungen:

(1) **Kern-, Standard- und Sonderleistungen HR**
Die im jeweils aktuell gültigen Dienstleistungskatalog HR beschriebenen Kern- und Standardleistungen sind im Pauschalbetrag enthalten. Für direkte Beschaffungskosten (z.B. Insertionskosten, Vorstellungskosten, Personalberaterkosten) erfolgen gesonderte Verrechnungen. Die im beiliegenden Dienstleistungskatalog HR beschriebenen Sonderleistungen sind nicht im Pauschalbetrag enthalten, sondern werden separat vereinbart und zusätzlich verrechnet.
Kosten für Kern- und Standardleistungen im Jahr 2000   215.000,-- DM p.a.

(2) **Berufsausbildung**
Kosten der Ausbildung im Jahr 2000   80.000,-- DM p.a.
In diesem Betrag sind Auswahl, Einstellung und Betreuung sowie die derzeit gültigen Ausbildungsvergütungen für die Auszubildenden enthalten.

(3) **Aufwendungen für die Mitarbeiterverpflegung**   77.690,-- DM p.a.
Die Kosten für die Verpflegung der Didactic-Mitarbeiter werden jährlich im Nachhinein festgestellt und zusätzlich zum Pauschalbetrag der Leistungsvereinbarung in Rechnung gestellt.

(4) **Anteilige Kosten, die VI (Vorstandsbereich Wissens- und Informationsmanagement) HR für EDV-Leistungen in Rechnung stellt**   54.000,-- DM p.a.
Kosten für die Bereitstellung und Nutzung EDV, EDV-Projekte (z.B. Umsetzung Tariferhöhungen, neue SAP-Module) und für die Prozessunterstützung durch VI (z.B. Kosten für Gehaltsabrechnung pro Mitarbeiter/Abrechnung).

(5) **Auslandsthemen**
Für die Abwicklung und Betreuung von Auslandsentsendungen werden
DM 10.000,-- je Fall in Rechnung gestellt. Andere Leistungen wie z.B. darüber hinausgehende Beratungsleistungen, Vertragsverlängerungen, der Transfer vom Ausland nach Deutschland oder die Prüfung ausländischer Verträge, werden separat vereinbart und entsprechend Aufwand zusätzlich verrechnet.

(6) **Leistungen der Festo Academy**
(z.B. Weiterbildungsmaßnahmen, Prozessbegleitung, Workshops, Personalentwicklung, Potenzialförderung, Lernmedien, u.a.)
Angebote für einzelne Maßnahmen können mit der Festo Academy direkt vereinbart werden. In Anspruch genommene Maßnahmen werden separat verrechnet.

Alle Preise gelten zuzüglich der gesetzlichen Mehrwertsteuer.

Abb. 3: Beispiel einer Leistungsvereinbarung der Festo Gruppe (Seite 2)

Mit den Kern- und Standardleistungen werden etwa 90% der Gesamtleistungen des Personalbereiches abgedeckt. Dies beinhaltet den Vorteil eines schlanken Verrechnungsprozesses, aber auch den Nachteil einer relativ geringen unterjährigen Beeinflussbarkeit seitens der Verantwortlichen der Business Center. Auch hier hat sich in der langjährigen Erfahrung gezeigt, dass bei marktkonformem (oder besserem) Preis-/Leistungsverhältnis die Kunden zwar sehr intensiv die jeweilige Budgetverhandlung führen, jedoch unterjährig keine weiteren Verhandlungen für die Kern- und Standardleistungen notwendig waren.

4.1.4.1 Kernleistungen

Als Kernleistungen sind Leistungen mit Abnahmeverpflichtung der Kunden definiert. Diese sind aufgrund gesetzlicher Erfordernisse oder zwingender strategischer Vorgabe, z.B. durch Beschluss des Vorstandes festgelegt. Als solcher Kernleistungsblock gilt beispielsweise die „Personalstrategie und Führungssysteme" (21). Unter Leistungen dieses Blockes fallen u.a.:

- Die Erarbeitung von Konzepten, Lösungen oder Richtlinien zu Grundsatzfragen der Personalpolitik sowie zu Führungssystemen und Instrumenten der Personalarbeit für die Festo Gruppe.
  Zu diesem Punkt gehört bspw. die Entwicklung unseres Internationalen Personalentwicklungsprogramms (PEP) für die Festo AG & Co. (22) sowie die Zusammenstellung einer Maßnahmenpalette zur Umsetzung des Lernunternehmens (23) als OE-Maßnahme.

- Die Durchführung personalstrategischer Pilotprojekte.
  Wie zum Beispiel das Internationale Potenzialentwicklungsprogramm (PEP). Nach der Entwicklung des Konzeptes wurde dieses in einer Pilotphase implementiert und danach flächendeckend eingeführt.

- Die Darstellung von Festo als Arbeitgeber durch Imageanzeigen.
  Im Rahmen eines ganzheitlichen Personalmarketings und der Personalbeschaffungsstrategie ist dies zwingend notwendig.

- Die Durchführung von Arbeitsplatz- und Stellenbewertungen bei Tarif- und AT-Mitarbeitern.
  Auf Basis des Manteltarifvertrages werden sämtliche Arbeitsplätze und Stellen bei der Festo Gruppe bewertet.

- Die Neuordnung der betrieblichen Altersversorgung.
  Durch die innovative Weiterentwicklung der betrieblichen Altersversorgung, haben alle Mitarbeiter die Möglichkeit einer „deferred compensation" (24).

4.1.4.2 Standardleistungen

Standardleistungen stellen Leistungen dar, die ohne Einzelnachweis als Grundleistung des Personalbereichs auf Wunsch des Kunden erbracht werden. Beispiel für einen Standardleistungsblock sind die „Individuellen Personalmaßnahmen" (25). Zu diesen gehören:

- Personalbeschaffung von Dauermitarbeitern, Aushilfen und Zeitarbeitern,
- Vermittlung und Betreuung von Diplomanden und Praktikanten,
- Freisetzung/Abmahnungen,

- Austrittsabwicklung/Zeugnisse,
- Interner Personaltransfer (Einzelmaßnahmen),
- Mitarbeitergespräche,
- Internationaler Mitarbeiteraustausch (Vorbereitung, Entsendung, Reintegration),
- u.a.

4.1.4.3 Sonderleistungen

Mit den Sonderleistungen werden Leistungen außerhalb der Kern- und Standardleistungen abgedeckt. Sie bedürfen der speziellen Auftragserteilung des Kunden. Die Verrechnung erfolgt im Gegensatz zu den Kern- und Standardleistungen nicht im Zuge der jährlichen Leistungsvereinbarung, sondern über einen Projektpreis, d.h. einen Einzelpreis, der nach Vereinbarung gesondert berechnet wird. Bezogen auf eine Organisationseinheit (26) gelten als solche Maßnahmen beispielsweise:

- „Klimaanalyse" und -beratung.
  Die Personalabteilung bietet bei Bedarf eine grundsätzliche Analyse des Klimas einer Organisationseinheit an. Fokussiert werden, je nach Wunsch der auftraggebenden Organisationseinheit, beispielsweise die interpersonellen Beziehungen, das Gruppenverhalten oder der Führungsstil.

- Arbeitsplatzgestaltung.
  Die Arbeitsplatzgestaltung unterliegt z.T. strengen gesetzlichen Regelungen. Zur Einrichtung neuer Arbeitsplätze und Optimierung bereits vorhandener Arbeitsplätze stellt die Personaleinheit auf Wunsch die zu berücksichtigenden Vorgaben oder geeignetes Material z.B. zur Ergonomie zur Verfügung.

- Fluktuations- oder Fehlzeitenberatung.
  Tritt in einer Organisationseinheit eine überdurchschnittliche Fluktuations- oder Fehlzeitenquote auf, bietet die Personalabteilung eine Fluktuations- bzw. Fehlzeitenberatung an. Diese kann zunächst die Analyse der Gründe, die zu der entsprechenden Situation geführt haben, beinhalten. Weiterhin werden innerhalb der Beratung Lösungsvorschläge speziell auf die ermittelten Problemfelder zugeschnitten und ein Konzept zur Problemlösung erarbeitet.

- Auswahl-Assessment-Center.
  Für bestimmte Personalbedarfssituationen und Personengruppen werden gezielte Auswahl-Assessment-Center eingesetzt.

4.1.5 Weiterentwicklung des Verrechnungssystems bei der Festo AG & Co.

Innerhalb der letzten Jahre wurde dieses System konsequent und systematisch weiterentwickelt. Im Rahmen dieser Weiterentwicklung wurde der Dienstleistungskatalog kritisch durchleuchtet und Kundenbefragungen zum Beispiel bzgl. Preis-Leistungsverhältnis und Qualität der einzelnen Leistungen durchgeführt. Die Ergebnisse der Kundenbefragungen haben in verschiedenen Fällen zu einer Modifikation des Dienstleistungskataloges geführt.

Neben diesen Rückkopplungen aus Kundensicht hat sich der Personalbereich im Innenverhältnis darauf verpflichtet, die personalstrategische Ausrichtung ständig zu überprüfen und auf eine effiziente Handhabung hin auszusteuern (27).

Darüber hinaus waren neue Instrumente zur Unternehmenssteuerung zu integrieren. Insbesondere war die Einführung der Balanced Scorecard aus dem Controlling-Konzept, bei der sich einer der Quadranten speziell mit Mitarbeiterthemen befasst und international ausgerichtet ist, zu berücksichtigen. Anfang der 90er Jahre wäre dies sicherlich eine klassische Sonderleistung gewesen. Nachdem sich der Vorstand der Festo AG & Co. für eine flächendeckende unternehmensweite internationale Balanced Scorecard ausgesprochen hat, wird dies jedoch in den Standardkatalog aufgenommen werden. Damit verbunden sind auch teilweise Umschichtungen der personalinternen Ressourcen, um diese Einführung entsprechend zu begleiten. Dasselbe gilt für die Neukonzeption eines Traineeprogramms oder die Einführung neuer zukunftsweisender Berufsbilder wie bspw. dem Ausbildungsberuf Mechatroniker.

Diese wenigen Beispiele zeigen, dass die Festo AG & Co. mit dem Dienstleistungskatalog ein sehr dynamisches Instrument entwickelt hat, das ständig auf die Veränderungen der Unternehmenspolitik in der Festo Gruppe und des Umfeldes reagiert. Beim Umfeld sind insbesondere übergreifende Themenstellungen wie beispielsweise ein Altersteilzeitkonzept, Telearbeit und die Neuordnung der betrieblichen Altersversorgung als personalwirtschaftliche Instrumente zu nennen. Eine Zuordnung als Sonderleistung und somit einer Wahlmöglichkeit für die Business Center würde gegen eine strategisch ausgerichtete Unternehmens- und Personalpolitik stehen.

Zwischenzeitlich ist die Tooltechnic aus der Festo Gruppe ausgeschieden und verschiedene andere Unternehmen wurden in die Festo Gruppe integriert. Die Vorgehensweise der Verrechnung anhand des Dienstleistungskataloges hat sich dabei ein weiteres Mal bewährt.

4.1.6 Fazit für die Festo AG & Co.

Zu Beginn der Implementierung gab es durchaus kritische Stimmen zur Verrechnung von Personaldienstleistungen. Nach den ersten beiden Jahren hatte sich jedoch der Aufwand gelohnt und sich dieses System etabliert. Insbesondere im Hinblick auf die Transparenz waren die Verrechnungspreise erfolgreich. Die Verantwortlichen der Business Center stehen dem dargestellten Konzept positiv gegenüber. Die Verantwortlichen im Personalwesen haben klare Rahmenbedingungen für ihre Budgets des jeweiligen Geschäftsjahres. Die Budgeteinhaltung und die Steuerung nach den Vorgaben sind für sämtliche Führungskräfte im Personalwesen Rahmenbedingungen bis hin zu individuellen Zielerreichungsgraden mit Konsequenzen im variablen Bonus und damit den Einkommen der Führungskräfte und Mitarbeiter.

4.2 Festo Academy: Kalkulation offene Seminare

Die Festo Academy ist Bestandteil des Wertschöpfungs-Centers Personal (siehe Kapitel 2.4 und 4.1) der Festo Gruppe. Dementsprechend werden den Verrechnungspreisen bei Dienstleistungen sowohl markt- wie auch kostenorientierte Faktoren zugrunde gelegt. Im Beispiel werden – kostenorientiert – zunächst sämtliche direkten Kosten summiert. Dieser Summe werden – marktorientiert – 15-30% zugeschlagen (siehe Abb. 4).

Kalkulationsschema	
Konzepterstellung	DM
Trainer	DM
Fahrtkosten/Spesen	DM
Verpflegung Trainer	DM
Unterlagen Trainer	DM
Hotel für Trainer	DM
Verpflegung Teilnehmer	DM
Unterlagen Teilnehmer	DM
Sonstiges	DM
Summe direkte Seminarkosten	DM
...15-30% Zuschlag	DM
Summe Zuschlag Organisationsentwicklung	DM
Kosten insgesamt	DM
Kosten/Anzahl Teilnehmer	DM pro Person

Abb. 4: Kalkulationsschema offene Seminare

4.3 Festo Berufsausbildung: Azubi-Kosten-Kalkulation

Die Festo Berufsausbildung gehört ebenfalls dem Wertschöpfungs-Center Personal an (siehe Punkt 2.4 und 4.1). Hier werden die Kosten den Erträgen gegengerechnet und so Brutto- und Nettokosten der Ausbildung berechnet, die schließlich auf einen Auszubildenden, bezogen auf diesen Ausbildungsberuf, herunter gebrochen werden (siehe Abbildung 5, 6 und 7). Die kostenorientiert ermittelten Preise für die Auszubildenden werden teilweise aus politischen Gründen (siehe Kapitel 3.1.3) bereinigt.

5 Resümee

Unabhängig, welche Verrechnungsvariante oder welche Verrechnungspreisbildung gewählt wird, müssen in der Praxis einige Punkte beachtet werden. Die interne Verrechnung der Leistungen bspw. stellt selbst keine Wertschöpfung dar. Der Aufwand der Konzeption, Implementierung und Fortführung muss anderweitig gerechtfertigt sein. Zudem besteht das Risiko, den Fokus auf rein ökonomische Größen zu legen, die u.U. eine einseitige Orientierung weg vom Mensch und hin zu rein quantitativen Messgrößen zur Folge hat. Dieser Fokus darf ebenfalls nicht den Weitblick strategischer Ziele verbauen. Ein weiterer Pro-

Brutto- und Nettokosten der Berufsausbildung 1999 (in Tausend DM)

	Leitung Berufsausbildg.	Technische Zeichner	Mechanische Ausbildung	Elektronische Ausbildung	Kaufm. Lerninsel 1	Kaufm. Lerninsel 2	Kaufm. Ausbildung	Berufsakademie kaufm.	Berufsakademie techn.	Gesamt
I. Personalkosten										
a) Auszubildende (alle Lehrjahre) und Ausbilder	40	365	1.353	974	20	5	711	235	133	3.836
b) Verwaltungspersonal	75	0	0	0	0	0	0	0	0	75
I. Summe Personalkosten	**115**	**365**	**1.353**	**974**	**20**	**5**	**711**	**235**	**133**	**3.911**
II. Sonstige Kosten										
a) Gemeinkosten	66	13	97	37	0	8	40	6	5	272
b) Kalkulatorische Kosten	10	2	147	28	0	4	4	1	2	198
c) Innerbetriebliche Leistungsverrechnung (ILV)	129	148	240	64	0	34	137	28	9	789
II. Summe Sonstige Kosten	**205**	**163**	**484**	**129**	**0**	**46**	**181**	**35**	**16**	**1.259**
III. Bruttokosten der Ausbildung (I+II)	**320**	**528**	**1.837**	**1.103**	**20**	**51**	**892**	**270**	**149**	**5.170**
IV. Erträge										
a) Erträge durch ILV innerhalb von Festo	2	0	0	3	0	15	0	0	0	20
b) Erträge extern	7	4	42	4	0	1	7	0	0	65
c) Produktive Ausbildungszeiten in Versetzungsabteilungen (kalkulatorische Erträge)*	0	13	888	453	0	0	429	169	46	1.998
d) Produktive Tätigkeiten Auszubildende (kalkulatorische Erträge)**	0	126	170	20	0	0	0	0	0	316
IV. Summe Erträge	**9**	**143**	**1.100**	**480**	**0**	**16**	**436**	**169**	**46**	**2.399**
V. Nettokosten der Ausbildung (III - IV)	**311**	**385**	**737**	**623**	**20**	**35**	**456**	**101**	**103**	**2.771**

* bezogen auf Anwesenheit und Leistungsfaktor der Azubis in den Versetzungsabteilungen
** Erledigung von internen Aufträgen, die mit einem kalkulatorischen Stundensatz verrechnet werden

Abb. 5: Brutto- und Nettokosten der Berufsausbildung 1999 (in Tsd. DM)

Nettokosten pro Auszubildender 1999 (in Tausend DM)									
		Ausbildungsberufe							Gesamt
	Technische Zeichner	Mechanische Ausbildung	Elektronische Ausbildung	Kaufm. Lerninsel 1	Kaufm. Lerninsel 2	Kaufm. Ausbildung	Berufsakademie		
							kaufm.	techn.	
Anzahl Ausbilder (ohne Verwaltung, ohne Leitung)	1,4	3,9	3,25	↻	↻	0,95	0,1	0,65	10,25
I. Durchschnittliche Anzahl Auszubildender 1999	13	53	33	↻	↻	36	10	3	148
II. Nettokosten (ohne Ausbildungsleitung)	385	737	623	↻	↻	511	101	103	2.460
III. Kosten Ausbildungsleitung (anteilige Umlage nach Anzahl Azubi)	27	111	69	↻	↻	76	21	6	311
IV. Nettokosten nach Umlage (II+III)	412	848	692	↻	↻	587	122	109	2.771
V. Nettokosten Auszubildender pro Jahr (IV/I)	31,72	16,01	20,98	↻	↻	16,30	12,20	36,44	18,72
VI. durchschnittliche Ausbildungsdauer in Jahren	3,5	3,5	3,5	↻	↻	2,5 oder 3,0	3,0	3,0	3,2
VII. Nettokosten Auszubildender pro Ausbildung V*VI	111,02	56,04	73,43	↻	↻	40,75 / 48,90	36,60	109,32	59,90

Abb. 6: Nettokosten pro Auszubildender 1999 (in Tsd. DM)

Bruttokosten pro Auszubildender 1999 (in Tausend DM)

	Ausbildungsberufe					Berufsakademie		Gesamt
	Technische Zeichner	Mechanische Ausbildung	Elektronische Ausbildung	Kaufm. Lerninsel 1	Kaufm. Lerninsel 2	Kaufm. Ausbildung	kaufm.	techn.	
Anzahl Ausbilder (ohne Verwaltung, ohne Leitung)	1,4	3,9	3,25	⇩	⇩	0,95	0,1	0,65	10,25
I. Durchschnittliche Anzahl Auszubildender 1999	13	53	33	⇩	⇩	36	10	3	148
II. Bruttokosten (ohne Ausbildungsleitung)	528	1.837	1.103	⇩	⇩	963	270	149	4.849
III. Kosten Ausbildungsleitung (anteilige Umlage nach Anzahl Azubi)	28	114	71	⇩	⇩	78	22	7	320
IV. Bruttokosten nach Umlage (II+III)	556	1.951	1.174	⇩	⇩	1.041	292	156	5.169
V. Bruttokosten Auszubildender pro Jahr (IV / I)	42,77	36,81	35,58	⇩	⇩	28,92	29,20	52,00	34,93
VI. durchschnittliche Ausbildungsdauer in Jahren	3,5	3,5	3,5			2,5 oder 3,0	3,0	3,0	3,2
VII. Bruttokosten Auszubildender pro Ausbildung V*VI	149,70	128,84	124,53	⇩	⇩	72,30 86,76	87,60	156,00	111,78

Abb. 7: Bruttokosten pro Auszubildender 1999 (in Tsd. DM)

blempunkt stellt die Herausforderung von übertriebenen Kundenforderungen an den Dienstleister und z.T. unterschiedliche, konträre Zielsetzungen der einzelnen unternehmerischen Einheiten dar. Diese Problembereiche sollten für den entsprechenden betrieblichen Anwendungsbereich genauestens geprüft werden.

Trotz der angesprochenen Problempunkte, ermöglicht die Verrechnung von Personaldienstleistungen, unabhängig vom gewählten Verfahren, die transparente, realitätstreue und verursachungsgerechte Verteilung der Kosten. Gerade für die indirekten Bereiche ist eine konsequente Aufdeckung der Tätigkeiten notwendig, die nicht zur Wertschöpfung beitragen, um so die permanente Optimierung der Prozesse und somit Effizienzsteigerungen zu gewährleisten. Die Fähigkeit der kontinuierlichen Verbesserung wird in den zukünftigen, immer enger umkämpften Märkten eine zunehmend wichtige Rolle spielen. Ist sich der Personalbereich dieser Situation bewusst, kann proaktiv und vorausschauend gehandelt werden, um so auch zukünftig alle Funktionen und Aufgaben des Personalbereichs sicherzustellen und zur positiven Entwicklung des Unternehmens beizutragen.

Anmerkungen

(1) Weiterführende Literatur: vgl. *Scholz, C.* (1999), S. 39.
(2) Vgl. *Blumenstock, H./Speck, P.* (1992), S. 1.
(3) Vgl. *Geldern, M. v.* (1997), S. 65 und S. 72.
(4) Vgl. *Blumenstock, H./Speck, P.* (1992), S. 1.
(5) Vgl. *Ackermann, K.-F.* (1999), S. 1.4.
(6) Vgl. *Wunderer, R./Arx, S. v.* (1998), S. 49.
(7) Vgl. *Schulte, C.* (1992), S. 38 ff.
(8) Vgl. *Geldern, M. v.* (1997), S. 68.
(9) Vgl. *Wunderer, R./Arx, S. v.* (1998), S. 47.
(10) Vgl. *Gutschelhofer, A.* (1996), S . 39.
(11) Vgl. *Wunderer, R./Arx, S. v.* (1998): S.17 f. und insbesondere S. 48 ff.; vgl. *Frick, G./Speck, P.* (1998) S. 179.
(12) Vgl. *Schmeisser, W./Clermont, A.* (1999), S. 77 f.
(13) Vgl. *Arx, S. v.* (1995), Das Wertschöpfungs-Center-Konzept als Strukturansatz zur unternehmerischen Gestaltung der Personalarbeit – Darstellung aus Sicht der Wissenschaft, in *Wunderer, R./Kuhn, T.* (Hrsg.): Innovatives Personalmanagement. Theorie und Praxis unternehmerischer Personalarbeit, Neuwied 1995, S. 438 zit. nach *Ackermann, K.-F.* (1999), S. 1.4.
(14) Vgl. *Coenenberg, A.* (1999), S. 524 ff.
(15) Vgl. *Gerpott, T.J.* (2000), S. 1.
(16) Vgl. *Schmeisser, W./Clermont, A.* (1999), S. 124 ff.

(18) Vgl. dazu auch *Ritter, L.* (1999), S. 129 f.
(19) Vgl. *Becker, W.* (1997), S. 31 ff. und *Wagenhofer, A.* (1997), S. 68 ff.
(20) Vgl. *Miller , J. G./Vollmann, T. E.* (1985), The hidden factory; zit. nach: *Reichling, P./Köberle, G.* (1992), S. 489.

(21) Festo AG & Co. (2000), S. 2.
(22) Vgl. *Jaron, C./Speck, P.* (2000).
(23) Vgl. *Speck, P./Weinfurter, M.* (1997), S. 403 ff. und weiterführende Literatur.
(24) Vgl. *Speck, P.* (2000).
(25) Festo AG & Co. (1998), S. 4.
(26) Festo AG & Co. (1998) S. 6.

Literatur

Ackermann, K.-F. (1999): Einführung in das Personalmanagement, Vorlesungsbegleiter der Universität Stuttgart, Stuttgart 1999.

Becker, W. (1997): Kostenrechnung und Kostenpolitik in: *Freidank/Götze/Huch/Weber*: Kostenmanagement, Berlin Heidelberg New York 1997, S. 25-55.

Blumenstock, H./Speck, P. (1992): Das Profit-Center-Personal – neue Konzeption für die Organisation der Personalabteilung in: Hamburger Abendblatt, Gedanken zu Personalfragen, Januar 1992.

Coenenberg, A. (1999): Kostenrechnung und Kostenanalyse, 4. Aktualisierte Auflage, Landsberg/Lech 1999.

Clermont, A./Schmeisser, W. (1999a): Target Costing in der Personalverwaltung – Möglichkeiten und Grenzen der Implementierung eines marktorientierten Zielkostenmanagement im Personalbereich in: *Scholz, C.:* Innovative Personal-Organisation Neuwied Krieftel 1999, S. 74-88.

Clermont, A./Schmeisser, W. (1999b): Die interne Leistungsvereinbarung als Instrument einer kundenorientierten Personalarbeit in: Personal 3/1999 S. 124-129.

Festo AG & Co. (2000): Dienstleistungskatalog, Esslingen 2000.

Frick, G./Speck, P. (1998a): Das Personalwesen als Wertschöpfungscenter, in: *Fröhlich, W.* (Hrsg.) (1998) Value Development, Frechen-Königsdorf 1998, S. 179-192.

Frick, G./Speck, P. (1998b): Effizenz der kundenorientierten Personalabteilung in: *Ackermann/Mayer/Merz* (Hrsg.): Die kundenorientierte Personalabteilung, Wiesbaden 1998, S. 283-306.

Geldern, M. v. (1997): Organisation, Frankfurt/Main New York 1997.

Gerpott T.J. (2000): Verrechnungspreise für Leistungen von Personalbereichen, unveröffentlichte Seminarunterlagen, o.O. (2000).

Gutschelhofer, A. (1996): Der Wertkettenansatz im Wertschöpfungs-Center Personal, Graz 1996.

Jaron, C./Speck, P. (2000): Einführungskonzept eines internationalen Personalentwicklungsprogramms – Projektplanung und Erfahrungsbericht in: Hamburger Abendblatt, Gedanken zu Personalfragen, März/April 2000.

Nagle, T./Holden, R./Larsen, G. (1997): Pricing, Heidelberg 1998.

Reichling, P./Köberle, G. (1992): Zwischen Markt und Hierarchie: Prozesskostenrechnung in: Controller Magazin 1/ 92 S. 22-25.

Ritter, L. (1999): Wirtschaftlichkeitsanalyse in der Lohn- und Gehaltsabrechnung in: *Meckl, R.* (Hrsg.): (1999) Personalarbeit und Outsourcing, Frechen 1999.

Scholz, C. (1999): Innovative Personalorganisation, Neuwied Kriftel 1999.

Speck, P. (2000): Neuordnung der betrieblichen Altersversorgung in: Personalwirtschaft 11/2000 (in Vorbereitung).

Speck, P./Ulmer, A. (2000): Pricing von Personaldienstleistungen in: *Bühner, R.* (Hrsg.): Handbuch Organisation, 24. Nachlieferung, Landsberg/Lech 2000 S. 1-37.

Speck, P./Weinfurter, M. (1997): Festo auf dem Weg zum Lernunternehmen – Erfolgsfaktoren eines prozessorientierten Umsetzungskonzepts in: *Wieselhuber, N.* (Hrsg.) Handbuch Lernende Organisation, Wiesbaden 1997, S. 403-410.

Wagenhofer, A. (1999): Kostenrechnung und Verhaltenssteuerung in: *Freidank/Götze/Huch/ Weber:* Kostenmanagement, Berlin Heidelberg New York 1997, S. 57-78.

Wunderer, R./Arx, S. v. (1998): Personalmanagement als Wertschöpfungscenter, Wiesbaden 1998.

Effizientes Dienstleistungsmanagement am Beispiel der FAG Personaldienste und -service GmbH

Jürgen Dittert

1 Allgemeine Vorüberlegungen

Obwohl der Weg zur Dienstleistungsgesellschaft vorbestimmt ist, macht das Schlagwort „Servicewüste Deutschland" immer wieder die Runde. Es gibt unzählige Beispiele für die mangelnde Servicebereitschaft in deutschen Dienstleistungsunternehmen, unabhängig von deren Branchenzugehörigkeit. So werden Liefertermine nicht eingehalten, Kundenanfragen nicht beantwortet oder der jeweilige Kundenbetreuer ist nie erreichbar.

Dass jedoch der Kunde Dreh- und Angelpunkt aller Aktivitäten eines Serviceunternehmens ist, wird bereits deutlich, wenn man die Dienstleistungsdefinition betrachtet.

Dienstleistungen (oder synonym services) sind nach *Meyer* (1994) angebotene Leistungsfähigkeiten, die direkt an externen Faktoren (Kunden oder deren Objekte) mit dem Ziel erbracht werden, eine nutzenstiftende Wirkung herbeizuführen.

Nur bei genauer Kunden- und Marktkenntnis lässt sich das Dienstleistungsangebot so gestalten, dass es den Erwartungen der Kunden in wesentlichen Teilleistungen entspricht. Dabei spielen die spezifische Leistungsfähigkeit, die Kompetenz und das Know-how des Serviceanbieters eine zentrale Rolle.

Aufgrund der Besonderheiten von Dienstleistungen kann der Kunde jedoch das Leistungsangebot im voraus kaum beurteilen. Daher haben bekanntlich Vertrauenseigenschaften (wie z.B. das Image des Serviceanbieters) für die Bildung eines Qualitätsurteils und damit für die Kundenzufriedenheit besonderes Gewicht (vgl. *Meffert/Bruhn* 1997, S. 74). Auch die Zertifizierung des Dienstleistungsbetriebes signalisiert Dienstleistungsqualität. Die tatsächliche Leistungszufriedenheit kann man jedoch erst in der Nachleistungsphase durch Kundenzufriedenheitsmessungen ermitteln.

Die Kunden- und Qualitätsorientierung im Dienstleistungsmanagement stellt jedoch nur eine Seite des ökonomischen Erfolges dar. Die andere Seite besteht in der effizienten Planung, Steuerung und Kontrolle der Erstellungsprozesse unter Berücksichtigung kosten- und marktorientierter Aspekte. Vor diesem Hintergrund kommt auch der Preisfindung eine zentrale Bedeutung zu. Hier bewegt man sich im Spannungsfeld einer kalkulierten Preisuntergrenze und der auf dem Markt erzielbaren Preisobergrenze, wobei der Vielschichtigkeit des Preisbestimmungsproblems durch die Berücksichtigung von Qualitätseinflüssen, Verbundeffekten, zeitlichen Aspekten und Konkurrenzeinflüssen Rechnung zu tragen ist. Die Schaffung und Weiterentwicklung von Wettbewerbsvorteilen kann ein Dienstleistungsunternehmen also nur durch **konsequente Kunden-, Markt-, Qualitäts- sowie Kostenorientierung** realisieren.

Wie dies in der betrieblichen Praxis aussehen kann, wird im folgenden am Beispiel der FAG Personaldienste und Service GmbH veranschaulicht, die Dienstleistungen in den Funktionsbereichen **Personalwirtschaft** und **Facility Management** erbringt.

2 Kurzportrait und Zielsetzung des Unternehmens

Die FAG Kugelfischer Georg Schäfer AG, gegründet 1883, ist der älteste Wälzlagerhersteller der Welt, der Pionier der Wälzlagerindustrie. Derzeit sind rund 18.000 Mitarbeiter im Gesamtkonzern beschäftigt.

Die Umsetzung eines Restrukturierungskonzeptes bei der FAG Kugelfischer Georg Schäfer AG im Jahre 1993 führte zur Ausgliederung eigenständiger Produktions- und Handelsgesellschaften. Diese Unternehmensbereiche werden seither unter dem strategischen Management einer Holding – unabhängig von der rechtlichen Anbindung der Konzerngesellschaften – durch die operativen Führungsgesellschaften FAG Automobiltechnik AG, FAG OEM und Handel AG, The Barden Corporation, FAG Komponenten AG und Dürkopp Adler AG geführt.

In diesem Kontext wurde auch der für das Personalwesen zuständige Zentralbereich „Personaldienste" in eine wirtschaftlich und rechtlich selbständige Gesellschaft, die FAG Personaldienste und Service GmbH (im Folgenden auch PD genannt), im Rahmen eines Inhouse-Outsourcing überführt. D.h. die Bezugsquellen für betrieblich erforderliche Dienstleistungsfunktionen der deutschen Standorte wurden nach innen verlegt bzw. im Haus behalten.

Seither stellt sich die PD der Herausforderung, durch wettbewerbsfähige Leistungen und die Entwicklung marktorientierter Strukturen einen Beitrag zur Sicherung der Wettbewerbsfähigkeit des Gesamtkonzerns zu leisten. Darüber hinaus strebt das Serviceunternehmen an, seine Dienstleistungen verstärkt auch externen Kunden anzubieten. Während der Außenumsatz heute primär als zusätzlicher Deckungsbeitrag fungiert, sollen einzelne Servicebereiche zu echten Profitcentern mit wachsenden Außenumsätzen ausgebaut werden. Dies ermöglicht dann

- die wirtschaftliche Nutzung des vorhandenen Know-hows und der Infrastruktur,
- die Entwicklung unternehmerischen Potentials,
- stärkere Markt- und Wettbewerbsorientierung und
- Komplexitätsvermeidung durch Konzentration auf Kernkompetenzen.

3 Das Dienstleistungsspektrum der PD

Personalwirtschaftliche und eine Reihe standorttechnischer Dienstleistungen für die anderen FAG-Gesellschaften sowie für Dritte prägen das Leistungsspektrum der FAG Personaldienste und Service GmbH.

Zu den technischen und zentralen Servicefunktionen für den professionellen Standortbetrieb (**Facility Management**) gehören im Einzelnen der Arbeits- und Umweltschutz, die Sicherheitsdienste, die Kommunikation, das Energie- und Anlagenmanagement, die Standortplanung und -organisation, die Gebiete der Ver- und Entsorgung sowie vielfältige Bürodienstleistungen.

Die **personalwirtschaftlichen Dienstleistungen** umfassen vor allem das Personalmarketing und die Personalbeschaffung, die Lohn- und Gehaltsabrechnung, die Arbeitswirtschaft, die Berufsausbildung, die Weiterbildung, die Arbeitsmedizin sowie andere personalbezogene und soziale Servicebereiche.

Die **Lohn- und Gehaltsabrechnung** wird zentral am Standort Schweinfurt durchgeführt mit einer dezentralen Abrechnungsstelle am Standort Wuppertal aufgrund tarifvertraglicher Besonderheiten, die vor Ort effizienter abgearbeitet werden können. Die zentralen Aufgaben der Abrechnungskoordination und -steuerung sowie die Rentenabrechnung werden für vier inländische Standorte wahrgenommen. Diese zentralen Koordinationsfunktionen der Personalabrechnung umfassen die Gebiete Arbeitswirtschaft und -flexibilisierung, Arbeitszeitsysteme und -controlling sowie Entgeltsysteme und -komponenten.

Das für die Rentenberechnung und die betriebliche Altersversorgung zuständige Personal berät die Mitarbeiter der inländischen Standorte in allen Fragen der betrieblichen Altersversorgung und der möglichen Inanspruchnahme der FAG-Unterstützungseinrichtungen.

Die Mitarbeiter der Lohn- und Gehaltsabrechnung beraten außerdem die Zeitbeauftragten in sozial- und steuerrechtlichen sowie abrechnungstechnischen Fragen und führen Schulungen bei Umstellungen des Abrechnungssystems sowie bei der Einführung von Neuerungen und neuen Komponenten durch.

Die Abrechnungsaufgaben im Bereich der Zeitwirtschaft sind konsequent dezentralisiert. Zentrale Funktionen, wie die Vergabe von Berechtigungen und die Anforderung von Auswertungen werden zur Nutzung von Synergieeffekten aufrecht erhalten. Das maschinelle Bescheinigungswesen umfasst die Erstellung aller betriebs- und mitarbeiterbedingten Bescheinigungen, einschließlich des gesamten Schriftverkehrs mit Krankenkassen sowie öffentlichen und privaten Dienststellen. Sie werden im Auftrag der jeweiligen Gesellschaft erstellt. Die Stammdatenpflege erfolgt an den Standorten Schweinfurt und Wuppertal zentral für alle ansässigen Gesellschaften. Konsequent dezentralisiert wurde die Eingabe und Steuerung der variablen Zeitdaten durch die Zeitbeauftragten der jeweiligen Gesellschaften und Standorte.

Die Betriebsärzte und das Sanitätspersonal stellen für insgesamt drei Standorte der FAG sowie für verschiedene Drittfirmen die **arbeitsmedizinische Betreuung** sicher.

Eine weitere wichtige Aufgabe der PD ist die **Durchführung der gewerblichen und kaufmännischen Berufsausbildung** für die FAG-Gesellschaften an verschiedenen Standorten. Die Ausbildung des Fachkräftenachwuchses stellt eine Investition in die Zukunft dar und trägt somit zur Sicherung der Wettbewerbsfähigkeit des Konzerns bei. Um die Auszubildenden auf ihre zukünftigen Aufgaben in einer sich kontinuierlich ändernden Arbeitswelt besser vorzubereiten, hat FAG neue Wege in der Berufsausbildung beschritten. So wurden die Ausbildungsinhalte in der Lehrwerkstatt gestrafft, der Praxisbezug der Ausbildung intensiviert und der Einsatz des Fachkräftenachwuchses im Ausland ermöglicht. Dieses innovative Ausbildungskonzept wird unter Abschnitt 5.2 noch näher vorgestellt.

Da nur ein lernendes Unternehmen im harten Wettbewerb langfristig gute Erträge und Wertsteigerungen erwirtschaftet, gewinnt die Qualifikation und Leistungsfähigkeit jedes einzelnen Mitarbeiters an Bedeutung. Daher trainiert und fördert FAG seine Mitarbeiter im Rahmen der **betrieblichen Weiterbildung**, damit sie den zukünftigen Herausforderungen gewachsen sind. Dies lässt sich z.B. an der Einführung von Gruppenarbeit in allen Fertigungs- und Verwaltungsbereichen zeigen, wo man sich verstärkt auf die Vermittlung und den Ausbau nicht-fachlicher Qualifikationen, wie Team-, Kommunikations- oder Problemlösungsfähigkeit konzentriert hat.

Es besteht darüber hinaus die feste Überzeugung, dass nur durch bessere gegenseitige Information und Kommunikation, durch geändertes Führungsverhalten hin zu mehr Zusammenarbeit sowie durch bessere Nutzung des Wissens und der Initiative der Mitarbeiter das Unternehmen dauerhaft konkurrenzfähig bleibt. Deshalb wurden diese Punkte auch Teil unserer fixierten Unternehmens-Leitlinien, die jedem Mitarbeiter und jeder Führungskraft an die Hand gegeben wurden mit dem Ziel, diese Vorstellungen nicht nur nach außen zu präsentieren, sondern voll und ganz umzusetzen. Daraus resultierende, größere Handlungsspielräume und eigene Verantwortung, sowohl als Mitarbeiter wie auch als Vorgesetzter, sind dabei nicht nur erwünscht, sondern bewusst gewollt.

Das Bewusstsein, das eigene, aber auch das Gruppenverhalten zu schärfen und durch Eigeninitiative konkrete, effiziente Veränderungen herbeizuführen, ist ein wichtiges Ziel der FAG-Weiterbildung. Das Erreichen einer höheren Arbeitsmotivation in Verbindung mit der bestmöglichen Ausschöpfung bislang ungenutzter Ressourcen und Leistungspotentiale ist somit unter Berücksichtigung der sich ständig weiter verändernden Strukturen eine große Chance und der Beitrag der Personalentwicklung, den strategischen Ansprüchen eines innovativen Unternehmens gerecht zu werden.

Die Personalarbeit hat bei FAG eine hohe strategische Bedeutung zur Sicherheit der Wettbewerbs- und Leistungsfähigkeit des Unternehmens. Qualifizierte und motivierte Mitarbeiterinnen und Mitarbeiter sind hierbei ein wichtiger Erfolgsfaktor.

4 Die Organisation des Human Resource Management

Während die oben beschriebenen Dienstleistungen der PD im Sinne eines **Personnel Service Center** für die FAG-Gesellschaften an den Standorten Schweinfurt, Eltmann, Elfershausen und Wuppertal erbracht werden, wird die Personalbeschaffung und -betreuung nicht zentral gesteuert (siehe zur Organisation des Human Resource Management auch Abbildung 1). So sind die Unternehmensbereiche Automobiltechnik, OEM und Handel ebenso wie die Komponenten mit eigenen Personalbereichen organisiert und somit für die bereichseigene operative Personalarbeit (**Personnel Business**) zuständig. Für die Holding und die Precision Bearings sowie für die PD selbst nimmt der Personalbereich der PD diese Funktionen wahr.

Außerdem fällt die Bearbeitung von Grundsatzfragen, das Personalmarketing, arbeitsrechtliche Fragestellungen und auch das Betreiben eines internen Personalmarktes über die

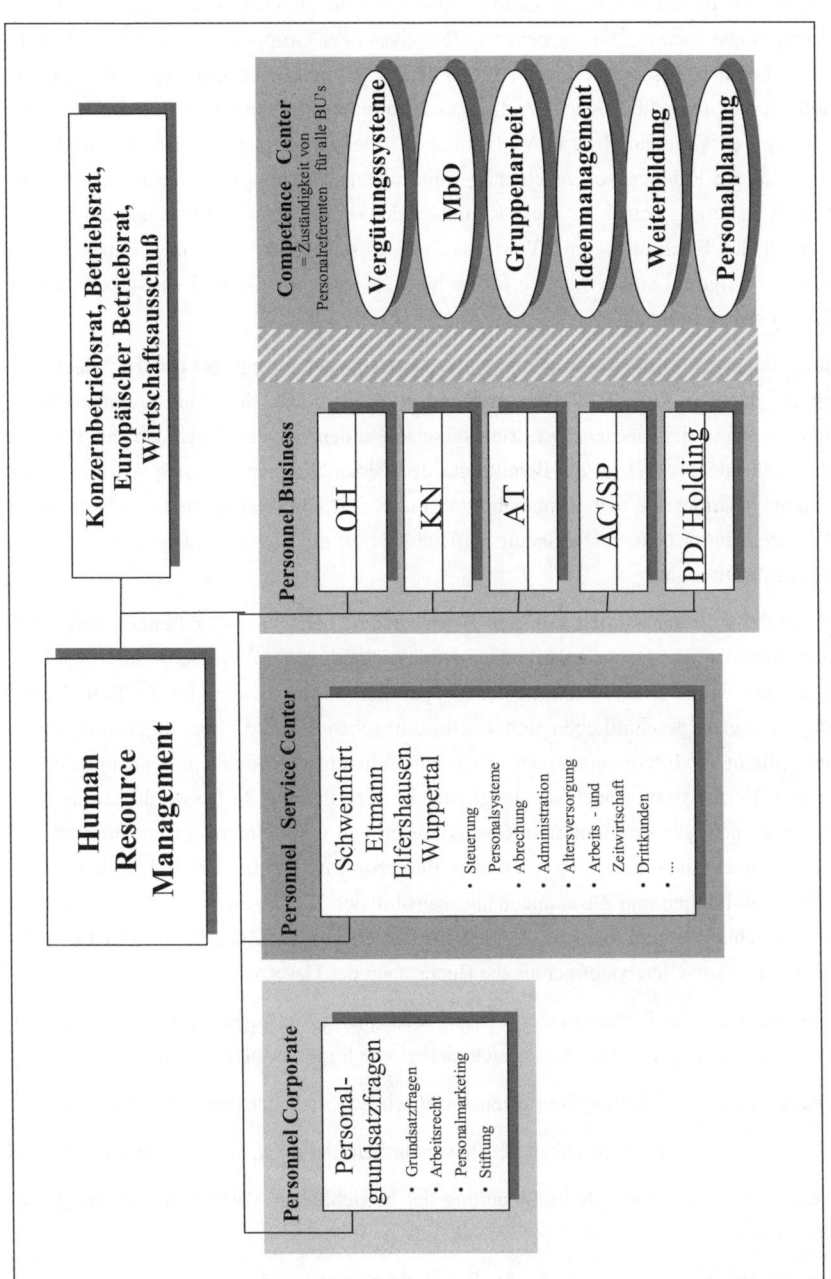

Abb. 1: Organisation des Human Resource Management bei FAG

Grenze der einzelnen FAG-Gesellschaften hinweg in den Zuständigkeitsbereich der PD (**Personnel Corporate**).

Ungeachtet der organisatorischen Zuordnung der Personalbereiche werden jedoch Themen wie Vergütungssysteme, Management by Objectives oder Gruppenarbeit von Personalreferenten in gesellschaftsübergreifenden Projektteams (**Competence Center**) bearbeitet. Die speziell durch projektbezogene Aufgabenschwerpunkte erworbenen Kenntnisse (z.B. Einführung von Gruppenarbeit in Verbindung mit der notwendigen Personalentwicklung) werden dann im Rahmen von regelmäßig stattfindenden Meetings an alle Personalverantwortlichen weitergegeben. Über diese Klammerfunktion des zentralen Personalwesens wird somit auch der Erfahrungs- und Wissensaustausch sichergestellt, so dass entsprechende Spezialisten aufgrund von Synergieeffekten nicht in jeder Gesellschaft entwickelt und zur Verfügung stehen müssen.

Darüber hinaus gehört die Wahrnehmung aller **betriebsverfassungsrechtlichen Angelegenheiten** für die FAG-Gesellschaften am Standort Schweinfurt, die einen **Gemeinschaftsbetrieb** im Sinne des Betriebsverfassungsgesetzes bilden, zu den Aufgaben der PD. Die Geschäftsführung der PD ist als Beauftragte des Personalwesens zugleich Ansprech- und Verhandlungspartner für den Konzernbetriebsrat, für den Europäischen Betriebsrat sowie den Wirtschaftsausschuss, insbesondere im Hinblick auf die Sicherstellung der Information und der Mitbestimmung.

Die Form der Zusammenarbeit mit dem Betriebsrat ist getragen von Offenheit und regelmäßiger Information. Berechenbarkeit, Zuverlässigkeit, zügige Problem- und Konfliktlösungen sind Grundvoraussetzungen der Kooperation in einem, auch für die Betriebsräte, derartig bewegten geschäftlichen und organisatorischen Umfeld. Die allgemeine Unterrichtungspflicht im Interesse des Betriebes wird sehr ernst genommen, denn nur der gut informierte Betriebsrat ist auch der langfristig bessere Partner. Je besser die Zusammenarbeit, um so geringer sind unnötige Konfliktkosten und um so interessengerechter können die Unternehmensziele erreicht werden. Der Betriebsrat ist für die schwierigen wirtschaftlichen Fragestellungen und Zusammenhänge sensibilisiert. So lassen sich auf der Grundlage stabiler Beziehungen auch manche Probleme informell und auf Zuruf lösen. Der Geist der Kooperation ist zuweilen wichtiger als die Buchstaben des Gesetzes.

Die globalen Ziele des Personalwesens, deren konsequente Verfolgung trotz aller Dezentralität sichergestellt werden muss, lassen sich hierbei wie folgt zusammenfassen:

- Umsetzung und Einhaltung der personalpolitischen Grundsätze und Vereinbarungen.
- Sicherstellung der Einheitlichkeit der Personalarbeit und deren Professionalität.
- Zielgerichtete und einheitliche Steuerung der betrieblichen Mitbestimmung und Kommunikation.
- Nutzung von Synergien, Stärkung der Personalarbeit und Kundenorientierung.
- Akzeptanz nach innen und Repräsentanz nach außen (Verbände, Ausschüsse usw.).

5 Generieren eines value added für das Unternehmen

Die vorangegangenen Ausführungen haben das Spannungsfeld, in dem sich die FAG Personaldienste und Service GmbH innerhalb des Konzerns bewegt, aufgezeigt. Sie erbringt nicht nur Dienstleistungen für die verschiedenen FAG Gesellschaften, sondern erfüllt auch eine Klammerfunktion zur Gewährleistung einer konzernweit einheitlichen Personalpolitik.

Welche Rolle das Human Resource Management jedoch zukünftig in einem Unternehmen spielen wird, hängt im wesentlichen davon ab, ob es dem Personalwesen gelingt, einen für alle ersichtlichen Mehrwert (**value added**) zu generieren.

Dies erfordert zum einen ein hohes Maß an Professionalität bei der Erbringung der Personaldienstleistungen. Nur so kann die PD zum wirtschaftlichen Erfolg des Gesamtkonzerns beizutragen (siehe 5.1).

Zum anderen muss das Personalwesen die aus dem verändernden Umfeld und der Unternehmensstrategie resultierenden Qualifikations- und Personalbedarfe frühzeitig erkennen und abdecken (vgl. *Rüger* in Vorbereitung). Dass die PD auch diesen Anforderungen gerecht wird, zeigen exemplarisch die innovative Berufsausbildung (siehe 5.2) und das Konzept zur Steuerung und Flexibilisierung von Kapazitäten und Personalkosten (siehe 5.3).

5.1 Die Wirtschaftlichkeit der Dienstleistungen

Die wirtschaftliche und rechtliche Verselbständigung der PD war ein entscheidender Schritt zur Gestaltung kompetenter und wirtschaftlicher Dienstleistungen und zur Stärkung der internen und externen Kundenorientierung. Es war ein Schritt in Richtung marktorientierter Strukturen mit wettbewerbsfähigen Leistungen.

Aus der Sicht einer konventionellen Zentralabteilung ist die Professionalität die beste Voraussetzung für einen guten Service. Aus der Sicht eines als Profit-Center agierenden Dienstleisters steht zusätzlich das Preis-/Leistungsverhältnis im Vordergrund. Es ist ein permanenter Prozess, das Dienstleistungsgeschäft hinsichtlich Qualität und Kosten zu optimieren.

Das Qualitätsmanagementsystem der PD erfüllt dabei nicht nur die Forderungen der DIN EN ISO 9001. Es ist auch entsprechend den Erfordernissen eines Dienstleistungsunternehmens prozessorientiert aufgebaut. Darüber hinaus werden mit

- Schulungen der Mitarbeiter,
- internen Systemaudits,
- Kundenzufriedenheitsmessungen,
- Prozessverfolgungsplänen zur Sicherstellung der Qualität und Zuverlässigkeit der Dienstleistungen gemäß internen Vorgaben,
- Führung der Organisationseinheiten anhand von festgelegten Kennzahlen aus den Bereichen Motivation, Logistik, Qualität und Kosten im Rahmen von CIP (continuous improvement process)

Qualitätssicherungsmaßnahmen durchgeführt.

Die Mitarbeiter bekommen ein klareres Feedback und haben eindeutigere, leistungsbezogenere Maßstäbe. Die Sinnhaftigkeit ihres Tuns wird ihnen täglich vor Augen geführt.

Die Erbringung und die Vergütung personalwirtschaftlicher Dienstleistungen werden generell im Rahmen von Service-Verträgen geregelt. Konzernintern treten die jährlichen, differenziert dokumentierten Budgetplanungen, die in enger Abstimmung mit den internen Abnehmern personalwirtschaftlicher Dienstleistungen erstellt werden, an die Stelle von Vertragsverhandlungen über die Anpassung der Vergütung.

Wie in jedem Kunden-/Lieferantenverhältnis möglich und wünschenswert, wird auch gelegentlich in diesen Budgetgesprächen über die Punkte Leistungsumfang, Servicequalität und -innovation, Kapazität und Investitionsbedarf zur Sicherstellung der Leistungsbereitschaft und natürlich auch über die Vergütung der Leistung verhandelt.

Die wesentlichen Kriterien, Grundsätze und Verfahren für die Preisfindung und Leistungsverrechnung, die im Interesse der Transparenz und Kundenakzeptanz Berücksichtigung finden, lassen sich wie folgt zusammenfassen:

- Preisbildung kostenorientiert mit marktbezogenen Limits,
- beeinflussbare Bezugs- und Leistungsgrößen,
- Drittkundenumsatz als Deckungsbeitrag (Wirtschaftlichkeit der Nutzung von technischen und know-how-Kapazitäten),
- permanenter Abgleich „make or buy",
- zeitnahe Fakturierung der Leistungen durch feststehende Standardleistungen, verbrauchs- und auftragsbezogene Leistungen.

In der Vergangenheit wurden häufig mangelnde Kundenorientierung und eine hohe Kostenbelastung als Ergebnis einer für den Kunden nicht nachvollziehbaren Gemeinkostenumlage kritisiert. Traditionell wurde ein Großteil der Kosten für solche Leistungen über eine Umlage auf die internen Abnehmer verrechnet. Eine Zuordnung zu einzelnen Leistungen war in vielen Fällen nicht möglich, insbesondere fehlte vielfach die Möglichkeit zum Vergleich mit Fremdbezug.

Die stärkere Marktorientierung führte insbesondere auch zu einem größeren Zwang, Qualitätsorientierung und Kostenwirtschaftlichkeit zusammenzuführen. Außerdem wird der Beitrag der PD zum Konzernerfolg offen diskutiert und führt somit intern zu einem permanenten Verbesserungsprozess.

5.2 Innovative Berufsausbildung bei FAG

Nur ein lernendes Unternehmen erzielt im harten Wettbewerb langfristig gute Erträge und Wertsteigerungen. Die Qualifikation und die Leistungssteigerung jedes einzelnen Mitarbeiters gewinnt daher stetig an Bedeutung. Vor diesem Hintergrund ist es unabdingbar, die Mitarbeiter so zu trainieren, dass sie den künftigen Herausforderungen gewachsen sind. Dazu gehört die Stärkung der fachlichen Qualifikation ebenso wie die internationale Ausrichtung. Besonders wichtig ist bei FAG deshalb die Berufsausbildung. Diese ist nicht nur eine Investition in die Zukunft sondern sichert letztlich die Wettbewerbsfähigkeit des Unternehmens.

Vor diesem Hintergrund hat das Unternehmen an seinen deutschen Ausbildungsstandorten in Schweinfurt und Wuppertal die Anzahl der Auszubildenden von 1995 bis 1997 um 25% erhöht, von 1998 bis 2000 erfolgte eine weitere Steigerung um 13%. Damit beträgt die Ausbildungsquote im deutschen Teilkonzern 6%. Zur Zeit stehen 427 junge Menschen in einer Berufsausbildung bei FAG.

Erfolgte die kaufmännische Ausbildung seit jeher durch „Learning by doing" ausschließlich vor Ort in den Betriebsbereichen, so verbrachten die gewerblich-technischen Auszubildenden rund 70% ihrer praktischen Ausbildungszeit in der Ausbildungswerkstatt. Unter der Zielsetzung der Effizienzsteigerung der Ausbildung, der Verstärkung des Praxisbezugs und der stärker bedarfsorientierten Ausrichtung wurde über neue Wege und Konzepte der praktischen Berufsausbildung bei FAG nachgedacht. Das Ergebnis war, dass im Juni 1999 die gewerblich-technische Ausbildung am Standort Schweinfurt und im Januar 2000 am Standort Wuppertal neu ausgerichtet wurde.

Bei den gewerblich-technischen Berufen erfolgte die Grundausbildung durch eine konzentrierte Vermittlung der Fertigkeiten und Kenntnisse in der Ausbildungswerkstatt. Ausbildungsinhalte des zweiten und dritten Lehrjahres wurden in das erste Jahr verlegt. Dort wechseln sich jetzt Lern- und Projektphasen ab, vertiefende Übungen werden an praxisbezogenen Betriebsaufträgen vorgenommen. Ab dem zweiten Ausbildungsjahr stehen alle Auszubildenden für den Einsatz in den Betriebsbereichen zur Verfügung. In der Ausbildungswerkstatt werden in den Lehrjahren zwei bis vier nur noch die fachspezifischen Ausbildungsabschnitte Steuerungs- und CNC-Technik durchgeführt.

Durch die Neuausrichtung wurden die Zeitanteile der Ausbildung vor Ort auf 55% der praktischen Gesamtausbildung erweitert. Die Ausbildungspläne wurden so gestaltet, dass jeder Auszubildende in Zeitabschnitten von 8 bis 16 Wochen in den Bereichen Produktion, Qualitätssicherung, Werkzeugbereitstellung Instandhaltung, Montage von Maschinen und Werkzeugsystemen sowie in der Werkzeug- und Teilefertigung zum Einsatz kommt. Auf diese Weise wurde nicht nur der Praxisbezug der Ausbildung und somit auch die Akzeptanz in den Fachbereichen erheblich gesteigert, sondern die Ausbildung wurde auch stärker an die Bedürfnisse der FAG-Gesellschaften angepasst.

Die Auszubildenden können vor Ort auf Maschinen, die dem Stand der Technik entsprechen, qualifiziert werden. Sie lernen darüber hinaus automatisch die betrieblichen Zusammenhänge kennen. Somit steigt der Qualifizierungsgrad schrittweise im Hinblick auf den späteren beruflichen Einsatz.

Des weiteren sind die Auszubildenden in den Einsatzbereichen in Gruppenprozesse eingebunden und können ihre ersten Erfahrungen mit Teamarbeit, die sie bereits in der Ausbildungswerkstatt bei der Vermittlung von Fertigkeiten und Kenntnissen sammeln konnten, vertiefen.

Jeder Auszubildende besetzt darüber hinaus drei Monate vor Ausbildungsende seinen Arbeitsplatz für die Weiterbeschäftigung. In dieser Zeit nach erfolgter schriftlicher Abschlussprüfung stehen die Auszubildenden dem Betrieb bereits zur Einarbeitung zur Verfügung. Unterbrochen wird diese bereits berufsschulfreie Zeit lediglich durch das Ablegen der praktischen Prüfung. Die zeitlich langen Ausbildungsabschnitte in den Betriebsbereichen, gekoppelt mit der dreimonatigen Einarbeitung am Arbeitsplatz, garantieren einen nahezu reibungslosen Übergang von der Ausbildung in die Weiterbeschäftigung. FAG hat in den vergangenen Jahren jedem Auszubildenden ein unbefristetes Weiterbeschäftigungsverhältnis angeboten.

Berufsausbildung verursacht im Unternehmen Kosten. Auszubildende kosten jedoch nicht nur, sie erbringen auch Leistungen. Bei FAG wird die Leistung der Auszubildenden, die vor Ort in den Fertigungsbereichen eingesetzt sind, diesen auch verrechnet. Nach einem jährlich festgelegten Einsatzplan werden die den Betriebsbereichen zur Verfügung gestellten Einsatzzeiten der Auszubildenden unter Berücksichtigung ihres eingeschränkten Leistungsvermögens den Betriebsbereichen als Personalkapazität angerechnet. Die Betriebsbereiche müssen diese Personalkapazität in ihrer Planung berücksichtigen. Durch den Praxiseinsatz der Auszubildenden spart das Unternehmen somit auch Personalkosten ein. Diese Kostenersparnis deckt annähernd 60% der Berufsausbildungskosten. Die durch den Praxiseinsatz vor Ort in der Lehrwerkstatt frei gewordenen Personal- und Werkstattkapazitäten werden für die externe Ausbildung genutzt. Komplette Umschulungsmaßnahmen und Ausbildungsmodule werden für Bildungsträger und andere Unternehmen durchgeführt und decken damit einen weiteren Teil der fixen Kosten für die Infrastruktur der Ausbildung. Am Standort Wuppertal übernimmt FAG z.B. die komplette Ausbildung für andere Firmen im Rahmen eines Ausbildungsverbundes.

Natürlich wird auch die Qualität der Ausbildung gewährleistet. Für jeden Ausbildungsabschnitt, unabhängig davon, ob er in der Ausbildungswerkstatt oder in den Betriebsbereichen stattfindet, sind die Ausbildungsinhalte schriftlich im Ausbildungsbogen fixiert. Nach Abschluss eines Ausbildungsabschnittes wird die Ausbildungsleitung darüber informiert, ob alle Inhalte ordnungsgemäß vermittelt wurden. Ist dies beispielsweise aufgrund von krankheitsbedingten Ausfallzeiten nicht möglich, erfolgt eine Korrektur des weiteren persönlichen Ausbildungsplanes. Die Ausbildungsleitung kennt somit für jeden einzelnen Auszubildenden den aktuellen Ausbildungsstand.

Der Erwerb der theoretischen Kenntnisse in der Berufsschule wird durch den innerbetrieblichen Werkunterricht vertieft. Vor der Abschlussprüfung erfolgt eine Prüfungsvorbereitung. Zur weiteren Förderung der Selbständigkeit und der Kreativität der Auszubildenden werden ausbildungsbegleitende Projekte wie Juniorenfirma, Ausbildungszeitschrift und Umweltgruppe durchgeführt. In diesen Projekten, die bei FAG seit Jahren mit großem Erfolg laufen, arbeiten kaufmännische und gewerblich-technische Auszubildende gemeinsam im Team. Zur Förderung der Fremdsprachenkenntnisse wird allen Auszubildenden Englischunterricht angeboten. Für die kaufmännischen Berufe erfolgt dies in Form von Pflichtunterricht während der Arbeitszeit. Die gewerblich-technischen Auszubildenden können ihre Englischkenntnisse am Nachmittag nach Arbeitsende vertiefen. Die Teilnahme ist freiwillig, jedoch nahezu die Hälfte aller Auszubildenden nimmt dieses Weiterbildungsangebot wahr.

Seit Sommer 2000 wird den Auszubildenden darüber hinaus mit dem Programm „**Turbo-Azubi**" die Gelegenheit gegeben, unmittelbar im Anschluss an die berufliche Erstausbildung erste Auslandserfahrungen zu sammeln. Voraussetzung für die Programmteilnahme ist der vorzeitige Ausbildungsabschluss. Die eingesparte Ausbildungszeit von 6 Monaten können die Jungfacharbeiter in einer FAG-Auslandsgesellschaft verbringen. Das Programm, das im Rahmen der konzernweiten Personalentwicklung die Flexibilität der Nachwuchskräfte fördern soll, ist ein Ansporn für die Auszubildenden, sich über gute Ausbildungsleistungen und einen damit möglichen vorzeitigen Ausbildungsabschluss für die Teilnahme am Programm zu qualifizieren. Während des Auslandseinsatzes lernen die Teilnehmer die Arbeitsprozesse in den jeweiligen Auslandgesellschaften kennen. Die wesentlichen Effekte liegen jedoch in der Förderung der Bereitschaft zu konzernweiten Einsätzen, in der Vertiefung der Sprachkenntnisse und in der Persönlichkeitsentwicklung in einem anderen kulturellen Umfeld.

5.3 Flexibilisierung von Arbeitszeit und Personalkosten

Angesichts des raschen wirtschaftlichen und technologischen Wandels sind Schnelligkeit und Flexibilität zu entscheidenden Erfolgsfaktoren für Industrieunternehmen geworden. Die Unternehmen suchen daher nach Möglichkeiten, um auf konjunkturelle Schwankungen kurzfristig reagieren zu können und die Arbeitsabläufe effizienter und flexibler zu gestalten. Starre und schwerfällige Strukturen verursachen bei Nachfragerückgängen erhebliche Probleme: rückläufige Umsätze bei gleichzeitig hohen Kapitalkosten durch wachsende Lagerbestände. Teurer Personalabbau ist in der Regel die Folge.

Um derart drastische Maßnahmen nicht ergreifen zu müssen, wurde bei FAG ein Konzept zur Steuerung und Flexibilisierung von Kapazitäten und Personalkosten entwickelt. Ein wesentlicher Faktor dabei ist die Möglichkeit einer bedarfsorientierten Kapazitätsanpassung.

Die Arbeitszeit muss so gestaltet sein, dass die vom Markt geforderte Termintreue und Qualität ermöglicht werden kann. Das zentrale Instrument hierfür sind hochflexible Arbeitszeitmodelle, die über Arbeitszeitkonten gesteuert werden. Diese müssen der Situation angemessen sein und schnell umgesetzt werden, was hohe Anforderungen an die Leistungsbereitschaft und die Kreativität aller Beteiligten stellt. Kurzfristige bereichsspezifische Schwankungen können durch Arbeitszeitkonten und konzerninterne Ausleihungen bewältigt werden. Durch Arbeits- und Freizeitkonten erhalten die Mitarbeiter aber auch eine erweiterte Zeitsouveränität.

Bei der Nutzung der gesetzlichen und tarifvertraglichen Regelungen in Kombination mit Betriebsvereinbarungen können über eine entgeltwirksame Arbeitszeitabsenkung nach dem Beschäftigungssicherungstarifvertrag weitere Flexibilisierungsmöglichkeiten erschlossen werden. Darüber hinaus können individuelle, vom Tarifvertrag abweichende Arbeitszeitregelungen getroffen werden.

Einen weiteren wichtigen Baustein im Flexibilisierungspaket stellt die bedarfsgerechte Personaleinsatzplanung dar. Kundenorientierung in allen Geschäftsbereichen fordert eine immer höhere Flexibilität im Personaleinsatz durch schwankende Maschinenbelegungen und Marktentwicklungen.

Aufgrund der bisherigen Gestaltung von Arbeitsverträgen war eine flexible Personalplanung faktisch jedoch bisher nicht durchsetzbar. Wichtig für den Gemeinschaftsbetrieb FAG war daher, nicht nur in den rechtlich selbständigen Produktionsgesellschaften zu agieren, sondern bereichsübergreifend für alle FAG–Unternehmen.

Vor diesem Hintergrund wurde mit der PD Qualifizierung und Beschäftigung GmbH (im folgenden QB genannt) eine Gesellschaft für die konzerneigene Arbeitnehmerüberlassung gegründet. Auf diese Weise wird es möglich, gewerblich-technische Mitarbeiter mit unterschiedlicher Einsatzdauer an verschiedenen Standorten einzusetzen. Der gesteigerten Flexibilität steht gleichzeitig ein rechtlich und sozial gesicherter Rahmen mit einem unbefristeten Arbeitsvertrag und Tarifbindung gegenüber.

Die QB ist ein virtuelles Unternehmen, dessen Steuerung und Operation über das Personalwesen der PD geführt wird. Es erfolgt eine enge Zusammenarbeit und ständige Abstimmung mit den dezentralen Personalstellen der Produktionsgesellschaft. Die Personalreferenten des Konzerns werden in wöchentlichen Meetings über den aktuellen Stand der QB informiert und können Anregungen zur Prozessoptimierung geben.

FAG wird es mit der QB möglich, auf dem internen und externen Arbeitsmarkt sowohl für das Unternehmen als auch im Sinne einer aktiven Beschäftigungsförderung noch erfolgreicher zu agieren.

Mit diesem Flexibilisierungskonzept ergeben sich für viele Mitarbeiter neue berufliche Chancen. Entscheidend ist dabei die unbefristete Übernahme sowie die vertragliche Bereitstellung der Mitarbeiter an verschiedenen Produktionsstandorten (Sicherung der Beschäftigungsfähigkeit). Da die Mitarbeiter unbefristet eingestellt werden, wird FAG als Arbeitgeber interessanter und hat somit die Chance, qualifizierte Mitarbeiter für das Unternehmen zu gewinnen. Dies führt somit auch zur Sicherung der Wettbewerbsfähigkeit und des Standortes.

Neben der internen Arbeitnehmerüberlassung ist unter dem Motto „Campus & Job" ein Studentenpool eingerichtet worden. Dieser externe Flexi-Pool soll helfen, kurzfristige betriebliche Engpässe in der Fertigung oder in den indirekten Funktionen der Fertigungsbereiche zu überbrücken. Dabei lässt sich das Interesse der Studierenden an Verdienstmöglichkeiten mit den Erfordernissen eines flexiblen Personaleinsatzes in Einklang bringen. Die Studierenden kommen nach der Einarbeitung vor allem als Springer in Sonderschichten zum Einsatz.

Durch geeignete Kombination aller Maßnahmen lässt sich innerhalb kurzer Zeit eine Kapazitäts- und Personalkostenanpassung von über 20 % erreichen. FAG wird konzernweit beweglicher und somit zur atmenden Fabrik (siehe Abbildung 2 und 3).

6 Fazit

Mit den zentralen Dienstleistungen und den sich daraus ergebenden Synergieeffekten einerseits und der stark wettbewerbsorientierten Leistungsgestaltung andererseits, leistet die PD einen wesentlichen Beitrag zur Wirtschaftlichkeit im Konzern, den es unter den Gesichtspunkten von Kosten und Qualität ständig zu verbessern gilt. Das „Service-Center" bietet internen und externen Kunden Kompetenz und Nutzen.

Die PD hat darüber hinaus jedoch die strategische Entscheidung getroffen, die Dienstleistungen verstärkt auch externen Kunden anzubieten. Die Palette reicht dabei von einzelnen Bausteinen und fallweiser Unterstützung bis hin zu Paketlösungen, die individuell auf die Belange des Kunden zugeschnitten werden. Hiermit steht den Kunden neben der Erfahrung auch die fachspezifische Kompetenz eines Dienstleistungsunternehmens zur Verfügung, die bei Bedarf abgerufen werden kann.

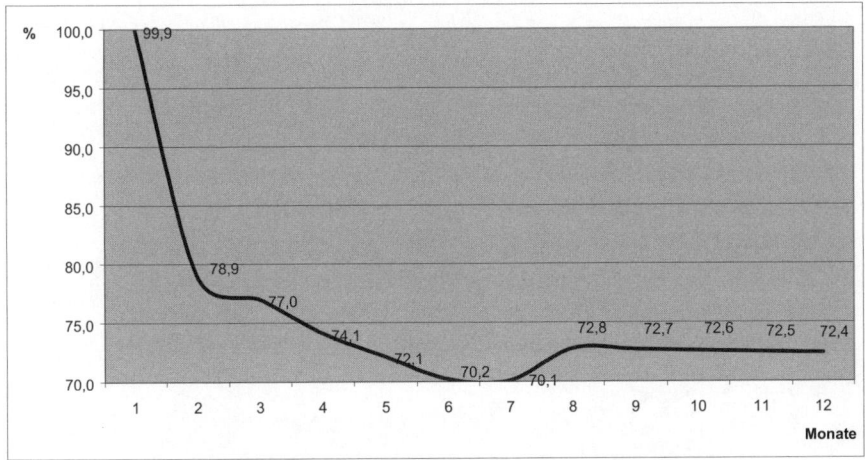

Abb. 2: Zeitlicher Kapazitätsabbau nach Monaten

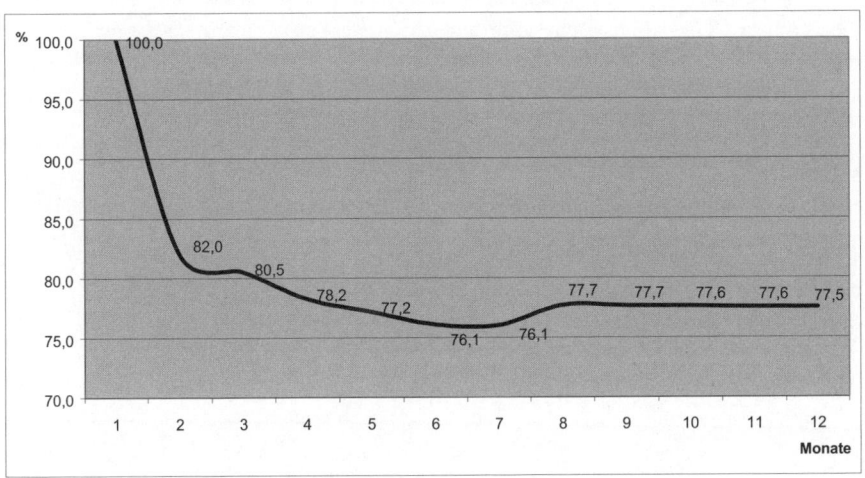

Abb. 3: Zeitlicher Ablauf der Personalkostenanpassung

Durch Beschreiten neuer Wege gelingt es der PD außerdem, einen für alle ersichtlichen Mehrwert zu generieren und somit zum Partner und Key-Player bei Veränderungsprozessen zu werden.

Literatur

Meyer, A. (1991): Dienstleistungs-Marketing, in DBW, Jahrgang 51, Heft 2, S. 195-209.

Meffert, H./Bruhn, M. (1997). Dienstleistungsmarketing, 2. Auflage, Wiesbaden 1997

Rüger, U. (in Vorbereitung): Human Resources – Vom Dienstleister zum Business Partner?! Hay Management Consultants GmbH.

Aktives Marketing von Personaldienstleistungen am Beispiel des Personalmarketings der SICK AG

Christine Bruhn

Einführung

Mehr als vier Millionen Menschen sind hierzulande laut Statistik arbeitslos. Dennoch gestaltet sich die Suche nach neuen Mitarbeiterinnen und Mitarbeitern, die über die erforderliche fachliche Qualifikation und soziale Kompetenz verfügen, für SICK schwieriger denn je. Bereits vor zwei Jahren erhöhte sich die Zahl der offenen Stellen in der Elektrotechnik auf 39%, im Maschinenbau sogar auf 59% (1).

Die Mitarbeiterinnen und Mitarbeiter haben aber großen Anteil am gemeinsamen Erfolg. Mit ihrem Können und ihrer Bereitschaft, ständig dazuzulernen, tragen sie entscheidend dazu bei, die Wettbewerbsfähigkeit und damit den inneren Wert unseres Unternehmens zu steigern. Deshalb investieren wir mit gezielter Personalentwicklung in unser wertvollstes Kapital, die Mitarbeiterinnen und Mitarbeiter.

Für das weitere Wachstum des Unternehmens kommt dem Personalmarketing und der Personalentwicklung eine Schlüsselrolle in der Entwicklung des vorhandenen Mitarbeiterpotenzials zu.

Nur wenn wir auf neue Anwenderbedürfnisse, neue Technologien und kürzere Produktzyklen eine Antwort wissen – also bereit sind, uns zu wandeln – haben wir im verschärften internationalen Wettbewerb eine Chance. Um erfolgreich zu bleiben, müssen wir uns den veränderten Bedingungen des Marktes ständig anpassen. Lernende Organisation heißt die Zauberformel bei SICK, durch die sich eine Kultur der ständigen Verbesserung etablieren kann, in der partnerschaftliches Lernen und Problemlösen zum Alltag gehören. Wo das Neue und Fremde offen und engagiert angegangen wird, sind Krisenmanagement und Reorganisation Fremdwörter.

„So wie wir die Welt kennen, wird sie nicht bleiben. Und die werden vorne liegen, die sich am besten mit ihr ändern!" (2)

Unsere vordringlichste Aufgabe ist daher die quantitative und qualitative Besetzung aller Funktionen auf allen Ebenen und damit die Gewährleistung einer ausgewogenen Mitarbeiterstruktur (3).

Die Mitarbeiterinnen und Mitarbeiter werden von uns als Kunden betrachtet. Sie werden als Individuen gesehen und mit ihnen wird effektiv, effizient und partnerschaftlich zusammengearbeitet (4).

Um für die Zielgruppe Mitarbeiter/innen entsprechend attraktiv zu sein und Nachfrage zu finden, begleiten wir den Einstieg neuer Mitarbeiter/innen bei SICK durch aktives Marketing von Personaldienstleistungen (5).

„Mitarbeiter wurden gerufen – Menschen sind gekommen." (Max Frisch)

1 Start bei SICK

Mit einem Anschreiben, in dem wir für die Rückgabe des unterzeichneten Arbeitsvertrages danken, übersenden wir der neuen Mitarbeiterin/dem neuen Mitarbeiter zur Einstimmung auf den neuen Arbeitsplatz folgende Unterlagen:

1. Unternehmensgrundsätze
2. Grundsätze Führung und Zusammenarbeit
3. SICK von A bis Z
4. Ziele Gruppenarbeit
5. Reflektor – unsere Mitarbeiterzeitung
6. Information Direktversicherung
7. Beschäftigungsbedingungen
8. Wegweiser für den START bei SICK

Der konkrete Starttermin wird ebenso mitgeteilt wie der Name der/des zuständigen Personalsachbearbeiterin/Personalsachbearbeiters. Die Begrüßung am ersten Arbeitstag wird von einem vorher benannten Paten vorgenommen. Zum Start bei SICK gehört unverzichtbar eine Patenschaft für jede/n neue/n Mitarbeiter/in. Der Pate ist sowohl Begleiter als auch Gesprächspartner und Kümmerer. In Ergänzung zum „Einführungsseminar für neue Mitarbeiter" unterstützt der Pate die Integration der neuen Mitarbeiterin/des neuen Mitarbeiters.

Der Wegweiser ist eine Checkliste zur Vorbereitung des ersten Arbeitstages sowie der Einarbeitungszeit und unterstützt die persönliche Betreuung durch die Führungskraft (vgl. Abb. 1).

2 Einführungsseminar

Jede/r neue/r Mitarbeiter/in, unabhängig von der Position, nimmt an dem zweitägigen Einführungsseminar für neue Mitarbeiter/innen teil. Damit wollen wir einerseits die Integration neuer Mitarbeiter/innen unterstützen, andererseits die Unternehmenskultur, die Geschäftsbereiche und deren Produkte vermitteln bzw. vorstellen (vgl. Abb. 2)

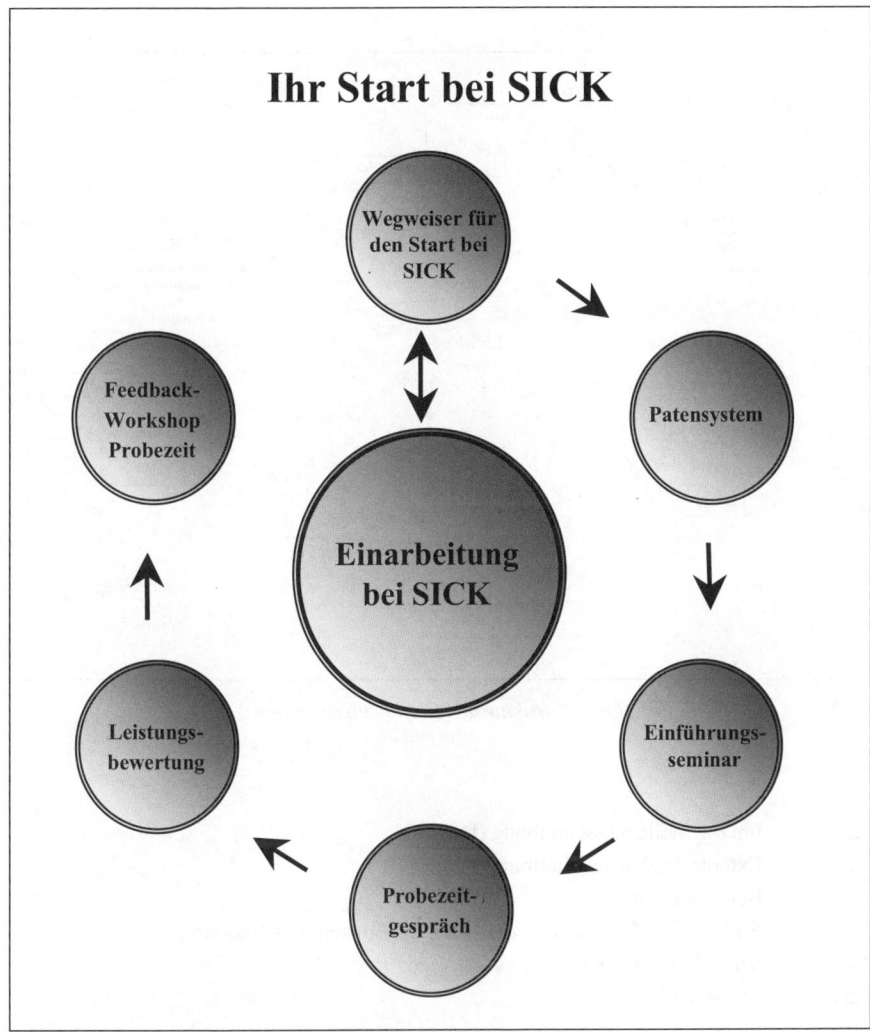

Abb. 1: Ihr Start bei Sick

3 Infopaket „Personalarbeit bei SICK" – Ein Handbuch für Führungskräfte

Dieses Handout soll einen schnellen Überblick der formalen Abläufe im Zusammenhang mit der Personalarbeit geben. Es ist nach folgenden Themen gegliedert:

1. Personalbeschaffung
1.1 Personalanforderung
1.1.1 Mitarbeiter
1.1.2 Diplomanden/Praktikanten

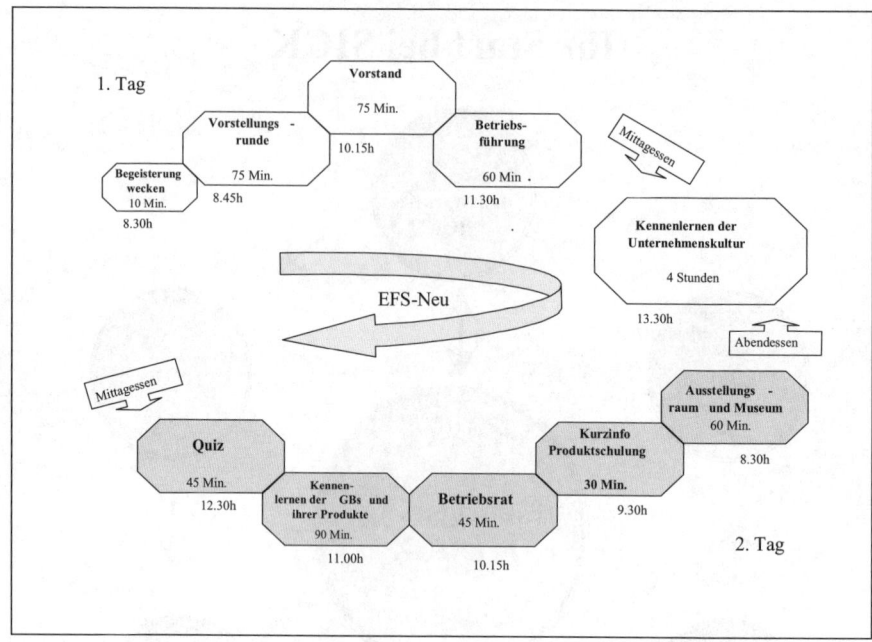

Abb. 2: Struktur des Einführungsseminars

1.2	Interne Stellenausschreibung (INSTA)
1.3	Externe Stellenausschreibung
1.4	Bewerbungen
1.4.1	Einstellungs-Interviews – Leitfaden für Einstellungs-Interviews
1.4.2	Vorstellungskosten
1.5	Zeitarbeitskräfte
2.	Mitbestimmung bzw. Unterrichtung des Betriebsrates gemäß § 2 Manteltarifvertrag sowie §§ 99, 105 Betriebsverfassungsgesetz (BetrVG)
3.	Einstellung
3.1	Allgemeine Vertragsbestandteile
3.1.1	Nebenvertragliche Regelungen
3.1.2	Firmenfahrzeug-Richtlinie
3.1.3	Reisekosten-Regelung
3.1.4	Aushilfen/Ferienjobber
3.2	Diplomanden/Praktikanten
3.3	Informationen für neue Mitarbeiter
3.4	Erster Arbeitstag
3.5	Einführungsseminar
4.	Arbeitszeit

4.1 „Gleitende Arbeitszeit" (Auszug)
4.2 Mehrarbeit/Gleitzeit
4.3 Vorholzeit/Brückentage
4.4 Arbeitsunfähigkeit
4.4.1 Abmeldung
4.4 2. Begrüßungsgespräch

5. Urlaub
5.1 „Sonderurlaub"

6. Arbeitsvertragliche Änderungen
6.1 Versetzung
6.2 Individuelle regelmäßige wöchentliche Arbeitszeit
6.3 Abschluss von befristeten Arbeitsverhältnissen
6.4 Übernahme in ein unbefristetes Arbeitsverhältnis
6.5 Übernahme von Auszubildenden

7. Entgelt
7.1 Entgeltveränderung im Tarifkreis
7.1.1 Individuelle Veränderung
7.1.2 Tarifliche Veränderung
7.1.3 Entgeltveränderung für AT-Angestellte
7.1.4 Entgelt Gruppenarbeit
7.2 Sonderzahlungen
7.3 Leistungsbewertungsgespräch

8. Personalentwicklung
8.1 Personalplanung
8.2 Mitarbeiter/innen-Gespräch
8.3 Weiterbildung
8.3.1 Weiterbildung intern
8.3.2 Weiterbildung extern
8.4 Potenzialentwicklung

9. Jubiläen

10. Kondolenz

11. Abmahnung

12. Beendigung von Arbeitsverhältnissen
12.1 Arbeitnehmerkündigung
12.2 Arbeitgeberkündigung
12.3 Befristete Arbeitsverhältnisse
12.4 Aufhebungsvertrag
12.5 Austritts-Interview

13. Arbeitszeugnis
13.1 Zwischenzeugnis
13.2 Diplomanden-/Praktikantenzeugnis

14. Ausschüsse und Arbeitsgruppen
15. Betriebsvereinbarungen

4 Flexible Arbeitszeit

Arbeitszeitflexibilisierung ist unabdingbar zur Stärkung der Wettbewerbsfähigkeit und damit für den Erhalt von Arbeitsplätzen. Diese Einsicht gewinnt in der gesellschaftspolitischen Diskussion zunehmend an Boden (6). Diese Diskussion führen wir auch mit der Mitarbeiterschaft der SICK AG – ob in verschiedenen Workshops oder in einer Podiumsdiskussion. Mehr als 30 Teilzeitmodelle bieten wir den Mitarbeiter/innen an. An die 20 Teilzeitmodelle sind auf die konkreten Bedürfnisse einzelner Mitarbeiter/innen zugeschnitten worden.

Wir haben am Projekt „Mobilzeit" der Bundesregierung teilgenommen und die nachfolgenden potenziellen Vorteile für uns erarbeitet:

1) erhöhte Arbeitsmotivation und Arbeitszufriedenheit durch angemessene Berücksichtigung der individuellen Arbeitszeitpräferenzen und mehr Zeitsouveränität der Mitarbeiter/innen (= Individualisierung der Arbeitszeitregelung)

2) Kompetenzsicherung durch Vermeidung unerwünschter Abwanderungen, Rückkehrförderung von Erziehungsurlaubern und Erhöhung der Attraktivität als Arbeitgeber für teilzeitinteressierte Nachwuchskräfte

3) Innovationsimpuls: Überprüfung der Teilzeittauglichkeit durch Optimierung der Aufgabenverteilung und Aufgabenerfüllung

4) Förderung der Führung durch Zielvereinbarung (MbO) und der Ergebnisorientierung statt traditioneller Orientierung an Anwesenheitszeiten (neue Arbeitszeitkultur)

5) Verstärkte Selbststeuerung und Selbstverantwortung der einzelnen Mitarbeiter/innen und Arbeitsgruppen bzgl. Arbeitszeitverhalten im Rahmen der betrieblichen Erfordernisse

6) Positive Außenwirkung durch Beschäftigungssicherung, familienfreundlichere Gestaltung der Arbeitsbedingungen und Beitrag zur Chancengleichheit von Frauen und Männern bei der Besetzung anspruchsvoller Fach- und Führungspositionen

7) Optimierung des Personaleinsatzes bei ausgeprägten Beschäftigungsschwankungen

8) Kostenersparnis durch Wechsel von Vollzeit- in Teilzeit-Beschäftigung und/oder durch Abbau von Überstunden

9) Verbesserter Kundenservice durch verlängerte Ansprech-/Öffnungszeiten, wo notwendig und erwünscht

10) Erhöhte Arbeitsproduktivität der Teilzeitbeschäftigten um bis zu 20 % (McKinsey-Studie)

5 Mitarbeitergespräch - Entwicklung und Weiterentwicklung Mitarbeitergespräch/Zielvereinbarung

Zielsetzung: Führen – Fördern – Zusammenarbeiten

Das Mitarbeiter/innen-Gespräch ist der Mittelpunkt unserer Personalentwicklung, die wir unter das Motto „Führen – Fördern – Zusammenarbeiten" gestellt haben. Es stellt ein wichtiges Instrument dar, um die Kommunikation und die Zusammenarbeit zwischen Führungskraft – Mitarbeiter/in zu gestalten.

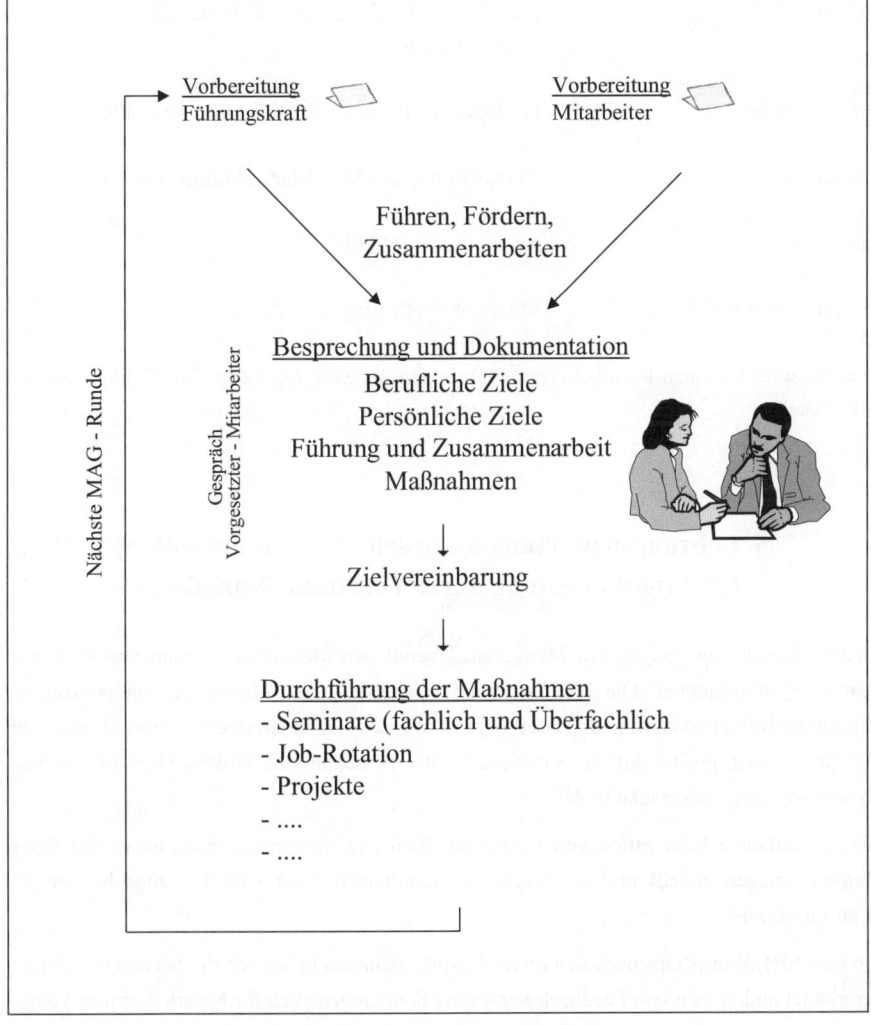

Abb. 3: Führen – Fördern – Zusammenarbeiten

Frühjahr 1995	Konzeption des Mitarbeitergespräches (MAG) Erste Fassung Gesprächsbogen
Sommer 1995	❏ Information an alle Mitarbeiter ❏ Training aller Führungskräfte zum Thema MAG
Sommer/Herbst 1995	Überarbeitung des Gesprächsbogens
11/95 – 04/96	Pilotphase MAG – 745 geführte Gespräche
02/96	Fragebogen zum Feedback – MAG an alle Führungskräfte
03/96 – 04/96	Feedback-Workshops mit allen Führungskräften
06/96 – 09/96	Überarbeitung des MAG durch Multiplikatoren
ab 11/96	zweite Phase des MAG
Sommer/Herbst 1997	Mitarbeiterbefragung zum MAG

Ein Beispiel für einen Mitarbeitergesprächsbogen der Sick AG ist in den Abbildungen 4-5 dargestellt.

6 Leistungsbewertungsgespräch - Weiterentwicklung Leistungsbewertung durch Feedback-Workshops

Jeder Mensch bewertet täglich Menschen. Überall, wo Menschen zusammen sind, schaut einer auf den anderen. Die Mitarbeiter/innen erwarten, dass höhere Leistungen von der Führungskraft anerkannt und besser bezahlt werden als niedrigere Leistungen und sich langfristig auch positiv auf die berufliche Weiterentwicklung auswirken. (Vgl. Mitarbeiterbewertungsgesprächsbogen in Abb. 6).

Zur gründlichen Information von Führungskräften und Mitarbeiter/innen haben wir Schulungsunterlagen erstellt und entsprechende Schulungen durchgeführt – zunächst nur für Führungskräfte.

In Feedback-Workshops nach den ersten Gesprächsrunden haben wir die Weiterentwicklung erarbeitet und aus diesem Feedback heraus die Schulungen auch für Mitarbeiter/innen angeboten.

Mitarbeiter/in	**Führungskraft**
Name, Vorname	Name, Vorname
Bereich/Kostenstelle	Abteilung
Position	

Als Ergebnis des Mitarbeitergesprächs am _____ wurden folgende Ziele vereinbart:

Bestandteile einer Zielvereinbarung:

➢ Zielfrist
➢ Zielverantwortung
➢ Zielinhalt
➢ Zielumfang

I. Ziele

siehe A III „Zielvereinbarung"	**Ziele bezogen auf die Position (Arbeitsinhalte und Arbeitsausführung)**
Denken Sie dabei auch an die Projektziele des Mitarbeiters!	
Siehe B I. „...weiterer Einsatz des Mitarbeiters"	**2. Berufliche Entwicklungsziele (aus Sicht der Führungskraft und des Mitarbeiters)**

Abb. 4: Mitarbeitergespräch I

II. Fördermaßnahmen

siehe B III
„Fördermaßnahmen"

Bitte so detailliert wie
möglich angeben.

_____

_____

_____

_____

_____

_____

III. Zielvorstellungen des Mitarbeiters (freiwillige Stellungnahme zu mittel-/langfristigen Berufszielen)

_____

_____

_____

_____

Mitarbeiter/in	Führungskraft	von nächsthöherer Führungskraft zur Kenntnis genommen
_____	_____	_____

Unser nächstes Mitarbeitergespräch führen wir am _____
(Monat bzw. Kalenderwoche)

(Original über die nächsthöhere Führungskraft an die Personalentwicklung/Kopien für Führungskräfte und Mitarbeiter/in)

Abb. 5: Mitarbeitergespräch II

Entgeltveränderung   Mitteilung an Personalmarketing
                                      (**Original** für Personalabteilung/**Kopie** für Mitarbeiter)

Vertraulich

Name/Vorname _____ PNR _____
KoSt _____ Eintritt _____ PZ-Ende _____ Abteilung _____
Tätigkeit _____ **Entgeltveränderung** ab _____ **aufgrund**

Leistungsbewertung

Leistungsmerkmale		Leistungsstufen				
		75 - 84% 1 Punkt	85 - 94% 2 Punkte	95 - 100% 3 Punkte	101 - 105% 4 Punkte	>105% 5 Punkte
Bewertungsgruppen	Erläuterungen	Genügt den Anforderungen nicht immer	Genügt den Anforderungen fast immer	Anforderungen werden erfüllt	Anforderungen werden teilweise übertroffen	Anforderungen werden nahezu immer übertroffen
Fachliche Kompetenz	Fachliche Kenntnisse					
	Aktualität der Kenntnisse					
	Umsetzung der Kenntnisse					
	Funktionsübergreifende Kenntnisse					
Arbeitsmethodik	Arbeitsorganisation					
	Konzeptionelle Fähigkeit					
	Entscheidungsverhalten					
	Erkennen des Wesentlichen					
	Arbeitssicherheit/ Datensicherheit					
Sozialverhalten	Kooperation					
	Führungsverhalten					
	Konfliktfähigkeit					
Arbeitsergebnisse	Qualität					
	Termintreue					
	Quantität					
Arbeitsverhalten	Arbeitszeitflexibilität					
	Kreativität/Selbständigkeit/ Initiative					
	Kostenbewusstsein					
	SUMME					

Gesamtsumme der Bewertungspunkte _____
Anzahl bewerteter Merkmale _____
Gesamtsumme./.Anzahl der bewerteten Leistungsmerkmale _____ dies entspricht einer **Zulage** von ___%
Übertarifliche freiwillige Zulage   ❑   ja   ❑   nein
                                     ❑   keine Verrechnung
                                     ❑   Verrechnung mit übertariflicher freiwilliger Zulage
                                     Neue übertarifliche freiwillige Zulage: DM _____

Datum   Unterschrift Mitarbeiter/in   Datum   Unterschrift Führungskraft

Abb. 6: Leistungsbewertungsgespräch

7 KOKO - Verbesserung der Kommunikation und Kooperation im Sekretariat

Speziell auf die Assistentinnen/Sekretärinnen unseres Unternehmens ist dieses Konzept abgestimmt. Es gliedert sich in die Vermittlung von Fachwissen und eben Kommunikation und Kooperation. Kernstück ist hier sicherlich der Transferworkshop mit Führungskräften und Sekretärinnen, in dem gemeinsam die „Spielregeln" für die Zusammenarbeit erarbeitet werden.

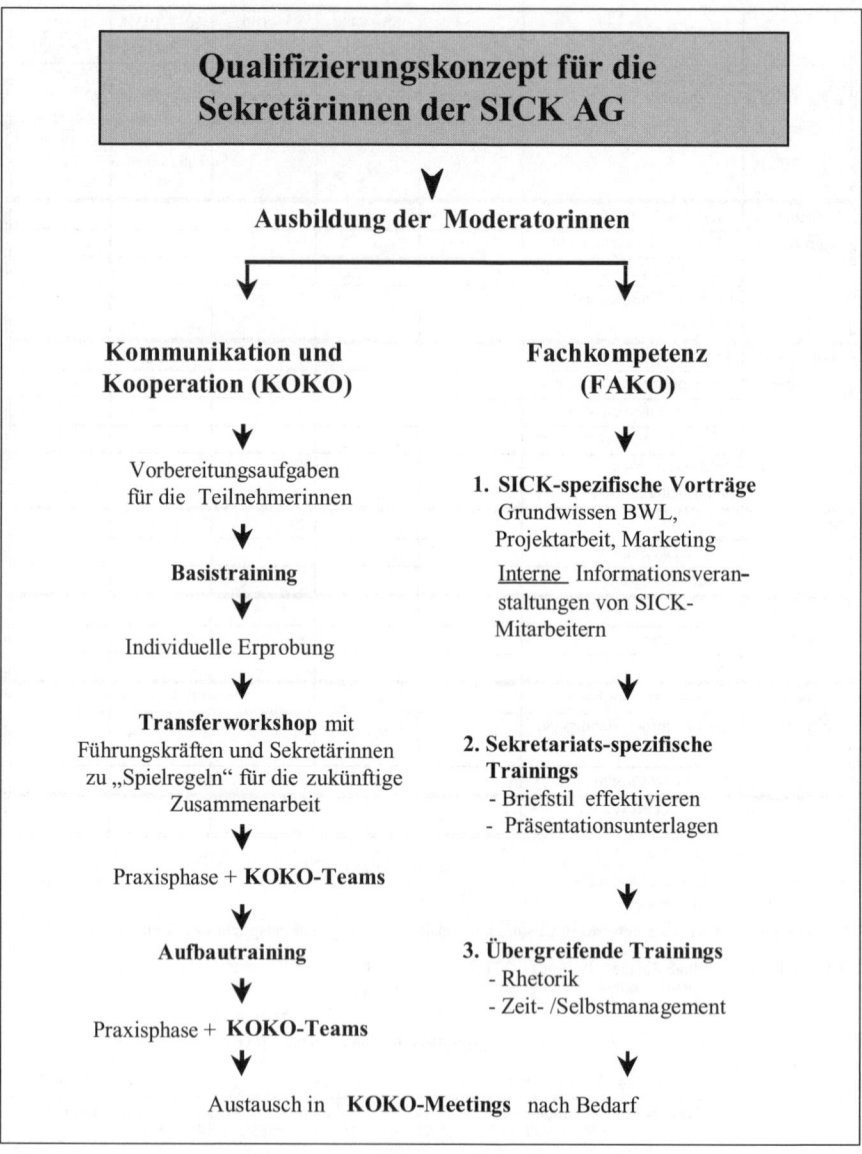

Abb. 7: Qualifizierungskonzept für die Sekretärinnen der Sick AG

8 SICK-Akademie - Aufbau und Angebot

Bedarfsorientierte Weiterbildung bei SICK – dass ist die Basis des Akademie-Angebotes. Im Rahmen der Mitarbeitergespräche wird eine Zielvereinbarung zwischen Führungskraft und Mitarbeiter/in zu fachlichen und überfachlichen Seminaren getroffen. Daraus ergeben sich die folgenden Akademieangebote:

Akademie 2000

Grundlagenkompetenz
Total Quality Management ♦ Grundlagen BWL ♦ Controlling bei SICK ♦ Planung bei SICK ♦ Neue Mitarbeiter

Fachkompetenz
EDV ♦ Sprachen ♦ Software-Technik ♦ Produktschulungen

Methodenkompetenz
Projektmanagement ♦ Rhetorik ♦ Moderatorentraining ♦ Lernen mit interaktiven Medien ♦ Besprechungen effektiv gestalten ♦ Präsentation in Aktion ♦ Das Lernen lernen

Soziale Kompetenz
Meisterqualifizierung ♦ Liniensprecherqualifizierung ♦ Konfliktmanagement ♦ Kundenorientierung ♦ Sekretärinnen

Persönliche Kompetenz
Führung bei SICK ♦ Potentialträger ♦ Train the Trainer für interne Trainer ♦ Zeit- und Selbstmanagement ♦ Rationale Problemlösungsmethoden ♦ Qualifikation für Ausbildungsbeauftragte

Zielgruppenorientierte Programme

Neue Mitarbeiter
Einführungsseminar ♦ Produktschulung für neue Mitarbeiter ♦ Feedback-Workshop

Potentialträger
Zukunftswerkstatt ♦ Feedback-Center ♦ Führungskräfte Programm

Führungskräfte (Pflichtbaustein über 2 Jahre)
Partnerschaftliche Führung bei SICK ♦ Mitarbeitergespräche führen ♦ Gespräche zur Leistungsbewertung führen ♦ Konfliktmanagement für Führungskräfte ♦ Total Quality Management ♦ Produkthaftung Risikomanagement ♦ Grundlagen der AG

Führungswissen VWL / BWL ◆ Betriebswirtschaftliches Planspiel ◆ Rhetorik für Führungskräfte ◆ Rechte und Pflichten der Führungskraft

Projektmanager
Grundlagen Projektmanagement ◆ MS-Projekt ◆ Produktentstehungsprozess für Lenkungsausschussmitglieder ◆ Produktentstehungsprozess für Projektleiter ◆ Produktentstehungsprozess für Projektmitglieder

Sekretärinnen
KOKO Basistraining ◆ KOKO Aufbautraining ◆ Den Briefstil effektivieren ◆ Präsentationsunterlagen erstellen ◆ Rhetorik für Sekretärinnen

9 Soziale Dienstleistungsaktivitäten

Familienfreundliche Personalpolitik ist heute wichtiger denn je. Selbstverständlich leisten wir auch hier unseren Beitrag für die Mitarbeit/innen der SICK AG. Beziehungswerte („Social Capital") gehören nicht nur wieder in das Repertoire ökonomischer Werte, sondern werden zum Nadelöhr (7). Vgl. auch das Beispiel in Abb. 8.

PC Schnupperkurse für Mitarbeiterkinder z.B.:

für 6-9-jährige
Spielend den PC erforschen ◆ Bilder zeichnen am PC ◆ Visitenkarten drucken am PC

für 10-13-jährige
Spielend den PC erforschen ◆ Mathe lernen am PC ◆ Visitenkarten gestalten und drucken am PC

für 14-17-jährige
Mathe lernen am PC ◆ Texte gestalten und drucken am PC ◆ Visitenkarten gestalten und drucken am PC

Arbeitskreis Sport z.B.:

- Motor Biking (eintägiges Sicherheitstraining
- Mountainbike (Fahrtechniktraining für Mountainbiker)
- Inline-Skating

Schlussbemerkung

„Wir müssen dass was wir denken, was wir sagen, auch tun. Und wir müssen das, was wir tun, dann auch sein." (Alfred Herrhausen)

SICK-Nikolausfeier 2000

Stadthalle Waldkirch
9. Dezember 2000 von 15.00 - 17.00 Uhr

für die Kinder der SICK-Mitarbeiterinnen und Mitarbeiter

Eröffnungsmusik	*Jingle Bells*	**BlueSonX**
Begrüßungsworte	*Herr Rudolf Kast*	
Instrumentalmusik	◇ **Son of Mr. Green Genes** ◇ **Mission impossible** ◇ **Big Rock** ◇ **Da Da Da**	**Kidsband XXL**
Freiburger Puppentheater	**Kasper´s neue Abenteuer**	
Gemeinsames Singen	◇ **Alle Jahre wieder** ◇ **Lasst uns froh und munter sein**	**BlueSonX**
Der Nikolaus kommt	**Er erzählt die Weihnachtsgeschichte**	
Gemeinsames Singen	◇ **Morgen kommt der Weihnachtsmann**	**BlueSonX**
Schlussworte	*Frau Sick-Glaser*	
Gemeinsames Singen	◇ **Leise rieselt der Schnee**	**BlueSonX**
	Die Nikolaustüten werden verteilt	
ca. 17.00 Uhr	*Ende der Veranstaltung*	

☆ ☆ ☆ ☆ ☆ ☆ ☆ ☆ ☆

Es spielen die Kidsband XXL der Freiburger Jazz- und Rockschule und die Band BlueSonX.

Abb. 8: Nikolausfeier für Mitarbeiterkinder

Anmerkungen

(1) *Baumann, H.:* DIE WELT, 05.08.2000, „So ködern sie die Besten", S. B1.

(2) SICK AG: Karriere Chancen Perspektiven, Stand 1999.

(3) *Batz, M.:* Erfolgreiches Personalmarketing, Heidelberg 1996, S. 112.

(4) *Batz, M.:* Erfolgreiches Personalmarketing, Heidelberg 1996, S. 21.

(5) *John, J./Österdiekhoff, C.:* HR Services 2/2000 Personalmarketing - unbekannte Größe", S. 27 ff.

(6) *Gentz, M.:* Schwerpunktthema „Arbeitszeitflexibilisierung" in: Personalführung 1/97, S. 1.

(7) pwu Personalsolution: Mitarbeiter - verzweifelt gesucht, Oktober 2000, S. 6.

Die interne Leistungsvereinbarung als Instrument einer kundenorientierten Personalarbeit

Wilhelm Schmeisser / Alois Clermont

Will die Personalabteilung zukünftig als eine wertschöpfende Einheit verstanden werden, ist es ihre strategische Aufgabe, als eigenständiges „Unternehmen im Unternehmen" selbstverantwortlich und erfolgsorientiert zu wirtschaften und Wettbewerbsvorteile für die internen Kunden aufzubauen. Dazu muss das Personalmanagement seine Dienstleistungen kunden- und strategiegerecht, in der nachgefragten Qualität und Zeit sowie zu den gleichen oder günstigeren Konditionen erbringen, wie dies externe Anbieter leisten. Als Instrument zur Organisation eines Marktes im Unternehmen bietet sich die interne Leistungsvereinbarung an.

Organisation der internen Leistungsvereinbarungen

Die Grundidee bei internen Leistungsvereinbarungen besteht darin, durch eine weitgehende Verselbständigung geeigneter Teilfunktionen Marktkräfte in das Unternehmen hereinzutragen und so das unternehmerische Denken im Betrieb zu fördern. Unter Leistungsvereinbarungen sind allgemein Vereinbarungen zwischen verschiedenen Organisationseinheiten eines Unternehmens zu verstehen, die den internen Austausch von Dienstleistungen regeln. Zu diesem Zweck werden in die internen Unternehmensbereiche Kunden- und Lieferantenbeziehungen eingeführt. Aufgrund der vielschichtigen und komplexen Beziehungen, die innerhalb eines Unternehmens bestehen, ist ihre Regelung in Form von Leistungsvereinbarungen unabdingbar. Sie können grundsätzlich zwischen allen Unternehmensbereichen und der Personalabteilung geschlossen werden.

Ziele von Leistungsvereinbarungen

Die Einführung interner Leistungsvereinbarungen dient letztendlich der Verbesserung der Unternehmensergebnisse. Konkret werden mit ihnen folgende **Ziele** verfolgt:

- Verbesserung der Kommunikation zwischen den Dienstleistungspartnern,
- Erhöhung der Unternehmensflexibilität in Hinblick auf Marktänderungen und
- Schaffung einer größeren Transparenz hinsichtlich Leistungserstellung und -verwendung; Die von den Leistungsnehmern nachgefragten und von den Leistungsgebern an-

gebotenen Leistungen sollen hinsichtlich Art, Umfang, Qualität und anderen Merkmalen sichtbar gemacht werden.

Aufgrund der erhöhten Transparenz will man zu einer Verbesserung der Kostenrechnung gelangen, bei der die Umlage der Gemeinkosten über Umrechnungsverfahren nicht mehr erforderlich ist. Zudem soll sich die vorhandene Kapazität an den tatsächlichen Unternehmensanforderungen orientieren und die Leistungsgeber sollen sich verstärkt als Dienstleister verstehen und den „Servicegedanken" verinnerlichen. Anhand des Erfüllungsgrades der internen Leistungsvereinbarungen wird eine erfolgsorientierte Bewertung der internen Dienstleister möglich. Damit wandeln sie sich von reinen Kostenstellen zu Profit Centern. Durch den Abschluss von Leistungsvereinbarungen werden alle Diskussionen der Unternehmensbereiche um als gerecht oder ungerecht empfundene Umlageverfahren der Gemeinkosten beendet.

Rahmenbedingungen für den Einsatz von Leistungsvereinbarungen

Der Einsatz von Leistungsvereinbarungen im Unternehmen wird von einer Reihe von Rahmenbedingungen bestimmt. Sie kennzeichnen das Umfeld, in dem die Dienstleister und ihre Kunden Vereinbarungen abschließen können. Dabei werden allgemeine und leistungsbezogene Faktoren sowie Leistungsmerkmale unterschieden.

Allgemeine Bestimmungsfaktoren

Die allgemeinen Bestimmungsfaktoren sind:

- Unternehmensgröße,
- Aufbauorganisation,
- Behandlung von Auslandsunternehmen und Joint Ventures,
- Leistungsspektrum des Unternehmens,
- Rechtliche Ausgestaltung der Dienstleister und Behandlung von Konzerntöchtern,
- Führungsphilosophie und Unternehmensleitbild und
- Vorhandene EDV-Ausstattung.

Unternehmensgröße

Da die Einführung von Leistungsvereinbarungen mit erheblichem Zeitaufwand und Kosten verbunden ist, sollte auf eine gewisse Mindestgröße der Unternehmen geachtet werden. Außerdem bestimmt die Unternehmensgröße die Komplexität der abzuschließenden Leistungsvereinbarungen.

Aufbauorganisation

Die Funktionsgliederung der Bereiche ist wichtig für die Bedeutung und den Umfang von Leistungsvereinbarungen. Sind Dienstleistungsbereiche direkt operativen Einheiten zugeordnet, haben die Leistungsvereinbarungen eine geringere Bedeutung als bei Unternehmen, bei denen Dienstleistungsbereiche für verschiedene Abnehmer tätig sind.

Behandlung von Auslandsunternehmen und Joint Ventures

Bei Unternehmen, die an verschiedenen Standorten tätig sind, muss feststehen, ob Leistungsvereinbarungen regional, national und/oder international Gültigkeit haben sollen. Wegen der unterschiedlichen Rechts- und Bilanzierungssysteme auf internationaler Ebene werden Leistungsvereinbarungen in der Regel auf nationale Bereiche beschränkt bleiben.

Leistungsspektrum des Unternehmens

Das Leistungsangebot des Unternehmens prägt die Tätigkeiten der internen Dienstleister zumindest teilweise.

Rechtliche Ausgestaltung der Dienstleister, Behandlung von Konzerntöchtern

Die Verhandlungen über und die Ausgestaltung von Leistungsvereinbarungen hängen von der rechtlichen Position der Beteiligten ab. Unterschiedliche Vorgehensweisen bei konzerninternen Abteilungen oder ausgelagerten selbständigen Einheiten verstehen sich von selbst.

Führungsphilosophie und Unternehmensleitbild

Die Ausgestaltung von Leistungsvereinbarungen muss sich nach der herrschenden Unternehmenskultur richten. Für ein stark hierarchisch und zentralisiertes Unternehmen kämen demnach Leistungsvereinbarungen kaum in Betracht, da sie einen Störfaktor darstellen würden.

Vorhandene EDV-Ausstattung

Die erforderliche Ist-Abrechnung von geschlossenen Leistungsvereinbarungen ist ohne ausreichende EDV-Unterstützung nicht durchführbar. Die vorhandene EDV bestimmt daher maßgeblich den Umfang von Leistungsvereinbarungen.

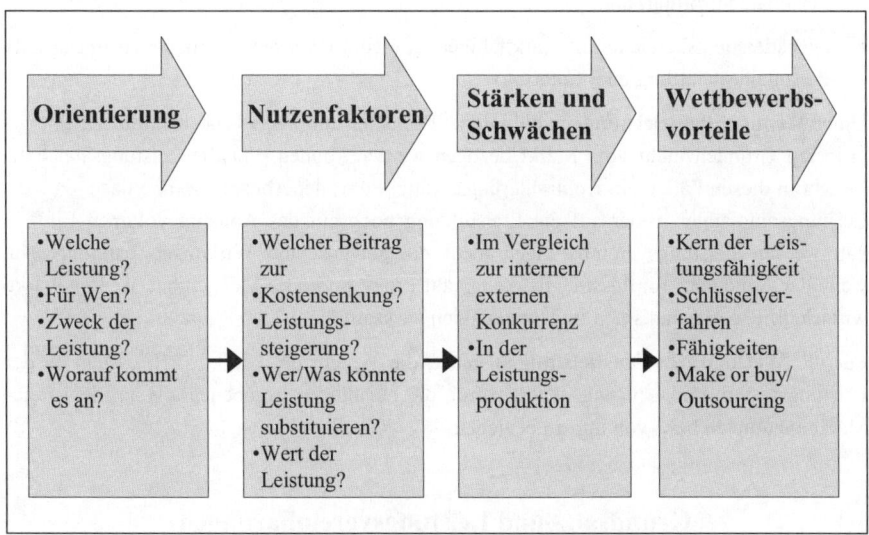

Abb. 1: Unternehmensinterner Markt des Personalwesens

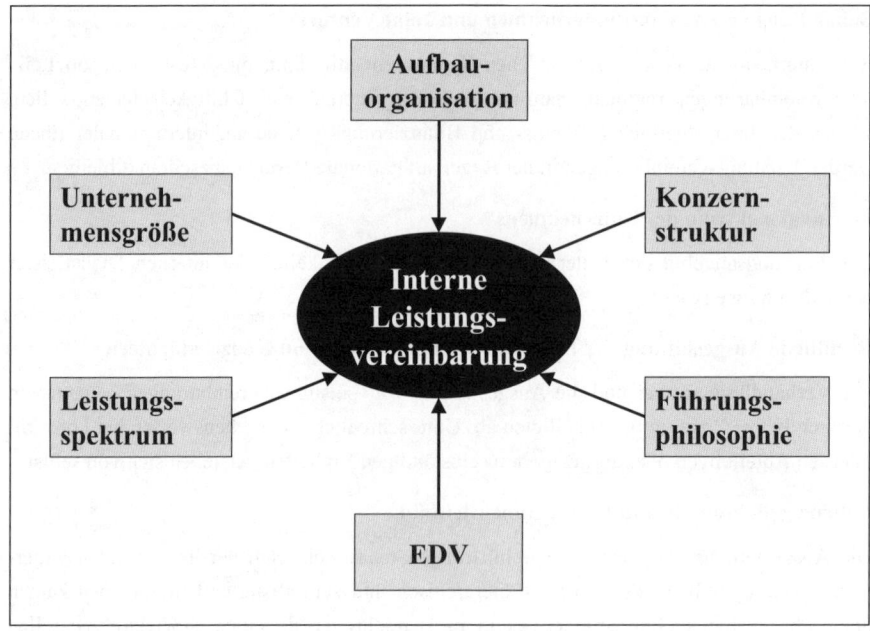

Abb. 2: Rahmenbedingungen beim Abschluss von Leistungsvereinbarungen

Leistungsbezogene Aspekte

Die **Dienstleistungen** im Unternehmen lassen sich einteilen in:

- zentrale Dienstleistungsbereiche mit Monopolangebot (Monopoldienstleistungen, z.B. Personalcontrolling) und

- Dienstleistungsbereiche mit marktfähigem Angebot (Wettbewerbsdienstleistungen, z.B. Personalbeschaffung oder Catering).

Unter **Monopoldienstleistungen** sind interne Dienstleistungen zu verstehen, die aus übergeordneten Gründen nicht vom Markt bezogen werden können. Für die Leistungsabnehmer besteht in diesen Fällen ein Kontrahierungszwang. Führt der Abnahmezwang dazu, dass der Leistungsempfänger weder auf die Preisbildung noch auf das Abnahmevolumen Einfluss hat, werden Leistungsvereinbarungen nicht die gewünschten Wirkungen entfalten. Nur wenn der Abnehmer Einflussmöglichkeiten auf Preise und/oder Mengen hat, werden marktwirtschaftliche Mechanismen im Unternehmen wirksam.

Für die **Wettbewerbsdienstleistungen** gelten die Regeln des Marktes. Hier steht es den Leistungsgebern und Leistungsnehmern frei, die Leistungen gegebenenfalls auf dem freien Markt anzubieten bzw. von ihm zu beziehen.

Grundsatz- und Leistungsvereinbarungen

Um den Abstimmungsaufwand zwischen Leistungsgeber und Leistungsnehmer so gering wie möglich zu halten, ist es sinnvoll, zwischen Grundsatzvereinbarungen und Leistungsvereinbarungen zu unterscheiden. Grundsatzvereinbarungen gelten für einen längeren Zeitraum und betreffen **allgemeine Aspekte** wie:

- Grundsätze der Zusammenarbeit. Welche Leistungen werden erbracht? Wie erfolgt die Abstimmung zwischen Leistungsabnehmer und Leistungsgeber?
- Rechte und Pflichten der Beteiligten.
- Umsetzung gesetzlicher Vorgaben und hausinterner Richtlinien.
- Festlegung einer Schiedsstelle bei Unklarheiten.
- Grundlagen für die Behandlung von Differenzen zwischen Leistungsangebot und Leistungsannahme.

Komponenten und Inhalte von Leistungsvereinbarungen

In Verbindung mit Leistungsvereinbarungen werden neben den Rahmenbedingungen drei weitere wesentliche Unterscheidungen hinsichtlich der Einordnung getroffen. Sie betreffen:

- Komponenten,
- Inhalte und
- Spielregeln.

Unter **Komponenten** versteht man diejenigen Aspekte, an die beim Einsatz von Leistungsvereinbarungen gedacht werden muss. Sie hängen maßgeblich von den bereits dargestellten Rahmenbedingungen ab und werden vielfach direkt von der Unternehmensleitung festgelegt.

Inhalte von Leistungsvereinbarungen sind die Summe aller Bestimmungen, die in Bezug auf die jeweilige Komponente gelten.

Im Gegensatz zu den Komponenten stellen die sogenannten **Spielregeln** eine Art Geschäftsordnung dar, die die Konzeption für den Einsatz von Leistungsvereinbarungen kennzeichnet. Es sind die Regeln, die für das Zusammenspiel von Leistungsgeber und Leistungsnehmer gelten und den Ablauf des Geschehens bestimmen. Die Komponenten und Spielregeln beeinflussen die Inhalte von Leistungsvereinbarungen. Vielfach haben Komponenten und Spielregeln die gleichen Inhalte.

Um die Rentabilität des Unternehmens zu steigern kann es sinnvoll sein, sowohl Leistungsanbietern als auch Leistungsabnehmern einen Marktzugang einzuräumen. Für die Leistungsgeber kann dies bedeuten, dass sie ihre Leistungen bei Unternehmensfremden ableisten. Die Leistungsempfänger können im Kehrschluss Leistungen von dritter Seite einkaufen.

Bei der **Entscheidung über einen Marktzugang** sind wichtige **Punkte** zu berücksichtigen:

- Eine Leistungsabgabe darf nur erfolgen, wenn Leerkapazitäten vorhanden sind.
- Durch den Markteintritt dürfen keine Unternehmensinteressen verletzt werden (z.B. Weitergabe von Kern-Know how).

- Bei dem Bezug von Dienstleistungen ist darauf zu achten, dass die im Unternehmen geltenden Qualitätsstandards beibehalten werden.
- Der Leistungsbezug von Unternehmensfremden darf nicht dazu führen, dass die internen Dienstleister „arbeitslos" werden, wobei starke Nachfrageverschiebungen hin zu externen Anbietern sehr wohl ein Zeichen für fehlende Effizienz des internen Dienstleisters ist, die es zu beheben gilt.

Die Ausführungen zeigen, dass durch einen Marktzugang starke Einflüsse in das Unternehmen getragen werden können, da sich die bisher autarken internen Dienstleister (Personalabteilung) direkt mit der Marktkonkurrenz messen müssen. Um die aufgezeigten Gefahren zu vermeiden, werden in der Praxis freie Marktzugänge die Ausnahme sein bzw. nur unter bestimmten Bedingungen zugelassen werden.

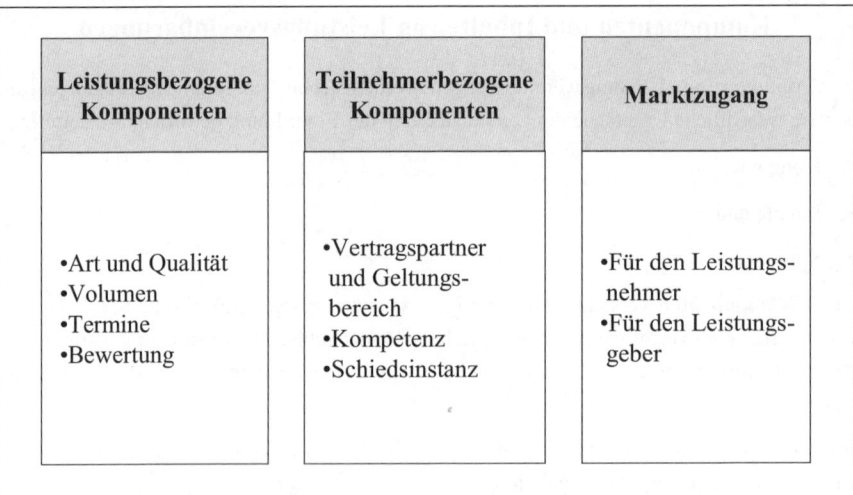

Abb. 3: Komponenten von Leistungsvereinbarungen

Management von Leistungsvereinbarungen

Das Management der Dienstleistungsvereinbarungen erfolgt in der betrieblichen Praxis durch die sogenannten **Spielregeln**. Durch sie soll der Umgang mit den Leistungsvereinbarungen bestimmt und die Wirkung sichergestellt werden. Wie bereits bei den Rahmenbedingungen angeführt, gilt grundsätzlich, dass die Regeln der Unternehmensphilosophie und -kultur entsprechen müssen, um die Akzeptanz und die Wirkung zu gewährleisten. Die Spielregeln bilden die Basis für die Verhandlungen zwischen den Beteiligten und sollen die Verhandlungen auf die wesentlichen Faktoren beschränken sowie ein „fair play" garantieren. Wie bei den Komponenten ist auch bei der Aufstellung der Spielregeln auf die Wirtschaftlichkeit zu achten. Eine Überreglementierung wäre kontraproduktiv, da dadurch die Verhandlungsspielräume eingeschränkt würden. Vielfach werden sich Spielregeln und die bereits dargestellten Komponenten überschneiden, wobei es aber auch Unterschiede geben kann.

Die formalen Spielregeln

Die formalen Spielregeln sollten bereits vor Beginn der Verhandlungen feststehen. Sie können folgende Aspekte betreffen:

Die Einordnung in die Leistungskategorien Monopoldienstleistung oder Wettbewerbsdienstleistung ist erforderlich, um unnötige Diskussionen zwischen den Verhandlungspartnern zu vermeiden. Sie wird im allgemeinen durch die Geschäftsführung vorgenommen.

Die Verhandlungen über die Leistungsvereinbarungen müssen in das **planerische und abrechnungstechnische Unternehmensumfeld** eingebunden werden. So sind beispielsweise zunächst die Verhandlungen zwischen Dienstleistungsbereichen zu führen, die untereinander Leistungen austauschen, da ihre Ergebnisse Auswirkungen auf die Verhandlungen mit den operativen Einheiten haben. Darüber hinaus müssen Regelungen getroffen werden, wie im Falle eines Verzuges vorzugehen ist.

Beim Geltungsbereich sind neben den Ausführungen zur Einbindung von Beteiligungen und Auslandsunternehmen Absprachen darüber erforderlich, ob es sich um individuelle Abschlüsse oder um Verhandlungsergebnisse mit Pilotcharakter für andere Leistungsvereinbarungen handelt.

Um den Kosten- und Zeitaufwand so gering wie möglich zu halten, sollten **Vereinfachungsregeln** aufgestellt werden. Sie bieten sich beispielsweise für folgende Aspekte an:

- Festlegung von Wert- und Volumengrenzen, um nicht für „Kleinigkeiten" den Prozess einer Leistungsvereinbarung in Gang zu setzen.
- Verwendung von Preis- und Bedarfslisten, sofern eine Einigung über die Preise vereinbart wurde.
- Verwendung von Mustervereinbarungen.
- Vereinbarungen über Indizierung und Preisgleitklauseln, um bei geringfügigen Änderungen ohne Zeitverzögerung reagieren zu können. Damit werden längerfristige Leistungsvereinbarungen ermöglicht.

Im Hinblick auf das **Inkrafttreten von Leistungsvereinbarungen** gibt es grundsätzlich **vier Varianten:**

(1) Inkrafttreten sofort nach Verhandlungsabschluss.

(2) Inkrafttreten zu einem einheitlichen Termin. Diese Verfahrensweise bietet sich insbesondere dann an, wenn das Instrument der Leistungsvereinbarung neu eingeführt wird.

(3) Die Wirksamkeit beginnt, sobald ein bestimmtes Ergebnis eingetreten ist, zum Beispiel die Zustimmung durch die Geschäftsleitung oder Installierung der erforderlichen EDV.

(4) Stufenweise Einführung der verschiedenen Regelungen.

Die **Gültigkeitsdauer** einer Leistungsvereinbarung wird regelmäßig mit der Abrechnungsperiode zusammenfallen. Ausnahmen sollen nur in begründeten Fällen zugelassen werden. Bei Monopoldienstleistungen erscheint eine automatische Prolongation der Leistungsvereinbarung sinnvoll, da Abnahmepflicht besteht. Bei Wettbewerbsleistungen sollte hingegen eine automatische Kündigung erfolgen, um in regelmäßigen Abständen eine Rückkopplung mit dem Markt vorzunehmen.

Eine **einheitliche Dokumentation** ist insbesondere für Streitfälle hilfreich, da dann Schiedsinstanzen auf gesicherter Basis entscheiden können. Eine gesetzliche Verpflichtung für eine bestimmte Form der Dokumentation besteht nicht.

Spielregeln für die Verhandlungen

Diese Spielregeln beziehen sich direkt auf die Verhandlungen und sie wirken direkt auf die **inhaltlichen Ausgestaltungen.** Im einzelnen geht es dabei um:

- **Marktzugang:** Bevor die inhaltlichen Aspekte ausdiskutiert werden können, ist die Frage des Marktzuganges zwingend zu klären. Abweichend von den Aussagen zu den Komponenten bleibt an dieser Stelle festzuhalten, dass sich ein Marktzugang auch auf die Einbeziehung von Konzernunternehmen beziehen kann.

- **Meistbegünstigungsklauseln:** Sie haben zur Folge, dass der günstigste Preis der am Markt beobachtet wird, für alle internen Anbieter und Abnehmer gilt. Dies führt zu einer umfangreichen Einführung von Marktsystemen im Unternehmen, da das Prinzip „gleiche Leistung – gleicher Preis" implementiert wird. Diesbezügliche Regelungen können aber nur dann einwandfrei funktionieren, wenn die externen Leistungen mit der internen Dienstleistung übereinstimmen. Bei Abweichungen müssen Preisdifferenzen zugelassen werden. Im Rahmen der Meistbegünstigung muss geregelt werden, auf welchen Märkten das geringste Angebot gesucht werden soll – regional, national oder international.

- **Kontrahierungszwang:** Wie bereits ausgeführt, besteht ein Kontrahierungszwang nur bei Monopoldienstleistungen. Gerade bei der Einführung von Leistungsvereinbarungen kann es aber sinnvoll sein, Abnahmezwänge für Basisleistungen und/oder für bestimmte Zeiträume einzuführen, um den Beteiligten eine gewisse Planungssicherheit zu geben.

- **Vetorecht:** Da Leistungsvereinbarungen im Dialog der beteiligten Unternehmensbereiche geschlossen werden, sind Vetorechte wohl nur in Ausnahmen zugelassen, um Entscheidungen nicht unnötig auf andere Kompetenzebenen zu verschieben. Grundsätzlich sind Vetorechte zu bejahen, wenn durch die Leistungsvereinbarung ein Unternehmensbereich benachteiligt wird oder übergeordnete Unternehmensinteressen betroffen sind. Daraus ergibt sich, dass eingesetzte Moderatoren und Schiedsinstanzen über Vetorechte verfügen sollten.

Spielregeln für Preise und Kosten

Die Preis- und Kostenregeln sind für das Unternehmen und die Unternehmensbereiche von entscheidender Bedeutung, da von ihnen die Ergebnisse im Sinne der Profit Center-Rechnung direkt beeinflusst werden. Um spätere Differenzen von Anfang an auszuschließen, müssen die **Spielregeln in der Praxis für** diesen Bereich am genauesten ausgeführt sein. Sie beziehen sich auf:

- die Bewertung der Leistungen,
- die Behandlungen von Differenzen zwischen Kosten- und Marktpreisen und
- die Risikoaufteilung.

Für die **Bewertung der Leistungen** gilt: Neben den bereits unter den Komponenten aufgeführten markt- und kostenorientierten Preisen besteht grundsätzlich die Möglichkeit, die Preise völlig frei auszuhandeln. Hier besteht zwar die Gefahr, dass Machtvorteile bei der Preisvereinbarung ausgenutzt werden könnten, die erwünschte Implementierung des Marktgedankens wird jedoch auf diese Weise am effektivsten sichergestellt. Da die freie Preisvereinbarung sicherlich den größten Aufwand verursacht, sollte man dieses Verfahren nur für längere Zeitspannen vereinbaren.

Im Rahmen der Verhandlungen muss eindeutig geklärt werden, wie auftretende positive und negative **Differenzen zwischen Markt- und Kostenpreisen** während der Gültigkeitsdauer der Leistungsvereinbarung auf Leistungsgeber und Leistungsnehmer aufgeteilt werden.

Die **Risiken** aufgrund von reinen Kostensteigerungen bei der „Produktion" der Dienstleistungen gehen zu Lasten des Leistungsgebers, da ihm die Kostenverantwortung obliegt. Der Leistungsnehmer sollte nur in begrenzten Fällen mit Kostensteigerungen belastet werden. Denkbar wären Gleitklauseln für Tarifsteigerungen und Sondervereinbarungen bei außergewöhnlichen Kosten, wie beispielsweise bei einem neuen Produkt, einem Sonderwunsch oder bei einmaligen Leistungen. Darüber hinaus müssen Regelungen zur Verrechnung remanenter Kosten vereinbart werden.

Zur **Abdeckung des Beschäftigungsrisikos** müssen ebenfalls Regelungen getroffen werden. Sie können beispielsweise vorsehen, dass

- bestellte Leistungen immer abzunehmen sind. Damit ist der Leistungsempfänger für eine absatzbezogene Bestellung verantwortlich.
- bestellte Leistungen immer zu liefern sind. Damit muss beim Leistungsgeber eine Abstimmung zwischen Bestellvolumen und Kapazität stattfinden.
- für Mehrleistungen vorab Sondervergütungen vereinbart werden müssen.
- der Leistungsgeber für eine Reservehaltung verantwortlich ist, um Chancen und Notfälle abzudecken.

Einbindung der Leistungsvereinbarung in den Unternehmensprozess

Wie aus den bisherigen Ausführungen deutlich wurde, können Leistungsvereinbarungen nur in den Unternehmensprozess integriert werden, wenn es keine Überschneidungen zwischen den **übergeordneten Interessen** des Unternehmens und den Inhalten der Leistungsvereinbarungen gibt. Übergeordnete Gemeininteressen können sich aus den verschiedensten Motivationen ergeben und sind nicht in jedem Fall für die einzelnen Abteilungen erkennbar. Die

Geschäftsleitung muss daher die Allgemeininteressen kommunizieren. Um Interessenskonflikte rechtzeitig zu entdecken, bietet es sich an, geschlossene Leistungsvereinbarungen informativ an die Geschäftsleitung oder eine gesondert benannte Abteilung, in der Regel das Controlling, weiterzuleiten. Damit der Marktgedanke wirklich gelebt werden kann und nicht diktiert werden muss, sind den eingebundenen Unternehmensbereichen die erforderlichen Freiheiten zum Abschluss von Leistungsvereinbarungen einzuräumen. Die Bereiche müssen durch Vertrauensbildung und Informationsweitergabe die Basis für faire Vereinbarungen schaffen. Nur eine ausreichende Transparenz ermöglicht die Zielerreichung. Wesentlicher Faktor ist, dass bei den Verhandlungen pragmatisch vorgegangen wird und sie nicht an untergeordneten Sachverhalten scheitern. Dabei müssen Teilaufgaben delegiert und Ergebnisse von Fachabteilungen akzeptiert werden.

Zusammenfassung

Dem Personalmanagement kommt im Unternehmen immer stärker die Rolle des internen Dienstleisters zu. Um diese Stellung gegenüber der Geschäftsleitung und den anderen Unternehmensbereichen zu dokumentieren, bieten sich interne Leistungsvereinbarungen an. Die Autoren skizzierten in dem vorliegenden Beitrag einen umfassenden Leitfaden zur Organisation, den Rahmenbedingungen, dem Verhandlungsprozess und den Komponenten entsprechender Verträge.

Das Internet als Instrument des Personalrecruiting

Matthias Dix / Astrid Witrahm

Einleitung

Das Internet hat in jüngster Vergangenheit als Instrument des Personalrecruiting massiv an Bedeutung gewonnen. Sowohl für Unternehmen als auch für Bewerber gilt es, einige Erfolgsvoraussetzungen bei der Nutzung dieses Mediums zu beachten, um aus dem starken Wettbewerb auf dem Arbeitsmarkt für Fach- und Führungskräfte nicht als Verlierer hervorzugehen. Der folgende Artikel untersucht das Nutzungspotenzial dieses neuen Recruiting-Instrumentes sowohl von Unternehmens- als auch von Bewerberseite und weist auf Chancen und Risiken hin.

1 Bedeutungszuwachs des Internet als Instrument des Personalrecruiting im Vergleich zu klassischen Recruitinginstrumenten

Die Konkurrenz der Unternehmen um qualifizierte, engagierte Mitarbeiter und Mitarbeiterinnen wird zunehmend härter. Insbesondere im Dienstleistungsbereich stellen die Human-Ressourcen einen entscheidenden Wettbewerbsfaktor dar. Vor diesem Hintergrund gewinnt der Einsatz schneller, progressiver Recruitingmedien zunehmend an Bedeutung. Als Konsequenz dieser Rahmenbedingungen hat das Internet in jüngster Vergangenheit massiv Einzug in deutsche Personalabteilungen gehalten. Es wird dabei zunächst als Ergänzung zu den traditionellen Recruitingmedien eingesetzt. Der Schwerpunkt des Interneteinsatzes liegt in Deutschland derzeit auf der Ausschreibung von Stellenangeboten in Unternehmenswebsites und in den gängigen Jobbörsen. Zusammen mit entsprechenden Unternehmensinformationen vermag eine Stellenanzeige im Internet im Vergleich zu Printmedien wesentlich zielgenauer potenzielle Bewerber anzusprechen. Die Hauptzielgruppen sind dabei Nachwuchskräfte und Young Professionals. Eine Befragung des Hamburger Marktforschungsunternehmens Fittkau und Maß bei 30.000 Internet-Nutzern ergab, dass 90% der Befragten das Internet als Weg der Stellensuche kennen; über die Hälfte davon nutzt ihn auch (1). Branchenbezogen lässt sich dabei ein eindeutiger Trend zu der IT-Branche feststellen. So sind 16% der Bewerber in der Datenbank einer beispielhaften Jobbörse IT-ler (2). Auf Unternehmensseite nutzen bereits 23% der Unternehmen häufig Online-Stellenanzeigen bei der Suche nach geeigneten Nachwuchskräften (3). Ungeachtet dieser Trends stellt die Anzeige in Printmedien nach wie vor das Recruitinginstrument Nummer eins dar. Dennoch lässt sich in den USA, dem Herkunftsland des Internet, bereits eine eindeutige Budgetverschiebung der Unternehmensrecruitingausgaben zu Gunsten des Internet feststellen. Eine Befragung im Jahre 1999 hat ergeben, dass die Recruitingausgaben für Stellenanzeigen in Printmedien zwar noch den größten Teil des Recruitments-Budgets darstellen, aber im Vergleich zu den Vorjahren um 20% zurückgegangen sind. Nutznießer dieser Entwicklung sind laut Expertenmeinung vor allem die Jobbörsen im Internet. Forrester Research schätzt, dass in den USA die Ausgaben für Online-Recruitment in den nächsten vier Jahren von derzeit ca. 100 Mill. Dollar auf 1,7 Milliarden Dollar steigen werden. Verlierer dieser massiven Umverteilung innerhalb bestehender Budgets sind u.a. Zeitungsverlage (4).

Eine ähnliche Tendenz lässt sich in Deutschland feststellen. Eine Studie des Staufenbiel-Verlages über die Personalrecruitingaktivitäten der Unternehmen für den Fach- und Führungsnachwuchs hat ergeben, dass die Insertion in überregionalen Zeitungen dabei nach wie vor an erster Stelle steht. An dritter Stelle rangiert jedoch bereits das Recruiting über die firmeneigene Internet-Homepage. Eine zusammenfassende Übersicht der Rankings stellt Abbildung 1 dar.

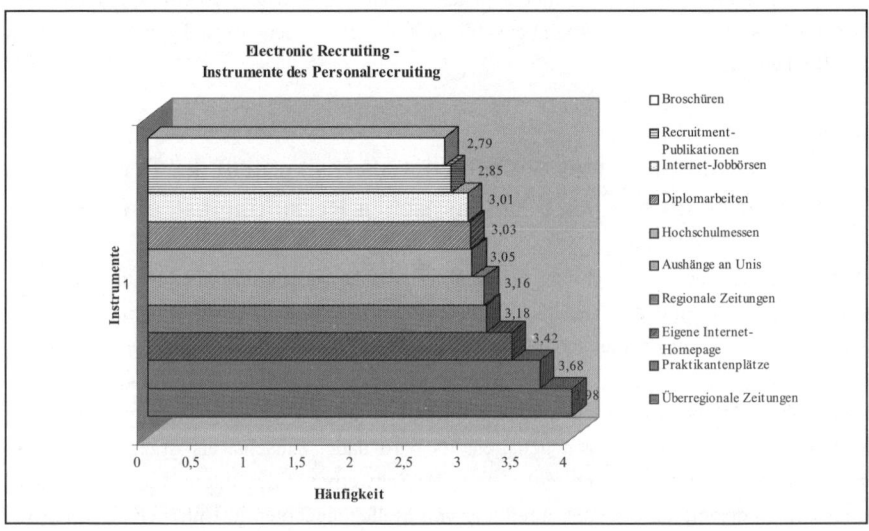

Abb. 1: Electronic Recruiting – Instrumente des Personalrecruiting (Quelle: Staufenbiel, „Personalmarketing für den Fach- und Führungsnachwuchs", 1999)

2 Das Internetrecruiting aus Sicht der Unternehmen

Angesichts eingangs beschriebener Tendenzen wird das Internet als Recruitinginstrument zukünftig von nahezu allen Unternehmen eingesetzt werden, die im Wettbewerb um die sogenannten High Potenzials nicht verlieren wollen. Um aus diesem Wettbewerb erfolgreich hervorzugehen, gilt es jedoch einige Voraussetzungen zu beachten, die im Folgenden näher beschrieben werden sollen.

2.1 Voraussetzungen für ein erfolgreiches Internetrecruiting

Die wichtigste Voraussetzung für ein erfolgreiches Internetrecruiting ist die Gestaltung der firmeneigenen Homepage. Bereits dort ist neben einschlägigen Unternehmensinformationen ein Hinweis auf die Rubrik „Jobs und Karriere" (oder ähnliche Bezeichnung) unabdingbar. Von dieser Stelle sollte der Leser durch eine benutzerfreundliche Navigation zu der gewünschten Rubrik gelangen können. Umfangreiche Bilddarstellungen verbunden mit langen Ladezeiten sind dabei unbedingt zu vermeiden. Statt dessen ist auf visuelle Attraktivität und klare, strukturierte Darstellung zu achten. Gemäß dem Grundsatz „Weniger ist oft mehr" trägt eine Informationsflut eher zur Verwirrung des Lesers bei. Je nach Unternehmensgröße empfiehlt sich die Teilung der Karriererubrik in Teilzielgruppen, z.B. Schüler, Hochschulabsolventen und Young Professionals. Im weiteren Verlauf können dann Aussagen zu Ausbildungsmöglichkeiten, Einsteigerprogrammen für Hochschulabsolventen oder Direkteinstiegsmöglichkeiten für Young Professionals gemacht werden. Letzteres entspricht einer unternehmenseigenen Jobbörse. Die Verbindung der unterschiedlichen Teilarbeitsmärkte durch Hyperlinks sollte selbstverständlich sein.

Damit sich der Bewerber ein umfassendes Bild von dem Unternehmen machen kann, sollten auf der Homepage auch Aussagen zur Unternehmenskultur sowie den Karriere- und Entwicklungsmöglichkeiten im Unternehmen nicht fehlen. Eine Verstärkung der Aussagekraft wird durch persönliche Statements von Unternehmensmitarbeitern erreicht. Die Thyssen-Krupp Information Services GmbH (TKIS) ist dazu übergegangen, für jeden Teilarbeitsmarkt ein entsprechendes Mitarbeiterstatement in den Internetauftritt einzubauen und auf diese Weise verschiedene Karriereverläufe in dem Unternehmen darzustellen. Erfahrungsgemäß ist die Bereitschaft der Mitarbeiterinnen und Mitarbeiter, sich für eine derartige Aufgabe zur Verfügung zu stellen, recht groß.

Die Redaktion für die Karriererubrik des Internetauftritts sollte idealerweise im Personalbereich liegen. Die ausführende Person benötigt allerdings einen sehr guten Überblick über Arbeitsabläufe im Unternehmen. Nicht zu unterschätzen ist dabei auch der Pflegeaufwand dieser Rubrik. Nichts ist letztendlich peinlicher, als veraltete Stellenanzeigen oder Unternehmensinformationen im modernen Medium „Internet" zu platzieren.

Ist das Konzept für den Internetauftritt soweit umgesetzt, besteht eine weitere wichtige Aufgabe darin, die unternehmenseigene Internetadresse zu publizieren. Als Kommunikationswege der Webadresse bieten sich dabei alle unternehmenseigenen Printunterlagen, Stellenanzeigen, Videos, Messestände sowie die Registrierung in entsprechenden Suchmaschinen und allen gängigen Jobbörsen an. Nur durch eine umfangreiche Kommunikation kann mit hohen Zugriffszahlen auf die Internetrubrik gerechnet werden. Um auch eine Erfolgskontrolle des Internetauftritts zu ermöglichen, sollte eine detaillierte Zugriffsstatistik automatisch erstellt werden. Eine weitere nicht zu unterschätzende Erfolgsvoraussetzung sind interaktive Komponenten, wie z.B. Feedbackmöglichkeiten für die Benutzer. Will das Unternehmen die Internetnutzer regelmäßig auf die firmeneigene Homepage locken, so sollten die Seiten auch öfter etwas Neues anbieten, wie z.B. Bewerbungstipps, Gewinnspiele.

Eine abschließende zusammenfassende Übersicht der wichtigsten Erfolgsvoraussetzungen für ein gelungenes Internetrecruiting mittels unternehmenseigener Homepage verdeutlicht Abbildung 2.

Erfolgsvoraussetzungen für das Internetrecruiting
• Attraktive Homepage • Benutzerfreundliche Navigation • Ansprechendes Screening • Strukturierte Informationen • Darstellung von Karriere- und Entwicklungsmöglichkeiten • Publizierung von Stellenausschreibungen • Emotionalisierung durch persönliche Statements • Interaktive Komponenten • Hyperlinks zu anderen Unternehmensinternetseiten sowie zu allen gängigen Jobbörsen und Suchmaschinen • Detaillierte Zugriffszahlenstatistik

Abb. 2: Erfolgsvoraussetzungen für das Internetrecruiting mittels unternehmenseigener Homepage

2.2 Nutzungspotenziale des Internet als Recruitinginstrument

Neben der firmeneigenen Homepage und den zuvor beschriebenen Erfolgsvoraussetzungen bietet das Internet noch einige weitere Nutzungspotenziale für das Recruiting. So lassen sich Stellenanzeigen nicht nur auf der firmeneigenen Homepage publizieren, sondern auch in kommerziellen Internet-Jobbörsen. Diesbezüglich kann in allgemeine Stellenbörsen, die sämtliche Berufssparten abdecken und vertikale Jobbörsen, die sich auf eine bestimmte Branche spezialisieren, unterschieden werden. Allein in Deutschland gibt es bereits über 70 Jobbörsen. Zu den bekanntesten zählen Jobs & Adverts, Jobware, Careernet und einige andere mehr. Da immer mehr Anbieter auf den Markt drängen, ist es nicht ganz einfach, eine gute Jobbörse ausfindig zu machen. Teilweise bestehen große Unterschiede hinsichtlich Professionalität, Seriosität und Service. Als Auswahlkriterien für eine gute Jobbörse können z.B. folgende Faktoren dienen: Anzahl und Aktualität der Stellenofferten, Bekanntheit und Kosten. Als weiteres wichtiges Kriterium hat sich für die TKIS in der Praxis auch die Qualität der Zusammenarbeit erwiesen.

Zur zielgruppengerechten Ansprache werden die aufgegebenen Offerten durch die Jobbörsen-Anbieter meist nach Berufsfeldern, Firmen, Regionen, und Datum kategorisiert. In der Regel werden auch eine E-Mail-Kommunikation zwischen den Beteiligten, die Erstellung der Anzeige sowie eine Protokollierung der Zugriffszahlen zur Bewertung des Anzeigenerfolges angeboten.

Eine weitere interessante Alternative für die Publizierung von Stellenanzeigen im Web sind Newsgroups. Diese sind im Gegensatz zu den vorab beschriebenen Jobbörsen eher national orientiert und sind auch weniger populär. Ein wesentlicher Vorteil besteht allerdings darin, dass die Stellenofferten dort kostenlos veröffentlicht werden können, wenn auch mit gestalterischen Einschränkungen.

Generell sollte bei allen beschriebenen Platzierungswegen von Stellenausschreibungen im Web die Möglichkeit der Online-Bewerbung gegeben sein. Hilfreich bei der Online-Bewerbung ist ein vorgegebenes standardisiertes Bewerbungsformular, in dem alle notwendigen Informationen vom Bewerber erfragt werden. Nach Erhalt der Online-Bewerbung empfiehlt sich eine elektronische Eingangsbestätigung an den Bewerber.

Neben der aktiven Platzierung von Stellenangeboten im Web besteht auch im Zugriff auf Bewerberdatenbanken von Jobbörsen oder auf sogenannte Bewerberhomepages eine Möglichkeit, geeignete Kandidaten zur Besetzung von aktuellen Vakanzen via Internet ausfindig zu machen. Die letztgenannte Alternative empfiehlt sich vorwiegend beim Recruiting von Hochschulabsolventen, da Universitäten und Business Schools ihren Studenten vielfach die Möglichkeit bieten, ihre eigene Homepage kostenlos auf dem universitätseigenen Server zu platzieren.

Eine zusammenfassende Übersicht über den Nutzungsgrad der Neuen Medien im Electronic Recruiting zeigt das Ergebnis einer Studie des Staufenbiel-Verlages in Abbildung 3. Dabei bildet die firmeneigene Homepage den Spitzenreiter gefolgt von der Insertion in elektronischen Jobbörsen.

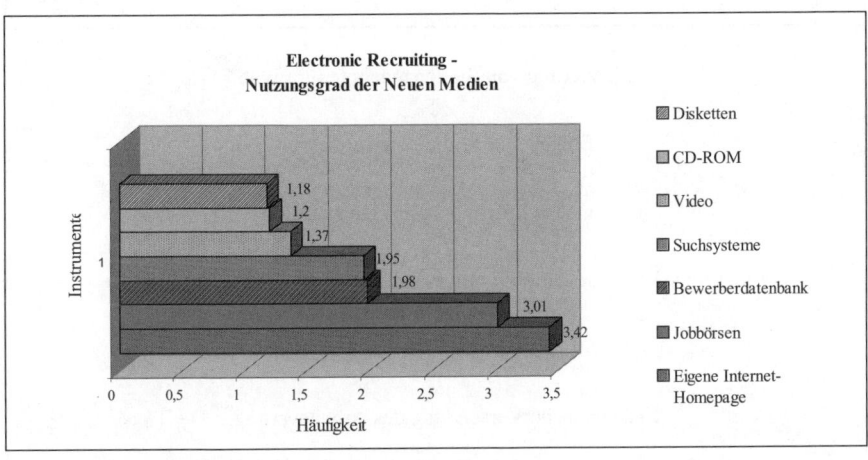

Abb. 3: Electronic-Recruiting – Nutzungsgrad der Neuen Medien (Quelle: Staufenbiel, „Personalmarketing für den Fach- und Führungsnachwuchs", 1999)

Im weiteren Verlauf des Recrutingprozesses kann das Internet je nach Differenziertheit der Ausgestaltung auch der elektronischen Vorselektion von Bewerbern dienen. So führt Texas Instruments via Internet einen sogenannten „Culture-Fit" durch. Anhand gezielt eingesetzter Fragen kann der Bewerber im Vorfeld feststellen, ob er zur Kultur des Unternehmens passt. Diese Tendenz zum „Applicant-Self Service" hat an dieser Stelle jedoch sicherlich ihre Grenzen erreicht und ist in ihrer Aussagekraft strittig.

In weiterer Ausdifferenzierung lassen sich via Internet Online-Tests oder ganze Assessment-Center durchführen. In einem virtuellen Team sind dabei Projektaufgaben zu lösen, wobei als Hauptkommunikationsmedium das Internet eingesetzt wird. Die auf diesem Wege prüfbaren Kriterien beziehen sich jedoch nahezu ausschließlich auf „hard skills", das Vorhandensein sogenannter „soft skills", wie z.B. sozialer Kompetenz, lässt sich auf diesem Wege nicht feststellen.

Im weiteren Recruitingverlauf ist das Führen des Vorstellungsgespräches per Videokonferenz oder per Web-Cam bei Bereitschaft beider Parteien realisierbar. Diese Möglichkeit kann insbesondere bei großen räumlichen Entfernungen zwischen Unternehmenssitz und Wohnort des Bewerbers eine interessante Alternative für beide Seiten sein. Voraussetzung ist natürlich das Vorhandensein der entsprechenden technischen Infrastruktur.

Auch der letzte Schritt des Recruitingprozesses, nämlich die Übersendung des Arbeitsvertrages kann per Internet erfolgen, wenn auch an dieser Stelle das Problem der kostenintensiven digitalen Signaturmöglichkeit auf Bewerberseite noch nicht hinreichend gelöst ist. Eine zusammenfassende Darstellung des gesamten Recruitment-Workflow via Internet zeigt Abbildung 4 (5).

Vollständiger Recruiting-Workflow via Internet

Platzierung von Stellenangeboten im Web
⇓
Eingehende Online-Bewerbungen
⇓
Elektronische Eingangsbestätigung an Bewerber
⇓
Elektronische Vorselektion (Online-Tests, Online-Assessment-Center)
⇓
Vorstellungsgespräch via Web-Cam
⇓
Elektronische Versendung des Arbeitsvertrages

Abb. 4: Vollständiger Recruiting-Workflow via Internet

Abschließend lässt sich feststellen, dass der gesamte Recruiting-Workflow via Internet abgebildet werden kann, obgleich an einigen Stellen aufgrund zu hoher Voraussetzungen an die technische Infrastruktur vor allem an die Bewerberseite derzeit Medienbrüche noch häufig sind.

Der vorab beschriebene Recruiting-Workflow zeigte unmittelbar im Zusammenhang mit der Besetzung von aktuellen Vakanzen stehende Nutzungspotenziale des Internet im Recruitment auf. Die im Folgenden dargestellten Alternativen stellen im Gegensatz zu den unmittelbaren Nutzungspotenzialen eher mittelbare Nutzungspotenziale dar, die eine ganzheitliche Personalmarketingstrategie abrunden.

In diesem Zusammenhang können verwandte Websites, die in enger Beziehung zur gesuchten Zielgruppe stehen, wie z.B. die Homepages von Universitäten, für das Recruiting von großem Interesse sein. Diese Seiten werden täglich von vielen Studenten genutzt und die Platzierung eines Firmenlogos z.B. auch in Form von Bannerwerbung, an dieser Stelle bietet sich geradezu an, um bei dieser Zielgruppe stets präsent zu sein.

Bei einer offensiven Recruitingstrategie besteht die Möglichkeit, Directmails an potenzielle Absolventen via Internet zu versenden und auf diesem Wege auf sich selbst als attraktiven Arbeitgeber aufmerksam zu machen. Die Mailadressen der Studenten sind teilweise über die Universitäten erhältlich. Ob eine derartige Offensivstrategie allerdings mittelfristig zu einem positiven Arbeitgeber-Image beiträgt, bleibt fraglich.

Last but not least kann als weiteres Nutzungspotenzial des Internet für das Recruiting auch die Beteiligung an Chats genannt werden. Von einigen Jobbörsen-Anbietern werden derartige Chats veranstaltet, um potenziellen Bewerbern und Arbeitgebern eine virtuelle Kommunikation zu ermöglichen.

Eine zusammenfassende Übersicht über mittelbare und unmittelbare Nutzungspotenziale des Internet als Recruitinginstrument stellt Abbildung 5 dar.

Unmittelbare Nutzungspotenziale	Mittelbare Nutzungspotenziale
• Platzierung von Stellenausschreibungen im Netz (firmeneigene Homepage, Internet-Jobbörse, Newsgroups) • Zugriff auf Bewerberdatenbanken, Bewerberhomepages • Online-Bewerbungen • Elektronische Vorselektion • Vorstellungsgespräch via Web-Cam • Elektronische Versendung des Arbeitsvertrages	• Verwandte Websites • Directmails • Chats

Abb. 5: Nutzungspotenziale des Internet als Recruitinginstrument

3 Das Internet als Bewerbungsinstrument

Im Folgenden werden die in Kapitel 2 beschriebenen Potenziale des Internet aus Sicht der Bewerber bei der Stellensuche untersucht. Diese Betrachtungsperspektive wird leider bisher in den einschlägigen Publikationen zu dieser Thematik viel zu wenig beachtet. Dennoch setzt der Bedeutungszuwachs des Internet als Recruitinginstrument auch für die Bewerberseite das eindeutige Signal, sich zukünftig auf diese Form der Stellensuche einstellen zu müssen. Das regelmäßige Lesen der einschlägigen Printmedien wird in Zukunft nicht mehr ausreichen, um das Angebot interessanter Stellen umfassend zu prüfen. Dies gilt insbesondere für Fach- und Führungspositionen und dies noch einmal mehr in der IT-Branche.

Diese Entwicklung setzt beim Bewerber zum einen technische Kenntnisse und zum anderen den Besitz bzw. die Nutzungsmöglichkeit einer entsprechenden technischen Infrastruktur voraus. Die Verfügung über einen eigenen Internetzugang wird in Zukunft zur Selbstverständlichkeit werden.

3.1 Voraussetzungen für eine erfolgreiche Online-Bewerbung

Die Online-Bewerbung stellt quasi die Antwort des Bewerbers auf eine Stellenanzeige im Internet entweder auf einer Firmenhomepage oder in einer Jobbörse dar. Existiert für die betreffende Stelle kein standardisiertes Online-Bewerbungsformular, stehen dem Bewerber jedwede Gestaltungsmöglichkeiten offen. Eine Präsentation der eigenen Person auf höchstem technischen Standard mit gut lesbar eingescannten Qualifikationsnachweisen und einem Bewerbungsfoto bilden dabei die Basis des Erfolgs. Unbedingt zu achten ist auf die Vollständigkeit der Bewerbung. In der Praxis wird bei Online-Bewerbungen vielfach die Erfahrung gemacht, wichtige Informationen nachfordern zu müssen. Damit wird die signalisierte Progressivität des Bewerbungsweges durch eine unvollständige Gestaltung wieder zunichte gemacht. Die Kriterien für die textliche Aufmachung einer Online-Bewerbung unterscheiden sich hierbei nicht von denen der traditionellen Bewerbung.

Falls vorhanden, kann in der Bewerbung ein Hinweis auf die bewerbereigene Homepage gegeben werden. Insbesondere in der IT-Branche warten die Bewerber immer wieder mit technischen Raffinessen auf. An dieser Stelle ist jedoch Vorsicht geboten. Auch hier gilt der Grundsatz „Weniger ist oft mehr" und es sollte auf jeden Fall eine positions- und adressatengerechte Gestaltung der Bewerbung vorgenommen werden. Vor allem Unternehmen aus der sogenannten „Old Economy" sind in der Regel weniger „technicmindet".

Existiert für die betreffende Position ein standardisiertes Online-Bewerbungsformular, sollte der Bewerber alle geforderten Informationen angeben. Die abgefragten Kriterien dienen in der Regel der Vorselektion und das Auslassen einiger Rubriken kann dazu führen, dass die Bewerbung als uninteressant zurückgewiesen wird. Sowohl Anbieter von Jobbörsen als auch die Unternehmen operieren mit derartigen Online-Bewerbungsformularen, weil auf diesem Wege die gewünschten Informationen abgefordert werden. Die meisten der Unternehmen ziehen die Online-Bewerbung jedoch nur für die aktuell zu besetzende Position ins Kalkül. Die Speicherung in einer Datenbank erfolgt nicht. An dieser Stelle will der ThyssenKrupp Konzern neue Wege gehen. Geplant ist der Aufbau einer konzerneigenen Bewerberdatenbank, in die alle online eingehenden Bewerbungen gespeichert und auf elektronischem Wege allen Konzerngesellschaften zur Verfügung gestellt werden. Damit erhöht sich für den einzelnen Bewerber die Chance, eine Position zu finden, in beträchtlichem Maße. Diese Entwicklung wird zukünftig sicherlich in vielen Großunternehmen Einzug halten. Das hat für den Bewerber die Konsequenz, dass eine einmal abgesendete Bewerbung viele Personalchefs erreicht und durch die Speicherung in einer Datenbank eine gewisse Langlebigkeit erhält. Für den Bewerber bedeutet dies noch einmal mehr, größte Sorgfalt bei der Gestaltung der Unterlagen walten zu lassen.

3.2 Nutzungspotenziale des Internet als Bewerbungsinstrument

Auch dem Bewerber bietet das Internet bei der Stellensuche einige unmittelbare und mittelbare Nutzungspotenziale. Als unmittelbares Nutzungspotenzial lässt sich die in Kapitel 3.1 beschriebene Online-Bewerbung auf eine aktuelle Vakanz anführen. Dabei kann der Bewerbungsadressat zum einen das betreffende Unternehmen und zum anderen ein Internet-Jobbörsenanbieter oder ein Personalberater sein.

Genau wie für die Unternehmensseite gibt es für die Bewerber jedoch auch einige mittelbare Nutzungsmöglichkeiten der neuen Technik, die sich auf keine konkrete Zielposition beziehen. Hier lässt sich zunächst der Eintrag des eigenen Werdeganges in die Datenbank einer Internet-Jobbörse anführen. Dieser ist für den Bewerber kostenlos. Vielfach werden darüber hinaus noch zusätzliche „Bonbons" angeboten, um den Bewerber zum Hinterlassen seiner Daten zu motivieren. Neben einer umfangreichen Bewerberdatenbank haben diese „E-Cruiter", wie die Anbieter auch bezeichnet werden, eine umfangreiche Stellendatenbank. Mittels einer „Matching-Maschine", das ist ein Programm, welches Profile und Offerten abgleicht, soll das sogenannte „Data-Mining" erreicht werden. Dieser elektronische Anforderungs-Profil-Abgleich steckt jedoch noch in den Kinderschuhen. Auch beim Eintrag in die Jobbörse eines E-Cruiters ist die Bewerbung durch eine gewisse Langlebigkeit gekennzeichnet und ermöglicht dem Bewerber, mit relativ geringem Aufwand permanent einem Stellenabgleich unterzogen zu werden.

Als weitere mittelbare Nutzungsmöglichkeit lässt sich die Gestaltung einer eigenen Bewerberhomepage nennen, die idealerweise auf dem Universitätsserver platziert werden sollte. Damit erhöht sich die Wahrscheinlichkeit, dass interessante, potenzielle Arbeitgeber diese erreichen.

Bei Vorhandensein einer eigenen E-mailadresse kann der Bewerber Empfänger von sogenannten Directmails werden, die von einigen Unternehmen zu Rekrutierungszwecken versendet werden. Die beiden letztgenannten Nutzungspotenziale beziehen sich jedoch schwerpunktmäßig auf Absolventen.

Allen Bewerbergruppen hingegen empfiehlt sich die Teilnahme an Chats. Diese können zum einen Karriere- und Bewerbertipps vermitteln, zum anderen aber auch zum Erfahrungsaustausch dienen. Somit lässt sich feststellen, dass das Internet auch für die Bewerberseite vielseitige Facetten für ein ganzheitliches „Eigenmarketing" anbietet.

4 Chancen und Risiken des Internetrecruiting in der Praxis

Nachdem die Erfolgsvoraussetzungen und Nutzungspotenziale des Internet als Recruitinginstrument nun hinreichend von Unternehmens- und von Bewerberseite untersucht worden sind, soll im Folgenden auf die Chancen und Risiken dieses Instrumentes im Recruitingbereich aus der Unternehmensperspektive eingegangen werden.

Den Unternehmen bietet das Internet im Recruiting zunächst die Chance einer erheblichen Zeit- und Kostenersparnis. Der erstgenannte Aspekt kann im Kampf um die sogenannten High Potenzials zum entscheidenden Kriterium werden. Durch den Einsatz des Internet lassen sich unternehmensinterne Bewerbungsbearbeitungsprozesse erheblich beschleunigen. Eine Papierflut an Bewerbungen wird entbehrlich, da diese in digitaler Form vorliegen. Die Kommunikation zwischen Personal- und Fachabteilung sowie zwischen Bewerber und Personalabteilung benötigt nur noch einen Bruchteil der Zeit. Einhergehend mit dem Zeitvorteil ergibt sich auch die Kostenersparnis. Umfangreiche kostenintensive Bearbeitungsprozesse entfallen.

Für Unternehmen bietet das Internet darüber hinaus die Chance einer kontinuierlichen Imagepflege, da in keinem anderen Medium permanent so viele aktuelle Informationen für potenzielle Bewerber zu vergleichbaren Kostenverhältnissen bereitgestellt werden können.

In der derzeitigen Etablierungsphase dieses Mediums in Deutschland können Unternehmen mit ihrer Präsenz auch noch eine gewisse Innovationsfähigkeit demonstrieren. Diese Chance wird allerdings im weiteren Zeitablauf und mit zunehmender Etablierung abnehmen.

Darüber hinaus haben Untersuchungen ergeben, dass Internetnutzer derzeit noch die Bevölkerungsgruppe mit dem höchsten Bildungsstand darstellen. Dieser Fakt wird durch die Aussage von Personalchefs in einer Studie der Zeitschrift IT-Services manifestiert, nach der 55% der Befragten die Qualität der Online-Bewerber für höher halten, als die von Bewerbern über Printmedien (6).

Im Zuge der Globalisierung bietet das Internet derzeit als einziges Instrument die Chance eines weltweiten Recruiting. Das Global Sourcing von Human Ressourcen wird damit Realität auf der Suche nach internationalem Fach- und Führungspersonal.

Nicht unerwähnt bleiben dürfen jedoch auch die Risiken des Internet im Recruiting. Um eine reibungslose Kommunikation zwischen potenziellem Bewerber und Unternehmen zu gewährleisten, ist eine absolut ausfallsichere Betriebssicherheit unabdingbar. Interessenten, die beim Aufruf einer Unternehmenshomepage oder bei dem zeitintensiven Ausfüllen eines Online-Bewerbungsformulars einen technischen Absturz erleben, werden sich sicherlich nicht so schnell wieder auf dieser Unternehmensseite einfinden. Bei der Zulassung von Online-Bewerbungen erfolgt ein elektronisches Handling von personengeschützten Daten. An dieser Stelle ist höchsten Anforderungen des Datenschutzes zu genügen und ein Höchstmaß an technischer Sicherheit zu gewährleisten. Kein Unternehmen sollte Online-Bewerbungen zulassen, bevor diese Faktoren nicht absolut sichergestellt sind.

Paradoxerweise steht der bereits zitierten Möglichkeit des Global Sourcing einerseits auch die relativ geringe Reichweite des Mediums Internet in Deutschland gegenüber. Hierzulande besitzt noch längst nicht jeder Haushalt einen eigenen Internetzugang, so dass an dieser Stelle auch mit großen Streuverlusten gerechnet werden muss.

Schlussendlich ist auf die große Informationsfülle zu verweisen, die über das Internet erfolgt und gleichzeitig eine gewisse Unübersichtlichkeit für die Unternehmen einerseits und für die Bewerber andererseits mit sich bringt. Eine zusammenfassende Übersicht über Chancen und Risiken des Internet als Recruitinginstrument stellt Abbildung 6 dar.

Chancen	Risiken
• Zeit- und Kostenersparnis • kontinuierliche Imagepflege • hohe Informationsaktualität • Demonstration von Innovationsfähigkeit • Global Sourcing	• Ausfallsichere Betriebssicherheit • Höchstanforderungen an technische Sicherheit • begrenzte Reichweite • große Unübersichtlichkeit

Abb. 6: Chancen und Risiken des Internetrecruiting

Wie Abbildung 6 eindeutig zeigt, bestehen unter Voraussetzung der erforderlichen technischen Standards bei der Internetnutzung im Recruitingbereich eindeutig mehr Chancen als Risiken.

5 Fazit

Die dargestellten Fakten lassen eine gravierende Bedeutungszunahme des Internet im Recruitingbereich der Unternehmen als sicher erscheinen. Dennoch wird es im Vergleich zu derzeitigen Nutzungsgewohnheiten zu Verschiebungen kommen (7): So wird das aktive Sourcing nach geeigneten Kandidaten analog zu den USA erheblich zunehmen und gleichberechtigt neben den Ausschreibungen von Stellenanzeigen in Printmedien stehen. Zunehmender Zeit- und Kostendruck sowie verstärkter Wettbewerb um High Potentials werden zur Entwicklung von professionelleren Softwarelösungen im Bereich Online-Bewerbung führen. Dabei wird gleichzeitig auch die elektronische Vorselektion vereinfacht. Diese Entwicklung zu sogenannten „HR-Portalen" mit vollständigem Recruitment-Workflow wird die Zukunft des Internetrecruiting determinieren. Traditionelle Recruitingmedien werden an Bedeutung verlieren; in Groß- und Hightech-Unternehmen wird sich das Internet zum bedeutendsten Recruitingmedium entwickeln. Die professionelle Nutzung des Internet stellt auch neue Anforderungen an die unternehmensinterne Personalbeschaffung. Sie wird die Bedeutung der Personalbeschaffung für den Erfolg von Groß- und Hightech-Unternehmen steigern. Die dargestellten Szenarien werden in ihrer Realisierung jedoch nur soweit zum Zuge kommen, wie die einzelnen Unternehmen ihre gesamte Personalstrategie erweitern. Traditionelle interne Prozesse und Strukturen gilt es zu hinterfragen. Der Internetauftritt des Personalbereichs stellt ein Spiegelbild der gesamten Personalpolitik dar mit neuen Maßstäben an die interne und externe Kommunikation. Dabei darf der Internetauftritt jedoch keine Insellösung bleiben. Voraussetzung für einen Gesamterfolg ist, dass der Umgang mit den neuen Medien fester Bestandteil der Unternehmenskultur wird.

Summary

Internet Recruiting is developing at a rapid pace. For many companies the web plays a key role in personnel marketing and recruiting as well as in information and communication. This development has for consequence that also for applicants the way of application is changing. In the future it will not be sufficient, to read the common newspapers. In order to get a good job applicants will have to use the Internet to find interesting offers and to apply online. This article shows the possibilities of Internet Recruiting for both, the employers and the applicants. *Matthias Dix* and *Astrid Witrahm* describe their experiences with Internet Recruiting in the Information Technology sector. Besides chances and risks of Internet Recruiting are shown. Finally the differences between the actual using facts and the Internet Recruiting using-structure in the future compared to the development in the United States are described.

Anmerkungen

(1) Vgl. Personalführung, 8/2000, *Steppan, R.*, Stellenbörsen im Web arbeiten am „Data-Mining", S. 36.

(2) Vgl. Personalführung, 8/2000, S. 38, Interview mit *Andreas Arntzen*.

(3) Vgl. Personalwirtschaft, 1/98, *Riederer von Paar, T./von Braun, D.*, „Rekrutierungsmedium der Zukunft", S. 48.

(4) Vgl. Management & Training, 5/2000, *Brauner, C.C.*, „Fünf Trends für die Zukunft der Internetrekrutierung", S. 24.

(5) Vgl. Personalführung 2/2000, *Jäger, U./Wittenzeller, H.*, „Rekrutierung über das Internet", S. 6ff.

(6) Vgl. „IT.Services.", Ausgabe 11/2000, S. 63.

(7) Vgl. *Brauner, C.C.*, Anmerkung (4), S. 22 ff.

PeopleSoft Collaborative Applications – Ein Überblick über globale Einsatzmöglichkeiten im Personalbereich

Uwe Krawinkel

Trends in der Personalarbeit

Die Hunter Group führte im Mai 2000 eine Untersuchung in 120 international operierenden Unternehmen durch. Die Analyse sollte Aufschluss über die strategischen Ziele für die Personalabteilungen der befragten Unternehmen geben. Diese Ziele wurden mit den strategischen Zielen der gleichen Unternehmen des Jahres 1999 verglichen. Das Analyseergebnis zeigte, dass die Einführung beziehungsweise der stärkere Einsatz von Self Service Applikationen ein entscheidendes Ziel in den untersuchten Unternehmen war. Dass heißt, den Mitarbeitern sollten verstärkt Programme zur Verfügung gestellt werden, die es ihnen ermöglichen, eine Vielzahl von Transaktionen selbst durchzuführen. Dazu gehört beispielsweise die Möglichkeit, dass Angestellte ihre persönlichen Daten jederzeit selbst ändern können. Weitere Ziele, die die Unternehmen mit der Einführung der Self Service Applikationen verfolgen, werden in dem nachstehenden Diagramm aufgezeigt:

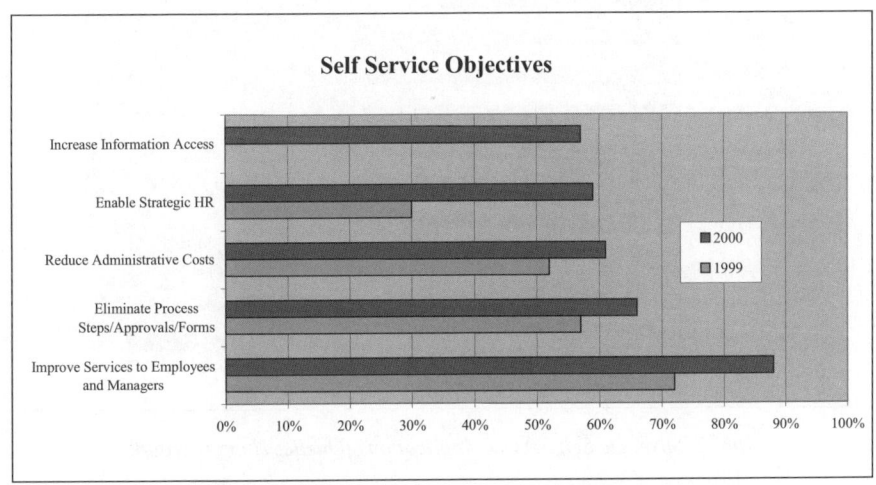

Abb. 1: Self Service Objectives (Quelle: Hunter Group)

Fast 90% der befragten Unternehmen sehen die Ausweitung und Verbesserung des Services für Führungskräfte und Mitarbeiter als Ziel bei der Einführung von Self Service Anwendungen. Auch die Reduzierung von administrativen Kosten wurde von mehr als 60% der befragten Unternehmen als Grund genannt. Im Jahr 1999 dachte noch kein Unternehmen darüber nach, gegenüber seinen Mitarbeitern eine offene Informationspolitik in Bezug auf die über sie gespeicherten Personaldaten zu pflegen. Bereits im Jahr 2000 planten jedoch fast 60% der Unternehmen, ihren Mitarbeitern Zugang zu den entsprechenden Informationen zu gewähren. Der Grund liegt darin, dass Unternehmen über die Förderung der Eigenverantwortung der einzelnen Mitarbeiter nachdenken, damit diese besser im Sinne des Unternehmens handeln können. An dieser Stelle soll aber weiter auf das Ziel eingegangen werden, das ebenfalls von 60% der Unternehmen genannt wurde: Enable Strategic HR. Hierunter versteht man den Aufbau und die Nutzung der Personalabteilung als strategisches Instrument zur Realisierung der jeweiligen Unternehmensziele. Hierunter fallen zum Beispiel Prozesse wie:

- Das Erstellen von Stellenausschreibungen durch Führungskräfte
- Bewerbungen auf ausgeschriebene Positionen durch Mitarbeiter oder externe Bewerber
- Zugriff auf interne und externe Informationen für Führungskräfte, um die Effektivität der Personalentwicklung zu steigern

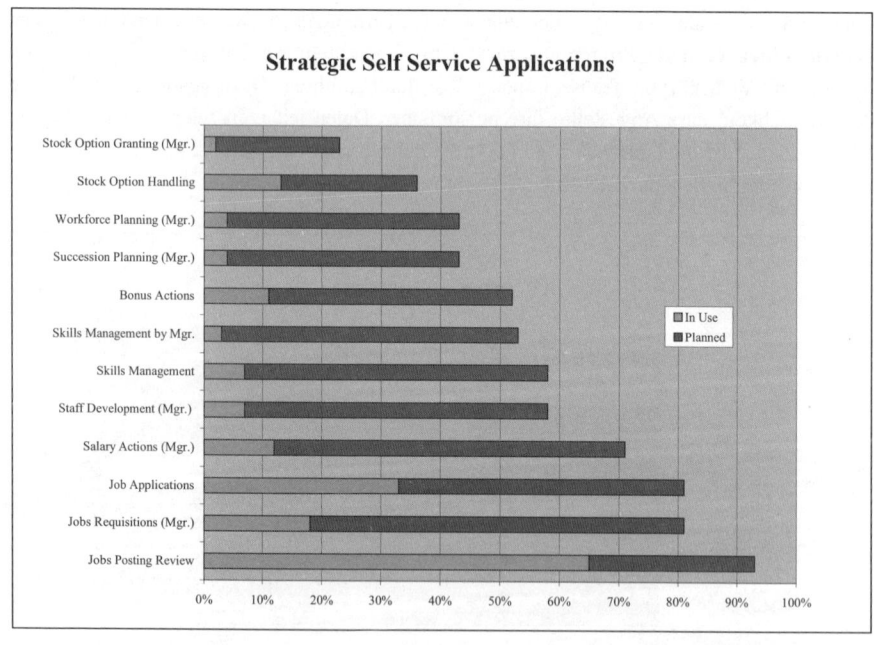

Abb. 2: Strategic Self Service Applications (Quelle: Hunter Group)

Aus dem Diagramm „Strategic Self Service Applications" wird deutlich, dass mehr als 50% der befragten Unternehmen planen, ihren Führungskräften mehr Personalverantwortung zu überlassen. Dies kann beispielhaft an einem Teilprozess nachgewiesen werden. Bei Erhebung der Studie ließen nur circa 7% der Unternehmen zu, dass Führungskräfte mit Hilfe von Self Service Anwendungen Maßnahmen zur Mitarbeiterentwicklung selbst planen und beeinflussen können. Erstaunlich ist aber, dass wiederum fast 60% der Unternehmen beabsichtigen, ihren Führungskräften künftig solche Anwendungen zur Verfügung zu stellen. Diese Diskrepanz zwischen den bereits eingesetzten und den geplanten Systemen ist groß und kann in einem vergleichbaren Umfang auf alle anderen untersuchten Teilprozesse übertragen werden. Dennoch wird deutlich, dass Unternehmen ihren Führungskräften in Zukunft verstärkt Self Service Anwendungen für das Personalmanagement anbieten werden. Der Grund hierfür liegt auf der Hand: Die Unternehmen wollen den richtigen Mitarbeiter an der richtigen Position. Das gelingt aber nur dann, wenn die Mitarbeiter ihrer Aufgabe angemessen gefördert und gefordert werden. Dazu müssen die persönlichen Ziele des Mitarbeiters, die im Gespräch mit den Vorgesetzten diskutiert werden, mit den Zielen des Unternehmens übereinstimmen. Gelingt dies, so verbessern sich die Zufriedenheit und die Motivation der Mitarbeiter, was zu einer geringeren Fluktuationsrate führt. Genau wie den Führungskräften, kann man auch den anderen Mitarbeitern Anwendungen für den Self Service zur Verfügung stellen. Allerdings wird deutlich, dass Unternehmen für Mitarbeiter, die keine Führungsverantwortung besitzen, bereits eine höhere Anzahl Self Service Anwendungen anbieten. Es gibt sogar einige Teilprozesse, bei denen ca. 90% der befragten Unternehmen eine Einführung planen.

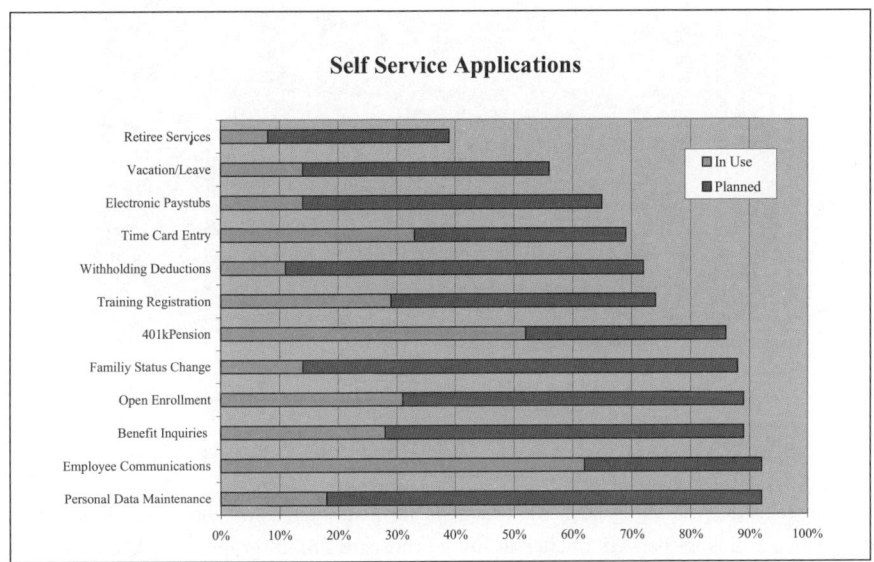

Abb. 3: Self Service Applications (Quelle: Hunter Group)

Dazu gehören Prozesse wie:

- Die Pflege der persönlichen Daten durch den Mitarbeiter,
- Das Ändern des Familienstandes und
- Kommunikation mit dem Mitarbeiter.

Zusammenfassend kann damit festgehalten werden, dass zukünftig fast in jedem Unternehmen Self Service Applikationen für Führungskräfte und Mitarbeiter vorhanden sein werden. Auf Grund der hohen Anzahl von Anwendern, die mit einem solchen System arbeiten, muss es einige Kriterien erfüllen: Es muss benutzerfreundlich, intuitiv und schnell zu erlernen sein sowie mehrere tausend Benutzer gleichzeitig zulassen können.

PeopleSoft HRMS im Einsatz bei der UBS AG

Die genannten Bedingungen erfüllt die PeopleSoft Installation bei der UBS AG in Zürich, die mit dem Personalwirtschaft Award 1999 ausgezeichnet wurde. Es wurde für Führungskräfte und Mitarbeiter ein sogenanntes Cyberpad geschaffen, durch das beide Gruppen Zugriff auf personalwirtschaftliche Prozesse, Transaktionen und Daten haben.

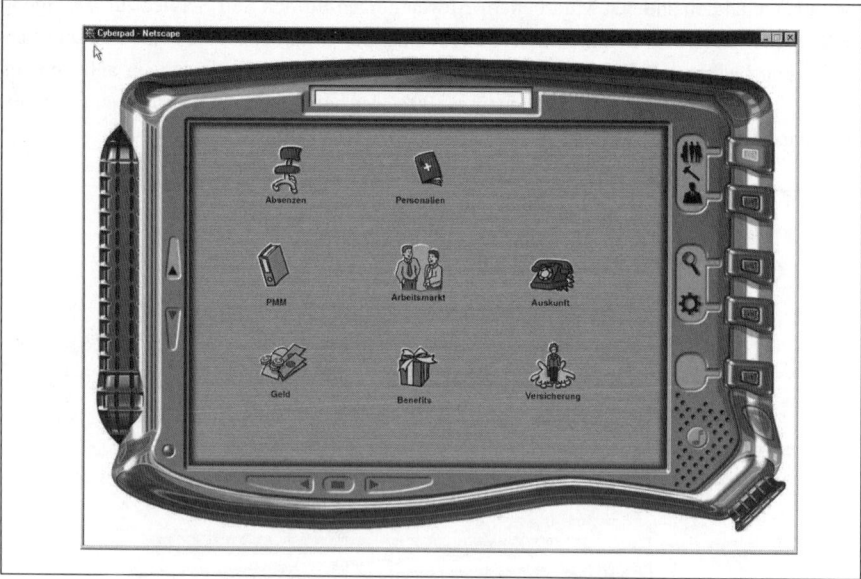

Abb. 4: Cyberpad bei der UBS AG

Die vorstehende Abbildung zeigt die Startseite für Mitarbeiter. Mit einem Klick auf eines der Symbole gelangt der Mitarbeiter in die gewünschte Prozessgruppe und kann von dort aus dann die entsprechenden Dateneingaben selbst vornehmen. Unter Umständen können Mitarbeiter sogar Genehmigungsverfahren initiieren. Im Rahmen des Workflows von PeopleSoft werden diese dann automatisch zu dem Linienmanager, also der zuständigen Führungskraft des Mitarbeiters, geleitet, der den Prozess initiiert hat. Der Manager kann dann zusätzlich noch mit Hilfe einer Mail auf den anstehenden Entscheidungsprozess aufmerksam gemacht werden.

Die Zugriffszahlen beweisen, dass das System die entsprechende Akzeptanz bei den Anwendern gefunden hat.

Insgesamt wurden in dem Monat April 2000 mehr als 120.000 Anwenderzugriffe registriert. Das System der UBS AG steht den Anwendern 24 Stunden am Tag, sieben Tage die Woche zur Verfügung und wird auch in diesen Zeiträumen genutzt. Das Unternehmen stellt alle administrativen Prozesse über die Self Service Applikation zur Verfügung – dadurch kam es an einzelnen Tagen zu mehr als 10.000 Zugriffen auf die Applikation.

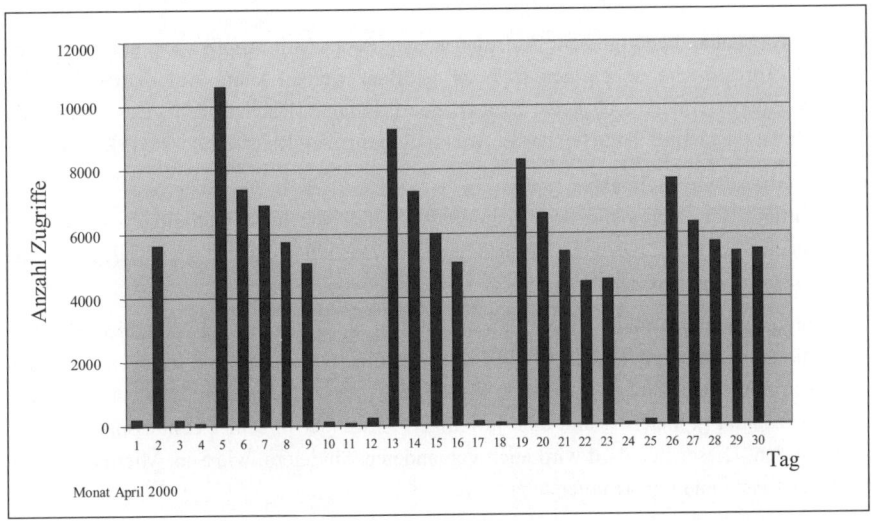

Abb. 5: Zugriffszahlen auf das PeopleSoft-System der UBS AG

In der weltweit größten PeopleSoft-Installation werden sogar 800.000 Mitarbeiter verwaltet. Um den hierdurch entstehenden Zugriffszahlen gerecht zu werden, benötigen Unternehmen Technologien, die es ermöglichen, große Datenmengen schnell zu verarbeiten. Gleichzeitig verlangen Unternehmen, dass man von jedem Ort auf dieser Welt auf seine Daten zugreifen kann – egal zu welchem Zeitpunkt. Um diese Anforderungen erfüllen zu können, nutzt PeopleSoft für seine neueste Produktgeneration ausschließlich reine Internet-Standards und -Technologien.

PeopleSoft 8.0 – Die neue Produktgeneration

Mit dem neuen Release 8.0 setzt PeopleSoft neue Maßstäbe für ERP-Anbieter, denn alle Applikationen werden den Kunden über HTML-Seiten zur Verfügung gestellt. Mehr als 2.500 Entwickler haben zwei Jahre an der neuen Produktgeneration gearbeitet, in die PeopleSoft mehr als 500 Millionen Dollar an Forschung- und Entwicklungskosten investiert hat. Das Ergebnis ist eine Applikationssuite, die folgende Eigenschaften besitzt:

- Intuitiver „Look and Feel" einer Webseite.
- Die Oberfläche sowie die Navigation in PeopleSoft 8 orientieren sich am Design guter Webseiten. Wenn Anwender schon einmal ein Buch bei Amazon.com gekauft haben, dann können sie auch schnell mit dem neuen Release arbeiten, denn aufgrund der einfachen Navigation ist keine Schulung für Gelegenheitsbenutzer notwendig.
- Unabhängigkeit von Browser und Betriebssystem.

- Die Bedienung von PeopleSoft-Applikationen erfolgt ausschließlich über HTML-Seiten, die über jeden Standard-Webbrowser (Microsoft Internet Explorer, Netscape Navigator, usw.) aufgerufen werden können.

- Geringe Installations- und Wartungskosten.

- Der Anwender benötigt zum Aufrufen seiner PeopleSoft Applikation nur noch eine URL-Adresse, die über einen Browser geöffnet werden kann. Auf dem Client des Anwenders befinden sich keine zusätzlichen Programm-Dateien mehr. Das Motto „No Code on the client!" hatte bei der Entwicklung des neuen Release höchste Priorität.

- Serverbezogene Architektur
  Aufgrund der Architektur von PeopleSoft 8 sind eine hohe Skalierbarkeit und Performance möglich. Dadurch können mehrere tausend Benutzer gleichzeitig auf die Applikationen zugreifen.

Ein weiteres wichtiges Merkmal von PeopleSoft 8 ist die Unterstützung von Unicode, einem internationalen Standard (ISO/IEC 10646-1), der die Buchstaben und Zeichen von allen wichtigen Sprachen weltweit beinhaltet. Dokumente und Daten in allen Sprachen können in einer Datenbank gespeichert und dem jeweiligen Anwender in seiner Landessprache angezeigt werden. Dieser Standard wird auch von anderen Anbietern, wie Sun, Microsoft, IBM/Lotus, Netscape und Oracle unterstützt.

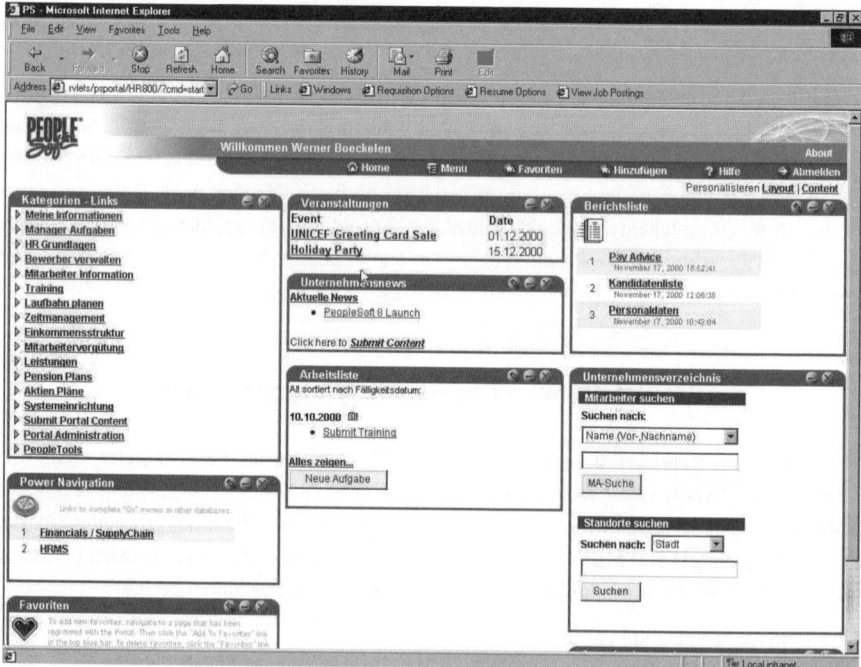

Abb. 6: PeopleSoft-Portal

Die vorstehende Abbildung zeigt das Portal, über das sich Anwender durch die Anwendung navigieren. Hierüber kann der Anwender nicht nur auf eine HR-Datenbank zugreifen, sondern auch auf Finanz-Datenbanken, Datenbanken für das Supply Chain Management etc., sofern der Anwender Zugriffsrechte für diese Datenbanken besitzt. Der Zugriff wird über ein rollenbasiertes Modell gesteuert: Entsprechend der Rolle, die ein Anwender im Rahmen seiner Tätigkeit im Unternehmen einnimmt, erhält er Zugriff auf die für ihn notwendigen Applikationen und Daten. Auch Drittprodukte und Links zu anderen externen Webseiten können auf dem Portal für den jeweiligen Mitarbeiter personalisiert hinterlegt werden. Selbst das Berichtswesen ist über HTML-Seiten im Web neben anderen Informationen verfügbar. Damit wird jeder Anwender in die Kommunikationsprozesse zwischen Kunden, Mitarbeitern und Lieferanten eingebunden. Ferner können Lieferanten, wie zum Beispiel Institute oder Akademien, den Unternehmen für Weiterbildungen, Jobbörsen und so weiter Informationen über Trainingsangebote, Weiterbildungsmaßnahmen und vielleicht sogar Bewerberprofile über Marktplätze zur Verfügung stellen. Der PeopleSoft Anwender kann dann über das Portal zu jedem Zeitpunkt die Informationen abrufen, die er für seine Tätigkeit benötigt.

Collaborative Commerce – Optimale Zusammenarbeit im eCommerce

Damit Kunden, Mitarbeiter und Lieferanten besser im Rahmen des eCommerce zusammenarbeiten können, hat PeopleSoft spezielle Produkte entwickelt, die Kunden mit dem Release 8.0 zur Verfügung stehen: Die Collaborative Applications. Hierbei handelt es sich um Self Service Anwendungen im HR-Umfeld, die speziell für Führungskräfte und Mitarbeiter entwickelt wurden. Im Rahmen des Human Resources Self Service Survey 2000 der Hunter Group wurden folgende Ergebnisse festgestellt:

- Self Service Angebote erhöhen die Mitarbeiterzufriedenheit um 50%.
- Die Mitarbeiteranfragen an die Personalabteilungen können mit Self Service Applikationen um 75% reduziert werden.
- Mittels Self Service ist eine Kostenreduzierung von bis zu 60% in Personalabteilungen möglich.
- Der ROI (Return on Invest) wird nach circa einem Jahr erreicht.

Was die Self Service Anwendung von PeopleSoft 8 leistet, soll andeutungsweise die Abbildung 7 verdeutlichen.

Innerhalb dieser Seite kann der Anwender seine persönlichen Daten, die das Unternehmen über ihn erfasst hat, zu jedem Zeitpunkt und von jedem Ort verändern. Aber nicht nur die persönlichen Daten können verändert werden: Auch alle anderen Daten, die über diesen Mitarbeiter gespeichert werden, kann der Mitarbeiter selbst einsehen. Hierdurch kann die Kommunikation zwischen dem Mitarbeiter und dem Arbeitgeber eindeutig verbessert werden.

Mit dem Release 8.0 kann das Unternehmen PeopleSoft noch stärker auf die Anforderungen seiner Kunden eingehen und Anwendungen zur Verfügung stellen, die die Effektivität der Personalabteilungen steigern und gleichzeitig die Mitarbeiterzufriedenheit erhöhen.

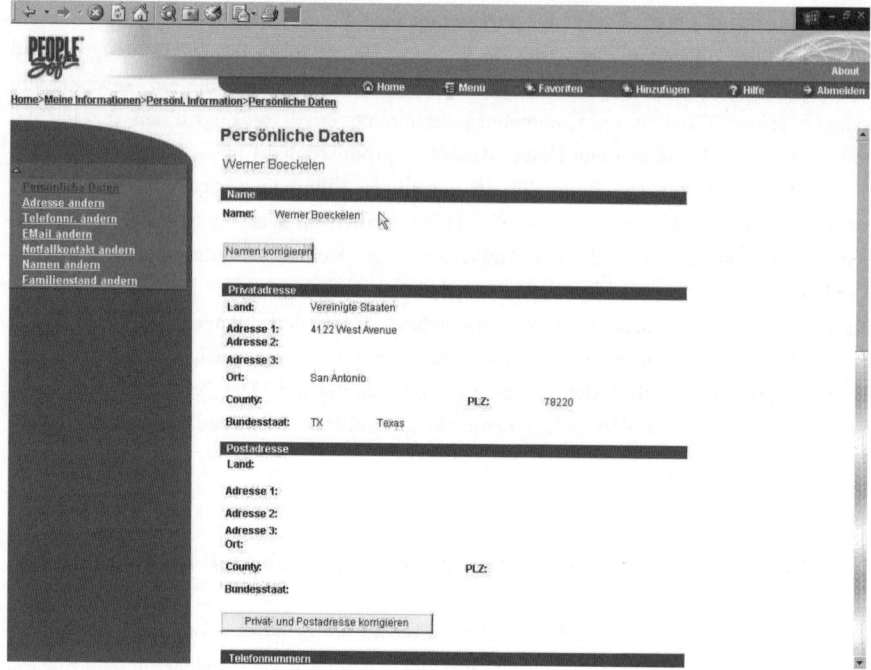

Abb. 7: Persönliche Daten-Seite

Gründe für die Entscheidung für PeopleSoft

Im Rahmen des PeopleSoft Implementation Report 1999 wurden internationale PeopleSoft Kunden befragt, warum diese sich für PeopleSoft entschieden haben. 97% der Kunden nannten die folgenden fünf Gründe:

- Flexibilität,
- Die beste Funktionalität,
- Ein umfangreiches Reporting,
- Stabilität des Produktes und
- Die Verwendung modernster Technologien.

Diese Gründe belegen, dass PeopleSoft mit seinen Produkten die Erwartungen seiner Kunden trifft und ihnen immer wieder die aktuellsten Technologien zur Verfügung stellt. Auch die Gartner Group bestätigt, dass PeopleSoft in der Lage ist, seine Produkt- und Technologie-Visionen auch in die Realität umzusetzen.

Zu berücksichtigen ist ebenfalls, dass es bei Erstellung dieser Übersicht (vgl. Abb. 8) durch die Gartner Group (Oktober 2000) kein anderes Unternehmen gab, bei dem beide Kriterien so stark ausgeprägt waren wie bei PeopleSoft. Damit wird dem Unternehmen durch einen unabhängigen Dritten die Richtigkeit der Unternehmensphilosophie bestätigt.

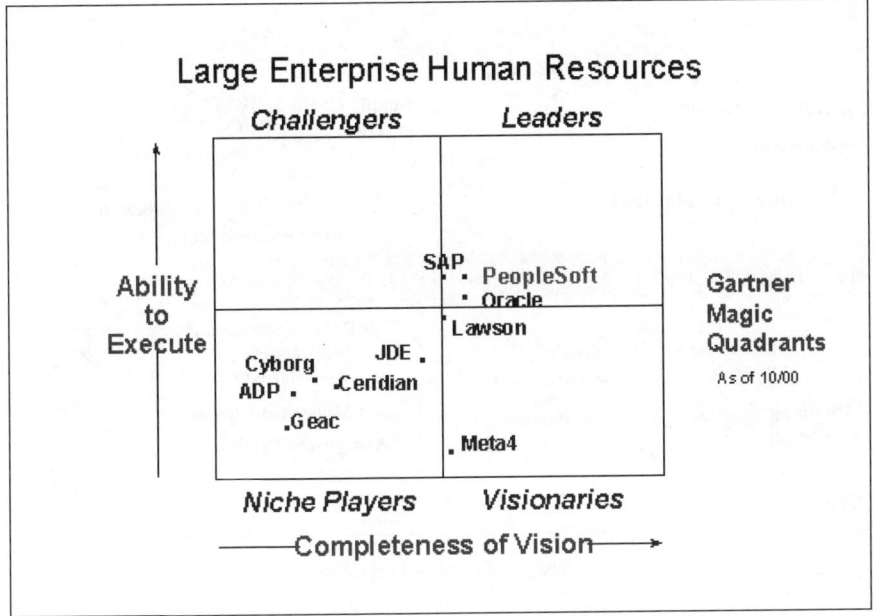

Abb. 8: Gartner-Group-Studie

Das Unternehmen PeopleSoft

PeopleSoft ist weltweit einer der führenden Anbieter von E-Business-Anwendungen. Die Applikationen von PeopleSoft ermöglichen es Kunden, Mitarbeitern und Lieferanten, das Internet optimal für ihre Geschäftsprozesse zu nutzen. Die rein internetbasierten Lösungen für Personal- und Finanzmanagement, Customer Relationship Management sowie Supply Chain Management bieten eine offene und flexible E-Commerce-Plattform. Die Entwicklungsplattform aller PeopleSoft Applikationen sind die PeopleTools, die Werkzeuge, mit denen die Anwendungen entwickelt wurden und auch zukünftig entwickelt werden.

Das Unternehmen wurde 1987 von Dave Duffield in Pleasanton, Kalifornien, gegründet. Mit dem ersten Produkt, dem Personalmanagementsystem, wurde das Unternehmen Weltmarktführer. Heute stehen den Kunden mit dem internetbasierenden Release 8.0 mehr als 100 Applikationen zur Verfügung, die einfach mit einem Standard-Webbrowser genutzt werden können. PeopleSoft erzielte im Geschäftsjahr 1999 einen Umsatz von 1,43 Milliarden US-Dollar und ist weltweit mit Niederlassungen vertreten. Die deutsche Hauptniederlassung befindet sich in München. Alle PeopleSoft Produkte sind weltweit einsetzbar und werden bereits heute in 107 Ländern der Welt von mehr als 4.500 Kunden genutzt. Allein im ersten Quartal 2000 haben sich 115 Unternehmen weltweit für ein Produkt aus dem Hause PeopleSoft entschieden. Zu den weltweiten Kunden von PeopleSoft zählen unter anderem Ford Motor Company, General Motors, Boeing, DaimlerChrysler, United Parcel Service, UBS Bank. Die nachfolgende Grafik zeigt die Entwicklung der Kundenbasis.

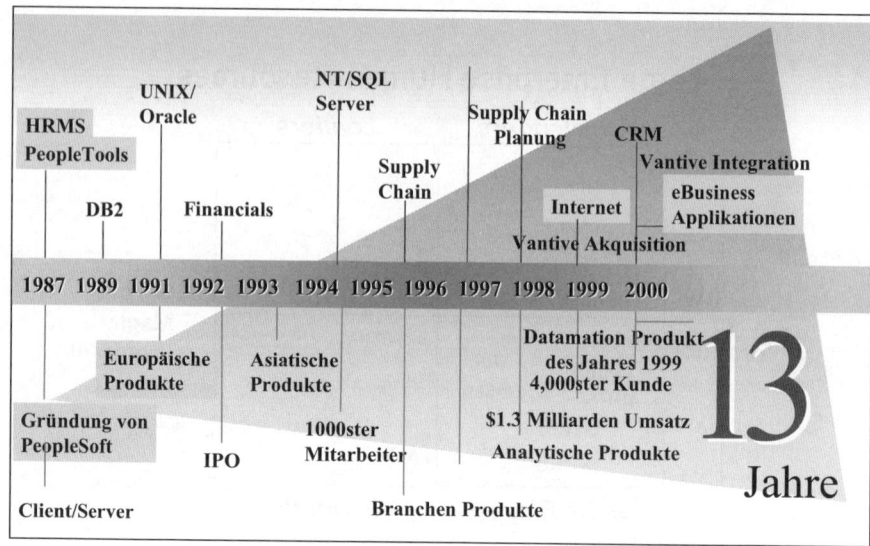

Abb. 9: 13 Jahre PeopleSoft

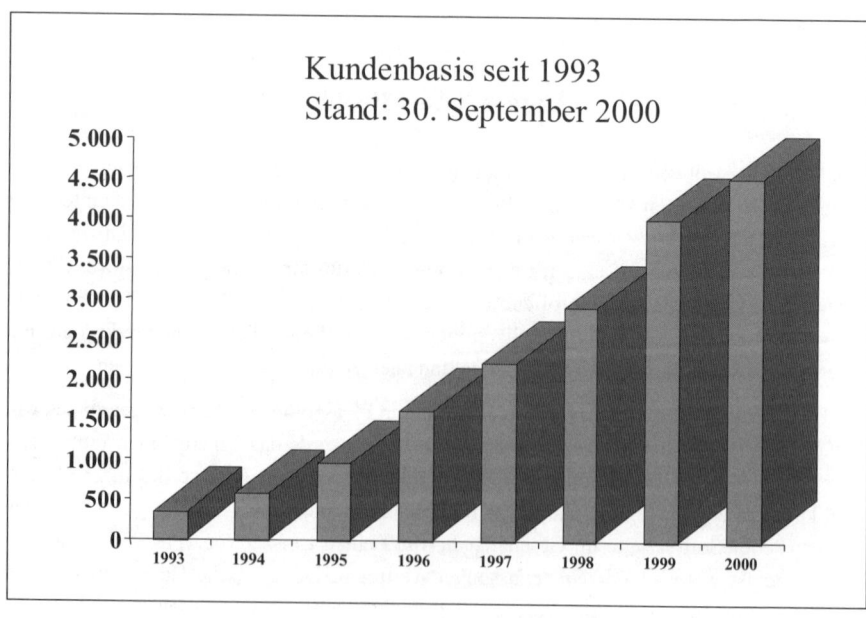

Abb. 10: Kundenbasis von Peoplesoft

Aber ohne die mehr als 7.000 PeopleSoft Mitarbeiter, von denen 2.400 E-Business-Berater sind, wäre eine solche Entwicklung des Unternehmens nie möglich gewesen.

Entwicklungstendenzen beim Personalinformationssystem SAP® R/3® HR

Wilhelm Mülder

Das Personalmanagement steht vor zahlreichen neuen Herausforderungen. Die global ausgerichtete Unternehmenstätigkeit, die stärkere Zusammenarbeit von Unternehmen in Netzwerken und Zulieferketten sowie die Fokussierung auf Kundenorientierung sind nicht allein mit neuartigen IT-Systemen (unter den Schlagworten „Supply Chain Management" oder „Customer Relationship Management") zu bewältigen sondern erfordern auch intensivere Anstrengungen auf den Gebieten der Rekrutierung, Erhaltung und Entwicklung qualifizierter Mitarbeiter.

Parallel zur steigenden Bedeutung der Humanressourcen (vom Kostenfaktor zum Erfolgsfaktor) verändert sich auch das Selbstverständnis (und Selbstbewusstsein) der betrieblichen Personalabteilung. Mit diesem Wandel sind gleichzeitig steigende Anforderungen an die IT-Werkzeuge verbunden.

Andererseits gibt es aber auch eine Diskussion über die zukünftig abnehmende Bedeutung des Personalressorts (*Femppel*, 2000, S. 2ff.). Durch Outsourcing und durch (Rück)Delegation von Personalaufgaben auf die Linienvorgesetzten könnten die meisten Unternehmen ohne eine organisatorisch fest verankerte Personalabteilung auskommen. Viele Routinearbeiten lassen sich mit Hilfe der modernen Informationstechnik automatisieren, andere Aufgaben könnten mittels moderner IT-Lösungen von Führungskräften oder Mitarbeitern selbst erledigt werden. Unabhängig vom Ausgang der Diskussion über Statuszuwachs oder -verlust des Personalressorts wird hier die These vertreten, dass die IT-Durchdringung in diesem Bereich zukünftig stark zunehmen wird (vgl. *Mülder* 2000, S. 98 f.).

In diesem Beitrag wird am Beispiel des Softwareproduktes SAP R/3 HR gezeigt, welche Anwendungsmöglichkeiten für eine stärkere strategische Ausrichtung der Personalwirtschaft (Personalmanagement), verbunden mit der gleichzeitigen Automation und Delegation von administrativen Tätigkeiten (Personalverwaltung) existieren.

1 Anwendungsschwerpunkte von SAP R/3 HR

Das Software-Unternehmen SAP AG ist weltweit der führende Anbieter von integrierter Standardsoftware. SAP (die Abkürzung steht für „Systeme, Anwendungen, Produkte) wurde 1972 als Softwarehaus von 5 ehemaligen IBM-Mitarbeitern gegründet. Inzwischen ist SAP der viertgrößte Softwareanbieter der Welt (nach Microsoft, Oracle und CA) und mit einem Marktanteil (1999) von ca. 33% weltweit Marktführer im Segment der betriebswirtschaftlichen Anwendungssoftware. Mehr als 2 Mio. Menschen benutzen täglich SAP-Programme. Insgesamt wurde die Software R/3 mehr als 20.000 Mal in rund 95 Ländern installiert. Das Programmpaket Human Resources (HR) ist Teil des integrierten betriebswirtschaftlichen Anwendungssystems R/3. Es unterstützt nahezu alle denkbaren personalwirtschaftlichen Funktionen in Unternehmen und Verwaltungen. Die wichtigsten Merkmale der einzelnen Komponenten von HR werden nachfolgend kurz erläutert (vgl. *Mülder*, 1999, S. 49 ff.).

1.1 Personaladministration

Die Komponente „Personaladministration" ermöglicht die Erfassung, Pflege und Speicherung sämtlicher personenbezogener Daten. Die Daten sind nach inhaltlichen Merkmalen zu sog. „Informationstypen" (Infotypen) zusammengefasst (vgl. Abb.1). Im Standard existieren mehr als vierhundert verschiedene Infotypen. Die Daten werden in HR datumsgenau gespeichert. Bei Eingabe neuer Daten werden bereits vorhandene Daten automatisch abgegrenzt. Damit bleiben Daten mit ihrem Gültigkeitszeitraum erhalten und stehen für Rückrechnungen und Auswertungen zur Verfügung. Die Revisionsfähigkeit des HR-Systems wird durch die feldgenaue Protokollierung aller Änderungen gewährleistet.

Informationstypen	Beispiele
Organisatorische Zuordnung	Planstelle, Organisationseinheit, Stelle
Daten zur Person	Name, Geburtsname, Geburtsdatum
Urlaubsanspruch	Tarifurlaub, Schwerbehindertenurlaub
Anschrift	Ständiger Wohnsitz, Zweiter Wohnsitz
Ausbildung	Schulbildung, Studium, Kurse, Seminare
Qualifikation	Teamfähigkeit, Sprachkenntnisse
Terminverfolgung	Ende Probezeit, Ende Arbeitserlaubnis
Werksärztlicher Dienst	Erstuntersuchung, Nachuntersuchung
Vollmachten	Prokura, Geschäftsführer, Bankvollmacht

Abb. 1: Beispiele für einige Informationstypen bei R/3 HR

Dem HR-Benutzer stehen unterschiedliche Bearbeitungstechniken bei der Personalstammdatenpflege zur Verfügung. Über **Menüs** werden die verschiedenen Infotypen ausgewählt. Die Erfassung und Bearbeitung mitarbeiterbezogener Daten erfolgt über **Pflegemasken** (vgl. Abb. 2). Die Menüs und Pflegemasken lassen sich individuell an spezifische Benutzeranforderungen anpassen. Über eine **Matchcode-Suche** können Mitarbeiter gefunden werden, deren Personalnummer unbekannt ist. Bei bestimmten **Personalmaßnahmen**, wie z.B. Einstellung, Versetzung oder Austritt wird eine zusammenhängende Folge von Infotypen bearbeitet. Zur leichteren Eingabe von Massendaten dient die **Schnellerfassung**, z.B. wenn für viele Mitarbeiter ein Infotyp angelegt oder geändert wird.

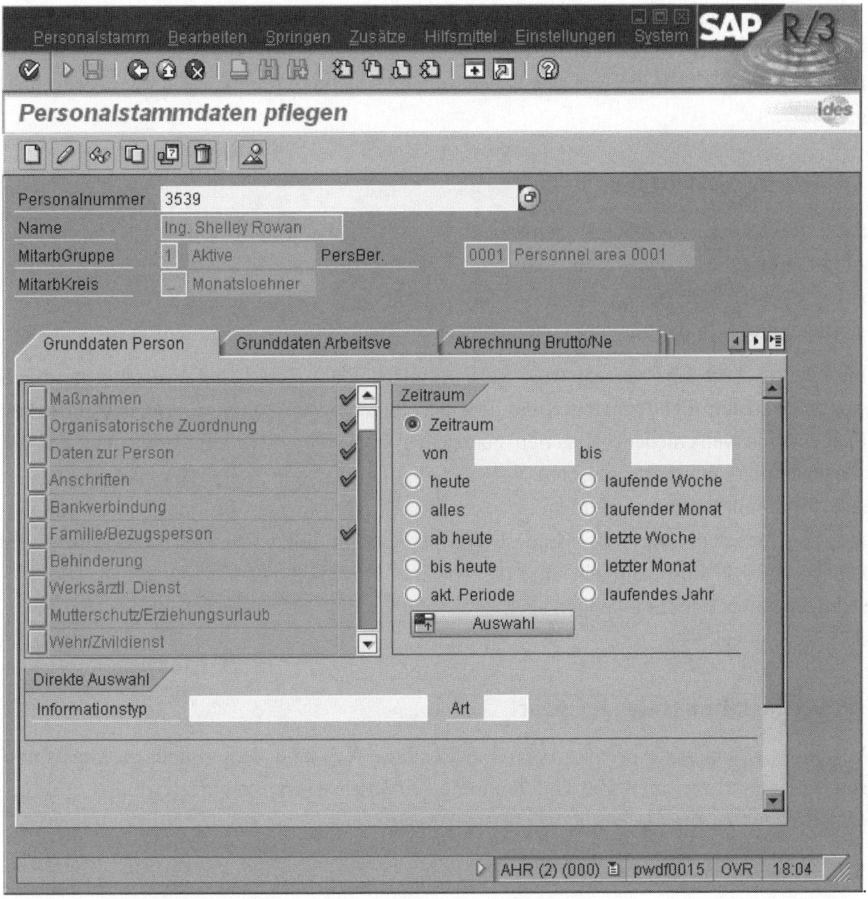

Abb. 2: Maske zur Pflege von Personalstammdaten (© SAP AG)

1.2 Personalabrechnung

Die Lohn- und Gehaltsabrechnung wird derzeit in über 30 landesspezifischen Versionen angeboten. Während die Bruttolohnermittlung unter Berücksichtigung der Zeitwirtschaft überwiegend länderneutral ist, enthalten die Nettoabrechnungen für jedes Land nationale Besonderheiten. Die Personalabrechnung läuft identisch im Dialog- und Batchbetrieb. Hierdurch ist es möglich, Probeabrechnungen (bei Test und Einarbeitung) sowie Einzelabrechnungen (bei kurzfristigen Ein-/Austritten) und Simulationsabrechnungen (Nettogehalt bei fiktivem Brutto/Entgelterhöhungen) durchzuführen. Die Personalabrechnung für Deutschland deckt die Anforderungen der meisten Tarifverträge und Branchen sowie die gesetzlichen Vorschriften ab.

1.3 Vergütungsmanagement

Mit dieser Komponente lassen sich Vergütungspläne und Gehaltsbudgets entsprechend der betrieblichen Vergütungspolitik erstellen. Durch die Integration mit der R/3-Komponente

"Organisationsmanagement" werden die Budgets mit Organisationseinheiten verknüpft. Die Integration mit der Komponente "Personaladministration" erlaubt die Berücksichtigung von Basisvergütung und Vertragsbestandteilen, ohne dass diese Daten doppelt gepflegt werden müssen.

1.4 Arbeitgeberleistung

Diese Komponente verwaltet unterschiedliche Arbeitgeberleistungen, wie z.B. zusätzliche Altersversorgung, Lebensversicherungen, Vermögensbildung, Cafeteria-Pläne. Ziel von Arbeitgeber-Leistungsprogrammen ist die Maximierung des individuellen Nettoentgelts bei gleichzeitiger Minimierung der Unternehmenskosten.

Im ersten Schritt sind verschiedene Leistungspläne für Teilzeit- und Vollzeitbeschäftigte sowie für steuerpflichtige, steuerfreie oder pensionierte Mitarbeiter zu errichten. In jedem Plan müssen verschiedene Kriterien berücksichtigt werden, wie z.B. Höhe und Art der Versicherungssumme, gewünschte Selbstbeteiligung, Art der Stelle, Beschäftigungsdauer und Mitarbeiterstatus. Außerdem müssen Berechtigungsregeln für jeden Leistungsplan festgelegt werden, wie z.B. Mindestwochenarbeitszeit oder Wartezeit. Die Mitarbeiter können aktuelle Informationen über das Angebot an Arbeitgeberleistungen unter Berücksichtigung aller Einschränkungen auch direkt von ihrem PC-Arbeitsplatz abrufen (Employee Self Service, vgl. Kap. 3.1).

1.5 Veranstaltungsmanagement

Mit dieser Komponente werden interne und externe Aus- und Weiterbildungsveranstaltungen geplant und verwaltet. Zur Durchführung von Seminarveranstaltungen werden verschiedene Ressourcen berücksichtigt, wie beispielsweise

- Referenten,
- Räume mit bestimmter Größe und Ausstattung und
- Technische Hilfsmittel wie Overhead Projektor, PC.

Bei Einsatz der Komponente Zeitwirtschaft wird die zeitliche Verfügbarkeit der Referenten berücksichtigt. Sämtliche Anmeldungen, Umbuchungen, Stornierungen etc. von Teilnehmern zu den einzelnen Seminaren werden mit dieser Komponente unterstützt.

1.6 Personalzeitwirtschaft

Die Erfassung, Verwaltung und Auswertung flexibler Arbeitszeiten wird mit dieser Komponente unterstützt. Es können Gleitzeit, Normalarbeitszeit, Teilzeit- und Schichtarbeit im Rahmen von Arbeitszeitkonten berücksichtigt werden. Bei der sog. **Negativerfassung** werden personenbezogene Zeiten auf Basis eines Schichtplans erfasst. Der Anwender muss lediglich Abweichungen vom Schichtplan eingeben, z.B. Abwesenheiten und Mehrarbeitszeiten. Bei der **Positiverfassung** werden sämtliche An- und Abwesenheitszeiten minutengenau berücksichtigt. Der Mitarbeiter erfasst seine täglichen Kommt- und Gehtzeiten über entsprechende Erfassungsgeräte. Die gespeicherten Zeiten werden vom System bewertet und an verschiedene R/3-Module weitergeleitet, z.B. an Personalabrechnung, Kostenrechnung.

Grundlage für die Zeitwirtschaft sind Arbeitszeitpläne für jeden Mitarbeiter, die die Beginn- und Endzeiten, Pausen- Gleit- und Kernzeiten festhalten (vgl. *Mülder/Störmer*, 2001).

1.7 Organisationsmanagement

In dieser Komponente wird die Aufbauorganisation eines Unternehmens abgebildet und gepflegt. Das „Organisationsmanagement" ist Basis für die Nutzung von weiteren Komponenten, wie z.B. Personalplanung und -entwicklung. Die gesamte aufbauorganisatorische Struktur eines Unternehmens (bestehend aus Organisationseinheiten, Planstellen, Stellen) wird mit dieser Komponente festgelegt. Die Anwender können weiterhin unternehmensspezifische Aufgabenkataloge erstellen, die zur Beschreibung von Stellen und Planstellen verwendet werden. Hierdurch entstehen aussagefähige und vergleichbare Stellenbeschreibungen.

1.8 Personalbeschaffung

Diese Komponente unterstützt den Personalbeschaffungsprozess und die Verwaltung von Bewerbungsvorgängen. Ausgelöst wird ein Personalbeschaffungsprozess beispielsweise durch die Kündigung eines Mitarbeiters. Die frei gewordene Stelle erhält in der R/3 – Komponente „Organisationsmanagement" den Status „vakant". Durch die Integration der verschiedenen Komponenten wird sichergestellt, dass die Personalabteilung alle erforderlichen Informationen zu einer Vakanz unverzüglich erhält, z.B.

- Tätigkeit und Anforderungen an den Stelleninhaber,
- (Wieder-)Besetzungszeitpunkt,
- Stellenbeschreibung und
- Organisatorische Zuordnung der Planstelle.

Die eingehenden Bewerbungen werden erfasst und den vakanten Stellen zugeordnet. In einem ersten Schritt können über eine Schnellerfassungsmaske die Grunddaten aller Bewerber eingegeben werden. Bewerber, die die Mindestanforderungen nicht erfüllen, werden nach dieser Ersterfassung bereits abgelehnt und erhalten ein vom System automatisch erzeugtes Ablehnungsschreiben. In einem zweiten Schritt können weitere Daten (z.B. Ausbildung, Qualifikation) für diejenigen Bewerber ergänzt werden, die für ein Bewerbungsgespräch in Frage kommen. Durch den Vergleich der Stellenanforderung mit den Qualifikationen eines Bewerbers ist eine detaillierte Aussage über die Eignung von Bewerbern möglich. Im Rahmen der Terminverfolgung werden die einzelnen Schritte des Bewerbungsvorganges (Eingangsbestätigung, Einladung zum Interview, Einladung zum Test etc.) genau dokumentiert. Wichtig ist auch die enge Verbindung mit einem Textverarbeitungssystem, um die gesamte Abwicklung der Bewerbung weitestgehend zu rationalisieren.

1.9 Personalentwicklung

Bei der Personalentwicklung kann grundsätzlich zwischen einer mitarbeiterbezogenen und einer unternehmensbezogenen Perspektive unterschieden werden. Für das Unternehmen liegt die Zielsetzung der Personalentwicklung in erster Linie in der Bereitstellung von ausreichend qualifizierten Mitarbeitern und in der Schaffung von Anreizen, die mit Durchführung von Personalentwicklungsmaßnahmen verbunden sind. Die Mitarbeiter interessieren sich dagegen für die beruflichen Weiterentwicklungsmöglichkeiten, Karrierechancen und die Sicherung ihres Arbeitsplatzes.

Wenn in absehbarer Zeit eine Planstelle im Unternehmen neu besetzt werden muss, können innerhalb der **Nachfolgeplanung** potenzielle Kandidaten identifiziert werden. Wichtige Kriterien hierbei sind die für diese Planstelle benötigten Anforderungen und unternehmensspezifische Rahmenbedingungen, wie z.B. Termin der Neubesetzung. Die Grundlage jeder Personalplanung ist der Vergleich zwischen geforderten und vorhandenen Qualifikationen. Die HR-Komponente ist in der Lage, Anforderungsprofile von Stellen mit den gleichartig aufgebauten Qualifikationsprofilen von Mitarbeitern zu vergleichen. Das Ergebnis eines solchen **Profilvergleichs** kann zur Ermittlung des Weiterbildungsbedarfs oder auch zum Auffinden von Arbeitsplätzen mit bestimmten Anforderungen und Profilen dienen (vgl. Abb. 3). Der Profilvergleich wird außerdem benötigt für die Ermittlung individueller Karrierepläne (für welche Planstelle ist die Person geeignet?).

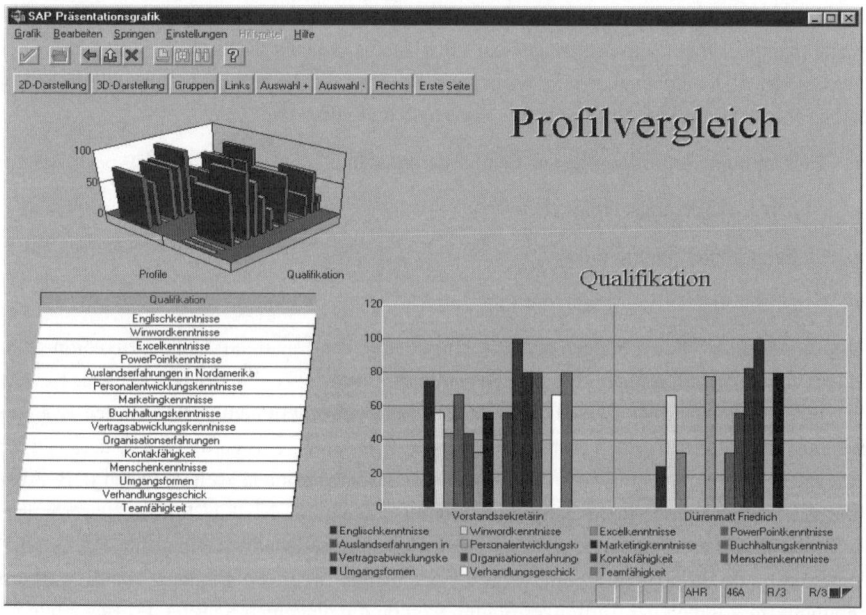

Abb. 3: Maske zum Profilvergleich (© SAP AG)

1.10 Reisemanagement

Die Komponente „Reisemanagement" unterstützt die komplette Abwicklung einer Dienstreise vom Antrag über dessen Genehmigung bis zur Verbuchung. Diese Komponente arbeitet in enger Verbindung mit den R/3-Modulen Finanzbuchhaltung, Kostenrechnung, Personalabrechnung und ermöglicht damit die ordnungsgemäße Buchung, Versteuerung und Auszahlung von Reisekosten.

Bei der Eingabe eines Reiseantrags wird automatisch ein Workflow angestoßen. Hierdurch werden alle mit einer Reise zusammenhängenden Aktivitäten und Stellen berücksichtigt. Für den internationalen Einsatz dieser Komponente werden gesetzliche Regelungen und Bestimmungen für Geschäftsreisen mehrerer Länder berücksichtigt. Mit der Anwendung „Travel Planning" besteht die Möglichkeit, Online-Reservierungen von Flügen, Hotels und Mietwagen vorzunehmen.

2 Einsatzstrategien

Typische R/3 HR-Anwender sind größere, international tätige Konzerne, die über mehrere Standorte verfügen (z.B. American Airlines mit über 100.000 Abrechnungen, BASF mit 60.000 Abrechnungen, Bayer mit 80.000 Abrechnungen). Allerdings kann das HR-Modul auch in kleineren und mittelständischen Unternehmen genutzt werden.

Die wenigsten Unternehmen werden in der Lage sein, R/3-HR „auf der grünen Wiese" einzuführen. Die verschiedenen **Einsatzstrategien** sollen verdeutlichen, dass HR als Gesamtlösung oder im Verbund mit Fremdsystemen implementiert werden kann. Außerdem muss sich ein Unternehmen entscheiden, einige oder alle Komponenten von HR auf fremde Dienstleistungsunternehmen zu übertragen oder die HR-Module in eigener Regie zu betreiben (Outsourcing versus Inhouse).

2.1 R/3-HR als Teil einer Gesamtlösung einführen

Bei dieser Strategie entscheidet sich ein Unternehmen, R/3 und damit auch HR in allen Unternehmensbereichen einzuführen. Das weltweit tätige Chemieunternehmen Du Pont de Nemours mit knapp 100.000 Mitarbeitern, davon fast 3.000 in Deutschland, hat beispielsweise diesen Weg gewählt, um die bislang 23 unterschiedlichen Abrechnungssysteme mit ihren unterschiedlichen Datenbanksystemen durch ein einheitliches Standardsystem abzulösen. Die Entscheidung für HR bietet folgende Vorteile:

- Chance für eine europaweite Reorganisation der Personalarbeit;

- Abschaffung der Mehrfachpflege von Daten in den verschiedenen Systemen sowie einheitliche („europäische") Datenstrukturen, die die Vergleichbarkeit von nationalen Personalberichten überhaupt erst ermöglichen;

- Schaffung europaweit vergleichbarer Daten, wodurch wiederum Personalberichte und Analysen erleichtert und eine Vergleichbarkeit von Personalkennzahlen zwischen verschiedenen europäischen Niederlassungen überhaupt erst ermöglicht werden (vgl. *Buhr/Greczmiel*, 1998).

Der **Vorteil** dieser Einführungsstrategie besteht in der vollen Integration aller R/3 Module. Es gibt hierbei keine Schnittstellenprobleme zu Fremdsystemen. Der Anwender bezieht Software und Beratung von einem Dienstleister. Allerdings hat diese Strategie auch einige **Nachteile**. Der Kunde erwirbt ein Anwendungssystem, das – im Vergleich zu Speziallösungen – in einigen Bereichen unter Umständen keine optimale Lösung anbietet. Durch Customizing und ggf. Anpassungsprogrammierung können die Sonderwünsche der Anwender zwar in der Regel erfüllt werden, allerdings können hierdurch auch die Anpassungskosten merklich steigen.

2.2 Koexistenz zwischen R/3-HR und bestehenden HR-Fremdsystemen

Hierbei werden HR-Fremdsysteme oder Altsysteme über Schnittstellen mit R/3-HR-Modulen verbunden. Beispielsweise kann ein bewährtes Entgeltabrechnungssystem bestehen bleiben, während andere Bereiche, wie z.B. Personalentwicklung und Bewerbermanagement durch SAP-HR unterstützt werden. Der Vorstand der Deutschen Telekom entschied beispielsweise, in den administrativen und nicht-wettbewerbskritischen Bereichen, grundsätzlich die Standardsoftware R/3 einzusetzen. Wegen der seinerzeit noch nicht umfassenden Lösung für den öffentlichen Dienst führte die Telekom R/3 HR für den Bereich Personalmanagement ein, während für die Entgeltabrechnung das bereits im Einsatz befindliche Produkt PAISY beibehalten wurde (vgl. *Hoffmann*, 1998).

Ein **Vorteil** dieser Einführungsstrategie ist die weitere Nutzung bewährter Altsysteme oder die Verwendung von Spezialpaketen. Es müssen nicht alle Systeme gleichzeitig umgestellt werden. Ein Teil der Benutzer behält noch ihre „vertrauten" Hilfsmittel. Anstatt der altbekannten Systeme besteht auch die Möglichkeit, innovative Nischenprodukte einzusetzen. Die SAP selbst geht immer mehr davon aus, nicht alle Spezialanforderungen im Standard zu lösen, sondern stattdessen Produkte von Softwarepartnern einzusetzen. **Nachteilig** ist, dass Schnittstellen zwischen zwei oder mehreren unterschiedlichen Systemen in Kauf genommen werden müssen, die mit jedem Releasewechsel eines Moduls erneut überprüft und ggf. angepasst werden müssen. Der Anwender muss sich im Fehlerfall mit Beratern verschiedener Softwareanbieter auseinandersetzen. Ein weiterer Nachteil sind unterschiedliche Benutzeroberflächen für die Anwender. Die Koexistenz zweier Systeme ist oftmals ein schnell gefundener Kompromiss, wodurch die erforderliche Ablösung von Altsystemen lediglich aufgeschoben wird. Außerdem verpassen die Unternehmen die Chance eines umfassenden Reengineering.

2.3 Application Service Providing

Eine Weiterentwicklung des Outsourcing-Gedankens verbirgt sich hinter dem Begriff „**ASP**" (Application-Service-Providing). Der Anwender benötigt hierbei keine Programminstallation mehr auf dem eigenen Server. Das Programm läuft auf den Rechnern eines Dienstleisters (Application Service Provider). Der Zugriff auf das Anwendungsprogramm erfolgt über eine gesicherte Internet-Übertragung. Die Anwender benötigen lediglich einen Internet-Zugang mit Browser und nutzen das HRIS vergleichbar mit einem Elektrogerät, das bei Bedarf Strom aus der Steckdose bezieht.

Von **Vorteil** ist ASP vor allem, weil sich hierdurch Kosten einsparen lassen. Die Kosten für die Nutzung eines HR-Systems werden zumindest transparenter. Der Dienstleister kann unter Umständen seinen Service günstiger anbieten, weil er sich auf Outsourcing spezialisiert hat und seine vorhandene Hard- und Software optimal nutzen kann. Bei der Entscheidung zwischen Inhouse-Betrieb und Outsourcing müssen allerdings auch **Nachteile** berücksichtigt werden. Outsourcing bedeutet auch in den meisten Fällen einen Know-How-Verlust im eigenen Unternehmen. Während früher eine Abhängigkeit von eigenen Mitarbeitern bestand, besteht jetzt eine Abhängigkeit von einem externen Dienstleistungsunternehmen. Bei der Nutzung von ASP müssen Datenschutz und -sicherung in besonderem Maße berücksichtigt werden. Wenn Personaldaten über das Internet transportiert werden sollen, sind besondere Schutzvorrichtungen (z.B. Verschlüsselung, Virtual Private Networks) erforderlich, damit diese vertraulichen Daten nicht von Unbefugten ausgespäht oder verändert werden können.

3 Entwicklungstendenzen

3.1 Employee Self Service (ESS)

Der Grundgedanke hierbei ist, dass Mitarbeiter und Vorgesetzte personenbezogene Daten zumindest teilweise selbst verwalten. In Verbindung mit einem Intranet werden bestimmte Erfassungs- und Verwaltungsaufgaben von der Personalabteilung auf Mitarbeiter und Führungskräfte übertragen. Die eigenverantwortliche Verwaltung der Personaldaten sowie der Abruf von Informationen (z.B. Adressänderung, Anmeldung zu Weiterbildungsveranstaltungen, Erfassen von Urlaubs- oder Reiseanträgen) erfolgt über einen Internet-Browser. Der Missbrauch wird durch Sperrung besonders sensibler Daten verhindert, d.h. die Mitarbeiter haben über den Browser lediglich einen beschränkten Zugriff auf ihre Personaldaten. Durch umfangreiche Schutzmaßnahmen sowie Verschlüsselungstechniken kann ein hohes Maß an Sicherheit im Netzverkehr erzielt werden. Die Einrichtung derartiger Selbstbedienungsfunktionen entlastet die Personalabteilung von zahlreichen Routineaufgaben. Durch die einfache Benutzeroberfläche ist allenfalls ein geringer Schulungsbedarf nötig. Umgekehrt können die Mitarbeiter per Internet jederzeit und überall (also auch am PC zu Hause) aktuelle Informationsangebote ihres Unternehmens abrufen, z.B. interne Stellenausschreibungen, Schulungsangebote, Sozialleistungen des Arbeitgebers.

Im Anschluss an die Datenerfassung im Selbstbedienungs-Modus erfolgen Fehlerprüfungen durch die Software und Genehmigungen durch den Vorgesetzten. Ändert der Mitarbeiter beispielsweise seine Bankverbindung für die monatliche Entgeltabrechnung, muss die Bankleitzahl geprüft werden. Zahlreiche Felder darf der Mitarbeiter nicht verändern, z.B. seine Gehaltsgruppe. Nach Beantragung von Urlaub durch den Mitarbeiter kann per Workflow die Genehmigung durch den Vorgesetzten veranlasst werden. In Abb. 4 wird die Beantragung von Urlaub durch eine Mitarbeiterin gezeigt.

Die Nutzung des Internet für den Zugang zu einem HRIS bietet allerdings noch weitere Möglichkeiten. Mitarbeiter aus der Personalabteilung können standortunabhängig über das Internet auf Personaldaten zugreifen. Hierzu zählen beispielsweise Personalleiter, die Mitarbeitergespräche in Filialen führen oder Mitarbeiter, die Zuhause arbeiten (Telearbeiter).

Die grundsätzlichen technischen Komponenten für Self-Service in der Personalwirtschaft sind in Abb. 5 verdeutlicht. Auf der Client-Seite (Mitarbeiter) sind lediglich PC's mit Browser erforderlich. Die Anfragen werden zunächst an einen sog. Web-Server weitergeleitet, wo Sicherheits- und Berechtigungsprüfungen gemacht werden. Ein direkter Zugriff aus dem Intranet auf den Applikations- bzw. Datenbankserver (also auf das eigentliche R/3 HR-System) erfolgt aus Sicherheitsgründen normalerweise nicht.

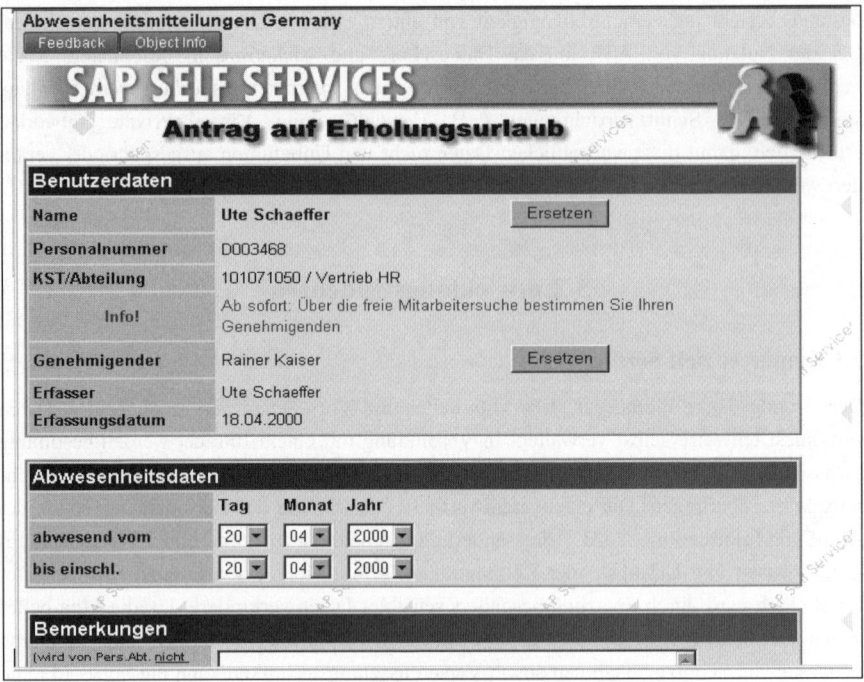

Abb. 4: Urlaubsantrag mit ESS (© SAP AG)

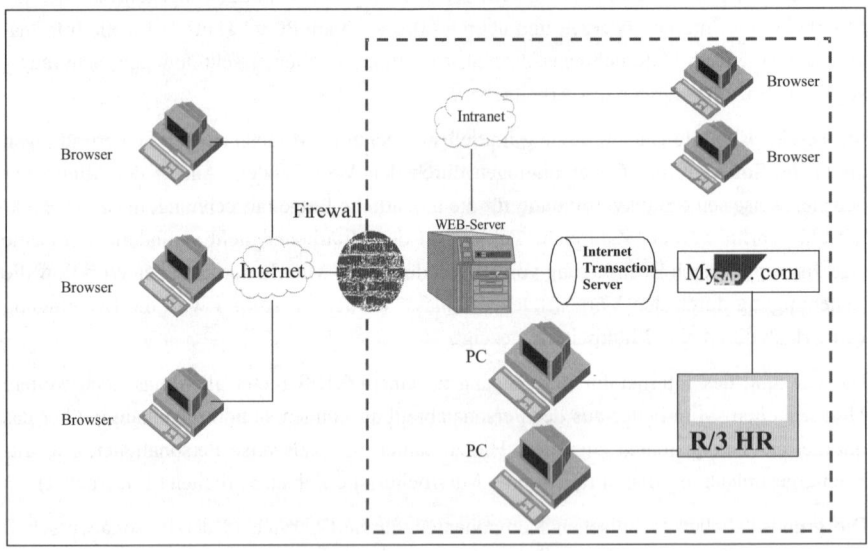

Abb. 5: Technische Voraussetzungen für Self-Service in der Personalwirtschaft (© SAP AG)

Für Self-Service eignen sich wesentlich mehr Daten, als man zunächst vermutet. Die folgende Aufzählung in Abb. 6 ist daher nur als Beispiel anzusehen.

- Eigenen Name ändern,
- Adressen (Postadresse, Notfalladresse etc.) ändern,
- Telefon-Nummern (dienstlich/privat) suchen bzw. ändern,
- Raum-Nr, Gebäude-Bezeichnung ändern,
- KFZ-Kennzeichen ändern,
- Bankverbindung ändern,
- Organisatorische Zuordnung, Position, Funktion, Kostenstelle suchen,
- Belegschafts-Aktien kaufen/verkaufen; Informationen für Aktionäre,
- Seminarauswahl, Seminaranmeldung, Seminarbewertung,
- Dienstreiseantrag, Reise-Genehmigung, Reisekostenabrechnung,
- Urlaubsantrag, Antrag auf Mehrarbeit, Kommt-Geht-Zeiten erfassen,
- Familienstand ändern,
- Vertrags-, Gehalts- und Sozialversicherungsdaten ansehen,
- Personalakte ansehen.

Abb. 6: Anwendungsmöglichkeiten für Employee Self-Service

Der **Nutzen** von Self Service für Personaldaten liegt im Fortfall manueller Verwaltungsarbeiten (Doppelerfassung) und in der Reduktion von Papier und Formularen. Führungskräfte und ihre Mitarbeiter erhalten eine einfache und schnelle Möglichkeit, Personaldaten einzusehen und zu aktualisieren. Wenn man weiß, dass man eine Korrektur selbst vorgenommen hat, sind normalerweise keine Rückfragen in der Personalabteilung nötig. Andererseits muss jedem einzelnen Mitarbeiter eine Zugriffsberechtigung erteilt werden. In den meisten Fällen sind zu diesem Zweck umfangreiche Administrationsaufgaben erforderlich. Die Self-Service-Benutzer werden mit stark eingeschränkten Lese- und Schreibrechten im HR-System registriert. Bei mehreren Tausend Self-Service-Usern entsteht hierbei ein erheblicher administrativer Aufwand. Ein weiteres Problem existiert, wenn nicht alle Mitarbeiter einen direkten Zugang zu PC und Internet haben. In Fertigungsbetrieben können Self-Service-Terminals (die auch als Kiosksysteme bezeichnet werden) an zentralen Stellen, z.B. in der Kantine, aufgestellt werden. Möglicherweise ist bei einigen Mitarbeitergruppen auch ein größerer Schulungsaufwand erforderlich.

3.2 E-Recruiting

Hierunter werden alle Möglichkeiten der Personalbeschaffung und -auswahl über das Internet verstanden. Viele Unternehmen nutzen inzwischen die Möglichkeit, über die eigene Homepage offene Stellen anzubieten. Die üblichen Bewerbungsunterlagen werden per Post versandt. Der konsequente nächste Schritt, der allerdings noch nicht von vielen Unternehmen angeboten wird, ist die Online-Bewerbung. Hierbei wird nahezu die gesamte Kommunikation zwischen Bewerber und Arbeitgeber über das Internet abgewickelt (vgl. Abb. 7).

Nach der Information über offene Stellen hat der Kandidat z.B. die Möglichkeit, im Rahmen eines Self-Assessments seine eigenen Qualifikationen mit den Stellenanforderungen zu vergleichen. Bei Interesse an einer Stelle können die Bewerber ihre persönlichen Daten

Abb. 7: E-Recruiting-Szenario

(Lebenslauf, Ausbildung, Eintrittsdatum, Gehaltsvorstellung etc.) in einem elektronischen Formular erfassen. Der Bewerber benötigt hierfür lediglich einen Internet-Browser und verschickt seine Bewerbung elektronisch an das Unternehmen. Die Bewerberdaten erreichen das Unternehmen per E-Mail und fließen direkt in die Bewerberdatenbank von SAP HR ein. Zur Bestätigung, dass die Bewerbung vollständig und richtig angekommen ist, kann dem Bewerber eine Vorgangsnummer mitgeteilt werden, unter der HR die Bewerbung verwaltet. Neben der Vorgangsnummer sollten die Daten mit einem Passwort geschützt werden, das am Ende der Online-Bewerbung angezeigt und direkt verändert werden kann. Dem Unternehmen wird bei der elektronischen Bewerbung das erneute Erfassen von Bewerberdaten erspart. In der Datenbank können die Kandidaten nach beliebigen Qualifikationskriterien selektiert werden. Hierdurch ist eine Vorauswahl möglich. Die weitere Kommunikation erfolgt ebenfalls per Internet: Eingangsbestätigung, Absage, das Anfordern von weiteren Unterlagen und Zeugnissen, ggf. die Einladung zu einem persönlichen Vorstellungsgespräch. Wichtig erscheint auch, dass ein Bewerber jederzeit den Status seiner Bewerbung beim Unternehmen abfragen kann. Nach der Anmeldung mit Vorgangsnummer und Passwort kann der aktuelle Bearbeitungsstand (z.B. eingeladen, verschoben, abgelehnt) aus dem HR-System dem Kandidaten angezeigt werden.

Der **Vorteil** der Online-Direktbewerbung besteht in der hohen Bearbeitungsgeschwindigkeit (Stellenausschreibungen und Bewerbungen können rund um die Uhr erfolgen) und der Reduzierung von Erfassungsaufwand (Delegation der Bewerberdatenerfassung an den Bewerber; manuelle Eingriffe sind nur noch erforderlich, um Bewerbungen zu lesen und zu selektieren). Ein **Nachteil** besteht darin, dass derzeit neben dem elektronischen Bewerbungsablauf (Internet) im Regelfall noch der traditionelle Bewerbungsablauf (Anzeige in Zeitung) parallel erfolgen muss. Für den Sachbearbeiter in der Personalbeschaffung bedeutet dies keine Arbeitserleichterung, sondern eine Zusatzbelastung. Einige Personengruppen nutzen das Internet entweder aus Furcht vor mangelnder Geheimhaltung nicht (z.B. Top Manager) oder haben noch keinen privaten Zugang zu dem Online-Medium.

3.3 mySAP.com

Hierunter wird die konsequente Ausrichtung aller R/3-Module auf Internet und Intranet-Technik verstanden (vgl. Abb. 8). Neben der anderen Technik (Übertragungsprotokoll TCP/IP, Browser) bedeutet dies jedoch auch die grundsätzliche Neuorientierung der bisherigen Geschäftsprozesse. Benötigt ein Personalmanager beispielsweise Gehaltsdaten für ein Benchmarking, so kann er über mySAP.com die marktüblichen Gehaltsdaten direkt über das Web von der Hay Group (als Beratungsunternehmen für Gehaltsvergleiche) beziehen und in seiner eigenen Analyse weiterverarbeiten.

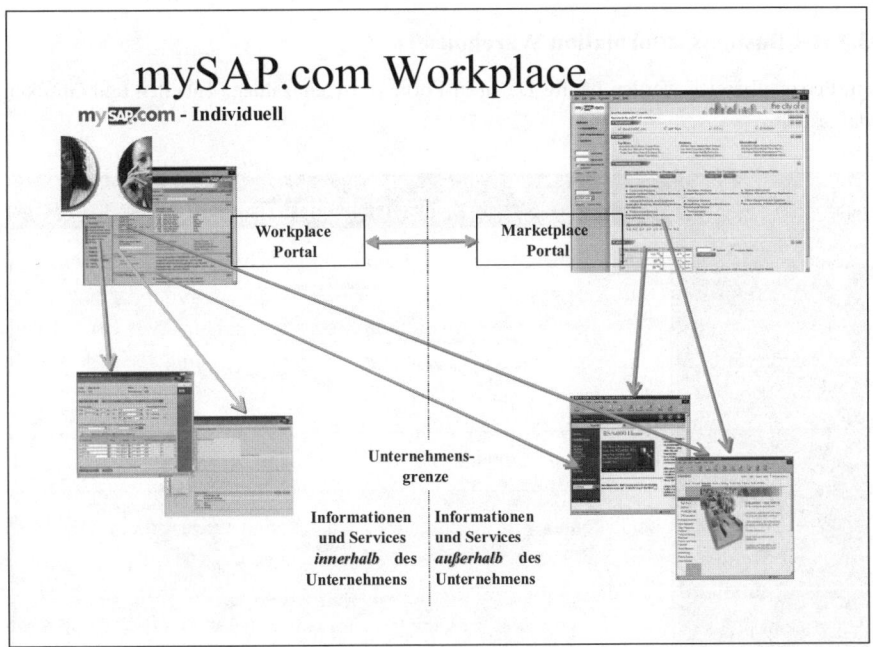

Abb. 8: mySAP.com (© SAP AG)

Der **mySAP.com Workplace** ist ein Unternehmensportal, welches dem Anwender einen komfortablen Zugang zum gesamten Softwaresystem eines Unternehmens sowie auf externe Anwendungen per Internet ermöglicht. Der Benutzer kann hierbei die Anwendungen (Programme), die er für seine tägliche Arbeit benötigt, selbständig festlegen. Die Besonderheiten des mySAP.com Workplace sind im Folgenden dargestellt.

- Single Point of Access mittels Web-Browser auf alle Anwendungsprogramme, Inhalte und Dienste, die ein Benutzer benötigt.
- Durch die personalisierte, rollenbasierte Benutzeroberfläche erfolgt eine weitgehende Anpassung an die spezifischen Anforderungen einzelner Benutzer bzw. Benutzergruppen. „Rollenbasiert" bedeutet z.B., dass Personalleiter, Lohnsachbearbeiter und Personalreferent entsprechend ihrer Aufgabenstellungen unterschiedliche Benutzeroberflächen zur Verfügung gestellt bekommen
- Der Zugriff auf den Workplace per Internet ist vom eigenen Büroarbeitsplatz genauso möglich wie von einem Telearbeitsplatz oder von einer Niederlassung aus. Voraussetzung sind lediglich Internet-Zugang und Browser.

Der **mySAP.com Marketplace** ermöglicht den Aufbau elektronischer Marktplätze im Internet. Hierüber sollen zukünftig Informationen zwischen Unternehmen ausgetauscht werden. Für die Personalwirtschaft lassen sich über ein derartiges System beispielsweise Mitarbeiter beschaffen (durch Verbindung zu elektronischen Jobbörsen) oder Seminarveranstaltungen buchen (durch Verbindung zu einem externen Trainingsmarktplatz).

3.4 HR Business Information Warehouse

Im Personalbereich werden häufig Daten in Form von Kennzahlen, Tabellen und Grafiken dargestellt.

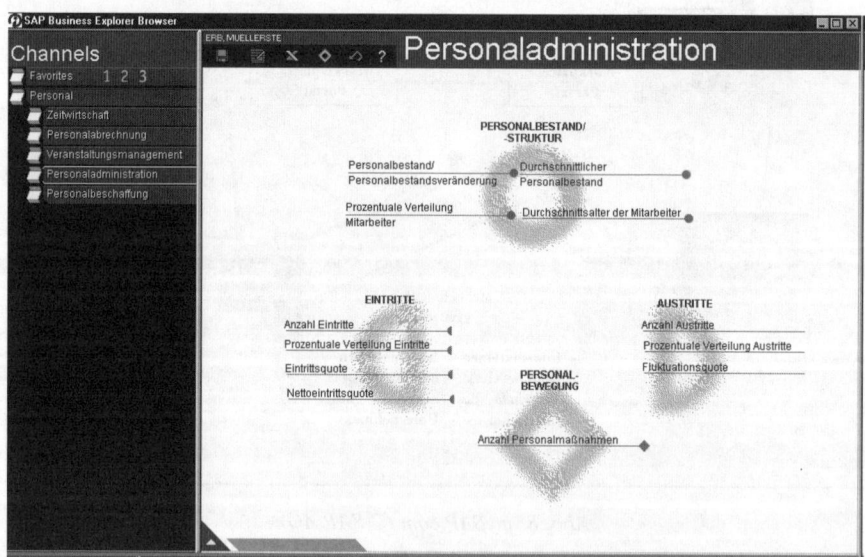

Abb. 9: Business Explorer Browser (© SAP AG)

Die Aufbereitung der Daten ist oftmals sehr komplex. Unter der Bezeichnung **Business Information Warehouse** (BW) wird eine von den operativen SAP-Anwendungen isolierte Datenbank umschrieben, die als Basis für alle Ausprägungen managementunterstützender Systeme dient. Im Mittelpunkt steht die intuitive Bedienung und managementgerechte

Informationspräsentation. **OLAP** (Online-Analytical Processing) ist hierbei eine Technik, die es erlaubt, betriebswirtschaftliche Kennzahlen mehrdimensional auszuwerten, z.B. Personalkosten nach Mitarbeitergruppen, Regionen, Zeiträumen. Datenlieferanten für das BW sind die für R/3 genutzten Datenbanken, Dateien von vorhandenen Alt-Systemen sowie externe Datenquellen, wie z.B. Internet. Die Benutzeroberfläche des SAP Business Information Warehouse, der „Business-Explorer" (vgl. Abb. 9) baut auf Internet-Technologie auf. Die Verteilung von Personalberichten und -kennzahlen erfolgt über das unternehmensinterne Intranet.

Durch das SAP Business Information Warehouse kann die Auswertung, Aufbereitung sowie die Bereitstellung der Personalinformationen wesentlich erleichtert werden. Vordefinierte Standardreports und Berichtsvorlagen beschleunigen und vereinfachen das Erstellen von Berichten (vgl. Abb. 10).

3.5 Elektronische Personalakte

Elektronische Personalaktenablage bedeutet die langfristige Aufbewahrung von Dokumenten aus der Personalabteilung auf digitalen Datenträgern. Für die Dokumentenverwaltung müssen Funktionen zur Verfügung stehen, die eine *Ablagesystematik* unterstützen und das *Wiederfinden* von Dokumenten über Suchbegriffe ermöglichen.

Die wichtigsten **Ziele** einer elektronischen Personalakte sind:

- Schnelle Verfügbarkeit von Informationen ohne langes Suchen.

- Revisionssichere Aufbewahrung sämtlicher Dokumente aus dem Personalbereich, die einer gesetzlichen Aufbewahrungsfrist unterliegen.

- Platzsparende Aufbewahrung.

- Schneller Zugriff für alle Berechtigten (also teilweise auch für den Mitarbeiter selber bzw. den Betriebsrat), ohne dass Personalakten verschickt werden müssen.

Die elektronische Personalakte berücksichtigt drei Arten von Informationen:

1) Die **Primärinformation** umfasst den Inhalt eines Dokuments oder Schriftstücks (vgl. Abb. 11). Hierbei handelt es sich entweder um ein eingescanntes Dokument (uncodierte Information) oder um eine bereits im Computer vorhandene Datei (codierte Information). Die uncodierten Informationen müssen mit Scannern eingelesen werden.

2) Die Verwaltung der Dokumente erfolgt über sog. **Metainformationen**. Hierbei kann es sich z.B. um die Kurzbezeichnung der aktenführenden Personalabteilung, um ein Aktenzeichen oder um Inhaltsangaben handeln. Es wird auch erfasst, wo das Dokument hinterlegt ist, also entweder auf CD-ROM oder klassisch im Aktenschrank. Es lassen sich auch gemischte Personalakten führen, die teilweise elektronisch, teilweise klassisch abgelegt wurden.

3) Schließlich helfen **Protokoll- und Bearbeitungsinformationen**, einen Vorgang nachzuvollziehen. Hierdurch wird erkannt, wo ein Dokument gerade liegt und in welchem Bearbeitungsstatus es sich befindet.

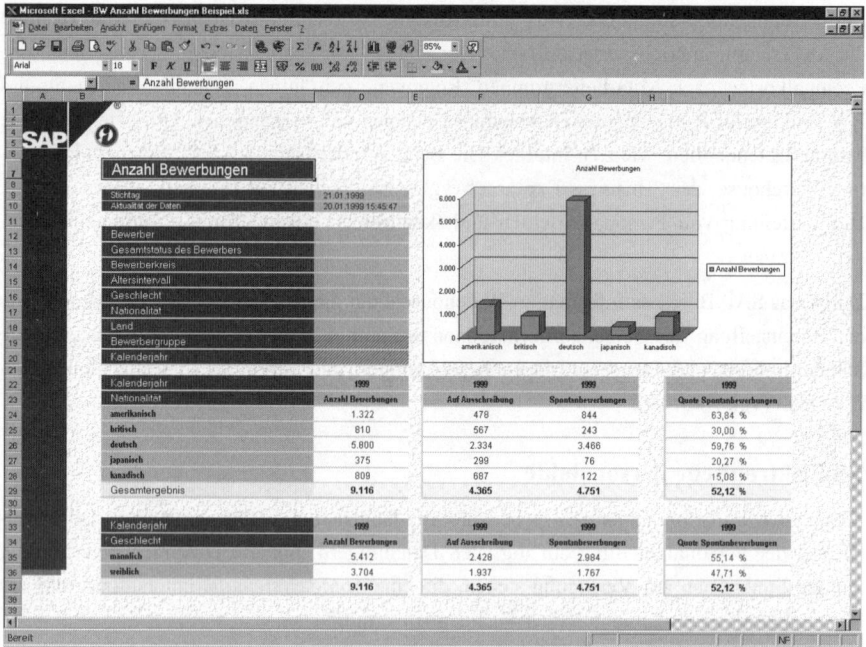

Abb. 10: Auswertungsbeispiel im Bereich „Bewerbermanagement" (© SAP AG)

Uncodierte Informationen	Codierte Informationen
Bewerbungsunterlagen	Lohn- u. Gehaltsabrechnungen
Reisebelege	Lohn- u. Gehaltskonten
Arbeitsverträge	Personalstatistiken
Steuerkarten	Arbeitgebermeldungen an externe Stellen
Arbeitserlaubnisse	
Bescheinigungen	
Schriftverkehr	

Abb. 11: Inhalt einer elektronischen Personalakte

Die Personalakten werden auf einmal beschreibbaren optischen Speicherplatten (WORM-Platten, Write Once Read Many) gespeichert, deren Speicherkapazität zwischen 100 Megabyte und mehreren Gigabyte variiert. *Jukeboxen* (Plattenwechsler) erlauben den direkten Zugriff auf mehrere Platten.

Alle R/3-Module, also auch HR werden über eine allgemeingültige Schnittstelle (SAP ArchiveLink®) an optische Archivierungssysteme bzw. Dokumentenmanagementsysteme

(Fremdprodukte) angebunden. Über diese Programmierschnittstelle können Originalbelege eingescannt werden und es können archivierte Belege gesucht und angezeigt werden (vgl. *Gulbins/Seyfried/Strack-Zimmermann*, 1999, S. 513 ff.).

3.6 Workflow Management

Eine große Chance zur Rationalisierung der Personalverwaltung bietet die Nutzung von **Workflow-Management-Systemen**. Sie können als Nachfolger von Bürokommunikationssystemen angesehen werden und beschleunigen komplexe Verwaltungsvorgänge durch Verknüpfung aller erforderlichen Geschäftsprozesse einschließlich Zugriff auf elektronisch gespeicherte Dokumente. Wenn es gelingt, die lästige Verwaltungsarbeit hierdurch teilweise zu automatisieren und die Geschäftsvorgänge insgesamt zu beschleunigen, können Workflow-Systeme schon bald zum unverzichtbaren Hilfsmittel der Personalwirtschaft aufsteigen. In der folgenden Abb. 12 wird das Workflow-Prinzip am Beispiel „**Bewerberverwaltung**" verdeutlicht.

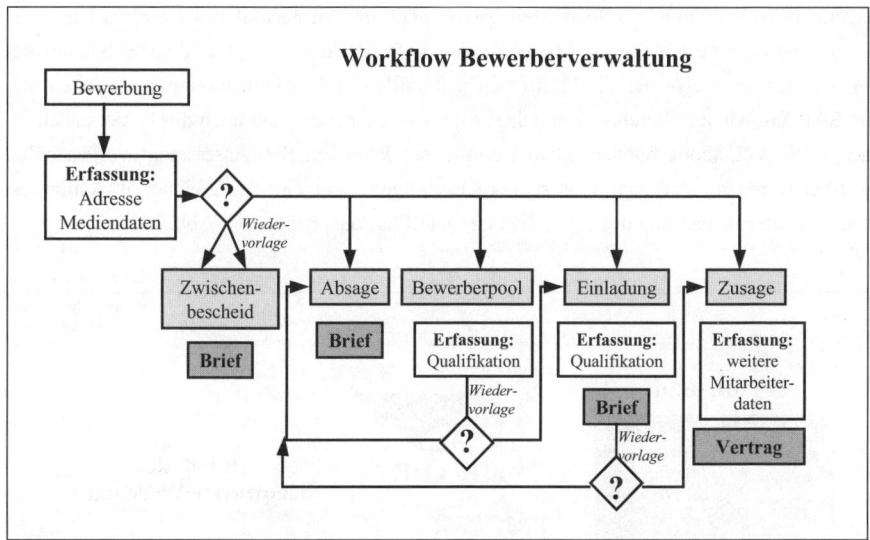

Abb. 12: Beispiel für einen Workflow (Quelle: Mülder, 2001)

Nach einem auslösenden Ereignis, wie z.B. eingehende Bewerbungsunterlagen werden verschiedene Vorgänge angestoßen. Es müssen mehrere Stellen im Unternehmen durchlaufen werden. Am Ende eines Bewerberprozesses steht meistens die Neueinstellung eines Mitarbeiters mit Unterzeichnung des Arbeitsvertrages.

3.7 Knowledge Management

Beratungsunternehmen und global tätige Konzerne haben als erste erkannt, dass Wissen zukünftig zur wichtigsten unternehmerischen Ressource wird. Hierbei gilt es zum einen, das implizite (in den Köpfen der Mitarbeiter gespeicherte) Wissen besser zu nutzen und möglichst auch unabhängig von der einzelnen Person zu erhalten. Andererseits sollten alle Mitarbeiter die Möglichkeit haben, von dem Wissen eines Unternehmens (kollektives Wissen) bei Bedarf zu profitieren. Unter dem Begriff „Wissensmanagement" (bzw. „Knowledge Management") werden sämtliche Aktivitäten zusammengefasst, um die Ressource Wissen im Unternehmen besser auszuschöpfen (vgl. *Gehle/Mülder*, 2001). Hierbei soll zunächst das bestehende individuelle Wissen der Know-How-Träger (in Form von Erfahrungen, Einschätzungen etc.) sowie das kollektive Wissen des Unternehmens (in Form von Regelwerken, Organisationsprinzipien, Dokumenten etc.) identifiziert und erfasst werden. Verschiedene Hilfsmittel wie z.B. Wissenslandkarten, Data Warehouse und Expertenverzeichnisse können zu diesem Zweck genutzt werden. In einem weiteren Schritt geht es darum, das bestehende Wissen unternehmensweit zu transferieren und zu teilen. Als Tools eignen sich hierfür Intranet und Workflow-Systeme. Ein weiterer Schritt ist schließlich die Schaffung neuen Wissens, um hierdurch neue Produkte und Dienstleistungen zu entwickeln und damit letztlich die Überlebensfähigkeit eines Unternehmens sicherzustellen. Das SAP Knowledge Warehouse besteht aus einer Reihe von Tools, um Wissensinhalte zu modellieren, zu erzeugen, zu verändern, zu übersetzen, zu verteilen und zu verwalten. Es besteht eine enge Integration mit verschiedenen Modulen von SAP HR und ESS. Aus dem ESS kann der Mitarbeiter beispielsweise direkt auf Lehrmaterialien und Dokumentationen zugreifen, die im SAP Knowledge Warehouse abgelegt sind. Der Lernende kann auch direkt Veranstaltungen oder Workshops buchen. Dem Lernprozess kann ein Self-Assessment vorgeschaltet werden (um evt. Vorkenntnisse zu berücksichtigen) und ein erfolgreicher Abschlusstest führt zu einer Anpassung des individuellen Qualifikationsprofils (vgl. Abb. 13).

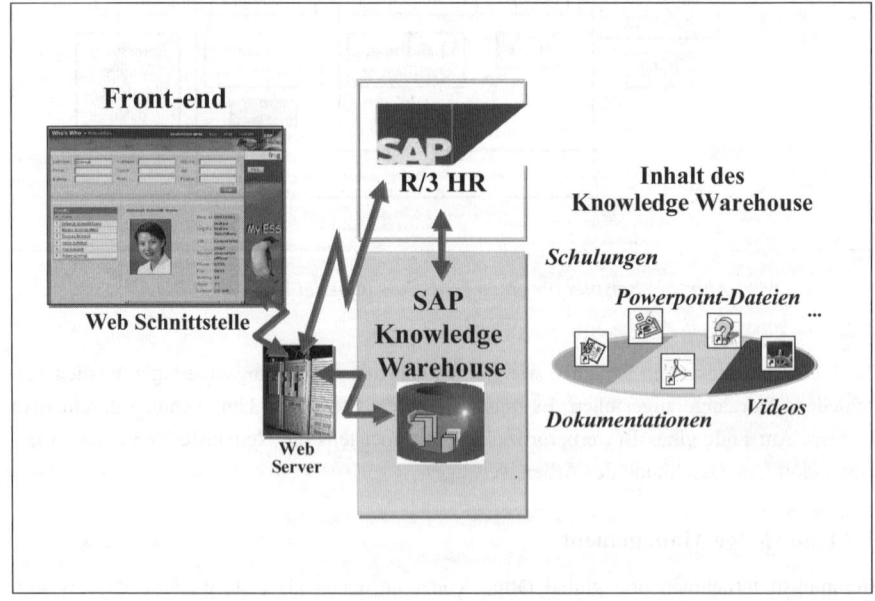

Abb. 13: Integration zwischen SAP HR und SAP Knowledge Warehouse (© SAP AG)

4 Schlussbemerkungen

In diesem Beitrag wurden die wesentlichen Anwendungsmöglichkeiten des Softwaresystems SAP R/3 HR aufgezeigt. Bei der Darstellung der zukünftigen Entwicklungen zeichnet sich deutlich ab, dass durch die Internet/Intranet-Technik viele neue Anwendungsmöglichkeiten für das Personalmanagement entstehen. MySap.com, Employee Self Service und Knowledge Management bilden die technischen Voraussetzungen, damit Unternehmen in einem Netzwerk von Geschäftsbeziehungen zukünftig einfacher, schneller und vor allem kostengünstiger personalwirtschaftlich relevante Informationen untereinander austauschen können. Die neuen informationstechnischen Möglichkeiten sind eine große **Chance**, aber gleichzeitig auch eine starke **Bedrohung** für die im Personalbereich tätigen Mitarbeiter. Die Chance besteht darin, dass sich die Personalfachleute durch schnelle Adaption der neuen Techniken als unverzichtbare und innovative Human Resource- und Knowledge Management-Experten im Unternehmen etablieren können. Damit lässt sich die heute in vielen Unternehmen geführte Diskussion über den Anteil der Personalabteilung an der betrieblichen Wertschöpfung auch eindeutig positiv beantworten. Eine Gefahr besteht vor allem für jene Personalmanager, die durch zu langes Abwarten irgendwann einmal feststellen müssen, dass die „virtuelle" Personalabteilung inzwischen zur Realität geworden ist. Die technischen Möglichkeiten zur weitgehenden Auslagerung der Personalarbeit sind heute schon vorhanden. Das schnell wachsende ASP-Angebot (z.B. Entgeltabrechnung, Reisekostenabrechnung, Jobbörsen) konkurriert mit zahlreichen „klassischen" Dienstleistungen von internen Personalabteilungen. Die zusätzliche Verlagerung einfacher Administrations- und Beratungsaufgaben durch ESS und Knowledge Management auf Mitarbeiter und Führungskräfte macht zukünftig einen Großteil der betrieblichen Personalverwaltung entbehrlich. Um nicht eines Tages den technischen Möglichkeiten „hinterherzulaufen" gilt es vielmehr, die neuen Komponenten frühzeitig, wenngleich auch kritisch zu prüfen und auszuprobieren.

Literatur

Buhr, A./Greczmiel, K.: DuPont: SAP als europäisches Personalinformations- und Abrechnungssystem, in: Management Circle-Konferenz SAP R/3 im Personalwesen, Wiesbaden, 06./07.10.1998.

Femppel, K.: Das Personalwesen in der deutschen Wirtschaft, eine empirische Untersuchung; München u. Mering 2000.

Gehle, M./Mülder, W.: Wissensmanagement in der Praxis, Frechen 2001.

Gulbins, J./Seyfried, M./Strack-Zimmermann, H.: Dokumentenmanagement – Vom Imaging zum Business-Dokument, 2. überarb. u. erw. Aufl., Berlin u.a. 1999.

Hoffmann, F.A.: SAP R/3 im Personalmanagement der Deutschen Telekom AG, in: Management Circle-Konferenz SAP R/3 im Personalwesen, Wiesbaden, 06./07.10.1998

Mülder, W.: Computergestützte Personalarbeit mit SAP R/3 HR – erfolgreich durch moderne Software, in: *Schmeisser, W./Clermont, A./Protz, A.* (Hrsg.), Personalinformationssysteme und Personalcontrolling, Auf dem Weg zum Personalkosten-Management, Neuwied, Kriftel 1999, S. 49-75.

Mülder, W.: Personalinformationssysteme – Entwicklungsstand, Funktionalität und Trends, in: Wirtschaftsinformatik 42 (2000)Sonderheft, S-98-S-106.

Mülder, W.: Human Resource Information Systems, Informationssysteme für die Personalwirtschaft, in: agplan Handbuch zur Unternehmensplanung (Loseblattwerk), Rd. Nr. 5272, Berlin 2001.

Mülder, W./Störmer, W.: Arbeitszeitflexibilisierung und Zutrittssteuerung mit System – PZE-Systeme richtig planen, auswählen und einführen, 3. vollständig neubearbeitete Aufl., Neuwied 2001.

Personalsoftware in Globalen Unternehmen

Alfred Protz

Wer sein Unternehmen im Globalen Markt erfolgreich auf Kurs halten will, braucht ein zuverlässiges und integriertes Informationsmanagement für eine umfassende Sicht auf sämtliche internen Daten sowie alle relevanten Fremddaten. Hierzu gehört auch ein ganzheitliches Personalinformationssystem mit integrierten Standardschnittstellen zu den internen betriebswirtschaftlichen Softwareanwendungen und Informations- und Kommunikationssystemen sowie extern zum Internet, um schnell und flexibel am Globalen Markt agieren zu können. Unternehmerischer Erfolg verlangt ferner ein vorausschauendes Personalmanagementsystem, das hilft, strategische Wettbewerbsvorteile auszubauen und zu sichern. Die Begabungen und Fähigkeiten aller Mitarbeiter müssen optimal genutzt und gefördert werden.

1 IT-Innovationen verändern die Wirtschaft und das tägliche Leben

Das Wort Innovation steht für Neuerung und Änderung traditioneller Strukturen. Innovationen haben schon immer zu einschneidenden wirtschaftlichen Umbrüchen geführt. Dies war bei der Erfindung des Buchdrucks nicht anderes als bei der Erfindung der Glühbirne. Das Geschäftsleben wird sich in den nächsten 10 Jahren stärker verändern, als dies in den letzten 50 Jahren der Fall war. Der Grund für all diese Veränderungen wird der ständige Zufluss digitaler Informationen sein (*Bill Gates*: „Digitales Business – Wettbewerb im Informationszeitalter").

Unternehmen leben von der internen und externen Information und Kommunikation. Die Möglichkeiten der Informationstechnologie führen zu einem Wandel in der Arbeitswelt. In der Arbeitswelt von morgen werden sehr viele Dinge auf eine ganz andere Art und Weise getan werden, die weit davon entfernt ist, wie die Dinge heute getan werden. Es gilt daher, diesen Wandel als unausweichlich zur Kenntnis zu nehmen, um ihn zu gestalten und innerbetrieblich zu steuern. Das Kapital des Informationszeitalters ist das Wissen in den Netzen, das Know-how in den Köpfen der Mitarbeiter (ganzheitliches, integriertes Denken), die Innovationsfähigkeit, die Flexibilität sowie die Kommunikationsfähigkeit des Unternehmens.

Internet, Intranet und E-Mail erhöhen durch schnellere interne und externe Kommunikation die Leistungsfähigkeit des Unternehmens. Die modernen digitalen Schnellstraßen verbinden Menschen in aller Welt und werden zum Fundament für den Datentransport innerhalb und zwischen den Unternehmen. Sie ermöglichen den schnellen Zugriff auf Informationen und verknüpfen mehr und mehr auch die betriebswirtschaftlichen Geschäftsprozesse. Die Fakten

Zeit und Raum erhalten durch die neue Informationstechnologie eine neue Bedeutung. Das Internet macht die Welt zum globalen Dorf. Das Internet überwindet nicht nur große räumliche Distanzen, es verschafft dem Nutzer durch seine Fülle an Informationen und Austauschmöglichkeiten vor allem eine nie dagewesene Transparenz über Märkte und Angebote.

Die Informations- und Kommunikationstechnologie (IuK) wirkt sich auf die Unternehmensstrategie, die Personalstrategie sowie auf die Geschäftsstrategie (Umsetzung) im Personalbereich aus. Der Personalbereich hat hier durch rechtzeitiges Agieren die Chance, sich unternehmensweit verstärkt in der Rolle als Gestalter zu positionieren. Dies gilt für die Personalarbeit allgemein, aber auch für den Einsatz moderner Software in der Personalarbeit.

Die Auswirkungen der neuen Informationstechnologie lassen sich in Anlehnung an das sogenannte 7 S-Modell allgemein einfach und strukturiert darstellen. Bei dem 7 S-Modell geht es um die Identifikation derjenigen Faktoren, die es einer Organisation ermöglichen, erfolgreicher zu sein als andere Organisationen. Internet und Intranet beeinflussen im Rahmen der IuK-Technik die Prozesse und Arbeitsabläufe im Unternehmen, und damit den Faktor Systeme im 7 S-Modell. Veränderungen im Faktor Systeme wirken durch die Abhängigkeit (siehe Abb. 1) auch auf die Faktoren Strategie, Stammpersonal, Struktur, Stil, Spezialkenntnisse und Selbstverständnis. Von besonderer Bedeutung ist hier, dass die Wirkung vom Faktor Systeme ausgeht. In der Vergangenheit haben üblicherweise die anderen Faktoren den Faktor Systeme beeinflusst.

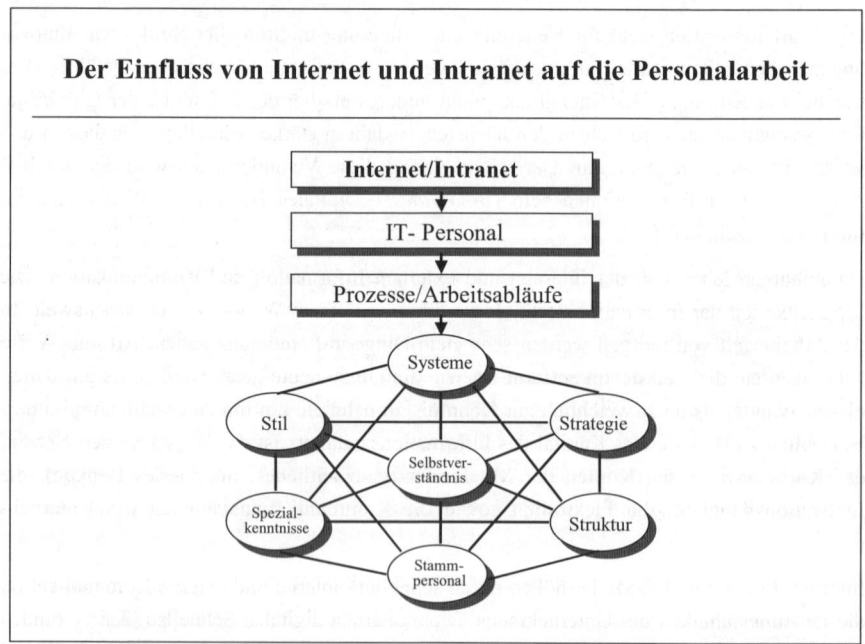

Abb. 1: Einfluss von Internet und Intranet auf die Personalarbeit

Im Bereich der Kommunikations- und Informationsstrategie sind entsprechende Investitionen und Verhaltensänderungen erforderlich. Internet und Intranet bieten die Möglichkeit weltweit zeitnah und umfassend zu informieren.

Die Informations- und Kommunikationstechnologie verändert das Anforderungsprofil der Mitarbeiter und damit mittelfristig die Mitarbeiterstruktur. Die IuK-Technik erfordert ferner andere Verhaltensmuster: Man muss selbst, auch in den oberen Managementebenen, in den Systemen aktiv werden. Die Notwendigkeit dieser Veränderung muss im Rahmen der unternehmerischen Steuerungsfunktion den Mitarbeitern bewusst gemacht werden.

Internet und Intranet beeinflussen wesentlich die Prozesse im Unternehmen. Die veränderten Rahmenbedingungen werden die Arbeitsorganisation verstärkt in Teams, Projekten, Telearbeit und virtuellen Strukturen ausrichten. Die Fähigkeit strategische Potentiale und operative Einsatzgebiete von IuK-Technik grundsätzlich erkennen und beurteilen zu können, gehört heute zu den Grundqualifikationen von Managern und Führungskräften.

Je weiter die Technologisierung der Arbeitswelt voranschreitet, desto mehr wird andererseits der menschliche Kontakt, also die durch Personen repräsentierte Kommunikation, die Beziehung zu den Kunden gestalten. In Zeiten austauschbarer Produkte entscheidet nicht die Technik allein, sondern auch der emotionale Mehrwert über den Erfolg. Die Kunden warten andererseits nicht mehr bis sie bedient werden, sie können sich mit Hilfe der IuK-Technik selbst bedienen und zwar rund um die Uhr an allen sieben Tagen der Woche.

2 Von der Personalstrategie zur IT-Strategie HR

Die veränderten Rahmenbedingungen zwingen zu einer Neuausrichtung der Personalarbeit. Ein modernes Personalmanagement ist heute eine wesentliche Grundvoraussetzung zur Bewältigung der gestiegenen Qualitäts-, Kosten- und Schnelligkeitsanforderungen an die Unternehmen geworden. Dies setzt Unternehmertum im Personalbereich voraus. Der Personalbereich muss daher nach ökonomisch fundierten und unternehmerisch orientierten Grundsätzen ausgerichtet sein. Die Ausrichtung der Personalarbeit auf Kundennutzen und Servicequalität spielen dabei eine wichtige Rolle. Preisgünstiger und qualitativ hochwertiger Service setzt optimierte, ganzheitlich integrierte Arbeitsabläufe und IT-Systeme voraus. IT-Systeme beeinflussen den Preis und somit die Position im Markt. Flexible IT-Systeme ermöglichen eine rasche Neuausrichtung der Unternehmensstrategie, starre Systeme hingegen hemmen die Entwicklung. Moderne Personalinformationssysteme schaffen die Möglichkeit, ein modernes Selbstverständnis in der Personalarbeit zu leben. Die Frage dabei ist jedoch, ob aus einem modernen Selbstverständnis agiert wird oder das Selbstverständnis durch die veränderten Rahmenbedingungen geprägt wird. Der Personalbereich sollte hier im Rahmen seiner Steuerungsfunktion als Berater und Businesspartner auftreten, der Antworten auf Fragen gibt, die noch keiner gestellt hat.

Sicherlich ist heute in jeder Personalabteilung, ob bewusst oder unbewusst, ein gewisser IT-Standard vorhanden, unterschiedlich ist in den einzelnen Unternehmen die Qualität und der „Reifegrad" der IT-Leistungen und damit das Ausmaß des Nutzens. In diesem Beitrag geht es darum, die Notwendigkeit und die strategische Bedeutung eines hohen IT-Standards in global tätigen Unternehmen bewusst zu machen.

3 Welchen Einfluss hat die Personalstrategie auf die Auswahl und den Einsatz von Personalsoftware?

Die Art und der Umfang der IT-Unterstützung im Personalwesen wird allgemein durch die Personalstrategie und das Selbstverständnis der Personalarbeit bestimmt. Der Faktor „Personal" ist zur entscheidenden Einflussgröße für den Unternehmenserfolg geworden. Daraus folgt, dass die Förderung und die Sicherung des Human-Kapitals als zentrales strategisches Anliegen betrachtet werden muss. Die komplexe und dynamische Umwelt zwingt die Unternehmen zur Bewältigung des Unerwarteten. Dafür genügt nicht die Extrapolation von Erfolgsrezepten der Vergangenheit. Andere Prioritäten müssen gesetzt werden. Ferner müssen für die Bewältigung der veränderten Rahmenbedingungen andere Methoden und Instrumente eingesetzt werden. Für den Personalbereich bedeutet dies, dass er regelmäßig die Flexibilität seiner Aktions- und Reaktionsmöglichkeiten überprüfen muss. Lösungsansätze müssen vorhanden sein, wenn der Ernstfall eintritt. Um den wachsenden Anforderungen an die Personalarbeit flexibel Rechnung zu tragen, benötigt der Personalbereich IT-Unterstützung, die über den Bereich der Verwaltungs- und Abrechnungsaufgaben hinausgeht. Wer von den Mitarbeitern als wichtigstes Kapital spricht, muss auch über die entsprechende Software für diese „Kapitalverwaltung" und die damit verbundene Wertschöpfungsrechnung verfügen.

Die Personalarbeit ist Teil der unternehmerischen Tätigkeit und muss daher entsprechend organisiert sein. Neben der Wahrnehmung der personalwirtschaftlichen Kernkompetenzen

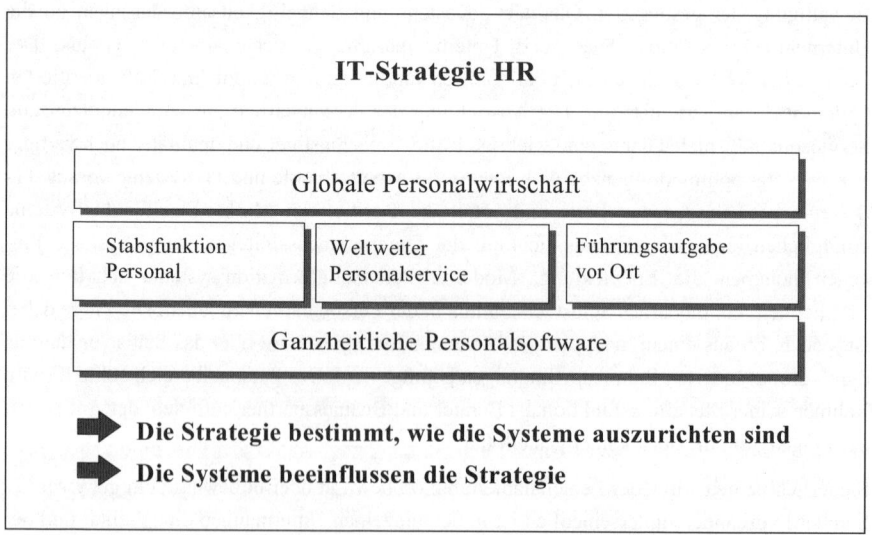

Abb. 2: IT-Strategie HR

(Stabsfunktion) erfordert dies den Ausbau bedarfsorientierter und wettbewerbsfähiger Personalinstrumente und Serviceleistungen. Hierzu gehört auch die internationale Bereitstellung eines unternehmensweiten Personalinformationssystems für die Geschäftsleitung, die Führungskräfte vor Ort und den Zentralen Personalbereich als Steuerungsinstrument.

Personaldaten sollen grundsätzlich am Entstehungsort erfasst werden und dort zur Verfügung stehen, wo sie benötigt werden. Da die Führungsverantwortung nicht zentralisierbar und nicht delegierbar ist, tragen die Führungskräfte die primäre Personalverantwortung und somit die Arbeitgeberfunktion. Um den Führungskräften vor Ort die notwendigen Personaldaten zur Verfügung zu stellen, bedarf es einer Software, die ohne große pflegebedürftige Schnittstellen das gesamte Personalwesen abdeckt. Die dezentrale Zugriffsberechtigung auf das Personalinformationssystem verschafft den Führungskräften die Möglichkeit, sich schnell und umfassend über die relevanten Arbeitsplatz- und Mitarbeiterdaten für Personalentwicklung sowie Gehalts- und Zeitmanagement zu informieren. So können die Führungskräfte Personalgespräche rascher und gezielter vorbereiten und die zur Verfügung stehende Zeit intensiver für das Gespräch nutzen. Anstelle von Software-Mix mit diversen Einzelprogrammen von verschiedenen Herstellern ist grundsätzlich ein integriertes betriebswirtschaftliches IT-Gesamtsystem anzustreben.

Bei der Personalarbeit vor Ort spielt richtig eingesetzte Informationstechnologie eine wichtige Rolle. Sie ist das Vehikel der Integration aller personalwirtschaftlicher Funktionen. Integration ist die Voraussetzung für die ganzheitliche Funktion des Personalwesens von Stab und Linie. Wer heute noch den tayloristischen Ansatz im Personalwesen verfolgt und nur den Stabsbereich Personal mit entsprechender Personalsoftware unterstützt, engt auf Dauer seine unternehmerische Flexibilität ein.

Zielsetzungen für den IT-Einsatz im Personalwesen sind im Wesentlichen:

- Die Sicherstellung der gegebenenfalls kurzfristigen Umsetzung der gesetzlichen Verpflichtungen im Steuer-, Sozialversicherungs-, Arbeits- und Tarifrecht.
- Die Abwicklung des Mengengeschäftes im Personalwesen in wirtschaftlicher Form. Der IT-Einsatz schafft die notwendigen Freiräume zur Verbesserung der Servicequalität sowie für die Wahrnehmung der Kernkompetenzen im Personalwesen.
- Die Schaffung einer einheitlichen technischen Infrastruktur für eine unternehmensweite Personalplanung und -steuerung.
- Die Gewährleistung der Datenbasis und Datenqualität für ein ganzheitliches, effizientes Personalcontrolling in allen Teilbereichen des Personalwesens. Dadurch können Entwicklungen dargestellt und mögliche Risiken aufgezeigt werden.
- Die Vorbereitung und die Umsetzung personalwirtschaftlicher Maßnahmen zu unterstützen.

Ziel ist eine bessere IT-Unterstützung zur Sicherung der strategischen Flexibilität und nicht der „gläserne Mitarbeiter". Um diese Angst vor dem „gläsernen Mitarbeiter" zu vermeiden, ist die Personalvertretung vor dem Kauf der Software frühzeitig in den Entscheidungsprozeß einzubinden.

4 IT-strategische Zielsetzungen

Bei der Auswahl von Personalsoftware sollten folgende strategischen Zielsetzungen beachtet werden:

- Integriertes Gesamtlösungskonzept mit modularem Aufbau

    Durch den modularen Aufbau besteht die Möglichkeit der stufenweisen Implementierung des Systems. Der Ausbau bzw. die Erweiterung eines eingeführten Systems kann durch neue Komponenten individuell nach den unternehmensspezifischen Bedürfnissen zusammengestellt werden. Vordefinierte und stabile Schnittstellen bieten die Möglichkeit für individuelle Erweiterungen. Vordefinierte integrierte Schnittstellen, auch zu Internet- und Intranetanwendungen, gewährleisten darüber hinaus einen geringen Wartungsaufwand für den Endanwender und tragen zur Vermeidung von Datenredundanzen und Doppelarbeiten bei. Anderen Fachbereichen, wie der Finanzbuchhaltung und der Kostenrechnung sollen über definierte Schnittstellen die relevanten Daten zur Verfügung gestellt werden können. Dies erspart nicht nur Arbeit, sondern auch Wartungskosten.

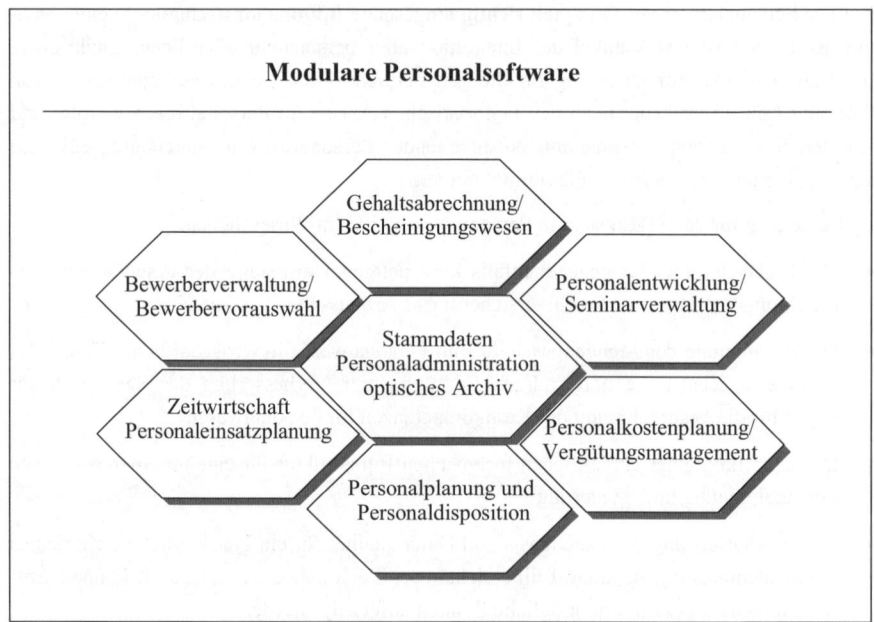

Abb. 3: Modulare Personalsoftware

- Realtime-Arbeitsweise

    Im Realtime-Betrieb werden über die üblichen dialogorientierten Funktionen hinaus folgende Aktionen durchgeführt:

    - Bei der Eingabe der Daten erfolgt sofort eine umfassende Prüfung. Vorteil dabei ist, dass die Eingabe von Daten vereinfacht und über Tabellenzugriffe erleichtert wird.

Für den Endanwender erleichtert sich dadurch die Dateneingabe und es verringert sich damit die Fehlerquote.

- Die geprüften Daten werden unmittelbar auf einer einheitlichen Datenbank abgespeichert. Dort stehen sie allen berechtigten Benutzern direkt zur Verfügung. Durch diesen Vorteil werden Redundanzen vermieden und alle Anwender arbeiten mit dem selben und aktuellsten Datenbestand.
- Alle Bearbeitungen können wahlweise Online oder im Batch durchgeführt werden.

- Mandantenfähigkeit

Mandantenfähigkeit heißt, dass mehrere Produktiv- und auch Testmandanten die gleiche Datenbank und Tabellenstruktur sowie die grundsätzlich gleichen Programme benutzen. Die Bearbeitung der Daten erfolgt jedoch völlig getrennt. Innerhalb eines Mandanten können wiederum mehrere zusammengehörige Firmen eines Konzerns mit verschiedenen Standorten bzw. Niederlassungen abgewickelt werden. Bei Versetzungen von Mitarbeitern innerhalb eines Konzerns bzw. Mandanten können die Mitarbeiter ihre Personalnummer grundsätzlich beibehalten, sofern nicht abrechnungstechnische Gründe dagegen sprechen.

Die systeminternen Schlüsselpläne sollten genügend Freiraum enthalten, um das System für verschiedene organisatorische Einheiten unterschiedlich gestalten zu können.

- Internationalität in Sprache und Währung

Aufgrund des immer stärkeren Zusammenwachsens von internationalen Märkten muss die Möglichkeit bestehen, das gleiche Personalsystem durch den Zusatz der entsprechenden nationalen Komponente in den unterschiedlichen Ländern einzusetzen. Über die Anmeldung in der gewünschten Landessprache soll dem Anwender die volle Funktionalität des Personalsystems wie Bildschirmmasken, Dokumentation, usw. in der ausgewählten Sprache und den jeweiligen Landeswährungen zur Verfügung stehen.

- Hardwareanforderungen

Die Personalsoftware sollte als flexibles System evolutionär an die sich wandelnden Anforderungen angepasst werden können und daher nicht an eine bestimmte Hardwareplattform gebunden sein. Das Abrechnungsvolumen darf nicht begrenzt sein.

- Anwenderfreundlichkeit

Als anwenderfreundliches System sollte die Personalsoftware die vorgangsbezogene Sachbearbeitung unterstützen. Gegeben sein muss die Möglichkeit der zeitstreckenbezogenen Datenerfassung, also die Möglichkeit Daten zu pflegen, die erst in der Zukunft oder rückwirkend wirksam werden sollen. Rückwirkende Datenänderungen sollen gegebenenfalls eine automatische Generierungskette anstoßen, wie zum Beispiel eine Gehaltsrückrechnung bei einer rückwirkenden Gehaltserhöhung. Darüber hinaus sollte die Möglichkeit einer systemgestützten Wiedervorlage sowie die Datenerfassung mit Hilfe von maßnahmegesteuerten Systemtransaktionen gegeben sein. Dabei wird der Sachbearbeiter bei einer Personalmaßnahme vom System durch die von der Maßnahme betroffenen Bildschirmmasken geführt.

- Sicherstellung der Vertraulichkeit

  Durch ein fein abgestuftes, funktionsorientiertes Zugriffssystem ist die Vertraulichkeit der Personaldaten sicherzustellen. Die Trennung der Berechtigung zum Schreiben von Daten mit Sperrvermerk einerseits und zum Pflegen des Sperrvermerks andererseits ermöglicht die Realisierung des sogenannten Vieraugenprinzips bei der Dateneingabe am Bildschirm. Der Zugriffsschutz muss auch den Bereich der Auswertungsprogramme sowie den Hardwarebereich einschließlich der Datennetze umfassen.

- Systeminstallation

  Die Systeminstallation soll innerhalb einer angemessenen Zeit ohne übermäßigen Personaleinsatz, insbesondere aus dem IT-Bereich, möglich sein. Die Pflege der Software (das Customizing), insbesondere die Tabellenpflege, muss soweit wie möglich durch den Fachbereich realisierbar sein.

- Systemnutzen

  Grundsätzlich sollte neue Funktionalität vor der Ablösung vorhandener Funktionalität genutzt werden. Wer bereits über eine funktionierende Gehaltsabrechnung verfügt, sollte seine Aktivitäten auf Softwaremodule in den Bereichen Personalentwicklung und Personalplanung richten. Hier können strategische Wettbewerbsvorteile ausgebaut bzw. gesichert werden.

- Systemevaluierung

  Ein personalwirtschaftliches System sollte sich den firmenindividuellen sowie den stetig wachsenden personalwirtschaftlichen Anforderungen anpassen können. Als Personalarbeit wird heute allgemein wie folgt definiert: „Der richtige Mensch, mit der richtigen Qualifikation, zum richtigen Zeitpunkt, zu den richtigen Kosten am richtigen Arbeitsplatz". Aufgrund der Veränderungen am Arbeitsmarkt bedeutet dies, dass ein Personalsystem neben Mitarbeitern auch andere externe Personengruppen, wie Berater oder Leiharbeitskräfte in den Arbeitsprozessen (Workflow) oder auf den Arbeitsplätzen abbilden können muss. Ferner müssen Mitarbeiter mit mehreren Teilzeitarbeitsverhältnissen oder Personen als Betriebsrentner und gleichzeitig als aktive Mitarbeiter (z.B. befristet als Aushilfen) verwaltet werden können.

Die Installation eines ganzheitlich integrierten Personalinformationssystems eröffnet neue Perspektiven in der Personalarbeit. Der Personalbereich muss hier agieren und selbst die notwendige Initiative ergreifen. Eine erfolgreiche Neuinstallation eines ganzheitlichen Personalinformationssystems setzt das besondere Engagement aller Führungskräfte und Mitarbeiter im Personalbereich sowie den Personalleiter als Prozesstreiber und Visionär voraus. Insbesondere der Bereich Personalcontrolling sollte von Anfang an in alle Überlegungen und Gespräche eingebunden werden. Ein modernes Personalinformationssystem bildet die Datenbasis für ein erfolgreiches Personalcontrolling. Wer die Unternehmenssteuerung mit Hilfe der Balanced Scorecard durchführt, benötigt hierzu auch die notwendigen Personalkennzahlen.

Der Kauf von neuer Software allein garantiert jedoch noch nicht den gewünschten Erfolg. Die Art der Nutzung der neuen Technologie ist wesentlich für den Erfolg. Ihr Überstülpen auf überalterte Organisationsformen ist von vornherein zum Scheitern verurteilt. Die Einführung neuer Software bietet die Chance zum „Abschneiden von alten Zöpfen". Der Einsatz von Personalsoftware auf PC-Systemen in Form von Insellösungen bringt aufgrund des geringen Installationsaufwandes zwar häufig kurzfristig schnelle Hilfe, ist jedoch auf Dauer von geringerem Nutzen. Ganzheitlich integrierte Client-Server-gestützte Personalinformationssysteme schaffen langfristigen Nutzen und strategische Flexibilität.

5 Ansatzpunkte für einen sinnvollen DV-Einsatz im Personalwesen

Die Hersteller personalwirtschaftlicher Software bieten eine Vielzahl von Lösungen an. Die Schwierigkeit für ein Unternehmen besteht darin, das optimale Programmbündel für die individuellen Ansprüche auszuwählen. Dabei ist auch darauf zu achten, ob es aus dem Bereich der Personalsoftware vordefinierte und stabile Schnittstellen zu den Softwarekomponenten anderer Unternehmensbereiche, wie der Finanzbuchhaltung und Kostenrechnung gibt. Grundsätzlich ist jede Schnittstelle eine Problemstelle, die Wartungsaufwand kostet.

Sinnvoll ist, je nach Unternehmensgröße, der Einsatz von Software einschließlich integrierter Textsysteme für folgende Teilbereiche:

- Personalbeschaffung: Bewerberverwaltung und Bewerbervorauswahl mit integrierten Schnittstellen zum Internet und Intranet (interner Stellenmarkt).

    Externe und interne Stellenanzeigen im Internet bzw. im Intranet haben eine Reihe von Vorteilen. So bleibt zum Beispiel die Anzeige solange im Netz, bis die Stelle besetzt werden konnte und wandert nicht wie die Tageszeitung am nächsten Tag in den Papierkorb. Andererseits kann dies jedoch auch zu neuen Problemstellungen führen. Was macht eines Tages der Personalreferent, wenn die Tageszeitung als das heute übliche Medium der Personalbeschaffung durch eine Internetanwendung abgelöst ist und er aufgrund der weltweiten Zugriffsmöglichkeit auf die Stellenanzeige im Internet bei Arbeitsbeginn Hunderte von Bewerbungen in seiner Mailbox findet? Wie kann sich der Bereich Personalbeschaffung auf diese Situation vorbereiten? Technisch ist es im Internet und Intranet möglich, einen strukturierten Bewerbungsbogen einzustellen, den der Bewerber ausfüllen muss (siehe Abb. 4).

    Mit Hilfe eines DV-gestützten Bewerbervorauswahlsystems können die vom Bewerber angegebenen Qualifikationen mit den Anforderungen an der Planstelle nach bestimmtem Auswahlkriterien abgeglichen werden und eine bestimmte Anzahl an Bewerbern aus der Masse der Bewerbungen heraus gefiltert werden, die näher geprüft und gegebenenfalls zu einem Gespräch geladen werden. Während die Daten des ausgewählten Bewerbers ohne manuellen Eingriff in die Einstellungszusage und bei Vertragsrücklauf in die Stammdaten übernommen werden, erfolgt die Absage der restlichen Bewerber über Mausklick. Dies ist bereits heute keine Vision mehr. Das System hilft hier bei der Abarbeitung von Massendaten und nicht bei der Einstellungsentscheidung!

- Personaladministration: Stammdatenverwaltung einschließlich integrierter Workflow-Unterstützung, Mailsystem, optische Archivierung und Statistikwesen.

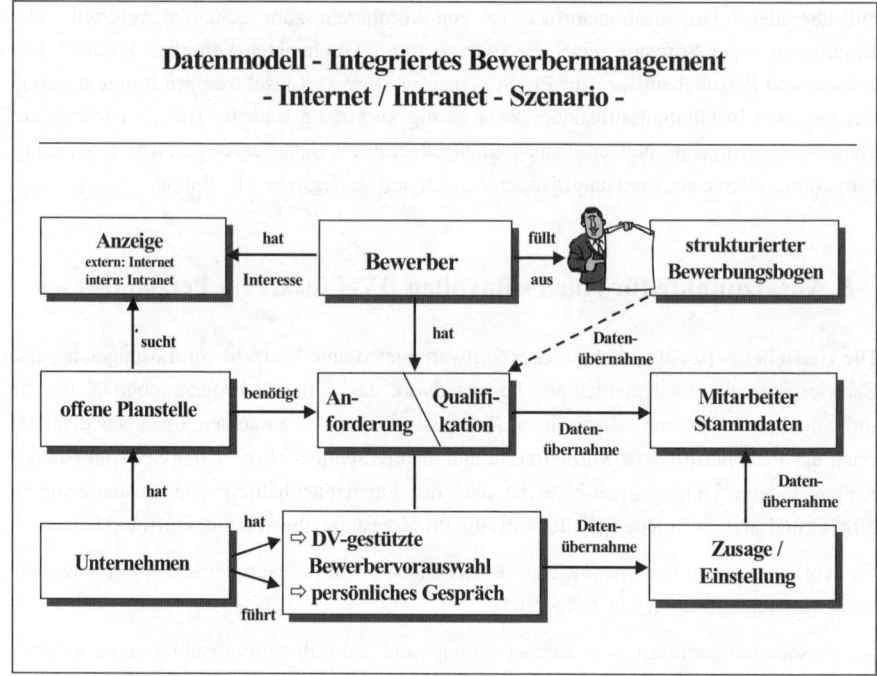

Abb. 4: Datenmodell – Integriertes Bewerbermanagement

- Personalabrechnung: Lohn- und Gehaltsabrechnung einschließlich Bescheinigungswesen.

Im Bereich Bescheinigungen können mit Hilfe der IuK-Technologie die üblichen gesetzlichen und hausinternen Bescheinigungen in die Homepage des Personalbereichs (24-Stunden Online-Personalservice) eingestellt werden, die dort die Mitarbeiter bei Bedarf quasi wie im Rahmen einer Bestellung abgerufen werden können. Die angeforderten Bescheinigungen können ohne manuellen Eingriff mit Hilfe eines Programms erstellt und direkt über E-Mail an die vom Mitarbeiter angegebene Adresse, z.B. Arbeitsamt, versandt werden.

- Personalzeitwirtschaft: Unterstützung des Arbeitszeitmanagements in Form der Positiv- oder Negativzeitdatenverwaltung sowie der Personaleinsatzplanung. Eine enge Verbindung zur Personalabrechnung muss eine lückenlose und jederzeit rückrechenbare Abrechnung von Lohn und Gehalt gewährleisten. Informationen über Arbeitszeiten und Verfügbarkeiten der Mitarbeiter müssen darüber hinaus, zum Beispiel für Zwecke der Produktionsplanung oder Leistungsverrechnung anderen Teilbereichen des Unternehmens zur Verfügung gestellt werden können.

- Organisationsmanagement: Unterstützung der Aufbau- und Ablauforganisation durch die Abbildung von Organisationseinheiten, Stellen, Positionen und Aufgaben.

- Personalentwicklung: Unterstützung der Personalentwicklung in den Bereichen Qualifikationsmanagement, Laufbahn- und Nachfolgeplanung sowie Seminarmanagement.

Im Bereich der Bildungspolitik eröffnen Internet und Intranet den Mitarbeitern eine Vielzahl von Lernmöglichkeiten unabhängig von Ort und Zeit. Computer Based Training und E-Learning führen zu Zeit- und Kostenersparnis. Internet macht es ferner möglich: „Wissen nutzen heißt nicht Wissen zu besitzen".

Die elektronischen Medien bieten ein enormes Potential. Die neuen Medien faszinieren durch eindrucksvolle Grafiken, Bilder und Videosequenzen sowie durch Audiokomponenten für Ton, Musik und Sprache. Die Attraktivität von Multimedia kann zwar zum Lernen motivieren, garantiert aber damit allein noch keinen besseren Lernerfolg. Die Integration von multimedialem Lernen in die Weiterbildungsstrategie eines Unternehmens muss sorgfältig vorbereitet und in angemessenen Schritten umgesetzt werden. Wer im virtuellen Trainingszentrum lernt, spart Reisekosten und hat geringere Abwesenheitszeiten am Arbeitsplatz.

- Personalkostenplanung und Vergütungsmanagement: Abbildung von Stellenbewertungen und Unterstützung der Gehaltsbudgetierung,

- Geschäftsreisemanagement: Unterstützung bei der Buchung und Abwicklung einer Reise von der Erfassung des Reiseantrags bis zur ordnungsgemäßen Aufwandsbuchung, Versteuerung und Auszahlung der Reisekosten.

- Reportwesen: Flexibles Standardreportwesen und Ad-hoc-Query-Funktionen in allen personalwirtschaftlichen Anwendungskomponenten.

In den Bereichen Stammdatenpflege und Zeitwirtschaft können Aufgaben, die heute häufig noch zentral im Personalbereich wahrgenommen werden, mit Hilfe der neuen Technologie von den Mitarbeitern selbst übernommen werden. Im Rahmen von Anwendungen im Intranet, wie Employee-Self-Service, können Mitarbeiter beispielsweise ihre Stammdaten selbst aktualisieren, indem sie Änderungen ihrer Adresse direkt durchführen. Interaktive Schnittstellen zu der Personaldatenbank stellen sicher, dass bei der Eingabe der Daten durch den Mitarbeiter die gleichen Eingabeprüfungen durchgeführt werden, wie bisher bei Eingaben im Personalbereich. Bei Urlaubsanträgen, Seminarbuchungen oder bei der Reisekostenvorerfassung können mit Hilfe der Vorteile des Workflows (automatisierte Arbeitsabläufe) die vom Mitarbeiter eingegebenen Daten dem zuständigen Vorgesetzten zur Genehmigung weitergereicht und nach Genehmigung direkt in das Personalsystem übernommen werden.

Diese dargestellten Beispiele zeigen, wie mit Hilfe der technischen Möglichkeiten die Prozesse im Personalwesen verändert werden können.

6 Installation eines ganzheitlichen Personalinformationssystems

Die Einführung eines integrierten ganzheitlichen Personalinformationssystems setzt eine qualifizierte Projektplanung und Projektorganisation voraus. Soll das Projekt in einer angemessenen Zeit erfolgreich zu Ende gebracht werden, ist zumindest das Projektkernteam von der allgemeinen Tagesarbeit freizustellen. Das Projektkernteam sollte mindestens drei Mitarbeiter, einen Personalexperten und zwei IT-Mitarbeiter, umfassen. Je nach Projektumfang und Firmengröße ist das Team entsprechend zu erweitern. Die Projektmitglieder benötigen neben ihrer fachlichen Qualifikation die Fähigkeit des ganzheitlichen integrierten Denkens. Der Projektleiter sollte für die federführende Gesamtverantwortung und Projektkoordination die notwendige Erfahrung („Helikopterblick") verfügen. Aufgrund der größeren Dominanz fachlicher Gestaltungsmöglichkeiten (Prozesse und Tabellen) sollte der Projektleiter aus dem Personalwesen kommen. Ist die notwendige Erfahrung im Unternehmen nicht vorhanden, können externe Berater als zusätzliche Teammitglieder engagiert werden. Wird das Projekt voll einem externen Beratungsunternehmen übertragen, werden in der Regel strategisch eine Reihe von unternehmensspezifischen Vorteilen verspielt. Externe Berater verkaufen gewöhnlich „ihr Modell" (Schubladenmodell) und berücksichtigen häufig zu wenig die Abbildung der unternehmensspezifischen Besonderheiten. Dadurch gehen häufig strategische Wettbewerbsvorteile verloren. Die Personalvertretung sollte laufend über den Projektverlauf informiert werden bzw. an den Projektausschusssitzungen teilnehmen. Damit kann im Abstimmungsverfahren eine Menge Zeit und damit auch Kosten gespart werden.

Die Stammdatenverwaltung bildet die Basis eines Personalinformationssystems. Aufbauend auf der Stammdatenverwaltung können dann unterschiedliche Zielsetzungen verfolgt werden:

- Stammdatenverwaltung – Lohn- und Gehaltsabrechnung (klassischer Weg),

- Stammdatenverwaltung – Personalplanungs- und Personalentwicklungsmodule (strategischer Weg),

- Stammdatenverwaltung – Bewerberverwaltung und

- Stammdatenverwaltung – Zeitwirtschaft.

Der Bereich der Stammdaten ist einer der wesentlichen Datenquellen für den Bereich Personalcontrolling. Bei der Installation der Software ist daher im Rahmen der Tabellenpflege besonders darauf zu achten, dass die Schlüsselung der Stammdaten so detailliert erfolgt, dass aussagefähige Personalkennzahlen gebildet werden können. Dies gilt insbesondere für das Customizing folgender Tabellen:

- Einteilung der Mitarbeiter in Personengruppen und Personenkreise und

- Strukturierung der Arbeitsabläufe bzw. der Personalprozesse über systemgesteuerte Personalmaßnahmen mit Angabe von Gründen.

Für die Einteilung der Personengruppen wird folgende Gliederung empfohlen:

- Aktive Mitarbeiter,

- Vorruhestand,

- Pensionisten/Betriebsrentner,

- Versorgungsempfänger Witwen/Witwer,

- Versorgungsempfänger Waisen,

- Ruhende Dienstverhältnisse und

- Versorgungsanwärter Betriebsrentengesetz.

Die Gliederung der Mitarbeiter in Personenkreise sollte ebenfalls sehr detailliert durchgeführt werden. Je nach Vergütungssystem, betrieblicher Altersversorgung oder Gewinnbeteiligung ist hier die Struktur nach den jeweiligen betrieblichen Belangen durchzuführen. Grundsätzlich kann unterschieden werden nach:

- Arbeiter – Angestellte,
- Stammpersonal – Aushilfen,
- Vollzeitmitarbeiter – Teilzeitmitarbeiter,
- Stundenlöhner – Monatslöhner,
- Tarifangestellte – AT-Angestellte,
- Mitarbeiter ohne Versorgungszusage – Mitarbeiter mit Zusage betrieblicher Altersversorgung,
- Mitarbeiter ohne Gewinnbeteiligung – Mitarbeiter mit Tantiemenberechtigung,
- Sonstige Personenkreise, wie Vorstand oder Geschäftsführer, Auszubildende, Trainees, Praktikanten usw.

Eine derart detaillierte Gliederung der Personenkreise ermöglicht im Bereich der Lohn- und Gehaltsabrechnung bei der Einrichtung der Lohnarten den Aufbau von internen Systemprüfungen, die helfen, Falscheingaben zu vermeiden. Die Kombination der Kriterien der Personenkreise ermöglicht somit eine Vielzahl von Systemprüfungen und schnellen Auswertungsmöglichkeiten im Bereich Reportwesen.

Der zweite Bereich, bei dem auch der Personalcontroller mitwirken sollte, ist die Pflege der Tabellen, mit deren Hilfe Personalmaßnahmen bzw. Personalprozesse gesteuert werden. Auch hier bestimmt der Grad der Detaillierung den Grad der später gewünschten Informationen. Zu jeder Personalmaßnahme ist der Anlass bzw. Grund abzuspeichern, um eine spätere Analyse der Personalbewegungsdaten zu ermöglichen.

Diese Beispiele zeigen, dass strategischer Erfolg durch viele kleine Schritte aufgebaut und gesichert wird. Nicht nur die richtige Auswahl der Personalsoftware, sondern auch die optimale Integration der Software in die Tagesarbeit schafft den gewünschten Nutzen.

7 Zusammenfassung des strategischen Nutzens

Ein ganzheitliches, flexibles Personalinformationssystem schafft insbesondere:

- die Möglichkeit, ein modernes Selbstverständnis in der Personalarbeit zu leben und gegebenenfalls die Personalstrategie rasch neu auszurichten.
- die einheitliche technische Infrastruktur für eine unternehmensweite Personalplanung und Personalsteuerung sowie ein ganzheitliches, effizientes Personalcontrolling mit entsprechender Datenqualität in allen Teilbereichen des Personalwesens (Abbau von Datenredundanzen und Papier).

- durch optimierte, ganzheitlich integrierte Prozessabläufe die Voraussetzungen für einen preisgünstigen und qualitativ hochwertigen Personalservice. IT-Systeme beeinflussen den Preis pro Leistung (zum Beispiel für die Gehaltsabrechnung).

- die Voraussetzung für eine schnellere verwaltungstechnische und fachliche Einarbeitung durch transaktionsgesteuerte oder menügeführte Personalmaßnahmen (geringere Fehlerquote) sowie durch eine inhaltliche und fachliche Online-Dokumentation in der jeweiligen Landessprache. Die Eingabemöglichkeit von Daten mit Gültigkeitsdatum in der Zukunft führt nicht nur zum Abbau von Arbeitsspitzen und den Wegfall der Wiedervorlage, sondern auch zu einer verbesserten Datenqualität in der Personaleinsatzplanung und der Personalkostenplanung.

- die Möglichkeit, durch die Integration von Intranet und Internet die Information und Kommunikation zu verbessern und Synergieeffekte in der täglichen Personalarbeit zu nutzen. Höhere Wirtschaftlichkeit ergibt sich damit insbesondere in den Bereichen Personalbeschaffung, Bildungs- und Seminarmanagement, Stammdatenpflege, Zeitwirtschaft, Bescheinigungswesen und Dienstreisemanagement. Dadurch ergeben sich zeitliche Freiräume für die intensivere Betreuung der Mitarbeiter oder eine verstärkte Wahrnehmung der personalwirtschaftlichen Kernkompetenzen.

Fazit: Auch ein modernes Personalinformationssystem ist und bleibt nur ein Hilfsmittel, um schneller, besser und flexibler in der Personalarbeit agieren zu können. Von globaler Personalarbeit kann grundsätzlich nur dann die Rede sein, wenn neben den Konzepten auch für die operative Umsetzung gesorgt ist.

Summary

Whoever would like to remain successful within the global market, needs to use a reliable and integrated information management system in order to manage all internal data as well as all relevant external data in a comprehensive manner. Part of this system is an integrated human resources system with interface to the internal business management software applications, the information- and communication systems as well as the Internet, to be able to react to the global market in a fast and flexible manner. In order to achieve entrepreneurial success, it is furthermore necessary to use an anticipatory human resources management system, which helps the company to ensure and expand its strategic competitive advantages. The talents and abilities of all employees need to be utilized and promoted as much as possible.

A comprehensive, flexible human resources information system creates in particular:

- The possibility to create a modern understanding of Human Resources and, if needed, the ability to rapidly adjust the department's strategy.

- An integrated technical infrastructure for company-wide personnel planning and supervision as well as an integrated, efficient personnel controlling with the corresponding data quality in all subdivisions of personnel management (reduction of data redundancy and paperwork).

- The prerequisite for a cost-efficient and high-quality personnel department through optimized, integrated processing. IT-Systems influence price per output ratio (e.g. for payroll purposes).

- The prerequisite for a faster, administratively more professional orientation through transaction- and menu-guided HR measures (smaller margin of error) as well as the contextual and factual online-documentation in the respective language. Data entry with expiration date will not only lead to a decrease of work crunches and eliminates the need for a follow-up system, but also improves the quality of data used for personnel planning and personnel cost planning.

- The possibility to improve information and communication flow by using intranet and internet capabilities, and to utilize synergy effects in the day-to-day HR work. This way, a greater efficiency can be achieved in the areas of personnel recruitment, continuing education and seminar-management, data management, time management, administrative duties and business travel management. As a result, more time becomes available to focus more closely on the needs of employees and a more substantial realization of HR main concerns.

Conclusion: Even a modern HR information system is and remains only a tool, which enables us to act faster, better, and more flexible within personnel management. It is only possible to talk about a global HR management, if not only the concepts but also their implementation is ensured.

C.II. Personaler Ansatz:
Strategische Personalarbeit als Qualitäts-, Motivations- und organisatorische Steuerungsproblematik

Perspektiven/Bezugsrahmen eines Strategischen Personalmanagements

- Personaler Ansatz -

Metapher: Soziales Change Management als Strategieimplementierung

Ziel: „Verhalten und Handeln des Menschen stehen im Mittelpunkt, das im Sinne der Organisation und des Strategischen Personalmanagements zu kanalisieren ist."

Psychologische, sozialpsychologische Analyse und Gestaltung der Strategieimplementierung auf unterschiedlichen Aggregationsebenen der Unternehmung und zwar Individuum/Mitarbeiter, Abteilung/Gruppe/Intergruppengeschehen, Führungskräfte/Führungsphänomen, Kommunikation, Personal- und Organisationsentwicklung als Change Management sowie verstärkt monetäre Anreizsysteme im Sinne des Shareholder Value-Ansatzes

---

Perspektiven/Bezugsrahmen eines Strategischen Personalmanagements

- Personaler Ansatz -

Prämissen

1. Der Ansatz geht vom „Methodologischen Individualismus" aus.
2. Organisationen existieren, um menschliche Bedürfnisse zu befriedigen.
3. Organisationen und Menschen benötigen einander im Rahmen der Strategieimplementierung.
4. Wenn die Zusammenarbeit zwischen Individuum und Organisation mangelhaft ist, wird einer von ihnen oder beide in Mitleidenschaft gezogen.
5. Passen sich Organisation und Individuum hingegen gut aneinander an, ist dies vorteilhaft für beide.
6. Konflikte sind Störphänomene; Konflikte müssen offengelegt, diskutiert und konstruktiv i.S.d. Strategieimplementierung beigelegt werden.

Umstellung einer betrieblichen Altersversorgung mit Leistungszusage auf ein beitragsorientiertes, flexibles Versorgungssystem

Stefan Böhm

1 Kurzvorstellung SAP

SAP ist ein deutsches Softwarehaus. Es wurde 1972 gegründet und ist durch eigene Landesgesellschaften in über 40 Ländern weltweit vertreten. Der Umsatz betrug 1999 5,1 Mrd. Euro (+18%). Das durchschnittliche Umsatzwachstum der letzten 5 Jahre lag bei 41%. Der Gewinn vor Steuern betrug in 1999 1 Mrd. Euro (19% vom Umsatz).

Die Mitarbeiterzahl zum 31.12.99 betrug weltweit 21.261 (+23%), in Deutschland 8.912. Das Durchschnittsalter in Deutschland beträgt 34 Jahre, die durchschnittliche Betriebszugehörigkeit 3,3 Jahre, die Fluktuationsrate in 1999 war 4%. Ca. 80% der Mitarbeiter in Deutschland sind Akademiker. Die SAP AG hat keinen Betriebsrat.

Zum Stand Juli 2000 nehmen ca. 8.800 Mitarbeiter in Deutschland am SAP Versorgungssystem teil.

2 Bisherige Versorgung

Bis 1.4.1999 galt eine leistungsorientierte Altersversorgung über den Durchführungsweg der rückgedeckten Unterstützungskasse:

- lebenslange Altersrente ab Alter 65;
  (Berechnungsformel: 0,4% der anrechenbaren Jahresbezüge bis zur BBG, 1,5% über BBG, multipliziert mit anrechenbarer Dienstzeit. Anrechenbare Jahresbezüge waren das Durchschnittsgehalt (Stichtag 1.1.) der letzten drei Jahre vor Eintritt des Versorgungsfalls),
- vorgezogene Altersrente (Abschlag um 6% pro Jahr des Ausscheidens vor Alter 60),
- Invalidenrente (Dienstzeit hochgerechnet auf Alter 65),
- Witwen-/Witwerrente (60% der hochgerechneten Altersrente),
- Waisenrente (15% der hochgerechneten Altersrente) und
- vertragliche Unverfallbarkeit ab 6 Jahren Betriebszugehörigkeit.

3 Ziele der Neuordnung

- Gleicher Aufwand wie bisher, d.h. Auslöser für die Neugestaltung waren nicht Kostenersparnisgründe, sondern das Geld sollte sinnvoller eingesetzt werden,
- aus gegebenen Kosten den maximalen Nutzen erreichen,
- Versorgungsaufwendungen kalkulierbarer machen,
- sinnvolle Einbeziehung variabler Vergütungsbestandteile,
- Einkommensentwicklung über die gesamte Dienstzeit berücksichtigen,
- periodengerechte Finanzierung erreichen und jede Nachfinanzierung vermeiden,
- Möglichkeit schaffen, Barlohn in Versorgungslohn umzuwandeln,
- das SAP Versorgungssystem soll als attraktives Element der Vergütung verstanden werden,
- verschiedene Auszahlungsformen ermöglichen,
- keine zwei Versorgungssysteme, d.h. alle 6.500 Mitarbeiter, die sich zum Zeitpunkt der Umstellung in der bisherigen Altersversorgung befanden, sollten in das neue Versorgungssystem übernommen werden,
- Berufunfähigkeitsversorgung auch bei eingeschränkter Versicherbarkeit ermöglichen,
- Auslagerung biometrischer Risiken und
- Optimierung der Administration.

4 Neues Versorgungssystem

4.1 Überblick

Das neue SAP-Versorgungssystem besteht aus dem **unternehmensfinanzierten** Teil mit den Komponenten:

- Hinterbliebenenversorgung,
- Berufsunfähigkeitsversorgung,
- Altersversorgung

und aus dem **mitarbeiterfinanzierten** Teil mit den Bestandteilen

- Hinterbliebenenversorgung sowie
- Altersversorgung.

Der Finanzierungsbeitrag

SAP stellt jährlich einen Finanzierungsbeitrag, abhängig von den anrechenbaren Bezügen, zur Verfügung.

Anrechenbare Bezüge sind die Summe aller Monatsgehälter des Vorjahres plus die im Vorjahr ausgezahlte unternehmensweite Erfolgsbeteiligung. Hiervon erhalten die Mitarbeiter:

- 4 % für die anrechenbaren Bezüge bis zur BBG und
- 14 % für die anrechenbaren Bezüge über der BBG.

Finanzierungsbeitrag (Beispiel):

Anrechenbare Bezüge	60.000	80.000	120.000	200.000
4% der anrechenbaren Bezüge bis zur BBG	2.400	3.200	4.080	4.080
14% der anrechenbaren Bezüge über der BBG	0	0	2.520	13.720
Jährlicher Finanzierungbeitrag	2.400	3.200	6.600	17.800
in % eines Monatsgehaltes	52 %	52 %	72 %	116 %

Tab. 1: Finanzierungsbeitrag (Beispiel)

Die Mitarbeiter können **jährlich neu entscheiden**, wie der Finanzierungsbeitrag aufgeteilt werden soll auf

- die Berufsunfähigkeitsversorgung,
- die Hinterbliebenenversorgung und
- die unternehmensfinanzierte Altersversorgung.

Die Anwartschaften auf die Altersversorgung sind von Anfang an vertraglich unverfallbar (Altersversorgung als Element der Vergütung!).

Den Finanzierungsbeitrag erhalten die Mitarbeiter grundsätzlich zum Stichtag 1.4. eines Jahres für einen Absicherungszeitraum von 12 Monaten. Treten Mitarbeiter neu ins Unternehmen ein, besteht eine Wartezeit von 6 Monaten. Endet die Wartezeit nicht am Stichtag 1.4., erhalten die Mitarbeiter bei ihrer ersten Teilnahme am Versorgungssystem einen anteiligen Finanzierungsbeitrag.

Das Versorgungssystem ist auf das Endalter 60 ausgerichtet mit der Möglichkeit eines vorgezogenen Ruhestands ab 55. **Bei einer Beschäftigung über das Alter 60 hinaus, stellt SAP keine Finanzierungsbeiträge mehr zur Verfügung.**

Die Auszahlungsmöglichkeiten

	Unternehmens-finanzierte Altersversorgung	Berufsun-fähigkeits-versorgung	Hinterbliebenen-versorgung	Mitarbeiter-finanzierte Altersversorgung
generell	Rente	Rente	Ratenzahlung über 15 Jahre	Ratenzahlung über 15 Jahre
Ausnahmen	a) bis zu 7 Raten b) Einmalzahlung c) Jegliche Mischform aus Rente, Raten- und Einmalzahlung	Keine	a) weniger Raten b) Einmalzahlung c) Jegliche Mischform aus Raten- und Einmalzahlung	a) weniger Raten b) Einmalzahlung c) Jegliche Mischform aus Raten- und Einmalzahlung

Tab. 2: Die Auszahlungsmöglichkeiten

Die **Durchführungswege** sind bei der unternehmensfinanzierten Altersversorgung rückgedeckte Unterstützungskasse, bei der mitarbeiterfinanzierten Altersversorgung Direktzusage (mit Verpfändung der Lebensversicherungen an die Mitarbeiter).

4.2 Berufsunfähigkeitsversorgung (BV)

Die Höhe der BV-Rente bestimmt sich danach, wie viel ihres Finanzierungsbeitrags die Mitarbeiter für ihre BV einsetzen. Der Beitrag ist abhängig von Alter, Geschlecht und gewählter Höhe.

Das SAP-Versorgungssystem beinhaltet eine Mindest- und eine Höchstabsicherung gegen Berufsunfähigkeit:

- Mindestabsicherung: BU-Rente von 15% der anrechenbaren Jahresbezüge und
- Höchstabsicherung: BU-Rente von 30% der anrechenbaren Jahresbezüge.

Die Mitarbeiter können jährlich – **ohne Gesundheitsprüfung** – neu wählen. Dies hat u.a. zur Folge,

- dass die Mitarbeiter in jungen Jahren mit hohem Absicherungsbedarf (keine oder geringe gesetzliche Absicherung) nur einen geringen Teil des von SAP zur Verfügung gestellten Finanzierungsbeitrags für eine angemessene BV verwenden müssen, da in jungen Jahren das Berufsunfähigkeitsrisiko niedrig ist und damit auch die Versicherungsprämie und
- dass bisher nicht versicherbare Mitarbeiter sich nun auch gegen Berufsunfähigkeit absichern können.

Im Versorgungsfall erfolgt eine Rentenzahlung bis Alter 60. Danach erhält der Mitarbeiter seine Altersversorgung, da SAP den vor Eintritt der BU gewählten Finanzierungsbeitrag weiterhin in die unternehmensfinanzierte Altersversorgung einzahlt.

4.3 Die Hinterbliebenenversorgung (HV)

Die Versorgungsleistungen, aus denen sich die HV zusammensetzt, sind:

- das bis zum Zeitpunkt des Todes aufgelaufene Todesfallkapital aus der unternehmensfinanzierten Altersversorgung,
- das Todesfallkapital aus der mitarbeiterfinanzierten Altersversorgung,
- **die von den Mitarbeitern zusätzlich gewählte HV** (die Mitarbeiter können **ohne Gesundheitsprüfung** jährlich neu wählen). Dies hat u.a. zur Folge,

  - dass die zusätzliche HV bedarfsgerecht angepasst werden kann (Single, später verheiratet und Kinder, Kinder später außer Haus...) und
  - dass auch hier in jungen Jahren mit hohem Absicherungsbedarf (keine oder geringe gesetzliche Absicherung) die Mitarbeiter nur einen geringen Teil des von SAP zur Verfügung gestellten Finanzierungsbeitrags für eine angemessene HV verwenden müssen.

Eine Mindesthöhe für die zusätzliche HV gibt es nicht. Die maximal mögliche Absicherung beträgt 400% der anrechenbaren Jahresbezüge.

Der Beitrag für die zusätzliche HV hängt von Alter, Geschlecht und Höhe der abgesicherten Leistung ab (für einen 35jährigen Mitarbeiter beträgt der Beitrag für z.B. 120.000 DM zusätzliche HV 171 DM, für 480.000 DM zusätzliche HV 685 DM).

4.4 Die unternehmensfinanzierte Altersversorgung (UAV)

Das SAP-Versorgungssystem ist ein beitragsorientiertes Versorgungssystem, in welchem der Aufbau von Rentenansprüchen nach dem Bausteinprinzip erfolgt. Mit den Bausteinen wird eine Rentenversicherung abgeschlossen. Die Bausteine verzinsen sich und auch die Überschussbeteiligungen werden den Mitarbeitern gutgeschrieben.

Die Ansprüche aus der alten Versorgung wurden durch einen Initialbaustein abgegolten sowie durch individuell ermittelte Beitragssätze, die vom Alter und einem nach Altersklassen eingeteilten Gehaltstrend abhingen (anstelle der allgemeinen Beitragssätze 4% / 14%).

Bei der Auszahlung gibt es eine Vielzahl von Kombinationsmöglichkeiten:

Auszahlungsbeispiele

Summe der AV-Bausteine inkl. Überschussanteile	= DM 541.387,00
Lebenslange Rente monatlich	= DM 2.785,00

Mit Tod endet die Rentenzahlung. Bis vier Monate vor Eintritt in den Ruhestand haben die Mitarbeiter neben der lebenslangen Altersrente noch folgende Wahlmöglichkeiten, denen SAP zustimmen muss:

- Lebenslange Altersrente mit eingeschlossener Hinterbliebenenrente

Finanzierung Hinterbliebenenrente	Hinterbliebenenrente 60 %
mon. Altersrente DM 2.440,00	☐

- Auszahlung in 7 Jahresraten mit dynamischer Verzinsung

DM 77.341,00	77.341,00 + %	77.341,00 + %	77.341,00 + %	77.341,00 + %	77.341,00 + %	77.341,00 + %

- Einmalzahlung

Einmalzahlung DM 541.387,00

- Kombination

Lebenslange Altersrente (mit oder ohne HV), Berechnungsbasis DM 241.387,00			
Einmalzahlung DM 100.00,00	TDM 50	TDM 50	TDM 50	TDM 50

4.5 Die mitarbeiterfinanzierte Altersversorgung (MAV)

Alle Mitarbeiter können an der MAV teilnehmen, also Barlohn in Versorgungslohn umwandeln, mit den allgemein bekannten potenziellen Vorteilen (Bruttoverzinsung, niedrigerer Steuersatz bei Auszahlung etc.). Es bestehen folgende **Umwandlungsmöglichkeiten**:

- Umwandlungsfähig sind generell nur Vergütungsbestandteile, auf die zum Zeitpunkt der Wahl

    - weder ein Anspruch dem Grunde nach

    - noch ein Anspruch der Höhe nach besteht.

- Die Mitarbeiter können jederzeit über die Umwandlung von Gehalt der Folgemonate entscheiden. Das Gehalt darf maximal bis zur Monats-BBG der gesetzlichen Krankenversicherung abgesenkt werden.

- Die Mitarbeiter können von Mitte November bis Jahresende über die Umwandlung von Zusatzvergütungen entscheiden, auf die sie im Folgejahr einen Anspruch erwerben.

Sämtliche Wahlprozesse werden elektronisch im Intranet mittels Employee Self Services (ESS) durchgeführt. Anders wäre die Administration nicht zu bewältigen.

Eine Besonderheit besteht bei der Wahl über die Umwandlung von Zusatzvergütungen, da zum Zeitpunkt der Wahl die Höhe der Zusatzvergütungen noch nicht feststeht. Dies wurde wie folgt gelöst:

- Die Mitarbeiter können bei ihrer elektronischen Wahl angeben, ob
  - ein **prozentualer Anteil** umgewandelt werden soll,
  - ein bestimmter Betrag ausgezahlt werden soll (**Auszahlungsmaximum**),
  - ein bestimmter Betrag umgewandelt werden soll (**Umwandlungsmaximum**),
  - ein bestimmter Betrag ausgezahlt, ein Teil umgewandelt und der Rest wieder ausgezahlt werden soll (**Kombination I**),
  - oder ein bestimmter Betrag umgewandelt, ein Teil ausgezahlt und der Rest wieder umgewandelt werden soll (**Kombination II**).
- **Außerdem kann angegeben werden, dass auf die Auszahlung von Abschlagszahlungen oder unterjährigen Zahlungen verzichtet werden soll.**

5 Die wichtigsten Vor- und Nachteile

Durch die **Wahlmöglichkeiten bei Risikoabsicherung** können sich die Mitarbeiter bedarfsgerecht absichern, ihre Wahl jährlich ohne Gesundheitsprüfung anpassen, an den günstigen Gruppenkonditionen teilhaben und sich in jungen Jahren mit hohem Absicherungsbedarf preiswert versichern. Dadurch werden die Versorgungskosten der SAP optimal eingesetzt. Aufgrund der jährlichen Wahlmöglichkeit kommen die Mitarbeiter nicht umhin, sich mit dem Thema zu beschäftigen, was zu einer bewussteren Wahrnehmung und höheren Wertschätzung des Versorgungssystems führt.

Die **flexiblen Auszahlungsmöglichkeiten** dienen zur Realisierung einer bedarfsgerechten Auszahlung, die auch die Überbrückung der Finanzlücke zwischen vorzeitigem Ausscheiden und Einsetzen der gesetzlichen Rente möglich macht.

Die **sofortige Unverfallbarkeit** betont den Charakter der Versorgung als Element der Vergütung und vermeidet für SAP die Nachfinanzierung für unter 30jährige. Bei Ausscheiden mit unverfallbaren Ansprüchen verzinst sich das vorhandene Kapital weiter, d.h. die Ansprüche werden dynamisiert.

Der Verzicht auf die Gesundheitsprüfung bei der Berufsunfähigkeitsversorgung und der zusätzlichen Hinterbliebenenversorgung ermöglicht eine Berufsunfähigkeitsversorgung auch bei eingeschränkter Versicherbarkeit und ist die Grundlage für die jährliche Wahlmöglichkeit.

Mit **Einführung des Bausteinprinzips** wird bei den Versorgungsansprüchen die individuelle Einkommensentwicklung abgebildet, die sinnvolle Einbeziehung variabler Vergütungsbestandteile ermöglicht, eine periodengerechten Finanzierung erreicht und Beschäftigungsgradwechsel werden gerecht abgebildet.

Die **periodengerechte Finanzierung** führt zu einer Absicherung der Anwartschaften von Beginn an, da alle zur Leistungserbringung notwendigen Mittel vollständig aus dem Unternehmen ausgelagert sind. Im Insolvenzfall sind deshalb auch die Anwartschaften abgesichert, die gesetzlich noch nicht unverfallbar sind.

Die Vorteile der **mitarbeiterfinanzierten Altersversorgung** für die Mitarbeiter liegen in der vorteilhaften steuerlichen Behandlung und der Verzinsung des Bruttobetrages. Den Unternehmen erleichtert die MAV das Einstellen von erfahrenen Bewerbern, die häufig an einer steuereffektiven Auszahlung ihrer Vergütung interessiert sind. Zudem führt die MAV zu einer Mitarbeiterbindung wegen zu versteuernder Kapitalauszahlung bei vorzeitigem Ausscheiden. Außerdem bietet sich dadurch dem Unternehmen die Möglichkeit, eine Verjüngung der Belegschaft auf freiwilliger Basis zu erreichen.

6 Fazit

Mit dem neuen SAP-Versorgungssystem wurde ohne Kostensteigerung gegenüber dem alten System ein modernes und flexibles personalwirtschaftliches Instrument geschaffen, das alle in Punkt 3 genannten Ziele der Neuordnung erfüllt.

Intercultural management:
How to prepare corporate staff for global projects

Thomas R. Hummel

Internationalisation: The new challenge – Some Preliminary remarks

Essentially the aim of personnel strategy is to ensure that the company has suitable and well-qualified managers and employees at its disposal throughout the world on long-term contracts when it needs them.

The process of globalization inevitably has considerable consequences as regards of the personnel strategy of a company:

- First of all international expansion requires that an increasing number of qualified managers who are capable of meeting these new challenges will be sent abroad from the company's main centre of operations. The terms of reference and tasks of a foreign manager abroad are different in many fundamental respects from those of managers in comparable positions in the domestic market. Therefore an urgent priority must be a much more careful selection, preparation, and back up of foreign managers, as is an effective program to reintegrate and re-orientate these managers professionally after their return from their period of service abroad. We equally urgently need strategies to encourage international mobility and to recruit and train the next generation of international managers.

- The company must be capable of recruiting, holding on to and developing the potential of local top professionals in all the countries in which it operates. Local management positions must be filled as quickly as possible with well-qualified, motivated, loyal and trustworthy local managers, if only because of the cost savings. Logically this implies that foreign top professionals in the organization, as executives with a high potential, must also be aware that they have a fair chance of being promoted to the most senior posts despite their nationality.

- The ability to think in international perspectives must be promoted in the company and especially in the parent company as a matter of urgency. The willingness of employees to gain international qualifications, to obtain foreign experience themselves, to help to integrate foreign managers, to pass on their own know-how to foreign branches, to work in foreign teams, to take customers in Asia just as seriously as domestic ones and – what is just as important – to deal with them with equal courtesy, the willingness to change and adapt working procedures, rules, structures, manners – all these factors make a clear personnel policy absolutely essential.

We are in the initial phase of a new qualitative division of labour in international terms, which will also require us to be very adaptable in our own country. Exporting products which were developed and manufactured in Germany is no longer a guarantee of success for German companies which operate internationally – the key to success is rather global networking.

Research, development and production are increasingly being relocated at various locations throughout the world – mainly using local employees. They have the valuable knowledge which is needed to develop suitable strategies to ensure that the company's operations will succeed in their native country, and German managers must not ignore this decisive commercial factor.

But this deeper type of international cooperation presupposes that both the German employees working at home and abroad and their foreign colleagues possess considerable intercultural know-how. International experience has now become a key qualification. The everyday work of a manager is increasingly taken up with international negotiations, working in international teams, managing international operations and developing international strategies. As a result it has become essential to reconsider how new staff are to be selected, the type of qualifications required and what further specialized training they should receive.

What are now the specific characteristics of SMC ?

SMCs (Small and Medium-sized companies) are characterised *inter alia* by the following structural features:

- comparatively limited financial and staff resources,
- a narrow and specialised range of services/products,
- a centralised managerial control with low managerial capacity and
- the head and owner of the company are one person, which contributes to a closer dovetailing of family interests and corporate policy.

These structural features have consequences for the method and style of the internationalisation of SMCs.

1 Spheres of influence of international corporate structures

The markets define products and corporate structures. This guiding principle is of increasing importance in the discussion of how companies should position themselves strategically as regards products and deployment of resources and how and at what locations they should deploy staff with the necessary personal qualities and abilities. This first section – about the way in which international markets and the resulting corporate structures exert an influence on personnel management – is centred on the key words:

- **Markets (We will concentrate here on the Asiatic regions),**
- **Degrees of internationalisation,**
- **Personnel management and**
- **Sample scenarios.**

It is not a new insight that for German companies the domestic or even the European market can offer neither sufficient strategic orientation nor sufficient commercial capacity. Of course the situation is different for various types of industry, and especially for different sizes of companies. As regards company size we will concentrate here on small and medium sized companies (SMCs), which we define in terms of number of employees as those having a maximum of 500 employees.

In terms of organisational structure the course of the development is generally the following:

- Companies which operate in national markets with distribution centres in foreign markets,
- via international corporate groups, which are controlled from the parent company and which manufacture products on a world-wide scale and which have established a significant local presence in terms of establishing a local company (including a local manufacturing unit) in the important markets,
- to international divisions, which under a holding company manufacture lines of products on a world-wide basis, and which in turn chose the location of their main operation exclusively according to criteria of efficiency and the most advantageous location.

This course of development reflects the proven model for describing internationalisation strategies. Here we can differentiate between:

- Ethnocentric strategies: the corporate culture is shaped by the parent company. Product distribution/selling/marketing and service strategies are derived from those of the parent company in the locations and branches in the domestic and foreign markets. The personnel policy is largely nationally oriented and thus the senior posts are primarily held by employees from the parent company. In the case of some companies with excellent growth figures 10 to 20 years ago this strategy was still extremely successful in transferring relatively unique core working competence rapidly and efficiently.
- Polycentric strategies: Emphasis on national independence in the subsidiary companies and foreign branches. Accordingly a decentralised organisational structure with a staff policy which carries out the recruiting of staff very much in the local fashion, both in terms of finding candidates for jobs and the selection criteria. This is probably the classical strategy at present for medium sized corporate structures which are heavily involved in foreign markets. In these structures at intervals in time the topics are repeatedly raised of the degree of centralisation, and the bracket function of central personnel administration with regard to the overall policy on personnel work.
- Geocentric strategies: integration of the national cultures of important subsidiary companies and markets in a multinational corporate philosophy including a corporate model, management principles, orientation toward the customer and strategies. An

abstraction of classical local standpoints occurs here which is initiated either by the parent company or by the subsidiary companies. Personnel work in these international corporate groups/divisions promotes international careers irrespective of the individual's local origin. It also exercises an considerably stronger bracket function in order to realise comprehensive strategies for recruiting and dealing with staff generally and effectively developing their potential.

We have integrated some initial observations on the organisation of personnel work into this description. As regards the topic of the deployment of staff let us consider the following sample scenarios:

- The development of internationally valid job specifications for the posts of sales/marketing managers, head of production, head of personnel etc.
- The making of appointments to management positions in terms of either a polycentric or geocentric strategy (local staffing, international staffing).
- A job rotation model to develop internationally experienced executives capable of carrying out a variety of functions.
- Programmes for analysing individual potential with the resulting „potential portfolios" employing international assessment criteria and deployment areas.
- International programmes for developing staff potential with the appropriate assessment centres, training programmes and project work which is aimed at putting the projects into practice.

In the next sections we will concentrate on the question of the evaluation criteria for key executive personnel (Sales manager, project manager, executives in the classic sense), on the methodologies underlying these criteria and on the special case of the selection procedure for posts with international responsibilities with company-external candidates.

2 Methodological approaches to requirement analysis

Requirement analysis procedures were developed in the context of methodology assessment centres. Since then these methods have been increasingly applied in the selection procedure for posts when there are internal and external candidates. In this section we will present the main methods and examine them in relation to the international context.

- Critical incident techniques and comparison of extreme groups,
- Profiles of successful managers and
- Analysis of positions with a future perspective.

The two procedures – critical incident techniques and the analysis of the profiles of successful managers – are very much oriented towards an ideal, which is removed from an intensive description of present or future job profiles. The main work stages are as follows:

- The determining of so-called situations which are critical for success in the daily routine of a top executive. On the basis of wide-ranging assessment centres (e.g. in multicultural groups) to identify leadership potential the principle tasks of individual managers are abstracted. However a purely function-specific application is also possible, for example for the post of project manager in mechanical engineering and plant construction. Factors which are critical for their success of a project in the case of a project manager could be, for example: the selection of employees for the project; critical position analysis in the event of mistakes by an important employee.

- The next step is to work out concretely the work routines of successful and explicitly also of unsuccessful employees in these critical situations. For this purpose we use interviews or observe the situation in the field/at the work place. The idea of comparison of extreme groups with very successful and unsuccessful employees is to establish the dimensions in which these two groups differ for use in subsequent job specifications.

The problems of this approach lie not just in the problem of expenditure of time and money – which is of increasing importance today – but that it provides prescriptions for past actions and hopefully for the present; furthermore they are based largely on individual cases which developed over a longer period of time, and so they can scarcely be relevant, particularly when the situation is changing rapidly (which without any doubt is the situation which we are in today).

The profile of successful managers incorporates the basic ideas of Critical Incident Technique. However it goes considerably further in methodological terms in order to describe and quantify, the key factors in the success of managers and so make them observable. An up-to-date example of this approach are the numerous studies about the profile of Euro-managers and/or One-World managers, which were carried out at the end of the 80s and were aimed at creating a model description of this new type of management. The basic philosophy behind this approach is that there are success factors in ideal managers, which are relatively independent of the individual situation, and which are as a rule largely constant. Therefore one requires correspondingly differentiated evaluation methods in order to estimate the potential of younger employees or to filter out who is the „best candidate" when deciding on appointments. One of the central problems is that successful managers in one company often cannot repeat this success in a different market or corporate culture.

The methodology of analysis of positions with an orientation to the future incorporates the classical approach of defining the professional and additional requirements on the basis of the terms of reference. In this context a decisive factor is which model is selected to represent the current situation. What is significant in the present context are, on the one hand, the feature of orientation towards the future in the job description and, on the other, the concretisation of the requirement of an international dimension. Therefore this kind of dynamic job profile is developed by job specialists and experts on corporate development – if necessary also with organisers – in one or two-day workshops. What is important is that core areas of competence, success factors and the necessary organisational structure, which have to be put in place to develop future areas of business are reflected in these profiles.

In addition it is recommendable in the case of international functions to exclusively include international job specification factors, which will be described in concrete terms in the next section.

3 Criteria for the selection of staff for international posts

Criteria for the quality evaluation of important job profiles in international corporate structures are necessary, on the one hand, in the case of recruitment and on the other for the continuous and also the annual performance assessment or the assessment of an employee's suitability for senior posts in a different corporate division or in a different country/market. Before taking the step of preparing a job specifications (as a rule a set of between 10 and 20 evaluation dimensions and an evaluation scale model) it is useful to either develop a job specification which is specifically oriented to the company concerned or to adapt existing models. The distinction between professional and additional requirements is of fundamental importance.

An important result in the case of the assessment of employees as to their suitability to work abroad is that

- specific requirements in terms of personality and values (for example, the ability to think in entrepreneurial terms, a commitment and orientation to the customer's requirements or tolerance) are given high priority in the selection phases (this is valid in the case of both internal and external candidates).

- The qualities of personal preparedness and ability to adapt to different circumstances should carry considerably more weight than the current level of professional competence (this depends of course on the pool of applicants available and the time one can allow for an employee to acquire specific professional skills in a preparatory phase). This is particularly important for our target regions in Asia.

- whereas the evaluation of professional competence should certainly be linked consistently to the job profile, it should not be a primary selection factor, however.

This models brings us to the headings or outline areas/fields which are needed to break down a classic job specification into segments.

- The ability to convince others and social initiative/dynamism. This is defined in terms of the breadth of a person's range in argument, the influence of competence in the language of the relevant country/rhetorical qualities.

- The ability to work in a team and empathy with other people. This is the foundation for intercultural sensibility and sensitivity; the ability to integrate into a team.

- Flexibility and preparedness to adapt to new situations. Describes the width of range in principle; openness to and curiosity about new challenges, countries/cultures, and individuals. An attitude of tolerance, openness, the ability to avoid holding dogmatic opinions and the tendency to transfer one's own mentality/leadership and management style one-dimensionally to other cultures.

In the case of the Peoples Republic of China, which is certainly a market which would be considered as one which is difficult to get established in, one can nevertheless detect a dynamic development in the German-Chinese commercial relations. However, following the integration of Hong Kong, China now is fourth in the ranking of the major trading nations. Therefore empirical data are important, which provide information on the necessary qualifications for a manager who is sent to China. A study on this topic was recently published by the European centre of leadership in co-operation with the magazine Handelsblatt/Karriere.

The results give us a first impression of the crucial factors with regard to working in China. In reply to the question as to what qualifications in addition to his professional ones a German manager should possess to succeed in the Chinese economic environment, those questioned provided a very precise and comprehensive list of requirements/qualities. In no other topic of the survey was there an equally high degree of agreement in the views of those questioned as in the answers to this question. The answers can be summarised to supplement the existing categories to produce the following „Characteristics/Qualities of international leadership behaviour":

- The preparedness and ability to be flexible and to learn independently and in an intercultural framework. Above all he must possess the ability to adapt to other cultures together with a sensitivity towards intercultural situations/contexts.

- The ability to communicate interculturally, both verbally and non-verbally. Knowledge of Chinese or at least of English are an essential qualification for someone who wants to work in China.

- International experience, optimally in Asiatic countries, and also socio-cultural, historical and regional sociological and cultural knowledge.

- Understanding of different basic values, styles of work and life. In addition he must be prepared to tolerate different world views and where necessary be able to compromise.

The necessary qualifications are acquired „on the job" and later in the context of the manager's further training on his own initiative and due to his personal sense of responsibility.

Here are some examples of the range of skills required – they range from professional to non-professional and were already discussed in the case of China:

- competence in foreign languages,

- a spectrum of international experience (periods of residence abroad, periods spent studying abroad, working on international projects),

- sensitivity to intercultural issues (empathy for one or several national cultures/religions/ social values),

- a cosmopolitan manner (Linguistic ability and personal appearance, flexibility in social behaviour and adaptability to new situations),

- networking qualities (the ability to weld together international working teams, to establish informal contacts) and

- tolerance and openness (curiosity, lack of prejudices, positive thinking).

If we attempt to weigh up all these various factors, intercultural competence means:

- the recognition and appreciation of unusual cultural features,
- tolerance,
- mutual understanding,
- solidarity, a sensitivity for common basic values, norms and cultural similarities,
- the ability to discover opportunities to complement and enrich oneself and other people by relating to their culture and
- gaining knowledge of international experience and styles of behaviour.

In an analogous fashion intercultural competence excludes:

- Intercultural information deficit,
- the intention to dominate and show superiority,
- feeling threatened in a foreign environment,
- prejudices,
- destructive national and cultural stereotyping,
- hostility to foreigners and
- fear of foreign cultures.

We would like to point out here that the international expansion of markets has serious consequences for personnel policy. Moreover it is not the aim to develop an infinite number of global managers, but to produce individuals who will be able to work constructively and successfully in international networks and project groups.

Accordingly it will in the future be important for companies to harmonise their organisational structures and personnel regulations beyond national borders, at least at the top executive level.

3.1 Recruitment for international posts

As regards job profiles in the structure of international companies in general, a distinction is made between internal and external recruitment.

The important resourcing and staff development function of internal recruitment is based on internal company potential analyses, which evaluate the suitability of employees to work abroad and promotion by means of the classic continuous assessment methods. These analysis are the result either of the evaluation of individual personnel files by the top management or they are produced by international assessment centres (a clearly increasing trend). The particular case described here of internal recruitment should ideally be based on an intensive job requirements analysis. In our view there are no special new aspects involved in discussing the topic of important post abroad: It is rather the case that the methods described above have to be supplemented with comprehensive information about the country in question – which in turn means that the information about the country must be found in the company's resource centre or in the market concerned (for example, from external consultants, universities, market specialists etc.). Particularly in the situation where there is a limited amount of information available within the company the benchmarking function is highly productive for the systematic collecting and evaluating of comparable position descriptions and the resulting job specification profiles. It is important that this information is drawn from companies which operate similar core competences and success factors as one's own. In international conglomerates with numerous subsidiary companies there are numerous opportunities to pool information, for example at international conferences for heads of personnel.

In a similar fashion to the degree of internationalisation strategy already outlined there are the following options in the case of recruitment:

- A top executive position abroad can be filled by a German manager, who is recruited in Germany or the country in question (in this special case one looks for suitable candidates in both areas).

- The identification of top executives who also have the nationality of the country in question.

- A wide-ranging „head hunt" among international top executives, who possess the core competence required regardless of their nationality or – more likely – of their land of origin. (It is preferable that the company's own personnel department carries out this search rather than external consultants in view of the costs involved).

In general almost all recruitment measures in an international context rely on support from management or personnel consultants. The reason lies in the core expertise in the approach to regional or international markets which are complex and varied; in the case where the company has limited experience both of the market concerned and of the evaluation and personality assessment. As a rule these two requirements result in recruitment being carried out by:

- specialised local consultancy firms or

- international consultancy groups with local offices.

The overall goal of professional international personnel work is to appoint internal candidates to about 60% of vacancies for key positions (in the future this will refer not only to executive posts but in particular to posts in customer and innovation management).

3.2 Remuneration for international posts

Our observations here are concerned with expatriate employees, who are employed abroad for a limited period of time and are, as a rule, top executives or potential top executives or top-salaried specialists who are employed at special non-union salary scales and in top executive positions. The remuneration of expatriates must not only be attractive for the point of view of the employee but it must be reasonable in terms of the personnel budget and cost efficient for the company. We take the following rule of thumb as a starting point. In the case of employment in Europe the basic costs increase by one half; in North America, they are doubled, and in Japan, they are trebled. Thus we can calculate the following costs for a young top executive (married with two children of school age) in the case of a period of four years abroad and an annual salary of 100 TDM. Spain 680 TDM, USA 840 TDM and Japan 1,324 TDM. In other words if he is employed in Spain the annual costs of a employee are at least 70% higher than his domestic salary. In the case of the USA the costs are double and in Japan they are three times as much (See also on this topic: *Krekler* 1994, p.579): In our experience the overall equivalent figures for the Asiatic-Pacific area are about two and a half times the domestic cost.

4 Summary – 7 theses

According to our analysis the main determining factors for successful investment by SMCs in the countries of South and South-East Asia are:

- technological competence, and the resulting competitive capacity,
- understanding of and previous experience of internationalisation,
- the use of the entire potential negotiating range in the case of apparently restrictive investment parameters/regulations,
- identifying market niches which are typically sought by SMCs,
- recognising the particularly positive image of SMCs; the intention is that they should also play an increasingly important role in the economic policy of the host country,
- fully exploiting all sources of information in Germany and the host countries,
- taking advantage of qualified advice on investment, negotiating tactics and legal aspects,
- developing a clear investment and marketing concept,
- creating confidence by the personal involvement of the top management of the firm,
- patience and staying power when initiating contacts and in negotiations,
- taking full advantage of the potential for co-operation, and/or care and circumspection when operating on one's own,
- the ability to adapt and compromise in the negotiating process,
- openness to technology transfer,
- taking precautions to guard against the misuse of technology, in particular by creating confidence,
- arbitrating in disputes in a co-operative and conciliatory fashion, in order to maintain the personal relationships already established and to enable all those involved not to lose face,

- the involvement of local management staff and training them at all levels,
- delegating management functions to the company abroad and the establishing of competence which is particularly relevant to the location; nevertheless preparedness on the part of the parent company to assist in supervising projects,
- orientation toward market and customer needs and
- preparedness to be involved in a project/market in the long term.

Thesis 1: The important job criteria for international employees continue to be ability in the relevant foreign language, intercultural knowledge and experience and also personality criteria, such as tolerance, sociability, and patience. The combination and weighting of these different criteria differ depending on the nature of the position in the specific company and the strategic aim.

Thesis 2: The emphasis given to foreign personnel policy does not match the importance of German commercial activity abroad. This is particularly true in the case of the growth regions in the Asiatic-Pacific area and for companies with the structure of a medium-sized firm. In the majority of cases there is no systematic development of international staff aimed at countering the deficit in the case of top executives in companies which trade internationally.

Thesis 3: The companies are faced with the situation that the number of qualified employees willing to work abroad is falling.

Thesis 4: in order to conceive and plan a comprehensive foreign personnel policy, aims, costs and personnel work must be integrated in the individual case. In order to evolve an effective system for training staff for international assignments, the preconditions for international activity in a particular company must be examined and established. In this connection the requirements of the market concerned should first be analysed, the position of the company in the international context must be defined, and the strategic aims of the company in an international context established.

Thesis 5: Foreign commercial activity requires that the employees regularly develop and adapt. This is the reason why it is necessary to see, plan and in practice run personnel policy as human resources development in individual cases. On the basis of this corporate policy, job descriptions for „international employees" can be developed and the appropriate measures for the development of international personnel policy be conceived and put into practice.

Thesis 6: The planning of human resources development abroad must embrace the basic preconditions for working abroad (selection, preparation, contractual conditions), supervision during the period of duty abroad, and dynamic planning for the reintegration of the employee on his return.

Thesis 7: An incentive system with financial and non-financial elements is the answer to the problem of the decreasing willingness of employees to include working internationally in their career planning. In addition to the remuneration elements a high degree of importance should be attached to career planning and the planning of the employee's reintegration following a period of working abroad.

Bibliography

Borrmann,A. et al.(1996): Investitionschancen und Erfahrungen kleiner und mittlerer deutscher Unternehmen im Asiatisch-Pazifischen Raum. In: HWWA Institut für Wirtschaftsforschung, Hamburg.

Coenenberg,A. G/Funk, J./Djarrahzadeh, M. (Hrsg.1993): Internationalisierung als Herausforderung für das Personalmanagement. Stuttgart.

Dülfer, E. (1999): International Management in Diverse Cultural Areas. Internationales Management in unterschiedlichen Kulturbereichen. München/Wien: Oldenbourg.

European Center for Leadership u.a. (Hrsg.1995): Chancen und Risiken im Zukunftsmarkt China. Informations- und Weiterbildungsbedarf von Führungskräften deutscher Unternehmen. München.

Funck,K. (1991): Multinationales Management. In: *Feix, W.E.*: Personal 2000, S. 357-375, Frankfurt/M.

Hofstede, G. (1997): Lokales Denken, globales Handeln. Kulturen, Zusammenarbeit und Management. München.

Hummel, Th.R. (1991): Qualifikationsanforderungen und -profile von Euro-Managern unter besonderer Berücksichtigung wirtschaftswissenschaftlicher Führungskräfte. In: *Marr, R.*(Hrsg.): Eurostrategisches Personalmanagement, Band 1, S. 197-218. München/Mering.

Hummel, Th.R. (1993): Internationale Personalentwicklung. In: Zeitschrift Führung und Organisation, Heft 3, S. 156-161.

Hummel, Th.R./W. Jochmann (1998): Beurteilungs- und Erfolgskriterien des Personaleinsatzes im internationalen Personalmanagement. In: *Kumar, B.N./Wagner, D.* (Hrsg.): Handbuch des internationalen Personalmanagements. München: Beck, S. 127-152.

Jochmann, W. (1995a): Einbindung von Management-Diagnostik in Ziele und Strategien von Unternehmungen. In: *Sarges, W* (Hrsg.): Management-Diagnostik. Göttingen: Hofgrefe.

Jochmann, W. (1995b): Unternehmenskultur und Internationalität. In: *Scholz, J.*(Hrsg.): Internationales Change Management, Stuttgart.

Jochmann, W.(1995c): Personalberatung intern. Stuttgart. Verlag für angewandte Psychologie.

Jochmann, W. (Hrsg.) (1996): Personalmarketing im internationalen Kontext – Suche und Auswahl ausländischer Führungskräfte. In: *Hummel, Th.R./Wagner, D.* (Hrsg.): Differentielles Personalmarketing. Stuttgart. Schäfer Poeschel Verlag.

Jochmann, W. (1997): Mitarbeiter-Potentialanalysen und Management-Audits. In: *Riekhof, H.-C.* (Hrsg.): Strategien der Personalentwicklung, Wiesbaden.

Köhnke, D./Stache, D. (1994): Führungskräftepolitik in internationalen Konzernen. In. *Dahlems, R.* (Hrsg.): Handbuch des Führungskräfte-Managements. München, S. 541-562.

Koubek, N./Oester, H./Wiedemeyer, G.R. (Hrsg.) (1992): Richtlinien für das Personalmanagement in internationalen Unternehmungen. Baden-Baden.

Krystek, U./Zur, E. (1997): Internationalisierung – Eine Herausforderung für die Unternehmensführung. Berlin: Springer.

Macharzina, K./Wolf, J. (Hrsg.) (1996): Handbuch Internationales Führungskräfte-Management. Stuttgart: Raabe.

Nienaber, K. (1997): Internationalisierung mittelständischer Unternehmen – Theoretische Grundlagen und praktische Umsetzungsmöglichkeiten für asiatische Märkte. Diplomarbeit am Fachbereich Wirtschaftswissenschaften der Universität Hamburg, Hamburg.

Perlmutter, H. (1969): The tortuous Evolution of the multinational Corporation. Columbia Journal of World Business, Vol. 4. No. 1, 1969.

Podsiadlowski, A. (1996): Interkulturelle Kompetenz. In: io Management Zeitschrift, Nr.1/2, S. 74-80.

Ribeaux, P. (1994): Transcultural Aspects of Management Development:developing the whole person. In: *Schuppert, D.* u.a., a.a.O., S. 197-216.

Schulte, C. (1988): Personalstrategien für multinationale Unternehmen. ZfP, No. 3, 1988, S. 179-195.

Schuppert, D. et al. (1994): Interkulturelles Management. Wiesbaden: Gabler.

Thienel, A. (Hrsg.) (1997): Professionelles Qualitätsmanagement in Dienstleistungsunternehmen. Berlin.

Ullrich, G.-A. (1993): Anforderungen des Marktes an die Mitarbeiter – Internationale Personalentwicklung – Thesen -. 5. DGFP-Kongress: Human Ressources – Produktivitätsquellen im Wettbewerb. 27.-28. Mai, Wiesbaden.

Wagner, D. (1991): Entgeltbezogene Flexibilisierung und Individualisierung der Vertragsgestaltung für Führungskräfte als Problemfeld des europäischen Personalmanagements. In: *Marr, R.* (Hrsg.): a.a.O., Band 2, S. 341-362.

Welge, M.K./Holtbrügge, D. (1999): International Management under Postmodern Conditions. In: Management International Review, vol. 39, Heft 4, S. 305-322.

Wirth, E. (1992): Auslandseinsatz von Mitarbeitern. In: *Wagner/Zander/Haucke* (Hrsg.): Handbuch der Personalleitung, S. 878-920. München.

Wirth, E. (1996): Vergütung von Expatriates. In: *Macharzina/Wolf* (Hrsg.): a.a.O., S. 373-398.

Deutsche Soldaten im internationalen Einsatz

Dieter G. Ohm

Internationalisierung des Einsatzes von Soldaten

Der Personaleinsatz der Bundeswehr hat sich in den letzten zehn Jahren in erheblichem Maße globalisiert. Schon immer war der Einsatz von Bundeswehrsoldaten nicht nur auf das Territorium der Bundesrepublik Deutschland oder auf nationale Einrichtungen in der Heimat begrenzt. Deutsche Soldaten dienen in großer Zahl in den NATO-Stäben im In- und Ausland, sie sind als Verbindungsoffiziere, Austauschoffiziere oder im Attachédienst sowie als militärische Berater weltweit stationiert und werden auf Ausbildungsplätzen in den USA, Griechenland, Portugal, Großbritannien und anderswo trainiert. Seit Anfang der 90er Jahre jedoch ist der Einsatz des militärischen Personals der Bundeswehr noch wesentlich internationaler geworden. Dies konnte nicht ohne Auswirkungen auf die Personalführung bleiben. Dabei ist nicht so sehr die Entsendung einer geschlossenen deutschen Einheit im Rahmen einer Maßnahme der Vereinten Nationen die entscheidende Veränderung, sondern vielmehr die Internationalisierung von Stäben und Kommandobehörden selbst in Deutschland.

Insgesamt dienen derzeit rund 5.300 deutsche Soldaten in nationalen Einrichtungen im Ausland, z.B. in Militärattachéstäben oder Verbindungsstäben sowie in multi- oder binationalen Einrichtungen im In- und Ausland, wie z.B. in NATO-Stäben, in gemischten Korpstäben und in Stäben der Einsatzkräfte auf dem Balkan. Dazu kommen insgesamt ca. 7.700 Soldaten, die sich innerhalb ihrer Einheiten im Rahmen der NATO oder der Vereinten Nationen im Ausland aufhalten. Komplettiert wird die Gesamtzahl durch rund 2.000 Soldaten, die sich zur Ausbildung in unterschiedlichen Ländern aufhalten. Damit sind insgesamt rund 15.000 Frauen und Männer der Bundeswehr derzeit in Verwendungen mit mehr oder weniger stark ausgeprägtem internationalen Umfeld. Auf den Gesamtumfang der Bundeswehr von ca. 340.000 Soldaten bezogen, zunächst eine eher geringe Zahl. Allerdings ist dabei zu beachten, dass diese Soldaten regelmäßig ausgewechselt werden, so dass sich die Forderungen nach entsprechend ausgebildetem Personal wesentlich erhöht. Die Einsatzverbände wechseln z.B. nach sechs Monaten, die Soldaten in Stäben bleiben in der Regel drei Jahre dort und die jeweiligen Ausbildungen haben eine unterschiedliche Dauer von wenigen Wochen bis zu Jahresfrist und gelegentlich darüber hinaus.

Darüber hinaus arbeiten deutsche Offiziere in vielen binationalen und multinationalen Arbeitsgruppen an bestimmten Projekten und Themen sehr eng mit ihren Kameraden aus anderen Armeen zusammen.

Anforderungen an Ausbildung und innere Einstellung

Die funktionierende Zusammenarbeit mit Soldaten anderer Nationen stellt große Anforderungen an Bildung und Ausbildung aber auch an die innere Einstellung der deutschen Soldaten. Dabei muss berücksichtigt werden, dass Soldaten aller Dienstgrade, Mannschaften, Unteroffiziere und Offiziere, von der Internationalisierung des Bundeswehreinsatzes betroffen sind. Damit müssen sich Deutsche aus dem gesamten Spektrum an Bildung und Erziehung der bundesrepublikanischen Bevölkerung dieser Herausforderung stellen.

Fremdsprachenkenntnisse waren schon immer eine wichtige Voraussetzung für den Dienst in den Streitkräften. Insbesondere Offiziere hatten Kenntnisse in den NATO-Sprachen Englisch oder Französisch nachzuweisen. Ohne diese war die Zusammenarbeit mit den in Deutschland stationierten amerikanischen, britischen, kanadischen, belgischen und französischen Streitkräften nicht möglich. Auch für die Arbeit in den NATO-Stäben war die sichere Beherrschung der englischen Sprache unabdingbare Voraussetzung. Dazu kamen Piloten und Marinesoldaten, die im internationalen Umfeld Englisch sprechen mussten. Daran hat sich nichts geändert. Hinzu gekommen sind jedoch neue Arbeitsplätze in bi- oder multinationalen Stäben in Deutschland und im Ausland für Soldaten aller Laufbahngruppen (1), die ohne gute Fremdsprachenkenntnisse überhaupt nicht wahrgenommen werden können. Die Deutsch-Französische Brigade in Müllheim (Arbeitssprache Deutsch *und* Französisch), das Deutsch-Niederländische Korps in Münster (Arbeitssprache Englisch), das Deutsch-Polnisch-Dänische Korps in Stettin (Arbeitssprache Englisch) und die Multinational Division in Mönchengladbach (Arbeitssprache Englisch) sind nur die wichtigsten Beispiele.

Für die entsprechenden Dienstposten sind in der NATO standardisierte Leistungsprofile (SLP) (2) in der jeweils benötigten Fremdsprache festgelegt.

Für die Deckung des Bedarfs mit Englisch oder Französisch sprechenden Soldaten ist das deutsche Schulsystem von großem Vorteil. Für Mannschaften und Unteroffiziere, an deren Fremdsprachenkenntnisse regelmäßig niedrigere Ansprüche gestellt werden als an die der Offiziere, erübrigt sich oftmals eine zusätzliche Ausbildung. Jedoch wird sich das in Zukunft ändern. Auch für diese Soldaten steigen die Anforderungen erheblich.

Offiziere erhalten bereits in den ersten drei Dienstjahren während ihrer Ausbildung zum Offizier zusätzlichen Unterricht in Englisch oder Französisch. Diese Ausbildung wird während des folgenden Studiums an den Bundeswehruniversitäten fortgesetzt und mit einer Prüfung abgeschlossen. Der weitere Bedarf an Fremdsprachenausbildung zur Höherqualifizierung und der Ausbildung in anderen Fremdsprachen wird für Soldaten im Wesentlichen durch Lehrgänge am Bundessprachenamt gedeckt. Ergänzt wird das Ausbildungssystem noch durch Kurzlehrgänge, die die Bundeswehrverwaltungen an verschiedenen Orten in Deutschland anbieten. Dazu gehören sowohl kurze Auffrischungskurse als auch lang dauernde Lehrgänge in schwierigen Sprachen wie Japanisch oder Finnisch. Im Jahr 1999 haben rund 2.600 Soldaten solche Lehrgänge besucht, die nicht Teil ihrer normalen Ausbildung sind. Für das Jahr 2001 soll die Zahl auf rund 4.000 anwachsen. Ein Zeichen für den weiter wachsenden Bedarf an Qualität und Quantität.

Doch Kenntnisse in Fremdsprachen sind nicht die einzige Herausforderung die sich durch die Verwendung im internationalen Bereich ergeben. Von den Soldaten wird auch erwartet, dass sie sich auf die Einstellung, die Arbeitsweise und die Gewohnheiten ihrer Kameraden und Mitarbeiter aus anderen Ländern einstellen können, ohne ihre eigene Identität aufzugeben. Nur so ist eine reibungslose Zusammenarbeit möglich. Für die Soldaten, die zum Beispiel in Friedensmissionen im Kosovo dienen, ist es darüber hinaus unabdingbar, dass sie die Mentalität der einheimischen Bevölkerung kennen und sich den Menschen, mit denen sie zu tun haben vorurteilslos nähern. Einiges davon kann in Ausbildung antrainiert werden. Für diese Soldaten ist deshalb vorab immer eine spezielle Ausbildung vorgesehen. Neben der Vermittlung von Basiskenntnissen der Sprache, des Rechts und der Kultur des Einsatzlandes werden auch Konflikt- und Stressbewältigung geübt.

Toleranz, Verständnis und Respekt vor Menschen und ihren andersartigen Kulturen sind jedoch Voraussetzungen, die mitgebracht werden müssen (3).

Bei Soldaten, die zum Beispiel als Verteidigungsattaché für Zeiträume von rund drei Jahren im Ausland eingesetzt werden, gelten darüber hinaus die Anforderungen an die Kenntnis der jeweiligen Landessprache sowie die Anpassung an die Bedingungen des Gastlandes gleichermaßen für deren Familien.

Wie stark die Internationalisierung den Beruf des Soldaten bestimmt, wird am Beispiel der Offiziere des Heeres deutlich. In einer Grundsatzweisung für die Ausbildung, Erziehung und Bildung des Offiziers hat der Inspekteur des Heeres 1997 festgelegt, dass Offiziere ihre Aufgaben unter nationaler und integrierter Führung und in internationaler Kooperation erfüllen können müssen und dass Multinationalität zum Gedankengut eines jeden Offiziers gehören muss sowie Englisch für jeden Offizier obligatorisch und Französisch wünschenswert ist (4).

Angepasste Personalauswahl

Bei den insgesamt rund 340.000 Soldaten der Bundeswehr sind die notwendigen Eigenschaften und Kenntnisse für die internationale Zusammenarbeit naturgemäß nicht bei allen gleichermaßen stark ausgeprägt. Die Tatsache jedoch, dass grundsätzlich von jedem Soldaten kameradschaftliches Verhalten gegenüber anderen Soldaten auch außerhalb der Bundeswehr gesetzlich vorgeschrieben ist (5) und Verstöße bestraft werden können, ist zweifellos eine Basis für eine gute Zusammenarbeit. Auch die Zusammensetzung des Personals der Bundeswehr aus allen gesellschaftlichen Schichten in Deutschland und mit den unterschiedlichsten Bildungsabschlüssen, ist eine gute Basis für die Erziehung zur Toleranz und Achtung gegenüber Anderen.

Da die dienstlichen Leistungen, dabei auch die Fremdsprachenkenntnisse, und die charakterliche Bewährung der Unteroffiziere und Offiziere alle zwei Jahre durch die Vorgesetzten zu beurteilen sind, hat die Personalführung ausreichende Informationen über deren Eignung für die Aufgabenwahrnehmung im internationalen Umfeld. Darüber hinaus hat die Bundeswehr besondere Kriterien für die Auswahl, besonders der Offiziere, festgelegt. In den regelmäßig im Personalamt der Bundeswehr wie auch im Bundesministerium der Verteidigung stattfindenden Auswahlkonferenzen werden diese Kriterien sowohl bei Entscheidungen, die den Status (6) der Offiziere betreffen, als auch bei Entscheidungen über die künftige Verwendung und damit die Karriere berücksichtigt.

Bezüglich der wichtigsten Statusentscheidung, nämlich der Übernahme der jungen Offiziere zum Berufssoldaten, fordert z.B. der Inspekteur des Heeres einen SLP in Englisch von mindestens 2221, wobei einer von 3332 anzustreben sei. Er begründet dies mit der Tatsache, dass wegen des hohen Grades der Einbindung des Heeres in bi- und multinationale Strukturen und der Einsätze im erweiterten Aufgabenbereich fremdsprachliche Kenntnisse und Fertigkeiten sowohl als Voraussetzung für eine sachgerechte Aufgabenwahrnehmung als auch für die weitere Förderung des Soldaten unabdingbar ist. Hat die Konferenz zwischen ansonsten gleichwertigen Offizieren zu entscheiden, ist deshalb der Bewerber als geeigneter anzusehen, der über die besseren Fremdsprachenkenntnisse, insbesondere in Englisch, verfügt (7). Für alle Offiziere, die später im Laufe ihrer Dienstzeit über das normale Maß hinaus gefördert werden sollen, ist ein SLP von 3332 in Englisch obligatorisch. Darüber hinaus muss aus dem Beurteilungsbild deutlich werden, über welches Potenzial der Soldat im Hinblick auf seinen Einsatz im Rahmen des erweiterten Aufgabenspektrums der Bundeswehr verfügt (8). Für die Spitzenoffiziere, die im Lehrgang Generalstabsdienst an der Führungsakademie der Bundeswehr in Hamburg unter anderem dazu ausgebildet werden, Aufgaben im nationalen und internationalen Bereich, insbesondere im Atlantischen Bündnis, auf allen Führungsebenen selbstständig und verantwortlich wahrzunehmen, gelten noch einmal verschärfte Forderungen. Auch bei ihrer Auswahl, die im Alter von etwa 32 Jahren stattfindet, können die besseren Fremdsprachenkenntnisse im Zweifel den Ausschlag für das positive Votum geben. Die Offiziere erhalten dann nach ihrer Auswahl zunächst eine Fremdsprachenausbildung von sechs Monaten am Bundessprachenamt. Wer bereits ausreichend gut Englisch spricht, wird in einer anderen Fremdsprache ausgebildet.

Zusätzlich wird von diesen Soldaten, aber häufig auch von ihren Familien, besonders im Hinblick auf die Verwendung in internationalen Stäben oder im Militärattachédienst eine uneingeschränkte Mobilität gefordert (9). Neben diesen allgemeinen Forderungen gibt es natürlich für jeden zu besetzenden Dienstposten im internationalen Bereich darüber hinausgehende spezielle Forderungen, die sich an der konkreten Aufgabe orientieren. Dazu gehören neben einer Fachausbildung und Erfahrung in bestimmten militärischen Bereichen z.B. Kenntnisse in der Datenverarbeitung. Häufig, insbesondere bei Aufgaben der höheren Verantwortungsebene, werden auch Vorverwendungen im internationalen Bereich vorausgesetzt.

Die Personalführung der Bundeswehr, aber auch jeder einzelne Soldat, hat sich den neuen Herausforderungen zu stellen, die aus der Tatsache entspringen, dass die Streitkräfte und der Dienst als Soldat in den letzten zehn Jahren eine erhebliche Internationalisierung erfahren hat. Dies hat natürlich auch dazu geführt, dass die Auswahlverfahren für freiwillige Soldaten gerade im Hinblick auf die Einsätze angepasst werden mussten. Die Motivation für den Dienst als Soldat, das vorhandene Toleranzpotenzial und insbesondere die Verhaltensstabilität wird dabei besonders geprüft, um sicher zu stellen, dass die Soldaten ihren Aufgaben in fremder, stressbelasteter Umgebung gewachsen sind.

Vorhandenes Konfliktpotenzial

Die Personalführung der Bundeswehr fungiert als sogenannter „Bedarfsdecker". Geeignete Soldaten werden dort eingesetzt, wo sie zur Erfüllung des Auftrages der Bundeswehr benötigt werden. Das gilt für ihren Einsatz im Ausland wie im Inland, für die Verwendung in Stäben wie auch im Rahmen der Einsatzverbände. Nur bei wenigen repräsentativen Dienstposten, z.B. in einem Militärattachéstab, ist die Freiwilligkeit des Soldaten Voraussetzung. Soldaten, die diese Posten besetzen, werden regelmäßig durch ihre Familie für die meist dreijährige „Tour of Duty" an den Dienstort im Ausland begleitet. Die sich daraus ergebenden Probleme, insbesondere hinsichtlich der Schulausbildung der Kinder, müssen gemeistert werden. Natürlich erhalten die Soldaten und ihre Familien dafür Hilfestellung in Form von schriftlichen Ratgebern und auch finanzielle Unterstützung von ihrem Dienstherren. Ehefrauen können z.B. Zuschüsse für eine notwendige Fremdsprachenausbildung erhalten, weiterhin gibt es Entschädigungen für bestimmte Aufwendungen, die im Rahmen der Auslandsverwendung entstehen. Jedoch sind gerade die finanziellen Mittel beschränkt; sie sind wie im Öffentlichen Dienst üblich, in Verordnungen, die wenig Flexibilität zulassen, festgelegt. Die Wohnungssuche, der Umzug, das Finden der richtigen Schule und alle anderen organisatorischen Dinge werden den Soldaten und ihren Familien weitgehend allein überlassen. Eine Serviceleistung, die das alles beinhaltet und in der Wirtschaft inzwischen üblich ist, um Arbeitnehmer zu bewegen, einen Posten im Ausland wahrzunehmen, bleibt für Soldaten ein Wunschtraum.

Besonders für Familien mit schulpflichtigen Kindern stellt deshalb der Umzug in das Ausland eine große Herausforderung dar. Gefordert sind Flexibilität, Toleranz, Engagement, Kreativität im Alltag sowie die Bereitschaft, sich auf die fremde Umgebung einzulassen und die Fähigkeit, mit Problemen fertig zu werden. Oftmals bestehen zusätzliche Unsicherheiten über die Zukunft der Schulausbildung der Kinder. Nicht immer ist klar, ob die Ausbildung oder der im Ausland erlangte Abschluss in Deutschland anerkannt werden. Da der Soldat oft nicht weiß, wo er anschließend in Deutschland arbeiten wird, stellt unser föderales Schulsystem eine nicht zu unterschätzende zusätzliche Hürde dar. Für die Ehefrauen kommt hinzu, dass sie höchst selten einem in Deutschland ausgeübten Beruf weiter nach gehen können. Zusätzlich kann die Kultur, aber auch die Sicherheitslage eines Landes erhebliche Belastungen mit sich bringen. In streng muslimischen Staaten müssen Frauen z.B. große Einschränkungen ihrer in Deutschland gewohnten Freiheiten hinnehmen. In anderen Ländern reduzieren terroristische Bedrohungen die Bewegungsfreiheit und selbst in Europa ist die Gesundheit gelegentlich einer besonderen Gefährdung unterworfen, wie man an der BSE-Krise sehen kann.

Soldaten, die allein oder im Rahmen ihrer Einheit zu einem Einsatz z.B. auf dem Balkan oder nach Ost-Timor versetzt werden, trennen sich damit in der Regel sechs Monate von Freunden und Familie. Bei der herrschenden Gefährdungslage unter der diese Einsätze stattfinden, stellt dies eine besondere Herausforderung an Charakterstärke und stabile Psyche dar. Hinzu kommt das Risiko, verwundet zu werden oder im schlimmsten Fall das Leben zu verlieren.

Dabei gibt es in diesem Bereich insofern besondere Umstände, als in den dort eingesetzten internationalen Einsatzstäben Soldaten mehrerer Nationen eng zusammen arbeiten. Sie verständigen sich in einer Sprache, meist Englisch, und haben den gleichen Auftrag zu erfüllen, erhalten jedoch eine unterschiedliche Bezahlung aber auch andere Versorgung, wenn sie im Einsatz verwundet werden und unterstehen einem unterschiedlichen Disziplinarrecht. Hier zählt allein nationales Recht. Eine Tatsache, die von den Soldaten aus unterschiedlichen Ländern mit Verwunderung, teilweise auch Unverständnis registriert wird. Ein Problem, was nur sehr schwer zu lösen ist, weil alle möglichen Änderungen bedeuten würden, dass die entsendenden Nationen ihre Soldaten aus ihrer Hoheit entlassen und einer supranationalen Organisation zur Verfügung stellen müssten. Sie würden damit einen Teil ihrer Souveränität aufgeben. Gleichzeitig müssten dann z.B. alle Soldaten von dieser Organisation entlohnt werden und das sicher auf dem höchsten vorhandenen Niveau. Es ist jedoch völlig abwegig zu glauben, dass die Vereinten Nationen es sich leisten könnten, alle in „Blauhelm-Missionen" eingesetzten Soldaten wie deutsche oder britische Soldaten zu bezahlen. Derzeit zahlen die VN einen mittleren Sold, den die wohlhabenden Länder für ihre Soldaten entsprechend anheben. In den Streitkräften ärmerer Länder kann jedoch dieser mittlere Sold bereits zu großen Ungerechtigkeiten führen. Der Einsatz im Rahmen der NATO ist dann nämlich ein besonderes Privileg, das dem betroffenen Soldaten Reichtum garantiert und bei anderen Neid hervorruft. Für die „Global Player" Vereinte Nationen und NATO sicher eine interessante Aufgabe, hier für die Zukunft Lösungen zu finden.

Motivation der Soldaten

Trotz aller Probleme, die Verwendungen deutscher Soldaten im internationalen Umfeld mit sich bringen, kann die Personalführung der Bundeswehr den Bedarf decken. Dabei müssen jedoch die unterschiedlichen Verwendungsmöglichkeiten einzeln betrachtet werden.

Der Einsatz von Soldaten im Rahmen ihrer Einheiten für 6 Monate in „Besonderen Auslandsverwendungen" (10), z.B. auf dem Balkan, ist inzwischen mehr oder weniger normaler Dienst. Der Soldat geht pflichtgemäß dorthin (11). Er erhält allerdings für die Zeit seines Aufenthaltes im Ausland einen zusätzlichen Urlaubsanspruch und einen so genannten Auslandsverwendungszuschlag, dessen Höhe sich nach der Bedrohungslage vor Ort richtet. Für die weitere Karriere des Führungspersonals kann die Bewährung unter den schwierigen Verhältnissen eines solchen Einsatzes natürlich besonders vorteilhaft sein. In nachfolgenden Beurteilungen ist deshalb auf diese Verwendung immer Bezug zu nehmen.

Soldaten, die von der Personalführung dazu bestimmt werden, zur Ausbildung oder zum Dienst innerhalb von Verbindungsorganisationen und Militärattachéstäben für meist längere Zeiträume in Auslandsverwendungen zu gehen, profitieren ebenfalls davon. Neben dem persönlichen Gewinn für die Soldaten und ihrer Familien im Ausland gelebt, dort wichtige Erfahrungen gewonnen zu haben und die jeweilige Fremdsprache gut zu beherrschen, kommt der dienstliche Vorteil, den der Soldat hat. Oftmals sind solche Verwendungen die Voraussetzung für weitere interessante Einsätze im internationalen Bereich. Aber auch in vielen Verwendungen innerhalb Deutschlands sind die gemachten Erfahrungen von unschätzbarem Vorteil. Eine Fremdsprache im jeweiligen Mutterland gelernt und genutzt zu haben, ist durch keine Ausbildung im Inland zu ersetzen. Dazu kommt, dass die Zeit im Ausland besser besoldet wird als dies im Inland der Fall ist. Für Soldaten und Familien, die flexibel und mutig genug sind, sich den Herausforderungen zu stellen, ist eine Auslandsverwendung daher unter dem Strich fast immer positiv. Soldaten, die in multinationalen Stäben im Inland arbeiten, erhalten zwar ihren ganz normalen Lohn, profitieren aber ebenfalls von dem Erfahrungsgewinn und der täglichen Anwendung einer Fremdsprache.

„Global Player" Bundeswehr

Die Bundeswehr ist kein globales, sondern ein rein nationales „Unternehmen", das jedoch inzwischen weltweit operiert und sehr stark in ein internationales Umfeld eingebunden ist. Der Einsatz Bundeswehrsoldaten in einem internationalen Umfeld ist nichts Neues. Allerdings hat die Wiedervereinigung und die veränderte Sicherheitspolitik Deutschlands auch Auswirkungen auf diesen Bereich. Die Beteiligung deutscher Streitkräfte an multinationalen Stäben hat sich nicht zuletzt durch die Umgliederung unserer ehemals rein nationalen Korps in binationale Korps erheblich erhöht. Die Stationierung von deutschen Soldaten auf dem Balkan ist Alltag, ein Ende derzeit nicht absehbar. Das Unternehmen Bundeswehr hat sich mit seinem Personalmanagement darauf eingestellt. Für die Ausbildung und Auswahl der Soldaten wurden zusätzliche Forderungen gestellt. Flexibilität und Mobilität sowie Toleranz und Offenheit anderen Kulturen gegenüber sind grundsätzliche Forderungen an die Soldaten, der Bundeswehr. Zumindest für die Offiziere ist das Denken und der Dienst im internationalen Rahmen eine Selbstverständlichkeit geworden.

Die Fremdsprachenausbildung wird auch in Zukunft weiter forciert. Offen bleibt, ob für Soldaten unterschiedlicher Nationen, die in einem gemeinsamen Stab arbeiten oder an einem gemeinsamen Einsatz beteiligt sind, künftig gleiche Rechte und Pflichten gelten müssen. Sicher eine Frage, deren Beantwortung im Hinblick auf die Internationalisierung von Streitkräfteeinsätzen immer dringender wird.

Summary

German officers and men have always been posted in NATO headquarters and working in other countries as military attachés, liaison officers or for training purposes. But in the last decade the deployment of the German Services has become more and more international. Even nowadays in Germany the major headquarters of the Bundeswehr are binational. This „globalisation" needs officers well educated in foreign languages and able to cope with the demands of living and working close together with their allies, even abroad. The Personnel Department is looking for soldiers, not only with language skills, but also with high tolerance and the ability to understand and respect foreign cultures. The training and selection of German officers and men has to fit in to this new challenge.

Anmerkungen

(1) Es gibt in der Bundeswehr drei Laufbahngruppen: Mannschaften, Unteroffiziere und Offiziere.

(2) Vgl.: NATO Standardization Agreement (STANAG) 6001, vom 21.10.1976; Vgl.: Bundesministerium der Verteidigung, VMBl 1998, S. 249 ff.

Im Rahmen des Standardisierten Leistungsprofils (SLP) werden Fertigkeiten im Hören, Sprechen, Lesen und Schreiben geprüft und in 4 Stufen bewertet. Die Stufen sind wie folgt definiert:

Leistungsstufe 1, Anfänger:
„Elementares Können in einem begrenzten und vertrauten allgemeinen und beruflichen Rahmen"
Leistungsstufe 2, fortgeschrittene Anfänger
„Begrenztes Können in einem allgemeinen und beruflichen Rahmen"
Leistungsstufe 3, Fortgeschrittene
„Sicheres Können im allgemein gesellschaftlichen und beruflich-fachlichem Bereich im Rahmen auch nicht sehr vertrauter Sachgebiete"
Leistungsstufe 4, weit Fortgeschrittene
„Sicheres Können im allgemein gesellschaftlichen und beruflich-fachlichem Bereich im Rahmen auch nicht vertrauter Sachgebiete"

(3) Vgl.: Bundesministerium der Verteidigung -PSZ IV 4-Az 16-30-00 vom 30.Mai 2000, „Die Verwendungsplanung für Offiziere des Truppendienstes im Heer", S. 8

Vgl.: Bundesministerium der Verteidigung – Inspekteur des Heeres – vom Juli 1994, „Anforderungen an den Offizier des Heeres, S. 2. Unter der Überschrift „Forderungen an alle Soldaten" heißt es dort u.a.:

„Unter den Bedingungen zunehmender internationaler Verflechtungen muss der Soldat auch bereit sein, neben der Verantwortung für das eigene Land **Mitverantwortung für die Freiheit, den Frieden und das Wohlergehen anderer Völker** und Staaten zu übernehmen. ... Er (der Soldat) muss **tolerant** sein gegenüber anderen Auffassungen, Meinungen und Einsichten und auch gegenüber Menschen **anderer Kulturen** mit ihren unterschiedlichen Werten, Normen, historischen Erfahrungen und sozialen Lebensbedingungen."

(4) Vgl.: Bundesministerium der Verteidigung –Inspekteur des Heeres- Fü H I 6 – Az 32-08-01 vom 12.März 1997, „Weisung für die Ausbildung, Erziehung und Bildung der Offiziere des Truppendienstes und der Offiziere der Reserve des Truppendienstes des Heeres", S. 10.

(5) Vgl.: Soldatengesetz, § 12: „Der Zusammenhalt der Bundeswehr beruht wesentlich auf Kameradschaft. Sie verpflichtet alle Soldaten, die Würde, die Ehre und die Rechte des Kameraden zu achten und ihm in Not und Gefahr beizustehen. Das schließt gegenseitige Anerkennung, Rücksicht und Achtung fremder Anschauungen ein."

(6) Vgl.: Der Status bezeichnet das Dienstverhältnis des Soldaten. Es gibt Wehrdienstleistende, Soldaten auf Zeit und Berufssoldaten.

(7) Vgl.: Bundesministerium der Verteidigung – Fü H I 1 – Az 16-30-00 vom 30.Juni 1999, „Katalog der Bedarfsträgerforderungen für Personelle Auswahlkonferenzen im Heer", Anlage 4, S. 2 f.

(8) Vgl.: a.a.O., Anlage 1, S. 3 f.

(9) Vgl.: a.a.O., Anlage 1, S. 11 sowie Anlage 2, S. 1, 3.

(10) Zu den Besonderen Auslandsverwendungen gehören z.B. die Einsätze im Rahmen der NATO auf dem Balkan, wie SFOR (Stabilization Force) und KFOR (Kosovo Force), aber auch Einsätze im Rahmen der VN, wie UNOMIG (United Nations Observer Mission in Georgia) und UNMIBH

(United Nations Mission in Bosnien-Herzegowina) und Einsätze im Rahmen der WEU, wie WEUDAM (Western Union Demining Assistant Mission).

(11) Zur Teilnahme an Auslandseinsätzen im Rahmen des so genannten erweiterten Aufgabenspektrums der Bundeswehr sind Berufs- und Zeitsoldaten verpflichtet. Grundwehrdienstleistende Wehrpflichtige und Reservisten können auf freiwilliger Basis teilnehmen.

Personalmanagement versus Qualitätsmanagement?

Peter Wagner

I Der Weg zur lernenden Organisation

Der Lernprozess umfasst die Organisation als ganzes System, da dieses System sowohl Lerngegenstand als auch Bedingungsgefüge für Lernprozesse ist. Durch die lernende Organisation wird das Wissen und die Kompetenz der Mitarbeiterinnen und Mitarbeiter zur Umsetzung eines stetigen Verbesserungsprozesses nutzbar gemacht.

Eine wichtige Voraussetzung hierfür ist das Denken und Handeln in Regelkreisen, indem anstatt eines monokausalen Denkens in Ursache-Wirkungs-Ketten ein Denkmuster angewandt wird, das der tatsächlichen Vernetztheit von Wirkungsketten entspricht. Kerngedanke dieses Denkmusters ist das Prinzip der Rückkopplung. Bei der Rückkopplung wird das Verhalten eines Systems auf sein Ergebnis geprüft, das wiederum auf das System zurückwirkt. Dieses rückwirkungsbehaftete System wird auch als kybernetisches System bezeichnet.

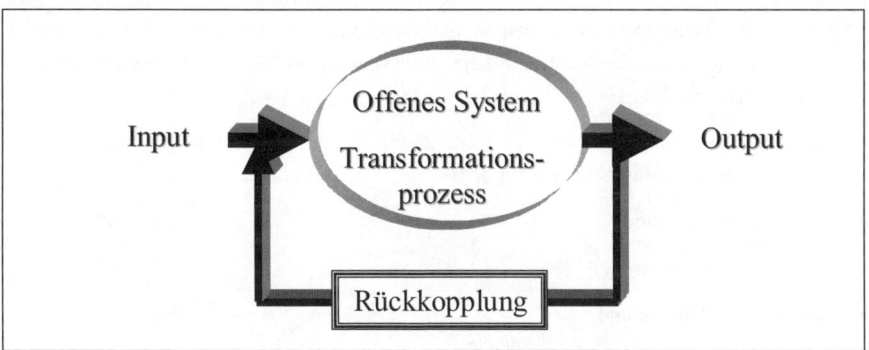

Abb. 1: Kybernetisches System

Kybernetische Systeme sind offene Systeme, in denen ein Systeminput durch einen Transformationsprozess in erwünschte und unerwünschte Ausgangsergebnisse umgewandelt werden, die in den Systemoutput einfließen. Die Regelgrößen eines offenen Systems werden über die Outputs gesteuert. Diese Informationen des Outputs werden als Input dem System wieder zugespielt und unter anderem verglichen mit:

- den Führungszielen und
- Kundenbedürfnissen.

Erfüllen die Systemoutputs nicht die Vorgaben, so muss eine Veränderung oder Erneuerung des offenen Systems herbeigeführt werden. Ein offenes System ist ein komplexes System, das

- in ein technisches und
- in ein soziales

Teilsystem gegliedert werden kann. Beide Teilsysteme sind durch nicht vernachlässigbare Beziehungen miteinander verbunden, die als Organisationsstruktur eines soziotechnischen Systems gelten. Ein soziotechnisches System ist ein System, in dem Menschen, Maschinen sowie Informations- und Kommunikationstechniken in einem Transformationsprozess zusammenwirken. Ein soziotechnisches System wird kaum effektiv funktionieren, wenn die systeminhärenten und wechselseitigen Abhängigkeiten nicht beachtet werden. Somit entsteht eine permanente Systemrückführung.

Der Ist-Zustand des Unternehmens bzw. einer Organisationseinheit lässt sich mit Hilfe der Rückkopplungsaspekte des soziotechnischen Systems erfassen. Bei einer solchen Diagnose werden durch eine ganzheitliche Sicht die Stärken und die Schwächen eines Unternehmens bzw. einer Organisationseinheit aufgezeigt: Gleichzeitig werden mögliche Problemlösungen erkannt.

Zuerst werden die realen Ergebnisse des Systemoutputs betrachtet. Die darauf folgende Diagnose beginnt bei den erstellten Produkten bzw. den erbrachten Dienstleistungen. Es wird hinterfragt, wie sie im System zustande gekommen sind. Weiterhin werden die wirtschaftlichen Ergebnisse wie Umsatz und Gewinn usw. analysiert.

Ein wichtiger Bewertungsaspekt ist die Einhaltung der Verträge. Die Erkenntnisse sowie Ergebnisse der Diagnose eines offenen Systems sind die Eckpfeiler einer lernenden Organisation. Die Analyse des Outputs muss daher Rückschlüsse auf Stärken und Schwächen des Systems zulassen.

Die lernende Organisation sichert sich letztendlich Wettbewerbsvorteile durch einen informationellen Wertschöpfungsprozess, in dem

- aus Daten Information,
- aus Information Wissen,
- aus Wissen Strategie und
- aus Strategie Innovation entwickelt wird.

Die lernende Organisation kann als Brücke zwischen

- Organisationsentwicklung,
- Qualitätsmanagement und
- Personalmanagement angesehen werden.

Damit wird auch das Führungsverhalten des Managements in den Mittelpunkt gerückt.

II Der Qualitätsbegriff in der Personalwirtschaft

Sieht man Qualität als das Ergebnis eines Produktes oder einer Dienstleistung an, so versteht man in einem Qualitätsmanagementsystem unter Qualität die Erfüllung von vereinbarten Kundenforderungen. Dies allein reicht aber nicht aus. Vielmehr müssen, um akzeptable Erfüllungsgrade der Kundenforderung zu erreichen, mindestens folgende Voraussetzungen geschaffen werden:

- Qualität des Managements,
- Qualität der Führungskräfte,
- Qualität der Mitarbeiterinnen und Mitarbeiter,
- Qualität der Produkte bzw. Dienstleistungen sowie
- Qualität der Prozesse.

Im Mittelpunkt der Qualitätsbetrachtung steht die Prozessorientierung des Unternehmens. Hierbei ist die Frage zu klären, was als Prozess aus der Sicht des Qualitätsmanagements anzusehen ist. Nun, aus diesem Blickwinkel ist ein Prozess eine zweckmäßige, festgelegte Folge von einzelnen Tätigkeiten, die aus einer Eingabe die geplante Wertschöpfung, also das Ergebnis erzeugen. Ein Prozess muss daher mindestens einen Kunden haben. Darüber hinaus sind die Prozesse auf die wirklich wertschöpfenden Aktivitäten auszurichten. Dies sind alle die Aktivitäten, die ausgeführt werden müssen, damit eine Kundentransaktion zustande kommt und erfolgreich durchgeführt werden kann. Unternehmensprozesse sowie die dafür notwendigen Strukturen sind stets kritisch zu hinterfragen und gegebenenfalls neu auszurichten. Die Steuerung und Optimierung der Unternehmensprozesse sollte ein Prozessmanagement übernehmen.

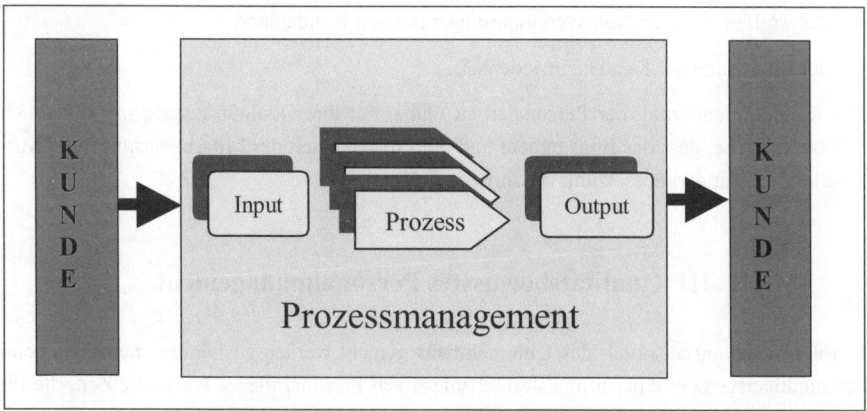

Abb. 2: Prozessmanagement

Das Prozessmanagement umfasst planerische, organisatorische und kontrollierende Maßnahmen zur zielorientierten Steuerung der Wertschöpfung hinsichtlich der folgenden Kriterien.

- Qualität,
- Zeit,
- Kosten und
- Kundenzufriedenheit.

Ein Prozessmanagement ist stets dann ein geeignetes Instrument, wenn Wertschöpfungsketten nicht mehr transparent und die Geschäftsprozesse nicht profitabel genug sind. Eine hierfür notwendige Optimierungsstrategie setzt immer an den jeweiligen Prozessketten an.

Ein modernes Personalmanagement hat sich von der traditionellen Rolle eines Personalverwalters gelöst und übernimmt im großen Umfang die zukunftsorientierte Rolle als aktiver Gestalter. Als Kernprozess des Personalmanagements werden immer mehr strategische Funktionen der Entwicklung von Konzeptionen für die Personalarbeit angeboten.

Als Qualität im Personalbereich gelten sehr oft schon die durch die jeweiligen Unternehmens- bzw. Konzernbereiche bewerteten Erfüllungen der mit der Personalabteilung vereinbarten „Service Level Agreements". Dabei können Leistungsinhalte, Qualitätsstandards sowie Preise und Mengen zwischen dem Personalbereich und den jeweiligen Unternehmensbereichen für:

- Planungsprozesse,
- Beschaffungsprozesse und
- Vergütung festgelegt werden.

Für die Personalabteilung ergibt sich dadurch die Notwendigkeit

- der Ermittlung der Kundenanforderungen,
- der kundenorientierten Dienstleistungsgestaltung,
- des Treffens von Leistungsvereinbarungen mit den Kunden und
- der Ermittlung der Kundenzufriedenheit.

Die Kundenorientierung der Personalarbeit und somit ihre Qualitätsausprägung stützt sich auf die Tatsache, dass das Engagement und die Zufriedenheit der Mitarbeiterinnen und Mitarbeiter die Grundvoraussetzung für zufriedene Kunden ist.

III Qualitätsbewusstes Personalmanagement

Um dem Leistungsanspruch des Unternehmens gerecht werden zu können, bedarf es beim Personalmanagement einer oftmals arbeitsintensiven Personalpflege. Wertvolle Zeit, die für die aufwendige Personalakquise, für zeitraubende Vorstellungsgespräche und notwendige Schulungen neugewonnener und fortzubildender Mitarbeiter aufgebracht werden muss, kann anderweitig genutzt werden.

Ein effizientes Personalmanagement ist gerade im Zeitalter der Globalisierung mit ausschlaggebend für den Unternehmenserfolg. Von der Personaleinstellung über Motivation und Qualifizierung des Personals ist das Personalmanagement ein ganz sensibler Bereich in der Unternehmensführung.

Die Weiterentwicklung der Mitarbeiterinnen und Mitarbeiter sowie die daraus resultierenden Leistungspotentiale werden immer wichtiger für den Erfolg eines Unternehmens. Die stetige Weiterentwicklung dieses Potentials darf nicht länger als Kostentreiber gesehen werden, sondern ist als eine wichtige Investition in das Human Capital zu verstehen.

In einem kundenorientierten Personalmanagement stellt sich die Frage nach den Kunden des Personalwesens. Als Kunden für die Personalabteilung gelten

Abb. 3: *Veränderungen beginnen zuerst im Kopf*

- die Unternehmensleitung,
- die gesetzlichen Interessensvertretungen,
- die Führungskräfte,
- die Belegschaft und
- externe Personen oder Institutionen.

Die Mitarbeiterinnen und Mitarbeiter der Personalabteilung müssen daher über ein Wissenspotenzial verfügen, das eine qualitativ hochwertige Personalarbeit ermöglicht. Damit ergibt sich auch die Notwendigkeit der Wirtschaftlichkeit für ein personalwirtschaftliches Qualitätskonzept.

Dieses Konzept muss auf die Kernprozesse Mitarbeiterführung, Personalwirtschaft und Personalentwicklung ausgerichtet sein und zwar mit den Qualitätselementen

- Strategie,
- Wirtschaftlichkeit und
- Service.

Dabei wird es von entscheidender Bedeutung sein, in welchem Umfang das Vertrauen der Kunden der Personalabteilung für dieses Qualitätskonzept gewonnen werden kann.

Ein Qualitätskonzept der Personalabteilung muss auch die Organisation der Personalarbeit kritisch durchleuchten. Es ist zu klären, welche Funktionen des Personalwesens in der Personalabteilung verbleiben und welche in die jeweiligen Fachabteilungen dezentralisiert werden können. Zentral sollten in der Regel die Funktionen verbleiben, die für alle Unternehmensbereiche verbindlich zu regeln sind. Dies wären Konzepte und Strategien für

- Personalmarketing,
- Personalentwicklung,

- Personalbeschaffung und
- Beurteilungen.

Darüber hinaus zählen zu den zentralen Aufgaben auch die Richtlinienkompetenzen für

- die Arbeitszeitregelungen,
- die Lohn- und Gehaltsfindung sowie
- verbindliche Vereinbarungen mit den gesetzlichen Interessenvertretungen.

Mit der Dezentralisierung der Personalarbeit gelten die Fachabteilungen als ein wichtiges Bindeglied zur Personalabteilung. Eine solche Zusammenarbeit wird dann ein belebendes Element für eine qualitativ gute Personalarbeit sein.

Ein Personalmanagement muss von der Unternehmensleitung in Gang gesetzt werden und beharrlich und konsequent auf allen Ebenen des Unternehmens verfolgt werden. Die Unternehmensleitung muss sich mit diesen Managementprozessen identifizieren und dies den Führungskräften und Mitarbeitern stetig vermitteln. Ein Personalmanagement, richtig eingesetzt, erhöht nicht nur die Motivation der Beschäftigten, sondern auf Dauer auch die Wettbewerbsfähigkeit eines Unternehmens.

IV Formen des Qualitätsmanagements

In den letzten Jahrzehnten hat sich das Qualitätsbewusstsein umfassender weiterentwickelt. Wurden anfänglich die Arbeitsergebnisse durch Spezialisten kontrolliert, da als wichtig nur die Qualitätsgüte des Arbeitsergebnisses angesehen wurde, so steht heute das Prozess- und Produktdesign im Mittelpunkt des Interesses. Kundenzufriedenheit prägt die Erstellung von Produkten bzw. die Erbringung von Dienstleistungen. Somit gilt als Qualität die Gesamtheit einer Einheit bezüglich ihrer Eignung, um vorausgesetzte Erfordernisse zu erfüllen. Vereinfacht dargestellt bedeutet dies, dass die Prozessergebnisse mit den Anforderungen der Kunden übereinstimmen.

Der vom Kunden gewünschte Qualitätsanspruch lässt sich letztendlich nur durch ein prozessorientiertes Qualitätsmanagement realisieren. Ein solches Managementsystem ist ausgerichtet auf

- eine kundenorientierte Unternehmensorganisation,
- eine stärkere Managementverantwortung,
- eine verantwortungsvollere Partizipation der Belegschaft und
- eine bedarfsorientierte Ressourcenplanung.

Eine Kundenorientierung verpflichtet die Unternehmensleitung sicherzustellen, dass die Bedürfnisse und Erwartungen der Kunden ermittelt und umgesetzt werden. Darüber hinaus sind behördliche und gesetzliche Anforderungen im notwendigen Umfang zu berücksichtigen. Hierbei kann die Unternehmensleitung durch ein Projekt- sowie ein Prozessmanagement unterstützt werden.

Partnerschaftliches Miteinander

Von einem **kooperativen** und **partizipativen Führungsstil** können die Mitarbeiterinnen und Mitarbeiter erwarten:

- Anteilnahme an Entscheidungen,
- Mitwirkung an der Revision und an der Erstellung von Konzepten,
- Einrichtung von Ideenbörsen und Qualitätszirkeln,
- interessante Aufgaben,
- Souveränitätsspielräume,
- Zugriff auf innerbetriebliche Informationen,
- Entwicklungschancen und
- angemessene Verantwortung.

Abb. 4: Partnerschaftliches Miteinander

Projektmanagement

Ein modernes Projektmanagement ist als eine funktions- und hierarchieübergreifende Führungsaufgabe zu verstehen, dies mit dem Ziel, die Innovation und Kundenorientierung zu optimieren.

Prozessmanagement

Ein Prozessmanagement ist die Steuerung von Geschäftsprozessen in einem sich ständig verändernden Markt. Die Geschäftsprozesse müssen daher immer wieder durch aktuelle Informationen in Frage gestellt und gegebenenfalls neu ausgerichtet werden. Die Einbeziehung aller Mitarbeiterinnen und Mitarbeiter, ein auf Kundenorientierung ausgerichtetes Führungsverhalten und eine auf die Qualitätspolitik orientierte Unternehmenskultur sind wichtige Grundpfeiler für ein erfolgreiches Prozessmanagement.

Ein Prozessmanagement versetzt ein Unternehmen in die Lage:

- Prozesse zu strukturieren und zu optimieren,
- die Schnittstellen zu reduzieren,
- die Prozessabläufe aufgabengerecht zu steuern,
- durch Kennzahlen rechtzeitig Zielabweichungen zu erkennen,
- Prozesskosten zu ermitteln und zu reduzieren sowie
- Organisationsstrukturen prozessorientiert anzupassen.

Ein gut funktionierendes Qualitätsmanagement wird letztendlich in ein „Total Quality Management" münden. Dieses Managementsystem bedeutet die Erweiterung auf die Wirkung aller im Unternehmen basierenden Managementmethoden, indem die Kundenzufriedenheit und die Mitarbeiter- und Mitarbeiterinnenbeteiligung in den Mittelpunkt gestellt werden. Dabei ergibt die Qualität

- der Arbeit,
- der Prozesse und
- des Unternehmens

letztlich die Qualität der Produkte bzw. der Dienstleistungen.

Zusammenfassen ließe sich dies alles in einem strategischen Management, das sich auf die Mission, Vision und Strategie des Unternehmens stützt. Mittels der „Balanced Scorecard-Methode" wird dann die Möglichkeit gegeben, die Ziele des Unternehmens auf alle Organisationsebenen anwendbar zu machen. Die „Balanced Scorecard" übersetzt die Unternehmensmission und -strategie in ein übersichtliches System zur Leistungsmessung, welches den Rahmen für ein strategisches Management bildet.

Die Evaluation der Managementsysteme lässt sich durch Selbstbewertungen realisieren. Solch eine Selbstbewertung kann das EFQM-Modell (EFQM ist die Abkürzung für: European Foundation for Quality Management) sein. Das EFQM-Modell, eine aus neun Kriterien bestehende, offengehaltene Grundstruktur, kann dazu benutzt werden, den Fortschritt eines Unternehmens in Richtung „Excellence" zu bewerten.

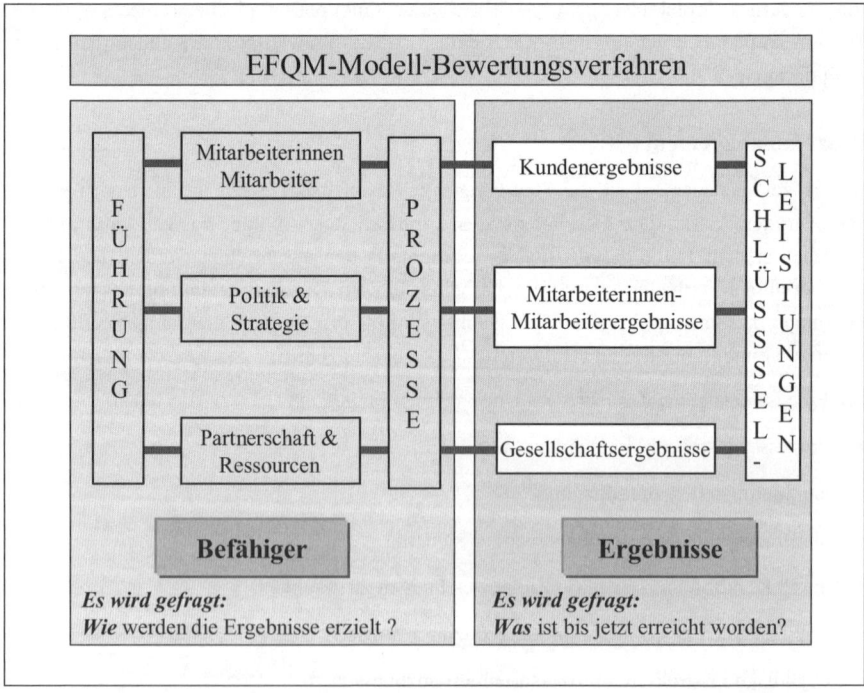

Abb. 5: Das EFQM-Modell

Exzellente Ergebnisse werden durch ein Führungsverhalten erzielt, das die

- Politik und Strategie,
- Mitarbeiter bzw. Mitarbeiterinnen,
- Partnerschaften,
- Ressourcen und
- Prozesse

auf ein hohes Niveau setzt.

V Qualitätsmanagement im Personalbereich

Ein effizientes Personalmanagement ist heute ausschlaggebend für den Unternehmenserfolg. Von der Personaleinstellung über die Motivation und die Einstellung der Führungskräfte zum Personal ist das Personalmanagement ein sensibler Bereich in der Unternehmensführung. Das Personalmanagement erteilt wichtige Hinweise und Hilfestellungen für die praktische Umsetzung, unter anderem für die Arbeitsfelder Personaleinstellung, Personalkosten, Personalmotivation sowie Personalentwicklungsprogramme.

Ein Personalentwicklungsprogramm sollte zumindest folgende Aspekte berücksichtigen:

- *Fachliche Qualifikation*

  Unter dieser Überschrift ist zu klären:
  - Welche Aufgaben sollen neue Mitarbeiterinnen und Mitarbeiter erfüllen?
  - Welche fachlichen Qualifikationen müssen Bewerber bzw. Bewerberinnen mitbringen, um die angebotenen Stellen optimal zu besetzen?
  - Welche Zusatzqualifikationen sind für die künftige Entwicklung der Tätigkeiten von Vorteil?

- *Persönlichkeitsprofil*

  Es stellt sich die Frage nach den persönlichen Qualifikationen der internen und externen Bewerberinnen und Bewerber, so zum Beispiel nach:
  - Kontaktfreudigkeit,
  - Kreativität,
  - schnelle Auffassungsgabe,
  - selbständigem Arbeiten,
  - Wissensdurst,
  - Aufgeschlossenheit gegenüber Veränderungen und
  - Zuverlässigkeit.

Ein Qualitätsmanagementsystem im Personalbereich ist mit ein Garant für das Erhalten und das Verbessern der Wettbewerbsfähigkeit insbesondere bei globalen Geschäftsbeziehungen. Als Garant gilt auch die Vereinfachung der partnerschaftlichen Zusammenarbeit durch genormte Verfahren.

Zusätzlich bewirkt die stetige Optimierung der Prozesse und die Reduzierung von Fehlern eine kontinuierliche Verbesserung der Prozessabläufe. Ein wichtiger Datenlieferant für die hierfür notwendigen Qualitätsmessungen sind die in zukunftsorientierten Unternehmen zwischen Fachabteilungen und der Personalabteilung vereinbarten „Service Level Agreements". In diesen Vereinbarungen sind neben den Maß- und Bewertungseinheiten auch die Zeitabschnitte für die Datenerfassung festgehalten.

Vom Qualitätsmanagement ist für die Datenerhebung bzw. Datenaufbereitung solcher Vereinbarungen kompetentes Personal vorzuhalten. Dabei werden sie durch speziell dafür entwickelte Software unterstützt. Das jeweilige Auswertungsergebnis ist mit den betroffenen Prozessverantwortlichen zu besprechen, um zu verbindlich vereinbarten Verbesserungsmaßnahmen zu gelangen.

VI Personalcontrolling und Personalkostenmanagement

Ein Qualitätsmanagement im Personalbereich stellt eine integrative Sichtweise dar, die Kernprozesse des Personalmanagements zielorientiert auszurichten und erfolgsbezogen zu evaluieren. Zur Unterstützung dieses Vorhabens bedarf es eines Personalkostenmanagements sowie eines Personalcontrollings.

- Personalkostenmanagement

    Die Personalkosten erhalten bei dem zunehmenden Anteil an Dienstsleistungen im Personalbereich sowie der stetig steigenden Globalisierungstendenz des Marktes eine immer größere Bedeutung.

    Bei der Planung von Personalkosten ist zu unterscheiden zwischen den Kosten des Personaleinsatzes und den Kosten des Personalbereiches. Kosten des Personaleinsatzes sind solche, die direkt oder indirekt für die Mitarbeiter bzw. Mitarbeiterinnen aufgewendet werden. Als Kosten des Personalbereiches sind solche Kosten zu verstehen, die auf der Kostenstelle der Personalabteilung anfallen.

    Eine systematische Steuerung und Planung der Personalkosten hat sich an den jeweiligen mit den Vertragspartnern vereinbarten Forderungen sowie an gewinnabhängigen Personalkostenanteilen zu orientieren. Personalkosten fließen letztendlich in die Unternehmensplanung bzw. -budgetierung ein, um somit Rückschlüsse auf den zu erwartenden Personalbedarf zu erhalten.

- Personalcontrolling

    Das Personalcontrolling ist eine betriebswirtschaftlich erfolgreiche Steuerung der gesamten Personalarbeit durch eine systematische Verzahnung von Planung, Kontrolle, Analyse und Steuerung aller Aktivitäten im Personalbereich.

Die dazu notwendigen Elemente des Personalcontrollings unterscheiden sich in folgenden systematischen Verfahrensmethoden:

1. quantitative Methode

Sie umfasst die wirtschaftlichen Aspekte, dargestellt u.a. durch:

- Kennzahlen,
- Berichterstattung,
- Soll-/Ist-Vergleiche,
- Personalkostenmanagement und
- Personalinformationssysteme.

Gegenstand von personalwirtschaftlichen Kennzahlen sind alle in Zahlen erfassbaren Vorgänge des Personalbereichs. Vordergründig geht es hierbei um die Themen:

- Belegschaftsstärke,
- Kosten,
- Leistungen,
- personalwirtschaftliche Aktivitäten und
- Zeiten.

2. qualitative Methode

Diese Methode stellt die Mitarbeiterinnen und Mitarbeiter u.a. durch folgende Maßnahmen in den Mittelpunkt:

- Mitarbeiterinnen- und Mitarbeiterbeurteilungen,
- Zielvereinbarungs- und Fördergespräche,
- Mitarbeiterinnen- und Mitarbeiterbefragungen,
- Qualitäts-Verbesserungs-Gruppen,
- Förderpool und
- Beteiligung am Unternehmensergebnis.

3. gemischte Methode

Die gemischte Methode durchforstet die Arbeit der Personalabteilung auf Effektivität und Effizienz u.a. mittels:

- Benchmarking,
- Kosten-Nutzen-/Nutzenwertanalyse,
- Personalaudits und
- Personal-Portfolios.

Zusammenfassend kann festgehalten werden, dass ein Qualitätsmanagement im Personalbereich sowohl ein Personalkostenmanagement als auch ein Personalcontrolling für alle personalwirtschaftlichen Aufgaben zu beinhalten hat. Wobei das Personalcontrolling die Aktionsfelder, beginnend vom Personalbestand über die Arbeitsproduktivität, die Personalbeschaffung, die Personalentwicklung bis zum Personaleinsatz und Personalführung sowie Motivation und materielle Anreizsysteme umfasst.

VII Qualitätsmanagement als integraler Bestandteil eines Integrativen Managementsystems (IMS)

Die verschiedenen Managementsysteme werden in einem Integrativen Managementsystems einheitlich zusammengefasst und die systemsteuernden und übergreifenden Elemente aus den einzelnen Managementsystemen herausgefiltert und einmal für alle fachlichen Bausteine geregelt. Das IMS soll durch Klärung und Darstellung aller Prozesse helfen, die Arbeitsabläufe kontinuierlich und systematisch zu verbessern. Das IMS ist als übergreifende, die bereits bestehenden bzw. geplanten Managementsysteme zusammenführende, übergeordnete Ebene zu verstehen.

Bei allen Managementsystemen ist erkennbar, dass die Schnittstellen nicht nur technische, sondern auch organisatorische sowie motivierende Maßnahmen erfordern. Zur Nutzung von Synergieeffekten sollten die zu integrierenden Managementsysteme nach gleichen Prinzipien und Strukturen in den Unternehmen ausgerichtet werden. Ein Integratives Managementsystem soll Redundanzen zwischen den einzelnen Systemen reduzieren und Doppelarbeiten verhindern. So gesehen, können Systemregelungen gleichartig strukturiert werden. Durch ein IMS wird auch die Zusammenarbeit zwischen den einzelnen Organisationseinheiten, den Kunden und Lieferanten effizienter gestaltet.

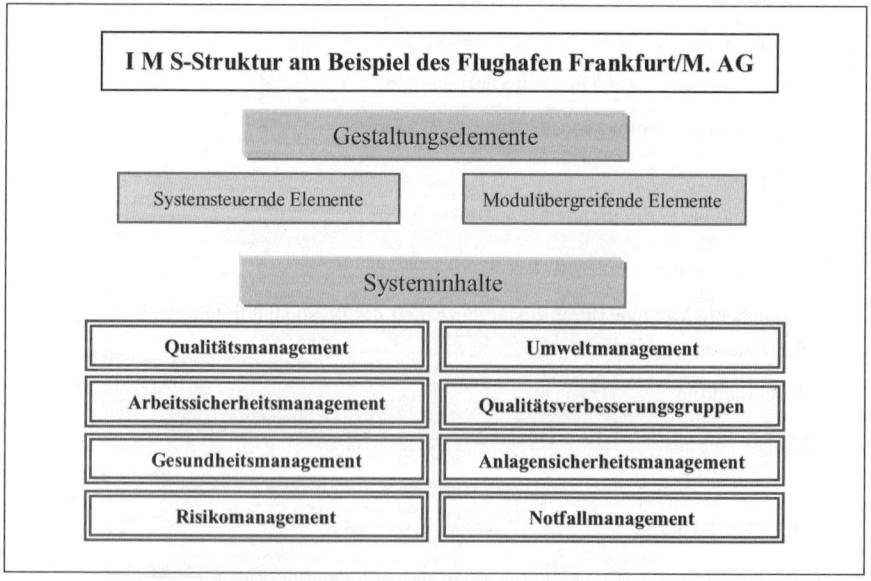

Abb. 6: Integratives Managementsystem am Beispiel des Flughafen Frankfurt/Main AG

Unter dem gemeinsamen Dach eines Integrativen Managementsystems nimmt das Qualitätsmanagement eine Schlüsselfunktion ein. Es sorgt durch klare Strukturierung der Anweisungen sowie durch gezielte Motivation der Belegschaft für mehr Transparenz im Unternehmensgeschehen. Stetige Wirksamkeitsprüfungen dienen als Basis für Prozessoptimierung. Damit entsteht die kontinuierliche Verbesserung, das Herzstück eines Qualitätsmanagementsystems.

VIII Fazit

Durch ein Qualitätsmanagementsystem für den Personalbereich wird sichergestellt, dass alle qualitätsbezogenen Aktivitäten einheitlich und nachvollziehbar ausgerichtet sind. Gleichzeitig werden vernetzte Regelkreise der Prozesse beherrschbarer. Dies geschieht durch

- vereinbarte Ziele,
- festgelegte Strukturen,
- abgestimmte Verantwortlichkeiten sowie
- eine überschaubare Prozesslandschaft.

Die Effektivität und Effizienz der Dienstleistungen einer Personalabteilung sind durch Audits überprüfbar. Die Auditergebnisse sind wiederum wichtige Indikatoren für ein kybernetisches Handeln.

Dies alles zeigt, wie wichtig die Einbeziehung eines Qualitätsmanagementsystems zur effizienten und kundenorientierten Aufgabenbewältigung im Personalbereich ist. Das Qualitätsmanagement im richtig verstandenen Sinne unterstützt das Personalmanagement durch:

- Transparenz der Prozesse,
- Verbindlichkeit in der Verantwortung und
- Nachhaltigkeit der Ergebnisse.

Literaturverzeichnis

Adams, H.W./Rademacher, H. (Hrsg.): Qualitätsmanagement: Strategie, Struktur, Systeme. Frankfurt am Main, 1994.

Blanchard, K./O'Connor, M.: EN ISO 9001: 2000 (Entwurf Die neue Management-Ethik).

Birkelbach, R.: Qualitätsmanagement in Dienstleitungscentern.

Brauer, J.-P./Kamiske, G.F.: ABC des Qualitätsmanagement. München/Wien, 1998.

Colsman, H./Theden, P.: Qualitätstechniken.

Eversheim, W. (Hrsg.): Prozessorientierte Unternehmensorganisation. Düsseldorf, 1993.

Frehr, H.U.: TQM – Unternehmensweite Qualitätsverbesserung. München, 1993.

Gaitanides/Scholz/Vrohlings/Raster: Prozessmanagement. München, 1994.

Heeg, F.J./Meyer-Dohm, P. (Hrsg.): Methoden der Organisationsgestaltung und Personalentwicklung.

Imai, M.: KAIZEN – Der Schlüssel zum Erfolg der Japaner im Wettbewerb. München, 1992.

Johannsen/Schneider/Theußen: Was der Manager vom Arbeitschutzrecht wissen muss. Seminarunterlagen.

Kaplan, R.S./Norton, D.P.: Balanced Scorecard. Stuttgart, 1997.

Kerschbaummayer/Albert: Module eines Qualitäts- und Umweltmanagementsystems.

Kolb, M./Bergmann, G.: Qualitätsmanagement im Personalbereich. Vortragsmanuskript.

o.V.: Deutsches Institut für Normung, EN ISO 9001:2000 (Entwurf), EN ISO 9004:2000 (Entwurf).

Poppe, K./Wagner, P.: Qualitätssicherungs-Modell der Flughafen Frankfurt Main AG.

Thomys, A.-K.: Kostenorientiertes Qualitätsmanagement. Vortragsmanuskript,. Düsseldorf 1994.

Töpfer, A. (Hrsg.): Kundenzufriedenheit Messen und Steigern. Vortragsmanuskript,. Düsseldorf 1994.

Ziegler, H.: siraTec Unternehmensberatung GMBH, Seminarunterlagen.

Ende des Mythos Weiterbildung:
Neue Aufgaben für die Umsetzung von Innovationen

Erich Staudt / Bernd Kriegesmann

1 Weiterbildung – zwischen Anspruch und Wirklichkeit

In vielen Betrieben setzt sich die Erkenntnis durch, dass Innovationen nicht ohne Kompetenz zu schaffen sind. Ob es um die Erweiterung des Leistungsspektrums von Energieversorgern zu Multi-utility-Angeboten, den Versuch der Neuordnung bestehender Vertriebsstrukturen über E-commerce oder die schlichte Integration von High-Tech im Handwerksbetrieb geht, als zentraler Engpass erweist sich immer wieder die Kompetenz der Fach- und Führungskräfte (1).

Während weitgehend Einigkeit darüber besteht, dass Kompetenz der Schlüssel zur Innovation ist, besteht weniger Einigkeit darüber, wie der Kompetenz zur Innovation beizukommen ist. Zwar kursieren Worthülsen über schnell lernende Organisationen oder lebenslanges Lernen, was das konkret heißt, bleibt jedoch im Dunkeln. In Ermangelung operativer Modelle und Konzepte rückt das in Routinen Bewährte in den Vordergrund, erfahren betriebliche Personalentwicklungsbemühungen eine Renaissance. Einfach zu handeln, gut auszuweisen und zur einfachen Wissensreproduktion bewährt, wird Weiterbildung bzw. das in Zeiten der „Wissensgesellschaft" besser vermarktbare Wissensmanagement zum Patentrezept für die Entwicklung von Innovationskompetenz erhoben.

Innovationen kommen indes trotz gewaltiger Wissensvermittlungsanstrengungen nicht voran. Enttäuschte Erwartungen sind die Folge. Die Unsicherheit über die Effekte von Wissensvermittlung nimmt zu. Bevor Resignation und Rückzug weiter um sich greifen, ist daher zu klären, welchen realistischen Beitrag Weiterbildung und Wissensmanagement zur Lösung von Entwicklungsproblemen überhaupt leisten können und ob Weiterbildung als deus ex machina der Innovationskompetenz nicht überfordert ist.

Das setzt die Klärung von zwei Missverständnissen voraus, die der Absicht, mit Weiterbildung und Wissensmanagement Entwicklungsprobleme zu lösen, entgegenstehen:

- Zum einen setzt konventionelle Weiterbildung im Vorfeld bestimmbare Verwertungsmöglichkeiten und bekannte Anforderungen voraus, was in dynamischen Entwicklungsprozessen unmöglich ist. Man flieht daher auf die Metaebene des Überfachlichen und der Schlüsselqualifikationen und weil Vorsteuerung nicht mehr möglich ist, gilt Selbstorganisation als Patentrezept. Das Münchhausendilemma soll durch das Herausziehen aus dem Sumpf am eigenen Zopf aufgelöst werden. Weil es nicht mehr gelingt, inhaltliche Orientierung für Weiterbildung zu schaffen, wird das Problem auf den Einzelnen zurückverlagert. Feste Orientierungen der Weiterbildung weichen in dynamischen Entwicklungsprozessen dem Prinzip Hoffnung. Das immunisiert zwar gegen Erfolgskontrollen; es fehlt aber auch jeder Hinweis zum Verwertungszusammenhang. Die Steuerungsproblematik ist daher ungeklärt, der Zusammenhang zwischen Unternehmensentwicklung und Employability geht verloren (vgl. Kap. 2).

- Zum anderen machen die wenigen vorliegenden empirischen Befunde deutlich (2), dass neben der Wissensvermittlung durch Weiterbildung noch etwas anderes wirksam sein muss, das die Kompetenz bestimmt. Nicht frei verfügbares Wissen, das über die Schulbank oder das Internet vermittelt wird, schafft Problemlösungen, sondern erst das an Personen und Institutionen gebundene Anwendungs- und Umsetzungs-know how. Die üblichen Wissensvermittlungsstrategien reichen dazu nicht aus. Vergleicht man die Handlungsergebnisse von zwei Personen, die identische Formalqualifikationen – also auch einen vermeintlich gleichen Wissensstand – aufweisen, zeigen sich i.d.R. doch deutliche Unterschiede, die offensichtlich in der Person begründet liegen. Diese Differenz zwischen Qualifikation und Kompetenz muss transparent sein (vgl. Kap. 3).

2 Steuerung von Weiterbildung in Entwicklungsprozessen: Die Grenzen der Anforderungsorientierung

Während sich die institutionalisierte Aus- und Weiterbildung in relativ stabilen Verhältnissen zur Reproduktion und Vervielfältigung von Qualifikationen bewährt hat, zeigen sich in Entwicklungsprozessen Begrenzungen. Weiterbildung traditioneller Prägung setzt feste Positionierungen bzw. Orientierungen voraus. Üblicherweise orientiert sich die Weiterbildung an bestehenden und bekannten Anforderungen. Diese Anforderungen werden dem vorhandenen Qualifikationsprofil gegenübergestellt; aus der Differenz ergibt sich der Weiterbildungsbedarf, der durch geeignete Maßnahmen zu befriedigen ist. Eine hohe Abbildungsqualität dieses Bedarfs soll durch möglichst exakte und formalisierte Methoden der Ermittlung und des Vergleichs von geforderten und vorhandenen Qualifikationen gewährleistet werden.

Die Ableitung notwendiger Weiterbildungsaktivitäten ist aber mit einer Reihe von Problemen behaftet, die bei der Abbildung aktueller Anforderungen beginnen und bei der Prognose zukünftiger Erfordernisse eskalieren. Wachsende Komplexität und Änderungsdynamik aufgrund technischer und organisatorischer Innovationen erschweren die valide Ermittlung zusätzlich:

- Bei schnellen und diskontinuierlichen Entwicklungen sinkt die Aussagekraft der in Berufsbildern formalisierten Abschlüsse als Indiz für das vorhandene Potential: Mit zeitlicher Entfernung der Mitarbeiter von ihrem Ausbildungsabschluss beruhen die tatsächlich eingesetzten Qualifikationen immer weniger auf der beruflichen Erstausbildung als vielmehr auf späteren Erfahrungen.

- Aufgrund der Abbildungsprobleme kann auf Basis der bisher entwickelten Verfahren zur Gewinnung von Anforderungs- und Potenzialinformationen nur in Grenzfällen eine fehlerfreie Bestimmung der erforderlichen Qualifikationsentwicklungsaktivitäten erfolgen. Dabei ist der Bereich des expliziten Wissens noch relativ gut zu erfassen, während sich der Bereich des impliziten Wissens, als dominante Größe der Handlungsfähigkeit, weitgehend der direkten Beobachtung entzieht.

- Detaillierte Qualifikationsanforderungen können nur aus einer tatsächlich vorliegenden Arbeitstätigkeit ermittelt werden. Das setzt bestehende Arbeitsplätze voraus, findet also zu einem Zeitpunkt statt, zu dem die Bildungsmaßnahmen, die als Ergebnis der Analyse geplant, entwickelt und umgesetzt werden sollen, bereits wirksam geworden sein müssten. Schon aus logischen Gründen sorgt ein solches Vorgehen für eine *strukturelle Verspätung*.

- Bei sich dynamisch verändernden Marktverhältnissen, beschleunigten technisch-organisatorischen Veränderungen, variablen, teilweise betriebsindividuellen technisch-organisatorischen Gestaltungsformen kommt zur Prognoseunschärfe die Möglichkeit ungeplanter Eingriffe und unvorhergesehener externer Störungen. Das zukünftige betriebliche Geschehen ist immer weniger informatorisch abbildbar.

Das traditionelle Modell der Bestimmung von Qualifikationsentwicklungsbedarf ist daher nur stückweise – bei statischen Verhältnissen – praktikabel. Seine strukturellen Mängel bewirken in Phasen beschleunigten strukturellen Wandels stark verzögerte und in ihrer Wirkung unsichere Aktivitäten.

Bei fehlender Kenntnis der Eingangspotentiale der Teilnehmer und unscharfen Vorstellungen über Anforderungen ist die Trefferwahrscheinlichkeit der Maßnahmen nur sehr gering. Wenn die Ableitung von Anforderungen aus Arbeitsaufgaben bzw. Arbeitstätigkeiten schon bei statischen Verhältnissen mit beträchtlichen Schwierigkeiten verbunden ist, eskaliert dieses Problem im Innovationsfall: Die Bestimmung von Anforderungen findet zu einem Zeitpunkt statt, zu dem die Weiterbildungsmaßnahmen bereits wirksam geworden sein müssten. Erforderliche Qualifikationen stehen dann regelmäßig erst mit einem erheblichen Zeitversatz zur Verfügung. Im Ergebnis werden etwa neue Techniken nicht beherrscht oder nur suboptimal genutzt, weil qualifiziertes Personal fehlt, diese zu bedienen, zu warten und Störungen zu beseitigen. Mit erheblichen Aufwendungen startet man dann meistens sehr experimentell, um sich die Qualifikation einer Integration der Technik in die eigene Fertigung oder Dienstleistungsorganisation anzueignen und über dieses Experiment die Qualifikationsentwicklung zu betreiben. Wenn überhaupt, kann das neue Techniknivau erst mit erheblichen Verzögerungen eingesetzt werden.

Weil Fixpunkte fehlen, kommt Weiterbildung chronisch verspätet. Bis in dynamischen Entwicklungsprozessen Weiterbildungsangebote entwickelt sind, stimmen die Anforderungen damit schon nicht mehr überein. Mechanismen der Fremdregulation, wie sie in der Tradition einer wissenschaftlichen Betriebsführung propagiert werden oder durch die Bildungspolitik mit Bildungsräten vorgesehen werden, versagen in Innovationsprozessen. Innovationen beruhen auf selbstregulierten Prozessen (3). Die darin erforderlichen und zum Vorschein tretenden Qualifikationen der Beteiligten zur Gestaltung von Nicht-Routineprozessen sind kaum auf der Schulbank oder in Seminaren zu vermitteln (4). Die veraltete statische Vorstellung der Berufspädagogik von einem „Lernen auf Vorrat" greift nicht.

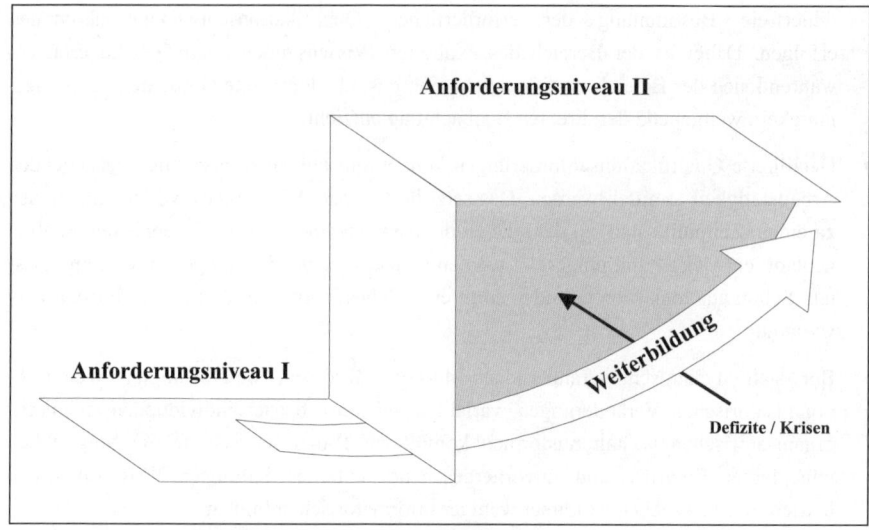

Abb. 1: Friktionen bei nachlaufender Weiterbildung

Das hat erhebliche Konsequenzen für die Personal- bzw. Organisationsentwicklung. Selbstregulation und Eigeninitiative müssen entfaltet und genutzt werden. Es ist ein neues Verständnis der Vorbereitung und Durchsetzung von Personal- und Organisationsentwicklungsmaßnahmen zu schaffen, in dem den alten Zentralinstanzen der Personalentwicklung bestenfalls noch eine Servicefunktion zukommt, die eigentlichen Entwicklungsaufgaben aber dezentral in die Fachabteilungen verlagert werden.

Diese Umorientierung wirft neue Fragen für die Planung, Gestaltung und Kontrolle des gesamten betrieblichen Geschehens auf. Wenn die Etablierung von sich selbst entwickelnden Organisationseinheiten gelingt, setzt das Entwicklungen in Gang, deren Verlauf im Voraus kaum zu bestimmen ist und deren Ergebnisse nicht determiniert werden können. In optimierten, naiv-technokratisch geregelten Organisationen geht das nur sehr schwer. Das erfordert eine Strategie, die bisher in keinem betriebswirtschaftlichen Lehrbuch steht und auch den Beratermanuals fremd ist. Diese Strategie erfordert die Entkopplung der innovativen Kräfte aus den verkrusteten alten Netzwerken, die Bereitstellung von Ressourcen ohne die kontraproduktiven Kontrollschleifen der eingefahrenen Regulierungssysteme und das Zutrauen in die Leistungsfähigkeit der so abgespaltenen Innovationseinheiten. Diese Strategie hat nichts mit der gouvernantenhaften Förderung von „High Potentials" in Kadettenschulen, die heute „Corporate Universities" genannt werden, zu tun, sondern ist eine Herausforderung an die Ausgewählten. Nur mit Fordern statt Fördern kommt man weiter.

Wir nennen diese Art integrierter Personal- und Organisationsentwicklung, die den Aufbruch möglich macht, „Partisanenstrategie". Sie meidet technokratische Personalentwicklungsansätze und große Generalstäbe, denn wenn die fördern oder eingreifen, ist der Partisanentrupp schon tot. Diese Trupps überwinden Hindernisse und gehen Risiken ein, die in Gremien und an runden Tischen gar nicht diskutierbar sind. Auf sich selbst gestellt haben sie den Unternehmensgeist, der in wohl regulierten und gut kontrollierten Organisationen nicht mehr aufkommen kann. Sie brauchen keine Kurse für Kommunikation und Sozialkompetenz, denn sie sind aufeinander angewiesen. Teamgeist und Kooperationsfähigkeiten werden nicht angezüchtet, sondern gehören zum Überleben – sind also Auswahlprinzip (das macht die Formierung und die Organisationsentwicklung zum integralen Bestandteil der Personalentwicklung). Der Erfolg dieser Partisanengruppen basiert auf der richtigen Personalauswahl und den Freiheitsgraden, die ihnen eingeräumt werden. Freilich eskaliert mit dem Erfolg das Problem der Altorganisationen, diese Partisanen wieder einzubinden.

3 Die Differenz zwischen Qualifikation und Kompetenz

3.1 Die Rolle der Kompetenz in Entwicklungsprozessen

Vorliegende empirische Befunde machen deutlich, dass neben der Wissensvermittlung durch Weiterbildung noch etwas anderes wirksam ist, das die Kompetenz bestimmt (5). Den meisten Praktikern ist klar, dass ihre Kompetenzentwicklung nicht aus der traditionellen Aus- und Weiterbildung, sondern aus Erfahrung resultiert. Hinterfragt man empirische Befunde zur Bedeutsamkeit einzelner Kompetenzelemente für individuelle Handlungen, bestätigen Studien über die Arten des Lernens schon frühzeitig einen 80%-Anteil selbständigen oder informellen Lernens und damit die Bedeutung der Handlungsfähigkeitsentwicklung durch eigene Erfahrungen. Und das vielgepriesene duale Modell der gewerblichen Berufsausbildung folgt längst – wohl aufgrund positiver praktischer Erfahrung – in etwa diesen Aufteilungsregeln, 4 Tage praktische Tätigkeit und 1 Tag Schule. Für die konventionelle institutionalisierte Weiterbildung oder die explizite Wissensvermittlung bleibt also bestenfalls ein Beitrag von 20%. Das wird z.B. durch folgende Befunde deutlich:

- Fallstudien in dynamischen Entwicklungsprozessen (6) zeigen die Dominanz impliziten Wissens für die individuelle Handlungsfähigkeit. Explizites Wissen wie es institutionalisierte Weiterbildung vermittelt bzw. Wissensmanagement verwaltet ist wichtig als „formale" Basis zur Erfüllung beruflicher Handlungen. Gerade in dynamischen Entwicklungsprozessen stellt explizites Wissen jedoch eine sehr instabile Größe dar (sinkende Halbwertzeit des Wissens), während etwa implizites Wissen im Zeitablauf weitgehend stabil und (selbst lange nicht abgerufene) Fertigkeiten schnell aktualisierbar sind. Implizites Wissen – als dominante Wissensgröße – schafft die Voraussetzungen, den „Sprung" des expliziten Wissens in reale Anwendungssituationen zu vollziehen. Implizites Wissen wird im „Tagesgeschäft" durch „Erfahrung machen" aufgebaut.

- Eine Analyse der Kompetenzbiographie von Unternehmern (7) zeigt, dass die im Berufsleben erfolgsentscheidenden Kompetenzen im Schwerpunkt außerhalb der beruflichen Entwicklung, im sozialen Umfeld, im Alltag entwickelt werden. Frühe Kindheitserfahrungen konstituieren Unabhängigkeitsstreben, Selbstvertrauen, Beharrlichkeit, Risikobereitschaft etc., Eigenschaften, die durch Training zu stimulieren, aber nicht zu entwickeln sind. Aber auch die Verantwortungsübernahme, die Bewältigung von Verlusterlebnissen und kritischen Lebensphasen prägen das Kompetenzprofil stärker als Kurse. Die sich in einem Entwicklungsprozess formierenden Erfahrungen werden als personale Kompetenzen zu stabilen Verhaltensdispositionen.

- „Die Schule des Managers scheint der Alltag zu sein." (8) Das ist das Resumée einer Umfrage des Manager Magazins unter 50 Vorständen. Erfolgreiche Manager sehen Lernen aus Umbruchsituationen, aus dosierter projektorientierter Überforderung und aus der Bewältigung von Verlustsituationen, aber auch aus Lernfeldern außerhalb des Unternehmens als besonders effektiv an. Weiterbildung bringt gerade in Bereichen wie Führungstraining wenig. Die Skepsis gegenüber dem Nutzen seminaristischer Weiterbildung basiert dabei auf einer Einschätzung der eigenen beruflichen Entwicklung und den „hilfreichen" Stationen auf diesem Weg.

Diese Einzelbefunde aus sehr heterogenen Bereichen dokumentieren die Dominanz personengebundener Kompetenzelemente für individuelle Handlungen. Ein verbreitetes, auf Qualifikation resp. explizite Wissensvermittlung und Wissensmanagement basierendes Weiterbildungsverständnis unterstellt jedoch, mechanistisch bei Fach- und Führungskräften fast beliebig Voraussetzungen für wechselnde Anforderungen schaffen zu können. Es besteht aber offensichtlich eine Differenz zwischen explizitem Wissen und Kompetenz zur Handlung, die nicht über traditionelle Weiterbildung ausgeglichen werden kann. Ordnet man die empirischen Befunde nach den Elementen, die letztlich ursächlich für Handlungen sind, ergibt sich ein sehr viel differenzierteres Kompetenzverständnis, zu dem die traditionelle Weiterbildung einen Teilbeitrag liefert.

3.2 Die Kompetenz zur Handlung

Kompetenz zur Handlung basiert auf individueller Ebene auf einem Zusammenspiel der

- Handlungsfähigkeit als kognitive Basis,
- Handlungsbereitschaft als motivationale Basis und
- Zuständigkeit als organisatorische Legitimation und Einbindung in den Unternehmenskontext (9).

Handlungsfähigkeit und Handlungsbereitschaft bestimmen dabei zusammen die individuelle Handlungskompetenz, die eng mit Persönlichkeitseigenschaften verbunden ist. Erst die organisatorisch-technologische Einordnung in den Unternehmenskontext (Zuständigkeit) macht die Kompetenz zur Handlung in arbeitsteiligen Organisationen aus.

3.2.1 Handlungsfähigkeit

Fähigkeiten stellen die kognitive Basis für Handlungen dar. Die individuelle Handlungsfähigkeit ist dabei eine Funktion von explizitem und implizitem Wissen sowie Fertigkeiten (10). Persönlichkeitseigenschaften schaffen die Grundlagen für menschliche Verhaltensweisen bzw. Handlungen und beeinflussen gleichsam die Entwicklungsfähigkeit der individuellen Kompetenzelemente „explizites Wissen", „implizites Wissen" und „Fertigkeiten" (vgl. Abb. 2) (11).

Explizites Wissen

Explizites Wissen lässt sich in Worten und Zahlen ausdrücken und ist damit frei konvertierbar, d.h. über ein Medium kommunizierbar. Explizites Wissen ist das Feld, auf das sich traditionelle Weiterbildung und Wissensmanagement konzentrieren.

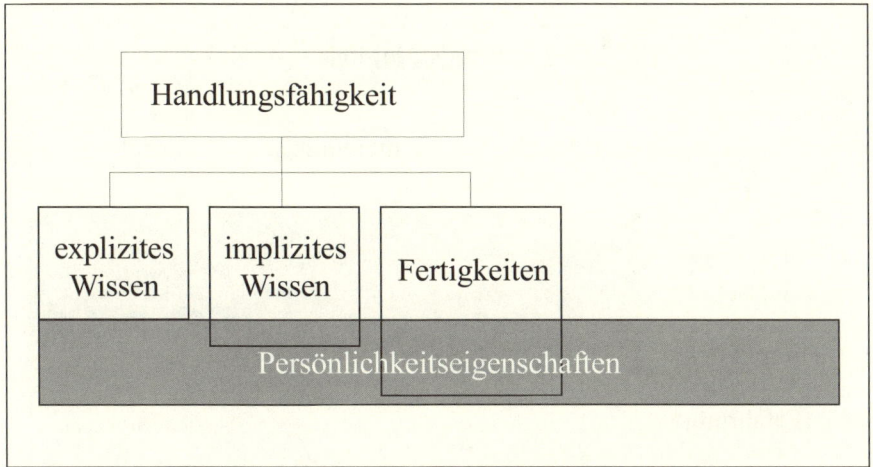

Abb. 2: Elemente der Handlungsfähigkeit

Implizites Wissen

Während sich explizites Wissen leicht vermitteln und nutzbar machen lässt, ist implizites Wissen personengebunden, schwierig zu formulieren und damit schwer zugänglich. Implizites Wissen umfasst das aktionsgebundene und auf individuellem Engagement bzw. Erfahrung basierende Wissen, das aus der eigenen Handlung oder Erfahrungsaustausch resultiert. Implizites Wissen kann dabei bedingt in explizites Wissen transformiert werden. Sind die Grenzen der Explizierbarkeit erreicht, ist die Verfügbarkeit von implizitem Wissen nur durch die Verfügbarkeit der Person gewährleistet, an die das implizite Wissen gebunden ist.

Fertigkeiten

Fertigkeiten stellen ein konkretes und inhaltlich bestimmbares Können dar, das durch Übung so weit automatisiert ist, dass eng umgrenzte Verhaltensweisen routinisiert vollzogen werden können. Hier besteht ein gleitender Übergang zu Persönlichkeitseigenschaften.

Um Kompetenz realistisch zu erfassen, sind die Elemente der individuellen Handlungsfähigkeit – explizites Wissen, implizites Wissen, Fertigkeiten – auf Inhalte zu beziehen. Solche Inhalte ergeben sich aus den fachlichen, methodischen und sozialen Ausprägungen konkreter Handlungen oder Aufgaben in arbeitsteiligen Organisationen. Das was gerne durch Ausweichen auf die Meta-Ebene als überfachlich etc. und damit generell handlungsrelevant klassifiziert wird, erfährt vor diesem Hintergrund eine konkrete inhaltliche Füllung und verbleibt nicht im Unverbindlichen. Erst die Verfügbarkeit eines „Sets" von Fähigkeitsbausteinen ermöglicht Handlungen. Aus der Gegenüberstellung von Elementen und Ausprägungen der Handlungsfähigkeit ergibt sich ein Erfassungsraster zur Description individueller Handlungsfähigkeit.

Konfrontiert man die Handlungsfähigkeitsmatrix mit den genannten empirischen Befunden, wird deutlich, dass traditionelle Weiterbildung nur einen Ausschnitt der Handlungsfähigkeit berührt. Gerade die an Personen gebundenen Elemente der Handlungsfähigkeit und die

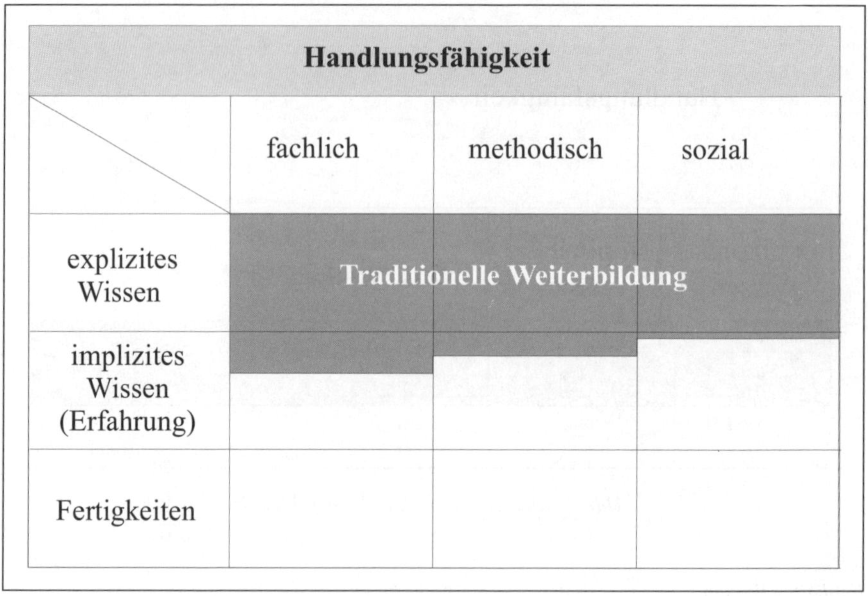

	fachlich	methodisch	sozial
explizites Wissen	Traditionelle Weiterbildung		
implizites Wissen (Erfahrung)			
Fertigkeiten			

Handlungsfähigkeit

Abb. 3: Dimensionen der Handlungsfähigkeit

Schnittstelle zu Persönlichkeitseigenschaften sind durch konventionelle Weiterbildung und Wissensmanagement nicht zugänglich. Dabei ist der Bereich der fachlichen Handlungsfähigkeit durch Weiterbildung noch relativ gut beeinflussbar, während insbesondere der stark mit der Persönlichkeitsentwicklung verbundene Bereich der sozialen Handlungsfähigkeit der Weiterbildung weitgehend verschlossen ist.

3.2.2 Handlungsbereitschaft

Handlungsfähigkeit führt nicht zwangsläufig zur Handlung. „Dass jemand etwas weiß, versteht und kann, bedeutet noch nicht, dass er es auch anwendet." (12) Neben explizitem Wissen, implizitem Wissen und Fertigkeiten ist auf der individuellen Ebene die Handlungsbereitschaft Basis der individuellen Handlungskompetenz. Motive als Triebfeder des Handelns sind dabei personenindividuell und nicht im Sinne von explizitem Wissen beliebig transferier- oder entwickelbar.

Organisationsmitglieder richten ihr Verhalten an dem Nutzen aus, den sie für spezifische Handlungen erwarten und den sie aufgrund zurückliegender Handlungen erfahren haben. Lohnt sich der Einsatz von Fähigkeit und Anstrengung unter dem Aspekt der Motivbefriedigung oder nicht? Die Erwartungsbildung ist dabei zum einen abhängig von den Besonderheiten der Situation und zum anderen von den individuellen Merkmalen und spezifischen Bedürfnissen (13). Auch hier bestehen Übergänge zu Persönlichkeitseigenschaften. Die Dringlichkeit der Einzelbedürfnisse hängt stark von der individuellen Motivstruktur, der unterschiedlichen Sozialisation sowie der spezifischen Versorgungslage ab. Entsprechend dem persönlichen Hintergrund bewerten Mitarbeiter betriebliche Anreizsysteme unterschiedlich bzw. setzen unterschiedliche Schwerpunkte in ihrem Präferenzsystem für spezifische Anreize. Objektiv gleiche Anreize lösen bei Mitarbeitern unterschiedliche

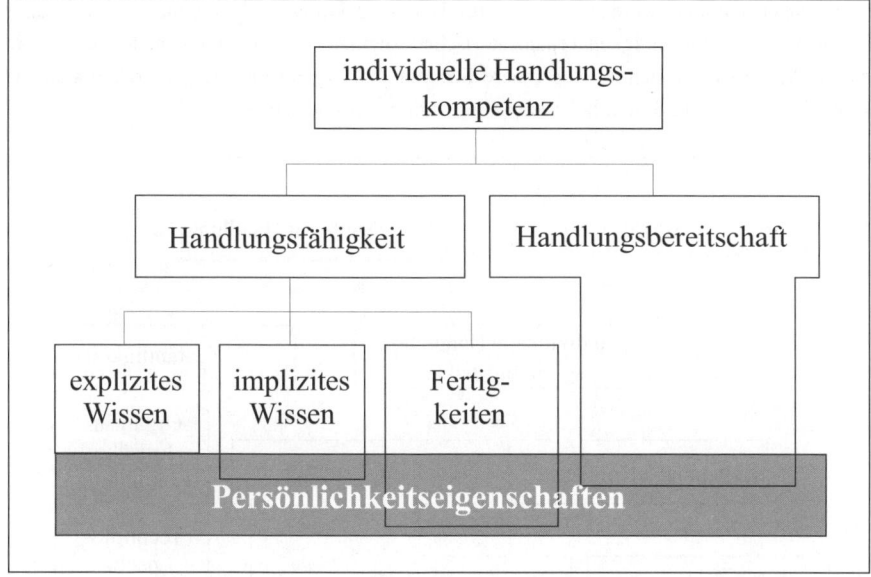

Abb. 4: Handlungsbereitschaft als Element der individuellen Handlungskompetenz

Verhaltensweisen aus. Der Verwertungszusammenhang ist deshalb nicht nur „ökonomisches Kalkül" wie es verblendete Bildungsideologen gerne diskriminieren, sondern zugleich humanes Moment der Zumutbarkeit entsprechender Veränderungen in der Kompetenz der betroffenen Persönlichkeiten.

Die Untersuchungen des Instituts für angewandte Innovationsforschung zeigen (14), dass die zentralen Personalentwicklungsprobleme mit dem derzeitigen Instrumentarium der Weiterbildung nicht angegangen werden können. Gefährlich ist an diesen Instrumenten nicht so sehr die Verschwendung von Geldern infolge von Streuverlusten und Fehlsteuerung, sondern die im Gefolge auftretende Demotivation von schlecht und erfolglos Weitergebildeten. Man kann erwachsene Menschen nicht beliebig in Weiterbildungsmaßnahmen stecken, wenn diese nicht zu einem sinnvollen Ergebnis – und das ist ein Verwertungszusammenhang – führen. Kein Mensch betreibt Weiterbildung der Weiterbildung wegen. Jeder will den Verwertungszusammenhang sehen, wenn er motiviert daran teilnehmen soll. Personal- und Organisationsentwicklung integrierende Anreizsysteme werden deshalb zum Schlüssel erfolgreicher Kompetenzentwicklung.

3.2.3 Zuständigkeit oder die Schnittstelle zur Organisation

Individuelle Handlungsfähigkeit und -bereitschaft zusammen machen die individuelle Handlungskompetenz aus. Die reicht allein nicht aus, damit es zur Handlung kommt. Wenn ein Druckingenieur neben den „klassischen" Druckaufgaben auch Internet- und Datenbankservices beherrscht – also handlungsfähig ist – und auch willens ist, dies zur Arrondierung der Geschäftsfelder einzubringen, reicht das in arbeitsteiligen Organisationen noch nicht zur Handlung aus. Erst wenn dies zu seinem Aufgabengebiet gemacht wird bzw. er das selbstorganisiert ansteuert, wenn entsprechende Betriebsmittel zur Verfügung stehen und Arbeitsbeziehungen etabliert werden, kann es zur Handlung kommen. In arbeitsteiligen Organisationen ist die Zuständigkeit organisatorisches Regulativ für Handlungen. Kompetenz in diesem Sinne richtet sich auf die innere Struktur der Organisation und charakterisiert die sachliche, zeitliche und räumliche Kopplung zum Arbeitssystem.

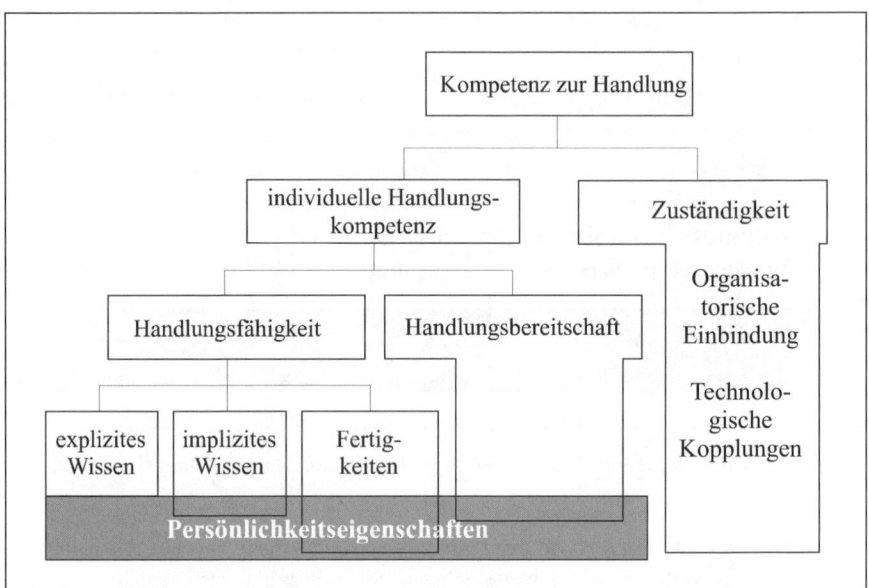

Abb. 5: Zuständigkeit als Element der Kompetenz zur Handlung

Diese organisatorische Schnittstelle relativiert gleichzeitig die Rolle von Individualkompetenzen im Gesamtunternehmenskontext und determiniert die Möglichkeit zur – auch ungesteuerten – Kompetenzentwicklung. In arbeitsteiligen Organisationen sind die Individualkompetenzen eingebettet in Arbeitssystemkompetenzen. Die Arbeitssystemkompetenz hängt dabei von funktionalen Verknüpfungen der einzelnen Kompetenzelemente ab, die letztlich durch soziale Prozesse und technisch-organisatorische Kopplungen (technische Ausstattung, Einbindung in Informations- und Materialflüsse etc.) bestimmt sind. Die Bedeutung dieser funktionalen Verknüpfungen wird klar, wenn man die Handlungsergebnisse zweier Projektteams unter objektiv gleichen Bedingungen vergleicht oder versucht, über die schlichte Addition individuell kompetenter Mitarbeiter zu guten Ergebnissen im Team zu kommen. Selbst der Austausch einer Fach- oder Führungskraft ist dann nicht mehr als einfacher Anpassungsprozeß zu verstehen, sondern wird zum formativen Prozess der Organisationsentwicklung.

Die Einbindung von Individuen mit ihren Kompetenzen in Arbeitssysteme entscheidet damit darüber, inwiefern die individuelle Handlungskompetenz überhaupt zur Entfaltung kommt. Bezogen auf die Arbeitssystemebene können dann die Kopplungen im Arbeitssystem für das Handlungsergebnis bedeutsamer als die Individualkompetenzen sein. Die Annahme, dass die Summe der Individualkompetenzen der Arbeitssystemkompetenz entspricht, ist damit obsolet. Oder anders ausgedrückt: Die „lernende Organisation" bewegt sich unabhängig vom Lernerfolg einzelner Personen, wenn die Einkopplung nicht gelingt.

Insgesamt ist dieser Zusammenhang zwischen individueller Kompetenz und organisatorischer Einbindung in Theorie und Praxis ebenso ungeklärt wie die Formierung einzelner Kompetenzträger zu „kompetenten" Organisationseinheiten. Wenn dann Berater oder Management-Gurus schon von „schnell lernenden Unternehmen" reden, haben sie das Entwicklungsproblem gar nicht verstanden. Die Bemühungen um neue Lösungen am IAI zeigen einerseits den abgehoben visionären Charakter von Schlagworten wie „lernende Organisation" und andererseits die Eklektik von Weiterbildungsmaßnahmen, die auf solche Formierungsprozesse Einfluss nehmen wollen, ohne die Zusammenhänge zu durchschauen. Das ist aber auch die Ursache der Misserfolge von vom Verwertungszusammenhang abgehobenen Weiterbildungsmaßnahmen und wirft innerhalb von Organisationen völlig neue Fragen für die Organisations- und Personalentwicklung auf.

4 Der Beitrag der traditionellen Weiterbildung zur Kompetenzentwicklung: Ein Mythos zerbricht

Nimmt man die hier aufgezeigten Kompetenzelemente und konfrontiert sie mit empirischen Befunden zu ihrer Handlungsrelevanz, wird die Differenz zwischen Qualifikation und Kompetenz und damit auch zwischen traditioneller Weiterbildung und Kompetenzentwicklung deutlich. Da Kompetenz im überwiegenden Teil nicht frei konvertierbar, sondern

- hoch individualisiert mit komplexen Entwicklungen von Kindheit an verbunden ist,
- durch motivatorische Zusammenhänge gesteuert wird und
- stark vom organisatorisch-technologischen Kontext (Zuständigkeit) abhängt,

sind individuelle und situationsspezifische Bedingungen handlungsentscheidend. Eine Weiterbildung, die diesen Gesamtzusammenhang ignoriert, kann nur mit erheblichen Streuverlusten partiell zur Kompetenzentwicklung beitragen, in der Regel führt sie zu Fehladressierung und Demotivation bei den Betroffenen.

Die traditionelle Weiterbildung ist auf Instruktion ausgerichtet. Mit Instruktion lässt sich der Bereich des expliziten Wissens gut entwickeln. Weiterbildung konzentriert sich damit aber hoch professionalisiert auf einen Teilausschnitt der individuellen Handlungsfähigkeit. Wesentliche, gerade an die Person gebundene Elemente der Handlungsfähigkeit bleiben unberücksichtigt bzw. werden oft zufällig, unsystematisch und mit einem deutlich geringeren Professionalisierungsgrad angegangen. Deshalb ist zu erwarten, dass schon erste Systematisierungsversuche hier zu durchschlagendem Erfolg führen.

Aber die konventionelle Weiterbildung und das Wissensmanagement sind noch an explizitem Wissen orientiert. Explizites Wissen, das ist ein frei transferierbares Gut, das im Kurssystem zu vermitteln ist. Doch Innovationen ergeben sich daraus nicht. Schwimmen lernt man nicht auf der Schulbank, sondern nur im Wasser. Dabei kann es ganz sinnvoll sein, neben dem Schwimmen auch das „explizite Wissen" über die Technologie des Schwimmens zu vermitteln. Nur die Kausalität, aus dieser Wissensvermittlung folgt Handlungsfähigkeit oder gar Kompetenz, ist falsch. Der Mythos Weiterbildung zerbricht!

Weiterbildungsbemühungen traditioneller Prägung sind wichtig, decken aber bestenfalls 20% der Handlungsfähigkeit ab, wenn sie denn richtig angesteuert werden. Das setzt aber voraus, dass man ihren Beitrag zu Kompetenzentwicklung einordnen und kontrollieren kann. Den meisten Praktikern ist bewusst, dass sie das, was sie im Alltag brauchen, kaum auf der Schulbank, sondern erst in der Praxis erworben haben. Wenn mehr als 80% der Handlungsfähigkeit eben nicht aus der institutionalisierten Aus- und Weiterbildung, sprich der Vermittlung expliziten Wissens, sondern aus dem Aufbau impliziten Wissens durch Erfahrungen resultieren, dann gehen viele Weiterbildungsaktivitäten in Unternehmen am Ziel vorbei. Dabei wird in immer mehr Betrieben zunächst nur bewusst, dass viele Weiterbildungsmaßnahmen leerlaufen. Teilnehmer sind zwar nach dem Durchlaufen von Maßnahmen höher qualifiziert, aber inkompetent, ihr explizites Wissen zur Anwendung zu bringen. Die hoch gesteckten Erwartungen an institutionalisierte Weiterbildung und Wissensmanagement werden so nicht erfüllt.

- Hohe Streuverluste und
- mangelnde Verwertungsmöglichkeiten

führen dazu, dass mehr als 50% der traditionellen Weiterbildungsmaßnahmen nicht die Realisierung angestrebter Veränderungen erfüllen. Dazu kommen Verunsicherung, Enttäuschung und Demotivation bei den Teilnehmern, die keinen Transfererfolg verzeichnen können (15) sowie organisatorische Integrations- und weitere Umsetzungsprobleme. In der Summe wird deutlich, dass Weiterbildungsplanung, -durchführung und -umsetzung an erheblichen

- Orientierungs-,
- Methoden- und
- Professionalisierungsdefiziten

leiden. Streuverluste, chronische Verspätung und Verlust der Orientierung führen losgelöst von Verwertungszusammenhängen zu wenig überzeugenden Ergebnissen.

Während traditionelle Weiterbildung hoch professionalisiert auf den gut beeinflussbaren Bereich des expliziten Wissens ausgerichtet ist, fehlen für die dominant handlungsbestimmenden Kompetenzbestandteile „implizites Wissen, Fertigkeiten, Persönlichkeiten" analoge Entwicklungsmuster und sind die organisatorischen Zusammenhänge in Teilbereichen noch gar nicht transparent.

Es ist aber für Personal-, Organisations-, Unternehmens- und Regionalentwicklung wenig effektiv, die Instrumentalisierung und den Mitteleinsatz auf 20% des Wirkungsbereichs zu konzentrieren. Auch Versuche, die Erfassung, Verarbeitung und Vermittlung von explizitem Wissen über Ansätze des Wissensmanagements weiter zu professionalisieren, gehen an 80% des Kompetenzentwicklungsproblems vorbei. Die Substitution des „Schulmeisters" durch den Wissensverwalter bringt keinen inhaltlichen Fortschritt.

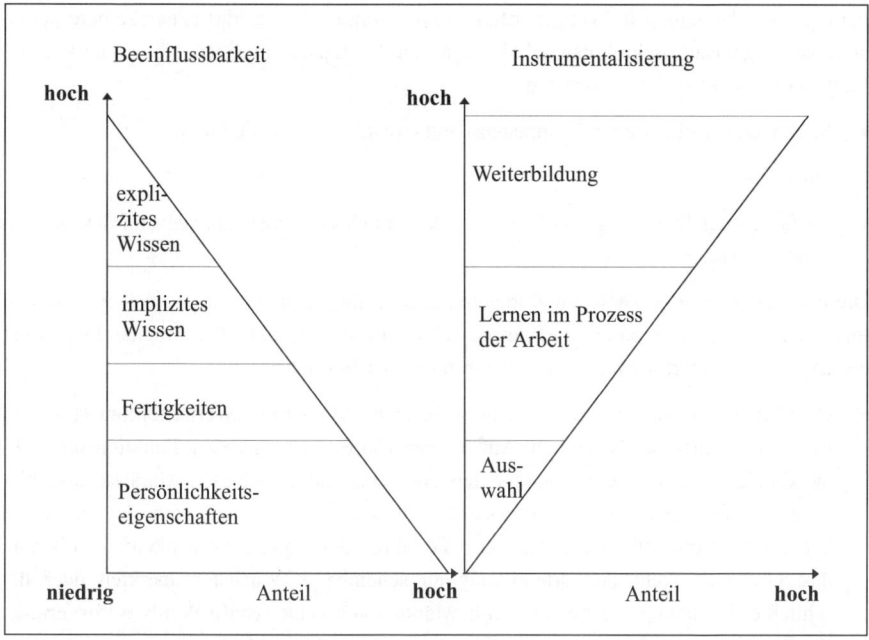

Abb. 6: Bedeutung der Elemente von Handlungsfähigkeit und Grad der Instrumentalisierung

5 Den Zusammenhang von Innovation und Kompetenzentwicklung neu ordnen

Angesichts der Lücke zwischen dem Teilbereich, auf den traditionelle Weiterbildung wirken kann, und der Kompetenz zur Handlung wird die von fortschrittlichen Praktikern forcierte „Flucht aus der Schule" verständlich. Nimmt man die beschriebenen Zusammenhänge zur Kompetenz ernst, wird gerade für betriebliche Neuerungsprozesse schnell deutlich, dass Kompetenzentwicklung kein einfaches Anpassungsproblem ist, in dem „fehlende" Kompetenzen beliebig prognostiziert und anschließend auf der Schulbank vermittelt werden können.

Der naive Glaube an das planwirtschaftlich technokratische Anpassungsmuster Weiterbildung oder Wissensmanagement führt dann in eine innovatorische Patt-Situation. Aus dieser Patt-Situation auszubrechen erfordert Konzepte und eine andere Lernkultur, die sich nicht auf die verkrusteten Wissensvermittlungsinstitutionen von gestern verlässt, sondern auf die reale Problematik von Strukturwandel eingeht.

Die Aufgabe der Alibifunktion von Wissensvermittlung macht den Weg zur echten Innovation frei. Das bedeutet, einzelbetrieblich sind nicht nur erhebliche Mittel für den „Personalentwicklungs-Budenzauber" einzusparen, sondern auch demotivierende Frustrationsschleifen bei der Entwicklung zu beseitigen. Innovation setzt andere Instrumente zur Orientierung und Platzierung in Wertschöpfungsketten voraus, die auf das entwickelbare personelle und organisatorische Potenzial abheben. Die Umsetzung im Betrieb bzw. die Etablierung einer neuen Lernkultur verlangt

- Methoden der integrierten Kompetenz- und Organisationsentwicklung,

aber auch rigide

- Verfahren der Steuerung und Kontrolle der Entwicklungsmaßnahmen und des Innovationsprozesses.

Diese Zusammenhänge zwischen Kompetenzentwicklung und Innovation in Konzepte und Instrumente zu überführen und in Pilotprojekten zu testen, ist aktueller Arbeitsschwerpunkt des IAI. Dabei erfolgt die Instrumentalisierung in vier Bereichen:

- Die Orientierungsfrage stellt sich angesichts sich verändernder Wertschöpfungsketten in weiten Bereichen der Wirtschaft. Aufweichen von Branchengrenzen, Funktionsübernahme durch Newcomer und Ausscheiden aus scheinbar gesicherten Märkten sind hier symptomatisch. Aus Unternehmenssicht stellt sich die Frage, wie man sich in diesem Umfeld positionieren kann. Klassische Verfahren der Unternehmensplanung stoßen an ihre Grenzen. Nicht die Orientierung an scheinbaren Wachstumsmärkten oder die schlichte Bündelung von Leistungen in Märkten von heute schafft Wettbewerbsvorteile, sondern die Entwicklung von Leistungsangeboten für die Märkte von morgen. Damit wird die Entdeckung zukünftiger Entwicklungsprobleme in Wertschöpfungsketten zentrales Element des Innovationsmanagements und Orientierungspunkt für die Kompetenzentwicklung.

- Die Platzierung, d.h. Neupositionierung in Wertschöpfungsketten setzt Orientierung voraus, ist aber kein reines Auswahlproblem aus möglichen Entwicklungsalternativen. Vielmehr geht es um einen Abstimmungsprozess zwischen Neuorientierungserfordernissen auf der einen Seite und verfügbaren bzw. entwickelbaren Kompetenzen auf der anderen Seite. Ergebnis ist dann nicht der „run" der Lemminge auf moderne, aber überbesetzte und vom eigenen Kompetenzprofil gar nicht beherrschbare Felder, sondern das Erschließen der bearbeitbaren Zukunft.

- Die Integration von Personal- und Organisationsentwicklung ist Basis für die Umsetzung betrieblicher Innovationsprozesse. Diese Integration (statt künstlicher Trennung individueller Lernwelten von betrieblichen Entwicklungen) löst das Dilemma einer anforderungsorientierten Weiterbildung auf. Dazu sind Innovationsprozesse zu personifizieren. Potenzialbeurteilung und Personalauswahl sind gleichsam Basis solcher Entwicklungsprozesse. Da die Aussagefähigkeit traditioneller Verfahren in diesem Bereich begrenzt ist, sind diese durch formative Testverfahren zu ergänzen. „Fördern durch Fordern" oder die Implementation von „Partisanenstrategien" ermöglichen Potenzialbeurteilung, -aktivierung und -entwicklung für Innovationen im Kontext konkreter Entwicklungsvorhaben.

- Die Entwicklung individueller Kompetenzen ist weiter zu fassen als dies über traditionelle Formen der Wissensvermittlung abgedeckt wird. Neben die Wissensvermittlung treten dominant der Erfahrungsaufbau und eine stärkere Verzahnung mit informellen Lernprozessen auch außerhalb der Arbeit. Da der Übergang von der Handlungsfähigkeit zur Handlung oft an unzureichender Handlungsbereitschaft scheitert, ist Ermutigung zur Handlung integraler Bestandteil der Kompetenzentwicklung. Die organisatorische Kopplung ist so zu gestalten, dass die erwünschten personellen Flexibilitätspotenziale, Eigeninitiative und Fähigkeiten zur Selbstregulation geschaffen, gefördert, erhalten und damit praktisch wirksam werden können. Das bedeutet die Schaffung von ausreichenden Handlungsspielräumen sowie Lern- und Entwicklungsmöglichkeiten in der Arbeitstätigkeit.

Anmerkungen

(1) Vgl. *Staudt, E.*: Die Führungsrolle der Personalplanung im technischen Wandel, in: ZfO, Heft 7 1984, S. 395-405, *Staudt, E./Kailer, N./Kriegesmann, B./Meier, A. J./Stephan, H./Ziegler, A.*: Kompetenz und Innovation – Eine Bestandsaufnahme jenseits von Personalentwicklung und Wissensmanagement, Bochum 1997, *Staudt, E./Kottmann, M.*: Deutschland gehen die Innovatoren aus, Frankfurt/Main 2001 (in diesem Band).

(2) Vgl. hierzu *Staudt, E./Kriegesmann, B.*: Weiterbildung: Ein Mythos zerbricht – Der Widerspruch zwischen überzogenen Erwartungen und Misserfolgen der Weiterbildung, in: Kompetenzentwicklung '99, Münster et al. 1999, S. 17-59.

(3) Vgl. *Staudt, E./Hinterwäller, H.*: Von der Qualitätssicherung zur Qualitätspolitik – Konzeption einer integralen unternehmerischen Qualitätspolitik, in: Zeitschrift für Betriebswirtschaft, 11/12 1982, S. 1000–1042.

(4) Vgl. *Staudt, E.*: La Gestione dei Processi Innovativi, in: CIS (Centro Studi d'Impresa) (Hrsg.): Tagung 'Innovazione e Imprenditorialita' im Oktober 1987 in Lecco, Padua 1989, S. 1–29.

(5) Vgl. hierzu *Staudt, E./Kriegesmann, B.*: Weiterbildung: Ein Mythos zerbricht – Der Widerspruch zwischen überzogenen Erwartungen und Misserfolgen der Weiterbildung, in: Kompetenzentwicklung '99, Münster et al. 1999, S. 17-59.

(6) Vgl. *Staudt, E.* et al.: Weiterbildung von Fach- und Führungskräften in den neuen Bundesländern, in: Arbeitsgemeinschaft Qualifikations-Entwicklungs-Management (Hrsg.): Studien zur beruflichen Weiterbildung im Transformationsprozess, Münster et al. 1996.

(7) Vgl. *Erpenbeck, J.; Heyse, V.*: Die Kompetenzbiographie, Münster 1999.

(8) Vgl. *Gronwald, S./Sommer, Ch.*: Graue Theorie, in: Manager Magazin, Nr. 8/1997, S. 132-141.

(9) Vgl. *Staudt, E.* et al.: Kompetenz und Innovation – Eine Bestandsaufnahme jenseits von Personalentwicklung und Wissensmanagement, Bochum 1997.

(10) Ebenda.

(11) Vgl. *Pervin, L. A.*: Persönlichkeitstheorien, 3. Aufl., München, Basel 1993, S. 546.

(12) Vgl. *Reischmann, J.*: Andragogisch-didaktische Überlegungen zwischen Wissen und Können, in: GdWZ, 6/1998, S. 269.

(13) Vgl. *Kriegesmann, B.*: Innovationsorientierte Anreizsysteme, Bochum 1993.

(14) Vgl. *Staudt, E.*: Weiterbildung zwischen Sozial- und Arbeitsmarktpolitik, in: List Forum für Wirtschafts- und Finanzpolitik, Band 19 (1993), Heft 4, S. 348–367.

(15) Vgl. *Staudt, E.* et al.: Weiterbildung von Fach- und Führungskräften in den neuen Bundesländern. Studien zur beruflichen Weiterbildung im Transformationsprozess, hrsg. von der Arbeitsgemeinschaft QUEM, Berlin Münster, New York 1996. Außerdem vgl. *Reischmann, J.*: Andragogisch-didaktische Überlegungen zwischen Wissen und Können, in: GdWZ, 6/1998, S. 269.

Deutschland gehen die Innovatoren aus!
Das Aus- und Weiterbildungssystem des vergangenen Jahrhunderts muss reformiert werden

Erich Staudt / Marcus Kottmann

1 Innovationen werden von Menschen gemacht!

„Innovation" ist in den letzten Jahren zu einem Modebegriff geworden. Lehrbücher der Ökonomie, Unternehmer, Berater, Politiker, Verbandsvertreter und Sonntagsredner bekunden immer wieder, dass Innovationen im Sinne von neuen Produkten, Verfahren und Organisationen notwendig seien für Wohlfahrt, Wachstum, Umwelt und Wettbewerbsfähigkeit und natürlich besonders für die Bewältigung der heute anstehenden Strukturkrise und die Schaffung neuer zukunftssicherer Arbeitsplätze.

Mit Förderprogrammen, runden Tischen und Bündnissen im gesellschaftlichen und mit aufwendigen Analysen, technokratischem Innovationsmanagement, Kooperationen, Fusionen und Reorganisationen im betrieblichen Rahmen hofft man, ohne Aufgabe gewohnter Privilegien und langgepflegter Harmonieillusionen, innovatorische Sprünge zu schaffen. Doch derart konsensual geplante Innovationen hat es in der Realität nie gegeben. Es sind immer einzelne, die Neuentwicklungen wagen, Risiken eingehen und Veränderungen suchen. Viele von ihnen bleiben auf der Strecke, nur einige haben Erfolg und erst dann folgt ihnen die Masse.

Trotz der programmatischen Allianz aller gesellschaftlichen Gruppierungen fehlt es aber heute an kompetenten Persönlichkeiten, die die Bereitschaft und Fähigkeit zur Initiierung bzw. offensiven Teilnahme an Innovationsprozessen mitbringen und damit die wirtschaftliche Entwicklung vorantreiben (1). In volkswirtschaftlichen Theorien fallen diese Innovatoren vom Himmel. In der bundesrepublikanischen Praxis brauchte man sich in Zeiten des Wirtschaftswunders auch keine Gedanken darum zu machen – sie waren einfach da.

Doch mit zunehmendem Wohlstand ging die Bereitschaft zur Innovation zurück. In saturierten Gesellschaften werden Innovationen verdrängt und aufgeschoben. Und auch die hoch befähigten, nachrückenden jungen Leute zogen die gut bezahlte Sicherheit des öffentlichen Dienstes und im Großbetrieb einer risikoreichen Spin-Off-Stellung im Kleinbetrieb oder einer selbständigen Existenz vor. Erst Anfang der 90er Jahre nahm die Bereitschaft zur Innovation plötzlich wieder zu. Dies nicht etwa aufgrund von staatlichen Innovationsförderprogrammen oder weil sich die eher zurückhaltende Einstellung gegenüber tiefgreifenden Veränderungsprozessen in Deutschland quasi über Nacht geändert hätte. Es waren vielmehr gravierende Existenzängste unter den potenziellen Innovatoren, die eine Scheinblüte, ein „Window of Competence" (2) für Innovation und Modernisierung erzeugten, und damit auch die Illusion nährten, Deutschland sei wieder hinreichend innovativ.

Angelockt durch vermeintlich gute Berufsaussichten in Großbetrieben und dem öffentlichen Dienst studierten in den achtziger Jahren viele junge Leute Naturwissenschaften und Technik. In manchen Fachbereichen, wie Chemie, Physik, Mathematik, Elektrotechnik oder auch im Maschinenbau, verdoppelten sich die Studentenzahlen innerhalb weniger Jahre. Doch nur wenige Absolventen dieser gewaltige Welle kamen tatsächlich in den Genuss der angestrebten Karriere. Die Einstellungszahlen in der Großindustrie stagnierten im Konjunkturtief Anfang der 90er Jahre oder waren sogar rückläufig. Urplötzlich und von Politik und Wissenschaft ungeplant standen Zehntausende Hochschulabsolventen perspektivlos am Arbeitsmarkt.

2 Ein „Window of Competence" suggerierte Innovationsdynamik

So tragisch und frustrierend diese Entwicklung für die einzelnen Betroffenen war: Mit über 90.000 arbeitslosen Naturwissenschaftlern und Ingenieuren standen am Wirtschaftsstandort Deutschland Mitte der 90er Jahre erstmals diejenigen Kompetenzpotentiale in größerem Umfang zur Verfügung, die eine offensive Neuerungswelle über die Gründerszene oder den technischen Ausbau von innovationsaktiven Klein- und Mittelunternehmen überhaupt auslösen konnten. Zehntausende Naturwissenschaftler und Ingenieure waren plötzlich gezwungen, sich berufliche Entwicklungsoptionen außerhalb der tradierten Karrierepfade zu erschließen.

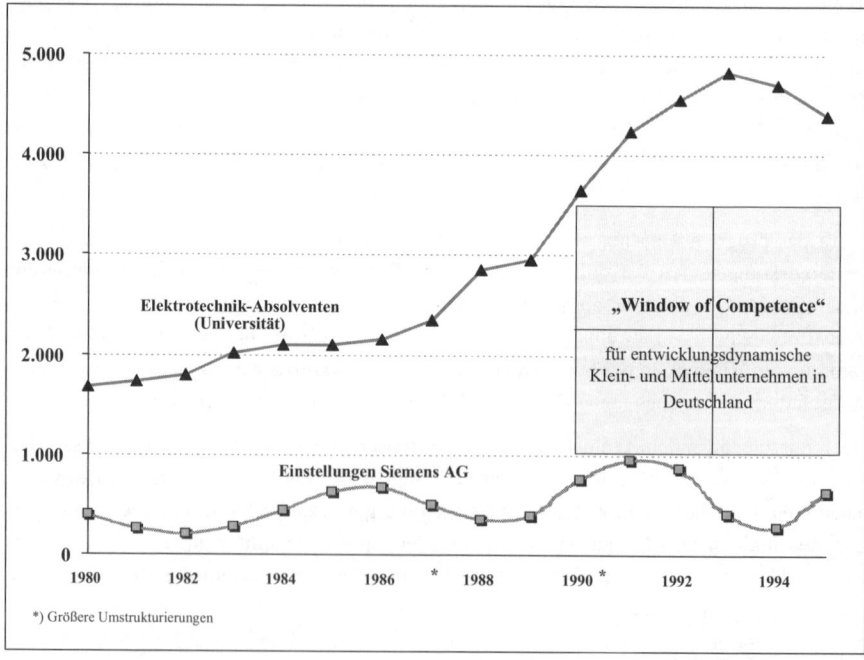

Abb. 1: Ein „Window of Competence" ermöglicht innovationsaktiven Unternehmen auch außerhalb traditioneller Einsatzbereiche den Zugriff auf technisches Fachpersonal – Das Beispiel der Elektrotechnik-Ingenieure (Quelle: Fakultätentag Elektrotechnik; Siemens AG)

Dieses „Window of Competence" führte tatsächlich zu erstaunlichen Effekten:

- Die Gründungsdynamik vor allem auch im Bereich technologieorientierter Unternehmen nahm deutlich zu,
- einzelne Hochtechnologiefelder, wie die moderne Informations- und (Tele-) Kommunikationstechnologie und die Biotechnologie, erfuhren durch junge Unternehmen nachhaltige Wachstumsschübe mit positiven Beschäftigungseffekten,
- Dienstleister konnten ihre Kompetenzlücken auffüllen und innovationsaktive Handwerksbetriebe längst überfällige Modernisierungen realisieren und
- Bundes- und Landespolitiker sprangen mit Förderprogrammen auf diese historisch einmalige Sonderblüte im Innovationsbereich.

3 Die personale Basis für Innovationen schwindet

Doch dieses „Window of Competence" für Innovation und Modernisierung schließt sich nun wieder. Der Pool, dem zukünftige Gründer entspringen und aus dem innovationsaktive Unternehmen aus Hochtechnologiefeldern, Dienstleistungssegmenten und dynamischen Rändern des Handwerks kompetentes Personal rekrutieren können, verringert sich dramatisch.

Während sich 1990 noch 20.000 junge Leute für ein ingenieurwissenschaftliches Studium der Elektrotechnik, im Maschinenbau oder der Verfahrenstechnik einschrieben, sind es heute nur noch knapp die Hälfte.

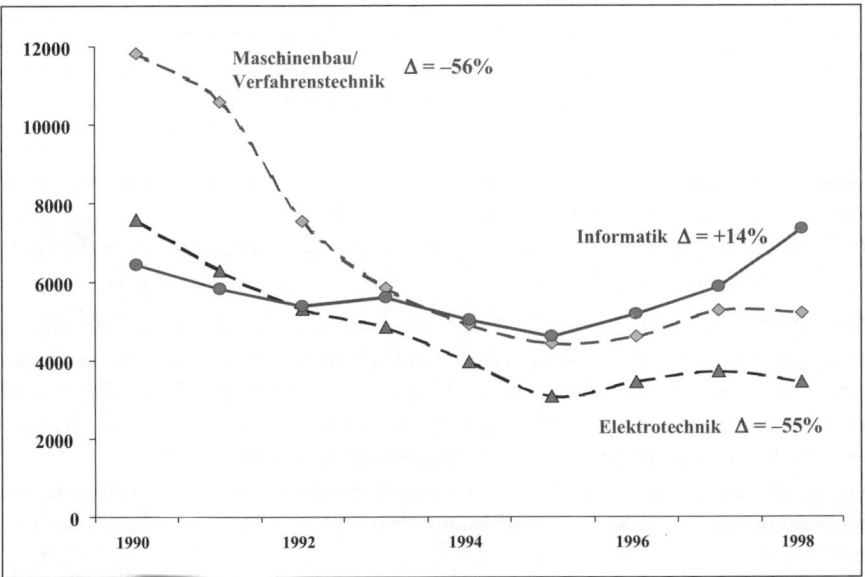

Abb. 2: *Studienanfänger in den Fachbereichen Elektrotechnik, Maschinenbau/Verfahrenstechnik und Informatik in Deutschland 1989-1998 (Quelle: Statistisches Bundesamt)*

Noch dramatischer verläuft die Entwicklung in Teilen der Naturwissenschaften. 1992 absolvierten noch über 8.000 Studenten der Chemie und Physik ihr Vordiplom, 1999 nicht einmal mehr 2.500. Die Zahl der Absolventen wird in diesen Fächern somit bis zum Jahr 2002 um über 70 Prozent geradezu erdrutschartig einbrechen.

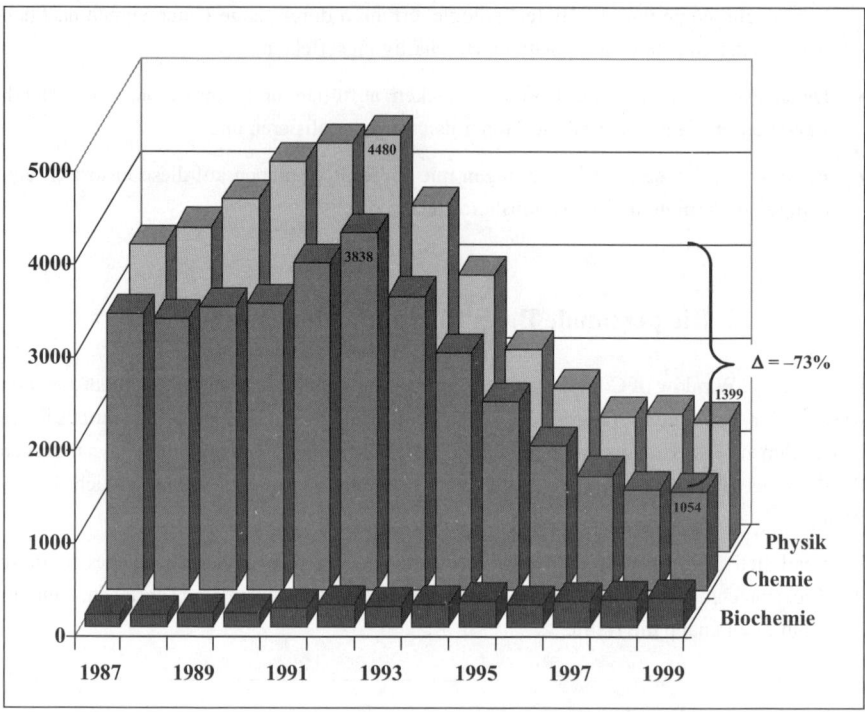

Abb. 3: *Bestandene Vordiplome in den Fachbereichen Chemie, Physik und Biochemie in Deutschland 1987-1999 (Quelle: GDCh; KFP)*

Kompensationseffekte aus Fachbereichen mit steigenden Studentenzahlen, wie bspw. Informatik oder auch Biochemie, reichen bei weitem nicht aus, um die Lücken zu schließen (vgl. Abb. 2 und 3) oder greifen aufgrund der Zeitspanne bis zur Graduierung der ersten Absolventen erst in 5-10 Jahren.

Die Folgen dieser Entwicklungen sind fatal und gehen weit über die auf den Bereich der Informationstechnologie verkürzte „Green Card"-Debatte hinaus: Aus dem temporären Angebotsüberhang der neunziger Jahre ist in fast allen dynamischen Wirtschaftsbereichen bereits ein dramatischer Personalengpass geworden. Es fehlen nicht nur ein paar Akademiker aus der Informatik. Das Defizit an kompetenten technischen Fachkräften behindert neben der Informationstechnik auch die Entwicklungsdynamik in der Automobilindustrie, im Maschinenbau, in Chemie und Pharma, im Dienstleistungssektor bis hinein in die Gründungsszenerie.

→ Deutschland gehen in aller Breite die Innovatoren aus!

Eine schriftliche Umfrage zum Zusammenhang von Innovationen und Fachkräftebedarfen unter 483 Unternehmen in Nordrhein Westfalen ist diesbezüglich Ende 1999 zu dem Ergebnis gekommen: „Die Rekrutierung von Personal gestaltet sich für die Unternehmen offenkundig sehr viel schwieriger als dies weithin wahrgenommen wird – und das schon seit einigen Jahren." Während sich 1996 etwa 30 Prozent der Betriebe durch Fachkräftemangel in der Realisierung von Innovationen behindert sahen, waren es 1998 schon 48 Prozent. Bei der Priorisierung relevanter Innovationsprobleme im Jahr 1999 landete der „Fachpersonalmangel" noch vor den Problemfeldern „Wirtschaftliches Risiko" und „Kapitalmangel" an erster Stelle (3) – und das bei durchschnittlich 3,5 bis 4 Millionen Arbeitslosen.

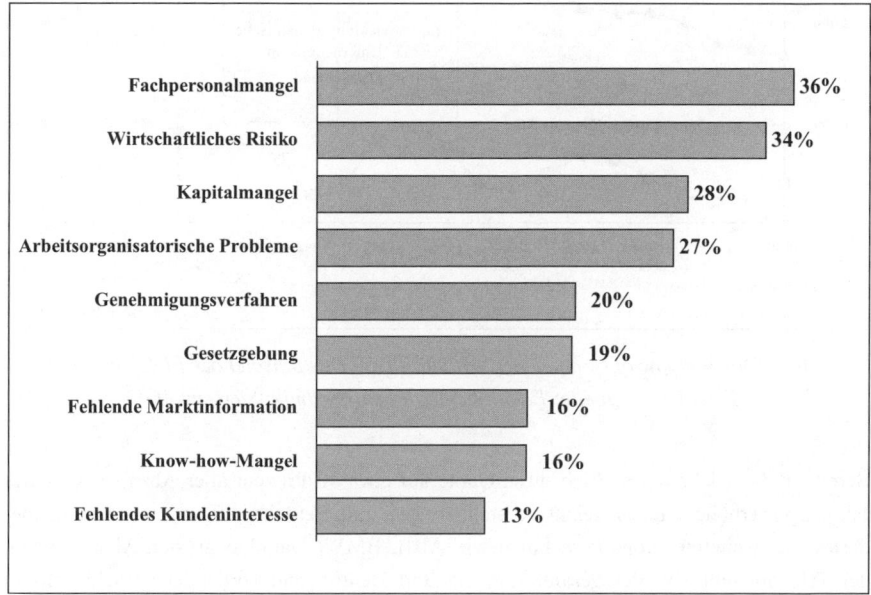

Abb. 4: Hemmnisse bei der Realisierung von Innovationen (Quelle: Institut der deutschen Wirtschaft Köln; Ruhrforschungszentrum 2000)

Besonders betroffen von den Mangelerscheinungen sind vor allem hochinnovative, klein- und mittelbetrieblich strukturierte Unternehmenslandschaften. Die für eine pulsierende Gründungsszenerie und wirtschaftliches Wachstum dringend benötigten personalwirtschaftlichen Impulse sind auf dem Arbeitsmarkt nicht mehr verfügbar.

So ist es für kleine und mittlere IT-Unternehmen und viele Anwender moderner Informationstechnologien kaum mehr zu schaffen, unter Ingenieuren kompetentes Personal für die Realisierung von vorhandenen Wachstumsmöglichkeiten oder zur Bewältigung der nächsten technologischen Entwicklungsstufe zu rekrutieren. Die wenigen verfügbaren Fachkräfte umwerben Großunternehmen aus den klassischen Karrierepfaden, die schon jetzt auf „Vorrat" einstellen, um zukünftige Engpässe abzufedern. Schon heute wird bspw. wieder jeder dritte an deutschen Universitäten ausgebildete Elektrotechnik-Absolvent allein von Siemens rekrutiert, und das Ende dieser Entwicklung ist noch gar nicht erreicht (vgl. Abb. 5).

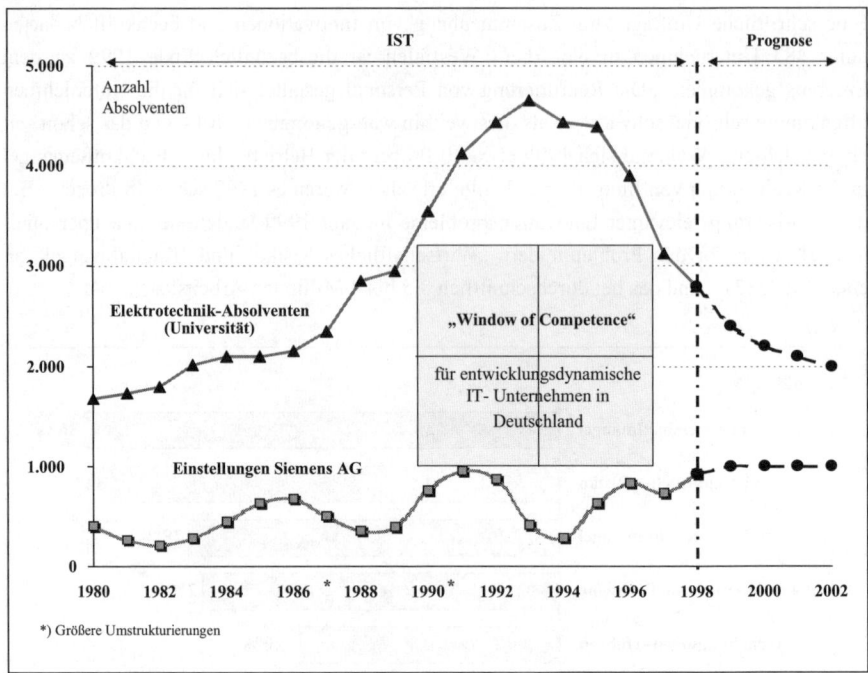

Abb. 5: Das Window of Competence schließt sich – Das Beispiel der Elektrotechnik-Ingenieure (Quelle: Fakultätentag Elektrotechnik; Siemens AG)

Bereits in zwei Jahren wird sich diese Quote auf etwa 50 Prozent aller Absolventen eines Jahrganges erhöhen. Es ist leicht vorstellbar, dass mit Berücksichtigung des Personalbedarfes von weiteren Großunternehmen wie ABB, BMW, DaimlerChrysler, Mannesmann, der Telekom und VW der gesamte am Standort Deutschland vorhandene Nachwuchs in dieser Fachdisziplin geblockt ist. Für Gründungen, kleine und mittlere IT-Unternehmen und viele Anwenderbetriebe wird dann nichts mehr übrig bleiben.

Über den IT-Sektor hinaus zeigen die rapide abnehmenden personellen Entwicklungspotenziale in weiteren international stark wachsenden Bereichen Wirkung. So gerät selbst die hoffnungsvoll gestartete Biotechnologie ins Stocken. Die Gründungsdynamik flacht hier schon wieder ab und auch in den bestehenden Biotech-Unternehmen können vorhandene Chancen für Expansionen immer häufiger nicht realisiert werden, weil kompetentes Personal fehlt (4). Auch in diesem naturwissenschaftlich geprägten Arbeitsmarktsegment haben traditionelle Arbeitgeber insbesondere aus der chemisch-pharmazeutischen Großindustrie damit begonnen, bestimmte Absolventengruppen angesichts der nahenden Eskalation auf dem Arbeitsmarkt quasi auf Vorrat einzustellen (vgl. Abb. 6).

Reichen zur Auflösung dieses gravierenden Personalmangels im Innovationsbereich – wie vielfach angenommen – die aktuell einsetzenden Bemühungen aus Politik, Wirtschaft und Wissenschaft aus, die darauf abzielen, über die „Green Card" kurzfristig ausländische Fachkräfte als „Lückenfüller" zu gewinnen und mittelfristig wieder mehr junge Leute in Deutschland für die Aufnahme eines technischen Studiums zu gewinnen?

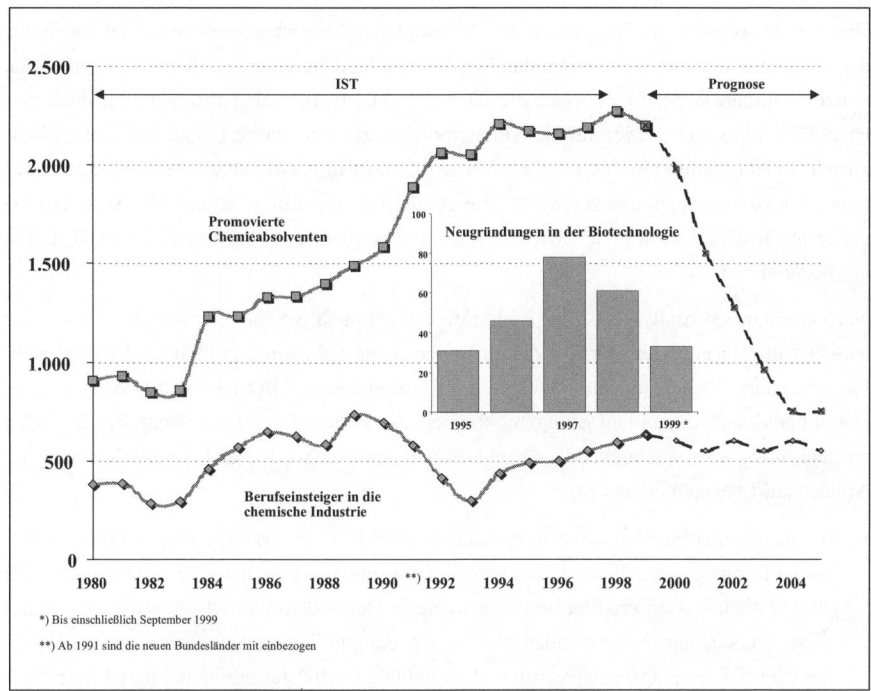

Abb. 6: Das „Window of Competence" schließt sich – Das Beispiel zeigt die abnehmende Verfügbarkeit von promovierten Chemikern am Arbeitsmarkt in Korrelation zur sinkenden Zahl der Unternehmensgründungen im Innovationsfeld „Biotechnologie"
(Quelle: GDCh, Biocom AG)

Sicher ist, dass solche Bemühungen angesichts der bereits eingetretenen Mangelerscheinungen, der noch zu erwartenden dramatischen Rückgänge in den Nachwuchsströmen wesentlicher technischer Fachdisziplinen und des gleichzeitig zunehmendem Bedarfes der Wirtschaft an kompetenten technischen Fachkräften richtig und wichtig sind. Bei genauerer Betrachtung der aktuellen Gegebenheiten lässt sich jedoch konstatieren, dass diese Bemühungen definitiv nicht ausreichen werden, um die Verfügbarkeit kompetenten Personals für dynamische Innovationssysteme am Standort Deutschland in Zukunft wieder herzustellen:

Die Zahl der ins Auge gefassten „Green Cards" ist ein Tropfen auf den heißen Stein, und die Bemühungen zur Steigerung von Studentenzahlen können – so ihnen überhaupt Erfolg beschieden ist (was bislang außerhalb des Fachbereiches Informatik in größerem Umfang keineswegs als gesichert gelten kann) – aus zeitlichen Gesichtspunkten kaum mehr vor 2010 zu einer signifikanten Erhöhung der entsprechenden Absolventenzahlen führen, weil die durchschnittliche Ausbildungsdauer in den Natur- und Ingenieurwissenschaften zwischen 6 und 10 Jahre in Anspruch nimmt.

→ Die Problematik personeller Engpässe im Innovationsbereich wird unabhängig von solchen Bemühungen mindestens für ein Jahrzehnt virulent bleiben.

Dies gilt umso mehr, als die quantitative Abnahme der Absolventenzahlen nur an der Spitze des Eisberges der am Innovationsstandort Deutschland bestehenden Kompetenzprobleme kratzt. Während in der Standortdebatte die hohe Qualifikation und Produktivität deutscher Fachkräfte immer noch weithin als Kompensationsfaktor für hohe Löhne und Lohnnebenkosten, Urlaubszeiten etc. ins Feld geführt wird, klafft in der Realität eine gewaltige qualitative Lücke zwischen den Kompetenzbestandteilen, die durch bestehende Ausbildungsgänge in Deutschland angesteuert bzw. vermittelt werden, und den tatsächlichen Bedarfen innovierender Betriebe.

Nach qualitativen Analysen ist der Fachkräftemangel noch weitaus dramatischer als bislang realisiert und birgt zudem für die Zukunft unbedachte Eskalationspotentiale. Es zeigt sich: Für vorhandene Wachstumsmöglichkeiten innovationsaktiver Betriebe wurde bzw. wird in Deutschland auch dann nicht genügend kompetentes Personal gefunden, wenn den Bedarfen vordergründig eine ausreichende Anzahl formal entsprechend qualifizierter Personen am Arbeitsmarkt gegenübersteht (5).

- In der Informationswirtschaft wurde schon 1995/1996 ein Mangel von mehreren Zehntausend kompetenten Fachkräften offenkundig, obwohl zum damaligen Zeitpunkt etwa 90.000 Naturwissenschaftler und Ingenieure in Deutschland arbeitslos waren. Innerhalb dieser Personengruppe befanden sich neben einigen Tausend erfahrenen Absolventen der Fachrichtung „Informatik" auch über 30.000 „frisch" ausgebildete junge Leute unter 35 Jahren. Auch dem heute diagnostizierten Personalmangel in der Größenordnung von ca. 75.000 Fachkräften in der Informationswirtschaft und weiteren 75.000 offenen Stellen in den Anwendungsfeldern moderner Informationstechnologien stehen immer noch etwa 60.000-70.000 arbeitslose Ingenieure und Naturwissenschaftler gegenüber.

- In der kommerziellen Biotechnologie bzw. den maßgeblichen Anwendungsfeldern moderner Biotechniken in der Chemie- und Pharmabranche sind zur Zeit mehrere hundert Stellen für Bioinformatiker, für Fachkräfte in der Produktion, im Vertrieb/Marketing und verschiedenen Managementfunktionen vakant, obwohl gleichzeitig bspw. allein über 4.000 Hochschulabsolventen der Biologie arbeitslos sind, wobei sich darunter sogar fast 50 Prozent gerade erst ausgebildeter junger Leute unter 35 Jahren befinden (6).

Diese paradoxe Situation – Fachkräftemangel trotz einer ausreichenden Zahl formal qualifizierter Personen – ist in Deutschland in nahezu allen dynamischen Wirtschaftsbereichen respektive Technologiefeldern zu beobachten. Unter rein quantitativen Gesichtspunkten ist diese Problematik nicht zu erklären. Bei einem rein quantitativ begründeten „Mengenproblem" würde man erwarten, dass erst nach der weitgehenden Ausschöpfung vorhandener Personalkapazitäten negative Auswirkungen auf Entwicklungsprozesse im Innovationsbereich auftreten. Wenn dies – noch dazu in dem am Standort Deutschland zu beobachtenden Ausmaß – nicht der Fall ist, oder anders ausgedrückt nur ein geringer Teil der am Arbeitsmarkt vorhandenen formal hoch qualifizierten Humanressourcen für die Übernahme von Aufgaben in diesen hochinnovativen Feldern kompetent genug ist, dann muss dies eindeutig qualitative Ursachen haben.

4 Die Lücke zwischen der gewerblichen und akademischen Ausbildung blockiert Innovationen!

Analysen des Instituts für angewandte Innovationsforschung (IAI) zeigen, dass das Verhältnis von individuellen Kompetenzprofilen und tatsächlicher Kompetenznachfrage innovationsaktiver Betriebe durch drei maßgebliche Fehlentwicklungen gekennzeichnet ist. Die Auswirkungen der damit einhergehenden Probleme für technische Fachkräfte bei der Erlangung und Erhaltung ihrer Employability sind so gravierend, dass es unangebracht erscheint, die Diskussion um den Fachkräftemangel in Deutschland vornehmlich quantitativ zu führen:

- *Im Innovationsbereich bestehen gravierende Differenzen zwischen vorhandenen Personalkapazitäten und notwendigen Kompetenzen:* Die Rückschau auf das vergangene Jahrzehnt zeigt, dass die Rekrutierung geeigneter Kompetenzträger keineswegs so unproblematisch verlaufen ist, wie es die hohen Absolventenzahlen an den Hochschulen und das gewaltige Reservoir von arbeitslosen Naturwissenschaftlern und Ingenieuren in dieser Zeit vordergründig hätten vermuten lassen. Kompetentes Personal ist selbst in Phasen mit gewaltigen Überkapazitäten im Ausbildungssektor kaum verfügbar. Mögliche Entwicklungen im Innovationsbereich bleiben daher regelmäßig auf der Strecke.

- *Hoher Nachentwicklungsaufwand bei den Betrieben:* Auch bei realisierten Stellenbesetzungen waren in der Vergangenheit erhebliche Anpassungsaufwendungen für unternehmensinterne Personalentwicklung notwendig, um Absolventen für Aufgabenfelder im Innovationsbereich „fit" oder eben beschäftigungsfähig zu machen. Analysen des Instituts für angewandte Innovationsforschung (IAI) zeigen, dass Hochschulabsolventen selbst in stabilen Wirtschaftssektoren im Durchschnitt etwa 18 Monate zusätzlicher betrieblicher Anlernzeit benötigen, um handlungsfähig zu werden. Wo diese zusätzlichen Aufwendungen hingegen nicht geleistet werden konnten – und das betrifft aufgrund begrenzter finanzieller wie personeller Ressourcen vor allem die „Keimzellen" wirtschaftlicher Entwicklungsprozesse: kleine und mittlere Innovationseinheiten – wurde vielfach nach dem Motto verfahren: „Besser eine Stelle unbesetzt lassen als das Risiko einer kostspieligen Fehlbesetzung eingehen!" An dieser mangelnden Ausschöpfung vorhandener Wachstumspotentiale konnten selbst „Reparaturbemühungen" der öffentlichen Hand in Milliardenhöhe für Fortbildungen nichts ändern. Der Bund investiert bspw. allein in die Weiterbildung von IT-Fachkräften über die Arbeitsämter jährlich knapp eine Milliarde Mark. Dies ist ein Umstand, der angesichts der Beteiligung frisch ausgebildeter Hochschul-Absolventen nicht einer gewissen Ironie entbehrt, denn es wird schließlich klar, dass junge Leute in Deutschland selbst auf der formal höchsten Stufe des Bildungssystems offenbar nicht auf einem „up-to-date"-Niveau betrieblicher Anforderungen ausgebildet werden.

- *„Mittlere" Kompetenzebene fehlt:* Die Qualifikationen der am Arbeitsmarkt verfügbaren Fachkräfte sind zwar „formal" hoch, aber für viele innovative Betriebe irrelevant. Mehr noch, die Systematik der auftretenden Personalengpässe signalisiert, dass für Kompetenzen in den Anwendungsbereichen moderner Technologien häufig gar keine professionalisierten Entwicklungspfade existieren, und zwar weder im gewerblichen noch im akademischen Ausbildungsbereich und schon gar nicht auf einem Niveau zwischen diesen Polen. Gerade dieser „mittlere Kompetenzbereich" erfordert aber besonderes Augenmerk. Im strukturellen Wandel haben sich die Mindest-Anforderungen an Fachkräfte deutlich erhöht. An einen Facharbeiter in der Informationstechnologie oder der Biotechnologie werden heute Anforderungen auf einem Niveau gestellt, das noch vor zehn Jahren typischerweise von einem Fachhochschulabsolventen übernommen worden wäre. Klassische gewerbliche Ausbildungsgänge können dieses Niveau kaum erreichen. Entweder müssen dann, wie in der Informationstechnologie geschehen, in langwierigen Prozeduren neue Ausbildungsgänge aufgelegt werden oder, und das ist gerade z.B. bei den Biologie-Laboranten mit Blick auf neue Berufsfelder in der kommerziellen Biotechnologie geschehen, bestehende Ausbildungsgänge müssen umfassend „angepasst" werden. In beiden Fällen ist der Zeitverzug so groß, dass die ersten Absolventen dieser Ausbildungsgänge für die Bedarfe innovationsaktiver Unternehmen in Deutschland 10-15 Jahre zu spät kommen. Das ist eine im internationalen Innovationswettbewerb unzumutbare Verzögerung. Ein zweites Problem ergibt sich aus der Tatsache, dass sich innovationsaktive Betriebe häufig nicht mehr auf so eine Ausbildungsstrecke begeben, weil es:

- neben den zeitlichen und finanziellen Aufwendungen für die Ausbildung eines „Lehrlings" auch noch immer schwieriger wird, überhaupt das Klientel anzusprechen, welches über die notwendige Leistungsfähigkeit für die steigenden Anforderungen verfügt,

- während gleichzeitig staatlich subventionierte „Discountangebote" der Hochschulen locken, in denen genau dieses leistungsfähige Klientel in immer größerem Umfang (aus-)gebildet bzw. bis zum Alter von 28 Jahren praxisfern aufbewahrt wird.

Fehlgeleitete Weiterentwicklung und fehlende Praxis führen insgesamt zu einer Konstellation, in der wesentliche Teile der betrieblichen Kompetenznachfrage innovationsaktiver Unternehmen im Ausbildungssystem untergewichtet sind bzw. überhaupt nicht vorkommen (können).

Genau an diesem Punkt befinden wir uns in Deutschland schon seit einiger Zeit. Während auf der einen Seite weite Teile des beruflichen Bildungssystems auf niedrigem Niveau verharren, an zu langsamen Anpassungsmechanismen kranken und von begabten und leistungsfähigen jungen Leuten immer weniger frequentiert werden, sind auf der anderen Seite die Ausbildungsvolumina an den Hochschulen in den vergangenen Jahrzehnten massiv angeschwollen. Bei diesen Kapazitäten ging jedoch die Anbindung an die – sich immer schneller verändernden – praktischen Erfordernisse einer innovierenden Wirtschaft weitgehend verloren. Änderungstendenzen in der Kompetenznachfrage aufgrund struktureller Wandlungsprozesse wurden bis heute kaum realisiert. In der Summe eskaliert die Kluft zwischen dem Bedarf an Fachkräften, die im konkreten betrieblichen Anwendungszusammenhang praktisch versiert mit modernen Technologien umgehen können, und dem Angebot an theoretischen Spezialisten, die vorwiegend für Tätigkeiten in Forschung, Entwicklung und Konstruktion ausgebildet wurden. Es nutzt hier den Betrieben und Absolventen wenig, dass die Ausbildung für diese „traditionellen Berufsfelder" hervorragend ist, für neue Aufgaben in Produktion, Vertrieb, Marketing, Service oder auch verschiedenen Querschnittsfunktionen (vom Qualitätsmanagement bis hin zur IT-Administration) aber die Kompetenz fehlt. Der entscheidende Mangel sind dabei fehlende praktische Erfahrungen auf hohem Niveau (7). Während die gewerbliche Ausbildung eines Lehrlings zu komplex ist, als dass sie allein auf der Schulbank erfolgen könnte, muss die eines Ingenieurs sehr einfach auf der Schulbank zu vermitteln sein. Denn er hat im Verlauf seines gesamten Universitätsstudiums lediglich einige Wochen Praktika in der Unternehmenspraxis nachzuweisen und ein Naturwissenschaftler sieht, wenn er der Studienordnung folgt, nie ein Unternehmen von innen.

Den riesigen Kompetenzbedarfen bei der Nutzung, der Wartung, Entstörung oder auch der innerbetrieblichen Weiterentwicklung moderner Technologien stehen dann nur einige pfiffige Fachhochschulen oder Betriebsakademien als Job-Ausbildungszentren gegenüber. Der in Deutschland zu beobachtende Anwendungsstau moderner Technologien ist die logische Folge dieser Fehlentwicklungen. Und er wäre noch viel größer, wenn nicht Tausende von Autodidakten in die Bresche springen würden, die sich, vielfach hoch frustriert über die Praxisferne deutscher Ausbildungswege, außerhalb der tradierten Bildungsinstitutionen eigeninitiativ fit für die Praxis gemacht haben.

Hier wird deutlich: Ein verschultes und praxisfernes Ausbildungswesen führt immer weiter in die Sackgasse. Man schafft vor allem Formalqualifikationen, die kaum einem anwendungsbezogenen Aufbau beruflicher Handlungsfähigkeit entsprechen. Die potenziellen Innovatoren in Deutschland sind daher durch Ausbildung zwar formal hoch qualifiziert, tatsächlich aber vielfach handlungsunfähig oder eben inkompetent. Ihr zentraler Mangel sind praktische Erfahrungen und Fertigkeiten im Bereich der Anwendung moderner Technologien (8).

An diesem zentralen Mangel gehen die bislang von der Politik bei auftretenden Personalmängeln im Innovationsbereich mit guten Vorsätzen und riesigem Aufwand alle Jahre wieder präferierten „akademischen Umweg-Lösungen" aber weitgehend vorbei. Maßnahmen wie bspw.:

- die Einrichtung „neuer" akademischer Studiengänge oder die Anpassung bzw. Neuauflegung gewerblicher Ausbildungsgänge – mit ihrem inhärenten Zeitverzug –,
- die Einbindung weiterer Vorlesungen bspw. nach dem Muster „Ein bisschen BWL für Ingenieure" in bestehende Ausbildungsgänge,
- die Anbindung von Existenzgründungslehrstühlen an naturwissenschaftlich-technische Fakultäten – mit der Erwartung, man könnte durch die Vermittlung von noch mehr theoretischem Wissen den „Unternehmer von Morgen" damit auf der Schulbank heranziehen – etc.

zielen erneut auf den überdimensionierten Bereich des Aufbaus und der Vermittlung von Wissen ab. An den Kompetenzmängeln im Bereich fehlender praktischer Erfahrungen bei der „Anwendung von Wissen" in konkreten Verwertungszusammenhängen innovationsaktiver Unternehmen kann man dadurch aber kaum etwas ändern.

Insgesamt liegen in der Professionalisierung des Erfahrungserwerbs also noch gewaltige Entwicklungsreserven zur Nutzung resp. Aktivierung technischer Kompetenzen in breiten Anwendungsfeldern brach. Doch die wenigen Experimente, die eine Verzahnung zwischen einer theoretisch fundierten und praktisch anspruchsvollen Erstausbildung im Innovationsbereich versuchen, wie bspw. die Berufsakademien, werden von der öffentlichen Hand bislang nur halbherzig gefördert und in ihrer Ausbreitung eher behindert. Auch die Beteiligung der Wirtschaft ist hier bisher eher zurückhaltend. Die Absolventen sind zwar sehr gefragt, aber ein ähnliches Engagement wie im traditionellen gewerblichen oder akademischen Ausbildungsbereich ist nicht sichtbar.

→ Man kann sich in Deutschland aber eine derartige Vernachlässigung, Verschwendung und Entwertung personeller Innovationspotentiale im Bereich technischer Kompetenzfelder nicht länger leisten. Denn während das Interesse junger Leute an technischen Ausbildungsgängen in vielen Bereichen sinkt und demographische Entwicklungen zudem befürchten lassen, dass die Nachwuchsquoten sich in diesen Bereichen auf längere Sicht weit unter dem benötigten Niveau befinden werden, nimmt die Bedeutung technischer Kompetenzen im strukturellen Wandel genau entgegengesetzt kontinuierlich zu.

Die Wirtschaft wird sich also schon selbst bewegen müssen, denn Erfahrung sammelt man nicht in Trockenkursen, sondern nur in der Praxis. Das ist mehr und etwas anderes als ein wenig „BWL für Ingenieure". Das erfordert die Öffnung der Wirtschaft, so dass Erfahrung dort gewonnen werden kann, wo sie später gebraucht wird.

In der Erkenntnis, dass berufliche Erfahrungen etwa 80 Prozent der Handlungsfähigkeiten im Betrieb ausmachen, gibt es auch im (Fach-)Hochschulbereich Dualisierungsmöglichkeiten. Nicht zuletzt der Wissenschaftsrat hat 1990 die Integration von theoretischem Wissensaufbau und praktischer Berufstätigkeit in dualisierten Studiengängen empfohlen. Inzwischen gibt es in Deutschland bereits eine Reihe solcher Ansätze, wobei deren Absolventen sich in der Regel außerordentlicher Beliebtheit erfreuen. Trotz positiver Erfahrungen ist die Gewichtung dieser Ansätze im Vergleich zu den Aktivitäten in traditionellen gewerblichen und akademischen Ausbildungsgängen bis heute jedoch verschwindend gering. Der Präsident der Hochschulrektorenkonferenz bezifferte die Anzahl der in Deutschland existierenden dualen Studiengänge jüngst auf gerade einmal etwa 100 Angebote, wobei diese überwiegend an Fachhochschulen angesiedelt sind (9). Man bewegt sich bei dualen Studiengängen an Hochschulen damit unterhalb der 1 Prozent-Marke. Differenziert man diese Angebote weiter aus, zeigt sich zudem, dass in den Ingenieurwissenschaften duale Studiengänge bereits mit großem Erfolg betrieben werden, während die Naturwissenschaften noch weitgehend am Anfang solcher Überlegungen stehen.

Weil dies so ist, sollte das Augenmerk nicht allein auf Bemühungen zur Schließung der Lücke von „oben" gerichtet sein (d.h. ausgehend vom Hochschulbereich), sondern vor allem auch auf Alternativen einer Überwindung kompetenzbedingter Innovationsprobleme von „unten" (d.h. durch die Weiterentwicklung bestehender dualer Ausbildungssysteme) fokussieren. Insbesondere in den gewerblichen Bereichen, die mit der dualen Ausbildung gute Erfahrungen machen und über die entsprechende Infrastruktur etc. verfügen, um solche Entwicklungsprozesse zwischen Wirtschaft und Bildungssystem in Gang zu bringen, sollte daher schnellstmöglich eine Fortentwicklung des bewährten gewerblichen Ausbildungssystems auf neuem Niveau erfolgen. Aus dem Handwerk sind hierzu nur erste Modellprojekte bekannt, die kooperative Ausbildungsformen (duale Ausbildung durch Parallelisierung der gewerblichen Lehre und einem berufsbegleitenden Studium oder Verzahnung von

Meister-Lehrgängen und Studieninhalten von Fachhochschul-Studiengängen) betreffen. Die Benachteiligung von gewerblichen Ausbildungsgängen gegenüber akademischen hat die Ausbreitung derartiger Modelle bislang allerdings verhindert.

→ Angesichts der wachsenden Mangelsituation im Bereich kompetenter Fachkräfte ist hier also ein schnelles Agieren dringend erforderlich.

5 Eine auf Wissensvermittlung reduzierte Lernkultur führt zu Arbeitslosigkeit, Frühverrentung und betrieblichen Innovationsbarrieren!

Dies gilt umso mehr, als die Fehlentwicklungen innerhalb des tradierten Bildungssystems nicht allein den Erstausbildungsbereich betreffen. Das wird deutlich, wenn man sich vor Augen führt, dass Fach- und Führungskräfte in den Betrieben und Arbeitslose über 45 wachsende Schwierigkeiten haben, ihre Employability (Beschäftigungsfähigkeit) unter den Bedingungen einer sich rasant verändernden Arbeitswelt über längere Zeit zu erhalten bzw. wieder herzustellen.

Im Gegensatz zu früheren Zeiten bietet heute selbst ein Facharbeiterabschluss oder Hochschuldiplom kaum mehr stabile Beschäftigungschancen über ein ganzes Berufsleben, wenn die Kompetenz nicht aktualisiert wird. Technischer Wandel und der zunehmende internationale Rationalisierungs- und Innovationswettbewerb zwingen nicht nur dazu, Maschinen, Organisationen und Betriebe dem neuesten Stand anzupassen, sondern auch die berufliche Kompetenz.

→ Wird die Kompetenz nicht aktualisiert, verfällt ihr Wert über die Zeit, sinkt die Employability der Betroffenen und geht die Innovationsfähigkeit verloren.

→ Das Ergebnis dieses Kompetenzverfalls im Berufsverlauf spiegelt sich in der paradoxen Entwicklung wider, dass es auf der einen Seite mehrere hunderttausend vakanter Stellen für Fach- und Führungskräfte gibt und auf der anderen Seite die Altersgrenze eines als nicht vermittelbar geltenden Naturwissenschaftlers oder Ingenieurs nicht mehr weit jenseits der „40" liegt.

Letzteres ergibt dann neben sinkenden Nachwuchszahlen einen weiteren Problemblock für zukünftige Entwicklungsmöglichkeiten am Innovationsstandort Deutschland. Die Relevanz dieses Problemblocks lässt sich eindrucksvoll veranschaulichen, wenn man die Entwicklung der Arbeitslosigkeit von akademisch ausgebildeten technischen Fachkräften differenziert nach Altersgruppen betrachtet:

Während sich die Arbeitslosigkeit aller Ingenieure in Deutschland seit 1990 etwa verdoppelt hat, waren hiervon jüngere Ingenieure unter 35 Jahren nur in der Mitte der 90er Jahre betroffen. Bis 1999 ist die Arbeitslosigkeit dieser Jungingenieure bereits wieder auf das Niveau von 1985 gesunken. Ganz anders ist diese Entwicklung bei der Gruppe der über 45-jährigen Ingenieure verlaufen. Seit 1990 hat sich die Arbeitslosigkeit unter diesen Personen um 450 Prozent erhöht (vgl. Abb. 7).

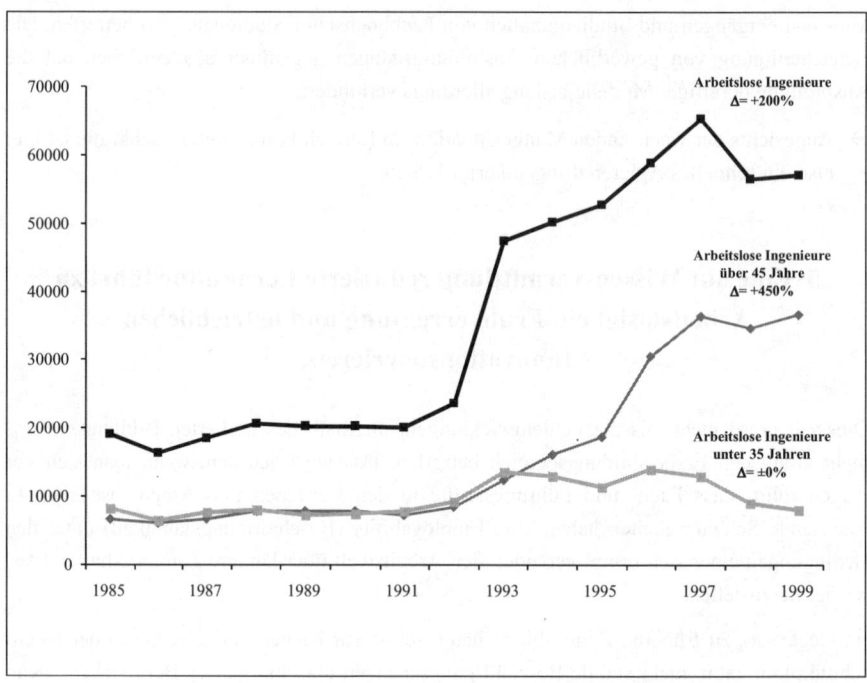

Abb. 7: Entwicklung der Arbeitslosigkeit von Ingenieuren in Deutschland (Gesamt; Altersgruppe über 45 Jahren; Altersgruppe unter 35 Jahren; Quelle: Statistisches Bundesamt)

Noch extremer sind die Unterschiede, wenn man sich spezifische Fachdisziplinen anschaut. In der Elektrotechnik etwa hat sich die Gesamtzahl der arbeitslosen Ingenieure seit 1985 um 430 Prozent erhöht, wobei die unter 35jährigen bei weiter fallender Tendenz 1999 nur einen Zuwachs um 40 Prozent verzeichneten, während die über 45jährigen vor allem seit 1990 einen Anstieg um 800 Prozent zu verkraften hatten (vgl. Abb. 8). Ähnliche Konstellationen lassen sich auch in den Naturwissenschaften feststellen. Während die Gesamtzahl arbeitsloser Naturwissenschaftler in Deutschland zwischen 1985-1999 um 180 Prozent gestiegen ist, waren die unter 35jährigen von einem Zuwachs von 40 Prozent betroffen, die über 45jährigen aber von einem Anstieg um 710 Prozent. Die Arbeitslosigkeit unter diesen hochqualifizierten Fachkräften hat sich somit in den letzten 10 Jahren weitaus negativer entwickelt als bspw. die viel zitierte Gruppe der Hilfsarbeiter.

Die Beispiele verdeutlichen: Insbesondere bei Innovationen mit hoher Änderungsdynamik, wie sie bei

- neuer Produkt-, Fertigungs- und Verfahrenstechnik,
- Diffusion von Techniken in neue Anwendungsfelder,
- Umorganisation, Wandel der Arbeitsteilung und Strukturumbrüchen

auftreten, kommt es nicht nur zu

- einer extremen Abnahme der Reichweite der Erstausbildung, sondern auch zu

- einem Verlust von Rolle und Status im Berufsverlauf von älteren Fach- und Führungskräften und letztlich zu
- einem „Generationenkonflikt", wenn Kompetenzen lediglich über den Austausch am Arbeitsmarkt ersetzt werden.

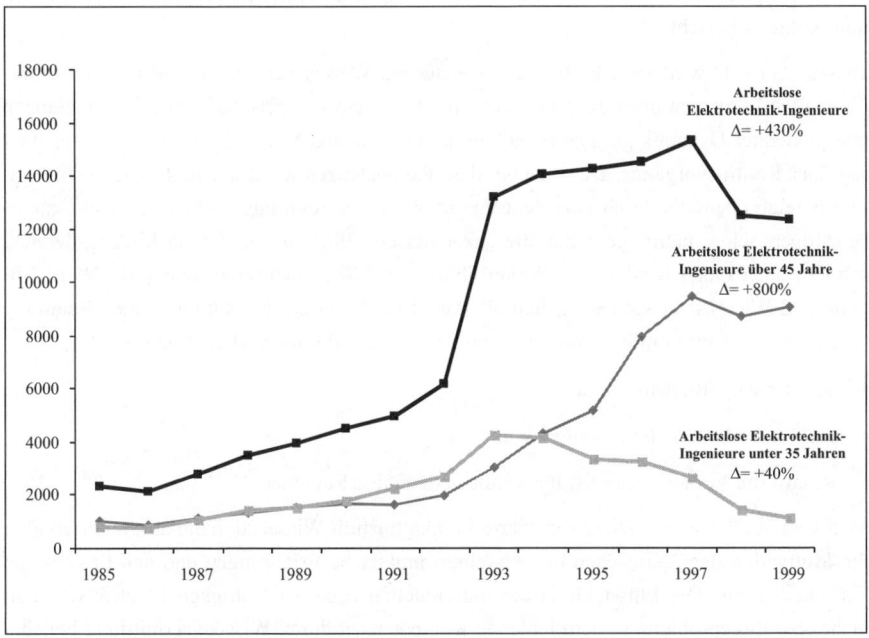

Abb. 8: Entwicklung der Arbeitslosigkeit von Elektrotechnik-Ingenieuren in Deutschland (Gesamt; Altersgruppe über 45 Jahren; Altersgruppe unter 35 Jahren; Quelle: Statistisches Bundesamt)

Dass die Regenerierung betrieblicher Kompetenz-Portfolios im letzten Jahrzehnt durch den Rückgriff auf die im Überfluss verfügbaren Nachwuchskräfte aus dem „Window of Competence" erfolgte, und dabei viele ältere technische Fachkräfte auf der Strecke blieben, lässt sich an der Entwicklung der Arbeitslosigkeit unter Naturwissenschaftlern und Ingenieuren leicht nachvollziehen. Das „Window of Competence" schließt sich nun aber wieder. Das heißt, die relative Möglichkeit für die Betriebe, durch einen Austausch mit frisch ausgebildeten Fachkräften den technischen und strukturellen Wandel zu vollziehen, geht zurück. Hinzu kommen demographische Entwicklungen, die zu einer weiteren Einschränkung der Nachwuchskette führen. Umgekehrt bedeutet dies, dass diese Entwicklungsprozesse in den Betrieben in Zukunft viel stärker von älteren Fachkräften geleistet werden müssen, als dies in der Vergangenheit und insbesondere in den letzten 10 Jahren der Fall war.

Aus der Struktur der Arbeitslosigkeit wird aber einsichtig, dass gerade Defizite in der beruflichen Kompetenz Neueinstellungen und Innovationen behindern, die Ursache von Frühverrentung sind und die Wiedereingliederung von Arbeitslosen in das Berufsleben erschweren.

Es ist demzufolge dringend notwendig, der Weiterentwicklung innovationsrelevanter Kompetenzen im Berufsverlauf von Fach- und Führungskräften mehr Aufmerksamkeit zu widmen, um sie in die Lage zu versetzen, Innovationen auch über das Alter von 45 Jahren hinaus in den Betrieben personifizieren zu können. Die in diesem Zusammenhang allerorts zu hörende Forderung nach „lebenslangem Lernen" hilft dabei jedoch kaum weiter, weil sich ihre Operationalisierung vielfach auf überkommene Vorstellungen von Lernstrukturen und -kulturen bezieht.

Dieses „Lernen" wird vornehmlich als Aufbau von Wissen verstanden und hat sich in traditionellen Lernsituationen auch bewährt. In Zeiten stabiler wirtschaftlicher Entwicklungen und moderater Dynamik ging es vor allem um die Weitergabe und Multiplikation von Wissen über Routinevorgänge. Der Glaube, dass Kompetenzentwicklungsprobleme im Innovationsbereich ebenfalls durch eine derartig auf Wissensvermittlung reduzierte Lernkultur zu bewältigen seien, nährt nicht nur die „akademische Illusion" im Erstausbildungsbereich, sondern auch einen Mythos um Weiterbildung und Wissensmanagement (10). Weiterbildung und Wissensmanagement gelten als Patentrezept bei der Bewältigung und Gestaltung technischer und struktureller Wandlungsprozesse: Weiterbildung, glaubt man,

- schützt vor Arbeitslosigkeit,
- sichert die Unternehmensentwicklung und
- schafft die Voraussetzungen für wettbewerbsfähige Regionen.

Man verkennt bis heute: Diese reduzierte Lernkultur füllt Wissensdefizite auf, ignoriert aber die Motivation der Betroffenen und klammert praktische Erfahrungen und den Erwerb von Fertigkeiten aus. Die Entwicklung der individuellen Handlungsfähigkeit ist aber kein einfaches Syntheseproblem, in dem fehlende Kompetenzen durch Wissensvermittlung beliebig auf- bzw. umgebaut werden können (11). Vergleicht man etwa die Handlungsergebnisse von zwei Personen, die identische Formalqualifikationen aufweisen oder den gleichen Kurs besucht haben, zeigen sich in der Regel deutliche Unterschiede, die offensichtlich nicht im vermittelten Wissensstand begründet liegen.

Wenn Weiterbildung dennoch als dominante Form zur Entwicklung individueller Kompetenzen eingesetzt wird, sind Misserfolge vorprogrammiert. Selbst hoch entwickelte Formen der Weiterbildung erfüllen nicht die Erwartungen. Gemessen an den mit Weiterbildungsoffensiven intendierten Entwicklungen wie z.B. Erhöhung der Arbeitsplatzsicherheit, höheres Einkommen etc. auf individueller Ebene oder Steigerung der Innovationskraft auf Unternehmensebene sind traditionelle Weiterbildungsformen überfordert (12).

Trotz anschwellender Weiterbildungsbemühungen hat die strukturelle Arbeitslosigkeit weiter zugenommen, und selbst die Arbeitslosigkeit der formal auf der höchsten Qualifikationsstufe des deutschen Bildungssystems stehenden Naturwissenschaftler und Ingenieure ist seit Anfang der neunziger Jahre explodiert. Hinzu kommt immer häufiger auch der Frust bei Arbeitnehmern, die von der zweiten in die dritte „Maßnahme" fallen und dann doch arbeitslos werden. Gleichzeitig steigt die Zahl der Unternehmen, die trotz gewaltiger Investitionen in Weiterbildungsmaßnahmen Innovationen und Modernisierungen nicht umsetzen können, weil Kompetenzen bei den Mitarbeitern fehlen.

→ Die traditionelle Weiterbildung und das technokratisch interpretierte Wissensmanagement helfen selbst richtig angesteuert nur zu weniger als 20 Prozent, Kompetenzdefizite auf individueller und betrieblicher Ebene zu beseitigen oder gar offensive Entwicklungen anzustoßen.

Angesichts der dominanten Fehleinschätzungen und Fehlsteuerungen wurden die hoch gesteckten Erwartungen an institutionalisierte Weiterbildung und Wissensmanagement nicht erfüllt.

- Hohe Streuverluste und
- mangelnde Verwertungsmöglichkeiten

führen dazu, dass mehr als 50 Prozent der traditionellen Weiterbildungsmaßnahmen nicht die Realisierung angestrebter (beruflicher) Veränderungen erfüllen. Dazu kommen Verunsicherung, Enttäuschung und Demotivation bei den Teilnehmern, die keinen Transfererfolg verzeichnen können sowie organisatorische Integrations- und weitere Umsetzungsprobleme.

In der Summe wird deutlich, dass Weiterbildungsplanung, -durchführung und -umsetzung an erheblichen

- Orientierungs-,
- Methoden- und
- Professionalisierungsdefiziten

leiden. Streuverluste, chronische Verspätung und Verlust der Orientierung führen losgelöst von Verwertungszusammenhängen zu wenig überzeugenden Ergebnissen, und die Aus- und Weiterbildungsarchitektur behindert die Entwicklung. Neben dem Beleg massiver Streuverluste der institutionalisierten Weiterbildung geben die empirischen Ergebnisse Hinweise auf eine höhere Effektivität von Maßnahmen, die sich durch eine stärkere Handlungsnähe auszeichnen. Ob es der Gründer in noch abhängiger Beschäftigung oder der Vorstand in komplexen Projekten ist, ihre Handlungsfähigkeit ziehen sie nicht aus Kursen.

Den meisten Praktikern ist klar, dass ihre Kompetenzentwicklung nicht aus der traditionellen Aus- und Weiterbildung, sondern aus Erfahrung resultiert. Hinterfragt man empirische Befunde zur Bedeutsamkeit einzelner Kompetenzelemente für individuelle Handlungen, bestätigen Studien über die Arten des Lernens schon frühzeitig einen 80 Prozent-Anteil selbständigen oder informellen Lernens und damit die Bedeutung der Handlungsfähigkeitsentwicklung durch eigene Erfahrungen.

Doch während traditionelle Weiterbildung hoch professionalisiert auf die gut beeinflussbaren 20 Prozent des expliziten Wissens ausgerichtet ist, fehlen für die dominant handlungsbestimmenden Kompetenzbestandteile „implizites Wissen (Erfahrung) und Fertigkeiten" analoge Entwicklungsmuster und sind die organisatorischen Zusammenhänge in Teilbereichen noch gar nicht transparent. Es ist aber für Personal-, Organisations-, Unternehmens- und Regionalentwicklung wenig effektiv, die Instrumentalisierung und den Mitteleinsatz auf 20 Prozent des Wirkungsbereichs zu konzentrieren. Auch Versuche, die Erfassung, Verarbeitung und Vermittlung von explizitem Wissen über Ansätze des Wissensmanagements weiter zu professionalisieren, gehen an 80 Prozent des Kompetenzentwicklungsproblems vorbei. Die Substitution des „Schulmeisters" durch den „Wissensverwalter" bringt keinen inhaltlichen Fortschritt.

Nimmt man die beschriebenen Zusammenhänge zur Kompetenz ernst, wird gerade für betriebliche Neuerungsprozesse schnell deutlich, dass Kompetenzentwicklung kein einfaches Anpassungsproblem ist, in dem „fehlende" Kompetenzen beliebig prognostiziert und anschließend auf der Schulbank vermittelt werden können. Tut man dennoch so, müssen große Teile der Personalentwicklungsmaßnahmen scheitern.

Und selbst wenn die Bildungspolitik ein Bundesgesetz zur Weiterbildung erlässt und das ganze Land mit „Bildungsräten" überzieht, den Wissenvermittlungsapparat von Volkshochschulen bis zu Bildungswerken weiter aufbläht und in diesem Partialbereich die Qualitätssicherung ausbaut, werden sich in der Zukunft die Kompetenzengpässe für kleine und mittlere High-Tech-Unternehmen, aber auch für Gründungen und neuformierte Großunternehmen sogar noch erheblich verschärfen. Der naive Glaube an das planwirtschaftlich technokratische Anpassungsmuster Weiterbildung oder Wissensmanagement führt dann in eine innovatorische Patt-Situation. Aus dieser Patt-Situation auszubrechen, erfordert neue Konzepte der Personalentwicklung und eine andere Lernkultur, die sich nicht auf die verkrusteten Wissensvermittlungsinstitutionen von gestern verlässt, sondern auf die reale Problematik von Strukturwandel eingeht.

→ Die Instrumentalisierung des Erwerbs von implizitem Wissen (Erfahrung) und Fertigkeiten setzt Neuentwicklungen, ja eine neue Lernkultur voraus.

Zur Umsetzung im Betrieb bzw. Etablierung einer neuen Lernkultur entwickelt das Institut für angewandte Innovationsforschung (IAI) zur Zeit

- Methoden der integrierten Kompetenz-, Organisations- und Unternehmensentwicklung,
- aber auch Verfahren zur Steuerung und Kontrolle von Entwicklungsmaßnahmen.

Mit diesen Aufgaben stehen wir am Anfang eines Entwicklungsprozesses, in dem man nicht, wie in Routinebereichen üblich, vorwiegend danach fragen kann: „Wer hat das schon erfolgreich getan?", sondern, kennzeichnend für Innovationsfelder, vor allem Neuland betreten muss. Erst wenn es gelingt, die notwendigen Rahmenbedingungen für die Kompetenzentwicklung der potenziellen Innovatoren zu schaffen, besteht eine Option, nicht mehr nur statische Verhältnisse zu optimieren, sondern auch dynamische Umbrüche zu bewältigen.

Literatur

(1) *Staudt, E./Kottmann, M.:* Deutschland gehen die Innovatoren aus. Zukunftsbranchen ohne Zukunft?, Frankfurt am Main, 2001.

(2) *Staudt, E./Kottmann, M.:* Window of Competence – Von der Gründungsdynamik von gestern zur Innovationsschwäche von morgen, Berichte aus der angewandten Innovationsforschung No 182, Bochum, 1999.

(3) Institut der deutschen Wirtschaft Köln und Ruhrforschungszentrum (Hrsg.): Fachkräftemangel – Jeder zweite Betrieb in Nordrhein-Westfalen sucht geeignete Mitarbeiter, Köln, Düsseldorf, 2000.

(4) *Staudt, E./Kerka, F./Kottmann, M.:* Gehen den Life-Sciences die Innovatoren aus?, in: Life-Science Technologien (Supplement der Zeitschriften Laborpraxis, Process und UmweltMagazin zur Biotechnica-Messe 1999), S. 10-12.

(5) *Staudt, E./Kottmann, M./Merker, R.:* Kompetenzdefizite von Naturwissenschaftlern und Ingenieuren behindern den Strukturwandel und verhindern Innovationen, in: Zeitschrift für Personalforschung (ZfP), 13. Jg., Heft 1/1999, S. 5-28.

(6) Bundesanstalt für Arbeit (Hrsg.): Der Arbeitsmarkt für besonders qualifizierte Fach- und Führungskräfte, Nürnberg (Das Datenmaterial wurde freundlicherweise vom Verband Deutscher Biologen [vdbiol] e. V., München zur Verfügung gestellt).

(7) *Staudt, E./Kottmann, M.:* Employability von Naturwissenschaftlern und Ingenieuren. Herausforderungen an die Kompetenzentwicklung in dynamischen Wirtschaftsbereichen, in: Innovation: Forschung und Management Band 15, Bochum, 1999.

(8) *Staudt, E./Kottmann, M./Merker, R.:* Chemiker: Hochqualifiziert aber inkompetent?, in: Innovation: Forschung und Management Band 8, Bochum, 1996.

(9) *Landfried, K.:* Statement zum Beitrag „Kompetenzentwicklungsoffensive in Chemie und Pharma" von *Staudt, E./Kottmann, M./Scharf, V.*, in: CHEManager, Heft 15/2000, S. 6.

(10) *Staudt, E./Kriegesmann, B.:* Ende des Mythos Weiterbildung: Neue Aufgaben für die Umsetzung von Innovationen, in diesem Band.

(11) *Staudt, E. et al.:* Kompetenz und Innovation. Eine Bestandsaufnahme jenseits von Personalentwicklung und Wissensmanagement, in: Innovation: Forschung und Management Band 10, Bochum, 1997.

(12) *Bergemann, A./Schultz, B.:* Effizienz von Qualifizierungs- und Arbeitsbeschaffungsmaßnahmen in Ostdeutschland. Download-Version unter www.iwh-halle.de (Rubrik Wirtschaft im Wandel 9/2000, S. 243-252).

Aus Human wird Knowledge Capital: Altersübergreifende Personalentwicklung – Erfahrungswissen sichern und weitergeben/Advanced Professionals gezielt fördern

Sigurd Schmidt / Jürgen A. Lehmann

Nach jahrelanger übertriebener Jugend-Fokussierung beginnen die HR-Manager umzudenken. Die demographische Entwicklung, die Altersverteilung bei Kunden und Mitarbeitern ist der Hintergrund. Vorreiter in der Neuausrichtung der Personalentwicklung langjährig Beschäftigter ist die Deutsche Bank AG. Sie hat mit der Unternehmensberatung incon innovative Konzepte entwickelt, um beispielsweise vorhandenes Erfahrungswissen besser zu nutzen.

Die gestiegene und weiter steigende Lebenserwartung einerseits, die geburtenschwachen Jahrgänge andererseits sind die Ursachen für veränderte gesellschaftliche Rahmenbedingungen. Der Fachbegriff: Die demographische Entwicklung. Der Hintergrund: Die Menschen werden immer älter, immer weniger junge werden geboren. Die Folge: Auf dem Arbeitsmarkt werden etwa ab dem Jahr 2002 immer weniger junge Arbeitskräfte zur Verfügung stehen. Der in diesem Zusammenhang vielzitierte „Krieg um die Talente" beschreibt nur die Spitze des Eisbergs.

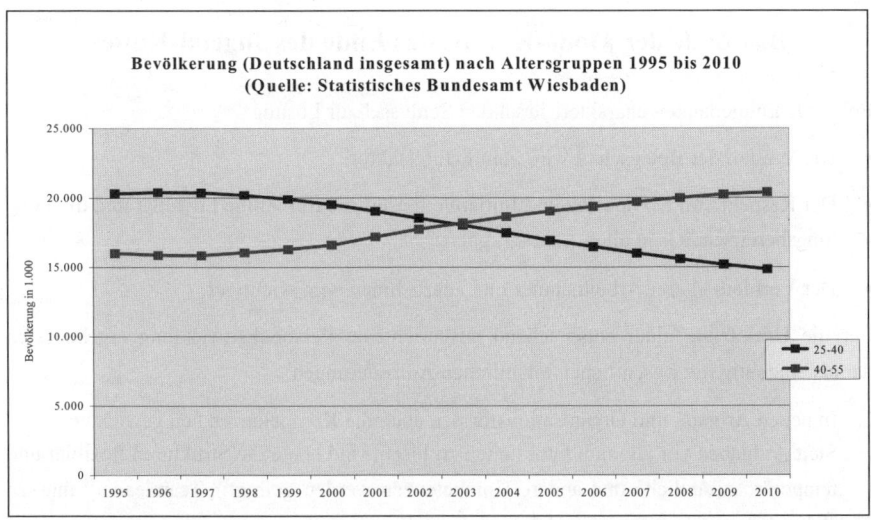

Abb. 1: Spätestens in zwei Jahren kommt die „Wende in der Altersverteilung": Immer mehr Mitarbeiter und Kunden sind über 40, immer weniger jüngere stehen zur Verfügung.

Denn in einer Gesellschaft, die immer älter wird, verändern sich auch die Kundenbedürfnisse. Untersuchungen in US-amerikanischen Unternehmen belegen, dass „Diversity Management" entscheidende Wettbewerbsvorteile bringt: Nicht nur verschiedene Kulturen und Geschlechter müssen gleichberechtigt entwickelt, bewusst in ihrer Vielfalt einbezogen und an Entscheidungsprozessen beteiligt werden – mittlerweile kommt ein weiterer Erfolgsfaktor dazu: Die Berücksichtigung aller Altersgruppen mit dem jeweils spezifischen Themen- und Erfahrungswissen. Diese bewusste Förderung scheint ein bislang viel zu wenig beachteter Schlüssel zum Erfolg in der Gesellschaft der Zukunft zu sein.

Der Trend: Altersübergreifende Personalentwicklung

Gleichzeitig kommen Herausforderungen, die sich immer schneller verändern, auf die Menschen zu – die Innovationsgeschwindigkeit wird immer höher, gerade in einem modernen Dienstleistungsunternehmen wie der Deutschen Bank. Konnte man bis vor kurzem in der zweiten Hälfte des Berufslebens noch vom bis dahin angesammelten Wissen zehren, reicht das inzwischen längst nicht mehr aus. Eine neue, aber nicht junge Personalentwicklung muss her, die aufräumt mit den Vorurteilen der „starren Alten" und „flexiblen Jungen", die ein partnerschaftliches Verhältnis der Generationen zueinander voraussetzt, fordert und fördert – und den Satz „was Hänschen nicht lernt ..." für ungültig erklärt.

Die jugend-fokussierte Personal-Strategie kann also nicht mehr der Königsweg sein. Zunehmend müssen alle Erfolgspotenziale eines Unternehmens erschlossen werden. Hierzu zählen die erfahrenen Beschäftigten genauso wie die jüngeren. Das wird möglich durch die Aktualisierung von Wissen, das optimierte Zusammenspiel der verschiedenen Generationen und die bewusste Vernetzung aller Altersgruppen.

Das Ende der Mono-Kultur, das Ende des Jugend-Kultes

Folgende Leitgedanken charakterisieren den Schlüssel zur Lösung:

- Die Vielfalt der Belegschaft wird zum Erfolgsfaktor.
- Der Respekt von Kompetenz und Initiative fördert die freiwillige Loyalität und die Leistungsbereitschaft – in allen Altersgruppen.
- Der Verbleib älterer Arbeitnehmer im Unternehmen wird wichtiger.

Für die Umsetzung einer entsprechend ausgerichteten Personalentwicklung ergeben sich daraus eindeutig die wesentlichen inhaltlichen Anforderungen:

1. In neuen Arbeits- und Organisationsformen auch die Kompetenzen neu gewichten.
   Statt Aufgaben vor allem in Funktionen zu lösen, sind heute die Strukturen flexibler und temporär, zusätzliche und andere Kompetenzen werden gefragt: „Teamleader" müssen sich in „Teamplayer" verwandeln, um tragfähige Entscheidungen in einem integrativen Prozess herbeizuführen.

2. Lernfähigkeit erhalten und entwickeln.
Schnelle Veränderungsprozesse im Unternehmen und außerhalb füllen die alte Forderung nach lebenslangem Lernen mit neuem Leben. „Lernende Organisation" bedeutet eben für jedes Organisationsmitglied: Permanent zu lernen gehört zum Tagesgeschäft. Niemand kann es sich noch leisten, Informationen dosiert und in Zeitabständen definiert aufzunehmen.
3. Informationstechnologie nutzen – „e-wareness" und „e-readyness" aufbauen.
Ob welt- oder unternehmensweites Netz: Was für die Cyber-Generation selbstverständlich ist, müssen viele gereifte Manager erst noch lernen, sonst kicken sie sich selbst zurück ins Mittelalter der Informations- und Kommunikations-Technologie. Souveräner Umgang mit Internet, Intranet und E-Mail sind Basis-Qualifikationen, um relevante Informationen und aktuelles Wissen auf breiter Basis abzurufen, die interne Weiterbildung zu nutzen, tägliche Aufgaben besser zu lösen, schnellere Entscheidungen zu treffen und effektiver umzusetzen.

action learning

Notwendigkeit und Zielgruppe sind klar, bleibt die Frage der Methoden. Klassische Seminarformen verbieten sich von selbst, schließlich geht es nicht um die rein theoretische Vermittlung von Wissen, vielmehr darum, Energien zu (re-)aktivieren, Neu-Gier im wahrsten Wortsinn wieder zu wecken und Spezialkenntnisse zu vermitteln – eben permanentes Lernen zu lernen. Das Ziel ist, Motivation und Leistungsfähigkeit zielgruppengerecht zu mobilisieren.

Die Rahmenbedingungen und die damit verbundenen erweiterten Anforderungen erfordern demnach geeignete Lern-Plattformen auf hohem Niveau, das so genannte action learning. Dadurch gelingt es nicht nur, die notwendigen Kenntnisse zu vermitteln, sondern auch die praxisorientierten Lern- und Interaktionsbedürfnisse der Gruppe zu berücksichtigen.

Werbung in eigener Sache

Im Corporate Center wurde die Basis-Architektur entwickelt, jetzt sollten interne Kunden, einzelne Geschäftsbereiche oder Tochtergesellschaften begeistert werden/begeistert sein und das Konzept (mit)tragen. Ein ausgewählter Kreis von Advanced Professionals im entsprechenden Geschäftsbereich erarbeitete in einem jeweils eineinhalbtägigen Workshop die Standortbestimmung der Zielgruppe und die spezifische Bedarfsanalyse. Die Vereinbarung im Anschluss an diese Einführungsveranstaltungen: Dieser Kreis bleibt als Arbeits- und Resonanzgruppe für die bereichsspezifische Konzept-Erarbeitung bestehen. Die Entwicklung der konkreten Inhalte und Vorgehensweisen erfolgte gemeinsam mit Beratern der incon GmbH Taunusstein in einem mehrphasigen Prozess. Die erfahrenen Professionals wurden zu Regisseuren ihrer (eigenen) Personalentwicklungs-Konzeption.

Es gibt nichts Gutes, außer – man tut es: Umsetzungsbeispiele

So weit die Theorie. Im Beispiel 1, dem action learning-Prozess zum Thema e-business, geht es direkt ans Eingemachte: Denn die technologischen Anforderungen in der täglichen Beratungs- und Servicearbeit sind rapide gestiegen. In einem zweistufigen Modul haben interessierte Advanced Professionals die Möglichkeit, ihre praktischen Kenntnisse im Umgang mit digitalen Instrumenten sowie in der Nutzung moderner e-commerce Anwendungen zu vertiefen. Darüber hinaus sollen langfristig auch technologie-kritische Kunden mit den neuen Möglichkeiten vertraut werden. Neben dem praktischen persönlichen Nutzen steht nicht nur die Reflexion der Kommunikations-Strukturen und des eigenen Kommunikations-Verhaltens auf dem Programm, sondern auch die lösungsorientierte Beschäftigung mit den organisatorischen und sozialen Veränderungen durch home stations.

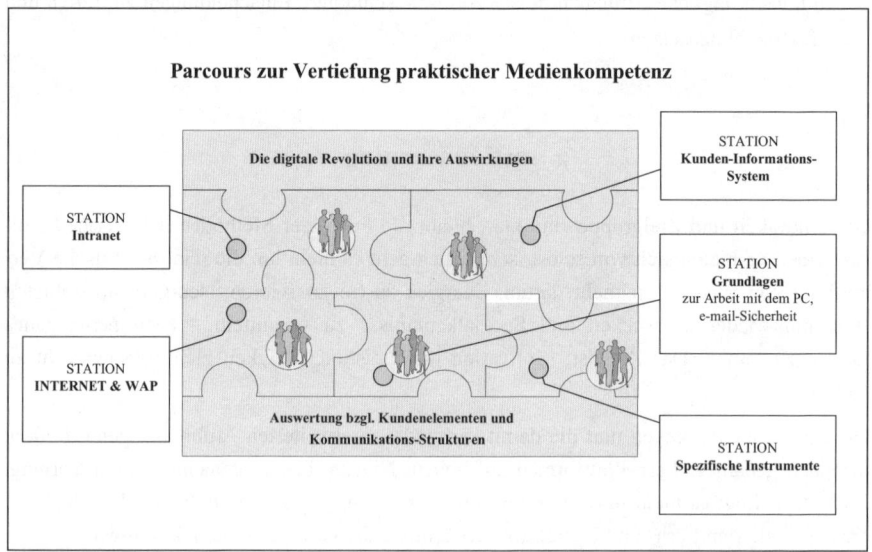

Abb. 2: Rede nur über das, was du kennst – und schon getan hast: Die Teilnehmer durchlaufen Fortbildungs-Stationen in Sachen e-business.

Stell dir vor, du hast gute Leute und keiner weiß davon

Beispiel 2 setzt direkt an den wertvollen Kompetenzen der Advanced Professionals an: Denn das praktische Wissen und die Handlungs-Sicherheit erfahrener Mitarbeiter haben enormen Einfluss auf die Bank und ihre Entwicklung – nicht nur in der Kundenbeziehung, auch nach innen wirken diese Effekte. Damit diese gereiften Fähigkeiten nicht verborgen bleiben, unterschätzt oder falsch eingeschätzt und somit nicht optimal genutzt werden, haben die erfahrenen Mitarbeiter die Möglichkeit, ihr Handlungsrepertoire bzgl.

- Selbst-Management,
- Team-Management,
- Veränderungs-Management und
- Networking (Arbeit in Netzwerken)

gezielt zu reflektieren und noch zu erweitern. Hier setzen die eigenen beruflichen Ziele, das Wirken in Experten- und Kommunikations-Netzwerken, intergenerative Teamkompetenz oder Projekt-Management wichtige Akzente. Im nächsten Schritt steht dann der gezielte Dialog mit jüngeren Generationen im Mittelpunkt.

Zwei Generationen, zwei Kontinente? Brücken bauen!

Das praktische Wissen der Erfahrung und die Handlungs-Sicherheit ausgereifter Talente sind unverzichtbar, insbesondere wenn es um das Erreichen ehrgeiziger Ziele geht. Bei den meisten erfolgreichen Geschäftsaktivitäten kommen ihre Stärken zum Zuge: Langfristige Kundenbindungen, umfassende Beratungsqualität, tiefgehendes Hintergrundwissen, ein umfassendes persönliches Netzwerk und der sichere Umgang mit Turbulenzen. Diese nach Außen gerichteten Qualitäten sind jedoch nur eine Seite der Medaille. Auch im Inneren des Unternehmens sind es häufig die Erfahrenen, die am umfassendsten mit Insider-Wissen ausgestattet sind. In der Regel wissen sie genau, was notwendig und zu tun ist, um eine Entscheidung herbeizuführen oder ein internes Projekt erfolgreich umzusetzen.

Abb. 3: Stärken, die sich ergänzen – nicht Gegensätze, die sich ausschließen: Im Team sind ältere und jüngere Kollegen gemeinsam unschlagbar.

Einerseits wird das Können der Erfahrenen aber in aller Regel als „normal" angesehen. Es bleibt einem größeren Kreis so lange verborgen, bis entweder ein spektakulärer Erfolg die Aufmerksamkeit auf sich zieht und damit ein allgemeines Interesse rechtfertigt („Wie haben Sie das nur wieder hingekriegt?") oder ein erfahrener Kollege ausscheidet und spürbar wird – da fehlt doch was.

Auch ist Erfahrungswissen selbst oft der bestgehütete Schatz der Könner. Diesbezüglich muss also anerkannt sein: Erfahrung und Reife sind natürlicherweise in erster Linie ein persönliches Gut – sie sind schließlich die Früchte eines jahrelangen, persönlichen Engagements. Andererseits sind wir heute – mehr denn je – darauf angewiesen, im Unternehmen vorhandenes Wissen möglichst übergreifend auszuschöpfen. Eine effektive Wissensverteilung erfordert eine offene, kooperative Unternehmenskultur, in der ein aktiver Wissensaustausch zwischen den Kollegen gefördert wird. Wissens-Management ist demnach in hohem Maße an die Lern- und Kommunikationskultur eines Unternehmens geknüpft.

Die Herausforderung: Mehr Erfolg durch echte Akzeptanz und Zusammenarbeit zwischen den Generationen

Wenn das alles so einfach ginge: So genannte Generationenkonflikte sind in Unternehmen nichts Neues – nur die Auswirkungen (kann und) will man sich nicht mehr leisten. Menschen der gleichen Generation haben nicht nur den Zeitraum, in dem sie geboren sind, gemeinsam – sie haben auch die gleichen Vorbilder und ähnliche Einstellungen und Werte. Was eine Generation in sich verbindet, ist den anderen oft fremd. So entstehen Konflikte häufig unter dem Einfluss generationsspezifischer Erfahrungen und Sichtweisen. Mangelndes Wissen um die Andersartigkeit und Hintergründe der anderen Generationen verhindern den sicheren und entspannten Umgang miteinander.

Auch in der betrieblichen Zusammenarbeit und im Kundenkontakt wurden diese Einflüsse bisher unterschätzt. Aus generationsspezifischen Unterschieden resultieren Vorurteile, innere Blockaden und Konflikte. Sie verhindern den Blick auf das Verbindende und auf das gemeinsame Ziel. Mangelndes Verständnis und Vertrauen sowie Missachtung von Kompetenz sind die Begleiterscheinungen. Eingeschränkte Leistungsbereitschaft, Unzufriedenheit, der Verlust von Kunden oder talentierten Mitarbeiterinnen und Mitarbeiter sind häufig die Folge.

Übersehen wird also, wie sich die verschiedenen Generationen ergänzen, wie gut sie zusammenarbeiten können. Häufig sind die ganz jungen und die älteren die Leidtragenden.

Die Ansätze zur Lösung

Eine konstruktive Zusammenarbeit zwischen den Generationen betont als Grundlage:
- die bewusste Einbindung und Förderung von verschiedenen Generationen (insbesondere auch Ältere und sehr Junge) und deren generationsspezifischen Charakteristika in Produktentwicklungen, Teams und Entscheidungsprozessen.

- die aktive Kommunikation und Beziehungsgestaltung zwischen den Generationen (vor allem, Konflikte vorherzusehen, offenzulegen und das Verhalten darauf einzustellen).

- ein Führungsverständnis, das die generationsspezifischen Unterschiede zum strategischen Vorteil nutzt (die Unterschiede bewerten, als Stärken sehen und sowohl in der Innen- als auch der Kundenbeziehung aktiv damit umgehen).

Voraussetzung in allen drei Lösungsansätzen ist ein umfassendes Wissen über die verschiedenen Generationen. Als erfolgreiche Konzepte gelten z.B. so genannte Kompetenz-Tandems. Die Idee: Personenbezogener, strukturierter und von einem Moderator unterstützter Wissens-Transfer zwischen einem älteren und einem jüngeren Partner – in beide Richtungen! Die Ziele: Einerseits die Erfolgsfähigkeit beider Partner stärken, andererseits vielfältiges Wissen zukunftsorientiert für den weiteren Ausbau der Marktposition nutzen. Wichtigste Voraussetzung: Die Partner – so ausgewählt, dass zwischen ihnen keine Wettbewerbs-Situation entsteht – haben hinreichend Gelegenheit, den Prozess nach den eigenen Wissens- und Mitteilungsbedürfnissen zu gestalten.

Mentoren-Modelle gelten weiterhin als wichtiges Instrument zur optimierten Nutzung von Erfahrungswissen: Der Erfahrene übernimmt die konkrete Aufgabe, einen jüngeren Kollegen oder eine jüngere Kollegin in seiner/ihrer Entwicklung zu fördern. Dies kann in einem speziell dafür aufgesetzten Prozess geschehen, aber auch in einer klar definierten Rolle als Ausbildungsbeauftragter.

Corporate Universities – Strategic Element in a Global Environment

Michel E. Domsch / Maike Andresen

1 Introductory Remarks

In the human resources literature of past years a „new" trend in human resources training and development is described: the corporate university. This concept is rooted in the US and has been continued in Europe and Asia. According to official statistics in the US more than 1,800 corporate universities are now in existence, up from 400 in 1988. Forty percent of the Fortune 500 companies have implemented a corporate university (AACSB 1999). In Europe, where the label 'corporate university' first appeared in the 1990's, determination of their absolute number led to widely differing results. *Töpfer* (1999), for example, mentioned the problem of fraudulent labelling. This discussion indicates a certain lack of clarity concerning the corporate university concept. According to *Reardon* (1999), companies in Asia are starting to set up corporate universities, but little information is as yet available. Therefore, we are concentrating on the European and North-American corporate university concept in this paper.

The purpose of this paper is twofold. First, we present an all-embracing definition of corporate universities, based on their historical development, beginning in the US (Section 2). Second, building on this definition of corporate universities, the concept is related to globalisation and the role played by corporate universities in a global business environment in Section 3. To this end we start with a description of the phases of globalisation and subsequently bring out the related general conceptions of programmes within corporate universities (Section 3.1). In the following we describe the implications of the phases of globalisation for organisations and employees and explain in this connection how learning processes are designed in detail in corporate universities (Section 3.2). For this purpose we synthesise existing attempts to categorise the strategic directions of corporate universities into a comprehensive model including additional features based on own empirical investigations of North-American and European corporate universities in 1999 and 2000.

2 Historical Development of Corporate Universities and Definition

2.1 Historical Development of Corporate Universities

In order to better understand the concept of corporate universities it is helpful to classify it in the structure of education systems in general and to analyse the history of corporate universities.

Education systems comprise the sub-systems of (general) school education as well as vocational education, university education and continuing education. The latter are directly oriented towards the employment system.

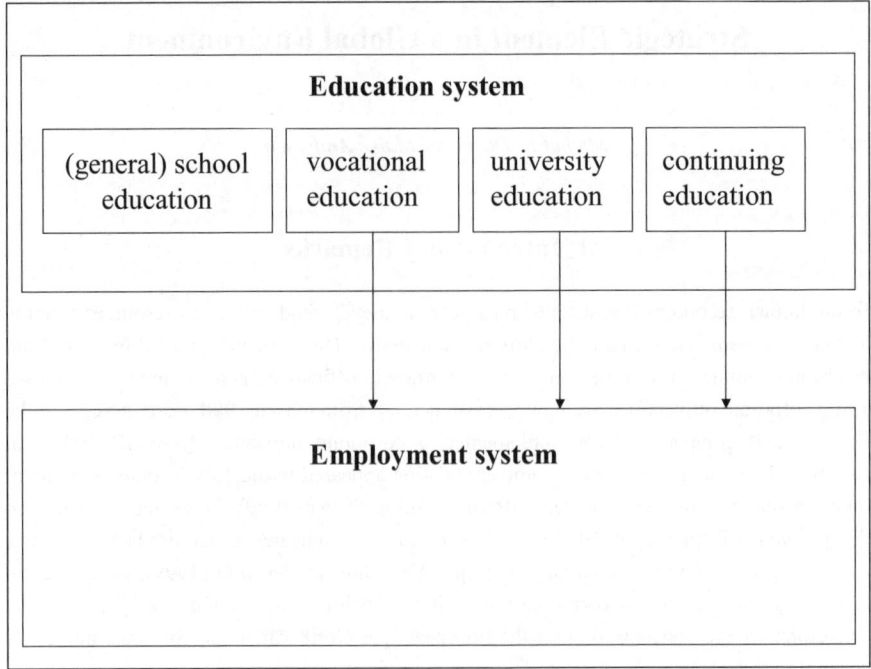

Figure 1: Education system scheme and connection with the employment system

Vocational training in general is organised in three alternative ways: First, the responsibility for vocational training is borne by companies, and trainees get a highly job-specific induction (e.g. in the US, the UK, and Japan). Second, vocational training is held at school (this model prevails for example in France, Italy, Belgium) or third, organised in co-operation between companies and schools (predominantly, for example, in Germany) (*Seyd* 1994, pp. 76-78). The sub-system of *university education* in Germany in contrast to all other EU countries and the US is normally not classed with the sub-system of vocational education, despite the fact that it leads to a qualification for an academic occupation. *Continuing education* in this context refers to programmes that lead to life-long learning in the vocational area.

US corporate universities, a label that first appeared in 1955 with the foundation of the Disney University (*Solomon* 1989), were and are engaged in all of the four sub-systems of the education system. With the beginning of the Industrial Revolution corporations recognised the importance of employee education. Julius Klein observed: „In order to keep pace with the stream of economic changes that are engulfing one trade after another, business has in self-defense been compelled to resort to much more aggressive educational campaigns for the building-up of trained personnel." (*Klein* 1928, p. 103). In the nineteenth century general education was organised in factory schools or corporation schools, the predecessors of corporate universities, that have existed since 1872 (*Miller* 1996, p. 7) and provided training initially in basic or entry-level skills – such as reading, writing, and arithmetic, i.e. subjects that should have been learned in the secondary educational system. Later on contents additionally covered complex to theoretical vocational knowledge – such as management theory (*Clark/Harold* 1958, pp. 6-7). The target groups were primarily workers and professionals. In the 1950's and 1960's, with an increase in the pace of environmental change, the focus of business education programmes extended to management-level personnel (*Craig/Evers* 1981, p. 36). These programmes were often designed and delivered in co-operation with higher education institutions. Programmes offered by companies that focus on management-level employees are often equivalent or identical to university education (own investigation). Partnerships between corporate universities and executive education departments of higher education institutions are becoming broader, deeper and more numerous today (*Meister* 2000). In summary, it can be stated that throughout history the corporate university concept turned into an instrument for strategic human resource management. This means that, with programmes offered in corporate universities, business strategy is executed or shaped. Evidence for this development is given in Section 3. Companies have recognised that, apart from business strategy, the strategist, the executive who is responsible for the direction of the organisation, is just as important (own investigation). This partly explains the shifting focus on management-level employees.

The first corporate university in Europe was founded by AXA – a French insurance company – in 1994. Corporate universities in Germany followed in 1998 with the foundation of the Lufthansa School of Business. Before implementing the concept of corporate universities, companies in Europe were already engaged in far-reaching extended vocational training programmes for their employees. This traditional training and development function is comparable to the corporate university concept in the US. As human resource development became increasingly strategic in Europe during the 1990's, the companies in question started to replace (partly) or rename existing traditional extended vocational training programmes with a strategically oriented corporate university concept; in some organisations both units coexist, as is the case for the Deutsche Bank (D) (own investigation). The majority of corporate universities in Europe are now strategically oriented. A lot of corporate universities in Europe have partnerships with international higher education institutions (own investigation). Hence, corporate universities in Europe cover parts of the areas of continuing vocational training and of higher education. In contrast to the US basic vocational training is not integrated in the concept and is often organised predominantly as a separate entity within companies.

The historical development of corporate universities in the US and Europe reinforces the argument concerning a relationship with globalisation and the increasing pace of change connected with this. So the eighties and nineties saw colossal growth in corporate education in the US, particularly in those branches that were facing fierce competition in the global marketplace. In the 1980's the sector that saw the greatest activity in setting up corporate universities was the computer and high technology industry because higher education institutions were not providing enough basic knowledge about current developments in the fast-changing global environment (*Arnone* 1998, p. 199). And in the 1990's especially the two sectors financial services and telecommunications were subject to intense changes due to mergers and new regulations, leading to the foundation of corporate universities (*Authers* 1997). The same applies to Europe: most of the companies that implemented a corporate university are acting on a global scale (own investigation). A connection between globalisation, change, and learning in corporate universities is also established by *Baldwin/ Danielson/Wiggenhorn* (1997) who base this statement on their own empirical data. Further empirical investigation to prove this hypothesis derived from historical developments is necessary and in preparation in our Institute.

Companies are increasingly realising that they have a key strategic responsibility towards their employees who represent their intellectual capital, and assume that in a globalising environment a workforce with superior skills is a primary vehicle for sustainable competitive advantage (*Meister* 1998, p. 234). Human resources systems are needed that bear the responsibility for recruiting, training and developing, and retaining globally competent employees. As qualified people are scarce on the market and so are difficult to recruit but many globally competent people are needed short-term, many companies concentrate on the education of existing personnel - realised internally or externally or both. One way to organise internal employee training and development is the corporate university which is defined in the following section. The interrelation of globalisation and corporate universities will be described in greater depth in Section 3.

2.2 Definition of „Corporate Universities"

When defining „Corporate Universities" it must be kept in mind that they have no single form, they are rather a concept (*Barley* 1998). Each corporate university is made of several building blocks and the features of the latter differ from company to company according to the organisation's needs, business environment, and strategy. The main building blocks are the

- strategic directions of the corporate university,
- learning contents and objectives,
- target group(s),
- methodology and social form,
- faculty and
- governance.

The choice of the characteristic features of every building block also changes within a specific company over time as the organisation progresses and reacts to increasing market changes and competitive pressures. This variety makes the corporate university a flexible and adaptable vehicle.

In the literature different general definitions of corporate universities can be found (1). We define a corporate university as follows:

A corporate university is a centrally-managed learning institution run by a company. The structure of the learning architecture is attuned to the nature of a particular organisation's business environment, business strategy, and globalisation phase. The educational programmes foster continuous learning at the individual-to-organisational level, delivering value and impact within the company. The learning programmes that are systematically attuned to other human resource management tools, such as compensation and benefits etc., are designed so as to promote the development of company-specific human capital.

Corporate universities are all started by incorporated organisations whose first purpose is not education. Most learning institutions are integral to the corporation (being a part of the HR department, running as a staff function, often of the top management, or managed as lines of business) or organised as subsidiaries of their parent company. A few have been outsourced and are thus private institutions.

The explanations for the different elements included in this definition form the guideline for the next sections. The centralisation of the management and the structure of the learning architecture in relationship with the global environment are elucidated in Section 3.2. The connection with business strategy and globalisation is worked out in Section 3.3 as is the shift from learning at the individual level to the organisational level.

3 The Influences of Globalisation on the Corporate University Concept

3.1 The Implications of Globalisation

The powerful forces of globalisation – a term used to describe an interdependent world free of borders – began to influence companies' business activity in the late nineteenth century and by the end of the twentieth century had left very few companies unaffected. In the course of the globalisation process, that is subdivided into four phases by *Adler* and *Ghadar* (1990), the world business environment is becoming increasingly competitive and intertwined with a significant increase in the number of countries where companies operate. Managers must think, plan, and/or act with reference to international customers, suppliers, competitors, and partners. With the rise in globalisation, corporations are faced with unprecedented environmental change. These challenges have an impact on organisations and the portfolio of skills required of employees. More and more companies are realising that they have to adapt to changes and that their only sustainable competitive advantage is the ability to learn in a more effective and efficient way than their competitors. In addition, organisations must amend or adopt new strategies which determine the direction of each function, including HRM. In Section 3.2 the influences of globalisation on the evolution of enterprises - on the one hand regarding the products and services they provide (3.2.1) and on the other hand concerning corporate university programmes (3.2.2) - are described.

3.2 The Evolution of Organisational Structure

3.2.1 Four-Phase Development Model

Adler and *Ghadar* (1990) distinguish four phases through which many firms have progressed in the globalisation process: domestic, international, multinational, and transnational (2). The phases are characterised by an increasing pace of change in the business environment from low and continuous to very high and discontinuous and increasingly fierce competition. As competition continually increased during the last century, companies had to react in order to retain competitive advantage by focussing on the product, market, price, and finally with a purely strategic orientation combining tailor-made state-of-the-art products and services with lowest-possible-cost production. Companies adapt their organisational structure in each phase to the contingencies of the particular globalisation strategy in order to respond to changes in the business environment. Structure is seen as a vehicle for strategy and as providing significant competitive advantage (*Adler/Ghadar* 1990). Furthermore, the more a company penetrates global markets, the more its success depends on the ability to respond quickly and effectively to the accelerating pace of change in both the external and the internal environment.

During the *domestic phase*, corporations are product oriented and develop unique products and services for the domestic market in the absence of competition. The environment is characterised by a low pace of change (*Adler/Ghadar* 1990, p. 245).

With the entry of new companies competition occurs and firms expand their markets and production internationally. During this *international phase*, companies are typically hierarchically structured with power and influence concentrated at corporate headquarters. Often parent country nationals are sent abroad as expatriates (*Adler/Bartholomew* 1992, pp. 54-55).

With increasing competitive pressure, strategic managers have to prepare their companies to respond to competition by expanding internationally and by reducing costs through the production of more standardised products and services. Geographical dispersion often increases. During this *multinational phase*, firms compete almost exclusively on price. They restructure to integrate domestic and foreign operations into world-wide lines of business, with sourcing, production, assembly, and marketing distributed across many countries. The hierarchical relationship between headquarters and foreign subsidiaries remains in place. While host country nationals from foreign subsidiaries are sent to corporate headquarters as impatriates, the cultural dominance of the headquarters' national culture remains in force (*Adler/Ghadar* 1990, p. 238; *Adler/Bartholomew* 1992, p. 55).

As competition becomes fierce and product lifecycles shorten, companies during the *transnational phase* tend to extend their market globally. Both divisions within the firm and suppliers, manufacturers, and distributors are affected by this geographical dispersion. Companies emphasise least-cost production and in addition state-of-the-art, top quality products and services that are increasingly mass customised but tailored to each individual client's needs. Research and development demands increase (*Adler/Bartholomew* 1992, pp. 55-56). As more products are perceived to be similar by customers, there is increasingly less room for companies to compete at the level of tangible assets. Companies try to distinguish themselves from their rivals by focussing increasingly on intangibles, i.e. the quality of the human systems and processes behind their products and services (*Meister* 1998, p. 168). Companies aim at gaining a global, strategic, workforce-based competitive advantage in the marketplace that cannot easily be duplicated. Concerning the organisational structure a lot of companies move to multiple headquarters across a number of nations which leads to distributed and co-ordinated networks of firms and divisions within firms, including an increasingly complex web of strategic alliances. In this connection power is decentralised, giving unit managers some autonomy to make decisions. As a result, both the structural and cultural dominance of the former corporate headquarters are minimised and the aim is to combine the many cultures into a strong unique organisational culture by integrating values, mechanisms and processes. Additionally, companies tend to flatten their hierarchy. This transitional phase is accommodated by widespread mergers & acquisitions that realign organisation structures and functions (*Adler/Bartholomew* 1992, p. 56).

3.2.2 Standardisation and Local Response of Corporate University Programmes in the four Phases

According to our definition corporate universities are centrally managed in order to systematise and optimise the planning, steering and control of the world-wide learning efforts. The programme delivery however may be partly or completely decentralised. Depending on the phase of globalisation and the particular business environment of different industrial sectors, companies vary the degree of standardisation and local response. Standardisation describes the degree of conformity of HR products and services in different parts of organisations. Local response is related to the adaptation of the products and services to local business specifics and needs. Here we concentrate on the HR service of education.

We assume that *domestic* companies are characterised by a low degree of standardisation in the education programmes they offer and a low response to local needs as the domestic market prevails.

In the *international* phase companies try to exhaust local specific features due to international expansion, leading to great variety and a low degree of standardisation. We assume that corporate universities consist of multiple units but that the design of the programmes is still accomplished centrally.

By contrast, in the *multinational* phase companies try to centralise and standardise training and development activities in order to cut costs. Companies aim at achieving integration through eliminating differences. Hence local response is reduced. We suppose that the programmes are designed and delivered centrally by corporate headquarters; some courses may be exported for local delivery.

Transnational companies, however, try to manage the dichotomy of maximum standardisation and national response in the HR area as it is seen that diverse competencies and solutions for different marketplaces are often needed. They aim at achieving global integration in the geographically dispersed firm by controlling differences and ensuring uniformity as well as consistency within the company by means of communication in a common language for doing business within the firm while using cultural diversity as a primary source of new ideas. We propose that in these companies the standardised programmes are planned by multicultural teams in multiple countries. Firms act as a broker of learning resources, searching world-wide for the best training and development programmes.

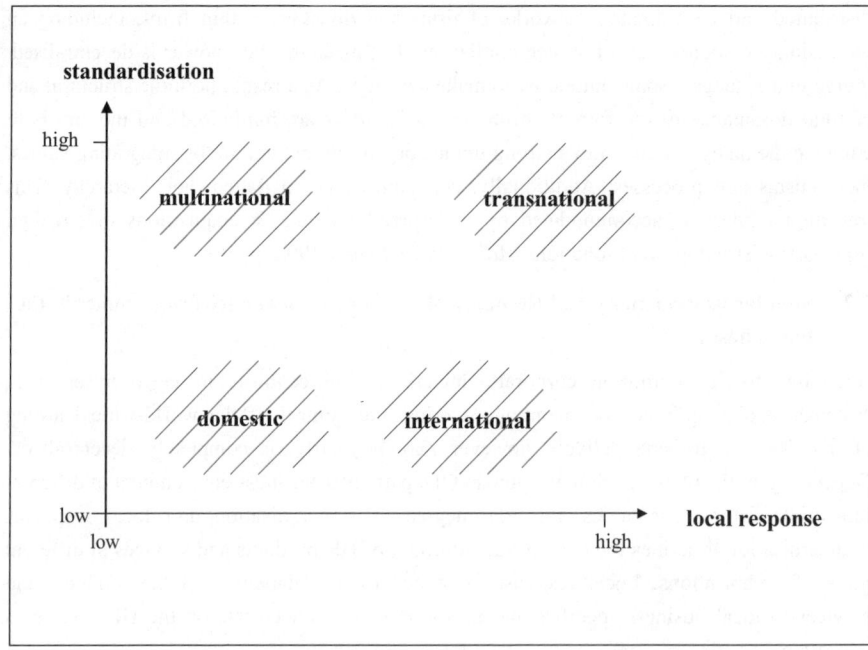

Figure 2: Evolution of the conceptions of corporate university programmes with respect to standardisation and local response

Our first empirical data corroborate these connections. Cultural differences may in addition influence the degree of standardisation and local response. We are going to further test these hypotheses empirically.

3.3 The Effects of Globalisation on Learning Demands

3.3.1 The Challenges of Globalisation for Organisations and Employees

The more companies search for new, global markets, the more managers at all levels need to develop a global perspective and an understanding of global business opportunities. Their appreciation of the need for co-operation among subsidiaries world-wide is of major importance (*Beamish/Morrison/Rosenzweig* 1997, p. 184). Global companies have to cope with environmental change, geographical dispersion, decentralisation, flat hierarchies and mergers & acquisitions.

In view of the *changes* in the business environment in conjunction with global competition and the resulting need to innovate, the nature of work is rapidly changing. So employees at all levels are affected not only by an increase in the necessary skills and knowledge but by a change in their nature as expressed in the increased intellectual component of many jobs (*Meister* 1998, p. 8). The systematic acquisition of knowledge, defined by *Drucker* as „systematic, purposeful, organised information", has replaced or supplements experience – acquired traditionally through apprenticeship that was of primary relevance throughout the nineteenth century (*Drucker* 1992, p. 70). Beyond that, the half-life period of knowledge is growing shorter across all professions, which has made life-long learning a necessity in more sectors of the economy than ever before. The term life-long learning describes the need for employees to build their knowledge base throughout their life-span, preparing them to follow multiple careers in changing economic circumstances by maintaining a portfolio of job-related skills (*Neumann* 1999, p. 21).

Approaches to managing an increase in the *geographical dispersion* of the firm and its customer-supply-network include some kind of integration (*Adler/Ghadar* 1990).

The more *decentralised* a company is, the more it needs some kind of mechanism to guarantee people contact and trust. An excellent communication structure in the global network is indispensable in order to avoid unnecessary duplication, share information and knowledge quickly and effectively throughout the world-wide network of operations, and learn from best practices wherever they may be found. Additionally, job responsibilities change due to decentralisation, putting many more employees into a decision-making mode and making their roles increasingly managerial in nature (*Meister* 1998, p. 3).

On account of a *flat organisation* operations managers can expect slower vertical advancement than in the past and many more lateral career moves that cross functions. As boundaries between workers at the same level are reduced, operations managers can also expect to work co-operatively with a much wider range of people in cross-functional and cross-organisational teams and to have more influence on business strategy and performance (*Flaherty* 1996, p. 30). As a result they need to be able to draw on a much broader complement of skills than in the past and to think and work in an entirely new way so they can perform broader roles in the workplace (*Meister* 1998, p. 7).

Mergers and acquisitions continue to redefine the corporate landscape. They are often accompanied by reorganisations, and a new allocation and distribution of responsibilities demand new or different knowledge, experience and skills (*Garger* 1999, p. 39).

In summary, life in global organisations has become more complex, uncertain and fast changing for individuals and the organisations in which they work. The ability to change and the need to be competitive are critical success factors for organisations. In addition, the work of managers is becoming more managerial and strategic. Human resource development is becoming an integral player in helping to execute and shape business strategy. This is worked out in the following Section 3.3.2.

3.3.2 The Strategies of Corporate Universities

3.3.2.1 Overview

Companies with corporate universities try to find the best fit between the organisation's business environment, its overall strategy, and its HRM policy including the corporate university (*Adler/Ghadar* 1990, p. 245) by developing the training programmes in accordance with the strategy for employee development, the latter being logically derived from the business strategy that is based on the business environment (APQC 1998). The intensity of strategic orientation increases with the phases of globalisation.

Corporate universities tend to organise themselves around similar strategies. We group these strategies into two categories: Firstly, learning strategies that *directly* influence the business strategy and *secondly* contextual strategies that have an *indirect* impact.

The following five *learning strategies* described in Section 3.3.2.1 are distinguished:

I. basic vocational training,
II. competency-based focus,
III. business-initiative driven,
IV. business-development driven and
V. business environment relationship management orientation.

These learning strategies are based on an analysis of existing literature and on own empirical data. The first approach to categorise learning initiatives in corporate universities was made by *Baldwin/Danielson/Wiggenhorn* (1997). Slightly different models have been presented by *Fresina* (1997), *Deiser* (1998), *Töpfer* (1999) and *Lucchesi-Palli/Vollath* (1999).

Companies can in addition to or in place of the above-mentioned learning strategies indirectly influence the achievement of strategic objectives with the help of their corporate university by pursuing *contextual strategies*. The following exemplary strategies described in Section 3.3.2.2 are distinguished:

- communication-enhancement focused,
- corporate culture and vision transmission focused and
- knowledge-management oriented.

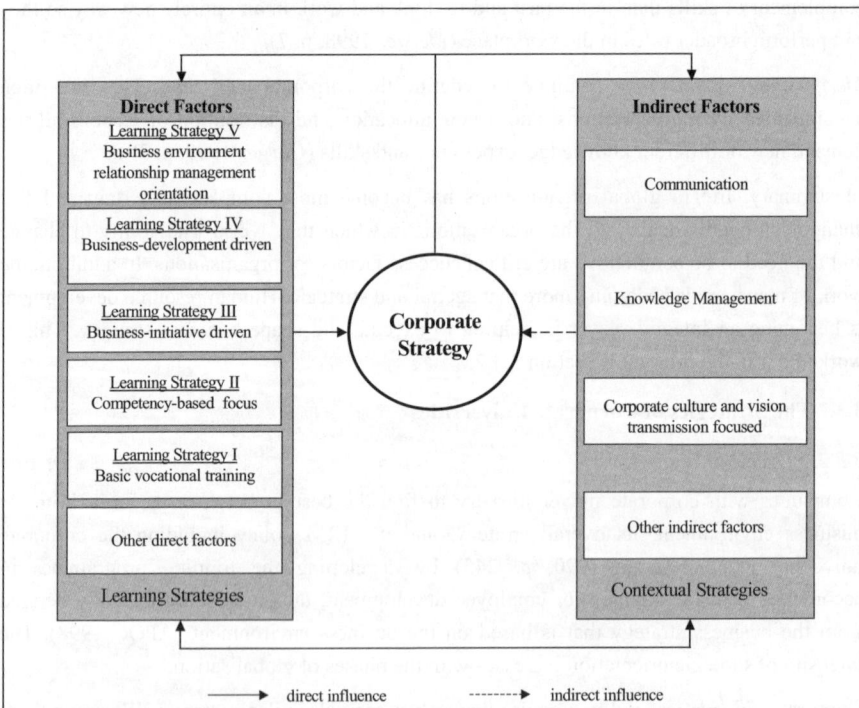

Figure 3: Learning and contextual strategies of corporate universities and their impact on corporate strategy

3.3.2.2 The Learning Strategies of Corporate Universities

The ability to learn is seen as the prerequisite for the ability to change (*Baldwin/Danielson/ Wiggenhorn* 1997). A corporate university is the strategic umbrella for all the learning activities within the company that are based on the above-mentioned five learning strategies which describe the evolution of the activities of learners in organisations in response to an accelerating pace of change within the corporation and in the business environment that is related to the phase of globalisation. Activities range from the perpetuation of past standards, over reactions to changes occurring in the business environment, to proactive questionings of potential future changes. We hypothesise that the five learning strategies can be directly related to the four phases of globalisation. That means that for companies in each stage optimal learning strategies exist. The conception of the learning strategies as well as their connection with the phases of globalisation have to be further empirically tested.

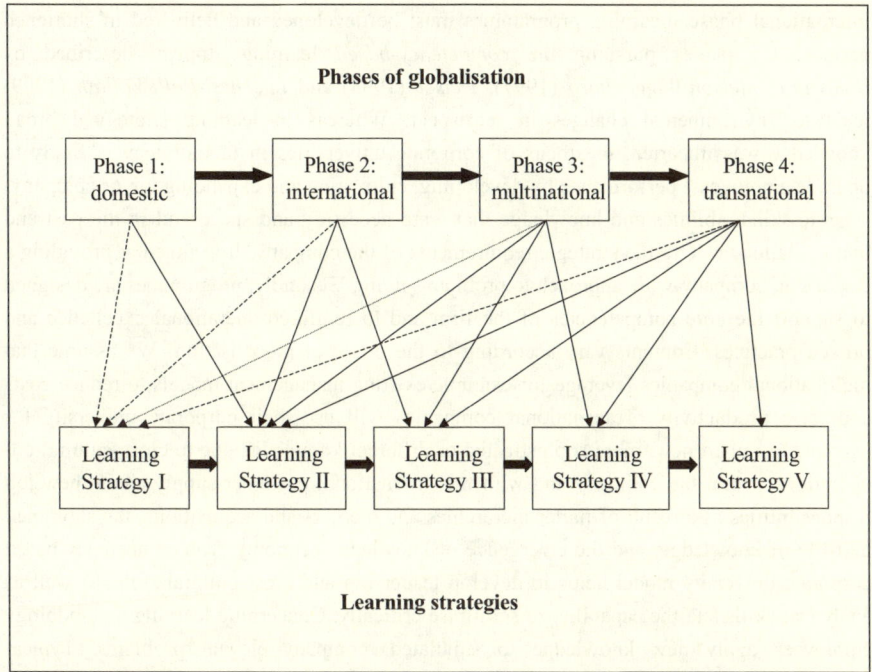

Figure 4: Relationship of globalisation phases and learning strategies

The learning strategies are logically based on each other – each higher level including the lower. That is the reason why transnational companies implement more learning strategies than for example domestic organisations.

Learning Strategy I: The first learning strategy called *basic vocational training* is mentioned by *Deiser* (1998) and *Töpfer* (1999). Companies concentrating exclusively on this strategy are usually facing a relatively stable business environment; they predict the knowledge and skill requirements for employees and provide the requisite training in advance. This strategy is directed at the enhancement of basic job-related skills and knowledge. Contents are standardised and cover universally applicable topics without reference to the specific company context. Thus class teaching, lectures and seminars may be held by internal or external trainers. The courses are directed at the whole personnel. Learning is regarded as an individual activity. This strategy is often part of North-American corporate universities but usually not of European ones (see Section 2.1). The corporate university is used as a *tactical* HR element. As many European corporate universities are seen as a purely *strategic* element, many companies hive this learning strategy off and often deliver this kind of training as a separate unit within the HR area, as is the case for Deutsche Bank Corporate University (D) and mg academy (D). Motorola (US) in contrast offers its workers courses in reading and mathematics (*Wiggenhorn* 1992).

Learning strategy II: As soon as the pace of business change accelerates from low to moderate, strategies must shift or be amended to compensate for or take advantage of such changes. This is especially the case for companies shifting from the domestic to the international phase. Learning programmes must be developed and delivered in shortened periods. Companies pursuing the *competency-based* learning strategy described by *Baldwin/Danielson/Wiggenhorn* (1997), *Deiser* (1998) and *Lucchesi-Palli/Vollath* (1999) react to environmental changes in retrospect. Whereas in learning strategy I broad knowledge was imparted, the focus of corporate universities in this strategy is firstly to upgrade employees' performance by developing, cultivating and expanding job or company-specific skills, abilities and knowledge that were necessary and successful in the past and that are tailor-made to the strategic requirements of the company. It is aimed at providing a consistent, company-wide approach to problem solving. Secondly, programmes are designed to support the core competencies of the firm and to reinforce operational excellence and proven practices. Contents vary according to the phase of globalisation: We assume that multinational companies leverage for example existing management models to reduce costs and raise productivity. Transnational companies will use their corporate university for example to impart new, more sophisticated or different knowledge due to cross-cultural co-operations within the company and with the international customer-supply-chain, new job responsibilities as a result of flatter hierarchies and mergers and acquisitions, the shortened half-life of knowledge, and the emergence of knowledge economy. The competency-based corporate university model helps to develop leadership and cross-cultural skills as well as analytical skills and the capability to scrutinise critically. Concerning learning methodology employees apply new knowledge to simulated, company-relevant problems. Typical methods are company-related case studies and role play. This way the learners are more involved in the learning process and actively construct their knowledge. In contrast to the above-mentioned strategy I, training is organised internally and presented to members of intact functional work teams. Faculty typically consists of full-time trainers. This strategy is the underpinning of all the other learning strategies and should hence be provided by all companies. (See examples at the following page.)

Learning Strategy III: The increase in the speed of change from moderate to high results in organisations facing problems that are novel, i.e. problems to which no known solutions can be applied. This concerns especially companies in the multinational and transnational phase. This learning strategy, preparing employees for this environment, is called *business-*

> **Examples**:
>
> The Disney University (US) was officially established in the 1960's with the aim of perpetuate core practices. All new employees begin their Disney careers with a seminar at the corporate university where they learn about the business of entertainment at Disney, the standards of guest service, as well as the policies and practices they must know in order to perform their jobs (*Solomon* 1989; *Anthony/Perrewé/Kacmar* 1996).
>
> The Bertelsmann Corporate University (D), founded in 1998, provides learning programmes for management-level employees from 50 countries. In one of their programmes called 'Excellence in Marketing' more than 100 executives concerned with marketing issues came together to develop concrete exemplary solutions for problems on the basis of 'best case' case studies (own survey).

initiative driven and comprises two learning paths at the same learning level. On the one hand it is focused on supporting or even leading necessary *organisational* direction-change processes within the company (*Fresina* 1997, *Deiser* 1998, *Töpfer* 1999, *Lucchesi-Palli/ Vollath* 1999). To implement organisational change, learning activities follow the three phases of unfreezing, introducing/moving, and refreezing into a new state to ensure conformity according to *Lewin's* socio-psychological model for change (*Lewin* 1952). Education and participation are used as a tool. On the other hand this learning strategy is focused on driving corporate-wide business initiatives or business plans or projects that lead to *strategic* change (*Deiser* 1998, *Baldwin/Danielson/Wiggenhorn* 1997). Possible learning contents are the integration of companies particularly after mergers, globalisation, productivity, acceleration of new product development, and process improvement. In both learning paths a top-down process is often used. Briefly, employees determine discrepancies between present and desired environmental states, work out the problem being faced and develop new initiatives for its solution. The first step is typically for senior executives to determine real business challenges of current or future interest that arise out of a company's strategic objectives, enunciate this challenge (e.g. a new vision) and begin to develop the details of this challenge. The second step is for senior managers to define a number of projects in order to spread understanding of the challenge and develop its details. In these company-related projects that are part of the learning processes of the corporate university and that are didactically structured, employees develop the operational details of the challenge. Learners research their assignment and work out solutions or a concept to solve related problems. Instead of seeking answers from experts (as in learning strategies I and II) information from a variety of sources is collected and critically reflected. Thus, conducting business and developing individuals are integrated; companies think of learning and working simultaneously. Learning occurs just-in-time. The target groups of these programmes are on the one hand employees that are affected by organisational change and on the other hand those that have the highest influence on strategic change, i.e. predominantly junior and senior executives as they set the boundaries for the modification and continuous improvement of existing organisational practices. Since learning activities are situated in real work and generate measurable impact by executing and/or shaping business strategy, learners more easily identify themselves with the task at hand. Learning leads to continuous improvement and innovation. These programmes aiming at employee development resemble consultation activities (*Lucchesi-Palli/Vollath* 1999).

Examples:

In 1998 Daimler-Benz, a German motor manufacturer, merged with the North-American manufacturer Chrysler (US) to form DaimlerChrysler. In this connection the DaimlerChrysler Corporate University (DCU), founded in August 1998, was used as a tool to manage related organisational change processes. Firstly, it facilitated integration, i.e. the DCU had to build a sense of community for the decentralised divisions of the global group (*Steinhäuser* 1999). Secondly, the university was used to address the challenge of melding two distinct corporate cultures into one. Furthermore, the global company aimed at providing management education in order to make sure all their executives act in unison with the homogeneous targets (*Authers* 1998).

Deutsche Bank (D), that founded its corporate university in 1999, established a programme at its university called 'Spokesman's Challenge' that is directed at upper management-level employees. Groups of managers are given actual business challenges identified by the Deutsche Bank's top officials, such as the spokesman Breuer. Managers from all divisions and regions of the group work autonomously in groups of four on these strategic challenges parallel to their regular job. The team members stay in contact via meetings, e-mail or telephone/video-conferences and every sixth week they meet with their sponsor. The groups give presentations to the Board, other senior managers and their colleagues, and subsequently implement their plans. Besides solving business-relevant challenges and learning to find the information they need and make decisions with little time and information the programme is aimed at building an esprit de corps (own survey, *Möhrle/Smith* 1999). A similar programme is run by General Electric (US). One issue was 'What is the market for GE financial services in India?' (*Tichy/Sherman* 1993).

Learning Strategy IV: As the business environment becomes global and whole industries restructure, the nature of competition changes. The environment is characterised by rapid and discontinuous change so that past performance becomes irrelevant to future success. Business strategies have to be adjusted at shorter intervals. In this situation employees need a widening of horizons in order to be able to address future challenges. In the case of the *business-development driven* model of corporate universities that is described by *Baldwin/Danielson/Wiggenhorn* 1997 and *Fresina* 1997), learning is primarily a vehicle to reset the boundaries of the business and the industry. All the individuals within the organisation who operate with two to five year horizons have to explore beyond the known boundaries that created current conditions and work out concepts for the future development of the company in ill-defined or even undefined markets. Employees guide continuous exploration processes to what is possible beyond the current framework, probe, raise questions where the answers do not yet exist for the company, carry out strategic research, generate new business ideas and visions, discover answers to the future directions for the corporation, and hence create new knowledge. Through these learning activities employees generate new models or maps, i.e. a new framework of understanding, for making sense of the rapidly changing markets. This means that learning no longer occurs just-in-time as in the business-initiative driven model but that employees anticipate and even influence future changes. In order to achieve this learning level the company must develop a critical set of new competencies within the organisation.

Example:

Motorola University, established in 1981, is engaged in company-specific research. One research topic was the redirection of the discussions on a Latin-American strategy. A prerequisite for this was to get a more comprehensive understanding of what makes those markets unique. The university supported the process in a value added way by developing a market-assessment process. A group of thirty senior managers travelled to Mexico, Brazil, Chile and Argentina in order to interview local or regional customers, suppliers and employees, discuss with business people, bankers, and government officials within each market, and learn about the different national cultures. Today, the corporate university is creating the forum within the company to generate and share new knowledge arising from the research of Motorola employees (*Baldwin/Danielson/ Wiggenhorn* 1997).

Learning Strategy V: In times where it is becoming impossible to forecast even short-term horizons because of a high degree of change, as is typical for companies in the transnational phase, it is essential to create bold educational initiatives that can heighten organisational contact with, and understanding of, business environments. In contrast to the above-mentioned learning strategies companies engaged in the learning strategy called *business environment relationship management* (*Deiser* 1998) now become externally focused. They think of themselves as part of systems with links to suppliers, customers, dealers and wholesalers (within the same branch or beyond) as well as educational, political, and other social institutions. Two aims are pursued by learning from and with partners. On the one hand, the company wants to raise the level of inquiry about its future through a diversely structured dialogue. Companies aim at exchanging extensive knowledge and expertise with their partners and at gaining an internal and an external focus leading to synergetic effects. Companies in the same and even in completely different businesses can be fertile sources of ideas and catalysts for creative thinking. Employees can learn from their successes and mistakes as well as from their experiences. Customers stimulate learning by providing insights into changing preferences, competitive comparisons, and immediate feedback about service (*Garvin* 1993, S. 86). Higher education institutions provide theoretical knowledge that companies can link to existing practical knowledge as well as expertise, academic substance, and 'fresh' knowledge and research results. Often a mix of American and European institutions is chosen in order to combine American experiences with the special methods and perspectives of European schools and to learn from the different cultures of the global business environment (own survey). According to an annual CUX survey (3), 62 percent of corporate universities in the US enter into co-operative arrangements with four-year colleges. By the year 2003, this is expected to increase to 85 percent (AACSB 1999).

This may be boosted by the fact that companies are becoming aware of the high investments in learning activities and are increasingly recalling their core competencies that normally do not lie in the field of education. Companies enter partnerships inter alia to offer degree programmes (e.g. MBA), to buy in tailor-made programme design and delivery as well as research services (own investigation). And on the other hand, as the company intensifies its inquiry about its future, it must also develop new competencies among its stakeholders. Companies want the members of their suppliers and distributors/wholesalers to learn the company's quality vision and standards and the types of skills, knowledge, and competencies that are needed to successfully perform their jobs (*Meister* 1998, p. 170). In summary, this 'external' learning provides an important learning process. The goal of these partnerships is to lead to innovation in firms, better quality, and greater productivity and in this way transnational companies are better able to meet their business objectives. According to *Ansoff* (1991) companies in this stage form their business environment according to their competencies and potentialities through the permanent search for active innovation. Another reasoning behind this is that courses offered to third parties provide a new source of revenue for the corporate university.

Example:

The General Electric Management Development Institute, founded in 1955, has for some years opened its doors to strategically important customers, suppliers, regulators, etc., allowing them to participate in its unique „Work Out III" training programmes. Within the scope of this programme the boundaries between General Electric and its relevant environment are to be pulled down. Participants meet for example in order to work on a process optimisation that helps every participant to cut costs (Homepage General Electric).

The mg academy, the corporate university of Metallgesellschaft AG (D), a multinational engineering and chemicals company, regularly holds forums with high-calibre academics, politicians and members of the business world with managers of Metallgesellschaft. The aim of this forum is to bring external knowledge into the company (Homepage Metallgesellschaft).

The choice of learning strategies depends inter alia on the stage of development of the individual employee and on the industry in which a company competes. The industry is an indicator for the degree of globalisation and the pace of change. For example, firms in a regulated industry such as healthcare face a slower pace of change than companies in the financial services sector. The former may develop a longer-term vision which may influence the efforts of relatively large numbers of employees. These companies will choose the first and possibly the second learning strategy. The latter face predominantly a highly competitive market. In these companies the employees affected by changes have to respond to them quickly by acquiring the necessary skills. The faster the pace of change, the more quickly companies have to react. To cope with this situation, companies will also implement the learning strategies III to V that are characterised by complexity. In addition, the choice of learning strategy depends on the individual employees. Corporate universities are a means of developing lifelong learning for individuals by providing learning programmes to employees throughout their entire career. The knowledge learned in learning strategy I constitutes the basis for the second and so forth. Whereas traditional employee education was a one-off event, the pace of change and competition has made lifelong learning a necessity.

3.3.2.3 Contextual Strategies in Corporate Universities

In addition to the learning strategies described in Section 3.3.2.1 companies pursue contextual strategies that have an indirect influence on the implementation of the business strategy.

One contextual strategy to be mentioned is the support of *communication* between individual and groups of employees within the company. Communication is an indispensable condition for the effective transformation from a classical organisation characterised by hierarchies, division of labour and product orientation into a learning organisation. To ensure that the organisation has the capability to maintain or renew itself in a changing environment (and is able to react quickly to its customers' needs), organisational learning in addition to learning at the individual level is proposed as a means by several authors (e.g. *Ulrich/von Glinow/Jick* 1993). Through the implementation of learning strategies companies use a first step to achieve individual learning. That means that each employee involved in the learning processes builds up his/her individual knowledge structure, i.e. a model that depicts its view of organisational reality at a certain point in time. According to constructivist learning theory the knowledge structures of employees differ (slightly) from each other as each individual gains different experiences in his/her daily work. This means that learning processes happen in isolation. In order to achieve organisational learning individual employees have to communicate with each other. By uncovering and tying the knowledge structures of the individual company members together, an organisational knowledge structure is built that on the one hand represents the sum of the individual structures. On the other hand it contains additional elements as the inter-individual exchange contributes to innovative new ideas with reference to change. This organisational knowledge structure does not remain steady in the course of time. Since individuals learn continuously due to changes, individual knowledge structures and subsequently the organisational knowledge structure are continuously adapted. In summary, communication processes are constitutive for organisational learning processes to occur. Communication is especially important within the scope of learning strategies III to V as in these strategies social learning is most important. The following Figure 5 shows the difference between individual learning within communities of practice in the five learning strategies and learning at the organisational level achieved through the joint learning activities of the different communities. For organisational learning to occur the involvement of all the employees of a company in the learning processes is necessary. This is jeopardised by those corporate universities that only address management-level employees.

Secondly, corporate universities have an integrative function in companies. Communication across national as well as horizontal, vertical and organisational boundaries is institutionalised. These communication opportunities gain in importance in global,

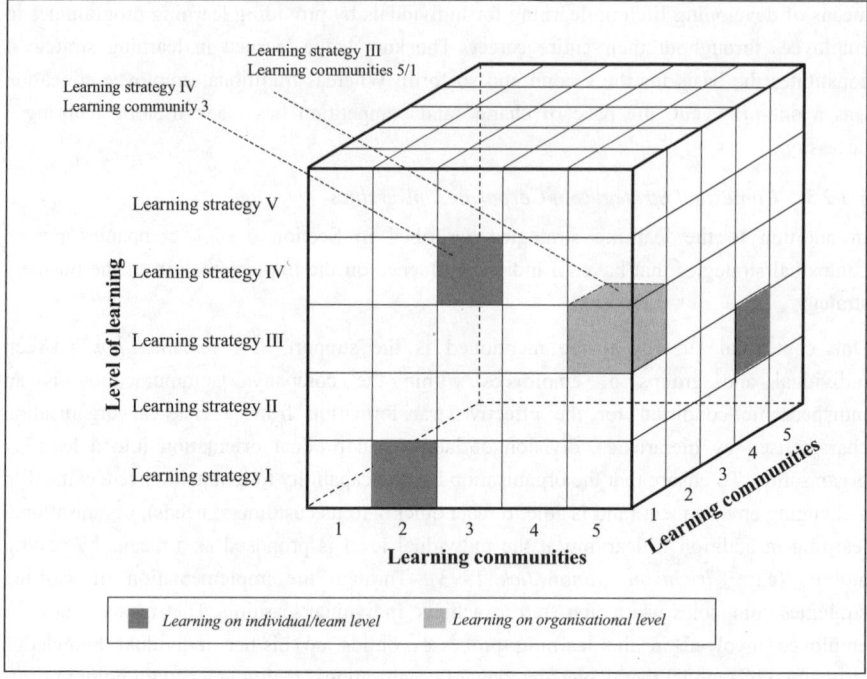

Figure 5: Individual and organisational learning in different learning strategies

decentralised companies operating in complex organisational contexts. Existing rigid formal organisational structures are complemented by informal flexible and expanded communication structures. National diversity makes integration more difficult. Depending on the phase of globalisation companies cope in different ways with this circumstance (see Section 3.2.2). Whereas multinational companies tend to ignore differences, transnational firms aim at achieving *horizontal integration* by training employees from different parts of the organisation at home and abroad. These firms try to become simultaneously more highly differentiated and more co-ordinated: more highly differentiated by using cultural differences to gain multiple perspectives, increase creativity and innovation, and to improve problem solving, and more co-ordinated by creating similarity from diversity (*Adler/Ghadar* 1990, p. 253). One potential result of global operations project groups is that employees become more global in their thinking. Managers acquire international co-operation skills and develop organisational expertise that is valuable and difficult to copy. In order to achieve *vertical integration* corporate universities increasingly involve their CEOs and senior management in the learning processes. For instance almost one third of company CEOs teach a course or actively sponsor specific learning programmes (AACSB 1999).

We assume that successfully drawn-up communication structures in conjunction with the learning strategies create a sustainable positive competitive advantage for the whole organisation. Through horizontal and vertical integration employees better understand the needs and the general perspectives of the whole organisation and, with the different perspectives of the participants, assumptions about the corporate environment may be challenged, contributing to more creativity.

> **Examples**:
>
> ABB, a Swiss-Swedish industrial enterprise, is a large and very decentralised company. Because of this structure, the ABB Academy, founded in 1999, is used as a mechanism to build an 'organisational glue' of people contact and trust that cannot be established only by instructions and memos in a company of this size (*Hall* 2000).
>
> Bank of Montreal's Institute for Learning – IFL – (CAN) is described as the bank's water cooler. The sense of this metaphor is described by Corey Jack, vice president and director of the IFL: „In a large building, when people want to understand their organisation out of their own individual compartments, they cluster around the water cooler and conversation lets them connect with the broader entity. They meet with other people and find out what else is going on in the organisation." (*Kenyon* 1999)

Additionally, corporate universities are used as an instrument to develop a common *corporate culture* and to discipline and swear the employees to the company's *vision*, *mission* and *strategy*. This is especially important in the context of global operations, an increasing number of mergers and acquisitions, and decentralisation. The aim of this contextual strategy is to disseminate the corporation's values and beliefs that make the organisation unique and to provide employees with an understanding of how their work is related to the achievement of the overall strategy. Corporate universities in practice use two approaches to achieve this objective. The first is to bring employees from different parts of the company together in the corporate university for programmes that treat these topics exclusively. A second way is to communicate these contents indirectly in learning programmes that primarily aim at employee development. In this case companies assume that through the interaction of employees and the perception of the learning environment the learners create a shared identity and a holistic understanding of the organisation, and the corporate culture is assimilated and formed (*Deiser* 1998, p. 42). According to the annual Survey of Corporate University Future Directions 31 percent of the 100 respondents pursued the goal of communicating mission/vision and values in 1997 (AACSB 1997). In 1999, 25 percent of 120 surveyed companies used the corporate university to communicate the corporate vision and philosophy to employees and 21 percent to support change in corporate culture (AACSB 1999).

> **Example**:
>
> Metallgesellschaft AG (D) uses its mg academy for the cultivation and development of a common organisational culture for the group world-wide. The kind of topics discussed with executive managers and the way to communicate in the company directly has an effect on company culture. In addition, corporate culture is built by bringing managers from various countries together who learn about the implicit and explicit rules and values of Metallgesellschaft and develop a feeling of belonging to the same company (*Gottwald* 2000).

A third contextual strategy concerns *knowledge management*. In times of information revolution the distillation and diffusion of knowledge across business units all over the world is gaining in importance. In order to profit mutually from learning outcomes within the organisation it is necessary to ensure that the knowledge gained or created in learning processes is available to all employees. In contrast to the first contextual strategy of communication enhancement, knowledge management does not concern the learning process itself as only the results of these processes are exchanged. With respect to knowledge management, corporate universities hold a key position. Firstly, the corporate university is very well suited to the allocation of knowledge-bearers. Information about the level of (special) knowledge which employees have is available as the programmes and courses taken by employees can be fathomed. Secondly, within the concept of corporate universities employees world-wide are tied together through knowledge networks for example to share best practices. Thirdly, a lot of corporate universities have a knowledge database that contains the learning results in the form of project and research reports, etc. The transfer of knowledge may help to avoid the unnecessary binding of resources through duplication and to give inspiration for the solution of (similar) problems in other parts of the company. The individual learning processes themselves cannot be replaced by knowledge management, but the search for information within the company is facilitated. This search function becomes more effective if the learning results of learning communities are additionally generalised. The five learning strategies present conditions of varying quality for effective knowledge management. But at this point we are not going into detail on this aspect as this article is focused on the link between corporate universities and globalisation.

Example:

DaimlerChrysler (D), Lufthansa (D), an airline company, and SAP (D), a software company, all have a virtual knowledge database at their disposal that is integrated in the corporate university. The aim of the database of DaimlerChrysler Corporate University is to support world-wide knowledge exchange by managers. Upholders of knowledge can be identified via knowledge-and-skill mapping in the yellow pages (*Anonymous* 2000). Lufthansa's virtual knowledge database is used to network existing knowledge within the company. Participants in seminars exchange their knowledge through the net (*Reidel* 1998). SAP uses its database inter alia to put in the learning results of their programmes (own survey).

Other indirect contextual strategies exist, such as personnel marketing for example, that are not to be worked out here.

4 Summary and Critical Reflections

It can be concluded that from a historical point of view the concept of corporate universities in the US is comparable to the traditional education concept in European companies except for the designation. As global organisations in Europe increasingly aligned education to business strategy, that is a primary orientation in the transnational phase, many companies changed the label for their education activities into 'corporate university'. Today more and more European companies are following this trend and also use the name 'corporate university' for their traditional education units whether they are strategically oriented or not. Looking at the historical development of corporate universities and in view of the fact that this label is not protected, this change in Europe cannot be described as fraudulent labelling. However, when restricting the corporate university concept to pure business-strategy oriented education, the number of companies in Europe to be considered is decimated. According to our estimation approximately 50 companies in Europe would fit this restricted definition.

As indicated in the definition, corporate universities in practice vary from company to company as they are adapted to each organisation's specific needs. In order to have strategic impact the concept of corporate universities has to be adapted to the business environment so as to leverage its strengths, minimise its weaknesses, actively seek out and select opportunities, and protect against threats. Accordingly, the learning strategies pursued by individual companies vary with their degree of globalisation and the pace of change they face. We hypothesise that for transnational companies it is optimal to implement all the five learning strategies in order to provide employees with the skills and knowledge necessary to be able to manage changes that occur. These companies not only need to implement strategy but to shape it. The relationship between the phase of globalisation and the forms of learning strategies is supported by first empirical data. Further surveys are in preparation.

As mentioned in the definition of corporate universities, companies aim at combining the learning activities of their employees with the delivery of value and impact within the organisation. To achieve this goal employees gain learning experiences in real work situations through the realisation of strategically-oriented projects (learning strategies III to IV). The danger of this approach, however, is that the learning process at the individual level may take a back seat and individuals do not become capable of acting if the process is not didactically structured. To avoid this, some companies such as Motorola systematically use the classroom to reinforce on-the-job learning. During the time they are gaining learning experience while working on a project employees meet to review what has been achieved business-wise and to reflect on what has been learned as well as on the next steps (*Seibert/Hall/Kram* 1995, p. 555). Few studies have been done on the effectiveness of projects and simulations, but the limited data available indicate that these methods of training do have a mixed impact on job performance, depending on the quality of the method used and the learning history of each individual employee.

In summary, the two major and interrelated functions of corporate universities are on the one hand the contribution to organisational learning in the sense of encouragement and support for change across all organisational levels and on the other hand the alignment of human resource development to business strategy (*Wild/Carnall* 2000, p. 4).

Annotations

(1) e.g. *Meister* 1998, p. 29; *Krapels/Ryan/Lane* 1998, p. 125; MOORE 1997, p. 78; NEUMANN 1999, pp. 22-23.

(2) *Perlmutter* proposes another model to explain the globalisation processes. This concept distinguishes four behavioural patterns called ethnocentric, polycentric, regiocentric, and geocentric (*Perlmutter* 1969, p. 9 ff.) whereas *Adler* and *Ghadar* (1990) make a distinction between four phases or strategies of globalisation.

(3) CUX is the abbreviation for Corporate University Xchange, a US-American institution that offers services concerning corporate universities.

Bibliography

AACSB (1997): 1997 Survey of Corporate University Future Directions. AACSB Newsline, Summer, URL from 01/26/2000: http:/www.aacsb.edu/Publications/ News...w.asp?year=1997&file=sufuturdir_1.html

AACSB (1999): Corporate Universities Emerge as Pioneers in Market-Driven Education – 1999 Survey of Corporate University Future Directions. AACSB Newsline, Spring, URL from 02/17/2000: http:/www.aacsb.edu/Publications/ News...w.asp?year=1999&file=spcorporat_1.html

Adler, N./Bartholomew, S. (1992): Managing globally competent people. Academy of Management Executive, vol. 6, no. 3, pp. 52 – 65.

Adler, N.J./Ghadar, F. (1990): Strategic Human Resource Management: A Global Perspective. In: *Pieper, R.* (ed.), Human Resource Management: An International Comparison, Berlin: de Gruyter, pp. 235 – 260.

Anonymous (2000): DaimlerChrysler – Aus zwei wird eins. Focus, URL from 01/06/2000: http://www.focus.de/D/DB/DBX/DBX23/DBX23.htm.

Ansoff, I.H. (1991): Strategic Management in a Historical Perspective. International Review of Strategic Management, vol. 2, no. 1, pp. 3 – 72.

Anthony, W.P./Perrewé, P.L./Kacmar, K.M. (1996): Strategic Human Resource Management. 2nd edition, Fort Worth et al.: The Dryden Press.

APQC (1998): The Corporate University: Learning Tools for Success – Best-In-Class Report. Executive Summary, URL from 05/17/2000: http://www.store.apqc.org/cgi-bin/Soft...exe/reports/cmcorpults.cfm?E+BookStore

Arnone, M. (1998): Corporate universities: a viewpoint on the challenges and best practices. Career Development International, vol. 3, iss. 5, pp. 199 – 205.

Authers, J. (1997): Business Education: Extending the learning curve. Financial Times, September 21, 1997.

Authers, J. (1998): A world of opportunities: The USA. Financial Times, October 4, 1998.

Baldwin, T.T./Danielson, C./Wiggenhorn, W. (1997): The evolution of learning strategies on organizations: From employee development to business redefinition. The Academy of Management Executive, vol. 11, iss. 4, pp. 47 – 58.

Barley, K. (1998): CU Connect – Process and partnership: focal points for building and growing a corporate university. The Corporate University Review, vol. 7, no. 5, URL: http://www.traininguniversity.com/magazine/sep_oct98/cuconnect.html

Beamish, P.W./Morrison, A./Rosenzweig, P.M. (1997): International Management. 3rd ed., Chicago et al.: Irwin.

Clark, H.F./Harold, S.S. (1958): Classrooms in the Factories. New York: Fairleigh Dickinson University Press.

Craig, R.L./Evers, C.J. (1981): Employers as Educators: The ‚Shadow Education System'. In: *Gold, G.* (ed.), New Directions for Experiential Learning: Business and Higher Education – Towards New Alliances, San Francisco: Jossey-Bass, pp. 29 – 46.

Deiser, R. (1998): Corporate Universities – Modeerscheinung oder Strategischer Erfolgsfaktor. Organisationsentwicklung, vol. 5, iss. 1, pp. 36 – 49.

Drucker, P.F. (1992): The Age of Discontinuity: Guidelines to Our Changing Society. Transaction Pubs.

Flaherty, M.T. (1996): Global Operations Management. New York et al.: McGraw-Hill.

Fresina, A. (1997): The Three Prototypes of Corporate Universities. The Corporate University Review, Vol. 5, No. 1, http://www.traininguniversity.com/magazine/ jan_feb97/proto.html.

Garger, E.M. (1999): Goodbye Training, Hello Learning. Workforce, vol. 78, iss. 11, pp. 35 – 42.

Garvin, D.A. (1993): Building a Learning Organization. Harvard Business Review, vol. 71, iss. 4, pp. 78 – 92.

Gottwald, U. (2000): Die mg academy setzt auf Führungskräfteentwicklung. Personalwirtschaft, vol. 27, iss. 4, pp. 45 – 50.

Hall, W. (2000): Case Study: ABB Academy. Financial Times, April 3, 2000.

Homepage Metallgesellschaft AG (2000): URL from 01/26/2000: http://www.metallgesellschaft.de/englisch/karriere/mg_acad.html.

Homepage General Electric (2000): URL from 02/08/2000: http://www.ge.com/ibcroa18.htm.

Kenyon, H.S. (1999): A work in progress. The Corporate University Review, vol. 8, no. 3, URL: http://www.traininguniversity.com/magazine/may_jun99/feature1.html

Klein, J. (1928): Business. In: C.A. Beard (ed.), Whither Mankind: A Panorama of Modern Civilization, New York: Longmans.

Krapels, R.H./Ryan, C./Lane, J. (1998): Education Initiatives Inside Business Today. Business Communication Quarterly, vol. 61, no. 4, pp. 124 – 129.

Lewin, K. (1952): Field theory in social science. London: Tavistock Publications.

Lucchesi-Palli, F./Vollath, J. (1999): Sinn und Unsinn von Corporate Universities. In: *Neumann, R./Vollath, J.* (eds.), Corporate Universities – Strategische Unternehmensentwicklung durch massgeschneidertes Lernen, Hamburg, Zürich: Verlag A&O des Wissens, pp. 57 – 70.

Meister, J.C. (1998): Corporate universities: lessons in building a world-class work force. Rev. and updated ed., New York et al.: McGraw-Hill.

Meister, J.C. (2000): Corporate Universities International WebLetter, vol. 2, iss. 7, April 1, 2000.

Miller, V.A. (1996): The History of Training. In: *Craig, R.L.* (ed.), The ASTD training and development handbook: a guide to human resource development, 4th ed., New York et al.: McGraw-Hill, pp. 3 – 18.

Möhrle, M./Smith, R. (1999): Lernen als Motor des Wandels: ein neuer Ansatz für Executive Education in der Deutschen Bank. In: *Neumann, R./Vollath, J.* (eds.), Corporate Universities – Strategische Unternehmensentwicklung durch massgeschneidertes Lernen. Hamburg, Zürich: Verlag A&O des Wissens, pp. 73 – 88.

Moore, T.E. (1997): The Corporate University: Transforming Management Education. Accounting Horizons, vol. 11, no. 1, pp. 77 – 85.

Neumann, R. (1999): Corporate University – Buzz Word oder sinnvolles Konzept? In: *Neumann, R./Vollath, J.* (eds.), Corporate Universities – Strategische Unternehmensentwicklung durch massgeschneidertes Lernen. Hamburg, Zürich: Verlag A&O des Wissens, pp. 15 – 31.

Perlmutter, H.V. (1969): The Tortuous Evolution of the Multinational Corporation. Columbia Journal of World Business, vol. 4, iss. 1, pp. 9 – 18.

Reardon, M. (1999): What do global leading companies have in common? Asian Business, vol. 35, iss. 2, pp. 62 – 63.

Reidel, M. (1998): Konzerne gründen Nachwuchsakademien. Die Welt, August 31, 1998.

Seibert, K.W./Hall, D.T./Kram, K.E. (1995): Strengthening the Weak Link in Strategic Executive Development: Integrating Individual Development and Global Business Strategy. Human Resource Management, vol. 34, no. 4, pp. 549 – 567.

Seyd, W. (1994): Berufsbildung. Handelnd lernen – lernend handeln: Situation und Perspektive der beruflichen Aus- und Weiterbildung. Hamburg: Feldhaus.

Solomon, C.M. (1989): How Does Disney Do It? Personnel Journal, vol. 68, iss. 12, pp. 50 – 57.

Steinhäuser, S. (1999): Corporate Universities: Kompetenz-Center des Wissensmanagements. URL from 01/06/2000: http://www.flexible-unternehmen.com/a99-02-18-4.htm

Tichy, N.M./Sherman, S. (1993): Walking the Talk at GE. Training & Development, vol. 47, iss. 6, pp. 26 – 35.

Töpfer, A. (1999): Corporate Universities als Intellectual Capital. Personalwirtschaft, vol. 26, iss. 7, pp. 32 – 37.

Ulrich, D./von Glinow, M.A./Jick, T. (1993): High-Impact Learning: Building and Diffusing Learning Capability. Organizational Dynamics, vol. 22, iss. 3, pp. 52 – 66.

Wiggenhorn, W. (1992): The Motorola University – mit Bildung wettbewerbsfähig bleiben. HARVARD manager, vol. 14, iss. 1, pp. 56 – 67.

Wild, R./Carnall, C. (2000): Corporate Universities – Learning Partnerships for the Future. Henley Management College.

Managing HR in the New Economy: Strategic Development of Competencies in the HR Function of Deutsche Bank AG

Michael Svoboda / Silke Schultz

1 Deutsche Bank as a global player in the light of change

1999, after the acquisition of Bankers Trust, Deutsche Bank had more than 90.000 employees, organized into five globally operating business divisions and a corporate center. Less than half of our staff still had German as their native language, considerably more than half of the business was done in global markets. The integration of more than 20.000 previous Bankers Trust employees and the integration of the global business platforms required concentrated and consequent support of management through the HR function in both the transactional, but also in the strategic and consulting area of HR Management.

Energy has since been focused on turning the strong presence in the US market into a globally organized business, without neglecting the Bank's German origin. Being a European bank with German origin is seen as being equally important as finding a new, globally oriented and communicated identity which is the prerequisite for the success of an organization that does business with customers in 68 countries world-wide. Differences between national and business cultures are not regarded as an obstacle but are seen as a lever for value creation for both customers and shareholders. Due to the fact that we want to leverage the diversity in the bank as an important competitive advantage, the focus lies especially on the realization of common values and on identity-creating business ethics.

Simultaneously, the new economy and value based management complicate this transformational process. Disintermediation, deconstruction, deregulation and e-business make all the known business models obsolete. A lack of boundaries inside and outside the organization will determine new business models. Considering all this it seems clear that – despite the recently experienced successful acquisition and integration of Bankers Trust – the market value of Deutsche Bank still remains too low to save Deutsche Bank from being a candidate itself for an acquisition through another organization. Growth of shareholder value – now is the name of the game that needs to be won in the increasingly efficiently operating global capital markets and in the product- and service provider markets. Not to forget the labor market! The best applicants and employees are more mobile than ever before but are also demanding to their 'employer of choice'. The press and analysts are critically following growth or reduction of our human capital and branded leadership becomes a driver of share price.

2 Implications for HR

It is not surprising that in these times, top management has made the management of the organization's human capital a 'business case' and has thus increased the pressure on the HR function to play a more strategic, value creating role. This is not to say that HR hasn't spent a good deal of the 90's to present itself as a 'strategic partner' of line management. In 1998 we (at DB) had realized a profound reorganization of the HR function and had newly aligned more than 1200 HR professionals world-wide with the HR role model of *Dave Ulrich* (1) (Figure 1). The objective here was to improve the alignment of HR work with business strategy. So why was and still is the contribution of the HR function to the value creation of business units still or yet again seen as questionable in the eyes of line management?

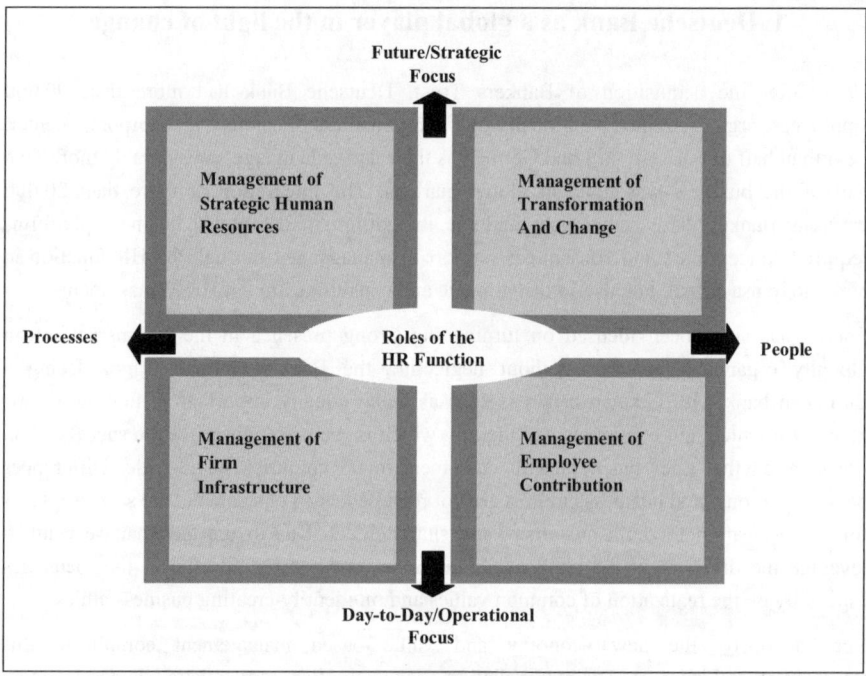

Figure 1: Dave Ulrich's Role Model

The answer quite obviously lies in the fact that although HR has made substantial progress in the effective support of traditional business processes, exactly these processes change traumatically fast and radically as never before.

Beyond the overused phrase of 'continuous change', the new economy and its demands force us towards a fundamental redefinition of all business functions, including the HR function. Wanting to be a 'strategic partner' of line management was yesterday and therefore belongs to the past. Today, the vision of a value-creating HR function is determined by how fast we anticipate new challenges and developments. Increasing transparency and efficiency of markets lead to dramatically shorter cycle times and increasing influence of investors on the business also in Germany:

- Shorter business cycles: → faster cycles of HR products, support in fast change of culture and competency-acquisition.
- Rise of the network-economy: → HR has to ensure the success of mergers, acquisitions and alliances.
- Increasing rate of creative destruction: → not constant change, but large scale extinction and creation of whole job-families are extreme challenges regarding flexibility and readiness to change.
- Decreasing sustainability of competitive advantages: → early warning systems regarding the state of organizational fitness compared to the competition, new measurements for quality of people management, human capital, employee retention and self-commitment have to be provided.
- Global labor market: the war for talent cannot be won in the area of recruiting but in the area of employee retention.
- E-business: → the implications for the HR function are not yet fully visible, but it is certain that e-HR will revolutionize the HR function within the next three years.
- Shareholder value: → though it might be surprising to quite a few HR professionals: the 'performance' of our organization's share is linked to the quality of HR work: what does HR's contribution to value creation look like?

These are some of the challenges HR has to face – added to the unavoidable necessity to act fast and flexible – admittedly not really a prominent characteristic of most HR professionals' competency profile. So, how have we acted on this?

3 The Reframing Program

In fall 1999, the HR function of Deutsche Bank started a global reframing program for 1600 HR professionals (after the integration of Bankers Trust), which consists of the following components:

1. Strategy: Strategic consequences for the HR function derived from the strategic challenges of the bank.
2. Structure: Organization and state of the global HR function to be well equipped for the implementation of the new HR strategies.
   - Right mix between corporate center, business units, service centers, centers of expertise, rapid response teams etc.
   - New balance of power between central, divisional and regional HR managers in the global HR board (currently counting 10 constant members).
   - State of the-art IT-support and world-wide 'shared services' especially focusing on self-service applications in the inter- and intranet → eHR.

3. Management: The HR function will in future be run like a business, including marketing concepts, pricing, quality control and customers inside and outside the bank. A management-buy-cut is under discussion:

- Market research, product development and 'multi-channel-delivery-service'.
- Consequent business management, rigorous HR performance management on the basis of an HR scorecard.
- Alignment of the results of the HR function with the business results of the bank.

4. Competence: In order to be able to manage the planned reframing exercise, the HR function has to gain new competence. A new competency model had to be developed and a development strategy for more than 1800 HR professionals world-wide was required. Simultaneously, a new elite of HR managers of the future had to be developed.

A first step towards the implementation was the start of a development program for 30 high potentials at the recently established Deutsche Bank University, which serves as a vehicle in the reframing process.

4 DB University: Engine of Change

I have addressed the institution DB University and its ways of operating previously. Nevertheless, I again want to highlight 3 basic working principles to point out how a development program for 30 participants (obviously only serving as a first step of a development strategy for all HR professionals) can make a meaningful contribution to the reframing of the HR function:

- Integrated Learning (Figure 2): Learning and working sure are two sides of the same medal. Using the daily challenges as learning opportunities proves to be the generator of innovation for the benefit of the HR function and its customers. Contrary to becoming mere receivers of suggestions for improvement, the participants of a program which is based on the principle of integrated learning initiate the required change themselves.

- Project Work (Figure 3): People are best at learning from real problems. In our DB University development program 'HR Management 2002' we have consequently taken real challenges and defined them as consulting projects with the sense of urgency to find solutions. Under the pressure to deliver real results and having to consider the complete implications in the organizational political environment, participants have the opportunity to develop consulting and change management competencies on the side. For the bank this obviously represents an added benefit as the costly expenses for business consultants are saved.

- e-Learning (Figure 4): Although the program is partially based on classroom-taught elements, the main part of participants' learning and working takes place in an IT-based environment. Media and technology which drive our business (eBusiness) are applied as natural working tools and therefore become an integral part of the development program.

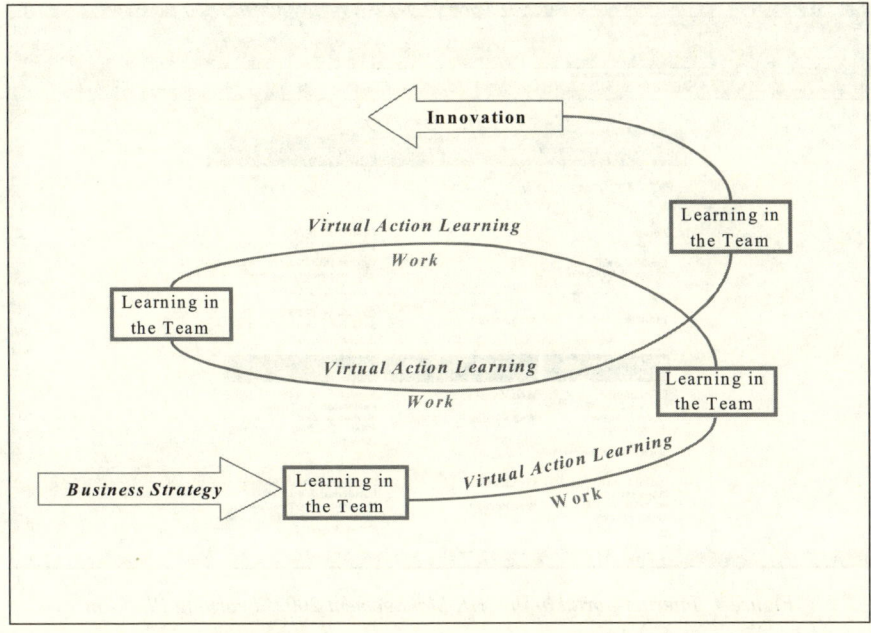

Figure 2: Integrated learning and working serves as a generator for innovation

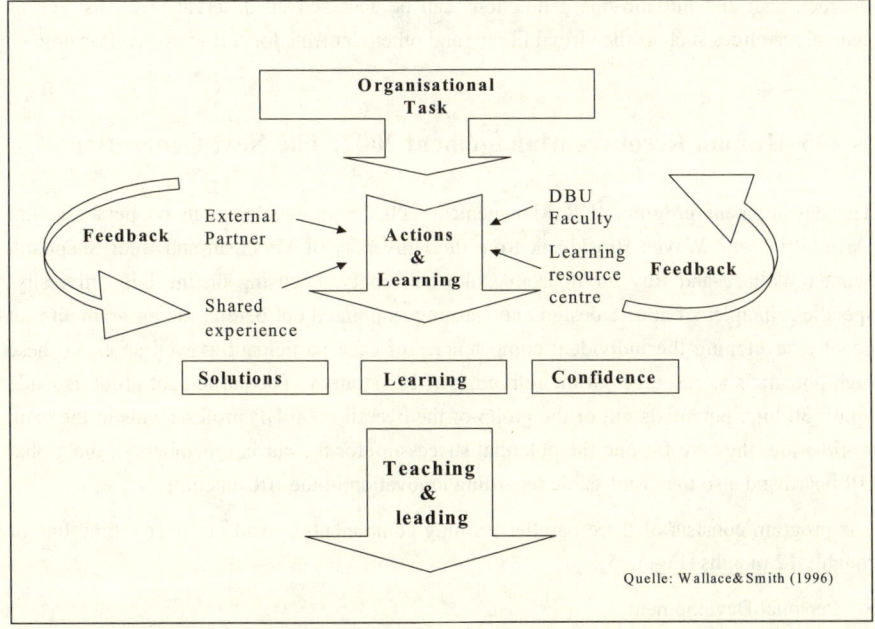

Figure 3: Learning to Change Model (LCM)

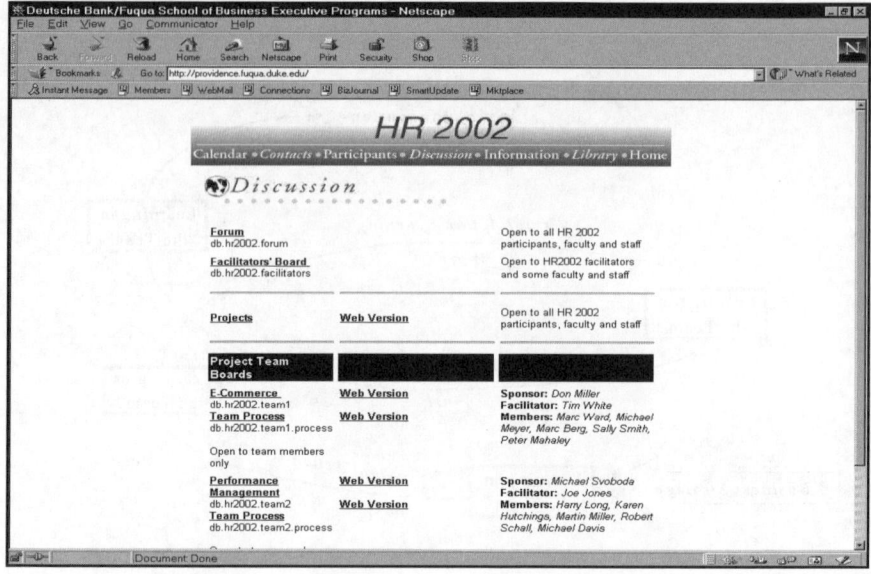

Figure 4: Internet-portal of the 'HR Management 2002' Learning Platform

Communication between professors, process advisors and participants takes place on the virtual learning platform which has especially been designed for this program. Using the Internet, chat and bulletin-board functions can be accessed on different levels as well as general resources such as the virtual library and other elements for self-managed learning.

5 Human Resource Management 2002: The Next Generation

The development program 'HR Management 2002' was developed in cooperation with Dave Ulrich and Wayne Brockbank from the University of Michigan and Blair Sheppard, Wanda Wallace and Ray Smith from Duke University. Focusing on the DB University-specific principles of course design and learning as pointed out before, the program aims at equally developing the individual competencies of each participant as well as using these high potentials as resources in the reframing of HR strategy. The participant group is made up of 30 high potentials out of the group of the overall 1600 HR professionals in the bank world-wide: they are for one the potential successors for the current members of the global HR board and also the avant-garde regarding innovation in the HR function.

The program consists of three parallel learning components spread out over a time line of roughly 12 months (Figure 5):

- Personal Development,
- Project Work and
- Knowledge Transfer.

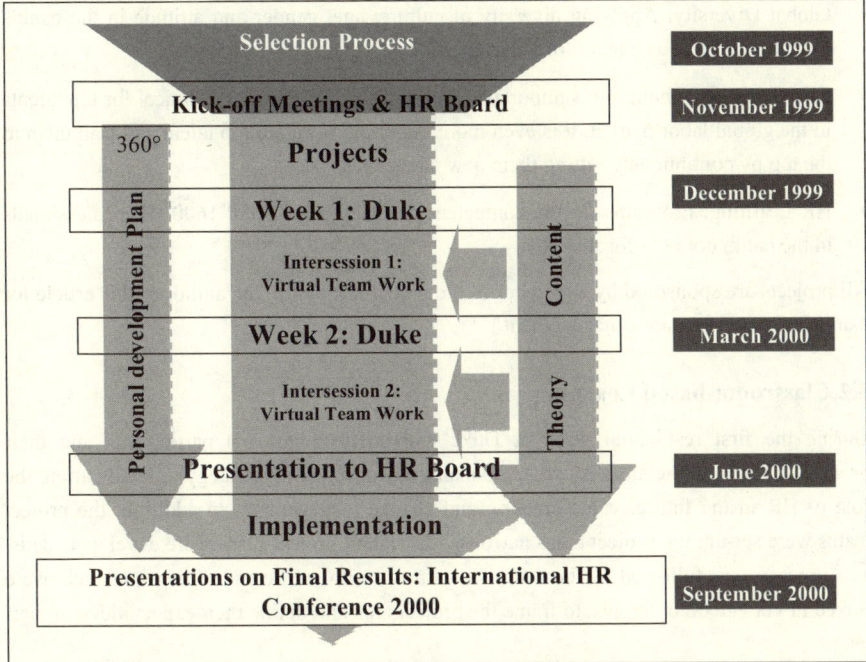

Figure 5: HR 2002 Outline

The middle component can be seen as representing the production phase, during which participants work on strategic projects with regards to the new strategic direction of HR. Parallel to this runs the second learning stream which focuses on the personal development of each individual participant, based on specific HR competencies. The third element of learning consists of the state-of-the-art HR Management knowledge, which participants acquire during their classroom-based sessions at Duke University.

In addition to these elements, the program is structured by two meetings of the global HR board where decisions are taken based on the recommendations of the program's participants and two weeks of classroom learning at the Fuqua School of Business at Duke University.

5.1 The HR 2002 Challenges

It seems important to emphasize that the chosen projects that the participants of the 'HR Management 2002' program work on cannot be defined as learning projects but represent issues of strategic importance which need to be worked on to reframe the HR function. The projects for this program were defined in a meeting of the global HR board in November 1999:

- Performance Management: Alignment of HR tools for performance appraisal and reward based on the performance and value creation of the bank.

- e Human Resources: Alignment of processes in the HR function according to the future e-business challenges.

- Global Diversity: Applying diversity of culture, age, gender and attitude in the bank's global workforce as a lever for value creation.

- Elite Tracking: Though it is important to become the 'employer of choice' for top talents in the global labor market, it is even more important to retain top talent and lead them to the top by continuously setting them new challenges.

- HR Learning: Programs for the competency-development of all 1600 HR professionals in the bank, not only for the elite.

All projects are sponsored by a member of the global HR board, the author of this article for example for 'performance management'.

5.2 Classroom-based Learning

During the first residential week at Duke University (Figure 6) participants and their professors focus on the areas of: strategic management (business strategy), globalization, the role of HR in the future, value creation and change management. In addition, the project teams were set-up, the project areas narrowed down and project plans were developed. This, as a process, was followed by the different sponsors who, at the end of the first week, were linked in via video-conference to frame the project area and define their expectations of their team.

The second classroom-based part at Duke (Figure 7) serves the in-depth discussion of best practice and new developments in the areas of HR Management in relation to the project areas. In addition, implementation-issues such as political engineering, conflict and resistance management in change projects are addressed. This second residential week closes with an important milestone of the program which is the presentation to the sponsors on first results and recommendations by the project teams. Based on approval and criticism of their sponsors, the teams go away refining their work to date.

For the theoretical input during the residential weeks taking place at Duke, world-class academics like Dave Ulrich (Michigan), Richard W. Beatty (Rutgers), Blair Sheppard (Duke) and Allan Lind (Duke) give their input. In addition, Dave Ulrich and Dick Beatty acted as coaches for the project teams to offer advice and feedback on the progress of their projects during the time of project work from December '99 until June '00.

In the final part of the program, the project teams are asked to convince top management in the HR function of their concepts and to achieve agreement on specific decisions regarding implementation. All necessary resources and the responsibility for implementation are taken on by the HR function to facilitate the process of implementation.

5.3 Personal Development

The basis for the personal development plan of each participant is a 360°-feedback process targeting all competency areas which, in future, are relevant for an HR professional. Based on the received feedback, the participant can identify his position in the competency model of the HR function and knows which areas of development he needs to tackle.

DUKE THE FUQUA SCHOOL OF BUSINESS	DEUTSCHE BANK – HR 2002 WEEK I November 28 – December 3, 1999					
Sunday	Monday	Tuesday	Wednesday	Thursday	Friday	Saturday
28	29	30	1	2	3	4
	8:00 – 9:00 a.m. Orientation / Introduction *Heinz Fischer* *Deutsche Bank*	8:30 – 12:00 p.m. Global Business Strategy *Blair Sheppard* *Fuqua School of Business*	8:30 a.m. – 12:00 p.m. Linking Business Strategy to Human Resources *Dick Beatty* *Rutgers University*	8:30 – 10:30 a.m. Sponsor Introduction of Projects *Project Sponsors* *Deutsche Bank*	8:30 a.m. – 12:00 p.m. Making Change Happen *Dave Ulrich*	8:30a.m. – 1:00p.m. Project Presentations *Blair Sheppard, Sponsors*
	9:15 a.m. – 12:00 p.m. How Human Resources Builds Competitive Advantage *Dave Ulrich* *University of Michigan*	12:00 – 1:00 p.m. Lunch	12:00 – 1:00 p.m. Lunch	10:45 a.m. – 12:00 p.m. Formation of Project Te a.m.s *Project Sponsors / Facilitators*	12:00 – 1:00 p.m. Lunch	1:00 – 2:00 p.m. Closing/Wrap Up Next Steps *Michael Svoboda* *Deutsche Bank*
	12:00 – 1:00 p.m. Lunch	1:00 – 5:00 p.m. Global Business Strategy (cont.) *Blair Sheppard*	1:00 – 6:00 p.m. HR Measurement *Dick Beatty*	12:00 – 1:00 p.m. Lunch – Te a.m.s, Sponsors and Faculty	1:00 – 5:00 p.m. Making Change Happen (cont.) *Dave Ulrich*	2:00 p.m. Lunch & Departure
	1:00 – 5:00 p.m. How Human Resources Builds Competitive Advantage (cont.) / HR Competency Survey-Results *Dave Ulrich*	6:00 – 7:00 p.m. Dinner	6:00 – 7:00 p.m. Dinner	1:30 – 5:30 p.m. Te a.m.building & Wrap-up *Nancy Keeshan* *Fuqua School of Business*	6:00-7:00 p.m. Dinner	
	5:15 – 5:30 p.m. Introduction to MBTI *Ray Smith* *Fuqua School of Business*	7:00 – 10:00 p.m. Information Technology Session *Peter Goldberg* *Fuqua School of Business*	7:00 – 10:00 p.m. MBTI & Personal Develo p.m.ent	6:30 p.m. Dinner – Offsite	7:00 – 9:00 p.m. Project Te a.m. Meetings *Facilitators*	
7:30 p.m. Reception & Dinner Buffet	6:00 – 8:00 p.m. Dinner					*Tentative 10/6/99*

Figure 6: First Residential Week at Duke University

DUKE THE FUQUA SCHOOL OF BUSINESS	DEUTSCHE BANK – HR 2002 Residential Week II March 26 – April 1, 2000					
Sunday	Monday	Tuesday	Wednesday	Thursday	Friday	Saturday
26	27	28	29	30	31	1
	8:30 a.m. Orientation — Welcome Back for Week II *Michael Svoboda* *Deutsche Bank*	8:00 a.m. – 3:00 p.m. HR — Best Practices *Dave Ulrich* *University of Michigan*	8:00 a.m. Introduction: Teams — Work on Projects *Blair Sheppard* *Fuqua School of Business*	8:00 a.m. Leadership and Change *Allan Lind*	8:00 a.m. Project Presentations *Blair Sheppard, Sponsors*	
	9:30 a.m. – 4:00 p.m. HR - Best Practices *Dick Beatty* *Rudgers University*					
	12:00 noon Lunch	12:00 noon Lunch	12:00 noon Lunch	12:00 noon Lunch	12:00 - 1:00 p.m. Closing/Wrap Up Next Steps *Michael Svoboda*	
Arrival Reception/ Dinner	6:00 p.m. Dinner	4:00 – 6:00 p.m. Team Meetings with Facilitators	1:00 – 4:00 p.m. Implementation — Change e.g., Resistance, Influence, Power & Politics *Allan Lind* *Fuqua School of Business*	1:00 – 4:00 p.m. Value Based Management *Boston Consulting Group*	1:00 p.m. Lunch & Departure	
		6:00 p.m. Offsite Dinner		4:00 p.m. Free Time		
			6:00 p.m. Dinner	6:00 p.m. Program Dinner *Offsite*		

Figure 7: Second Residential Week at Duke University

For this globally available resources over the e-learning platform can be accessed, self-initiated internships at other companies be organized and professional support of faculty and coaches in the program is available.

The human resource-specific competency model can be regarded as a special application of the Deutsche Bank competency model, which was developed to offer all employees worldwide a common understanding of competencies and behavioral definitions. The 5 values of Deutsche Bank build the core of the competency model:

- Customer Focus,
- Innovation,
- Performance,
- Teamwork and
- Trust.

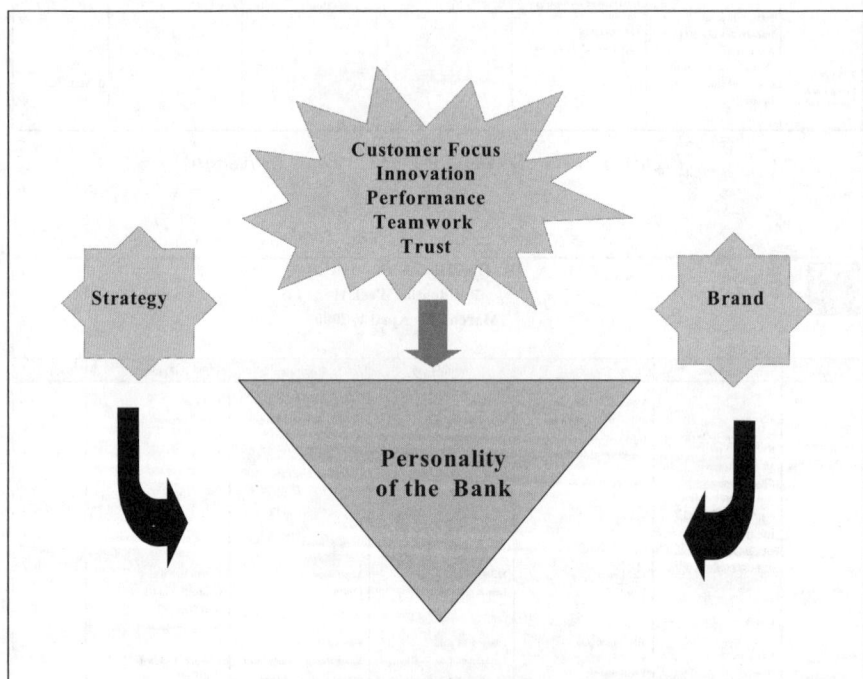

Figure 8: Core Values and Identity of Deutsche Bank

Personal competencies are complemented by management-competencies and functional competencies which can be used in various combinations for different competency profiles depending on function, region or business unit. Whichever profile is created using the pool of competencies, the core values remain a constant in all competency profiles to maintain the common message for all DB employees.

Strategic Development of Competencies in the HR Function of Deutsche Bank AG

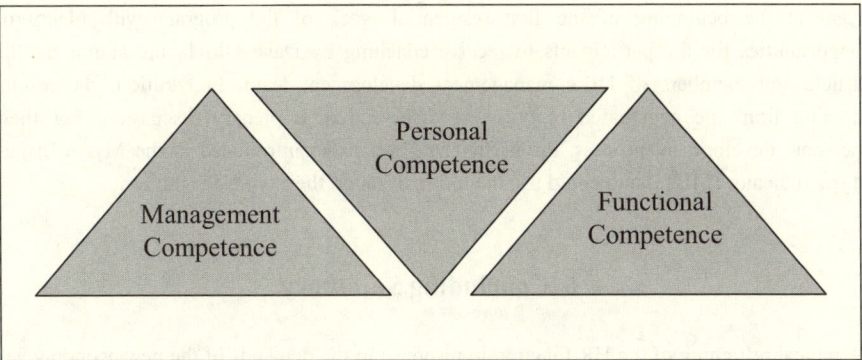

Figure 9: Competency Clusters of the DB Competency Model

This also applies to the HR-specific competency model of Deutsche Bank, which was developed in cooperation with Dave Ulrich and Wayne Brockbank from the University of Michigan. For the development, Ulrich's and Brockbank's enormous database with more than 20.000 competency profiles from HR professionals of Fortune 200 businesses was helpful. (Figure 10)

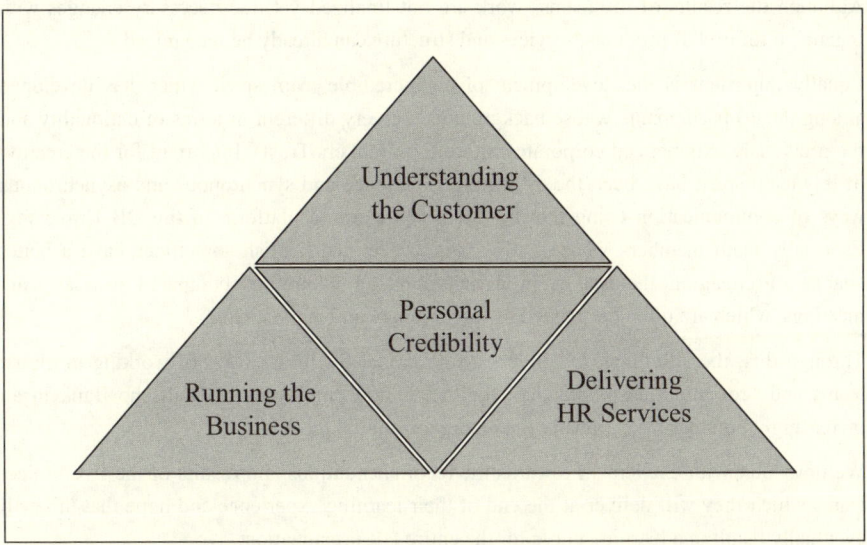

Figure 10: Competency Model of the DB HR Function

On this basis, a special 360°-feedback tool for the participants of 'HR Management 2002' was developed. The tool measures the participants' competencies in four dimensions: Customer Knowledge, Personal Credibility, Management and HR Management expertise. The data on the participant's competency levels was collected using a questionnaire. Based on this, each participant received a personal report with included up to 10 sources of feedback from their managers, staff, colleagues and customers. The report was handed out right at the beginning of the first residential week of the program with plenty of opportunities for the participants to receive coaching by Dave Ulrich, the author of this article and members of DB's management development team. In addition, the results coming from the aggregated report were discussed in a plenary discussion. For their personal development process, the participants were also introduced to the Myers Briggs Type Indicator (MBTI) and could use the information on their types in addition.

6 Concluding Summary

A radical reframing of the HR function in response to the demands of the new economy has to go hand in hand with a radical 'upgrading' of talent of HR professionals.

For this, Deutsche Bank uses action- and project-oriented learning concepts, new technologies for network-based learning and first class academic input to link the two.

The high-potential development program 'HR Management 2002' for the next generation of top HR management serves as a vehicle for the global changes in the HR function. Altogether five project teams work on strategic challenges for the reframing of the HR function.

Although the results of the teams' work are not finalized yet, the necessary changes with regards to future HR products, services and structure can already be recognized.

Equally important is the development of an incredible team spirit which has developed among the 30 participants whose backgrounds are very different in terms of nationality and the previously experienced corporate culture (i.e. Bankers Trust). Important for the creation of this team spirit have been the e-learning experience and synchronous and asynchronous ways of communication using the internet-based learning platform of the DB University. Especially team members whose native language is not English sometimes have a better chance of engaging themselves in asynchronous e-teamrooms compared to real team meetings, which are often dominated by anglo-american team members.

Through this, the HR function delivers a role model for future ways of working in global teams and 'communities of practice' for the 90.000 employees of Deutsche Bank in an increasingly boundariless, globally linked organizational model.

We now look with excitement towards the recommendations and results of the five project teams which they will deliver at the end of their learning experience and hope that this will eventually result in a learning curve for the entire HR organization.

Annotation

(1) *Ulrich, D.*: Human Resource Champions – The Next Agenda for Adding Value and Delivering Results, Boston, Mass. 1997.

The Business Challenge Model and its Facilitation as a Global Learning Intervention

Ray Smith / Joe Houde

Introduction

In the previous chapter Deutsche Bank's HR 2002 program was described. The program was developed as part of a transformational approach to addressing their future Human Resource needs. HR 2002 was a customized program delivered by Duke University's Executive Education Department at the Fuqua School of Business based on an approach to learning called the Business Challenge Model.

This chapter has two goals: the first is to describe the Business Challenge Model, its origins, and benefits, and the second is to describe the challenges and benefits of facilitating globally dispersed teams as they work to achieve their business challenges and some tactics used to make the facilitation successful.

Action Learning

The Business Challenge Model has its origins in a number of places, the principle ones being in the field of Action Learning and Duke Corporate Education's Place and Space approach to learning. Professor *R.W. Revans* at the end of World War in the United Kingdom's coal mining industry pioneered action Learning as a term and a way of learning. It grew slowly for many years, and only in the recent decade or so has it really taken off as a mainstream activity, largely championed by the corporate and public sectors rather than in the academic sector of society. Action Learning is often described as „learning by doing", but this is too simple an explanation that places a heavy emphasis on the doing or the action component of the term. It is true that the approach always involves a „doing" component, usually in the form of a project or projects that need to be solved by a group of individuals working on separate projects or a team working on one together. However, action learning should not be seen simply as a problem solving with learning happening as a bi-product, *Revans* (1) uses an equation to describe action learning: Learning = P + Q. By P he means Programmed Learning, learning that is traditionally available to students as content in lectures, books etc. By Q he means Questioning Insight, the source of real learning in the model.

In most practical applications, action learning often takes the form of a group of people, working together in real time, becoming a team and developing a sustainable solution to an organizational problem in a reflective and active manner. The team gains insights and knowledge into the nature of the problem and its solution as well as into the working of the team and each individual within that team. This is usually facilitated by someone external to the team in order for the team to focus on finding a solution to the problem, to focus on the process of solving it as a team, and to become efficient and reflective in this way of working. The facilitator may be very active at the start of the program, but as the team becomes a functional learning team they start to take responsibility for their own processes.

This approach provides many advantages to the organization:

- Its own people who understand the company well provides solutions for company problems.

- The change involved in implementing solutions may be easier to implement because buy in for the solutions is a natural outcome of the groups themselves solving their own problems.

- The organization starts to take responsibility for solving its own problems and becomes less dependent upon consultants and other outsiders, peddling solutions.

- As more teams go through the process of action learning, the culture of the organization will develop to allow learning and collaborating a more prominent role in the company's way of working and achieving success.

- People from all walks of life from within the organization can be involved in growing their insights while contributing to organizational success.

There are some challenges that global or geographically distributed organizations face in adopting this approach. These challenges are created by the inevitable distance between the participants of a team and by the cultural barriers that may exist between different nationalities and types of business, not to mention the different languages that may be present. Getting people physically together with such a distributed team can be time consuming and expensive. The teams may be less efficient than they could be due to jet lag, being distracted by problems back at work and a lack of fluency in the agreed language of the team, with non-native speakers being less fast and less confident in their speech and understanding, perhaps becoming less involved. A diversity of people is valued because it leads to a richness of ideas, insights, and solutions, as well as a way of bonding these people into a corporate culture. However, the challenges presented by this diversity in geographically distributed teams can often prevent these benefits from happening.

Place and Space

This is where our approach to „Place and Space" comes to play. This approach to Executive Education was pioneered by Duke in the mid-nineties as it saw the potential power of the internet as a vehicle for learning when combined with the power of more traditional forms of classroom teaching. This potential is particularly salient for geographically distributed communities, such as companies. The result was the launch of the very successful Global Executive MBA Program (GEMBA), which was offered to experienced executive students distributed around the globe and joined together in a face-to-face situation (Place) and by the Internet (Space).

The success of the Place and Space model depends upon a strong community component, built upon teams of students working together on cases and assignments while a part of a larger class. Different from other forms of e-learning (learning at a distance using the world wide web), where an individual learner accesses content from somewhere (a database, content provider etc.) and learns in isolation by interacting with instructional materials. The Place and Space approach of Duke Corporate Education places a very strong emphasis on communities of distributed participants engaged in learning together in both Place and Space. The Place component is designed to bring academic faculty and expert resources from the organization together with the participants to establish and share the content of the program (what *Revans* would call the „P" in his learning equation) and to discuss the implications for them and their learning and working. The Place component is designed to assemble academic faculty and expert resources from the organization together with the participants to share the „programmed" learning relevant to the program. This then allows the participants to discuss the implications of this information on their learning and working.

This content provides the bedrock upon which the learners will base their future learning and their exploration of their project. In Space, they will access a virtual learning platform through the Internet as a medium and discuss their learning experiences, to acquire content that is available there, and to work together on solving their project. The platform usually has available a customized learning environment incorporating shared asynchronous discussion boards, chat, a library or resources database, and access to a distributed faculty. The backbone of this is the discussion boards. The asynchronous nature of discussion boards allows for the following:

- Distributed communities to work together, no matter in or through what time zone they are living, working or travelling;
- Participants who operate in a second language to formulate their thoughts and compose their inputs, so that they become as participatory as everyone else;
- Introverted types to be as forthcoming and participatory as extravert types can be in the „Place" environment, thereby creating a more democratic environment;
- The return to and continuing of, a previous discussion, as all discussions remain alive and accessible;
- Discussions to be downloaded and made available as content to the group.

This way of learning combined with Action Learning forms the basis of The Business Challenge Model.

The Business Challenge Model

The Business Challenge Model is an approach to Management Learning based upon the above principles of Action Learning and the Place and Space model. It is easily customized to different situations, organizations, problems to be solved, and to the learning and development needs of the participants, all based on a sound diagnosis of the needs of the organization and the learning community. Most often, a Business Challenge program will have certain characteristics in a format similar to the HR2002 program outlined in the previous chapter.

The anticipated outcomes from the Business Challenge model are

- Solutions to strategic problems (as projects) that can be implemented;
- Learning at both a personal and organizational level. Increased ability to learn and work together to address future problems;
- Increased confidence by the individuals and the organization in their ability to solve tomorrow's problems and address strategic issues.

Program Timetable

The shape of the program usually involves a kick off meeting in Place, working together in Space (4 to 8 weeks), a further meeting in Place to share progress, a further Space experience, and a final presentation to the projects' sponsors in Place.

Projects

The projects are one of the main vehicles for the learning and action within this approach. These are usually „stretch projects," in other words they are projects not sitting on the participants' desks but sitting on the desk of more senior managers (no matter what the level of the participants). Typically these are problems that might otherwise be given to a consultant. Therefore, the learners have to stretch their thinking, knowledge, networks, and experience. The teams tackling the projects are usually geographically dispersed and diverse in terms of experience, culture, and background. The teams normally have 5-7 members working on a common project.

Content

The need for participants to stretch creates, among other things, the need for specific areas of content that must be addressed within the program. Faculty drawn from different business schools and able to bring real insights and methodologies to the whole group delivers this content to the various project teams in both the place and space environments. Experts from within the client organization are also involved in this process, sometimes partnering with academic faculty to provide a theory and practice perspective to the topic.

Personal Development

Another outcome fro the business challenge model is personal learning. This may involve some sort of 360-degree feedback process, where a questionnaire based upon a series of appropriate competencies is given to and completed by the participant, their boss, subordinates, peers, and possibly customers. This results in a report to each participant on his or her strengths and needs as expressed by this group. This usually has great impact upon the participants and forms the basis of a Personal Development Plan that is developed while the participants are on the program. Personal development issues are met during the program but must also remain the responsibility of the participants during and after the program, the HR department of their organization should also take an on-going interest in this as a partner in the program.

Facilitation

Someone external to their organization usually facilitates the teams in order to be outside of the problem and of the usual way of doing business in the organization, so as to encourage new thought, work, and solutions. This person usually focuses on the process of the groups, such as their group and interpersonal dynamics, their working practices, and that the group does not lose sight of their learning while solving the project. The facilitator also encourages the group to take more responsibility for running themselves and expects to be used less often as the group matures. Faculty and other subject matter experts are available as necessary to add further insights and knowledge and generally to act as an intellectual, research, and good practice benchmark resource to the teams. At different stages of the program the team will be expected to share with other teams what they have learned while undertaking their projects and to receive advice and guidance from other teams, thus increasing the resource base to the teams and allowing for synergies to develop across the teams and their projects.

Results

One of the challenges that we sought to address in designing this approach was that we believed that managers in a firm could produce results as good or better than those provided by top consulting firms with other value adding benefits to the organization described earlier. When given the appropriate support, we have found that managers give excellent results to internal problems. At a recent leadership conference at Deutsche Bank the participants, on hearing the results of such a challenge program, agreed with this belief, saying „that the findings were of such high quality as to make external consultants redundant".

As seen from the previous chapter, this approach can have a real impact upon a range of strategic issues but can also impact how global teams learn and work together. Some teams have started using this approach as their way of doing business together. However, we believe that a major reason for this success as a global venture is the experience offered by the Space component of the program and how it is facilitated. The process of keeping the group together and functioning as an effective and reflective learning group able to deliver results is a key activity, and is described below.

Facilitating Globally Distributed Teams in Space

The Role of the Facilitator

Facilitators were used in HR2002 in order to help the teams work in Place and Space. The facilitators were chosen for their knowledge of process as well as knowledge of business issues in general. As stated earlier, the principle role of the facilitators was to keep their group focused on process and learning, as well as to assist them in finishing their project. Due to the unique nature of working in Place and Space, facilitation in HR2002 was a hybrid of traditional facilitation and online facilitation.

By traditional, we mean those occasions where the facilitator sits together with the group in real time in a face-to-face situation, helping the group be effective. In this case, the facilitator would draw upon their powers of observation and interpretation in order to guide their interventions. They would observe the group's behavior by watching visual signals, including body posture, facial expression, etc. They would also listen to the participants' tone of voice, both how pauses are used and what is said. This information would be processed by the facilitator who would use this information to guide the group forward by making a variety of interventions available to them. However, in the situation of on-line facilitation using discussion boards, these signals do not exist, there are no visual or auditory signals to observe, just typed words, or no activity.

In HR2002, each facilitator worked with his or her group to optimize communication, to assist with the flow of the project, and to define and focus on goals. In the face-to-face environment, this was done in a traditional manner: facilitators helped keep the teams focused on both learning and the project, they helped the team establish charters to guide their behavior and activity, and they helped the team begin to become aware of behaviors that could become problematic in space. As the teams were newly formed at this time, establishing a comfort level among group members and clarifying group members' roles were important pieces of the first Place session. In order to achieve this, the teams participated in teambuilding exercises, with the facilitators joining this activity to establish their role as a process facilitator and establish a rapport with the group. This also helped members to define their own roles and establish good working relationships and practices. It was this plus the project's needs that led to the establishment of their teams' charters.

As the session moved from the Place to the Space portion of the project, the role of the facilitator in Space changed slightly from their role in Place. In general, the facilitator works to make the processes of interaction in the group easier; this is even more important in Space as the team members are likely to be unsure about how to work in this medium, particularly if this approach is new to them. It may also be true that the teams need to focus on their project management processes; the facilitator can help by focusing the team's attention on both these aspects. In the Space environment, this means that the facilitator may need to act in a variety of roles:

- Project manager, ensuring that the team follows a rational and effective approach to their projects.
- Meeting coordinator, getting people together in Place or Space.
- Communications and IT consultant, helping team members with questions of connectivity and coaching the team on communicating effectively online.
- Team librarian, copying and posting email conversations and „chat" transcripts for future reference.
- Internet guide, linking teams to information on the internet.

Each of these roles has vague boundaries. For example, acting as the librarian stops short of being the group's researcher, where it would cross from assisting to actually doing the work for the team. Part of the facilitator's job is to manage these various roles, in order to be of assistance to the team while not making the team dependent upon him or her. Part of the facilitator's role encompasses coaching the team to the point where the facilitator becomes unnecessary as the team becomes a self-sufficient, functioning team.

The Team Charter

One of the processes that the facilitators led helped the team members manage the roles that they needed to play and the etiquette needed to be an effective team, was the formulation of a team charter. The charter is an agreement describing how the group will function, including:

- Who will serve needed roles to get the work done (meeting scribe, agenda keeper, etc.).
- How they will communicate online (checking bulletin boards once a day, responding to posts within 24 hours).
- When or how often they will meet again face to face.
- How they will make decisions (by consensus, majority rules, etc.).

While establishing a team charter is a regular and recommended aspect of participating in a Business Challenge Team, the importance of the team charter was amplified in HR2002 due to the increased opportunity for misunderstanding during the Space portion of the project, described earlier. When a group had a clear, agreed upon charter, they handled issues of contribution and communication more easily.

Facilitating the challenges of working in Space

Given the program design of HR2002, with two weeks in Place separated by approximately six months in Space, the majority of the facilitation was done online. The media options that the teams used during this time included teleconferences, videoconferences, email, and the online discussion boards. The variety of media created an interesting dynamic in the groups. Each group had regular meetings using teleconferences, videoconferences, or Internet chats to set the pace of the project. These meetings were typically used to review work on the project and to agree upon upcoming deadlines for deliverables and other meetings. Between the meetings, email and the discussion boards were used for a variety of purposes. Each group found a system for using certain media for certain functions. One group used the discussion boards only as an archive for email conversations, while another group used it extensively for generating and evaluating ideas. Of course, all teams met in person during the project as well, often saving major decisions for these face-to-face meetings.

One of the functions of facilitators is to manage the strengths of space that is; team members being able to remain at work, being in an asynchronous learning environment, and using primarily text based communication. The benefits of these have been delineated above (solving the problem in the context of the working environment, the flexibility of time, and the benefits to the less adept speakers.) However, each of these strengths had associated challenges that needed to be overcome and this is another key function of the facilitator. The projects are occurring while the teams are still performing their regular jobs, keeping people on task is a major challenge for the facilitators.

For HR2002 this challenge had two aspects. The first was the teams' drive toward the quick fix. Most groups attempted to define and solve their problem immediately, during the first Place session. After all, they often experienced the problem in some way in their work environment, as the projects, even though at a higher level in the organization, were recognizable to them and may already have been discussed by them in the staff dining room or similar place. The culture of organizations often favors speedy action rather than deliberation then action. The teams' moving to a quick fix also seems a good idea as it may avoid increasing their workloads during the intersession and therefore while back at work. Because the projects were 'stretch' projects, facilitators discouraged the teams from moving to a decision too quickly in order to help them come to a full understanding of the problem that they had at hand, and therefore deliver the most thorough solution possible. This also led to projects being redefined in some way, leading to more successful results.

Consequently, each team were encouraged to undertake some necessary research when they returned to work. This research included internal company research, benchmarking against best industry practice and examining the academic literature on the topic. The facilitators spent time early on questioning the teams on their research efforts. Were they asking the right questions? Were they looking in the right places for answers?

Once teams realized how much work needed to be done upon their return to their day-to-day jobs, the second aspect of the facilitation challenge became apparent: staying engaged. Team members had little time to research while working in full time jobs. Facilitators helped keep the participants engaged through encouraging them in the progress they were making, assisting them with the external research, and helping them focus their research efforts.

Global working

Another challenge facing facilitators is coordinating and communicating with such a distributed team. A typical HR2002 team had two members from London, one from New York, two from Frankfurt, one from Amsterdam, and one from Madrid. Another team had teammates in Hong Kong, New York, and Frankfurt working together. Because of the distribution of team members, differences in time zones created a problem. Conference calls and videoconferences occurred at inconvenient times for at least one member of any group, if not more. Lunchtime for one person was midnight for another. As a result, the discussion boards were put to good use in managing the issue of time. As described briefly earlier, discussion boards create an environment where conversations can occur asynchronously. For example, a team member could pose a question at any time, from any part of the world. Eight hours later, and five time zones away, another team member could read that question, respond, and pose a follow up question. Twelve hours after that, a second team member could comment on the first team member's response to the first question and pose a possible answer to the second. Four hours later, when the original team member returns to the bulletin board twenty-four hours after his or her initial question was posed, a conversation has emerged without the team members needing to be engaged at the same time. As this was a new technique for most of the group members participating, the facilitators helped communication on the boards through coaching on basic communication and inquiry skills for team members to use with one another, as well as sometimes being the resource, or finding the resource, to answer the teams' questions.

Facilitating discussion

Another of the problem that the facilitators faced was being aware as to whether people were participating or not. In the virtual world, (communicating through email and discussion boards) there is no way to tell if someone is 'listening or not' In the Place world the facilitator knows if a quiet participant is listening or not by looking at them and observing his or her body language; this is not available to the facilitator or other participants in Space. Working in an online world can feel like talking through a tall fence: you are never sure if someone is there on the other side unless they yell back. Facilitators consequently wrote more than they would normally say in a face-to-face group, in order to model good online behavior and to keep the board alive, even sometimes for short periods seeming to be carrying on a conversation alone. Most conversations online were lively, detailed, and sometimes very open. Doubters of this type of communication often feel that this type of communication will be cold and impersonal; our experience is that this is not the case. People can be surprisingly open, humorous, and interested in each other. This seems to depend on the make-up of the group just as much as it does in a more traditional group working in a face-to-face situation. Some boards had as many as 60 threaded discussions topics with as many replies to those threads. These discussions and postings included: debates about topics, ways of working, posting and planning of presentations, plans for meetings, transcripts of online chat sessions and teleconferences, and research papers for discussion.

In Conclusion

We believe that this approach to learning, combining Place with Space with working on real issues in groups over large distances, brings real benefits to the organization and to the individuals within it. At one level we see real, implementable solutions to real problems being solved by the organizations own people. At another level real and targeted learning happens as well as a new way for many people to work. In some cases this could be developing a new business culture, new approaches to team working, and new approaches to learning. People can spend more time at work and with the people that matter most to them and less time in planes, airports, and hotels. However, it does not happen by accident but by careful planning and facilitation on behalf of the designers of the learning intervention and the people sponsoring the program. If organizations want to be truly global, they need to grasp the opportunities offered by the Internet to allow their people from across the organization to contribute their local knowledge, insights, and business know-how to that of the usual decision makers back at Corporate Headquarters.

Reference

(1) *Revans R.W* · The ABC of Action Learning.

C.III. Politischer Ansatz:
Internationale, rechtliche Rahmenbedingungen, unternehmensverfassungsrechtliche Entscheidungen, Konfliktmanagement bei Innovationen

Perspektiven/Bezugsrahmen eines Strategischen Personalmanagements

- Politischer Ansatz -

Metapher: Die Organisation als politische Arena der Strategiefindung

Ziel: Institutionelle und prozessuale Allokation von Mitteln und Verteilung von „strategischen und operativen Ergebnissen" stehen im Mittelpunkt

Institutionell: Rechtlich-politische, konstitutive Entscheidungen über Fusionen, Outsourcing, Globalisierungsstrategien etc.

Prozessual: Konfliktmanagement, Aspekte der Budgetverteilung, Machtnutzung und Interessenskonflikte mittels Kommunikation/ Rhetorik werden herausgehoben

---

Perspektiven/Bezugsrahmen eines Strategischen Personalmanagements

- Politischer Ansatz -

Prämissen

1. Wichtige unternehmerische Strategieentscheidungen betreffen immer die Allokation knapper Ressourcen.
2. Eine Organisation ist ein Koalitionsgebilde, bestehend aus einzelnen Individuen und Gruppen.
3. Diese Individuen, Gruppen bzw. Koalitionen verfolgen unterschiedliche Ziele und Strategien (gebildet durch persönliche Werte, Normen und Einstellungen).
4. Organisationsziele und Strategieentscheidungen entstehen aus der Interaktion dieser Koalitionen („Parteien") heraus (durch ständiges Feilschen, Verhandeln und Wetteifern um Positionen).
5. Wegen der Ressourcenknappheit sind Macht und Konflikt Komponenten des organisatorischen Ablaufes der Strategiebildung, -verabschiedung und -durchsetzung.

Probleme der Globalisierung des Arbeitsrechts (1)

Günter Schaub

I Allgemeine Vorbemerkung

Zu einem der am meisten verwandten Schlagworte der Gegenwart gehört das von der Globalisierung der Gesellschaft und der Wirtschaft. Weltweit operierende Konzerne, Informations- und Kommunikationstechnologie, Dienstleistungszentren in der ganzen Welt gehören zum Bild unserer Wirtschaft.

Im Arbeits- und Sozialrecht verbinden sich mit dem Begriff Globalisierung der Wirtschaft eine Reihe von Negativvorstellungen. Hierzu gehören weltweit auftretende Konzerne, die miteinander im Wettbewerb stehen, Verlagerung von Produktionen in andere Länder und Kontinente, über den Produktionswettbewerb und niedrige Löhne in Ostasien und Südamerika bedrohte Arbeitsplätze. Hierhin zählen auch Gefährdung der Arbeitsplätze selbst von Stammbelegschaften, die sich gegen Arbeitslosigkeit gefeit glaubten, zunehmende Massenarbeitslosigkeit und von den Baustellen vertriebene deutsche Bauarbeiter durch ausländische Arbeitskräfte, die mühsam durch das Arbeitnehmerentsendegesetz auf ein höheres Lohnniveau gebracht werden. Nicht zuletzt verbindet sich mit der Globalisierung das Bild von verunsicherten Jugendlichen, die keine hinreichende Ausbildung erfahren und befürchten, den Anschluss zu verlieren.

Es ist daher ganz naheliegend, sich nach den Schutzmechanismen des Arbeitsrechts in international auftretenden Konzernen umzusehen. Es stellt sich die Frage, ob zu der Flucht aus Tarifverträgen auch die Flucht aus dem deutschen Arbeitsrecht kommt.

In der Europäischen Union ist Ziel die Errichtung eines gemeinsamen Marktes und einer Wirtschafts- und Währungsunion, eine harmonische, ausgewogene und nachhaltige Entwicklung des Wirtschaftswesens, ein hohes Beschäftigungsniveau und ein hohes Maß sozialen Schutzes, die Gleichstellung von Männern und Frauen und die Verbesserung der Lebensqualität, um nur die arbeitsrechtlich relevanten Ziele aufzugreifen (Art. 2 EG-Vertrag-Amsterdamer Fassung) (2). In der EU wird die Internationalisierung des Arbeitsrechts so weit fortgeschritten sein, dass 20 bis 30 % des Arbeits- und Sozialrechts von Europäischem Recht abhängig ist. Insoweit sei daran erinnert, dass nahezu das gesamte Arbeitsschutzrecht auf EU-Richtlinien beruht. Dasselbe gilt beispielsweise für die Gesetzentwürfe zu den befristeten und Teilzeitarbeitsverhältnissen, dem Signaturgesetz oder dem Allgemeinen Teil des Schuldrechts.

Es soll nicht der Frage nachgegangen werden, in welchem Umfang die Industrienationen zur Verbesserung der Arbeits- und Lebensbedingungen in Entwicklungsländern beitragen können. Thema der Überlegungen ist, ob in international arbeitenden Konzernen arbeits- und sozialrechtliche Schutzmechanismen bestehen und inwieweit in multinationalen Konzernen auf fremde Rechsstatute verwiesen werden kann, um dem deutschen Arbeits- und Sozialrecht zu entfliehen.

Die Entsendung von Arbeitnehmern ins Ausland, die wirtschaftliche Verflechtung von in- und ausländischen Unternehmen bringt für die Unternehmen und Arbeitnehmer eine Fülle von arbeitsrechtlichen Rechtsfragen mit sich. Allein in den in den USA domizilierenden multinationalen Unternehmen waren schon 1980 11,4 Mio. Arbeitnehmer beschäftigt (3). Die Telekom hat Voice Stream erworben, die Deutsche Bank Investment Trust und Daimler Benz Chrysler. Die BASF ist z.B. mit 300 Tochter- und Beteiligungsgesellschaften auf allen Kontinenten vertreten (4). In 40 Ländern werden Produktionsanlagen betrieben. Die Mitarbeiterzahl beträgt über 100.000. Davon sind rund 1.000 obere Führungskräfte. Im Jahre 1996 sind über 1.000 Mitarbeiter ins Ausland entsandt worden. Bei der Infineon AG sind weltweit zur Zeit 26.000 Mitarbeiter beschäftigt, davon nur noch 4.000 in München (5). Damit ist es für die Großunternehmen durchaus ein Massenproblem, das Arbeitstatut auszuwählen und zu untersuchen, inwieweit Tarifvertragsrecht und Betriebsverfassungsrecht im internationalen Arbeitsrecht seine Schutzfunktion aufrechterhält.

Aber auch für den ins Ausland entsandten Mitarbeiter stellt sich die Frage, wie der soziale Schutz aufrechterhalten wird und wie eine Rückgliederung nach Deutschland erfolgen soll.

II Individualarbeitsrecht

1. Methoden der Rechtswahl

Die Rechtswahl und damit die Festlegung des auf das Arbeitsverhältnis anzuwendenden Rechtes kann nach Art. 27 EGBGB subjektiv erfolgen oder durch objektive Anknüpfung nach Art. 30 Abs. 2 EGBGB. Das Internationale Arbeitsrecht im IPR geht auf die Umsetzung des EG-Übereinkommens über das auf vertragliche Schuldverhältnisse anzuwendende Recht vom 19.06.1980 (ABl EG L 266 vom 09.10.1980) zurück. Damit ergibt sich die Grundaussage nach Art 36 EGBGB. Bei der Auslegung und Anwendung der für vertragliche Schuldverhältnisse geltenden Vorschriften des IPR, die auf dem Übereinkommen beruhen, ist darauf Bedacht zu nehmen, dass sie in den Vertragsstaaten einheitlich ausgelegt werden.

2. Subjektive Rechtswahl

a) Nach Art. 27 Abs. 1 S. 1 EGBGB unterliegt der Vertrag dem von den Parteien gewählten Recht (Grundsatz der Rechtswahlfreiheit) (6). Die Vorschrift gilt auch im Arbeitsrecht, denn in Art. 30 Abs. 1 EGBGB wird die Rechtswahl gerade vorausgesetzt, wenn es dort heißt, dass bei Arbeitsverträgen und Arbeitsverhältnissen der Arbeitnehmer nicht dem Schutz zwingenden Rechts entzogen werden kann. Dagegen ist keine Wahl des ausländischen Kollisionsrechts möglich. Zulässig ist die Rechtswahl eines ausländischen Arbeitsstatutes bei rein innerdeutschen Unternehmen wie auch bei international auftretenden Unternehmen und schließlich bei einer Tätigkeit im Ausland. Vorausgesetzt ist jeweils eine Auslandsbeziehung, denn sonst wäre das IPR nicht anwendbar. Die Anwendung wird aber schon bei ausländischer Staatsangehörigkeit bejaht. Denkbar ist mithin, dass in einem deutschen Unternehmen für einen Mitarbeiter amerikanisches Recht gewählt wird, der z.B. von Chrysler in Amerika nach Deutschland versetzt worden ist. Möglich ist schließlich die Rechtswahl des Rechtes eines Drittstaates, also für die Tätigkeit in Italien die Auswahl schweizerischen Rechtes (Art. 27 Abs. 3 EGBGB) (7). Die in Italien arbeitenden deutschen Reiseleiter können mithin schweizerischem Recht unterstellt werden; damit ist der Kündigungsschutz weitgehend beseitigt. Jedoch kann durch die Rechtswahl von zwingenden Bestimmungen nicht abgewichen werden.

b) Die Parteien können die Rechtswahl für den ganzen Vertrag wie für Teile des Vertrages treffen (Art. 27 Abs. 1 S. 3 EGBGB) (8). Dies kann im Arbeitsrecht sinnvoll sein, wenn für die betriebliche Altersversorgung deutsches Recht oder amerikanisches Recht gewählt wird, während sich der Vertrag im übrigen nach einem anderen Recht richtet.

c) Nach Art. 27 Abs. 1 S. 2 EGBGB kann die Rechtswahl ausdrücklich oder stillschweigend erfolgen (9). Eine ausdrückliche Rechtswahl ist dann gegeben, wenn sich aus den Erklärungen der Parteien das gewählte Recht ergibt. Dabei kann pauschal auf das Recht eines bestimmten Staates oder auch auf einzelne Materien verwiesen werden. In § 13 des Arbeitsvertrages von Angestellten der Italienischen Kulturinstitute in Deutschland war bestimmt, dass für alle nicht besonders geregelten Fälle das deutsche Arbeitsrecht maßgebend ist. Damit war auch das Kündigungsschutzrecht in Bezug genommen (10). Bei konkludenter Rechtswahl muss sich das gewählte Recht mit hinreichender Sicherheit aus den Bestimmungen des Vertrages oder aus den Umständen des Falles ergeben (11). Ausschlaggebend ist, ob sich ein wirklicher Wille der Parteien, das Recht zu wählen, ergibt. Fehlt es an einem wirklichen Willen, so greift das objektive Bestimmungsverfahren des Art. 30 Abs. 2 EGBGB ein. Dagegen ist der mutmaßliche Wille nicht ausreichend (12). Der wirkliche Wille kann sich aus Indizien ergeben, z.B. einer Gerichtsstandsklausel (13), der Bezugnahme von Rechtsvorschriften einer bestimmten Rechtsordnung, der Vereinbarung eines Erfüllungsortes, der Verweisung auf einen Tarifvertrag, der Arbeitsverpflichtung in einem bestimmten Betrieb. Weniger entscheidend ist die Handhabung der Sozialversicherung. In einer Entscheidung hatte das BAG über die Änderungskündigungsschutzklage eines bei der US-Botschaft in Bonn als Ortskraft beschäftigten Aufzugsmonteurs zu entscheiden. Wesentliche Arbeitsbedingungen wurden durch ein Foreign Service National Handbook geregelt. In diesem Handbuch hieß es, dass die Arbeitsbedingungen vorrangig amerikanischem Recht unterlägen. Die amerikanische Regierung strebe jedoch an, dass eine größtmögliche Annäherung an die örtlichen Gesetze, Traditionen und Praktiken erfolge, soweit sie nicht in Widerspruch zu amerikanischem Recht stünden. Wegen der Beendigung von Arbeitsverhältnissen wurde darauf verwiesen, dass sie unter Berücksichtigung der deutschen Gesetze erfolge. Das BAG hat in dieser Klausel eine konkludente Teilrechtswahl des deutschen Kündigungsschutzrechts gesehen (14). In einer weiteren Entscheidung hatte das BAG ein Schreiben des Arbeitgebers, in dem die gesetzlichen Kündigungsfristen, die bei ihm geltenden Tarifverträge und Betriebsvereinbarungen in Bezug genommen waren, dahin ausgelegt, dass auf das deutsche Sachrecht verwiesen sei (15).

3. Änderung der Rechtswahl

a) Die Parteien können jeder Zeit vereinbaren, dass der Vertrag einem anderen Recht unterliegen soll als dem, das zuvor aufgrund einer früheren Rechtswahl oder aufgrund anderer Vorschriften für ihn maßgebend war (Art. 27 Abs. 2 S. 1 EGBGB) (16). Die Parteien sind mithin in der Lage, jederzeit den Arbeitsvertrag einem anderen Statut zu unterstellen. Sie können ein anderes Statut auswählen, von der subjektiven zur objektiven Bestimmung übergehen oder auch umgekehrt.

b) Die Änderung der Rechtswahl kann ausdrücklich oder konkludent erfolgen. Eine konkludente Rechtswahl wird insbesondere angenommen, wenn im Streitfall eine Partei dem Vortrag der anderen nicht widerspricht, ein bestimmtes Recht sei anzuwenden. Die Änderung der Rechtswahl wird bis zum Schluss der letzten mündlichen Verhandlung im Prozess erfolgen können.

c) Im Arbeitsrecht kann bei einem lang andauernden Arbeitsverhältnis von besonderer Bedeutung werden, dass ein Arbeitnehmer seinen Arbeitgeber bei Entsendung ins Ausland wechselt, in dem er zu einem anderen Tochterunternehmen in Dienst tritt. Gerade der Arbeitnehmer wird daran interessiert sein, etwaige Sozialleistungsansprüche aufrechtzuerhalten. Im übrigen werden bei einem Arbeitgeberwechsel verschiedene Rechtskonstruktionen gewählt. So kann das alte Arbeitsverhältnis aufrechterhalten werden und der Arbeitnehmer wird im Wege der Arbeitnehmerüberlassung an das Tochterunternehmen ausgeliehen. Das alte Arbeitsverhältnis kann vorübergehend ruhend gestellt werden und es wird ein weiteres Arbeitsverhältnis befristet oder unbefristet zu dem Tochterunternehmen begründet. Dies braucht nicht dasselbe Rechtsstatut zu haben. Schließlich wird das Arbeitsverhältnis gelöst und dem Arbeitnehmer wird unter bestimmten Voraussetzungen ein Rückkehranspruch eingeräumt (17). Welcher dieser Konstruktionen gewählt wird, hängt weitgehend von Fragen des Steuerrechts ab.

4. Objektive Rechtswahl

a) Haben die Parteien eine Rechtswahl nicht getroffen, so richtet sich das Arbeitsstatut nach Art. 30 Abs. 2 EGBGB. Insoweit enthält das Gesetz eine für das Arbeitsrecht geltende Sonderregelung gegenüber Art. 28 EGBGB, der im allgemeinen Schuldrecht anzuwenden ist. Maßgebend für die objektive Bestimmung des Arbeitsstatutes ist zunächst der gewöhnliche Arbeitsort bzw. der Sitz der Niederlassung. Hiervon besteht dann eine Ausnahme, wenn sich aus der Gesamtheit der Umstände etwas anderes ergibt.

b) Nach Art. 30 Abs. 2 Nr. 1 EGBGB unterliegen Arbeitsverträge und Arbeitsverhältnisse dem Recht des Staates, in dem der Arbeitnehmer in Erfüllung seines Vertrages gewöhnlich seine Arbeit verrichtet, selbst wenn er vorübergehend in einen anderen Staat entsandt ist (18). Maßgebend für die Bestimmung ist, wo der Arbeitnehmer seine Arbeit verrichtet, also der Arbeitsort. Unerheblich ist, ob der Arbeitsort in einem Staat wechselt. Befinden sich die Arbeitsplätze in einem hoheitsfreien Raum, also z.B. auf einem Schiff oder in einem Flugzeug, so ist darauf abzustellen, welchem Hoheitsbereich das Schiff oder das Flugzeug zuzurechnen sind (19). Auf das Arbeitsverhältnis einer Stewardess der Lufthansa ist mithin mangels Rechtswahl deutsches Arbeitsrecht anwendbar. Dagegen amerikanisches Recht, wenn der Einsatz aus den USA erfolgt, auch wenn die Stewardess in Frankfurt stationiert ist.

Eine gelegentliche Auslandstätigkeit steht der Anknüpfung nach Art. 30 Abs. 2 Nr. 1 EGBGB nicht entgegen. Die Abgrenzung des gewöhnlichen Arbeitsortes von der vorübergehenden Entsendung ist nach dem Zweck des Gesetzes vorzunehmen. Eine vorübergehende Entsendung liegt dann vor, wenn die Tätigkeit zeit- oder zweckbefristet ist oder die sichere Rückkehr ins Auge gefasst ist (20). Dagegen ist eine dauernde Entsendung gegeben, wenn z.B. der leitende Angestellte die Leitung einer ausländischen Niederlassung übernehmen soll.

c) Nach Art. 30 Abs. 2 Nr. 2 EGBGB ist Anknüpfungspunkt der objektiven Rechtswahl die Niederlassung, die den Arbeitnehmer eingestellt hat, sofern dieser seine Arbeit gewöhnlich nicht in ein und demselben Staat verrichtet. Nach dem Wortlaut ist Anknüpfungspunkt die Niederlassung und nicht der Betrieb. In der Sache wird sich dadurch kein Unterschied ergeben, weil das Gesetz auf Art. 6 Abs. 2 Lit b EUGVÜ (Europäisches Übereinkommen über die gerichtliche Zuständigkeit und die Vollstreckung gerichtlicher Entscheidungen in Zivil- und Handelssachen) beruht. Nach dem Gesetz soll Anknüpfungspunkt der Ort sein, von dem der Arbeitgeber seine geschäftlichen Interessen entfaltet. Das kann ein Betrieb, Betriebsteil oder eine bloße Geschäftsstelle sein, z.B. ein rechtlich unselbständiges Reisebüro eines ausländischen Staates (21). Anknüpfungspunkt ist nur dann die Niederlassung, wenn der Arbeitnehmer seine Arbeit gewöhnlich nicht in einem und demselben Staat verrichtet. Es wird also vorausgesetzt, dass der Arbeitnehmer in mehreren Staaten arbeitet. Bei einem in mehreren Staaten arbeitenden Arbeitnehmer soll das Arbeitsstatut nicht ständig wechseln. Damit ergibt sich die Abgrenzungsnotwendigkeit zwischen Art. 30 Abs. 2 Nr. 1 und Nr. 2 EGBGB. Nach Nr. 1 wird die Zurechnung nicht unterbrochen durch eine vorübergehende Arbeit in einem anderen Staat. Bei Nr. 2 muss es sich mithin um eine Tätigkeit handeln, die nicht nur vorübergehend ist. Der Arbeitnehmer muss mithin mindestens zwei verschiedene Arbeitsorte haben.

d) Die objektive Rechtswahl wird dann beseitigt, wenn sich aus der Gesamtheit der Umstände ergibt, dass der Arbeitsvertrag oder das Arbeitsverhältnis engere Verbindungen zu einem anderen Staat aufweist. In diesem Fall ist das Recht dieses Staates anzuwenden. Die beiden unbestimmten Rechtsbegriffe Gesamtheit der Umstände und engere Verbindung zu einem anderen Staat können die mühsame Rechtswahl nach Art. 30 Abs. 2 Nr. 1, 2 EGBGB wieder zunichte machen. Bei der Gesamtheit der Umstände kommen etwa in Betracht die gemeinsame Staatsangehörigkeit der Vertragsparteien, die lange Inlandstätigkeit des Arbeitnehmers, der inländische Wohnsitz des Arbeitnehmers, die Aufrechterhaltung sozialer Vorteile wie etwa der betrieblichen Altersvorsorge oder der Sozialversicherung (22).

5. Fragen der objektiven Anknüpfung in besonderen Fällen

a) Besonderheiten der objektiven Anknüpfung ergeben sich in Heuerverhältnissen. Es ist zu differenzieren zwischen denjenigen, die vom Gesetz zur Einführung eines zusätzlichen Registers für Seeschiffe unter der Bundesflagge im internationalen Verkehr vom 23.03.1989 (BGBl. I, 350) und denjenigen, die nicht dem Zweitregister unterfallen.

Nach Art. 21 IV 1 FlRG ist auf die Arbeitsverhältnisse von Besatzungsmitgliedern eines Zweitregisterschiffes, die keinen Wohn- oder ständigen Aufenthaltsort im Inland haben, das deutsche Recht nicht schon deswegen anwendbar ist, weil das Schiff die Bundesflagge führt.

Damit wird ausgeschlossen in dem Recht der Flagge den alleinigen Anknüpfungspunkt zu sehen. Teilweise wird sogar angenommen, bei Schiffen des Zweitregisters spiele die Flagge als Anknüpfungspunkt überhaupt keine Rolle mehr (23). Das BVerfG hat angenommen, die Anknüpfung des Arbeitsverhältnisses von Seeleuten, die auf Zweitregisterschiffen fahren, habe regelmäßig nach Art. 30 Abs. 2 Halbs. 2 EGBGB zu erfolgen (24). Das BAG ist dem gefolgt. Nach seiner Ansicht ist der Anknüpfung an die Flagge der Boden entzogen. In mehreren Entscheidungen, die sich mit Klagen indischer Seeleute befassen, die auf einem Zweitregisterschiff fahren, hat es eine Anknüpfung gemäß Art. 30 Abs. 2 Halbsatz 2 angenommen (25).

Auch bei Seeleuten, die nicht auf Zweitregisterschiffen fahren, wird nicht an die Flagge, sondern an Art. 30 Abs.2 Halbs. 2 EGBGB angeknüpft (26).

b) Wird ein Arbeitnehmer aus dem Ausland nach Deutschland entsandt, unterliegt er nach Art. 30 EGBGB dem heimischen Arbeitsrecht. Damit ist die Geltung deutscher allgemeinverbindlicher Tarifverträge ausgeschlossen. Nach § 1 Gesetz über zwingende Arbeitsbedingungen bei grenzüberschreitenden Dienstleistungen (Arbeitnehmer-Entsendegesetz AEntG) vom 26.02.1996, zul. geänd. 19.12.1998 (BGBl. I S. 3843) finden die Rechtsnormen eines für allgemeinverbindlich erklärten Tarifvertrages des Bauhauptgewerbes oder des Baunebengewerbes im Sinne der §§ 1 und 2 der Baubetriebe-VO vom 28.10.1980 (BGBl. I S. 2033). zul. geänd. 13.12.1996 (BGBl. I S. 1954) zwingend auf die Arbeitsverhältnisse Anwendung, soweit sie die Mindestentgeltsätze einschließlich der Überstundensätze oder die Dauer des Erholungsurlaubs, das Urlaubsentgelt oder ein zusätzliches Urlaubsgeld zum Gegenstand haben, wenn auch deutsche Arbeitgeber sie anwenden müssen. Zweck des Arbeitnehmer-Entsendegesetzes ist es mithin, die Konkurrenzfähigkeit der deutschen Bauindustrie zu wahren. Andererseits wird rechtstechnisch in Übereinstimmung mit der Entsende- Richtlinie (27) die Anknüpfung an deutsches Recht gewählt.

6. Die Einschränkung der Rechtswahl

In der Tat sitzt hier die spannende Frage, wie weit die Rechtswahl beschränkt werden kann. Dort lassen sich in der Tat interessante Ergebnisse ermitteln.

a) Der Grundsatz der Rechtswahlfreiheit ermöglicht es den Parteien grundsätzlich das bei objektiver Anknüpfung maßgebende Recht abzuwählen. Damit würden auch die zwingenden Vorschriften abgewählt. Aus Gründen des Schutzes der schwächeren Partei wird der Grundsatz der Rechtswahlfreiheit mehrfach durchbrochen:

1) Art. 27 Abs. 3 EGBGB enthält eine Beschränkung der Rechtswahlfreiheit, wenn der Sachverhalt im Zeitpunkt der Rechtswahl nur mit einem Staat besteht. Auch in diesen Fällen ist die Rechtswahl nicht ausgeschlossen. Es kann ein ausländisches Recht gewählt werden, auch wenn die Arbeit in Deutschland verrichtet wird. Jedoch begrenzt Art. 27 Abs. 3 EGBGB die Rechtswahl insoweit, dass von zwingendem deutschen Recht nicht abgewichen werden kann. Gemeint sind nicht dispositive Bestimmungen der Normen eines Staates (28).

2) Weiter darf die Rechtswahl solche zwingenden, arbeitnehmerschützenden Vorschriften nicht ausschließen, die bei objektiver Rechtswahl anzuwenden wären (Art. 30 Abs. 1 EGBGB), sofern die gewählte Rechtsordnung nicht günstiger ist.

3) Sowohl das gewählte wie nach objektivem Recht geltende Recht werden verdrängt durch zwingendes deutsches Recht (Art. 34 EGBGB).

4) Schließlich ist die Anwendung solch ausländischer Normen ausgeschlossen, die gegen den Ordre public verstoßen (Art. 6 EGBGB). Die letzte Vorschrift wird im Allgemeinen keine große Bedeutung mehr im Arbeitsrecht erhalten.

b) Für die Gültigkeit des Verweisungsvertrages wird in Art. 27 Abs. 4 EGBGB auf Art. 11, 12 und 29 Abs. 3 EGBGB verwiesen. Dagegen gilt für die inhaltliche Ausgestaltung der Rechtswahl das Günstigkeitsprinzip des Art. 30 Abs.1 EGBGB.

c) Aus dem System der Beschränkung der Rechtswahl ergeben sich folgende Einzelgrundsätze:

1) Fehlt es an einem hinreichenden Auslandsbezug, so schließt Art. 27 Abs. 3 EGBGB die Verweisung auf ausländisches Recht aus. DaimlerChrysler könnte zwar für die Düsseldorfer Niederlassung amerikanisches Arbeitsrecht des Staates New York vereinbaren. Zwingendes deutsches Arbeitsrecht kann damit aber nicht abbedungen werden.

2) Ist dagegen ein hinreichender Auslandsbezug vorhanden, so kann der Arbeitnehmer nicht dem Schutzrecht entzogen werden, das mangels einer Rechtswahl anzuwenden ist (Art. 30 Abs. 2 EGBGB). Wird ein EDV-Fachmann aus den USA in Düsseldorf eingestellt, kann mit ihm amerikanisches Recht vereinbart werden. Bei Arbeitsverträgen und Arbeitsverhältnissen darf die Rechtswahl der Parteien nicht dazu führen, dass dem Arbeitnehmer der Schutz entzogen wird, der ihm durch die zwingenden Bestimmungen des Rechtes gewährt wird, das mangels einer Rechtswahl nach der objektiven Bestimmungsmethode anzuwenden wäre (Art. 30 Abs. 1 EGBGB). Beide Vereinbarungskreise decken sich nicht. Die Vereinbarungsbefugnis ist bei ausreichendem Auslandsbezug größer. Arbeitsverträge i.S. des Art. 30 Abs. 1 EGBGB sind Vereinbarungen zwischen Arbeitgeber und Arbeitnehmer, welche eine abhängige, weisungsgebundene und entgeltliche Tätigkeit zum Gegenstand haben (29). Nicht zu den Arbeitsverträgen gehören Dienstverträge. Für Geschäftsführer und Vorstände kann ein weitergehendes Auslandsstatut vereinbart werden. Geht die subjektive Rechtswahl über den Schutz zwingender Bestimmungen hinaus, wird das gewählte Recht verdrängt. Es muss mithin ein Günstigkeitsvergleich zwischen dem gewollten und dem nach objektiver Rechtswahl anzuwendenden Recht angestellt werden.

3) In jedem Fall geht zwingendes deutsches Recht dem nach subjektiver oder objektiver Rechtswahl anwendbaren Recht vor.

d) Aus dem EGBGB ergibt sich nicht, welcher Art die zwingenden Vorschriften sein müssen. Zwingend i.S. von Art. 34 EGBGB sind alle Normen, die dem Schutz des Schwächeren dienen. Unerheblich ist, ob es sich um öffentliches oder privates Recht handelt. Zwingend können auch Tarifverträge sein, die nach ihrem örtlichen und zeitlichen Bereich im Falle der Tarifbindung anzuwenden sind. Insoweit hat das BAG eine Reihe von Fällen entschieden. Das Kündigungsschutzgesetz und die zwingenden Regelungen des Seemannsgesetzes über die Kündigungsfristen gehören weder zu den wesentlichen Grundsätzen des deutschen Rechts (ordre public) im Sinne des Art. 6 EGBGB n. F. noch nach Art. 34 EGBGB n. F. zu den Bestimmungen des deutschen Rechts, die ohne Rücksicht auf das auf den Vertrag anzuwendende Recht den Sachverhalt zwingend regeln (30). Die zwingende Wirkung wird verneint, weil sie zur Abschottung des Arbeitsmarktes führt. Auch § 613a BGB gehört weder zu den wesentlichen Grundsätzen des deutschen Rechts (ordre public) nach Art. 6 EGBGB n. F. noch nach Art. 34 EGBGB n. F. zu den Bestimmungen des deutschen Rechts, die ohne Rücksicht auf das auf den Vertrag anzuwendende Recht den Sachverhalt zwingend regeln (31). Dagegen enthalten die Vorschriften zur Massenentlassung (§§ 17, 18 KSchG) zwingendes Recht (32). Dasselbe gilt für die Schutzvorschriften zugunsten von Schwangeren und Müttern (33) und für die Schutzvorschriften von Schwerbehinderten (34).

7. Arbeitsvertragsstatut und zwingendes Recht

Ist die Rechtswahl getroffen, bedarf es des Vergleiches, inwieweit zwingendes deutsches Recht der Wahl vorgeht.

a) Die Frage des zwingenden Rechtes kann sich in grenzüberschreitenden Arbeitsverhältnissen in multinationalen Unternehmen in vierfacher Form stellen, nämlich 1.) bei zwingendem Recht im Vertragsstatut, 2.) bei zwingendem Recht des tatsächlichen Arbeitsortes und abweichendem Vertragsstatut, 3.) bei zwingendem Recht des deutschen lex fori und 4.) zwingendem Recht eines Drittstaates, in welchem keine Arbeit verrichtet wird. Die Regelung ergibt sich aus Art. 30 Abs. 1 und Art. 34 EGBGB.

b) Im internationalen Privatrecht ist es üblich, international zwingende Normen als Eingriffsnormen zu bezeichnen. Normen, die Schuldverhältnisse verbieten, sie einem Genehmigungsvorbehalt unterwerfen oder in sie eingreifen sind regelmäßig Normen der Wirtschafts- und Sozialpolitik. Sie bezwecken eine Beeinflussung der Wirtschaft. Im Allgemeinen handelt es sich um Verbots- oder Gebotsnormen, die im Interesse des Gemeinwohls erlassen sind (35). Hierhin gehören Normen der grundrechtlich materialisierten Generalklauseln (§§ 138, 242 BGB) sowie des Mutterschutzes.

c) Haben die Parteien ein deutsches Arbeitsstatut gewählt, so ist es eine Selbstverständlichkeit, dass zwingendes deutsches Recht den Vorrang hat. Haben die Parteien dagegen ein ausländisches Statut gewählt, so ergibt sich aus Art. 30 Abs. 1 EGBGB, dass durch die Rechtswahl der Arbeitnehmer nicht dem Schutz entzogen wird, der ihm durch zwingende Bestimmungen des Rechtes gewährt wird. Zwingendes Recht sind alle Rechtsnormen, die der Disposition der Parteien entzogen sind.

d) Zwingendes Recht des Arbeitsortes geht dem gewählten Arbeitsstatut vor. Wird ein Amerikaner mit einem amerikanischen Statut in der Bundesrepublik tätig, ist nach Art. 34 EGBGB das deutsche Arbeitsschutzrecht anzuwenden. Es gilt z.B. das Arbeitszeitgesetz und sonstiges Arbeitsschutzrecht. Es ist allgemein anerkannt, dass zwingende Normen des Tätigkeitsortes dem gewählten Arbeitsstatut vorgehen.

e) Bei zwingendem inländischen Recht werden im wesentlichen drei Fallgruppen eine Rolle spielen:

1) Das Arbeitsvertragsstatut richtet sich nach deutschem Recht. Das ausländische Recht ist nach der objektiven Auswahlmethode jedoch für den Arbeitnehmer günstiger. In diesen Fällen geht das ausländische Recht nach dem Günstigkeitsprinzip dem deutschen vor. Es gilt also der stärkere Arbeitnehmerschutz.

2) Zur zweiten Fallgruppe zählen die, dass ein ausländisches Arbeitsstatut gewählt wurde, dessen Regelung jedoch günstiger ist als das deutsche Recht. Es gilt also das ausländische Recht.

3) Im dritten Fall wurde das ausländische Arbeitsvertragsstatut durch objektive Rechtswahl nach Art. 30 Abs. 2 EGBGB geregelt. In den beiden letzten Fällen bestimmt Art. 34 EGBGB, dass das zwingende Recht den Vorrang hat. Welches Recht zwingend i.S. v. Art. 34 EGBGB ist, lässt sich nur nach Untersuchung der einzelnen Rechtsgebiete feststellen.

III Internationales Tarifvertragsrecht

Bei der Globalisierung der Wirtschaft werden Fragen des internationalen Tarifrechts zunehmend Bedeutung erlangen (36).

1) Territorialitätsprinzip.
Das TVG gilt für die Bundesrepublik Deutschland (37). An dem räumlichen Geltungsbereich des TVG können die Tarifvertragsparteien nichts ändern. Soweit das internationale Privatrecht keine Durchbrechung des Territorialitätsprinzip vorsieht, können die Tarifvertragsparteien keine weitergehenden Tarifverträge abschließen. Es ist also grundsätzlich ausgeschlossen, dass die Gewerkschaft versucht, Tarifverträge für die Textilindustrie in Südamerika abzuschließen.

2) Rechtswahl der Tarifvertragsparteien.
a) Welches Recht auf Tarifverträge anzuwenden ist, ist im deutschen Recht nur für einen Sonderfall geregelt. Eine Regelung befindet sich nur im Flaggenrechtsgesetz vom 23.03.1989 (BGBl. I 550). Nach § 21 Abs. 4 unterliegen Arbeitsverhältnisse von Besatzungsmitgliedern eines im internationalen Seeschifffahrtsregister eingetragenen Kauffahrtenschiffes, die im Inland keinen Wohnsitz oder ständigen Aufenthalt haben, bei Anwendung des Art. 30 EGBGB nicht allein aufgrund der Tatsache, dass das Schiff die Bundesflagge führt, dem deutschen Recht. Werden von ausländischen Tarifvertragsparteien für derartige Arbeitsverhältnisse Tarifverträge abgeschlossen, so haben diese nur dann die Wirkungen des TVG, wenn für sie die Anwendung des im Geltungsbereich des Grundgesetzes geltenden Vertragsrechtes sowie die Zuständigkeit der deutschen Gerichte vereinbart worden ist. Nach Inkrafttreten des Flaggenrechtsgesetzes abgeschlossene Tarifverträge beziehen sich auf die genannten Arbeitsverhältnisse nur, wenn sie dies auch ausdrücklich vorsehen (§ 21 Abs. 4 S. 2-3). Das bedeutet, dass für ausländische Besatzungsmitglieder auf deutschen Seeschiffen deutsches Tarifrecht nur ausnahmsweise gelten soll. Das BVerfG hat die Bedenken gegen die Verfassungsmäßigkeit der Norm bei § 21 Abs. 4 S. 3 geteilt (38). Es hat angenommen, dass die Erschwerung der Tätigkeit Deutscher Gewerkschaften, die sich der Belange ausländischer Seeleute annehmen wollen, unverhältnismäßig und eine Erschwerung darstellen.

b) Es ist verbreitete Ansicht, dass der Tarifvertrag wie andere zivilrechtliche Verträge nach Art. 27 EGBGB eine Rechtswahl treffen können (39). Hiergegen wird wohl überzeugend eingewandt, dass den Tarifvertragsparteien vom Staat das Recht verliehen worden ist, Rechtsnormen zu setzen. Es könne aber nicht angenommen werden, dass der deutsche Staat die Tarifvertragsparteien ermächtigen wollte, auch im Ausland Recht zu setzen (40). Vielmehr müsse das Tarifrecht dem Arbeitsstatut folgen. Es wäre also ausgeschlossen, dass die IG Metall mit Daimler Benz einen Tarifvertrag für die Arbeitnehmer in Detroit vereinbart.

c) Auch wegen der schuldrechtlichen Durchführungspflicht der Tarifverträge wird auf Art. 27 EGBGB verwiesen. Jedoch ist die Durchführungspflicht von der tariflichen Norm nicht zu trennen (41).

d) Damit bleiben nur überstaatliche Tarifverträge. Diese sind aber wohl nur im Recht der EU möglich.

3) Anzuwendendes Tarifrecht bei Arbeit im Ausland.

a) Es ist unbestritten, dass bei nur zeitlich vorübergehender Entsendung eines Arbeitnehmers deutsches Tarifrecht anzuwenden ist.

b) Dasselbe gilt aber auch, wenn der Arbeitnehmer für eine Arbeitsleistung im Ausland eingestellt wird (42). So lag es im Fall des Goethe-Institutes. Aus der Umschreibung des örtlichen Geltungsbereiches eines Tarifvertrages für die Bundesrepublik wird nicht abzuleiten sein, dass er im Ausland nicht anzuwenden ist.

c) Dagegen wird das für entsandte Arbeitnehmer geltende deutsche Tarifrecht nicht ohne weiteres auf Ortskräfte anzuwenden sein (43).

d) Konkurrieren deutsche und ausländische Tarifverträge bei Arbeit im Ausland, so führt das in Art. 30 EGBGB enthaltene Günstigkeitsprinzip vielfach zur Anwendung beider Tarifverträge. Das gilt nur dann nicht, wenn die Voraussetzungen von Art. 30 Abs. 2 EGBGB vorliegen. Hiernach unterliegen Arbeitsverträge und Arbeitsverhältnisse mangels einer Rechtswahl dem Recht des Staates, in dem der Arbeitnehmer in Erfüllung des Vertrages seine Arbeit gewöhnlich verrichtet oder in dem sich die Niederlassung befindet, die den Arbeitnehmer angestellt hat, es sei denn, dass sich aus der Gesamtheit der Umstände ergibt, dass der Arbeitsvertrag oder das Arbeitsverhältnis engere Verbindungen zu einem anderen Staat aufweist.

4) Anzuwendendes Tarifrecht bei Arbeit im Inland.

a) Grundsätzlich gilt bei Arbeit im Inland deutsches Tarifrecht. Das gilt nach Art. 30 EGBBG auch dann, wenn ein ausländisches Arbeitsstatut vereinbart worden ist (44). Der amerikanische Angestellte, der dauernd in Deutschland arbeitet, kann mithin auch die Leistungen aus dem deutschen Tarifvertrag verlangen, soweit die Arbeitsvertragsparteien nach § 3 TVG tarifgebunden sind.

b) Arbeitet der amerikanische Arbeitnehmer auf Dauer in Deutschland und ist amerikanisches Arbeitsstatut vereinbart, so ist auch der amerikanische Tarifvertrag anzuwenden. Es kann mithin wiederum zur Konkurrenz zweier Tarifverträge kommen, wenn sie beide anwendbar sind. Das Problem der Arbeit eines Ausländers in Deutschland ist vor allem von Bedeutung für das Baugewerbe. Der Stundenlohn eines polnischen Arbeitnehmers ist wesentlich geringer als der des deutschen Bauarbeiters. Durch das Arbeitnehmerentsendegesetz vom 26.02.1996 (BGBl. I S. 227) soll die Verdrängung deutscher Arbeitnehmer vom Arbeitsmarkt verhindert werden. Nach § 1 AEntG finden allgemeinverbindliche Tarifnormen des Baugewerbes auch dann Anwendung, wenn das Arbeitsverhältnis dem Arbeitsstatut des Entsendesstaates unterliegt.

5) Ausländische Tarifvertragsparteien.

a) Die Tariffähigkeit kommt auch ausländischen Tarifvertragsparteien zu, sofern sie den Voraussetzungen von § 2 TVG genügen. Die internationale Gewährleistung der Tarifautonomie verbietet die Annahme, dass die Tariffähigkeit einen Sitz im Inland voraussetzt. Hieraus folgt, dass ein Tarifvertrag auch von einer ausländischen Gewerkschaft mit einem deutschen Arbeitgeberverband oder ein Haustarifvertrag mit einem deutschen Unternehmen abgeschlossen werden kann. Denkbar ist mithin, dass eine ausländische Gewerkschaft mit einem ausländischen Unternehmen einen Tarifvertrag abschließt, der ausländisches Recht für die Arbeitnehmer, einer rechtlich unselbständigen Niederlassung in der Bundesrepublik vorsieht. Zu denken ist etwa an ein Reisebüro.

b) Die Tarifvertragsparteien können aber ihre Regelungsmacht nicht dadurch erweitern, dass sie ein ausländisches Arbeitsstatut vereinbaren. Unterliegt das Arbeitsverhältnis deutschem Arbeitsstatut, so können ausländische Organisationen für das Arbeitsverhältnis nicht ein ausländisches Arbeitsstatut vereinbaren. Dasselbe gilt aber auch umgekehrt. Deutsche Gewerkschaften können nicht dadurch Regelungsmacht erlangen, dass sie für ein in Brasilien produzierendes Bekleidungsunternehmen für die Ortskräfte deutsches Arbeitsstatut vorsehen.

6) Anhang: Arbeitskampfrecht.

Zum internationalen Arbeitskampfrecht sind nur wenige Entscheidungen bekannt geworden. Aus neuerer Zeit ist eine Entscheidung des ArbG Bremen zu erwähnen (45). Ein zypriotischer Reeder hatte das Arbeitsgericht angerufen, weil die Entladung seines im Bremer Hafen liegenden Schiffes durch gewerkschaftlich organisierte Hafenarbeiter boykottiert werden sollte. Der Reeder sollte zum Abschluss eines Tarifvertrages mit der Internationalen Transportarbeiter Föderation veranlasst werden. Das Arbeitsgericht hat wegen des anzuwendenden Rechts auf Art. 38 EGBGB (a. F.) abgestellt. Zu beurteilen sei ein Anspruch auf Unterlassung eines deliktischen Verhaltens. Nach den Grundsätzen des Kollisionsrechts der unerlaubten Handlung sei auf den Handlungsort Hafen abzustellen.

IV Geltung des Betriebsverfassungsrechtes

1) Die Geltung des Betriebsverfassungsrechtes für ausländische Unternehmen mit Betrieben in Deutschland.

a) Für das BetrVG gilt das Territorialitätsprinzip. Dasselbe gilt für das BPersVG (46). Es gilt in der ganzen Bundesrepublik unabhängig von der Staatsangehörigkeit des Inhabers des Betriebes. Es gilt mithin auch für Betriebe und Unternehmen mit Sitz im Ausland. Es gilt dabei gleichgültig, ob das ausländische Unternehmen eine rechtlich selbständige Zweigniederlassung in der Bundesrepublik unterhält oder nur eine

Betriebsstätte (47). Die Geltung des BetrVG kann auch nicht dadurch eingeschränkt werden, dass mit den in Deutschland beschäftigten Arbeitnehmern ein ausländisches Arbeitsstatut vereinbart wird. Das ist die Folge der zwingenden Wirkung des BetrVG.

b) Unterhält ein Unternehmen mit Sitz im Ausland einen Betrieb oder Betriebsteil in der Bundesrepublik, so ist zweifelhaft, ob ein Wirtschaftsausschuss in Deutschland zu bilden ist. Nach § 106 BetrVG ist in allen Unternehmen mit i.d.R. mehr als 100 ständig beschäftigten Arbeitnehmern ein Wirtschaftsausschuss zu bilden. Anknüpfungspunkt ist mithin das Unternehmen. Das Unternehmen muss seinen Sitz in der BRD haben. Das BAG hat aber die Notwendigkeit einer Bildung bejaht, wenn Betriebe im Inland liegen 48). Es hat aber darauf abgestellt, dass ein über die Zwecke der einzelnen Betriebe hinausgehender Unternehmenszweck vorhanden sein müsse. Es müsse eine über den Betrieben stehende einheitliche Organisation vorliegen. Das Schrifttum geht über das BAG hinaus. Es stellt nur darauf ab, ob der Betrieb oder Betriebsteil in der BRD mehr als 100 Arbeitnehmer beschäftigt (49). In jedem Fall ist die Informationspflicht auf das inländische Teilunternehmen beschränkt.

c) Unstreitig finden in den in Deutschland gelegenen Betrieben die §§ 111 ff. BetrVG Anwendung, da sie an den Betrieb anknüpfen.

2) Die Geltung des BetrVG deutscher Unternehmen mit Betriebsteilen im Ausland.

a) Aus dem Territorialitätsprinzip folgt, dass Betriebe deutscher Inhaber im Ausland nicht dem BetrVG unterliegen (50). Das BetrVG gilt auch nicht in ausländischen Betriebsteilen oder Nebenbetrieben inländischer Betriebe (51).

b) Werden Arbeitnehmer eines deutschen Arbeitgebers im Ausland tätig, so gilt für diese Arbeitnehmer nach ihrem persönlichen Geltungsbereich noch das BetrVG, sofern sie noch dem in Deutschland gelegenen Betrieb angehören oder ihm zuzurechnen sind. Dies ist dann der Fall, wenn die Entsendung ins Ausland zeitlich begrenzt, vorübergehend ist (52). Insoweit wird von Ausstrahlung gesprochen. Dagegen liegt keine Zugehörigkeit zu deutschen Betrieben mehr vor, wenn die Entsendung ins Ausland auf Dauer erfolgt und der Arbeitnehmer in den ausländischen Betrieb eingegliedert wird. Hieraus folgt, dass ein Arbeitnehmer nur dann zum Betriebsrat wahlberechtigt ist, wenn für ihn noch deutsches Betriebsverfassungsrecht gilt. Die Möglichkeit, den Arbeitnehmer zurückzurufen, reicht für die Anwendung des BetrVG nicht aus. Umstritten ist die Rechtslage, wenn ein Arbeitnehmer von vornherein für einen Auslandseinsatz eingestellt worden ist, um die Interessen des inländischen Arbeitgebers zu wahren (53). Entscheidend wird sein, ob der ins Ausland entsandte Arbeitnehmer im Interesse des Betriebes tätig werden soll. Alsdann ist er ein unselbständiger Betriebsteil.

c) Umstritten ist, unter welchen Voraussetzungen ein Betriebsrat im Ausland tätig werden kann. Das BAG verneint dies. Der Betriebsrat ist nicht in der Lage, aus eigenem Recht eine Betriebsversammlung im Ausland abzuhalten. Ebenso wenig kann er Auslandsarbeitnehmer an ihren Arbeitsplatz aufsuchen, auch wenn für sie deutsches Betriebsverfassungsrecht gilt. Allerdings können der Betriebsrat oder einzelne Betriebsratsmitglieder ins Ausland reisen und dort diejenigen Arbeitnehmer, für die das BetrVG gilt, außerhalb der Arbeitszeit aufsuchen oder außerhalb der Arbeitszeit Versammlungen abhalten.

V Konzernarbeitsrecht in multinationalen Unternehmen

1) Die Rechtswahl in multinationalen Unternehmen kann zu rechtlichen Schwierigkeiten für die Arbeitnehmer führen.

Aus steuerrechtlichen Gründen haben die Arbeitnehmer des Ankerkonzerns dem jeweiligen nationalen Recht der Tochtergesellschaften unterstellt werden müssen. Das BAG hat im Interesse der Arbeitnehmer unter heftiger Kritik der Wissenschaft den Insolvenzschutz der durch die Konzernunterstützungskasse aufrechterhaltenen betrieblichen Altersversorgung bejaht (54).

2) Möglichkeit des Konzernarbeitsrechtes.

a) Die rechtliche Behandlung des Arbeitsverhältnisses im Konzern wird im arbeitsrechtlichen Schrifttum kontrovers diskutiert (55). Das Arbeitsrecht berücksichtigt den Konzern im Allgemeinen nur bei der Mitbestimmung (§§ 76 Abs. 4, 77, 77a BetrVG 1952, § 5 MitbestG, § 1 Abs. 4 MontanMitbestG, §§ 1 ff. MitbestErgG, §§ 54, 58 BetrVG 1972). Während das Konzerngesellschaftsrecht eine ständige Entwicklung genommen hat, gibt es kaum ein Konzernarbeitsrecht. Die Risiken für Konzerngläubiger und Konzernarbeitnehmer sind aber in gleicher Weise vorhanden. Deswegen wird gefordert, ein Konzernarbeitsrecht im Wege der Rechtsfortbildung zu entwickeln (56).

b) Grundlage des Arbeitsverhältnisses ist der Arbeitsvertrag. Dieser wird in aller Regel mit einem einzelnen Unternehmen abgeschlossen, das die formalrechtliche Rechtsstellung des Arbeitgebers ausübt. Arbeitgeber ist, wer Arbeitnehmer beschäftigt. Wird der Arbeitsvertrag mit der Konzernspitze (Holding) abgeschlossen, ist diese Arbeitgeber. Wird dagegen der Arbeitsvertrag mit einem konzernangehörigen Unternehmen abgeschlossen, ist dieses Arbeitgeber. Zwischen den einzelnen Unternehmen besteht das Trennungsprinzip. Ein Durchgriff von dem einen zum anderen Unternehmen ist nur in Ausnahmefällen möglich.

c) Das Festhalten an der rechtlichen Selbständigkeit der Konzerngesellschaften kann von der Arbeitgeberseite überwunden werden, in dem der Arbeitnehmer von der einen zur anderen Gesellschaft versetzt wird. Dies kann erfolgen, wenn bereits Versetzungsklauseln im Ausgangsarbeitsvertrag vorhanden sind. Im Übrigen ist ein Änderungsvertrag notwendig, wenn ein Arbeitgeberwechsel stattfindet.

d) Die Interessen der Arbeitnehmer werden im Konzern in dreifacher Weise berührt. Die Mitbestimmung über die Beteiligung im Aufsichtsrat nimmt ab, weil die eigentlichen Entscheidungen bei der Konzernspitze fallen. Der in einer abhängigen Gesellschaft beschäftigte Arbeitnehmer hat einen Arbeitgeber, der von der Konzernspitze abhängig ist. Die wirtschaftliche Situation seines Arbeitgebers kann sich im Interesse eines anderen Unternehmens verschlechtern. Es kann zu Insolvenzverfahren, Stilllegungen oder auch Verlagerungen bestimmter Aufgaben kommen. Der Arbeitnehmer trägt insoweit das Wirtschaftsrisiko. Schließlich können im Falle der Versetzung Betriebs- und Anwartschaftszeiten, etwa auf betriebliche Altersversorgung, verloren gehen, wenn eine Anrechnung von Dienstzeiten nicht erfolgt.

3) Multinationale Konzerne.

Die Schwierigkeiten werden für die Arbeitnehmerseite in multinationalen Konzernen noch verstärkt. Zu den konzernspezifischen Risiken treten die Probleme der Rechtswahl bei grenzüberschreitenden Unternehmen hinzu.

4) Schutzmechanismen.

a) Ein besonderer Arbeitnehmerschutz im Konzern lässt sich entwickeln, wenn eine arbeitsrechtliche Doppelbeziehung zwischen Arbeitnehmer und dem Beschäftigungsunternehmen sowie der Konzernspitze besteht. Rechtlich möglich ist ein Doppelarbeitsvertrag zu schließen (57). Dies ist aber im Allgemeinen nicht üblich. Im Übrigen lässt sich aber eine rechtliche Doppelbeziehung nicht konstruieren. Es ist allenfalls denkbar, dass neben dem Arbeitsverhältnis zum Konzernunternehmen ein Schutzpflichtverhältnis aus sozialem Kontakt entsteht, wenn die Konzernleitung auf die Arbeitsverhältnisse in den Konzerntöchtern Einfluss nimmt. Dies mag der Fall sein, wenn Sozialleistungen gestrichen oder Kündigungen angeordnet werden.

b) Bestehen keine vertraglichen oder vertragsähnlichen Rechtsbeziehungen zwischen der Konzernspitze und dem Arbeitnehmer, kann eine Durchgriffshaftung in Betracht kommen. Insoweit hat das BAG die Rspr. des BGH übernommen (58). Das BAG hat eine Durchgriffshaftung angenommen, wenn ein 1.) Beherrschungsvertrag oder ein sog. qualifizierter faktischer Konzern vorliegt, bei dem das abhängige Unternehmen wie eine Betriebsabteilung des herrschenden geführt wird, 2.) das herrschende Unternehmen auch eigene Zwecke verfolgt, da nur dann eine Gefährdung der Gläubiger- und Arbeitnehmerinteressen eintreten kann und 3.) keine angemessene Berücksichtigung der Belange des abhängigen Unternehmens stattgefunden hat (59). Es muss eine verdichtete Konzernbeziehung vorliegen. Eine Durchgriffshaftung kommt vor allem in Betracht bei der betrieblichen Altersversorgung und dem Sozialplan bzw. dem Nachteilsausgleich. Dagegen ist noch keine Durchgriffshaftung in einfachen Konzernen bejaht worden. Insoweit kann eine Haftung in Betracht kommen bei Unterkapitalisierung eines Unternehmens oder bei nicht hinreichender Trennung der Vermögen (60).

c) Dagegen ist ein konzernweiter Kündigungsschutz kaum möglich. Wird ein übernommenes Unternehmen stillgelegt, so braucht das nicht immer den Interessen des übernommenen Unternehmens gedient zu haben. Gleichwohl wird man nicht von einer rechtswidrigen betriebsbedingten Kündigung ausgehen können. Nach § 1 Abs. 2 S. 2 KSchG ist eine Kündigung auch dann sozial ungerechtfertigt, wenn der Arbeitnehmer an einem anderen Arbeitsplatz in demselben Betrieb oder in einem anderen Betrieb des Unternehmens weiter beschäftigt werden kann. Der Kündigungsschutz ist nicht konzerndimensional (61). Hiervon besteht nur dann eine Ausnahme, wenn der Arbeitsvertrag eine konzernweite Versetzungsklausel enthält. In diesen Fällen darf der Arbeitnehmer darauf vertrauen, dass von der Versetzungsklausel im Falle betriebsbedingter Kündigung auch Gebrauch gemacht wird (62). Auch der Sonderkündigungsschutz, etwa bei Schwerbehinderten ist nicht konzernweit.

VI Gerichtshoheit und Internationale Zuständigkeit

1) Gerichtshoheit.

Auf die Frage nach der Gerichtshoheit wird entschieden, ob die Parteien der deutschen Gerichtsbarkeit unterliegen. Diese Frage stellt sich immer dann, wenn ein ausländischer Staat an dem Rechtsstreit beteiligt ist. Ob und wann ein ausländischer Staat der inländischen Gerichtsbarkeit unterworfen ist, richtet sich nach den Regeln des Völkerrechts. In §§ 18-20 GVG sind Bestimmungen über den persönlichen Geltungsbereich enthalten. Im Prinzip sind die deutschen Gerichte nicht zur Entscheidung befugt, wenn es um hoheitliches Handeln geht. Dagegen unterliegen auch ausländische Staaten der deutschen Gerichtsbarkeit im Bereich der nicht hoheitlichen Betätigung (63). Schwierigkeiten kann die Abgrenzung von hoheitlicher zu nicht hoheitlicher Betätigung machen. Die Abgrenzung hat nach den Merkmalen des Nationalen Rechts zu erfolgen. Dabei ist auch auf die Regeln des Völkerrechts Rücksicht zu nehmen (64). Im Allgemeinen ist immer dann von einem nicht hoheitlichen Handeln auszugehen, wenn die Handlungen ebenso gut von einem Privatmann vorgenommen werden können.

2) Internationale Zuständigkeit.

a) Aufgrund der Regeln der internationalen Zuständigkeit wird entschieden, ob ein deutsches oder fremdes Gericht zur Entscheidung befugt ist. Zur Beurteilung der internationalen Zuständigkeit sind drei Fallgruppen zu unterscheiden.

b) Das EuGVÜ enthält Regeln über seinen sachlichen, persönlichen und zeitlichen Geltungsbereich. Zum sachlichen Anwendungsbereich gehören Zivil- und Handelssachen (Art. 1 Abs. 1 EUGÜV). Damit wird auch das Arbeitsrecht von seinem Anwendungsbereich erfasst. Wegen ihres zeitlichen Anwendungsbereiches ergeben sich weitere Unterschiede. Das EUGÜV ist durch vier Beitrittsabkommen geändert worden. Das EUGÜV gilt für die Bundesrepublik Deutschland im Verhältnis zu Dänemark, Finnland, den Niederlanden, Österreich, Spanien und Schweden i. d. F. des vierten Beitrittsabkommens. Die örtliche und persönlich Zuständigkeit richtet sich nach Art. 5 EUGÜV. Im Übrigen gilt es i. d. F. des dritten Beitrittsabkommens. Die Auslegung des EUGÜV obliegt dem EuGH.

c) Art. 5 EUGÜV stimmt weitgehend überein mit Art. 5 des Luganer Übereinkommens über die gerichtliche Zuständigkeit und die Vollstreckung in Zivil- und Handelssachen vom 16.09.1988 (LugÜ; BGBl. II 1994, 2660). Es regelt die Zuständigkeit der EU-Staaten sowie für Island, Norwegen und die Schweiz.

d) Nach Art. 17 EUGÜV ist die Vereinbarung der internationalen Zuständigkeit möglich. Für die Vereinbarung in Arbeitssachen müssen besondere Voraussetzungen nach Art. 17 Abs. 5 gegeben sein. Insoweit besteht vor allem Streit, ob der allgemeinverbindliche Tarifvertrag über das Sozialkassenverfahren im Baugewerbe wirksam ist, soweit auch bei ausländischen Unternehmen eine Zuständigkeit des Arbeitsgerichts Wiesbaden gegeben ist (65).

e) Soweit das EUGÜV oder LugÜ nicht anwendbar sind, richtet sich die internationale Zuständigkeit nach deutschem Recht. Grundsätzlich besteht die internationale Zuständigkeit, wenn die örtliche Zuständigkeit gegeben ist. Die internationale Zuständigkeit ist mithin gegeben, wenn die Zuständigkeit nach §§ 12 ff. ZPO im Urteilsverfahren oder nach § 82 ArbGG im Beschlussverfahren gegeben ist. Die internationale Zuständigkeit kann sich auch ergeben aus der Niederlassung (21 ZPO), dem Erfüllungsort (§ 29 ZPO) oder dem inländischen Vermögen (§ 23 ZPO) (66). Auch eine Vereinbarung der internationalen Zuständigkeit wird für zulässig gehalten, wenn dies mit dem Schutzzweck des Arbeitsrechts vereinbar ist (67). Eine Verweisung nach § 48 ArbGG, § 17a GVG an ein ausländisches Gericht kommt nicht in Betracht.

3) Eine Sonderform der internationalen Zuständigkeit ergibt sich nach § 8 AEntG.

VII Schlussbemerkung

Multinationale Konzerne werden eine immer größere Rolle spielen. In den Entwicklungsländern oder auch in den osteuropäischen Ländern werden durch das deutsche Arbeitsrecht keine Regulationsmechanismen entstehen können, es sei denn, dass es rezipiert wird.

Im Übrigen erlaubt unser internationales Arbeitsrecht in vielen Fällen eine flexible Rechtswahl, die inhaltlich einen gewissen Arbeitnehmerschutz gewährleistet. Gleichwohl lassen sich durch eine Rechtswahl Schutzvorschriften ausschalten.

Es gibt für das Arbeitsrecht im Konzern nur Ansätze, die aus dem allgemeinen Zivilrecht übernommen sind. Für multinationale Konzerne bestehen keine arbeitsrechtlichen Regelungsmechanismen.

Im Rahmen der internationalen Zuständigkeit sind die Gerichte für Arbeitssachen zuständig, wenn die Voraussetzungen EuGVÜ, des LugÜ oder der ZPO vorliegen.

Anmerkungen

(1) Rechtsprechungsübersicht: *Oppertshäuser:* Das Internationale Privat- und Zivilprozessrecht im Spiegel arbeitsgerichtlicher Rechtsprechung, NZA – RR 2000, 393.

(2) Vgl. *Schaub:* Arbeits- und Sozialrecht auf dem Weg nach Europa, Festschrift für Dieterich 1999.

(3) *Eser:* Das Arbeitsverhältnis in multinationalen Unternehmen, 1996, 33.

(4) *Brinkötter:* Grundfragen aus der Entsendungspraxis der BASF mit besonderer Berücksichtigung von Oberen Führungskräften in *Clermont/Schmeisser:* Internationales Personalmanagement, 1997, 413.

(5) *Fröhlich:* International Success, Arbeitsplatz Deutschland und Globales Projektmanagement, 2000, 230.

(6) BAG NZA 1999, 539.

(7) MünchKomm-Martiny, 3. Aufl., 1998 Art. 27 EGBGB Rdn. 20.

(8) BAG AP Nr. 33 zu § 1 KSchG =NJW 1987, 211 = NZA 1987, 21; MünchKomm-Martiny Art. 27 EGBGB Rdn. 53.

(9) BGH v. 06.02.1970 NJW 1970, 999.

(10) BAG AP Nr. 19 zu § 23 KSchG 1969 = NZA 1998, 995.

(11) MünchKomm-Martiny Art. 27 EGBGB Rdn. 41.

(12) MünchKomm-Martiny Art. 27 EGBGB Rdn. 42.

(13) LAGE Niedersachsen Art. 30 EGBGB Nr. 3.

(14) BAG AP Nr. 1 zu § 18 GVG = NZA 1998, 814; a. A. die Vorinstanz LAGE Köln Art. 30 EGBGB Nr. 1.

(15) BAG AP Nr. 7 zu § 157 BGB.

(16) BAG AP Nr. 1 zu Art. 5 Brüsseler Übereinkommen = NJW – RR 99, 118; MünchKomm-Martiny Art. 27 Rdn. 21.

(17) BAG v. 25.10.1988 NZA 1989, 177; v. 06.08.1985 AP Nr. 24 zu § 7 BetrAVG.

(18) BAG v. 27.8.1964 NJW 1965, 319; v. 26.02.1985 NJW 1985, S. 2910.

(19) BAG v. 29.10.1992 NZA 1993, 743; vgl. LAG Hessen v. 16. 11. 1999 NZA – RR 2000, 401.

(20) BAG v. 09.05.1959 NJW 1959, S. 1702.

(21) LAG Bremen AP Nr. 5 zu Art. 30 EGBGB = NZA – RR 1997, 107; LAGE Niedersachsen Art. 30 Nr. 3; LAG Hessen v. 16.11.1999 NZA – RR 2000, S. 401.

(22) BAG AP Nr. 30 zu Internationales Privatrecht – Arbeitsrecht = NZA 1990, 841; BAG AP Nr. 2 zu § 328 =NZA 1997, 334; MünchKomm-Martiny Art. 30 EGBGB Rdn. 45; aus der Instanzrechtsprechung: LAG Bremen AP Nr. 5 zu Art. 30 EGBGB = NZA – RR 1997, 107; LAGE Köln Art. 30 EGBGB Nr. 1; LAG Hamburg IPRspr 1996, Nr. 50a.

(23) *Däubler* in *Kittner/Däubler/Zwanziger:* Kündigungsschutzrecht, 4. Aufl., 1999, Vorb. Zu §§ 62-68, 71-74, 78 SeemannsG, RN 3.

(24) BVerfG AP Nr. 76 zu Art. 9 GG = NZA 1995, S. 272.

(25) BAG 03.5.01995 AP Nr. 32 zu Internationales Privatrecht – Arbeitsrecht = NZA 1995, 1191; 5 AZR 16 – 18/94 n.a.v.

(26) LAG Hamburg IPRspr 1996, Nr. 50a; vgl. dazu BAG AP Nr. 80 zu § 1 KSchG 1969 Betriebsbedingte Kündigung = NJW 1997, 885 NZA 1997, S. 202.

(27) Richtlinie 96/71/EG des Europäischen Parlamentes und des Rates vom 16.12.1996 über die Entsendung von Arbeitnehmern im Rahmen der Erbringung von Dienstleistungen (AblEG Nr. L 18 v. 21.01.1997 S. 1).

(28) MünchKomm-Martiny Art. 27 Rdn. 73.

(29) MünchKomm-Martiny Art. 30 EGBGB Rdn. 8.

(30) BAG 24.08.1989 AP Nr. 30 zu Internat. Privatrecht, Arbeitsrecht; dagegen LAGE Köln Art. 30 EGBGB Nr. 1.

(31) BAG 29.10.1992 AP Nr. 31 zu Internat. Privatrecht, Arbeitsrecht.

(32) BAG 24.08.1992 AP Nr. 30 zu Internationales Privatrecht, Arbeitsrecht.

(33) BAG 24.08.1989 AP Nr. 30 zu Internat. Privatrecht, Arbeitsrecht; a. A. KR/Weigand Internationales Arbeitsrecht RN 97.

(34) BAG 10.12.1964 AP Nr. 4 zu § 1 SchwBeschG.

(35) BAG v. 24.08.1989 NZA 1990, 841.

(36) *Bispinck/Schulten:* Globalisierung und das deutsche Kollektivvertragssystem, WSI-Mitteilungen 1998, 241.

(37) MünchHdb. – Löwisch § 247 Rdn. 1 bis 3.

(38) BVerfG v. 10.01.1995 AP Nr. 76 zu Art. 9 GG=NJW 1996, 2339=NZA 1996, 272.

(39) Hergenröder AR-Blattei SD 1550, 15 Tarifvertrag XV Internationales Tarifvertragsrecht Nr. 55 ff m. weit. Nachw.

(40) MünchHdb. – Löwisch § 247 Rdn. 4, 5 m. weit .Nachw.

(41) *Gamillscheg*: Kollektives Arbeitsrecht, § 12 5b(5), 493.

(42) Vgl. BAG v. 27.08.1964 AP Nr. 9 Internationales Privatrecht, Arbeitsrecht=NJW 1965, 40; v. 11.09.1991 AP Nr. 29= NZA 199o, 321; v. 12.12.1990 AP Nr. 2 zu § 4 TVG Arbeitszeit=NZA 1991, 201, *Gamillscheg:* Kollektives Arbeitsrecht, § 12 5a, 488, 489.

(43) BAG 23.06.1994 AP Nr. 18 zu Art. 48 EWG-Vertrag=ZTR 1994, 433.

(44) *Gamillscheg*: Kollektives Arbeitsrecht, 489; *Däubler:* Tarifvertragsrecht, Nr. 1662; vgl. zur früheren Rechtslage: BAG 04.05.1977 AP Nr. 30 zu § 1 TVG Tarifverträge: Bau = NJW 1977, 2039.

(45) ArbG Bremen NZA – RR 2000, 35.

(46) BAG AP NR: 10 ZU § 79 BPersVG = NZA 97, 493.

(47) BAG v. 09.11.1977 AP Nr. 13 zu Internat. Privatrecht, Arbeitsrecht; v. 01.10.1974 und 31.10.1975 AP Nr. 1 und 2 zu § 106 BetrVG 1972= NJW 1975, 1091 und DB 1976, 295; h.M. GK-Kraft, BetrVG, 6. Aufl., § 1 Rdn. 13; vgl. auch LAG Köln v. 14.04.1998, NZR-RR 1998, 357.

(48) BAG 01.10.1974 und 31.10.1975 AP Nr. 1 und 2 zu § 106 BetrVG 1972.

(49) *Dietz/Richardi:* BetrVG, 7. Aufl., 1998 § 106 Rdn. 18; GK-Fabricius, BetrVG, Bd 2, 6. Aufl. 1998, § 106 m. weit. Nachw.

(50) BAG v. 25.04.1978 AP Nr. 16 zu Internat. Privatrecht, Arbeitsrecht.

(51) BAG v. 26.04.1978 AP Nr. 16 zu Internat. Privatrecht, Arbeitsrecht=BB 1978, 1520.

(52) BAG v. 07.12.1989 AP Nr. 27 zu Internat. Privatrecht, Arbeitsrecht=NZA 1990, 658.

(53) Verneinend BAG v. 21.10.1980 AP Nr. 17 zu Internat. Privatrecht, Arbeitsrecht=NJW 1981, 1175; *Fitting/Kaiser/Heither/Engels*, BetrVG, 20. Aufl., 2000 § 1 Rdn. 19; bejahend GK-Kraft § 1 Rdn. 25.

(54) BAG v. 06.08.1985 AP Nr. 24 zu § 7 BetrAVG= BB 1986, 1506; v. 25.10.1988 AP Nr. 46 = NZA 1989, 177.

(55) *Windbichler:* Arbeitsrecht im Konzern, München 1989, S. 24 ff.

(56) *Konzen:* Arbeitsverhältnisse im Konzern, ZHR 151 (1987), 569.

(57) BAG v. 27.03.1981 AP Nr. 1 zu § 611 BGB Arbeitnehmergruppe = NJW 1984, 1703.

(58) BGH v. 16.09.1985 NJW 1986, 188 (Autokran); 20.02.1989 NJW 1989, 1800 (Tiefbau); 23.09.1991 NJW 1991, 3142 (Video); 29.03.1993 NJW 1993, 1200 (TBB); 13.12.1993 NJW 1994, 446.

(59) BAG v. 19.01.1998 AP Nr. 70 zu § 613a BGB = NZA 1988, 501; v. 15.01.1991 AP Nr. 21 zu § 113 BetrVG 1972 = NZA 1991, 681; 14.12.1993 AP Nr. 29 zu § 16 BetrAVG = NZA 1994, 551; 08.03.1994 AP Nr. 6 zu § 303 AktG = NZA 1994, 931; 04.10.1994 AP Nr. 32 zu § 16 BetrAVG = NZA 1995, 368; 01.08.1995 AP Nr. 8 zu § 303 AktG = NJW 1996, 1491 = NZA 1996, 311; 22.11.1995 AP Nr. 7 zu § 54 BetrVG 1972 NJW 1996, 2884 =NZA 1996, 706; 03.09.1998 AP Nr. 21 zu § 826; 08.09.1998 AP Nr. 12 zu § 303 AktG = NJW 1999, 2612 = NZA 1999, 543.

(60) BSG 01.02.1996 BB 1996, 2149= DB 1996, 1475.

(61) BAG 18.10.1976 NJW 1977, 647;14.10.1982 AP Nr. 1 zu § 1 KSchG 1969 Konzern = NJW 1984, 383; 22.05.1986 AP Nr. 4 zu § 1 KSchG 1969 Konzern = NZA 1987, 125; 20.01.1994 AP Nr. 8 zu § 1 KSchG 1969 Konzern NJW 1994, 2246 = NZA 1994, 653; 21.01.1999 AP Nr. 9 zu § 1 KSchG 1969 Konzern NZA 1994, 653; 21.01.1999 AP Nr. 9 zu § 1 KSchG 1969 Konzern = NZA 1999, 539; 29.04.1999 NJW 1999, 3212 = NZA 1999, 932.

(62) BAG 14.10.1983 AP Nr. 1 zu § 1 KSchG 1969 Konzern = NJW 1984, 381.

(63) BAG AP Nr. 1 zu § 20 GVG = NZA 1996, 1269.

(64) BVerfG NJW 1963, 1732.
(65) ArbG Wiesbaden NZA – RR 2000, 321; ArbG Wiesbaden AP Nr. 3 zu Art. 5 Brüsseler Übereinkommen.
(66) BAG 17.07.1997 AP Nr. 13 zu § 38 ZPO = NZA 1997, 1182.
(67) BAG AP Nr. 4 zu § 38 ZPO = NJW 1970, 2180; AP Nr. 159 zu § 242 BGB Ruhegehalt.

Der Europäische Betriebsrat zwischen Überregulierung und Social Dumping:
Erkenntnisse aus dem Beispiel VOLKSWAGEN AG

Michael Helbig / Rüdiger Piorr / Rolf Taubert

Die Richtlinie über Europäische Betriebsräte (EBR) hat sowohl vor als auch nach ihrer Verabschiedung zu kontroversen Diskussionen geführt. Befürchtet werden auf der einen Seite eine unnötige Überregulierung des gerade mühsam geschaffenen europäischen Binnenmarktes, auf der anderen Seite wird kritisiert, dass die Richtlinie und daraus resultierende schwache Gremien einen bereits durch den internationalen Wettbewerbsdruck eingetretenen Qualitätsverlust der höher regulierten nationalen Arbeitsbeziehungen (wie bspw. in Deutschland) nicht aufhalten könne (Social Dumping). In der Folge, so die Befürchtung, könne sich ein allgemein niedriges Niveau der Arbeitsbeziehungen in ganz Europa durchsetzen.

Mittlerweile liegen Untersuchungsergebnisse über diese Wirkungen vor. Neben Befunden, die den befürchteten Verlust des Regulierungsniveaus skizzieren, gibt es Hinweise, dass es im Rahmen der umgesetzten Richtlinie zu Stabilisierung und Transfer hoher Regulierungen gekommen ist.

In diesem Artikel findet eine kurze Diskussion der wesentlichen Thesen und ihrer Implikationen statt. Dabei wird darauf verwiesen, dass die Ableitung der Social Dumping These unter zu geringer Beachtung der Umsetzungshandlungen innerhalb europäischer Konzerne vorgenommen wurde. Es wird am Beispiel des VOLKSWAGEN-Konzerns nachgezeichnet, wie die Richtlinie in ihrer Umsetzung dazu beitragen kann, das hohe, in Deutschland gegenwärtige Regulierungsniveau auf die ausländischen Standorte zu transferieren und die Prognose der Social Dumping These zu relativieren.

Der Weg zum Europäischen Betriebsrat

Nach einem langen Diskussionsprozess über den Nutzen und die Ausgestaltung einer europäischen Richtlinie über Europäische Betriebsräte, mehreren gescheiterten Anläufen und ersten freiwilligen Vereinbarungen, die seit Anfang der 90er Jahre getroffen wurden, konnte 1994 schließlich die Richtlinie 94/45/EG (1) über „Europäische Betriebsräte" (EBR) im Ministerrat verabschiedet werden. Sie bildet in der europäischen Arbeits- und Sozialpolitik einen Meilenstein der europäischen Integration. So stellt sie auf der einen Seite einen politisch-rechtlichen Durchbruch in der europäischen Arbeits- und Sozialpolitik dar, denn hier fand das Abkommen über die Sozialpolitik des Maastrichter Vertrages zum ersten Mal konstruktiv seine Anwendung (vgl. bspw. *Falkner* 1998: S. 97; *Ross* 1998: S. 349; *Rhodes* 1998: S. 143). Auf der anderen Seite ist sie aber auch inhaltlich bedeutend, da sie die erste Regulierung zur Schaffung europäischer Arbeitsbeziehungen darstellt (vgl. z.B. *Lecher* 1996: S. 469; *Müller-Jentsch* 1997).

Die Richtlinie lässt sich durch folgende Eckpunkte skizzieren:

Schlüsselbegriffe der EBR-Richtlinie sind Information, Konsultation, Meinungsaustausch und Dialog. Mitbestimmung, so wie sie aus dem deutschen Arbeitsbeziehungssystem bekannt ist, existiert hier nicht. Dennoch lässt sich ein deutsches Stilelement der Arbeitsbeziehungen erkennen, wenn die Richtlinie vom „Geiste der Zusammenarbeit" (Art. 6.1 RL) spricht (vgl. §2.1. BetrVG).

Es gibt materielle Vorschriften, die zwar formal keine Mindeststandards der Information und Konsultation im EBR darstellen, aber automatisch bei Verhandlungsblockaden zwischen den Akteuren in Kraft treten. Somit nehmen sie in der Realität doch die Funktion von Leitbedingungen ein, die nicht unterschritten werden sollten.

Die Richtlinie eröffnet eine Reihe von Umsetzungsvarianten für die Zusammensetzung und Gestaltung von Gremien und lässt somit eine Vielfalt von Gremienformen zu.

- Übergreifender Fokus der Richtlinie ist die Definition von Regeln, die die Konstituierung, den Gegenstandsbereich der zu treffenden Vereinbarung zwischen Konzernleitung und Arbeitnehmervertretung sowie Sanktionswege für scheiternde Gründungsverhandlungen aufzeigen. Die Richtlinie eröffnet ein Höchstmaß an Flexibilität, die den spezifischen nationalen und betrieblichen Anforderungen gerecht werden.

Aus dem kontrovers geführten Diskussionsprozess über die Einführung der EBR-Richtlinie resultierten zwei grundsätzliche Thesen der möglichen Auswirkungen:

- Eine Aushebelung hoch differenzierter, historisch gewachsener und bewährter nationaler Standards der betrieblichen Arbeitsbeziehungen („Social Dumping").
- Eine „Überregulierung" in den Ländern mit wenig ausdifferenzierten betrieblichen Arbeitsbeziehungen und damit eine Schwächung ihrer Attraktivität als Standort.

Die Social Dumping These

Die Social Dumping These entstammt insbesondere der wissenschaftlichen Diskussion und wird auch kontrovers geführt. Auf der einen Seite wird die **Regulierungsfähigkeit** durch eine europäische Richtlinie auf diesem Gebiet generell in Frage gestellt (strukturelle Kritik). Auf der anderen Seite wird das **Ergebnis** der Richtlinie – die zugestandenen Informations- und Konsultationsrechte – als ineffektiv eingestuft (materielle Kritik).

Beide Seiten werden in der wissenschaftlichen Diskussion behandelt und sagen jeweils voraus, dass die Regulierung folgenlos bleiben werde. Die entsprechenden Diskussionsstränge lassen sich im Wesentlichen auf die folgenden zwei Thesen verdichten.

Social Dumping These 1: *Die EU hat es nicht geschafft, durch die Richtlinie eine europaweite Vereinheitlichung der Rechtssituation und Arbeitsrealität europäisch-betrieblicher Arbeitsbeziehungen zu erreichen. Die Grundpfeiler deregulierender Konkurrenz zwischen Nationalstaaten sowie Konzernen bleiben bestehen.*

Das legislative System der Europäischen Union ist, bedingt durch die vielfältige Einbeziehung der Nationalstaaten, äußerst komplex und durch das Einstimmigkeitsprinzip in der Entscheidungsfindung gekennzeichnet. Der aus ökonomischer Sicht unterschiedlich hohe Entwicklungsstatus der Mitgliedsstaaten, die unterschiedlichen Traditionen in den nationalen Arbeitsbeziehungen und die teilweise konträren Interessen bei der Entwicklung europäischer Arbeitsbeziehungen, bildeten die Ausgangslage für die nach mehr als 20-jähriger Diskussion verabschiedete Richtlinie.

Verschiedene Experten – meist aus Ländern mit ausgeprägter Regulierung der Arbeitsbeziehungen – kritisieren die legislative Vorgehensweise. Die Regulierungsform Richtlinie führe nicht zur Vereinheitlichung europäischer Arbeitsbeziehungen, da die Umsetzung in die Realität erhebliche Möglichkeiten der Abweichung eröffne: bei Verhandlungen über die Umsetzung der Richtlinie in nationales Recht der EU-Mitgliedsstaaten sowie im Rahmen der individuellen Ausgestaltung der EBR-Gremien in den multinationalen Unternehmen.

Die Vollendung des Binnenmarktes hat zudem zu einer Stärkung der Kapitalmobilität geführt. Befürchtung der Kritiker ist, dass sich die Investitionsbereitschaft von Unternehmen am Regulierungsgrad der Zielländer orientiere. Dadurch werde nun auf die nationalen Regierungen Druck zur Deregulierung ausgeübt, um die Attraktivität des Standortes im innereuropäischen Wettbewerb zu erhalten. Dies wirke sich direkt auf Regulierungsniveau und -inhalte der national sowie konzernbezogen umzusetzenden Richtlinie über „Europäische Betriebsräte" aus. Sie blieben weiterhin im Spannungsfeld der Wettbewerbsfähigkeit. Die europäische Richtlinie führe also keinesfalls zu einer Vermeidung von Social Dumping Prozessen zwischen Konzernen oder Nationalstaaten. Die nationale Umsetzung der Richtlinie in das Rechtssystem der Mitgliedsländer sowie die individuelle Aushandlung und Ausgestaltung der Gremien durch die Akteure im Konzern führe zu national und konzernspezifisch geprägten europäisch-betrieblichen Arbeitsbeziehungen (vgl. *Streeck* 1997). Durch die (noch) nicht stattgefundene Harmonisierung von Rechten und Strukturen werde der Wettbewerb zwischen den Konzernen und Ländern bezüglich des Partizipationsniveaus im gemeinsamen Binnenmarkt bestehen bleiben. Der Deregulierungsdruck auf hochregulierte Systeme (Konzern sowie Nationalstaaten) werde kaum reduziert. Europäische Betriebsräte, die freiwillig die „Quasi-Mindestbedingungen" (2) der Richtlinie übersteigen, seien daher nicht zu erwarten.

Social Dumping These 2: *Europäische Betriebsräte sind durch die Vorgaben der Richtlinie rechtlich zu schwach ausgestattet, als dass sie eine effektive Arbeitnehmervertretung auf der europäischen Ebene durchführen könnten. Deregulierender Wettbewerb innerhalb von Konzernen bleibe bestehen.*

Der EBR sei als betriebliches Gremium ein schwaches Organ, da er – nur mit verhandelbaren Informations- und Konsultationsrechten ausgestattet – kaum Gremium effektiver Interessenwahrnehmung gegenüber dem Management sei. Des weiteren befände er sich im Schatten der dominierenden nationalen Gremien der Arbeitnehmervertretung. Somit sei der

EBR als Organ der Arbeitnehmervertretung im internen Konzernwettbewerb verhältnismäßig schwach (*Keller* 1997: S. 53). Es komme nicht zu einer Reduzierung des Social Dumping Prozesses zwischen Standorten eines Konzerns. Dies könne zu dem Ergebnis führen, dass die Arbeitnehmervertretungen verschiedener Standorte eines Konzerns gegeneinander ausgespielt würden, um bestimmte Ziele, bspw. Produktionsansiedlungen bei europaweiten konzerninternen Ausschreibungen kostengünstig durchzuführen. Ein europäisches Gremium, das – mit entsprechenden Rechten ausgestattet – machtvoll auftreten könne, würde einen deregulierenden Wettbewerb zwischen den Standorten eher vermeiden helfen.

Die Überregulierungsthese

Insbesondere von liberal-ökonomischen Arbeitgebervertretern wird die These vertreten, dass legislative Bemühungen den gerade durch den Binnenmarkt gewonnenen freien Wettbewerb – in Form von Regulierungen – kanalisierten. Generell führe dies zu einer nachhaltigen Beeinflussung des freien Wettbewerbs. Damit werde eine marktwirtschaftliche Konkurrenz unterschiedlicher nationaler Regulierungssysteme auf internationalem Parkett verhindert. Statt dessen werde das Regulierungsniveau normativ vorgegeben und vernachlässige damit die wirtschaftlichen Interessen global konkurrierender Unternehmen.

Damit bezieht sich diese Kritik ebenso wie die erste Social Dumping These auf die Ebene der politischen Regulierung. Die wissenschaftliche Diskussion reflektiert dabei den Einfluss der Überregulierungskritiker, fokussiert aber zentral auf den Zeitraum der Aushandlung und Ausformulierung der Richtlinie auf dem politischen Parkett. Die Folgen für die Umsetzung der Regulierung werden lediglich antizipiert und aus der Kritik abgeleitet.

Anders bei der zweiten Social Dumping These. Sie konzentriert sich auf den Zeitpunkt nach der Umsetzung und spiegelt damit die praktischen Einflussmöglichkeiten der betrieblichen Akteure wider. Allen Thesen gemeinsam ist hingegen die Annahme, dass die Durchsetzung und Umsetzung eines hohen Regulierungsniveaus entweder nicht angestrebt oder nicht realisierbar sei. Mit anderen Worten: Der Sinn eines durchgängig hohen und homogenen Regulierungsniveaus innerhalb der Arbeitsbeziehungen wird normativ abgeleitet, nicht jedoch als funktionales Äquivalent wirtschaftlich und gesellschaftlich stabiler Rahmenbedingungen angesehen.

Dabei spielt gerade dieses Stabilitätsargument eine wichtige Rolle in der Beurteilung der Attraktivität von Standorten und erklärt z.B. die nach wie vor hohe Attraktivität des „Standorts Deutschland" trotz hoher Lohnkosten, hoher Regulierung auf allen relevanten Ebenen (3): Das duale System der Mitbestimmung in der Bundesrepublik sichert ein hohes Maß an sozialer Stabilität und „produktiver Verlässlichkeit" – nicht zuletzt deshalb, weil es auf Grundlage des Betriebsverfassungsgesetzes und der betrieblichen Mitbestimmung Arenen und Routinen etabliert hat, Wandlungsbewegungen effektiv abzuarbeiten, ohne die Produktion zu behindern. Das duale System der Mitbestimmung gilt als konsens- und nicht als konfliktorientiert und wird zudem als Grundlage eines effektiven Co-Managements durch Betriebsräte diskutiert.

Dieses Argument spricht für die Nützlichkeit und Funktionalität stabiler Regulierungen und gewinnt in Zeiten globaler Produktion vor dem Hintergrund des Prinzips der Just-in-time-Fertigung zunehmend an Bedeutung. Eine Unterbrechung der Produktionskette – egal an welchem geographischen Ort – zieht immer auch eine Reaktion in der gesamten Wertschöpfungskette nach sich. Es ist also durchaus plausibel anzunehmen, dass auch Unternehmen daran interessiert sind, ein tragfähiges Niveau der stabilen Regulierung anzustreben. Daraus leitet sich folgende Alternativhypothese ab:

Alternativhypothese: *Je stärker eine global agierende Produktion auf flexible und verlässliche Prozesse angewiesen ist, umso stärker wird sie an stabilen Rahmenbedingungen, sprich einem hohen Regulierungsniveau und einer ebensolchen Umsetzung interessiert sein: Der Regulierung wird zum Erfolg verholfen.*

Die Richtlinie über Europäische Betriebsräte ist mittlerweile seit 1996 umgesetzt und bietet damit die Chance, alle drei Thesen sowie die Alternativhypothese einer Überprüfung durch die faktische Umsetzung zu unterziehen.

Untersuchungsergebnisse über die Umsetzung der Regulierung

Bisher durchgeführte Analysen der EBR begnügten sich häufig mit Auflistungen existierender Gremien und der formalen Analyse der freiwilligen Vereinbarungen (vgl. European Commission 1995). So konnte eine tiefgreifende Analyse und Bewertung der Ausgestaltung und Handlungsfähigkeit der Gremien nicht geleistet werden. Nur wenige aussagekräftige Schlussfolgerungen hinsichtlich der Richtlinie im Nutzungs- oder „Belebungsprozess" konnten bislang gezogen werden. Die Akteure und ihr Umgang mit der Richtlinie blieben außen vor.

Der Frage, ob die Richtlinie es den Gremien erlaubt, wirksam zu arbeiten, wird erst in letzter Zeit nachgegangen. Dabei bedarf es zur fundierteren Analyse und Bewertung der Regulierung einer umfassenden Untersuchung bestehender EBR. Mittlerweile liegen erste Ergebnisse bezüglich der Realisierung der Richtlinie und ihrer Umsetzung in Gremien vor, die diesen Anforderungen genügen. Sie fördern interessante, aber auch sehr unterschiedliche Erkenntnisse zutage. Die Untersuchungen (vgl. z.B. *Jacquier/Helbig/Kjéllen/Namin/Wilson* 1999; *Lecher/Nagel/Platzer* 1998; *Blank/Geissler/Jaeger* 1996) zeigen deutlich, dass aus den Wesensmerkmalen der Regulierungsform Richtlinie und ihrer subsidiären Umsetzung heterogene europäisch-betriebliche Realitäten der Arbeitnehmervertretung resultieren. Als ein übergreifendes Ergebnis der Untersuchungen ist daher festzuhalten, dass die unterschiedlichen Handlungsrealitäten in den Gremien auf die in den EBR dominierenden nationalen Traditionen der Arbeitsbeziehungen und die spezifischen Bedingungen im Konzern inklusive der Intentionen der Akteure zurückzuführen sind. Mit anderen Worten: Wie ein EBR in Strukturen, Prozessen und Ausstattung mit Partizipationsmöglichkeiten aussieht – d.h. wie handlungsfähig er ist – liegt in weiten Teilen an der umfassenden Erfahrung und Umsetzungsarbeit der Beteiligten.

Aufgrund der hier nur kurz skizzierten theoretischen Diskussion und der ebenfalls nur angerissenen Untersuchungsergebnisse ergeben sich die folgenden Hinweise auf den Bestätigungsgehalt der o.a. Thesen (4).

- Die erste Social Dumping These, die Kritik an der mangelnden europaweiten Vereinheitlichung der Rechtssituation und Arbeitsrealität sowie der damit weiterhin bestehenden Gefahr deregulierender Konkurrenz im Bereich europäisch-betrieblicher Arbeitsbeziehungen, muss differenzierter betrachtet werden. Verfechter dieser Aussagen messen die EBR anhand eines Maßstabes, der nicht für die betrieblich orientierten EBR gelten kann. Sicherlich tragen diese Gremien zu einer gewissen Vereinheitlichung der europäischen Ebene bei, dies zeigen auch die dargestellten Untersuchungen (der größte Teil der existierenden EBR ist in seiner rechtlichen und strukturellen Ausgestaltung sehr stark an die Richtlinie angelehnt). Dennoch muss deutlich darauf verwiesen werden, dass eine übergreifende Regulierung von europäischen Arbeitsbeziehungen (betrieblich und überbetrieblich) nur im Kanon weiterer Arrangements realisiert werden kann. Um von einem umfassenden System europäischer Arbeitsbeziehungen reden zu können, wie es auf nationaler Ebene üblich ist, bedarf es noch vielfältiger Anstrengungen.

- Die zweite Social Dumping These, Europäische Betriebsräte seien durch die Vorgaben der Richtlinie rechtlich zu schwach, als dass sie effektive Arbeitnehmervertretung durchführen können, kann nicht bestätigt werden. Gerade hier hängt es an der o.g. konzernspezifischen Ausgestaltung, inwieweit von einem handlungsmächtigen Gremium gesprochen werden kann. Beispiele, wie das später näher ausgeführte des EBR VOLKSWAGEN AG zeigen, dass eine wirkungsvolle Ausgestaltung der Gremien existiert und sogar partieller Transfer von hohen Regulierungen in die Standorte mit geringer ausgeprägten Regulierungsniveaus möglich ist.

- Die Überregulierungsthese, nach der Unternehmen per se an einem niedrigen Regulierungsniveau interessiert seien, kann mit Nachweis des soeben angesprochenen „Niveau-Transfers" relativiert werden.

- Die Alternativhypothese, nach der funktionierende Europäische Betriebsräte Garanten einer Stabilisierung europäischer Arbeitsbeziehungen innerhalb eines Konzerns darstellen können, scheint sich zu bestätigen.

Belege für eine Bestätigung oder Verwerfung der verschiedenen Hypothesen zu sammeln und mögliche Erfolgsfaktoren für eine funktionierende Umsetzung der Richtlinie herauszuarbeiten, obliegt weiterer Forschung. Diese soll mit dem vorliegenden Beitrag durch Darstellung des Fallbeispiels der Etablierung des Europäischen Konzernbetriebsrates bei der VOLKSWAGEN AG vorangetrieben werden.

Der Europäische Konzernbetriebsrat bei VW

Der VOLKSWAGEN-Konzern war das erste Unternehmen der Automobilindustrie, welches einen EBR gegründet hat. 1992 – im Jahr vor der Vollendung des EG-Binnenmarktes und noch zwei Jahre vor der Verabschiedung der europäischen Richtlinie 94/45/EG – wurde die „Vereinbarung über die Zusammenarbeit zwischen der Volkswagen-Konzernleitung und dem Europäischen Volkswagen-Konzernbetriebsrat" demonstrativ im Europäischen Parlament unterzeichnet. VOLKSWAGEN wollte eine Vorreiterrolle in der Sozialen Dimension der Europäischen Integration einnehmen. Diese Rolle bezog sich nicht nur auf den Zeitpunkt der Unterzeichnung, sondern ebenfalls auf den Inhalt der Vereinbarung (5), in der die VOLKSWAGEN AG ihre Verantwortung für die europäische Integration bekundet und die Errichtung und Entwicklung eines Sozialen Dialogs auf der europäischen Unternehmensebene unterstützt.

In der Befragung der Mitglieder des Europäischen VOLKSWAGEN Konzernbetriebsrates (E-VW-KBR) über die Aufgabe und Handlungserfahrung des Gremiums, wiesen diese dem Gremium EBR folgende drei wichtige Aufgaben zu:

- Informationsvermittlung,
- Direkter Kontakt der Arbeitnehmervertreter mit der Konzernleitung und
- Austausch der Arbeitnehmervertreter bezüglich Handlungsstrategien und Absprachen.

Deutsche Dominanz im E-VW-KBR

Oftmals wird ein Zusammenhang zwischen dem Sitz des Mutterkonzerns, den dortigen nationalen Arbeitsbeziehungen sowie den dominierenden Arbeitsbeziehungen im EBR des Konzerns diagnostiziert (vgl. *Streeck* 1997). Dieser Zusammenhang ist auch im VOLKSWAGEN Konzern anzutreffen. Die Handlungsgrundlage dieses Gremiums steht in engem Bezug zur deutsch dominierten VOLKSWAGEN-Unternehmenskultur. Diese baut auf **Zusammenarbeit**, **Verständnis** und **Vertrauen** (vgl. *Sudholt* 1995; Die Mitbestimmung 1992). Dem Sozialen Dialog und der Information über Unternehmensplanung sowie neuen Personalkonzepten wird in diesem Zusammenhang ein hoher Stellenwert auch im EBR zugewiesen (vgl. *Hartz* 1996: S. 180). Dies ist nicht zuletzt darauf zurückzuführen, dass der Europäische Konzernbetriebsrat bei VOLKSWAGEN sowohl strukturell und personell als auch prozedural deutsch dominiert wird.

Personell ist der E-VW-KBR überwiegend mit Deutschen besetzt. 11 der 23 Mitglieder des Gremiums sind deutsche Arbeitnehmervertreter, wobei sich diese Dominanz in den Funktionen, bzw. Positionen des Präsidenten und des Generalsekretärs – als den Schlüsselpositionen im Gremium – fortsetzt. Auch sie sind mit deutschen Vertretern besetzt.

Dem **Präsidenten des E-VW-KBR** kommt dabei aufgrund der Bündelung von vielen Funktionen in seiner Person eine hohe Bedeutung zu. Er ist ebenfalls Vorsitzender des Konzernbetriebsrates, des Gesamtbetriebsrates (und Gesamtbetriebsratsausschusses), des größten und wichtigsten Einzelbetriebsrates in Wolfsburg und Mitglied des Aufsichtsrates (6). Er vereinigt in sich die wichtigsten Funktionen der Arbeitnehmervertretung des Konzerns und hat so eine gewisse Schlüsselrolle. Relevante Informationen können aufgrund dieser Ämterkumulation den Gremien der Arbeitnehmervertretung nicht vorenthalten werden.

Die Einflussnahme auf Entscheidungen der Konzernleitung findet somit in einem Geflecht von formellen und informellen Möglichkeiten, im Spannungsfeld der unterschiedlich einflussreichen Akteure Konzernleitung, Präsident/Vorsitzender des Europäischen Konzernbetriebsrates, Konzernbetriebsrates, Gesamtbetriebsrates, Betriebsrates Wolfsburg (Konzernsitz und größter Einzelstandort), dem lokalen Management und den Arbeitnehmervertretungen in den Standorten statt. Die besondere Anteilseignerstruktur sowie die traditionelle Stärke der Arbeitnehmervertretung führt in diesem Fall zu einer spezifischen Schlüsselentscheidungsstruktur.

Strukturell betrachtet ist der E-VW-KBR eines der wenigen EBR-Gremien, welches nicht dem französischen Prinzip des „Comité d'entreprise" (ein gemeinschaftliches Gremium zwischen Arbeitgebern und Arbeitnehmervertretern, Vorsitz und Sitzungsleitung durch die Unternehmensleitung) folgt (vgl. European Commission 1995). Der E-VW-KBR ist ein reines Arbeitnehmergremium mit Vorsitz der Arbeitnehmerseite – dem deutschen Prinzip des „Betriebsrates" folgend –, das gemeinsame Sitzungen mit der Konzernleitung durchführt. Betrachtet man formal-prozedurale Aspekte im EBR, so lassen sich inhaltliche Zusammenhänge zwischen den Leitlinien der Freiwilligen Vereinbarung bei VOLKSWAGEN („... *im Sinne eines konstruktiven Dialogs und einer kooperativen Bewältigung wirtschaftlicher, sozialer und ökologischer Herausforderungen auf europäischer Ebene"* FV § 1.1), der Richtlinie 94/45/EG („, ... *mit dem Willen zur Verständigung"* Art. 9) und denen der deutschen Arbeitsbeziehungen (*„Arbeitgeber und Betriebsrat arbeiten [...] vertrauensvoll [...] zum Wohl der Arbeitnehmer und des Betriebs zusammen"* BetrVG § 2.1) erkennen.

Die Akteure des E-VW-KBR unterstreichen bewusst, dass *„dieses Modell [...] in Anlehnung an die deutsche Betriebsverfassung gewählt"* (*Uhl/Lavon* 1997: S. 223) wurde. Verschiedene Akteure bewerten den Einfluss der deutschen Arbeitsbeziehungen positiv und begründen das nationale Ungleichgewicht damit, dass dies auch den Beschäftigungsverhältnissen im Konzern entspräche. Somit hat dies auch dementsprechende Auswirkungen auf die Arbeitsweise und Paradigmen im Arbeitnehmergremium. So arbeitet der EBR des VOLKSWAGEN-Konzerns analog deutscher und VOLKSWAGEN-spezifischer Aspekte der Arbeitsbeziehungen als ein Konsensgremium, das nicht konfliktorientiert ist. Nach Aussage der steuernden Akteure wird die Strategie der kooperativen Konfliktbewältigung auch in diesem Gremium anerkannt und angewandt.

Eine weitere Handlungsmaxime ist die des solidarischen Beschäftigungsausgleiches. Dieser bezieht sich auf den Versuch der ausgeglichenen Verteilung der Produktionsvolumina zwischen den Standorten sowohl in Zeiten der Hochkonjunktur als auch in Rezessionszeiten. Im Rahmen der konjunkturellen Krise bei VOLKSWAGEN, in deren Verlauf 1993 weltweit 600.000 Fahrzeuge weniger gebaut wurden (vgl. IGM 1997: S. 7), bewährte sich diese Handlungsmaxime laut Aussage der Akteure. Die Produktionsvolumina wurden gleichmäßig reduziert. In der Fahrzeugproduktion kam es zu Produktverlagerungen zwischen den Standorten und zur Einführung der sogenannten Vier-Tage-Woche bei VOLKSWAGEN Wolfsburg (7).

Diese solidarische Verteilung von Produktionspotential zwischen den europäischen Standorten ist zwar nicht Ergebnis von Verhandlungen mit dem Plenum des EBR, aber doch auch ein Resultat der Zusammenarbeit im Gremium (vgl. *Uhl/Lavon* 1997: S. 221), denn die Verschiebung von Produktionsvolumina war Thema von Konsultationen (vgl. VOLKSWAGEN 1996) (8). So wird von relevanten Akteuren konstatiert, dass Entscheidungen dieser Art natürlich nicht im Informationsgremium EBR fallen würden. Allenfalls würden Absprachen vor den Sitzungen im Rahmen eines formellen und informellen Interessenausgleichs zwischen der Spitze der Arbeitnehmervertretung und der Konzernleitung sowie zwischen den nationalen Arbeitnehmervertretungen getroffen.

Im Laufe der Untersuchung wurde zunehmend deutlich, dass der Konstellation de Akteure im E-VW-KBR, neben den aus der Freiwilligen Vereinbarung resultierenden Strukturen und Rechten, eine gewichtige Rolle zukommt (9).

Co-Management als Erfolgsfaktor

Der EBR kann ein effektives Gremium der Information und Konsultation der Arbeitnehmervertreter gegenüber der Konzernleitung sein (10). Die Konzernleitung profitiert aber ebenfalls von einem funktionsfähigen Gremium. Sie informiert sich im Austausch über die aktuelle Lage und Probleme der Standorte direkt bei den Arbeitnehmervertretern der betroffenen Standorte und kann so eine authentische Situationsbeschreibung erhalten.

Wie aber werden diese Informationen nun von den Arbeitnehmervertretern in der betrieblichen Auseinandersetzung mit den Unternehmensleitungen genutzt? Die Aussagen der Befragten lassen erkennen, dass die im EBR gewonnenen Informationen auch Auswirkungen auf die Aktivitäten der Akteure in den Standorten vor Ort haben. Einhellig wird das klassische Argument für den EBR von den Vertretern der Arbeitnehmer formuliert: Die verbesserte Informationslage schaffe Transparenz bezüglich der wirtschaftlichen Situation des Konzerns. Die Informationsfülle reduziert die Informationsasymmetrie zwischen lokaler Unternehmensleitung und Arbeitnehmervertretung. Dies hat Vorteile für die Arbeitnehmervertretungen, da nun Versuche des gegenseitigen Ausspielens von Standorten durch die einzelnen Unternehmensleitungen und die Konzernleitung nicht mehr so einfach möglich sind, so die Akteure. Die Informationen schaffen Verhaltens- und Verhandlungssicherheit. Gleichzeitig wird aber ebenso einmütig der Nachteil der erweiterten Informationslage vorgebracht. Das Wissen über die Situation des Konzerns schafft ebenso Verbindlichkeiten. Forderungen, die früher ohne den Hintergrund der wirtschaftlichen Lage des Konzerns in den Standorten gestellt wurden, erscheinen nun oftmals als nicht mehr tragbar. Unpopuläre Entscheidungen zum Wohle des Unternehmens werden nun auch teilweise von den Arbeitnehmervertretungen mitgetragen. Laut übereinstimmenden Aussagen von Arbeitnehmer- und Unternehmensvertretern haben (Haus-)Tarifverhandlungen und arbeitsorganisatorische Veränderungen (Arbeitszeitflexibilisierung, etc.) nun eine andere Qualität bekommen. Einsichten der Arbeitnehmervertreter in bestimmte Notwendigkeiten sind einfacher zu erreichen, gleichzeitig aber können realistische Forderungen der Arbeitnehmer schlechter abgelehnt werden.

Für alle Beteiligten im E-VW-KBR gilt, dass neben den besonderen Informationszugewinnen die Möglichkeit der Schaffung von persönlichen Kontakten besteht, die für eine kooperative Zusammenarbeit zwischen Arbeitgebern und Arbeitnehmern (oder nur zwischen den Arbeitnehmervertretern) wichtig sind. Das Gremium EBR bringt also beiden Seiten neben den Informationsgewinnen auch strategische Vorteile im Hinblick auf ihre Interessendurchsetzung. Dies gilt nicht zuletzt für die Konzernleitung, der das Gremium neben der Möglichkeit zur Präsentation der eigenen Meinungen und Positionen vor der europäischen Spitze der Arbeitnehmervertreter auch indirekt zur Reduzierung von Konfliktlagen dient. Sie nutzt dabei die Schlüsselrolle sowohl des Präsidenten als auch des Generalsekretärs des EBR, um den Betriebsfrieden auch in schwierigen Situationen zu gewährleisten.

Auswirkung auf die nationalen betrieblichen Arbeitsbeziehungen

Der Transfer von Informationen im EBR kann auch weitergehende Auswirkungen auf die nationalen betrieblichen Arbeitsbeziehungssysteme haben, wie sich am Beispiel des VOLKSWAGEN-Konzerns zeigt. Der Kontakt mit den europäischen Betriebsratskollegen unterstützt den Transfer von Regelungen und zeigt beispielhaft, welche Vereinbarungen im Mutterkonzern möglich sind und erfolgreich angewandt wurden. Er ermöglicht darüber hinaus den Erfahrungstransfer und die gemeinschaftlichen Positionsabstimmungen. Schlussendlich führt er in diesem Beispiel dazu, dass sich schrittweise eine langsame Angleichung von Partizipationsstandards auf höherem Niveau realisiert: Alle Akteure sprachen von einer Anhebung des Niveaus. Die Akteure in den Standorten der niedrig regulierten Länder orientieren sich an den hochregulierten Arbeitsbeziehungen am Sitz der Konzernmutter in Deutschland und versuchen sich in ihrem Niveau den deutschen Standards anzupassen. Im Detail berichteten die Akteure in den Gesprächen über eine Reihe von Ergebnissen dieser Angleichungseffekte (vgl. dazu allgemein *Marginson/Sisson* 1996). In diesem Zusammenhang konnte bei den Arbeitsbeziehungen zwischen der Übernahme von materiellen Ergebnissen und der Übernahme von prozeduralen Aspekten unterschieden werden.

Es lassen sich verschiedene Beispiel anführen, in denen sich eine Übernahme von Regulierungsergebnissen erkennen lässt. So wurden Verhandlungen über die Übernahme der deutschen Arbeitszeitflexibilisierung in den Standorten VW Brüssel und VW Navarra geführt (z.B. Wochenendarbeit, Arbeitszeitverkürzung, Abschaffung Werksferien), Vorruhestandsregelungen bei VW Brüssel und SEAT sowie eine Alterssicherung bei SKODA analog deutscher Regelungen ausgehandelt, die deutsche Institution „Frauenbeauftragte" bei SEAT implementiert sowie die in Spanien unbekannte Bereitstellung von Dienstwagen für Arbeitnehmervertreter bei SEAT geregelt. Besonders interessant scheint des weiteren die konzernweite Orientierung an deutschen Tarifabschlüssen. So orientierten sich z.B. die spanischen Gewerkschaften bei SEAT bei ihren Forderungen an der 1998 bei VOLKSWAGEN in Deutschland ausgehandelten Belegschaftssonderzahlung von DM 1.000,-.

Allerdings ließen sich auch Grenzen dieser Übernahmen erkennen; SKODA dient hier als interessantes Beispiel. Nach Unterzeichnung des Joint Ventures zwischen VOLKSWAGEN und SKODA forderte der damalige Vorsitzende der Arbeitnehmervertretung ein ähnliches Lohngefüge wie in Deutschland. Dies führte zu intensiven Tarifauseinandersetzungen, in deren Folge der Vorsitzende nicht wiedergewählt wurde. In den Gesprächen konnte ermittelt werden, dass sich die osteuropäischen Akteure durchaus bewusst sind, warum sich VOLKSWAGEN dort engagiert, nämlich auch aufgrund der niedrigen Produktionskosten in Osteuropa. Die Akteure betonten, dass sie sich im Klaren seien, dass ihre Lohnforderungen im Relationsgefüge der jeweiligen nationalen Arbeitsbeziehungssysteme bleiben müssen. Eine komplette Angleichung könnten sie sich erst einmal nicht vorstellen. Schon jetzt sind die Löhne, aber auch die Anforderungen an Qualitätsstandards im Vergleich zu Osteuropa höher.

Aber nicht nur Übernahmen von materiellen Ergebnissen lassen sich erkennen. Besonders interessant sind die Übernahmen von prozeduralen Aspekten, wie z.B. der Informationspolitik des VOLKSWAGEN-Konzerns: Hier wurde die allgemeine kooperative Zusammenarbeit mit der Unternehmensleitung betont. So präferierten z.B. die Arbeitnehmervertreter von SEAT und SKODA die Übernahme ihrer Unternehmen durch den VOLKSWAGEN-Konzern. Sie wiesen in dem Zusammenhang auch auf die positive kooperative Zusammenarbeit der Arbeitnehmer und Arbeitgeber und der höheren sozialen Verantwortlichkeit des Konzerns hin.

Des weiteren unterstützte der VOLKSWAGEN-Konzern die Gründung einer Arbeitnehmervertretung bei VW Bratislava, um so einen kompetenten Kooperationspartner im Unternehmen zu haben.

Bei SKODA mussten nach Abschluss der Vertragsunterzeichnungen eine Reihe von Verhandlungen und Regulierungen nachgeholt werden. Tarifverträge wurden abgeschlossen, man befand sich auf der Suche nach einer Basis für eine Zusammenarbeit und habe diese dann konsequenterweise im Mutterkonzern VOLKSWAGEN gefunden, so die betroffenen Befragten. Die jetzt existierenden Arbeitsbeziehungen seien durch die deutschen, VOLKSWAGEN-spezifischen Arbeitsbeziehungen beeinflusst worden (z.B. Wirtschaftsausschuss nach deutschem Vorbild), nicht zuletzt habe die deutsche Gewerkschaft IG METALL bei diesem Harmonisierungsprozess assistiert.

Betrachtet man explizit die Rolle des EBR in diesen Prozessen, so ist zu erkennen, dass dieser auch in tiefgreifende und für den Konzern wesentliche nationale Konflikte zwischen Arbeitnehmervertretungen und Unternehmensleitungen eingriff. Er fungierte als Moderator zum Wohle des gesamten Unternehmens, so z.B. in einem Konflikt in Spanien, der sich bei SEAT zutrug. In der Auseinandersetzung um die Sanierung von SEAT traten deutsche Mitglieder des EBR als Vermittler auf, die aktiv halfen, die festgefahrenen Positionen zwischen den Akteuren in einem Dialog aufzulösen. Laut Berichten genossen die Vermittler Vertrauen auf beiden Seiten. Ähnliches berichteten die Befragten auch von Auseinandersetzungen um die Arbeitszeitflexibilisierung bei VW Brüssel, wo sowohl Vertreter der Konzernleitung als auch des Präsidiums des EBR die Verhandlungen moderierend flankierten. Ebenfalls sei dies bei dem Konflikt über die Zukunft des Werkes in Brasilien im Januar 1998 zu erkennen gewesen. Die Spitzenfunktionäre von VOLKSWAGEN und die Arbeitnehmervertretung hätten moderierend Einfluss auf die Konfliktseiten genommen und damit geholfen, eine Flexibilisierung der Arbeitszeit nach dem deutschen Vorbild zu initiieren (vgl. Frankfurter Allgemeine Zeitung vom 19.1.1998). Offen wurde von den Akteuren auch von einem Export der deutschen, VOLKSWAGEN-spezifischen kooperativen Arbeitsbeziehungen gesprochen.

Alle Akteure – unabhängig vom Land – berichteten, dass ihr Unternehmen vor dem Hintergrund der nationalen Arbeitsbeziehungen eine Art Vorreiterrolle eingenommen habe.

Fazit und Ausblick

Fasst man die Ergebnisse des Fallbeispiels VOLKSWAGEN vor dem Hintergrund der oben angeführten Kritik zusammen, so lassen sich für das untersuchte Gremium folgende Ergebnisse erkennen:

1. Hohes Regulierungsniveau: Die Analyse des Fallbeispiels von VOLKSWAGEN zeigt, dass durchaus EBR existieren, die in ihrer formalen Ausgestaltung und in ihrer Hand-

lungsrealität über das von der Richtlinie und den nationalen Gesetzgebungen geforderte Maß an betrieblicher Partizipation auf supranationaler Ebene hinausgehen. Der negative externe Konzernwettbewerb (Social Dumping These 1) der betrieblichen europäischen Partizipationssysteme setzt sich demnach trotz des Voluntarismus der Akteure bei der Ausgestaltung und der daraus resultierenden Heterogenität dieser Systeme nicht flächendeckend durch.

2. Legt man die Reduzierung des negativen internen Konzernwettbewerbs als weitere Bedingung für Wirksamkeit des Gremiums zugrunde, so kann festgestellt werden, dass der EBR bei VOLKSWAGEN diesbezüglich effektiv arbeitet. Das von Kritikern befürchtete konzerninterne Social Dumping (These 2) konnte hier abgewendet werden. Im Gegenteil, das Gremium konnte zu einem effektiven Abstimmungs- und Arbeitsgremium entwickelt werden. Die Schlüsselworte sind in diesem Zusammenhang „kooperative Konfliktbewältigung" und „solidarischer Beschäftigungsausgleich".

3. Entgegen der allgemeinen theoretischen Vermutungen lässt sich zudem ein Hochniveautransfer der deutsch dominierten Arbeitsbeziehungen (materielle und prozedurale Aspekte) mithilfe des intermediären Gremiums des EBR (u.a.) in die nationalen Standorte des VOLKSWAGEN-Konzerns erkennen.

Die VOLKSWAGEN-Studie gibt Aufschluss über die Handlungs- und Funktionsrealitäten dieses spezifischen Gremiums. Sie bekräftigt aber Hinweise darauf, dass die Umsetzung der Richtlinie in einer entsprechenden Akteurskonstellation zu effektiven, über die Vorgabe der Richtlinie hinausgehende europäisch-betriebliche Arbeitsbeziehungen führen kann. Sicherlich besteht die Gefahr unzureichender, nicht wirksamer europäisch-betrieblicher Arbeitsbeziehungen, sie ist aber keinesfalls zwingend. Vielmehr zeigt sich die Möglichkeit, auch im internationalen Kontext stabilisierend wirkende Regulationsstrukturen zu entwickeln (internationales Co-Management), die dazu beitragen, sowohl Flexibilität als auch Sicherheit internationaler Produktionsketten vor dem Hintergrund globaler Konkurrenz langfristig zu gewährleisten.

Ableitung von Erfolgsfaktoren als Gestaltungsparadigma

Die Umsetzung der EBR-Richtlinie im VOLKSWAGEN-Konzern ist ein Beispiel dafür, dass die europäische Regulierung EBR wirkungsvoll umgesetzt werden kann. Warum dies gerade bei VOLKSWAGEN zutrifft, lässt sich anhand der folgenden Faktoren zusammenfassen:

- Der E-VW-KBR baut auf der in den deutschen Arbeitsbeziehungen basierenden, auf Kooperation und Co-Management bezogenen Unternehmenskultur auf.

- Des weiteren ist die hohe Regulierung der Arbeitsbeziehungen auf Grundlage dieses europäischen Gremiums erklärtes Ziel sowohl der Arbeitnehmervertreter als auch der Konzernleitung. Die Erkenntnisse der Überregulierungsthese werden hier nicht zur Einschätzung der Entwicklung europäisch-betrieblicher Arbeitsbeziehungen zu Grunde gelegt. Grundlage ist vielmehr die allgemein positive Betrachtung des Verhältnisses zwischen betrieblicher Partizipation und Wettbewerb: die kontrovers diskutierte Frage von Partizipationskosten und Partizipationsnutzen. Von Kritikern werden EBR und Arbeitnehmervertretung allgemein als Kostenfaktor angesehen, sei es aufgrund der aufzubringenden Finanzleistung oder gar des Verlustes von Eigentumsrechten der Unternehmen bei der Produktionsgestaltung. Gewonnene Freiheit und daraus resultierende Kostenreduzierung durch den gemeinsamen Binnenmarkt würden durch neue Regulierungen konterkariert. Um die Wettbewerbspositionen möglichst günstig zu halten, so die Kritiker, müssten die Partizipationsniveaus niedrig gehalten werden. Eben dieser Prozess ist es, der zum Social Dumping führt. Die Akteure bei VOLKSWAGEN formulieren diese Gleichung entgegengesetzt. Partizipation und Arbeitnehmervertretung wird nicht mit Kosten gleichgesetzt, sondern als kostenreduzierendes Element angesehen. Der EBR biete dem Unternehmen in der Realisierung der internationalen Co-Management-Funktion einen ökonomischen Vorteil. Konfliktreduzierung ist Kostenreduzierung. Ergänzend kommt hinzu, dass der Export deutscher Arbeitsbeziehungselemente und materieller Ergebnisse durch die extrem homogene Produkt- und Produktionsstruktur erheblich vereinfacht und somit gefördert wird.

Abschließend stellt sich nun die Frage der allgemeinen Auswirkung – vom Kontext eines spezifischen Konzerns gelöst – der EBR-Gremien auf die Handlungsrealitäten multinationaler Unternehmen. Es ist in der Untersuchung deutlich geworden, dass aus den Rechten des EBR keine direkten (Mit-)Entscheidungen der Arbeitnehmervertreter auf Unternehmensebene resultieren. Die eigentlichen strategischen und operativen Entscheidungen im Konzern finden nach wie vor in den dafür bestehenden Gremien statt. Dennoch ermöglicht diese Regulierung neue Kontexte, die für die Handlungen und Handlungsentscheidungen aller Akteure im Konzern Auswirkungen haben (z.B. verbesserter Informationsfluss, zunehmende Konvergenz der Arbeitsbeziehungen der einzelnen Standorte in einem Konzern, höhere Rationalität der konzerninternen Verhandlungen etc.). Entscheidungen im Konzern fallen nun im Rahmen eines veränderten Handlungskontextes. Es entwickelt sich auf beiden Seiten – Arbeitnehmer und Konzernleitung – ein stärkeres Verständnis über den Zusammenhang aller Standorte im Konzern.

So lässt sich als zentrale Aussage formulieren: Auch wenn die Strukturen, Rechte und Prozesse in den spezifischen Ausgestaltungen der EBR unterschiedlich sind, bzw. sehr unterschiedlich „belebt" wurden und die verschiedenen EBR unterschiedlich handlungsmächtig sind, so ist hieraus keine deterministische Wirkung auf die allgemeine Effektivität der Regulierung abzuleiten. Die Richtlinie mag aus der Sicht der Arbeitnehmervertreter formale Schwächen haben und in der „Belebung" in manchen Unternehmen nicht über ein Gremium der minimalen Information hinauskommen. Wesentlich ist aber: Der Europäische Betriebsrat initiiert Kommunikations- und Lernprozesse und verändert dadurch Handlungskontexte für Entscheidungen, die in anderen Gremien fallen. Welches Ausmaß die jeweilige Veränderung der Handlungskontexte hat, unterscheidet sich jedoch von Konzern zu Konzern. Das skizzierte Beispiel zeigt, dass es den Akteuren durch die Richtlinie gelungen ist, kooperativ geprägte, europäisch-betriebliche Arbeitsbeziehungen zu installieren, die darüber hinaus zu einem partiellen Transfer eines hohen deutschen Regulierungsniveaus auf andere Standorte beitragen konnten. Gleichsam ist festzustellen, dass die Einschätzung des EBR bei VOLKSWAGEN von allen Akteuren grundlegend positiv ausfällt, die verschiedenen Akteure –

Arbeitnehmervertretung wie Konzernleitung – gruppenspezifischen Nutzen generieren können.

VOLKSWAGEN ist kein typisch deutsches Beispiel, sondern nimmt auch in Deutschland eine Vorreiterrolle in der Ausgestaltung betrieblicher Arbeitsbeziehungen ein. Das Unternehmen hat sich selbst zum Ziel gesetzt, die kooperativen Verhältnisse zwischen Arbeitnehmervertretung und Konzernleitung auszuweiten. Der EBR ist nicht Endpunkt der Entwicklung der konzernweiten Arbeitsbeziehungen in einem sich immer stärker globalisierenden Konzern (vgl. Der Stern 1998). Das zeigt sich daran, dass schon jetzt, ohne eine gesetzliche Regulierungsinitiative, die Akteure im VOLKSWAGEN-Konzern im Mai 1998 einen Weltbetriebsrat gründeten.

Anmerkungen

(1) Richtlinie 94/45/EG vom 22. September 1994 über die Einsetzung eines Europäischen Betriebsrats oder die Schaffung eines Verfahrens zur Unterrichtung und Anhörung der Arbeitnehmer in gemeinschaftsweit operierenden Unternehmen und Unternehmensgruppen, gestützt auf das Abkommen über die Sozialpolitik im Anhang zu Protokoll (Nr. 14) zum Vertrag zur Gründung der Europäischen Gemeinschaft, insbesondere auf Artikel 2 Absatz 2

(2) Bedingt durch das automatische Inkrafttreten der Subsidiären Bestimmungen gemäß Artikel 7 der Richtlinie durch Beschluss der Verhandelnden, bei Handlungsverweigerung sowie Verhandlungsscheitern wirken diese quasi als Mindestbestimmungen. Die verhandelnden Arbeitnehmervertreter werden sich somit – rational nachvollziehbar – kaum unter diese Schwelle drücken lassen.

(3) Hier sei nur auf das hohe Niveau des deutschen Arbeitsschutzes verwiesen.

(4) Zu einer umfassenden Diskussion vgl. *Helbig*, 1999.

(5) Schon 1990 trafen sich durch Wahlen legitimierte Arbeitnehmervertreter der Unternehmen der VOLKSWAGEN AG, der Audi AG, der SEAT SA und der VOLKSWAGEN Bruxelles SA zu ersten Gesprächen. Aufgrund der Stärke der Arbeitnehmervertretung wie der IG Metall und der kooperativen Haltung der Konzernleitung war dies schon zu diesem Zeitpunkt ohne die rechtliche Grundlage möglich (vgl. *Uhl/Lavon* 1997: 217; IGM 1997).

(6) Der VOLKSWAGEN-Konzern unterliegt dem Mitbestimmungsgesetz von 1976, das für Aktiengesellschaften einen Aufsichtsrat vorschreibt, der durch Kapitaleigner und Arbeitnehmervertreter besetzt wird. So sind die Arbeitnehmervertreter im Konzern durch ihre Mitgliedschaft im Aufsichtsrat umfassend informiert.

(7) Ermöglicht wird die Realisierung dieses Gedankens auch von der Produktionsrealität bei VOLKSWAGEN. Die Einführung des Plattformsystems, einer Standardisierung von Teilen der Produkte, ermöglicht höhere Flexibilität auch bei der Produktionsstandortverlagerung.

(8) Zitat Interview mit Generalsekretär Uhl in IGM 1997: „Ein belgischer Kollege im Euro-Betriebsrat hat immer wieder gesagt, dass er heilfroh sei, zu Volkswagen zu gehören und nicht zu einem amerikanischen oder französischen Konzern. Die hätten in dieser Situation mindestens ein bis zwei Fabriken geschlossen. Volkswagen hat keine einzige dicht gemacht" (IGM 1997: 7)

(9) Soweit es den EBR betrifft. Eine Analyse der gesamten Arbeitsbeziehungen im VOLKSWAGEN-Konzern würde den Raum dieser Studie erheblich überschreiten.

(10) In Interviews wird ergänzend angegeben, dass der Informationsgewinn aus der EBR-Sitzung für die nichtdeutschen Delegationen größer sei als für die deutsche, da diese schon in den deutschen überbetrieblichen Gremien (Gesamtbetriebsrat, Konzernbetriebsrat, aber auch Betriebsrat Wolfsburg) umfangreich informiert würden. Des weiteren wird eine Unterscheidung des Informationsgewinns zwischen den nichtdeutschen und den osteuropäischen Standorten vorgeschlagen. Osteuropäische Arbeitnehmervertreter, so wird angegeben, hätten einen höheren Informationsgewinn.

Literatur

Amtsblatt der Europäischen Gemeinschaften – AB1. L 254 v. 30.09.1994: Richtlinie 94/95/EG des Rates vom 22.09.1994, über die Einsetzung eines Europäischen Betriebsrates oder die Schaffung eines Verfahrens zur Unterrichtung und Anhörung der Arbeitnehmer in gemeinschaftsweit operierenden Unternehmen und Unternehmensgruppen. S. 64-72.

Blank, M./Geissler, S./Jaeger, R. (1996): Euro Betriebsräte, Grundlagen, Praxisbeispiele, Mustervereinbarungen. Köln.

Der Stern (1998): „Dort wo ich bin, versuche ich immer der Erste zu sein", Interview mit VW-Chef Ferdinand Piech. S. 66-70.

Die Mitbestimmung (1992): Volkswagen – economic and industrial relations, 38. Jg., SO 1/1992. S. 32-34.

European Commission. (1995): European Foundation for the Improvement of Living and Working Conditions; Social Europe, Review of Current Agreements on Information and Consultation in European Multinationals. Brussels/Dublin.

Falkner, G. (1998): EU Social Policy in the 1990s, Towards a corporatist policy community. London/New York.

Frankfurter Allgemeine Zeitung (1998): Abstimmung mit den Händen, 19.1.1998. S. 25.

Hartz, P. (1996): Das atmende Unternehmen, Jeder Arbeitsplatz hat einen Kunden. Frankfurt a.M./New York.

Industriegewerkschaft METALL (IGM) (1997): IG Metall-Handbuch Europäische Betriebsräte, 3. Auflage. Frankfurt a. M.

Jacquier, J.-P./Helbig, M./Kjellen, B./Namin, C./Wilson, B. (1999): Quatre comités d´entreprise européens, Une étude comparative. Paris/Bochum.

Keller, B. (1997): Europäische Arbeits- und Sozialpolitik. Oldenbourg.

Lecher, W. (1996): Die vierte Ebene betrieblicher Interessenvertretung. In: WSI Mitteilungen, 49. Jg., 8/1996. S. 469.

Lecher; W./Nagel, B./Platzer, H.-W. (1998): Die Konstituierung Europäischer Betriebsräte – Vom Informationsforum zum Akteur? Baden-Baden.

Marginson, P./Sisson, K. (1996): European Works Councils – Opening the Door to European Bargaining? In: Industrielle Beziehungen, 3. Jg., 3/1996. S. 229-236.

Müller-Jentsch, W. (1997): Soziologie der industriellen Beziehungen. Frankfurt a. M./New York, 2. Auflage.

Rhodes, M. (1998): Das Verwirrspiel der „Regulierung": Industrielle Beziehungen und „soziale Dimension". In: *Leibfried, S./Pierson, P.* (Hrsg.) 1998b: Standort Europa, Europäische Sozialpolitik, Frankfurt a.M.. S. 100-154.

Ross, G. (1998): Das „soziale Europa" des Jacques Delors: Verschachtelung als politische Strategie. In: *Leibfried, S./Pierson, P.* (Hrsg.). 1998: Standort Europa. Frankfurt a.M., S. 327-369.

Streeck, W. (1997): Der europäische Sozialstaat der Nachkriegszeit ist endgültig passé. In: Frankfurter Rundschau vom 6.1.1997. S. 10.

Sudholt, B. (1995): Das Beispiel Volkswagen AG, Wolfsburg. In: Bertelsmann Stiftung; Hans Böckler Stiftung (Hrsg.). 1995: Unternehmenskultur in der Praxis. Gütersloh. S. 45-49.

Uhl, H.-J./Lavon, E. (1997): Der Europäische Volkswagen-Konzernbetriebsrat – Strukturwandel und Globalisierung, Internationale Solidarität und solidarischer Beschäftigungsausgleich. In: *Deppe, J./Hoffmann, R./Stützel, W.* (Hrsg.). 1997: Europäische Betriebsräte, Wege in ein soziales Europa. Frankfurt a. M./New York. S. 216-232.

Vereinbarung über die Zusammenarbeit zwischen der Volkswagen-Konzernleitung und dem Europäischen Volkswagen-Konzernbetriebsrat (FV), Brüssel, 7.2.1992.

VOLKSWAGEN 1996: Präsentationsfolien zu internationalen Arbeitsbeziehungen. Wolfsburg.

Employment Relations im Rahmen der Europäischen Union

Walter A. Oechsler

1 Globalisierung der Unternehmenstätigkeit und Territorialisierung der employment relations

1.1 Globalisierung durch Abbau von Handelshemmnissen

Der weltweite Abbau von Handelshemmnissen hat dazu geführt, dass Kapitalströme relativ ungehindert und unkontrolliert die gesamte Welt umspannen. Vor allem in den 90er Jahren wurden verstärkt Handelshemmnisse abgebaut und große Freihandelszonen wie die NAFTA (North American Free Trade Area) oder Gemeinschaftsmärkte wie der Europäische Binnenmarkt geschaffen.

Die damit verbundene Liberalisierung der Weltmärkte ermöglichte die Globalisierung der Unternehmenstätigkeit. Im Rahmen der Globalisierung hat sich eine ganz bedeutende Entwicklung vollzogen, indem die frühere Dominanz der Politik über die Wirtschaft zunehmend abgebaut wurde. Die zentrale Aufgabe der Politik, die rechtlichen, sozialen und ökonomischen Rahmenbedingungen abzustecken, unter denen wirtschaftliches Handeln überhaupt erst möglich wird, verliert an Bedeutung, wenn Handelshemmnisse und damit Regulierungsmöglichkeiten beseitigt werden (vgl. *Beck* 1998, S. 174 und *Oechsler* 1999a, S. 35).

Die Globalisierung bringt damit zwei gegensätzliche Entwicklungen mit sich. Während die Geld- und Kapitalströme transnational integriert werden, ist auf der anderen Seite ein Fortbestand der Heterogenität der nationalen Rechtssysteme, insbesondere der arbeitsrechtlichen Regelungssysteme, festzustellen. Die arbeitsrechtlichen Regelungssysteme sind nationalstaatlich ausgerichtet und ebenso, wie z.B. die Steuersysteme, im europäischen Binnenmarkt kaum harmonisiert.

1.2 Der europäische Binnenmarkt mit nationalen Systemen der employment relations

Mit dem europäischen Binnenmarkt wurde 1991 ein zusammenhängender Wirtschaftsraum geschaffen, der mit Nordamerika vergleichbar ist. Im Binnenmarkt wurden alle Handelshemmnisse beseitigt, so dass freier Verkehr von Kapital, Waren und Dienstleistungen sowie auch Arbeit gewährleistet ist.

Während die Harmonisierung auf wirtschaftlichem Gebiet mit wenigen Ausnahmen wie z.B. den Systemen der Besteuerung als abgeschlossen angesehen werden kann, ist die soziale Integration im Binnenmarkt noch in den Anfängen. Dies liegt vor allem an den unterschiedlichen nationalen Systemen des Arbeitsrechts und der sozialen Sicherung, deren Harmonisierung bislang noch aussteht.

Im europäischen Binnenmarkt existieren nach wie vor nationale Systeme der employment relations. Der Begriff employment relations bezeichnet sämtliche Regelungen im Rahmen der Arbeitgeber-Arbeitnehmer-Beziehungen (vgl. *Bamber/Lansbury* 1998). Der Begriff employment relations steht hier nicht nur für industrial relations (IR), sondern geht hier über den traditionellen Begriff der IR hinaus, da industrial relations sehr stark mit dem Zeitalter der Industriegesellschaft in Zusammenhang gebracht werden, wogegen die sog. new economy im Rahmen der Informations- und Dienstleistungsgesellschaft einen weiteren bedeutenden Bereich der employment relations darstellt, der im Vergleich zu den traditionellen IR einige Besonderheiten aufweist.

1.3 Harmonisierungsansätze und -probleme

Mit dem Fernziel der Einrichtung eines einheitlichen Sozialraumes wurde 1989 eine „Gemeinschaftscharta der sozialen Grundrechte der Arbeitnehmer" verabschiedet. Eine kurzfristige Harmonisierung war auf dieser Grundlage jedoch nicht zu erwarten, da die Ermächtigungen zur Rechtsetzung im sozialen Bereich erheblich restriktiver sind als im Bereich der wirtschaftspolitischen Rechtsangleichung.

Für alle Regelungen im Rahmen des Arbeits- und Sozialrechts war zunächst Einstimmigkeit erforderlich, was über lange Zeit Harmonisierungsbemühungen scheitern ließ. Die mit den Maastrichter Verträgen erfolgte Änderung auf Mehrheitsbeschlüsse hat aber den Nachteil, dass Großbritannien aus dem Geltungsbereich ausgeklammert wurde. Im Bereich des Arbeits- und Sozialrechts regelt die Europäische Union über Verordnungen, die unmittelbare Geltung erlangen sowie über Richtlinien, die der nationalen Umsetzung bedürfen und auch über Empfehlungen, die unverbindlich sind.

Auf dieser Grundlage sind die am weitest gehenden Harmonisierungsansätze im Bereich des Arbeitsschutzes festzustellen. Im Bereich des Arbeits- und Gesundheitsschutzes sind mit weit mehr als hundert Richtlinien die Grundlagen dafür geschaffen worden, dass in der Europäischen Union vergleichbare Standards eingehalten werden. Damit ist eine deutliche Konzentration auf das Setzen von einheitlichen Rahmenbedingungen festzustellen, während Fragen der direkten Interaktion zwischen Arbeitgebern und Arbeitnehmern noch weitgehend der nationalen Gesetzgebung überlassen werden. Dies behindert nicht nur die Entwicklung und Umsetzung europaweit einheitlicher Systeme, sondern auch Personaltransfers in Europa.

2 Systeme der employment relations in der Europäischen Union

2.1 Regelungsebenen und Verteilung von Regelungskompetenzen

Systeme der employment relations lassen sich grob danach unterscheiden, wie Regelungskompetenzen auf verschiedenen Regelungsebenen verteilt werden. Die Regelungsebenen reichen von der internationalen Ebene über die nationale Ebene, der dann die tarifliche

Ebene sowie die Unternehmens-Betriebs-Arbeitsplatz- und Arbeitsvertragsebene folgen. Diese Regelungsebenen beinhalten auf der internationalen und nationalen Ebene relativ zentrale Regelungen, während über die Tarif-, Unternehmens-, Betriebs-, Arbeitsplatz- sowie Arbeitsvertragsebene dezentrale Regelungsebenen angesprochen werden. Systeme der employment relations können danach unterschieden werden, wie Regelungskompetenzen für bestimmte Sachverhalte auf diesen Regelungsebenen verteilt werden.

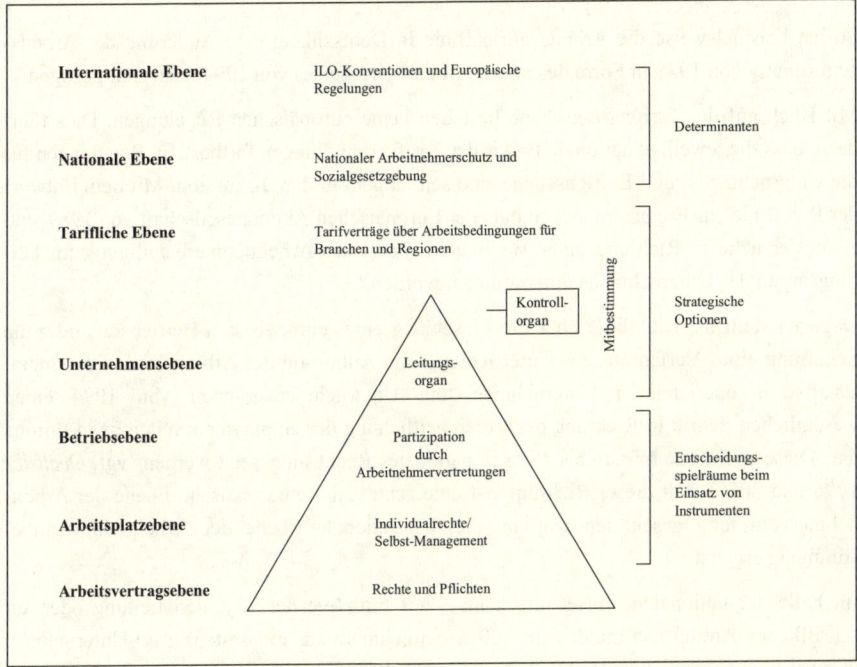

Abb. 1: *Regelungsebenen und Handlungsspielräume im Rahmen der employment relations (vgl. Oechsler 2000, S. 33)*

Ratifizierte Regelungen der International Labour Organization und der Europäischen Union stellen Determinanten der employment relations dar. Die ILO entwickelt internationale Konventionen, die allerdings von nationalen Gesetzgebern ratifiziert werden müssen. Da diese Konventionen allerdings in hoch entwickelten Staaten zumeist problemlos erfüllt werden, sind die Entwicklungen auf dem Gebiet des europäischen Arbeits- und Sozialrechts bedeutsamer.

Hier dominieren, wie bereits erwähnt, Regelungen zum Arbeitsschutz. Diese sollen vor allem mit Blick auf den technischen Arbeitsschutz Verletzungen und Erkrankungen und den Verlust der Arbeitsfähigkeit vermeiden. Auf dieser Ebene wird weiterhin die Chancengleichheit zwischen Mann und Frau sichergestellt sowie ein Diskriminierungsverbot bei Entgeltfragen festgeschrieben. Bei Betriebsschließungen und Betriebsübergängen werden Informationsrechte in Richtlinien über „Massenentlassungen" und zur Wahrung der Ansprüche der Arbeitnehmer beim Übergang von Unternehmen, Betrieben und Betriebsteilen geregelt. Weiterhin regelt die Richtlinie zur Arbeitsgestaltung u.a. Höchstarbeitszeiten, Mindestruhezeiten und Sonntagsarbeit. Als weitere wichtige Bereiche sind die Entsendung von Arbeitnehmern geregelt sowie die Arbeitsbedingungen für Arbeitnehmer aus anderen Mitgliedsstaaten.

Die beispielhaft genannten Richtlinien erfordern jeweils eine Angleichung des nationalen Arbeitsrechts, so dass in diesem Bereich europäische Standards entstehen. Die Mitgliedsstaaten haben sich weiterhin verpflichtet, mit Blick auf diese europäischen Regelungen, rechtswidrige Gesetzgebungen zu unterlassen.

So hat beispielsweise die Arbeitszeitrichtlinie in Deutschland eine Änderung der Arbeitszeitordnung von 1938 in Form des neuen Arbeitszeitgesetzes von 1994 nach sich gezogen.

Mit Blick auf die Tarifvertragsebene bestehen keine europäischen Regelungen. Dies führt dazu, dass die jeweilige nationale Praxis der Tarifverhandlungen fortbesteht. Regelungen für die Unternehmens- und Betriebsebene sind seit langem in der Diskussion. Mit dem Entwurf der Richtlinie zur Ergänzung des Statuts der Europäischen Aktiengesellschaft von 1989 sind erste Versuche in Richtung einer Vereinheitlichung der Arbeitnehmerbeteiligung im Leitungsorgan des Unternehmens unternommen worden.

Dagegen stellt die Richtlinie über die Einsetzung eines europäischen Betriebsrats oder die Schaffung eines Verfahrens zur Unterrichtung und Anhörung der Arbeitnehmer in gemeinschaftsweit operierenden Unternehmen und Unternehmensgruppen von 1994 einen wesentlichen Schritt in Richtung der Vereinheitlichung der employment relations in Europa dar. Diese Richtlinie musste bis 1996 in nationales Recht umgesetzt werden (vgl. *Oechsler* 1996 und 2000). Mit dieser Richtlinie ist eine zentralisierte europäische Ebene der Arbeitnehmervertretung geschaffen worden, die die nationale Ebene der Arbeitnehmermitbestimmung ergänzt.

Im Falle der nationalen Umsetzung kann – auf Initiative der zentralen Leitung oder auf schriftlichen Antrag von mindestens 100 Arbeitnehmern aus mindestens zwei Unternehmen in zwei unterschiedlichen Mitgliedsstaaten – in allen europaweit agierenden Unternehmen ein Europäischer Betriebsrat gegründet werden, sofern die folgenden drei Schwellenwerte erfüllt sind, wobei sich die Ermittlung der Schwellenwerte auf die Zahl der im Durchschnitt in den letzten zwei Jahren beschäftigten Arbeitnehmer einschließlich der Teilzeitkräfte bezieht:

1) Das Unternehmen muss mindestens 1.000 Arbeitnehmer in den Mitgliedsstaaten beschäftigen.

2) Das Unternehmen muss in mindestens zwei EU-Staaten vertreten sein.

3) In diesen zwei Mitgliedsstaaten müssen jeweils mindestens 150 Arbeitnehmer tätig sein.

Das Sozialprotokoll ist die Ermächtigungsgrundlage, die zum Abschluss dieser Richtlinie geführt hat. Großbritannien ist nicht in ihrem Geltungsbereich erfasst, da es das Sozialprotokoll nicht unterschrieben hat. Die Richtlinie gilt aber ebenfalls für die drei neuen Mitgliedsstaaten der EU – Österreich, Schweden und Finnland –, und sie wird ausgedehnt werden auf die drei Mitgliedsstaaten des Europäischen Wirtschaftsraums (EWR) – Norwegen, Island und Liechtenstein. Somit umfasst der Geltungsbereich dieser Richtlinie 17 Staaten Europas (vgl. *Buschak*, 1995, S. 5). Unternehmen und Unternehmensgruppen, die ihren Sitz außerhalb der 17 Staaten haben, aber in mindestens zwei europäischen Staaten vertreten sind und die drei Schwellenwerte erfüllen, obliegen ebenfalls der Richtlinie.

Nach erfolgter Initiative – entweder der zentralen Leitung oder der Arbeitnehmer – sieht die Richtlinie zum Zwecke der Verhandlungsführung vor, auf Seiten der Arbeitnehmer ein sog. „Besonderes Verhandlungsgremium" (BVG) zu bilden, wobei das Verfahren für die Wahl seiner Mitglieder die nationalen Mitgliedsstaaten autonom festlegen. Unabdingbar ist jedoch, dass aus jedem durch die Richtlinie erfassten Staat, in welchem sich ein Unternehmen befindet, mindestens ein Vertreter in das BVG gewählt werden muss. Das BVG legt fest, wie der Europäische Betriebsrat gewählt wird, wie er zusammengesetzt sein soll und welche Aufgaben ihm obliegen, wobei für den Abschluss der Vereinbarungen die Mehrheit der Stimmen erforderlich ist. Die Kosten im Zusammenhang mit den Verhandlungen werden von der zentralen Leitung getragen. Das BVG hat das Recht, sich von Experten beraten zu lassen. Beschließt das BVG mit einer 2/3 Mehrheit, keine Verhandlungen zu eröffnen oder die Verhandlungen abzubrechen, so finden die Subsidiaritätsbestimmungen des Anhangs keine Anwendung. Ein erneuter Antrag auf die Einrichtung eines Europäischen Betriebsrats kann erst wieder nach zwei Jahren gestellt werden.

Die Subsidiaritätsvorschriften des Anhangs der Richtlinie kommen unter folgenden Voraussetzungen zur Geltung:

1) wenn die zentrale Leitung binnen sechs Monaten nach Antrag auf Einberufung eines BVG die Aufnahme von Verhandlungen immer noch verweigert;

2) wenn die Verhandlungen innerhalb von drei Jahren nicht zum Abschluss gekommen sind;

3) wenn sich die zentrale Leitung und das BVG darauf einigen, die Subsidiaritätsvorschriften zu übernehmen.

Gemäß den subsidiären Bestimmungen besteht der Europäische Betriebsrat (EBR) aus mindestens drei und höchstens 30 Mitgliedern. Die Amtszeit des EBR beträgt vier Jahre. Liegt eine große Mitgliederzahl vor, so wählt er aus seiner Mitte einen engeren Ausschuss mit maximal drei Mitgliedern. Die Wahl der Mitglieder zum EBR erfolgt gemäß einzelstaatlicher Rechtsvorschriften und Gepflogenheiten.

Die Zuständigkeit des EBR beschränkt sich auf die Unterrichtung und Anhörung über Angelegenheiten, die das gemeinschaftsweit operierende Unternehmen betreffen. Informationen und Anhörungen des EBR über wirtschaftliche und finanzielle Entwicklungen, über Umstrukturierungen und Betriebsverlagerungen und über die Entwicklung der Beschäftigungslage gehören zum Mindestmaß.

Der EBR tagt mindestens einmal jährlich, wenn jedoch außergewöhnliche Umstände eintreten, die erhebliche Auswirkungen auf die Interessen der Arbeitnehmer haben, insbesondere bei Verlegung oder Schließung von Betriebsteilen bzw. Unternehmen oder bei Massenentlassungen, muss der engere Ausschuss – falls nicht vorhanden, der EBR – darüber unterrichtet und angehört werden.

Die Mitglieder des EBR sind als die Spitze eines Informations- und Unterrichtungssystems verpflichtet, nach jeder Unterrichtung und Anhörung die nationalen Arbeitnehmer über

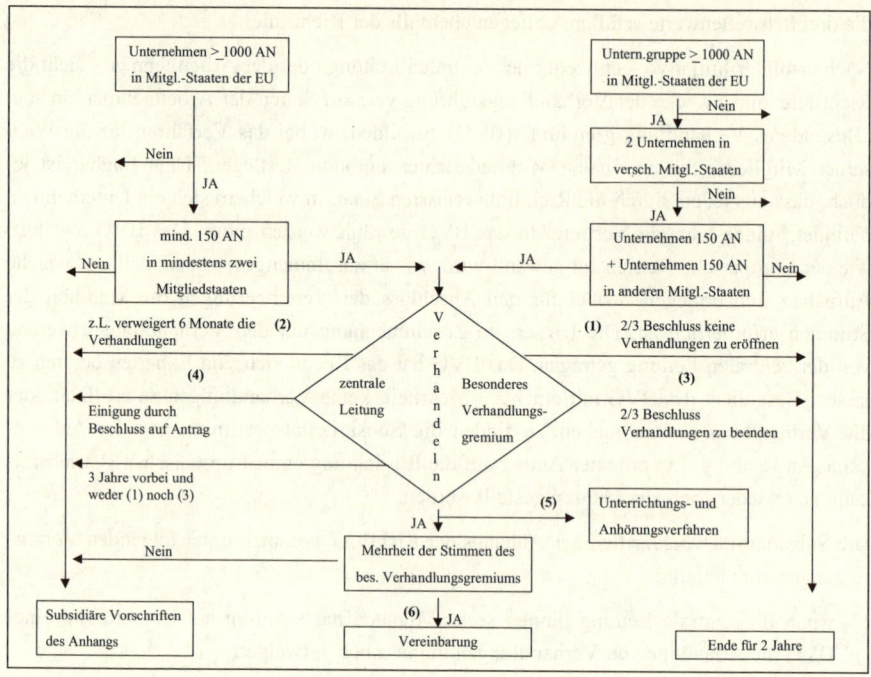

Abb. 2: *Der Weg zum Europäischen Betriebsrat (vgl. Lühker 1995, S. 589)*

deren Inhalte und Ergebnisse zu informieren. Liegt die zentrale Leitung außerhalb der EU, so kann sie bestimmen, wer der Informationspflicht nachkommt. Tut sie das nicht, so liegt die Informationspflicht bei der Niederlassung der EU mit der größten Anzahl von Mitarbeitern.

Welches Recht bei Streitigkeiten zum Tragen kommt, hängt in jedem Fall von der Art der vorliegenden Streitigkeit ab. Handelt es sich um Streitigkeiten bei der Erfüllung der Informations- und Konsultationspflichten, gilt die Gerichtsbarkeit des Landes, in dem die zentrale Leitung des Unternehmens ihren Sitz hat. Liegen Streitigkeiten bezüglich des Schutzes von Arbeitnehmervertretern vor, so gilt die nationale Gerichtsbarkeit des Arbeitnehmers, dessen Recht verletzt wurde.

Im Rahmen eines Forschungsberichts des vom Europäischen Gewerkschaftsbund geführten Europäischen Gewerkschaftsinstituts wurde festgestellt, dass in der EU 1152 multinationale Unternehmen tätig sind, welche die Schwellenwerte der Richtlinie über die Europäischen Betriebsräte übertreffen. Eine regionale Aufschlüsselung zeigt, dass in der EU 25 Nationen vertreten sind, die Betriebe in mindestens zwei Staaten besitzen und der Richtlinie unterliegen. Die Liste der von der Richtlinie über Europäische Betriebsräte betroffenen multinationalen Unternehmen führt Deutschland mit 274 Unternehmen an (vgl. Europäisches Gewerkschaftsinstitut, 1995). Diese quantitativen Dimensionen zeigen, welche Wichtigkeit dem Zustandekommen dieser Gesetzgebung beizumessen ist. Zu erwähnen bleibt jedoch, dass sich bezüglich dieser Richtlinie einige kritische Punkte anmerken lassen, z.B. dass der

Anwendungszeitpunkt dieser Richtlinie in den einzelnen Ländern nicht identisch ist, da das zeitliche Inkrafttreten durch die nationale Umsetzung bestimmt wird, die bis spätestens 1996 erfolgen musste. Außerdem bestehen Umsetzungsprobleme bei bestimmten Rechtskörperschaften, wie z.B. dem Konzern im Konzern, da bezüglich der Anzahl der Betriebsräte keine verbindlichen Regelungen getroffen wurden. Zudem gilt die Richtlinie nur in den aufgezeigten 17 Staaten, was multinationale Unternehmen mit Betrieben außerhalb dieser Ländern vor die Situation gespaltener employment relations stellt. Juristisch wird für die Arbeitnehmer in ein und demselben Unternehmen zweierlei Recht gelten, was zu großen Problemen führen kann.

Hieran wird deutlich, dass mit Blick auf internationale Regelungen das Problem auftaucht, welche Regelungen anzuwenden sind, wenn mehrere nationale Regelungen kollidieren. Dies ist z.B. bei der Entsendung von Arbeitnehmern ins Ausland der Fall. Im Arbeitsvertragsrecht wird dieses Problem durch das **Internationale Arbeitsrecht** (IAR) bzw. das **Kollisionsrecht** gelöst.

Der deutsche Gesetzgeber hat das deutsche IAR im Jahre 1986 umfassend neu geregelt. Ausgangspunkt war dabei das Römische EWG-Übereinkommen von 1980 über das auf vertragliche Schuldverhältnisse anzuwendende Recht. Damit wurde im arbeitsvertraglichen Bereich mit dem Einführungsgesetz zum BGB an den Art. 6 des EWG-Übereinkommens angeknüpft.

Grundsätzlich zu unterscheiden ist das objektive Arbeitsstatut im Gegensatz zum subjektiven, durch Rechtswahl der Parteien festgelegte Statut. Statut bedeutet hierbei, welches Recht im konkreten Fall anzuwenden ist (vgl. dazu *Kronke*, 1984, S. 404ff.).

Art. 30 Abs. 2 und 3 EGBGB bestimmen, welches Recht eingreift, wenn die Parteien keine Rechtswahl getroffen haben (objektives Arbeitsstatut). So ist bei der **vorübergehenden Entsendung** einer Führungskraft (Dienstreise/Abordnung) i.d.R. von der Anwendung des Arbeitsrechts des entsendenden Landes auszugehen, da das Recht des Staates maßgeblich ist, in dem der Arbeitnehmer in Erfüllung seines Vertrags gewöhnlich seine Arbeit verrichtet.

Abgrenzungsprobleme treten allerdings bei der **dauernden Entsendung** auf, bei der der Arbeitsort ins Ausland verlegt wird und die grundsätzlich eine Anwendung des ausländischen Rechts zur Folge hat. Da es hierfür weder gesetzlich definierte noch durch Rechtsprechung festgelegte zeitliche Höchstgrenzen gibt, wird in Anlehnung an die sozialversicherungsrechtliche „Ausstrahlung" von der Absicht der Vertragsparteien bei der Entsendung ausgegangen.

Allerdings kann sich ein kurzfristiger Auslandseinsatz unvorhergesehen zu einer dauernden Entsendung entwickeln, was die Anwendung des ausländischen Arbeitsrechts zur Folge hätte (vgl. dazu *Weber*, 1991, S. 37).

Hieran wird deutlich, dass trotz grundsätzlicher Regelungen immer eine Überprüfung des Einzelfalls erforderlich ist, auch um den folgenden Einschränkungen und Ausnahmen gerecht werden zu können. So ist, wenn ein Arbeitsvertrag engere Bindungen zu einem anderen Staat aufweist, das Recht dieses anderen Staats anzuwenden, auch wenn es sich nur um eine vorübergehende Entsendung handelt. Zu beachten ist dabei, dass die gemeinsame

Staatsangehörigkeit der Vertragsparteien eine engere Bindung zu einem Staat herstellen kann als der gewöhnliche Arbeitsort oder die einstellende Niederlassung. Werden aber z.B. an einem ausländischen Arbeitsort mehr Ausländer als Deutsche vom deutschen Arbeitgeber beschäftigt, so tritt die gemeinsame Staatsangehörigkeit hinter das Erfordernis der Gleichbehandlung zurück.

Mit diesen europäischen Regelungen wird deutlich, dass vor allem auf zentralisierten Regelungsebenen in Form von Richtlinien und der folgenden Umsetzung in nationales Recht gearbeitet wird, um einheitliche Determinanten für das Human Resource Management zu setzen. Bis auf wenige Regelungen, wie z.B. zum Europäischen Betriebsrat, sind die tarifliche-, die Unternehmens- und die Betriebs-Ebene nicht durch europäische Rechtsangleichung geregelt. Dies bedeutet, dass Unternehmen in diesen Bereichen in Europa strategische Optionen wahrnehmen können mit Blick auf die unterschiedlich ausgestalteten nationalen Systeme der Mitbestimmung und Arbeitnehmerbeteiligung.

2.2 Systemtypen in der Europäischen Union

Mit Blick auf die dargestellten Regelungsebenen lassen sich Systeme der employment relations danach systematisieren, inwieweit sie Regelungskompetenz auf zentrale oder dezentrale Regelungsebenen verteilen. Danach kann ein System einen hohen oder einen niedrigen **Zentralisierungsgrad** aufweisen. Weiterhin lassen sich Systeme danach unterscheiden, inwieweit über explizite Vorschriften geregelt wird oder es den Akteuren im System überlassen bleibt, Regelungen zu finden. Diese Ausprägung schlägt sich in einer hohen oder niedrigen **Regelungsdichte** nieder. So sprechen z.B. tarifvertragliche Regelungen, die neben detaillierten Eingruppierungsbeispielen auch einzelne Beurteilungskriterien und daran gebundene Leistungszulagen vorschreiben für eine hohe Regelungsdichte, während die Regelung dieser Detailfragen den Beteiligten bei geringer Regelungsdichte freigestellt bleiben, was tendenziell situationsabhängigere und flexiblere Lösungen erlaubt.

Im internationalen Vergleich dürfte das harmonieorientierte deutsche System hinsichtlich dieser Kriterien eine extreme Ausprägung ausweisen (vgl. *Oechsler* 1999a, S. 38). Dem steht als anderes Extrem das konfliktorientierte System in Großbritannien gegenüber, in dem relativ wenig und dezentral geregelt wird. Zwischen diesen Extremen sind prozessorientierte Systeme wie in Schweden angesiedelt, die von einer Dualität zentraler Rahmenregelungen und dezentraler Vereinbarungen gekennzeichnet sind (vgl. *Schreyögg/Oechsler/Wächter* 1995, S. 261). Die Akteure können nämlich selbst bestimmen, ob ein Regelungsbestand auf einer zentralen (nationalen) oder einer dezentralen (betrieblichen) Ebene geregelt werden soll.

Die in Abb. 3 grob systematisierten Systeme sind allerdings vor allem aufgrund des aus der Globalisierung resultierenden Wettbewerbsdrucks in Bewegung geraten.

In den 80er Jahren wurden von der Thatcher-Regierung in Großbritannien der Zentralisierungsgrad und auch die Regelungsdichte durch mehrere „industrial relations acts" erhöht.

In den 90er Jahren lässt sich feststellen, dass im deutschen System eine Tendenz zu unternehmens- bzw. betriebsspezifischen Regelungen festzustellen ist, die nicht nur durch

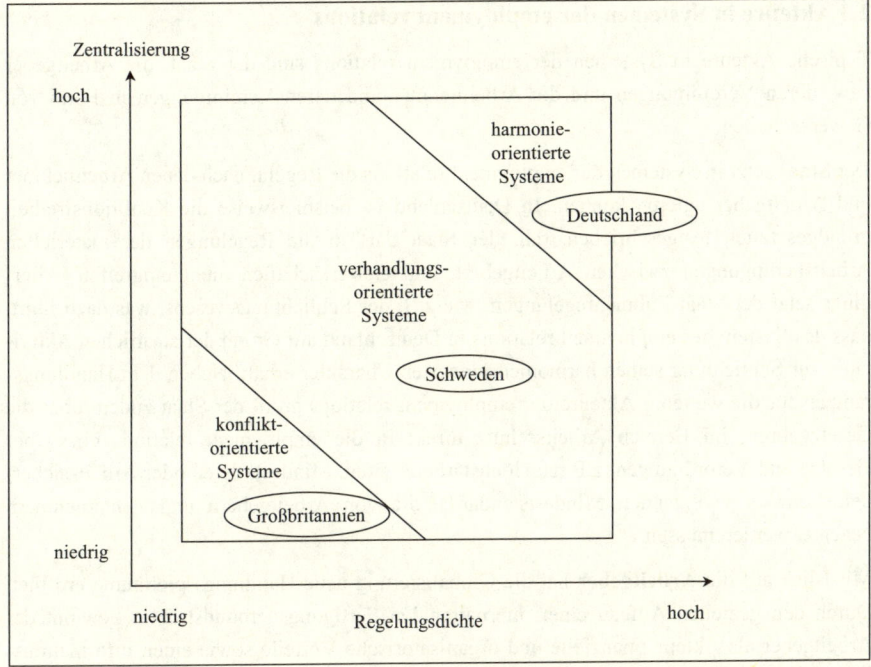

Abb. 3: Systemtypen der industriellen Beziehungen in Europa

die wachsende Anzahl von Firmentarifverträgen zu belegen ist (vgl. iwd 2000, S. 2), sondern auch durch die Tendenz zu Rahmenvereinbarungen, wie z.B. Beschäftigungssicherungsvereinbarungen unter Erweiterung der Personaleinsatz- und Entgeltflexibilität. Bei letztgenannteren ermöglichen tarifvertragliche Öffnungsklauseln es den Betriebspartnern, in Krisensituationen zum Erhalt der Beschäftigung vorübergehend auch nach unten von tarifvertraglichen Mindestbedingungen, wie z.B. Entgelten, abzuweichen und somit der dezentralen Betriebsebene einen Vorrang vor der zentralen Tarifebene einzuräumen.

Damit ist grundsätzlich eine gewisse Konvergenz zu verhandlungs- und prozessorientierten Systemen festzustellen. Im Einzelnen haben sich zudem im deutschen System die Regelungsinhalte und Verhandlungsstrukturen verschoben. Eine qualitative Analyse in Unternehmen der Automobil- und -zulieferindustrie hat beispielsweise ergeben, dass Betriebsräte vor allen an der Personalplanung interessiert sind. Die im Betriebsverfassungsgesetz unverbindlich geregelte Personalplanung erhält einen ganz hohen Stellenwert bei Arbeitgeber- und Arbeitnehmervertretern und wird intensiver und rechtzeitiger beraten als es gesetzlich vorgesehen ist. Dafür zieht sich der Betriebsrat immer mehr aus dem Produktionsprozess zurück, auf den die Mehrzahl seiner Mitwirkungsrechte gerichtet sind. Betriebsräte achten in erster Linie auf eine systematische Beschäftigungsplanung und arrangieren sich informell, um flexible Produktionsprozesse zu erreichen und dadurch wettbewerbsfähig zu bleiben (vgl. *Oechsler* 1997, S. 282).

Damit wird deutlich, dass die „Rechtswirklichkeit" in den Systemen der employment relations stark vom Rollenverständnis und Rollenverhalten der Akteure bestimmt wird.

2.3 Akteure in Systemen der employment relations

Typische Akteure in Systemen der employment relations sind der Staat, die Arbeitgeber bzw. deren Vereinigungen und die Arbeitnehmer und deren Vereinigungen in Form von Gewerkschaften.

Der **Staat** setzt in Systemen der employment relations die Regeln, nach denen Arbeitnehmer und Arbeitgeber agieren können. In Deutschland ist beispielsweise die Koalitionsfreiheit grundgesetzlich festgeschrieben, d.h. der Staat darf in die Regelungen der materiellen Arbeitsbedingungen zwischen Arbeitgebern und Gewerkschaften nicht eingreifen. Allerdings setzt der Staat Rahmenregelungen, wie z.B. des Schlichtungswesens, was dazu führt, dass das System der employment relations in Deutschland auf Grund der staatlichen Aktivitäten zur Schlichtung seinen harmonieorientierten Charakter erhält. Neben dem Handlungsrahmen für die weiteren Akteure der employment relations greift der Staat zudem über die Gesetzgebung im Bereich Arbeitsschutz direkt in die employment relations ein. Über Gesetze und Verordnungen, z.B. zu Höchstarbeitszeiten, Mindestlöhnen oder Arbeitssicherheit, setzt er zwingenden Mindeststandards, die von Arbeitgebern und Arbeitnehmern beachtet werden müssen.

Mit Blick auf die **Arbeitgeber** hat die Globalisierung neue Handlungsspielräume eröffnet. Durch den gezielten Aufbau einer internationalen Fertigungsverbundstruktur gewinnt der Arbeitgeber als Akteur finanzielle und organisatorische Vorteile sowie einen Informationsvorsprung gegenüber den weiterhin auf nationaler Ebene in teilweise sehr unterschiedlicher Weise agierenden Akteuren Arbeitnehmer bzw. Arbeitnehmervertretung (vgl. *Weber* et.al. 1998, S. 242).

Arbeitnehmer bzw. **Gewerkschaften** als Akteure sind in aller Regel sehr stark national geprägt. Grundsätzlich können folgende gewerkschaftliche Strukturen unterschieden werden (vgl. *Weber* et.al. 1998, S. 244,):

- Einheitsgewerkschaften, die von politischen Parteien unabhängige Zusammenschlüsse darstellen und die Arbeiter, Angestellten und Beamte gleichermaßen ansprechen, wie sie beispielsweise in Großbritannien vorkommen.
- Industriegewerkschaften, die alle Ebenen von Mitarbeitern in einem Industriezweig repräsentieren, was typisch für Deutschland ist und gewährleistet, dass ein Betrieb nur eine Gewerkschaft kennt.
- Handwerksgewerkschaften, die sich aus qualifizierten Berufsgruppen in mehreren Industriezweigen zusammensetzen, wie sie z.B. in skandinavischen Ländern neben Industriegewerkschaften vorkommen.
- Richtungsgewerkschaften, deren Mitglieder eine ähnliche ideologische Grundhaltung teilen, was beispielsweise in den kommunistischen Gewerkschaften in Frankreich und Italien zum Ausdruck kommt.
- Berufsständige Gewerkschaften, die einen Zusammenschluss einer bestimmten Berufsgruppe darstellen, die beispielsweise in Belgien vorkommen.

Diese Gewerkschaftsstrukturen prägen auch den Prozess der Verhandlungen zwischen Arbeitgebern und Gewerkschaften und führen damit zu ihren harmonie- oder konfliktorientierten Grundhaltungen. Das Prinzip „ein Unternehmen, eine Gewerkschaft" erleichtert tendenziell sozialpartnerschaftliche Zusammenarbeit, während diese durch Verhandlungen mit einer Reihe von berufsständigen Gewerkschaften eher gestört wird.

Die Gewerkschaften haben sich der Internationalisierungs- bzw. Globalisierungsbewegung dadurch gestellt, dass sie auf zwei Ebenen agieren (vgl. *Weber* et.al. 1998, S. 249 ff). Zum einen haben die Gewerkschaften internationale Branchensekretariate gebildet (international trade secretariats). Diese Sekretariate schaffen weltweite Verbindungen für nationale Gewerkschaften in einer bestimmten Branche, um sich auf Entwicklungen in dieser Branche einstellen und hinsichtlich der Gewerkschaftspolitik abstimmen zu können. Weiterhin setzen sich die Gewerkschaften für eine restriktive nationale Gesetzgebung ein und wirken schließlich auf Regelungen zur Kontrolle in multinationalen Unternehmen bei internationalen Organisationen hin.

Damit wird auch deutlich, dass keine sehr straffen internationalen Strukturen bestehen. In Europa haben sich die Gewerkschaftsbünde zum Europäischen Gewerkschaftsbund zusammengeschlossen. Darüber hinaus bestehen für die einzelnen Industriegewerkschaften europäische Zusammenschlüsse wie z.B. der Europäische Metallgewerkschaftsbund. Dennoch ist die Gewerkschaftspolitik mehr von nationalen Sichtweisen geprägt, da mit Blick auf die Arbeitnehmerinteressen in internationaler Sicht auch immer Standortinteressen verbunden sind, die von den Gewerkschaften national angegangen werden.

3 Strategisches Personalmanagement und nationale Systeme der employment relations

Mit Blick auf die Globalisierung von Fertigungsverbundstrukturen werden Systeme der employment relations zunehmend zu Entscheidungskriterien für internationale Direktinvestitionen. Diese Systeme verursachen Kosten, die gerade in traditionellen Wohlfahrts- und Sozialstaaten relativ hoch sind. Diese Auswirkung der Globalisierung mit einer internationalen Fertigungsverbundstruktur zur Minimierung von Arbeitskosten führen dazu, dass gerade Systeme der employment relations mit hohen Standards ökonomisch zunehmend uninteressanter werden und deswegen gerade dort verstärkt Beschäftigungsprobleme auftreten.

Unter Globalisierungsgesichtspunkten sind es allerdings nicht nur die Kosten von Systemen der employment relations, die entscheidungsrelevant werden, sondern vor allem auch qualitative Anforderungen, die sich aus den verfolgten Unternehmensstrategien ergeben. Zu solchen qualitativen Anforderungen gehören vor allem Flexibilität in der Beschäftigung und im Personaleinsatz, um auf wechselnde Nachfragestrukturen reagieren zu können.

Zu diesen Flexibilitätsanforderungen gehört auch der Aspekt, dass Unternehmen die personalpolitischen Instrumentarien mit Blick auf globale Strategien einheitlich ausrichten wollen. Im Vordergrund stehen dabei z.B. global vereinheitlichte Entgeltsysteme. In einem durchregulierten System der employment relations wie in Deutschland ist dies unmöglich, da es einem Unternehmen mit Standorten in mehreren Tarifbezirken schon nicht gelingt, für die Bundesrepublik ein vereinheitlichtes Entgeltsystem zu entwickeln. Damit können

Systeme der employment relations zu Umsetzungsproblemen für globale Strategien des Personalmanagement führen.

Insgesamt resultiert daraus, dass die national unterschiedlich ausgestalteten Systeme der employment relations im Rahmen der Globalisierung strategische Optionen eröffnen oder verhindern, was dazu führt, dass ein Wettbewerb zwischen diesen nationalen Systemen der employment relations in Gang gesetzt wurde.

4 Wettbewerb von Systemen der employment relations in der Europäischen Union

Die nationalstaatlichen Systeme der employment relations werden im Zuge der Globalisierung zunehmendem Wettbewerbsdruck ausgesetzt. Sie spielen als Standortfaktor eine ökonomische Rolle. Dadurch lastet ein ganz neuartiger Wettbewerbsdruck auf den nationalen Systemen der employment relations. Im Konzert mit der nationalen steuerlichen Belastung werden sie zu richtungsweisenden Kriterien internationaler Direktinvestitionen. Diese liefen beispielsweise zwischen 1975 und 1985 vor allem in die USA, nach Großbritannien und China (vgl. *Oechsler* 1999b, S. 108), aber beispielsweise nicht nach Deutschland. Bei Kalkülen von Stärken und Schwächen im internationalen Standortwettbewerb scheinen die mit dem deutschen System der employment relations verbundenen hohen Transaktionskosten ebenso negativ aufzufallen wie die mangelnde Flexibilität.

Im internationalen Wettbewerb sind die nationalen Systeme der employment relations in Bewegung geraten. Sie werden wie z.B. in Großbritannien strukturell geändert oder verändern sich, wie das deutsche Beispiel zeigt, schleichend unter der Oberfläche formal geltenden Rechts, das sich innovationsresistent in die Arbeitswelt der informationstechnologischen Neuzeit gerettet hat (vgl. *Oechsler* 1999b). Deshalb ist es längst überfällig, das deutsche System der employment relations, das in der stabilen Industriegesellschaft geschaffen wurde, durch ein System zu ersetzen, das den Anforderungen der flexiblen Informationsgesellschaft gerecht wird.

Die gravierenden Unterschiede der Systemtypen von employment relations in der Europäischen Union lassen es unwahrscheinlich erscheinen, dass sich eine europäische employment relations area herausbildet. Deshalb wird der beginnende Wettbewerb zwischen den Systemen kurzfristig hohe Anforderungen an die Politik in den einzelnen Mitgliedsstaaten stellen, ihre Systeme wettbewerbsfähig zu gestalten.

Um die eingangs angesprochenen Probleme bei der Einführung einheitlicher personalwirtschaftlicher Systeme in europaweit agierenden Unternehmen und den grenzüberschreitenden Einsatz von Arbeitskräften in Europa zu erleichtern, sind jedoch nicht nur einzelstaatliche Reformen in den nationalen employment relations notwendig. Vielmehr ermöglicht erst eine weitere Harmonisierung wichtiger Regelungen den Einsatz europaweiter personalwirtschaftlicher Systeme, wie sie in vielen international tätigen Unternehmen angestrebt wird.

Summary

In an age of globalization, where streams of capital spin around the world without meeting any significant obstacles, systems of employment relations are traditionally regulated by national legislation. The European Union has emphasized economic integration and still lacks social integration. With regard to employment relations European regulations are mainly directed towards health and safety standards and working conditions. With the exception of the European Works Council all other levels of regulation, such as collective bargaining, company and plant level, are left to national legislation. Therefore we can observe a variety of systems of employment relations in Europe. Germany, for example, favors a harmony-oriented system, Scandinavian countries rely on negotiation-oriented systems, and Great Britain still has a conflict-oriented system. As a consequence, the European Union does not aim towards an uniform employment relation area, but rather favors competition among different systems of employment relations.

Literatur

Bamber, G.C./Lansbury, R.D. (Hrsg.): International and Comparative Industrial Relations, 3. Auflage, London u.a. 1998.

Beck, U.: Was ist Globalisierung?, 5. Auflage, Frankfurt a.M. 1998.

Buschak, W.: Europäische Betriebsräte öffnen neue Horizonte, in: Euro-Guide, 29. Erg.-Lfg., Dezember 1995, S. 1-37.

Europäisches Gewerkschaftsinstitut: Die Europäischen Betriebsräte. Inventar der betroffenen Unternehmen, Brüssel 1995.

iwd: Die Vielfalt nimmt zu, in: Institut der Deutschen Wirtschaft (Hrsg.), iwd, Nr. 8, 2000, S. 2.

Kronke, H.: Das Arbeitsrecht im Gesetzentwurf zur Neuregelung des Internationalen Privatrechts, in: Der Betrieb, Heft 7/1984, S. 404-406.

Lühker, M.: Der Europäische Betriebsrat, in: Personal, Heft 11/1995, S. 587-592.

Oechsler, W.A: Personal und Arbeit – Grundlagen des Human Resource Management und der Arbeitgeber-Arbeitnehmer-Beziehungen, 7. Auflage, München/Wien 2000.

Oechsler, W.A.: Globales Management und lokale Mitbestimmung – Hat das deutsche Regelungssystem eine Zukunft im internationalen Wettbewerb? – in: *Breisig, Th.* (Hrsg.); Mitbestimmung – Gesellschaftlicher Auftrag und ökonomische Ressource, – Festschrift für Hartmut Wächter, München und Mering 1999a, S. 29-45.

Oechsler, W.A.: Global Management and Local Systems of Employment Relations, in: *Engelhard, J./ Oechsler, W.A.* (Hrsg.): International Management. Auswirkungen globaler Veränderungen auf Wettbewerb, Unternehmensstrategie und Märkte, Wiesbaden 1999b, S. 93-113.

Oechsler, W.A.: Neue Produktionskonzepte in einem antiquierten Arbeitsrecht. Wie sich Betriebsräte informell arrangieren, in: Zeitschrift für Personalforschung, Heft 2, 1997, S. 128-139.

Oechsler, W.A.: Europäische Betriebsräte. Zur Problematik einer Europäisierung von Arbeitnehmervertretungen, in: Die Betriebswirtschaft, Heft 5/1996, S. 697-708.

Schreyögg, G./Oechsler, W.A./Wächter, H.: Managing in a European Context – Human Resources, Corporate Culture, Industrial Relations, Wiesbaden 1995.

Weber, H.J.: Arbeitsrecht, in: *Langer-Stein, R./Pompe, P./Waskow, S./Zuleger, T.* (Hrsg.): Arbeitsmarkt Europa. Arbeitsrecht, Arbeitsschutz, soziale Sicherung, berufliche Bildung, Bonn 1991, S. 36-74.

Weber, W./Festing, M./Dowling, P./Schuler, R.S.: Internationales Personalmanagement, Wiesbaden 1998.

Sozialrecht auf dem Weg nach Europa

Wolfgang Fichte

1 Der Anwendungsbereich supranationalen Sozialrechts

Gemäß § 30 Abs. 1 *Sozialgesetzbuch-Allgemeiner Teil* (SGB I) finden die Vorschriften dieses Gesetzbuchs auf alle Personen Anwendung, die ihren Wohnsitz oder gewöhnlichen Aufenthalt in seinem Geltungsbereich – also in Deutschland – haben. Da nach und nach alle Bereiche des Sozialrechts in die verschiedenen Bücher des *Sozialgesetzbuchs* eingegliedert werden (*bisher in Kraft getreten sind:*

I.	Buch:	*Allgemeiner Teil*	*am 01.01.1976*
III.	Buch:	*Arbeitsförderung*	*am 01.01.1998 [z.T. Ausnahmen]*
IV.	Buch:	*Gemeinsame Vorschriften*	*am 01.07.1977*
V.	Buch:	*Gesetzliche Krankenversicherung*	*am 01.01.1989*
VI.	Buch:	*Gesetzliche Rentenversicherung*	*am 01.01.1992*
VII.	Buch:	*Gesetzliche Unfallversicherung*	*am 01.01.1997*
VIII.	Buch:	*Kinder- und Jugendhilfe*	*am 01.01.1991*
		[Neubekanntmachung am 01.01.1996]	
X.	Buch:	*Verwaltungsverfahren*	*am 01.01.1981 bzw. 01.07.1983*
			[3. Kapitel]
XI.	Buch:	*Soziale Pflegeversicherung*	*am 01.06.1994 bzw. 01.01.1995*)

und nach Art. II § 1 SGB I die übrigen wesentlichen sozialrechtlichen Gesetze als besondere Teile des Sozialgesetzbuchs gelten, gilt in Deutschland regelmäßig das *Territorialitätsprinzip*. Danach ist auch der ausländische Arbeitnehmer, der auf deutschem Boden einer sozialversicherungspflichtigen Beschäftigung nachgeht, regelmäßig nach deutschen sozialrechtlichen Normen zu behandeln. Abweichende Regelungen aus internationalem Recht können sich (bislang) mithin regelmäßig nur bei *grenzüberschreitenden Sachverhalten* ergeben.

Lebt jemand in einem Land, überschreitet aber – zumeist täglich – die Grenze, um im Nachbarstaat zu arbeiten, so spricht man von einem (echten) *Grenzgänger*. Nicht nur für diesen können sich Probleme im Fall der Eintrittspflicht eines Sozialleistungsträgers mit Leistungen ergeben, sondern auch für den sog. *Wanderarbeitnehmer*, der nacheinander Anwartschaften auf Leistungen in den Sozialleistungssystemen verschiedener Länder ansammelt, die später – möglicherweise – für sich allein genommen jeweils bestimmte Leistungsvoraussetzungen (z.B. Wartezeiten) nicht erfüllen. Schließlich mehren sich die Fälle, in denen Versicherte bewusst ins Ausland gehen, um dort preiswertere Sozialleistungen in Anspruch zu nehmen, damit sie nicht mit hohen Eigenanteilen (Zuzahlungen) belastet werden, etwa im Hilfsmittel-Bereich der gesetzlichen Krankenversicherung (z.B. Brillen).

Hierzu hat – worauf unten zurückzukommen sein wird – der *Europäische Gerichtshof* (EuGH) in Luxemburg in jüngerer Zeit einige bemerkenswerte Urteile gefällt, wonach das Festhalten am reinen Territorialitätsprinzip zukünftig möglicherweise schwer fallen wird. Auf dem Weg zu einem geeinten Europa und im Hinblick auf die Globalisierung des Arbeitsmarktes befindet sich somit auch das Sozialrecht in Europa in einem Wandel: Die nationalen Interessen – z.B. beim reinen Naturalleistungsprinzip (Sachleistungsprinzip) der gesetzlichen Krankenversicherung – werden zukünftig aufgrund der Harmonisierung von Leistungen in Europa zurücktreten müssen. Der Weg dorthin ist allerdings steinig und die verkrusteten Strukturen der Verwaltung sind auch durch eine zukunftsgerichtete Rechtsprechung des EuGH nur allmählich aufzubrechen.

2 Europäisches Gemeinschaftsrecht

Die Politik der europäischen Einigung hat für Deutschland in wirtschaftlicher wie in sozialpolitischer Hinsicht zentrale Bedeutung. Fünfzig Jahre Frieden und Stabilität in Westeuropa, der Wiederaufstieg der europäischen Volkswirtschaften nach dem 2. Weltkrieg, die friedliche Einbeziehung Deutschlands in die europäische Völkergemeinschaft sowie die Wiederherstellung der deutschen Einheit im Einklang mit den Nachbarstaaten wäre ohne die europäische Integration nicht möglich gewesen. Das diesen Vorgang begleitende europäische Gemeinschaftsrecht ist Stück für Stück in verschiedenen Abkommen, Verträgen und Verordnungen gewachsen. Zu nennen sind etwa der Vertrag über die Europäische Union (EU) vom 07.02.1992 i.d.F. vom 01.01.1995 mit den Protokollen zum Vertragswerk sowie der Schlussakte hierzu, der Vertrag zur Gründung der Europäischen Gemeinschaft (EG) vom 01.01.1995 oder die Erklärung des Europäischen Rates in Madrid vom 16.12.1995. Das Sozialrecht insbesondere ist Gegenstand multi- und bilateraler Verträge, findet sich aber auch in Teilen des EU-Vertrages, des EG-Vertrages und seiner Anhänge sowie in Verordnungen der EG. Die Rechtsgrundlagen sind mithin nicht nur weitläufig verstreut, sie finden sich auch nicht – wie für uns gewohnt – in Gesetzen (oder gar einem Gesetzbuch), sondern sind in Rechtsquellen unterschiedlichster Art beheimatet.

2.1 Grundlagen des internationalen (europäischen) Sozialrechts

Für die *Bürger der EU* stehen im Vordergrund europarechtlicher Regelungen die *Verordnungen der Europäischen Gemeinschaft* (VO [EG]) 1408/71 und 574/72). Diese befassen sich mit der Anwendung der Systeme der Sozialen Sicherheit auf Arbeitnehmer und Selbständige sowie deren Familien, die innerhalb der Gemeinschaft zu- oder abwandern, wobei die zuletzt genannte eine Durchführungsverordnung zur VO (EG) 1408/71 ist. Mit Inkrafttreten des Abkommens über den europäischen Wirtschaftsraum (EWR-Abkommen) zum 01.01.1994 (1), das die Zusammenarbeit zwischen den EG- und EFTA-Staaten auf eine neue Grundlage stellt, ist der *räumliche, sachliche und persönliche Anwendungsbereich der (VO)EG erweitert* worden.

Seit dem 01.01.1994 finden die VO (EG) 1408/71 und 574/72 auch in den EFTA-Staaten *Finnland, Island, Norwegen, Österreich* und *Schweden* Anwendung (2), wobei Finnland,

Österreich und Schweden seit 01.01.1995 Mitgliedsstaaten der EU geworden sind. Die *Schweiz*, die als EFTA-Staat ebenfalls das EWR-Abkommen unterzeichnet hat, ist nicht Mitglied des EWR geworden, nachdem sich ihre Bürger am 06.12.1992 gegen das Abkommen ausgesprochen hatten. Liechtenstein, das wegen seiner besonderen Beziehungen zur Schweiz den Beitritt zunächst zurückgestellt hatte, ist die Beitrittsmöglichkeit offengehalten worden und seit dem 01.05.1995 EWR-Mitglied (3). Aufgrund des EWR-Abkommens gelten die VO (EG) 1408/71 und VO (EG) 574/72 nunmehr in 18 europäischen Staaten. Nicht nur aus europäischem Recht, sondern auch aus bi- oder multilateralen völkerrechtlichen Verträgen, also aus sogen. *Abkommensrecht*, können sich allerdings Abweichungen ergeben (4).

Wie eingangs schon kurz erwähnt, kommt dem internationalen Sozialrecht (5) mit zunehmender *Globalisierung* des Arbeitsmarktes wachsende Bedeutung zu. Probleme ergeben sich insbesondere bei Wanderarbeitnehmern aus Fragen der *Zuständigkeit* (passive Sachbefugnis des nationalen Leistungsträgers), bei der *Zusammenrechnung von Versicherungs- und Beschäftigungszeiten*, die in verschiedenen Mitgliedstaaten zurückgelegt worden sind, sowie der *Leistungsbemessung*. Dabei sind *Gleichstellungsgebote* bzw. *Diskriminierungsverbote* zu beachten (6). Neben dem EG-Recht kann auch Abkommensrecht mit Nicht-EG-Ländern bedeutsam werden. Eine untergeordnete Bedeutung – jedenfalls für die unmittelbare Rechtsanwendung – hat hingegen das Recht weiterer internationaler Gemeinschaften, wie z.B. der IAO bzw. ILO (vgl. dazu Kapitel 7 weiter unten).

2.2 Das Verhältnis des Gemeinschaftsrechts zum nationalen Recht

Aus dem Grundgesetz (GG) lässt sich ein Vorrang des Gemeinschaftsrechts vor dem nationalen Recht nicht begründen. Zwar kann der Bund gemäß Art. 24 Abs. 1 GG durch Gesetz Hoheitsrechte auf zwischenstaatliche Einrichtungen übertragen. Damit konnte und kann Gemeinschaftsrecht aber lediglich Gleichrang mit einfachem Bundesrecht beanspruchen, nicht aber Vorrang. Denn Art. 25 Satz 2 GG, wonach die allgemeinen Regeln des Völkerrechts den Gesetzen vorgehen und Rechte und Pflichten unmittelbar für die Bewohner des Bundesgebiets erzeugen, ist hier nicht anwendbar.

Dennoch vertritt der EuGH seit 1963 die Auffassung, dass das primäre Gemeinschaftsrecht Vorrang vor dem nationalen Recht genieße (7). Begründet wird dies allein mit dem Zweck, dass das Gemeinschaftsrecht als eigenständige Rechtsordnung in allen Mitgliedsstaaten gleichermaßen und unmittelbar gelten müsse. Die Mitgliedsstaaten haben sich gemäß Art. 11 Abs. 2 Sätze 2 und 3 EG-Vertrag mit ihrem Beitritt verpflichtet, in jeder Hinsicht zusammenzuarbeiten und jede einseitige nationale Maßnahme zu unterlassen, die dem zuwiderläuft. Lediglich in den Fällen, in den der EG-Vertrag oder die anderen Verträge Ausnahmen zulassen (z.B. Art. 296 ff. EG-Vertrag), dürfen die Mitgliedsstaaten abweichende nationale Regelungen treffen, die dann vorgehen. Nur so kann die Gemeinschaft ihren Zweck erfüllen. Dieser Vorrang gilt nicht nur für das primäre Gemeinschaftsrecht (vgl. unten zu 2.3), sondern auch für das sekundäre, soweit Art. 249 EG-Vertrag die unmittelbare Geltung ausdrücklich festschreibt.

2.3 Primäres und sekundäres Gemeinschaftsrecht

Das europäische Recht untergliedert sich in *primäres* und *sekundäres* Gemeinschaftsrecht der EG. Das *primäre Recht* – gleichsam die *Verfassung der EG* (8)– bilden die drei Gründungsverträge (9) sowie die EEA vom 28.02.1986 und der EG-Vertrag vom 07.02.1992 i.d.F. v. 02.10.1997 (Vertrag von Amsterdam). Zum *sekundären Recht* gehört als aus dem primären Gemeinschaftsrecht *abgeleitetes Recht* das von den Gemeinschaftsorganen gesetzte Recht.

Das primäre und sekundäre Gemeinschaftsrecht hat als supranationales Recht Vorrang vor dem nationalen Recht (10). Kann der einzelne Individualrechte aus dem Gemeinschaftsrecht herleiten, handelt es sich um unmittelbar von den nationalen Gerichten anzuwendendes Recht (11).

Im gerichtlichen Verfahren ist i.d.R. allerdings erst ein *Vorabentscheidungsverfahren* vor dem EuGH gemäß Art. 234 EG-Vertrag durchzuführen. Denn ohne ein solches Verfahren kann der nationale Richter eine Norm des EU-Rechts nur dann unmittelbar anwenden, wenn Inhalt und Tragweite hinreichend klar umrissen sind. *Vorlageberechtigt* sind alle nationalen Gerichte, die – soweit keine Vorlagepflicht besteht – gem. Art. 234 Abs. 2 EG-Vertrag nach pflichtgemäßem Ermessen über die Anrufung des EuGH entscheiden. *Vorlagepflichtig* sind nach Art. 234 Abs. 3 EG-Vertrag nur *letztinstanzliche Gerichte* (12).

2.4 Unmittelbare Wirkung von Gemeinschaftsrecht und Richtlinienkompetenz

Aufgrund der Rechtsnatur der Gemeinschaft ist das primäre EG-Recht weder Völkerrecht noch Bestandteil der nationalen Rechtsordnung, sondern bildet eine eigenständige Rechtsordnung, die zur Erreichung des Zwecks der EG in allen Mitgliedsstaaten gleich und unmittelbar gilt (13).

Beim sekundären EG-Recht haben Verordnungen und Entscheidungen unmittelbare Wirkung (Art. 249 Sätze 2 und 4 EG-Vertrag). Richtlinien haben in der Regel keine direkte Wirkung, sondern müssen von den Mitgliedsstaaten umgesetzt werden. Eine unmittelbare Wirkung erhält die Richtlinie erst dann, wenn sie nicht innerhalb der vom Rat gesetzten Frist umgesetzt worden ist und der Inhalt der Richtlinie als unbedingt und hinreichend genau erscheint, damit sie auf den Einzelfall angewandt werden kann (14). Dies gilt aber nur im Verhältnis des Bürgers zum Staat, nicht jedoch umgekehrt oder im Verhältnis Bürger zu Bürger. Die Wirkung der Unmittelbarkeit geht nach Auffassung des EuGH so weit, dass hierdurch auch die Bestandskraft von Verwaltungsakten bzw. die verspätete Erhebung einer Klage beseitigt werden (15). Die Lehre von der Unmittelbarkeit beruht auf dem Sanktionsgedanken, um damit der Gefahr entgegenzuwirken, dass die Mitgliedsstaaten EG-Recht nicht umsetzen, um sein Wirksamwerden zu verhindern. Dennoch waren in Deutschland nach einer Erhebung des Bundeswirtschaftsministeriums Ende März 1994 noch eine Richtlinie aus dem Jahre 1988, zehn Richtlinien aus dem Jahr 1989, 16 von 1990, 27 aus dem Jahr 1991, 63 aus dem Jahr 1992 und 84 aus dem Jahr 1993 nicht umgesetzt worden (16).

3 Sozialrechtliche Bestimmungen im primären Gemeinschaftsrecht (EG-Vertrag)

Im Bereich des primären Gemeinschaftsrechts kommen – soweit das Sozialrecht betroffen ist – in erster Linie Bestimmungen des *EG-Vertrages* zur Anwendung. Der Vertrag enthält zwar keinen besonderen sozialrechtlichen Teil. Unter der Bezeichnung *„Sozialpolitik, allgemeine und berufliche Bildung und Jugend"* werden in den Art. 136 bis 148 EG-Vertrag Rechtsmaterien angesprochen, die in der Bundesrepublik dem *Arbeits- und Sozialrecht* zugerechnet werden.

Diese Vorschriften zur sozialen Gerechtigkeit verpflichten die Mitgliedsstaaten dazu, die sozialen Rahmenbedingungen ihrer Bürger anzugleichen und zu verbessern. Eine umfassende Neuregelung des Maastrichter Vertrages ist am Widerstand Großbritanniens gescheitert. Die übrigen Mitgliedsstaaten haben deshalb ein eigenes *Abkommen über die Sozialpolitik* geschlossen, das als 14. Protokoll dem Vertrag über die Europäische Union angefügt worden ist. Es beruht auf der Sozialcharta vom 09.12.1989 über die sozialen Grundrechte der Arbeitnehmer. Das Sozialabkommen ist gemäß Art. 311 EG-Vertrag Bestandteil dieses Vertrages und damit auch für alle Mitgliedsstaaten – mit Ausnahme Großbritanniens – primäres Gemeinschaftsrecht; es bedeutet zugleich den *Einstieg in die Sozialunion*.

Die Mitglieder des Sozialabkommens wollen die Beschäftigung fördern, die Lebens- und Arbeitsbedingungen verbessern, einen angemessenen sozialen Schutz schaffen und den sozialen Dialog verbessern sowie die Beschäftigung dauerhaft auf ein hohes Niveau heben und Ausgrenzungen bekämpfen, Art. 1 des Abkommens. Dazu hilft die EG den Mitgliedsstaaten gemäß Art. 2 Sozialabkommen auf folgenden Gebieten:

- Verbesserung von Gesundheit und Sicherheit in der Arbeitswelt,
- bei den Arbeitsbedingungen,
- Unterrichtung und Anhörung der Arbeitnehmer,
- Chancengleichheit und Gleichbehandlung der Geschlechter am Arbeitsplatz und
- Eingliederung der vom Arbeitsmarkt ausgegrenzten Personen, unbeschadet der Regelung des Art. 150 EG-Vertrag.

Zu diesem Zweck erlässt der Rat in Richtlinien Mindestvorschriften, die dann schrittweise angewendet werden.

Mit Ausnahme des Art. 141 EG-Vertrag (*Gleichbehandlung* von Mann und Frau im Arbeitsleben) haben die allgemein gehaltenen, teils nur *programmatischen* Vereinbarungen keine Bedeutung für die Rechtsanwendung im konkreten Einzelfall. Zur Gleichbehandlung von Männern und Frauen im Bereich der sozialen Sicherheit hat der EuGH entschieden, dass ein Mitgliedsstaat, der in seinen innerstaatlichen Rechtsvorschriften ein unterschiedliches Rentenalter für männliche und weibliche Arbeitnehmer aufrechterhalten hat, berechtigt ist, die Höhe der Rente je nach dem Geschlecht des Arbeitnehmers verschieden zu berechnen (17).

Dagegen kommt den im EG-Vertrag verbürgten *Grundfreiheiten* als Ausdruck allgemeiner Vertragsziele ein überragender Stellenwert zu. Ihrem Schutz dienen die *Diskriminierungs-*

verbote (18). Für alle Bereiche des EG-Vertrages verbietet das *allgemeine Diskriminierungsverbot des Art. 12 Abs. 1* (früher Art. 6 Abs. 1) EG-Vertrag eine Benachteiligung aus Gründen der Staatsangehörigkeit. Für Arbeitnehmer hat dieses Verbot eine besondere Ausgestaltung in Art. 39 (früher Art. 48) Abs. 2 EG-Vertrag gefunden. Es schützt das Freiheitsrecht des Art. 39 Abs. 1 EG-Vertrag (*Recht des Arbeitnehmers auf Freizügigkeit*), indem es jede auf der Staatsangehörigkeit beruhende Benachteiligung in bezug auf Beschäftigung, Entlohnung und sonstige Arbeitsbedingungen, wozu auch die sozialrechtlichen Regelungen gehören, untersagt. Weitere Diskriminierungsverbote finden sich im sekundären Gemeinschaftsrecht (19).

Die *Freiheitsrechte* und die damit verbundenen Diskriminierungsverbote gewinnen u.a. durch die vom EuGH angewandte *Auslegungsfigur des „effet utile"* eine besondere Bedeutung (20). Diese gebietet, eine Gemeinschaftsregelung nach Möglichkeit so auszulegen, dass die allgemeinen Vertragsziele – hier Freizügigkeit der Arbeitnehmer – möglichst wirksam realisiert werden.

Detailliertere sozialrechtliche Regelungen sind durch das sekundäre Gemeinschaftsrecht geschaffen worden. Die Art. 40 und 42 EG-Vertrag enthalten Ermächtigungen an den Rat, durch Verordnungen oder Richtlinien (Art. 249 EG-Vertrag) die Freizügigkeit der Arbeitnehmer zu gewährleisten. Art. 42 EG-Vertrag enthält nach der ständigen Rechtsprechung des EuGH (21). einen *Koordinierungsauftrag* an den Rat. Danach ist eine Koordinierung i.d.S. geboten, dass unerwünschte Nachteile korrigiert werden, die sich aus einem grenzüberschreitenden Personenverkehr ergeben können. Die materiell-rechtlichen und verfahrensrechtlichen Unterschiede zwischen den Systemen der sozialen Sicherheit der Mitgliedstaaten und damit auch der Ansprüche der Berechtigten bleiben allerdings unberührt. Das Koordinierungsgebot berührt nicht die Freiheit der Mitgliedstaaten, ihre Systeme eigenhändig zu gestalten.

Art. 42 (früher: Art. 51) EG-Vertrag statuiert ausdrücklich *zwei Prinzipien*, die der Rat durch entsprechende Rechtsetzung umzusetzen hat; darüber hinaus ist aus dem Sinn und Zweck der Art. 39, 42 EG-Vertrag ein *weiterer Rechtssetzungsauftrag* herzuleiten:

- Das *Prinzip der Zusammenrechnung* bzw. Totalisierung aller nach verschiedenen innerstaatlichen Rechtsvorschriften berücksichtigten Zeiten für den Erwerb und die Aufrechterhaltung des Leistungsanspruchs sowie seine Berechnung (Art. 42 Buchst. a EG-Vertrag). Dies wird durch *Äquivalenzregeln* erreicht, d.h. durch Regeln, nach denen ausländische wie inländische Sachverhalte behandelt werden.

- Das *Prinzip des Leistungsexports*, d.h. ein Wohnsitz in einem anderen Mitgliedstaat als dem des zuständigen Trägers soll nicht zu einem Anspruchsverlust führen (Art. 42 Buchst. b EG-Vertrag).

- Das *Gebot, Kollisionsnormen zu schaffen*. Diese Normen sollen dafür sorgen, dass der Arbeitnehmer nicht „zwischen die Systeme fällt", indem jeder nationale Träger unter Berufung auf seine nationale Kollisionsregel seine Zuständigkeit verneint.

Die einseitigen Kollisionsregeln des EG-Rechts bestimmen mithin, auf welchen sozialrechtlichen Sachverhalt welche nationalen Sozialrechtsordnungen anzuwenden sind (22).

Ziel des Art. 42 EG-Vertrag ist es mithin, nachteilige Folgen des Territorialitätsprinzips zu korrigieren.

4 Aufgrund des EG-Vertrags erlassene Verordnungen sozialrechtlichen Inhalts

Auf der Grundlage des Art. 40 EG-Vertrag ist die VO (EG) 1612/68 und auf der Grundlage des Art. 42 EG-Vertrag sind die *VO (EG) 1408/71* sowie *574/72* erlassen worden. Die VO (EG) 1408/71 enthält für *Wanderarbeitnehmer*, also für solche, die innerhalb der Gemeinschaft zu- und abwandern, *materiell-rechtliche Regelungen* auf dem Gebiet des Sozialversicherungs-, Arbeitsförderungs- und Kindergeldrechts (vgl. Art. 4 der VO), die VO (EG) 574/72 die entsprechenden *verfahrensrechtlichen Regelungen*.

Auch die *VO (EG) 1408/71* nimmt keine Harmonisierung des materiellen Leistungsrechts der Mitgliedstaaten vor (23). Die Ausgestaltung bleibt den einzelnen Staaten vorbehalten (24). Dieses *Subsidiaritätsprinzip* ist in Art. 2 Satz 2 EG-Vertrag verankert, wonach eine Regelungskompetenz der Gemeinschaft nur besteht, wenn das primäre Gemeinschaftsrecht eine Ermächtigung enthält. Entsprechend der in Art. 42 EG-Vertrag verliehenen Kompetenz enthält die VO (EG) 1408/71 *Kollisions- und Äquivalenznormen* (25). Diese sollen unter dem Gebot der Freizügigkeit eine Inländergleichbehandlung für Wanderarbeitnehmer gewährleisten (26).

Neben Selbständigen werden vom *persönlichen Anwendungsbereich* der VO (EG) 1408/71 Arbeitnehmer sowie deren Familienangehörige und Hinterbliebene erfasst, Art. 2 Abs. 1 VO (EG) 1408/71. Der Begriff des Arbeitnehmers ist dabei nicht nach dem jeweiligen nationalen Begriffsverständnis, sondern gemeinschaftsrechtlich zu bestimmen (27). Hinsichtlich des *sachlichen Anwendungsbereichs* sind Leistungen als solche der sozialen Sicherheit anzusehen, wenn sie dem Empfänger aufgrund einer gesetzlich umschriebenen Stellung gewährt werden, d.h. unabhängig von jeder auf Ermessensausübung beruhenden Beurteilung der Bedürftigkeit im Einzelfall, und sie sich auf eines der in Art. 4 Abs. 1 VO (EG) 1408/71 ausdrücklich aufgezählten Risiken (insbesondere Krankheit und Mutterschaft, Invalidität, Tod, Arbeitsunfall oder Arbeitslosigkeit) beziehen (28).

Das Gleichbehandlungsgebot des Art. 3 VO (EG) 1408/71 stellt für den gesamten Geltungsbereich der VO eine weitere Ausdifferenzierung des besonderen Diskriminierungsverbots des Art. 39 Abs. 2 EG-Vertrag dar. Für die *Leistungsbemessung im Arbeitsförderungsrecht* ist eine noch speziellere Ausgestaltung in Art. 68 Abs. 2 Satz 1 der VO erfolgt (29). Nicht auf Art. 3 VO (EG) 1408/71 stützen lässt sich der Anspruch einer Versicherten, die in einem ausländischen EG-Staat wohnt und ihr Kind erzieht, auf *Kindererziehungszeiten* und *Kinderberücksichtigungszeiten* (30). Eine Verletzung des Gleichheitssatzes des Art. 3 Abs. 1 GG liegt hierin ebenfalls nicht (31).

Gemäß Art. 13 Abs. 1 VO (EG) 1408/71 gelten immer nur die Rechtsvorschriften *eines* Mitgliedstaats. Somit kann der Versicherte seine Ansprüche nur gegen *einen* Staat bzw. dessen zuständigen Träger geltend machen.

Eine zwingende und *ausschließliche Zuständigkeit des Beschäftigungsstaats* ergibt sich aus Art. 67 Abs. 3 VO (EG) 1408/71. Die Vorschrift hat eine über ihren Wortlaut hinausgehende Bedeutung. Danach gelten ihre Abs. 1 und 2 (Zusammenrechnung von Versicherungs- und Beschäftigungszeiten) nur, wenn der Versicherte – abgesehen von den ausdrücklich genannten weiteren Tatbeständen – unmittelbar zuvor Versicherungs- und Beschäftigungszeiten nach den Rechtsvorschriften zurückgelegt hat, nach denen er Leistungen beantragt.

Sind *Beschäftigungs- und Wohnstaat nicht identisch*, nimmt Art. 71 Abs. 1 der VO die Zuständigkeitszuweisung vor (32). Demgemäss wird die Zuständigkeit nach Art. 67 Abs. 3 der VO nur begründet, wenn der Beschäftigungsstaat zugleich der Wohnstaat gewesen ist. Der Arbeitslose muss in diesem Staat, und zwar ausschließlich dort, die Leistungen beantragen. Durch einen Wohnwechsel in einen anderen Mitgliedstaat erst nach Beendigung der Beschäftigung wird dieser Staat nicht zuständig. Es verbleibt bei der Zuständigkeit des letzten Beschäftigungsstaats (33).

Gemäß Art. 71 Abs. 1 Buchst. a Ziff. ii VO (EG) 1408/71 erhalten Grenzgänger bei Vollarbeitslosigkeit Leistungen nach den Rechtsvorschriften des Mitgliedsstaats, in dessen Gebiet sie wohnen, und zwar zu Lasten des Trägers des Wohnorts. Allerdings ist eine Auslegung des § 30 Abs. 1 SGB I dahingehend, dass Grenzgänger unter Hinweis auf ihren Wohnsitz auch dann keine Leistungen bei Arbeitslosigkeit erhalten wenn im übrigen alle Voraussetzungen nach §§ 117 ff. SGB III erfüllt sind, mit Art. 3 Abs. 1 GG unvereinbar (34).

Denn der Gesetzgeber ist nicht frei darin, ohne gewichtige sachliche Gründe den Anknüpfungspunkt zwischen Beitragserhebung und Leistungsberechtigung zu wechseln. Steht daher das *Wohnsitzprinzip* dem Eingriff durch Auferlegung von Beiträgen nicht entgegen, so können territoriale Gründe erstmals nicht gegen die Einlösung des mit Beiträgen erworbenen Versicherungsschutzes ins Feld geführt werden. Erfüllt mithin ein zuvor in Deutschland beitragspflichtiger Grenzgänger nach den allgemeinen Vorschriften den Anspruch auf Arbeitslosengeld, so steht der Auslandswohnsitz als solcher dem Anspruch nicht entgegen (35).

Wer *Grenzgänger* ist, definiert Art. 1 Buchst. b der VO. Dies ist jeder Arbeitnehmer (vgl. zum persönlichen Geltungsbereich Art. 2 der VO), der seine Berufstätigkeit im Gebiet eines Mitgliedstaats ausübt, aber in einem anderen wohnt und in das Gebiet des Wohnstaats i.d.R. täglich, mindestens jedoch einmal wöchentlich zurückkehrt. Den gleichen Status hat ein Arbeitnehmer, der außerhalb seines Wohnstaats von einem Unternehmen eingesetzt wird, bis zur Höchstdauer von 4 Monaten, auch wenn er nicht innerhalb der genannten Zeiträume zu seinem Wohnort zurückkehrt.

Zur Abgrenzung von der weiteren Fallgruppe des Art. 71 Abs. 1 Buchst. b der VO wird ein solcher Arbeitnehmer als *echter Grenzgänger* bezeichnet (36). Er hat z.B. bei Arbeitslosigkeit ausschließlich einen Anspruch gegen den Träger des Wohnstaats. Der Anknüpfung an den Wohnstaat liegen soziale Erwägungen und solche der praktischen Wirksamkeit zugrunde. Dem nicht im Beschäftigungsstaat wohnenden Arbeitslosen sollen die Nachteile erspart werden, die sich aus seiner Verpflichtung ergeben, sich der zuständigen Arbeitsverwaltung zur Verfügung zu stellen und zu halten. Auch sind diese Stellen am besten in der Lage, die Leistungen zu gewähren und sich dabei zu vergewissern, dass der Betroffene die Voraussetzungen für den Bezug erfüllt (37).

Wesentliches Zuordnungskriterium nach EG-Recht ist somit, wo ein Arbeitnehmer während der Beschäftigung gewohnt hat. Dies bestimmt sich nach dem *Zeitpunkt der Beendigung des Arbeitsverhältnisses* (38). Nicht erforderlich ist, dass bis zu diesem Zeitpunkt die Arbeitspflicht tatsächlich durchgehend erfüllt worden ist. Verzieht der Arbeitnehmer während seines rechtlich noch fortbestehenden Arbeitsverhältnisses in einen anderen Mitgliedstaat, ohne im Beschäftigungsstaat tatsächlich die Arbeit wieder aufzunehmen, ist er dennoch unechter Grenzgänger (39). Bei rechtlicher Beendigung des Arbeitsverhältnisses waren Wohn- und Beschäftigungsstaat nicht identisch. Zugleich fehlten die Merkmale für eine Qualifizierung als echter Grenzgänger, so dass nur eine Einstufung als unechter Grenzgänger möglich ist.

Unechte Grenzgänger haben gemäß Art. 71 Abs. 1 Buchst. b Ziff. i und ii der VO ein *Wahlrecht*. Sie können bei Arbeitslosigkeit entweder den Träger des Beschäftigungs- oder des Wohnstaats in Anspruch nehmen (40). Der Zubilligung eines solchen Wahlrechts liegt ebenfalls die Erwägung zugrunde, die Leistungen unter den für die Arbeitssuche günstigsten Bedingungen zu gewähren. Anders als in den Fällen des Art. 67 Abs. 3 der VO (ausschließliche Zuständigkeit des Beschäftigungsstaats) und des Art. 71 Abs. 1 Buchst. a Ziff. ii der VO (ausschließliche Zuständigkeit des Wohnstaats) lässt sich in den Fällen des unechten Grenzgängers nicht so eindeutig – jedenfalls im Rahmen einer Typisierung – entscheiden, ob dieser im Beschäftigungs- oder im Wohnstaat die günstigeren Bedingungen für die Arbeitssuche vorfindet. Deshalb ist es angemessen, ihn selbst bestimmen zu lassen, wo jene für ihn günstigsten Voraussetzungen gegeben sind (41).

Im Bereich der Arbeitsförderung stellt sich das Problem der *Verfügbarkeit* beim unechten Grenzgänger in besonderer Weise, wenn er nicht den Träger seines Wohn-, sondern Beschäftigungsstaats in Anspruch nimmt. Der Wohnort im Ausland allein steht der Leistungspflicht der BA nicht entgegen. Dies würde zum einen das Wahlrecht des Art. 71 Abs. 1 Buchst. b der VO unterlaufen. Zum anderen ist es wegen der zu gewährenden Freizügigkeit Aufgabe des zuständigen Trägers, eine wirksame Kontrolle der Leistungsvoraussetzungen in Zusammenarbeit mit dem Träger des Wohnstaats – evtl. durch Inanspruchnahme der Verwaltungskommission für die soziale Sicherheit – zu gewährleisten (42).

Ist in einem solchen Fall z.B. Deutschland der Beschäftigungsstaat, hat auch der unechte Grenzgänger – wie jeder Arbeitslose im Inland – nur dann einen Anspruch, wenn er der Arbeitsvermittlung zur Verfügung steht. Demzufolge muss er gemäß § 118 ff. SGB III das im Inland zuständige Arbeitsamt täglich aufsuchen können und für das Arbeitsamt im Nahbereich erreichbar sein. Örtlich zuständig ist das vom ausländischen Wohnort nächstgelegene Arbeitsamt (43).

Die *Definition des Wohnbegriffs* ist nicht identisch mit dem Begriff des *Wohnsitzes* in § 30 SGB I oder § 7 BGB. Die Begriffe des EG-Rechts sind eigenständig unter Berücksichtigung ihrer Zwecke im Rahmen der Gemeinschaftsbildung zu interpretieren (44). Nach der Definition des Art. 1 Buchst. h und i VO (EG) 1408/71 ist unter Wohnort der Ort des *gewöhnlichen Aufenthalts*, unter *Aufenthalt* der (nur) *vorübergehende Aufenthalt* zu verstehen. Nach der Rechtsprechung des EuGH „wohnt" der Arbeitnehmer dort, wo sich der *gewöhnliche Mittelpunkt seiner Interessen* befindet. Der Umstand, dass er seine Familie in einem anderen Mitgliedstaat als dem Beschäftigungsstaat zurückgelassen hat, ist zwar ein Indiz dafür, dass er dort seinen Wohnort hat, dies allein genügt aber noch nicht für eine abschließende Feststellung. Verfügt der Arbeitnehmer nämlich über einen festen Arbeitsplatz, wird *vermutet*, dass er dort wohnt, auch wenn seine Familie in einem anderen Staat lebt (45). Ein fester Arbeitsplatz ist dann anzunehmen, wenn das Arbeitsverhältnis nicht jederzeit beendet werden kann und auch nicht von vornherein für kurze Zeit dauern soll (46).

5 EG-Abkommen mit Drittstaaten

Der EG-Vertrag ermächtigt die Gemeinschaft verschiedentlich zum Abschluss von Abkommen mit einem oder mehreren Staaten oder internationalen Organisationen (47).

Soweit die Einzelermächtigung fehlt oder nicht ausreicht, können und werden solche Abkommen auch als sog gemischte Verträge geschlossen, d.h. die Gemeinschaft und die Mitgliedstaaten treten gemeinsam als Vertragspartner auf (vgl. zuletzt z.B. Abkommen über den Europäischen Wirtschaftsraum vom 02.05.1992 zwischen der EG und ihren Mitgliedstaaten sowie den EFTA-Staaten).

Solche *Abkommen* werden als *sekundäres Recht* Bestandteil des Gemeinschaftsrechts. Ihre Bestimmungen sind unmittelbar anzuwendendes Recht, wenn sie unter Berücksichtigung ihres Wortlauts und im Hinblick auf Sinn und Zweck der Abkommen eine klare und eindeutige Verpflichtung enthalten, deren Erfüllung oder Wirkung nicht vom Erlass eines weiteren Aktes abhängt (vgl. z.B. *Assoziierungsabkommen EG-Türkei* [48]). Unmittelbare Wirkung bedeutet, dass der einzelne das Recht hat, sich vor den nationalen Gerichten auf sie zu berufen (49). Neben Kollisions- und Äquivalenzregeln sind insbesondere Diskriminierungsverbote auf ihre unmittelbare Wirkung zu überprüfen. Eine solche Wirkung ist z.B. hinsichtlich entsprechender Verbote in den *Kooperationsabkommen der EG mit Marokko und Algerien* bejaht worden (50).

6 Bilaterale Abkommen

Bilaterale Abkommen, die die Bundesrepublik auf dem Gebiet der sozialen Sicherheit mit Nicht-EG-Staaten geschlossen hat und die ins innerstaatliche Recht „transformiert" worden sind (Art. 59 GG), können ebenfalls Regelungen mit unmittelbarer Wirkung enthalten. Insoweit müssen die gleichen Voraussetzungen wie bei Abkommen der EG mit Drittstaaten erfüllt sein (51).

Abkommen, die die Bundesrepublik mit anderen EG-Staaten geschlossen hatte, sind an sich durch Art. 6 VO (EG) 1408/71 außer Kraft gesetzt worden, es sei denn, in den Art. 7, 8 und 46 Abs. 4 der VO ist etwas anderes bestimmt. So gelten z.B. das *Abkommen über die soziale Sicherheit der Rheinschiffer* (Art. 7 Abs. 2.a der VO) und die *deutsch-griechischen* sowie *deutsch-spanischen Abkommen* (Art. 7 Abs. 2.c der VO i.V.m. Anhang III A Ziff. 22 u. 24.b) bei Konkurrenzen weiter (52).

Über den eindeutigen Wortlaut des Art. 6 VO (EG) 1408/71 hinaus lässt der EuGH auch sonstige zwei- oder mehrseitige Abkommen fortgelten, wenn und soweit sie für den Berechtigten *günstigere Regelungen* enthalten.

Die Begründung stützt sich darauf, dass die VO das Anliegen des Art. 42 EG-Vertrag verfehle, wenn ein Versicherter Rechte verlöre, die er zuvor aufgrund des Rechts eines Mitgliedstaats erlangt habe (53).

7 IAO – Übereinkommen

Weniger bedeutsam sind für Wanderarbeitnehmer die Übereinkommen der IAO (54) bzw. ILO (55).

Einen Mindeststandard im Leistungsrecht will das IAO-Übereinkommen Nr. 102 über die Mindestnormen der sozialen Sicherheit vom 28.06.1952 (56) gewährleisten. Das weitere IAO-Übereinkommen Nr. 168 über Beschäftigungsförderung und den Schutz gegen Arbeitslosigkeit vom 21.06.1988 ist bislang nicht von der Bundesrepublik ratifiziert worden. Das IAO-Übereinkommen Nr. 102 verpflichtet die Mitgliedstaaten der IAO völkerrechtlich, u.a. bei Eintritt von Arbeitslosigkeit einen Mindeststandard der Leistungen auch der Höhe nach zu schaffen. Da das nationale deutsche Recht einen Vomhundertsatz von 67 bzw. 60 v.H. zugrunde legt, sind die Mindestnormen des IAO-Übereinkommens Nr. 102 insoweit von vornherein nicht verletzt (57).

Als *bloße Verpflichtung* gelten die Übereinkommen der IAO nicht unmittelbar im nationalen Rechtsraum, da sie sich *nicht unmittelbar* an die staatlichen Rechtsanwendungsorgane und an die Rechtsunterworfenen wenden (58). Verletzt ein Staat seine völkerrechtliche Verpflichtung aus einem von ihm ratifizierten IAO-Übereinkommen, kann nur das in der Satzung der IAO vorgesehene *Vertragsverletzungsverfahren* eingeleitet werden. Im nationalen Recht kommt bei der Rechtsanwendung im Einzelfall allenfalls eine Beachtung unter dem Aspekt einer gebotenen völkerrechtsfreundlichen Interpretation in Betracht (59).

8 Rechtsprechung des Europäischen Gerichtshofs

Die Urteile des EuGH haben – wie Verordnungen und Entscheidungen des Europäischen Parlaments, des Rates und der Kommission (Art. 249 Sätze 2 und 4 EG-Vertrag) – unmittelbare Wirkung. Art. 233 i.V.m. Art. 228 EG-Vertrag verlangt von den von einem Urteil betroffenen Mitgliedstaaten und Organen, dass sie die sich aus dem Urteil ergebenden Konsequenzen tragen und entsprechende Maßnahmen ergreifen.

Hinsichtlich der Vorabentscheidung nach Art. 234 EG-Vertrag ist hingegen die Wirkung des Urteils nicht festgelegt. Dennoch dürfte die Entscheidung des EuGH nicht nur die mit der Sache befassten Gerichte binden. Denn da der EuGH das höchste europäische Gericht ist, haben seine Urteile Bindungswirkung über den konkreten Einzelfall hinaus, sind also gewissermaßen allgemeinverbindlich, weil ansonsten ein anderes Gericht erneut vorlegen müsste. Im übrigen sind die nationalen Gerichte zur *gemeinschaftskonformen Auslegung* des nationalen Rechts verpflichtet (60).

Welche Wirkung die Rechtsprechung des EuGH auf die nationalen Gerichte hat, sieht man z.B. am Problem der *mittelbaren* oder *indirekten Diskriminierung*. Eine derartige Diskriminierung liegt vor, wenn eine Regelung, wie z.B. die betriebliche Altersversorgung, Teilzeitbeschäftigte von der Altersversorgung ausschließt und diese Regelung mehr Frauen als Männer trifft, weil in diesem Betrieb i.d.R. Frauen als Teilzeitbeschäftigte arbeiten. Die Ungleichbehandlung verstößt nach Auffassung des EuGH nur dann nicht gegen Art. 119 (heute: Art. 141) EG-Vertrag, wenn die Regelung objektiv gerechtfertigt ist. Diese arbeitsrechtliche Problematik war in Deutschland relativ unbekannt und wurde erst mit den Urteilen des EuGH (61) in der Rechtsprechung verankert und damit einer breiten Öffentlichkeit geläufig.

8.1 Für das Sozialrecht bedeutsame Urteile des EuGH (ab 1997)

- Am 17.06.1999 entschied der EuGH zum Az.: C-75/97, dass ein System, das bestimmten Unternehmen den Vorteil einer erhöhten *Ermäßigung der Sozialversicherungsbeiträge* zugute kommen lasse, diese von einem Teil ihrer Kosten entlaste und ihnen finanzielle Vorteile verschaffe, die ihre Wettbewerbsposition verbesserten. Eines der Merkmale des Begriffes der staatlichen Beihilfe sei die Spezifizität einer staatlichen Maßnahme, also ihr selektiver Charakter. Danach sei eine Maßnahme, die die Unternehmen eines bestimmten Wirtschaftszweigs teilweise von den finanziellen Lasten freistellen solle, die sich aus der normalen Anwendung des allgemeinen Sozialversicherungssystems ergäben, ohne dass diese Befreiung durch das Wesen und die Struktur dieses Systems gerechtfertigt sei, als Beihilfe anzusehen.

- In einem Urteil vom 08.06.1999 – Az.: C-337/97 – definierte der EuGH den *Arbeitnehmerbegriff* und führte aus: Der Begriff des Arbeitnehmers im Sinne des Artikels 48 EG-Vertrag und der Verordnung Nr. 1612/68 ist ein Begriff des Gemeinschaftsrechts, der nicht eng auszulegen ist. Arbeitnehmer ist jeder, der eine tatsächliche und echte Tätigkeit ausübt, wobei Tätigkeiten außer Betracht bleiben, die einen so geringen Umfang haben, dass sie sich als völlig untergeordnet und unwesentlich darstellen. Das wesentliche Merkmal des Arbeitsverhältnisses besteht darin, dass jemand während einer bestimmten Zeit für einen anderen nach dessen Weisung Leistungen erbringt, für die er als Gegenleistung eine Vergütung erhält. Der Anerkennung als Arbeitnehmer im Sinne der genannten Bestimmungen steht nicht entgegen, dass jemand mit dem Geschäftsführer und einzigen Anteilseigner einer Gesellschaft verheiratet ist, sofern er seine Tätigkeit im Rahmen eines Unterordnungsverhältnisses ausübt. Denn die personenrechtlichen und vermögensrechtlichen Beziehungen zwischen Ehegatten, die sich aus der Ehe ergeben, schließen im Rahmen der Unternehmensorganisation das Bestehen eines solchen Unterordnungsverhältnisses, wie es für ein Arbeitsverhältnis typisch ist, nicht aus.

- Das *Recht der Freizügigkeit* wird betont in der Entscheidung vom 25.02.1999 – Az.: C-90/97 – wonach es gegen Gemeinschaftsrecht verstößt, dass ein Mitgliedstaat eine unter Artikel 10a (Beitragsunabhängige Sonderleistungen) der Verordnung Nr. 1408/71 fallende Leistung im Falle eines Arbeitnehmers, der von seinem Recht auf Freizügigkeit dadurch Gebrauch gemacht hat, dass er sich in einen anderen Mitgliedstaat begeben hat, in dem er gearbeitet und seinen gewöhnlichen Aufenthalt genommen hat, und der anschließend in seinen Herkunftsmitgliedstaat, in dem seine Familie wohnt, zurückgekehrt ist, um dort Arbeit zu suchen, vom dortigen gewöhnlichen Aufenthalt abhängig macht, wenn dieser neben der Absicht des Wohnens auch eine beträchtliche Zeit des Wohnens voraussetzt. Die Dauer des Wohnens in dem Staat, in dem die streitige Leistung beantragt ist, gehört nämlich nicht zum Begriff des Wohnorts im Sinne des Artikels 10a dieser Verordnung.

- Im Urteil vom 05.03.1998 – Az.: C 160/96 – hat der EuGH die Leistungen der 1995 in Deutschland eingeführten gesetzlichen *Pflegeversicherung* exportierbar gemacht. Er hat darin eine *Diskriminierung* gesehen, dass ein Versicherter, der in Frankreich wohnhaft und in Deutschland erwerbstätig war, Beiträge zur deutschen Pflegeversicherung zu entrichten habe, Leistungen hieraus jedoch im Ausland nicht in Anspruch nehmen könne. Durch diese Regelung werde insbesondere gegen das *Recht auf Freizügigkeit* innerhalb der EG verstoßen.

- Am 28.04.1998 entschied der EuGH in den Rechtssachen C 120/95 und C 158/96, dass ein Bürger der EG das Recht habe, eine ihm verschriebene Brille in einem anderen Mitgliedsstaat zu erwerben bzw. zahnärztliche Leistungen in einem anderen Mitgliedsstaat in Anspruch zu nehmen und die hierfür entstandenen Aufwendungen beim Sozialversicherungsträger seines Heimatlandes nach den dort geltenden Tarifen geltend zu machen. Der angegriffenen (luxemburgischen) Regelung wurde dabei vorgeworfen, sie verletzten die Freiheit des Warenverkehrs (Art. 30 EG-Vertrag) bzw. die Freiheit des Dienstleistungsverkehrs (Art. 59, 60 EG-Vertrag), was weder durch eine im EG-Vertrag ausdrücklich geregelte Ausnahme noch durch zwingende Gründe des Allgemeinwohls gerechtfertigt sei.

Die Bedeutung der vorgenannten Richtersprüche ist noch nicht übersehbar: Innerhalb weniger Wochen hat der EuGH damit nicht nur die Europäisierung der deutschen Pflegeversicherung erzwungen, sondern einen ähnlichen Schritt bezüglich der Krankenversicherung getan. In Fortführung dieser Entscheidungspraxis müssten die Krankenkassen künftig ihren Versicherten ohne vorherige Genehmigung die Kosten für medizinische Erzeugnisse und innerhalb der EU erbrachte ärztliche Dienstleistungen erstatten, während dies bisher nur für Notfallbehandlungen auf Reisen galt (62). Damit wird zugleich deutschen Sozialpolitikern die Zweckbestimmung über einen Teil des jährlichen Sozialbudgets von über einer Billion DM entzogen; denn wenn der Versicherte bestimmen kann, wo Umsätze getätigt werden, verlieren Absprachen über garantierte Umsätze oder Budgets für Ärzte und Kliniken ihre Bedeutung.

8.2 Ausblick

Zum Beweiswert fremdmitgliedsstaatlicher *Personenstandsurkunden* hat der EuGH am 02.12.1997 in der Rechtssache C 336/94 entschieden, dass grundsätzlich von der Richtigkeit dieser Urkunden auszugehen sei. Die Praxis insbesondere von Griechenland, der Türkei und nordafrikanischen Staaten, durch gerichtliches Urteil das Geburtsdatum zu ändern und ein neues (früheres) Geburtsdatum zu bescheinigen, bereitet der deutschen Sozialversicherung seit längerem Kopfschmerzen; denn ein solches abruptes Altern des Versicherten löst z.B. entsprechend frühere Rentenansprüche aus. Indem der deutsche Gesetzgeber dieser Praxis entgegenwirkt und in dem im Dezember 1997 neu eingefügten § 33 a SGB I bestimmt hat, dass das Geburtsdatum maßgebend sein solle, welches sich aus der ersten Angabe des

Beschäftigten ergebe, hat er eine der Entscheidung des EuGH widersprechende nationale Rechtslage *nachträglich geschaffen*.

Angesichts der entgegenstehenden Rechtsprechung des EuGH und der Harmonisierungsverpflichtung des deutschen Staates dürfte der Anwendungsbereich des § 33 a SGB I nur auf Staaten außerhalb der EU – hier insbesondere die Türkei und die nordafrikanischen Staaten – zielen. Ob dies jedoch angesichts der Assoziation zwischen der Europäischen Wirtschaftsgemeinschaft und der Türkei gestattet ist, wird der EuGH aufgrund zweier Vorlagen des Bundessozialgerichts aus Februar und März 1998 zu beantworten haben.

Als diskriminierend hat der EuGH bereits im Jahre 1990 – Rs. Barber, Az.: C 262/88 – den Ausschluss von Frauen von Betriebsrentensystemen – wenn sie z.B. verheiratet oder teilzeitbeschäftigt sind – verurteilt. Aus Deutschland sind zu dieser Problematik drei Verfahren anhängig, die sich ausschließlich gegen die Deutsche Post AG bzw. die Telekom richten (C 50, 234 und 235/96). In diesen Verfahren hat der Generalanwalt bereits seinen Schlussvortrag erstellt, wonach in dem Umstand, dass Postbedienstete dem Betriebsrentensystem nicht angehören können, wenn ihre Arbeitszeit weniger als 18 Stunden in der Woche beträgt (und in der bezeichnenden Tatsache, dass dieser Personenkreis ausschließlich aus Frauen besteht) eine eindeutige Diskriminierung gesehen.

Dagegen bleibt es den EU-Mitgliedsstaaten auch unter dem Gesichtspunkt der Diskriminierung aufgrund des Geschlechts unbenommen, ein unterschiedliches Rentenzugangsalter für Männer und Frauen beizubehalten und diesen Umstand auch bei der Rentenberechnung zu berücksichtigen (EuGH-Entscheidung vom 22.12.1998 – C 154/96).

Nach der Rechtsprechung des EuGH können durchaus auch *Männer* im Arbeitsleben *diskriminiert* werden. Durch § 611a BGB ist es dem Arbeitgeber ausdrücklich verboten, einen Arbeitnehmer wegen seines Geschlechts rechtlich oder tatsächlich zu benachteiligen. Das gilt gemäß § 611b BGB ausdrücklich auch bereits für die Stellenausschreibung. Ein Arbeitgeber, der ausdrücklich eine Assistentin sucht, verstößt gegen die Richtlinie der EU zur Verwirklichung des Grundsatzes der Gleichbehandlung von Männern und Frauen hinsichtlich des Zugangs zur Beschäftigung, zur Berufsbildung und zum beruflichen Aufstieg sowie in Bezug auf die Arbeitsbedingungen (Richtlinie 76/207/EWG des Rates vom 09.12.1976) (63).

9 Fazit

Das im deutschen Sozialrecht geltende Territorialitätsprinzip führt zur Benachteiligung von Arbeitnehmern, die aufgrund ihres abhängigen Beschäftigungsverhältnisses in Deutschland im Sozialversicherungssystem dieses Landes verhaftet sind (und entsprechende Beiträge entrichten müssen), bei Wohnsitznahme im europäischen Nachbarstaat als Grenzgänger aber nicht alle Leistungen der deutschen Sozialversicherung in Anspruch nehmen können.

Das europäische Gemeinschaftsrecht hingegen, das sich in primäres – direkt anwendbares – und sekundäres Recht gliedert, verfügt maßgeblich in der Ausprägung des Freizügigkeitsgebots und des Diskriminierungsverbots über ein Instrumentarium zum Abbau von – benachteiligenden – Rechtsunterschieden in der Gemeinschaft. Dabei ist davon auszugehen,

Abb. 1: Der europäische Gerichtshof

dass sich – schon vom Vertragszweck des EG-Vertrags her – für die Staaten der Gemeinschaft die unmittelbare Verpflichtung zur Harmonisierung und z.T. grenzüberschreitenden Anwendung ihrer Rechtsvorschriften ergibt, wenngleich das Verhältnis (Vorrang) des Gemeinschaftsrechts zum innerstaatlichen Recht nicht immer geklärt ist.

Im Bereich des Sozialrechts enthält der EG-Vertrag mehr programmatische Aussagen, die indes im Lichte des Diskriminierungsverbots und bei richtigem Verständnis des Rechts auf Freizügigkeit zusammen mit dem zwischen den meisten EG-Staaten vereinbarten Sozialabkommen deutliche Konturen gewinnen. Insbesondere bei Auslegungsfragen wird das nationale Recht bei grenzüberschreitenden Sachverhalten in einer Weise mit Leben erfüllt, dass auch hier inzwischen von einem direkt anwendbaren „europäischen Recht" ausgegangen werden muss, das nicht nur dem innerstaatlichen Sozialrecht, sondern auch dem Grundgesetz im Range vorgeht.

In diese Richtung ist eine sich konsequent fortentwickelnde Rechtsprechung des Europäischen Gerichtshofes in Luxemburg zu begreifen, die in erfrischender Deutlichkeit und – ihm manchmal vorgeworfener – Kürze der Entscheidungen bemüht ist, Rechtsnachteile für Bürger abzubauen, die sich daraus ergeben, dass nationale Rechtsbestimmungen allzu sehr darauf ausgerichtet sind, Rechte einheimischer Versicherter in den Vordergrund zu stellen. Abgebaut werden durch die am EG-Vertrag orientierte Rechtsprechung aber auch Diskriminierungen z.B. aufgrund der Zugehörigkeit zu einem Geschlecht, derer wir uns möglicherweise gar nicht immer bewusst sind.

Der Weg des Sozialrechts nach (einem geeinten) Europa ist ein weiter und z.T. recht beschwerlicher. Aber bei genauerer Betrachtung ist erstaunlich, welche Strecke des Weges doch schon zurückgelegt worden ist. Dies ist nicht zuletzt Verdienst der mutigen Rechtsprechung des EuGH: Die dritte Gewalt befruchtet die erste – manchmal schon zwangsweise, indem nationale Gesetze oftmals nach einer Entscheidung des EuGH der im EG-Vertrag geregelten Rechtslage angepasst werden müssen. Trägheit in der Umsetzung unterliegt wiederum der Kontrolle durch den Rat der Gemeinschaft, der sanktionsbefugt ist.

Anmerkungen

(1) BGBl 1993 II S. 267.

(2) Vgl. Art. 6, 29 des EWR-Abkommens i.V.m. Anhang VI.

(3) Vgl. *Scholz*, DAngVers 1994, S. 63 ff.

(4) Vgl. im einzelnen *Husmann*, AFG-Gesamt-Komm, Rdnr. 46, 47 zu § 112.

(5) Vgl. zum Begriff *Eichenhofer*, Internationales Sozialrecht, S. 3 ff.

(6) Zum Problem der mittelbaren Diskriminierung Vgl. *Husmann* in: GK-AFG, Rdnr. 170 zu § 111.

(7) EuGHE 1963, 1 (Rs. van Gend & Loos).

(8) *Schulte* IWB 1993, Nr. 20, S. 956; *Husmann*, GK-AFG, Rdnr. 20 vor §§ 100 ff.

(9) EGKS-Vertrag vom 18.04.1951, EWG-Vertrag – heute EG-Vertrag – und EURATOM-Vertrag jeweils vom 25.03.1957.

(10) EuGHE 1964, 1256, 1269 ff. [Rs. Costa]; zum Problem der Wahrung eines unabdingbaren Grundrechtsstandards Vgl. BVerfGE 89, 155, 174 f. [sog Maastricht-Urt].

(11) EuGHE a. a. O., S. 1274 f.; *Lenz* SGb 1988, 17.

(12) Vgl. *Lenz* SGb 1988, 1 ff.; *ders*, DRiZ 1995, 213 ff.; zur Vorlagepflicht auch EuGHE 1982, 3415 ff., 3429 ff., Rz. 10 ff. [Rs. Srl. C.I.L.F.I.T. und Lanificio di Gavardo SpA]; im einzelnen: *Husmann*, aaO Rdnr. 21.

(13) *Ihnen*, Grundzüge des Europarechts, München 1995, S. 119 mwN.

(14) EuGHE 1982, 53 (Rs Becker); BVerfGE 75, 223, 240 ff. und BVerfGE 85, 191, 204.

(15) EuGHE 1991 I, 4269 (Rs Emmott); ablehnend: *Stadie*, Unmittelbare Wirkung von EG-Richtlinien und Bestandskraft von Verwaltungsakten, NVwZ 1994, S. 435.

(16) *Ihnen*, aaO unter Hinweis auf einen Bericht in der Frankfurter Rundschau vom 28.4.1994.

(17) EuGH 30.04.1998 – C-377/96 u.a.

(18) *Husmann*, GK-AFG, Rdnr. 22 vor §§ 100 ff.

(19) *Husmann*, GK-AFG, Rdnr. 23 vor §§ 100 ff.

(20) Vgl. zu den weiteren gemeinschaftsspezifischen Auslegungskriterien *Borchardt* in *Lenz* (Hrsg), Rdnr. 15 ff. zu Art. 164.

(21) EuGHE 1986, 1, 24 Rdnr. 20 (Rs. Pinna) = SozR 6050 Art. 73 Nr. 9; *Husmann*, SGb 1998, 245 ff., 246.

(22) *Husmann*, SGb 1998, 245 ff., 246.

(23) *Zacher*, Colloquium 1990, S. 15, 17 f.

(24) EuGHE 1986, 1, 24 f, Rdnr. 20 (Rs. Pinna) = SozR 6050 Art. 73 Nr. 9.

(25) Vgl. zur Terminologie *Eichenhofer*, Internationales Sozialrecht, S. 62 ff., 81 ff., 244 ff.

(26) *Lenz*, SGb 1988, 1, 5; zu allem: *Husmann*, GK-AFG, Rdnr. 27 vor §§ 100 ff.

(27) *Husmann*, SGb 1998, 245ff, 247.

(28) *Husmann*, aaO.

(29) *Husmann*, GK-AFG Rdnr. 164 ff. zu § 111.

(30) BSG 24.02.1999 – B 5/4 RA 82/97 – (Vorlagebeschluß an den EuGH).

(31) BVerfG NJW 1998, 2963.

(32) BSG 20.03.1984 – 7 RAr 69/ 82 -; BSG AuB 1986, 192.

(33) EuGHE 1984, 3507, 3514 Rz. 9 (Rs Guyot) = SozR 6050 Art. 71 Nr. 7; *Husmann*, GK-AFG, Rdnrn. 33, 34 vor §§ 100 ff

(34) Kammer-Beschluß des BVerfG vom 30.12.1999 – 1 BvR 809/95.

(35) BVerfG, aaO, Umdruck S. 6 f.

(36) BSG AuB 1986, 192, 195; *Eichenhofer*, SGb 1992, 573, 575.

(37) *Husmann*, GK-AFG, Rdnr. 36 vor §§ 100 ff.; EuGHE 1988, 3467, 3487 Rdnr. 14 (Rs Rebmann) = SozR 6050 Art. 71 Nr. 9.

(38) *Husmann*, GK-AFG, Rdnr. 38 vor §§ 100 ff.

(39) EuGHE 1988, 5125, 5148 Rz. 22 (Rs Bergemann) = SozR 6050 Art. 71 Nr. 10; BSG SozR 3-6050 Art. 71 Nr. 5.

(40) EuGHE 1982, 1991, 2005 (Rs Aubin) = SozR 6050 Art. 71 Nr. 6; EuGHE 1986, 1837, 1850 Rz. 9 (Rs Miethe) = SozR 6050 Art. 71 Nr. 8; EuGHE 1992, 4341, 4387 Rz. 16 (Rs Knoch) = SozR 3-6050 Art. 71 Nr. 3.

(41) *Lenz*, SGb 1993, 1, 6.

(42) BSG SozR 3-6050 Art. 71 Nr. 5.

(43) BSG aaO.

(44) BSGE 68, 75, 79 = SozR 3-6050 Art. 71 Nr. 2.

(45) EuGHE 1977, 315, 325 Rz. 17/20 (Rs di Paolo) = SozR 6050 Art. 71 Nr. 2.

(46) BSG AuB 1986, 192, 194.

(47) Z.B. Art. 113, 229, 230, 238, evtl. auch 235 EG-Vertrag; zum Verfahren Vgl. Art. 228 EG-Vertrag.

(48) EuGHE 1987, 3747 3752 Rz. 14 (Rs Demirel).

(49) EuGH 05.04.1995 – C-k103/94 – Rz. 21-24 (Rs Krid).

(50) EuGHE 1991, 199, 225 Rz. 17, 23 (Rs Kziber); EuGHE 1994, 1353, 1368 f. Rz. 16 f. (Rs Yousfi); EuGH 05.04.1995, aaO.

(51) *Geiger*, Grundgesetz und Völkerrecht, 2. Aufl 1994, § 32 II 3 c, S. 174.

(52) *Husmann*, GK-AFG, Rdnr. 67 vor §§ 100 ff.

(53) EuGHE 1991, 323, 343f Rz. 26, 29 (Rs Rönfeldt); Vgl. auch *Eichenhofer*, SGb 1992, 573, 577.

(54) Internationale Arbeitsorganisation des Europarats.

(55) International Labour Organisation des Europarats.

(56) BGBl 1957 II S. 1231.

(57) Zu weiteren Einzelheiten Vgl. *Husmann*, GK-AFG, Rdnr.n 69, 70 vor §§ 100 ff.

(58) BSG SozR 3-4100 § 116 Nr. 2 mwN.

(59) Vgl. hierzu BVerfGE 58, 1, 34; 59, 63, 89.

(60) EuGH Slg 1984, 1891 (Rs Colon).

(61) EuGHE 1976, 455 (Rs Defrenne II); EuGH NJW 1981, 2639 (Rs Jenkins/Kingsgate); EuGHE 1986, 1607 (Rs Bilka).

(62) Vgl. *Mutz, Mey, Paulus, Pflüger*, Verfahren vor dem EuGH und dem BVerfG; Urteile aus dem Rentenrecht, DAngVers 1999, 236 ff., 237.

(63) EuGH vom 22.04.1997 – Az: C 180/95.

The Application of Modern Technology in International Human Resource Management:

A comparison of the essential facility doctrine in US-American, European, and German law

Dieter Krimphove

1 Introduction

1.1 The impact of the essential facility problem for the future HRM of multinational enterprises (MNE's)

Modern Human Resource Management (HRM) systems are becoming increasingly dependent on the use of electronic communications systems. This trend began as early as the 1970's with the advent of telecommuting. Telecommuting refers to the practice in which employees take on assigned tasks that are sent to them at their home and transmit the results of their work back to the employer. Telecommuting is characterized by the fact that personal contact between an employee and his/her employer is almost redundant; the former close personal relationship gives way to an anonymous data transfer. This is why future technologies of electronic data transfer are making traditional/existing central terms of labor law and of Human Resource Management such as the „compulsory carefulness of the employer", the „duty of loyalty of the employee", and the „company adaptation" obsolete.

These developments and changes in the field of HRM are far from complete at present. The increasing speed of technological advances in the field of electronic data transfer leads us to conclude even today that additional and more fundamental changes of work conditions will follow and that adaptations of Human Resource Management practices will be necessary. Increasing competition among domestic firms and multinational enterprises mainly drives this need for adaptation in HRM. Here, too, it is the aggressive offering of products and services that leads to the rise of new entrants in domestic as well as global markets and therefore to increased competition. The use of cross-border communication tools is particularly important for achieving efficient global use of staff. For internationally operating enterprises, the use of telecommunications will lead to a substantial cost advantage. It is no longer speculation that this kind of technology can be utilized for improving HRM of multinational enterprises (MNE's.) But what if a firm is denied access to a technology, for example a telecommunications network, because the firm lacks either ownership or the right to use the network? Is it possible for the owner of the network to demand extremely high fees for its use and cut off a potential competitor from the market?

The following essay looks at the issue of granting firms access to production facilities that are deemed 'essential' for operation, within the context German law. Given the fact that markets are becoming increasingly global, a comparison with the European and the US-American essential facility doctrine is also discussed. This comparative view further attempts to provide suggestions to national lawmakers.

1.2 The transferability of the „classical" essential facility doctrine to modern topics in HRM

In the eyes of the law, the problem of essential facilities as the situation in which a non-owner requires the use of network or infrastructure facilities that are in the possession of another party, but are considered indispensable for the operation of the non-owner's business. The spectrum of cases that have been detailed so far ranges from the use of private pipeline systems to the transmission of electricity and from the use of railways, railway bridges (1) and seaports (2), to the access of outside information (3)/(4).

Until now, the issue of user access to outside telecommunications and infrastructure facilities has never been combined and specifically examined with respect to Human Resource Management (HRM). This article attempts, for the first time, to transfer the essential facility doctrine, discussed here within the context of competition law, to the field of HRM. This seems plausible because in the case presented – analogous to the exclusion of competitors from the use of third party infrastructure resources – the owner of networks and communications facilities also has a monopoly in regard to the use of these facilities.

The control over an essential facility by the owner has no lesser impact in the field of HRM than it has in the field of competitive strategy. In the former, the owner of the essential facility is able to restrain and damage the utilization of HRM in a firm by denying the use of that specific essential facility. Consider the dimension of labor cost in a firm: denying use of an essential facility, such as a communications network, may force a firm to exit the market. Therefore, in a global market, the essential facility problem examined in a framework of HRM presents itself with the same importance as in a framework of competitive strategy.

In order to develop a comprehensive view of this issue, we compare the legal development of the „classic" essential facility doctrine in the United States to that in Europe, and in particular Germany.

For the purpose of this comparative analysis we first introduce the economic parameters of the essential facility doctrine. Only with the help of economic comparisons and evaluations is it possible to make predictions about the impact, mode of functioning, and the use of norms and legal terms in different judicial systems (5).

2 The economic analysis of the essential facility problem

The problem of „essential facilities" finds itself in conflict with opposing judicial and economic (both micro and macroeconomic principles) interests like no other legal issue.

2.1 Economic interests of the different parties

At the level of economic and legal relations, conflicts between the potential user of the essential facility and the owner can be tied to the different legal positions of the two parties. The desire or need of the potential user to obtain access to the essential facility is challenged by the legal position of the network's owner.

In general, the owner obtains the right to exclude third parties from the use of his or her property (6). In Germany as well as in most other European countries, this right is protected by the constitution (7). Property rights of the owner of the essential facility are of particular significance if there is the potential for destruction or damage to the facility, the network or any of its connections. US-American and German law conclude from the legal position of the network operator and essential facility owner that they cannot be forced to economically support their competitors against their self-interest by offering access to a functioning network and the connections to it (8)/(9).

2.2 Economic aspects of the use of essential infrastructure facilities by third parties

The evaluation of the problem of the use of essential facilities cannot be limited to a settlement based on the participants' individual interests. We have to take into account the macroeconomic implications of the use of essential facilities. The emphasis on a macroeconomic point of view is not a contradiction to the interests of individual firms, but rather an extension.

The extension of the problem to an economic analysis or theory of law (10)/(11) is especially necessary for the understanding of the essential facilities problem. This is because European, US-American, and German upper courts make use of the insight gained by an economic analysis of law when determining the boundaries within which a title-bearer can make use of his property.

The legal judgement of the essential facility problem makes it possible to find arguments both for and against the exclusion of third parties from the use of private essential facilities.

2.2.1 Economic aspects for the admission of offerors to private essential facilities

From the point of view of the economic analysis of law, the following economic reasons speak for a wide admission to essential facilities:

2.2.1.1 Misallocation and waste of scarce resources caused by high cost of building up separate or additional essential facilities

If we did not permit the use of essential facilities by users other than the owner, these users would have to build up their own, additional essential facilities. This leads to the undesirable duplication of infrastructure facilities, which is potentially harmful to the economy of a country. The duplication of essential facilities, e.g. that of networks, can cause problems by using up scarce resources of the participants which could otherwise be used for other economic purposes. The misallocation of scarce resources, especially that of money and the resulting reduction in economic freedom of the participants in the marketplace would be the consequence of denying third parties access to the use of existing essential facilities.

Incurring further expenses for the creation of essential facilities can only be justified if the creation of additional essential facilities leads to an improvement in the quality of a service, e.g. broadband Internet access.

However, this is only true if the newly established essential facility creates additional value, which is not always the case. Generally speaking, the need for an additional essential facility results from the fact that the owner of an existing essential facility denies access to other service providers who are dependent upon the use of that network. In this case, setting up additional, proprietary essential facilities does not enhance the quality of the service and the resulting expenses are economically undesirable (12).

At the same time, by denying access of potential users to the essential facility, more strain is put on space, nature, and the environment.

2.2.1.2 Increasing competition by allowing third parties the use of private essential facilities

One serious problem of denying access to essential facilities is the resulting impact on competition. Exercising exclusive property rights by denying access to the facility excludes the potential user from the market arena. This is not only true if the construction of new essential facilities (e.g. new port terminals, bridges, or railway tracks) is hindered by insurmountable technical or ecological problems (13) but also if the costs of creating new essential facilities exceed the economic viability of a service provider and thus prevent him from entering a new, promising market. If the use of the respective essential facility is indispensable for the service provider's business, the owner of the essential facility obtains the ability to effectively reduce the number of his or her competitors. Denying other parties access to essential facilities curbs the likelihood of new market entrants, therefore promoting the creation of monopolistic and oligopolistic market structures.

This aspect in particular is in the spotlight of dealing with the issue of essential facilities in the US-American and the European legal systems (14). Jurisprudence in both the United States and Europe see the problem of denial of access to essential facilities as misusing one's dominant (15) or monopolistic (16) market position in order to restrict or eliminate competition (17).

The same is true for the issue that we examine in this paper: the access to essential facilities with respect to Human Resource Management. Here the owner of an essential facility holds a monopoly regarding access to infrastructure facilities that cannot otherwise be obtained in the marketplace or even if so, only with difficulties. With the help of specifically granting or denying third parties access to the essential facility, the owner is able to withdraw opportunities in Human Resource Management from competitors and thus push them out of the market.

From an economic point of view, this is aggravated by the fact that the denial of access to telecommunications networks causes inefficiencies in work procedures. The denial of access therefore creates costs that can neither be justified from the standpoint of the third party user nor from an economic standpoint.

Hence, the concession to grant third parties access to private essential facilities in „global" Human Resource Management offers new opportunities for operating a competitive enterprise in international markets.

2.2.2 Economic aspects against the admission of third party access to essential facilities owned by other corporations

The economic necessity of admitting third parties access to essential facilities is, however, challenged by economic disadvantages:

2.2.2.1 Waste of the „essential facility" resource due to the creation of public goods

Goods that are in the public domain (i.e. non-exclusive use by one or a small number of specified users) run the danger of being wasted or exhausted through overuse or neglect in care (18). An owner who is obligated to grant access to all potential users would have little self-interest in maintaining or improving the facilities. By doing so, the owner would improve the competitive situation of his opponents contrary to his own economic interests. Any regulation that shifts the use of an essential facility to public use will therefore reduce the willingness to maintain and innovate, causing a waste of resources.

Only by issuing exclusive property rights or by creating a framework that governs the use of such rights can we promote the economic goal of limiting the waste of scarce resources (19).

2.2.2.2 The possibility of creating independently tradable goods

The creation of property rights or private property ownership not only encourages maintenance and ensures usability of facilities (20), but also creates independently tradable property rights. Therefore, the specification of „essential facility" broadens the economic options of subjects to an exclusive property right (21).

2.2.2.3 The exclusion of an efficient market due to promotion of competitors by permitting access to private essential facilities

Free access to production facilities of an undertaking causes the promotion of competitors and thus the elimination of an efficient market mechanism. According to this mechanism, a market participant will be required to exit the market when, compared to his competitors, he is offering goods of inferior quality and/ or is asking for higher prices. This mechanism of selection is limited substantially if the high cost/ low quality producer incurs no cost that could force him out of the market. For instance, the pressure to cut costs is reduced by allowing the market participant free access to essential facilities.

2.3 Conclusion: the legal configuration of admitting access to essential facilities

The comparison of economic aspects of the essential facility problem points out that we cannot arrive at a definite „yes" or „no" conclusion when it comes down to denying or admitting third parties access to essential facilities. In fact, we have to balance the pros and cons (22). This balancing act requires careful consideration of all aforementioned economic issues surrounding the essential facility problem.

The following paragraphs examine how jurisprudence deals with the essential facility problem on the basis of the above parameters The comparison of the US-American and European essential facility doctrine with German law provides us with deep insights, especially because German and European law is derived from the US-American essential facility doctrine. Without proper knowledge of this doctrine we cannot arrive at an appropriate conclusion.

3 The US-American law concerning essential facilities

The evaluation of the essential facility problem originates in US-American law. American courts introduced the term „essential facility" as an independent reasoning to their judgment from very early on. Over the course of time, the substance of those rulings created the so-called essential facility doctrine for the US-American law.

Those judgments were based on cases in which one party had been denied access to goods, services, or production facilities and thus suffered competitive disadvantages.

In most cases, the rulings were not directly delivered on the issue of essential facilities (23) but could instead be categorized as claims that, under German law, are referred to as „denial of service" (24) or „denial of delivery" (25)/(26). If we neglect these cases of „denial of service" and „refusal of delivery" we are left with some typical cases of the essential facility problem:

3.1 The development of the US-American essential facility doctrine

US-American jurisprudence, here the Supreme Court, dealt with the essential facility problem for the first time in 1912 with the „Terminal Railroad" decision (27). European competition law as well as the German GWB regarding the access of third parties to private essential facilities was ultimately based upon this decision (28).

> ***United States vs. Terminal Railroad Association*** *(29)*
>
> *14 formerly independent railroad companies merged to create the Terminal Railroad Association. This company owned all railroad bridges, railway stations, and railways in the vicinity of St. Louis. The building of new railways or bridges was impossible due to geological reasons.*
>
> *The merger contract enabled every single member of the newly formed association to exclude competitors that offered transportation services from using the railways and buildings of Terminal Railroad Association.*

The Supreme Court regarded all of the railroad facilities as essential facilities. It obliged the Terminal Railroad Association – based on Section 1 and 2 of the Sherman Act – to allow every railway company that was not part of the Association access to the facilities and to grant the same conditions and privileges that it provided for its members.

Another case in the US-American upper courts that dealt with the essential facility problem was the one described below.

> **Gramco Inc. vs. Providence Fruit & Produce Bldg.** (30)
>
> Providence Fruit & Produce was the owner of an area in which all of the local trade of fruit and produce was taking place. Gramco was among the companies that had rented a stand on the market from Providence F&P. After merging with an out-of-town company, Gramco wanted to transfer the rights to the stand to the new company but was denied by Providence Fruit & Produce.

The court regarded the refusal to transfer rights to the stand as denying access to an essential facility. This was seen as a violation of Section 2 of the Sherman Act, determining that barring access to the newly merged out-of-town company to the market was unlawful.

US-American jurisprudence laid down the criteria concerning the lawfulness of denial of access to essential facilities in the case of United States vs. Otter Tail Power Co. (31), and later confirmed it with their decision in Consolidated Gas Company of Florida vs. City Gas Company of Florida (32).

Both cases dealt with the question of whether or not, and under which circumstances, third parties should be allowed to use private pipelines for the conveyance of gas.

> **United States vs. Otter Tail Power Co.** (33)
>
> Otter Tail Power Co. was a local community-owned company that delivered gas directly to its customers. Some communities in the area served by Otter Tail Power wanted to supply their towns on their own. Otter Tail Power not only refused to deliver gas for wholesale prices to those municipalities but also did not allow them to use its pipelines for delivery from other suppliers.

Based on its earlier decision regarding the essential facilities problem (34), the US-American upper court regarded the denial of access of municipalities to the pipelines as anti-competitive behavior and therefore declared it unlawful.

3.2 The content of the US-American essential facility doctrine

Based on the decisions mentioned above – and by referring to the historical precedents of United States vs. Terminal Railroad Association (35) and the case of Consolidated Gas Company of Florida vs. City Gas Company of Florida (36) – American jurisprudence has established a solid foundation for the current version of the essential facility doctrine.

The content of this doctrine can be summarized as follows:

1. The property rights holder or title bearer of the essential facility has a monopoly in the relevant market.

2. The essential facility is an essential production facility for the business operation of both the owner and the third party (37).

3. Building up a separate essential facility by the third party (38) is
   a) Outright impossible or
   b) not economically viable.

4. The owner of the essential facility is denying third parties access to the facility or refuses to engage in negotiations regarding the issue (39).

5. Denying third parties access to the essential facility provides the owner with a competitive advantage.

6. After balancing the various economic interests of both the property rights owner and the third party, it can be concluded that a negotiation permitting third parties access to essential facilities and the conditions surrounding the terms of the agreement are, in fact, reasonable (40).

3.3 The economic evaluation of the US-American essential facility doctrine

US-American courts and the antitrust division of the Department of Justice developed the essential facility doctrine in connection with Section 1 and 2 of the Sherman Act (41).

Despite the fact that the finding if third parties were denied access to essential facilities was originally only designed to determine if an enterprise had a monopoly according to Section 1 and 2 Sherman Act, US-American jurisprudence derives an actual legal claim for the third party rights as a potential user (42).

This right is laid down as a contractual claim to gain access to essential facilities. Thus, the legal consequence of the essential facility doctrine consists of an „obligation to contract".

By combining the access to essential facilities with a duty to pay reasonable remuneration to the property rights owner, the essential facility doctrine is restricting the third party's possibility of gaining free access to a private facility. The owner of this facility is compensated and thus there is an incentive for him to maintain and service the essential facility (43).

At the same time, jurisprudence does not require the owner of the essential facility to grant his competitors unlimited access and therefore undue promotion (44). The competitor has to pay reasonable remuneration also for using the essential facility. As a result, the US-American essential facility doctrine has almost no impact on the elimination process of unprofitable market participants (45).

It is worth noting that the US-American essential facility doctrine defines a facility as essential only if the potential user cannot obtain the facilities by any other means. This restriction also contributes to the economic interests of limiting the waste of resources and acts to strengthen efficient market mechanisms.

The criterion that the essential facility must be indispensable for the operation of the third party's business creates a balance between prohibitively high costs that constitute a barrier to market entry and the misallocation of scarce resources caused by the building up of redundant essential facilities (46).

In a framework of Human Resource Management, we have to raise the issue of whether or not the use of communication technology is essential for a multinational enterprise. Given the distances and the high flexibility as well as the cost advantages of modern communications systems such as email we can, as a general rule, affirm this question.

In this case, the US-American essential facility doctrine enables the potential user to gain access to private production facilities and consequently avoids the creation of the economically undesirable duplication of essential facilities. However, it restricts the shared use of essential facilities to those cases in which the use is indispensable for the business of the third party.

4 The European essential facility doctrine

The decisions of the European Court and the European Commission are quite multifarious. Analogous to US-American law, we have to constitute that the Commission as well as the European Court is mixing the essential facility problem with cases of the distortion of competition concerning the refusal of service or delivery (e.g. Commercial Solvents (47), Telemarketing (48), Aer Lingus (49), Metro (50), Cartier (51), Tipp-Ex (52), Port of Rodby (53), Delmitis (54), Sacchi (55), Peugeot I (56), and Peugeot II (57)) (58)/(59)/(60).

4.1 The development of the European essential facility doctrine in the decisions of the Commission

The rulings of the Commission regarding the so-called port decisions brought about a decisive breakthrough in formulating the European essential facility doctrine. Based on the cases „B&I Line vs. Sealink Harbour and Sealink Stena Ltd." (61) and „Sea Containers vs. Stena Sealink" (62) the Commission constituted the decision criteria of the essential facility doctrine.

B&I Sealink Harbour vs. Sealink Stena Ltd. (63)

A subsidiary of Stena Group owns the port of Holyhead. Another subsidiary of the same group operates a ferry line from the port of Holyhead to Ireland. B&I Line also have connections from the same harbor to Ireland, and due to the geographic and technical nature of the port, the simultaneous use of the port causes obstructions in operation. As a result, Stena Group imposes time restrictions on the operations of B&I Line.

The Commission found Stena Group's restrictions on operating hours to be anti-competitive behavior, reflecting an abuse of monopolistic power. It reasoned that the restrictions on operating hours takes away the necessary conditions upon which B&I Line's business depended.

The essential facility problem and the use thereof is stated even more clearly in the case of Sea Containers vs. Stena Sealink.

> **Sea Containers vs. Stena Sealink** (64)
>
> The company Sea Containers desired to start operations from the port of Holyhead to Ireland. By offering this service, it went head-on with B&I Line, Sealink Harbour and Sealink Stena Ltd.
>
> Stena refused to grant Sea Containers access to the port based on the limited capacity of the Holyhead port.

In a lawsuit regarding the granting of pending legal protection, the Commission required Stena to allow Sea Containers access to the port, based on the aspect of denying an essential facility to a competitor by a market dominating undertaking.

4.2 The decisions of the European Court

Like the Commission, the European Court also derives its decisions from the US-American essential facility doctrine. For instance, in the decision „Magill" and in corresponding circumstances of the case „La Cinq", the court occupied itself with the issue of „access to information" and in the case „Bronner", with third party access to distribution and marketing channels of a competitor.

> **Magill** (65)/(66)
>
> The Irish publishing house „Magill TV Guide Ltd." is the distributor of a magazine. Dominant firms like the state-owned Independent Television Publications Limited (ITV), British Broadcasting Corporation (BBC), and the Irish radio station Radio Telefis Ereann (RTE) refused to make public their weekly broadcasting program to Magill.
>
> The state-owned broadcasting stations publish their own weekly magazines in which they only announce their own programs. They also announce their programs to other newspapers. These publications make up all of the local market for TV programs.

The Commission ordered the copyright owners to „put an end to that breach [of Article 86 of the Treaty (67)], in particular 'by supplying ... third parties on request and on a non-discriminatory basis with their individual advance weekly program listings and by permitting reproduction of those listings by such parties.'" (68).

It reasoned – based on Article 86 (69) of the Treaty – that by not making the information available to Magill, they abused their dominant position in the market and harmed the business operations of a competitor in an inappropriate way.

The court rejected the appeal (70) of the three broadcasting stations and action for annulment following the court's decision by RTE and ITV (71). This was justified with the argument that, by using their oligopolistic position to prevent a competitor's product from entering the market, they had the intention of protecting their monopoly in weekly TV programs (72).

Another case that dealt with the denial of access to a potential competitor by withholding information that was considered indispensable for running a business was „La Cinq":

> **La Cinq** (73)/(74)
>
> La Cinq is a privately owned news station that held membership in the „Union Européenne de Radiodiffusion" (UER Geneva). Because of that, La Cinq was not able to obtain the same news and sports reports that were being exchanged among UER's members in the framework of Eurovision.

The Commission came to the conclusion that the withholding of information was legal. Even though the Commission took into consideration that La Cinq's exclusion from the news network might have represented a case of abuse of a dominant position in the market, it rejected it in this specific case. The court reasoned that it could not be sure whether La Cinq fulfilled all requirements for a membership in the UER.

In the full trial, the Court of First Instance rejected the Commission's decision as invalid. However, in its reasoning, the Court based its decision not so much on the essential facility doctrine as on the fact that the conditions of La Cinq becoming a member were far more strict than the conditions placed on other candidates and thus constituted discrimination.

One issue the European Court of Justice encountered was a case inherently characteristic to the essential facility problem: the case Bronner (75). In its decision, it is true, the European Court of Justice rejects any entitlement to be granted admission to an essential facility. But in its reasoning the European Court of Justice seizes the opportunity to define the basic preconditions and content of the European essential facility doctrine.

> **Bronner** (76)
>
> „Oscar Bronner GmbH&Co. KG" manufactures, edits, and publishes a newspaper, „The Standard". Compared to its competitors, the newspaper only captures 3.6 percent of its market in terms of the number of copies printed, and 6 percent of advertising budgets in its relevant market. The two newspapers of a company called „Mediaprint GmbH&Co. KG", the „Neue Kronenzeitung" and the „Kurier" have a combined market share of 46.8 percent measured by the number of copies sold and 42 percent of the advertising budgets. Both newspapers combined are read by 71 percent of all readers.
>
> „Mediaprint GmbH&Co.KG" has established a nationwide home-delivery scheme, put into effect through the intermediary of Mediaprint. The scheme consists of delivering the newspapers directly to subscribers in the early hours of the morning.

> *„Oskar Bronner GmbH&Co, KG"* requests that his company be admitted access to this distribution network by paying reasonable remuneration to *„Mediaprint"*. *„Mediaprint"*, however, refuses to distribute its competitor's newspaper and claims that it took a considerable administrative and financial effort to build up such a distribution network and that the delivery of an additional newspaper, the *„Standard"* would cause the scheme to collapse.

The European Court of Justice rejected Oskar Bronner's request of being admitted access to the distribution network of Mediaprint. The Court states that Oskar Bronner possesses other means of distributing their newspaper and that it could be expected of them to use these means, including newspaper stands, shops, delivery by post, etc. (77).

By calling on the earlier decisions „Magill" (78), „Telemarketing" (79), and „Commercial Solvents" (80) the European Court of Justices used this opportunity to state the relevant aspects of the European essential facility doctrine and put it into context:

According to that statement, the European Court of Justice assumes abuse of a dominant market position (Art. 82 of the Treaty) in all cases in which

1. Access to facilities is essential for the operations of a third party (81)

2. Denying such access would cause the collapse of competition (82), and

3. The refusal to grant access cannot be objectively justified by sound interests of the property rights owner (83).

4.3 The content and evaluation of the European essential facility doctrine based on economic principles

From the case decisions of the Commission and the European Court of Justice concerning the above mentioned aspects of the essential facility doctrine, we can derive the following principles:

1. The owner of the essential facility must, according to Article 82 of the Treaty (84), have a dominant position in the market (85).

2. The excluded third party is in the same market as the essential facility owner and is a potential competitor (86)/(87).

3. The use of the essential facility is indispensable for the business operation of the third party (88).

4. The owner is barring third parties from accessing the essential facility permanently (89).

5. The barring of access may potentially result in the elimination of competition (90).
   Generally speaking, if the above requirements are fulfilled, the European facility doctrine regards the barring of access to essential facilities as unlawful on the basis of anti-competitive behavior.

6. Under specific circumstances, however, these measures can be justified (91).

4.3.1 From the unlawfulness of abusing a dominant market position to the right to be admitted access to a third party essential facility

Just like the US-American essential facility doctrine, the European Court of Justice and the Commission center their decisions around norms within competition law in order to justify a third party claim to gain access to a private essential facility according to the essential facility doctrine (92)/(93).

The main difference between the European essential facility doctrine and the US-American version lies in the emphasis that is placed on inter-party negotiations; while the US-American doctrine carries the legal requirement to initiate negotiations concerning access to the private essential facility (94), the European doctrine prohibits the refusal of access as anti-competitive behavior. Therefore, it grants a third party access to an essential facility in specific cases.

4.3.2 Possibilities to integrate economic considerations into the European essential facility doctrine

Compared with the US-American essential facility doctrine, the European doctrine is much broader. It offers the possibility to incorporate all the above mentioned economic aspects of the essential facility problem. Here, the main aspects are:

- That the facility must be indispensable for the operation of the business of the potential user (95).
- The justification why access to an essential facility is denied.

When reviewing a claim of denial of access to an essential facility, the European Court of Justice and the Commission carefully balance the positions of the owner against the claims of the potential third party user. The European Court of Justice explicitly considers the following criteria in the decision making process:

- the property rights to an essential facility and therefore „… that the undertakings are entitled to the freedom to arrange their own affairs, in that they are normally entitled to decide freely to whom they wish to offer their services and, in particular, to whom they wish to allow access to their own facilities (96)" (97).
- the possibility of endangering the functionality of a system caused by granting access to the third party (98).

These criteria are not exhaustive. When balancing the different interests of the individual parties, an assessment of competition law Articles 81, 82, and 3g of the Treaty (99) also needs to be taken into consideration.

5 The essential facility doctrine in German law

German law established an explicit legal assessment concerning access to essential facilities rather early on in comparison to other member countries of the European Union (100).

5.1 Protection of essential facilities as it relates to competition law

According to today's law, a claim for gaining access to an essential facility can be derived from norms of German law concerning competition law (101).

With the new German competition law (GWB) enacted on January 1st, 1999, German lawmakers have, for the first time, created an explicit, independent, industry-nonspecific regulatory framework for the essential facility problem. § 19 Paragraph 4 Number 4 GWB represents an adoption and specification of the European essential facility doctrine. According to § 19 Paragraph 4 Number 4 GWB a dominant player in the market abuses its position if the enterprise refuses third parties access to its infrastructure facilities against payment of reasonable remuneration. However, the access to this facility must be deemed essential for the business of the third party in order to compete with the dominant market player. If the owner of the essential facility proves that shared used of the facility is not possible or not acceptable to him, the possibility for third parties to use this facility in compliance with § 19 Paragraph 4 Number 4 GWB is ruled out.

5.1.1 The economic analysis of the German essential facility regulation concerning competition law

In contrast to the US-American and the European essential facility doctrine, the wording of § 19 Paragraph 4 Number 4 GWB already takes into account the economic parameters of the essential facility problem:

For instance, § 19 Paragraph 4 Number 4 GWB allows third parties access to a private essential facility only against payment of reasonable remuneration. By compensating the property rights owner, § 19 Paragraph 4 Number 4 GWB safeguards the owner from undesirable promotion of its competitors (102). It also ensures the motivation of the owner to keep up and maintain the essential facility.

The regulation also avoids a violation of competition in upstream and downstream markets: § 19 Paragraph 4 Number 4 GWB affirms a violation of competition law only if the potential third party user is a competitor to the essential facility owner in an upstream or downstream market. This precondition is already mentioned in the European essential facility doctrine (103). However, it is not formulated very clearly. Up to now, the European Court of Justice only accounts for violations of competition in a „neighboring market", „separate market", „upstream market", or „downstream market" (104).

In essence, the condition that either downstream or upstream markets have to be affected to constitute a violation of competition law is put in place to protect the owner of the essential facility. Access to the facility is not granted based on grounds of competition so as not to create competition in the market that the owner occupies by operating the essential facility. However, § 19 Paragraph 4 Number 4 GWB allows for competition in downstream and upstream markets (105). By doing so, the German law ensures that the economic condition of not promoting competition is met on the one hand. On the other hand, it ensures that competition is in place.

The condition that the essential facility has to be indispensable for the operation of a potential user's business also contributes to the protection of the property rights holder's interests. The potential user is excluded from using the essential facility if he or she has access to an alternative means of guaranteeing continued participation in the market. These alternatives can be of various *de facto*, legal, or economic options.

5.1.2 The legal consequences of § 19 Paragraph 4 Number 4 GWB

As legal consequence, § 19 Paragraph 4 Number 4 GWB only grants prohibition related to violations of competition law. According to § 32 GWB (Act against Restraints of Competition), the antitrust authorities only have the option of prohibiting certain measures (denial of access to an essential facility). In principle, § 19 Paragraph 4 Number 4 GWB does not provide the potential third party user with an independent claim to gain access to this facility (106). Therewith, § 19 Paragraph 4 Number 4 GWB is in stark contrast to the US-American (107) and the European (108) essential facility doctrines. It also differs from the regulations of many other European countries such as France (109), Finland (110), Greece (111), Portugal (112), and Spain (113) since these countries grant third party users a legal claim to a contractual agreement or to the essential facility itself.

Only in exceptional cases will the German competition law allow a „commanding order" instead of a „forbidding order" (114).

This is the case if circumstances call for such action in order to restore fair competition (115). Whether or not such circumstances prevail, however, needs to be decided on a case by case basis. The question of whether or not German competition law in general contains a legal claim for being granted access to an essential facility or at least for a contractual agreement with the owner of that facility has to be negated.

5.2 Legal claims stemming from special provisions concerning the access to private infrastructure facilities in German law

Besides those competition law regulations concerning access to private production facilities, German law also contains regulations relating to the essential facility problem in numerous other special provisions:

In the framework of the selected topic, the regulations of the Telecommunications Act are of most importance.

The German regulations are only imperfectly harmonized. However, as a whole, they satisfy the aforementioned economic parameters. They unfold their legal effect especially in a framework of unspecified legal terms. It will be the task of Jurisdiction to deal with these economic implications in their rulings with regard to the interpretation of unspecified legal terms. In this respect, the issues discussed in this paper might be of assistance. (See Tab. 1)

6 German law in conflict with the European essential facility doctrine

As a general principle, European law takes precedence over national law. The European Court of Justice establishes this principle through case law (116). If there is a case in which a refusal of access to an essential facility constitutes abuse of a dominant position in the Common market or a relevant portion thereof, and if this abuse has the potential to affect trade among the Member countries, the conflict is resolved by applying European law.

Norm	Essential facility	Legal claim	Compensation?	Amount of compensation	Conditions	Exclusion from using the facility
§§ 5-7 EnWG (117) (German Energy Law)	Networks electricity (§§ 5 ff.)	Contractual agreement concerning access to the essential facility (§§ 5,6)	Yes (§6 clause 1)	Conditions not less favourable than those for other users (§ 6 clause 1)	Takes into account environmental friendliness, and the finiteness of natural resources (§ 6 clause 1)	Granting not possible or not reasonable (§ 6 clause 6)
§ 33 TKG (118) (German Telecommunications Law)	Telecommunications (§§ 3 clause 3; 33 clause 1)	access on a non-discriminatory basis (§ 33 clause 1)	Yes (§ 33 clause 2)	same conditions the owner applies to himself for the use of such services to provide other telecommunications services (§ 33 clause 2)	Dominant position in the market (§ 33 clause 1)	Imposition of restrictions is objectively justified (§ 33 clause 1)
§ 35 TKG (German Telecommunications Law)	Telecommunications networks or parts thereof (§ 35 clause 1)	Access to telecommunications networks or parts thereof (§ 35 clause 1)	Yes (§ 35 clause 2)	Based on objective criteria (§ 35 clause 2)	Dominant position in the market (§ 35 clause 1)	According to European law norms (esp. Art. 3 clause 2 dir. 90 (387/ EEC) (119); (§ 35 clause 2)
§ 28 PostG (120) (German Postal Act)	Postal services subject to license (§§ 28 clause 1; 5 clause 1)	Offering of delivery services (§ 28 clause 1)	Yes ((§ 28 clause 2)	Subject to approval (§§ 19, 20, 25 in conj. With § 28 clause 2)	- Dominant market position - the requesting company does not have a dominant position in the market - undue restraints of competition in the same or another market (§ 38 clause 1)	-Economically not reasonable - operational capability of its facilities or operational reliability would be endangered thereby or - in a given instance, all available capacity for the service required is exhausted. (§ 28 clause 1)
§ 29 Clause 1 PostG	Mail box (§29 clause 1)	Use of facility (§ 29 clause 1)	Yes (§ 29 clause 1)	Subject to approval (§§ 29 clause 1 in conj. With §§ 19, 20, 25 in conj. With § 28 clause 2)	Dominant position in the market (§ 29 clause 1)	not objectively justified (§ 29 clause 1)
§ 29 Clause 2 PostG	access to information on changes of address (§ 29 clause 2)	Use of facility (§ 29 clause 2 in conjunction with clause 1)	Yes (§ 29 clause 2 in conjunction with clause 1)	Subject to approval (§§ 29 clause 1 and 2 in conj. With §§ 19, 20, 25 in conj. with § 28 cl. 2)	Dominant market position (§ 29 clause 2 in conj. With clause 1)	Not objectively justified (§ 29 clause 2 in conj. With clause 1)

Tab. 1: Regulations in German law relating to the essential facility

Particularly problematic is that § 19 Paragraph 4 Number 4 GWB (Act against Restraints of Competition of the German law) is less strict than the European essential facility doctrine. It grants third parties access only if the use of this facility is indispensable so that the third party can act as a competitor to the owner of the essential facility in an upstream or downstream market (121). The present, unsettled legal situation also includes the possibility of granting third parties access to an essential facility even in the same market in which the owner of the facility is operating (122). An answer to this question can be expected with an explicit ruling from the European Court of Justice.

7 Conclusion

Based on competition law that addresses both protection of market structure (as in the US-American essential facility doctrine) and protection against abuse of a dominant market position (as in the European essential facility doctrine), almost all legal systems of the industrialized nations have come up with a legal solution to the problem of third party access to private infrastructure facilities. With the sixth major revision of the German Act against Restraints of Competition (*Gesetz gegen Wettbewerbsbeschränkungen* or „GWB") the German legal system now, for the first time, regulates competition law issues concerning the essential facility problem. In particular, they adopted the European essential facility doctrine. In addition to competition law norms, there are many special provisions in German law.

Despite the fact that the essential facility problem has come a long way in the past ninety years, some questions remain. The unclear definition of an „essential facility" is extremely problematic in relation to the cases discussed earlier.

The US-American and the European essential facility doctrines already regard a variety of examples, such as power lines, telecommunication networks, railroads, railroad bridges (123), seaports (124) and even information (125)/(126), as essential facilities. Even licenses can be essential facilities (127).

The US-American essential facility doctrine limits this complexity by addressing only those facilities that are indispensable for the operation of the potential user's business, regardless of the form of the facility (128). The European legal situation is taking a similar stand, although not explicitly (129).

An objective classification of an essential facility based on physical features and form will likely not take place in the future due to rapid changes in technology. Thus, the only possible classification will be based on other characteristics.

It is true, the problem of not having a clear, precise definition makes it easy to transfer the „classical" essential facility doctrine to the question of granting third parties access to modern technologies in Human Resource Management. However, the result is a fundamental problem: a lack of clarity and preciseness.

Until now, multinational enterprises can presume that access to an essential facility must be granted to third parties if:

- The access to that particular essential facility is indispensable for the third party's Human Resource Management (130)/(131) and

- The creation or maintenance of an additional essential facility is not economically or objectively justified (132).

Additional requirements of International law and especially European law are:

- That the owner of the essential facility has a dominant market position (133).

- The refusal of granting third parties access to the facility (134)/(135) excludes the Human Resource Management of actual or potential users from competition or economic activity (136)/(137).

The aforementioned legal conditions for a claim are extremely broad and call for interpretation. It remains to be seen how the courts will rule cases concerning the Human Resource Management of multinational enterprises. This paper might give some clues as to how this topic will be resolved in the future.

It would be desirable to reach an agreement on an international harmonization of essential facility regulations. For it is one of the main tasks for the establishment and expansion of the Common Market and the „International Marketplace" to harmonize diverging national laws in those very fields that are characteristic for a cross-border expansion of the economic activity.

Anmerkungen

(1) United States v Terminal Railroad Association, 224 U.S. 383 (1912), cf. *Klaue*: Zur Rezeption der amerikanischen essential-facility-Doktrin in das europäische und deutsche Kartellrecht, in: RdE 1996, pp. 51 ff.

(2) 22nd Market Law Report 1992, Rn. 219; see also: Commission of the European Community of 11.6.1992; B & I Line v Sealink Harbour und Sealink Stena Ltd, (1952) Common Market Law Report, pp. 255 ff.; Commission of the European Community of 21.12.1993, Sea Containers v Stena Sealink, ABl. L of 18.1.1994, No 15/8; Commission of the European Community of 21.12.1993, Port of Rodby, ABl. L of 26.2.1994, No 55/52.

(3) European Court of Justice of 10.7.1991 (Rs T- 69, 70, 76/89) Radio Telefis Ereann, The British Broadcasting Cooperation; BBC Enterprises Ltd.; Independent Television Publications Limited v Commission of the European Community, Rec. II 1991, pp. 485 ff., 535 ff.

(4) European Court of Justice of 6.4.1995 (Rs. C-241/91 P and C-242/91 P), Radio Telefis Ereann (RTE), Independent Television Publications Limited v Commission of the European Community, Rec. I 1995 pp. 743 ff.

(5) *Krimphove*: Der Einsatz der Ökonomischen Analyse des Rechts als notwendiges Instrument der Europäischen Rechtsvergleichung, in: ZfRV1998, pp. 185 ff. 189 ff. (For further reading) in: Zeitschrift für Rechtsvergleichung – ZfRV 39. Journal No 5, 1998, pp. 185-205.

(6) Cf. For Germany: § 903 BGB.

(7) **Belgium**: Art. 16 Constitution; **Denmark**: § 73 Constitution of the Kingdom of Denmark; Germany: Art. 14 GG; **Estonia**: Art. 32 Constitution of the Republic of Estonia; **Finland**: § 12 Constitution of Finland; **France**: Constitution of the Republic of France Art.2, Art.17 Declaration of Human Rights and Citizen Rights; **Greece**: Art. 17 clause 2 ff. Constitution of the Republic of Greece; **Ireland**: Art. 43 Constitution of the Republic of Ireland; **Italy**: Art. 42 ff., 23 Constitution of the Republic of Italy; **Luxembourg**: Art. 16 Constitution of the Republic of Luxembourg;

Netherlands: Art. 14 Constitution of the Kingdom of the Netherlands; **Sweden**: Art. 18 Constitution of the Kingdom of Sweden; **Spain**: Art. 33 Constitution of the Kingdom of Spain.

(8) Explicitly: BGH „Aktionsbeiträge" WuW/E 2755, 2759; see for the US-American law: United States v Lorain Journal Company 342 US 143 (1951); details see below chapter 3.2; 3.3; chapter 5.3.

(9) The Bundesgerichtshof (Federal Court of Justice) derives this property right from Art. 14 GG and from the freedom of choice of workplaces. BGH (Bundesgerichtshof (Federal Court of Justice))/E of 15.11.1994 (Gas transmission Weißenborn) BGHZ 128, pp. 27 = WuW/E BGH (Bundesgerichtshof (Federal Court of Justice)), pp. 2953, 2963, 2964.

(10) See also for details: *Krimphove*: Rechtstheoretische Aspekte der „Neuen Ökonomischen Theorie des Rechts", in Rechtstheorie, 2000, Journal 2.

(11) The merits of using the „Economic Analysis of Law" and „The Economic Theory of Law" is presently debated among scholars (cf. For example: *Naucke*: Rechtsphilosophische Grundbegriffe, 3. edition., Frankfurt 1996, pp. 146 ff.; *Fezer*: Aspekte einer Rechtskritik an der „Economic Analysis of Law" und am „Property Rights Approach", in: JZ 1986, pp. 817 ff., 819; but also cf.: *Grundmann*: Europäisches Handelsrecht, in: ZHR 1999, pp. 635 ff., 647 ff.

(12) This problem is discussed among economists especially in connection with the creation of „unproductive" information. See *Scheppele*, Legal Secrets, Equality and Efficiency in the Common Law 43 ff.; *Hirshleifer*: The Private and Social Value of Information and the Reward to Inventive Activity, in: American Economic Review, volume 61 (1971), pp. 561 ff.; *Hirshleifer*: Where are we in the Theory of Information? in: American Economic Review, Paper and Proceedings, Volume 63 (1973), pp. 31 ff.

(13) 224 US 383 (1912).

(14) Details see hereunder chapter 3; 4; 5.

(15) See European legal position, details hereunder: chapter 4; 4.2.

(16) US-American Law (Sec. 2 Sherman Act) is intended to avoid the distortion of the market structure caused by a monopoly. see hereunder: chapter 3.1, 3.2.

(17) For the US-American law see Sec. 2 Sherman Act, (see also Sec. 2 ff. Clayton Act); for the European law see Art. 81 of the Treaty (formerly Art. 86 of the Treaty, for the German law see Art. 19 clause 4, No 4 GWB (prior to the 1.1.1999: § 22, 103 GWB); details about the different handling of essential facilities in the different legal systems see hereunder, 3; 4; 5.

(18) Varian: Intermediate Microeconomics. A Modern Approach, 1994, pp. 557 ff.

(19) One example of the advent of exclusive property rights can be found in the late Middle Ages. A strong growth of the population made it necessary to use the farmland for planting instead of for herding cattle in order to produce enough food. This particular use of the farmland required the community to give up the sharing of public land. See North/Thomas: The Rise of the Western World, An Economic History, 3rd ed., London 1979.

(20) See: chapter 2.2.2.

(21) Cf.: *Kirchner*: Eigentum und Eigentumsordnung, in: Handbuch der Wirtschaftsethik, Volume. I, pp. 65 ff.: pp. 82; *Kümpel*: Einführung in das Effektengeschäft/Ausführung von Effektenorder, in: *Schimansky/Lwoski/Bunte* (editors): Bankrechtshandbuch, Volume. III, München 1997, pp. 2663 ff.

(22) *Krimphove*: Der Einsatz der Ökonomischen Analyse des Rechts als notwendiges Instrument der Europäischen Rechtsvergleichung – dargestellt anhand des Erwerbs vom Nichtberechtigten in den Europäischen Rechtsordnungen – in: ZfRV 1998, pp. 185 ff, 193 f.

(23) See in particular: United States v Lorain Journal Company 342 US 143 (1951); Aspen Highlands Skiing Corp v Aspen Skiing Coro 472 US 285 (1985); Byars v Bluff City News Company Court of Appeal 609 FodReg 2dSer 843 (1979).

(24) Cf.: BGH (Bundesgerichtshof (Federal Court of Justice)) WuW/E 1885 „Sportschuhe (Sneakers)"; OLG Karlsruhe WuW/E 2985 ff., 2091 „Multiplex"; BGH (Bundesgerichtshof (Federal Court of Justice)) WuW/E 206 ff. „DE-R"; BGH (Bundesgerichtshof (Federal Court of Justice)) WuW/E 2451 ff. „Cartier-Uhren (Cartier watches)".

(25) BGH (Bundesgerichtshof (Federal Court of Justice)) WuW/E 2990 ff., 2995 „Importarzneimittel (imported pharmaceuticals)"; OLG Frankfurt WuW/E 4354 ff., 4357 „Betankungsventile (gas pump vents)"; BGH (Bundesgerichtshof (Federal Court of Justice)) WuW/E 2707 ff., 2013 ff. „Krankentransportunternehmen II (cf.: BGH (Bundesgerichtshof (Federal Court of Justice)) WuW/E 2399 „Krankentransporte"; OLG Karlsruhe WuW/E 5066 ff., 5070 „Direktabrechung".

(26) §§ 19 clause 4 No 1 and 2; § 20 clause 1 and in particular 2 GWB (Prior to 1.1.1999 §§ 22 and 26 clause 2 GWB); also: United States v Terminal Railroad Association, 224 U.pp. 383 (1912), cf. *Klaue*: Zur Rezeption der amerikanischen essential-facility-doctrin in das europäische und deutsche Kartellrecht, in: RdE 1996, pp. 51 ff., 52 ff.

(27) United States v Terminal Railroad Association 224 US 383 (1912).

(28) See hereunder: chapter 4; 5.

(29) United States v Terminal Railroad Association 224 US 383 (1912).

(30) Gamco Inc. v Providence Fruit & Produce Bldg. 344 US 817 (1952).

(31) United States v Otter Tail Power Co 410 US 366 (1973).

(32) Consolidated Gas Company of Florida v City Gas Company of Florida Case No 83-1010-CIV – Marcus (1987).

(33) United States v Otter Tail Power Co 410 US 366 (1973).

(34) Consolidated Gas Company of Florida v City Gas Company of Florida Case No 83-1010-CIV – Marcus (1987); United States v Terminal Railroad Association 224 US 383 (1912); see chapter 3.1.

(35) United States v Terminal Railroad Association 224 US 383 (1912).

(36) Consolidated Gas Company of Florida v City Gas Company of Florida Case No 83-1010-CIV – Marcus (1987).

(37) United States/Terminal Railroad Association of St. Louis, 224 US 383 (1912); United States v Otter Tail Power Co 410 US 366 (1973).

(38) See: Fishman v Estate of Wirtz, 807 F.2d 520; (7th ed. 1986).

(39) See Eastman Kodak Co v Southern Photo Materials Co, 273 US 359 (1927).

(40) Cf.: Byras v Bluff City News Co, 609 F.2d 843 (6th ed. 1979); *Brok, R.H.*: The Antitrust Paradox (1978/1993), pp. 346, see: Aspen Skiing Co v Aspen Highlands Skiing Corp. 427 US 585 (1985).

(41) Sec. 2. Sherman act: „*Every person who shall monopolize, or attempt to monopolize, or combine or conspire with any other person or persons, to monopolize any part of the trade or commerce among the several States, or with foreign nations, shall be deemed guilty of a felony, and, on conviction thereof, shall be punished by fine not exceeding $10,000,000 if a corporation, or, if any other person, $350,000, or by imprisonment not exceeding three years, or by both said punishments, in the discretion of the court."*

(42) See also: *Bunte*: 6. GWB-Novelle und Missbrauch wegen Verweigerung des Zugangs zu einer „wesentlichen Einrichtung", in: WuW 1997, pp. 302 ff., 308 f.

(43) See chapter 2.2.2.

(44) See chapter 2.2.2.

(45) See chapter 2.2.2.

(46) See chapter 2.2.2.

(47) European Court of Justice of 6.3.1974 (Rs. 6, 7 73) Commercial Solvents Cooperation v Commission of the European Community, Rec. 1974, pp. 223 ff.

(48) European Court of Justice of 3.10.1985 (Rs. 311/84) SA Centre Belge d'études de Marché – Télémarketing (CBEM) v SA Compagnie Luxembourgoise de Télédiffusion (CLT), SA Information Publicité Benelux (IPB) Rec. 1985, pp. 3261 ff.

(49) Commission of the European Community of 26.2.1992 British Midland v Aer Lingus, ABl. L of 10.4.1992, No 96, pp. 34 ff.

(50) European Court of Justice of 25.10.1977 (Rs. 26/76) Metro SB-Großmärkte GmbH & Co v Commission of the European Community, Rec. 1977, pp. 1875 ff.

(51) European Court of Justice of 13.1.1994 (Rs. C-376/92) Metro v Cartier; Rec. I 1994, pp. 15 ff.

(52) European Court of Justice of 16.2.1990 (Rs. C-297/87) Tipp-Ex GmbH v Commission of the European Community, Rec. I 1990, pp. 261 ff.

(53) Commission of the European Community of 21.12.1993, Port of Rodby, ABl. L of 26.2.1994, No 55/52.

(54) European Court of Justice of 28.2.1991 (Rs. C-234/89) Sergios Delimitis v Henninger Bräu, Rec. I, pp. 935.

(55) European Court of Justice of 30.4.1974 (Rs. 115/73) Guiseppe Sacchi, Rec. 1974, pp. 409 ff., pp. 413.

(56) European Court of Justice of 12.7.1991 (Rs. T.23/90) Peugeot v Commission of the European Community, Rec. II 1991, pp. 653 ff.

(57) European Court of Justice of 16.6.1994 (Rs. C-322/93) Automobiles Peugeot SA, Peugeot v Commission of the European Community, Rec. I, 1994, pp. 2727 ff.

(58) See chapter 5.3.4. for the German law.

(59) Cf. in particular: *Groeben/Thiesing/Ehlermann*: Kommentar zum EWG-V, 4th edition. Baden-Baden, 1991, Art. 86, No 201 ff.

(60) See chapter 6.3 for the importance of this distinction.

(61) Commission of the European Community of 11.6.1992, B & I Line v Sealink Harbour and Sealink Stena Ltd., (1952) Common Market Law Reports, pp. 255 ff.

(62) Commission of the European Community of 21.12.1993, Sea Containers v Stena Sealink, ABl. L of 18.1.1994, No 15/8.

(63) Commission of the European Community of 11.6.1992, B & I Line v Sealink Harbour and Sealink Stena Ltd., (1952) Common Market Law Reports, pp. 255 ff.

(64) Commission of the European Community of 21.12.1993, Sea Containers v Stena Sealink, ABl. L of 18.1.1994, No 15/8.

(65) European Court of Justice of 10.7.1991 (Rs T- 69, 70, 76/89) Radio Telefis Ereann, The British Broadcasting Cooperation; BBC Enterprises Ltd.; Independent Television Publications Limited v Commission of the European Community, Rec. II 1991, pp. 485 ff., 535 ff.

(66) European Court of Justice of 6.4.1995 (Rs. C-241/91 P and C-242/91 P), Radio Telefis Ereann (RTE), Independent Television Publications Limited v Commission of the European Community, Rec. I 1995 pp. 743 ff.

(67) Now Art. 82 of the Treaty.

(68) Commission/E of 21. 12. 1988, ABl. L 1989, No 78/43.

(69) Now Art. 82 of the Treaty.

(70) European Court of Justice of 10.7.1991 (Rs T- 69, 70, 76/89) Radio Telefis Ereann, The British Broadcasting Cooperation; BBC Enterprises Ltd.; Independent Television Publications Limited v Commission of the European Community, Rec. II 1991, pp. 485 ff., 535 ff.

(71) European Court of Justice of 6.4.1995 (Rs. C-241/91 P and C-242/91 P), Radio Telefis Ereann (RTE), Independent Television Publications Limited v Commission of the European Community, Rec. I 1995 pp. 743 ff.

(72) European Court of Justice of 6.4.1995 (Rs. C-241/91 P and C-242/91 P), Radio Telefis Ereann (RTE), Independent Television Publications Limited v Commission of the European Community; Rec. I 1995 pp. 743 ff., In 48 ff.

(73) See also: European Court of Justice of 24.1.1992 (Rs. T-44/90) La Cinq SA v Commission of the European Community, Rec. II pp. 1 ff. SA v Commission of the European Community, Rec. II pp. 1 ff. SA v Commission of the European Community, Rec. II pp. 1 ff.

(74) Also (even though not dealing with the essential facility problem): Commission of the European Community v International Business Machines, EG-Bulletin, 1984 No 10, pp. 105 ff.; 14 Common Market Report, No 94 ff.

(75) European Court of Justice of 26.11.1998 (Rs. C-7/97) Oskar Bronner Gesellschaft mbH & Co KG v Mediaprint Zeitungs- und Zeitschriftenverlag Gesellschaft mbH & Co KG u.a., Rec. I 7791 ff., 7791 ff.

(76) European Court of Justice of 26.11.1998 (Rs. C-7/97) Oskar Bronner Gesellschaft mbH & Co KG v Mediaprint Zeitungs- und Zeitschriftenverlag Gesellschaft mbH & Co KG u.a., Rec. I 7791 ff., 7791 ff.

(77) European Court of Justice of 26.11.1998 (Rs. C-7/97) Oskar Bronner Gesellschaft mbH & Co KG v Mediaprint Zeitungs- und Zeitschriftenverlag Gesellschaft mbH & Co KG u.a., Rec. I 7791 ff., 7791 ff., 7831, ln. 42 f.

(78) European Court of Justice of 6.4.1995 (Rs. C-241/91 P and C-242/91 P), Radio Telefis Ereann (RTE), Independent Television Publications Limited v Commission of the European Community; Commission of the European Community (ITP) v Commission of the European Community, Rec. I 1995 pp. 743 ff.

(79) European Court of Justice of 3.10.1985 (Rs. 311/84) SA Centre Belge d'études de Marché – Télémarketing (CBEM) v SA Compagnie Luxembourgoise de Télédiffusion (CLT), SA Information Publicité Benelux (IPB) Rec. 1985, 3261 ff.

(80) European Court of Justice of 6.3.1974 (Rs. 6, 7 73) Commercial Solvents Cooperation v Commission of the European Community Commission of the European Community, Rec. 1974, pp. 223 ff.

(81) European Court of Justice of 26.11.1998 (Rs. C-7/97) Oskar Bronner Gesellschaft mbH & Co KG v Mediaprint Zeitungs- und Zeitschriftenverlag Gesellschaft mbH & Co KG u.a., Rec. I 7791 ff., 7791ff., 7831, ln. 40.

(82) European Court of Justice of 26.11.1998 (Rs. C-7/97) Oskar Bronner Gesellschaft mbH & Co KG v Mediaprint Zeitungs- und Zeitschriftenverlag Gesellschaft mbH & Co KG et al., Rec. I 7791 ff., 7791ff., 7831, ln. 23, 27, 41.

(83) European Court of Justice of 26.11.1998 (Rs. C-7/97) Oskar Bronner Gesellschaft mbH & Co KG v Mediaprint Zeitungs- und Zeitschriftenverlag Gesellschaft mbH & Co KG et al., Rec. I 7791 ff., 7791ff., 7831, ln. 41.

(84) Former Art. 86 of the Treaty.

(85) Commercial Solvents Cooperation v Commission of the European Community, Rec. 1974, pp. 223 ff., ln. 22 ff., 25.

(86) Commercial Solvents Cooperation v Commission of the European Community, Rec. 1974, pp. 223 ff. 25; European Court of Justice of 26.11.1998 (Rs. C-7/97) Oskar Bronner Gesellschaft mbH & Co KG v Mediaprint Zeitungs- und Zeitschriftenverlag Gesellschaft mbH & Co KG et al., Rec. I 7791 ff., 7791ff., 7831, ln. 41.

(87) The present, unsettled legal situation is also including the possibility of granting third parties access to an essential facility even in the very market in which they want to compete against the owner of that facility. Up to now, the European Court of Justice in this context alludes to the condition that the violation of competition has to be in a „neighboring market", „separate market", „upstream market", or „downstream market". European Court of Justice of 26.11.1998 (Rs. C-7/97) Oskar Bronner Gesellschaft mbH & Co KG v Mediaprint Zeitungs- und Zeitschriftenverlag Gesellschaft mbH & Co KG et al., Rec. I 7791 ff., 7791ff., 7831, ln. 25, 27, 40; for the example of a downstream market see also: Commercial Solvents Cooperation v Commission of the European Community, Rec. 1974, pp. 223 ff.; The characteristics of an after market are described in: European Court of Justice of 6.4.1995 (Rs. C-241/91 P and C-242/91 P), Radio Telefis Ereann (RTE), Independent Television Publications Limited v Commission of the European Community, Rec. I 1995 pp. 743 ff., ln. 56. Details see chapter 5.3.2.

(88) European Court of Justice of 6.4.1995 (Rs. C-241/91 P and C-242/91 P), Radio Telefis Ereann (RTE), Independent Television Publications Limited v Commission of the European Community, Rec. I 1995 pp. 743 ff., ln. 53.

(89) European Court of Justice of 6.4.1995 (Rs. C-241/91 P and C-242/91 P), Radio Telefis Ereann (RTE), Independent Television Publications Limited v Commission of the European Community, Rec. I 1995 pp. 743 ff., ln. 54.

(90) European Court of Justice of 6.4.1995 (Rs. C-241/91 P and C-242/91 P), Radio Telefis Ereann (RTE), Independent Television Publications Limited v Commission of the European Community, Rec. I 1995 pp. 743 ff., ln. 56; European Court of Justice of 26.11.1998 (Rs. C-7/97) Oskar Bronner Gesellschaft mbH & Co KG v Mediaprint Zeitungs- und Zeitschriftenverlag Gesellschaft mbH & Co KG u.a., Rec. I 7791 ff., 7791ff., 7831, ln. 38, 40.

(91) Commercial Solvents Cooperation v Commission of the European Community, Rec. 1974, pp. 223 ff.; European Court of Justice of 26.11.1998 (Rs. C-7/97) Oskar Bronner Gesellschaft mbH & Co KG v Mediaprint Zeitungs- und Zeitschriftenverlag Gesellschaft mbH & Co KG et al., Rec. I 7791 ff., 7791ff., 7831, ln. 38, 41.; European Court of Justice of 3.10.1985 (Rs. 311/84) SA Centre Belge d'études de Marché – Télémarketing (CBEM) v SA Compagnie Luxembourgoise de Télédiffusion (CLT), SA Information Publicité Benelux (IPB) Rec. 1985, 3261 ff.

(92) See: chapter 4.1; European Court of Justice of 26.11.1998 (Rs. C-7/97) Oskar Bronner Gesellschaft mbH & Co KG v Mediaprint Zeitungs- und Zeitschriftenverlag Gesellschaft mbH & Co KG et al., Rec. I 7791 ff.; cf also: Directive 96/67/EC of 15.10.1996 (ABl. L 272/3611, of 25. 10 1996).

(93) European Court of Justice of 6.4.1995 (Rs. C-241/91 P and C-242/91 P), Radio Telefis Ereann (RTE), Independent Television Publications Limited v Commission of the European Community, Rec. I 1995 pp. 743 ff.; European Court of Justice of 10.7.1991 (Rs T- 69, 70, 76/89) Radio Telefis Ereann, The British Broadcasting Cooperation; BBC Enterprises Ltd.; Independent Television Publications Limited v Commission of the European Community, Rec. II 1991, pp. 485 ff., 535 ff.; European Court of Justice of 3.10.1985 (Rs. 311/84) SA Centre Belge d'études de Marché – Télémarketing (CBEM) v SA Compagnie Luxembourgoise de Télédiffusion (CLT), SA Information Publicité Benelux (IPB) Rec. 1985, 3261 ff.

(94) See chapter 3.2; 3.3

(95) European Court of Justice of 6.4.1995 (Rs. C-241/91 P and C-242/91 P), Radio Telefis Ereann (RTE), Independent Television Publications Limited v Commission of the European Community, Rec. I 1995 pp. 743 ff., ln. 53; European Court of Justice of 26.11.1998 (Rs. C-7/97) Oskar Bronner Gesellschaft mbH & Co KG v Mediaprint Zeitungs- und Zeitschriftenverlag Gesellschaft mbH & Co KG et al., Rec. I 7791 ff., 7791ff., ln. 43 ff.

(96) Commercial Solvents Cooperation v Commission of the European Community, Rec. 1974, pp. 223 ff.

(97) Commercial Solvents Cooperation v Commission of the European Community, Rec. 1974, pp. 223 ff.; European Court of Justice of 26.11.1998 (Rs. C-7/97) Oskar Bronner Gesellschaft mbH & Co KG v Mediaprint Zeitungs- und Zeitschriftenverlag Gesellschaft mbH & Co KG et al., Rec. I 7791 ff., 7791ff., 7831, ln. 26; cf. also: European Court of Justice of 3.10.1985 (Rs. 311/84) SA Centre Belge d'études de Marché – Télémarketing (CBEM) v SA Compagnie Luxembourgoise de Télédiffusion (CLT), SA Information Publicité Benelux (IPB Rec. 1985, 3261 ff.; European Court of Justice of 6.4.1995 (Rs. C-241/91 P and C-242/91 P), Radio Telefis Ereann (RTE), Independent Television Publications Limited v Commission of the European Community, Rec. I 1995 pp. 743 ff., ln. 49 f., For the importance of a commercial property right see: European Court of Justice of 10.7.1991 (Rs T- 69, 70, 76/89) Radio Telefis Ereann, The British Broadcasting Cooperation; BBC Enterprises Ltd.; Independent Television Publications Limited v Commission of the European Community, Rec. II 1991, pp. 485 ff., 535 ff.; European Court of Justice of 6.4.1995 (Rs. C-241/91 P und C-242/91 P), Radio Telefis Ereann (RTE), Independent Television Publications Limited v Commission of the European Community, Rec. I 1995 pp. 743 ff., 822, ln 49 ff.

(98) European Court of Justice of 26.11.1998 (Rs. C-7/97) Oskar Bronner Gesellschaft mbH & Co KG v Mediaprint Zeitungs- und Zeitschriftenverlag Gesellschaft mbH & Co KG u.a., Rec. I 7791 ff., 7791ff., 7831, ln. 28.

(99) Former Art. 85, 86, and 3g of the Treaty.

(100) **France**: Art. 8 Ordonnance No 86. 1243, of 3.12.1986 (Codes Dalloz, *Code de Commerce*, 1990/91, pp. 523; **Spain**: Art. 6 law No 16/1989 of 17.7.1989 (Defensa de la Competencía, BOE,

No 170 18.7.1989); Tribunal de la Defensa de la Competencía of 1.2.1995 (Rs. 350/94 3 C) Communications España v Telefónica de España; **Greece:** Art. 2c law No 703/1977; **Portugal:** Art. 3 cl. 4 and Art. 2 f and g, decree No 371/93; **Finland:** § 7 Lakikilpailunrajoituksista of 27. 5. 1992, 480.

(101) In particular §§ 19 cl. 4 No 4 GWB.

(102) See chapter 2.2.2.

(103) See chapter 4.3.

(104) European Court of Justice of 26.11.1998 (Rs. C-7/97) Oskar Bronner Gesellschaft mbH & Co KG v Mediaprint Zeitungs- und Zeitschriftenverlag Gesellschaft mbH & Co KG et al., Rec. I 7791 ff., 7791ff., 7831, ln. 25, 27, 40; for the example of a downstream market see also: Commercial Solvents Cooperation v Commission of the European Community, Rec. 1974, pp. 223 ff.; The characteristics of an after market are described in European Court of Justice of 6.4.1995 (Rs. C-241/91 P and C-242/91 P), Radio Telefis Ereann (RTE), Independent Television Publications Limited v Commission of the European Community, Rec. I 1995 pp. 743 ff., ln. 56.

(105) If German law was applied here, the case Bronner (see chapter 4.2) would be rejected at this point. (European Court of Justice of 26.11.1998 (Rs. C-7/97) Oskar Bronner Gesellschaft mbH & Co KG v Mediaprint Zeitungs- und Zeitschriftenverlag Gesellschaft mbH & Co KG u.a., Rec. I 7791 ff.).

(106) Also: BGHZ 67, pp. 104 ff., 107 (Vitamin B 12); BGH (Bundesgerichtshof (Federal Court of Justice)) WuW/E 1345 („Polyester-Kunststoffe"); BGH (Bundesgerichtshof (Federal Court of Justice)) WuW/E 2406 ff., 2407 („Inter Mailand").

(107) See chapter 3.

(108) See chapter 4.

(109) Art. 8 Ordonnance No 86. 1243, of 3.12.1986 (Codes Dalloz, *Code de Commerce*, 1990/91, pp. 523.

(110) § 7 Lakikilpailunrajoituksista 27.5.1992, 480.

(111) Art. 2c law No 703/1977.

(112) Art. 3 cl. 4 and Art. 2 f and g, decree No 371/93.

(113) Art. 6 law No 16/1989 of 17.7.1989 (Defensa de la Competencía, BOE, No 170 of 18.7.1989); Tribunal de la Defensa de la Competencía of 1. 2. 1995 (Rs. 350/94 3 C); Communications España v Telefónica de España.

(114) Cf.: BGH (Bundesgerichtshof (Federal Court of Justice)) WuW/E 2951 ff. („Lüdenscheider Taxen"); BGH (Bundesgerichtshof (Federal Court of Justice)) WuW/E 2990 ff., 2992 f. („,Importarzneimittel"); BGH (Bundesgerichtshof (Federal Court of Justice)) WuW/E 2953 ff. 2957 („Gasdurchleitung").

(115) Cf.: BGH (Bundesgerichtshof (Federal Court of Justice)) WuW/E 2951 ff. („Lüdenscheider Taxen"); BGH (Bundesgerichtshof (Federal Court of Justice)) WuW/E 2990 ff., 2992 f. (Importarzneimittel); BGH (Bundesgerichtshof (Federal Court of Justice)) WuW/E 2953 ff. 2957 („Gasdurchleitung"); BGH (Bundesgerichtshof (Federal Court of Justice)) WuW/E DE-R 195 ff. („Beanstandung durch Apothekerkammer"); BGH (Bundesgerichtshof (Federal Court of Justice)) WuW/E 3009 ff., 3012 (Stadtgaspreis Potzdam); BGH (Bundesgerichtshof (Federal Court of Justice)) WuW/E 2967 ff. 2968 f. („Strompreis Schwäbisch Hall").

(116) European Court of Justice of 15.7.1964 (Rs. 6/64) Flamio Costa v ENEL, Rec. 1964, pp. 1251 ff.; European Court of Justice of 13.2.1969 (Rs. 14/68) Walt Wilhelm v Bundeskartellamt, Rec. 1969, pp. 1 ff.

(117) German Energy Law (Gesetz über die Elektrizitäts- und Gasversorgung „Energiewirtschaftsgesetz") of 24.4.1998 (BGBl. I pp. 730) changed on 26.8.1998 (BGBl. I, pp. 2521).

(118) German Telecommunications Act („Telekommunikationsgesetz") of 25.7.1996 (BGBL I pp. 1120), latest change of 26.8.1998 (BGBL I pp. 2521).

(119) Directive 90/387/EWG of 28.6.1990 (Open Network Provision – ONP) ABl. EG L No 192, pp. 1 ff.; cf. ABl. C 1998 No 265, pp. 2 ff.).

(120) German Postal Act („Postgesetz") of 22.12.1997 (BGBl. I pp. 3294).

(121) See chapter 5.3.3.1.

(122) See chapter 4.3.

(123) United States v Terminal Railroad Association, 224 U. pp. 383 (1912), cf. *Klaue*: Zur Rezeption der amerikanischen essential-facility-Doktrin in das europäische und deutsche Kartellrecht, in: RdE 1996, pp. 51 ff.

(124) 22nd Common Market Report 1992, ln. 219; see also Commission of the European Community of 11.6.1992; B & I Line v Sealink Harbour und Sealink Stena Ltd, (1952) Common Market Law Reports, pp. 255 ff.; Commission of the European Community of 21.12.1993, Sea Containers v Stena Sealink, ABl. L 18.1.1994, No 15/8; Commission of the European Community of 21.12.1993, Port of Rodby ABl. L 26.2.1994, No 55/52.

(125) European Court of Justice of 10.7.1991 (Rs T- 69, 70, 76/89) Radio Telefis Ereann, The British Broadcasting Cooperation; BBC Enterprises Ltd.; Independent Television Publications Limited v Commission of the European Community, Rec. II 1991, pp. 485 ff., 535 ff.

(126) European Court of Justice of 6.4.1995 (Rs. C-241/91 P and C-242/91 P), Radio Telefis Ereann (RTE), Independent Television Publications Limited v Commission of the European Community, Rec. I 1995 pp. 743 ff.

(127) In some cases the lawmakers have noticed this deficiency and regulated the access to intellectual property by creating mandatory licensing agreements.

(128) United States/Terminal Railroad Association of St. Louis, 224 US 383 (1912); United States v Otter Tail Power Co 410 US 366 (1973).

(129) European Court of Justice of 6.4.1995 (Rs. C-241/91 P und C-242/91 P), Radio Telefis Ereann (RTE), Independent Television Publications Limited v Commission of the European Community, Rec. I 1995 pp. 743 ff., ln. 53.

(130) European Court of Justice of 6.4.1995 (Rs. C-241/91 P und C-242/91 P), Radio Telefis Ereann (RTE), Independent Television Publications Limited v Commission of the European Community, Rec. I 1995 pp. 743 ff., ln. 53.

(131) United States/Terminal Railroad Association of St. Louis, 224 US 383 (1912); United States v Otter Tail Power Co 410 US 366 (1973).

(132) See: Fishman v Estate of Wirtz, 807 F.2d 520; (7th Ed. 1986).

(133) Commercial Solvents Cooperation v Commission of the European Community, Rec. 1974, pp. 223 ff., ln. 22 ff., 25.

(134) European Court of Justice of 6.4.1995 (Rs. C-241/91 P und C-242/91 P), Radio Telefis Ereann (RTE), Independent Television Publications Limited v Commission of the European Community, Rec. I 1995 pp. 743 ff., ln. 54.

(135) See Eastman Kodak Co v Southern Photo Materials Co, 273 US 359 (1927).

(136) Commercial Solvents Cooperation v Commission of the European Community, Rec. 1974, pp. 223 ff. 25; European Court of Justice of 26.11.1998 (Rs. C-7/97) Oskar Bronner Gesellschaft mbH & Co KG v Mediaprint Zeitungs- und Zeitschriftenverlag Gesellschaft mbH & Co KG et al., Rec. I 7791 ff., 7791ff., 7831, ln. 41.

(137) See Byras v Bluff City News Co, 609 F.2d 843 (6th Ed. 1979); *Brok, R.H.*: The Antitrust Paradox (1978/1993), pp. 346, see also: Aspen Skiing Co v Aspen Highlands Skiing Corp. 427 US 585 (1985).

Entwicklungstendenzen der Corporate Governance im internationalen Vergleich

Peter Witt

Zusammenfassende Einleitung

Corporate Governance-Systeme dienen der Organisation der Leitung und Kontrolle in Unternehmen mit mehreren beteiligten Interessengruppen bzw. Stakeholdern. Sie setzen sich aus gesetzlichen Regelungen, unternehmerischen Organisationsentscheidungen und Märkten bzw. Institutionen zusammen. Im internationalen Vergleich ergeben sich große Unterschiede zwischen den Corporate Governance-Systemen der bedeutenden Industrieländer. Diese lassen sich durch historische Entwicklungen und unterschiedliche gesellschaftliche Präferenzen in Bezug auf die Beteiligung der einzelnen Stakeholder am Unternehmen erklären. Durch den globalen Wettbewerb auf Produkt- und Kapitalmärkten entsteht ein internationaler Wettbewerb der Corporate Governance-Systeme. In diesem Wettbewerb kann es zu einer Konvergenz der Systeme, einer Dominanz eines Systems oder einem Fortbestand verschiedener Systeme kommen. In diesem Beitrag wird für die weitere Entwicklung der internationalen Corporate Governance-Systeme eine Dominanz des US-amerikanischen Systems vorhergesagt.

1 Zum Begriff der Corporate Governance

Unter Corporate Governance versteht man die Organisation der Leitung und Kontrolle eines Unternehmens. Das Kernproblem der Corporate Governance besteht darin, bei der Festlegung der Unternehmensziele und der konkreten Unternehmenspolitik einen Interessenausgleich zwischen den verschiedenen Anspruchsgruppen bzw. Stakeholdern eines Unternehmens herzustellen, vor allem zwischen Eigenkapitalgebern, Fremdkapitalgebern, Mitarbeitern und Management (vgl. *Witt* 2000, S. 159).

Der Interessenausgleich durch ein Corporate Governance-System wird notwendig, weil zwischen den beteiligten Parteien Unsicherheiten über die zukünftige Umweltentwicklung, Informationsasymmetrien und Interessendivergenzen bestehen, die vollständige Verträge ex ante unmöglich und freie Verhandlungen ex post ineffizient machen (vgl. *Hart* 1995). Da die Faktor- und Produktmärkte, auf denen die verschiedenen Stakeholder des Unternehmens miteinander in Austauschbeziehungen stehen, unvollständig und unvollkommen sind, können die entstehenden Interessenkonflikte zwischen den verschiedenen Anspruchsgruppen des Unternehmens nicht über Marktmechanismen gelöst werden. Stattdessen bedarf es besonderer Institutionen des Konfliktausgleichs, die von den beteiligten Parteien entweder freiwillig vereinbart oder vom Gesetzgeber verpflichtend vorgeschrieben werden. Die Existenz unvollkommener Märkte, durch die Corporate Governance erst zu einem betriebswirtschaftlich interessanten Problem wird, gilt nicht nur für Arbeits- und Managermärkte, die durch kulturelle und sprachliche Mobilitätsbarrieren erheblichen Friktionen unterliegen. Es gilt auch für Produktmärkte, in denen es durch Akquisitionen und Innovationen zu Oligopolen und temporären Monopolstellungen kommen kann. Sogar die Kapitalmärkte, die vergleichsweise stark internationalisiert und weit entwickelt sind, unterliegen erheblichen Friktionen (vgl. *Allen/Gale* 2000, S. 43).

Angesichts unterschiedlicher Interessen und des Fehlens vollkommener Märkte, auf denen ein Interessenausgleich stattfinden könnte, verfügt jede Interessengruppe des Unternehmens über bestimmte gesetzlich festgelegte oder durch private Institutionen geschaffene Möglichkeiten, ihre Ansprüche an das Unternehmen geltend zu machen. In vielen Fällen stellen marktliche Einfluss- und Kontrollmechanismen Alternativen bzw. Substitute zu gesetzlichen Regelungen dar. So kann sich beispielsweise ein Aktionär, der mit der Verzinsung seines Eigenkapitalanteils unzufrieden ist, auf der Hauptversammlung über den Aktienkurs und die Dividendenpolitik beschweren, er kann über einen Sitz im Aufsichtsrat versuchen, Einfluss auf die Unternehmensleitung zu nehmen oder er kann seine Aktien verkaufen und sein Geld in einem anderen Unternehmen investieren. Eine mit ihren Arbeitszeiten unzufriedene Mitarbeiterin kann sich z.B. beim Betriebsrat beschweren und versuchen, auf diesem Wege andere Arbeitszeiten zu verhandeln, oder sie kann den Arbeitsmarkt nutzen und zu einem anderen Unternehmen wechseln, das für sie angenehmere Arbeitszeiten anbietet.

> Insgesamt lässt sich die Corporate Governance eines Unternehmens auffassen als eine Kombination von teils substitutionalen, teils komplementären, teils marktlichen und teils organisatorisch institutionalisierten Instrumenten zur Sicherstellung eines Interessenausgleichs zwischen den beteiligten Anspruchsgruppen.

Je besser die Corporate Governance ausgestaltet ist, desto niedriger sind die Transaktionskosten und die sogenannten Agency Costs, die mit der Austragung von Interessenkonflikten verbunden sind, desto effizienter ist der Faktoreinsatz und desto höher ist der vom Unternehmen erwirtschaftete Überschuss, der an alle Interessengruppen verteilt werden kann.

Besonders in einer Aktiengesellschaft kommt dem Corporate Governance-Problem große Bedeutung zu: In ihr sind die einzelnen Anspruchsgruppen personell getrennt, d.h. die Eigenkapitalgeber leiten das Unternehmen normalerweise nicht selbst, sondern beauftragen damit angestellte Manager. Die Mitarbeiter sind typischerweise ebenfalls nicht oder nur geringfügig am Eigenkapital des Unternehmens beteiligt. Die meisten Aktiengesellschaften der Welt finanzieren sich nicht nur durch Eigenkapital, sondern in großem Umfang auch durch Darlehen und kurzfristige Kredite, so dass Fremdkapitalgeber als Anspruchsgruppe des Unternehmens auftreten und Einfluss auf die Corporate Governance nehmen.

2 Das deutsche Modell der Corporate Governance

Entgegen der möglicherweise ersten Vermutung, dass betriebswirtschaftlich ähnliche Probleme in verschiedenen Unternehmen und Ländern auch ähnlich gelöst werden, ergeben sich in der internationalen Praxis große Unterschiede zwischen einzelnen Corporate Governance-Systemen. Kennzeichnend für die deutsche Aktiengesellschaft ist beispielsweise, dass die Funktionen der Unternehmensleitung (Vorstand) und der Kontrolle (Aufsichtsrat) institutionell getrennt sind und dass Mitarbeiter das Recht haben, Vertreter in das Kontrollgremium Aufsichtsrat zu entsenden (Mitbestimmung). Fremdkapitalgeber haben kein Recht auf ein Aufsichtsratmandat, deutsche Großbanken sind aber doch häufig im Aufsichtsrat ihrer Kreditkunden vertreten. Damit unterscheidet sich das deutsche System der Corporate Governance, das oft als bankorientiertes Corporate Governance-Modell bezeichnet wird (vgl. *La Porta/Lopez-de-Silanes/Shleifer/Vishny* 1998), nennenswert von anderen Corporate Governance-Systemen. Das gilt insbesondere für sogenannte kapitalmarktorientierte Systeme, wie man sie in Großbritannien und in den USA findet, aber auch für ebenfalls als bankorientiert bezeichnete Systeme wie das Japans.

Der Tradition römischen Rechts folgend ist in Deutschland der Fortbestand der juristischen Person „Unternehmung" das alle Anspruchsgruppen vereinende Ziel der Unternehmenstätigkeit gewesen (vgl. *Albach* 1999). Es verpflichtet die Unternehmensleitung zum Interessenausgleich zwischen den verschiedenen Anspruchsgruppen und wird heutzutage als Stakeholder Value-Ansatz bezeichnet. Angelsächsische Corporate Governance-Systeme favorisieren das Shareholder Value-Modell, das sich an den Interessen der Anteilseigner orientiert und die Wertsteigerung des Eigenkapitals zum obersten Unternehmensziel erhebt. Die Shareholder Value-Orientierung hat mittlerweile auch in deutschen Aktiengesellschaften großen Anklang gefunden (vgl. *Bernhardt/Witt* 1997). Das bedeutet zwar nicht zwangsläufig eine geringere Gewichtung der Ziele anderer Anspruchsgruppen als der Aktionäre, aber es entspricht doch einer Abkehr vom Konzept des Unternehmensinteresses. Die parallel zu beobachtende Gleichsetzung des Börsenkurses mit der erreichten Wertsteigerung ist theoretisch problematisch, weil der deutsche Kapitalmarkt empirischen Untersuchungen zufolge nicht einmal mittelstreng informationseffizient ist und Börsenkurse demnach keine verlässlichen Indikatoren des Unternehmenswerts sind (vgl. *Sapusek* 1998), aber der Wandel der Zielsetzung deutscher Aktiengesellschaften in Richtung auf das angelsächsische Vorbild des Shareholder Value-Ansatzes ist faktisch bereits vollzogen.

Bei der Rechnungslegung, die ein wichtiges Instrument der Information der Stakeholder darstellt, zeigen sich in Deutschland ebenfalls wichtige Veränderungen. Während die Grundsätze ordnungsgemäßer Buchführung (GoB) im deutschen Handelsrecht den Schwerpunkt auf den Gläubigerschutz und den Erhalt des Unternehmens legen, verschreiben sich andere Systeme, wie die International Accounting Standards (IAS) oder die US-amerikanischen Generally Accepted Accounting Principles (US-GAAP) eher einer marktnahen und an den Aktionären orientierten Informationsfunktion. Seit 1996 haben deutsche Unternehmen begonnen, freiwillig nach IAS oder sogar US-GAAP zu bilanzieren. Unternehmen, die in das Börsensegment des Neuen Marktes aufgenommen werden wollen, müssen sich sogar privatrechtlich verpflichten, einen Abschluss nach IAS oder US-GAAP zu erstellen. Zudem erfordert das im Mai 1998 in Kraft getretene Gesetz zur Förderung der Kontrolle und

Transparenz im Unternehmensbereich (KonTraG), dass börsennotierte deutsche Unternehmen eine Segmentberichterstattung und eine Kapitalflussrechnung als Pflichtbestandteil des Konzernabschlusses vorlegen. Damit nähern sich die deutschen Rechnungslegungsvorschriften zumindest bezüglich des Umfangs der geforderten Berichterstattung weiter an die Vorschriften des IAS an. Die Entwicklung zeigt, dass sich deutsche Aktiengesellschaften in der Form der Publizität zum Teil bereits erkennbar auf ein amerikanisches, aktionärsorientiertes Vorbild zu bewegen.

Auch in der Organisation der Beaufsichtigung bzw. Kontrolle der Unternehmensleitung lässt sich ein Wandel nachweisen. Das deutsche Corporate Governance-Modell trennt zwischen dem Gremium, das für die Unternehmensleitung zuständig ist (Vorstand) und dem, das die Kontrolle der Unternehmensleitung durchführt (Aufsichtsrat). Man bezeichnet diese Lösung als zweistufiges System. In den Corporate Governance-Systemen anderer Länder dominiert das einstufige Modell, bei dem Leitung und Kontrolle in einem Gremium, z.B. dem „Board", zusammengefasst sind. Typischerweise kommt ein Board häufiger zu Sitzungen zusammen und nimmt deutlich intensiver auf die Geschäftsführung Einfluss als ein vergleichbarer deutscher Aufsichtsrat. Als ein Resultat auf zunehmende Kritik an deutschen Aufsichtsräten sieht das KonTraG u.a. häufigere Sitzungen des Aufsichtsrats, eine bessere Abstimmung mit dem Abschlussprüfer und umfangreichere Informationen durch den Vorstand vor. Damit werden wichtige Organisationsprinzipien eines Board auch für deutsche Aufsichtsräte zwingend vorgeschrieben. Darüber hinaus ist beobachtbar, dass die deutschen Banken bei Industrieunternehmen nicht mehr den Aufsichtsratsvorsitzenden stellen wollen. In den USA sind wegen der Haftungsgefahr schon jetzt kaum Banker in den Boards von Industrieunternehmen vertreten. Auch über die Position des Aufsichtsratsvorsitzenden hinaus wird in Deutschland ein Rückzug der Geschäftsbanken aus den Aufsichtsräten von Kreditkunden immer wieder gefordert und scheint auch in jüngster Zeit tatsächlich stattzufinden. Die Reformen der Aufsichtsratsarbeit zeigen damit insgesamt eine, wenn auch nur sehr moderate Anpassung des deutschen Systems an das US-amerikanische Board-Modell.

Die Mitbestimmung auf Unternehmensebene, eine weltweit nur in Deutschland vorkommende Form der Corporate Governance, ist ebenfalls dem Systemwettbewerb ausgesetzt. Sie wird seit einiger Zeit wieder intensiver diskutiert (vgl. *Schmid/Seger* 1998). Für die Themenstellung dieser Arbeit ist besonders interessant, dass es bisher bei den internationalen Verhandlungen und Diskussionen zur Schaffung einer europäischen Aktiengesellschaft nicht gelungen ist, über den Umfang der Mitbestimmung Einigkeit zu erzielen. Das in Deutschland gesetzlich vorgeschriebene Modell der Mitbestimmung auf Unternehmensebene wird von den anderen Mitgliedstaaten abgelehnt. Auch in den USA scheint es kaum Befürworter einer gesetzlich vorgeschriebenen Mitbestimmung zu geben. Während viele der amerikanischen Corporate Governance-Regelungen in anderen Ländern Nachahmer gefunden haben, findet das deutsche Mitbestimmungsmodell offensichtlich international wenig Anklang. Statt dessen lässt sich beobachten, dass deutsche Unternehmen versuchen, sich durch eine Standortverlagerung oder durch eine Restrukturierung, die kleinere, nicht mitbestimmungspflichtige Einheiten schafft, der gesetzlichen Mitbestimmung zu entziehen. Es ist vorstellbar, dass im Zuge internationaler Unternehmenszusammenschlüsse mit deutscher Beteiligung noch mehr deutsche Unternehmen versuchen werden, der Mitbestimmung zu entfliehen.

Eine Veränderung der Leitungsorganisation in deutschen Aktiengesellschaften erfolgt bisher nur im Rahmen bestehender rechtlicher Regelungen und vergleichsweise diskret. So ist im deutschen Corporate Governance-Modell nach wie vor das sogenannte Kollegialprinzip für die Entscheidungsfindung im Vorstand gesetzlich vorgeschrieben und wird auch betriebswirtschaftlich als Grundsatz ordnungsgemäßer Unternehmensführung angesehen. Es lässt sich jedoch ein faktischer Wandel beobachten: Die Zahl der direktorial geführten deutschen Unternehmen nimmt zu. Ebenso häuft sich durch die stärkere Betonung der Investor Relations in der Öffentlichkeit die Identifikation einzelner deutscher Unternehmen mit ihren jeweiligen Vorstandsvorsitzenden (vgl. *Bernhardt/Witt* 1999).

Ein besonders gut zu belegendes Beispiel für eine Veränderung in der Corporate Governance deutscher Unternehmen ist die Vergütung, die den Mitgliedern der Unternehmensleitung (Vorstand und Führungskräfte auf nachgelagerten Ebenen) gezahlt wird. Es war bis vor kurzem üblich, Vorstandsmitglieder mit einer Kombination aus einem Festgehalt und dividendenabhängigen Tantiemen für ihre Arbeit zu entlohnen. Seit einiger Zeit sind viele Aktiengesellschaften aber dazu übergegangen, ein aus den USA stammendes Vergütungsinstrument einzusetzen: die Aktienoptionen (Stock Options). Sie sollen den begünstigten Führungskräften Anreize verschaffen, eine Wertsteigerung des von ihnen geleiteten Unternehmens zu bewirken. Sie sind daher eher Motivationsinstrument als Vergütung für gute Leistungen in der Vergangenheit. Zudem setzen sie voraus, dass der Börsenkurs zum Zeitpunkt der Ausübung, von dem ja der Wert der Aktienoption abhängt, die Wertsteigerung des Unternehmens adäquat abbildet. Unabhängig von der bisher fragwürdigen Ausgestaltung der Konditionen bewirkt der Einsatz von Aktienoptionsprogrammen einen spürbaren Wandel in der Corporate Governance deutscher Unternehmen: Die Kapitalmarktorientierung nimmt weiter zu, der Börsenkurs wird immer mehr zum Maßstab für den Unternehmenserfolg. Aktienoptionen verändern möglicherweise auch das Selbstverständnis und die Arbeitseinstellung von Managern. Sie stammen nämlich aus einem Corporate Governance-System mit geringer Loyalität der Manager zu ihrem jeweiligen Unternehmen, fehlenden Pensionsansprüchen und einem insgesamt hohen Vergütungsniveau. Ein solches Governance-Modell wird zwar in den USA, bisher aber nicht in Deutschland verwendet.

> Zusammenfassend kann das deutsche Corporate Governance als ein bankenorientiertes „Insider-Control"-System bezeichnet werden, in dem sich jedoch seit einigen Jahren eine stärkere Kapitalmarktorientierung beobachten lässt.

3 Das US-amerikanische Modell der Corporate Governance

Die USA haben eine lange Tradition, Unternehmen als Kapitalgesellschaften mit weit gestreutem Anteilsbesitz zu gründen. Diese Tradition begann mit dem Eisenbahnbau im frühen 19. Jahrhundert und setzte sich bei der Gründung kapitalintensiver Stahl- und Bergbaubetriebe fort. Entsprechend große Bedeutung hat bis heute der Kapitalmarkt für das amerikanische Corporate Governance-System (vgl. *Allen/Gale* 2000). Der US-Kapitalmarkt ist mit Abstand der größte der Welt. In keinem anderen Land sind mehr Unternehmen an der Börse notiert.

Das US-amerikanische Gesellschafts- und Unternehmensrechts ist föderalistisch. Das bedeutet, dass die einzelnen Bundesstaaten der USA ihr eigenes Recht und ihre eigene Rechtsprechung haben. Die Unternehmen können ihren Standort unabhängig von der physischen Präsenz frei wählen, so dass ein Wettbewerb der Corporate Governance-Systeme der einzelnen Bundesstaaten um die Ansiedlung von Unternehmen entsteht (vgl. *Easterbrook/ Fischel* 1991, S. 212-227). Es ist darüber hinaus eine US-amerikanische Besonderheit, dass die Gesetzgebung der Bundesstaaten nur relativ allgemeine und unverbindliche Regelungen enthält, so dass die Rechtsprechung die auf Common Law und Präzedenzfällen beruhende Rechtsordnung permanent auslegen, erklären und weiterentwickeln muss. Auch die Offenlegungspflichten der Securities and Exchange Commission (SEC) und die Vorschriften, die für die Notierung eines Unternehmens von den amerikanischen Wertpapierbörsen erlassen werden, bilden wesentliche Bestandteile des amerikanischen Corporate Governance-Systems.

In den USA stehen die Interessen der Anteilseigner traditionell im Vordergrund bei der Formulierung der Unternehmensziele. Das Shareholder Value-Prinzip gilt den meisten Unternehmen als Oberziel. Amerikanische Aktiengesellschaften werden von einem Board of Directors geleitet, der gleichzeitig auch die Unternehmensleitung zu kontrollieren hat. Es gilt also das einstufige System der Corporate Governance. Die eigentliche Unternehmensleitung wird durch die Inside Directors ausgeübt, die dem Unternehmen angehörenden Top-Manager. Der wichtigste und höchste Inside Director ist der Chief Executive Officer (CEO). Er ist nach dem Direktorialprinzip allen anderen Managern vorgesetzt und damit der oberste Entscheidungsträger. Der CEO muss immer Mitglied des Board sein, er wird selbst vom Board ernannt und abberufen. Es ist insgesamt typisch für amerikanische Unternehmen, dass die Unternehmensleitung sehr individualistisch und autoritär ausgestaltet ist. Der CEO spielt die herausragende Rolle, steht im Mittelpunkt des öffentlichen Interesses und wird sehr stark mit dem Unternehmen identifiziert. Diese Rolle wird gestützt durch weitreichende Befugnisse und eine häufig sehr hohe Vergütung. Zum Ausgleich dieser starken Stellung kann ein CEO jederzeit und ohne große Rücksicht auf das persönliche Ansehen abberufen werden, wenn die Anteilseigner mit seiner Leistung nicht zufrieden sind.

Privaten Anlegern kommt in den USA größere Bedeutung zu als in anderen Ländern. Sie verfügen aber, abgesehen von einigen wenigen Ausnahmen, jeweils nur über sehr kleine Anteile und sind geographisch weit verstreut. Private Anleger können deshalb auf dem Shareholders' Meeting (Hauptversammlung) keinen nachhaltigen Einfluss ausüben. Es gibt in den USA aber nicht nur viele Privatanleger, sondern auch bedeutende institutionelle Investoren. Diese werden traditionell in ihren Einflussmöglichkeiten auf die Unternehmensleitungen stark vom Gesetzgeber eingeschränkt (vgl. *Roe* 1993). Die Konsequenz ist, dass institutionelle Investoren kaum ihr Stimmrecht („Voice") ausüben oder eine direkte Kontrolle der Manager vornehmen können. Der traditionell dominierende Kontrollmechanismus im amerikanischen Corporate Governance-System ist die (feindliche) Übernahme. Aktionäre können bei Unzufriedenheit mit der Unternehmensleitung praktisch nur mit dem Verkauf ihrer Aktien („Exit") reagieren (vgl. *Shleifer/Vishny* 1997).

Übernahmen von Unternehmen bei vermuteter Unterbewertung bzw. zu starker Diversifizierung fanden in den USA schon seit Beginn des 20. Jahrhunderts statt und wurden als ein geeignetes marktliches Korrektiv gegen eigennützige Manager angesehen. Das zeigt, dass der Glaube an den Markt als das effizienteste und fairste Regulativ tief im US-amerikanischen Wertesystem verwurzelt ist (vgl. *Charkham* 1994, S. 217). Die betroffenen Unternehmen wehrten sich jedoch und entwickelten immer neue und wirkungsvollere Abwehrmechanismen gegen feindliche Übernahmen. Zudem erließen die Bundesstaaten Gesetze zur Beschränkung von Übernahmen. Insgesamt führte das dazu, dass der Markt für Unternehmenskontrolle in den USA mittlerweile wieder etwas an Bedeutung verloren hat. Feindliche Übernahmen sind zwar immer noch möglich, aber sie sind durch die rechtlichen Beschränkungen und das Vorhandensein verschiedenster Abwehrmechanismen deutlich teurer geworden.

Banken haben in den USA außer dem Kreditvertrag und der vorausgehenden Kreditwürdigkeitsprüfung keine weiteren Einflussmöglichkeiten auf die Unternehmensleitung ihrer Kunden. Wegen der strengen Haftungsregeln nehmen amerikanische Banken auch keine Mandate im Board ihrer Kunden an. Schließlich führt das Trennbankensystem in den USA dazu, dass eine Bank einem Kunden immer nur einen Teil aller Bankdienstleistungen anbietet und ihn deshalb weniger gut kennt als eine Hausbank in einem Universalbankensystem.

Amerikanische Kapitalgesellschaften müssen viermal im Jahr einen Geschäftsbericht veröffentlichen. Zudem unterliegen sie umfangreichen Publizitätsvorschriften der SEC und der Aktienbörsen, wenn ihre Anteile dort notiert sind. Die Generally Accepted Accounting Principles (US-GAAP) gelten als der weltweit am stärksten an den Publizitätsbedürfnissen der Anteilseigner ausgerichtete Rechnungslegungsstandard. Neben den US-GAAP besteht eine nicht normierte Rechnungslegung für die Gläubiger eines Unternehmens, die mit dem Ziel der vertraglichen Ausschüttungsbegrenzung in den Kreditverträgen vereinbart wird.

Finanzanalysten und große institutionelle Investoren fungieren als „Informationsbroker" zwischen Unternehmen und Aktionären, indem sie die auf Analystentreffen und Roadshows erhaltenen Informationen über ein Unternehmen verarbeiten und einer breiteren Öffentlichkeit zugänglich machen. Eine internationale Besonderheit des amerikanischen Systems der Corporate Governance sind die umfassenden Publizitätsvorschriften für die Vergütung der Mitglieder der Unternehmensleitung. Auch darüber hinaus sind die Publizitätserfordernisse weitreichend, über Unternehmen wird intensiv in der Presse berichtet, und die Unternehmen selbst veröffentlichen über die gesetzlichen Vorschriften hinaus regelmäßig Unternehmensdaten. Schadenersatzklagen spielen im amerikanischen Corporate Governance-System eine wichtige Rolle. Alle Board-Mitglieder müssen de lege lata für Schäden, die sie dem Unternehmen durch Pflichtverletzungen zufügen, haften. US-Amerikaner sind hohe Schadensersatzansprüche an Unternehmen und ihre Manager gewohnt. Gesetzgebung und Rechtsprechung haben die Einreichung von Schadenersatzklagen gegen die Mitglieder der Unternehmensleitung durch niedrige Gebühren und die Zulässigkeit von Gemeinschaftsklagen traditionell leicht gemacht. Entsprechend häufig kommen Schadenersatzklagen vor und wirken sich auf das Verhalten des Managements aus.

Das wichtigste Aufsichtsgremium in amerikanischen Aktiengesellschaften ist der Board. Da im einstufigen System die Spitze der Unternehmensleitung und die Kontrolle der Unternehmensleitung in einem gemeinsamen Gremium zusammengefasst sind, fällt die Kontrollfunktion vornehmlich den Outside Directors im Board zu. Die Board-Mitglieder werden in den USA durch die Anteilseigner gewählt. Allerdings schlägt der Board in den allermeisten Fällen mögliche neue Mitglieder selbst vor. In manchen Unternehmen hat der CEO eine so starke Stellung, dass er alleine neue Board-Mitglieder bestimmen kann, die dann nur noch pro forma im Shareholders' Meeting gewählt werden. Während es früher Boards gab, in denen mehrheitlich Mitglieder der Unternehmensleitung saßen, sind fast alle größeren Unternehmen mittlerweile dazu übergegangen, mehrheitlich Outside Directors in den Board zu berufen. 1978 schrieb die New York Stock Exchange als Voraussetzung für die Notierung eines Unternehmens vor, dass als Ausschuss des Board ein Audit Committee (Rechnungslegungs- oder Revisions-Ausschuss) zu bilden ist, in dem nur Outside Directors vertreten sind. So soll die Kontrollfunktion des Board gestärkt werden. Der Chairman (Vorsitzender) des Board bestimmt die Tagesordnung und den Ablauf solcher Sitzungen. Traditionell übernahm in amerikanischen Unternehmen der CEO auch den Vorsitz im Board. Das änderte sich in den vergangenen Jahren. Die Boards wählen heutzutage normalerweise einen Outside Director als Chairman und „Gegengewicht" zum CEO.

Die durchschnittliche Vergütung amerikanischer Führungskräfte fällt im Vergleich mit anderen Corporate Governance-Systemen üppig aus. Es lässt sich nachweisen, dass Manager in den USA deutlich höhere laufende Einkünfte erzielen als ihre Kollegen in anderen Ländern. Amerikanische CEOs verdienten z.B. 1994 durchschnittlich das 109fache des Gehalts eines normalen Angestellten. In Großbritannien war es nur das 35fache, in Japan sogar nur das 17fache (vgl. *Charkham* 1994, S. 185)

> Zusammenfassend kann das US-amerikanische Corporate Governance als ein marktorientiertes „Outsider-Control"-System bezeichnet werden. Seine wichtigsten Stärken sind ein föderalistisches Unternehmensrecht und effiziente Kapitalmärkte.

4 Das japanische Modell der Corporate Governance

Das japanische Corporate Governance-System lässt sich besser verstehen, wenn man zunächst seinen historischen und kulturellen Hintergrund betrachtet: Ende des 19. Jahrhunderts entstand das japanische Handelsgesetz, das noch maßgeblich vom deutschen Handelsrecht geprägt war. Bis zum zweiten Weltkrieg dominierten in Japan die Zaibatsu, große Unternehmensgruppen in Familienbesitz mit enger Anbindung an große Banken. 1943 wurde das System zum ersten mal von außen geändert. Das japanische Militär unterstellte die für den Krieg relevanten Industrien seinem Kommando und zwang die Unternehmen, sich eine Main Bank (Hausbank) zu nehmen, um die Abwicklung und Finanzierung der Kriegsproduktion zu erleichtern (vgl. *Roe* 1993, S. 1972). 1948 fiel Japan unter amerikanische Besatzung. Der Supreme Commander Allied Powers (SCAP) veranlasste, dass die Zaibatsu aufgelöst wurden, und untersagte den Banken, größeren Anteilsbesitz an Unternehmen zu halten. Ursprünglich hatte der SCAP sogar vor, die großen japanischen Banken ganz aufzulösen und nationale Filialsysteme zu verbieten. Gleichzeitig wurde das amerikanische Corporate Governance-System eingeführt.

Nach dem Krieg gelang es Japan jedoch, das von den Amerikanern eingeführte System wieder Schritt für Schritt abzuändern und der japanischen Kultur und Tradition anzupassen. Die japanischen Banken blieben nicht passiv, sondern finanzierten den Aufbau der Nachkriegswirtschaft durch umfangreiche Kredite. Aktien gingen wieder von Privatpersonen auf Banken und andere Unternehmen über. Wechselseitiger Anteilsbesitz führte zur erneuten Bildung von Unternehmensgruppen um eine Bank herum, den sogenannten Keiretsu. Schließlich wurde auch das einstufige Board-System so weiterentwickelt und japanischen Gepflogenheiten angepasst, dass es heute nicht mehr klar als einstufiges oder zweistufiges Modell nach amerikanischem oder deutschem Vorbild gelten kann, sondern ein eigenständiges Board-Modell darstellt (vgl. *Otto* 1997).

Marktorientierte Kontrollmechanismen haben in Japan nur geringe Bedeutung, wenn sie mit öffentlichen Auseinandersetzungen, juristischen Maßnahmen oder dem Gesichtsverlust einer der betroffenen Interessengruppen verbunden sein können. Unternehmenspolitische Entscheidungen werden lieber im Konsens nach ausführlichen Verhandlungen und informellen Zusammenkünften getroffen als in den offiziellen Gremiensitzungen über offene Abstimmungen. Japanische Unternehmen zeichnen sich durch langfristige und sehr pluralistische Zielsetzungen aus. Traditionell kommt der Erreichung großer Marktanteile vorrangige Bedeutung zu. Entsprechend wird auch die Unternehmensgröße häufig als ein geeignetes Maß für den Erfolg angesehen. Dem Gewinn oder dem Shareholder Value wurde bisher nur wenig Beachtung geschenkt. Die gesellschaftliche Verpflichtung der Unternehmen, den Wohlstand des Landes zu fördern und Innovationen hervorzubringen, wird viel stärker betont (vgl. *Aoi* 1997). Interessanterweise und theoretisch folgerichtig wurden Probleme der Corporate Governance in Japan bis vor einigen Jahren kaum behandelt. Es gibt auch keinen japanischen Begriff für das englische Wort Corporate Governance.

In Japan sind die Kabushiki Gaisha (Aktiengesellschaften) und die Yugen Gaisha (Gesellschaften mit beschränkter Haftung) die für das Corporate Governance-Problem wichtigsten Rechtsformen. Da es vergleichsweise viele Aktiengesellschaften gibt und diese Rechtsform bei den größeren Unternehmen fast ausschließlich zum Einsatz kommt, sollen die Regelungen für Aktiengesellschaften im Folgenden im Vordergrund stehen.

Die Unternehmensleitung wird in einer japanischen Aktiengesellschaft vom Torishimariyaki-kai, dem Board, wahrgenommen (vgl. *Otto* 1997, S. 48-50). Dieser hat im Vergleich mit einem amerikanischen Board oder einem deutschen Vorstand relativ viele Mitglieder bzw. Direktoren. Die Direktoren werden von der Kabunushi Sokai, der Hauptversammlung, auf zwei Jahre gewählt. Eine Wiederwahl ist möglich und erfolgt normalerweise auch bis die betreffende Person in den Ruhestand tritt. Outside Directors sind in Japan nicht üblich und kommen nur in absoluten Ausnahmefällen vor. Es ist darüber hinaus eine japanische Besonderheit, dass es im Board eine hierarchische Rangordnung der Direktoren gibt. Das höchste Mitglied der Unternehmensleitung ist der Shacho (President). In Einzelfällen kann es auch der Kaicho (Chairman) sein, aber normalerweise ist der Chairman eher ein älterer und würdiger Repräsentant des Unternehmens und greift nicht mehr in die Geschäftsführung ein. Die vertretungsberechtigten Direktoren müssen als das eigentliche Unternehmensleitungsgremium angesehen werden. Oft bildet dieses Gremium noch einen geschäftsführenden Ausschuss, den Jomukai, in dem wichtige Entscheidungen diskutiert und vorbereitet werden. Die Mitglieder des Jomukai und die Daihyo Torishimariyaku sind nicht notwendigerweise identisch, gehören aber normalerweise dem Board an.

In Japan kommt institutionellen Investoren eine besondere Bedeutung zu. Viele japanische Kapitalgesellschaften befinden sich nicht im Streubesitz, sondern werden von einigen wenigen Banken, Versicherungen oder anderen Unternehmen gehalten. Wechselseitige Beteiligungen der Unternehmen untereinander sind ebenfalls sehr weit verbreitet. Institutionelle Investoren treten häufig nicht öffentlich in Erscheinung. Wenn sie ihren Einfluss geltend machen, dann tun sie es in informellen Treffen. Den Hauptversammlungen japanischer Unternehmen kommt praktisch nur zeremonielle Bedeutung zu, kontroverse Abstimmungen finden dort nicht statt. Institutionelle Anleger üben ihr Stimmrecht nach vorherigen Absprachen mit der Unternehmensleitung aus, Aktionäre können ihr Stimmrecht sogar direkt an das Management abtreten. Alle Aktiengesellschaften halten ihre Hauptversammlung am selben Tag ab. 80 Prozent aller japanischen Hauptversammlungen dauern weniger als eine halbe Stunde.

Japan hat trotzdem einen im internationalen Vergleich bedeutenden Markt für Anteile an Kapitalgesellschaften. Die Marktkapitalisierung steigt ständig an, ebenso die Zahl der börsennotierten Unternehmen. Der Eigenkapitalmarkt wäre also theoretisch gut geeignet, die Effizienz in japanischen Unternehmen zu erhöhen. Allerdings ist es eine japanische Besonderheit, dass viele der ausgegebenen Aktien nicht gehandelt, sondern über lange Zeiträume gehalten werden. Das liegt auch an einer alten Tradition staatlicher Regulierungen und Kapitalverkehrskontrollen, die erst seit 1980 abgebaut wurden. Feindliche Übernahmen kommen in Japan so gut wie nicht vor. Wegen der wechselseitigen Beteiligung der Unternehmen, die in den Keiretsu besonders stark ausgeprägt ist, werden Aktienpakete auch in Krisenzeiten nicht veräußert, Übernahmeprämien existieren nicht bzw. werden ignoriert (vgl. *Aoki* 1990, S. 14).

Fremdkapitalmärkte sind dagegen in Japan sehr wichtig. Das hat historische Gründe: Nach dem zweiten Weltkrieg wurde der Wiederaufbau der Industrie vornehmlich durch Banken finanziert. Die Phase des starken Unternehmenswachstums in den 60er und 70er Jahren wurde ebenfalls durch Bankkredite finanziert. Obwohl die japanischen Unternehmen in den letzten Jahren ihre Eigenkapitalanteile deutlich erhöhten, weisen sie bis heute im internationalen Vergleich hohe Verschuldungsgrade auf. Die nicht börsennotierten Unternehmen, also ca. 99 Prozent aller japanischen Unternehmen, sind sogar fast ausschließlich auf Fremdfinanzierung durch Banken angewiesen (vgl. *Charkham* 1994, S. 97). Die Banken üben aufgrund ihrer dominierenden Rolle als Fremdkapitalgeber in Verbindung mit geringem Anteilsbesitz eine wichtige Kontrollfunktion gegenüber den Unternehmensleitungen aus.

Während der externe Arbeits- und Managermarkt in Japan so gut wie wirkungslos ist, müssen die unternehmensinternen Arbeitsmärkte als sehr effektiv angesehen werden. Japanische Manager stehen untereinander in permanentem Wettbewerb um Beförderungen. Unternehmensinterne Arbeitsplatzwechsel (Job Rotation) finden häufig statt und stellen sicher, dass ein Mitarbeiter im Laufe seiner Karriere von vielen verschiedenen Vorgesetzten beurteilt wird. Diese lebenslange Kontrolle der Manager untereinander übt nach Ansicht japanischer Experten eine disziplinierende Wirkung aus (vgl. *Yoshitomi* 1997, S. 6).

Japanische Unternehmen veröffentlichen über die verschiedenen, jährlich zu publizierenden Geschäftsberichte hinaus regelmäßig Informationen zu ihrer Unternehmenspolitik und wirtschaftlichen Lage. Im internationalen Vergleich gilt die Berichterstattung der Presse über japanische Unternehmen als sehr detailliert und fundiert. Auch der Informationsaustausch zwischen staatlichen Stellen und den japanischen Unternehmen spielt eine große Rolle. Insbesondere das Ministry of Finance und das MITI unterhalten enge Informationsbeziehungen mit den Unternehmen und gelten als sehr gut unterrichtet. Sie erhalten nicht nur Informationen von den Unternehmen, sondern stellen die von ihnen gesammelten Unternehmens- und Branchendaten den japanischen Unternehmen auch wieder zur Verfügung. Zudem entsenden die Ministerien ehemalige Staatsbeamte, die im Ruhestand sind, sogenannte Amakudari, in die Boards der japanischen Unternehmen. Die Amakudari fungieren als Berater und Informationsmittler.

Die japanischen Unternehmen tauschen schließlich auch untereinander viele Informationen aus. Zumindest zwischen den Mitgliedsunternehmen einer Keiretsu besteht eine regelmäßige und intensive Publizität, die sich nicht nur auf offizielle Zusammenkünfte beschränkt, sondern vor allem im Shachokai und ähnlichen informellen Gremien stattfindet. Sie nutzt insbesondere der jeweiligen Main Bank eines Keiretsu, die exzellente Informationen über alle Unternehmen der Gruppe besitzt.

Das japanische Recht sieht eine Haftung der Mitglieder der Unternehmensleitung und der Aufsichtsorgane für Pflichtverletzungen vor. Auf Druck der Amerikaner, die in den 1990 abgeschlossenen SII-Verhandlungen kritisierten, es herrsche zu wenig Transparenz und Haftungsrisiko für japanische Unternehmen, wurden Aktionärsklagen seit 1993 mit der Reform des japanischen Handelsrechts sogar noch erleichtert: Unabhängig vom Streitwert sind die Prozesskosten auf 8.200 Yen begrenzt, um auch Kleinaktionären eine Haftungsklage zu ermöglichen (vgl. *Otto* 1997, S. 53). Wegen der japanischen Vorliebe für Konsens und Verhandlungen kommen Fälle von Haftungsklagen in japanischen Unternehmen aber so gut wie nicht vor.

Traditionell hat auch die leistungsabhängige Vergütung von Managern in Japan keine überragende Bedeutung. Es gibt zwar Bonuszahlungen für die Mitglieder der Unternehmensleitung, die sich meistens nach den Jahresgewinnen oder der an die Aktionäre ausgezahlten Dividende richten. Ansonsten erfolgt die Bezahlung aber vornehmlich nach Seniorität im Unternehmen. Im Vergleich mit anderen Ländern, insbesondere mit den USA, sind auch die Gesamtvergütungen eher gering. In jüngerer Zeit wird auch in Japan Interesse an modernen leistungsabhängigen Vergütungsformen geäußert. Am 16. Mai 1997 beschloss das japanische Oberhaus eine Änderung des japanischen Handelsgesetzes, durch die japanische Unternehmen ihren Managern erstmalig Aktienoptionen (Stock Options) ausgeben können. Die Unternehmen dürfen zu diesem Zweck bis zu zehn Prozent der eigenen Aktien erwerben. Über 70 Prozent der börsennotierten Unternehmen gaben bei Befragungen an, sich für Aktienoptionen zu interessieren, einige Unternehmen haben in ihren Hauptversammlungen bereits entsprechende Beschlüsse gefasst.

> Die japanische Corporate Governance kann zusammenfassend als ein bank- und gesellschaftsorientiertes „Insider-Control"-System bezeichnet worden. Es hat sich in der Vergangenheit als sehr stabil und veränderungsresistent erwiesen.

5 Internationaler Systemwettbewerb als treibende Kraft der Entwicklung internationaler Corporate Governance-Systeme

Corporate Governance-Systeme sind nicht statisch. Sie entwickeln sich durch Organisationsentscheidungen der Unternehmen und Gesetzänderungen weiter. Sie bestehen auch nicht unabhängig voneinander, weil die Unternehmen, die verschiedene Governance-Strukturen aufweisen, miteinander im Wettbewerb auf Faktormärkten und auf Produktmärkten stehen. Die Kernthese dieses Beitrags lautet: Corporate Governance-Systeme sind erfolgsrelevante Bestandteile des gesamten Organisations- und Regulierungssystems von Unternehmen. Da Unternehmen, die miteinander im Wettbewerb stehen, stets bemüht sein müssen, die effizienteste Organisationsform zu wählen, um ihre Kosten zu senken und ihre Erträge zu erhöhen, besteht ein Systemwettbewerb zwischen nationalen Corporate Governance-Modellen. Er wird über Arbeitsmärkte, Managermärkte, Kapitalmärkte und Produktmärkte ausgetragen und findet seinen Niederschlag in der Ausübung von gesetzlich vorgesehenen Gestaltungsspielräumen durch die Unternehmen (organisatorische Entscheidungen), in Entscheidungen bezüglich der amtlichen Eintragung durch die Unternehmen (Standortentscheidungen) und in Gesetzänderungen durch nationale Regierungen (Regulierungsentscheidungen). Der Wettbewerb der Corporate Governance-Systeme nimmt mit der Internationalisierung der Faktor- und Produktmärkte an Bedeutung für die Unternehmen zu. Er ist keine Option mehr für die Staaten Europas. Dieser Wettbewerb ist Realität.

> Die Entwicklungstendenzen der Corporate Governance internationaler Unternehmen lassen sich als Ergebnis eines Systemwettbewerbs verstehen. Da die Corporate Governance eines Unternehmens erfolgsrelevant ist und da die Unternehmen weltweit auf gemeinsamen Produkt- und Faktormärkten im Wettbewerb stehen, werden nur die Unternehmen langfristig überleben, die eine effiziente Governance-Struktur aufweisen.

Die Vorstellung von einem Systemwettbewerb um Corporate Governance-Strukturen, die den Interessenausgleich zwischen den Stakeholdern eines Unternehmens bestmöglich gewährleisten, ist nicht auf einen internationalen Wettbewerb beschränkt. In den USA ist das Unternehmensrecht eine Kompetenz der Bundesstaaten. Da die Unternehmen ihren Sitz unabhängig vom tatsächlichen physischen Standort wählen können, besteht ein föderalistischer Wettbewerb der Bundesstaaten um die Ansiedlung von Unternehmen. Es findet ein Systemwettbewerb zwischen den US-amerikanischen Bundesstaaten statt (vgl. *Easterbrook/Fischel* 1991). Auch innerhalb der Europäischen Union wird der Wettbewerb um effiziente Governance-Strukturen z.B. durch den Standortwechsel und die bewusste Wahl der amtlichen Eintragung von Unternehmen bereits ausgetragen. In kleinerem Rahmen haben neu geschaffene Gewerbegebiete auf Grenzgebieten der Europäischen Union dazu geführt, dass sich die dort ansässigen Unternehmen für das Unternehmensrecht eines der beiden Länder entscheiden können. Damit findet dort faktisch ein Systemwettbewerb statt. Die Europäische Union hat den Systemwettbewerb im Vertrag von Maastricht insgesamt explizit zum bevorzugten Koordinations- und Integrationsmechanismus erklärt und damit ihre jahrelangen Bemühungen um eine Harmonisierung von Handels- und Unternehmensrecht in der EU aufgegeben.

Nationale Regierungen konkurrieren – nach der in dieser Arbeit vertretenen Vorstellung eines Wettbewerbs der Corporate Governance-Systeme – um die Ansiedlung von internationalen Unternehmen, indem sie ein für die Unternehmen und ihre Stakeholder attraktives Handels- und Gesellschaftsrecht anbieten. Solange die Transaktionskosten nicht prohibitiv hoch sind, entscheiden sich die Unternehmen durch einen Standortwechsel oder durch eine Änderung der behördlichen Eintragung für Corporate Governance-System ihrer Wahl. Der Systemwettbewerb findet darüber hinaus durch die Ausübung von gesetzlich vorgesehenen Wahlmöglichkeiten und Auslegungsspielräumen innerhalb bestehender Gesetze durch die Unternehmen statt. Schließlich kann der Gesetzgeber selbst Corporate Governance-Regelungen verändern, um die Unternehmen in seinem Land wettbewerbsfähiger zu machen.

Betrachtet man die Faktoren des Systemwettbewerbs, so finden sich Ertrags- und Aufwandsfaktoren. Abgesehen von der durch das Corporate Governance-System beeinflussten Arbeits- und Managementproduktivität, die zu unterschiedlichen Ertragswirkungen verschiedener Systeme führen kann, sind auf der Aufwandsseite die folgenden drei Kostenarten wichtige Faktoren des Systemwettbewerbs: die Kapitalkosten, die Managementkosten und die Arbeitskosten. Neben den Faktorpreisen kommt auch der Produktivität der eingesetzten Faktoren eine große Bedeutung im Systemwettbewerb zu. Wenn man zugesteht, dass es einen Systemwettbewerb gibt, der über ertrags- und aufwandswirksame Wettbewerbsfaktoren zwischen nationalen Unternehmen und Regierungen ausgetragen wird, und wenn man davon ausgeht, dass er sich auch in Zukunft auf die Unternehmen auswirken wird, dann stellt sich automatisch die Frage nach dem Ergebnis eines solchen Wettbewerbs. Ihr wird im folgenden Abschnitt nachgegangen.

6 Mögliche Ergebnisse des internationalen Wettbewerbs der Corporate Governance-Systeme

Konvergenz der Systeme

Eine Konvergenz der Corporate Governance-Systeme bezeichnet eine Entwicklung, bei der sich vorteilhafte Teile bzw. Elemente nationaler Governance-Systeme im Wettbewerb mit jeweils anderen Teilsystemen durchsetzen. Dahinter steht die Annahme, dass jedes Corporate Governance-System bestimmte Stärken hat, also besonders vorteilhafte Elemente. Indem sich solche vorteilhaften Einzelelemente aus verschiedenen Corporate Governance-Systemen gegenüber weniger vorteilhaften durchsetzen, kommt es zu einer Annäherung der Gesamtsysteme aneinander. Am Ende eines solchen Prozesses stünde ein weltweit einheitliches System, das sich aus Elementen der vorher bestehenden national unterschiedlichen Systeme zusammensetzt. Es kann auch eine partielle Konvergenz geben, bei der einige landes- und kulturspezifische Besonderheiten der Corporate Governance nicht vereinheitlicht werden. Schließlich kann Konvergenz darin bestehen, dass sich die Institutionen der Corporate Governance zwar nicht in ihrer Form, aber in ihren Auswirkungen auf die Unternehmen und die an ihnen beteiligten Stakeholder angleichen.

> Eine Konvergenz der Corporate Governance-Systeme verschiedener Länder liegt vor, wenn der Systemwettbewerb dazu führt, dass sich Elemente aus verschiedenen Systemen der Welt zu einem neuen, einheitlichen Ganzen vermischen.

Wenn sich dagegen ein System in allen seinen Bestandteilen im Wettbewerb behauptet und die anderen Systeme verdrängt, dann entsteht am Ende zwar auch ein einheitliches System, aber dann soll von der Dominanz dieses Systems gesprochen werden. Konvergenz kann auf politischem Weg, also durch eine Angleichung der nationalen Gesetze geschehen. Sie kann auch von den Unternehmen selbst bewerkstelligt werden, indem diese gesetzliche Handlungsspielräume so nutzen, dass sich die Systeme trotz bestehender rechtlicher Unterschiede inhaltlich aneinander angleichen. Beide Wege werden im Folgenden näher untersucht.

Ein Beispiel für eine Konvergenz durch Angleichung der Gesetzgebung sind institutionelle Investoren. Diese werden in der Literatur als wichtiges Instrument gesehen, um die Eigen- und Fremdkapitalgeber vor Benachteiligungen durch die Unternehmensleitungen zu schützen (vgl. *Shleifer/Vishny* 1997). Bisher haben institutionelle Investoren keineswegs in allen Corporate Governance-Systemen der Welt eine große Bedeutung (vgl. *LaPorta/Lopez-de-Silanes/Shleifer/Vishny* 1998). Zudem übernehmen selbst in den Governance-Systemen, in denen institutionelle Investoren einflussreich sind, ganz unterschiedliche Institutionen diese Rolle. In Deutschland und Japan üben vorwiegend Banken und andere Unternehmen die Rolle des Großaktionärs mit kontrollierendem Einfluss auf das Management aus. In den USA sind es Pensions- und Investmentfonds. Dennoch gibt es erste Anzeichen für eine Konvergenz.

In Deutschland reduzieren die Banken freiwillig ihre Anteilspakete an Industrieunternehmen bzw. ihre auf die Sicherung des eigenen Kreditengagements gerichtete Einflussnahme auf die Unternehmensleitungen. Diese Entwicklung wird in Zukunft ganz maßgeblich dadurch erleichtert werden, dass der deutsche Gesetzgeber im Juli 2000 beschlossen hat, den Verkauf von Beteiligungen ohne Besteuerung der aufgedeckten stillen Reserven zu ermöglichen. Angelsächsische Pensionsfonds haben dagegen ihre Anteile an europäischen Unternehmen, speziell in Frankreich und in den Niederlanden deutlich erhöht. Zudem gibt es aktuell Gesetzvorhaben, die eine obligatorische private Alterssicherung vorsehen, durch die Investitions- und Pensionsfonds weiter an Einfluss gewinnen würden. In Japan deutet sich eine ähnliche Entwicklung an. Durch die gesetzliche Deregulierung der Finanzmärkte hat sich die Abhängigkeit der Unternehmen von den Banken deutlich vermindert (vgl. *Yoshitomi* 1997). Insgesamt hat die Fremdfinanzierung zugunsten der Eigenfinanzierung zugenommen. Dabei sind die Kapitalanteile, welche die japanischen Banken an Industrieunternehmen halten, rückläufig und die Anteile ausländischer institutioneller Investoren nehmen langsam zu.

Ein typisches Beispiel der Konvergenz durch gleichartige Ausnutzung von gesetzlichen Spielräumen ist die Arbeit im Kontrollgremium. Die Gesetze legen in den meisten Ländern nur gewisse Mindeststandards und Rahmenbedingungen fest und überlassen die weitere inhaltliche Ausgestaltung weitgehend den Unternehmen. In vielen Ländern werden typische Defizite wie zu große Boards bzw. Aufsichtsräte, zu wenige Sitzungen im Jahr und zu wenig Unabhängigkeit der Mitglieder des Kontrollgremiums vom Management kritisiert. Zum Teil werden diese Defizite durch den Systemwettbewerb von den Unternehmen freiwillig und in dieselbe Richtung behoben:

In Japan haben einige Unternehmen wie Sony und Nissan begonnen, ihre Boards drastisch zu verkleinern. Zudem hat die Zahl der externen, vom Unternehmen unabhängigen Boardmitglieder zugenommen. In Deutschland haben viele Unternehmen die Zahl der jährlichen Sitzungen des Aufsichtsrats von sich aus erhöht. In den USA sind die Unternehmen freiwillig dazu übergegangen, mehrheitlich externe Direktoren in den Board zu berufen und die Größe des Gremiums zu verkleinern.

Auch in anderen Bereichen der Corporate Governance lässt sich eine inhaltliche Konvergenz durch entsprechende Ausübung von unternehmerischen Wahlrechten feststellen. Das betrifft insbesondere die Publizitätsvorschriften, also die Berichterstattung der Unternehmen am Kapitalmarkt. Sie nimmt in allen entwickelten Ländern in Umfang und Häufigkeit zu. In Deutschland müssen Unternehmen, die am Neuen Markt notiert werden, Quartalsberichte erstellen und den Jahresabschluss nicht nur nach den deutschen Grundsätzen ordnungsgemäßer Buchführung, sondern auch nach IAS oder US-GAAP erstellen. Neu gegründete Unternehmen, die in absehbarer Zukunft den Börsengang planen, bilanzieren deshalb häufig von Beginn an nach US-GAAP. Auch etliche deutsche Großunternehmen sind freiwillig dazu übergegangen, internationale Rechnungslegungsvorschriften zu verwenden. Japanische Unternehmen haben damit begonnen, ihre Jahres- und Zwischenberichte in englischer Sprache zu publizieren. Umgekehrt ist nachweisbar, dass US-amerikanische Unternehmen neben den Jahresabschlüssen nach US-GAAP auch Gläubigerbilanzen erstellen, in denen das Ziel der Ausschüttungsbegrenzung dominiert und die der deutschen Rechnungslegung nach HGB sehr ähnlich sind.

Schließlich gewinnen in allen Governance-Systemen feindliche Übernahmen an Bedeutung. Sie finden seit einigen Jahren auch in Ländern statt, in denen sie bisher unüblich (Deutschland) oder aus kulturellen Gründen verpönt waren (Japan). Die vermehrte Nutzung dieses Kontrollmechanismus ist in den meisten Fällen nicht auf Gesetzänderungen zurückzuführen. Vielmehr machen die Unternehmen verstärkt von einer Möglichkeit Gebrauch, die theoretisch schon längere Zeit bestand.

Die These von der Konvergenz der weltweiten Corporate Governance-Systeme hat einen Nachteil. Sie erweckt den Eindruck, als würden sich jeweils einzelne, substitutionale Teile der Corporate Governance aus verschiedenen Ländern im Wettbewerb durchsetzen und so irgendwann das Gesamtoptimum ergeben. Das Ergebnis wäre so etwas wie eine international und kulturell gemischte „Welt-Governance".

Dem steht die Theorie der Pfadabhängigkeit gegenüber, dass die bestehenden Governance-Systeme einzelner Länder bereits optimale Kombinationen von Einzelbestandteilen darstellen und nicht beliebig neu zusammengestellt werden können. Wenn die gewachsene, in den einzelnen Teilen aufeinander abgestimmte Corporate Governance eines Landes in einzelnen Komponenten geändert wird, z.B. durch ein neues Gesetz, dann entsteht zunächst ein inkonsistentes System. Um diese Inkonsistenz zu beheben, wird die Änderung entweder rückgängig gemacht, oder es verändern sich automatisch auch die anderen Teile des Systems, bis am Ende ein anderes konsistentes Governance-System entsteht (vgl. *Schmidt/Spindler* 1999 und *Bebchuk/Roe* 1999).

Dominanz eines Corporate Governance-Systems

Im Gegensatz zur Konvergenzthese beruht die Dominanzhypothese auf der Annahme konsistenter Corporate Governance-Systeme. Demnach ist es unmöglich, einzelne Elemente verschiedener Systeme frei miteinander zu kombinieren, um ein optimales System zu erreichen. Das bedeutet nicht, dass bestehende konsistente Systeme auch gleich leistungsfähig sind.

> Internationale Dominanz eines Corporate Governance-Systems liegt vor, wenn sich die Corporate Governance eines bestimmtes Landes als das effizienteste System erweist und sich ihm deswegen alle anderen Länder im Laufe der Zeit anschließen.

Eine Dominanz bzw. eine höhere Effizienz liegt vor, wenn ein System in jeder Hinsicht vorteilhaft ist, also gleichzeitig niedrigere Kapital-, Management- und Arbeitskosten verursacht sowie eine höhere Produktivität und eine größere Flexibilität der Anpassung an Umweltveränderungen ermöglicht als alle anderen Systeme. Dominanz kann auch dann bestehen, wenn ein System in einigen Kosten- oder Produktivitätswirkungen so überlegen ist, dass die Wettbewerbsfähigkeit der entsprechenden Unternehmen auf den internationalen Produktmärkten langfristig größer ist als die der Konkurrenten mit anderen Corporate Governance-Systemen. Schließlich kann die Dominanz eines Corporate Governance-Systems unabhängig von seiner wirtschaftlichen Effizienz dadurch entstehen, dass die Unternehmen, die dieses System verwenden, auf den Produkt- und Kapitalmärkten dominieren: „Der Wettbewerb der Systeme führt nicht notwendigerweise zum besten System. Aber er zwingt dazu, das System des dominanten Marktpartners zu übernehmen" (vgl. *Albach* 1999, S. 16).

Wenn ein Corporate Governance-System gegenüber anderen dominant ist, dann verläuft der Prozess des Systemanpassung durch Wettbewerb nicht stetig, wie im Fall der Konvergenz der Einzelelemente, sondern sprunghaft. Wegen der Konsistenzerfordernis ändert sich ein ineffizientes System nur aufgrund eines starken Effizienzdrucks. Erst wenn beispielsweise eine Verdrängung der betroffenen Unternehmen von den globalen Produktmärkten beobachtbar wird, setzt ein abrupter Wechsel zum dominanten System ein, z.B. durch eine Reihe von gleichzeitigen Gesetzänderungen. Auch massive und dauerhafte Versuche der beteiligten Unternehmen, ihre Corporate Governance durch partielle Änderungen zu verbessern und dabei zur Not auch gesetzliche Vorgaben zu umgehen, können eine Systemkrise und einen plötzlichen Wechsel zum dominanten System auslösen.

Die beobachtbaren Entwicklungen der internationalen Corporate Governance-Systeme stützen die These von der Dominanz des US-amerikanischen Systems. Die staatlichen Reformbemühungen und die unternehmerischen Reorganisationen waren in vielen Ländern trotz individueller Unterschiede stark geprägt durch das Vorbild und den Einfluss der USA.

Besonders bei den Reformen des Unternehmens- und Kapitalmarktrechts in Japan und in Deutschland lässt sich eine Bevorzugung von Regelungen nach angelsächsischem Vorbild beobachten. Es gab kaum ein Land, das nicht eine stärkere Hervorhebung der Interessen der Anteilseigner (Shareholder Value-Modell) und eine größere Transparenz gegenüber dem Kapitalmarkt diskutierte oder verwirklichte. Der dominante Einfluss des US-amerikanischen

Corporate Governance-Systems besteht fort. Er wird durch den weltweiten Aufschwung der Aktienbörsen, den wirtschaftlichen Erfolg angelsächsisch geprägter Länder und die Schwierigkeiten in Staaten mit anderen Corporate Governance-Systemen gefördert.

Es gibt einen weiteren politökonomischen Vorteil des US-amerikanischen Systems der Corporate Governance: Es ist einfach. Für seine Funktionsfähigkeit kommt es weniger als beim deutschen oder japanischen System auf Vertrauen, implizite Verträge und Langfristigkeit an. Im Fall einer Systemkrise mit akutem Handlungsbedarf wählen „Krisenmanager" wahrscheinlich nicht das langfristig bessere, sondern das einfachere System. US-amerikanische Investmentbanken, Pensionsfonds und Anlagegesellschaften sind zudem marktmächtig und drängen ausländischen Unternehmen ihre Vorstellungen von Corporate Governance auf. Wer sich den Vorstellungen der Fonds nicht (im Rahmen der nationalen Gesetze) anpasst, muss Aktienverkäufe der Fonds und dadurch massiv sinkende Kurse befürchten. Prägend sind schließlich auch die amerikanischen Rating-Agenturen. Ihre Bedeutung auf den globalen Kapitalmärkten ist so groß, dass es sich kein Unternehmen erlauben kann, deren Ansprüche und Kriterien zu ignorieren (vgl. *Albach* 1999, S. 15).

Man darf die Dominanz oder Unterlegenheit eines Corporate Governance-Systems im internationalen Wettbewerb jedoch insgesamt nicht zu kurzfristig beurteilen. Noch vor wenigen Jahren wurde das US-amerikanische Modell trotz Aktionärs- und Marktorientierung wegen seiner kurzfristigen Ausrichtung und seiner zu geringen Investitionen in Humankapital und Innovationen kritisiert. An den Mitarbeitern orientierte Ansätze wie das deutsche Modell der Mitbestimmung oder das japanische System lebenslanger Beschäftigung galten als überlegen, weil sie zu weniger Streiks, besser ausgebildeten Arbeitskräften und weniger Arbeitslosigkeit führten. Auch die starke Rolle der Banken und das System wechselseitiger Beteiligungen der Unternehmen untereinander, die sowohl für Japan als auch für Deutschland typisch waren und es trotz einiger Reformen immer noch sind, galten zu dieser Zeit als stabilitäts- und wachstumsfördernd.

Fortbestand inhaltlich unterschiedlicher Corporate Governance-Systeme

Aufgrund der Vielzahl der Elemente und ihrer Auswirkungen auf die Kosten- und Produktivitätssituation eines Unternehmens kann jedes System individuelle Vor- und Nachteile haben. Entscheidend ist die Gesamtwirkung. Es besteht die Möglichkeit, dass sich die Stärken und Schwächen gegenseitig kompensieren, so dass verschiedene bestehende Systeme gleich gut sind. Andere Faktoren, die nichts mit der Corporate Governance zu tun haben, sind dann ausschlaggebend für die Wettbewerbsfähigkeit eines Unternehmens: „Corporate structure might not matter. Or, different governance systems might yield different advantages and disadvantages, making it difficult for one system to dominate the other." (*Roe* 1993, S. 1934). Ein Fortbestand verschiedener Corporate Governance-Systeme wird von einigen Autoren auch aus normativer Sicht befürwortet, weil er kulturelle Besonderheiten erhält und auf die Traditionen der verschiedenen Länder bewahrt.

Bis vor einigen Jahren stützte die empirische Evidenz anscheinend die These des Fortbestands der verschiedenen Systeme: Trotz sehr unterschiedlicher Corporate Governance-Systeme und trotz intensivem Wettbewerb waren japanische, US-amerikanische und deutsche Unternehmen über längere Zeiträume und in gleichen Branchen gleich wettbewerbsfähig. Zumindest gab es keine Hinweise darauf, dass die nationalen Gesetze und Institutionen der Corporate Governance Unternehmen aus einem bestimmten Land benachteiligt hätten. Diese Evidenz ist jedoch zu vordergründig. Denn die Corporate Governance-Strukturen der einzelnen Länder sind im Zeitablauf nicht konstant geblieben. Kleinere Anpassungen und veränderte Ausübungen von Gestaltungsspielräumen fanden laufend statt. Außerdem war der Systemwettbewerb bisher in vielen Bereichen nicht funktionsfähig, weil die Mobilität von Produktionsfaktoren gesetzlich eingeschränkt wurde. Unter diesen Bedingungen kann es keine Konvergenz der Systeme oder die Dominanz eines Systems geben.

> Erst seit der wirtschaftlichen Integration der Europäischen Union, der Globalisierung der Kapitalmärkte und der fortschreitenden Entwicklung der Informations- und Kommunikationstechnologie kommt der Systemwettbewerb voll zum Tragen.

Auch die Intensität des internationalen Wettbewerbs auf den Produktmärkten hat sich in den letzten Jahren verschärft. Die Prognose dieses Beitrags lautet, dass der internationale Wettbewerb der Corporate Governance-Systeme in Zukunft noch weiter an Bedeutung gewinnen wird (vgl. *Witt* 2000). Damit wird auch der Druck auf eine Konvergenz der Governance-Modelle oder auf die Dominanz eines Modells zunehmen. Ein Fortbestand der nationalen Systeme in ihrer bestehenden Form erscheint unwahrscheinlich. Dasselbe gilt für den Fortbestand inhaltlich unterschiedlicher Konzepte. Der Konvergenzdruck, der durch global agierende Fonds, internationale Finanzanalysten und Rating-Agenturen ausgeübt wird, ist dafür zu groß.

Summary

Corporate governance systems are necessary to organize the management and the control of companies with various interest groups (stakeholders). Corporate Governance systems consist of legal regulations, corporate organization decisions, markets and institutions. An international comparison of governance systems shows major differences between the corporate governance systems of large industrialized countries. These differences can be explained by historical developments and different social preferences for the participation of stakeholders in the company. The global competition on product and capital markets has led to an international systems competition. This competition can cause the convergence of systems, the dominance of one system, or the continuing existence of different systems. This paper argues that with regard to future developments the dominance of the US system of corporate governance is the most likely outcome.

Literatur

Albach, H. (1999): Globalisierung und Organisationsstruktur mittelständischer Unternehmen. Eine Analyse aus europäischer Sicht, Berlin.

Allen, F./Gale, D. (2000): Comparing Financial Systems, Cambridge Mass.

Aoi, J.(1997): To whom does the company belong?: A new management mission for the information age, in: *Chew, D.H.* (Hrsg.): Studies in International Corporate Finance and Governance Systems, New York/Oxford, S. 244-250.

Bebchuk, L.A./Roe, M.J. (1999): A Theory of Path Dependence in Corporate Ownership and Governance, in: Stanford Law Review 52, S. 127-170.

Bernhardt, W./Witt, P. (1997): Stock Options und Shareholder Value, in: Zeitschrift für Betriebswirtschaft 67, S. 85-101.

Bernhardt, W./Witt, P. (1999): Unternehmensleitung im Spannungsfeld zwischen Ressortverteilung und Gesamtverantwortung, in: Zeitschrift für Betriebswirtschaft 69, S. 825-845.

Charkham, J.P. (1994): Keeping Good Company. A Study of Corporate Governance in Five Countries, Oxford.

Easterbrook, F.H./Fischel, D.R. (1991): The Economic Structure of Corporate Law, Cambridge/London.

Hart, O. (1995): Corporate Governance: Some Theory and Implications, in: The Economic Journal 105, S. 678-689.

La Porta, R./Lopez-de-Silanes, F./Shleifer, A./Vishny, R.W.: (1998): Law and Finance, in: Journal of Political Economy 106, S. 1113-1155.

Otto, S.-S. (1997): Corporate Control-Mechanismen und Stakeholder Relations in Japan im Wandel, in: Albach, Horst/Brockhoff, Klaus (Hrsg.): Betriebswirtschaftslehre und Rechtsentwicklung, ZfB-Ergänzungsheft 4/97, Wiesbaden, S. 43-74.

Roe, M.J. (1993): Some Differences in Corporate Structure in Germany, Japan, and the United States, in: The Yale Law Journal 102, S. 1927-2003.

Sapusek, A. (1998): Informationseffizienz auf Kapitalmärkten, Wiesbaden.

Schmid, F.A./Seger, F. (1998): Arbeitnehmermitbestimmung, Allokation von Entscheidungsrechten und Shareholder Value, in: Zeitschrift für Betriebswirtschaft 68, S. 453-473.

Schmidt, R.H./Spindler, G. (1999): Path Dependence, Corporate Governance and Complementarity – A Comment on Bebchuk and Roe, Working Paper Series: Finance and Accounting, No. 27, Universität Frankfurt.

Shleifer, A./Vishny, R.W. (1997): A Survey of Corporate Governance, in: Journal of Finance 52, S. 737-783.

Witt, P. (2000): Corporate Governance im Wandel, in: Zeitschrift Führung und Organisation 69, S. 159-163.

Yoshitomi, M. (1997): The Nature of New Challenges Impinging Upon Uniquely Featured Corporate Governance and Board of Directors in Japan, Working Paper City University of New York.

HR Due Diligence für erfolgreiche Fusionen

Uwe D. Wucknitz

A. HR Due Diligence in der Praxis

Bevor zwei Unternehmen den Zusammenschluss besiegeln oder ein Unternehmen den Kauf eines anderen beschließt, prüfen sie in der Regel den potenziellen Partner im Hinblick auf vorhandene Stärken und Schwächen. Eine Prüfung mit „angemessener Sorgfalt" (due diligence), welche die personellen Aspekte eines Unternehmens in den Mittelpunkt stellt, bezeichnen wir als „HR Due Diligence".

A.1 Warum HR Due Diligence?

In den fünf Jahren zwischen 1994 und 1999 stieg das Volumen der Unternehmenszusammenschlüsse um sagenhafte 400% – von 450 Mrd. US$ auf mehr als 2.240 Mrd. US$. Nennenswerte Fusionen mit deutscher Beteiligung bis 2000 waren zum Beispiel Daimler-Benz und Chrysler, VEBA und VIAG oder RWE und VEW, aber auch die sogenannte „feindliche Übernahme" von Mannesmann durch Vodafone. Zusammenschlüsse in rasant steigender Zahl mit Transaktionsvolumina bis in dreistelliger Milliardenhöhe.

Steigende Bedeutung, steigendes Risiko. Dabei gilt als anerkannter Erfahrungswert, dass lediglich 30 bis 50% der Zusammenschlüsse auch erfolgreich sind (zum Beispiel ZFMoC-Studie der ILOI und des IfB, Hochschule St. Gallen, 1998). Personal und personelle Faktoren bilden hierbei die Hauptursachen für das Scheitern. Eine Studie von Roland Berger & Partner (2000) ergab folgende Faktoren in der Reihenfolge ihrer Bedeutung für das Scheitern von Fusionen: 1. Unternehmenskulturen passen nicht zueinander; 2. Top-Management findet nicht zusammen; 3. Integrationsprozess (PMI) scheitert; 4. Mangelnde Analyse/Planung/Vorbereitung; 5. Zu hoher Kaufpreis in Relation zum inneren Wert des Kaufobjektes; 6. Unternehmensstrategien passen nicht zueinander; 7. Gemeinsame, neue Organisation ist zu komplex; 8. Größerer Partner „frisst" den kleineren (1+1 = 0,8 statt 1+1 = 3); 9. Schlüsselkräfte wandern ab (ungewollte Fluktuation); 10. Unternehmensabläufe werden nachhaltig gestört.

A.2 Die Verbreitung der HR Due Diligence

Trotz dieser Erkenntnisse werden die personellen Erfolgsbedingungen eines Zusammenschlusses bisher nur unzureichend im Vorwege geprüft. Eine Studie der GHS Wuppertal (*MARTEN*, 1999) zu den Verbreitungsgraden der verschiedenen Due Diligence Arten zeigte die mäßige Bedeutung der HR Due Diligence in Deutschland auf: Financial 94%, Legal 82%, Tax 78%, Market 76%, Unternehmenssteuerung 65%, Organisation/HR 57%. Und dabei ist noch zu berücksichtigen, dass sich in der heute noch üblichen Praxis eine HR Due Diligence in der Regel auf das Abfragen der Belegschaftsstruktur und das Erfassen der Einzelverträge und Betriebsvereinbarungen beschränkt. In der gleichen Studie äußerten Experten die Erwartung, dass die Verbreitung der HR Due Diligence unterdurchschnittlich stark zunehmen wird. Woran liegt dieses Missverhältnis?

A.3 Das Image der HR Due Diligence

Befragt zu den Gründen, warum im konkreten Fall keine HR Due Diligence durchgeführt wurde, äußern die Beteiligten an Unternehmenszusammenschlüssen in erster Linie fachliche Gründe: „Geringer Nutzen/war nicht notwendig" (84%), „Zu hoher Aufwand" (72%), „Personal ist nicht konkret messbar" (70%), „Fehleinschätzungen in Bezug auf Personal sind leichter korrigierbar als finanzielle" (56%) oder „Kenne kein geeignetes Instrument" (30%).

Der wesentliche, dahinter verborgene Faktor ist jedoch die immer noch verbreitete Einstellung, der Wert des Personals für den Unternehmenserfolg sei gering und daher zu vernachlässigen. Einige Zitate aus Fusionsprojekten: „Ich brauche fünf bis zehn fähige Köpfe, der Rest ist schmückendes Beiwerk bis völlig nutzlos" (Vorstand); „Mitarbeiter sind alle zu ersetzen, Markenwerte nicht" (Manager eines Konsumgüterherstellers); „Unsere personelle Synergieschätzung? Wir haben die finanziellen Erwartungen der Analysten einfach in Köpfe umgerechnet" (Leiter Unternehmensentwicklung); „Die Guten gehen halt von Bord während der Fusion, ist doch normal" (Leiter Personal).

Aus dem bisher Gesagten sind für die **Gestaltung einer HR Due Diligence** folgende Erfolgsfaktoren zu berücksichtigen: 1. Weitgehend objektive Messmethoden für vergleichbare Resultate; 2. Vollständiges Erfassen der für Strategie und Kaufpreis relevanten personellen Ressourcen mit Stärken und Schwächen; 3. Geringer Zeitaufwand bzw. gutes Aufwand-Nutzen-Verhältnis der Instrumente; 4. Erhebung quantitativer und qualitativer Kenngrößen; 5. Transparente Verfahren; 6. Flexible Einsetzbarkeit, zum Beispiel für Datenerhebungen mit und ohne Beteiligung des potenziellen Partners.

B. Die HR Due Diligence: Ein neuer Ansatz

Im folgenden stellen wir den Ansatz einer „integrierten HR Due Diligence" vor. Dieser Ansatz kombiniert sowohl quantitative mit qualitativen Messmethoden als auch unterschiedliche HR-Komponenten.

B.1 Der Ablauf der HR Due Diligence

Eine integrierte HR Due Diligence wird in acht Schritten durchgeführt (siehe Abbildung 1). Als erstes werden **Leitfragen** formuliert, welche als Filter bzw. Brille für die gesamte Untersuchung dienen und wesentliche Voraussetzung dafür sind, dass innerhalb der kurzen Zeitspanne, die in der Regel für eine Due Diligence zur Verfügung steht, in effizienter Form alle relevanten Informationen erhoben werden können. Dabei werden auf Basis vorhandener

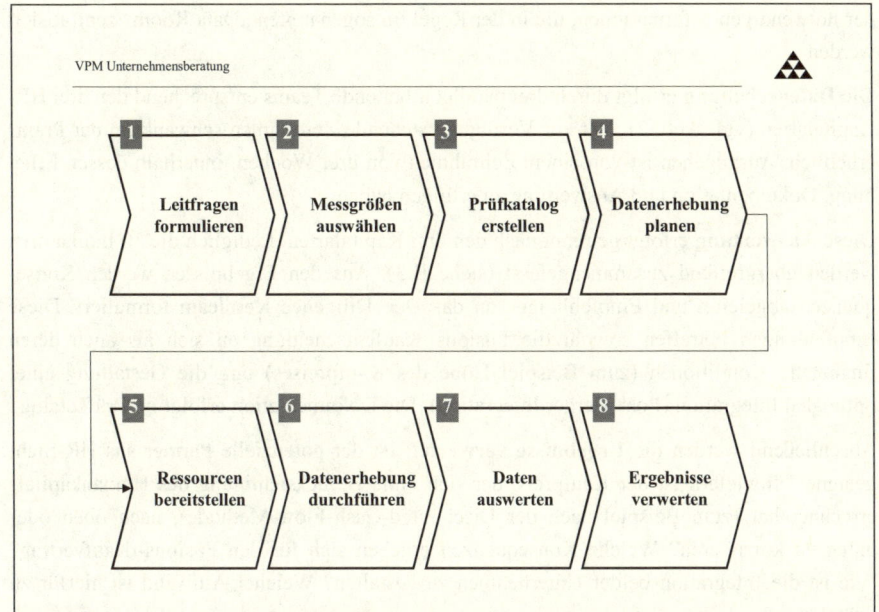

Abb. 1: *Ablauf einer HR Due Diligence*

Informationen (Presse, ehemalige Mitarbeiter, Internet, Geschäftsbericht) und Vermutungen Hypothesen und offene Fragen zur Personalsituation des potenziellen Partnerunternehmens formuliert: „Die drei wesentlichen Schwächen sind ...", „Die drei wichtigsten Charakteristika der Kultur sind ...". Fünf bis sieben Thesen reichen aus, um die fusionskritischen Aspekte abzubilden und effizient zu bleiben.

Danach werden pro These **Messgrößen** ausgewählt, welche geeignet sind, die jeweilige These zu bestätigen bzw. zu widerlegen. Insgesamt werden 30 quantitative Messgrößen (sog. Indikatoren) und weitere qualitative Messgrößen (sog. Deskriptoren) ausgewählt. Erstere dienen zusätzlich der Errechnung des HC-Gewichtungsfaktors (siehe B.3).

Die ausgewählten Messgrößen werden in einem **Prüfkatalog** zusammengefasst. Auf ca. 30 bis 50 Seiten enthält er alle HR-Messgrößen und die Resultate. Gute Prüfkataloge sind übersichtlich, transparent, einfach und schnell zu handhaben, gewährleisten Datensicherheit und sind simultan durch mehrere Personen zu handhaben (zum Beispiel durch modularen Aufbau und Nutzung von DV-Anwendungsprogrammen). Der Prüfkatalog ist nach den drei HR-Kapitalarten gegliedert (siehe B.2). Er bildet das Basisinstrument für die Datenerhebung innerhalb der HR Due Diligence.

Die **Planung** der Datenerhebung umfasst den Zeit- und Aktionsplan, die notwendigen Ressourcen (Personen, Material, Zeit, Budget) sowie die Festlegung sämtlicher Beteiligten und ihrer Rollen.

Als nächstes müssen die **Ressourcen** bereitgestellt werden. Dieser Schritt beinhaltet notwendige Genehmigungen (zum Beispiel Betriebsrat bei Mitarbeiterbefragungen), die Information aller Beteiligten, Zusammenstellung der Datenerhebungsteams, Schulung der Teams in den Instrumenten, die Verfügbarkeit aller Beteiligten sowie die Zusammenstellung der notwendigen Informationen, die in der Regel im sogenannten „Data Room" zentralisiert werden.

Die **Datenerhebung** erfolgt durch drei parallel arbeitende Teams entsprechend den drei HR-Kapitalarten (vgl. Abb. 2). Der zur Verfügung stehende Zeitrahmen schwankt in der Praxis erheblich. Auszugehen ist von einem Zeitrahmen von drei Wochen, innerhalb dessen Erhebung, Dokumentation und Auswertung zu erfolgen haben.

Diese **Auswertung** erfolgt getrennt nach den drei Kapitalarten. Lediglich die 30 Indikatoren werden übergreifend zusammengefasst (siehe B.3). Aus den Ergebnissen werden Konsequenzen abgeleitet und Empfehlungen an das Due Diligence Kernteam formuliert. Diese Empfehlungen betreffen sowohl die Fusions-/Kaufentscheidung an sich als auch deren finanzielle Konditionen (zum Beispiel Höhe des Kaufpreises) und die Gestaltung einer optimalen Integration (Post Merger Integration). Die Dokumentation erfolgt im Prüfkatalog.

Abschließend werden die **Ergebnisse verwertet**: Ist der potenzielle Partner aus HR-Sicht geeignet? Inwiefern ist der Kaufpreis, der sich ohne Berücksichtigung des Humankapitals errechnet hat (zum Beispiel nach der Discounted-Cash-Flow-Methode), nach oben oder unten zu korrigieren? Welche Konsequenzen ergeben sich für den Fusions-/Kaufvertrag? Wie ist die Integration beider Unternehmen zu gestalten? Welcher Aufwand ist hierfür zu kalkulieren?

B.2 Das Summenmodell der HR Due Diligence

Das in Abbildung 2 dargestellte Summenmodell ist die Basis der integrierten HR Due Diligence. Personal wird hierbei als Kapital des Unternehmens verstanden, das sowohl einen Wertschöpfungsbeitrag liefert als auch einen messbaren Wert an sich besitzt.

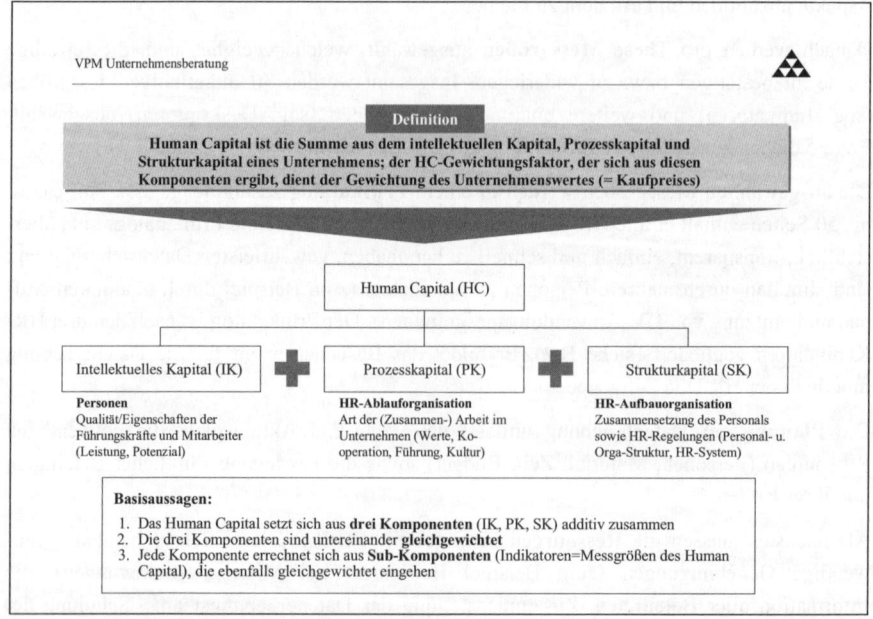

Abb. 2: Das Summenmodell der HR Due Diligence

Für die Due Diligence wird jedoch nicht versucht, einen Gesamtwert des Personals eines Unternehmens zu berechnen, da dieses eine Vielzahl von Annahmen voraussetzt, welche das Ergebnis eher beliebig erscheinen lassen. So fußt das klassische Human Capital Modell von *Flamholtz & Coff* zum Beispiel auf der Summe aus Ersatzbeschaffungskosten jedes Mitarbeiters und den zukünftigen, abgezinsten Erlös- und Kostenauswirkungen jedes Mitarbeiters auf das Gesamtunternehmen. Zugrundeliegende Annahmen sind die Wahrscheinlichkeiten, nach denen jeder Mitarbeiter bestimmte Positionen im Laufe seiner Mitarbeit in Zukunft übernehmen wird und die Höhe des Einflusses jeder Position auf Erlöse und Kosten des Gesamtunternehmens. Ein weitaus einfacheres, wenn auch ungleich gröberes Modell verwendete 1999 die Zeitschrift Forbes, die zur Berechnung des sogenannten „Intellectual Capital" von Unternehmen deren Börsenwert zu deren Anlagevermögen in Beziehung setzte: je größer dieser Quotient, desto höher das Intellectual Capital (Platz 1 in dieser Statistik nahm übrigens die Microsoft Inc. ein).

Nach dem Summenmodell wird nicht der Gesamtwert des Personals, sondern lediglich ein Faktor errechnet, mit dem der Unternehmenswert gewichtet wird, so dass die Qualität des Personals auf Basis konkreter Ergebnisse in die Verhandlungen einbezogen werden kann.

B.3 Die Berechnung des HC-Gewichtungsfaktors

Der Gewichtungsfaktor basiert auf den 30 gemessenen Indikatoren. Er wird in sieben Schritten ermittelt (vergleiche Abbildung 3):

1. Pro Kapitalart werden 10 Indikatoren ausgewählt; zur Verfügung stehen pro Kapitalart eine Vielzahl möglicher Indikatoren (siehe zum Beispiel Abbildung 4); die Auswahl richtet sich nach den zu Beginn formulierten Leitfragen; da sich diese Leitfragen von Unternehmen zu Unternehmen und von Zusammenschluss zu Zusammenschluss unterscheiden, werden auch für jeden möglichen Zusammenschluss verschiedene Kombinationen von Indikatoren gebildet; Auswahlkriterium ist allein, welche Indikatoren eindeutige Überprüfungen der Leitfragen ermöglichen; zu berücksichtigen sind jedoch auch die (zeitlichen und räumlichen) Rahmenbedingungen der Due Diligence – unter Umständen sind bestimmte Indikatoren zwar wünschenswert, unter den gegebenen Bedingungen aber nicht zu erheben.

2. Die Indikatoren werden gemessen – Ergebnis ist jeweils ein absoluter Wert, zum Beispiel eine Anzahl, eine Häufigkeit, ein Durchschnitt.

3. Dieser absolute Wert pro Indikator wird in einen Standardwert transformiert; benutzt wird hierzu eine dreistufige Rangskala: der Standardwert 25 wird vergeben, wenn der absolute Wert unter dem vergleichbarer Unternehmen liegt; der Standardwert 33, wenn er im Rahmen vergleichbarer Unternehmen liegt; 41, wenn er darüber liegt; die Einschätzung, welcher Standardwert dem gemessenen absoluten Wert zuzuordnen ist, treffen die Experten des Datenerhebungsteams; ist die Zuordnung kritisch, kann die Transformationsskala bereits in der Planungsphase vorab mit (externen) Experten erarbeitet und abgestimmt werden; insgesamt dient die Standardisierung dazu, die absoluten Werte vergleichbar und verrechenbar zu machen.

4. Pro Kapitalart werden die 10 Standardwerte zum Teilkapitalwert summiert.

5. Jeder der drei Teilkapitalwerte wird durch den Faktor 1.000 dividiert.

6. Die drei Teilkapitalwerte werden gleichgewichtet zum HC-Gewichtungsfaktor addiert; der Gewichtungsfaktor kann Werte zwischen 0,75 und 1,23 annehmen.

7. Die bisherige Schätzung des Unternehmenswertes wird mit dem HC-Gewichtungsfaktor multipliziert; Ergebnis ist der gewichtete Unternehmenswert.

B.4 Würdigung des Modells

Das Summenmodell ermöglicht die Berücksichtigung des Faktors Personal im Rahmen der Prüfung möglicher Unternehmenszusammenschlüsse. Es konkretisiert die Auffassungen zur Personalqualität des potenziellen Partners und macht sie überprüfbar bzw. diskutabel. Durch die Transformation wird erreicht, dass Personalwerte mit anderen ökonomischen Werten verrechenbar werden. So kann der Erfolgsfaktor Personal bei Unternehmenszusammenschlüssen bereits in der Prüfungsphase Entscheidungen beeinflussen – folgenreiche Fehlentscheidungen können sicherer vermieden werden, und die Erfolgssicherheit von Zusammenschlüssen kann durch die begründete Vorplanung der Integration und des dafür notwendigen Aufwandes (PMI-Budget) deutlich erhöht werden.

Welche Risikofaktoren des Modells sind bei seiner Anwendung zu berücksichtigen? Wesentlicher Erfolgsfaktor neben der Auswahl und Messung geeigneter Indikatoren ist die Standardisierung der absoluten Werte pro Indikator (Schritt 3). Sie muss durch ausgewiesene Experten bzw. unter Zuhilfenahme von Benchmarks erfolgen. Die Wahl der Transformationsskala (25-33-41) beeinflusst die mögliche Schwankungsbreite des gewichteten Unternehmenswertes (zwischen 75% und 123%).

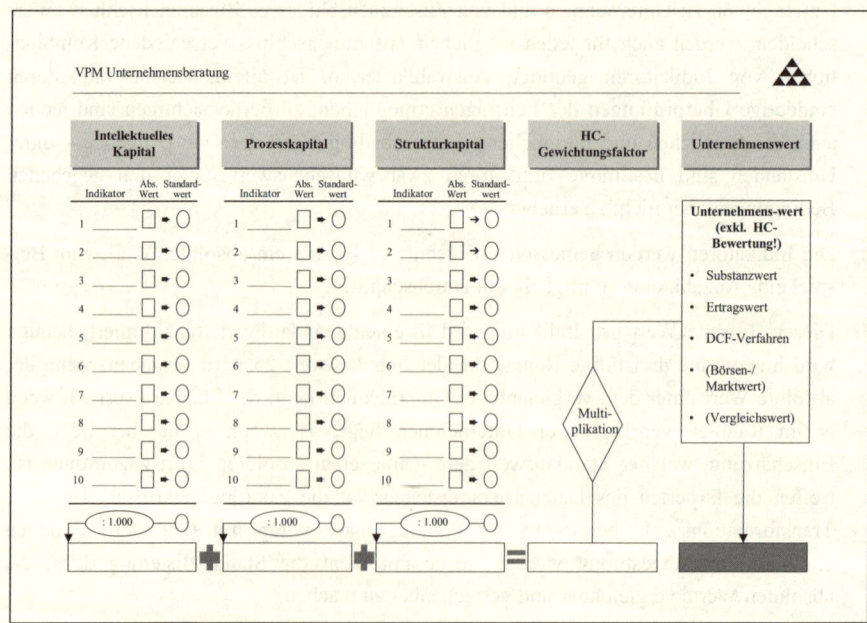

Abb. 3: Die Berechnung des HC-Gewichtungsfaktors

C. Komponente 1: Das intellektuelle Kapital

Das intellektuelle Kapital ist eine der drei Komponenten des Human Capital. Nach dem Summenmodell geht es gleichgewichtet in die Berechnung des HC-Gewichtungsfaktors ein. Es ist jedoch möglich, die Gewichtung unternehmens- oder branchenspezifisch zu verändern. So ist das Gewicht des intellektuellen Kapitals in der Software-, Internet- oder Dienstleistungsbranche eher höher als in anderen Branchen, ebenso wie es innerhalb eines Unternehmens im Vertrieb oder in der Entwicklung eher höher zu gewichten ist als in anderen Bereichen.

C.1 Begriffsbestimmung des intellektuellen Kapitals

Das intellektuelle Kapital stellt die einzelnen Personen der Unternehmen in den Fokus. Die Qualität bzw. Eigenschaften der Führungskräfte und Mitarbeiter heute und in Zukunft stellt den Mittelpunkt der Betrachtung dar. Welche Leistung wird heute von den Schlüsselkräften erbracht, welche ist in Zukunft von ihnen zu erwarten? Wer sind die Schlüsselkräfte des Unternehmens? Welche Stärken und Schwächen weist jeder von ihnen auf? Über welches Potenzial verfügen sie? Wer ist Leistungsträger, wer ist Antreiber, wer ist Mitläufer? Wer kann die neue Unternehmensstrategie besonders gut unterstützen, wer passt zu welchem Unternehmen?

Ziele der Analyse des intellektuellen Kapitals sind die Zuordnung der betrachteten Führungskräfte und Mitarbeiter zu einer der interessierenden Gruppen (zum Beispiel Leistungsträger, Fusionsförderer, Potenzialkräfte), die Beschreibung der individuellen Eigenschaften, Fähigkeiten und Einstellungen anhand definierter Deskriptoren sowie die Ermittlung eines Gesamtbildes für das Unternehmen, das im Sinne des Summenmodells gemessen und verrechnet werden kann (Indikatoren).

Ergebnisse der Analyse sind dementsprechend sowohl individuelle Beschreibungen von Einzelpersonen (Gutachten, Profil, Einschätzung etc.) als auch qualitative Beschreibungen des Gesamtpersonals (Deskriptoren) und eine quantitative Gesamteinschätzung (Indikatoren).

C.2 Messung des intellektuellen Kapitals

Für die Messung des intellektuellen Kapitals stehen vielfältige Instrumente zur Verfügung. Mit klassischen Leistungstests lassen sich die Fähigkeiten und Fertigkeiten analysieren, mit Persönlichkeitstests die Eigenschaften und Einstellungen beschreiben. Assessment Center in allen Varianten kombinieren die verschiedenen Instrumente wie Gruppendiskussion, Präsentation, Simulation, Fallanalyse oder Postkorb. Interviews als Einzel- oder Gruppengespräche, als Stress-, Persönlichkeits- oder Fachinterviews bilden die intensivste, Einzel-Assessment-Center die zeitaufwendigste Variante.

Bei der Auswahl geeigneter Instrumente für die HR Due Diligence sind die Charakteristika dieser Situation zu berücksichtigen, aus denen sich entsprechende Auswahlkriterien ableiten: 1. Tempo: Vorbereitung, Durchführung und Auswertung müssen in kurzer Zeit möglich sein (siehe oben: drei Wochen-Zeitraum); 2. Effizienz: Häufig stehen die Ressourcen nur in begrenztem Umfang zur Verfügung; 3. Akzeptanz: Bei personenzentrierten Analysen mit

Beteiligung der Betroffenen ist deren Einstellung zum Verfahren zu berücksichtigen; 4. Messgenauigkeit: Vor allem die Messinstrumente für die 10 Indikatoren müssen eindeutige Interpretationen im Hinblick auf die Leitfragen der HR Due Diligence ermöglichen.

Das Vorgehen bei der Messung des intellektuellen Kapitals richtet sich neben den Leitfragen auch danach, wie viele Informationen über das Unternehmen bereits bekannt sind. Vielfach finden Fusionen und Übernahmen unter bisherigen Konkurrenten der gleichen Branche statt, so dass zum Beispiel einzelne Leistungsträger bereits aus der zurückliegenden Zusammenarbeit heraus bekannt sind. Ist dieses nicht der Fall, kann der Vorstand des potenziellen Partners im Fall einer kooperativen Due Diligence Kandidaten benennen, oder es werden komplette Schlüsselkräfte-Gruppen analysiert – zum Beispiel alle Leitenden Angestellten, alle Führungskräfte der Ebenen 1 und 2 oder alle Führungskräfte im Entwicklungsbereich oder in der Konzernzentrale. Je nach Anzahl sind entsprechend viele Datenerheber zu stellen, wenn es sich bei dem gewählten Analyseinstrument um personenzahlabhängige Verfahren wie zum Beispiel das Interview handelt. Insgesamt gilt, dass im letzteren Fall die Anzahl der Zielpersonen nicht mehr als 30 betragen sollte.

Zusätzlich zu den Indikatoren sind die qualitativen Messgrößen zu erheben. Hierfür sind eigene Erhebungen oder Auswertungen der Indikatorenergebnisse heranzuziehen.

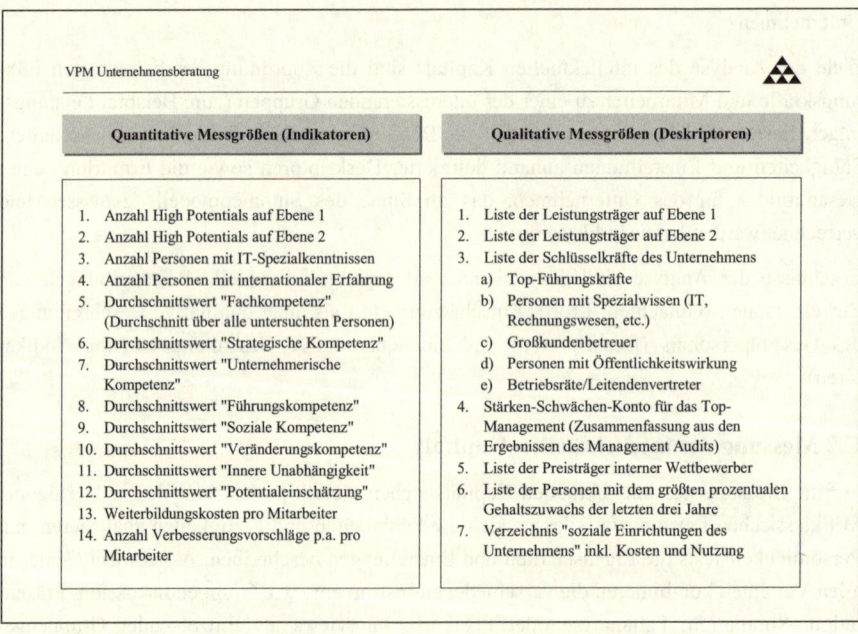

Abb. 4: Die Messgrößen des intellektuellen Kapitals

C.3 Methoden: Das Management Audit

Eine gerade in letzter Zeit immer häufiger angewandte Methode zur Analyse des intellektuellen Kapitals ist das sogenannte Management Audit. Anzumerken ist, dass es sich hierbei nicht um einen methodisch einwandfrei definierten Begriff bzw. um ein stets in gleicher

Form angewandtes Instrument handelt, sondern dass die verschiedenen Anbieter und Anwender jeweils eigene Versionen entwickelt haben, die nun am Markt umgesetzt werden. Begriff und Methode entstammen ursprünglich dem Umfeld der Personalberatungen, die ihre Personalauswahlmethodik, basierend auf dem Auswahlinterview, in dieser Form erweiterten. So sind in Deutschland die Personalberatungen Berger Internationale Personalberatung (BIP) und Egon Zehnder International marktführende Anbieter des Verfahrens. Die im folgenden dargestellte Variante orientiert sich am Ansatz des interaktiven Management Audits, wie er von der BIP umgesetzt wird.

Als sogenanntes direktes Erhebungsverfahren setzt das Management Audit die Beteiligung der Betroffenen voraus – eine Analyse des intellektuellen Kapitals aus der Ferne ist damit nicht möglich. Es wird durch folgende Eigenschaften gekennzeichnet: A. Beurteilungsgrundlage sind nicht die aktuellen Anforderungen, sondern die zukünftigen, nach erfolgtem Unternehmenszusammenschluss zu erwartenden; diese werden vor Beginn der Audits mit der Unternehmensleitung geklärt; B. Basis der Beurteilung sind Anforderungsdimensionen, die aus den zukünftigen Anforderungen abgeleitet werden; C. Ergebnis des Management Audits sind individuelle Gutachten, die ein Stärken-/Schwächen-Profil des Kandidaten, eine Einsatz- bzw. Entwicklungsempfehlung sowie Empfehlungen für Fördermaßnahmen enthalten; D. Darüber hinaus werden über alle Teilnehmer Gesamteinschätzungen pro Anforderungsdimensionen ermittelt; E. Zusätzlich ist es möglich, einen Gesamtpotenzialwert pro Kandidat zu ermitteln, der im Rahmen einer Übersicht für alle Kandidaten visualisiert werden kann – hieraus ist das Profil des intellektuellen Kapitals im Gesamtunternehmen ablesbar; F. Die betroffenen Manager nehmen im Prozess eine aktive Rolle wahr: sie steuern Prozess und Ergebnis sowohl über die Gestaltung ihrer Erfahrungsprofile (siehe unten) als auch durch den Gesprächscharakter der Audit Interviews, in denen sie ihre Erwartungen und Meinungen einbringen; G. Entsprechend liegt dem Management Audit das Modell der gleichberechtigten Partner zugrunde, welches das Instrument besonders geeignet macht im Umgang mit kritischen oder sehr erfahrenen, hierarchisch hochstehenden Personen (Vorstände, erste Führungsebene); H. Durch das Heranziehen mehrerer Informationsquellen (siehe Abbildung 5) wird die Entscheidungsgrundlage verbreitert und abgesichert; I. Durch das Verwenden teilstandarisierter Methoden werden die Entscheidungsgrundlagen objektiviert.

Das Management Audit beantwortet folgende wichtige Fragen im Rahmen der Due Diligence: Wer sind die Leistungs- und Potenzialträger im Sinne der gemeinsamen Unternehmensstrategie? Wie sind Qualifikation und Potenzial der Einzelpersonen ausgeprägt? Wie passen beide Führungsmannschaften auf Basis der individuellen Profile zueinander? Wo sind geeignete Kompetenzen und Kandidaten für die relevanten Positionen vorhanden, wo fehlen sie im Falle des Zusammenschlusses? Wer passt nicht mehr zum neu formierten Unternehmen? Welche alternativen Einsatzmöglichkeiten sind denkbar?

Das Management Audit beinhaltet fünf wesentliche Komponenten: 1. Erfahrungsprofile (Personaldaten für jeden Teilnehmer; Name, Alter, Funktion, Gehalt, wichtige Vertragsbedingungen wie Kündigungsfrist, „golden parachute", Rechte und Zusagen, Kurz-Lebenslauf im Unternehmen, besondere Kompetenzen, Einsatzwünsche, Foto; die Teilnehmer erhalten einen Entwurf ihres Erfahrungsprofils und können ihr Profil ergänzen); 2. Interviews (teilstandarisiert; Dauer 2,5 bis drei Stunden; Teilnehmer: die Führungskraft und ein bis zwei Interviewer; letztere sind ein meist externer Experte und, wo möglich, eine interne Führungskraft); 3. Erfahrungen aus der bisherigen Zusammenarbeit (Vorgesetzte bringen durch ihre Teilnahme an der Führungskonferenz ihre Erfahrungen mit den jeweiligen Teilnehmern in den Entscheidungsprozess ein); 4. Führungskonferenz (Vorstand, Interviewer und Vorgesetzte; Vorstellung der Gutachten durch die Interviewer; Entscheidung über zukünftige Einsätze und Entwicklungsempfehlungen); 5. Feedbacks (alle Teilnehmer erhalten durch ihre Vorgesetzten konkrete Rückmeldungen zu den Ergebnissen der Führungskonferenz).

Die Vorbereitung der Interviews erfolgt durch drei Schritte: Zum einen das bereits beschriebene Ableiten der Anforderungsdimensionen, in der Regel zwischen fünf und sieben (siehe auch Abbildung 4). Nachfolgend werden pro Dimension ungefähr sechs Beobachtungsspezifikationen beschrieben: Woran ist zu erkennen, ob eine Führungskraft eine starke Ausprägung einer Dimension auszeichnet oder nicht? Und schließlich wird der Fragebogen ausformuliert: drei bis vier Fragen für jede Spezifikation. Dieser wird vor dem Beginn der Interviews allen Interviewern vermittelt, um sie vorzubereiten.

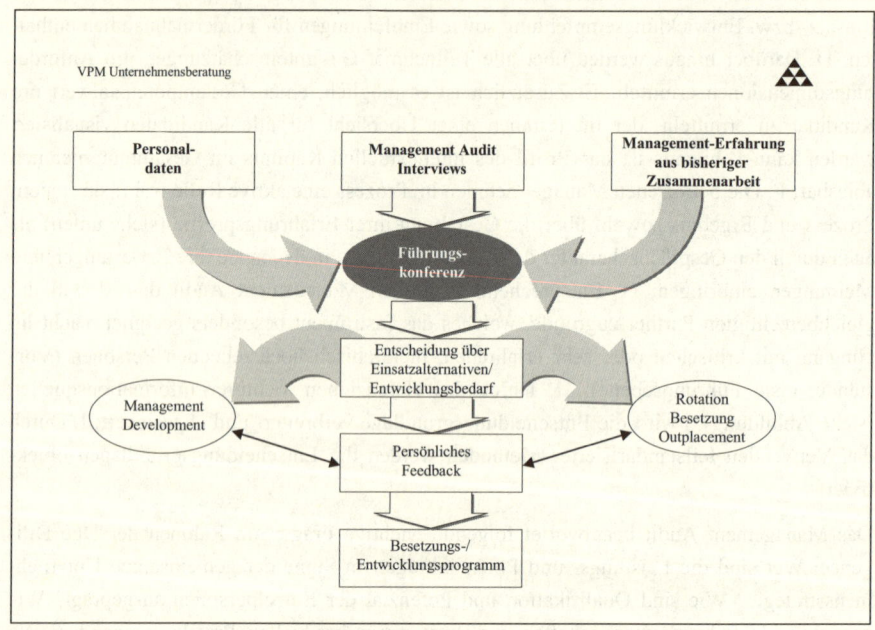

Abb. 5: Ablauf des Management Audits

D. Komponente 2: Das Prozesskapital

Die zweite Komponente des Human Capital in der HR Due Diligence ist das Prozesskapital. Auch hier ist die Gewichtung branchen- und unternehmensabhängig durchaus veränderbar: je weniger die Qualität der Unternehmenslösungen vom vorhandenen Wissen, von Einzelpersonen oder von der Gesamtheit des Personalstammes, der Personalstruktur, abhängig ist, desto wichtiger wird das vorhandene Prozesskapital. Dieses ist zum Beispiel umso eher der Fall, je größer eine Organisation ist oder je austauschbarer die Unternehmensprodukte am Markt sind. Prozessgetriebene Unternehmen, Unternehmen mit sehr ausgeprägter eigener Kultur, Unternehmen mit hoher Fluktuation unter den Schlüsselkräften – suchen sie Partner, ist bei der Unternehmensbewertung das Prozesskapital entsprechend hoch zu gewichten.

D.1 Begriffsbestimmung des Prozesskapitals

Sprechen wir in der HR Due Diligence vom Prozesskapital, meinen wir damit die Art und Weise, in der im Unternehmen Leistung erbracht wird. Die Art der Zusammenarbeit, die gelebten Werte (nicht zu verwechseln mit dem formulierten Unternehmensleitbild!), die gelebte Führung, die tatsächlich vorhandene Unternehmenskultur – all dieses steht im Mittelpunkt, wenn das Prozesskapital analysiert wird. Prozesse der Information, Kommunikation, Entscheidung – und je nach Interessenslage auch funktionale Prozesse wie Produktentwicklung, Personalmanagement, Ideenmanagement, Controlling, Berichtswesen, Vertrieb, Beschwerdemanagement.

Entsprechend vielfältig sind die möglichen Indikatoren: Veränderungsfähigkeitsindex; Umsatzanteil von Produkten, die weniger als drei Jahre alt sind; durchschnittliche Bearbeitungszeit für Verbesserungsvorschläge; Anzahl laufender Projekte; durchschnittliche Bottom-up-Beurteilung der Führungskräfte in den letzten zwei Jahren; durchschnittliches Peer-Rating (beim 360° Feedback); durchschnittliche Realisierungszeit bei externen Besetzungen (Ausschreibung bis Einstellung); Anteil von Führungskräften aus dem Ausland (Expatriates) an allen Führungskräften; Anzahl der Zusammentreffen zwischen kompletter Unternehmensleitung und Mitarbeitern pro Jahr.

Auch als Deskriptoren steht eine Vielzahl von Messgrößen zur Auswahl: Unternehmensleitlinien/Vision; Führungsleitlinien/-grundsätze; HR-relevante Teile der Dokumentation zur Zertifizierung (ISO, DIN); HR-relevante Dokumentation zum Qualitätsmanagement (EFQM, EQA, KVP, TQM); vorhandene Konzepte zum Verbesserungsvorschlagswesen/ Ideenmanagement; Liste „Corporate Values"; Verzeichnis der prämierten Verbesserungsvorschläge aus den letzten drei Jahren; Protokolle/Agenden von Dialogveranstaltungen zwischen Unternehmensleitung und Mitarbeitern; Protokolle von Exit-Interviews mit Führungskräften; Fluktuationsanalysen für Schlüsselkräfte; Liste „Titel und Vollmachten"; Handbuch für Führungskräfte/Personalleiter; Organisationshandbuch; Konzept zur Leistungsbeurteilung (Kriterien, Ablauf etc.).

D.2 Messung des Prozesskapitals

Das Prozesskapital unterscheidet sich in einigen signifikanten Eigenschaften von den beiden anderen Kapitalarten. Die Mehrzahl der genannten Messgrößen ebenso wie die Mehrzahl der Messgegenstände setzt eine direkte Datenerhebung zumindest im Data Room voraus. Die Unternehmenskultur gehört zu den wenigen Aspekten des Prozesskapitals, die auch indirekt zu erfassen sind (siehe D.3).

Eine weitere Besonderheit dieser Kapitalart besteht in der höheren Bedeutung von Trendanalysen für die Einschätzung der heutigen Situation. Hier werden vermehrt Vergangenheitsdaten benötigt, um Entwicklungen abschätzen zu können.

Das Prozesskapital ist darüber hinaus die komplexeste Kapitalart. Es müssen viele Annahmen über Wirkzusammenhänge getroffen werden, um daraus geeignete Indikatoren abzuleiten. Diese erhöht die Unsicherheit der Interpretationen und entsprechend die Anzahl der notwendigen Indikatoren, um ein ausreichendes Maß an Sicherheit der Aussagen zu erreichen. Da nach dem Summenmodell lediglich 10 Indikatoren erlaubt sind, bieten sich zwei mögliche Lösungen an: entweder die Anzahl der Indikatoren wird verdoppelt und jeder Indikator in der Gewichtung halbiert oder die Indikatoren konzentrieren sich auf wenige Gebiete des Prozesskapitals, um zumindest diese mit hinreichender Sicherheit abbilden zu können.

Um unterschiedlichen Interpretationen und Bewertungen der Ergebnisse vorzubeugen, sollten die getroffenen Annahmen bereits bei der Auswahl der Messgrößen (Schritt 2 der HR Due Diligence) zwischen allen Beteiligten kommuniziert und abgestimmt werden.

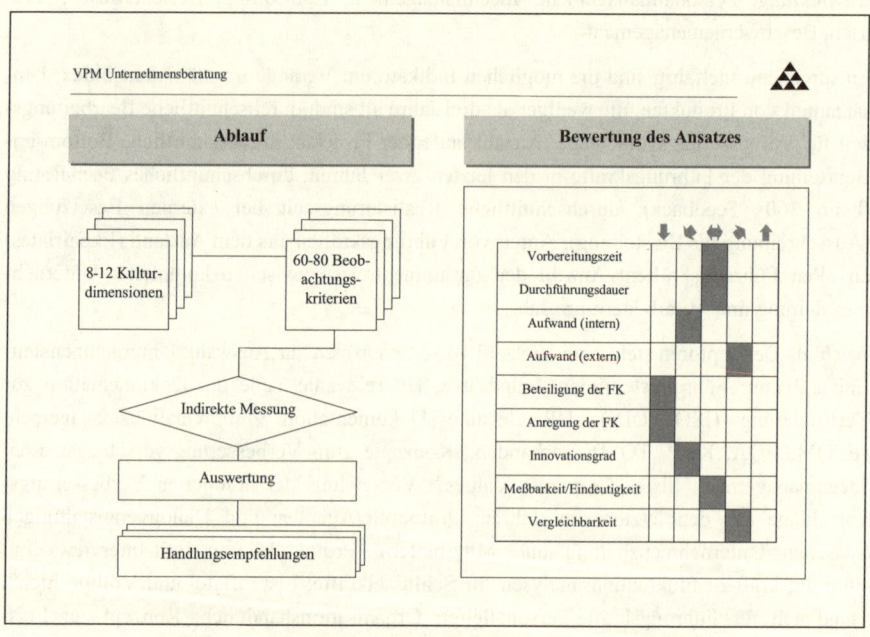

Abb. 6: Der Beobachtungsansatz zum Cultural Fit Audit

D.3 Methoden: Das Cultural Fit Audit

Die Unternehmenskultur gehört zu den am häufigsten analysierten Aspekten des Prozesskapitals im Rahmen von Unternehmenszusammenschlüssen. Überwiegend wird sie heute während des Integrationsprozesses, also nach der Fusions-/Kaufentscheidung betrachtet. Das am weitesten verbreitete Einzelinstrument in diesem Zusammenhang ist die Mitarbeiterbefragung. Wir betrachten im Folgenden einen neuen Ansatz zur Kulturanalyse, speziell für die Situation der HR Due Diligence: das Cultural Fit Audit.

Ziel des Cultural Fit Audit ist die Analyse der vorhandenen Unternehmenskultur, eine Abschätzung von Stärken und Schwächen und, soweit eine Datenerhebung in beiden beteiligten Unternehmen erfolgt, ein Abgleich der spezifischen Cultural Fit Profile (vergleiche Abbildung 7). Neben der Ermittlung des HR-Teilkapitalwertes „Prozesskapital" ist die Abschätzung des notwendigen Integrationsaufwandes bei Zusammenführen beider Unternehmenskulturen ein wichtiger Nutzen des Verfahrens.

Zugrunde liegt dem Cultural Fit Audit folgendes Verständnis von Unternehmenskultur: Die Kultur eines Unternehmens umfasst sowohl die Organisation als auch das in ihr arbeitende Personal. Kultur drückt sich in sämtlichen Organisationsaspekten (Strategie, Leitlinien, Struktur, Prozesse, Systeme) und in sämtlichen Personalaspekten (Personalstruktur, Wissen, Einstellung, Verhalten) aus. Kultur ist kein abgrenzbarer Bereich des Unternehmens, sondern das Unternehmen selbst.

Das Cultural Fit Audit wird in drei Schritten durchgeführt:

1. Fokussierung: Auf Basis der Leitfragen (Schritt 1 der HR Due Diligence) werden acht bis 12 Kulturdimensionen formuliert und mit der Unternehmensleitung abgestimmt. Der erste Entwurf wird in der Regel durch (externe) Experten erstellt. Häufige Dimensionen lauten Unternehmensstrategie, gelebte Werte, Kommunikations- und Informationsverhalten, Entscheidungsverhalten, Arbeitsstil, Zusammenarbeit im Unternehmen, Veränderungsbereitschaft/Flexibilität, Internationalität und Führungsverhalten. Weitere können entsprechend der spezifischen Leitfragen hinzugefügt werden. Im Sinne einer Ziel-Kultur nach dem Zusammenschluss können die ausgewählten Dimensionen in einem Workshop durch die Unternehmensleitung bewertet werden (Skala siehe Abbildung 7).

2. Erhebung: Für die Datenerhebung stehen vier unterschiedliche Ansätze zur Verfügung (siehe unten). Jeder Ansatz weist charakteristische Merkmale auf, die einen Einsatz je nach Rahmenbedingung der HR Due Diligence empfehlen oder nicht. Die Merkmalskriterien sind in Abbildung 6 beispielhaft für den Beobachtungsansatz aufgeführt und bewertet. Nach diesem Bewertungsraster wird einer der vier Ansätze für die konkrete HR Due Diligence ausgewählt und umgesetzt.

3. Ableitung der Konsequenzen: Aus den erhobenen Daten wird der Teilkapitalwert „Prozesskapital" ermittelt sowie qualitative Konsequenzen und Handlungsempfehlungen abgeleitet. Im Fokus stehen wiederum die drei Fragen „Handelt es sich um ein geeignetes Partnerunternehmen?, „Wie ist der Kaufpreis auf Basis des Prozesskapitals zu gestalten?" und „Welche Aktionen während der Integration sind durchzuführen?".

Im Folgenden werden die vier alternativen Erhebungsansätze kurz charakterisiert:

1. Der Selbstbewertungsansatz: Hier führt das Personal des Unternehmens eine Selbstbewertung seiner Kultur durch. Das Vorgehen ist ähnlich demjenigen beim European Quality Award (EQA): erst bewerten die Abteilungen ihre Kultur mittels eines Standardfragebogens (25 bis 50 Thesen). Es folgt die nächsthöhere Ebene und so fort, bis schließlich eine Gesamtbewertung des Unternehmens vorliegt. Das Vorgehen kann auch

auf einzelne Bereiche (zum Beispiel die Zentrale) konzentriert werden. In jedem Fall aktiviert es die Betroffenen stark – Chance und Risiko im Zusammenhang mit einem Zusammenschluss, der ja zu Zeiten der Erhebung noch nicht beschlossen ist.

2. Der Beurteilungsansatz: Auf Basis der Kulturdimensionen werden 20 bis 30 Fragen und fünf Kurzfälle formuliert. Anhand dieser beurteilen 30 bis 50 interne und externe Kenner des Unternehmens in Interviews die Kultur. Interviewer-Tandems erheben die Antworten und erstellen pro Interview Kultur-Gutachten. Die Gutachten werden in der Auswertung zum Kulturportfolio zusammengefasst.

3. Der Befragungsansatz: Ausgewählte Führungskräfte und Mitarbeiter sowie weitere externe Stakeholder des Unternehmens werden mittels eines Kulturfragebogens (50 Items) befragt. Ebenso wie der Selbstbewertungsansatz bedarf dieses Vorgehen allerdings eines relativ langes Zeitraumes, der in Due Diligence Situationen nur selten gegeben ist.

4. Der Beobachtungsansatz: Aus den Kulturdimensionen werden 60 bis 80 Beobachtungskriterien abgeleitet, mit denen die Kultur indirekt, also ohne Beteiligung Interner, beurteilt wird (Abbildung 6). Auch bei direkter Datenerhebung (im Data Room) im Unternehmen kann der Beobachtungsansatz zusätzlich verfolgt werden: durch Interpretation und „zwischen den Zeilen lesen". Titel und Formulierungen in Arbeitsverträgen sagen ebensoviel zur Kultur wie Presseveröffentlichungen, die Architektur der Hauptverwaltung, Raumaufteilungen oder das Verhalten der Mitarbeiter beim Empfang.

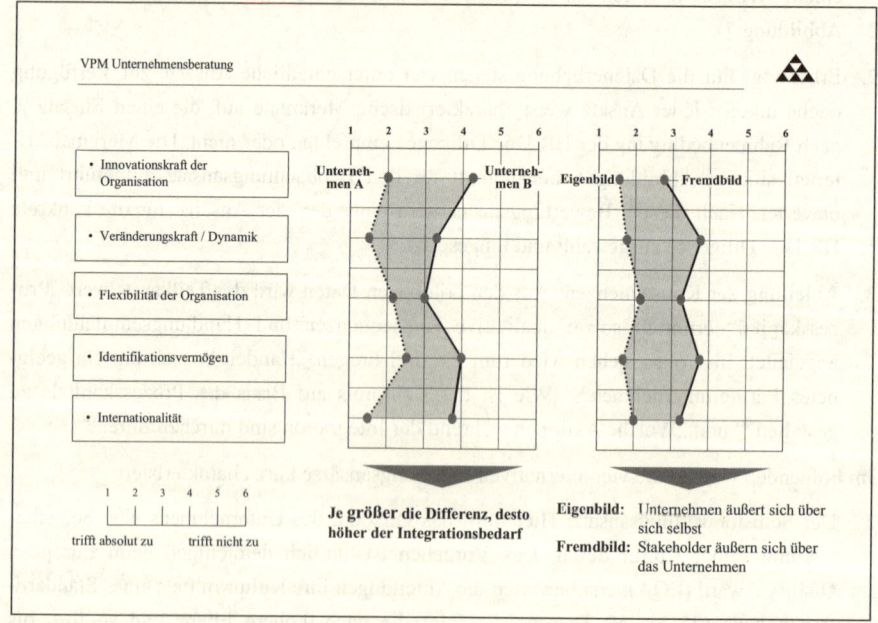

Abb. 7: Das Cultural Fit (Ausschnitt)

E. Komponente 3: Das Strukturkapital

Die „klassische" Form der HR Due Diligence: wo immer heute das Personal Gegenstand der Prüfung ist, wird in der Regel das Strukturkapital untersucht. Dabei kann es ebenso wie die übrigen HR-Kapitalarten in Branchen bzw. zwischen Unternehmen unterschiedliches Gewicht besitzen: je mehr Mitarbeiter das Unternehmen besitzt, desto höher die Bedeutung zum Beispiel von Pensionssystemen und entsprechenden Rückstellungen; das Thema der Altersstruktur wird umso eher eine Rolle spielen, je älter das Unternehmen ist; in mittelgroßen Unternehmen insbesondere der „New Economy" ist eine angemessene Personalstruktur (und ebenso eine effiziente HR-Aufbaustruktur) ebenso kritisch zu hinterfragen wie in etablierten Unternehmen die Flexibilität der HR-Systeme, insbesondere der Tarifbindungen und Betriebsvereinbarungen.

E.1 Begriffsbestimmung des Strukturkapitals

Gegenstand der Strukturkapitalbestimmung ist die HR-Aufbauorganisation. Sie umfasst drei wesentliche Bereiche:

1. Personalstruktur (Zusammensetzung der Belegschaft, Besonderheiten der Belegschaftsstruktur, Bewertung der Belegschaftsstruktur im Vergleich, Entwicklung der Belegschaftsstruktur über die Zeit).

2. HR-Organisationsstruktur (Zusammensetzung und Anordnung der personellen Aufgabenbereiche innerhalb der Aufbauorganisation, Besonderheiten der HR-Organisationsstruktur, Bewertung der HR-Organisationsstruktur im Vergleich, Entwicklung der HR-Organisationsstruktur über die Zeit).

3. Personalsysteme (Beschreibung der vorhandenen Systeme und Instrumente, Bewertung der Systeme im Vergleich, Entwicklung der Systeme inkl. Trends, zukünftige Auswirkungen bzw. Nachwirkung der Systeme).

Der dritte Bereich, Personalsysteme, weist deutliche Schnittstellen mit dem Prozesskapital auf. So bildet die Analyse der Personalsysteme ebenfalls eine wichtige Informationsquelle für die Einschätzung der Abläufe und der gelebten Kultur, Führung und weiterer Prozessaspekte. Welche Kriterien liegen dem Beurteilungssystem zugrunde? Wie häufig werden die Systeme veränderten Bedingungen angepasst? Wer ist an der Abstimmung der Systeme beteiligt bzw. wie viele Stufen durchläuft ein entsprechender Entscheidungsprozess im Unternehmen? All dieses sind auch für das Prozesskapital wichtige Fragen. Wir ordnen die Personalsysteme dennoch für die HR Due Diligence dem Strukturkapital zu, da ihre Auswirkungen eher struktureller Natur sind: so sind die Indikatoren der Personalkosten (Höhe, Verteilung, Entwicklung), der Produktivität (Zusammenhang mit Region, Bereich, Unternehmensentwicklung), der Krankenstands- und Fluktuationskosten (Höhe, Relation, Entwicklung) oder der finanziellen Nachwirkungen von Arbeitsverträgen mit Leitenden (Höhe, Risikowahrscheinlichkeit) ebenso strukturelle Informationen zum Unternehmen wie die entsprechenden Deskriptoren der HR-Aufbauorganisation.

E.2 Messung des Strukturkapitals

Zur Messung des Strukturkapitals stehen eine Reihe verschiedener Messgrößen zur Verfügung. Hier eine kleine Auswahl:

Indikatoren des Strukturkapitals: Anzahl Führungskräfte (pro Ebene); Anzahl Leitende Angestellte; Durchschnittsalter der Belegschaft (Altersstruktur); Durchschnittliche Betriebszugehörigkeit; Fluktuationsrate (nach Gruppen/Bereichen/Zeit); Krankenstand (nach Gruppen/Bereichen); Anzahl Pensionäre; Rückstellungen für Pensionsverbindlichkeiten; Durchschnittliche Führungsspanne; Anzahl befristeter Arbeitsverhältnisse; Ausbildungsquote; Anzahl Mitarbeiter (pro Bereich); Gesamtumfang Rückstellungen (in Euro; nach Rückstellungsgrund bzw. -art); Personalkosten pro Mitarbeiter (gesamt; in Euro p.a.); Gehaltsnebenkosten pro Mitarbeiter (absolut bzw. in Prozent).

Deskriptoren des Strukturkapitals: Betriebsvereinbarungen im Original (Themen: Vergütung, Arbeitszeit, Sozialfürsorge, Personalanpassung in der Vergangenheit u.a.); Relevante Tarifverträge (Fläche, Haus); Statuten und Bericht der Betriebskrankenkasse; Statuten/ Modelle der betrieblichen Altersversorgung (Fond, Kasse, Zeitwertpapier oder anderes); Arbeitsverträge der Leitenden Angestellten; Standard-Arbeitsvertrag für Führungskräfte; Entlohnungssystem (Gehaltsklassen etc.); Beurteilungssystem; Statuten der betrieblichen Sozialleistungen (Kantine, Kindergarten, Sozialdienst, Werksarzt etc.); Verträge mit IT-Dienstleistern im Personalbereich; Verträge mit externen Personaldienstleistern (Trainer, Gehaltsabrechnung, Outsourcing-Partner); Personalstatistik der letzten drei bis fünf Jahre.

Die Messung der Personalsysteme erfolgt entlang der HR-Wertschöpfungskette. Zur Messung von Personalstruktur und HR-Organisationsstruktur siehe unten (E.3).

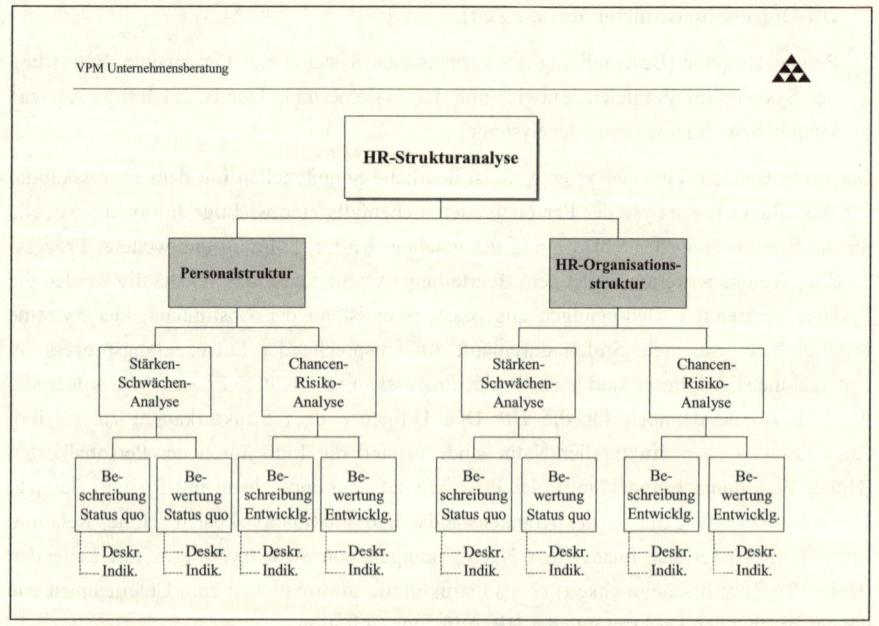

Abb. 8: Die HR-Strukturanalyse

E.3 Methoden: Die HR-Strukturanalyse

Die HR-Strukturanalyse erbringt wesentliche Informationen für die Abschätzung des ökonomischen Erfolges eines möglichen Unternehmenszusammenschlusses:

Für das Wertmanagement lautet die Kernfrage: Welche HR-Werte sind im Unternehmen vorhanden – und wie sind sie im Vergleich zu bewerten? Hierfür werden Kenngrößen zur Beschreibung und Bewertung der aktuellen HR-Struktur des potenziellen Partner-Unternehmens erhoben. Wesentliches Instrument ist die Stärken-Schwächen-Analyse. Sie zeigt den aktuellen Stand des potenziellen Partners in Bezug auf seine HR-Struktur auf und verbessert so die Informationsbasis zur Kaufpreisgestaltung.

Für das Risk Management lautet die Kernfrage: Welche Entwicklungen durchliefen die einzelnen Bausteine der HR-Struktur in der relevanten Vergangenheit, und welche Entwicklungen sind für die nahe Zukunft mit und ohne Zusammenschluss zu erwarten? Hierfür werden Kenngrößen zur Beschreibung und Bewertung der HR-Struktur-Entwicklung erhoben. Wesentliches Instrument ist die Chancen-Risiko-Analyse. Sie zeigt HR-Trends innerhalb der Organisation des potenziellen Partners auf und ermöglicht so eine Abschätzung der zukünftigen Entwicklungen und der notwendigen Investitionen zum Beispiel in der PMI-Phase.

Die HR-Struktur umfasst sowohl die Personalstruktur als auch die HR-Organisationsstruktur (Definition siehe oben). Die Analyse der Personalstruktur inklusive der Ermittlung des „Employee Value" und der HR-Organisationsstruktur wird durch Erhebung und Auswertung von Strukturkennziffern (Sekundäranalyse von Indikatoren und Deskriptoren, siehe oben) und durch Vertiefungsinterviews geleistet. Sie erfolgt in drei Schritten:

1. Planung und Vorbereitung: Als erstes werden Analysefragen aus dem Prüfkatalog abgeleitet; die hierfür geeigneten Messgrößen werden ausgewählt (fünf Indikatoren, die in den HC-Gewichtungsfaktor eingehen; weitere Indikatoren und Deskriptoren nach Bedarf); mit ihnen wird die HR-Strukturanalyse-Matrix formuliert (= „Prüfkatalog" der HR-Strukturanalyse); die Sicherstellung der notwendigen Ressourcen und das Erstellen des Aktionsplanes zur Datenerhebung folgen dem allgemeinen Ablauf der HR Due Diligence; zur weiteren Vorbereitung wird die HR-Strukturanalyse-Matrix an alle Auswerter ausgegeben; die Auswerter werden entsprechend eingewiesen; soweit möglich, werden Struktur und Inhaltsverzeichnis des Data Room vorher eingesehen; der Leitfaden für die Vertiefungsinterviews wird als Entwurf vorformuliert.

2. Erhebung der Daten: Die Sekundäranalyse umfasst die Auswertung vorhandener Quellen (Data Room, Presse, Internet etc.); dabei teilt sich das Erhebungsteam bei Bedarf auf Sachgebiete auf; zwischen den Teams erfolgt mindestens einmal täglich ein Datenabgleich; die Ressourcen sind so einzusetzen, dass ein Abarbeiten der HR-Strukturanalyse-Matrix innerhalb von drei bis fünf Tagen möglich ist; dafür muss die Matrix so kurz wie möglich die Checkfragen für alle Teammitglieder verständlich, die Kenngrößen konkret und schnell messbar sein; die folgenden Vertiefungsinterviews mit internen (und bei Bedarf externen) Experten zielen auf das Klären offengebliebener Fragen; eine Interpretation der (Zwischen-) Ergebnisse ist ebenfalls möglich; in der Regel werden drei bis acht Interviews innerhalb der verfügbaren Zeit durchgeführt; die Einzelgespräche dauern

jeweils zwei bis drei Stunden; Erfolgsfaktoren sind die kurzfristige Verfügbarkeit der Experten, ihre Bereitschaft zur offenen Information sowie eine effiziente Vorbereitung, zum Beispiel durch Kurz-Schulung der Interviewer; die abschließende Dokumentation der Erkenntnisse erfolgt nach den acht Analysefeldern der HR-Strukturanalyse (Abbildung 8, untere Reihe).

3. Auswertung und Verwendung: Für die Auswertung wird das HR-Strukturportfolio (Abbildung 9) benutzt, um Zusammenhänge und Entwicklungen zu verdeutlichen. Hierbei werden in zwei Dimensionen die Kenngrößen eingetragen: entlang der Zeitdimension dynamische und statische Kenngrößen, entlang der Bezugsdimension absolute und relative Kenngrößen. Durch die Verknüpfung beider Dimensionen im Portfolio sind vertikal beschreibende und bewertende Aussagen möglich, horizontal dagegen Aussagen zur Chancen-Risiko-Analyse und zur Stärken-Schwächen-Analyse. So sind die Kernelemente der gesamten HR-Strukturanalyse auf einen Blick sichtbar. Ein Beispiel: die Mitarbeiterzahl lässt sich wie folgt analysieren: statisch-absolut („Kopfzahl heute"), dynamisch-absolut („Kopfzahl-Entwicklung 1998 bis heute"), statisch-relativ („Anzahl heute vs. Best-Practice-Benchmark") und dynamisch-relativ („Entwicklung des Verhältnisses Mitarbeiteranzahl zu Führungskräfteanzahl von 1998 bis heute"). Komplexität und Aussagekraft der verschiedenen Portfolio-Felder sind deutlich unterschiedlich. Je nach Leitfragen der HR Due Diligence sind die entsprechenden Felder bzw. Kenngrößen zu wählen.

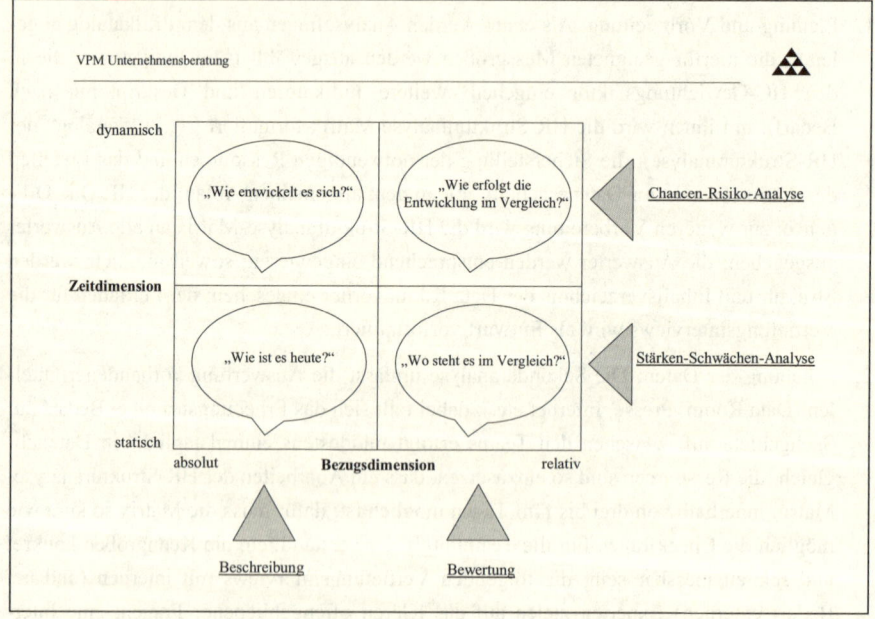

Abb. 9: Das HR-Strukturportfolio

F. HR Due Diligence und Post Merger Integration

In mehr als 80% aller Fälle, in denen Unternehmenszusammenschlüsse scheitern, liegen die Hauptursachen in der Integrationsphase, der Post Merger Integration (PMI). Anzumerken ist hierzu, dass von einer Integration „nach" dem Zusammenschluss im Sinne der Eintragung in das Handelsregister (Closing) kaum einmal zu sprechen ist – in der Praxis beginnt die PMI bereits nach dem „letter of intent", spätestens jedoch nach dem Abschluss des Verschmelzungs- bzw. Kaufvertrages. Erste PMI-Schritte sind zumeist die Festlegung der neuen Organisationsstruktur auf Basis der abgestimmten Fusions- bzw. Unternehmensstrategie und die Benennung der Top-Führungskräfte.

Ebenso unbestimmt wie der Anfang ist in der Regel der Abschluss der PMI-Phase: er erfolgt pro forma per Festlegung durch den Vorstand, wie im Fall DaimlerChrysler („Die Integration ist abgeschlossen"), oder de facto durch die nächste Fusion, wie im Fall Vodafone-Airtouch, deren Zusammenschluss durch die Übernahme der Mannesmann AG in 2000 „abgelöst" wurde.

F.1 Der Zusammenhang

Der Grundstein für eine erfolgreiche (oder auch nicht erfolgreiche) Integration wird bereits bei der Prüfung eines möglichen Zusammenschlusses, also während der Due Diligence, gelegt. Die HR Due Diligence bringt hier für die spätere PMI einen mehrfachen Nutzen: 1. Mögliche Risiken des Zusammenschlusses werden aufgezeigt; hierdurch können die notwendigen Maßnahmen der PMI zielgenauer und rechtzeitiger geplant werden; 2. Die Stärken und Schwächen des potenziellen Partners werden analysiert und bewertet (HC-Gewichtungsfaktor) – so kann der Kaufpreis bzw. können die Konditionen des Zusammenschlusses umfassender und damit zutreffender bestimmt werden; 3. Der Umfang der notwendigen PMI-Maßnahmen kann genauer erfasst werden – hierdurch wird es möglich, das erforderliche HR-PMI-Budget zu ermitteln und in der Ergebnisplanung des Zusammenschlusses zu berücksichtigen. Und schließlich ist 4. die Art der Durchführung der HR Due Diligence förderlich oder hinderlich für die folgende PMI – die Art der Einbindung der Betroffenen, die Akzeptanz der eingesetzten Methoden, der Umgang mit den Ergebnissen: all diese Komponenten prägen bereits die spätere Kooperation der beiden Partner.

F.2 Die Kalkulation des PMI-Budgets

Für die Berechnung des erforderlichen HR-PMI-Budgets werden sechs wesentliche Kostentreiber berücksichtigt (siehe Abbildung 10). Jeder Kostentreiber wird durch die Verknüpfung der ihn bestimmenden Komponenten ermittelt. Anzumerken ist für diese Kalkulation folgendes:

1. Personalabbau: Der Umfang wird häufig im Rahmen der Synergieschätzungen „top-down" gesetzt (Beispiel: 100 Mio. Euro Personalkosten sind einzusparen; bei Pro-Kopf-Personalkosten von 80.000 Euro pro Jahr ergeben sich 1.250 Stellen); die Kosten des Personalabbaus sind wesentlich abhängig von der Zielgruppe und den abzuschließenden Sozialplänen;

2. **Fluktuation:** Die unternehmensübliche Fluktuation erhöht sich in Fusions- oder Übernahmesituationen häufig erheblich – bei „marktengen" Zielgruppen (Führungskräfte, IT-Spezialisten und andere Fachkräfte) oder immobilen Mitarbeitern (Ehepartner am Ort gebunden, soziale Gründe usw.) bis auf weit über 50%;

3. **Interner Zeitaufwand:** Die sogenannten „Opportunitätskosten" sind nicht zu vernachlässigen – so sind für die Projektleitung jeweils ein Mannjahr, für Projektgruppenmitglieder ungefähr 70 Tage, für Führungskräfte 50 Tage und pro Mitarbeiter drei bis fünf Tage zu kalkulieren;

4. **Externer Arbeitsaufwand:** Für Unternehmensberatung, Rechtsberatung, Steuerberatung, Personalberatung, Banken und andere externe Spezialisten sind die üblichen Fixhonorare bzw. variablen Sätze zu veranschlagen;

5. **Integrationsbegleitung:** Ungefähr 200 Euro pro Mitarbeiter beider Gesellschaften sind für Information, Kommunikation und Zusammenführung einzuplanen;

6. **Indirekte Reibungsverluste:** Erfahrungsgemäß ergeben sich pro Person Produktivitätseinbußen während der Integration im Umfang von 30% für ein bis drei Monate.

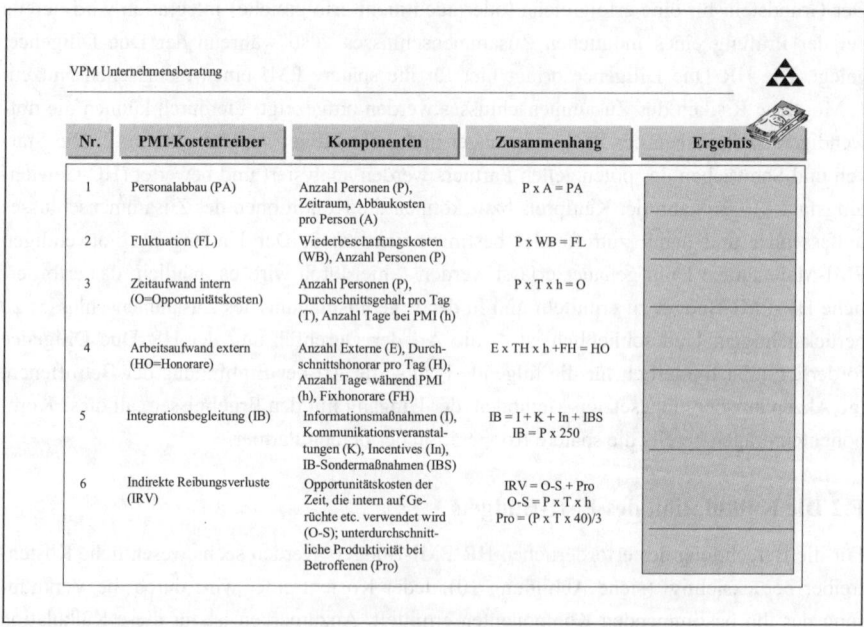

Abb. 10: Kalkulationsschema für das PMI-Budget

Summary

Human resources (HR) are getting more and more important to ensure the success of mergers and acquisitions (M&A). Therefore it is necessary to analyse HR strengths and weaknesses of potential partner enterprises before the M&A decision is made. The article describes a new method to do this – the HR due diligence. As a result of the HR due diligence a human capital weighing factor is calculated, and the post merger integration budget can be planned.

Literatur

Flamholtz, E.G./Coff, R.: Valuing human resources in buying service companies; in: Mergers and Acquisitions, 4/1989, S. 40-44.

Marten, K.-U.: Due Diligence in Deutschland – Eine empirische Untersuchung; Bergische Universität GH Wuppertal, Oktober 1999 (als Zusammenfassung veröffentlicht in: Finanz Betrieb, Heft 11/99).

Due Diligence – Das Personalmanagement als Mitgestalter und Dienstleister bei Outsourcing-Projekten

Dietmar Paul

Das Outsourcing von Unternehmensfunktionen spielt in vielen betrieblichen Entscheidungsprozessen auch weiterhin eine große Rolle. Der mit Outsourcing verbundene Planungs- und Realisierungsprozess stellt sich in der betrieblichen Praxis meist als ein komplexes Themengebiet dar, das ein hohes Maß an Organisation und Koordination erfordert und insofern nicht selten unterschätzt wird.

Während in der Literatur schwerpunktmäßig Chancen und Gefahren der Ausgliederung einzelner Unternehmensfunktionen diskutiert werden, sind aus Sicht des Human-Ressourcen-Managements die bei Outsourcing-Vorhaben anfallenden personalwirtschaftlichen Aufgaben nur ansatzweise durchleuchtet worden.

Der folgende Beitrag soll aufzeigen, dass dem Personalmanagement als internem Dienstleister bei Outsourcing-Projekten verstärkt die Aufgabe zuwächst, die relevanten personellen Aspekte und Fragestellungen im Sinne von Due Diligence ganzheitlich und einvernehmlich mit den Beteiligten zu klären. Der Personalbereich leistet Hilfestellung bei der Umsetzung der geplanten Vorhaben im Sinne von Coaching, Moderation und Konfliktmanagement.

1 Grundsätzliches

Die Globalisierung der Märkte, kurze Innovations- bzw. Lebenszyklen bei Produkten, Dienstleistungen und Technologien sowie ständig wechselnde Kundenanforderungen werden auch in Zukunft zu einem immer schärfer werdenden Wettbewerb zwischen den Unternehmen führen. Hieraus lassen sich die wesentlichen strategischen Herausforderungen ableiten, denen sich erfolgreich operierende Unternehmen auch zukünftig stellen müssen:

- Kontinuierliche Qualitätssteigerung,
- Verstärkte Kundenorientierung und
- Kostenminimierung/Kostenführerschaft.

Der mit diesen Aktivitäten verbundene Konkurrenz-, Kosten- und Rationalisierungsdruck erfordert von den Unternehmen auch die ständige Überprüfung ihrer Geschäftsprozesse, insbesondere im Hinblick auf die Optimierung der eigenen Leistungs- bzw. Verarbeitungstiefe. Dabei stehen v.a. die kostentreibenden, nicht wertschöpfenden Bereiche im Mittelpunkt der Betrachtung. Ergebnis der Überlegungen bzw. Untersuchungen ist in nicht wenigen Fällen die Überarbeitung bzw. strategische Neuausrichtung des Produkt- und Leistungsportfolios. Vor diesem Hintergrund haben Outsourcing-Projekte in den letzten Jahren zunehmend an Bedeutung gewonnen.

2 Begriffsbestimmung

Der Begriff „Outsourcing" stammt aus dem amerikanischen Wirtschaftsleben und ist entstanden aus den Worten „outside", „resource" und „using". Er beschreibt den Sachverhalt, außerhalb des eigenen Unternehmens liegende Quellen mit der Erstellung von Produkten und/oder Dienstleistungen zu beauftragen, diese Leistungen also von einem unternehmensexternen Anbieter zu beziehen. Dabei wird nicht auf die Leistungen als solche verzichtet, sondern lediglich auf die Erstellung durch das eigene Unternehmen. Funktionen, die u.U. nicht (mehr) zu den Kernaufgaben eines Unternehmens gehören, werden ausgelagert und von anderen Unternehmen bereitgestellt. Diese Unternehmen wiederum sind durch ihre rechtliche und wirtschaftliche Selbstständigkeit gekennzeichnet und übernehmen insofern für die Organisation und Abwicklung der ausgelagerten Prozesse die volle unternehmerische Verantwortung.

Eng mit dem Outsourcing-Gedanken verbunden ist die in der Betriebswirtschaftslehre bekannte klassische Make-or-buy-Thematik. Im Gegensatz hierzu beziehen sich Outsourcing-Überlegungen nicht nur auf die Auslagerung partieller/einzelner, meist kleinerer Aufgaben, sondern es werden vielmehr der gesamte Leistungsprozess und somit alle für die Erfüllung einer Unternehmensaufgabe erforderlichen Aktivitäten in den Mittelpunkt der Vergabeaktivitäten gerückt.

Analytisch betrachtet besteht Outsourcing aus zwei Handlungen, nämlich dem Herauslösen einer Aufgabe aus einem übergeordneten Aufgabenkomplex sowie der Vergabe der Funktion an ein anderes Unternehmen. Hiermit verbunden ist in der Regel – neben dem Übergang von Betrieben oder Betriebsteilen – auch ein entsprechender Übergang von Mitarbeitern auf den anderen Inhaber.

In der betrieblichen Praxis spielen Auslagerungen von Funktionen bzw. Funktionseinheiten zu

- Firmen innerhalb des eigenen Konzern- bzw. Unternehmensverbundes, beispielsweise zu einer Tochtergesellschaft (Internes Outsourcing),
- Fremdunternehmen (Externes Outsourcing) oder zu
- neu gegründeten Produktions-/Service-Gesellschaften (Internes oder Externes Outsourcing), die schnell und flexibel auf die spezifischen Erfordernisse des jeweiligen Marktes reagieren können,

eine große Rolle.

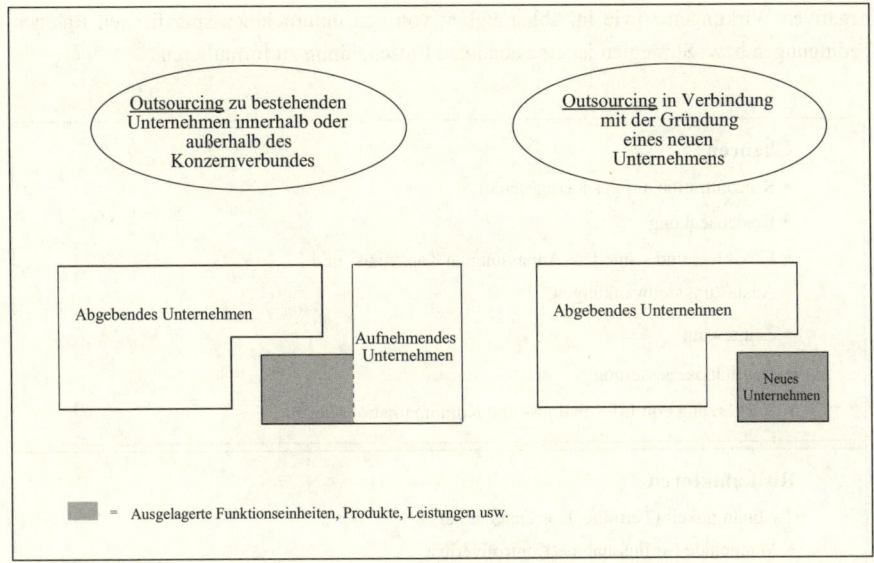

Abb. 1: Grundformen des Outsourcing

3 Chancen und Gefahren des Outsourcing

Die Entscheidung, ob und wenn ja, welche Unternehmensfunktionen ausgelagert werden sollen, kann für die langfristige Wettbewerbsfähigkeit eines Unternehmens von größter Bedeutung sein. Insofern müssen bei der Entscheidungsfindung alle relevanten Vorteile, aber auch die mit einer Auslagerung verbundenen Probleme untersucht werden.

Aus unternehmerischer Sicht kann eine Vielzahl von Gründen für die Ausgliederung von Unternehmensfunktionen genannt werden. Dabei existiert selten ein isoliertes Motiv, vielmehr werden häufig mehrere Gründe gemeinsam wirksam. Ein Hauptmotiv für Outsourcing ist die Konzentration von Ressourcen auf den eigentlichen Unternehmenszweck. Neben diesem mehr strategisch ausgerichteten Motiv stehen häufig noch kostenorientierte und leistungs- bzw. qualitätsorientierte Merkmale im Vordergrund der Betrachtung.

Mit der Auslagerung von Unternehmensfunktionen können auch Probleme im Unternehmen verbunden sein, die den möglichen positiven Merkmalen entgegenstehen und diese ggf. sogar (über-)kompensieren. So kann es beispielsweise zu Problemen aufgrund einer zu starken Abhängigkeit vom externen Dienstleister kommen. Hiermit verbunden ist auch die Gefahr eines partiellen Know-how-Verlustes und/oder das Problem der Informationsgeheimhaltung bzw. des Datenschutzes, z.B. bei der Ausgliederung personalwirtschaftlicher Funktionen (Lohn- und Gehaltsabrechnung, Personalverwaltung usw.).

Letztendlich sind bei der Entscheidungsfindung sowohl die wirtschaftlichen Rahmendaten (Kosten-/Nutzen-Analyse) als auch strategische Überlegungen zu berücksichtigen. Erst nach genauer Untersuchung der verschiedenen, teilweise miteinander verwobenen positiven und negativen Wirkungen sowie in Abhängigkeit von den unternehmensspezifischen Rahmenbedingungen bzw. Strategien ist eine adäquate Entscheidung zu formulieren.

Chancen
- Konzentration auf das Kerngeschäft
- Kostensenkung
- Flexiblere und schnellere Anpassung an Kapazitäts- und Auslastungsschwankungen
- Zeitgewinn
- Qualitätsverbesserung
- Verkürzung von Informations- und Kommunikationswegen

Risikofaktoren
- Abhängigkeit (Termine, Kosten, Qualität)
- Mangelnde Einflussnahme/Kontrollverlust
- Koordinationsprobleme, hoher Aufwand bei der Umsetzung des Outsourcing
- Kompetenz-/Know-how-Verlust
- Imageverlust
- Personalprobleme beim Übergang

Abb. 2: Chancen und Gefahren von Outsourcing

4 Arbeitsrechtliche Überlegungen

Mit der Auslagerung von Betrieben bzw. Betriebsteilen verbunden ist regelmäßig ein entsprechender Übergang von Mitarbeitern auf den neuen Inhaber. Dabei ist aus arbeitsrechtlicher Sicht im Speziellen die Frage zu klären, ob beim Outsourcing § 613a BGB zum Zuge kommt.

§ 613a Abs. 1 Satz 1 BGB regelt, dass – sofern ein Betrieb oder Betriebsteil durch ein Rechtsgeschäft auf einen anderen Inhaber übergeht – dieser in die Rechte und Pflichten aus den im Zeitpunkt des Übergangs bestehenden Arbeitsverhältnissen eintritt. Hieraus lässt sich ableiten, dass Grundvoraussetzung für die Annahme eines Betriebsübergangs der Übergang eines ganzen Betriebes oder eines Betriebsteiles ist.

Als Betrieb gilt dabei jede organisatorische Einheit, in der Personen mit Hilfe persönlicher, sächlicher oder immaterieller Mittel spezifische arbeitstechnische Zwecke fortgesetzt verfolgen.

Betriebsteil im Sinne des § 613a BGB ist eine Teilmenge von Betriebsmitteln eines Betriebes, die im Zusammenhang mit einem bestimmten arbeitstechnischen Zweck stehen.

Dementsprechend muss es sich um eine organisatorisch ausgliederbare Unterabteilung oder um eine selbstständige, abtrennbare Einheit handeln, deren Identität auch nach der Ausgliederung bestehen bleiben kann.

Ein rechtsgeschäftlicher Übergang eines Betriebes oder Betriebsteiles setzt im Grundsatz voraus, dass die für die Wahrung des Betriebscharakters erforderlichen sächlichen und immateriellen Betriebsmittel übergehen. So müssen beispielsweise bei der Ausgliederung eines Produktionsbetriebes die hierfür erforderlichen Maschinen und technischen Aggregate sowie die Arbeitsplätze in ihrer Aufgabenstellung im Wesentlichen erhalten bleiben. Bei Dienstleistungsfunktionen wird auf Know-how, Kundenkreis, immaterielle Betriebsmittel oder auch das tatsächlich übergehende Personal als Abgrenzungskriterium abgestellt.

Liegt ein Betriebsübergang vor, so sind die betroffenen Arbeitnehmer berechtigt, dem Übergang zu widersprechen. Allerdings kann der Widerspruch nur bis zu dem Zeitpunkt ausgeübt werden, zu dem der Betrieb auf den Erwerber übergeht, vorausgesetzt, der alte oder neue Arbeitgeber hat dem Arbeitnehmer dies rechtzeitig angezeigt und ihm eine angemessene Erklärungsfrist gesetzt.

Widerspricht der Arbeitnehmer dem Übergang, verbleibt er in den Diensten des bisherigen Arbeitgebers und geht nicht auf den Betriebserwerber über. Allerdings kann diesen Mitarbeitern infolge des entfallenen Arbeitsplatzes im Unternehmen betriebsbedingt gekündigt werden. Voraussetzungen hierfür sind im wesentlichen, dass

- keine anderen – vergleichbaren – Arbeitsplätze im Unternehmen vakant sind, auf denen die Mitarbeiter beschäftigt werden könnten und
- der Arbeitgeber innerhalb einer Gruppe vergleichbarer Arbeitnehmer im Betrieb eine Sozialauswahl getroffen hat.

Widerspricht der Arbeitnehmer dem Übergang nicht, geht sein Arbeitsverhältnis mit allen Rechten und Pflichten auf den neuen Arbeitgeber über.

Einzelvertraglich erworbene Rechte sind vom neuen Arbeitgeber zu berücksichtigen. Kollektive Ansprüche aus Betriebsvereinbarungen und/oder Tarifverträgen bleiben beim Übergang eines vollständigen Betriebes bestehen oder wandeln sich bei einem Teilbetriebsübergang in einzelvertraglich fortgeltende Rechte um, die nicht vor Ablauf eines Jahres ab Übergangsstichtag zum Nachteil des Arbeitnehmers abgeändert werden dürfen. Ausnahme hiervon ist, wenn zu dem betreffenden Regelungskomplex beim Betriebserwerber bereits kollektivrechtliche Regelungen bestehen. Diese verdrängen die bisherigen Regelungen, auch wenn dies zu einer Verschlechterung führt.

5 Planungs- und Realisierungsprozess

Vor dem Wechsel der von der Ausgliederung betroffenen Belegschaftsmitglieder ist eine Vielzahl von personellen Fragestellungen zu klären; allerdings wird der hiermit verbundene Aufwand nicht selten unterschätzt. Abstimmungen mit der Unternehmensleitung, den Betriebsräten, den Vertretern der aufnehmenden Gesellschaft, aber auch die Information der zum Übergang vorgesehenen Belegschaftsmitglieder sind nur einige Aspekte, die hier zu nennen sind.

Gerade in einer Zeit, in der das Personalmanagement nicht mehr nur als notwendige Verwaltungsstelle und als internes Steuerungsorgan gesehen wird, sondern sich verstärkt als interner Dienstleister im Unternehmensgefüge herauskristallisiert, wächst dem Personalbereich bei Outsourcing-Projekten die Aufgabe zu, die relevanten personellen Aspekte und Fragestellungen ganzheitlich und einvernehmlich mit den beteiligten Stellen zu klären. Der Personalbereich leistet – wie eingangs erwähnt – Hilfestellung bei der Umsetzung der geplanten Outsourcing-Vorhaben im Sinne von Coaching, Moderation und Konfliktmanagement.

Eine detaillierte Projektorganisation hilft, die personalwirtschaftlichen Probleme bereits während der ersten Outsourcing-Aktivitäten zu erkennen und im Sinne von Problembewältigung zu entschärfen bzw. auszuräumen. Schon im Vorfeld der Vertragsverhandlungen sollten sich Vertreter des abgebenden und aufnehmenden Unternehmens gleichermaßen mit den vielfältigen Aspekten der geplanten Personalübernahme auseinandersetzen.

Zielführend ist dabei die Bildung einer Arbeitsgruppe, die für die Konzeption und Umsetzung des Outsourcing-Prozesses verantwortlich ist. Sie sollte sich, bezogen auf die personellen Themen, idealerweise aus Experten der auszugliedernden organisatorischen Einheit und Fachleuten aus dem Personalbereich zusammensetzen. Bei übergreifenden Fragestellungen und Problempunkten sind die entsprechenden Fachbereiche (z.B. Controlling, Rechtsabteilung) einzubeziehen.

Darüber hinaus ist ein Projektverantwortlicher (Teamleiter) zu benennen, der die Schnittstelle zwischen dem Outsourcing-Team und dem Top-Management bildet. Zu seinen Aufgaben gehören u.a. die kontinuierliche Berichterstattung über den Projektverlauf sowie das Einholen von Entscheidungen beim Top-Management.

Im Hinblick auf eine möglichst große Akzeptanz des Projektes sollte allen unmittelbar betroffenen Belegschaftsmitgliedern rechtzeitig Ziel und Zweck der Ausgliederung verdeutlicht werden. Dies kann durch eine sichtbare Werbung für den Outsourcing-Gedanken durch das Top-Management weitestgehend unterstützt werden.

Weitere Aktivitäten der Arbeitsgruppe in dieser Phase sind insbesondere das Aufstellen eines Aktivitäten- und Zeitplanes.

6 Ermittlung des von der Ausgliederung betroffenen Personenkreises

6.1 Rechnerische Zuordnung

Im Zusammenhang mit der Ausgliederung von Unternehmensfunktionen geht – sofern die Voraussetzungen des § 613 a BGB erfüllt sind (vgl. auch Punkt 4) – das von der jeweiligen Maßnahme betroffene Personal grundsätzlich auf den neuen Inhaber über. Ausgangspunkt der personalwirtschaftlichen Aktivitäten ist deshalb die Ermittlung der Anzahl sowie die namentliche Benennung des übergehenden Personenkreises. Nach dem Grad der Verflechtung einzelner Funktionsbereiche zur auszugliedernden Einheit lassen sich dabei grundsätzlich die zwei folgenden Mitarbeiterkategorien unterscheiden.

Arbeitsschritte (grob)	Zeitplan/-bedarf															
	Monat 1				Monat 2				Monat 3				Monat ...			
	Kalenderwoche				Kalenderwoche				Kalenderwoche				Kalenderwoche			
	1	2	3	4	5	6	7	8	9	10	11	12	...	...	...	...
Ermitteln der Anzahl der übergehenden (direkt und indirekt betroffenen) Belegschaftsmitglieder	■	■	■													
Namentliche Eingrenzung und Klärung Sonderfälle					■	■										
Erstellen Namensliste							■									
Klären der wesentlichen personellen Regelungstatbestände (Personalregelwerk)						■	■	■								
Abschließendes Abstimmen Personalregelwerk mit Arbeitnehmervertretern und aufnehmendem Unternehmen									■							
Information Belegschaft										■						

Abb. 3: Aktivitäten- und Zeitplan

- Mitarbeiter aus direkt zuzuordnenden Bereichen, z.B. eines Produktionsbetriebes, eines Standortes oder einer Filiale/Geschäftsstelle und

- Mitarbeiter aus indirekt zuzuordnenden Bereichen, z.B. aus Verwaltungsbereichen und/oder aus technischen und kaufmännischen Stabsabteilungen, die vor bzw. zum Ausgliederungsstichtag anteilmäßig bzw. rechnerisch bestimmte Leistungen für die auszugliedernde Funktionseinheit wahrnehmen. Hierzu zählen z.B. Leistungen der Personalabteilung, des Verkaufsbereiches oder der zentralen Forschungs-/Qualitätsstelle.

Während die Mitarbeiter der direkt zuzuordnenden Bereiche exakt abzugrenzen und zu identifizieren sind, kann sich die Ermittlung der Belegschaftsmitglieder aus den indirekt zuzuordnenden Bereichen weitaus problematischer gestalten. Der Schwierigkeitsgrad ist dabei von verschiedenen Faktoren abhängig; insbesondere spielt auch die Organisationsstruktur eines Unternehmens eine große Rolle. Je nachdem, ob bestimmte Aufgaben (z.B. Verkauf, Einkauf und Lager) dezentral oder zentral wahrgenommen werden, lassen sich die entsprechenden Funktionsbereiche und demzufolge auch die im einzelnen betroffenen Mitarbeiter leicht oder weniger leicht abgrenzen. Insbesondere in großen Unternehmen oder Konzernverbunden mit komplexer Organisationsstruktur werden kaufmännische Verwaltungsaufgaben, aber auch der Technik nahestehende Funktionen eher zentral durchgeführt. Dies bedeutet, dass allein aus der Organisationsstruktur meist nicht erkennbar wird, wie viele Mitarbeiter aus welchen Bereichen für den auszugliedernden Bereich insgesamt tätig sind.

Um dennoch die Personalbindung für die auszugliedernde Funktionseinheit vollständig ermitteln zu können, ist eine enge Abstimmung zwischen dem Personalmanagement einerseits und dem Controlling andererseits erforderlich. Mit Hilfe des Controllings kann das Personalwesen – mit entsprechender DV-Unterstützung – auf Basis der Verrechnungen und Werteflüsse im Unternehmen u.a. auch den Personalaufwand und damit den Personalbestand rechnerisch auf die einzelnen betrieblichen Einheiten auflösen.

In der betrieblichen Praxis existiert eine Vielzahl unterschiedlicher Verrechnungssysteme, die einzeln oder miteinander kombiniert aussagefähige Ergebnisse liefern können. Voraussetzung ist allerdings, dass Daten des aktuellen Betrachtungszeitraumes bzw. des zuletzt verfügbaren Stichtages herangezogen werden. Dabei sind insbesondere folgende Verrechnungs- bzw. Zuordnungsarten in den Vordergrund der Betrachtung zu stellen:

- Direkte Zuordnung

- Zuordnung über innerbetriebliche Verrechnungspreise, z.B. auf Bestellung mit anschließender Verrechnung der Leistungen auf Basis von Mengen oder Stunden. Es lassen sich insbesondere vier Arten von Verrechnungspreisen unterscheiden:

  - Marktpreise (bei Vorhandensein einen externes Marktes mit vergleichbaren Leistungen),

  - marktorientierte Verhandlungspreise (in Anlehnung an Marktpreise, jedoch unter Berücksichtigung quantitativer/qualitativer Unterschiede),

  - kostenorientierte Preise (bei Berücksichtigung der Kostenstruktur des internen Leistungserbringers) und

  - Knappheits-/Monopolpreise (bei Monopolstellung des internen Lieferanten).

- Zuordnung über verursachungsgerechte Schlüssel.

Aus der Gesamtbetrachtung der Leistungsverrechnung ist als eine Teilmenge der Personalaufwand für den auszugliedernden Bereich herauszufiltern. Auf dieser Basis kann – zunächst rein rechnerisch – die Personalbindung für die von der Outsourcing-Maßnahme betroffene Funktionseinheit ermittelt werden. Die Ergebnisse fließen in eine Personalbilanz ein, die in transparenter Form aufzeigt, wie viele Mitarbeiter aus welchen organisatorischen Einheiten dem auszugliedernden Bereich zugerechnet werden.

6.2 Namentliche Zuordnung

Nach der im ersten Schritt rein quantitativen Ermittlung des übergehenden Personenkreises sind im weiteren Verlauf die von der Ausgliederung betroffenen Belegschaftsmitglieder namentlich einzugrenzen und zu fixieren.

Während die Mitarbeiter der direkt auszugliedernden Funktionseinheiten (Personalbilanz, Spalten 2-4) mit deren „Abgrenzung" bereits namentlich feststehen, muss der Personenkreis aus den indirekt zuzurechnenden Bereichen (Personalbilanz, Spalten 5-7) im einzelnen noch namentlich fixiert werden.

Personalbilanz für den Produktionsbetrieb XY							Stand:		
Betrieb/Abteilung	Mitarbeiter aus direkt zuzuordnenden Bereichen			Mitarbeiter aus indirekt zuzuordnenden Bereichen			Gesamt		
	Arbeiter	Angestellte	Summe	Arbeiter	Angestellte	Summe	Arbeiter	Angestellte	Summe
1	2	3	4	5	6	7	8	9	10
Produktionsbetrieb XY	530	20	550	-	-	-	530	20	550
Instandhaltung	40	5	45	-	-	-	40	5	45
Qualitätssicherung	10	10	20	-	-	-	10	10	20
Summe Technik	580	35	615	-	-	-	580	35	615
Verkauf	-	-	-	-	10	10	-	10	10
Einkauf und Lager	-	-	-	-	10	10	-	10	10
Verkehrswirtschaft	-	-	-	-	5	5	-	5	5
Controlling	-	-	-	-	10	10	-	10	10
Datenverarbeitung	-	-	-	-	5	5	-	5	5
Personal-/Sozialwesen	-	-	-	-	10	10	-	10	10
Sonstige	-	-	-	-	10	10	-	10	10
Summe Verwaltung	-	-	-	-	60	60	-	60	60
Gesamt	580	35	615	-	60	60	580	95	675

Abb. 4: Personalbilanz

Auf Basis der in der Personalbilanz ausgewiesenen rechnerischen Mitarbeiterzuordnung sind die Aufgaben und Leistungen der indirekt zuzuordnenden Bereiche für die auszugliedernde Einheit im Rahmen einer Funktionsanalyse zu untersuchen. Hierbei ist zu berücksichtigen, dass durch eine möglichst feingliedrige Auflistung sichergestellt werden kann, dass alle relevanten Aktivitäten ganzheitlich erfasst werden. Allerdings sollte im Hinblick auf ein angemessenes Abstraktionsniveau für jede zu untersuchende Aufgabe der Detaillierungsgrad individuell festgelegt werden.

Insbesondere in großen Unternehmen werden viele Aufgaben in hohem Maße arbeitsteilig und somit von verschiedenen Organisationseinheiten bzw. Mitarbeitern wahrgenommen. Im Zusammenhang mit Outsourcing kann dies im Ergebnis dazu führen, dass der bei der Funktionsanalyse ermittelte und namentlich fixierte Personenkreis in zweierlei Hinsicht zu differenzieren ist:

- Mitarbeiter mit einem Tätigkeitsanteil für den auszugliedernden Bereich von größer oder gleich 50 %

    → Der Personenkreis kann der auszugliedernden Funktionseinheit **unmittelbar** zugeordnet werden.

- Mitarbeiter mit einem Arbeitsvolumen für den auszugliedernden Bereich von weniger als 50 %

    → Die Belegschaftsmitglieder sind der auszugliedernden Einheit nur **mittelbar** zuzurechnen. In diesen Fällen ist ein Übergang auf den neuen Inhaber bzw. auf die neue Gesellschaft gemäß § 613 a BGB ohne Einverständnis bzw. Einwilligung der einzelnen Mitarbeiter nur bedingt durchsetzbar. Sofern ein Wechsel auf freiwilliger Basis nicht zu realisieren ist, kann allenfalls im Zuge einer Sozialauswahl ein entsprechender Personenkreis festgelegt werden. Dabei sind im Grundsatz die Faktoren

- Lebensalter
- Dienstalter und
- Unterhaltsverpflichtungen

zu berücksichtigen.

Aus Sicht des abgebenden Unternehmens wird es Ziel sein, möglichst viele Mitarbeiter der von der Ausgliederung indirekt betroffenen Funktionseinheiten namentlich zu fixieren. Hiermit wird gewährleistet, dass der prozentuale Anteil der Overhead- bzw. Verwaltungsbereiche an den im Unternehmen verbleibenden (betrieblichen) Einheiten nach der Ausgliederung nicht unverhältnismäßig ansteigt und insofern keine Remanenzen entstehen.

Dennoch wird im Rahmen der Vertragsverhandlungen mit dem neuen Inhaber mitunter vereinbart, dass bestimmte Funktionen und damit auch die hiermit betrauten Belegschaftsmitglieder nicht zu übernehmen sind. Dies kann z.B. dann der Fall sein, wenn im Zuge des Outsourcing ein neues zum Konzernverbund gehörendes Unternehmen im Sinne einer Produktions- oder Servicegesellschaft gegründet wird. Hier wird die Konzernspitze in der Regel durchsetzen, dass das neue Unternehmen mit einer schlanken und effizienten Organisationsstruktur ausgestattet wird, damit es auf die spezifischen Erfordernisse des jeweiligen Marktes flexibel reagieren kann.

Andererseits sprechen – insbesondere bei Outsourcing-Vorhaben innerhalb eines Konzerns – in Abhängigkeit von der Größenordnung des auszulagernden Bereiches auch Kostengesichtspunkte für das Belassen bestimmter Funktionen (z.B. Lohn- und Gehaltsabrechnung, Zentrallager) im abgebenden Unternehmen. Diese Aufgaben werden dann vom abgebenden Unternehmen in Dienstleistung erbracht. In den Verträgen mit dem neuen Inhaber sind sowohl der genaue Dienstleistungsumfang als auch die Preisgestaltung entsprechend zu definieren. Aus Sicht des abgebenden Unternehmens ist sicherzustellen, dass bei teilweiser oder vollständiger Kündigung der Dienstleistung durch den Dienstleistungsnehmer der spätere Übergang der betroffenen Mitarbeiter vertraglich vereinbart wird. Alternativ müsste der Dienstleistungsnehmer in einem solchen Fall etwaig anfallende Kosten des Personalabbaus übernehmen.

Über die Dienstleistungsproblematik hinaus müssen zur Vermeidung von Remanenzen für verschiedene Sonderfälle frühzeitig zwischen den Vertragspartnern umsetzbare Regelungen für die Praxis getroffen werden, so z.B. für

- Mitarbeiter, die mit dem abgebenden Unternehmen bereits einen Austrittstermin (nach Übergangsstichtag) vereinbart haben,
- Mitarbeiter in Job-Rotation,
- Belegschaftsmitglieder in befristeten Arbeitsverhältnissen,
- Diplomanden, Praktikanten, Werkstudenten u.a.
- Auszubildende.

Sofern Auszubildende z.B. aus gesellschaftspolitischen Gründen und/oder aus ablauforganisatorischen Gesichtspunkten nicht auf den neuen Inhaber übergehen, sollten auch hier die beim abgebenden Unternehmen verbleibenden (Ausbildungs-) Kosten verrechnet werden. Hierzu ist die Ausbildungsquote des abgebenden Unternehmens insgesamt ins Verhältnis zur auszugliedernden Belegschaft zu setzen; Ergebnis hieraus ist die Zahl der rechnerisch dem auszugliedernden Bereich zuzuordnenden Auszubildenden. Durch eine – zweckmäßigerweise nach dem Gesamtkostenansatz – durchzuführende Bewertung sowie unter Berücksichtigung der durchschnittlichen Ausbildungsdauer lassen sich die Ausbildungskosten je Auszubildenden, ggf. differenziert nach Berufen oder Berufsgruppen (technisch/ gewerblich, kaufmännisch) ermitteln.

Im Zusammenhang mit der Minimierung der durch Outsourcing möglicherweise entstehenden Remanenzen lässt sich – grob betrachtet – folgende Faustformel ableiten:

Rechnerischer Personalaufwand für die auszugliedernde Funktionseinheit

./. Personalaufwand des übergehenden Personenkreises
./. Erstattung Personalaufwand für Dienstleistungen
./. Sonstige Erstattungen (z.B. anteilig für Auszubildende)

= Remanenzkosten.

6.3 Namensliste

In einer Namensliste sind die fixierten und für einen Übergang vorgesehenen Mitarbeiter aufzulisten. Hierzu gehören auch die Belegschaftsmitglieder, die sich zum Ausgliederungsstichtag in sogenannten ruhenden Arbeitsverhältnissen (z.B. im Erziehungsurlaub, bei der Bundeswehr oder beim Zivildienst) befinden.

Die Namensliste kann u.U. auch als Anlage zu den entsprechenden Vertragswerken und/ oder als Basis für die Ermittlung der Beträge zur Übertragung von Pensions- und Jubiläumsrückstellungen sowie von Urlaubs- und Freizeitansprüchen dienen. Sie sollte im wesentlichen die nachfolgenden personenbezogenen Merkmale bzw. Informationen beinhalten:

- Name, Vorname,
- Personalnummer,
- Wohnort,
- Alter, Betriebszugehörigkeit,
- Vertragsart (Lohnempfänger, Tarifangestellter, Außertariflicher Angestellter),
- Dienstrang, Status,
- Ruhendes Arbeitsverhältnis (ja/nein),
- Schwerbehinderung (ja/nein),

- Bisheriger Einsatzbereich, bisherige Kostenstelle,
- Künftiger Einsatzbereich und
- Zuordnung (unmittelbar, mittelbar).

7 Personelle Regelungstatbestände

Bei der Abwicklung von Outsourcing-Vorhaben hat sich in der betrieblichen Praxis gezeigt, dass von den

- vom Übergang auf den neuen Inhaber betroffenen Belegschaftsmitgliedern,
- Vertretern des aufnehmenden Unternehmens und
- Betriebsräten beider Unternehmen

eine Vielzahl von Fragestellungen an das Personalmanagement gerichtet werden.

Das Personalmanagement als unternehmensinterner Dienstleister muss diese Fragen aufgreifen und kategorisieren. Die Fragen sind entsprechend aufzulisten und in einem Personalregelwerk abzuarbeiten. Das Personalregelwerk kann als Grundlage für die Verhandlungen bzw. Gespräche mit dem neuen Inhaber und den Betriebsräten sowie für eine umfassende Information der Mitarbeiter dienen.

Durch die Generierung des Personalregelwerkes und die Beantwortung der hierin enthaltenen Fragen sollen erste Aufschlüsse über die Hintergründe möglicher Problemschwerpunkte gewonnen werden. Die Beantwortung der Fragen dient zudem der Bewertung der Vergleichbarkeit unterschiedlicher Bedingungen zwischen abgebendem und aufnehmendem Unternehmen und trägt insofern zum besseren Verständnis der identifizierten Unterschiede bei.

Eine Vielzahl von Fragestellungen sind zwar immer wiederkehrend, dennoch lassen sich allgemeingültige und für jegliche Ausgliederungen nutzbare Personalregelwerke nicht aufstellen. Zu unterschiedlich sind im Einzelfall die Ängste und Sorgen des vom Übergang betroffenen Personals, was letztendlich mit recht spezifischen Fragestellungen verbunden sein wird.

So kann beispielsweise allein der Ausgliederungsgrund bzw. die -richtung für die Belegschaftsmitglieder von großer Bedeutung sein. Bei einem Outsourcing im Zuge einer Portfoliobereinigung wird die übergehende Belegschaft – insbesondere wenn das neue Unternehmen nicht zum Konzern gehört – den Fokus bei den Fragestellungen auf die zukünftigen Arbeitsplätze (Arbeitsplatzgarantie/-sicherung) richten. Hiermit verbunden sind oftmals auch Fragen im Hinblick auf Konsequenzen bei Widersprüchen und/oder auf Gewährung von Rückkehrrechten (z.B. im Falle einer Auflösung des aufnehmenden Unternehmens oder bei Kündigung der Arbeitsvertragsverhältnisse).

Im Falle einer Ausgliederung von Funktionen mit Gründung einer eigenständigen Gesellschaft im Konzernverbund werden die Fragen der Mitarbeiter insbesondere auf den künftigen Grad der Zusammenarbeit (Dienstleistungsvolumen) der neuen zur alten Gesellschaft zielen.

Unabhängig von dem Grund oder der Richtung des geplanten Outsourcing – hierzu haben die vom Übergang betroffenen Belegschaftsmitglieder zunächst eine eher recht subjektive Wahrnehmung – sind erfahrungsgemäß insbesondere auch die Themen Einkommenssicherung, Altersversorgung, Betriebliche Sozialleistungen und Eingliederung in die Aufbauorganisation des neuen Unternehmens von nicht unwesentlicher Bedeutung.

Mögliche Fragen der Mitarbeiter in diesem Zusammenhang sind:
- Bleiben die tariflichen Eingruppierungen und die Höhe des Gehaltes bestehen?
- Werden beim bisherigen Arbeitgeber erreichte Beschäftigungszeiten für Werksrenten und Dienstjubiläen insgesamt angerechnet?
- Werden nach der Ausgliederung die Mietverträge für Werkswohnungen aufgekündigt?
- Müssen Arbeitgeberdarlehen vorzeitig zurückgezahlt werden?
- Bestehen Möglichkeiten zur Weiterbildung?
- Wie ist die Organisationsstruktur des neuen Unternehmens? Ändern sich Zuständigkeiten und Kompetenzen?

Bei Outsourcing-Maßnahmen, mit denen der Wechsel der Belegschaft in einen anderen Industrie- oder Dienstleistungstarif verbunden ist, z.B. bei dem Herauslösen der Belegschaftsversorgung (Werkskantine) oder des Gebäudemanagements (Reinigung, Instandhaltung) aus einem Unternehmen der Eisen- und Stahlindustrie oder der Chemieindustrie, sind ggf. synoptische Gegenüberstellungen bzw. Vergleiche der wesentlichen tariflichen und betrieblichen Regelungen vorzunehmen. Hierdurch lässt sich feststellen, ob eine Vergleichbarkeit zwischen den Regelungen grundsätzlich gegeben ist und inwieweit den Mitarbeitern bei einzelnen Punkten konkrete Hinweise zu Verbesserungen oder Verschlechterungen ihres Status quo gegeben werden können.

Zur Ermittlung und ggf. Bereinigung möglicher Probleme in Einzelfällen (Entgelt) sind auf der Grundlage aktueller Arbeitsplatzbeschreibungen personenbezogene Synopsen zu erstellen. Dabei sind alle Entgeltbestandteile (Grundentgelt, Zulagen, Sonderzahlungen usw.) in den Vergleich einzubeziehen. Um aussagefähige Ergebnisse zu erhalten, sind die Vergleichsdaten entsprechend auf Jahresgehälter zu berechnen; anzusetzen sind die Durchschnittsbeträge des aktuellen Kalender- oder Geschäftsjahres. In geeigneter Weise zu berücksichtigen sind auch anstehende Tariferhöhungen, insbesondere wenn diese zu unterschiedlichen Terminen vollzogen werden sollen.

Sofern einzelfallbezogen und über alle Bestandteile betrachtet erhebliche Differenzen festgestellt werden, sollten – in enger Abstimmung mit dem neuen Inhaber – Vorschläge zur Problemlösung (Einmalabgeltung, Einstufungsänderung, Gewährung von Zulagen usw.) entwickelt werden.

Themen für den Personalbereich

(1) Ausgangssituation
 - Zielsetzung
 - Termin
 - Anzahl der übergehenden Mitarbeiter

(2) Informationen zum neuen Unternehmen
 - Strategisches Konzept
 - Organisationsstruktur

(3) Betriebsverfassungsgesetz
 - Betriebsrat, Schwerbehindertenvertretung
 - Jugend- und Auszubildendenvertretung

(4) Tarifvertrag

(5) Arbeitsverträge
 - Übergang nach § 613a BGB
 - Widerspruchs-/Rückkehrrechte

(6) Anrechnung von Dienstzeiten

(7) Betriebliche Altersversorgung

(8) Löhne und Gehälter

(9) Arbeitszeitregelungen
 - Wöchentliche Arbeitszeit
 - Gleitzeit

(10) Zusammenarbeit zwischen der alten und neuen Gesellschaft
 (Dienstleistungsvolumen)

(11) Urlaub

(12) Persönliche Entwicklungsmöglichkeiten (Weiterbildung)

(13) Sozialleistungen
 - Arbeitgeberdarlehen
 - Werkswohnungen
 - Deputate, Rabatte, Werksverkäufe

(14) Arbeitsmedizinische Versorgung
 - Sanitätsstation
 - Betriebsärztlicher Dienst

(15) Arbeitssicherheit

(16) Vorschlagswesen

Abb. 5: Checkliste möglicher personalwirtschaftlicher Fragestellungen

Regelungstatbestand	Tarifliche und betriebliche Regelungen im abgebenden Unternehmen (Industrie A)	Tarifliche und betriebliche Regelungen im aufnehmenden Unternehmen (Industrie B)
1. Allgemeine Arbeitsbedingungen • Monatliche/Wöchentliche Arbeitszeit • Urlaubsanspruch • Zuschläge für Mehr-, Spät-, Nacht-, Samstags-, Sonntags- und Feiertagsarbeit • Mehrarbeit • Freistellung von der Arbeit (z. B. bei Eheschließung oder Niederkunft der Ehefrau) • Verdienstsicherung bei internem Arbeitsplatzwechsel aus gesundheitlichen Gründen bzw. im Alter • Kündigungsfristen		
2. Löhne und Gehälter • Lohngruppen/Lohnhöhe • Gehaltsgruppen/Gehaltshöhe • Gruppenzulage • Leistungszulage • Erschwerniszulagen • Rufbereitschaftsvergütung • Vertretungsvergütung		
3. Sonderzahlungen • Tarifliche Sonderzahlung • Tantiemezahlung AT-Angestellte • Weihnachtsgeld • Urlaubsgeld • Freiwillige Jahresleistung		
4. Sonstiges • Dienstjubiläum • Betriebliche Altersversorgung • Entgeltfortzahlung bei Arbeitsunfähigkeit • Arbeitszeitkonten (Kurz-, Langzeitkonten) • Erstattung von Kontoführungsgebühren • Vermögenswirksame Leistungen		

Abb. 6: Gegenüberstellung wesentlicher tariflicher und betrieblicher Regelungen

Entgeltvergleich - Beispielrechnung für den Arbeitsplatz ... -			
	Gehalt im abgebenden Unternehmen in DM	Gehalt im aufnehmenden Unternehmen in DM	Differenz
1. Monatsbezogene Gehaltsbestandteile			
Tarifgruppe ...			
Tarifgehalt	5.750,00 x)	5.000,00 xx)	-750,00
Gruppenzulage	550,00	500,00	-50,00
Leistungszulage (4 %)	-	200,00	+200,00
Durchschn. Rufbereitschaft	-	750,00	+750,00
Vermögensbildung	78,00	52,00	-26,00
Summe	6.378,00 DM/Monat	6.502,00 DM/Monat	+124,00 DM/Monat
Auf ein Jahr gerechnet	76.536,00 DM/Jahr	78.024,00 DM/Jahr	+1.488,00 DM/Jahr
2. Jahresbezogene Gehaltsbestandteile			
Tarifl. Jahresleistung	5.175,00	-	-5.175,00
Weihnachtsgeld	350,00	-	-350,00
Urlaubsgeld	1.200,00	-	-1.200,00
Freiwillige Jahresleistung	6.500,00	-	-6.500,00
Tarifl. Sonderzahlung	-	6.270,00	+6.270,00
Summe	13.225,00 DM/Jahr	6.270,00 DM/Jahr	-6.955,00 DM/Jahr
Entgelt / Jahr	89.761,00 DM/Jahr	84.294,00 DM/Jahr	-5.467,00 DM/Jahr
Anmerkung: x) Bei 37,5 h/Woche; xx) Bei 35,0 h/Woche			

Abb. 7: Beispielrechnung Entgeltvergleich

8 Abstimmung mit dem Betriebsrat und Information der Belegschaft

Wesentliche Voraussetzung für ein möglichst reibungsloses Outsourcing ist – im Sinne einer vertrauensbildenden bzw. -fördernden Zusammenarbeit – die rechtzeitige Einbindung und Information der Arbeitnehmervertretung. Die betriebsratsseitige Begleitung des Prozesses kann helfen, bestehende Ängste und Sorgen der von der Ausgliederung betroffenen Mitarbeiter auszuräumen oder zumindest zu mildern. Wird das Projekt letztendlich von den Arbeitnehmervertretern positiv begleitet, kann dies u.U. in eine Empfehlung an die Mitarbeiter münden, die Ausgliederung zu akzeptieren oder sogar als Chance zu verstehen; Reibungsverluste und Widersprüche können dann weitestgehend vermieden werden.

Bei Outsourcing-Entscheidungen handelt es sich im Grundsatz um wirtschaftliche Angelegenheiten, die dem Katalog des § 106 Abs. 3 BetrVG unterfallen. Insofern ist der im Wirtschaftsausschuss vertretene Betriebsrat rechtzeitig und umfassend sowie unter Vorlage der erforderlichen Unterlagen zu unterrichten. Außerdem besteht seitens des Unternehmens eine Informationspflicht im Rahmen des Personalplanungsausschusses gemäß § 92 BetrVG.

Hieran anschließend sind – nach arbeitgeberseitiger Klärung der personalwirtschaftlichen Regelungstatbestände und Darstellung der Fragen und Antworten im Personalregelwerk (vgl. auch Punkt 7) – die Detailabstimmungen mit den Arbeitnehmervertretern aufzunehmen.

Sofern vereinbart wird, eine Betriebsvereinbarung zur Ausgliederung abzuschließen, kann das Personalregelwerk als Anhang bzw. Anlage zur Betriebsvereinbarung Verwendung finden.

Beim Abschluss von Betriebsvereinbarungen ist zu berücksichtigen, dass sie auf der Ebene des Betriebes oder des Unternehmens abgeschlossen werden; sie sind also in Zusammen-

---

Betriebsvereinbarung

Zwischen

der Muster AG

und

dem Betriebsrat der Muster AG

wird folgende Betriebsvereinbarung abgeschlossen:

1. Die Muster AG beabsichtigt, Funktionen aus dem Bereich X zur Y-GmbH zu überführen. Zusätzlich zu diesen Aufgaben werden auch die dem Bereich X indirekt zuzurechnenden Funktionen der Muster AG auf die Y-GmbH überführt. Hierzu zählen im wesentlichen:

    (Aufzählung)

2. Die hiervon betroffenen Mitarbeiter werden nach § 613a BGB zum ... (Datum) auf die Y-GmbH übergehen (Anlage).

3. Die Arbeitsverhältnisse gehen mit allen Rechten und Pflichten auf die Y-GmbH über; einzelvertraglich erworbene Rechte der übergehenden Mitarbeiter bleiben gewahrt. Kollektive Ansprüche aus Betriebsvereinbarungen und/oder Tarifverträgen wandeln sich in einzelvertraglich fortgeltende Rechte um; sie werden nicht vor Ablauf eines Jahres ab o. a. Übergangsstichtag zum Nachteil der Mitarbeiter verändert. Hiervon unberührt bleiben die Möglichkeiten individualrechtlicher und kollektivrechtlicher Änderungen im Rahmen der gesetzlichen Regelungen.

4. Die Betriebsparteien sind sich darüber einig, dass das als Anlage beigefügte Personalregelwerk die im Zusammenhang mit dem Übergang der Mitarbeiter relevanten Themen regelt.

5. Das Personalregelwerk ist ausdrücklicher Bestandteil dieser Betriebsvereinbarung; Änderungen können nur einvernehmlich zwischen den Betriebsparteien vorgenommen werden.

Ort, Datum

....
(Muster AG)   (Betriebsrat Muster AG)

Die Geschäftsführung der Y-GmbH tritt der Vereinbarung bei und stellt ebenfalls die Einhaltung sicher.

....
(Y-GmbH)

Anlagen: Personalregelwerk, Namensliste

Abb. 8: Betriebsvereinbarung zur Ausgliederung

arbeit mit dem Betriebsrat zu gestalten. Rechtsgrundlage ist § 77 BetrVG; hiernach gelten Betriebsvereinbarungen unmittelbar und zwingend, schaffen also Rechtsnormen für die Arbeitsverhältnisse.

Die Information der vom Übergang betroffenen Belegschaft kann – abhängig von der Zahl des übergehenden Personenkreises – in einer (außerordentlichen) Belegschaftsversammlung bzw. in einer Betriebs-/Abteilungsversammlung erfolgen. Bei kleineren Ausgliederungen mit nur wenigen Mitarbeitern werden in der Regel (Einzel-) Gespräche mit den jeweils Betroffenen vor Ort ausreichen. Das Personalregelwerk ist dem übergehenden Personenkreis zweckmäßigerweise im Zusammenhang mit der Anfertigung und Versendung der Übergangsschreiben zugänglich zu machen.

9 Fazit

Durch die aufgezeigte, systematisierte Vorgehensweise im Hinblick auf die bei Ausgliederungen anfallenden personalwirtschaftlichen Aspekte wird deutlich, dass das Personalmanagement einen entscheidenden Beitrag zum Gelingen von Outsourcing-Vorhaben in der betrieblichen Praxis leisten kann. Es wird auch erkennbar, dass der Personalbereich in Zeiten sich schnell ändernder Rahmenbedingungen verstärkt als interner Dienstleister im Unternehmensgefüge auftreten muss, vielleicht sogar noch offensiver als bislang praktiziert.

Hiermit verbunden ist die Notwendigkeit, sich den neuen Herausforderungen innovativ zu stellen und die Prozesse im Personalmanagement zielorientiert an den Bedürfnissen der internen Kunden auszurichten. Dabei sind Kernfunktionen aus aktueller Sicht zu definieren, zukünftig zu erbringende Leistungen sind rechtzeitig aufzuspüren. Die Aufgaben und die Produktivität/Effizienz ihrer Erledigung müssen kontinuierlich auf den Prüfstand gestellt werden.

Das Personalwesen der Zukunft darf sich nicht in der operativen Verwaltungsarbeit verlieren, sondern muss sich selbst als strategische Managementaufgabe verstehen und begreifen. Wird Personalarbeit dementsprechend konzipiert und praktiziert, kann damit das Ansehen bzw. die Akzeptanz innerhalb des Unternehmens verbessert werden. Dies gilt insbesondere im Hinblick auf die immer wieder aufkeimende Diskussion über Rolle und Stellenwert des Personalbereiches im Unternehmensgefüge.

Das systematische Aufgreifen und die Klärung der bei Outsourcing-Projekten auftretenden personellen Fragestellungen im Sinne von Due Diligence dient nicht zuletzt auch der Förderung und Weiterentwicklung einer vertrauensvollen Zusammenarbeit mit den Arbeitnehmervertretern. Outsourcing-Projekte können immer als Chancen zur Veränderung von Bestehendem angesehen werden; Veränderungsprozesse, die nachhaltig wirken sollen, sind jedoch meist nur im Zusammenwirken aller Beteiligten und nicht zuletzt mit dem Betriebsrat bzw. den Mitarbeitern möglich.

Literatur

Butz, H.-W.: Leistungsverrechnung im Profitcenter Personalabteilung, in: Personalwirtschaft (1999), Heft 8, S. 53-56.

Clermont, A./Schmeisser, W. (Hrsg.): Internationales Personalmanagement, München 1997.

Clermont, A./Schmeisser, W./Krimphove, D. (Hrsg.): Personalführung und Organisation . München 2000.

Clermont, A./Wiggermann, C./Schmeisser, W.: Ansätze und Maßnahmen des Outsourcing im Cateringbereich eines großen Dienstleistungsunternehmens. In: *Clermont, A./Schmeisser, W. (Hrsg.) (1998):* a.a.O., S. 665-681.

Heckelmann, G.: Frischer Wind nicht spürbar, in: Personalwirtschaft (1995), Sonderheft „Outsourcing", S. 51-54.

Lamers, S. M.: Reorganisation der betrieblichen Personalarbeit durch Outsourcing, Münster 1998.

Schmeisser, W./Clermont, A.: Due Diligence Prüfung als Sonderaufgabe des Personalcontrollings. In: Schmeisser, W./Clermont, A./Protz, A. (Hrsg.): Personalinformationssysteme & Personalcontrolling, Neuwied 1999, S. 307-315.

Scholz, C.: Faszinierende Variantenvielfalt, Interviewabdruck, in: Personalwirtschaft (1999), Heft 9, S. 68-69.

Staudt, E./Kriegesmann, B.: Reorganisation der betrieblichen Weiterbildung durch Outsourcing. In: *Clermont, A./Schmeisser, W. (Hrsg.):* Betriebliche Personal- und Sozialpolitik. München 1998, S.191-208.

Wirtschaftlich-rechtliche Möglichkeiten der Führungskräfteentlohnung mittels variabler Vergütungssysteme in Kreditinstituten

Dieter Krimphove / Oliver Kruse

Vor dem Hintergrund eines zunehmenden nationalen und internationalen Wettbewerbs in Verbindung mit einem immer schneller voranschreitenden technologischen Wandel sehen sich Kreditinstitute neuen Herausforderungen gegenübergestellt. Der Schlüssel zur Begegnung dieses Strukturwandels liegt dabei primär in der Qualität des Personals. Insbesondere die Führungskräfte – darunter werden hier Mitarbeiter verstanden, denen in erheblichem Ausmaß Personal- und Sachverantwortung übertragen wurde – spielen in diesem Zusammenhang eine maßgebliche Rolle. Zum einen beeinflusst die Güte ihrer Entscheidungen nachhaltig den Geschäftserfolg, zum anderen prägt ihr Engagement das Leistungsverständnis des jeweiligen Unternehmens. Hauptsächlich zur Steigerung der Leistungsmotivation von Führungskräften, aber auch zu ihrer Gewinnung und Bindung sowie zur Unterstützung der Unternehmensziele wurden deshalb im Bankgewerbe in letzter Zeit verstärkt variable Vergütungssysteme eingeführt. Letztere zeichnen sich vor allem dadurch aus, dass ein Teil des Arbeitsentgelts (1) in Abhängigkeit von der Leistung eines Einzelnen und/oder einer Gruppe gewährt wird.

Intention dieses Beitrags ist es, das potenzielle Leistungsvermögen variabler Vergütungssysteme für Kreditinstitute zu bestimmen. Hierfür erscheint es zunächst bedeutsam, die mit der Schaffung derartiger Systeme verbundenen Ziele sowie die für ihre Erfüllung notwendigen Systemanforderungen darzulegen. Aufbauend darauf wird erläutert, wie variable Vergütungssysteme im Sinne der Anforderungen zu gestalten sind und wie die Leistung eines Mitarbeiters mit seiner Vergütung verknüpft werden kann. Im Anschluss skizziert dieser Beitrag, was bei der Implementierung von variablen Vergütungssystemen zu berücksichtigen ist. Danach wird der Fokus auf die bei der Umsetzung von solchen Systemen zu beachtenden arbeitsrechtlichen Normen gelegt. Die Diskussion erfolgt gesondert, weil sich aus ihnen eine Reihe von Restriktionen ergeben, die den Anforderungen derartiger Systeme entgegenstehen und bei Nichtbeachtung eine befriedigende Zielerreichung verhindern können. Beendet werden die Ausführungen mit einer abschließenden Beurteilung des möglichen Leistungsvermögens von variablen Vergütungssystemen.

1 Funktionen von und Anforderungen an variable Vergütungssysteme

Variable Vergütungssysteme verfolgen in der Bankpraxis meist unterschiedliche Ziele bzw. sie sollen gleichfalls mehrere Funktionen übernehmen. Als besonders bedeutsam können hierbei die folgenden drei Funktionen angesehen werden (2):

Steigerung der Leistungsmotivation: Vor allem durch eine direkte Kopplung von Leistung und Entgelt im Gegensatz zu den früheren, faktisch starren Vergütungssystemen soll die Leistungsbereitschaft von Führungskräften verbessert werden. Auch wenn die Motivationswirkung des Geldes hierbei noch nicht zweifelsfrei ermittelt wurde, lassen Umfrageergebnisse doch immer wieder eindrucksvoll erkennen, dass für Arbeitnehmer der Faktor Geld ein entscheidender Arbeitsantrieb ist (vgl. dazu die Abb. 1).

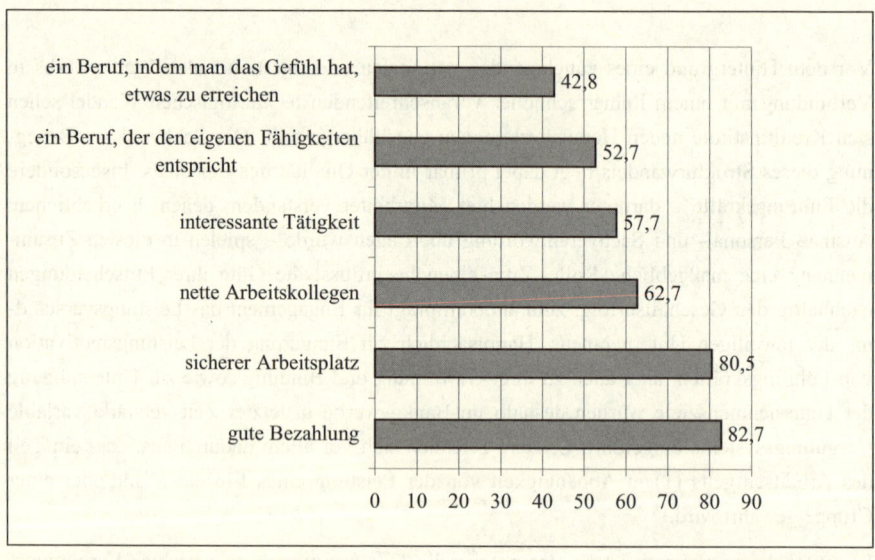

Abb. 1: Bedeutung der Bezahlung im Vergleich zu anderen Faktoren (3)

Unterstützung der operativen und strategischen Unternehmensziele: Vergütungssysteme sind in diesem Zusammenhang als ein flankierendes Steuerungsinstrument zu verstehen, welche die Aktivitäten sämtlicher Mitarbeiter auf die operativen und strategischen Ziele ausrichten sollen (4). Insofern handelt es sich bei variablen Vergütungssystemen um ein Hilfsmittel der Unternehmensführung bzw. der Personalführung.

Steigerung der Unternehmensattraktivität als Arbeitgeber: Mit Hilfe von ansprechenden Vergütungssystemen möchten Banken für potenzielle und für bereits beschäftigte Führungskräfte attraktiver werden (5). Vergütungssysteme übernehmen dabei insofern eine wichtige Funktion, weil es aufgrund zahlreicher Ursachen, wie z.B. Änderungen in der Demographie oder im Werteverständnis, für einzelne Institute zunehmend schwieriger wird, Führungskräfte zu akquirieren und zu halten, die den komplexer werdenden Aufgaben der Zukunft gewachsen sind.

Damit variable Vergütungssysteme jedoch die an sie gestellten Funktionen erfüllen können, müssen sie den im Folgenden dargestellten Anforderungen gerecht werden (vgl. dazu die in der Abb. 2 aufgeführten Anforderungen).

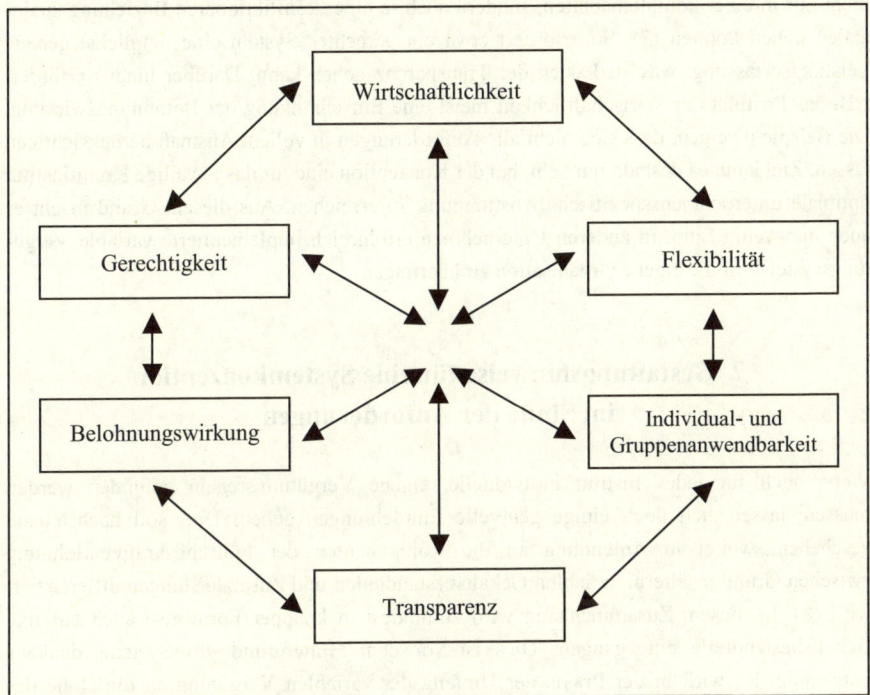

Abb. 2: Anforderungen an variable Vergütungssysteme

Zunächst haben variable Vergütungssysteme im Sinne eines ausgewogenen Kosten-Nutzen-Verhältnisses das Postulat der *Wirtschaftlichkeit* zu erfüllen. Im Rahmen dieser Anforderung ist sicherzustellen, dass die Kosten, darunter fallen die Vergütungszahlungen und der Verwaltungsaufwand für das System, in einem überschaubaren Rahmen bleiben. Des weiteren ist ein hinreichendes Maß an *Flexibilität* des Systems zu gewährleisten. Letzteres ist notwendig, um die unterschiedlichen Voraussetzungen innerhalb eines Unternehmens berücksichtigen und um auf Umweltveränderungen reagieren zu können. Darüber hinaus ist bei der Systemkonzeption darauf zu achten, dass sie eine *Individual-* wie eine *Gruppenanwendbarkeit* erlaubt, womit eine verursachungsgerechte Leistungszurechnung ermöglicht werden soll. Letztlich ist dafür Sorge zu tragen, dass das System *transparent* ausgestaltet wird, dass es von den Mitarbeitern als *gerecht* empfunden wird sowie dass eine Leistungsveränderung sich spürbar auf die Höhe der *Belohnung*, genauer auf die Höhe der Vergütung *auswirkt*. Die Beachtung der letzten drei Anforderungen erscheint besonders bedeutsam, damit es tatsächlich zu einer Steigerung der Leistungsmotivation kommt. So konnten etwa *Porter/Lawler* im

Rahmen ihrer Motivationstheorie nachweisen, dass die Stärke der Motivation davon abhängt, ob das Individuum die in Aussicht gestellte Belohnung als angemessen und gerecht empfindet (6). Dies wiederum erfordert, dass die Zusammenhänge zwischen Leistung und Vergütung für das Individuum ersichtlich sind.

Eine Einschränkung der betriebswirtschaftlichen Möglichkeiten erfahren variable Vergütungssysteme in diesem Zusammenhang vor allem dadurch, dass einzelne Anforderungen nicht nur in einer komplementären, sondern auch in einer konfliktionären Beziehung zueinander stehen können (7). So erfordert etwa ein gerechtes System eine möglichst genaue Leistungserfassung, was zu Lasten der Transparenz gehen kann. Darüber hinaus erfordert z.B. das Postulat der Wirtschaftlichkeit meist eine Einschränkung der Belohnungswirkung. Die Beispiele zeigen, dass sich nicht alle Anforderungen in vollem Ausmaß berücksichtigen lassen. Ziel kann es deshalb nur sein, bei der Konzeption eine für das jeweilige Kreditinstitut optimale unternehmensspezifische Abstimmung zu erreichen. Aus diesem Grund macht es auch nur wenig Sinn, in anderen Unternehmen erfolgreich implementierte variable Vergütungssysteme in die eigene Organisation zu übertragen.

2 Gestaltungshinweise für eine Systemkonzeption im Sinne der Anforderungen

Wenn auch für jedes Institut individuelle, eigene Vergütungsregeln gefunden werden müssen, lassen sich doch einige generelle Empfehlungen geben. Dies soll nachstehend geschehen, wobei in Anlehnung an die Komponenten der Führungskräfteentlohnung zwischen Grundgehältern, variablen Gehaltsbestandteilen und Zusatzleistungen differenziert wird (8). In diesem Zusammenhang wird zumindest in knapper Form also auch auf fixe Gehaltsbestandteile eingegangen. Dies ist vor dem Hintergrund des Systemgedankens notwendig. So wird in der Praxis der Umfang der variablen Vergütung an die Höhe des Grundlohnes geknüpft (9).

2.1 Grundgehälter

Als Grundgehälter sollen hier die vertraglich fest vereinbarten und monatlich in Geld ausgezahlten Einkommensanteile verstanden werden. Dabei erscheint es wichtig, dass sie in ihrer Höhe sowohl markt- wie anforderungsgerecht sind. Zur Ermittlung der Anforderungsgerechtigkeit, also zur Überprüfung des Verhältnisses von Lohn und Schwierigkeitsgrad der zu verrichtenden Arbeitsaufgabe, existieren unterschiedliche grundlegende Stellenbewertungsmethoden (10). Speziell bei der Vergütung von Führungskräften kommt es in der Praxis in diesem Zusammenhang oftmals zu einem Methoden-Mix, der es ermöglicht, die Nachteile eines einzelnen Verfahrens abzuschwächen bzw. die Vorteile eines jeden nutzen zu können. Als am bekanntesten gilt hierbei die Stellenwert-Profil-Methode der HAY-Unternehmensberatung (11), die in zahlreichen Kreditinstituten Verwendung findet (12).

Die Stellenwert-Profil-Methode zeichnet sich dadurch aus, dass die zu bewertenden Positionen in einem ersten Schritt hinsichtlich verschiedener Anforderungsarten analytisch untersucht werden. Für jedes Einzelkriterium ist dabei je nach Ausprägungsgrad ein bestimmter

Punktwert vorgesehen. Aus der Addition der einzelnen Urteile ermittelt sich dann eine Gesamtpunktzahl (Stellenwert). Unabhängig davon werden in einem zweiten Schritt von einer Bewertungskommission summarische Stellenprofile ermittelt, die in einem letzten Schritt den analytischen Bewertungsergebnissen zur Plausibilitätskontrolle gegenübergestellt werden.

Die Vorteile des Verfahrens liegen u.a. darin, dass mit ihr die Gehaltsbestimmung versachlicht wird und aufgrund des gleichen Anwendungsschemas in anderen Unternehmen Gehaltsvergleiche vereinfacht werden. Der damit verbundene höhere Aufwand wird durch die besondere Bedeutung von Führungspositionen gerechtfertigt.

2.2 Variable Gehaltsbestandteile

Während die Höhe der Grundgehälter sich personenunabhängig an den Anforderungen einer Stelle orientieren, soll mit Hilfe von variablen Gehaltszahlungen die Leistung des Stelleninhabers honoriert werden. Diese Vorgehensweise trägt dem Sachverhalt Rechnung, dass Inhaber gleich bewerteter Stellen diese jeweils quantitativ und qualitativ unterschiedlich ausfüllen können (13). Dabei kommen bezüglich einer variablen Bezahlung unterschiedliche Formen wie etwa Tantiemen, Boni oder leistungsbezogene Sondervergütungen in Frage (14). Unabhängig von der Bezeichnung ist vor allem darauf zu achten, dass ihre Höhe auch tatsächlich leistungsabhängig variiert. So erscheint etwa eine an der Höhe der Dividende orientierte Tantieme aus Motivationsgesichtspunkten ungeeignet, da die Dividende von den Führungskräften der 3. und 2. Ebene zumeist nur mittelbar beeinflusst werden kann (15).

Entscheidend für den Erfolg von variablen Vergütungssystemen ist es, dass die Leistung des Einzelnen korrekt ermittelt werden kann. Aus diesem Grunde ist ein besonderes Augenmerk auf die richtige Auswahl, Ausgestaltung und Anwendung des Leistungsbeurteilungsverfahrens zu legen. Grundsätzlich erscheint in diesem Zusammenhang ein zielorientiertes Verfahren am geeignetsten zu sein (16). Kennzeichen eines solchen Beurteilungsverfahrens ist sein institutionalisierter Prozess, bei dem zu Beginn mitarbeiter-, stellen- und situationsbezogene Ziele festzulegen sind, die aus der übergeordneten Unternehmensplanung abgeleitet sind und deren Erfüllungsgrade am Ende die Grundlage für die Beurteilung darstellen (vgl. dazu und im Folgenden die Abb. 2) (17). Vor allem wegen seinem strikteren Aufgaben- und Leistungsbezug und einer daraus resultierenden höheren Qualität der Leistungsbewertung ist es gegenüber den herkömmlichen merkmalsorientierten Verfahren zu präferieren (18). Damit jedoch die aufgeführten Vorteile des zielorientierten Verfahrens in der Praxis tatsächlich genutzt werden können und somit sein vergleichsweise hoher Aufwand kompensiert werden kann, erfordert dies eine wohlüberlegte Verfahrensausgestaltung sowie eine unternehmenseinheitliche Anwendung.

Hinsichtlich des Prozessablaufs ist auf die Berücksichtigung der folgenden sechs aufeinander aufbauenden Schritte Wert zu legen (19): Zu Beginn steht die Vereinbarung von Zielen, aus denen in einem nächsten Schritt konkrete Durchführungspläne abgeleitet werden. Danach wird das anzustrebende Zielausmaß bestimmt, bevor in einem vierten Schritt das Leistungsergebnis im Rahmen eines Soll-Ist Vergleiches festzustellen ist. Es folgt eine Analyse der möglicherweise eingetretenen Abweichungen, aus deren Ergebnissen in einem letzten Schritt individuelle Folgemaßnahmen abgeleitet werden können. Grundlegendes

Abb. 3: Struktur einer zielorientierten Leistungsbeurteilung (20)

Element aller Schritte ist dabei eine kontinuierliche Kommunikation zwischen Vorgesetzten und Mitarbeitern.

Neben der Beachtung der Prozesskomponente sind bei der Verfahrensausgestaltung zusätzlich noch eine Reihe weiterer Punkte zu berücksichtigen. Im Rahmen der Zielsetzungsphase erscheint es in diesem Zusammenhang besonders wichtig, Ziele zum einen nicht autoritär vorzugeben, sondern partizipativ zu vereinbaren (21). Zum anderen sollten die Ziele über die einzelnen Hierarchieebenen nicht einfach „heruntergebrochen", sondern auf die individuelle Mitarbeitersituation abgestimmt sein (22). Intention beider Empfehlungen ist es hierbei, unmittelbar eine möglichst hohe Zielidentifikation und dadurch mittelbar eine Steigerung der Leistungsmotivation sicherzustellen. In der Phase der Leistungsbeurteilung erscheint es darüber hinaus bedeutsam, dass Ziele nicht nur bloß rechnerisch ermittelt, sondern unter Anrechnung der geänderten internen und externen Leistungsbedingungen gewertet werden (23). Ansonsten besteht die Gefahr, besonders die leistungsstarken Führungskräfte, die eigentlich in besonderer Weise vom System profitieren sollten, zu benachteiligen. Denn fließen etwa ungünstige Bedingungen nicht in die Bewertung ein, bedeutet dies für die zuvor angesprochene Mitarbeitergruppe, dass es für sie immer schwieriger wird, die Ziele zu erreichen. Im Gegensatz dazu hätten leistungsschwache Mitarbeiter unter Umständen die Ziele von vornherein nicht erfüllt.

Wie bereits die vorherigen Ausführungen verdeutlichen, liegt es vor allem an der Art und Ausgestaltung der Leistungsbeurteilung, inwieweit ein variables Vergütungssystem als gerecht, transparent und motivierend empfunden wird. Darüber hinaus kann insbesondere ein von den Mitarbeitern akzeptierter Zielvereinbarungsprozess als Beleg für die Attraktivität einer Bank angesehen werden, verlangt er doch ein großes Maß an Delegation und Partizipation.

2.3 Zusatzleistungen

Normalerweise handelt es sich bei den Zusatzleistungen in ihrem Wesen nach um fixe Zahlungen. Teilweise ist aber auch hier eine Variabilisierung denkbar. So sind einige Unternehmen, wie etwa die Hypovereinsbank oder die Commerzbank, dazu übergegangen, den Fixcharakter ihrer betrieblichen Altersversorgung aufzuheben (24). Während bislang die betriebliche Zusatzrente häufig an das zuletzt erreichte Monatsgehalt anknüpfte, bildet in neueren Versorgungssystemen die Summe aller Jahresgehälter, also einschließlich aller variablen Vergütungsbestandteile, die Berechnungsbasis. Auf diese Weise wird sichergestellt, dass die im Verlauf eines Beschäftigungsverhältnisses erbrachte Gesamtleistung sich auch in der betrieblichen Altersversorgung fortsetzt und somit der Anreiz für eine Leistungssteigerung verstärkt wird.

3 Die Verknüpfung von Leistung und Vergütung

Nachdem bereits die unterschiedlichen Entlohnungskomponenten sowie die zur Leistungsmessung notwendigen Instrumente vorgestellt wurden, wird nachfolgend dargelegt, wie einzelne Komponenten im Sinne des Systemgedankens verknüpft werden können und wie sich eine Leistungsänderung auf die Höhe der Gesamtvergütung auswirken kann. Hierfür ist es zunächst notwendig, generell die Höhe des variablen Anteils an der Gesamtentlohnung festzulegen. Dabei ist hinsichtlich seiner Höhe zu beachten, dass er einerseits nicht zu gering ausfällt, damit Leistungsunterschiede sich spürbar in der Entlohnung niederschlagen können. Andererseits darf der variable Anteil aber auch nicht so hoch sein, dass bei unterdurchschnittlicher Leistung die Sicherung des Lebensunterhaltes gefährdet wäre (25). Zur Lösung dieses Konflikts bietet es sich an, den variablen Anteil mit zunehmender Hierarchiestufe auszuweiten, weil auf diese Weise gleichermaßen eine Leistungsstimulation auf höheren wie auch der Erhalt des Existenzminimums auf unteren Hierarchieebenen gewährleistet ist (26).

Im Anschluss an die Entscheidung zur unternehmensspezifischen Relation von variablen und fixen Gehaltsbestandteilen können als nächstes Gehaltsbandbreiten definiert werden. Letztere knüpfen direkt an die Stellenbewertung an und bilden die Grundlage, um sowohl das individuelle Leistungsniveau als auch die Marktwerte einzelner Positionen berücksichtigen zu können. Zur Bildung von Bandbreiten bietet sich nachstehend beschriebene Vorgehensweise an (27).

In einem ersten Schritt werden die Gehaltszahlungen aller Führungskräfte mit ihren dazugehörigen Punktwerten aufgelistet und in einer zweidimensionalen Grafik eingetragen. Aus der daraus resultierenden Punktwolke lässt sich im Regelfall eine positive Korrelation erkennen. Mit Hilfe einer statistischen Regressionsanalyse ist es dann ebenfalls möglich, hieraus eine funktionale Beziehung herzuleiten, welche es erlaubt, die interne Gehaltsstruktur in Form einer Gehaltslinie darzustellen. Diese wird in einem zweiten Schritt mit den Gehaltsstrukturen anderer Kreditinstitute im Rahmen von Vergütungsstudien überprüft. Auf Grundlage dieser Marktübersicht lässt sich nun in Abhängigkeit von der spezifischen Unternehmenssituation entscheiden, wo das künftige eigene Vergütungsniveau angesiedelt sein soll. In einem dritten Schritt werden die Punktwerte sämtlicher Positionen dergestalt in Funktionsgruppen zusammengefasst, dass möglichst wenige Positionen im Grenzbereich zwischen zwei Gruppen liegen und die den Gruppen zugeordneten Gehälter im jeweiligen Gehaltsband abgebildet werden; (vgl. dazu die Abb. 4).

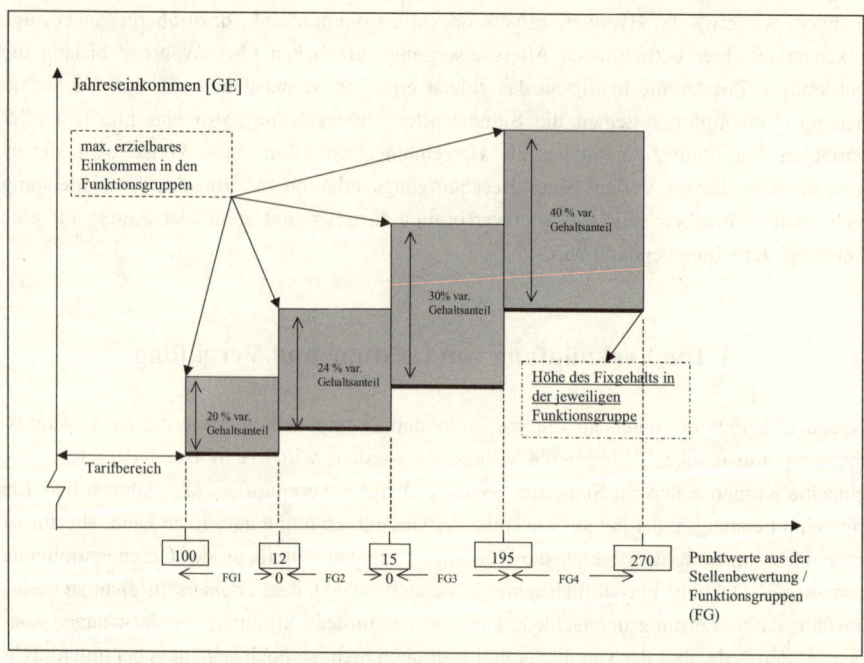

Abb. 4: Beispiel eines Gehaltsbändermodells (28)

Folge dieser Gehaltsbänder ist es, dass die Leistung und damit korrespondierend die variable Vergütung im Rahmen der Bandbreiten schwanken kann. Die damit verbundene Begrenzung des individuellen Gehalts nach oben wie nach unten ist hierbei gewollt, obwohl bei Erreichen der maximalen Vergütung die Gefahr besteht, dass die Leistungsmotivation zurückgeht (29). Zum einen kann jedoch ein Nachlassen der Motivation bei hohem Leistungsniveau gewünscht sein, zum anderen kann die Wirtschaftlichkeit des Systems gefährdet sein, wenn sinnvollerweise nicht nur Betriebsergebnisgrößen als Leistungsmaßstab dienen. Die Möglichkeit, keine variable Vergütung zahlen zu brauchen, ergibt sich ebenfalls aus der Anforderung der Wirtschaftlichkeit, weil das Unterschreiten einer bestimmten Mindestleistung für eine Bank nutzlos sein kann.

Richtet man den Blick auf das Beispiel in der Abb. 4, finden sich neben bereits erwähnten auch weitergehende Gestaltungshinweise:

- Vergleicht man das Verhältnis des fixen zum variablen Gehaltsanteil in den einzelnen Bandbreiten – das untere Ende einer Bandbreite markiert die Höhe des Fixums, das obere Ende stellt dementsprechend die maximal mögliche Entlohnung dar – zeigt sich, dass der variable Bestandteil mit steigender Funktionsgruppe wächst. Damit wurde den vorhergehenden motivationstheoretischen Überlegungen Rechnung getragen.

- Stellt man die Punktespannweite der einzelnen Funktionsgruppen gegenüber, lässt sich erkennen, dass sie ebenfalls mit steigender Funktionsgruppe wächst. Dadurch wurde der Sachverhalt berücksichtigt, dass die Punktwerte einzelner Stellen mit steigender Hierarchieebene stärker differieren. Um nun eine ausreichend große Funktionsgruppe bilden zu können, ist es notwendig, die Spannweite mit wachsender Funktionsgruppe auszudehnen.

- Im vorliegenden Beispiel wurden lediglich wenige breite Gehaltsbänder definiert, welche sich überlappen. Diese Konstellation (30) trägt dem Leistungsgedanken Rechnung und gibt einen großen Spielraum für Gehaltsentwicklungen in der gleichen Funktionsgruppe. Dadurch wird vor allem den Führungskräften entsprochen, die schon zu Beginn ihrer beruflichen Entwicklung anspruchsvolle Aufgaben übernehmen wollen, ohne dafür die Karriereleiter emporklettern zu brauchen (31). Die Konstellation kommt aber genauso den Banken entgegen, weil dadurch spezifische Marktgegebenheiten berücksichtigt werden können und flache Hierarchien gefördert werden (32). Allerdings werden damit an die Führungskräfte auch erhöhte Ansprüche gestellt, weil eine Gehaltssteigerung vom Beurteilungsergebnis abhängt. So kann insbesondere eine ungenügende Differenzierung bei der Leistungsbewertung den Leistungsgedanken konterkarieren und eine ungerechtfertigte Erhöhung der variablen Gehaltssumme zur Folge haben (33).

Insgesamt gesehen bildet die Schaffung von Gehaltsbandbreiten das Strukturelement für eine markt- und leistungsgerechte Entlohnung. Inwiefern aber tatsächlich innerhalb der Bandbreiten leistungsgerecht vergütet wird, hängt davon ab, wie stark sich eine Leistungsänderung auf die Höhe der variablen Vergütung auswirkt. Dafür ist es erforderlich, eine Vergütungsfunktion zu bestimmen, deren Funktionsverlauf die Abhängigkeit der variablen Vergütung von der Entwicklung bestimmter Leistungsindikatoren beschreibt. Als Leistungsindikatoren kommen in diesem Zusammenhang je nach unternehmensspezifischen Gegebenheiten unterschiedliche Bemessungsgrundlagen wie etwa Betriebsergebnisse oder Deckungsbeiträge in Frage. Ohne hier näher auf mögliche Bezugsgrößen eingehen zu können (34), sei hier lediglich auf die Vorteilhaftigkeit eines Bezugsgrößen-Mixes hingewiesen (35).

Konzentriert man sich auf die Funktionsverläufe als solches, zeigt sich, dass grundsätzlich ein progressiver, ein degressiver oder ein linearer Verlauf möglich ist (vgl. dazu die Abb. 5). Während bei einem progressiven Verlauf mit Verbesserung der Bezugsgröße der variable Einkommenszuwachs überproportional zunimmt, verringert er sich bei einem degressiven

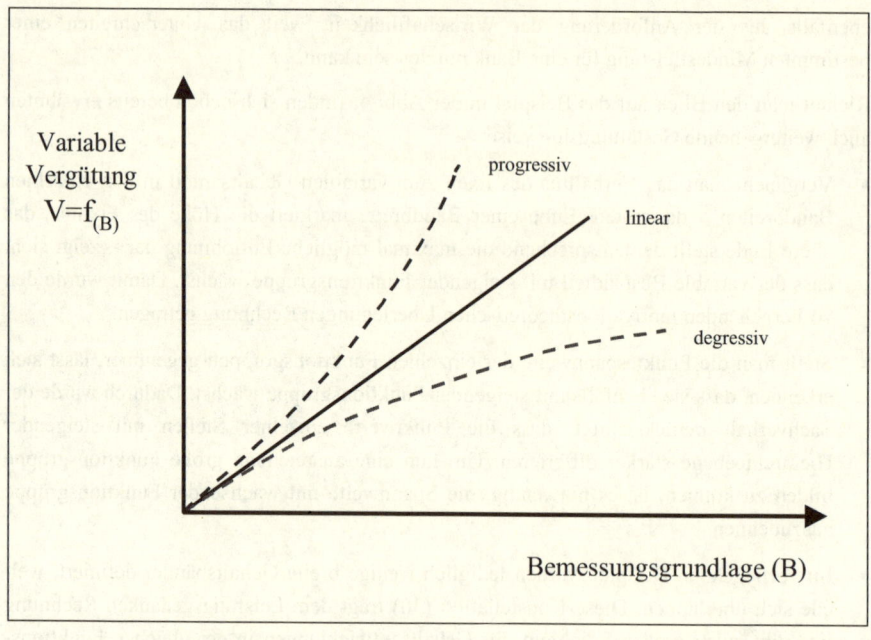

Abb. 5: Mögliche Funktionsverläufe einer variablen Vergütung (36)

Verlauf. Hingegen wächst bei einem linearen Verlauf die Höhe der variablen Vergütung proportional zur Verbesserung der Bezugsgröße. Obgleich vor allem mit dem progressiven Verlauf ein hoher Leistungseinsatz verbunden sein wird, sollte aus Gründen der Wirtschaftlichkeit und der Transparenz der symmetrische Verlauf gewählt werden. Auf diese Weise ist zum einen gewährleistet, dass der Grenznutzen je Leistungseinheit für das Unternehmen gleich bleibt, zum anderen ist die Funktion einfacher nachzuvollziehen (37).

Insgesamt gesehen sind damit die für eine erfolgreiche Systemkonzeption wichtigsten Punkte angesprochen. Dennoch bleiben jeweils unternehmensintern noch eine Fülle von Detailfragen zu klären, so ist etwa zu überlegen, zu welchem Zeitpunkt oder in welcher Form die Ausschüttung erfolgen sollte (38).

4 Implementierungshinweise

Aufgrund dessen, dass nicht nur von einer unsachgemäßen Systemkonstruktion, sondern auch von seiner unzulänglichen Implementation gravierende Auswirkungen auf die Leistungsmotivation und das Betriebsklima ausgehen können, sollte letztere ebenfalls hinreichend beachtet werden. Bei der Umsetzung des Systems erscheint es wichtig, die Mitarbeiter umfassend mit Informationen über das System zu versorgen sowie ihnen ausreichend Partizipationsmöglichkeiten einzuräumen (39). Auf diese Weise können überzogene Befürchtungen der Führungskräfte verhindert sowie eine höhere Identifikation mit dem System gefördert werden. Methodisch können diese Bemühungen durch ein effizientes Projektmanagement – ggf. unter Einbeziehung eines externen Beraters – unterstützt werden (40).

5 Arbeitsrechtliche Parameter

Rechtsbedingungen, insbesondere solche des Arbeitsrechts, wirken hinsichtlich der Einführung und Gestaltung von Vergütungssystemen steuernd. So schaffen Rechtsnormen Anreize aber auch Barrieren für bzw. gegen die Einführung von Vergütungssystemen. Die Rechtslage in Deutschland ist hinsichtlich variabler Vergütungssysteme äußerst differenziert. Dies gilt sowohl für die Normen, mit der Arbeitgeber flexible Vergütungssysteme einsetzen können, als auch für die Möglichkeit der Beteiligung von Arbeitnehmervertretern bei der Einführung.

5.1 Normen zur Einführung von variablen Vergütungssystemen

Bestimmungen der Entlohnung können grundsätzlich eingeführt werden durch:

- Tarifvertrag, Betriebsvereinbarung,
- Individualvertrag,
- Einbeziehung von Betriebsrat und Sprecherausschuss und
- betriebliche Übung.

Die Reihenfolge der aufgeführten Rechtsgrundlagen stellt zugleich auch deren Rangfolge dar. Dies bedeutet, dass die Bestimmungen der übergeordneten Rechtsquelle den Rahmen für die Regelungsinhalte der untergeordneten Rechtsquelle vorgeben. Dementsprechend sind Abweichungen grundsätzlich nur dann möglich, wenn sie für den Arbeitnehmer günstigere Vereinbarungen darstellen (Günstigkeitsprinzip) (41).

5.1.1 Variable Vergütungssysteme in Tarifverträgen

Der Tarifvertrag ist ein privatrechtlicher Vertrag zwischen Gewerkschaft(en) und Arbeitgeber(n), in dem beiderseitige Rechte und Pflichten arbeitsrechtlicher Art geregelt (schuldrechtlicher Teil) sowie Vereinbarungen über Inhalt, Abschluss und Beendigung von Arbeitsverhältnissen (normativer Teil) getroffen werden. Die Regelungen zur Vergütung befinden sich im normativen Teil des Tarifvertrages.

Im Bankgewerbe kommen für die einzelnen Institutsgruppen jeweils getrennte Tarifverträge zur Anwendung, die – abgesehen von denen der Sparkasse – im Wesentlichen übereinstimmen. Für die Vergütung im privaten Bankgewerbe und die öffentlichen Banken sind hauptsächlich der Manteltarifvertrag, der u.a. die Eingruppierung in die neun Tarifgruppen regelt, und der Gehaltstarifvertrag, der die meist jährlich neu zu verhandelnden Tarifgehälter beinhaltet, ausschlaggebend (42). Obgleich die Tarifverträge grundsätzlich nur die Tarifvertragsparteien binden, gelten sie in der Praxis ebenfalls in den meisten tarifungebundenen Unternehmen bzw. kommen auch den Nicht-Gewerkschaftsmitgliedern zu Gute.

Während sich Tarifverträge nur auf eine bestimmte Institutsgruppe beziehen, besteht auf betrieblicher Ebene die Möglichkeit, durch interne Vereinbarungen, wie beispielsweise

Betriebsvereinbarungen, eine Rechtsgrundlage für die einzelne Bank zu schaffen. Betriebsvereinbarungen sind Verträge, die zwischen der Bankführung und dem Betriebsrat abgeschlossen werden. Sie beinhalten Angelegenheiten, die üblicherweise nicht im Tarifvertrag geregelt sind (Tarifvorbehalt gem. § 77 Abs. 3 BetrVG). Infolge der gesetzlich verankerten Mitbestimmung haben Betriebsräte bei einer Vielzahl personeller und sozialer Maßnahmen mitzubestimmen, wobei die betriebliche Lohngestaltung gemäß § 87 Nr. 10 und 11 BetrVG ebenfalls der Mitbestimmung unterliegt. Die Mitbestimmung umfasst sowohl die Aufstellung von Entlohnungsgrundsätzen wie die Einführung und Anwendung von neuen Entlohnungsmethoden als auch deren Änderungen. Außerdem ist die Mitbestimmung bei der Festsetzung leistungsbezogener Vergütungsbestandteile vorgesehen (§ 87 Nr. 10 und 11 BetrVG bzw. § 75 BPersVG). Nicht mitbestimmungspflichtig ist hingegen die absolute Gehaltshöhe des einzelnen Arbeitsverhältnisses.

Betriebsvereinbarungen gelten grundsätzlich für alle Arbeitnehmer. Folglich werden auch die Interessen der AT-Mitarbeiter ohne Leitungsbefugnisse vom Betriebsrat wahrgenommen, so dass er etwa Einfluss auf die Bildung von Funktionsgruppen für AT-Angestellte nehmen kann.

Leitende Angestellte haben im deutschen Arbeitsrecht eine Sonderstellung. Zwar gelten auch sie als Arbeitnehmer mit entsprechenden Arbeitnehmerinteressen, aufgrund ihrer Position üben sie aber zumindest in Teilbereichen Arbeitgeberfunktionen aus. Deswegen unterliegen leitende Angestellte grundsätzlich nicht den tariflichen Regelungen, es sei denn, in ihrem Arbeitsvertrag ist eine entsprechende Anpassungsklausel enthalten. Darüber hinaus fallen sie nicht in den Geltungsbereich des BetrVG und können daher die dort festgelegten Rechte nicht für sich beanspruchen (43).

Der Gesetzgeber geht grundsätzlich davon aus, dass leitende Angestellte aufgrund ihrer Stellung im Unternehmen nicht den gleichen arbeitsrechtlichen Schutz wie die übrige Arbeitnehmerschaft benötigen (44). So finden die Regelungen des Arbeitszeitgesetzes (ArbZG) gemäß § 18 1 Nr. 1 ArbZG keine Anwendung für leitende Angestellte. Des weiteren ist diese Mitarbeitergruppe nach § 14 Kündigungsschutzgesetz (KSchG) von dem allen übrigen Arbeitnehmern gewährten Einspruchsrecht des Betriebsrates ausgenommen. Der Kreis der leitenden Angestellten ist dabei klar von dem der außertariflich bezahlten Angestellten, im folgenden AT-Angestellte genannt, zu trennen. Der Begriff des leitenden Angestellten stammt aus dem Betriebsverfassungsrecht, der des AT-Angestellten hingegen aus dem Tarifrecht. Danach sind AT-Angestellte Mitarbeiter, für die der Tarifvertrag nicht gilt. Dies ist zum einen auf die Tatsache zurückzuführen, dass die an das Aufgabengebiet der AT-Mitarbeiter gestellten Anforderungen grundsätzlich höher sind als die üblicherweise an Stellen im Tarifbereich geknüpften Anforderungen. Zum anderen liegt die Höhe ihrer Vergütung regelmäßig über dem Niveau der tariflichen Vereinbarungen (45).

Leitende Angestellte sind grundsätzlich AT-Angestellte. Umgekehrt zählen nur etwa 10 Prozent der AT-Angestellten zur Gruppe der leitenden Angestellten (46).

5.1.2 Einführungsarten eines variablen Vergütungssystems durch eine „Betriebsvereinbarung"

Das BetrVG vom 15.01.1972 sieht für leitende Angestellte keine gesetzliche Interessenvertretung vor. Infolgedessen wurden in den Jahren nach Erlass des Gesetzes in vielen Unternehmen freiwillig Sprecherausschüsse gebildet (47). Diese Verfahrensweise wurde vom Bundesarbeitsgericht ausdrücklich gebilligt (48). Eine gesetzliche Regelung trat jedoch erst mit Wirkung vom 01.01.1989 mit dem Gesetz über Sprecherausschüsse der Leitenden Angestellten (SprAuG) in Kraft (49).

Anders als die vergleichbare Vorschrift im Betriebsverfassungsgesetz für den Betriebsrat (§ 87 Abs. 1 Nr. 10 BetrVG) sieht der Gesetzgeber für Sprecherausschüsse keine Mitbestimmungsrechte, sondern lediglich Mitwirkungsrechte gemäß § 30 ff. SprAuG vor. Dem Sprecherausschuss stehen dabei umfassende Unterrichtungs-, Beratungs- und Anhörungsrechte (50) in sozialen Angelegenheiten (§ 30 SprAuG), bei personellen Einzelmaßnahmen (§ 31 SprAuG) und bei wirtschaftlichen Entscheidungen (§ 32 SprAuG) zu (51).

Diese gesetzliche Grundlage ermöglicht es den Sprecherausschüssen, sich an grundsätzlichen Entscheidungen im Unternehmen nur eingeschränkt zu beteiligen. Für die Festlegung der Entlohnungsmodalitäten sind den Sprecherausschüssen gemäß § 30 I SprAuG lediglich Unterrichtungs- und Beratungsrechte eingeräumt. Diese beziehen sich im Wesentlichen auf beabsichtigte Änderungen der Gehaltsgestaltung und der sonstigen allgemeinen Arbeitsbedingungen der leitenden Angestellten sowie auf die Einführung und Änderung allgemeiner Beurteilungsgrundsätze. Hingegen ist der quantitative Umfang der Beteiligung des Sprecherausschusses erheblich.

Die Mitwirkungsrechte des Sprecherausschusses in den Fragen der Gehaltsgestaltung betreffen alle Bereiche eines bestehenden Vergütungssystems, die von grundlegender Bedeutung für die Gruppe der leitenden Angestellten im Unternehmen sind. Insbesondere ist der Sprecherausschuss an Entscheidungsprozessen zur Bildung von Gehaltsgruppen und -bändern sowie zur Festlegung allgemeiner Bewertungskriterien und Zuordnungsregelungen zu beteiligen (52). Auch bei der Einführung und Änderung allgemeiner Beurteilungsgrundsätze für leitende Angestellte hat die Unternehmensführung nach § 30 II SprAuG den Sprecherausschuss rechtzeitig zu unterrichten und das beabsichtigte Vorhaben mit ihm zu beraten (53).

Die Bank ist jedoch nicht an die Beratungsergebnisse gebunden. So kann der Sprecherausschuss die Bankleitung nicht daran hindern, nach erfolgter Beratung die angesprochenen Maßnahmen wie ursprünglich geplant durchzuführen (54).

Das Sprecherausschussgesetz bietet den leitenden Angestellten zwar nur ein Anhörungs- und Beratungsrecht. Oft besteht aus personalpolitischen Gründen die Notwendigkeit für die Unternehmung, ein Vergütungssystem nur in gegenseitiger Absprache mit dem Sprecherausschuss oder als besondere, eigenständige Vereinbarung mit diesem einzuführen. Hierzu bieten sich zwei Formen der rechtlichen Gestaltung:

- Richtlinien mit normativer Wirkung und
- Richtlinien ohne normative Wirkung.

Richtlinien ohne normative Wirkung gemäß § 28 1 SprAuG sind interne Verhaltensregeln, die eine gleichmäßige Verfahrensweise in einer Vielzahl von Fällen sicherstellen sollen. Sie sind durch Unverbindlichkeit nach außen hin und Offenheit für Ausnahmeregelungen gekennzeichnet. Mit der Vereinbarung von Richtlinien ohne normativen Charakter bindet sich die Bankleitung auf einer freiwilligen Basis zunächst nur selbst. Durch die Beachtung des Gleichbehandlungsgrundsatzes (55) kann eine Bindung jedoch dahingehend eintreten, als das die Bank bei der Konzeption der Richtlinie keine sachfremden diskriminierenden Differenzierungen vornehmen darf (56).

Eine andere Rechtswirkung geht hingegen von Richtlinien mit normativer Wirkung gemäß § 28 II SprAuG aus. Sofern die Bankleitung mit dem Sprecherausschuss eine unmittelbare und zwingende Wirkung der Regelungsinhalte ausdrücklich vereinbart, sind diese für die arbeitgebende Bank wie eine Rechtsnorm bindend (57). Eine solche Vereinbarung hat innerhalb des Hauses einen gesetzesähnlichen Charakter. Sie gilt daher auch ohne eine dementsprechende Regelung im einzelnen Arbeitsvertrag für alle leitenden Angestellten der Bank (58). Vom vereinbarten Zeitpunkt an kann sich jeder Leitende auf diese Vereinbarung berufen und die entsprechende Regelung für sich in Anspruch nehmen (59).

Im Gegensatz dazu sind gemäß § 28 II Satz 2 SprAuG günstigere einzelvertragliche Abmachungen grundsätzlich zulässig. Diese sind in der bankbetrieblichen Praxis auch weit verbreitet (60). Somit können einmal zugesagte Leistungen der Bank einem leitenden Angestellten nicht durch die Regelungen einer Sprechervereinbarung entzogen werden.

5.1.3 Einzelvertragliche Regelungen

Leitende Angestellte sind aufgrund ihres Handlungsspielraumes und ihrer Fähigkeiten von wesentlicher Bedeutung für den Bestand und die Fortentwicklung eines Kreditinstitutes. Kollektiv geregelte Arbeitsverträge können dem Engagement dieser Personengruppe nicht gerecht werden. Daher bilden in der Regel individuelle Arbeitsverträge die Grundlage für die Vergütung von Führungskräften in leitender Position. Die Verwendung formularmäßiger Rahmenbedingungen steht dabei dem Charakter des Einzelvertrages keinesfalls entgegen und entspricht durchaus der bankbetrieblichen Praxis (61).

In ihm wird die Arbeitsverpflichtung des leitenden Angestellten und die Pflicht der arbeitgebenden Bank zur Zahlung der Vergütung festgelegt (62). Einzelheiten der zu erbringenden Leistung können aus Gründen der Praktikabilität hingegen nicht im Arbeitsvertrag geregelt werden. Damit kann insbesondere ein bestimmter Erfolg nicht Gegenstand des Vertrages sein (63). Lediglich die Höhe der festen Gehaltsbestandteile und die genauen Berechnungsmodalitäten der variablen Vergütung sind vertraglich fixiert (64). Somit enthält der Arbeitsvertrag selbst keine zwingend abschließende Regelung hinsichtlich einer ergebnis- und leistungsorientierten Vergütung (65).

Für die Ausgestaltung der variablen Gehaltskomponenten von leitenden Angestellten sind folglich die normativen Vereinbarungen mit dem Sprecherausschuss maßgebend. So hat sich in einigen Kreditinstituten ein entsprechender Verweis auf die jeweilige Sprechervereinbarung im Arbeitsvertrag durchgesetzt, nach der die variablen Vergütungsbestandteile gezahlt werden (66). Andere Institute hingegen orientieren sich bezüglich der Vergütungsstruktur und der einzelnen Berechnungsmodalitäten für leitende Angestellte an den Regelungen für AT-Angestellte. In die Arbeitsverträge der leitenden Angestellten wird dann ein entsprechender Passus aufgenommen und auf die einschlägige Betriebsvereinbarung für außertariflich bezahlte Mitarbeiter verwiesen (67).

Sofern die betreffende Bank tarifgebunden ist, gelten die von den Tarifparteien vereinbarten Mindestarbeitsbedingungen auch für den Kreis der leitenden Angestellten. Nach dem Günstigkeitsprinzip dürfen auch hier die einzelvertraglichen Regelungen gemäß § 4 Abs. 3 Tarifvertragsgesetz (TVG) nicht zu Ungunsten eines Arbeitnehmers abweichen. Eine entsprechende Regelung ist auch im § 1 des Manteltarifvertrages für das private Bankgewerbe zu finden. Danach können die arbeitsvertraglichen Bedingungen für Arbeitnehmer in leitender Stellung und Mitarbeiter, die aufgrund ihrer Position Entscheidungen von besonderer Wichtigkeit und Tragweite treffen, nicht schlechter ausfallen als die diesbezüglichen Bedingungen des Tarifvertrages (68).

Es besteht grundsätzlich im Fall von Gehaltserhöhungen durch einen neuen Tarifvertrag seitens der Bank keine Verpflichtung, gleichzeitig auch Gehaltsanpassungen für AT-Angestellte vorzunehmen. Lediglich ein den Tarifmitarbeitern gewährter Ausgleich für gestiegene Lebenshaltungskosten steht auch den AT-Angestellten, und damit ebenfalls den leitenden Angestellten, zu. Bei außertariflichen Gehältern werden Gehaltserhöhungen regelmäßig aufgrund freier Vereinbarungen vorgenommen, da die Bankleitung hierbei eine Fülle von Einflussfaktoren zu berücksichtigen hat. Insbesondere spielen die gesamtwirtschaftliche Situation, die Ertragslage der Bank und die betriebliche Gehaltspolitik eine wichtige Rolle (69).

5.2 Die Bedeutung der rechtlichen Bestimmungen für vergütungspolitische Einzelfragen

Aus dem Arbeitsvertrag ergibt sich die Verpflichtung der Bank, die vereinbarte Vergütung als Gegenleistung für die erbrachten Leistungen des Arbeitnehmers zu zahlen. Die o.g. Rechtsvorschriften bilden dafür den gesetzlichen Rahmen. Einige Problembereiche, die für die Vergütung von leitenden Angestellten besondere Relevanz besitzen, werden im Folgenden detaillierter aufgegriffen. Im Mittelpunkt der Betrachtung stehen dabei die Wahrung des Besitzstandes und die Berücksichtigung betrieblicher Übung im Zusammenhang mit der Vergütung durch leistungsorientierte Tantiemen.

5.2.1 Die Wahrung des Besitzstandes

Aufgrund geänderter bankinterner Bedingungen oder eines zu beobachtbaren Leistungsabfalls eines Mitarbeiters in leitender Stellung kann sich für eine Bank die Frage ergeben, inwieweit die Zuordnung dieser Führungskraft zur Gruppe der leitenden Angestellten rückgängig gemacht werden kann und/oder inwieweit die leistungsorientierte Beteiligung des Mitarbeiters reduziert werden kann (70).

Betriebsverfassungsrechtlich betrachtet erscheint eine Änderung unproblematisch, da die Zuordnung allein von der in der Bank ausgeübten Funktion des Mitarbeiters abhängt. Anders ist jedoch der arbeitsrechtlich-soziale Status zu bewerten. Hierbei ist zwischen der Wahrung des materiellen und des ideellen Besitzstandes zu unterscheiden. Während der ideelle Besitzstand in der Regel nicht gewahrt werden kann, ist die Wahrung des materiellen Besitzstandes unter bestimmten Voraussetzungen möglich (71).

Die Behandlung des materiellen Besitzstandes hängt von den einzelvertraglichen Vereinbarungen ab. Wird einem Mitarbeiter in leitender Stellung durch die Aufnahme einer sogenannten Bestands- oder Besitzstandsklausel in den Arbeitsvertrag eine verbindliche Zusage auf die Beibehaltung des erworbenen Besitzstandes gegeben, so kann die Bank keine Gehaltsrückstufungen vornehmen. Der Bestandsschutz umfasst dabei nicht nur das Festgehalt, sondern erstreckt sich auch auf die variablen Vergütungsbestandteile. Auch diese müssen dem Mitarbeiter im bisher üblichen Rahmen gewährt werden (72).

Andere rechtliche Wirkungen ergeben sich hingegen, wenn der Besitzstand vertraglich nicht festgeschrieben wird. Enthält der Arbeitsvertrag beispielsweise einen Passus, nach dem sich die Vergütung in Abhängigkeit von der individuellen Leistung des Mitarbeiters oder der Ertragslage der Bank ändern kann, so sind gehaltliche Rückstufungen rechtlich zulässig (73).

In der bankbetrieblichen Praxis hat sich indes ein Mittelweg zwischen den aufgezeigten Möglichkeiten etabliert. Danach behält sich die Bank das Recht vor, die Rückstufung eines leitenden Angestellten aufgrund fehlender persönlicher Qualifikation bzw. unzureichender Leistung vorzunehmen. Die Bezüge des Mitarbeiters werden dann entsprechend angepasst. Ist der Leistungsabfall jedoch altersbedingt, d.h. im Zusammenhang mit dem baldigen Erreichen der Altersgrenze zu sehen, so ist es üblich, den Besitzstand zu wahren. Insbesondere wird das Festgehalt in diesen Fällen nicht vermindert (74).

Allerdings sollten die Besitzstandsregelungen bankweit einheitlich angewendet werden, um den Gleichbehandlungsgrundsatz nicht zu verletzen (75).

5.2.2 Die betriebliche Übung

Leitende Angestellte haben keinen Rechtsanspruch auf die Zahlung einer Tantieme. Rechtsgrundlagen für die variable Vergütung können vielmehr Angebote der Bankleitung, Sprechervereinbarungen oder einzelvertragliche Regelungen sein (76).

Gewährt die Bank beispielsweise auf freiwilliger Basis erfolgsbezogene Vergütungsbestandteile, so ist sie in der Regel bestrebt, die Freiwilligkeit dieser Leistung auch für die Zukunft uneingeschränkt aufrechtzuerhalten. Im Fall des Eintritts einer „betrieblichen Übung" wird sie jedoch langfristig zur Zahlung der Erfolgsanteile verpflichtet. Eine betriebliche Übung nimmt die Rechtsprechung und Lehre immer dann an, wenn das arbeitgebende Unternehmen drei Jahre hintereinander vorbehalts- und widerrufsfrei eine Erfolgsbeteiligung gewährt hat (77).

Dabei ist es unerheblich, ob die Leistungszusage schriftlich fixiert wurde oder ihr eine mündliche Vereinbarung zugrunde liegt.

Gegenstand einer betrieblichen Übung können alle Regelungstatbestände sein, die für das Arbeitsverhältnis relevant sind und für alle Arbeitnehmer oder nur für eine bestimmte Gruppe von Arbeitnehmern Bedeutung haben. Lediglich variable Bemessungsgrundlagen können nicht durch eine betriebliche Übung festgelegt werden (78). Das Entstehen einer betrieblichen Übung kann allerdings vermieden werden, wenn bereits bei der Leistungszusage jede Bindung für die Zukunft ausgeschlossen wird (79).

Ist der Bank aufgrund einer betrieblichen Übung bereits eine Verpflichtung entstanden, die in Zukunft nicht mehr erbracht werden soll, so bestehen dennoch Möglichkeiten diese aufzuheben. So kann der Arbeitgeber etwa bekannt geben, die entsprechende Leistung nicht mehr zu gewähren. Diese Bekanntmachung bezieht sich im Wesentlichen auf neu eintretende Arbeitnehmer. Bereits bestehende Ansprüche können auf diese Weise nicht beseitigt werden. Hierfür ist eine Einigung mit den betroffenen Mitarbeitern oder eine Änderungskündigung (80) notwendig (81). Die Änderungskündigung ist ihrerseits an weitere rechtliche Voraussetzungen gebunden. So ist die Bank gemäß § 31 II SprAuG insbesondere verpflichtet, den Sprecherausschuss vor Ausspruch einer solchen Kündigung anzuhören. Andernfalls ist die Änderungskündigung unwirksam (82). Für die Kündigung gelten dabei die üblichen Kündigungsfristen und -modalitäten (83).

Beruht die Gewährung einer Erfolgsbeteiligung hingegen auf einer Sprechervereinbarung, so kann diese nur einvernehmlich mit dem Sprecherausschuss geändert oder gekündigt werden. Eine Sprechervereinbarung hat für die Bank den Vorteil, dass der Unternehmensleitung als alleiniger Gesprächs- und Verhandlungspartner nur der Sprecherausschuss gegenüber steht und nicht eine Vielzahl einzelner Mitarbeiter (84).

Des weiteren kann bereits bei Abschluss einer Sprechervereinbarung eine Befristung der Leistung vereinbart werden. Auch kann der Bankleitung ein gesondertes Kündigungsrecht eingeräumt werden. Durch diese Verfahrensweise werden Änderungskündigungen gegenüber dem einzelnen Angestellten vermieden (85). Allerdings sind die genannten Vorteile einer Sprechervereinbarung oftmals mit dem Nachteil langwieriger Verhandlungen verbunden, da sie nur mit Zustimmung des Sprecherausschusses beschlossen und umgesetzt werden kann (86).

Aus diesem Grunde sind es in der bankbetrieblichen Praxis überwiegend Einzelarbeitsverträge, die die rechtliche Grundlage für eine ergebnis- und leistungsorientierte Entlohnung der leitenden Angestellten bilden. Hier ist die arbeitgebende Bank bei der inhaltlichen Ausgestaltung der Vergütungsstruktur weitestgehend unabhängig in seinen Entscheidungen. So kann die Bankführung beispielsweise nach freiem Ermessen die jeweiligen Bezugsbedingungen sowie die Höhe einer Tantieme festlegen. Sie hat dabei allerdings den Gleichheitsgrundsatz zu beachten und nach billigem Ermessen gemäß § 315 BGB vorzugehen, d.h. Art und Höhe der Tantiemezahlung müssen der Funktion des jeweiligen Mitarbeiters innerhalb der Bankhierarchie angemessen sein. Ein Nachteil der Vereinbarung leistungsorientierter Entlohnung in Einzelverträgen besteht in der Schwierigkeit der Aufhebung dieser Regelungen. Wird die Zahlung einer Erfolgsbeteiligung vertraglich zugesichert, ist eine Änderung bzw. Zurücknahme dieser Vereinbarung an die Zustimmung des einzelnen leitenden Angestellten gebunden oder ansonsten nur auf dem Wege einer Änderungskündigung zu erreichen (87). Eine einvernehmliche Aufhebung von Gehaltsbestandteilen kommt in der Praxis nur selten zustande. Die Änderungskündigung ist insbesondere nur mit nachweisbarer Begründung (hier etwa: personen- oder betriebsbedingten Gründe) und mit der oben beschriebenen Anhörung des Sprecherausschusses möglich.

Aufgrund der betrieblichen Praxis, Tantiemezahlungen größtenteils einzelvertraglich festzulegen, haben die Banken bei der Vergütungsfindung für den Personenkreis der leitenden Angestellten grundsätzlich größere Gestaltungsmöglichkeiten als bei der übrigen Arbeitnehmerschaft (88).

6 Fazit

Obige Überlegungen haben gezeigt, dass es sich bei der Einführung variabler Vergütungssysteme um ein unternehmerisch sehr weitreichendes Vorhaben handelt. Dabei bieten variable Vergütungssysteme aber nicht in jedem Falle eine ideale Lösung für die Herausforderungen der Zukunft, denn ihre Einführung bergen eine Reihe von Risiken. Letztere bestehen u.a. in einer demotivierenden Wirkung von intransparenten, ungerecht belohnenden, anreizlosen variablen Vergütungssystemen. Inhaltliche Fehler bei der Erstellung verursachen ferner einen Mangel an Unternehmenssteuerung sowie einen erheblichen Verlust an Unternehmensattraktivität. Deshalb bedarf es einer qualifizierten, speziell auf die einzelne Bank zugeschnittenen Vorbereitung. Unverzichtbar ist die Kenntnis aller unternehmens- und arbeitsrechtlicher Rahmenbedingungen. Diese lenken nicht nur die inhaltliche Ausgestaltung variabler Vergütungssysteme, sondern belegen deren Implementation auch mit organisatorischen Anforderungen; insbesondere durch die unterschiedlichen Beteiligungsrechte des Betriebsrates bei der Einführung variabler Vergütungssysteme.

Gelingt dies, besteht die Chance, ein personalpolitisches Lenkungsinstrument zu nutzen, welches einem modernen Kreditinstitut im sich stetig wandelnden Marktgeschehen wettbewerbsstrategische Vorteile bietet und dessen wirtschaftlichen Erfolg sichert.

Anmerkungen

(1) Die Begriffe Lohn, Entgelt und Vergütung werden im Folgenden synonym verwandt.

(2) Vgl. zu den nachstehend angeführten Funktionen und Anforderungen die Anforderungskataloge von *Becker, F. G.* (1985), S. 65 und *Hahn, D./Willers, H. G.* (1992), S. 495. Zur Verdeutlichung unterschiedlicher Bedeutungsebenen wurden die ursprünglichen Anforderungskataloge für diese Untersuchung in Funktionen und Anforderungen getrennt. Vgl. zu Letzterem *Winter, S.* (1996), S. 71, der die gleiche Vorgehensweise wählt.

(3) Die Daten sind einer Emnid-Umfrage aus dem Jahre 1997 entnommen.

(4) Vgl. *Manstein, R. von* (1991), S. 793.

(5) Dieses Einführungsargument wird etwa von *Kick, T.* (1997), S. 308 oder *Stelzer, G.* (1990), S. 889 angeführt.

(6) Vgl. *Porter, L. W./Lawler III, E. E.* (1968), S. 15-40 und 173-184.

(7) Vgl. *Gmür, U./Scherrer, C.* (1993), S. 7.

(8) Vgl. zu dieser Unterteilung: *Schettgen, P.* (1996), S. 327.

(9) Vgl. *Erdmann, U.* (1991), S. 185.

(10) Dazu zählen die summarischen und analytischen Methoden, die jeweils in Form der Reihung und Stufung zur Anwendung kommen können. Vgl. zu diesen Methoden etwa *Olfert, K./Steinbuch, P. A.* (1999), S. 334-341.

(11) Vgl. zu dieser Einschätzung und zu den nachfolgenden Ausführungen z.B. *Armstrong, M./Murlis, H.* (1991), S. 474-484 o. o. V. (1984), S. 65f.

(12) So beruht etwa die Stellenbewertung der BfG-Bank, der Commerzbank, der Hypovereinsbank, der Industriekreditbank, der Hamburgischen Landesbank u. der Landesbank Württemberg auf diesem Verfahren.

(13) Vgl. *Oechsler, W. A.* (1997), S. 346.

(14) Vgl. dazu die Aufstellung bei *Erdmann, U.* (1991), S. 71.

(15) Vgl. *Rüschen, T.* (1989), S. 115.

(16) Vgl. zu denkbaren anderen Verfahren: *Becker, F. G.* (1998), S. 284-337.

(17) Vgl. *Fallgatter, M. J.* (1996), S. 25.

(18) Vgl. anstatt vieler etwa *Cisek, G.* (1997), S. 224f. o. *Kappel, H./Uschatz, P.* (1992), S. 42.

(19) Vgl. zu den folgenden Ausführungen: *Mungenast, M.* (1994), S. 56.

(20) Vgl. *Mungenast, M.* (1994), S. 56.

(21) Vgl. *Haitzmann, M.* (1996), S. 478.

(22) Vgl. *Lattmann, C.* (1994), S. 76.

(23) Vgl. zu dieser Auffassung und zur nachfolgenden Argumentation: *Becker, F. G.* (1998), S. 276f.

(24) Vgl. Näheres dazu bei *Laber, H./Wolf, S.* (1998), S. 523.

(25) Vgl. *Schierenbeck, H./Arnsfeld, T.* (1996), S. 133.

(26) Vgl. *Kappel, H./Uschatz, P.* (1992), S. 65.

(27) Vgl. *Havranek, C./Niedl, K.* (1999), S. 111-118; *Armstrong, M./Murlies, H.* (1991), S. 177-181.

(28) Vgl. *Cisek, G.* (1997), S. 239.

(29) Vgl. *Erdmann, U.* (1991), S. 185.

(30) Vgl. zu den drei weiteren Alternativen, ihren Vor- und Nachteilen: *Kleb, R. H.* (1996), S. 30f.; *Armstrong, M./Murlies, H.* (1991), S. 161-163.

(31) Vgl. *Svoboda, M.* (1999), S. 366.

(32) Vgl. *Svoboda, M.* (1999), S. 364 und 367.

(33) Vgl. *Schmidt-Dorrenbach, H.* (1995), S. 111f.

(34) Auf eine nähere Darstellung wird hier verzichtet, da die inhaltliche Spezifizierung der Bemessungsgrundlagen im Kern eine Aufgabe des Controlling darstellt.

(35) Dies wird etwa von *Rinker, A.* (1997), S. 140; *Leichtfuß, R./Bonacker, M.* (1992), S. 626 und 628; *Zander, E.* (1990), S. 330 empfohlen.

(36) In Anlehnung an *Schiller, B.* (1990), S. 173.

(37) Vgl. *Hartan, M./Preißler, P. R.* (1980), S. 24.

(38) Siehe Näheres zu diesen Punkten z. B. bei *Schierenbeck, H./Arnsfeld, T.* (1996), S. 139-151.

(39) Zu dieser Forderung vgl. *Vorwerk, K.* (1994), S. 29-39.

(40) Vgl. statt vieler: *Wimmer, K./Bardens, R.* (1999), S. 72; *Nagel, K./Schlegtendal, G.* (1998), S. 181.

(41) Vgl. *Schierenbeck, H./Arnsfeld, T.* (1996), S. 62.

(42) Im Genossenschaftssektor gelten ähnliche Vereinbarungen. Lediglich für die Mehrzahl der Sparkassen gelten durch den Bundes-Angestelltentarifvertrag gesonderte Übereinkommen.

(43) Vgl. *Schaub, G.* (2000), § 212, Rz. 15-25. Insbesondere Rz. 20 zu Ausnahmen vom BetrVG.

(44) Vgl. *Erdmann, U.* (1990), S. 92.

(45) Vgl. *Hromadka, W.* (1991), S. 49 f.

(46) Vgl. *Hromadka, W.* (1991), S. 49.

(47) Vgl. *Bauer, J. H.* (1989), S. 2.

(48) Vgl. dazu das Urteil des BAG vom 19.02.1975, AP Nr. 9 und 10 zu § 5 BetrVG 1972.

(49) Vgl. *Erdmann, U.* (1991), S. 86.

(50) Vgl. dazu auch *Hromadka, W.* (1991), S. 109.

(51) Vgl. *Hromadka, W.* (1991), S. 187.

(52) Vgl. *Borgwardt, J./Fischer, A./Janert, W.R.* (1990), S. 130.

(53) Vgl. *Hromadka, W.* (1991), S. 188.

(54) Vgl. *Löwisch, M.* (1989), S. 16.

(55) Vgl. dazu §§ 611 a ff. BGB in Anlehnung an Art. 3 GG und Art. 141 EG-V.

(56) Vgl. *Hromadka, W.* (1991), S. 116.

(57) Vgl. *Wiegräbe, W./Borgwardt, J.* (1990), S. 20.

(58) Vgl. *Hromadka,W.* (1991), S. 116.

(59) Vgl. *Erdmann, U.* (1991), S. 87.

(60) Vgl. *Hromadka, W.* (1991), S. 115.

(61) Vgl. *Hillert, A. u. a.* (1976), S. 26.

(62) Vgl. *Hromadka, W.* (1991), S. 39f.

(63) Vgl. *Schierenbeck, H./Arnsfeld, T.* (1996), S. 63 f.

(64) Vgl. *Hromadka, W.* (1987), S. 39 f.

(65) Vgl. *Mache, W.*: Rechtsprechung zur Leistungsvergütung, in: Projekt Leistungsvergütung im privaten Dienstleistungsgewerbe der HBV, Düsseldorf 15.11.1998, S. 11/1/2.

(66) Vgl. dazu Bayerische Hypo- und Vereinsbank AG (1998): Vergütung für leitende Angestellte, München.

(67) Vgl. dazu Commerzbank AG: Betriebsvereinbarung über die Grundsätze der ergebnis- und leistungsorientierten variablen Vergütung für außertariflich bezahlte Mitarbeiter, Frankfurt/Main 20.10.1998; Deutsche Bank AG: Betriebsvereinbarung über die Einführung eines Bonussystems für außertarifliche Mitarbeiterinnen und Mitarbeiter, Frankfurt/Main 23.10.1997.

(68) Vgl. *Erdmann, U.* (1991), S. 87.

(69) Vgl. *Hromadka, W.* (1987), S. 39f.

(70) Vgl. *Hillert, A. u. a.* (1976), S. 67f.

(71) Vgl. ebenda.

(72) Vgl. *Erdmann, U.* (1991), S. 93.

(73) Vgl. *Erdmann, U.* (1991), S. 93 f.

(74) Vgl. ebenda.

(75) Vgl. ebenda.

(76) Vgl. *Schneider, H.J./Zander, E.* (1985), S. 80-83.

(77) Vgl. *Schaub, G.* (2000), § 78 Rz. 24.

(78) Vgl. *Erdmann, U.* (1991), S. 94.

(79) Vgl. ebenda.

(80) Vgl. dazu auch *Gaul, D.* (1991), S. 115, 207.

(81) Vgl. das Urteil des BAG vom 26.03.1997, 10 AZR 612/96.

(82) Vgl. *Gaul, D.* (1991), S. 115.

(83) Vgl. *Erdmann, U.* (1991), S. 95.

(84) Vgl. *Schneider, H.J./Zander, E.* (1985), S. 83.

(85) Vgl. ebenda.

(86) Vgl. dazu *Schierenbeck, H./Arnsfeld, T.* 1996, S. 64f.

(87) Vgl. *Erdmann, U.* (1991), S. 96.

(88) Vgl. *Erdmann, U.* (1991), S. 92.

Literatur

Armstrong, M./Murlies, H. (1991): Reward Management, A Handbook Of Renumeration, Strategy & Practice, 2. völlig überarb. Aufl., London.

Bauer, J.H. (1989): Sprecherausschussgesetz und leitende Angestellte, München.

Becker, F. G. (1985): Anreizsysteme für Führungskräfte im Strategischen Management, Köln.

Becker, F. G. (1998): Grundlagen betrieblicher Leistungsbeurteilungen: Leistungsverständnis- und -prinzip, Beurteilungsproblematik und Verfahrensprobleme, 3. überarb. u. erw. Aufl., Stuttgart.

Borgwardt, J./Fischer, A./Janert, W.R. (1990): Sprecherausschussgesetz für leitende Angestellte, in: *Oehmann, W.* (Hrsg.): Band 21 der Schriften zur Arbeitsrecht-Blattei, 2. Aufl., Wiesbaden.

Cisek, G. (1997): Entgelt-Politik, in: Mensch und Arbeit, Arbeitsbuch für Studium und Praxis, 10. überarb. u. erw. Aufl., Köln, S. 197-254.

Erdmann, U. (1991): Die Entlohnung von Führungskräften in Kreditinstituten, Frankfurt a. M.

Fallgatter, M. J. (1996): Beurteilung von Lower Management-Leistung, Konzeptualisierung eines zielorientierten Verfahrens, Lohmar/Köln.

Gaul, D. (1991): Arbeitsrecht für Führungskräfte, 2. Aufl., Freiburg i. Br.

Gmür, U./Scherrer, C. (1993): Lohn- und Gehaltssysteme, Ein Rahmenkonzept für die praktische Gestaltung, 3. aktualisierte Aufl., Goldach.

Hahn, D./Willers, H. G. (1992): Unternehmensplanung und Führungskräftevergütung, in: *Hahn, D./ Taylor, B.*(Hrsg.): Strategische Unternehmensplanung – Strategische Unternehmensführung, 6. aktualisierte Aufl., Heidelberg, S. 494-503.

Haitzmann, M. (1996): Leistungsbeurteilung durch Zielvereinbarung, in: Personal, H. 9, S. 478-482.

Hartan, M./Preißler, P. R. (1980): Leistungsorientierte Vergütung für den Verkaufsaußendienst, Eschborn.

Havranek, C./Niedl, K. (1999): Gehaltsmanagement, Wien/Frankfurt.

Hillert, A. u. a.: Personalpolitik für leitende Angestellte, in: Schriften der Deutschen Gesellschaft für Personalführung e.V., Band 40, Köln.

Hromadka, W. (1987): Rechtsbrevier für Führungskräfte, München.

Hromadka, W. (1991): Die Betriebsverfassung, Köln.

Kappel, H./Uschatz, P. (1992): Variable Kaderentlohnung, Erfolg und Leistung honorieren, Zürich.

Kick, T. (1997): Total Compensation, Ein attraktives und zukunftsorientiertes Vergütungssystem zum Ausbau der Wettbewerbsfähigkeit von Banken im Arbeitsmarkt, in: Personalführung, H. 4, S. 308-313.

Kleb, R. H. (1996): Vergütungspolitische Szenarien, in: Personalwirtschaft Special, S. 28-31.

Laber, H./Wolf, S. (1998): Bankenfusionen: Den Wandel personalpolitisch gestalten, in: Die Bank, H. 9, S. 520-524.

Lattmann, C. (1994): Die Leistungsbeurteilung als Führungsmittel, 2. verbesserte Aufl., Heidelberg.

Leichtfuß, R./Bonacker, M. (1992): Erfolgsorientierte Anreizsysteme, in: Die Bank, H. 2, S. 624-631.

Löwisch, M. (1989): Kommentar zum Sprecherausschussgesetz, Heidelberg.

Manstein, R. von (1991): Perspektiven eines strategisch-orientierten Incentive Systems, in: *Schanz, G.* (Hrsg.): Handbuch Anreizsysteme, Stuttgart, S. 777-793.

Martens, K. P. (1982): Das Arbeitsrecht der leitenden Angestellten, in: *Oehmann, W.* (Hrsg.): Band 12 der Schriften zur Arbeitsrecht-Blattei, Wiesbaden/Stuttgart.

Mungenast, M. (1994): Leistungsbeurteilung und Ziele, in : Personal, H. 2, S. 56-59.

Nagel, K./Schlegtendal, G. (1998): Flexible Entgeltsysteme, Fair entlohnen – besser motivieren, Landsberg/Lech.

Oechsler, W. A. (1997): Personal und Arbeit, Einführung in die Personalwirtschaft unter Einbeziehung des Arbeitsrechts, 6. überarb. u. erw. Aufl., München/Wien.

Olfert, K./Steinbuch, P. A. (1999): Personalwirtschaft, 8. aktualisierte und durchgesehene Aufl., Ludwigshafen.

o. V. (1984): Gehaltsfindung, in: Management-Wissen, Nr. 12, S. 65f.

Porter, L. W. /Lawler III, E. E. (1968): Managerial Attitudes and Performance, Homewood.

Rinker, A. (1997): Anreizsysteme in Kreditinstituten, Gestaltungsprinzipien und Steuerungsimpulse aus Controllingsicht, Frankfurt a. M.

Rüschen, T. (1989): Tantieme-Regelungen für leitende Angestellte im Kreditgewerbe, in: Personal, H. 3, S. 113-117.

Schaub, G. (2000): Arbeitsrechtshandbuch, 9. überarbeitete. Aufl., München.

Schettgen, P. (1996): Arbeit, Leistung, Lohn: Analyse- und Bewertungsmethoden aus sozioökonomischer Perspektive, Stuttgart.

Schierenbeck, H./Arnsfeld, T. (1996): Leistungsorientierte Vergütungssysteme in Banken, Basel.

Schiller, B. (1990): Leistungsbeeinflussung von Mitarbeitern im Bankaußendienst, in: Sparkasse, 107. Jg., H. 7, S. 171-176.

Schmidt-Dorrenbach, H. (1995): Ergebnisorientierte Vergütung für Führungskräfte, in: Deutsche Gesellschaft für Personalführung e. V. (Hrsg.): Neue Wege der Vergütung, Fallstudien und Werkstattberichte, Köln, S. 105-118.

Schneider, H. J./Zander, E. (1985): Erfolgs- und Kapitalbeteiligung der Mitarbeiter in Klein- und Mittelbetrieben, 2. Aufl., Freiburg i. Br.

Stelzer, G. (1990): Flexible Vergütungssysteme, in: ZfgK, 43. Jg., S. 886-889.

Svoboda, M. (1999): Leistungs- und ergebnisorientierte Personalführung auf der Grundlage moderner Personalentwicklungs- und Vergütungspolitik in der Deutschen Bank, in: *Clermont, A./Schmeisser, W.* (Hrsg.): Betriebliche Personal- und Sozialpolitik, München, S. 363-378.

Vorwerk, K. (1994): Die Akzeptanz einer neuen Organisationsstruktur in Abhängigkeit von Implementierungsstrategie und Merkmalen der Arbeitssituation.

Wiegräbe, W./Borgwardt, J. (1990): Sprecherausschüsse der Leitenden Angestellten, in: Die Betriebswirtschaft, 50. Jg., Heft 1, S. 5-25.

Wimmer, K./Bardens, R. E. (1999): Ansporn zum Endspurt, in: Bank Magazin, H. 11, S. 72-74.

Winter, S. (1996): Prinzipien der Gestaltung von Managementanreizsystemen, Wiesbaden.

Zander, E. (1990): Handbuch der Gehaltsfestsetzung, 5. vollst. neu bearb. Aufl., München.

Flexibles Vergütungsmanagement im Rahmen des Shareholder Value-Ansatzes

Wilhelm Schmeisser

Deutsche Unternehmen haben nach nunmehr 15 Jahren Existenz des Shareholder Value-Ansatzes erkannt, das die Ausrichtung ihres Unternehmens auf die Eigentümer unabdingbar ist. Verstärkt wurde diese Einsicht noch durch das Gesetz zur Kontrolle und Transparenz im Unternehmensbereich (KonTraG), das die Einführung von Stock Options-Programmen erlaubt und damit eine Handhabung von materiellen Anreiz- und Steuersystemen für Oberste Führungskräfte, AT-Mitarbeiter und Führungskräfte sowie tarifliche Mitarbeiter im Sinne des Shareholder Value-Ansatzes. Allerdings bestehen immer noch Missverständnisse hinsichtlich des konkreten Vorgehens bei einer wertorientierten Steuerung.

Kern des Shareholder Value-Ansatzes ist die Entwicklung und Bewertung von Strategien des Marktwertes des Unternehmens. Der Portefeuille-Analyse kommt im Rahmen des strategischen Controlling hierbei eine besondere Bedeutung zu. Im Rahmen der Bridging Funktion werden die Strategien mittels Balanced Scorecard-Konzept beispielsweise in operative Controlling-Instrumente zur Planung, Steuerung und Kontrolle der Zielwertsteigerung überführt, u.a. auch in ein Stock Options-Programm für Führungskräfte und Mitarbeiter des Unternehmens.

„Soll die betriebliche Entgeltpolitik die strategischen Ziele des Unternehmens wirkungsvoll unterstützen, ist dafür ein facettenreiches Entgeltmenü zu entwerfen, das so gestaltungsfähig sein muss, dass es unterschiedliche Situationen einzelner Unternehmensbereiche innerhalb einer durchgängigen Systematik berücksichtigen kann, um Unternehmens- und Mitabeiterinteressen zeitnah parallelisieren zu können." (1) Für *Cisek* besteht das Entgeltmenü aus einem Festgehalt mit den Bestandteilen Grundgehalt, garantierte Tantieme, fixe Sonderzulagen und Teile der betrieblichen Sozialleistungen sowie variabler Risikolohn mit den Bestandteilen: Teile der betrieblichen Sozialleistungen, persönliche Leistungszulagen, Boni sowie ergebnisabhängiger Strategiebonus.

Wenn das oberste Ziel einer Unternehmung die Wertsteigerung für die Eigentümer sein soll, bedarf es einer Erneuerung der bestehenden Steuerungssysteme, das heißt u.a. der Entgeltpolitik im Rahmen der Personalarbeit, da das Entgeltmenü bisher eher gewinn- und ertragsorientiert ist. Da der Gewinn aber in keiner eindeutigen Beziehung zu Wertsteigerungen, im Besonderen zu Kurswertsteigerungen eines Unternehmens steht, sind der Gewinn und andere an ihm orientierte Kennzahlen, wie z.B. der Return on Investment (RoI), der Return on Equity (RoE), der Return on Assets (RoA) nicht zur Steuerung eines Unternehmens geeignet. Folgende Gründe lassen sich hierfür anführen:

- Der Gewinn wird durch alternative Ansatzwahlrechte und Bewertungsverfahren des Rechnungswesens nachhaltig und willkürlich beeinflusst.
- Das Risiko einer Investition und damit der Wertsteigerung des Unternehmens ist nicht anhand der Größe des Gewinns nachzuvollziehen.
- Notwendige langfristige Investitionserfordernisse lassen sich nicht an einer Gewinngröße ablesen.
- Die Auswirkungen der Dividendenpolitik werden beim Gewinn vernachlässigt.
- Über den Gewinn lässt sich eine Investition nicht zum Zeitwert des Geldes bewerten.

Die Steuerung eines Unternehmens muss sich auf ein Cash Flow-orientiertes Rendite- und Risikosystem ausrichten, da risikoadäquat diskontierte langfristige Cash Flows den Wert eines Unternehmens bestimmen.

Dazu ist es notwendig, den Wertbeitrag jedes Geschäftsbereiches, besser noch jedes Geschäftes, zu kennen, wobei dies neue Anforderungen an das (Personal-)Informationssystem und (Personal-)Controlling eines Unternehmens stellt. Auf Basis dieser Informationen ist das Portefeuille und das Personalmanagement einer Unternehmung hinsichtlich Wertschöpfern und Wertvernichtern permanent zu untersuchen, ggf. sind Akquisitionen, Fusionen aber auch Desinvestitionen mit Due Diligence-Prüfungen (2) bis zum Interessenausgleich mit Sozialplan nötig (3). Ebenfalls ist durch ein solches Portfoliomanagement und ein Besinnen auf die Kernkompetenzen ein wertorientiertes Synergiemanagement der Geschäftsbereiche bzw. der Konzerntöchter erforderlich. Dazu sind wiederum organisatorische und personelle Anpassungen angesagt.

Um die Interessen von Eigentümern und Management zu synchronisieren, ist es notwendig, entsprechende Anreizsysteme in Form von Entgeltmenüs zu schaffen. Auf kurzfristig orientierte Erfolgsfaktoren (wie Gewinn) ausgerichtete Vergütungssysteme von Vorstand, oberster Führungsebene, außertariflichen Führungskräften und Mitarbeitern sollten durch wertorientierte Erfolgsgrößen abgelöst werden. Damit wird sicher gestellt, dass die betrieblichen Entscheidungen an der langfristigen Steigerung des Shareholder Value ausgerichtet werden.

Mögliche Lösungsansätze der angesprochenen Probleme werden nun im Rahmen des KonTraG und der allgemeinen Theorie des Shareholder Value-Ansatzes untersucht, um im Anschluss daran eine Implementierung der gefundenen Lösung in ein Frühwarnsystem sowie in ein Risikomanagementsystem eines (Personal-) Controllingsystems einer Unternehmung vorzunehmen.

Die Voraussetzungen für die Einführung von Aktienoptions-Programmen seitens deutscher Aktiengesellschaften haben sich mit dem In-Kraft-Treten des KonTraG entscheidend verändert. „So kommt nunmehr gemäß §71 Abs. 1 Nr. 8 AktG der Erwerb eigener Aktien seitens der AG auf Grund eines höchstens 18 Monate geltenden Ermächtigungsbeschlusses der Hauptversammlung in Betracht, soweit auf die nach Abs. 1 Nr.1 bis 3, 7 und 8 erworbenen Aktien zusammen mit bereits im Besitz der Gesellschaft stehenden Anteilsrechten nicht mehr als zehn Prozent des Grundkapitals entfallen (§ 71 Abs. 2 S.1 AktG). Grundsätzlich genügt hinsichtlich der Beschlussfassung die einfache Mehrheit der abgegebenen

Stimmen (§ 134 Abs. 1 S. 1 AktG). Allerdings erfasst die gesetzliche Befugnis nur Aktien, deren Ausgabebetrag voll geleistet ist (§ 71 Abs. 2 S. 3 AktG) und setzt voraus, dass die Gesellschaft die nach § 271 Abs. 4 HGB vorgeschriebene Rücklage für eigene Aktien bilden kann, „ohne das Grundkapital oder eine nach Gesetz oder Satzung zu bildende Rücklage zu mindern, die nicht zur Zahlung an die Aktionäre verwandt werden darf" (§ 71 Abs. 2 S. 2 AktG) (4). Seitdem haben circa 300 Aktiengesellschaften eigene Aktienoptionsprogramme aufgelegt. Hintergrund solcher Stock Options-Programme ist, dass der Arbeitsmarkt für qualifizierte Mitarbeiter und Führungskräfte in international agierenden Unternehmen sowie technologieorientierten und wachstumsorientierten Unternehmen des Neuen Marktes leer gefegt ist. Nur eine Beteiligung am Unternehmen kann diese Mitarbeiter und Führungskräfte noch locken.

Gesetz zur Kontrolle und Transparenz im Unternehmensbereich (KontraG) als gesetzliche Grundlage von Stock Options-Progammen bzw. Kapitalerhöhung zur Gewährung von Bezugsrechten (Aktienoptionsprogramme)

Beim KonTraG handelt es sich um ein Artikelgesetz, mit dem bestehende Gesetze geändert werden. Dabei trifft das KonTraG schwerpunktmäßig das Handelsgesetzbuch (HGB), das Aktiengesetz (AktG) und die diesbezüglichen Einführungsgesetze. Neu gefasst wurde durch das KonTraG § 192 Abs. 2 Nr. 3 AktG. Zulässig ist ab dem Inkrafttreten des KonTraG generell eine bedingte Kapitalerhöhung zur Gewährung von Bezugsrechten an Arbeitnehmer und Mitglieder der Geschäftsführung der Gesellschaft oder eines verbundenen Unternehmens im Wege eines Zustimmungs- oder Ermächtigungsbeschlusses. Bisher bezog sich die Vorschrift nur auf Arbeitnehmer und auf Bezugsrechte, die aus Gewinnbeteiligungen der Arbeitnehmer finanziert wurden.

Die Einräumung von Bezugsrechten für Aktien des eigenen Unternehmens durch kollektive oder individualvertragliche Vereinbarungen, sogenannte Aktienoptionsprogramme, ist im Ausland unter dem Begriff *stock options* schon eine verbreitete Vergütungskomponente eines flexible Entgeltmanagements. Die Möglichkeit der Gewährung solcher Aktienbezugsrechte dient den Unternehmen als Argument im Wettbewerb um Führungskräfte weltweit. Speziell junge technologieorientierte Unternehmen können damit geeignete Mitarbeiter akquirieren, ohne durch hohe fixe Gehaltskosten belastet zu werden. Gegenüber dem gleichfalls denkbaren Weg über einen Aktienrückerwerb bietet sich eine bedingte Kapitalerhöhung vor allem deswegen an, weil sie die Liquidität der Gesellschaft schont; allerdings führt sie zu einer Kapitalverwässerung.

Nach § 192 Abs. 3 AktG dürfen nicht mehr als 10 % des zum Beschlusszeitpunkt vorhandenen Grundkapitals als (bedingtes) Kapital für das Aktienoptionsprogramm vorgesehen werden. Außerdem muss nach dem neu eingeführten § 193 Abs. 2 Nr. 4 AktG eine genaue Regelung des Programms erfolgen; immerhin geht es um einen Bezugsrechtsausschluss für die Aktionäre und um präzise festzuhaltende Vergütungsfragen. Hieran ist gerade bei einem Ermächtigungsbeschluss, der die nähere Ausgestaltung des Programms dem Aufsichtsrat überlässt, zu denken. Gleiches gilt für die Erwerbs- und Ausübungszeiträume. Als ausdrückliche Vorgabe besteht eine Wartezeit für die erstmalige Ausübung von zwei Jahren (5).

Hier kommt die Absicht zum Tragen, die Geschäftsleitung bzw. den Vorstand zu einer an langfristiger Wertsteigerung orientierten Unternehmensstrategie anzuhalten (Shareholder Value-Gedanke). Weitere Vorgaben sind möglich. Mit dem allgemeinen Fragerecht des Aktionärs in der Hauptversammlung nach § 131 Abs. 1 S. 1 AktG und durch die erweiterten Anhangerläuterungspflichten in § 160 Abs. 1 Nr. 5 AktG und nach § 285 Nr. 9a HGH schließt sich der Kreis im Hinblick auf die Publizitätsbedürfnisse der Aktionäre und der Öffentlichkeit.

Wertorientierte Anreizsysteme für Führungskräfte setzten ein wertorientiertes Personalcontrolling voraus

Ein wertorientiertes Management wird nur dann dauerhaft einen Beitrag zur Steigerung des Unternehmenswertes leisten, wenn das interne Anreizsystem an wertorientierten Kennzahlen eines Aktienoptions-Programms und eines wertorientierten Personalcontrollings gekoppelt ist.

Ein wertorientiertes Anreizsystem muss dabei frei von Manipulationen sein und darf nur auf solchen Performance-Maßstäben beruhen, die von den Gehaltsempfängern nachhaltig beeinflussbar sind. Voraussetzung hierfür wiederum ist ein erfolgreiches variables Gehalt von 20 bis 50 %, das einen Großteil der Vergütung ausmacht. Als Performance-Maßstab für diese Gruppen von Mitarbeitern und Führungskräften eignen sich Kennzahlen und finanzwirtschaftliche Größen, die die Situation des Unternehmensteils oder der Gesamtunternehmung und direkt den Unternehmenswert für die Anteilseigner betreffen, da der Vorstand und die obersten Führungskräfte die Durchsetzung wertsteigernder Strategien verantworten.

Entlohnung von Vorstand und obersten Führungskräften

Kritisch ist dabei nun zu untersuchen, ob Instrumente wie Stock Options-Programme geeignet sind, das Management zu einer optimalen Steigerung des Shareholder Value zu motivieren und ob sie frei von Manipulationsmöglichkeiten sind.

Soll das Management nach Kapitalwertgrößen, wie nach dem Discounted Cash Flow-Ansatz, bezahlt werden, so dient als Bemessungsgrundlage die Differenz zwischen dem auf Basis der Discounted Cash Flow-Methode ermittelten Shareholder Value zum aktuellen Zeitpunkt und dem so errechneten Shareholder Value der vorherigen Periode. Ist die Differenz größer als Null, wurde Shareholder Value geschaffen und das Management erhält eine prozentuelle Vergütung hiervon. Ein solches Vorgehen erscheint auf den ersten Blick im Sinne der Anteilseigner, da das Management bestrebt sein wird, permanent den Shareholder Value der Vorperiode zu übertreffen. Allerdings eröffnet sich mit dieser Vorgehensweise ein erheblicher Manipulationsspielraum, da der so ermittelte Shareholder Value auf prognostizierten Größen basiert. Dabei wird die Prognose von dem Management vorgenommen, das auch in den Genuss der Vergütung kommt. Die Gefahr eines Hockey-Stick-Effekts ist damit relativ groß. Die Anwendung des Kapitalwertes zielt im Sinne des Shareholder Value zwar in die richtige Richtung, sie ist aber wegen ihrer Anfälligkeit für die Manipulation insgesamt wenig praktikabel.

Stock Options als Entgeltbestandteil

Um die Interessen der obersten Managementebene direkt mit denen der Anteilseigner zu koppeln, liegt es nahe, sie ebenfalls zu Miteigentümern zu machen. Dies geschieht durch die Gewährung von Stock Options. Hierbei handelt es sich um Kaufoptionen, die den Top-Managern das Recht einräumen, innerhalb einer bestimmten Frist Aktien des ihrer Leitung unterstehenden Unternehmens zu einem vorher festgelegten Preis zu erwerben, der wahrscheinlich niedriger ist, als der dann zu erwartende Marktpreis der Aktien. Mit diesem Instrument werden die Führungskräfte an den Wertsteigerungen bzw. (Spekulations-) Gewinnen unmittelbar beteiligt. Es besteht demzufolge augenscheinlich ein großer Bezug zum Shareholder Value, da das Ziel der persönlichen Vermögensvermehrung eine Wertsteigerung für die Aktionäre voraussetzt. Hinsichtlich der Manipulierbarkeit bestehen bei diesem Instrument keine Bedenken, da der Börsenkurs vom Markt bestimmt wird und kein Insiderwissen vorliegt. Die langfristige Orientierung der obersten Führungskräfte wird dadurch erreicht, dass die Option erst zu einem späteren Zeitpunkt, beispielsweise nach drei oder vier Jahren, ausgeübt werden darf. Zu kritisieren ist, dass sich die Berechnung des Wertzuwachses ausschließlich am Börsenkurs orientiert und Gewinnausschüttungen vernachlässigt werden. Außerdem erfolgt die Berechnung des Wertzuwachses absolut und nicht relativ zum Branchendurchschnitt, das heißt das Management wird auch belohnt, wenn die Performance nur mittelmäßig und sogar relativ schlecht ist.

Aktienrendite als Entlohnungsbestandteil

In Zeiten einer Börsenhausse ergeben sich Windfall-Profits, also Wertzuwächse, die nicht vom Management verursacht sind. Beispielsweise wird es die Vorstände deutscher Banken erfreut haben, dass der Börsenkurs kurz vor Ende des Jahres 1999 wegen angestrebter Änderungen in der Steuergesetzgebung kräftig anstieg – zusätzlich zu der ohnehin vorhandenen Aktieneuphorie.

Als alternativer Performance-Maßstab zu Stock Options bietet sich die Aktienrendite an. Hierbei werden sowohl Kursgewinne und Dividenden zusammengefasst und um Kapitalerhöhungen bereinigt. Um tagesbedingte Kursschwankungen auszuschalten, kommen Durchschnitte zur Anwendung. Die eigentliche Basis für die Beurteilung der Führungskräfte ist das Delta der Aktienrendite des eigenen Unternehmens und der Rendite des durchschnittlichen Aktienmarktes, der Aktienrendite einer Branche oder der Aktienrendite eines Hauptwettbewerbers.

Da die Aktienrendite identisch ist mit dem Renditemaß des Investors, ist sie als Performance-Maßstab im Sinne des Shareholder Value-Ansatzes in herausragender Weise geeignet. Die Relativierung mit der allgemeinen Marktentwicklung ermöglicht eine Bewertung der Wertbeschaffung im Vergleich zu alternativen Anlagen für die Investoren. Vergangene Leistungen des Managements und zukünftige Erwartungen der Anteilseigner sind bereits im Aktienkurs enthalten, so dass das Management – will es Einkommenssteigerungen erreichen oder Einkommensverluste verhindern – in der Zukunft die Erwartungen des Aktienmarktes permanent übertreffen muss.

Variable Entlohnung von Führungskräften und Mitarbeitern

Die Aktienrendite stellt somit das geeignetste Anreizinstrument des Shareholder Value-Ansatzes dar. Allerdings kann sie motivierend nur auf der Ebene des Vorstandes und der obersten Führungskräfte eingesetzt werden, da nachfolgende Hierarchieebenen nur einen geringen und zudem schwer isolierbaren Einfluss auf die Aktienrendite haben. Hier sind Anreizinstrumente zu finden, die die Mitarbeiter dazu motivieren, einen Beitrag zur Steigerung des Shareholder Value zu leisten.

Es handelt sich hierbei um Führungskräfte mit Verantwortung für das operative Geschäft beziehungsweise um AT-Mitarbeiter, die das operative Geschäft durchführen. Die Leistungen dieser Personen können nur indirekt mit dem Shareholder Value-Gedanken verknüpft werden, da die Aktienrendite durch einzelne operative Maßnahmen nur bedingt beeinflusst werden kann. Hier setzt das KonTraG an, das ein Frühwarnsystem – eingebunden in ein Controllingsystem – fordert. Die Zahlen des Controllings können als Grundlage für die Entlohnung der Führungskräfte des operativen Geschäfts mitverwendet werden.

Rappaport, der Genre des Shareholder Value-Ansatzes, formuliert die Zielsetzung wertorientierter Anreizsysteme für Führungskräfte und Mitarbeiter nachgeordneter Teileinheiten sehr treffend: „Die operativen Führungskräfte sollen jährlich für das Erreichte belohnt werden, was überlegenen langfristigen Wert schafft."

Errichtung eines Überwachungssystems und eines Risikofrüherkennungssystems auch für qualifizierte Mitarbeiter (Greencard-Diskussion)

Die konkrete Bemessungsgröße hierfür könnte der CFROI (Cash Flow Return on Investment beziehungsweise der interne Zinsfuss nach Lewis) sein. Dieser richtet sich ausschließlich nach der Wertbeschaffung der vergangenen Periode und ist somit frei vom Einfluss prognostizierter Größen. Durch diese Cash Flow-Orientierung ist die Bemessungsgrundlage für eine variable Entlohnung wenig manipulationsanfällig. Der CFROI kann – entsprechende Controllingsysteme gemäß KonTraG vorausgesetzt – für jeden Geschäftsbereich separat berechnet werden, wodurch er unmittelbar durch die operative Führungskraft zu verantworten ist. Der mangelnden langfristigen Orientierung kann durch Zielvereinbarungen (6) begegnet werden. Die oberste Führungsebene hat, die langfristige Steigerung der Aktienrendite beachtend, einen Ziel-CFROI für die jeweilige Periode und den Geschäftsbereich festzulegen. Bei einer Zielerreichung ist die operative Führungskraft entsprechend zu entlohnen. Je tiefer der zu entlohnende Mitarbeiter auf der Hierarchieebene angesiedelt ist, desto eher sollte der Performance-Maßstab den konkreten Werttreibern (z.B. analog der Prozesskostenrechnung) entsprechen.

Infolge des KonTraG heißt es in § 91 AktG Abs. 2: „Der Vorstand hat geeignete Maßnahmen zu treffen, insbesondere ein Überwachungssystem einzurichten, damit den Fortbestand der Gesellschaft gefährdende Entwicklungen früh erkannt werden." Mit der lapidaren Formulierung „Überwachungssystem" ist laut amtlicher Begründung ein angemessenes Risikomanagement sowie eine angemessene Revision gemeint.

Nach der Gesetzesbegründung hat sich der Abschlussprüfer hinreichend Gewissheit zu verschaffen, ob:

- für alle Risiken die verfügbaren Informationen verwendet wurden,
- die grundlegenden Annahmen für die Berichterstattung des Vorstandes realistisch und in sich widerspruchsfrei sind und
- Prognoseverfahren richtig gehandhabt wurden (vgl. dazu auch § 317 Abs. 2 S. 2 HGB).

Gemäß § 317 Abs. 4 HGB ist nur bei Aktiengesellschaften mit amtlicher Notierung vom Abschlussprüfer im Rahmen der Jahresabschlussprüfung das nach S91 Abs. 2 AktG vom Vorstand einzurichtende Risikofrüherkennungssystem zu überprüfen. Dies gilt auch, wenn dieses System sich auf einen ganzen Konzern bezieht.

Allerdings wird auch bei anderen Gesellschaften eine Beschäftigung mit dem Risikofrüherkennungssystem in gewissen Umfang unumgänglich sein. Man verweist in diesem Zusammenhang auf die Abhängigkeit der Ausformung dieser Systeme von Größe, Branche, Struktur und Kapitalzugang des Unternehmens. So werden die meist professionell geführten Unternehmungen wie die BASF, DaimlerChrysler, Deutsche Bank, Siemens oder VW keine Änderungen durchführen müssen, denn wahrscheinlich hat jede dieser Aktiengesellschaften eine gut ausgebaute Innenrevision und auch ein entsprechendes Controlling. Jedoch sind nun die Tätigkeiten und Verantwortlichkeiten der einzelnen Bereiche (also auch der Personalbereich) sowie deren Überwachung durch den Vorstand ausreichend schriftlich festzuhalten und abzugrenzen. Problematisch ist es aber für Mittelbetriebe und insbesondere bei Unternehmen des Neuen Marktes (z.B. hat das Unternehmen für das Internet-Geschäft genügend qualifiziertes Personal oder benötigt es Greencards für Informatiker aus aller Welt, Risikofaktoren, die in Quartalsberichten und Jahresgeschäftsberichten enthalten sein müssen; oder glaubt man sie auch durch Stock Options-Programme der Unternehmung gewinnen zu können), die überlegen, wie ein Frühwarnsystem und ein Personalcontrolling für sie auszusehen hat, um den rechtlichen Normen zu genügen.

(Personal-) Erfolgskontrolle als zwingende Notwendigkeit

In jedem Unternehmen, gleich welcher Größenordnung, gehört die regelmäßige und zeitnahe Erfolgskontrolle einschließlich eines (Personal-) Kostenmanagements zum betrieblichen Mindestinstrumentarium. Wenige Zahlen bringen hier meistens schon die notwendige Klarheit für ein flexibles Vergütungsmanagement: Börsenkurse, Aktienrenditen, Return of Investment, Cash Flows, CFROI, Umsatz, Erträge, Wertschöpfung, Mitarbeiterproduktivität, Liquidität, Auftragsbestand und Ertragsprognose sowie Personalentwicklungsstand qualifizierter Mitarbeiter sollten zeitnah und regelmäßig erhoben werden (z.B. quartalsmäßig, wie es der Neue Markt vorsieht).

Zwischen dem, was sein muss und was in vielen mittelständischen Unternehmen tatsächlich ist, besteht oft eine starke Diskrepanz, beispielsweise ein nur rudimentäres Rechnungswesen und eine problematische Lohn- und Gehaltsabrechnung (7). Der Gesetzgeber hat auf diese notwendige Krisenprophylaxe durch das neue KonTraG reagiert. Es soll dazu beitragen, dass grundlegende Wirtschaftlichkeits- und Ordnungsmäßigkeitsaspekte im Unternehmen beachtet werden. Der Aufbau eines entsprechenden Kontroll- oder Risikomanagements im Unternehmen ist damit einerseits gesetzliche Verpflichtung, andererseits eröffnet es aber auch Chancen, wirtschaftliche Fehlentwicklungen frühzeitig zu erkennen und ein Stock Options-Programm wirkungsvoll zu implementieren.

Die Nichtbeachtung der Mindeststandards des KonTraG stellt eine grobe Verletzung der Sorgfaltspflichten dar. Der Geschäftsführer kann für die dadurch entstehenden Schäden persönlich haftbar gemacht werden, was insbesondere für den Fall der Insolvenz relevant sein wird. Pflichtverstöße auf Grund unterlassener oder mangelhafter Dokumentation der Vorbeugungsmaßnahmen sind nun erheblich leichter nachzuweisen.

Webfehler in Stock Options-Programmen

Es werden bei der Einführung der Stock Options-Programme durch das Unternehmen die gesellschaftsrechtlichen Anforderungen (8) häufig nicht oder nicht vollständig beachtet. Der Hauptversammlungsbeschluss über die Begebung von Mitarbeiterbeteiligungen in Form von Stock Options muss einen Katalog von Detailregelungen enthalten, die in § 193 Absatz 2 AktG aufgeführt sind. Häufig wird auch vergessen, im Hauptversammlungsbeschluss die genauen Erfolgsziele oder Größen anzugeben, die bei der Ausübung der Option eingehalten sein müssen. Die Folgen mangelhafter Hauptversammlungsbeschlüsse können personal-wirtschaftlich dramatisch sein: Fehlt im Hauptversammlungsbeschluss ein wesentliches Element aus dem Katalog des § 193 AktG, ist er nichtig.

Arbeitsrechtlich sind noch viele Aspekte von Stock Options-Programmen strittig: Beispielsweise will die emittierende Gesellschaft nicht, dass ihre Stock Options von Mitarbeitern übertragen oder vererbt werden. Die Rechte sollen demnach höchstpersönlich sein und die Mitarbeiter langfristig, nach Möglichkeit noch über den Ausübungszeitraum hinaus an das Unternehmen binden. Was passiert aber beim Ausscheiden des Mitarbeiters kurz vor dem Beginn der Ausübungsfrist. Verschärft könnte die Frage dadurch noch werden, wenn die Unternehmung den Mitarbeiter kündigt und ob durch die Kündigung das vorteilhafte Kaufrecht des Mitarbeiters erlöschen soll.

Die steuerrechtlichen Folgen der Stock Options-Modelle im Rahmen der Gehaltsabrechnung sind inzwischen weitgehend entschieden. Der zentrale Punkt ist, dass es auf die Verkehrsfähigkeit der Option ankommt. Ist die Option nicht verkehrsfähig, dann handelt es sich bei der Zuteilung an den Mitarbeiter um einen steuerlich neutralen Vorgang.

Für Überraschungen bei Unternehmen sorgt immer noch die bilanzielle Erfassung von Stock Options-Programmen. Inzwischen darf man davon ausgehen, dass sich eine feste Meinung gebildet hat. Der geldwerte Vorteil, den das Unternehmen seinen Führungskräften und Mitarbeitern im Zuge von Stock Options-Programmen gewährt, ist in der Gewinn- und Verlustrechnung als Lohn- und Gehaltsaufwand auszuweisen.

Noch recht diffus ist das Verständnis zur Frage, wie die Wartezeit bis zum Ausübungszeitraum zu buchen ist. Hier bildet sich die Ansicht heraus, dass während der Wartezeit pro rata temporis die Aufwendungen für den Gehaltsanteil in die Gewinn- und Verlustrechnung eingehen muss. Entsprechend sind in der Bilanz Rückstellungen zu bilden.

Ein letztes Problemfeld, das hier exemplarisch angesprochen werden soll, liegt in der Abwicklung des Modells im Ausübungszeitraum der Optionen. Viele Gesellschaften, die sehr schnell ein unternehmenseigenes Modell von Stock Options kreiert haben, vergessen dabei zu simulieren, was es für das Unternehmen und den Börsenkurs bedeutet, wenn alle Mitarbeiter ihre Option ausüben, um ihren flexiblen Gehaltsanteil der letzten Jahre zu realisieren.

Sicher sind Stock Options-Modelle wichtig. Sie haben sich bereits gut durchgesetzt und werden weiter an Bedeutung gewinnen, auch weil sie nicht die Nachteile der anderen Mitarbeiterbeteiligungsvarianten (Bonus-Aktien, Tantiemen, Wandelschuldverschreibungen ohne Bezug auf Leistung und Ergebnisse der Mitarbeiter sowie Führungskräfte; es sind eher fixe Bestandteile eines Entgeltmanagementmenüs) aufweisen.

Anmerkungen

(1) *Cisek* (2000), S. 370.
(2) Vgl. *Schmeisser, W./Clermont, A.* (1999), S. 307 ff.
(3) Vgl. *Schaub, G.* (2000), S.551 ff.
(4) Vgl. *Brinkkötter* (2000) S. 662ff.
(5) Vgl. *Beynio, W./Krieger, W.* (1998), S. 353 ff. und *von Rosen, R.* (1998), S. 341.
(6) Vgl. *Svoboda, M.* (1998), S. 363 ff.
(7) Vgl. *Schmeisser, W./Clermont, A.* (1999), S. 74 ff.
(8) Vgl. *Kessler, J./Kühnberger, M.* (2000), S. 629 ff.

Literatur

Beynio, W./Krieger, W.: Stock Option Incentives von Oberen Führungskräften in der Henkel-Gruppe. In: *Clermont, A./Schmeisser, W.* (Hrsg.): Betriebliche Personal- und Sozialpolitik. München 1998, S. 353-362.

Brinkkötter, H.-O.: Aktienprogramme der BASF Aktiengesellschaft. „BOP" für obere Führungskräfte – „plus" für die Belegschaft. In: *Clermont, A./Schmeisser, W./Krimphove, D.* (Hrsg): Personalführung und Organisation. München 2000, S. 663-692.

Cisek, G.: Entgeltmanagement – Eine personalpolitische Herausforderung. In: *Clermont, A./Schmeisser, W./Krimphove, D.* (Hrsg.) (2000): a.a.O., S. 369-384.

Keßler, J./Kühnberger, M.: Stock Options Incentives – Betriebswirtschaftliche, gesellschaftsrechtliche und bilanzielle Probleme eines modernen Vergütungssystems. In: *Clermont, A./Schmeisser, W./Krimphove, D.* (Hrsg.) (2000): a.a.O., S. 629-662.

Rosen, R. von: Aktienoptionen für Führungskräfte. In *Clermont, A./Schmeisser, W.* (Hrsg.) (1998): a.a.O., S. 341-351.

Schaub, G.: Wirtschaftliche Bestimmung bei Betriebsänderungen. In: *Clermont, A./Schmeisser, W./Krimphove, D.* (Hrsg.) (2000): a.a.O., S. 551-592.

Schmeisser, W./Clermont, A.: Personalmanagement. Praxis der Lohn- und Gehaltsabrechnung, Personalcontrolling, Arbeitsrecht. Herne/Berlin 1999.

Schmeisser, W./Clermont, A.: Due Diligence Prüfung als Sonderaufgabe des Personalcontrollings. In: *Schmeisser, W./Clermont, A./Protz, A.* (Hrsg.): Personalinformationssysteme und Personalcontrolling. Neuwied/Krieftel 1999, S. 307-314.

Svoboda, M.: Leistungs- und ergebnisorientierte Personalführung auf der Grundlage moderner Personalentwicklungs- und Vergütungspolitik in der Deutschen Bank. In: *Clermont, A./Schmeisser, W.* (Hrsg.) (1998): a.a.O., S. 363-378.

C.IV. Symbolischer Ansatz:
Werte, Missionen, Leitbilder, Symbole als Grundlage von Strategien sowie Management in unterschiedlichen Kulturbereichen

Perspektiven/Bezugsrahmen eines Strategischen Personalmanagements

- Symbolischer Ansatz -

Metapher: Die Strategiefindung als Theater: Betont die Sicht von Rollenspielen, Drehbüchern, Maskerade und Bühnengestaltung in der Unternehmung

Ziel: Symbolische Führung um Zusammenhalt und Veränderungsbereitschaft zu gewährleisten

Institutionell: Schaffung oder Veränderung einer Unternehmenskultur bei Merger & Acquisitions sowie Globalisierungsstrategien

Prozessual: Interkulturelles Management in internationalen Unternehmen auf den Aggregationsebenen Mitarbeiter, Gruppe, Führung, Kommunikation, Personal- und Organisationsentwicklung, symbolisches Change Management

---

Perspektiven/Bezugsrahmen eines Strategischen Personalmanagements

- Symbolischer Ansatz -

Prämissen

1. Nicht das Ereignis einer Unternehmensmission oder -vision oder -strategie ist wichtig, sondern seine Bedeutung.
2. Die Bedeutung erlangt eine Strategie durch die Interpretation derselben.
3. Die meisten Strategien in der Organisation sind nicht eindeutig zu interpretieren.
4. Vieldeutigkeit untermeniert rationale Problemlösungsansätze der Strategieimplementierung.
5. Bei der Konfrontation mit Ungewissheit und Mehrdeutigkeit neigen Organisationsmitglieder und Organisationen dazu, Symbole zu entwickeln, um unternehmerische Strategien verständlicher zu machen.

„Von der Agenda zum Erfolgsfaktor"

Bedeutung und Einfluss von Leitbildern auf ein strategisches Personalmanagement

Klaus Hofer

Ein Buch, das sich mit strategischem Personalmanagement befasst, gebührt der Frage nach dem Einfluss und dem Stellenwert von Leitbildern bzw. Leitlinien schon deshalb besondere Aufmerksamkeit, weil eine strategiefokussierte Personalarbeit ohne die Orientierung an Corporate Guidelines kaum denkbar ist.

Aus der Unternehmenspraxis weiß jedoch ein jeder von uns, dass auf dem Weg von der Agenda zum Erfolgsfaktor zahlreiche und bisweilen mühsame Schritte zurückgelegt werden müssen. An dieser Stelle soll versucht werden, diese Wegstrecke in 4 Schritten zu bewältigen.

„Von der Agenda zum Erfolgsfaktor"
Bedeutung und Einfluss von Leitbildern auf ein strategisches Personalmanagement

---

(1) Sinn und Zweck von Leitbildern bzw. Corporate Guidelines

(2) Inhaltliche Anforderungen an Leitbilder und Unternehmensgrundsätze

(3) Verankerung von Leitbildern und Corporate Guidelines im Unternehmensalltag

(4) Einfluss von Leitbildern auf den Unternehmenserfolg

Abb. 1: „Von der Agenda zum Erfolgsfaktor"

I Sinn und Zweck von Leitbildern bzw. Corporate Guidelines

Zunächst gilt es zu hinterfragen, welche Bedeutung und Sinnhaftigkeit Leitbildern und Unternehmensgrundsätzen in einer Zeit zukommen, die gesellschaftlich von raschem Wertewandel, weitgehender Permissivität sowie dem zunehmenden Verlust tradierter Beziehungsnetzwerke und makroökonomisch von einer jedenfalls teilweise noch nicht überwundenen strukturellen Anpassungskrise geprägt ist.

Meines Erachtens erwächst aber gerade aus dieser beschriebenen gesamtgesellschaftlichen Situation die Notwendigkeit, Mitarbeitern Werte und Handlungsmaximen in Form von Leitbildern bzw. Corporate Guidelines zu vermitteln. Insbesondere die jüngere Generation der Arbeitnehmer erwartet von ihrer Tätigkeit in einem Unternehmen mehr als die Befriedigung rein materieller Bedürfnisse oder das Angebot klassischer Karriereperspektiven. Gefragt ist eine den einzelnen Mitarbeiter als Individuum respektierende und motivationsfördernde Arbeitsumgebung. Diese stellt sich aber nicht von selbst ein, sondern ist das Produkt einer organisationsinternen Wertfindung.

Jedes Unternehmen stellt – soziologisch betrachtet – einen Mikrokosmos mit spezifischen Organisationsstrukturen und vor allem eigenen Spielregeln dar. Sofern die Herausbildung dieser Spielregeln ohne jegliche Wertorientierung allein dem Prinzip der Nützlichkeit und Zweckmäßigkeit überlassen bleibt, besteht zumindest in größeren Organisationen die Gefahr, dass die Entstehung einer von den Mitarbeitern als positiv empfundenen Unternehmenskultur verhindert wird und sich die „Unternehmensphilosophie" damit ausschließlich auf die Gewinnmaximierung reduziert.

In einem solchen Umfeld wäre strategisches Personalmanagement weder möglich noch sinnvoll, da hier die Mitarbeiter als entscheidende Erfolgsfaktoren für die Umsetzung der Unternehmensstrategie verkannt und lediglich als notwendiger Bestandteil einer Wertschöpfungskette betrachtet werden.

Wenn man aber die Bedeutung der Mitarbeiter als Humanvermögen eines Unternehmens ernst nimmt, kommt Leitbildern bzw. Corporate Guidelines im wesentlichen eine zweifache Funktion zu.

Sie sollen zum einen abgeleitet aus der Unternehmensstrategie den Mitarbeitern eine Orientierung für den Sinn und Zweck ihrer Tätigkeit geben und zum anderen durch die Festlegung organisationsinterner Verhaltensregeln die Entwicklung einer positiven, identifikationsstiftenden und damit motivationsfördernden Unternehmenskultur ermöglichen.

Darüber hinaus richten sich Leitbilder an die Öffentlichkeit, indem sie die Position des Unternehmens und sein Selbstverständnis im sozialen Umfeld definieren.

So wenig das Entstehen einer Kultur ohne jede Wertorientierung denkbar ist, so wenig wird sich eine Unternehmenskultur entwickeln, wenn man glaubt, auf Werte als Leitlinien gänzlich verzichten zu können.

Funktion von Leitbildern bzw. Corporate Guidelines

Intern
- Mitarbeitern eine Orientierung für den Sinn und Zweck ihrer Tätigkeit vermitteln
- an konkreten Wertvorstellungen ausgerichtete Verhaltensregeln und Handlungsmaximen im Unternehmen festlegen

Extern
- die Position des Unternehmens und sein Selbstverständnis im sozialen Umfeld definieren

Ziel

Entwicklung einer positiven, identifikationsstiftenden und motivationsfördernden Unternehmenskultur

Abb. 2: Funktion von Leitbildern bzw. Corporate Guidelines

II Inhaltliche Anforderungen an Leitbilder und Unternehmensgrundsätze – Die Überbrückung von Theorie und Praxis

Damit stellt sich die Frage, welche inhaltlichen Anforderungen an Leitbilder als Instrumente zur Vermittlung von wertorientierten Handlungsmaximen im Unternehmen und zugleich als Grundlage für ein strategisches Personalmanagement zu stellen sind.

Es wäre sicherlich vermessen, hierauf eine einfache und vor allem allgemein gültige Antwort geben zu wollen.

Allein die begriffliche Vielfalt – neben Leitbildern bzw. Leitlinien ist von Unternehmensgrundsätzen, Corporate Guidelines und Mission Statements die Rede – sowie die häufig sehr unterschiedlichen sprachlichen Ausformulierungen dokumentieren die typischen Probleme bei der Entwicklung von Leitbildern.

Dahinter verbirgt sich meist die Überlegung, ob man den in Leitlinien enthaltenen Anspruch bereits als Wirklichkeit darstellen oder – etwas bescheidener – als Zielvorgabe verstanden wissen möchte. Bisweilen gewinnt man auch den Eindruck, dass sich die Honorarhöhe der in diesem Zusammenhang häufig konsultierten CI-Agenturen nach der sprachlichen Abstraktionsstufe bemisst.

Als Praktiker möchte ich mich jedoch weder zu begriffsetymologischen noch zu allgemein sprachwissenschaftlichen Betrachtungen hinreißen lassen.

> **Inhaltliche Anforderungen
> an Leitbilder und Unternehmensgrundsätze**
>
> ➡ *Allgemeinverständlichkeit*
>   alle Mitarbeiter müssen als Zielgruppe erreicht werden
> ➡ *Verbindlichkeit und Gültigkeit über den Tageshorizont hinaus*
>   Synthese von Kontinuität und Wandel bei der Entwicklung und
>   Formulierung von Leitbildern
> ➡ *Glaubwürdigkeit*
>   Fokussierung auf im Unternehmensalltag tatsächlich realisierbare
>   Handlungsmaximen
>   Verzicht auf einen wirklichkeitsfremden „Moralismus"
>
>
>
> **Etablierung eines konsistenten Gesamtwertesystems**

Abb. 3: Inhaltliche Anforderungen an Leitbilder und Unternehmensgrundsätze

Dass die in Leitbildern und Unternehmensgrundsätzen enthaltenen Botschaften für alle Mitarbeiter verständlich und nachvollziehbar sein sollten, halte ich für eine pure Selbstverständlichkeit, die nicht weiter problematisiert zu werden braucht. Wenn Leitbilder und Unternehmensgrundsätze erst in die Alltagssprache übersetzt werden müssen, verfehlen sie von vornherein ihre Wirkung.

Wesentlich wichtiger erscheint mir, auf die Notwendigkeit hinzuweisen, dass Leitbilder zwei im Prinzip gegensätzliche Anforderungen zu erfüllen haben.

Sie müssen einerseits in ihrer inhaltlichen Aussage verbindlich sein und Geltung über den Tageshorizont hinaus beanspruchen, um zu einem die Unternehmenskultur nachhaltig prägenden Element zu werden und dürfen andererseits den erforderlichen Gestaltungsspielraum im Unternehmen nicht zu sehr einengen und dadurch notwendige Veränderungen blockieren.

Manche Skeptiker meinen daher, man solle auf Leitbilder bzw. Corporate Guidelines gänzlich verzichten, da der ökonomische Anpassungsdruck zu ständig wechselnden Handlungsmaximen führe.

Dabei wird jedoch übersehen, dass aus einem Konglomerat von immer neuen, zum Teil widersprüchlichen Verhaltensregeln kein konsistentes Gesamtwertesystem entstehen kann, aus dem sich für die Unternehmensstrategie und die operative Unternehmenspolitik maßgebliche Orientierungslinien herleiten lassen.

In der Synthese von Kontinuität und Wandel liegt daher die erste Herausforderung bei der Entwicklung von Leitbildern.

Eine leistungsorientierte Unternehmenskultur benötigt sowohl Stabilität, um ein Höchstmaß an Effizienz und Effektivität zu entwickeln als auch Veränderung, um sich neuen Marktgegebenheiten und wechselnden gesellschaftlichen Rahmenbedingungen anzupassen. Dieser Dualismus zwingt dazu, weder kurzfristige rein operative Zielsetzungen noch temporäre Einzelmaßnahmen zum Gegenstand von Unternehmensgrundsätzen zu machen.

Die zweite gleichwohl nicht weniger bedeutende Herausforderung bei der Entwicklung von Leitbildern besteht im Prinzip in der Glaubwürdigkeit.

Leitbilder oder Unternehmensgrundsätze, deren Halbwertzeit durch die nächste Krise und/oder strukturelle Anpassungsmaßnahme begrenzt ist, sind unglaubwürdig und geben letztlich die Unternehmensleitung der Lächerlichkeit preis. Sie bewirken dann das Gegenteil von dem, was ursprünglich mit der Verkündung von Leitbildern beabsichtigt war.

Um dem Grundsatz der Glaubwürdigkeit zu entsprechen, empfiehlt es sich daher, bei der Entwicklung von Leitlinien auf einen abgehobenen und wirklichkeitsfremden Moralismus zu verzichten und sich stattdessen auf die aus der Unternehmensstrategie abzuleitenden und im Unternehmensalltag tatsächlich realisierbaren Handlungsmaximen – etwa in Form von Grundsätzen der Zusammenarbeit, Führungsgrundsätzen oder Grundsätzen der Kundenorientierung – zu fokussieren. Mit anderen Worten: Man sollte sich die Meßlatte nur so hoch legen, wie man zu springen bereit und in der Lage ist.

Darüber hinaus wird das im Interesse der Glaubwürdigkeit zu beachtende Understatement dadurch unterstrichen, dass bei der Formulierung von Leitbildern und Unternehmensgrundsätzen der Zielcharakter erhalten bleibt.

III Die Verankerung von Leitbildern und Corporate Guidelines im Unternehmensalltag

Der dritte und schwierigste Schritt auf dem Weg von der Agenda zum Erfolgsfaktor besteht sicherlich darin, Leitbilder erfolgreich in die Unternehmenspraxis zu transferieren. Auch hierfür kann es kein Patentrezept geben.

Die Einbeziehung der Führungskräfte bereits im Stadium der Entwicklung und Erarbeitung von Leitbildern schafft meiner Auffassung nach jedoch die besten Voraussetzungen für die Verankerung von Leitbildern und Unternehmensgrundsätzen im Unternehmensalltag.

Denn nur, wenn sich die Führungsmannschaft mit den Leitbildern identifiziert und diese zugleich als Selbst-Committment begreift, können die mit Leitbildern immanent verbundenen Botschaften und Handlungsmaximen in die Unternehmensorganisation getragen werden.

So haben wir bei der B. Braun Melsungen AG im Zuge der Einführung von Gruppenarbeit sehr positive Erfahrungen mit der Formulierung von Leitlinien für Führung und Zusammenarbeit im Rahmen eines Workshops unter Mitwirkung der Führungskräfte gemacht. Ganz pragmatisch sind wir dabei von der Überlegung ausgegangen, dass sich niemand ohne sein Gesicht zu verlieren dauerhaft den Regeln entziehen kann, an deren Entwicklung er beteiligt war.

Verankerung von Leitbildern und Corporate Guidelines im Unternehmensalltag

➡ Einbeziehung der Führungskräfte bereits bei der Entwicklung und Erarbeitung von Leitbildern

Identifikation und Selbst-Commitment des Managements ist eine grundlegende Voraussetzung für den erfolgreichen Transfer von Leitbildern und Corporate Guidelines in die Unternehmenspraxis

Abb. 4: Verankerung von Leitbildern und Corporate Guidelines im Unternehmensalltag

Verankerung von Leitbildern und Corporate Guidelines im Unternehmensalltag

➡ Rolle der Führungskräfte bei der Vermittlung und Umsetzung von Leitbildern bzw. Corporate Guidelines

Multiplikatorenfunktion
- Führungskräfte haben die Aufgabe, die in Leitbildern enthaltenen Botschaften an ihre Mitarbeiter zu kommunizieren.

Vorbildfunktion
- Führungskräfte werden von den Mitarbeitern daran gemessen, ob sie Leitbilder und Verhaltensgrundsätze glaubwürdig vorleben.

Abb. 5: Verankerung von Leitbildern und Corporate Guidelines im Unternehmensalltag II

Bei Leitbildern, die ohne jede Beteiligung der Führungskräfte in der Einsamkeit der Vorstandsetage entworfen werden, besteht zumindest die Gefahr, dass die überaus wichtige Multiplikatorenfunktion der Führungskräfte unterschätzt und damit der Transfer in die Praxis bereits im Ansatz vereitelt wird.

Es versteht sich von selbst, dass einmal entwickelte Leitbilder bzw. Grundsätze im gesamten Unternehmen bekannt gemacht und kommuniziert werden müssen.

In welcher Form dies geschieht, ist meines Erachtens eher von sekundärer Bedeutung, wenn nur die Beachtung des obersten Grundsatzes im Marketing sichergestellt ist, dass nämlich alle Mitarbeiter als Zielgruppe erreicht werden.

Wichtiger als Hochglanzbroschüren ist jedoch allemal das Rollenverständnis sowohl der Unternehmensleitung als auch der Führungskräfte bei der Vermittlung von Leitbildern.

Schriftlich fixierte Leitbilder und Grundsätze vermögen die Mitarbeiter nur dann zu überzeugen, wenn sich die Führungskräfte den proklamierten Botschaften und Handlungsmaximen unterwerfen und diese glaubwürdig vorleben.

Zu der von mir bereits erwähnten Multiplikatorenfunktion tritt hier die Vorbildfunktion des Managements, selbst wenn der zuletzt genannte Begriff in der heutigen, weitgehend von Anglizismen beherrschten Managementliteratur antiquiert erscheint.

Nur durch ein konsequentes Handeln der Führungskräfte können Leitbilder in die Unternehmenspraxis transferiert werden und damit die Unternehmenskultur nachhaltig prägen.

Aus der Tatsache, dass dem Management eine Schlüsselfunktion bei der Vermittlung von Leitbildern zufällt, sind Schlussfolgerungen sowohl im Hinblick auf die Kompetenzanforderungen an Führungskräfte als auch hinsichtlich der Organisation eines wertorientierten Personalmanagements zu ziehen.

Während das Anforderungsprofil an Führungskräfte in der Vergangenheit überwiegend durch die fachliche Qualifikation bestimmt wurde, reicht dies heute angesichts der zahlreichen und vielschichtigen Herausforderungen an das Management bei weitem nicht mehr aus.

Allein die zunehmende Komplexität der Aufgabenstellungen in einer sich immer rascher verändernden Informations- und Wissensgesellschaft hat dazu geführt, dass die Kompetenz an Führungskräfte – über alle Hierarchieebenen hinweg – neu definiert werden muss.

Die fachliche Qualifikation stellt lediglich eine notwendige, aber bei weitem nicht mehr hinreichende Voraussetzung für die Übernahme von Führungsverantwortung dar. Von mindestens gleichrangiger Bedeutung sind die Strategie- und Sozialkompetenz des Managements.

Nur diejenigen Führungskräfte, die bei der Vielfalt der täglich zu treffenden Entscheidungen die Unternehmensstrategie als Orientierungslinie nicht aus den Augen verlieren und Leitbilder bzw. Corporate Guidelines wirksam als Führungsinstrumente einzusetzen vermögen, können gemeinsam mit ihren Mitarbeitern einen nachhaltigen Beitrag zum Unternehmenserfolg leisten.

Dies setzt die Bereitschaft voraus, Veränderungen als Herausforderung zu betrachten, Verantwortung zu übernehmen und diese Einstellung auf andere zu übertragen, das kreative

> **Verankerung von Leitbildern und Corporate Guidelines im Unternehmensalltag**
>
> Welche Konsequenzen ergeben sich aus der Schlüsselfunktion des Managements bei der Vermittlung von Leitbildern?
>
>
>
> - Erweiterte Kompetenzanforderungen an Führungskräfte (Strategie- und Sozialkompetenz)
> - Personalpolitische Instrumente sind systematisch strategie-, wert- und leistungsorientiert auszurichten, und zwar im Hinblick auf:
>   – Personalauswahl
>   – Personalbeurteilung
>   – Vergütungs- und Incentive Modelle
>   – Personalentwicklung

Abb. 6: Verankerung von Leitbildern und Corporate Guidelines im Unternehmensalltag III

Potenzial sowie die Eigeninitiative der Mitarbeiter weiterzuentwickeln mit dem Ziel, in einem motivationsfördernden Arbeitsklima leistungsorientierte Ergebnisse zu erreichen.

Für die Organisation eines strategischen Personalmanagements bedeutet das vor allem zweierlei:

Zum einen sind personalpolitische Fragestellungen bereits bei der Festlegung und Formulierung der Unternehmensstrategie sowie den daraus abgeleiteten Corporate Guidelines zu berücksichtigen und nicht erst dann, wenn bei deren Umsetzung das Personal zum Engpassfaktor wird.

Zum anderen müssen personalwirtschaftliche Instrumente systematisch und konsequent strategie-, wert- sowie leistungsorientiert ausgerichtet werden. Dies gilt für die Personalauswahl, die Personalbeurteilung, Vergütungs- und Incentive- Modelle bis hin zur Personalentwicklung.

In diesem Zusammenhang bieten regelmäßig stattfindende Mitarbeitergespräche in Verbindung mit Zielvereinbarungen meiner Erfahrung nach einen geeigneten Ansatzpunkt, um den Transfer von Leitbildern in die Praxis zu forcieren, zu kontrollieren und auch ergebnisorientiert zu honorieren.

Einzelmaßnahmen erweisen sich jedoch zur Etablierung eines wertorientierten Personalmanagements als unzureichend, wenn sie nicht Teil eines in sich schlüssigen Gesamtkonzeptes sind. Dieses muss die gesamte Unternehmensorganisation umfassen und zu

Handlungskonsequenzen bei denjenigen führen, die sich durch ihr Verhalten in permanenten Widerspruch zu proklamierten Leitlinien und Handlungsmaximen setzen.

Glaubwürdigkeit ist somit nicht nur bei der Entwicklung von Unternehmensgrundsätzen, sondern vor allem auch bei der praktischen Umsetzung wertorientierter Personalarbeit oberstes Prinzip.

IV Einfluss von Leitbildern auf den Unternehmenserfolg

Zum Schluss meiner Ausführungen möchte ich mich der Frage zuwenden, welchen Einfluss Leitbilder und ein damit operierendes wertorientiertes Personalmanagement auf den Unternehmenserfolg haben.

Wie so oft begegnen wir hier dem Problem der Messbarkeit personalpolitischer Konzepte.

Einfluss von Leitbildern auf den Unternehmenserfolg

➡ Problem der direkten Messbarkeit personalpolitischer Maßnahmen und Konzepte

➡ Bedeutung der Mitarbeiter als Humanvermögen eines Unternehmens bei der Realisierung strategischer und operativer Unternehmensziele

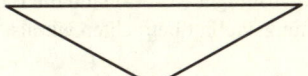

Leitbilder, die geeignet sind,
die Unternehmenskultur positiv zu prägen
und
vom Management glaubwürdig vermittelt werden,
können den Unternehmenserfolg maßgeblich beeinflussen.

Abb. 7: Einfluss von Leitbildern auf den Unternehmenserfolg

Kein Praktiker wird sich der Illusion hingeben oder so vermessen sein, das Produktivitäts-, Umsatz- oder Ergebniswachstum eines Unternehmens allein aus der Implementierung von Leitbildern als Grundlage für ein strategisches Personalmanagement herleiten zu wollen.

Jeder Versuch, eine durch eine Vielzahl unterschiedlicher Faktoren beeinflusste Größe wie den Unternehmenserfolg monokausal erklären oder durch isolierte Einzelmaßnahmen dauerhaft beeinflussen zu wollen, ist notwendigerweise zum Scheitern verurteilt.

Genauso richtig ist jedoch auch die Feststellung, dass der Unternehmenserfolg wenn nicht ausschließlich so doch in entscheidender Weise von den Mitarbeitern und der in einem

Unternehmen vorherrschenden Führungs- und Zusammenarbeitskultur bestimmt wird. Nur in einer leistungs- und motivationsfördernden Arbeitsumgebung lassen sich langfristig optimale Ergebnisse erzielen.

In diesem Sinne haben Leitbilder, die geeignet sind, die Unternehmenskultur positiv zu prägen und durch die Führungskräfte glaubwürdig vermittelt werden, durchaus einen maßgeblichen Einfluss auf den Unternehmenserfolg.

Leitlinien für Führung und Zusammenarbeit innerhalb der B. Braun-Gruppe

---

1. Die Qualifikation und das Engagement unserer Mitarbeiter sind die Grundlage für den Erfolg unseres Unternehmens. Mitarbeiter zu motivieren und entsprechend ihren Fähigkeiten und den Bedürfnissen des Unternehmens zu fördern, gehört zu den Kernaufgaben einer jeden Führungskraft.

2. Offenheit schafft Vertrauen. Wir wollen daher über alle Hierarchieebenen offen und fair miteinander umgehen und kommunizieren.

3. Toleranz und gegenseitiger Respekt sind die Basis unserer Zusammenarbeit. Meinungsvielfalt betrachten wir als Wettbewerb um die besten Ideen.

4. Von unseren Mitarbeitern erwarten wir Leistungswillen, Eigeninitiative, Flexibilität und die Bereitschaft, Verantwortung zu übernehmen. Dies soll durch eine angemessene, an den Zielvorgaben und den individuellen Leistungen orientierte Vergütung honoriert werden.

5. Wir machen es uns zum Prinzip, gute Leistungen zu loben und stellen uns sachlicher und konstruktiver Kritik.

6. Unser Ziel, das führende pan-europäische, weltweit tätige Unternehmen auf dem Gebiet der medizinischen Versorgung zu sein, können wir nur gemeinschaftlich erreichen. Dies setzt gegenseitige Loyalität und die Bereitschaft voraus, in unserer internationalen Organisation über alle Bereiche und Sparten hinweg teamorientiert zusammenzuarbeiten.

Abb. 8: Leitlinien für Führung und Zusammenarbeit innerhalb der B. Braun-Gruppe

Internationales Projektmanagement

Jenny Wiebusch / Sebastian Dworatschek

1 Herausforderungen an das Projektmanagement

„Projects which involve multi-national work often present unusual circumstances and conditions which differ greatly from those one's of the home country. To assure a successful project and to properly prepare the project cost estimate requires research on the conditions and practices to be encountered in the other country or countries." (1)

Anzahl und Umfang internationaler Aktivitäten haben in Unternehmen, Organisationen, Institutionen und Regierungen in den vergangenen Jahren stark zugenommen. Diese Entwicklung ergab sich zum einen auf Grund der neuen Wirtschaftseinheiten wie EU, NAFTA oder ASEAN. Zum anderen verursachte der politische Wandel in Mittel- und Osteuropa eine Ausweitung der Ost-West-Projekte. Ferner werden kürzere Entwicklungszeiten und die Nutzung von Skalenerträgen sowie Synergieeffekten zunehmend zur Überlebensfrage im harten internationalen Wettbewerb.

Auch die Möglichkeit, Kosten und Risiken zu teilen, neue Technologien zu nutzen, größere Marktanteile zu erlangen und im Ausland günstigere Einsatzmittel zu beschaffen, bilden Anreize für grenzüberschreitendes Handeln. Des weiteren nötigt die steigende Spezialisierung bei gleichzeitig wachsender Nachfrage nach hochkomplexen Gütern zu Kooperationen mit ausländischen Partnern. In diesem Zusammenhang hat die Durchführung internationaler Projekte als geeignete Strategie zur Bewältigung der genannten Herausforderungen stark an Bedeutung gewonnen. Es wird sogar eine weitere Intensivierung prognostiziert (2).

Im internationalen Kontext zeigen Projekte allerdings eine größere Variationsvielfalt als im nationalen Umfeld. Um ein internationales Projekt erfolgreich leiten zu können, ist die Kenntnis der zusätzlichen Einflussgrößen erforderlich.

Der vorliegende Beitrag stellt zunächst Einflussgrößen internationaler Projekte vor, die zusätzlich zu den Merkmalen rein nationaler Projekte auftreten können; auch beschreibt er deren Auswirkungen auf das Projektmanagement. Aus diesen Einflussgrößen leiten sich dann so genannte Merkmalsprofile ab. Sie können dem Projektmanager in der Praxis bei der Identifikation möglicher Problemfelder im Projekt, bei der Entwicklung von Lösungsmöglichkeiten oder bei der Auswahl aus verschiedenen Projektalternativen im Vorfeld helfen.

Die hier vorgestellten Einflussfaktoren internationaler Projekte und die abgeleiteten Merkmalsprofile sind ausgewählte Ergebnisse eines einjährigen Forschungsprojektes am Institut für Projektmanagement und Wirtschaftsinformatik IPMI der Universität Bremen.

2 Internationale Projekte und internationales Projektmanagement

Wie zu erwarten war, bietet Fachliteratur keine konsensuale Definitionen der Begriffe „internationales Projekt" und „internationales Projektmanagement". Jedoch betrachten alle Autoren internationale Projekte als unterschiedlich zu rein nationalen Projekten. Unklar bleibt allerdings Art und Anzahl der Unterschiede. Als begriffliche Grundlage diene hier zunächst die Definition nach *Gerybadze* mit weitem Interpretationsspielraum: *Internationale Projekte* sind „Vorhaben, bei denen die Projektakteure aus verschiedenen Ländern stammen und/oder die Projektaktivitäten unter Einsatz von strategischen Ressourcen aus mehreren Ländern grenzüberschreitend arbeitsteilig durchgeführt werden ..." (3).

Internationales Projektmanagement führt dementsprechend auf Grund des Zusammenspiels unterschiedlicher nationaler Spezifika in internationalen Projekten zu „... einer Reihe von Erschwernissen, die der Projektleitung ein erhöhtes Maß an Managementkönnen abverlangt" und ist dementsprechend „eine Erweiterung der mehrdimensionalen Aufgabe und erhöht somit den Schwierigkeitsgrad" (4). Diese erhöhten Anforderungen an das Management internationaler Projekte ergeben sich aus einer Reihe von im nationalen Rahmen nicht oder kaum auftretenden Einflussfaktoren.

Das IPMI analysierte die Fachliteratur aus den Bereichen Projektmanagement, Internationales Management, Unternehmenskooperationen, internationale Forschung und Entwicklung und die Tagungsbände der Projektmanagementgesellschaften: GPM, IPMA und PMI (1989-1999). Die Analyse ergab eine Reihe möglicher Einflussfaktoren bei internationalen Projekten. Diese Einflussfaktoren konnten zu Merkmalsgruppen zusammengefasst werden (Abbildung 1).

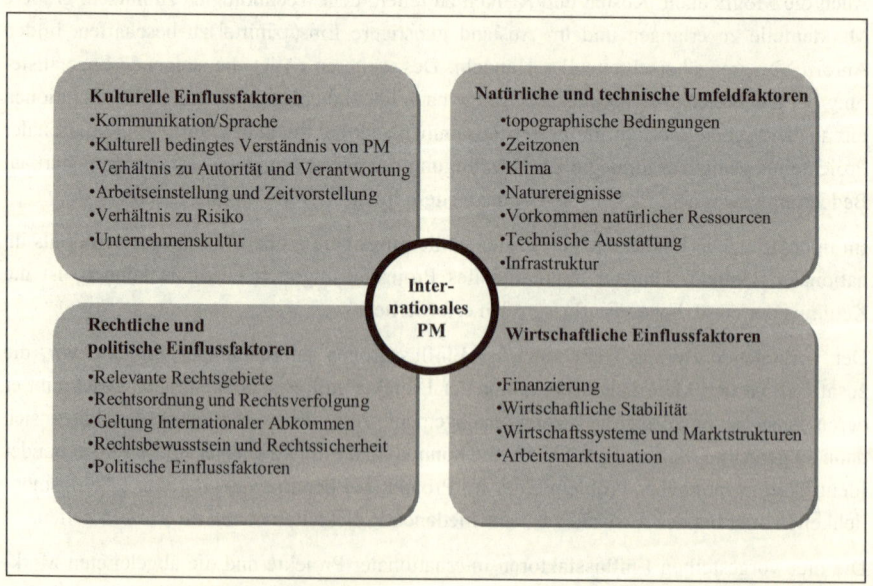

Abb. 1: Einflussfaktoren internationaler Projekte

3 Kulturelle Einflussfaktoren

Kultur ist ein vielschichtiges Phänomen, das zu Bereicherung, aber auch zu Konfrontationen zwischen einzelnen Personen, Gruppen oder Völkern führen kann (5). Gleichzeitig stellen sich den Beteiligten Probleme, die nur gemeinsam, etwa in internationalen Projekten, gelöst werden können. In einer internationalen Projektumgebung ist deshalb der Kulturaspekt ein wichtiger Faktor für Erfolg oder Misserfolg eines Projektes.

Sprache und Kommunikation

Bei interkulturellen Begegnungen sprechen die kommunizierenden Personen unterschiedliche Muttersprachen. Sprache ist in starkem Maße kulturgeprägt (6). In unterschiedlichen Kulturen ist es deshalb häufig schwierig, Vokabeln gleichen Inhalts zu finden. Unterschiedliche Wortinterpretationen von Muttersprachlern und Personen, die die „Projektsprache" nur als Fremdsprache sprechen, führen dann zu Kommunikationsproblemen. In Deutschland ist beispielsweise ein „Konzept" ein detaillierter Plan, in Frankreich versteht man unter „Concept" hingegen eher eine zu diskutierende Idee (7). Für das Team internationaler Projekte sind demnach Sprachschulungen nötig, aber auch sensibilisierende Informationen über (erwartete) Verhaltensweisen.

Kulturell bedingtes Verständnis von Projektmanagement

Das Verständnis von Projekten und Projektmanagement ist von Land zu Land etwas unterschiedlich. Relevante Begriffe werden gelegentlich anders interpretiert. Projektpartner aus verschiedenen Ländern haben uneinheitliche Vorstellungen von den Grundlagen des Projektmanagements (8). Bei der Zusammenarbeit von Partnern aus verschiedenen Nationen wird deshalb häufig mehr Zeit benötigt, um Einigungen über Definitionen und Erwartungen zu erzielen. Wichtig wird die Vereinheitlichung des Basiswissens in Projektmanagement und eine frühzeitige Einigung der Projektpartner über anzuwendende Methoden.

Einstellung von Personen zu Risiko (Unsicherheitsvermeidung)

Der Umgang mit Risiko hängt von der so genannten Aktivitätsorientierung in einer Kultur ab (9): Die Besonderheiten internationaler Projektarbeit führen zu einem deutlich höheren Risiko, was beim Training der beauftragten Führungskräfte zu berücksichtigen ist (vgl. dazu Tabelle 1).

Einstellung zu Autorität und Verantwortung

Das Verhältnis von Personen zur Verantwortung wird geprägt durch die Zugehörigkeit zu einem bestimmten Kulturkreis (10); dies verdeutlicht Tabelle 2.

Das Verhältnis von Personen zu Autorität wird auch als *Machtdistanz* bezeichnet, als „Ausmaß, bis zu welchem die weniger mächtigen Mitglieder von Institutionen bzw. Organisationen eines Landes akzeptieren, dass Macht ungleich verteilt ist" (11). Es kann darunter die Bereitschaft von Mitarbeitern verstanden werden, ihrem Vorgesetzten zu widersprechen. Arbeiten Personen aus unterschiedlichen Kulturkreisen in einem Projekt zusammen, so tref-

Being-oriented cultures („Sein-orientiert")	Controlling oriented cult („Kontroll-orientiert")	Doing-oriented cultures (Handlungsorientiert)
Der Schwerpunkt liegt auf dem Moment, das Erleben des Augenblicks steht im Vordergrund, Abneigung gegenüber Risiken	Rationalität und Logik spielen eine große Rolle. Ein Gleichgewicht zwischen Fühlen und Denken wird angestrebt. Risikovermeidung spielt eine wichtige Rolle.	Personen aus diesem Kulturkreis arbeiten hart, streben nach Vollkommenheit und erwarten dafür Anerkennung, Risikokontrolle steht im Mittelpunkt
Beispiel: Mittel- und Osteuropa	*Beispiel:* Frankreich	*Beispiel*: USA

Tab. 1: Das Verhältnis von Mitgliedern unterschiedlicher Kulturkreise zu Risiko

Individualistische Kulturen	„Gruppen-Kulturen"	Hierarchisch orientierte Kulturen
Persönliche Freiheit, Individualismus, Entscheidungen werden allein getroffen, Verantwortung wird vom Individuum getragen.	Loyalität, Einigkeit, Harmoniebedürfnis. Entscheidungen in der Gruppe getroffen, die Gruppe trägt die Verantwortung.	Ruhiger formaler Umgang miteinander, Entscheidungen trifft der Vorgesetzte, er trägt auch die Verantwortung.
Beispiel: USA	*Beispiel*: Japan	*Beispiel*: Großbritannien

Tab. 2: Zusammenhang zwischen Kulturkreis und Einstellung zu Autorität und Verantwortung

fen diese unterschiedlichen Einstellungen und Verhaltensweisen aufeinander. In multikulturellen Projektorganisationen erscheint es zweckmäßig, das Projektpersonal im Umgang miteinander zu schulen und Verantwortlichkeiten sowie Entscheidungswege zu verabreden.

Einstellung zu Arbeit und Zeit

Kultur beeinflusst die Einstellung der Individuen zu Arbeit und Zeit. Die Arbeitsauffassung resultiert zu einem großen Teil aus der Vorstellung von Zeit. Es wird zwischen drei Dimensionen des Zeitempfindens unterschieden (12): Treffen solch unterschiedliche Zeitvorstellungen in einem Projektteam aufeinander, können erhebliche Probleme beim Gestalten des Arbeitsablaufs erwachsen. Hilfreich wären hier genaue Informationen über die beteiligten Kulturen.

Zeiteinteilung		Zeitorientierung			Zeitverständnis	
Monochronistisch	Polychronistisch	Vergangenheit	Gegenwart	Zukunft	knappes Gut	unbegrenzte Ressource
Nur eine Aufgabe zu einer Zeit	Mehrere Dinge gleichzeitig	Nutzung von Erfahrungen aus der Vergangenheit	Genaue kurzfristige Planung	Langfristige Planung zentraler Termine	Große Bedeutung von Zeitplänen und Terminen	Termine und Zeitpläne sind unbedeutend

Tab. 3: Dimensionen der Zeitvorstellung

Unternehmenskultur

Ähnlich wie die Landeskultur prägt auch die Unternehmenskultur ihre Mitglieder. In internationalen Projekten spielt vor allem die so genannte „Projektmanagement-Kultur" eine wichtige Rolle. Sie bezeichnet Methoden, Interpretationen und Arbeitsweisen eines Unternehmens hinsichtlich des Projektmanagements. Teammitglieder aus Unternehmen mit unterschiedlicher „Projektmanagement-Kultur" entwickeln unterschiedliche Vorstellungen von der Projektbearbeitung und den einzusetzenden Methoden. Beispiele sind unterschiedliche Netzplantechniken/-software und unterschiedliche Detaillierung der Projektverträge. Die Verständigung einer gemeinsamen Basis ist notwendige Voraussetzung für den Projekterfolg (13).

Zusammenfassung Kultur

Werden die kulturellen Besonderheiten nicht ausreichend berücksichtigt, entstehen erfahrungsgemäß Zeitverzögerungen, Kostensteigerungen und Qualitätseinbußen. Interkulturelle Zusammenarbeit führt aber auch oft zur Freisetzung von Synergien. Unterschiedliche Herangehensweisen an eine Aufgabe eröffnen vielfältigere und schnellere Lösungsmöglichkeiten. Das interkulturelle Verständnis wird gefördert und schafft für die Zukunft neue Perspektiven. Diese Synergien lassen sich nur dann erzeugen, wenn das Personal über fachliche Qualifikationen hinaus über ausreichende Kenntnisse in der gemeinsamen Projektsprache, Sozialkompetenz und Sensibilität für andere Kulturen verfügt.

4 Umfeldfaktoren

Als Umfeldfaktoren eines internationalen Projektes werden sowohl natürliche als auch technische landesspezifische Besonderheiten bezeichnet. Bei der Zusammenarbeit im Internationalen Projekt werden die Projektpartner häufig mit Umfeldsituationen konfrontiert, die erheblich von denen aus ihrem Heimatland bekannten abweichen.

Topografische Bedingungen

Die topografischen Bedingungen eines Landes bezeichnen die „örtliche Gestalt der Erdoberfläche" (14). Sie haben Einfluss auf die Ansiedlungsmöglichkeiten und auf Logistik. So ist in Gebirgslandschaften beispielsweise generell mit längeren Transportdauern zu rechnen als in ebenen Gebieten (15). Auswirkungen auf die Ansiedlungsmöglichkeiten ergeben sich hauptsächlich bei Anlageprojekten – durch Geländegestalt und Art der Vegetation. Mögliche Hindernisse bei der Projektdurchführung müssen im Gastland rechtzeitig identifiziert und planerisch berücksichtigt werden.

Klima

Klimatische Bedingungen haben erheblichen Einfluss auf betriebliche Leitungsprozesse. Sie beeinflussen Arbeitsfähigkeit und Arbeitsbereitschaft der Menschen (16). Große Hitze führt zu Ermüdung und geringerer Leistungsbereitschaft. Darüber hinaus beeinflusst das Klima sehr die Funktionsfähigkeit technischer Komponenten. In gemäßigten Klimazonen gefertigte technische Produkte können in tropischen Zonen durch Lagerung Schaden nehmen, beim Einsatz ausfallen oder nur eingeschränkt arbeiten. Bei der Spezifizierung der technischen Ausstattung sind demnach die klimatischen Bedingungen zu berücksichtigen. Werden Projektmitarbeiter in ein Gastland entsandt, so benötigen sie Zeit für die Akklimatisation.

Naturereignisse

Naturereignisse werden beschrieben als „von außen einwirkendes, nicht beeinflussbares und auch bei Anwendung größter Sorgfalt nicht abwendbares Ereignis" (17). Diese Risiken bestehen in diesem Zusammenhang aus Stürmen, Überschwemmungen, Erdbeben oder Bränden. Da in internationalen Projekten Partner aus unterschiedlichen Ländern zusammenarbeiten, ist es wahrscheinlich, dass die Projektmitarbeiter im Gastland mit Naturphänomenen konfrontiert werden, die ihnen aus ihrem Heimatland überhaupt nicht bekannt sind. Wichtig sind dazu frühzeitige Informationen und die Gegenüberstellung von Risiko und Nutzen.

Natürliche Ressourcen

Das Vorkommen von lebenswichtigen Ressourcen, wie Wasser sowie saubere Luft und von natürlichen Einsatzfaktoren, wie Bodenschätze und Energiepotenziale, ist Voraussetzung für die erfolgreiche Durchführung internationaler Projekte. Die notwendige Wasserversorgung an einem Standort ohne natürliche Wasservorkommen (z.B. Ölförderprojekt in der Wüste) verursacht hohe Projektkosten. Sind notwendige Einsatzfaktoren als natürliche Ressourcen vor Ort vorhanden, ergeben sich Kostenvorteile, da lange Transportwege entfallen (18). Informationen über Vorkommen natürlicher Ressourcen müssen bereits bei der Auswahl des Projektstandortes und bei der Risikoplanung berücksichtigt werden.

Zeitzonen

Sind Projektaktivitäten über mehrere Zeitzonen verteilt, so können Vor- und Nachteile für die Projektabwicklung entstehen. Zeiteinsparungen können sich speziell bei Forschungs-

und Entwicklungsprojekten durch eine Erhöhung der Tagesarbeitszeit, ohne Einführung von Schichtarbeit realisieren lassen (19). Ein Projektteam sendet am Abend seine Arbeitsergebnisse per Internet an das nächste Team in der anderen Zeitzone – hier beginnt der Arbeitstag gerade erst. Dort kann dann mit den Resultaten weitergearbeitet werden etc.

Andererseits erschweren Zeitunterschiede die Erreichbarkeit und die Kommunikation. Außerdem verringern sie den persönlichen Kontakt und behindern damit die Informationsübertragung und Vertrauensbildung im Gesamtteam. Eine intensive, erfolgreiche Zusammenarbeit über Zeitzonen hinweg setzt die Verfügbarkeit und Beherrschung von modernen Informations- und Telekommunikationstechnologien voraus. Ferner ist ein hochstandardisiertes Berichtswesen und ein intensiver Informationsfluss notwendig.

Technische Ausstattung

Projektpartner in unterschiedlichen Ländern können sehr verschieden mit modernen Produktionstechnologien und andererseits mit neuartiger Informations- und Kommunikationstechnologie ausgestattet sein (20). Beispielsweise entstehen Lieferantenprobleme, wenn keine geeigneten Produktionsanlagen im jeweiligen Gastland vorhanden sind. Notwendig sind rechtzeitige Informationen über mögliche Subkontraktoren im Gastland und deren Produktionsanlagen. Auch müssen Kompatibilität und Schnittstellen der dortigen Informations- und Kommunikationsnetze bekannt sein.

Infrastruktur

Unter Infrastruktur wird hier der für das Bestehen einer Volkswirtschaft erforderliche „Unterbau" materieller und standortgebundener Art verstanden. Die unterschiedliche Ausstattung mit Infrastruktur ist bei der Planung und Durchführung internationaler Projekte zu berücksichtigen. Größerer Zeitaufwand und höhere Kosten sind schon vorab einzuplanen.

Energieversorgung	Verkehrseinrichtungen	Gebäude
Nicht überall stehen ausreichende und verlässliche Kapazitäten zur Verfügung. Länder in der dritten Welt weisen oftmals Defizite in der Energieversorgung auf, wohingegen in Industrienationen häufig Überkapazitäten vorhanden sind	Straßen, Fluglinien und Schifffahrtswege sind besonders wichtig. Die Ausstattung der beteiligten Partner mit diesen Verkehrsmitteln ist oft sehr unterschiedlich. (Beispiel: gut ausgebautes Verkehrsnetz in Industrienationen, schlechte Verkehrsanbindungen in Entwicklungsländern)	Für die Personalunterbringung sind Gebäude in der Nähe des Projektstandortes notwendig. Sind solche Gebäude nicht vorhanden müssen eigens welche errichtet werden bzw. der Transport von weiter entfernten Unterbringungen realisiert werden.

Tab. 4: Infrastrukturelle Gegebenheiten

Andererseits sind beispielsweise positive Effekte durch Zeiteinsparungen bei der Arbeit in verschiedenen Zeitzonen oder die Nutzung von im Gastland vorhandenen Ressourcen möglich.

Umfassende Informationen über die Umfeldbedingungen sind wichtig für den Projekterfolg, damit Transport, Kommunikationswege und Versorgung mit Ressourcen angepasst an die vorhandenen Gegebenheiten geplant werden können.

5 Rechtliche und politische Einflussfaktoren

Die rechtlichen Rahmenbedingungen haben wesentlichen Einfluss auf die vertragliche Regelung von Projekten, ihre Durchführung und rechtlichen Folgeauseinandersetzungen. Rechtliche Rahmenbedingungen und politische Gegebenheiten stehen in wechselseitiger Beziehung miteinander.

Relevante Rechtsgebiete

Die im Folgenden genannten Rechtsgebiete haben wesentlichen Einfluss auf die Abwicklung wirtschaftlicher Aktivitäten (21):

- Handels- und Wirtschaftsrecht
- Umweltschutzbestimmungen
- Gesellschafts- und Unternehmensrecht
- Arbeitsrecht
- Wettbewerbsrecht
- Vertragsrecht
- Steuerrecht
- Recht des Währungs- und Kreditwesens

Länderspezifische Regelungen in diesen Rechtsgebieten wirken sich erheblich auf die Projektabwicklung aus. Das Management sollte vor Projektbeginn detaillierte Informationen über die herrschenden Bestimmungen einholen.

Rechtsordnung und Rechtsverfolgung

Besonderheiten in internationalen Projekten ergeben sich auch hinsichtlich der Wahl von Rechtsordnung (22) und Verfahrensrecht. Zu rein nationalen Projekten ergeben sich Unterschiede, wenn die gewählte Rechtsordnung von der im Heimatland der beteiligten Partner abweicht. Neben einem bestimmten materiellen Recht muss auch ein Verfahrensrecht vereinbart werden. Dazu bieten sich entweder Schiedsgerichte oder nationale Gerichte an. Risiken können dann auftreten, wenn Schiedssprüche bzw. Gerichtsurteile im Land des Vertragspartners nicht anerkannt werden (23). Häufig wird eine Rechtsberatung durch Experten für das Gastland notwendig.

Rechtsbewusstsein und Rechtssicherheit

Das Rechtsbewusstsein der Bevölkerung und die Rechtssicherheit eines Landes beeinflussen die Projektabwicklung. Das Rechtsbewusstsein spiegelt sich in der Vertragstreue (24). Die

Ansichten über vertraglicher Bindungen sind von Land zu Land unterschiedlich. Die Rechtssicherheit betrifft u.a. Fragen der Sicherheit des Eigentums. Dazu sind Informationen über den Umgang mit Verträgen, das Vorkommen von Korruption (25) und die Rechtssicherheit im jeweiligen Gastland hilfreich.

Geltung internationaler Abkommen

Internationale Projekte unterliegen auch den Regelungen internationaler Abkommen. Existieren zwischen den Ländern der Vertragspartner solche Abkommen, können beispielsweise Erleichterungen bei der Abwicklung des wirtschaftlichen Verkehrs genutzt werden (26).

Politische Einflussfaktoren

Ein hohes Maß an politischer Stabilität ist förderlich für die erfolgreiche Projektdurchführung. Instabile politische Situationen eines Landes und damit Risiken ergeben sich beispielsweise aus Staatsstreichen oder Enteignungen. Generell kann davon ausgegangen werden, dass eine gefestigte Demokratie stabile Geschäfts- und somit Projektbedingungen fördert. Potenzielle politische Projektrisiken sind in der Projektplanung dem Nutzen gegenüberzustellen.

6 Wirtschaftliche Einflussfaktoren

Zu den wirtschaftlichen Rahmenbedingungen zählen neben Besonderheiten der Finanzierung auch unterschiedliche Wirtschaftssysteme und die dortigen Marktstrukturen, die wirtschaftliche Stabilität der Partnerländer und die Arbeitsmarktsituation.

Besonderheiten bei der Finanzierung

Bei der Projektfinanzierung im internationalen Kontext können unterschiedliche Besonderheiten auftreten (27):

- Wechselkursschwankungen,
- Inflation,
- Besonderheiten des Zahlungsverkehrs,
- Möglichkeiten staatlicher Förderung und
- Verfügbarkeit von Kapital auf den lokalen Märkten.

Wirtschaftsordnungen und Marktstrukturen

Wirtschaftsordnungen sind bei der Abwicklung internationaler Vorhaben zu berücksichtigen, da trotz zunehmender Verbreitung der Marktwirtschaft noch deutliche Unterschiede zwischen einzelnen Systemen existieren (28). Die landesspezifischen Marktstrukturen haben Einfluss auf Preise und Mengen auf den Absatzmärkten, sie können die Nachfrage nach dem Projekt-Output bestimmen; so beeinflusst die mangelnde Kaufkraft der Unternehmen und Einwohner auch die Absatzmärkte Mittel-/Osteuropas.

Wirtschaftliche Stabilität

Auch die wirtschaftliche Stabilität eines Landes wirkt sich auf die Projektdurchführung aus. Indikatoren für die wirtschaftliche Stabilität sind z.B. Wirtschaftswachstum und die Stabilität der Projektlandwährung (29). Hohes Wirtschaftswachstum führt zu hohen Investitionen und damit zu größeren Absatzchancen. Dieser Aspekt ist insbesondere für Projekte von Investitionsgüterherstellern wichtig. Eine instabile Währung kann den Transfer des Projektgewinns behindern.

Arbeitsmarktsituation

Besonderheiten der Arbeitsmarktsituation wirken auf Projekte, u.a. durch die (30):

- Qualifikation des Personals,
- Verfügbarkeit von Personal und
- Arbeitskosten.

Alle drei Komponenten können hinderliche oder förderliche Auswirkungen auf Termine, Qualität und Kosten in einem Projekt haben.

7 Qualifikationsanforderungen an internationales Projektpersonal

Aus den beschriebenen Einflussfaktoren folgt, dass internationale Projekte im Gegensatz zu nationalen Projekten eine größere Komplexität aufweisen. Oft folgt für internationale Projekte eine längere Dauer, da diese Einflussfaktoren im internationalen Umfeld zum einen eine ausgedehntere Planungsphase erfordert. Zum anderen verzögert sich der Projektverlauf, da internationale Projekte vielfältigeren Risiken ausgesetzt sind als rein nationale Projekte. Für internationale Projekte ergeben häufig höhere Kosten infolge längerer Transportwege oder schwierigerer Kommunikationsbedingungen. Risiken (u.a. Anforderungen an das Projektpersonal), aber auch Chancen (z.B. Synergien) sind tendenziell höher als für nationale Projekte. Internationale Projekte erfordern neben fachlicher Kompetenz vor allem auch Konflikt(lösungs)fähigkeit, physische und psychische Belastbarkeit, Sozialkompetenz und Sensitivität für andere Kulturen. Eine zusammenfassende Orientierung bietet die Abbildung 2.

Ergänzend dazu kann hier auf zwei von mehreren Studien zum Qualifikationsbedarf für Projektmitarbeiter und Projektmanager verwiesen werden (31). In den Jahren 1985 bis 1992 evaluierte das IPMI über 7000 Stellenausschreibungen für Projektpersonal in deutschen Zeitungen. Tabelle 5 gibt auszugsweise die Ergebnisse zu den erwarteten Qualifikationsmerkmalen wieder.

Carretta zeigt 1992 das Ergebnis der Kompetenzbeurteilung von Projektmanagern, das auf einer internationalen Datenbank basiert. Items „where the competencies that differentiate best performing P.M.`s from average performers are as follows:"

Kulturelle Einflussfaktoren

- Kenntnisse über Kultur, Gesellschaft und Religion des Gastlandes
- Geschichtliche und soziale Hintergründe des Ziellandes sowie Sitten und Gebräuche und besondere Lebensgewohnheiten kennen
- Landessprache des Ziellandes durch gezieltes Sprachtraining erlernen, allgemeine und fachliche Sprachkenntnisse trainieren
- Sensitivität für andere Kulturen
- Basiskenntnisse des Konfliktmanagements, insbesondere für interkulturelle Konflikte erwerben

Umfeldfaktoren

- Kenntnisse der natürlichen und technischen Gegebenheiten im Gastland
- Bei mangelhafter Ausstattung mit Technologie Transfer der eigenen Technologie in das Gastland
- Einsatz von Technologie, die an die Gegebenheiten, z.B. Klima, angepaßt ist
- Berücksichtigung besonderer Umfeldfaktoren bei der Projektplanung (z.B. Berücksichtigung von langen Transportwegen)

Rechtlich politische Einflussfaktoren

- Genaue Kenntnisse über das Gastlandrecht
- Unter Umständen Einsatz von Experten aus dem Gastland
- Kenntnis der politischen Situation, Berücksichtigung der politischen Vergangenheit eines Landes
- Informationen einholen über Rechtssicherheit, mögliche „informelle" Verfahrensweisen
- Genaue Übersetzung von Vertragstexten

Wirtschaftliche Einflussfaktoren

- Kenntnisse über die wirtschaftliche Situation
- Kenntnisse über Besonderheiten bei der Abwicklung des wirtschaftlichen Verkehrs
- Informationen über Wechselkurse und Inflationsraten einholen
- Möglichkeit der Inanspruchnahme von Fördermitteln prüfen
- Landesspezifische Marktstrukturen berücksichtigen

Übergreifende Anforderungen

- Einsatz moderner Informations- und Kommunikationstechnologie
- Listening Skills (Aktives und reflektierendes Zuhören beherrschen)
- Verhandlungsfähigkeit
- Unter Umständen Einsatz von Dolmetschern

Abb. 2: Mindestanforderungen für Planung und Durchführung internationaler Projekte

group	rank	characteristics, items of qualification	individual	group
a	1	Team spirit, cooperativeness	13.8 %	35.4 %
a	3	Managerial characteristics	08.0 %	
a	4	Empathy	07.5 %	
a	6	Skill in negotiation	06.1 %	
b	7	Dynamic, Initiative	05.9 %	11.7 %
b	8	Authority, self-assertion	05.8 %	
c	2	Confidence, independence	11.9 %	15.5 %
c	11	Skill in organizing	03.6 %	
d	9	Creativity	05.7 %	09.7 %
d	10	Flexibility	04.0 %	
e	5	Economical/analytical thinking	07.0 %	7.0 %
f		Other characteristics	20.8 %	20.8 %

Basis: 9459 indications of characteristics (in 4286 advertisements out of 7196)

Tab. 5: Desired characteristics concerning effectiveness and managerial behavior
(Dworatschek/Meyer, IPMI, University of Bremen, 6/1999)

- **Pattern Recognition** (The ability to identify the key issues in complex situations, to condense large amounts of information's into a useful form, etc.)

- **Use of Concepts** (The ability to apply concepts and principles, to draw logical conclusions, etc.)

- **Use of Influence Strategies** (to develop sequences of actions, communicating, negotiating and using experts or third parties to influence others or to shape a situation according to one's desire, etc.)

- **Achievement** (The desire to achieve, to commit oneself to accomplishing challenging objectives, to compete against a self-defined standard of excellence, taking calculated entrepreneurial risks, etc.)

- **Initiative** (Being self directed, proactive, taking action before being asked or required to, etc.)

- **Time Management**: (The „internal clock" that organizes time frames to make things happen, etc.)

- **Group Management**: (Building teamwork while leading a group, managing conflict resolutions, etc.)

- **Self Confidence**: (A belief in one's capability to live on the border line, to cope with stressful situations, to maintain calm under pressure, being accountable for results mainly dependent from others).

Abschließend seien noch exemplarische Äußerungen zu Qualifikationen im Projektmanagement angeführt (32):

„Volkswagen fordert und fördert die Fähigkeiten (über den eigenen Tellerrand zu blicken) in Form von Trainings, Job Rotation und fachbereichsübergreifender Projektarbeit als feste Bestandteile von persönlichen Entwicklungsplänen." (H.-F. Andree, Hochschulmarketing bei der VW Coaching GmbH)

„Im Projektmanagement und Vertrieb sind bei VDO stärker die Generalisten gefordert." (F. Sahm, Leiter Personalentwicklung, VDO)

„Nur wer in der Lage ist sein Denken und Handeln international zu vernetzen, der kann auch international operieren." (K. Schmitt, Leiterin Personalmarketing, BMW Group).

Unternehmens-Globalisierung, Internationalisierung der Projekte, neue Anwendungsfelder (IT-Projekte, Mittelstand, Joint Ventures), Methodenwandel und neue Software-Angebote bedingen weit reichende Qualifikationsanforderungen an das Projektpersonal. Für Hochschulen, Beratungen und die Betriebspraxis bieten sich neue Entwicklungschancen für ein „Management by Projects" und die dazu erforderlichen Qualifizierungsprozesse.

8 Merkmalsprofile internationaler Projekte

Aus den oben beschriebenen Einflussfaktoren lassen sich für die internationale Projektpraxis nutzbare „Merkmalsprofile" ableiten. Sie zeigen die Ausprägungen der einzelnen Einflussfaktoren. Für jede Merkmalsgruppe ergibt sich ein eigenes Profil. Daraus lassen sich Handlungsanleitungen ableiten. Neben einem Vergleich unterschiedlicher Projekte besteht die Möglichkeit, aus den Merkmalsprofilen Checklisten zu generieren und Anforderungen an das Projektpersonal abzuleiten. Ferner können sie als Grundlage für Risikoanalysen, Auswahlentscheidungen und Projektbewertungen genutzt werden.

Methodik

Um eine grafische Darstellung zu ermöglichen, müssen für alle Einflussfaktoren gleiche qualitative Ausprägungen zu Grunde gelegt werden. Diese Ausprägungen geben die Intensität der Unterschiede im Vergleich zu einem rein nationalen Projekt an. Im Folgenden wird zwischen vier Ausprägungen unterschieden:

- *keine* (Unterschiede zu einem rein nationalen Projekt),
- *geringe* (Unterschiede zu einem rein nationalen Projekt),
- *mittlere* (Unterschiede zu einem rein nationalen Projekt) und
- *große* (Unterschiede zu einem rein nationalen Projekt).

In Form von so genannten Bewertungsstrukturen (vgl. Tab. 6) wird für jeden Einflussfaktor die Bedeutung der Ausprägungen festgelegt (33).

Ausprägung	Erläuterung	Beispiel
Kommunikation		
Keine	Zusammenarbeit von Personen mit gleicher Muttersprache und gleichem Kommunikationsverhalten.	Partner aus Österreich und Deutschland
Gering	Zusammenarbeit von Personen mit unterschiedlicher Muttersprache, wobei die Projektsprache von den Beteiligten überdurchschnittlich gut beherrscht wird. Kaum Unterschiede im Verhalten.	Partner aus Deutschland und Großbritannien
Mittel	Projektpartner mit unterschiedlichen Muttersprachen. Die Projektsprache wird ausreichend beherrscht. Das Kommunikationsverhalten weist Unterschiede auf.	Partner aus einer westlichen Industrienation und einem osteuropäischen Land
Groß	Partner mit unterschiedlichen Muttersprachen und deutlichen Unterschieden im Kommunikationsverhalten.	Partner aus Japan und den USA
Einstellung zu Autorität und Verantwortung		
Keine	Bei der Zusammenarbeit von Personen aus gleichen Kulturkreisen, gleiche Machtdistanz	alle Projektpartner stammen aus individualistischen Kulturen
Gering	Zusammenarbeit von Partnern aus einer individualistischen Kultur und einer hierarchisch orientierten Kultur, geringe Unterschiede in der Machtdistanz	USA und z.B. Großbritannien
Mittel	Personen aus hierarchisch orientierten Kulturen und „Gruppen-Kulturen" arbeiten zusammen, deutliche Unterschiede hinsichtlich der Machtdistanz.	Großbritannien und Japan
Groß	Zusammenarbeit von Partnern aus individualistischen Kulturen und „Gruppen-Kulturen", große Unterschiede in der Machtdistanz.	z.B. USA und Japan

Tab. 6: Beispiel einer Bewertungsstruktur für zwei Einflussfaktoren aus der Merkmalsgruppe „Kulturelle Einflussfaktoren"

Die Profile werden je Merkmalsgruppe entwickelt. Jeder Achse der Darstellung wird ein Einflussfaktor zugeordnet. Die Merkmalserfüllung wird dann auf der jeweiligen Achse abgetragen. Auf diese Weise ergibt sich ein charakteristisches Profil für jede Merkmalsgruppe.

Darstellungsform

Zur grafischen Umsetzung bieten sich verschiedenen Darstellungsformen, wie Flächen-, Säulen-, Netz- oder Liniendiagramme an. In diesem Fall sollen zur Abbildung der

Merkmalsprofile Netzdiagramme (auch Polarkoordinaten) genutzt werden, da sie zur Visualisierung „skalierbarer Merkmale von Systemen" (34) geeignet sind.

Diese Diagramme können eine Vielzahl von Merkmalen unterschiedlicher Objekte gleichzeitig abbilden. Die Achsen, die die skalierbaren Eigenschaften repräsentieren, sind strahlenförmig um ein Zentrum angeordnet und tragen den Maßstab mit dem die Zielerfüllung gemessen wird. Die Zielerfüllung ist je höher desto größer der Abstand vom Zentrum (35). Die folgende Abbildung dient als Interpretationshilfe.

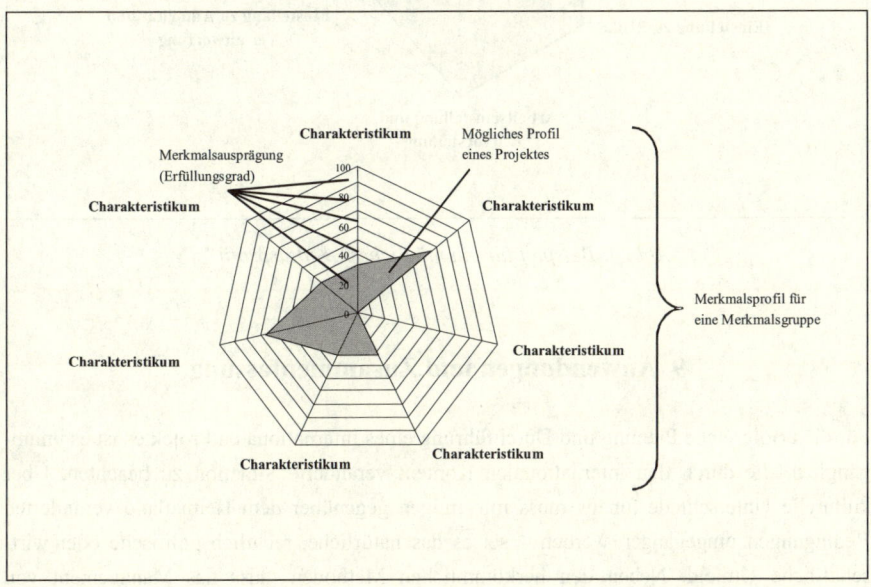

Abb. 3: Beispiel : Merkmalsprofil als Interpretationshilfe

Beispiel „Kulturprofil"

Das Profil in Abbildung 4 stellt überwiegend große Unterschiede hinsichtlich der kulturellen Besonderheiten dar. Um ein Projekt mit den dargestellten kulturellen Unterschieden erfolgreich durchzuführen, ist großer Aufwand hinsichtlich Mitarbeiterschulungen notwendig. Darüber hinaus müssen Kommunikations- und Entscheidungswege sowie Verantwortlichkeiten genau festgelegt werden. Des weiteren sollte vor dem eigentlichen Beginn des Projektes eine Abstimmung zwischen den Projektpartnern über anzuwendende Projektmethoden erfolgen. Wichtig ist in diesem Zusammenhang der Einsatz von besonders geeigneten Mitarbeitern. Notwendig sind unter anderem Toleranz, Sensitivität für andere Kulturen, ausreichende Sprachkenntnisse und Kenntnisse des Konfliktmanagements. Des weiteren müssen zu entsendende Mitarbeiter eine hohe psychische Belastbarkeit aufweisen, da sie im Gastland mit einer Vielzahl belastender Faktoren, die sich aus dem veränderten Umfeld ergeben, konfrontiert werden.

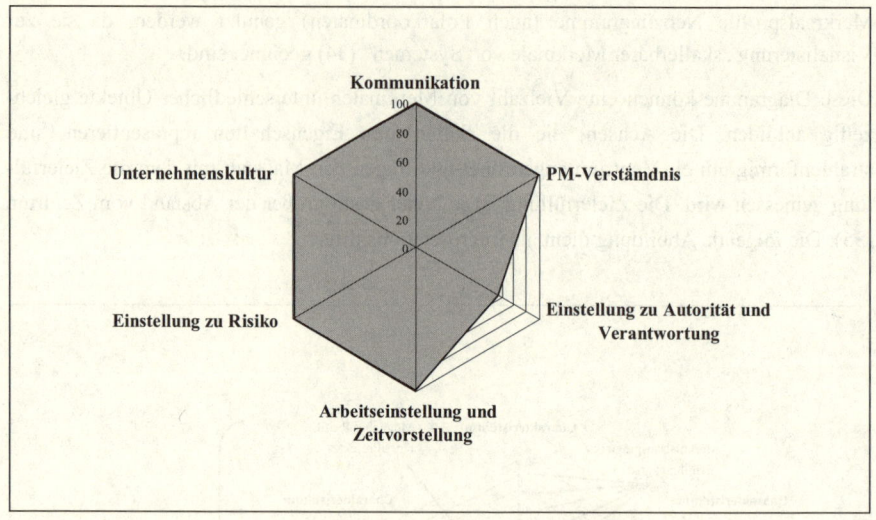

Abb. 4: Beispiel für ein mögliches „Kulturprofil"

9 Anwendungen und Zusammenfassung

Für die erfolgreiche Planung und Durchführung eines internationalen Projektes ist es unumgänglich, die durch den internationalen Kontext veränderte Situation zu beachten. Über kulturelle Unterschiede hinaus muss mit einigen gegenüber dem Heimatland veränderten Bedingungen umgegangen werden – sei es das natürliche, rechtlich politische oder wirtschaftliche Umfeld. Neben den herkömmlichen Methoden muss das Management von Projekten in diesem Zusammenhang also um einige Aspekte erweitert werden. Bei diesen erhöhten Anforderungen können die im Abschnitt 8 beschriebenen Merkmalsprofile Hilfestellung leisten. Die nachfolgende Tabelle (vgl. Tab. 7) fasst mögliche Anwendungsfelder und praktischen Nutzen noch einmal zusammen.

Summary

International projects take place on a daily basis, but their failures too. Very often these are caused by a lack of understanding for the specific nature of *international* projects. But at this point raises the question, what makes an „international project" so specific or even tricky? A research project identifies significant attributes of international projects by analysing literature and case studies. Empirical data are given showing requirements of qualification of project staff. All interim perceptions are mirrored to the experience of international PM practitioners to validate and double-check with opinions and experiences from "real project life". More than 20 attributes are precisely described and extracted into 4 Clusters of Characteristics (CoC) of international projects.

Risikoanalyse	Generell kann man davon ausgehen, dass das Risiko mit der Merkmalserfüllung steigt. (Je größer der Abstand vom Zentrum der Grafik desto größer die Merkmalserfüllung). Demnach lassen sich anhand der Merkmalserfüllung in den Profilen konkrete Risiken ableiten. Beispiel: Starke Merkmalserfüllung bei „Kommunikation" kann zu Risiken wie Verständnisproblemen auf Grund von verschiedenen Sprachen und Verhaltensweisen führen.
Identifikation von Problembereichen	Anhand der jeweiligen Merkmalserfüllung können Bereiche identifiziert werden, die bei der Durchführung eines Projektes besonders berücksichtigt werden müssen. Anhand der identifizierten Schwerpunkte können dann auf das jeweilige Projekt bezogen, Handlungsanleitungen entwickelt werden. Beispiel: Bei starker Merkmalserfüllung bei rechtlich-politischen Unterschieden empfiehlt sich der Einsatz von Experten.
Projektvergleich/Auswahlentscheidungen	Durch Gegenüberstellung der Profile verschiedener Projekte wird die Auswahl der günstigeren Alternative erleichtert. Beispiel: Generell ist es von Vorteil, die Projektalternative zu wählen, die insgesamt geringere Unterschiede zu einem rein nationalen Projekt aufweist.
Konsequenzen für das Projektpersonal	Anhand der Merkmalerfüllung lassen sich Konsequenzen für das Personal und den Personaleinsatz ableiten. Beispiel: Bei starker Merkmalserfüllung im kulturellen Bereich ist die Mitarbeiterauswahl und -schulung besonders zu berücksichtigen
Projektbewertung	Werden die Profile eines Projektes im Zeitablauf miteinander verglichen, lassen sich Aussagen über den Verlauf eines Projektes treffen. Beispiel: Die Merkmalserfüllung im kulturellen Bereich ist bei Projektbeginn zunächst groß, nimmt aber im Zeitablauf ab. In diesem Fall kann davon ausgegangen werden, dass beispielsweise Mitarbeiterschulungen und Konfliktmanagement erfolgreich durchgeführt wurden, sodass die Verständigung im Projekt verbessert wurde.

Tab. 7: *Anwendungsfelder des Internationalen Projektmanagement*

This paper presents the methodological approach, proposes a suitable definition for an international project and gives examples of the attribute descriptions. It shows a typology-like way to create comparable CoC within international projects.

Anmerkungen

(1) *Humphreys, K.K./Woodward* 1999, p.1070.
(2) Vgl. *Madauss* 1994, S. 408 und *Dworatschek*, 1998, S. 1.
(3) *Gerybadze/Meyer-Krahmer/Reger*, 1997, S. 134.
(4) *Madauss*, 1994, S. 409.
(5) U.a. *Küpers*, 1999.
(6) Vgl. *Terpstra*, 1985, S. 18.
(7) *Hoffmann/Vonsild*, 1996, S. 316.
(8) Vgl. *Zeitoun*, 1998.
(9) *Milosevic*, 1999, S. 33.
(10) Vgl. *Milosevic*: 1999, S. 33.
(11) *Hofstede*, 1993, S. 42.
(12) Vgl. *Usunier*, 1993, S.38 ff, *Milosevic*, 1999, S. 35.
(13) Vgl. *Vanasse*, 1985, S. 98.
(14) *Dülfer*, 1997, S. 280.
(15) *Meffert/Bolz*, 1998, S.53.
(16) Vgl. *Dülfer*, 1997, S. 284.
(17) Brockhaus Enzyklopädie, 1998, Band 10, S. 183.
(18) Vgl. *Dülfer*, 1997, S. 278.
(19) Vgl. *Gerybadze/Meyer-Krahmer/Reger*, 1997, S. 140.
(20) Vgl. *Kumar/Wagner*, 1998, S. 26 ff.
(21) Vgl. *Meffert/Bolz*, 1998, S. 123.
(22) Vgl. *Weber*, 1989, S. 474.
(23) Vgl. *Weber*, 1989, S. 474.
(24) Vgl *Baba*,1996, S.3.
(25) Vgl. *Möller*, 1999, S.68.
(26) Vgl. *Meffert/Bolz*, 1998, S. 126.
(27) Vgl. *Hupe*, 1995, S. 11 ff.
(28) Vgl. *Dülfer*, 1997, S. 447/470.
(29) Vgl. *Gruber*, 1995, S. 8.
(30) Vgl. *Pandia*, 1989, S.189 und *Gruber*,1995, S.8 und *Möller* 1998, S. 238.
(31) *Dworatschek/Meyer*, 1999.
(32) VDI nachrichten, 21.01.00, S.25.
(33) Die Ausprägungen und Bewertungsstrukturen basieren auf der im Rahmen des Projektes durchgeführten Literaturanalyse. Sie sind Ergebnis individueller Überlegungen und haben lediglich exemplarischen Charakter.
(34) *Haberfellner/Daenzer*, 1994, S. 454.
(35) Vgl. *Haberfellner/Daenzer*, 1994, S. 454.

Literatur

Baba, K.: Fundamental Approach to Establish Construction Management For Asian Countries, in: Proceedings of the PMI Annual Seminar/Symposium, New Orleans 1995.

Brockhaus Enzyklopädie, 1998, Band 10.

Dülfer, E.: Internationales Management in unterschiedlichen Kulturbereichen, 4. Auflage, München/Wien 1997.

Dworatschek, S./Meyer, H.: Competence and Qualification Requirements of Project Personnel. In: Proceedings of 4th dmmi '99, Faculty of Mechanical Engineering, University of Maribor, Slovenia 9/1999, pp. 297-309.

Gerybadze, A./Meyer-Krahmer, F./Reger, A.: Globales Management von Forschung und Innovation, Stuttgart 1997.

Gruber, W.: Fallstudie: Kreuzer Maschinenbau GmbH, in: WEKA Praxishandbuch Projektmanagement, Band 1, Teil 2, Augsburg 1997.

Haberfellner, R./Daenzer, W.: Systems Engineering, Zürich 1994.

Hofstede, G.: Interkulturelle Zusammenarbeit – Kulturen, Organisationen, Management, Frankfurt (Main) 1993.

Hoffmann, H./Vonsild, S.: Interkulturelles Projektmanagement, in: GPM: Projektmanagementforum, Tagungsband Essen 1996.

Hupe, M.: Steuerung und Kontrolle internationaler Projektfinanzierungen, Frankfurt (Main) 1995.

Humphreys, K.K./Woodward, Ch.P.: Planning and Execution of an International Project. A Checklist of Actions. In: Project Management (International Project Management Journal, Finland) Vol.5, No.1, 1999, pp. 1070-1080.

Kumar, B. N./Wagner, D.: Handbuch des internationalen Personalmanagements, München 1998.

Küpers, H.: Das ‚Glokale Management': Anforderungsprofile – Praxis – Ausbildung für das Management in kulturell komplexen Unternehmen, Diss. Universität Bremen 1999.

Madauss, B.-J.: Handbuch Projektmanagement, 4. Auflage, Stuttgart 1994.

Meffert, H./Bolz, J.: Internationales Marketing Management, Berlin/Köln 1998.

Milosevic, D. Z.: Echoes of the Silent Language of Project Management, in Project Management Journal 3/1999.

Möller, T.: Projektmanagement internationaler Joint Ventures, Diss. Universität Bremen 1998.

Pandia, R. M.: International Projects: Their Dangers and Dividends, in: Proceedings of the PMI Annual Seminar/Symposium, Atlanta 1989.

Terpstra: Cultural environment on international business, Cincinnati 1985.

Usunier, J.-C.: Interkulturelles Marketing, Wiesbaden 1993.

Vanasse, J.R.: Culture And Project Management, in: Clarity for the 90´s; Proceedings of the 8th INTERNET World Congress, Rotterdam 1985.

VDI nachrichten: Projekte werden internationaler, Ddf., 21.01.00, S.25.

Weber, K.: Risiken bei internationalen Verträgen, in: GPM: Projektmanagement Forum, Tagungsband, München 1989.

Zeitoun, A.: Managing Projects across Multi-National Cultures, in: Proceedings PMI, Drexel Hill 1998.

Personal als Change Agent bei Fusionen

Peter Friederichs

Im Strudel der Fusionen

Fusionen sind im Vollzug der Globalisierung und durch den Druck der Märkte auch in Europa zu einem bevorzugten Instrument des Managements geworden, um Kostensynergien einzufahren, Strategien zu fokussieren und Kernkompetenzen zu stärken. Durch renommierte und internationale Investmentbanken liegen überzeugende Vorgehensweisen und Finanzkonzepte vor, Finanzopportunitäten einzufahren, die jedoch im dauerhaften Praxistest „under Management" nicht immer zu den gewünschten Ergebnissen kommen.

Analysten, die zunehmend die Rolle von Aufsichtsräten übernehmen, hinterfragen kontinuierlich auf den Roadshows die betroffene Vorstandsschaft nach der Realisierung der den „Märkten" versprochenen Synergien oder anderer qualitativer/quantitativer Ziele. Man mag die Zahl nicht mehr nennen – so bekannt ist sie – 65 % der Merger sind im Sinne ihrer eigenen Zielsetzung nicht erfolgreich. Ratingagenturen jagen mit der Meute weiter das Wild und setzen die Einwertungen der Unternehmen in „Strafaktionen" herunter, so dass durch gravierende Rückschläge in der Börsenkapitalisierung, die Refinanzierungskosten weiter steigen und das Unternehmen an den Rand der „Regierbarkeit" geführt werden kann.

Allfällige Bereitschaften im Unternehmen nehmen zu, um die Kostenschraube weiter zu drehen, dringende Investitionen zurückzunehmen und notwendige Innovationen zu verzögern.

Der Prozess, der einseitig begleitet wird von „financial engineers" hat erhebliche reflektorische Auswirkungen auf das Human Capital, das entweder in Form von Entscheidungsverantwortlichen oder Betroffenen in ein Wechselbad der Gefühle von Furcht und Hoffnung hin- und hergeworfen wird.

Aufgrund der Komplexität der Entscheidungsparameter, der Differenziertheit der Entscheidungsfolgen und der Interpretation von Erfolg und Misserfolg im Prozess selbst, kommt es bald zu Verwerfungen in einem uneinheitlich erlebten Gesamtbild des Unternehmens und somit zu Formulierungen wie „wo wollen wir eigentlich hin?", „was ist unsere Strategie?", „welche Entscheidungen sind notwendig?".

Führungskräfte, die den Mitarbeitern Orientierung und Sicherheit geben sollen, sind selber Teil der Verunsicherung. Probleme nehmen dann zu, wenn das obere Management die „einsamen" Entscheidungen des Vorstandes auch nicht mehr nachvollziehen kann, oder dies nur noch in Teilen der Fall ist.

Fehler die gemacht werden, werden nicht korrigiert, da dadurch das – on dit – „die wissen nicht was sie wollen" – noch weiter verstärkt würde.

Die euphorische Außendarstellung des Unternehmens stößt innen auf zunehmende Verwirrung und führt zu kognitiver und emotionaler Dissonanz. In einer solchen Gesamtatmosphäre, die durch Unsicherheit geprägt wird, sucht man meist Orientierung in vertrauten Gruppen und Kreisen, ein besonderes Symptom bei fusionierten Unternehmen. Man „gluckt" wieder in den Altkulturen zusammen und die dringend notwendige Kooperation über die Kulturen hinweg findet nicht statt.

Es kommt noch schlimmer. Hat man in der Anfangsphase von Fusionen, Anfang der 90er Jahre, noch von „merger of equals" gesprochen, ist heute Klartext angesagt. Merger sind nach heutiger Leseart nicht unter „equals" zu machen, sondern der „Stärkere frisst den Schwächeren". Die Firmengemeinschaft zerfällt peu á peu in die erfolgreichen, starken Übernehmer und die gescheiterten, übernommenen Schwachen.

Damit könnte dann das Unternehmen bald am Ende sein, denn in den globalisierten Märkten siegen nur die Erfolgsteams, die aus einem Guss sind, nicht die innerlich zerstrittenen.

Diese Erkenntnis, belegt durch eine große Anzahl von empirischen Untersuchungen, hat dann das Interesse auch der Analysten und financial engineers auf den Plan gerufen, **softskills** nun als Erfolgsfaktoren auf das Schild zu heben.

Heute pfeifen es die Spatzen vom Dach: „sag mir, wie du mit den Menschen umgehst, und ich sage dir, ob du erfolgreich bist".

Hohe Aufmerksamkeit wird deshalb zunehmend der Kulturverträglichkeit gewidmet, so dass es bereits erste cultural due diligence gibt. Due Diligence sind Prüfungen vor und nach dem Merger zur Erfassung und Interpretation der wichtigsten Geschäftskriterien und Strukturen des übernommenen Unternehmens.

Das oben dargestellte Szenario einer möglichen kritischen Entwicklung im Unternehmen kann und muss durch solche und eine Fülle weiterer prophylaktischer und gestaltender Maßnahmen aufgegriffen werden.

Personal als Change Agent?

Hier steht das Personalmanagement im Mittelpunkt der Erwartungshaltung. Personalmanager sollten die Verantwortung für die Gestaltung der Human Factors vor, im und nach dem Fusionsprozess übernehmen. Sie können zum Change Agent in Fusionen werden. Aber hier ist auch Zurückhaltung angebracht. Zunächst sind die meisten Personalabteilungen auf diese Aufgabe in keinster Weise vorbereitet. In der Folge der Fusion ist ein überzeugendes Konzept zu entwickeln, das von dem Top- und oberen Management (Vorstand/Bereichsleiter) gewollt und getragen wird. Es wäre naiv zu glauben, dass ein Konzept einfach „steht". Es muss vielmehr 3-4 Jahre halten, angepasst werden und unzählige Belastungen aushalten.

Am Beispiel der HVB in München soll dargestellt werden, mit welchem Konzept und welchen Instrumenten gearbeitet wurde, um den Fusionserfolg und die Zeit der weiteren Integration erfolgreich zu gestalten.

Eine dringend notwendige Unterstützung des Mergers durch das Personalmanagement ist zwar dringend erforderlich, der Erfolg ist jedoch im wesentlichen von der Qualifikation der Personalmanager in Fragen der Großorganisationsentwicklung, der Prozessgestaltung sowie den Erfahrungen im Konfliktmanagement abhängig. Hinzu kommen Fragen der Kommunikation und der Beherrschung des Motivationsinstrumentariums. Besondere Qualifikation ist erforderlich im Management der Arbeitnehmervertretungen und der damit verbundenen rechtlichen Fragen sowie zusätzlich verbunden mit den Themen einer evtl. neu zu implementierenden IT-Plattform, dem Workflow im Personalmanagement, aber auch der Remuneration, den Personalentwicklungsinstrumenten und anderen klassischen Aufgaben. Das ist nicht alles, aber alles dies ist nichts, wenn nicht ein Strategiekonzept verfolgt wird, dass dieses professionelles Vorgehen beinhaltet. Unabhängig dazu kommt Speedmanagement und Führungsstärke, ohne die auch Professionalität keinen Erfolg hat.

Häufig ist das Personalmanagement damit überfordert, da es nur wenige Firmen gibt (mittlerweile mehr), die eine Mergerkompetenz entwickelt haben, oder gar aus zurückliegenden Mergern über Drehbücher verfügen.

Um eine katastrophale (und es können Katastrophen werden) Fehlsteuerung zu verhindern, sollte ein externer Berater mit der entsprechenden Erfahrung eingeschaltet werden.

Verhaltensreaktionen bei Mergerprozessen

Konzentrieren wir uns zunächst auf die klassischen Verhaltensreaktionen der Menschen im Merger, die von Hardfact-Besessenen zwar immer wieder verleugnet werden. Das Akzeptieren und Eingehen auf Softfactors ist auch heute noch – bedauerlicherweise – für einen Großteil der Manager schwierig. Verfolgt man einige Merger, so hat man eher den Eindruck des cäsarischen „Veni-Vidi-Vici". Dabei geht es ausschließlich darum, Betroffene zu Beteiligten zu machen und sie dadurch für den Merger-Prozess zu motivieren.

Die Ausgangslage mit „hoher Erwartungshaltung", die durch die euphorischen Ankündigungen munitioniert werden, hat sich zwischenzeitlich verändert, da immer mehr Belegschaften wissen (Presse/Medien), dass hinter den vollmundigen Ankündigungen letztlich doch die wenig motivierenden Tatsachen stecken (Jobverlust oder gravierende Jobveränderungen).

Gehen wir jedoch dem klassischen Fall nach, so folgt beim Mitarbeiter zunächst eine Veränderung des Wahrnehmungsrasters. Durch die auf das Unternehmen zukommenden neuen „Zukünfte" und die Veränderungen der Arbeitsplätze, die ersten Kontakte mit der „anderen Seite", das Erlebnis der neuen Kultur, tritt bei den meisten Mitarbeitern über eine zunächst kognitive und emotionale Dissonanz die Einsicht ein, dass sie sich nicht mehr vor massiven Änderungen schützen und zurückziehen können. Dies führt logischerweise zu „extremer Verunsicherung", mit einer in der Folge in-Frage-Stellung von bisher wirksamen und erfolgreichen Rollenmodellen, Konzepten und Verfahrensweisen. Die Mitarbeiter und Führungskräfte bemerken den Verlust von Selbstwertgefühl. Als Gegenreaktion erfolgt dann meist eine „aggressive Verteidigung" der eigenen Rolle, bis zum Versuch, den Status Quo zurückzubringen und die eigene Geschichte zu verteidigen.

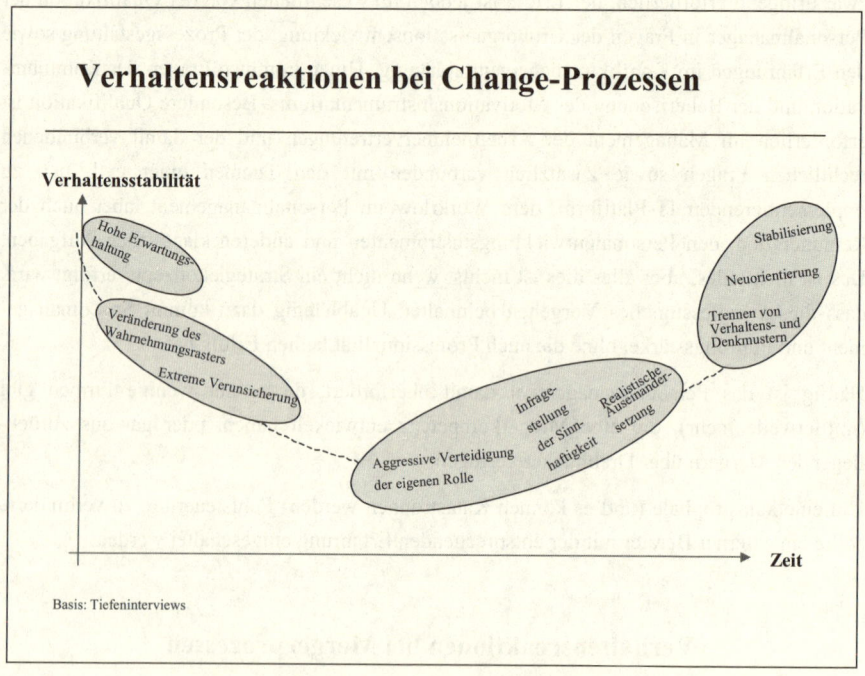

Abb. 1: Verhaltensreaktionen bei Change-Prozessen

Dies führt im Kontakt – insbesondere in Arbeitsgruppen mit dem Mergerpartner – zu erheblichen Konflikten und Auseinandersetzungen (auch körperlicher Auseinandersetzung wurde bereits geschildert). Mit dem Einsetzen der nächsten Phase, der „Infragestellung der Sinnhaftigkeit" des ganzen Mergers kommt es dann zu einem produktiven Aufbrechen der bisherigen Linie. Eine erneute Sinnsuche setzt ein, die aus einem halb leeren Glas ein halb volles Glas macht. Eine anschließende „realistische Auseinandersetzung" wird möglich. Diese mündet dann in ein „Trennen" von bisherigen Denk- und Verhaltensmustern, die Mitarbeiter akzeptieren nun neue Positionen, Strategien und die Standpunkte des Fusionspartners. Die Neuorientierung wird vorbereitet, die Teams arbeiten kooperativ und der Prozess der Verhaltensänderung wird stabilisiert.

Dies ist der klassische Ablauf der Verhaltensreaktionen. Vielfältige Erfahrungen berichten jedoch, dass dieser Prozess in jeder dieser Phasen, selbst am Ende, immer wieder kippen kann, wenn destabilisierende Informationen aufkommen. Insofern ist insbesondere der Informationspolitik außerordentliche Bedeutung beizumessen.

Die Klippen im Wandlungsprozess

Wie wird nun die Stabilisierung des Mergerprozesses weitergeführt? Hier sind folgende bei vielen Mergern immer wieder als wichtig herausgestellte Faktoren zu berücksichtigen:

Kommunikation oder Desinformation

Kommunikation ist der interpretatorische Vorgang, der zu jedem Ereignis auf der „Tonspur" nebenherläuft. Häufig ist diese kakophon verwirrend, da widersprüchlich und desinformierend aus Sicht der Mitarbeiter, mit anderen Worten: einer der größten Unsicherheitsfaktoren in einer Fusion. Deshalb sollten zentrale Botschaften schnell in der Kaskade, top-down und über die Ebenen hinweg kommuniziert werden. Diese können durch Großveranstaltungen ergänzt werden, die außerordentlich gut vorzubereiten sind. Auch hier ist Vorsicht angezeigt, wenn der Vorstand (Bereichsleiter) ohne hinreichende Vorbereitung oder gar Abstimmung mit seinen Führungskräften Direktbotschaften an die Mitarbeiter und unterstellten Führungskräfte richtet. Manchmal kommt es bei diesen Großveranstaltungen zu emotionalen Zwischenbemerkungen oder Spontanaussagen, deren Konsequenzen vom Management oft nicht bedacht werden.

Außerordentlich wichtig ist die Fähigkeit der Führungskräfte in diesen Prozessen, die schwachen Signale der Mitarbeiter aufzunehmen. Es sollte die Führungskraft aufmerken lassen, wenn entweder gar kein Widerspruch oder schweigende Zustimmung erfolgt. Führungskräfte sollten die Mitarbeiter auch in dieser Phase der Verunsicherung ermutigen, ihre Meinungen zu äußern, damit sich die Motivationslage der Mitarbeiter nicht zu weit entfernt von der Richtungsorientierung der Führungskräfte.

Symbolische Botschaften bekommen nun eine besondere Bedeutung, Worte müssen zu den Taten passen, von der Mimik angefangen bis zur Managemententscheidung.

Der Prozess – „gut" oder „schlecht"

Bedeutung gewinnt der Prozess durch die Unsicherheit über den zeitlichen Endpunkt der Verwirklichung der eigentlichen Zielsetzung, die Frage steht also immer im Raum „ist der jetzige Zustand ein Endzustand?", „geht es noch weiter?", „gibt es andere Alternativen?", „gibt es neue Entwicklungen?".

Dies sind Begleittexte sowohl auf der Seite der Übernehmer, wie auch auf der Seite der Übernommenen. Den übernehmenden Unternehmen dauert alles zu lange, sie erleben die ständigen „Überzeugungsprozesse" als überflüssig oft auch als vertane Zeit. Die Übernommenen bangen permanent zwischen Hoffnung und Furcht, zwischen Zuversicht und Resignation. Worauf ist hierbei zu achten?

Zunächst müssen beide Seiten aktive und passive Kritikbereitschaft entwickeln, es darf weder die mitleidvolle Schonhaltung, noch die diktatorische Strenge in die Arbeitsprozesse einziehen. Übersteuerung ist genauso zu vermeiden wie Untersteuerung. Weder empfiehlt es sich, die Dinge „laufen zu lassen" oder dem Motto zu folgen „der Weg ist das Ziel". Es ist aber genauso unproduktiv, nach „Blaupause" zu managen, oder theoretisch schöne, aber völlig unpraktische „wer – wo – was – wann – Pläne" auf Metaplan zu zirkeln.

Aber es lohnt sich dennoch auf den Prozess zu setzen! Das „Leben ist ein langer Fluss"-Syndrom passt hier sehr gut. Die Akteure haben in den Prozessen immer wieder erlebt, dass sich das sogenannte „gute", wie das sogenannte „schlechte" gleichermaßen ständig ändern kann. Vermeintlich „Gutes" muss vielleicht aufgegeben werden und das erkanntermaßen „Schlechte", was entweder vom Übernehmer oder vom Übernommenen kommt, ändert sich ebenfalls. Dahinter stecken natürlich bestimmte Phantasien über die sogenannten hidden agenda. Erfahrungsberichte zeigen immer wieder, dass viele Mitarbeiter bereits in den ersten, aus ihrer Sicht „schlechten" Phase des Mergers kündigen („wir werden platt gemacht"). Von außen können sie aber oft sehen, wie die Dinge sich dann noch zum „Guten" geändert haben. Oft übernehmen die „Sieger" erst sehr spät die zunächst vermeintlich schlechten Firmenerrungenschaften des Besiegten.

Commitment im Zwiespalt

Oft haben die Mitarbeiter des übernommenen Unternehmens Probleme, ein volles Commitment – besonders in den ersten Phasen des Mergers – für das neue Unternehmen zu entwickeln. In den weiteren Phasen setzt sich dann peu á peu die Erkenntnis durch, dass der Erfolg für beide Seiten wichtig ist. Man erlebt in zunehmenden Arbeitssitzungen und Teambesprechungen und konkreten Entscheidungen, dass man im gemeinsamen Boot sitzt, wenn auch nicht „freiwillig". Commitment wird deshalb entscheidend, will man im neuen gemeinsamen Unternehmen nicht gemeinsam scheitern. Mitarbeiterbefragungen zeigen inverse Entwicklungen bei Commitmentindex und Führungsindex. Mithin wird das Commitment der Mitarbeiter für das Unternehmen relativ schwach eingeschätzt, die Zustimmung zur Führungsleistung des Vorgesetzten jedoch sehr hoch. Daraus kann man insbesondere in Mergerphasen ableiten, dass es relativ schnell zu einer sehr hohen Identifikation der Teams mit ihren **jeweiligen Vorgesetzten** kommt. Dagegen sehen sich Vorgesetzte des Übernommenen oft weniger in der Lage, ein Commitment für das **neue Unternehmen** aufzubauen. Diesen Effekt, den man auch als „Cocooning" bezeichnen könnte, hat auch *Dave Ulrich* von der Michigan State University aufgenommen, der auf diese Gefahr für die Entwicklung des Unternehmens besonders hingewiesen hat. Beobachtet wurden auch ähnliche Phänomene im Binnenverhältnis von Vertriebsmitarbeitern und Kunden. Die Gretchenfrage für die Führungskräfte ist also: Ist das Commitment des Teams für das Unternehmen ausgeprägt, oder bezieht sich das Commitment ausschließlich auf die Führungsperson selbst?

Ein weiterer Faktor kommt hinzu, um den Mitarbeitern den Fortschritt des Mergers auf der Erlebnisebene nahe zu bringen. Erfolge müssen gefeiert und durch Belohnung und Anerkennung unterstützt werden. In Zeiten, in denen die Mitarbeiter während des Mergers über Jahre Höchstbeanspruchungen, Freizeitverzicht, Überstunden, Ängste und Stress erleben, ist das Feiern von Erfolgen von nicht zu unterschätzender Bedeutung.

Konsequenzmanagement ist auch angesagt. Softfactors sind nur dann erfolgreich, wenn sie „hart" umgesetzt werden. Dies gilt insbesondere für alle Aktivitäten und Maßnahmen, um die Kultur des neuen Unternehmens aufzubauen. Hat man sich z.B. entschieden, in flächendeckenden Workshops die Belegschaften der beiden Unternehmen zusammenzuführen (wie noch am Beispiel zu zeigen ist), so ist dies eine Grundsatzentscheidung, die dann in der Kaskade unternehmensweit implementiert werden muss und von der es keine Ausnahmen geben darf. Befragungen haben deutlich gezeigt, dass es einen Zusammenhang gibt zwischen der Rechtzeitigkeit der Workshops und der Akzeptanz des Mergers. Unternehmensteile, die die Workshops erst zu einem späteren Zeitpunkt durchführten, stießen jeweils bei den Mitarbeitern auf zementierte Vorurteile, die nur sehr schwer oder kaum zu bearbeiten waren.

Rollenkonflikte des Personalmanagements

Das Personalmanagement setzt mit seiner Rolle auf dem Hintergrund der hier dargestellten Phänomene ein, und muss mit ihren Initiativen, Instrumenten und Strukturen eine wesentliche Rolle beim Fusionserfolg spielen. Nur diese Rolle hat sehr verschiedene Facetten und führt zu Intrarollen, aber auch zu Interrollenkonflikten. Betrachten wir die Rollen genauer:

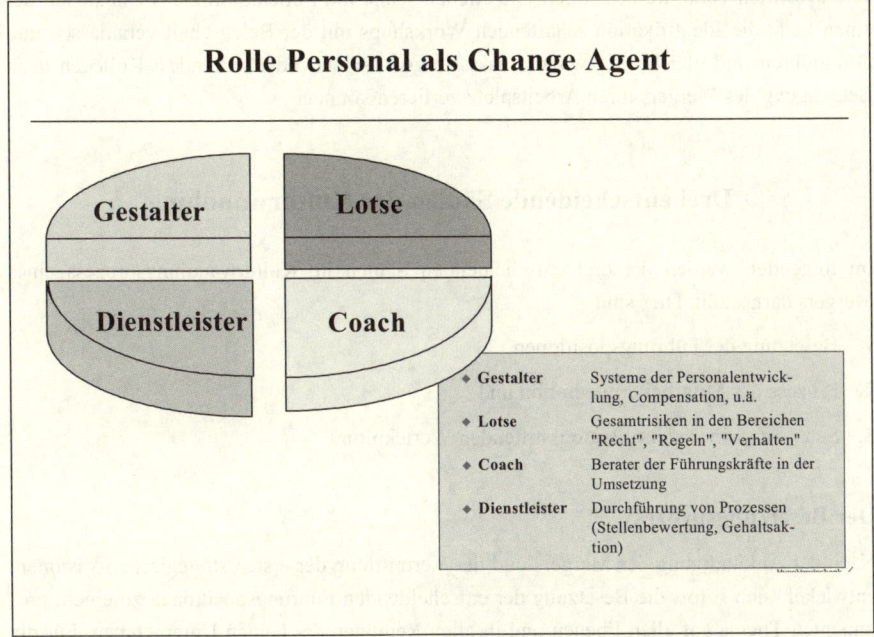

Abb. 2: Rolle Personal als Agent

Aus Sicht der Mitarbeiter, der Führungskräfte sowie der Auftraggeber aus dem Vorstand hat das Personalmanagement vier Rollen zu erfüllen. Zunächst übernimmt es im Merger die Gesamtverantwortung für die Gestaltung des Humancapital-Prozesses. Im Vordergrund steht die Gestaltung der Risiken in den Bereichen „Arbeitnehmervertretungen", „ordnungspolitische Strukturen" sowie „Grundsätze der Führung, Zusammenarbeit und Kommunikation". Neben dieser politischen Dimension, in der der Personalmanager als Lotse auftritt, übernimmt er eine zusätzlich gestaltende Funktion in der Entwicklung und Durchsetzung von Systemen, wie z.B. „Kompensation" oder „Personalentwicklungssysteme". Die eigentliche Changemanagement-Aufgabe ist jedoch das Coaching der Führungskräfte und Mitarbeiter im Prozess der Fusion selbst. Hier gilt es den wichtigen Teil der „rite de passage" – das heißt den Übergang von zwei unterschiedlichen Unternehmen zu einem neuen Unternehmen durch einen Kulturwandlungsprozess zu begleiten.

Parallel zu diesen Aufgaben muss das Personalmanagement seine Rolle als Dienstleister im neuen Unternehmen sofort wieder aufnehmen. Aus Sicht der Mitarbeiter und Führungskräfte spielt hier das Funktionieren bei der Umstellung der Verträge eine entscheidende Rolle. Dies ist besonders bei Großfusionen eine außerordentliche Herausforderung. Die Glaubwürdigkeit des Personalmanagements steht und fällt, in dem sie ihre Rolle als Coach und Change Manager auch im Maße der Professionalität bei der Abwicklung ihrer klassischen Dienstleistungsaufgaben unter Beweis stellen kann.

Die Mitarbeiter des Personalmanagements selbst stehen jedoch häufig selber im Konflikt, wenn sie in Bereichen Mitarbeiter abbauen müssen und gleichzeitig die Kulturarbeit verantwortlich voran treiben sollen. Sie erleben selbst Intrarollenkonflikte, wenn sie auf der einen Seite die Identifikation schaffenden Workshops mit der Belegschaft veranlassen und durchführen und gleichzeitig wissen, dass sie ggfs. selber, oder zumindest Kollegen nach Beendigung des Mergers ihren Arbeitsplatz verlieren können.

Drei entscheidende Säulen der Kulturwandlung

Im folgenden werden die drei entscheidenden Säulen im Kulturwandlungsprozess eines Mergers dargestellt. Dies sind:

1. Besetzung der Führungspositionen,
2. Prozess der Mitarbeiterintegration und
3. Schaffung einer identifikationsstiftenden Wertekultur.

Der Besetzungsprozess

Nach der Ankündigung des Mergers und der Vermittlung der ersten strategischen Visionen, entwickelt sich sofort die Besetzung der entscheidenden Führungspositionen zu einem prominenten Thema auf allen Ebenen und in allen Regionen der beiden Unternehmen. Für die Menschen ist zunächst einmal die Frage der eigenen Aufgabe und des eigenen Verbleibens im Unternehmen existentieller als die Frage nach der Strategie. Auf der Basis der Presseveröffentlichungen und der internen Kommunikation entstehen parallele Phantasien, welche Personen und welche Positionen in der Zukunft besetzt werden. Die Gerüchteküche brodelt und produziert jeden Tag neue Namen und Konzepte über die Stellenbesetzung. Es wird diskutiert, wer vermeintlich bereits fest gesetzt ist, wer auf keinen Fall mehr dabei sein wird, und in welchen Bereichen es noch zu großen personellen Auseinandersetzungen kommen wird. Die positiven und negativen Hypothesenbildungen führen bei einer Reihe von Managern sehr schnell zu internen und externen Aktivitäten. In diese Phase fallen bereits die ersten Abwanderungsüberlegungen, nicht nur Einzelner sondern ganzer Teams, so dass die Unternehmen oft bereits im Vorfeld mit den wichtigen Entscheidungsträgern Vorgespräche führen und diese auch durch entsprechende Prämien zum Halten veranlassen. Großunternehmen zahlen heute im Vorfeld des Mergers bereits bis zu einer Milliarde DM an Retentionsprämien. Inwieweit diese Retentionsprämien die Spezialisten und Führungskräfte dann daran hindern, das Unternehmen dennoch zu verlassen, sei dahin gestellt.

Aufgrund all dieser die Stabilität und Struktur des Unternehmens weiter verunsichernden Entwicklungen ist es deshalb dringend nötig, schnell nach Ankündigung des Mergers zur Stellenbesetzung zu kommen. Am Beispiel der HVB AG München soll dies dargestellt werden. Das Personalmanagement hatte sich bereits schnell durchgesetzt mit der Vorstellung, einen transparenten und fairen Auswahlprozess zu realisieren, der es möglich macht, aus aktueller Sicht jeweils die Besten für die Position vorzusehen.

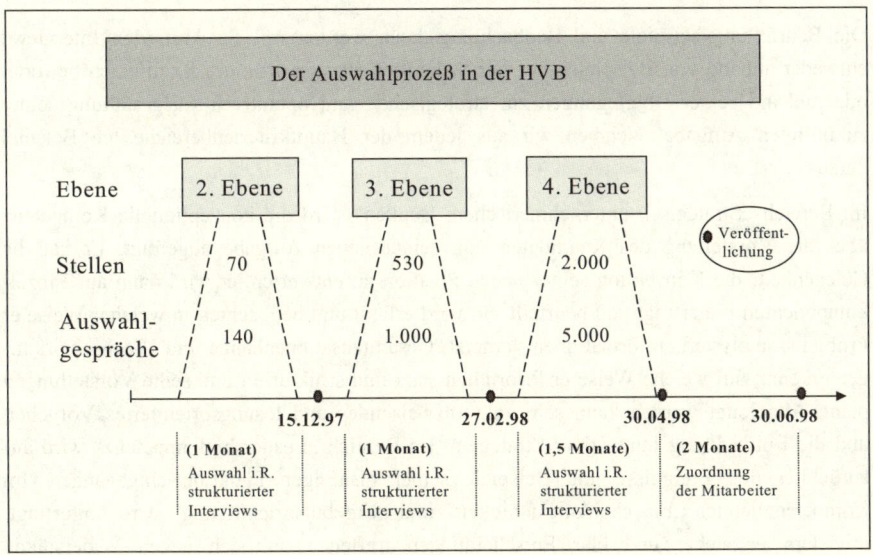

Abb. 3: Der Auswahlprozess in der HVB

Der gesamte Prozess wurde von Professionals des Personalmanagements nicht nur in der Konzeption vorbereitet, sondern insb. in der Durchführung und Umsetzung intensiv begleitet. Die Besetzung der Ebenen erfolgte in der Zeitreihe kaskadenförmig und brauchte für die Besetzung jeder Ebene nur jeweils 1 Monat Zeit.

Der Auswahlprozess fand in Form eines „Strukturierten Interviews" statt, an dem neben dem Kandidaten, die bisherige Führungskraft teilnimmt. Diese soll die gewachsene Einschätzung des Mitarbeiters einbringen und eine zusätzliche Patenrolle übernehmen. Die neue Führungskraft lernt den Mitarbeiter erstmals kennen. Das „Strukturierte Interview" wird moderiert von einem Professional des Personalmanagements. Der Spezialist des Personalwesens hat sicherzustellen, dass das Ziel des Gespräches erreicht wird – eine faire, transparente und professionelle Potentialeinschätzung unter der Vision „merger of the best". Ziel ist eine optimale Besetzung der Position, so dass es weder bei der Kandidatenbesetzung zu einer Über- oder Unterforderung kommen kann. Insbesondere das Passen des Kandidatenprofils auf das Anforderungsprofil der Position ist abzugleichen. Die Kriterien des „Strukturierten Interviews" sind zunächst

1) das **Strategisch unternehmerische Denken** mit den Unterfaktoren „konzeptionelle Kompetenz", „unternehmerisches Denken" und „Change Management",

2) die **Leadershipkompetenz** mit den Kriterien „Mitarbeiterorientierung" sowie „Entscheidungsfähigkeit und Ergebnisorientierung",

3) die **Vertriebskompetenz** mit den Themen „Markt- und Vertriebsorientierung" sowie „Kundenorientierung" und

4) die **persönliche Kompetenz** mit den Faktoren „Ausstrahlung und Kommunikationsverhalten", „Überzeugungsfähigkeit und Reflektionsfähigkeit".

Die Beurteilungsbeispiele und Beobachtungsdaten werden im „Strukturierten Interview" entweder anhand von Beispielen aus der bisherigen Berufspraxis des Kandidaten bewertet oder anhand seiner Überlegungen zur strategischen und operativen Ausgestaltung seiner zukünftigen Aufgabe. Nehmen wir aus jedem der Hauptkriterienbereiche ein Beispiel heraus:

Im Bereich „Strategisch unternehmerischem Denken" wird die konzeptionelle Kompetenz über die Vorstellung des Kandidaten von seiner neuen Aufgabe abgefragt. Er hat die Gelegenheit, die Konzeption seiner neuen Position zu entwerfen, er wird dann auf Einzelkomponenten hinterfragt und beurteilt. So wird erfasst und beobachtet, in welcher Weise er Probleme analysiert, Informationen vernetzt, Gesamtzusammenhänge und Wechselwirkungen erkennt, auf welche Weise er Prioritäten setzt und strukturiert und seine Vorstellungen plant. Abgeleitet werden kann sein zukunftsweisendes und lösungsorientiertes Vorgehen und die Entwicklung innovativer Strategien. Im Bereich „Leadershipkompetenz" wird auf zurückliegende Ereignisse und Beispiele seiner bisherigen Funktion eingegangen. Im Kompetenzbereich „Entscheidungsfähigkeit" und „Ergebnisorientierung" wird hinterfragt, inwiefern er sicher und klar Entscheidungen treffen kann, sich gegen Widerstände durchsetzt, ob und wie er Konflikte offen und konstruktiv angehen kann, seine eigene Meinung vertritt und Schlussfolgerungen daraus ableitet. Im Bereich der „Vertriebskompetenz" spielt die Markt- und Vertriebsorientierung eine dominierende Rolle. Hier kann ein Vergleich gemacht werden zwischen Beispielen aus seiner jetzigen Tätigkeit, sowie dem Entwurf seiner neuen Funktion. Erfasst wird, wie er sich mit seinem Marktumfeld auseinandersetzt, kreative Ideen entwickelt, den Markt aktiv bearbeiten wird und in welcher Weise er ein Profil für den Marktauftritt herausarbeitet. Die persönliche Kompetenz wird in Situationen zum einen durch Ausstrahlung und Kommunikationsverhalten erfasst. Kann der Kandidat Sympathien durch offene Ausstrahlung wecken, gestaltet er die Gesprächsatmosphäre positiv, tritt er selbstsicher und gewandt auf, wirkt er glaubwürdig und authentisch, hört er aktiv zu, ist er glaubhaft am Gegenüber interessiert und geht er auf Argumente ein? Des weiteren wird, eingeleitet durch die Moderation des Personalmanagers, die Reflektionsfähigkeit hinterfragt. Er wird mit seinen Aussagen konfrontiert und befragt, inwiefern er sein eigenes Verhalten kritisch reflektieren kann. Kann er die eigenen Fähigkeiten und Entwicklungsbedarfe im Bezug auf die neue Position realistisch einschätzen und leitet er daraus notwendige Verhaltensalternativen ab?

Nach dem 2-3-stündigen „Strukturierten Interview" wird dann eine konkrete Positionsempfehlung abgegeben oder der Kandidat für neue „Strukturierte Interviews" für alternative Aufgaben vorgeschlagen. Das Personalmanagement hatte in diesem Prozess eine „Clearingstelle" aufgebaut, die sowohl zentral, als auch überregional aktiv war und alle nicht besetzten Kandidaten noch einmal einem Auswahlprozess zugeführt hat. So wurde sichergestellt, dass aufgrund von vorliegenden Potentialportfolios die möglichen Positionen systematisch abgefragt und somit eine größtmögliche Chance zur Besetzung ermöglicht wurde.

Kandidaten, die in der jeweiligen Ebene nicht besetzt werden konnten, wurden entweder Positionen im Konzern oder auf anderer Ebene angeboten.

In mehreren Feedback-Schleifen wurden die Besetzungsprozedere auf allen Führungsebenen einem intensiven Review unterworfen. Dieses gab eine hohe Akzeptanz des gesamten Prozesses bei Betroffenen und Beteiligten. Dies war für das Personalmanagement in seiner Rolle als Change Agent eine entscheidende Bewährungsprobe. Das gesamte Management des Unternehmens konnte auf diese Weise nicht nur die Professionalität der Personalmanager vor Ort erleben, sondern insbesondere – auch in der Form des Handling des Prozesses – Fairness und Vertrauensfähigkeit erleben, was für die weitere Umsetzung des Mergerprozesses von ausschlaggebender Bedeutung war. Diese Bewährungsprobe machte das Personalmanagement zu einem akzeptierten Partner im neuen Haus.

Mitarbeiterintegrationsprozess

Die Königsaufgabe für den Personalmanager ist neben seinen verschiedenen Funktionen als Lotse, Dienstleister und Gestalter oder als Systementwickler seine Rolle als Coach der Führungskräfte bei der Bewältigung der schwierigsten Aufgabe der Fusion überhaupt: der Mitarbeiterintegration.

Oft scheitern Fusionen bereits im Vorfeld an der mangelnden Integration des Top-Managements. Auch wenn dieses zunächst gelingt, wurde bisher von keinem Merger berichtet, in dem die Integration der Mitarbeiter „Begeisterung" ausgelöst hätte. Wieso gelingt es eigentlich nicht oder nur außerordentlich schwierig und unter größtem Aufwand, den Belegschaften den value added einer Fusion überzeugend darzustellen? Aufgrund der negativen Auswirkung mangelnder Mitarbeiterintegration auf den Leistungserfolg der fusionierten Unternehmen, haben sich zwischenzeitlich verschiedene Bemühungen herauskristallisiert, Management-Attention auf die Integration zu richten. Dieses ist eine klassische Aufgabe für das „Personal als Change Agent".

Es ist daher unabdingbar wichtig – will man das Ziel einer optimalen Mitarbeiterintegration erreichen – parallel zur klassischen due diligence auch eine culture due diligence durchzuführen. Die culture due diligence soll hier am Beispiel des HR Managements dargestellt werden. Im Mittelpunkt dieser Untersuchung steht zunächst die Strategie des HR Managements, dann die gesamte Leistungs- und Unternehmenskultur, die Betrachtung der Führungsgrundsätze und Führungsinstrumente sowie die Personalentwicklung. Einige Beispiele aus den Bereichen soll die Vorgehensweise erläutern.

Culture Due Diligence (Ausriss)

Auszug aus der Checkliste Human Resources Management	Ist im Unternehmen vorhanden		Wird in der Praxis angewandt			Hat für den Erfolg und die Leistungsfähigkeit des Unternehmens folgende Bedeutung		
	ja	nein	selten	häufig	regelmäßig	geringe	mittlere	hohe
Personalentwicklung								
1. Systematische Potenzialeinschätzungsverfahren werden zur Ermittlung der Potenzialträger eingesetzt								
2. Es gibt für alle Potenzialträger Entwicklungspläne mit möglichen Zielpositionen und konkreten Entwicklungsmaßnahmen								
Führung								
1. Es gibt formulierte und kommunizierte Unternehmensgrundsätze/Führungsleitlinien								
2. Die Einhaltung der Unternehmensgrundsätze wird ein-gefordert und überprüft, z.B. anläßlich der Zielvereinbarungsgespräche								
Leistungs- und Unternehmenskultur								
1. Kreativität, Begeisterung und Fach-Know-how der Mit-arbeiter werden in Qualitätszirkeln (KVP, TQM, etc.) ge-nutzt								
2. Eine regelmäßige Zweiwegkommunikation ermöglicht den Informationsfluß zwischen Unternehmensführung und Mitarbeitern, z.B. in Dialogveranstaltungen								
Strategie								
1. Das Human Resources Management ist in den wichtigen Entscheidungsgremien präsent.								
2. Vor Neugründungen bzw. Eröffnung neuer strategischer Geschäftsfelder liegt eine Personalstrategie vor								

Abb. 4: Checkliste HRM

Die Checkliste dient der Befragung ausgewählter repräsentativer Zielgruppen aus den Unternehmensbereichen sowie aus den Hierarchieebenen.

Damit ist sichergestellt, dass die Einstellungen der Entscheidungsträger und der Mitarbeiter in die Untersuchung eingehen können. Dies ermöglicht unternehmensspezifische Kulturthesen aufzustellen und mögliche Stärken und Defizite der Unternehmenskultur adäquat zu bestimmen. In einem dreistufigen Verfahren wird die Umsetzung des Standards analysiert. Im ersten Schritt wird danach gefragt, ob das System, das Instrument oder der wünschenswerte Zustand im Unternehmen vorhanden ist. Im zweiten Schritt wird die Anwendung in der Praxis befragt und im dritten Schritt wird ein Priorisierungsabgleich durchgeführt in Bezug auf die Korrelation des Kriteriums mit dem Unternehmenserfolg. Auf der Basis der Analyse der due diligence können dann die Eckpunkte der Konzeption für die Mitarbeiterintegration entwickelt werden.

Die Durchführung einer culture due diligence Untersuchung ist auf dem Hintergrund der Tatsache wichtig, dass technische und kulturelle Merger sich unterschiedlich schnell entwickeln.

Wie die Abb. 5 zeigt, entwickeln sich „technischer" und „kultureller" Merger unterschiedlich schnell. Verschiedene Praxisberichte zeigen, dass der technische Merger in 2-3 Jahren abgeschlossen werden kann. Die Produktivität der Leistung der Mitarbeiter jedoch hängt wesentlich von dem Erfolg des kulturellen Mergers ab. Noch ist es für das Management nach dem technischen Merger schwer verständlich, dass Mitarbeiter und Führungs-

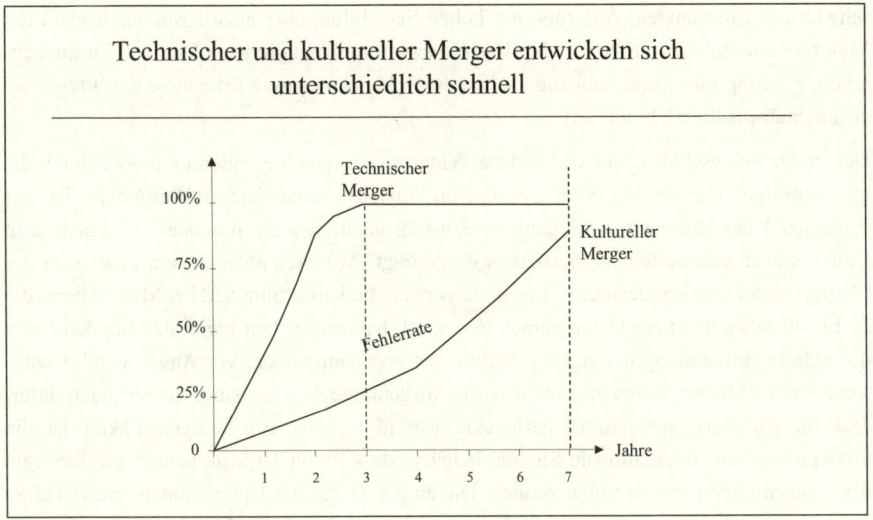

Abb. 5: Unterschiedliche Entwicklung von technischem und kulturellem Merger

kräfte nicht mit den fertig erstellten technischen Plattformen oder organisatorischen Strukturen klarkommen. Anschwellende Fehlermeldungen, Hinweise auf Konflikte aber auch der Weggang von wichtigen Spezialisten und Führungskräften wird noch zu wenig als Anlass für übergreifende Dialoge zum Fehler- und Konflikthandling genutzt. Vielmehr wird versucht, insbesondere im Bereich IT, Systemfehler als Konsequenz von menschlichem Versagen zu erklären. So wurden Fälle berichtet, in denen permanente Systemausfälle und Fehlermeldungen, die mit der Entwicklung des Systems selber zu tun hatten, von der IT-Abteilung negiert wurden, da die Verantwortlichen nicht zugeben wollten, dass ihnen ein Entwicklungsfehler unterlaufen war. Sie hatten Angst, vom zuständigen Manager bloßgestellt zu werden, der „Null-Fehler"-besessen war, also ein klassisches Kulturphänomen.

Widerstände gegen Veränderung

Nun wird im Management häufig die Frage diskutiert, ob ein bewusster Kulturentwicklungsprozess gestaltet werden soll und ob man fokussiert auf gemeinsame Werte Einfluss nehmen soll. Das Management müsste eigentlich wissen, dass sich die Organisation ungesteuert entwickelt, wenn die Kultur nicht bewusst nach Zielen verändert wird.

Eine klare Absage ist deshalb an ungesteuerte Kulturentwicklungsprozesse zu richten, in denen der bewusste Einfluss auf eine neue erfolgreiche Unternehmenskultur nicht mehr möglich ist. Eine klare Absage geht auch an Überlegungen, Werte lediglich formal in Form von Führungsleitlinien zu verabschieden. Eine solche „Kulturentwicklung" verpufft. Es ist deshalb in jedem Falle weit erfolgversprechender, mit einem nicht unerheblichen Aufwand an Manpower und Kosten einen Werteprozess im Unternehmen zu gestalten. Ein kultureller Merger mit den Zielen einer bewussten Organisationsentwicklung auf der Basis von Werten wie in die HVB AG München realisiert hat, ist auch bei großem Aufwand an Expertise ein schwieriges Unterfangen. Aufgrund der hohen Sensibilität aber auch Kritikbereitschaft der Mitarbeiter besteht die große Gefahr, dass die frisch implementierten Werte von Zusammenarbeit, Führung und Kommunikation schon durch kleine negative Erlebnisse und Ereignisse als unglaubwürdig erlebt werden.

Der in der Belegschaft latent vorhandene Widerstand gegen Veränderung ist nur durch die glaubwürdige Vermittlung von „attraktiven Zielen" wandelbar. Insbesondere ist der Widerstand der Mitarbeiter bei längerer Zugehörigkeit, wie sie normalerweise in großen Unternehmen anzutreffen ist, besonders ausgeprägt. Mit drei Phänomenen muss sich der Change Agent auseinandersetzen. Da ist zum ersten die Kulturblindheit bei Mitarbeitern, die 20 bis 40 Jahre in einem Unternehmen tätig sind. Kulturblindheit meint den blinden Fleck der Selbstwahrnehmung der eigenen Kultur, die erst dann wieder vor Augen geführt wird, wenn sie im Merger in Frage gestellt wird. Ausgeprägte Mechanismen sorgen dann dafür, dass die „angegriffene" Kultur hartnäckig verteidigt wird. Ein weiterer Faktor ist die Strategietaubheit. Internationale Studien belegen, dass 9 von 10 Mitarbeitern die Strategie des eigenen Unternehmens nicht kennen. Die an der Spitze des Unternehmens entwickelten Strategien durchdringen oft kaum die Lehmschichten der nächsten Führungsebene. Erst die Einführung der Balanced Scorecard wird hier einen Beitrag liefern, Strategien über die Ebenen so weit herunterzubrechen, dass sie für jeden Mitarbeiter klar erkennbar sind. Strategietaubheit bedingt, dass die Mitarbeiter oft nach zwei, drei Jahren nach dem Merger noch keine klare Vorstellung haben, welche Strategie das Gesamtunternehmen verfolgt. Hinzu kommt, dass viele Mitarbeiter auch „veränderungslahm" sind. 7 von 10 sind in der Regel immobil, dies meint, dass sie sich eine Veränderung ihrer Tätigkeit und ihres Arbeitsplatzes weder funktional noch regional vorstellen möchten. Konkrete Veränderungen ihrer Aufgaben insbesondere aber ein Umzug in eine andere Region werden stark abgewehrt.

Die Hauptaufgabe der Mitarbeiterintegration ist deshalb, in großen dialogisch angelegten kaskadenförmigen Flächenworkshop die Diskussion über die Kultur, die Strategie und die Veränderungsnotwendigkeit in Gang zu bringen.

Die Erhebung der Kulturunterschiede

Im Rahmen einer Studie über die Unternehmenskulturen, insbesondere Banken, wurden auch die damalige Hypo-Bank und Vereinsbank von *Professor Schulze-Gambart*, Universität München, 1996 auf Kulturunterschiede untersucht. Diese Untersuchung war mit Basis für die anschließenden Integrationsworkshops und soll deshalb hier kurz vorgestellt werden:

Neben der Auswertung dieser Studien wurden eigene empirische Untersuchungen eingeleitet. Ab Start der Fusion wurde in regelmäßigen Quartalsabständen mittels eines extern durchgeführten Fusionsbarometers eine Meinungsbefragung der Mitarbeiter und Kunden durchgeführt, um mitarbeiter- und kundenorientierte Maßnahmen aufgrund empirischer Daten optimal planen und durchführen zu können.

Anhand einer Befragungsstichprobe von 1000 Mitarbeitern zeigten sich deutliche Verbesserungsbedarfe bezüglich der Zusammenarbeit zwischen den Mitarbeitern der ehemaligen Stammbanken, sodann in die Einbindung der Mitarbeiter in die Gestaltung des

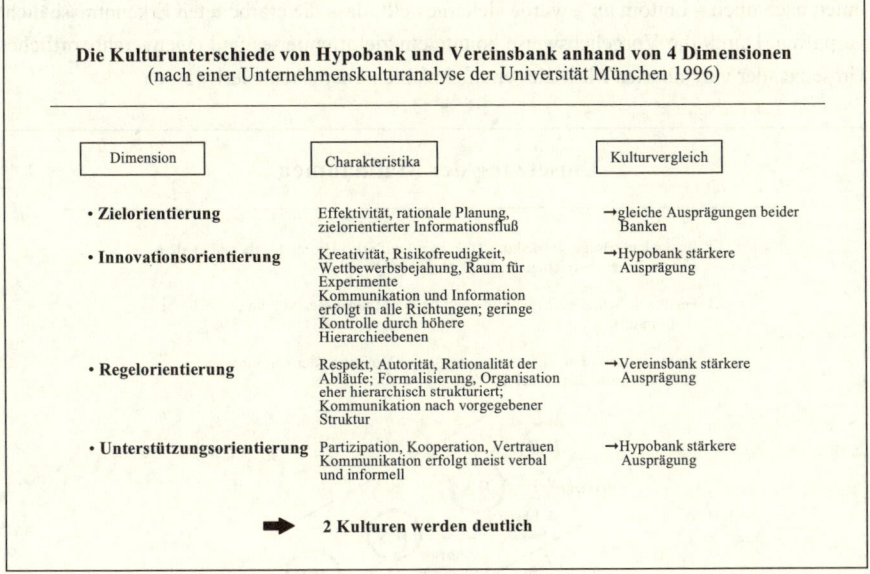

Abb. 6: Unternehmenskulturanalyse

eigenen Arbeitsbereiches in Form von stärkerer Partizipation sowie letztendlich in einer überzeugenden Vermittlung der neuen Strategie und Zielsetzung, insbesondere in ihren Auswirkungen auf den eigenen Arbeitsbereich durch verbesserte, zielgerichtete Informationen.

Daraus wurde nun das Ziel abgeleitet, die Integration aller Mitarbeiter in das neue Haus durch neue Werte in der Führung, Kommunikation und Zusammenarbeit sicherzustellen. Als Maßnahme dafür wurden die dialogisch angelegten, kaskadenförmigen und flächendeckenden Integrationsworkshops über alle Ebenen der Bank entschieden und vorbereitet. Sie sollten einen Handlungs- und Orientierungsrahmen zu folgenden Fragen geben:

- Wie gestalten wir unsere Zusammenarbeit in unserem Team? (Ziele, konkrete Aufgaben und Verantwortlichkeiten festlegen.)
- Wie sieht unser gemeinsames Führungs- und Managementverständnis aus?
- Welche gegenseitigen Erwartungen und Rollenverständnisse haben wir?
- Wie setzen wir die Unternehmensstrategie in unserem Geschäftsfeld um?
- Wie präsentieren wir uns als neue Bank unseren Kunden und Geschäftspartnern?
- Wie können wir die Integration der Mitarbeiter beider Banken sicherstellen?

Kulturentwicklung in der Kaskade

Zur Umsetzung der Maßnahmen wurden kaskadenförmige Workshops über ein bis zwei Tage auf allen Hierarchieebenen in allen Unternehmensbereichen der Bank – top down – durchgeführt. Über Feedback-Schleifen und eine Ergebnissicherung der Maßnahmen von unten nach oben – bottom up – wurde sichergestellt, dass die erarbeiteten Erkenntnisse nicht verpuffen. Durch die Vorgehensweise konnte ein zielorientiertes und eigenverantwortliches Umsetzen der vereinbarten Maßnahmen in einzelnen Teams realisiert werden.

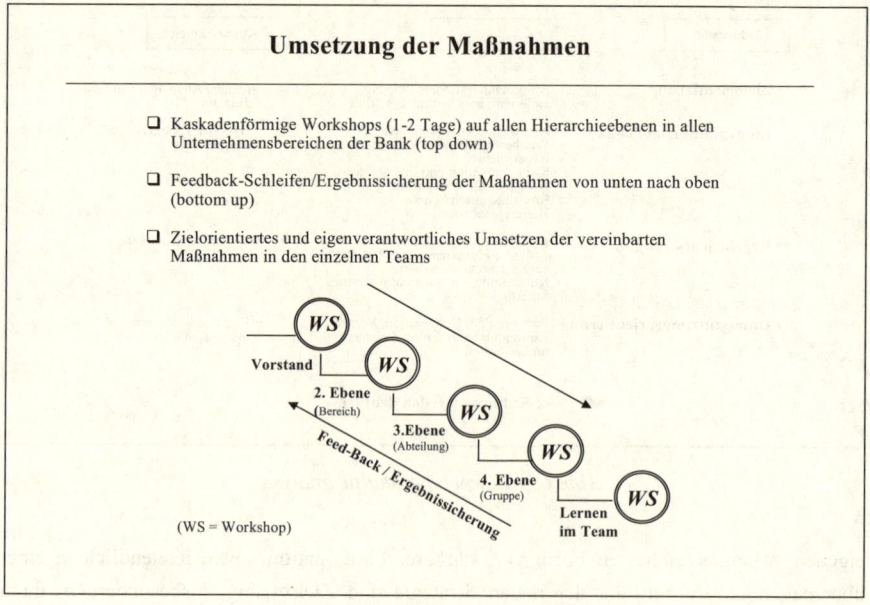

Abb. 7: Umsetzung der Maßnahmen

Struktur und Ablauf der Maßnahmen wurden von den Niederlassungs- und Abteilungsleitern mit ihren Führungskräften und Teamleitern mit Unterstützung von Change Agents sowohl des Personalbereiches als auch der HVB Akademie GmbH umgesetzt. Die Umsetzung der erzielten Vereinbarungen und Leitlinien auf der operativen Ebene in den Teams gelang durch Teamveranstaltungen in Niederlassungsbereichen, wobei die jeweiligen Teamleiter vorher im Integrationsworkshop (siehe Abb. 8) mit dem Leiter der Niederlassung zusammen waren und dort Vision, Inhalte und Vorgehensweise kennen gelernt haben. Nun war sichergestellt, dass auf der gesamten Teamebene die gleiche inhaltliche Konzeption verfolgt wurde. Über Ergebnissicherung (Controlling der Maßnahmen) erfolgte zunächst ein Datenfeedback zur Zielerreichung der Veranstaltung direkt an die verantwortliche Führungskraft und parallel dazu vom Personalmanagement ein Gesamtbankreporting an Niederlassungen, Bereichsleiter und Vorstand.

Controlling der Integrationsworkshops durch das Teamogramm

Um ein qualitatives Controlling der Integrationsworkshops sicherzustellen, wurde ein Teamogramm entwickelt. Nach Durchführung der jeweiligen Teamveranstaltungen wurde im ersten Teil eine Workshop-Evaluation durchgeführt, im zweiten Teil Fragen zum Ablauf der Fusion analysiert und im dritten Teil Fragen zur Teamintegration gestellt. Die Auswertung der drei Frageteile wurde durch ein externes Institut durchgeführt, das eine Aggrega-

Beispiel einer Integrationsveranstaltung

Dauer: ca. 1 1/2 Tage

- Start
  **Woher kommen wir?
  Wo sind wir heute?**
  -> Gegenseititges Kennenlernen und Bewußtmachen der Stärken/Schwächen
- **Wer sind wir in Zukunft?**
  -> Referenzsysteme, Kunden, Märkte, etc.
- **Welche Strategie, Ziele, Aufgaben leiten sich für die Zukunft ab?**

2. Tag
- **Was wollen wir konkret angehen und umsetzen?**
  -> erste Schritte und Spielregeln definieren

Methode

- Workshopcharakter (10-40 Personen)
- Abwechslung zwischen Arbeiten in Gruppen und im Plenum
- Einsatz von erlebnispädagogischen Übungssequenzen (auch Outdoor) um die Entwicklungsdynamik der Integration zu beschleunigen
- Phasen der Reflexion der Übungssequenzen und Austausch in 2er-Gesprächen / Kleingruppen

Abb. 8: Beispiel einer Integrationsveranstaltung

tion der Daten auf verschiedenen Ebenen möglich machte. Parallel erfolgt eine Feedback an die Führungskraft des jeweiligen Teams bezüglich der Teamintegration. Diese Informationen blieben bei der Führungskraft und dem Team. Aufgrund der Auswertung der Teamintegration konnten weitere Maßnahmen der Organisationsentwicklung in Teams besprochen und auch durchgeführt werden.

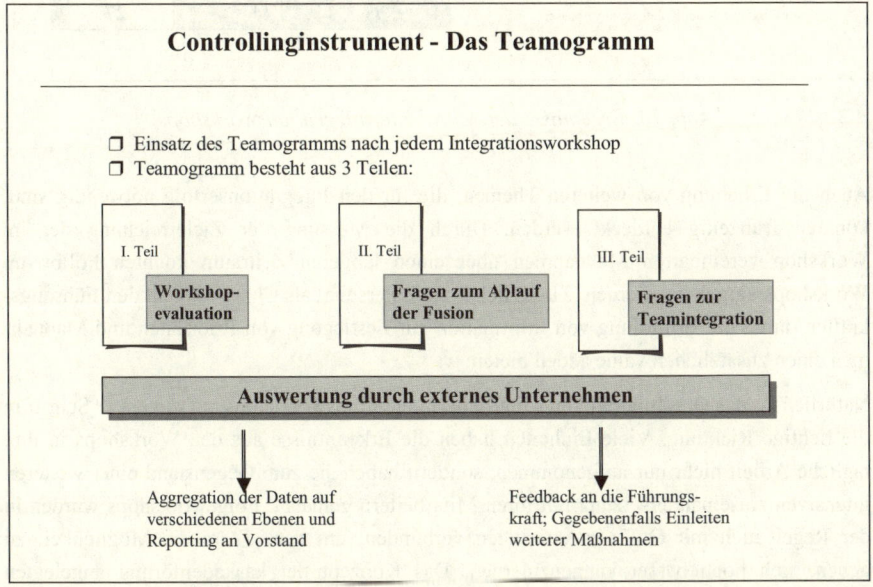

Abb. 9: Controllinginstrument – Das Teamogramm

Die Ergebnisse aus 3.744 Fragebögen vermittelten profunde Angaben sowohl über die Wichtigkeit als auch über den Beitrag der Veranstaltung. Die vom externen Forschungsinstitut durchgeführte Korrelationsanalyse ergab einen signifikant hohen Zusammenhang des Items „**Der Fusionsprozess gelingt insgesamt**" und dem Item „**Die Veranstaltung entsprach meinen Vorstellungen.**" Dies stützt empirisch die Hypothese, dass die professionelle und zielgerichtete Durchführung von Integrationsworkshops einen starken Einfluss hatte auf die positive Einstellung zur Fusion. Im Verlauf der Zeitreihe konnte ebenfalls festgestellt werden, dass je eher die Integrationsworkshops durchgeführt wurden desto höher die Korrelation mit dem subjektiv erlebten Fusionserfolg war.

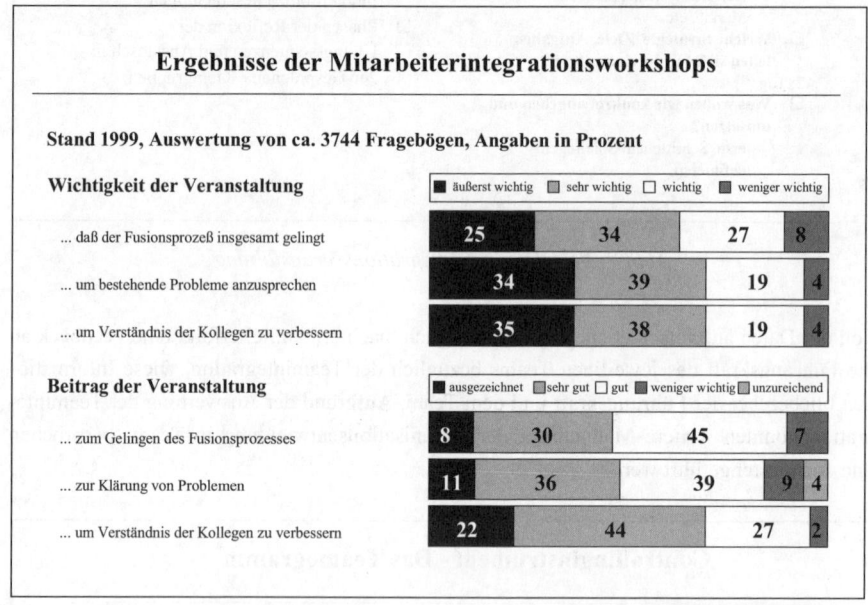

Abb. 10: Ergebnisse der Mitarbeiterintegrationsworkshops

Auch die Erhebung von weiteren Themen, die für den Integrationserfolg notwendig sind, konnten frühzeitig entdeckt werden. Durch die Messung der Zielerreichung der im Workshop vereinbarten Maßnahmen über einen längeren Zeitraum konnten Follow-up Workshops eingeleitet werden. Zusätzlich konnte Personal als Change Agent den Führungskräften durch die Ermittlung von Information zur Festlegung von Prioritäten und Maßnahmen einen zusätzlichen value added bieten.

Natürlich ist das Durchführen von Mitarbeiterintegrationsworkshops nur ein erster Schritt in die richtige Richtung. Viele Einheiten haben die Erkenntnisse aus den Workshops in ihre tägliche Arbeit nicht nur aufgenommen, sondern haben sie zum Gegenstand einer weiteren intensiven Auseinandersetzung mit ihren Mitarbeitern gemacht. Folgeworkshops wurden in der Regel auch mit Outdoor-Aktivitäten verbunden, um dem Team die Möglichkeit zu geben, sich noch besser kennenzulernen. Das Konzept der kaskadenförmig angelegten Integrationsworkshops ist auf jedes andere Unternehmen übertragbar, das sich in einer ähnlichen Merger- und Fusionsphase befindet. Sie stellen ein wirkungsvolles Konzept zur

Überwindung von Kulturunterschieden dar und damit letztendlich zur Sicherstellung des Fusionserfolges.

Schaffung einer identifikationsstiftenden Wertekultur
Die Kultur wird „scharfgeschaltet"

Ein weiterer entscheidender Schritt im Aufbau einer einheitlichen Unternehmenskultur ist die Schaffung von Leitsätzen zur Führung, Zusammenarbeit und Kommunikation und deren konsequente Umsetzung im Unternehmen. Die Einführung von Führungs-, Zusammenarbeits- und Kommunikationswerten ist auf der einen Seite ein nächster, organischer Schritt, auf der anderen Seite aber auch eine erneute intensive Auseinandersetzung mit Meinungen und Stimmungen der Mitarbeiter.

Auf der Basis von Erfahrungsberichten und Literaturrecherchen ist in der jüngeren Merger- bzw. Fusionsgeschichte kein Fall dokumentiert, in dem das Unternehmen versucht hat, bald nach dem Start der Fusion ein neues einheitliches Führungs- und Werteverständnis ins Unternehmen in Form von Grundsätzen einzuführen. Dies war aber das Ziel der HVB AG. Die Entwicklung einer einheitlichen starken Unternehmenskultur wurde vom Vorstand der HVB AG München als strategischer Erfolgsfaktor gewertet.

Bei der Durchsetzung eines Leitbildes ist das Kommunikationskonzept von außerordentlich hoher Bedeutung, damit die Mitarbeiterschaft über die Stadien der Entwicklung und die Zwischenstände informiert ist und so den lebendigen Prozess verfolgen kann. Die Zielsetzung war, eine vollständige und kontinuierliche Information der Mitarbeiter über dieses Projekt sicherzustellen. Die Integration der Mitarbeiter in Form von aktiver Kooperation und Feedbackmöglichkeiten, der Aufbau eines kontinuierlichen Kommunikationsprozesses, die Aufnahme der allgemeinen Kommunikationsphilosophie in Form von Authenzität, offener Kreativität kam verstärkend hinzu.

Die WERTE-Umsetzungskampagne

Die hohe Bedeutung von Grundsätzen zur Führung, Zusammenarbeit und Kommunikation (im HVB-Konzern „Unsere Werte" genannt) erweist sich insbesondere im außerordentlichen Herausforderungscharakter im Nachgang zur Fusion. Die Werte sind als verbindliche Richtschnur im Konzern zu implementieren auf dem Hintergrund einer gerade zusammenwachsenden Kultur. Die Change Agents im Personalmanagement waren sich darüber klar, dass die verbindliche Orientierung an den Werten zu einem „Brennglas"-Phänomen führen könnte. Die verbindlichen Werte würden mit Sicherheit dazu führen, die vielen alltäglichen Probleme, Konflikte und Widrigkeiten noch kritischer und sensibler zu sehen und zu erleben. Die Change Agents rechneten deshalb mit einer breiten Palette von Verhaltensreaktionen von spontaner Akzeptanz, verhaltendem Abwarten bis zu Desinteresse und Abwehr. Es wurde erwartet, dass ein großer Teil der Mitarbeiter und Führungskräfte sich deshalb insbesondere kritisch mit den Werten auseinandersetzt, da sie in der erlebten Realität nicht spontan zum Tragen kommen und es deshalb erhöhter Anstrengung bedarf, die Umsetzung zu realisieren. Woran lag das?

Die Einführung der Werte kam im Nachgang zu den ca. 2.000 Mitarbeiterintegrationsworkshops, die ein hohes Maß an Engagement und Aufmerksamkeit auf sich gezogen hatten. Parallel wurden im noch nicht abgeschlossenen Merger bereits erste weitere Umstrukturierungen in Unternehmensbereichen vorgenommen oder geplant und die Mitarbeiter mit erneutem Change konfrontiert. Die hohe Beanspruchung durch das Tagesgeschäft wurde noch verschärft durch die Implementierung einer völlig neuen IT-Plattform, die wiederum mit intensiven Lernprozessen der Belegschaft verbunden war. Personal als Change Agent war also darauf vorbereitet, dass es allein schon aufgrund der extremen Beanspruchung aller Mitarbeiter und Führungskräfte, die zwar eine hohe Erwartung gegenüber Werten aufgebaut hatten, zu Widerständen kommen könnte. Es wurde deshalb ein Umsetzungs- und Kommunikationskonzept (Rollout) geplant, das sich über den ganzen Zeitraum eines Jahres erstrecken sollte.

Folgende Fokusaktivitäten charakterisieren den Rollout:

1. Auftragserteilung an das Changemanagement-Team des Personalwesens zur konzernweiten Entwicklung von Werten durch den Vorstand

    Die im Mergerprozess entwickelten Initiativen von Mitarbeitern und Führungskräften im Rahmen der Integrationsworkshops verdichteten sich schon früh zu Ansätzen für Führungsgrundsätze. Mitarbeiter und Führungskräfte verlangten nach einem niedergeschriebenen Führungskonzept für das neue Unternehmen. Der Vorstand erteilte dem Changemanagement-Team den Auftrag, konzernweit Grundsätze für „Führung, Zusammenarbeit und Kooperation" zu entwickeln. Das Konzept sollte sich an alle Mitarbeiter wenden und nicht nur an die Führungskräfte. Es sollte ein intensiver Implementierungsprozess gestartet werden. Die überarbeiteten Grundsätze sollten Eingang finden in alle praktizierten Personalinstrumente. Die Herausforderung bestand jedoch darin, dass unter der starken Beanspruchung der Mitarbeiter im Merger keine zusätzlichen Workshops aufgelegt werden sollten. Es wurde auch diskutiert, den Start für das Leitbild um ein Jahr zu verschieben, um abzuwarten, bis das Unternehmen „zur Ruhe gekommen ist". Die Change Manager verwiesen darauf, dass mit einem Abwarten bis zu einem Jahr (3 Jahre nach der Fusion) sich eventuell ein „Wildwuchs" von verschiedenen Führungsmodellen in den Unternehmensbereichen ergeben.

2. Aufbau eines professionellen Expertenteams zur Entwicklung, Umsetzung und Kommunikation der Werte

    Auf Grund der besonderen Komplexität und Schwierigkeit würde sehr viel von der Etablierung eines professionellen Managementteams abhängen. Unter der Leitung des Autors etablierte sich ein Team aus Experten der Kommunikation, dem Marketing- und Werbebereich und den Personalleitern der Unternehmensbereiche.

3. Generierung und Weiterentwicklung der in den Unternehmensbereichen entwickelten Eigeninitiativen zum Führungsleitbild

Um eine möglichst hohe Akzeptanz in die Entwicklung des neuen Leitbildes zu erhalten, wurde am Anfang eine intensive Recherche und Datenerhebung im Gesamtunternehmen gestartet. Es wurden die vorhandenen und entwickelten Ansätze für Führungsleitbilder der Unternehmensbereiche ausgewertet. Die bereits im Merger laufenden Führungskräfteseminare wurden genutzt, um die Einstellungen der Mitarbeiter über Führung zu integrieren. Die Ergebnisse aus ca. 2000 Integrationsworkshops während des Mergers wurden ebenfalls hinzugezogen. Parallel wurden die Fusionsbarometer ausgewertet, die von externen Meinungsforschungsinstituten entwickelt wurden, um die Einstellung der Mitarbeiter zum Unternehmen und zur Führung festzuhalten. Opinionleader-Gruppen, Nachwuchsführungskräfte, Trainees, Betriebsräte und Leitende Angestellte rundeten das Meinungsspektrum ab. Die Generierung, Analyse und Weiterentwicklung all dieser Datenbefunde führte die Projektgruppe durch, die interdisziplinär aus allen Unternehmensbereichen und Fachbereichen zusammengesetzt war. Sie schlug nach ca. 6 Monaten einen ersten Entwurf für ein Führungsleitbild vor. Dieser Entwurf wurde vor einem Forum ausgewählter Bereichsleiter und Opinionleadern des Unternehmens präsentiert und kritisch diskutiert. Dies führte zu weiteren konstruktiven Veränderungen am Entwurf.

4. Information, Aktivierung und Überzeugung der Opinionleader-Gruppen des Unternehmens

Nach Vorlage eines bereits ausgereiften Entwurfes für ein Leitbild zur Führung, Kommunikation und Kooperation wurden nun die nächsten Schritte eingeleitet. Hier galt es, die Opinionleader-Gruppen des Unternehmens, wie Bereichsleiter, Betriebsräte und Leitende Angestellte zu informieren, aber auch zu aktivieren und zu überzeugen. Die Stimmung im Unternehmen hatte sich zum Teil verändert, da weitere Restrukturierungen in den Unternehmensbereichen durchgeführt wurden. Das Interesse in dieser Phase des Unternehmens, Führungsgrundsätze bankweit zu diskutieren, sank. Energie entstand dann durch den Sprecherausschuss der Leitenden Angestellten, als er sich im Juli 1999 dieses Themas mit hohem Engagement annahm und dieses auch auf dem Forum der Leitenden präsentierte. Nach der Diskussion mit dem Sprecher des Vorstandes wurde ein ehrgeiziger Zeitplan verabschiedet, innerhalb der nächsten Monate das Leitbild in allen Gremien, inklusive Vorstand, Betriebsrat und Sprecherausschluss abschließend zu besprechen, um es dann auf dem Strategietag des Konzerns „aus der Taufe zu heben". Nach kaskadenförmigen Informationen von Vorstand, Bereichsleitern sowie Betriebsrat und Sprecherausschuss gelang es, das endgültige Leitbild für Führung, Zusammenarbeit und Kommunikation zu verabschieden. Um aufzuzeigen, dass es sich dabei um die grundlegenden Werte des Unternehmens handelt, die in alle Aktivitäten der Führung und des Zusammenlebens Eingang finden sollten, wurden sie mit „Unsere Werte" betitelt.

5. Rollout mit Medienintegration, Veranstaltungsmanagement, Marketingaktivitäten sowie Controlling und Evaluierung

Am Strategietag des HVB Konzerns wurden die entwickelten Werte von Vorstandssprecher und Personalvorstand 1.100 Führungskräften in die Verantwortung gegeben. Ihre Aufgabe sollte es nun sein, in kaskadenförmigen Kommunikations- und Informationsveranstaltungen, aber insbesondere im täglichen Vorleben und anhand von Beispielen, die Werte zu implementieren.

Dazu wurde vom Change Managementteam ein über ein Jahr laufender differenzierter Rolloutplan etabliert und verabschiedet.

Welche Elemente des Rolloutplans waren nun für den Change-Managementprozess besonders relevant?

- Produktion und Verteilung des Booklet „Unsere Werte"

Wir wollten „Unsere Werte" „wertig" fassen. Dies hieß für uns keine Hochglanzbroschüre, aber auch kein „billiges Papierchen". Wir entschieden uns deshalb für eine DIN A6 Lösung im Ringbuchformat. Jede Seite ist als Bild farbig gestaltet und mit den Werten bedruckt.

Hier wurde die Agentur Wieden & Kennedy, Amsterdam engagiert, die auch für das externe Erscheinungsbild des Konzerns die Verantwortung trug. Wir wollten damit sicherstellen, dass ein durchgängiger Kommunikations- und Wahrnehmungsprozess von Innen und Außen stattfinden kann.

Abb. 11: Das Wertebooklet (Titelseite)

- Toolbox für Führungskräfte

Alle Führungskräfte des Unternehmens erhielten einen blauen „Koffer", mit einer Ausstattung für eine eigenmoderierte Gruppensitzung mit dem Team. Unter anderem waren enthalten: ein Video über die Werte, ein Foliensatz für die Präsentation, ein zusätzliches Veranstaltungsmodul der HVB Akademie für größere Teamsitzungen sowie Evaluierungsfragebögen.

- Unterstützung durch HVB Akademie, München

Das Managementzentrum der HVB Akademie bot Moderationen an, insbesondere auch im Rahmen von stattfindenden Neuausrichtungen von Geschäftsbereichen, damit die Werte auch in die operative Umsetzung integriert werden konnten.

- Integration in Personalinstrumente

Die Werte wurden zur Implementierung in die Personalinstrumente in operrationalisierte Verhaltenskategorien umgewandelt, und fanden so Eingang in das Mitarbeitergespräch und die Personalentwicklung (Assessmentcenter, Training für Führungskräfte).

Kriterienspeicher

Die vorgeschlagenen Kriterien „Kunden und Unternehmensorientierung", „Soziale Kompetenz", „Leistungsverhalten", „Entwicklung und Förderung", „Verantwortungsübernahme und Vorbildfunktion" sowie „Zukunft- und Veränderungsorientierung" stellen eine Wertenorm da, die als Grundlage der Verhaltensbeurteilung verbindlich gelten. Die Führungskraft wählt aus dem Kriterienspeicher die Merkmale aus, die für die Zielerreichung und das Arbeitsverhalten besonders wichtig waren und erläutert sie jeweils am konkreten Beispiel. Die in der Tabelle aufgeführten Beispiele sind eine Auswahl von möglichen Beispielen.

Kompetenzbereiche	Kriterien	Kompetenzbereiche	Kriterien
Kunden und Unternehmensorientierung	• Analyse der Kundenbedürfnisse • Serviceorientierung • Persönliche Beratungs- und Vertriebskompetenz • Bereichsübergreifendes Handeln • Risiko- und Ertragsbewußtsein • Kostenbewußtsein • Unternehmerisches Denken • Wissensmanagement	Entwicklung und Förderung	• Mitarbeiter befähigen und entwickeln • Gestalten anspruchsvoller Aufgaben • Coaching und Motivation der Mitarbeiter bei ihren Aufgaben • Verantwortungsübernahme und Vorbildfunktion • Nachhaltiger Einsatz für die Interessen des Unternehmens • Vorbildliches Leben der Werte • Hierarchiefreier Umgang mit Mitarbeitern und Kollegen • Engagement für den wirtschaftlichen Erfolg unserer Kunden • Übernahme von besonderen Verpflichtungen
Soziale Kompetenz	• Entwicklung einer Vertrauenskultur • Persönliche Integrität • Anstand und Gesetzestreue • Offene, direkte und zuverlässige Kommunikation • Teamorientierung • Fähigkeit Kritik zu üben und zu akzeptieren • Eingehen auf den Gesprächspartner und aktives Zuhören • Abteilungs- und bereichsübergreifende Kooperation • Denken in Gesamtbankzusammenhängen • Fairness in der Konfliktbewältigung	Zukunft und Veränderung	• Kreativität und Innovation • Permanentes Lernen und Ausrichten an den Bedürfnissen von Markt und Kunden • Bereitschaft, Veränderungen in Angriff zu nehmen • Umgang mit Unsicherheit und Konflikten • Innovationsfähigkeit / Innovationen anregen
Leistungsverhalten	• Ergebnisorientierung • Vorgabe klarer Orientierung und Ziele • Flexibilität • Kreativität bei der Zielverfolgung • Konstruktiver Umgang mit Fehlern und Konflikten		

Abb. 12: Werte im Mitarbeitergespräch (Zielvereinbarung)

- Kommunikations- und Marketingplan

Bei Benchmarkstudien hat sich immer wieder gezeigt, dass die Implementierung von Führungsgrundsätzen, insbesondere wenn sie in Phasen relativer Konfliktfreiheit in den Unternehmen eingeführt werden, sich in der Regel auf die Einführungsphase beschränkt. Danach „verschwinden" die Führungsgrundsätze oft in den „Schubladen". Unsere Chance war es, gerade in den schwierigen Zeiten des Nachmergers, die Werte den Führungskräften und Mitarbeitern als ein verpflichtendes Leitbild für die Umstrukturierung vor Augen zu halten und der Belegschaft damit ein Stück Orientierung zu geben. Durch die „Scharfschaltung" der Kultur und einer damit erhöhten Sensibilität erhielten wir durch Aktionen eine hohe Aufmerksamkeit. Neben hoher Zustimmung gab es natürlich auch kritische Distanzierung, insbesondere bei den Mitarbeitergruppen, die in einer besonders kritischen Situation waren.

Das Expertenteam kam jedoch relativ schnell zur Auffassung, dass durch die hohe Energie, mit der die Werte diskutiert wurden, eine gute Chance bestand, die Werte langfristig in das Bewusstsein zu implementieren. Aus diesem Grunde wurden eine Reihe weiterer Maßnahmen erfolgreich umgesetzt, die auf dem folgenden Schaubild abgebildet sind:

Abb. 13: Der Wertepark

Highlights der interaktiven Kommunikation

Zur weiteren Unterstützung der Implementierung starteten wir einen interaktiven Intranet-Auftritt, der ebenfalls durch Vorort-Aktionen begleitet wurde.

Einige Highlights daraus sollen kurz dargestellt werden:

Nach der Zusendung des Wertebooklets an alle Mitarbeiter und Führungskräfte sowie der Zusendung der Toolboxes an die Führungskräfte, wurde parallel der **Intranetauftritt** gestartet. Die Mitarbeiter und Führungskräfte wurden mit dem Booklet aufgefordert, ihre Rückmeldung zu „Unseren Werten" an den Vorstand des Unternehmens zurückzumelden. Innerhalb weniger Tage erreichten uns 250 Emails mit ausführlichsten Beiträgen zum aktuellen Ist-Zustand in den jeweiligen Abteilungen mit Anregungen zur besseren Werte-Umsetzung, fundierter Kritik und Beispielen aus gelebter Praxis.

Auf der Homepage wurde ein eigener Button für „Unsere Werte" eingerichtet, über den die Mitarbeiter sich in den Intranet-Auftritt einklicken konnten. Sieben Buttons standen den Mitarbeitern zur Verfügung

- **„Unsere Werte"**
  Blättern im Wertebooklet mit der Möglichkeit sich das Booklet komplett herunterladen zu lassen.

- **Wertepostkarten**
  Möglichkeit eine Wertepostkarte per Email mit einem „Lieblingsmotiv" auszusuchen, und dies an Kolleginnen und Kollegen in der Bank zu verschicken.

- **Entstehung der Werte**
  Mitarbeiterinformation, um die Entwicklungsschritte der Werte noch einmal nachzuvollziehen.

- **Meinungstrends**
  Hier wurden die Statements der Mitarbeiter aus den Email-Rückmeldungen nach Themenbereichen zusammengefasst, und mit Trendanalysen unterlegt. Die Mitarbeiter und Führungskräfte erhielten damit einen optimalen Überblick über die besonders wichtigen Fragen. Die Hauptthemenbereiche waren „die Umsetzung der Werte im Alltag", „Anspruch und Wirklichkeit im Unternehmen", „Sinn und Zweck der Aktion", „die Gestaltung des Wertebooklet selber", „Kostenkritik" und „laufende Probleme im Rahmen des Mergers".

- **Aktionen im Rahmen der Wertekampagne**
  Die Mitarbeiter wurden bereits im Vorfeld über die anstehenden Aktivitäten informiert. Ein Schwerpunkt des Internetauftritts war das „Interview der Woche", in dem der Autor insbesondere mit den Bereichsleitern großer Unternehmenseinheiten Interviews zu den aufgeworfenen Mitarbeiterfragen und ihren kritischen Anregungen führte.

- **Information für die Führungskräfte über die Durchführung von Teamveranstaltungen mit Moderationstools**
  Hier wurden Führungskräfte zur Umsetzung der Werte ausgestattet.

Das Intranet wurde deshalb als Hauptauftritt gewählt, da es das „meistgelesenste" Medium des Unternehmens war. Durch wöchentlich neue Interviews, dem **Interview der Woche**, zu kritischen oder offenen Fragestellungen wurde die Auseinandersetzung permanent angeregt und weitergeführt. Die monatlich erscheinende **Mitarbeiterzeitung** widmete sich auf ein bis zwei Seiten intensiv der Umsetzung der Werte anhand konkreter Beispiele unter weitgehender Vermeidung von „Hofberichterstattung". Die Medienbegleitung lief über das gesamte Jahr und wurde durch Sendungen im HVB eigenen **„Corporate Television"** unterstützt.

Ein weiterer Schritt zur Mobilisierung der Mitarbeiter und Führungskräfte waren **„Speakerscorner"** in den großen Niederlassungsbereichen des Unternehmens. An verschiedenen Standorten wurde an 2 – 3 Tagen um die Mittagszeit an vorbereiteten Ständen die Wertediskussion weitergeführt. Bereichsleiter stellten sich den Fragen der Mitarbeiter. Die Mitarbeiter konnten an vorbereiteten Schautafeln die persönliche Wichtigkeit der Werte einstufen. Somit konnten z. B. in der zentralen „Speakerscorner-Aktion" des Unternehmens an 3 Veranstaltungen 1.300 Mitarbeiter in direkten Diskussionen erreicht werden. Da die Diskussion in der heißen Sommerzeit stattfand, gab es als „Dankeschön" ein Eis. Auch diese Speakerscorner-Diskussionen wurden wiederum ausgewertet und im Intranet allen Mitarbeitern und Führungskräften zur Verfügung gestellt.

Bei der Bepunktung der 11 Werte kristallisierten sich nach und nach 6 besonders favorisierte Werte heraus, die von über 80 % der Mitarbeiter eine hohe Zustimmung erhielten und durch Diskussion und anschließender Veröffentlichung einen weiteren verstärkenden Charakter zur Akzeptanz der Werte hatten. Parallel liefen in den Unternehmensbereichen **Teamveranstaltungen** und der größte Unternehmensbereich integrierte die Wertediskussion in die monatlich stattfindenden **Qualitätszirkel** der Mitarbeiter.

Damit Personal als Change Agent möglichst realitätsnahe Informationen aus dem Mitarbeiterkreis erhalten konnte, luden wir die **E-mail-Absender zu weiteren Meetings** ein, um mit ihnen die konkrete Umsetzung der Werte zu diskutieren, aber insbesondere die Widerstände kennenzulernen und mit ihnen gemeinsam zu überlegen, wie Anspruch und Wirklichkeit noch mehr zur Deckung gebracht werden konnte. Auch daraus entstanden wiederum neue Ideen und Vorschläge für Aktivitäten, die mit den Ergebnissen der Meetings wiederum ins Intranet eingestellt wurden. Die Führungskräfte konnten für ihre Einheiten zusätzlich **Werteplakate** ordern.

Wesentlich für die Gesamtakzeptanz war die intensive und engagierte Diskussion auf dem jährlich stattfindenden **Forum der Leitenden Angestellten**, auf dem **Traineetag** und auf dem **Werteforum** des Unternehmens, das den Abschluss der Ein- Jahreskampagne setzte.

Evaluation des Changemanagement-Prozesses „Unsere Werte"

Mit dem bereits vorgestellten Instrument des Fusionsbarometers wird im Rahmen einer Omnibus-Befragung die Evaluation des Werteprozesses durchgeführt.

Anhand folgender Fragen wurden die Meinungen der Mitarbeiter zum Prozess erfragt. Die Evaluation über das Fusionsbarometer ist ein Teil des Abschlußberichtes der am Jahresende der Kampagne an alle Mitarbeiter und Führungskräfte, Manager und Vorstand gesandt und im Intranet veröffentlicht wird.

1. *Wie gut kennen Sie „Unsere Werte"?*

    ❒ sehr gut
    ❒ gut
    ❒ teils/teils
    ❒ weniger gut
    ❒ überhaupt nicht

2. *Welche Medien und Instrumente unterstützen die Kommunikation „Unserer Werte"?*

    ❒ Intranet
    ❒ Broschüre zu „Unseren Werten"
    ❒ Mitarbeiterzeitung
    ❒ Mitarbeitergespräch
    ❒ Abteilungsdiskussion

- ❏ Werte-Diskussionsstände
- ❏ Sonstige

3. *Wurde von Ihrer Führungskraft eine Veranstaltung/Teamsitzung zu „Unseren Werten" durchgeführt?*

   ❏ ja   ❏ nein

4. *Wie werden Ihrer Meinung nach „Unsere Werte" in Ihrer Abteilung gelebt?*
   - ❏ sehr gut
   - ❏ gut
   - ❏ teils/teils
   - ❏ weniger gut
   - ❏ überhaupt nicht

5. *Welche Werte sollten in unserer Bank noch besser umgesetzt werden?*
   - ❏ Unsere Kunden
   - ❏ Unser Unternehmenswert
   - ❏ Verantwortung
   - ❏ Vertrauen
   - ❏ Kommunikation
   - ❏ Teamgeist und Kooperation
   - ❏ Fehler und Konflikte
   - ❏ Ziele und Leistung
   - ❏ Entwicklung und Förderung
   - ❏ Zukunft und Veränderung
   - ❏ Vorbild und Verpflichtung

Fazit und Ausblick

Welche allgemein geltenden Schlussfolgerungen lassen sich nach 4 Jahren Merger auch für andere Unternehmen ableiten?

Personal als Change Agent hat im Rahmen einer globalisierten Unternehmenspolitik eine bedeutsame, aber auch schwierige Aufgabe zu erfüllen. Als Nonprofit-Organisation im eigenen Unternehmen muss sie auf Basis von Erfahrung und wissenschaftlichen Erkenntnissen antreten und den Beweis zu führen, dass „softfactors" – sprich Human-Capital – für den Erfolg des Unternehmens ausschlaggebend sind.

Wer wollte das bestreiten? Es gibt aber immer wieder Widerspruch in dem Moment, wo über das Bekenntnis hinaus Gelder, Zeit, Managementkapazität, insbesondere Engagement und Vorbilder sowie konsequentes Handeln zur Verfügung gestellt werden müssen.

Woher kommt die oft zögernde Unterstützung?

Viele Manager vergessen bei ihrem Aufstieg in die Verantwortung, dass ihre Mitarbeiter dieselben Probleme, Sorgen und Wünsche haben, die sie selbst auch einmal bewegten.

Hatten sie als Mitarbeiter die Erwartung, dass sich Vorgesetzte um sie kümmern, haben sie nun als Vorgesetzte die Erwartung, dass sich jemand um ihre Mitarbeiter kümmert. Diese Prämisse nimmt mit der Hierarchie zu. Der „Kümmerer" ist dann die manchmal gescholtene Personalabteilung.

Worin liegt die Lösung?

Sie liegt in der **Aufhebung des Paradoxon der Organisationsentwicklung**. Das Paradoxon der Organisationsentwicklung liegt darin, nicht nur **Mitarbeiter von Betroffenen zu Beteiligten zu machen, sondern insbesondere die beteiligten Führungskräfte „betroffen" zu machen für die Probleme ihrer Mitarbeiter**. Damit Personal als Change Agent also langfristig erfolgreich ist, sind folgende Voraussetzungen zu schaffen:

- Aktive Vertretung einer modernen Personalphilosophie im Vorstand, in der die Vorstände als persönliche Promotoren agieren.
- Etablierung eines professionellen Personalmanagements mit entsprechender Ausstattung an Expertise und Finanzmitteln.
- Dauerhafte Mobilisierung aller Mitarbeiter und Führungskräfte in Human-Kapital-Projekten.
- Konsequente Unterstützung aller Human-Kapital-Projekte durch fundierte empirische Erhebungen (z.B. Umfragen, Mitarbeiterresearch) und Austausch mit wissenschaftlichen Einrichtungen sowie anderen Unternehmen.

Hauptziel des Personals als Change Agent ist die Entwicklung von Mitarbeitern und Führungskräften, die den Wandel der Unternehmen durch aktive Veränderung ihrer Selbst-, und Berufskonzepte vorausbegreifen.

Literatur

Doppler, K./Lauterburg, C.: Change Management, Frankfurt/Main, New York 1995.

Friederichs, P.: „Bankstrategie und Personalmanagement im Umbruch" in: *Meier, H./Schindler, U.* (Hrsg.): Human Ressources Management in Banken, Gabler Verlag 1996.

Scholz, C.: Personalmanagement, München 2000.

"Hast Du es eilig, nimm einen Umweg."
Variation über die Krise des japanischen
Personalmanagements und Implikationen für ausländische
Unternehmen in Japan

Enno Berndt

Summary

Der vorliegende Beitrag handelt von der Krise der Humanressourcen in Japan. Er beschreibt Gefahrenpotentiale und Aufgaben für das Personalmanagement v.a. aus der Sicht von ausländischen Unternehmen in Japan. Er will indes keine Rezeptur feil-, sondern analytische Reflexion vor dem Erfahrungshintergrund einiger Beratungsprojekte mit ausländischen Firmen in Japan anbieten. Er will dabei helfen, die Natur der relevanten Prozesse zu verstehen.

1 Prolog: Wechselndes Rollenspiel oder Was lehrt der Erfolg anderer?

1.1 Literarisches: Bestseller-Befund

„Japan? Da ist nichts mehr. Es ist ein totes Land!" lässt Ryu Murakami einen der jugendlichen Protagonisten auf ein CNN-Interview in seinem Roman „Exodus eines Landes mit Hoffnung" antworten (*Murakami* 2000, S. 14). Dieser Roman hat sich in zwei Monaten seit seinem Erscheinen im Juli 2000 bereits 150 000 mal verkauft. Die ersten Rezensenten zeigen sich irritiert. Der Autor zeichnet ein fiktives Japan im Jahre 2002: Über das Internet miteinander vernetzt und mit der Außenwelt strategisch kommunizierend, weigern sich mehrere zehntausende Ober- und Mittelschüler – landesweit auf merkwürdige Weise organisiert – ihre Schulen zu besuchen. Viele von ihnen verlassen Japan ... und beginnen als NPO-Mitglieder auf dem asiatischen Festland zu arbeiten. Massenhafter Widerstand gegen das Bildungssystem als Verweigerung und Flucht: „In diesem Lande gibt es alles. Wirklich alles mögliche. Nur Hoffnung gibt es nicht" (*Murakami* 2000, S. 309). Mitten in einer weiteren Finanzkrise wird einer der jugendlichen Führer zu einer parlamentarischen Anhörung per TV live zugeschaltet: „Ja, ich habe gesagt, dass dieses Land ohne Hoffnung ist. Jedoch ist für uns noch völlig unentschieden, ob der Mensch wirklich unbedingt so etwas wie Hoffnung braucht, um leben zu können..." (*Murakami* 2000, S. 315). Eine ganze Generation geht nicht nur auf geographische Distanz. Sie verweigert sich dem Zugriff der vernutzten Werte der japanischen Gesellschaft. Anstelle dessen baut sie sich ihre eigenen Netzwerke auf, organisiert sich ihr Leben, fernab von Japan.

Die kritische Botschaft des Romans liegt offen: War einst das japanische Bildungssystem Filter und Reservoir für Arbeitskräfte, so ist die nur in den Handlungen der Jugend fiktiv zugespitzte Beschreibung seiner heutigen Lage ein aufrüttelndes Bild dafür, wie sehr die Dauerkrise der japanischen Gesellschaft vor allem eine Krise der Reproduktion, also der Entwicklung, Motivation und Nutzung ihrer Humanressourcen ist. Das hat schwerwiegende Folgen für die betriebliche Reproduktion und wirtschaftliche Wettbewerbsfähigkeit japanischer Unternehmen.

1.2 Theoretisches: Konvergenz vs. Varianz

Sich anzuschauen, was und wie es andere, insbesondere die Erfolgreichen unter ihnen machen, ist ein bewährtes Grundelement menschlichen Lernverhaltens. Umstritten ist hingegen, inwieweit ein solches Lernen wirksam sein kann, wenn es um komplexe Zusammenhänge menschlicher Gesellschaft und Wirtschaft geht. Zweifel an der Wirksamkeit kopierenden Lernens bestehen in dreierlei Gestalt: a) Evolutionstheoretisch: Könnten sozioökonomische Systeme und Strukturen kopiert werden, würde das Streben nach dem jeweiligen Optimum zu einer monokulturellen Konvergenz führen. Produktive Varianz und evolutionäre Disponibilität wären eliminiert, Imitator und Imitierter könnten sich (aus Sicht des Imitators) bestenfalls und lediglich egalisieren. b) Institutionsgeschichtlich: Wenn soziale Systeme und Strukturen in einem konkret-kulturhistorischen Kontext gebildete und stabil reproduzierte Beziehungsformen sind, müssten genau deshalb deren Trans- und Implantation im Sinne der optimalen Lösungsinstallation nicht funktionieren. Es sei denn, der konkret-kulturhistorische Kontext könnte ebenso trans- und implantiert werden oder derselbe für die Funktionsweise von sozialen Systemen und Strukturen nicht relevant sein. Für beide Bedingungen finden sich keinerlei Indizien. c) Zeithistorisch: Wenn eine wesentliche Qualität der jetzigen Situation darin besteht, dass Gewissheit, Sicherheit und Bestimmtheit über das Heute und Morgen geschwunden und an ihre Stelle Ungewissheit, Unsicherheit und Unbestimmtheit als historische Adjektive getreten sind, dann muss der Glauben an die Allgemeingültigkeit eines Optimums fehlleiten. Welches Optimum es auch immer sein mag: Seiner Natur nach ist es zufällig, wie der Prozess seines Eintretens (*Schumacher* 1998). Folglich ist es als Optimum nicht dauerhaft kopierbar. Anstelle dessen gilt es, ein Optionsportfolio aufzubauen (=Varianz vorzuhalten), die Wirksamkeit verschiedener Optionen in fortlaufendem Experimentieren spielerisch zu erkunden, die so gewonnenen Aussagen permanent zu verifizieren bzw. falsifizieren, sprich: zu selektieren, zu relativieren und zu aktualisieren (*March/Olsen* 1976).

Das sind starke Argumente dafür, die Wirksamkeit kopierenden Lernens zu bezweifeln. Indes: Der Hang, schmerzhafter und zeitaufwendige Selbstreflexion und -analyse auszuweichen und anstatt dessen sein Heil im Kopieren zu suchen, ist ungebrochen stark – das gilt im (privaten) Individuellen wie im Sozialen. Wie weit kann man von den Erfahrungen anderer lernen, oder muss (soziale) Erfahrung stets authentisch, also selbst erlebt, erlitten, erstritten und formuliert worden sein, um wirklichkeitsgestaltend wirksam sein zu können?

1.3 Historisches: Wechselspiel

Getrieben von Deregulierung und Digitalisierung wächst die US-Wirtschaft ungebrochen, inzwischen neun Jahre hintereinander. Die Aussichten selbst für das zehnte Jahr dieses Aufschwunges sind nicht schlecht. Die Arbeitslosenquote ist so niedrig wie lange nicht mehr. Qualifizierte Arbeitskraft ist knapp, v.a. in den Wachstumsbranchen. Schon werden all jene der klassischen Fehlprognose bezichtigt, die das Ende langfristig-stabilitätsfördernder Beschäftigungssysteme verkündet und den unaufhaltsamen Einmarsch marktzentrierter Volatilität und Flexibilität in die betriebliche Welt der internen Arbeitsmärkte ausgerufen hatten. Die anhaltend gestiegene Nachfrage auf dem Arbeitsmarkt hat offenbar und zumindest derzeit zu einer Renaissance von Beschäftigungsformen geführt, die mit den immer wiederkehrenden Reduktions- und Restrukturierungswellen seit dem Ende der 1980er Jahre auf ewig in das Meer der guten, alten Geschichte davongespült zu sein schienen (*Taylor* 2000).

Indes: Um nautische Weitsicht bemühte Analyse warnt vor hastigen Kurzschlüssen (*Capelli* 1999a/1999b). Genauso wie in Phasen der wirtschaftlichen Kontraktion die Nachfrager von Arbeit in geradezu natürlicher, also sozial-politisch ungebrochener Weise danach streben, die Nachfragemenge primär zu reduzieren, den Einkaufspreis abzusenken und die Bedingungen Abforderung bzw. Ausübung von Arbeit zu ihren Gunsten, also: den Fluktuationen des Güter- und Kapitalmarktes flexibel anzupassen, so erweisen sich Logiken der Angst und Drohung in Expansionsphasen als kontraproduktiv. Wenn daraufhin an Kostenreduktion und Flexibilisierung orientierte Strukturen (teilweise) korrigiert werden, dann sollte das nicht fehlgedeutet werden als die grandiose Wiedergeburt alter Strukturen aus den Zeiten schier endlosen Wachstums, der Beschäftigungssicherheit, betrieblich zentrierter Sozialleistungen und seniorär geprägter Entgelt- und Promotionsformen. Vielmehr ist auch diese Korrektur eine logische Folge einer engeren Anbindung des Personalmanagements und der Organisation der Arbeitsmärkte an die quantitative Volatilität und kürzeren Innovationszyklen. In Kontraktionsphasen schlägt das Pendel nämlich wieder in die andere Richtung aus: Die Korrektur der Korrektur wird korrigiert. Genau dies ist derzeit in vielen US-Internet-Unternehmen zu beobachten.

Japan – einst vielgepriesenes Model für dauerhaftes Wachstum und stabiler Beschäftigungssysteme – kann als negatives Spiegelbild amerikanischer Prosperität gelten: Staatliche Konjunkturprogramme seit 1992 im Umfang von inzwischen über 130 Trillionen Yen (=25% des jährlichen BSP) haben es nicht vermocht, selbsttragendes Wachstum zu stimulieren. Die Arbeitslosenquote ist auf historischem Höchststand. Die staatlichen Haushalte sind überschuldet, Korruption, Kriminalität und Selbstmorde haben Konjunktur. Kurzum: Das Modell Japan – insofern es überhaupt jemals ein solches für andere gewesen sein mag – ist gescheitert. Seine integrierende Kraft ist verschlissen, selbstgewisse Orientierung ist chronischem Selbstzweifel gewichen.

Um- und Neubau sind angesagt. Was liegt dann aus japanischer Sicht näher als dort hinzuschauen, wo man erfolgreich und auch unbescheiden genug ist, den eigenen Ertolg als globale Rezeptur zu propagieren. Und so spaltet sich der publizistische Diskurs schnell in zwei Fraktionen: Während die einen alles Unheil im Zerfall der ur-japanischen Traditionen und den von außen aufgezwungenen Versuchen seiner angeblich notwendigen Reform ausmachen, meinen die anderen – frei nach dem alten DDR-Propaganda-Slogan: „Von der Sowjetunion (=heute: Amerika) lernen, heißt Siegen lernen!" – , dass nur die Implantation des US-Modells Zukunft sichern könne. Erstere sind inzwischen in die publizistische Minderheit geraten, wenn auch nicht ohne jeden politischen Rückhalt. Letztere haben derweil die massenmediale Lufthoheit gewonnen, stoßen aber im Politischen auf zähen Widerstand der Staatsbürokratie.

Unternehmen, auch in Japan, haben indes nicht die Zeit, auf den Ausgang ideologischer Gefechte zu warten. Sie (müssen) handeln. Gleichwohl geschieht dies nicht im ideologiefreien Raum: Handeln in der Krise trägt diese ideologische Spaltung in sich selbst. Es läuft deshalb Gefahr, gleich einem hastig-blinden Sprung ins Leere, richtungslos-aktionistisch zu geraten und in der Kopie vermeintlicher Erfolgsrezepte von außen Halt zu suchen, ohne die Natur der relevanten Prozesse verstanden zu haben (*Jullien* 1999). Ressourcen werden dabei verschliessen, Motivationen und Beziehungen irreparabel zerbrochen, infolge dessen wertvolle Zukunftsoptionen verspielt. Es geht um genau eben jenes Kind, das oft und leider mit dem Bade ausgeschüttet wird (*Pfeffer* 1998).

1.3 Absichten: Von der (vergeblichen) Sehnsucht nach Gewissheit

Was bleibt bei einer solchen Sicht, außer dem Zweifel an schnellen und Allgemeingültigkeit behauptenden Lösungen? Ein Blick über den schaumigen Rand der anlandenden Wellen zeigt: Die Antwort auf die ernste Frage, wo und wie den unter der Bedingungen volatiler externer und interner Arbeitsmärkte kreative und engagierte Arbeitskraft dauerhaft und nachhaltig entwickelt (qualifiziert) und motiviert (gebunden und stimuliert) werden kann, entzieht sich schnell entlastender Gewissheit. Denn: Sie findet sich weder im fundamentalistisch zugespitzten Extrem marktzentrierter bzw. -gesteuerter, sprich: virtualisiert-fließender Beschäftigungssysteme noch in der (vergeblichen) Hoffnung auf die Auferstehung alter stabilisierender Strukturen.

Dieses Vakuum kann offenbar nur durch strategisches Nachdenken, Dialogisieren und Handeln aufgefüllt werden, das die Zentralität der Humanressourcen im Wettbewerb nicht nur verbal-kosmetisch behauptet, sondern im Widerstand gegen konjunkturell-modischen Herdentrieb und reaktionären Konservatismus ernstzunehmen bereit, kooperatives Verhalten von Individuen und damit Lernfähigkeit von Organisation zu befördern fähig ist. In diesem Sinne wäre das Management von Humanressourcen in die unternehmerische Strategie integriert.

Der vorliegende Beitrag handelt nun im weiteren eher deskriptiv-analytisch von der Krise der Humanressourcen in Japan. Er soll Gefahrenpotentiale für das Personalmanagement v.a. aus der Sicht von ausländischen Unternehmen in Japan beschreiben. Er kann und will indes selbst keine Rezeptur feil-, sondern analytische Reflexion vor dem Hintergrund einiger Beratungsprojekte mit ausländischen Firmen in Japan anbieten. Er will dabei helfen, die Natur der relevanten Prozesse zu verstehen.

2 Zur Brisanz des Themas: Stärken werden zu Schwächen

Für eine Gesellschaft, deren Strukturen und Verhaltensnormen – wie in der japanischen – nahezu ungebrochen vom Paradigma wirtschaftlichen Wachstums dominiert (gewesen) sind, die nach dem Spekulationsboom der zweiten Hälfte der 1980er Jahre bis zur Jahrtausendwende ohne grundlegende konjunkturelle Erholung geblieben ist und das Ausbleiben eines offenen Systemzusammenbruchs nur mit einem in der OECD bisher ungekannten Niveau der öffentlichen Verschuldung (=140% des BSP) erkauft hat, kann der Befund einer Krise (auch) des Humankapitals nicht verwundern.

Mangelnde Initiative, reaktives Sicherheitsdenken und (Ver-)Handeln, fehlende Selbstorganisation, exzessiver Detail-Formalismus, unterentwickelte Kommunikation und mikropolitische Konspiration ... gelten als die Erkennungsmerkmale einer sich unter den jüngeren Mitarbeitern in Japan schnell vermehrenden Spezies, den sogenannten „Unternehmensparasiten". Indes: Diese Verhaltensmuster hat es sicherlich auch schon früher (also zu vermeintlich besseren Zeiten) gegeben. Dass sie sich hingegen gerade derzeit und schlagartig ausbreiten, darf als rationale Reaktion der jungen Generation auf die einseitige Kündigung des stillen Kontraktes der japanischen Unternehmen gegenüber ihren Mitarbeitern (=ihren Vätern) gesehen werden: Ein Tausch von uneingeschränkter Loyalität und Subordination gegen langfristige Beschäftigung und Senioritätslohn. Doch nicht genug, dass der Nachwuchs sich korporativer Integration verweigert: Die älteren Generationen der Mitarbeiter in den Unternehmen leiden unter Angst, Ergebnis- und Zeitdruck. Sie fürchten sich davor, Fehler offen zulegen. Schwerwiegende Folge dessen ist, dass eine zentrale Qualität japanischer Produktion und Produkte, technologische Zuverlässigkeit verloren zu gehen droht. Zahlreiche Skandale der letzten Monate belegen dies.

Was steckt dahinter? Eine teuflische Spiral-Bewegung scheint in Gang gekommen und am Werk zu sein (siehe Abb. 1), ähnlich wie sie von kritischen Geistern bei angelsächsischen Unternehmen in anhaltenden Downsizing-Phasen ausgemacht worden ist (*Herriot* et al. 1998, S.38).

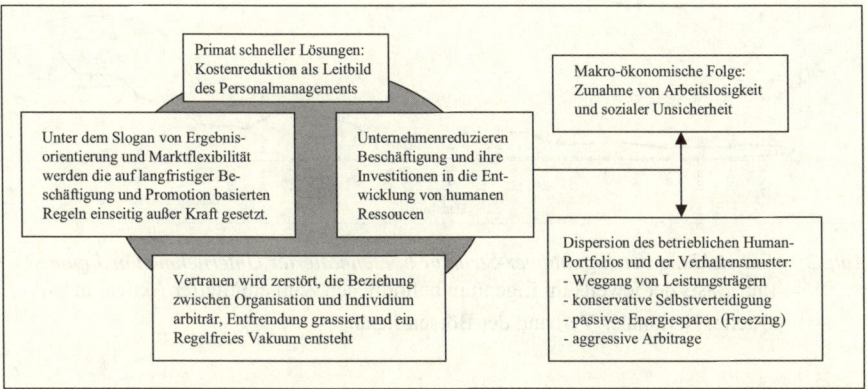

Abb. 1: Die Downsizing-Spirale in der japanischen Version am Ende der 1990er Jahre

Stellt sich die Frage: Worin besteht die Alternative? Funktioniert das marktgetriebene und – flexible US-Modell wirklich? Wie weit stehen einer Trans- und Implantation desselben zu stabilen Verhaltens- und Wertmustern kristallisierte Erwartung und Erfahrungen im Verhältnis der Arbeitenden zueinander und des Individuums zum Unternehmen bzw. dem Kollektiv, also der Kultur entgegen?

3 Fokussierung: Problemperzeption durch ausländische Unternehmen in Japan

Wie so oft in Krisen der japanischen Geschichte, richtet sich auch diesmal der nach Lösungsrezepten suchende Blick ins Ausland. Gleichwohl entzieht sich diese Krise des Humankapitals in Japan auf merkwürdige Weise ins Ausland einer ernsthaften Wahrnehmung. Ernsthaft, insoweit sie über die schlichte Kenntnisnahme der aktuell-pragmatischen Diskussion um die Reform des japanischen Bildungswesens und des Personalwesens als folgerichtige Angleichung an okzidentale (anglo-sächsische) Muster hinausgeht.

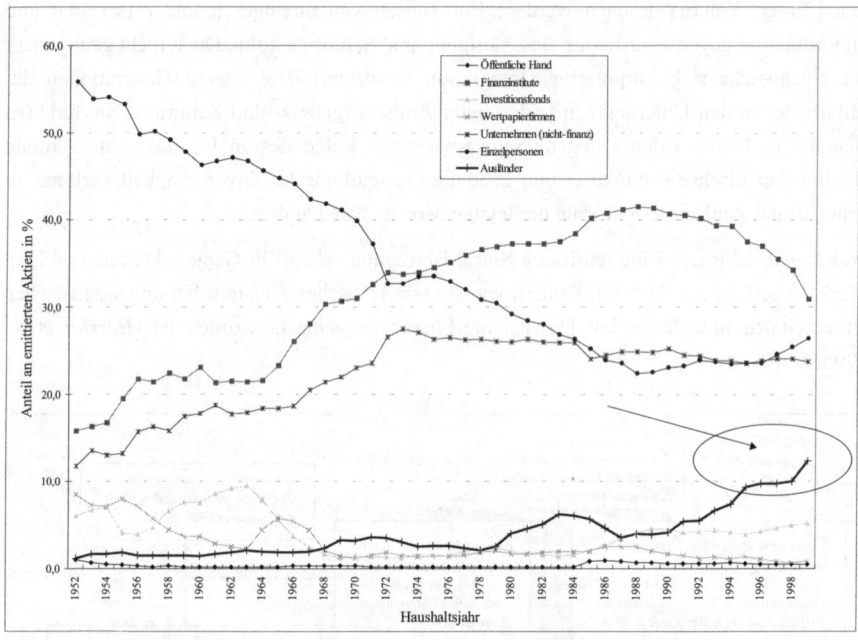

Abb. 2: *Entwicklung der Eigentümer-Struktur börsennotierter Unternehmen in Japan*
(auf Basis der jeweils im Eigentum befindlichen Zahl emittierter Aktien, in %)
Quelle: Nationaler Verband der Börsen Japans

Das ist deshalb merkwürdig, weil der Anteil von Aktien im Eigentum ausländischer Investoren im Jahre 1999 deutlich auf den bis dahin historischen Höchststand gestiegen ist (siehe

Abb. 2). Ebenso hat das direkte Engagement ausländischer Unternehmen in Japan in den letzten drei Jahren um ein Vielfaches zugenommen (siehe Abb. 3).

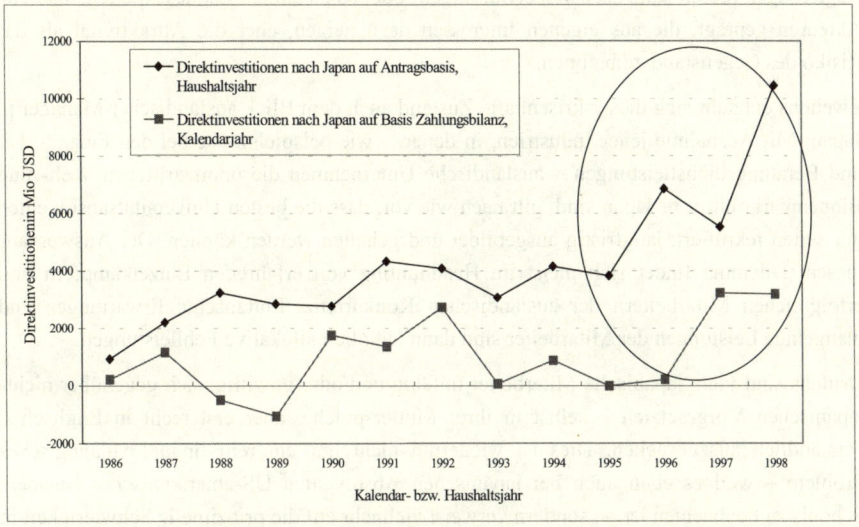

Abb. 3: Entwicklung der Direktinvestitionen nach Japan (flow, in Mio. USD)
Quelle: Bank of Japan bzw. Japanisches Finanzministerium

Mithin kann ein nachhaltiger Erfolg immer weniger durch Rationalisierung und Restrukturierung erreicht werden. Vielmehr braucht es neben innovativen Produkten und Dienstleistungen v.a. ein innovatives, kooperatives und zuverlässiges Verhalten (auch) der (lokalen) Mitarbeiter gegenüber den internen und externen Kunden. Und zwar in dem Maße, wie nicht allein Technologie als solche, sondern die selbige lediglich als Element eines umfassenden und überlegenen Werte- und Problemlösungsangebot (auch) vom (japanischen) Kunden erwartet wird und dieses Angebot meist in Kooperation mit anderen Unternehmen erstellt werden kann. Nur durch konzeptionelle Kompetenz und verlässliche Realisierung lässt sich eine nachhaltige Differenzierung ausländischer Unternehmen gegenüber der japanischen Konkurrenz in deren Heimmarkt begründen und befestigen.

Warum finden dann die Krise des Humankapitals und die damit verbundenen Schwierigkeiten interkulturellen Managements kaum eine ausreichende Aufmerksamkeit des Top-Managements ausländischer Unternehmen in Japan? Dafür lassen sich zunächst mindestens vier Gründe ausmachen:

Erstens wird die allgemeine Qualität des japanischen Humankapitals selbst heute – wo japanische Unternehmen zwar noch in ausgewählten Bereichen des verarbeitenden Gewerbes wie der IT-Hardware, des Automobil- und Maschinenbaus als weltweit konkurrenzfähig, ansonsten jedoch andere Industrien, v.a. der Dienstleistungsbereich nur als zweitklassig gelten – in zahlreichen internationalen Vergleichen und Studien noch nicht als entscheidender Risiko- bzw. Bremsfaktor direkten Engagements im japanischen Markt gesehen. Meist quantitative Kriterien der formalen Allgemeinbildung anführend, sind derartige Quellen bzw. deren Interpretation entweder von den jeweiligen Heimland-Regierungen (deren statistischen Verwaltungen) oder sogenannten Landesexperten, also von Akteuren geprägt, die aus eigenen Interessen dazu neigen, eher die Attraktivität als das Risiko des Gegenstand zu betonen.

Zweitens entzieht sich dieser krisenhafte Zustand auch dem Blick ausländischer Manager in Japan: Mit Ausnahme jener Industrien, in denen – wie beispielsweise bei den Finanz-, IT- und Beratungsdienstleistungen – ausländische Unternehmen die unumstrittenen Welt- und Binnenmarktführer in Japan sind, gilt nach wie vor, dass die besten Universitätsabsolventen nur selten rekrutiert, langfristig ausgebildet und gehalten werden können. Der Ausweg aus diesem Dilemma findet sich meist im Headhunting von erfahrenen Einzelkämpfern und erfolgreichen Mitarbeitern der ausländischen Konkurrenz. Enttäuschte Erwartungen und mangelnde Leistungen der Mitarbeiter sind dann lediglich allokative Fehlleistungen.

Drittens sind viele japanische Mitarbeiter unfähig und/oder unwillig, sich gegenüber nicht-japanischen Vorgesetzten – selbst in ihrer Muttersprache, aber erst recht in Englisch – verständlich auszudrücken. Dies ist wiederum nicht nur ein rein lingual-pädagogisches Problem – weil es eben auch bei japanischen Absolventen US-amerikanischer Business Schools zu beobachten ist – , sondern verweist vielmehr auf die prinzipielle Schwierigkeit in einer anderen Sprache als jener kommunizieren zu sollen, die der eigenen Sozialisierung, also dem eigenen Verhalten und dem der meisten Mitmenschen unterliegt. Andererseits ist nach wie vor lediglich eine Minderheit ausländischer Manager der Landessprache wirklich mächtig. Und so verhindert eine solche doppelte Sprachbarriere dialogische Kommunikation. Sie belässt Macht-, Interessen-, Verhaltens- und Wahrnehmungsunterschiede im unreflektierten und meist mikropolitisch instrumentalisierten Nebelfeld kultureller Gegensätze. Zum Kommunikationsproblem deklariert, ist jedes Problem auch schon in seiner produktiven Brisanz entschärft und jeder Diskutant seiner Verantwortung entledigt, Position zu beziehen, seine Argumente zu validieren und für die Folgen eigenen Verhaltens einzustehen.

Viertens unterliegen gerade ausländische Unternehmen in Japan einer Schwerkraft des eigenen Erfolges. Weltweit akzeptierte Produkte, ein stabile Nachfrage in Japan, ein etablierter Vertrieb und in anderen Märkten unvorstellbar hohe Preismargen sind die Grundpfeiler derartiger Erfolge. Dieses scheinbar feste Fundament verleitet indes dazu, die Reproduktion von Erfolg als Selbstläufer und umgekehrt jede grundlegende Veränderung als Gefährdung dieses komfortablen Erfolges zu sehen. Das gilt zumeist sowohl für die Organisationsstrukturen als auch für Personalpolitik im allgemeinen Ganzen wie im besonderen Einzelnen. Geschäftswachstum, das über die lineare Extrapolation des Status Quo hinausgeht, könne man – wegen der gesunkenen Marktkapitalisierung der japanischen Konkurrenten – jederzeit akquirieren. So bleiben oftmals die interne Problemlage nicht benannt und heilige Kühe ungeschlachtet. Ironische Folge dessen ist wiederum, dass – angesichts der Reformaktivitäten in vielen japanischen Unternehmen – das vorgeblich hinfällig gewordene japanische Managementsystem gerade in diesen ausländischen Unternehmen konserviert fortlebt.

4 Quer- und Tiefenschnitt: Interpretationsversuche

Im Weiteren sollen diesen vier eher bekannten Gründen zwei grundverschiedene Erklärungsversuche auf zwei unterschiedlichen Denk-Ebenen hinzugefügt werden: Zum einen soll der soziale Kontext der Krise des japanischen Humankapitals ausgeleuchtet werden, um dann im zweiten Teil auf der Ebene „Organisationskultur" die Kluft zwischen den neuen Anforderungen und Erwartungen des ausländischen Managements einerseits und den bisherigen Verhaltensmustern in japanischen Organisationen andererseits offenzulegen. Verbunden ist dies mit der Hoffnung, auf diesem Weg zu einem Verständnis und Verhalten von ausländischen Managern in Japan beizutragen, das sich nicht mit der kulturellen Blockierung interner Kommunikation und innovativen Verhaltens abfindet. Und dies, ohne dabei weder a) in eine kultur-imperialistische Machtausübung (= Diktatur der Symbole) oder b) rigide Retaylorisierung (= Macht der hierarchischen Arbeitsteilung), noch c) in die hastige Implantierung reiner Marktmechanismen (= Macht des Geldes) oder d) die resignative Autonomisierung des lokalen Managements (= Transfer der Problem-Ebene nach oben) zurückzufallen.

4.1 Soziales: Land ohne Hoffnung für seine (satte) Jugend?

In geschichtlichen Niedergangsphasen ist sie immer wieder zu beobachten: Die Dreieinigkeit von Agonie, Apathie und Aphasie. Auch Japans Gesellschaft leidet seit dem Ende der Bubble Economy an kulturell-intellektuellem Siechtum, Desinteresse und Sprachlosigkeit. Von offenem Widerstand ist keine Rede, es gibt ihn lediglich sporadisch in den Tagelöhnervierteln Osakas und Tokios. Das Wort „Lähmung" hat Hochkonjunktur, wenn es darum geht, die Lage im Land, in den Köpfen und Herzen seiner Menschen zu beschreiben. Nur hat dieses Inselland keinen großen und reichen Bruder mit gemeinsamer Sprache und Geschichte, dem man sich und sein Schicksal überantworten kann. Anstelle dessen werden die privatwirtschaftlichen Spekulationsverluste aus den vorangegangenen Jahrzehnten im Namen der Systemsicherung mit öffentlichen Geldern sozialisiert – solange der Staatsanleihenmarkt und Rating-Agenturen das zulassen. Für große Teile der japanischen Jugend gilt: Einerseits erlaubt der von der Elterngeneration geschaffene Reichtum (noch) das bequeme Verharren im Status Quo. Gleichwohl weiß man um die Endlichkeit von Reichtum und der Zahlungsfähigkeit des jetzigen Systems. Andererseits sieht sich die japanische Jugend weder einem wirksamen Anreiz noch einem deutlichen Zwang ausgesetzt, aktiv (= Akteur) zu werden, eigene Experimente zu wagen und neue Wege zu erkunden. Gerontokratische Strukturen, Schein-Strategien der Bestandssicherung und Kostenreduktion wirken wie Barrieren. Die Jugend sieht sich so in ihrer inneren Immigration nur bestätigt. Psychischen Druck und wachsende Unzufriedenheit kompensiert sie mit provokanter Ignoranz, schrillem Hedonismus und individueller Gewalt. Und die Besten suchen immer öfter ihren Weg außerhalb Japans…

Was hat all dies – außer im Sinne einer Umfeldbeschreibung – mit dem Personalmanagement in ausländischen Unternehmen am Standort Japan zu tun, wird sich der Leser fragen. Das Problem ist zunächst folgendes: Nicht-Japaner neigen zum Zwecke der Komplexitätsreduzierung und eigenen psychischen Balancierung in einem fremden Kommunikationskontext oftmals dazu, anonyme Uniformität, Kollektivität, und Kontinuität (= im Sinne von

Seniorität) als zentrale Verhaltensmuster ihrer japanischen Mitmenschen anzunehmen. Indes ist dies nicht ausschließlich mit einer negativen Konnotation belegt. Im Gegenteil: Gerade sensiblere Zeitgenossen unter den ausländischen Managern wollen diese Verhaltensmuster auch positiv be- und als Voraussetzung ihrer Zielorientierung, Kooperationskoordination und Dialogangebote aufgreifen. Um so größer ist dann gerade bei diesen Managern die emotionale Enttäuschung, wenn sie – meist bei jüngeren Mitarbeitern – mit dem genauen Gegenteil der von ihnen wohlwollend unterstellten „guten alten japanischen Tugenden" konfrontiert sind. Nichts ist – also offenbar auch in Japan – so (gut) wie es früher einmal war.

Jedoch: Die Realität (auch in Japan) ist – insbesondere mit Blick auf die jüngeren Generationen – differenzierter (geworden). In der Spanne extremster Verhaltensmuster von psychischem Absentismus und innerer Immigration, über mikropolitisch taktierendem Parasitismus bis hin zu aggressivem Karrierismus ist inzwischen fast alles (Denkbare) zu haben. Und die ältere Generation – vermeintlich im „guten" Alter allgemeiner Akzeptanz und „guter" Bezahlung angekommen – reagiert auf den steigenden Wandlungsdruck viel vehementer als früher mit Taktiken der Bestandssicherung. Der wirklich neuralgische Punkt dieser Konstellation ist indes ein anderer: *Japans Bildungssystem und seine Unternehmensorganisationen beruhen sehr stark auf dem informal-interpersonellen Moral- und Wissenstransfer zwischen den Generationen, dem lernenden Tun der Jüngeren unter der erfahrenen Anleitung der Älteren. Und genau dieses Transferband ist zerschnitten!*

Akademische Bildungseinrichtungen, denen – wie andernorts auch – eine größere Verantwortung für eine berufsnahe, zeitgemäße und sofort abrufbare Qualifikation zugewiesen wird, sind indes darauf weder pädagogisch-mental noch wirtschaftlich vorbereitet. Dies auch, weil ironischerweise gerade die Unternehmen weder den Universitäten noch ihren jungen Absolventen die entsprechende Leistungsfähigkeit, Autorität, Perspektive und Unterstützung zuzugestehen bereit sind. Und selbst dann, wenn es zum Friedens- und pragmatischen Schulterschluss beider Parteien käme, bleibt zu fragen, ob und wie beständig überhaupt ein solcher Zuschnitt von rein-anwendungsorientierter Qualifikation sein kann.

4.2 Betriebliches: Wer Großes will, muss zuerst das Kleine tun

Eine Konsequenz der Analyse des sozialen Kontextes könnte sein, seine Perzeptionen im Bereich des Personalwesens und Personalmanagements in der Linie zu korrigieren. Und zwar dort, wo man bisher von der allgemeinen guten Qualität japanischen Humankapitals (einem guten Durchschnitt und geringer Standardabweichung) und der intergenerationalen Selbststeuerung ausgegangen ist. Anders gesagt: Das Personalwesen, die Qualität des Humankapitals und des interkulturellen Managements werden zur gefährlichen Achillesferse. Stellt sich die alte Frage: Was tun?

Die Implikationen für die (Um-)Gestaltung des Personalwesens und -managements in der Linie (oder: im operativen Bereich) sind derart vielfältig, weit- und tiefgreifend, dass sie sich einer kompletten Diskussion entziehen. Indes kann zunächst (eher appelativ) festgestellt werden: Das Siechtum und Kellerblüten-Dasein des Personalwesens und -managements in der Linie – muss ein Ende haben, wenn die Wettbewerbsfähigkeit nicht weiter nachlassen oder substantiell gefährdet werden soll. Und: (meist teure) Outsourcing-Lösungen können zwar kurzfristige Entlastung bringen, aber nachhaltig nur wenig am Grunddefekt ändern. Für das hier und weiter interessierende Feld des interkulturellen Managements (= als einer besonderen Konstellation des Personalmanagements) kann weiterhin behauptet werden: Sensibilität ist die Mutter des Erfolgs im interkulturellen Management. Doch: Sensibilität gegenüber wem oder was? Und: Sensibilität ist nicht zu verwechseln mit Richtungs- und Entscheidungslosigkeit! Denn: Nicht bewusstloser Opportunismus und verbale Kosmetik der gegenwärtige Problemlage sind gefragt, sondern strategische Orientierung für einen sinnvollen, also begründeten Wandel. Wenn Strategie einerseits selbst nur das vorläufige Ergebnis eines Dialoges über Unsicherheiten und Handlungsoptionen, andererseits in ihrer Umsetzung ein reflexiver Suchprozess ist (oder besser: sein sollte!), dann heißt interkulturelles Management, zuerst genau jenen strategischen Dialog über den Sinn bzw. Unsinn von Wandel zu organisieren und zu moderieren.

Dieser Dialog hat selbstredend seine eigenen, kulturellen Voraussetzungen: Einerseits, braucht er Führungspersönlichkeiten, die als Vorbild, Ratgeber und schließlich fachlich wie disziplinarische Vorgesetzte akzeptiert werden können (Wohlgemerkt: Es geht dabei nicht darum, jenes everybody's darling zu sein!). Andererseits funktioniert Dialog nicht ohne den Willen und die Bereitschaft aller Beteiligten zu einer offenen Kommunikation. Das Adjektiv „offen" meint hier, dass eine solche Kommunikation nicht die Abwesenheit von internen Macht-, Wettbewerbs- und mikropolitischen Konfliktlagen wegheuchelt, sondern die Dialektik von interner Konkurrenz und Kooperation organisieren, also Einsichten in den betrieblichen Kontext sowie Regeln für das eigene Handeln und das der anderen zu produzieren hilft. Umgekehrt gilt: *Die Krise des japanischen Personalmanagements ist nicht nur und schlechthin eine soziale Krise, sondern auch eine Krise des betrieblichen Dialoges, mithin der Vorbildrolle von Führungskräften und der bisherigen Formen der (verdeckt-informalen) Kommunikation als Ausgleich zwischen Konkurrenz und Kooperation.*

4.3 Lösungsansätze: Miteinander (anders) reden oder ein Veto für Dialog

Wenn ein solcher Dialog wiederum revolvierender Austausch über unterschiedliche Sichten, Erfahrungen und Interessen mit dem Ziel sein soll, Neues zu synthetisieren und einen produktiven Konsens über gemeinsame Handlungsziele zu erarbeiten, müssen strukturelle wie mentale Voraussetzungen in ihrer jeweiligen Unterschiedlichkeit reflektiert sein, sprich: vorab in das Design und die Organisation des Dialoges eingehen. Andernfalls endet der Dialog, wo er begonnen hat: Entweder in der geheuchelten Harmonie eines faulen Kompromisses oder der kulturistisch begründeten Bekundung einer letztlich unvereinbaren Kluft zwischen den Fremden da oben (zwar hier und doch weit entfernt von der lokalen Realität) und den Lokalen da unten (mitten im ach so komplizierten Tagesgeschäft des hier und heute).

Was bedeutet es im gegenwärtigen japanischen Kontext, die unterschiedlichen strukturellen und mentalen Voraussetzungen eines strategischen Dialoges sensibel zu reflektieren? Diese sind zunächst und natürlich nicht nur individuell, sondern beispielsweise nach Geschichte, Wirtschaftszweig, Marktposition und Größe der jeweiligen Organisation unterschiedlich. Andererseits lassen sich wiederum kontext-übergreifende Muster ausmachen und Polarisierungen von Grundkriterien für Handeln in (japanischen) Organisationen bestimmen. Die folgende Übersicht ist ein Versuch, wichtige Kriterien und ihre extremen Ausprägungen abzubilden. Sie soll als solche nicht mehr als eine Anregung zur sensiblen Reflexion von Denk- und Handlungsvoraussetzungen und zur methodisch konsistenten Gestaltung von interkulturellem Dialog sein:

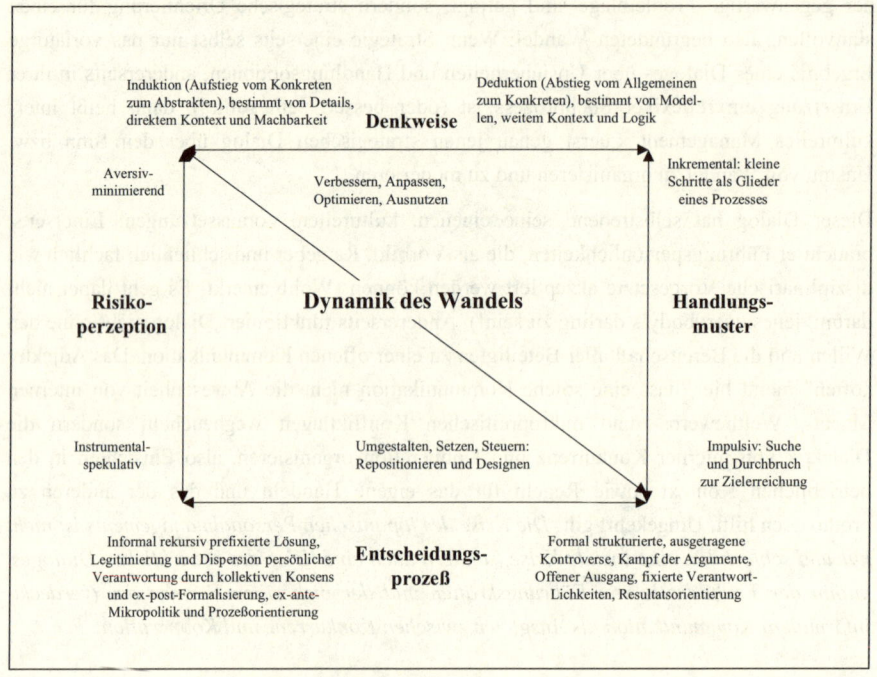

Abb. 4: Clash of Cultures oder die Reflexion eigener Muster

Auch wenn es (leider) naheliegt: Das Modell beabsichtigt nicht, in den Jammer-Kanon kultureller Dichotomien einzustimmen. Kulturelle Unterschiede sollen nicht geleugnet werden. Doch der resignative Ausruf: „Diese Kultur verstehe ich nicht!", ist meist vorschnelle Kapitulation oder Ausrede für mangelnde Vorbereitung von Diaologversuchen. Die Achsenbeschreibungen sind nicht als ewig unüberbrückbare Konfrontation von Orient und Okzident zu lesen. Der Sinn des Modells erschöpft sich folglich nicht darin, einzig das Ausmaß der Unterschiedlichkeiten, d.h. den Abstand zwischen Positionen auf den jeweiligen Achsen deutlich zu machen. Vielmehr ist die Wahrnehmung von Unterschiedlichkeit lediglich die Voraussetzung für das Verständnis der eigenen und nicht-eigenen (anderen) Muster. Auf dieses Verständnis setzend, kann und soll versucht werden, in der Organisation und Moderation des (interkulturellen) Dialoges, Pfade für kleinere Zwischenschritte aufeinander anzulegen, im besten Falle synthetische Lösungen als schöpferische Hybridisierung unterschiedlicher Positionen zu ermöglichen.

5 Normatives: Empfehlenswertes?

Beim praktisch orientierten Leser mag bereits ein tiefer Zweifel an der Machbar- und Wirksamkeit eines Dialoges aufgekommen sein, der eine derartig komplexe Kommunikationskonstellation thematisieren, reflektieren, produktiv nutzen will und soll. Und vielleicht gilt auch für dieses Thema die schlichte (japanische) Weisheit: „Einmal sehen (erleben oder erleiden), ist besser als hundert Mal hören (gesagt oder erklärt) bekommen"… Indes: Um nicht zum guten Schluss einzig im exotischen Hauch tradierter Erfahrung aus einer anderen Kultur zu enden, sollen – im Bewusstsein um die Grenzen normativer Indikationen – zwei Empfehlungen gewagt werden:

Erstens zeigt sich, dass der Standort Japan weder zum Abstellgleis für verschlissene oder andernorts verwendungsunfähige Kader noch zum Schnelldurchlauferhitzer für jugendliche High-Flyer taugt. Dicke Bretter müssen hier gebohrt werden. Das braucht Geduld, Professionalität, Charakterstärke und Sensibilität. Derartige Führungskräfte sind knapp, weltweit gefragt. Sie sind in der Regel nur dort einzusetzen, wo einerseits attraktive Lebens- und Arbeitsbedingungen, andererseits herausfordernde und zugleich mit hoher Aufmerksamkeit durch globale Hauptquartier bedachte angeboten werden können. All dies kann der Standort Japan nur bedingt bieten. Und weil das so ist, bleibt es so wie es ist. Anders gesagt: Wer seine Position in Japan deutlich verbessern will, muss sich dieses Zusammenhanges bewusst und bereit sein, personalpolitische Signale zu setzen, die gegebenenfalls über die routinisierte Logik effektiver Allokation des globalen Humanportfolios hinausgeht, z.B. einschließt, auch externe Locals (lokale Seiteneinsteiger) zu gewinnen und ihnen die selben (globalen) Perspektiven zu offerieren wie dem vom Hauptquartier nominierten Führungskräftepool.

Zweitens misslingt ausländischen Führungskräften immer wieder die Schwerpunktsetzung im Einsatz der eigenen Zeitressourcen: Anstatt richtungsweisender Repräsentant nach außen und innen zu sein und den strategischen Dialog zu organisieren, wird oftmals im Drang nach schnellen Ergebnissen operativ und personalpolitisch interveniert, an Einzelheiten herumlaboriert, meist mit kontraproduktiven Folgen. Dialog braucht Zeit: viel Vorbereitung, rationales wie emotionales Engagement, Durchhaltevermögen und prozessuale Konsistenz. Erst dann entsteht Vertrauen und mit ihm eine neue Qualität der betrieblichen Kooperation. Das wiederum entzieht sich in seinen Wirkungen und Ergebnissen einer quartalsweisen Widerspiegelung in der Unternehmensbilanz. Die Freistellung von unmittelbaren operativen Aufgaben bzw. die Überantwortung derselben an diejenigen, die davon am meisten verstehen, sollte als Verpflichtung von Führungskräften verstanden werden, strategischen Dialog zu organisieren. Zeit, dies zu tun, ist eine Investition in die Entwicklung des betrieblichen Humankapitals. Die Bewertung desselben wiederum hat seine eigenen Fristen. Und die tradierte Erfahrung lehrt uns: Hast Du es eilig, nimm einen Umweg…

Literatur

Cappelli, P. (1999a): The New Deal at Work, Boston.

Cappelli, P. (1999b): Career Jobs Are Dead, in: California Management Review, Vol. 42, No.1 (Fall 1999), S. 146-167.

Herriot, P. et al. (1998): Trust and Transition – Managing Today's Employment Relationship, Chichester.

Jullien, F. (1999): Über die Wirksamkeit, Berlin.

March, J.G./Olsen, J. P (1976): Ambiguity and Choice, Oslo.

Murakami, R. (2000): Kibo no kuni no ekusudasu (Exodus eines Landes mit Hoffnung), Tokyo.

Pfeffer, J. (1998): The Human Equation – Building Profits by Putting People First, Boston Massachusetts.

Schumacher, P. (1998): Arbeit, Spiel und Anarchie, in: Work & Culture. Büro- Inszenierung von Arbeit, Klagenfurth.

Taylor, R. (2000): Booming US sees return of job security, in: Financial Times, 2000/09/04.

Zum Zusammenhang zwischen Unternehmenskultur und Personalmanagement, dargestellt am praktischen Beispiel von Walt Disney World

Katharina Köhler-Braun

Die These, dass Unternehmenskultur und Personalarbeit einander beeinflussen, wird im folgenden zunächst theoretisch und dann in einem zweiten Schritt am konkreten Beispiel von Walt Disney World, Orlando (Florida), aufgezeigt und vertreten. Walt Disney World ist Teil der Walt Disney Company. Diese ist nicht nur im Vergnügungsparksektor tätig, sondern auch in anderen Sparten aktiv: sie vertreibt Konsumprodukte, hat eine Schallplattenfirma, betreibt Hotels, gibt Publikationen heraus und produziert Filme etc. Gerade Walt Disney World wurde als Betrachtungsobjekt gewählt, weil es zum einen im Vergnügungsparksektor erfolgreich wie kein anderes Unternehmen ist und zum anderen wohl einzigartig in der Instrumentalisierung von Unternehmenskultur zur Durchsetzung der Vormachtstellung am Markt agiert.

Das Konzept der Unternehmenskultur

Kultur in einem umfassenden Sinne ist „die Gesamtheit aller sozial überlieferten Formen des Verhaltens einer Gemeinschaft bzw. eines Volkes" (1). Sie ist menschgeschaffen, überindividuell und damit ein kollektives Phänomen. Sie steuert Verhalten über Regeln, Normen und Verhaltenskodices, und sie ist – sofern sich der einzelne auf sie einlässt – erlernbar und übermittelbar. Sie ist präsent, aber andrerseits nie „fertig" und starr, sondern anpassungs- bzw. wandlungsfähig und -bedürftig.

Bezogen auf das Unternehmen, bedeutet dies, dass unter Unternehmenskultur die unternehmensbezogenen Werte und Normen der Mitglieder einer betriebswirtschaftlichen Organisation bzw. das „ideelle Metasystem" des Sozialsystems Unternehmung verstanden werden sollen (2).

In der funktionalistisch-objektivistischen Sichtweise ist die Kultur die Variable, d.h. jede Organisation hat eine Kultur. In der interpretativen-subjektivistischen Betrachtungsweise ist die Kultur hingegen das Subjekt, d.h. die Organisation ist eine Kultur (3). Innerhalb der unternehmenskulturellen Forschung kristallisierten sich weiterhin drei Richtungen heraus, die sich unterschiedlich mit der Unternehmenskultur auseinandersetzen: die Verhaltensforschung, die Organisationstheorie und die strategische Managementforschung.

Einig sind sich die Vertreter der einzelnen Forschungsrichtungen darin, dass die Unternehmenskultur durch verschiedene Elemente bzw. Symbole vermittelt werden kann. Symbole sind wesentliche Elemente zur Erfassung von Kultur, die der Mensch gebraucht und entwickelt. Es sind Zeichen mit Bedeutungsinhalten, welche über ein bloßes denotatives Verständnis hinaus komplexere Kommunikationsinhalte vermitteln können. Symbole sind somit die Medien der Unternehmenskultur, sie können in instrumentelle und expressive Symbole unterteilt werden. Erstere sind konkret fassbar und richten sich auf das rationale Handeln der Organisationsmitglieder (z.B. in Form materieller Vergütungen zu bestimmten Anlässen oder Auszeichnungen). Expressive Symbole (wie Mythen oder Legenden) hingegen sind abstrakter, interpretationsbedürftig und sprechen eher die Emotionen der Unternehmensmitarbeiter an.

Allgemein gilt, dass sich die Unternehmenskultur durch Sprache (in Form von Geschichten, Erzählungen und Mythen), durch Riten, Rituale, Zeremonien und Spiele sowie durch Objektivationen der Kultur vermittelt („Kulturprodukte" können Urkunden, Plakate, Schriften des Unternehmens, bestimmte Statussymbole wie z.B. Firmenwagen, die Architektur, die Ausstattung der Arbeitsplätze etc. sein).

Zusammenfassend lässt sich sagen, dass im Laufe der Entwicklung Kultur immer mehr in das Zentrum des Interesses von Wissenschaft und Praxis gelangt ist: Unternehmenskultur ist zum Instrument auf strategischer Ebene geworden und dient der Realisierung von holistischen und proaktiven Führungs- und Managementkonzepten.

Zum Zusammenhang zwischen Unternehmenskultur und Personalarbeit

Die Personalwirtschaft umfasst alle Maßnahmen, Handlungen und Funktionen, die den Menschen – als Subjekt und/oder Objekt – in Organisationen betreffen. Die Personalarbeit ist in die Unternehmenstätigkeit eingebettet, hat bestimmte – ökonomische/institutionelle und individuelle – Ziele zu erreichen und wird nach ihrer Effizienz beurteilt.

Beziehungen zwischen Unternehmenskultur und Personalarbeit können in zweierlei Richtungen verlaufen: entweder kann Unternehmenskultur durch Personalarbeit vermittelt werden, oder Teilaufgaben der Personalarbeit werden durch Unternehmenskultur realisiert:

- Unternehmenskultur durch Personalarbeit

    Die zentrale Frage ist hier, wie Unternehmenskultur (d.h. das funktionale Objekt) durch Personalarbeit vermittelbar ist (4). Anlässe für Kulturvermittlungsaktionen können z.B. die Neugründung eines Unternehmens, die Neueinstellung von Mitarbeitern sowie gezielte Kulturpflegeaktionen sein. Die Realisierung der Kulturvermittlung kann dabei auf verschiedenen Wegen geschehen: durch schriftliche und mündliche Kommunikation, durch bewussten Einsatz von Kulturträgern und durch anlass-spezifische Maßnahmen. Anzumerken ist, dass die Personalarbeit immer Kulturvermittlung leistet, unabhängig davon, ob dies bewusst oder unbewusst geschieht. Ideal ist ein gezieltes Vorgehen der Personalarbeit zur bewussten Beeinflussung der Unternehmenskultur.

- Personalarbeit durch Unternehmenskultur

Unternehmenskultur und Personalarbeit sind auch hier gleichrangige Komponenten, wobei aber in diesem Fall die Unternehmenskultur das agierende Subjekt ist, das heißt, dass Teilaufgaben der Personalarbeit durch die Unternehmenskultur realisiert werden (5).

Die Unternehmenskultur erfüllt eine Koordinationsaufgabe (sie vermittelt Richtlinien für das tägliche Verhalten), sie besitzt darüber hinaus eine Integrationsfunktion (bildet die Basis für ein Zusammengehörigkeitsgefühl), sie bietet Identifikationsmöglichkeiten für Mitarbeiter und bewirkt schließlich (im Idealfall) Motivation im Sinne des Unternehmens und der Mitarbeiter.

Voraussetzung für die Realisierung einer Personalarbeit durch Unternehmenskultur ist die Existenz einer starken und funktionalen Unternehmenskultur. Weiterhin muss ein solches Kulturmanagement allgemein akzeptiert sein. Ziel ist, dass die Führungsinformationen der Unternehmenskultur in die selbe Richtung weisen wie das allgemeine Führungsinstrumentarium und dass sich die Unternehmenskultur funktional zum strategischen Zielsystem der Unternehmung verhält. Die Unternehmenskultur kann hier die Personalarbeit ergänzen, indem sie den globalen Führungsstil vorgibt, Kommunikationsverhalten beeinflusst und Verfügungsrechte festlegt. Dazu werden auch hier Geschichten, Slogans, Symbole etc. funktionalistisch eingesetzt.

Walt Disney World – Die Helden des Unternehmens: Walt Disney, Michael Eisner und Mickey Mouse

„If values are the soul of the culture, then heroes personify those values and epitomize the strength of the organization." (6) Helden sind Vorbilder und positive Verstärker der Grundwerte und Normen einer Unternehmenskultur.

Walt Disney (1901 – 1966) ist solch ein Held, der die für ihn wichtigen Werte (z.B. dass Träume wahr werden können) in sein Unternehmen hat einfließen lassen. Dabei verstand er es, Geschäftsmann und Träumer zugleich zu sein. Er war Gründer eines Imperiums und beeinflusste Generationen durch seine Arbeit, sein Denken und seinen Führungsstil. Als geborener Held reihte er sich damit in die Gruppe anderer erfolgreicher und einflussreicher Menschen Amerikas ein, wie zum Beispiel Ford, Bell, Edison, Carnegie, Rockefeller, Franklin und Eastman (7).

Maßgeblich beteiligt an seinem Erfolg ist Mickey Mouse. Sicherlich verdankt Mickey Mouse seiner Authentizität den Erfolg. Er ist „Symbol of Success", „Symbol of America" und „Botschafter des guten Willens" und erfreut sich einer weltweiten Publizität.

Walt Disney (als geborener Held), seine Ideen und sein Werk Mickey Mouse (als geschaffener Held) sind die Basis für das Unternehmen. Beide sind Helden des Unternehmens und somit Kulturmedien. „Als exponierte Persönlichkeiten stehen sie für Leistungen der Organisation und symbolisieren bevorzugte Werte und Erfolge." (8)

Nach dem Tod Disneys (1966) geriet das Unternehmen in die Gefahr, ein „Museum" in Gedenken an Walt zu werden (9). Die Identitätskrise wurde 1984 jedoch mit dem Eintritt von Michael Eisner in das Unternehmen beendet. Michael Eisner war in der Unterhaltungsindustrie groß geworden. Bevor er zu Disney kam, arbeitete er für NBC, CBS, ABC und Paramount (10). Er verbindet Kompetenz, Ehrgeiz und Intelligenz mit einer Vision, und diese verfolgt er mit der Neugier eines Kindes mit Herz und Intuition. Damit ist Eisner „more *Walt* than Walt" (11). Ihm gelingt es, die Traditionen, die Walt begründet hat, durch Visionen anzureichern und, angeleitet durch beide, in der Gegenwart zu handeln: „ ... like many of Michael Eisner's contributions to the Walt Disney Company ... (it) was a mixture of zip-a-dee-doo-dah fantasy and business practicality." (12)

Walt Disney, Michael Eisner und Mickey Mouse ist gemeinsam, dass sie die Helden des Unternehmens sind: Walt Disney als Gründerpersönlichkeit, Mickey Mouse als sein Werk zum Durchbruch und Michael Eisner als Erbe dieser Helden.

Alle drei bewirken dasselbe im Unternehmen:

- sie machen Erfolg erreichbar und menschlich,
- sie symbolisieren das Unternehmen intern und extern,
- sie bewahren, was das Unternehmen so besonders macht,
- sie setzen Standards und
- sie motivieren.

Bei der Walt Disney Company haben diese Helden Einfluss auf das gesamte Unternehmensgeschehen. Sie beeinflussen Unternehmensentscheidungen, Strategien der Zukunft und nicht zuletzt die Personalarbeit. Sie sind die tragenden Säulen der Unternehmenskultur.

Ausgewählte Bereiche der Personalarbeit bei Walt Disney World

„You can dream, create, design and build the most wonderful place in the world ... but it takes people to make the dream a reality." (Walt Disney)

Mit diesem Ausspruch hat Walt Disney den Aufbau seines Imperiums begonnen. Das Bewusstsein, dass jedes Projekt, jede Idee ohne motivierte Menschen unverwirklichbar ist, hat sich über Jahre bestätigt, gefestigt und ist nach wie vor aktuell. „We have to go for the emotions in people to get the cast excited about what they are doing, to buy into our overall approach and to believe in our product of happiness for guests." (13)

Es liegt ein Kreislauf vor: Investitionen in das Humanvermögen bewirken Zufriedenheit der Mitarbeiter, Stolz auf das Unternehmen, Identifikation mit dem Unternehmen. Sie tragen zu einer starken und funktionalen Unternehmenskultur bei, die ihrerseits dem Unternehmenszweck dient und zudem wiederum die Mitarbeiter-Motivation fördert. Grundlage sind die folgenden Erkenntnisse: unzufriedene Mitarbeiter können die Wünsche der Kunden und Gäste nicht optimal erfüllen; also: Ziel ist es, die Zufriedenheit unter den Mitarbeitern zu verbessern; aber: nicht allein Geld, sondern auch die Qualität des Arbeitsplatzes und die Unternehmenskultur bedingen die Zufriedenheit von Mitarbeitern; ergo: es muss jede Anstrengung unternommen werden, einen Arbeitsplatz zu schaffen, der den Wünschen der Mitarbeiter optimal entspricht.

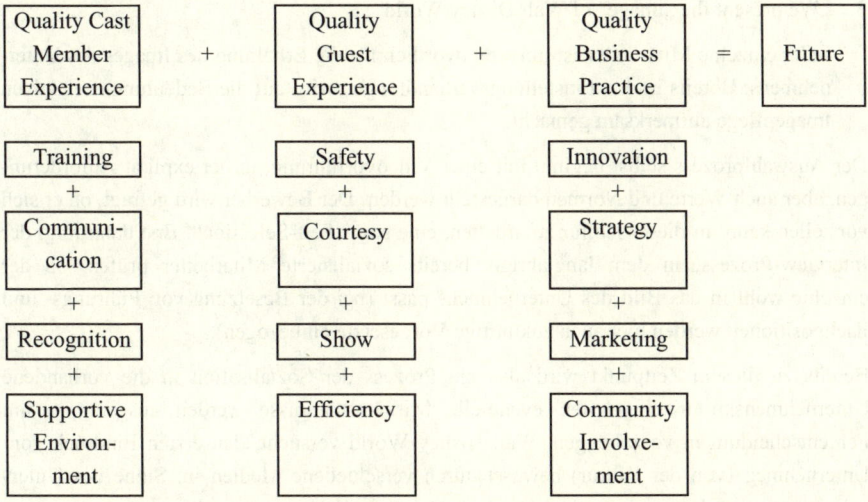

Abb. 1: *Walt Disney Success Formula* (14)

Bei Walt Disney World ist die Unternehmenskultur nahezu allzeit präsent (durch Symbole, Rituale, Mythen etc.): beginnend bei den Einstellungsverhandlungen mit neuen Mitarbeitern, bei der Einführung neuer Mitarbeiter, beim Training, bei Anerkennungsmaßnahmen, bei der Personalentwicklung und auch bei der allgemeinen internen Kommunikation. Dies wird im folgenden dargestellt und analysiert.

⇒ **Personalauswahl und -einstellung – „Casting for a role in the show"**

Allgemein ist es Aufgabe der Personalauswahl, das Eignungspotential der Bewerber festzustellen und denjenigen Bewerber auszusuchen, der den Anforderungen der Stelle bestmöglich entspricht. Implizierte Unterziele sind dabei: möglichst minimale Fluktuationsrate nach erfolgter Einstellung, Beachtung der Bedürfnisse sowohl der Kandidaten als auch des Unternehmens. Dazu gehört auch, Bewerber mit der „passenden Chemie" zu finden. Sie müssen mit ihren Ideen und Werten in die Kultur des Unternehmens passen.

Walt Disney World bezieht die Kulturfrage bereits in den Personalauswahlprozess bewusst mit ein. Drei Überlegungen werden in jedem Vorstellungstermin berücksichtigt und dem Kandidaten nahegelegt. Jeder Bewerber soll von Anfang an wissen, was ihn erwartet, und sich fragen, ob er in die zukünftige „Rolle" passt:

1. „Our business is show-business"

    Mitarbeiter werden nicht für einen Job gesucht, sondern es werden „Rollen für die Show" besetzt. Der Park (= die Show) ist der Arbeitsplatz, die einzelne Stelle ist die Rolle.

2. „We create „make-believe" with real people"

Neue Mitarbeiter müssen sich darüber im klaren sein, dass ihre Aufgabe darin besteht, Gäste (= Kunden) in eine Traumwelt zu führen. Eine Traumwelt, die aber letztlich nur durch das besondere Engagement der Mitarbeiter („Real People") realisierbar ist.

3. „We present the „image" of Walt Disney World"

Jeder einzelne Mitarbeiter ist mitverantwortlich für die Erhaltung des Images des Unternehmens. Bereits in den Einstellungsverhandlungen wird auf die Bedeutung der aktiven Imagepflege aufmerksam gemacht.

Der Auswahlprozess selbst beginnt mit einer Videovorführung, in der explizit Anforderungen, aber auch Werte und Normen dargestellt werden. Der Bewerber wird gefragt, ob er sich vorstellen kann, in dieser Kultur zu arbeiten, eine sog. „Self-Selection". Erst dann folgt der Interview-Prozess, in dem langjährige, bereits sozialisierte Mitarbeiter prüfen, ob der einzelne wohl in das Bild des Unternehmens passt (bei der Besetzung von Führungs- und Fachpositionen werden hier auch zukünftige Vorgesetzte einbezogen).

Bereits zu diesem Zeitpunkt wird also ein Prozess der Sozialisation in die vorhandene Unternehmenskultur eingeleitet, eventuelle Missverständnisse werden ausgeräumt, um Fehlentscheidungen vorzubeugen. Walt Disney World versucht, den ersten Eindruck vom Unternehmen (von der Kultur) bewusst durch verschiedene Medien im Sinne des Unternehmens zu gestalten.

⇒ **Personaleinführung – „Welcome to our show"**

Bei der Einführung sollen Informationen über die Organisation, die jeweilige Aufgabenstellung, die Aufgaben und Verantwortlichkeiten des neuen Mitarbeiters sowie über seine Einordnung in den Gesamtbetrieb gegeben werden. Die neuen Mitarbeiter werden bei ihrer Integration wiederum mit der Kultur des Unternehmens konfrontiert. Die Orientierungsphase ist somit die Fortsetzung und Vertiefung der Einstellungsphase.

Walt Disney World hat zu diesem Zweck ein mehrtägiges Programm entwickelt, das jeder neue Mitarbeiter – unabhängig von seiner Eintrittsposition – durchläuft.

Diese Orientierungsphase hat – nach Disney – folgende Ziele:

- Präsentation des Unternehmens, insbesondere im Hinblick auf den Aufbau und die grundlegenden Ziele und Werte;
- Bestärkung der Mitarbeiter in ihrer Entscheidung, für das Unternehmen zu arbeiten;
- Klärung von „Policies" und „Procedures" und deren rationale Begründung;
- Förderung von Teamgeist unter den Mitarbeitern;
- Erörterung grundlegender Fragen der Mitarbeiter (15).

Das Programm gliedert sich in „Traditions I" (1 Tag), „Traditions II" (1 Tag) und ein „On-the-Job-Training" (abhängig von der Tätigkeit mehrere Tage bis mehrere Wochen).

Im Rahmen des ersten Tages des Sozialisationsprogramms wird u.a. die Tradition des Unternehmens präsentiert (die Geschichte von Walt Disney und Walt Disney World, bereits verwirklichte Projekte; unterstützt von Ausstellungsstücken, Fotos und historischen Reliquien), die Rolle der Mitarbeiter charakterisiert und der „Disney Look" vorgestellt (d.h. die Regeln, die die neuen Mitarbeiter hinsichtlich ihres Äußeren einzuhalten haben). Unterstützt werden diese Präsentationen durch Filme („Making Magic") und durch den Reader („The Magic is You"), den die Mitarbeiter zum Verbleib erhalten.

„Disney erwartet, dass der neue „CM" (= Cast Member) etwas über das Unternehmen, seine Geschichte und Erfolge und seinen Führungsstil weiß." (16)

Der zweite Tag der Einführung beschäftigt sich dann eher mit formalen, für die Arbeit unerlässlichen Themen: mögliche Gewerkschaftsmitgliedschaft, Urlaub, Krankheitsfälle und Versicherungsfragen etc. Nachmittags gewinnen die Mitarbeiter erste Eindrücke vom Park und vom konkreten Arbeitsplatz – sie gehen „On-Stage". Paten erklären den neuen Mitarbeitern die Abteilung, stellen Kollegen vor und besprechen das „On-the-Job-Training".

Die „Traditions"-Programme werden nicht von Profis geleitet, sondern von langjährigen Mitarbeitern des Unternehmens, die sich durch ihr Verhalten (d.h. durch tägliches Leben der Werte und Standards) hervorgetan haben. Sie werden durch Schulungen intensiv vorbereitet. Es ist damit gewährleistet, dass neuen Mitarbeitern das Unternehmen von Menschen vorgestellt wird, die auch „vor Ort" arbeiten und somit den besten Bezug zu täglichen Anforderungen und Problemen haben. Auf der anderen Seite werden hervorragende Mitarbeiter durch die Chance, Schulungsleiter zu werden, gefördert und ausgezeichnet.

Durch das Programm zieht sich ein roter Faden, die Mission des Unternehmens, an der jeder Mitarbeiter beteiligt ist:

> „We create happiness by providing the finest in family entertainment."

„If the employee remembers only the first three words, „We create happiness", the next interaction with a customer at Disney (and there are 72 per employee each day) will be governed by that phrase and the outcome is likely to be appropriate." (17)

⇒ **Personalentwicklung „We can't stand still"**

Unter Personalentwicklung ist eine Summe von Tätigkeiten zu verstehen, die für das Personal nach einem einheitlichen Konzept systematisch vollzogen werden. Ziel ist die positive Veränderung der Qualifikationen und/oder Leistungen der Mitarbeiter aller Hierarchieebenen durch Bildung, Karriereplanung und Arbeitsstrukturierung. Orientierungsrichtungen sind dabei das Unternehmen, die Gesellschaft und der einzelne Mitarbeiter. Personalentwicklung ist ein Hilfsmittel zur Unternehmenskulturentwicklung.

Die allgemeinen Ziele für die Human Resource Development (HRD) Offices bei Walt Disney World sind persönliche und fachliche Entwicklung der Mitarbeiter, Stärkung der Unternehmenskultur, Freizeitangebote und ein breites Kursangebot, das auf freiwilliger Basis besucht werden kann. Die Arbeit der HRD-Divisionen wird zentral durch die Disney University unterstützt.

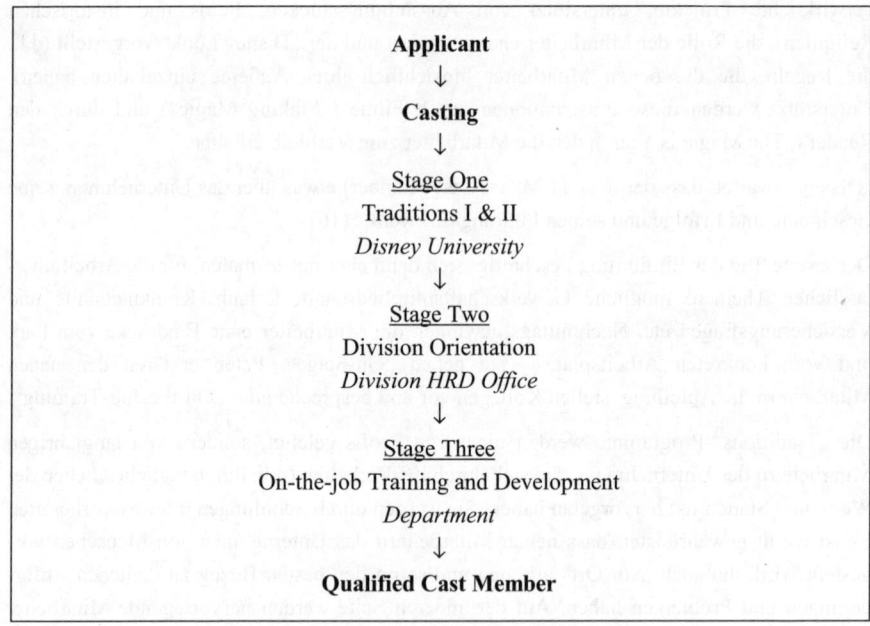

Abb. 2: *The Walt Disney World Orientation and Development Process* (18)

Die Disney University gliedert sich in fünf Abteilungen, die für die Mitarbeiter tätig sind:

- „Cast Development" ist zuständig für Programme, die das Wissen erweitern und die Moral der Mitarbeiter fördern sollen (z.B. Business English, Disney Dynamics).

- „Program Development and Quality Assurance" sorgt für jeweils aktuelle Programme und schreibt Unterlagen fort.

- „Cast Communications" sichert den Kontakt unter den Mitarbeitern und zum Management durch regelmäßige Publikationen (z.B. „Eyes and Ears": wöchentliche Mitarbeiterzeitschrift).

- „Cast Activities" bietet für die Mitarbeiter Freizeitangebote an.

- „Office Resources" kümmert sich um die Bedürfnisse der Verwaltungsangestellten.

Alle Abteilungen wollen dem Mitarbeiter in seinen speziellen Bedürfnissen hilfreich zur Seite stehen, Loyalität zum Unternehmen steigern, Gruppenaktivitäten unter den Mitarbeitern fördern, das Verständnis des Mitarbeiters als Mitglied der „Disney Family" stärken und schließlich auch persönliche, informelle Beziehungen im Unternehmen ermöglichen.

Ergänzt wird die zentrale Arbeit der Disney University durch dezentrale Angebote der HRD-Offices, die, abgestimmt auf die speziellen Bedürfnisse der Mitarbeiter ihrer Abteilungen, weitere Kurse anbieten.

Der Zusammenhang zur Unternehmenskultur wird dabei besonders in kulturfördernden Seminaren deutlich. Hier sind u.a. die folgenden Bestandteile zu nennen.

- „Disney Showmanship"

  Nach der Einführung neuer Mitarbeiter (vgl. „Traditions I und II") ist dies das erste Seminar, an dem nochmals alle Mitarbeiter teilnehmen. Hier wird das Bewusstsein aufgefrischt, dass Walt Disney World das Ziel hat, „the finest in Family Entertainment" zu erreichen. In Kleingruppen werden dafür mögliche Probleme und Barrieren diskutiert. Abschließend gehen die Gruppen „On-Stage" und analysieren mit Hilfe von Fragebögen das Verhalten von Kollegen. Sie erkennen, wer gute Arbeit leistet, die Disney-Standards einhält und wer andererseits eine schlechte Show bietet.

- „Disney Sparkle"

  Auch bei diesem Seminar handelt es sich um ein Motivationsprogramm. Die Adressaten sind Mitarbeiter, die mindestens ein Jahr bei Walt Disney World beschäftigt sind. Es werden weitere Kenntnisse über die Philosophie und Kultur des Unternehmens vermittelt, Mitarbeiter sollen in ihrem kulturbewussten Handeln bestätigt werden.

- „Disney Way I"/„Disney Way II"

  In „Disney Way I" wird in Form eines Rückblickes „the Disney Difference" begründet: wie Walt Disney sein Imperium aufgebaut hat, welche Schlüsselereignisse es gab, welche Ideen ihn geleitet haben und wie dies zu dem heutigen aktuellen Handeln geführt hat. „Disney Way II: Disney Dynamics" richtet sich und seine Inhalte als Ergänzungsprogramm in die Zukunft.

Wichtig ist, dass vor allem Führungskräfte an den Seminaren teilnehmen, weil sie durch ihr Verhalten und ihr (vor)gelebtes Wertesystem diese Kultur an ihre Mitarbeiter weitergeben.

⇒ **Interne Kommunikation – „We communicate openly"**

Kommunikation ist elementares menschliches Bedürfnis und damit grundlegend für jedes zwischenmenschliche Miteinander im Unternehmen und im Privatleben. Ziel von Kommunikation ist einerseits die Nachrichtenübertragung, andererseits aber auch das Verwirklichen von sozialen Beziehungen zwischen den Agierenden. Diese Inhalts- und Beziehungsaspekte betreffen sowohl die formelle als auch die informelle Kommunikation. Kommunikation kann visuell, mündlich und durch Aktionen stattfinden.

Die Disney Organisation unterhält ein unternehmensweites Kommunikationsnetz. Sie versucht, Kommunikation unterhaltsam zu machen, dabei aber nicht das zentrale Ziel der Kommunikation zu vernachlässigen (nämlich Informationsweiterleitung). Sie bedient sich verschiedener Medien und ermuntert Mitarbeiter auch zu informeller Kommunikation. Ziele der internen Kommunikation bei Walt Disney World sind: Verbreitung von Plänen der Organisation, Ansporn zur Mitarbeit und Entwicklung neuer Ideen, Bildung einer Basis, damit jeder Mitarbeiter das Unternehmen kennenlernt und Zugehörigkeitsgefühl entwickelt, und schließlich Vermittlung von Sitten und Gebräuchen des Unternehmens ... letztendlich also Vermittlung der Kultur des Unternehmens.

Walt Disney World fördert die Häufigkeit des Aufeinandertreffens von Mitarbeitern durch ein „Management by walking around", eine „Open-Door-Policy", durch Veranstaltungen in der Abteilung und durch abteilungsübergreifende Treffen.

Ergänzt wird diese „Face-to-Face"-Kommunikation durch schriftliche Publikationen. Bei Walt Disney World sind dies z.B. „Eyes and Ears" (die wöchentlich erscheinende Mitarbeiterzeitschrift), „Casting Call" (die Jobbörse des Unternehmens), zahlreiche Veröffentlichungen über die Geschichte von Walt Disney World, „Benefits-Booklets" und „Flash 4500" (gibt Informationen zu aktuellen Ereignissen). Dies ist also Information für die Mitarbeiter durch das Unternehmen; ebenso wird die umgekehrte Richtung des Informationsflusses bei Walt Disney World verwirklicht, und zwar im Rahmen der Mitarbeiter-Befragung, die jährlich stattfindet.

Außerdem werden „Schwarze Bretter", „Displays" und Foto-Ausstellungen so platziert, dass eine ständige Kommunikation gewährleistet ist.

Walt Disney World setzt somit die unterschiedlichsten Medien ein, um Sinn und Werte des Unternehmens zu vermitteln: Bereits auf dem Weg zur Arbeit werden die Mitarbeiter durch „Highway-Billboards" auf ihre Arbeit eingestimmt, fast ohne Unterbrechung erinnern Zeichen an Mickey Mouse, weiter geht es dann auf dem Mitarbeiterparkplatz, wo eine Tafel fordert: „If you are happy, tell your face." (19)

Konsequent werden Displays, Zeitungen und Informationsblätter zur Kommunikation eingesetzt. Informationen werden von Mitarbeitern für Mitarbeiter professionell und sinnorientiert gestaltet, die Publikation als Medium zur Vermittlung der Unternehmenskultur. Kommunikation soll aber auch das Arbeitsklima verbessern, Mitarbeiterbedürfnisse sollen in die Unternehmensplanung einbezogen werden. Mitarbeiter können zu diesem Zweck Verbesserungsvorschläge machen („I have an Idea"-Programm), werden aber auch im Rahmen der Mitarbeiter-Befragung formal um ihre Meinung gebeten.

Ein weiterer prägnanter Punkt der Kommunikation ist die Sprache als das verbale Moment zur Vermittlung und Weitergabe unternehmensbezogener Werte und Normen. Walt Disney World hat eine eigene Sprache („Disneyese"), Mitarbeiter lernen bestimmte Begriffe und verbinden damit bestimmte Standards, Werte und Inhalte (vgl. Abb. 3). Durch die gelernten Vokabeln verstärkt sich das Zusammengehörigkeitsgefühl der „Disney Family". Dies wird durch sprachliche Konkretisierungen, wie unternehmensspezifische Geschichten, Legenden und Mythen, noch forciert. Einzelne Vokabeln wiederholen sich in Publikationen und fügen sich somit zu Texten zusammen.

Attractions	Theme park rides and shows.
Backstage	All of the activities that are behind the scenes and normally not seen by guests.
Cast Members	All employees of the Walt Disney World Resort.
Costumes	The clothing worn by Walt Disney World Resort cast members in stage locations.
Guests	Visitors to any part of the Walt Disney World Resort.
On-Stage	All of the activities and areas visited by guests.
The Show	Everything and everybody who interfaces with guests, i.e., entertainment, physical plant, or personnel.
Theme/ Theming	Planning and maintaining consistency with the predetermined theme with each and every detail designed for effect.

Abb. 3: Glossary of Disney Terms (20)

Schließlich muss noch auf die Bedeutung des Vornamens bei Walt Disney World eingegangen werden. Jeder Mitarbeiter bei Walt Disney World wird – unabhängig von dem jeweiligen Status – mit dem Vornamen angeredet und trägt sein Namensschild. Folgende Gründe werden dafür angeführt:

- Vornamen schaffen eine persönlichere Atmosphäre. Dies hilft, die Disney-Show durchzuführen, die ihrerseits Freude und Spaß vermitteln soll.
- Vornamen sind einprägsamer, persönliche Anreden werden wahrscheinlicher.
- Die Anrede mit dem Vornamen schafft eine gute Basis für Teamarbeit. Die Schranke des Titels geht verloren, man arbeitet als Gleicher unter Gleichen.

⇒ **Fürsorge und Anerkennung – „The quality cast member experience"**

Unter Anerkennung versteht man jede Verhaltensweise einer Person oder Personengruppe, mit der sie einer anderen Person oder Personengruppe gegenüber zum Ausdruck bringt, dass sie deren Verhalten positiv bewertet. Ziel von Anerkennung ist die Verhaltensbeeinflussung der Mitarbeiter. Gewünschte Verhaltensweisen werden anerkannt, dies ist Anhaltspunkt für künftiges Verhalten (Orientierungsfunktion). Weiterhin ist Anerkennung Anreiz für bestimmtes – vom Unternehmen gewünschtes – Verhalten (Motivationsfunktion).

Walt Disney World hat die Bedeutung des Motivationsfaktors erkannt und bietet ein ganzes Set von Fürsorge- und Anerkennungsanlässen. Fürsorge manifestiert sich auf verschiedene Arten: z.B. durch einen gut organisierten, ansprechenden Arbeitsplatz, durch Programmangebote für die Freizeit, durch „Benefits", die den Mitarbeitern zufließen und durch regelmäßige Anerkennung.

Vor allem im Bereich der Auszeichnungen und Würdigungen ist Walt Disney World sehr aktiv. So wird zum ersten die Zugehörigkeit zum Unternehmen anerkannt. Bereits nach einem Jahr erhält der Mitarbeiter einen „Service Pin", im Laufe der Jahre steigert sich die Anerkennung, indem im Rahmen von Banketten Urkunden und Geschenke verliehen werden. Weitere Anerkennungsprogramme sind die Wahlen des „Cast Members of the Month/Quarter/Year", Verleihung des „Gold Dream Pin" (für besonders hervorragende Mitarbeiter) und die Belohnung für Verbesserungsvorschläge (vgl. Abb. 4).

Anerkennungen werden im Rahmen von Zeremonien verliehen. Diese sind wiederum kulturell so aufbereitet, dass auch den anderen Mitarbeitern anzustrebende Werte und Normen verbildlicht werden. So finden sie auf dem Disney-Gelände statt (z.B. in Disney-Hotels), werden durch Auftritte von Mickey Mouse als Gratulant ergänzt und durch interne Veröffentlichung in „Eyes and Ears" in ihrer Wirkung gestärkt. Außerdem schwingt in den Anerkennungen ebenfalls der Geist von Walt Disney mit: So werden „Disney Items" als Belohnung verliehen (Gedenkringe mit eingravierter Mickey Mouse, Mickey-Mouse-Statuen und -Kappen, Aufenthalte in Walt-Disney-Hotels etc.).

Neben diesen Verleihungen von Urkunden und Geschenken für Mitarbeiter, die sich in bestimmter Weise von der Masse abgehoben haben, gibt es noch Festivitäten, die allen Mitarbeitern die Anerkennung des Managements aussprechen sollen. Dazu gehört das

„Thank you for the Summer"-Fest, Picknicks innerhalb der Abteilung, die jährliche „Christmas"-Party und regelmäßiger Versand von Freikarten für den Park.

Company Awards	*Distinguished Service Awards*: Received for length of Service.
	Perfect Attendance: Awarded at 1, 3, 5 and 10 year achievements.
	„I have an Idea" Program: Monetary award received if tangible or intangible idea submitted benefits company, ranging from $ 25 to $ 50.000.
Division or Department Awards	*Cast Member of the Month/Quarter/Year*: Recognition for outstanding individual commitment and overall job performance.
	Spirit of Disney Award: Peer recognition program for Parks cast members.
	Gold Dream Pin: Received by Resort hourly cast members that exceed guest expectations in providing gracious hospitality.
	Applause-O-Gram: On-the-spot recognition form for displaying exceptional performance.
Other Appreciations	*Thank you for the Summer*: Punch and cookies provided for all cast members.
	Annual Christmas Party: On several evenings in early December: the Magic Kingdom Park is opened to cast members and their families only.
	Complimentary Letters: Letters reviewed with the cast member. Some are published in Eyes & Ears.
	World Passports: During special times of the year, a letter of appreciation and admission tickets are distributed to all cast members.
	Department or Division Picnics.

Abb. 4: Cast Member Recognition and Appreciation (21)

Kritische Würdigung – The Disney Style

Kritiker bemängeln an Disney, dass auch hier der Kommerz regiert. Unter dem Deckmantel der Verfolgung einer starken Unternehmenskultur, die dem Unternehmen und den Mitarbeitern dienen soll, würden in Wahrheit starre Regeln, Verhaltensvorschriften und Kontrollmechanismen etabliert.

Doch ist dieses Effizienzdenken letztlich nicht verständlich? Jedes Unternehmen, das gewinnbringend arbeiten will, hat seine Regeln und Standards – selbst ein Unternehmen, wie Walt Disney World, wo das Produkt „Happiness" ist. Im „Show Business" existieren immer „Show" und „Business", Kreativität und Wirtschaftlichkeit. Die Illusionen, die für die Gäste gezaubert werden, sind also auch hier harte Arbeit und dienen in der Konsequenz dem finanziellen Erfolg der Unternehmung. Ein Effizienzdenken, das – unter anderem – durch das Nutzen der Unternehmenskultur realisiert wird, ist m.E. durchaus legitim. Walt Disney World ist ein Unternehmen, das kulturell sehr sensibel und selbstbewusst agiert und versucht, die eigene Kultur zu wahren, zu stärken und zu nutzen. Das Unternehmen ist sich seines kreativen Potenzials bewusst und strebt danach, dieses auszuschöpfen, indem es ausgeprägt qualitätsorientiert und phantasievoll arbeitet. Walt Disney hat den „American

Dream" wahr gemacht und ist Idol der Amerikaner. Disney ist nicht nur ein „Markenname", sondern – zumindest in den USA – ein Positivbeispiel für gelebte Unternehmenskultur (22). So werden die Werte – wie oben dargestellt – öffentlich zelebriert: in Ritualen, Heldenmythen und Repräsentationen der Unternehmenskultur. Was in den USA – und speziell also bei Disney – natürlicher Bestandteil des täglichen Lebens ist, wird in Europa oft zynisch als „Theater" abgetan. Für Europäer haben diese Rituale, Riten und Feiern aufgrund ihrer von der amerikanischen abweichenden nationalen Kultur teilweise lediglich Kontrollcharakter und verletzen die Intimsphäre (23). Will man dies nun zum Ansatzpunkt von Kritik machen, so kann dem Unternehmen geraten werden, dass ein Hinterfragen der eigenen Kultur für deren Weiterentwicklung grundsätzlich sinnvoll wäre, also eine gewisse Unzufriedenheit mit sich selbst mit dem Ziel, Potenziale noch weiter auszuschöpfen. Dennoch: Meiner Einschätzung nach ist Walt Disney World ein Positivbeispiel für gelebte Unternehmenskultur, für eine gleichzeitige Verwirklichung von ökonomischen und sozialen Zielen und für ein Schätzen der Unternehmenskultur als Wettbewerbsvorteil.

Anmerkungen

(1) *Krulis-Randa, J.S.*, 1984, S. 359.

(2) Vgl. *Heinen, E.*, 1997, S. 32.

(3) Vgl. *Scholz, C./Hofbauer, W.*, 1990, S. 45. Und: Neuberger, O., 1985, S. 23 ff.

(4) Vgl. *Scholz, C.*, 1993, S. 516 f.

(5) Vgl. *Scholz, C./Hofbauer, W.*, 1987, S. 469.

(6) *Deal, T.E./Kennedy, A.A.*, 1982, S. 37.

(7) Vgl. *Thomas, B.*, 1980.

(8) *Scholz, C./Hofbauer, W.*, 1990, S. 20.

(9) Vgl. *Koepp, S.*, 1988, S. 68.

(10) Vgl. *Eisner, M.D.*, 1999. Und: Flower, J., 1991, S. 31 ff.

(11) *Leerhsen, C.*, 1989, S. 54. Vgl. auch *Grover, R.*, 1987, S. 65.

(12) *Grover, R.*, 1991, S. 269.

(13) *Johnson, R.*, 1989, S. 43.

(14) Walt Disney World Co. Seminar Productions (Hrsg.), Welcome to Disney Way I, The Disney Difference, o.O. 1991, S. I-15.

(15) Walt Disney World Co. Seminar Productions (Hrsg.), The Disney Approach to People Management, o.O. o.J., S. III-6.

(16) *Peters, Th.J./Waterman, R.H.*, 1993, S. 201.

(17) *Betts, P.J./Baum, N.*, 1992, S. 62.

(18) Walt Disney World Co. Seminar Productions (Hrsg.), Management, Disney Style, o.O. o.J., S. 18.

(19) Vgl. *McGill, D.*, 1989, o.S.

(20) Walt Disney World Co. Seminar Productions (Hrsg.), Management, Disney Style, o.O. o.J., S. 32.

(21) Walt Disney World Co. Seminar Productions (Hrsg.), Management, Disney Style, o.O. o.J., S. 27 f.

(22) Vgl. *Taylor, J.*, 1988, S. VIII.
(23) Vgl. *Gerbert, F./Mangold, G.*, 1993, S. 74.

Literaturverzeichnis:

Betts, P.J./Baum, N.: Borrowing the Disney Magic, in: Healthcare Forum Journal, Jan./Feb. 1992, S. 61-63.

Deal, T.E./Kennedy, A.A.: Corporate Cultures, The Rites and Rituals of Corporate Life, Reading, MA u.a. 1982.

Eisner, M. D.: Disney ist jeden Tag ein Abenteuer, Stationen einer Karriere, München 1999.

Flower, J.: Prince of the Magic Kingdom, Michael Eisner and the Re-Making of Disney, New York u.a. 1991.

Gerbert, F./Mangold, G.: Im Land der Illusionen, in: FOCUS, 29.03.1993, S. 68-74.

Grover, R.: Disney's Magic, A Turnaround proves Wishes can come true, in: Businessweek, 09.03.1987, S. 62-67.

Grover, R.: The Disney Touch, How a Daring Management Team Revived an Entertainment Empire, Homewood 1991.

Johnson, R.: Disney Quality Service: What's behind the Magic, in: Cable Strategies, Juni 1989, S. 38-43.

Koepp, S.: Do you believe in magic?, in: TIME, 25.04.1988, S. 66-73.

Leerhsen, C.: How Disney does it, in: Newsweek, 03.04.1989, S. 48-54.

McGill, D.: A „Mickey Mouse" Class – For Real, in: The New York Times, 27.08.1989, o.S.

Peters, Th.J./Waterman, R.H.: Auf der Suche nach Spitzenleistungen, Was man von den bestgeführten US-Unternehmen lernen kann, 4. Aufl., München/Landsberg am Lech 1993.

Scholz, C./Hofbauer, W.: Organisationskultur, Die vier Erfolgsprinzipien, Wiesbaden 1990.

Taylor, J.: Storming the Magic Kingdom, Wall Street, the Raiders and the Battle for Disney, New York 1988.

Thomas, B.: Walt Disney, An American Original, New York u.a. 1980.

Walt Disney World Co. Seminar Productions (Hrsg.), Welcome to Disney Way I, The Disney Difference, o.O. 1991.

Walt Disney World Co. Seminar Productions (Hrsg.), The Disney Approach to People Management, o.O., o.J. (Schulungsunterlage von Walt Disney World).

Walt Disney World Co. Seminar Productions (Hrsg.), Management, Disney Style, o.O., o.J.

Interkulturelles Coaching, Mediation, Training und Consulting als Aufgaben des Personalmanagements internationaler Unternehmen

Jürgen Bolten

Einleitung: Interkulturelle Personalentwicklung – ein hoffähig gewordener Aufgabenbereich der Personalorganisation internationaler Unternehmen

Interkulturelle Fragestellungen werden in der internationalen Managementforschung bereits seit den späten achtziger Jahren intensiver diskutiert. Ursprünglich entstanden aus Fragestellungen der kulturvergleichenden Managementforschung, thematisieren sie nicht nur die Kulturspezifik von Führungs-, Denk- und Lernstilen. Über die – letztlich immer auch statische – Kontrastierung dieser Spezifika hinaus, geht es der interkulturellen Management- oder Wirtschaftskommunikationsforschung vielmehr um den Prozess, um die Dynamik interkulturellen Handelns selbst.

Und da ist es in nahezu keinem Fall so, dass sich kulturspezifisches Handeln in der Weise realisieren würde, wie es in intrakulturellen Interaktionszusammenhängen der Fall wäre. Erwartungen an das Verhalten des fremdkulturellen Partners, Vorurteile, Selbst-, Fremd- und Metabilddynamiken oder auch Erfahrungen, die man in interkulturellen Situationen bereits gesammelt hat, lassen den interkulturellen Prozess zu einem nur sehr schwer kalkulierbaren und z.B. in Hinblick auf die Dominanz bestimmter kultureller Handlungsweisen weitgehend unvorhersagbaren Ereignis werden.

Diese Unvorhersagbarkeit, vor allem aber die Tatsache, dass die Mitglieder einer solchen „Interkultur" im Unterschied zu eigenkulturellen Kontexten eben nicht gemeinsame Werthaltungen, Wissensvorräte, Denkhaltungen oder auch Problemlösungsstrategien mitbringen, bedingt, dass häufiger als in eigenkulturellen Situationen verdeckte Missverständnisse stattfinden, Entscheidungen unklar weil unverstanden bleiben oder sich Konflikte in dem Sinne als asymmetrische ereignen, dass einigen Teammitgliedern überhaupt nicht bewusst ist, einen Konflikt verursacht zu haben oder sich in einer Konfliktsituation zu befinden.

Derartige Probleme führen in internationalen Teams immer wieder zu erheblichen Reibungsverlusten, die oft ein Scheitern der Teamarbeit und letztlich auch den Abbruch internationaler Unternehmenskontakte nach sich ziehen.

Vor diesem Hintergrund haben z.B. international arbeitende deutsche Unternehmen bereits in den achtziger Jahren – wenngleich zögerlich – begonnen, interkulturelle Trainings anzubieten.

Der Erfolg war gemessen an der Resonanz der Teilnehmer eher gering, weil entweder Trainings angeboten wurden, die suggerierten, Kulturmerkmale im Sinne *Hofstedes* per Indexwert bestimmen und auf diese Weise eine Kultur verstehen zu können (*Hofstede* 1980) oder die mittels exotischer Sensibilisierungsübungen zwar ein Gefühl von Fremdheit zu vermitteln in der Lage waren, die aber gerade aufgrund ihrer überzogenen Fiktionalität von Managern kaum ernstgenommen wurden. Zumal beide Trainingsformen dazu tendierten, Stereotype eher auf- als abzubauen, waren sie schnell (und sind es immer noch) mit den Ruf des Unprofessionellen und Unseriösen belastet.

Diese Bedenken wurden von der interkulturellen Kommunikationsforschung in der zweiten Hälfte der neunziger Jahre aufgegriffen. Seitdem zeichnen sich folgende neue Tendenzen ab: Trainings off-the-job werden aus inhaltlichen und auch aus Zeitgründen nach und nach durch Trainings-on-the-job oder zumindest durch realitätsnahe interkulturelle Planspiele ersetzt. Ergänzend hierzu werden verstärkt Formen des interkulturellen Coaching und der interkulturellen Mediation entwickelt, die als on-the-job-Maßnahmen konzipiert sind und bisweilen durch interkulturelles Consulting flankiert werden.

Die Qualität interkultureller Personalentwicklungsmaßnahmen insgesamt hat sich in den vergangenen Jahren erheblich verbessert, so dass man heute nicht nur um den prinzipiellen Bedarf weiß, sondern auf der Angebotsseite bezüglich effizienter Maßnahmen und guter Personalentwickler zweifellos leichter fündig wird als dies noch Mitte der neunziger Jahre der Fall gewesen ist. Dies mag nicht zuletzt auch damit zusammenhängen, dass sich interkulturelle Forschung und Lehre inzwischen an deutschen Hochschulen etablieren konnte. So verfügen bereits zahlreiche BWL-Studiengänge über interkulturelle Ausbildungskomponenten, ebenso wie eine Reihe entsprechender Magisterstudiengänge existiert, die ausdrücklich interkulturelle Trainer und Consultants ausbilden.

In den beiden letzten Jahren ist neben dem interkulturellen Trainer und Consultant zunehmend vom interkulturellen „Mediator" und „Coach" die Rede. Unbeschadet der vermeintlichen Bedeutungsähnlichkeit zwischen den Bezeichnungen „Trainer" und „Coach" sind dennoch unterschiedliche Aufgabenprofile angesprochen. Vor diesem Hintergrund möchten die folgenden Ausführungen in einer sehr frühen Phase der Institutionalisierung von interkulturellem Coaching und interkultureller Mediation vor allem dazu beitragen, einen Eindruck von den jeweiligen Zielsetzungen und Verfahren dieser neuen Personalentwicklungsmaßnahmen zu gewinnen. Gleichzeitig soll aber auch versucht werden, im Sinne einer definitorischen Charakterisierung Aufgabenbeschreibungen von interkulturellem Consulting, Training, Coaching und der Mediation zu leisten.

Was unterscheidet interkulturelles Training, Consulting, Coaching und Mediation voneinander?

Die Tatsache, dass spätestens seit der Wende zum 21. Jahrhundert Diskussionen um die Aufgabenbereiche und Methoden interkulturellen Coachings und interkultureller Mediation in den Brennpunkt des Forschungs- und allmählich auch des Praxisinteresses rücken, hat wesentlich mit der in den vergangenen Jahren zu beobachtenden Entwicklung von Trainings off-the-job zu Trainings on-the-job zu tun.

Die Gründe dieses Wandels hängen mit der größeren Effizienz und Praxisnähe bzw. mit dem integrativeren holistischeren Ansatz der trainings-on-the-job zusammen, Dies ist in der neueren Literatur zur interkulturellen Wirtschaftskommunikationsforschung verschiedentlich beschrieben worden (*Stüdlein* 1997, *Bolten* 1998).

Interkulturelles Training und interkulturelles Consulting sind bislang freilich in erster Linie als Maßnahmen off-the-job charakterisiert, so dass vor dem Hintergrund des beschriebenen Wandels deutlich wird, weshalb das Interesse gegenwärtig weniger auf Entwicklungen des Trainings/Consultings als vielmehr des Coachings und der Mediation gerichtet ist.

Maßnahmen off-the-job	Maßnahmen on-the-job
interkulturelle Trainings (als konventionelle kognitive und sensitive Trainings); *interkulturelle Planspiele* (berufsfeldbezogene Planspiele, in denen interkulturelle on-the-job-Situationen simuliert werden)	*interkulturelle Mediation* (Mittlertätigkeit bei offenen und verdeckten Konflikten in multikulturellen Teams)
interkulturelles Consulting (interkulturelle Beratung des Personalmanagements bei Fragen der Besetzung internationaler Teams sowie bei Entsendungs- und Reintegrationsprozessen)	*interkulturelles Coaching* Betreuung und Supervision multikultureller Teams mit dem Ziel, eigenes kulturspezifisches Handeln bewusst zu machen, zu thematisieren und Synergiepotentiale als Zielvorgaben zu formulieren

Abb. 1: Trainer, Consultant, Mediator und Coach im Fadenkreuz von on-the-job- und off-the-job-Tätigkeit

Freilich ist diese Schwerpunktverschiebung nicht in der Weise aufzufassen, dass eine Ablösung interkulturellen Trainings und Consultings durch interkulturelles Coaching und Mediation bevorstünde oder anzuraten sei.

So wie interkulturelles Consulting als konzeptioneller Faktor bei Fragen der Organisation und Akquisition internationaler Teams nach wie vor einen äußerst bedeutsamen Stellenwert besitzen wird, so soll auch keineswegs die Notwendigkeit interkultureller Trainings off-the-job in Frage gestellt werden. Vor Entsendungen oder als Personalentwicklungsmaßnahmen im Gefolge interkultureller Assessment-Center werden derartige Trainings in all ihren Variationen auch künftig Berechtigung besitzen und von international agierenden Unternehmen zweifellos auch durchgeführt werden. Zu den Problemstellen derartiger Trainingsmaßnahmen zählt allerdings bekanntlich, dass die Zeitbudgets der Unternehmen in der Regel nur für sehr schmale Trainingsmaßnahmen ausreichen. Und in einem Zwei- oder Drei-Tages-Seminar wird man weder eine Kultur in ihrer Komplexität erfassen, noch wird man – beispielsweise im Rahmen interkultureller Sensibilisierung – auf die spezifischen Eigenarten interkulturellen Handelns hinreichend vorbereitet werden können.

In diesem Sinne sind on-the-job-Maßnahmen wie das Coaching nicht als Ersatz, sondern als Ergänzung und damit als Mehrwert zu verstehen.

Die on-the-job/off-the-job-Differenzierung mag des weiteren eine Abgrenzbarkeit von Berufsbildern suggerieren, die in dieser Form zwar denkbar, aber keineswegs wünschenswert ist. Auch wenn mit zunehmender Inanspruchnahme von Dienstleistungen aus dem Bereich der interkulturellen Personalentwicklung eine Arbeitsteilung z.B. in Trainer auf der einen und Coaches auf der anderen Seite wahrscheinlich sein wird, sollte sich interkulturelle Personalentwicklungskompetenz freilich in der Fähigkeit dokumentieren, alle der genannten Bereiche vertreten zu können.

In diesem Sinne dokumentiert die nachstehende Graphik einerseits die Positionierung von interkulturellem Mediator und Coach innerhalb des on-the-job-Spektrums, zeigt aber gleichzeitig auch die Anschlussstellen zu Training und Consulting:

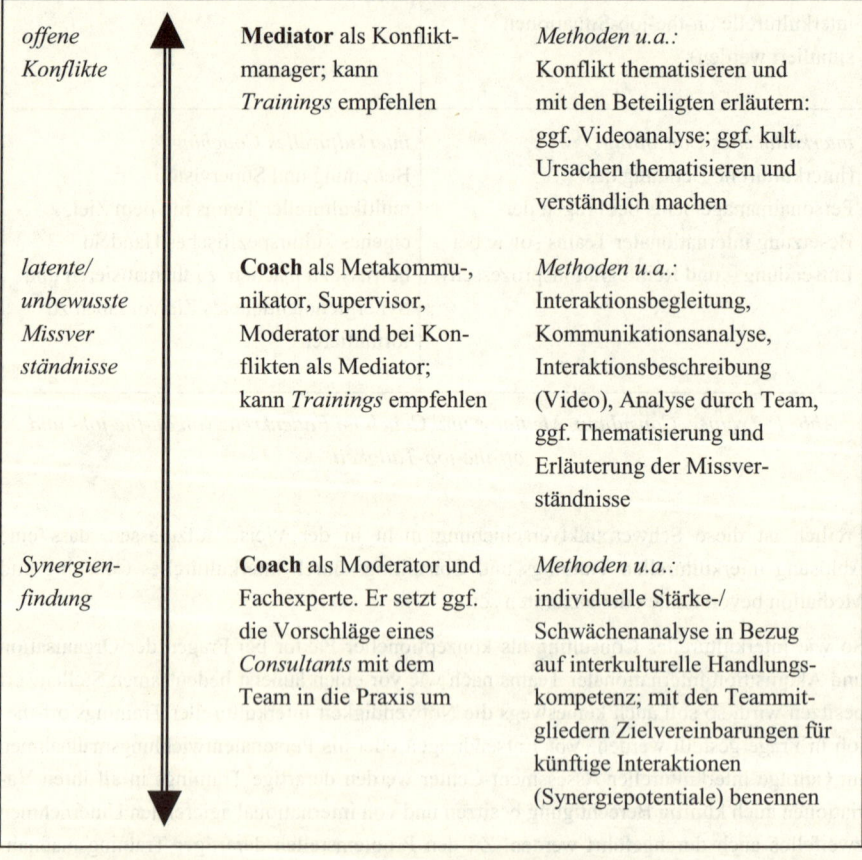

Abb. 2: Positionierung des interkulturellen Mediators/Coachs in on-the-job-Kontexten

Gemeinsam ist allen interkulturellen Personalentwicklungsmaßnahmen – ob off-the-job oder on-the-job – dass im Mittelpunkt ihrer Bestrebungen die Entwicklung bzw. Optimierung interkultureller Kompetenz steht.

Da interkulturelle Kompetenz als dementsprechend gemeinsamer Gegenstandsbereich der beschriebenen interkulturellen Personalentwicklungsmaßnahmen fungiert, erscheint es sinnvoll, diesbezüglich den *state of the art* kurz zu charakterisieren. Hierauf aufbauend wird es dann möglich sein, aktuelle Methoden und Inhalte von interkulturellem Training, Consulting, Coaching und Mediation zu beschreiben und in Hinblick auf ihren möglichen Beitrag zur Verbesserung interkultureller Kompetenz zu überprüfen.

Interkulturelle Kompetenz

Unbeschadet sehr unterschiedlicher inhaltlicher Detailbestimmungen des Begriffs „Interkulturelle Kompetenz" (vgl. den Forschungsbericht von *Dinges/Baldwin* 1996) hat sich in den vergangenen Jahren die von *Gertsen* (1990) vorgeschlagene übergreifende Differenzierung in affektive, kognitive und verhaltensbezogene Dimensionen interkultureller Kompetenz weitgehend durchgesetzt. Eine der ausführlichsten Zuordnungen von Teilkompetenzen zu diesen Dimensionen hat *Stüdlein* (1997, 154ff) vorgenommen, wobei sie allerdings sehr ausdrücklich sowohl auf die Vagheit der Forschungsresultate hinweist als auch darauf, dass nicht alle der genannten Merkmale in allen Situationen und unabhängig von den spezifischen interkulturellen Kontexten erfolgreich sind. Erweitert um weitere als wesentlich einzustufende Teilaspekte wie Rollendistanz und Metakommunikationsfähigkeit in der Fremdsprache (u.a. *Bolten* 2000a) ergibt sich folgende Strukturierung interkultureller Kompetenz:

Affektive Dimension	*Kognitive Dimension*	*Verhaltensbezogene Dimension*
• Ambiguitätstoleranz • Frustrationstoleranz • Fähigkeit zur Stressbewältigung und Komplexitätsreduktion • Selbstvertrauen • Flexibilität • Empathie, Rollendistanz • Vorurteilsfreiheit, Offenheit, Toleranz • Geringer Ethnozentrismus • Akzeptanz/Respekt gegenüber anderen Kulturen • Interkulturelle Lernbereitschaft	• Verständnis des Kulturphänomens in Bezug auf Wahrnehmung, Denken, Einstellungen sowie Verhaltens- und Handlungsweisen • Verständnis fremdkultureller Handlungszusammenhänge • Verständnis eigenkultureller Handlungszusammenhänge • Verständnis der Kulturunterschiede der Interaktionspartner • Verständnis der Besonderheiten interkultureller Kommunikationsprozesse • Metakommunikationsfähigkeit	• Kommunikationswille und -bereitschaft i.S. der initiierenden Praxis der Teilmerkmale der affektiven Dimension • Kommunikationsfähigkeit • Soziale Kompetenz (Beziehungen und Vertrauen zu fremdkulturellen Interaktionspartnern aufbauen können)

Abb. 3: Neuere Einteilung interkultureller Kompetenz in „Dimensionen"

Im Gegensatz zu älteren Konzeptionen interkultureller Kompetenz werden heute vor allem zwei Aspekte in grundlegend anderer Weise perspektiviert: Innerhalb der *kognitiven Dimension* ist eine einseitige Gewichtung fremdkulturellen Wissens abgelöst worden durch ein gleichwertiges Verhältnis des Wissens um eigen-, fremd- und interkulturelle Prozesse. Zweifellos sind solche Beschreibungen interkultureller Kompetenz sehr komplex, und es stellt sich die berechtigte Frage, inwieweit Teilkompetenzen insbesondere der affektiven Dimension tatsächlich spezifisch für interkulturelles Handeln sind. So zählen Frustrationstoleranz, Flexibilität oder Selbstvertrauen fraglos zu grundlegenden Kompetenzen eines erfolgreichen Führungsverhaltens schlechthin. Es ist daher kaum haltbar, diesbezüglich von eigenständigen Merkmalen interkultureller Kompetenz zu sprechen.

Hier zeigt sich, dass es methodisch keineswegs unproblematisch ist, interkulturelle Kompetenz insgesamt als eigenständigen Bereich einer allgemeinen Handlungskompetenz zu verstehen. Sinnvoller wäre es wahrscheinlich, von einer übergreifenden internationalen Handlungskompetenz zu sprechen, die sich aus den interdependenten Bereichen der individuellen, sozialen, fachlichen und strategischen Kompetenz konstituiert und interkulturelle Kompetenz dabei gleichsam als Bezugsrahmen oder als Folie versteht. Es geht also beispielsweise nicht nur um Empathie wie sie auch in jedem intrakulturellen Handlungskontext notwendig ist, sondern darum, Einfühlungsvermögen in Hinblick auf Kontexte zu zeigen, die sich der Erklärbarkeit z.B. aus der eigenen Sozialisation heraus entziehen, die eventuell unplausibel sind und auch bleiben.

Eine solche Integration interkultureller Kompetenz in den Bereich internationalen Management-Handelns insgesamt – nicht als eigenständige Kompetenz, sondern als Bezugsgröße – lässt sich graphisch wie in Abb. 4. darstellen.

Wie die vier Kompetenzfelder des äußeren Bereiches untereinander interdependent sind, so gilt gleiches jeweils in bezug auf den Bereich interkulturellen Handelns.

So realisiert sich beispielsweise das Problemlöseverhalten als Teil der strategischen Kompetenz immer in Wechselwirkung sowohl mit fachlichen, individuellen und sozialen als auch interkulturellen Teilkompetenzen und umgekehrt. In diesem Sinn kann das Zusammenspiel der äußeren vier Kompetenzfelder als nationale/intrakulturelle, dasjenige aller fünf Felder als internationale/interkulturelle Management-Kompetenz bezeichnet werden.

Die Bedeutung der Interdependenz der Einzelkompetenzen für den Handlungserfolg wird deutlich, wenn man die Gründe für das Scheitern von Auslandsentsendungen näher analysiert (*Kiechl/Kopper* 1992, 112f., *Warthun* 1997, 116f., *Stüdlein* 1997, 91ff., *Stahl* 1998). Hier zeigt sich, dass gerade die am häufigsten genannten Misserfolgsursachen wie etwa mangelnde Anpassung an die neue Umwelt, unrealistische Erwartungshaltungen, familiäre/persönliche Probleme, Führungsschwäche oder unzureichende Einlösung der Stammhausinteressen nicht auf Defizite in einem einzigen der genannten Kompetenzbereiche zurückgeführt werden können. So setzt Teamfähigkeit in einer fremdkulturellen Umwelt das gelungene Zusammenspiel von fachlicher, strategischer, interkultureller individueller und sozialer Kompetenz beispielsweise in dem Sinne voraus, dass jemand in der Lage sein muss, fachlich fundierte Entscheidungsprozesse kommunikativ so zu steuern, dass innerhalb eines internationalen Teams eine größtmögliche kognitive und emotionale Akzeptanz entsteht. Fremdsprachenkenntnisse, Führungsfähigkeit, Empathie oder fremdkulturelles Wissen sind hierfür u.a. Voraussetzung, führen aber – für sich genommen – noch nicht zum Erfolg.

Abb. 4: Komponenten internationaler Management-Kompetenz

In einer Art Umkehrschluss gilt für die konzeptionelle Seite interkultureller Personalentwicklungsmaßnahmen, dass sie der Komplexität ihrer Aufgabe dann nicht gerecht wird, wenn sie nicht in der Lage ist, (a) affektive, kognitive und verhaltensbezogene Aspekte interkultureller Kompetenz miteinander zu verknüpfen und sie (b) in einen Handlungszusammenhang zu integrieren, der das Zusammenspiel mit den anderen genannten Teilbereichen internationaler Kompetenz einschließt (vgl. *Kiechl* 1997).

Da sich die beschriebene Komplexität auf interkulturelle *Prozesse* on-the-job bezieht, ist sie selbst in permanenter Veränderung begriffen. Damit wird deutlich, dass interkulturelles Training und Consulting eher punktuell arbeiten, um derartige Prozessverläufe vorzubereiten, um Teams für den interkulturellen Berufsalltag zu wappnen, während Mediation und Coaching unmittelbar in diese Dynamik eingreifen.

Wie letzteres methodisch zu leisten ist, ist bislang wenig diskutiert, wohingegen interkulturelles Consulting und Training unter methodisch-inhaltlichen Gesichtspunkten relativ umfassend beschrieben sind.

Dementsprechend sind die nachstehenden Methoden- und Aufgabenbeschreibungen zu interkulturellem Training und Consulting auch eher auf eine Zusammenfassung aktueller Forschungsergebnisse bezogen, während die Aspekte interkultureller Mediation und interkulturellen Consultings überwiegend allenfalls heuristisch im Sinne einer Ideenfindung und eines methodischen Versuchs behandelt werden können.

Inhalte und Methoden interkulturellen Trainings, Consultings, Coachings und interkultureller Mediation

a. Interkulturelle Trainings

Auch wenn in der interkulturellen Trainingsforschung und -praxis zunehmend ein kognitiv-/verhaltensorientierter Methodenmix propagiert wird (*Stüdlein* 1997, 323), ist die Trainingsstrukturierung durchweg immer noch der isolierten Förderung von ziel- oder interkulturellen Einzelkompetenzen verpflichtet. In Anlehnung an die von *Gudykunst/Guzley/Hammer* (1996) vorgeschlagene Typologisierung interkultureller Trainings lassen sich gegenwärtig die in Abb. 5 dargestellten vier Trainingstypen ausmachen (1).

Kulturübergreifend-informatorische Trainings werden in Unternehmen relativ selten angeboten und sind eher dem Kanon einer Universitätsausbildung zuzurechnen. Als Beispiele zu nennen sind u.a. Seminare zur Theorie interkultureller Kommunikation, zur Kulturanthropologie und zur kulturvergleichenden Psychologie sowie umfangreichere Fallstudienbearbeitungen.

Kulturspezifisch-informatorische Trainings sind kognitiv orientiert und werden im Rahmen von Personalentwicklungsmaßnahmen in Deutschland zur Zeit am häufigsten durchgeführt. Sie bauen auf Studien der kulturvergleichenden Managementforschung auf und umfassen Informationen zum Zielland insbesondere in Bezug auf Führungsstilmerkmale und alltagskulturelle Handlungskonventionen.

Als problematisch erweisen sich Trainings dieses Typs dann, wenn sie kulturspezifische Merkmale lediglich beschreiben, nicht aber in ihrem komplexeren kulturhistorischen Zusammenhang erklären. Hierzu zählt ein deskriptives Vorgehen nach dem sog. 4D-Modell (*Hofstede* 1980) ebenso wie Culture-Assimilator-Übungen, die sich bei der Analyse kritischer interkultureller Interaktionssituationen auf Lösungsvorgaben nach dem multiple-choice-System beschränken. In beiden Fällen resultiert ein an „Do's und Taboos" ausgerichtetes Rezeptwissen, das eher stereotypenbildend als stereotypenabbauend wirkt.

Für ein Verständnis komplexer kultureller Systemzusammenhänge und -entwicklungen besser geeignet sind Ansätze, die Kultur als Kommunikationsprodukt verstehen und dementsprechend umgekehrt über die Analyse von Kommunikation spezifische kulturelle Stilmerkmale zu erschließen versuchen. Um individuenspezifische Varianzbreiten weitgehend ausschließen zu können, erweist sich diesbezüglich ein Zugang über kulturvergleichende Analysen kommunikativer (als kultureller) Stile (Geschäftsberichte, Verkaufsprospekte etc.) sinnvoller als eine Untersuchung mündlicher Kommunikationsprozesse.

Kulturübergreifend-interaktionsorientierte Trainings: Hierzu zählen allgemein-kultursensibilisierende Simulationen und Rollenspiele nach dem Vorbild von „Barnga" oder „Bafa-

Kulturübergreifend-informatorische Trainings	Kulturspezifisch-informatorische Trainings
• Culture-general Assimilator • Seminare zur interkulturellen Kommunikationstheorie, Kulturanthropologie und kulturvergleichenden Psychologie • Trainingsvideos • Diskursanalytisch fundierte Trainings • Fallstudienbearbeitung **Positiv:** Hoher kognitiver Lerneffekt in Bezug auf das Verständnis interkultureller Kommunikationsprozesse. **Negativ:** Zumeist eher akademischer Ansatz, der von Führungskräften als zu abstrakt bewertet wird.	• Culture-specific Assimilator • Fremdsprachenunterricht • Kulturspezifische Seminare zu Geschichte, Alltagsgeschichte und Wertewandel eines Kulturraums • Fallstudienbearbeitung **Positiv:** Tiefgehendes Verständnis in bezug auf die Entwicklung eines spezifischen kulturellen Systems ist möglich, sofern nicht nur deskriptiv, sondern auch erklärend verfahren wird. **Negativ:** Bei deskriptivem oder faktenhistorischem Vorgehen Reduktion auf Do's and Taboos; damit Gefahr der Stereotypenverstärkung.
Kulturübergreifend-interaktionsorientierte Trainings	**Kulturspezifisch-interaktionsorientierte Trainings**
• Interkulturelle Workshops (multikulturelle Gruppen) • Simulationen, Rollenspiele zur interkulturellen Sensibilisierung • Self-Assessment-Fragebögen **Positiv:** Interkulturalität wird bei kulturell gemischten Gruppen erfahrbar. **Negativ:** Simulationen etc. sind oft fiktiv und werden von den Teilnehmern nicht ernstgenommen.	• Bikulturelle Communication Workshops • Kulturspezifische Simulationen • Verhandlungs-Rollenspiele • Sensitivity-Trainings **Positiv:** Semiauthentische Erfahrung von wirtschaftsbezogenem interkulturellen Handeln, sofern das Training bikulturell besetzt ist. **Negativ:** Kulturspezifische Kenntnisse werden in der Regel nicht vermittelt.

Abb. 5: Typologie interkultureller Trainings

Bafa". Als Mitglieder fiktiver und zumeist sehr gegensätzlich konstruierter Kulturen müssen die Teilnehmer ein interkulturelles „Dazwischen" aushandeln und realisieren. Im Zentrum stehen hierbei affektive und verhaltensorientierte Lernziele wie Empathie, Ambiguitätstoleranz und der Umgang mit Plausibilitätsdefiziten. Aufgrund ihres mangelnden Realitätsbezugs und der Ausklammerung wirtschaftskommunikativer Aspekte werden derartige Trainings von Führungskräften in der Regel allerdings kaum akzeptiert.

Kulturspezifisch-interaktionsorientierte Trainings setzen – als off-the-Job-Trainings – Teilnehmergruppen voraus, in denen Personen sowohl aus dem Ziel- als auch aus dem Entsendungsland vertreten sind. Sie werden entweder in der Form von „Sensitivity Trainings" oder aber mittels Planspielen durchgeführt. Das primäre Ziel besteht in der gegenseitigen Auseinandersetzung mit Vorurteilen, Stereotypen und Verhaltenskonventionen. Als kontraproduktiv können sich derartige Trainings erweisen, wenn mangels Teilnehmern aus den Zielkulturen Mitglieder der eigenen Kultur entsprechende „Rollen" übernehmen.

Die Problematik, die alle der genannten Trainingstypen verbindet, besteht darin, dass für sich genommen keiner in der Lage ist, der Komplexität des Lernziels „interkulturelle Kompetenz" gerecht zu werden: Die beiden erstgenannten Trainingstypen vermitteln kulturelle Kenntnisse bzw. ein Wissen *über* interkulturelles Handeln; sie sind jedoch nicht in der Lage, Interkulturalität erfahrbar zu machen. Bezogen auf den Alltag der zu Entsendenden bleiben sie daher modular und abstrakt. Die beiden letztgenannten Trainingstypen sind unter der Voraussetzung einer entsprechenden Teilnehmerauswahl zwar geeignet, um Interkulturalität auch tatsächlich zu erzeugen. Hierbei bleiben jedoch insbesondere die rollenspielorientierten culture awareness-Seminare in Bezug auf die Berufspraxis der Entsandten weitgehend inhaltsleer.

Der in jüngster Zeit verschiedentlich vorgeschlagene Methodenmix bietet demgegenüber zwar den Vorteil, dass innerhalb eines einzelnen Trainings kognitive und verhaltensbezogene Aspekte kombiniert werden (u.a. *Stüdlein* 1997, 323). In der Praxis erfolgt diese Kombination jedoch im Sinne eines vormittags-/nachmittags-Schemas in der Regel additiv und nicht integrativ, was nicht zuletzt auch zu Lasten der Intensität des Vermittelten geht.

Integrierte interkulturelle Trainings, die im Rahmen von mehrsprachigen Planspielen interaktionsorientierte und informatorische Aspekte verknüpfen, stehen erst am Beginn der Entwicklung. Langfristig dürften solche integrierten Trainingsformen jedoch schon deshalb auf positive Resonanz stoßen, weil aufgrund der ständig wachsenden internationalen Fusionsgeschwindigkeit und der damit verbundenen kurzfristigeren Entsendungsentscheidung die Vorbereitungszeit off-the-job auch zunehmend knapper bemessen sein wird: Für eine Ausbildung, die außer dem von Unternehmen nach wie vor primär eingestuften Fremdsprachenunterricht (*Schreyögg* u.a. 1995, 86) unterschiedliche Trainings der o.g. Typen beinhaltet, steht bereits heute das notwendige Zeitbudget nicht zur Verfügung. Integrierte Trainings hingegen sind hinsichtlich ihres Entwicklungsaufwandes zwar sehr umfangreich, bieten aber den Vorteil, dass sie ohne weiteres z.B. als multinationale Unternehmensplanspiele konzipiert und damit auch auf die fachlichen und strategischen Anforderungen des realen Aufgabenumfeldes der Teilnehmer zugeschnitten werden, so dass eine prozessorientierte Integration der verschiedenen Teilbereiche internationaler Kompetenz möglich wird (*Bolten* 2000a). Zwischengeschaltete Plenarphasen können dazu dienen, den Verlauf des (sinnvollerweise videounterstützt durchgeführten) Planspiels gemeinsam mit den Teilnehmern in Hinblick auf die Spezifik interkulturellen Handelns zu resümieren und aufgetretene negative Problembewältigungsstrategien (Identitätsbewahrung, negativer Vergleich etc.) bewusst zu machen. Sie bieten darüber hinaus auch die Möglichkeit, unter dem Aspekt eines planspielbezogenen Inputs informatorische Einschübe in Bezug auf kulturspezifisches Wissen vorzunehmen. Insofern wird ein relativ hoher Integrationsgrad in Bezug auf Kompetenzen, Methoden, Zielgruppen, Lernziele und Inhalte erreicht; der aufgrund der erzielten Effizienzsteigerung nicht zuletzt auch zu einer Akzeptanzverbesserung interkultureller Trainings off-the-job beitragen kann (*Bolten* 1998).

b. Interkulturelles Consulting

Anders als bei interkulturellen Trainings existieren für interkulturelles Consulting keine Typologien oder feststehende Methodenspektren. Consulting wird eher *inhouse* praktiziert, als es bei Trainings der Fall ist. Zunehmend werden beispielsweise Rückkehrer für Beratungsaufgaben eingesetzt, bei denen es darum geht, bestimmte Positionen im Ausland zu besetzen oder internationale Teams auszuwählen.

Ähnliches gilt in Bezug auf die Konzeption und Durchführung interkultureller Assessment-Center, wobei festzustellen ist, dass es sich um Maßnahmen handelt, die bislang auch deswegen noch in sehr geringem Umfang durchgeführt werden, weil bislang nur wenige theoretisch fundierte tragfähige AC-Modelle existieren, die in der Lage wären, interkulturelle Kompetenz in der dargestellten Komplexität zu erfassen und zu überprüfen (*Kühlmann/ Stahl* 1998).

Alles in allem ist das interkulturelle Consulting (nicht nur im Bereich der Personalorganisation) zweifellos derjenige Bereich, der am unmittelbarsten grundlagenorientiert ist und der dementsprechend auch eher grundsätzliche Vorgaben für die Konzeption interkulturellen Managements in letztlich allen Unternehmensbereichen entwickelt. Hierauf aufbauend können dann – im Idealfall – Methoden für interkulturelle Trainings, Coachings etc. konzipiert werden. Gleiches gilt für Bereiche, die nur mittelbar die Personalorganisation betreffen wie etwa Verfahren einer Cultural Due Diligence oder das Management internationaler Akquisitionen und/oder Fusionen.

Vor diesem Hintergrund soll an dieser Stelle lediglich auf einen Aspekt näher eingegangen werden, der gegenwärtig in der interkulturellen Kommunikations- und Handlungsforschung sehr intensiv diskutiert wird und der auf dem Wege interkulturellen Consultings künftig auch auf die Konzeption interkultureller Personalentwicklungsmaßnahmen Einfluss nehmen dürfte.

Gemeint ist die Diskussion, ob in Globalisierungskontexten – und dazu gehört z.B. auch das internationale Teambuilding – Konsens- oder gar Identitätsstreben als Zielvorgabe haltbar ist, oder ob man sinnvollerweise Dissens und Nicht-Identität akzeptieren soll (*Mall* 2000, *Bolten* 2000, *Hansen* 2000)

So wird man bezüglich der Realisierung internationaler Mergers-and-Acquisition- bzw. Fusionsprozesse immer wieder mit der Tatsache konfrontiert, dass dort, wo von Fusionen die Rede ist (und rechtlich gesehen auch entsprechende Tatsachen geschaffen wurden), faktisch letzten Endes fast immer nur Akquisitionen eingelöst werden. Um es am Beispiel DaimlerChrysler zu verdeutlichen: Die aktuelle Verdrängung amerikanischer Manager aus wichtigen Führungspositionen zeigt, dass eine „Interkultur" im Sinne eines ursprünglich angestrebten „merger of equal" bereits mittelfristig nicht haltbar ist, weil sich Denkweisen, Strategien etc. einer der Partner – in diesem Fall des deutschen – durchsetzen. Ohne an dieser Stelle im einzelnen über die Ursachen spekulieren zu wollen, wird deutlich, dass eine „Identität" zumindest synthetisch nicht erreichbar ist.

Dass eine solche merger-„Identität" eine vollkommen andere Qualität besitzen müsste als es z.B. bei der Corporate Identity eines nationalen Unternehmens der Fall ist, liegt auf der Hand: Während sich die Selbstverständigungsprozesse innerhalb eines nationalen Unternehmens im Rückbezug auf fraglos gegebene Problemlösungsstrategien oder Interpretationsvorräte der gemeinsamen Lebenswelt ihrer Mitglieder vollziehen und damit tiefenstrukturell eine Basis gemeinsamer Letztverständigung besitzen, ist dies bei internationalen mergers gerade nicht der Fall. Ihre Identität ist temporäres Produkt eines Aushandlungsprozesses; hinsichtlich der Handlungsvoraussetzungen ihrer Agenten ist sie aber wesensmäßig durch Nichtidentität charakterisiert (*Bolten* 2000b).

Ob sich ein merger einen Gefallen damit erweist, Konsens um jeden Preis zu erzielen, ist dementsprechend zweifelhaft. Ob es oberflächenstrukturell eine funktionierende gemeinsame Handlungsgrundlage geben kann, hängt nicht zuletzt damit zusammen, inwieweit die Akteure in der Lage sind, diese prinzipielle Nichtidentität des zwangsläufig nur oberflächenstrukturell Identischen bewusst zu leben und metakommunikativ zu thematisieren. Dass dies häufig zu misslingen scheint, liegt nicht nur an der mangelnden Reflexivität, mit der interkulturelle Prozesse vollzogen werden, sondern auch in der nahezu zwanghaften Neigung vieler Kulturen, Konsens um jeden Preis zu suchen. Konsens erscheint „angesichts des immer da gewesenen und nie enden wollenden Dissenses" zwar „als etwas Wertvolles und Beruhigendes, weil dessen Abwesenheit einen reibungslosen Verlauf der menschlichen Handlungen beeinträchtigt" (*Mall* 2000, 3); er impliziert aber auch Idealzustände, Strukturen, Ordnungen und eine Statik, die der permanenten Prozessualität von Interkulturen widersprechen.

Das in der interkulturellen Kommunikationsforschung derzeit diskutierte Dissens-Paradigma dürfte sehr bald in das Consulting von M & A-Prozessen einfließen, womit natürlich auch die Konsequenzen für künftige methodische Ausrichtungen von interkulturellen Trainings, Coachings und Mediationsverfahren selbstredend vorgegeben sind.

c. Interkulturelles Coaching

Wie bereits skizziert, unterscheidet sich interkulturelles Coaching von interkulturellem Training vor allem darin, das es sich ausschließlich auf on-the-job-Prozesse konzentriert. Die Dynamik und Unwiderbringlichkeit derartiger Prozesse macht es natürlich auch viel schwieriger, ein Coaching vorzubereiten als es bei einem Training der Fall ist. Typologien existieren ebenso wenig wie der Schutz einer Laborsituation. Der Coach ist vielmehr darauf angewiesen, Handlungen z.B. eines internationalen Teams in ihrer spontanen und realen Dynamik zu beobachten und zu analysieren, um auf dieser Grundlage mit den Teammitgliedern Zielvereinbarungen für ein künftig ggf. effizienteres Verhalten zu entwickeln.

Viel stärker noch als es bei einem interkulturellen Trainer der Fall ist, gilt für einen Coach daher, dass er – von der eigenen interkulturellen Kompetenz abgesehen – neutral und sachorientiert arbeiten muss und dass er selbst mögliche Wege einer Optimierung des interkulturellen Handlungskontextes nur öffnen, nicht aber vorgeben darf (*Barmeyer* 2000a). Er sollte im besten Sinne des Wortes als Moderator fungieren, nicht aber eigene Meinungen äußern oder Wertungen vornehmen. Kurz: seine Aufgabe besteht darin, Perspektiven zu öffnen, die dann von den Teammitgliedern bzw. den Coaches individuell und außerhalb des Teams formuliert werden müssen.

Zu den größten Schwierigkeiten, mit denen ein Coach konfrontiert wird, zählt vermutlich die Akzeptanzfrage. Gerade weil es sich um Prozesse on-the-job handelt, die er als Supervisor begleiten muss, wird der Coach auch bei bestmöglicher Integration in den

Handlungskontext des Teams immer ein Außenstehender und in gewisser Weise ein Fremdkörper bleiben. Sofern die Handlungsnormalität des Teams dadurch nicht längerfristig gestört wird, muss man diese Außenseiterrolle hinnehmen. Wichtig ist allerdings, dass das Coaching selbst von dem Team gewollt ist – ansonsten würden sich zumindest bei einzelnen Coaches Handlungshemmungen einstellen, die das Team nicht mehr in der Normalität seines beruflichen Alltagshandelns zeigen. Ein Coaching wäre in diesen Fällen sinnlos, weil die on-the-job-Situation sich nicht mehr als authentisch erweisen würde.

Methoden eines interkulturellen Coachings sind in der Forschung bislang nicht systematisch erarbeitet worden. Der nachstehende Vorschlag für die Ablaufplanung eines Team-Coachings ist daher auch eher als Diskussionsgrundlage zu verstehen. Die vorgestellte Konzeption ist zwar verschiedentlich praxiserprobt, es stellt sich aber dennoch die Frage, inwieweit eine Generalisierbarkeit innerhalb des relativ breiten Spektrums möglicher Varianten von interkulturellem Coaching überhaupt denkbar ist.

Innerhalb des Gesamtrahmens einer Coaching-Maßnahme unterscheiden wir fünf Phasen:

(1) Abstimmungsphase

Die Abstimmungsphase findet vor dem eigentlichen Team-Coaching statt und dient in erster Linie der Orientierung des Coaches in Bezug auf Motive und Erwartungen des Auftraggebers. Auftraggeber sind in der Regel Mitglieder des Personalmanagements. Sie haben zumeist die Beobachtung gemacht oder sind von Abteilungsleitern darauf hingewiesen worden, dass bestimmte internationale Teams innerhalb des Unternehmens nicht frei von Reibungsverlusten arbeiten. Als Ursachen werden interkulturelle Missverständnisse bzw. kulturbedingte Handlungsunterschiede vermutet; eine klare Ursachenanalyse ist jedoch nicht möglich. Der in solchen Fällen zumeist extern arbeitende Coach wird dementsprechend beauftragt, die Ursachen der gestörten Gruppendynamik herauszufinden, sie mit den Teammitgliedern zu thematisieren und gemeinsam mit ihnen eine Optimierung der Teamarbeit in die Wege zu leiten.

Entscheidend für den Erfolg des Coachings ist in dieser Phase, dass sich der Coach ein detailliertes Bild vom Arbeits- und Aufgabenumfeld des Teams verschaffen kann, dass er dem Team vorgestellt wird und über erste Gespräche einen Einblick in Strukturen der alltäglichen und „normalen" Beziehungsdynamik des Teams erhält.

Hierfür sind mindestens zwei Arbeitstage zu veranschlagen, in denen der Coach das Team als Lernender begleitet und in denen er von den Teammitgliedern mit deren jeweiligen Aufgabenstellungen vertraut gemacht wird. Dass der Coach mit den Spezifika der Herkunftskulturen der Teammitglieder vertraut ist – und zwar sowohl in fundiertem kulturhistorischem Sinne als auch aus Erfahrung – ist eine unabdingbare Voraussetzung der Befähigung zur Coaching-Tätigkeit. Dies kann je nach Teamzusammensetzung den Einsatz von Coaching-Assistenten notwendig machen.

(2) Aufzeichnungsphase

Sobald der Coach in seiner Funktion akzeptiert und zumindest partiell in das berufsbezogene Alltagshandeln des Teams integriert ist und sich ein erstes Bild über die Beziehungsdynamik des Teams verschafft hat, sollte er mit dem Team einen oder besser mehrere Zeiträume vereinbaren, in denen er Videoaufzeichnungen von Team-Interaktionen durchführen kann. Dass derartige Aufzeichnungen aus Unternehmenssicht nicht unproblematisch sind, ist bekannt, aber dennoch sollte der Coach auf der Möglichkeit der Videoaufzeichnung insistieren. Dies erleichtert nicht nur die eigene Vorbereitung auf das eigentliche Coaching, sondern bietet in gewisser Weise auch einen neutralen „Beweis" für problematische Interaktionssequenzen, die eventuell noch nicht einmal von dem Coach wahrgenommen oder ggf. von den betroffenen Teammitgliedern mit abgestritten würden.

Wichtig für die Planung des Coaches sind Angaben zu den geplanten inhaltlichen Abläufen des jeweiligen Beobachtungszeitraums (Was werden die Teammitglieder voraussichtlich in dem festgelegten Zeitraum wo tun; wie lauten die inhaltlichen Zielvorgaben der einzelnen Teammitglieder bzw. des gesamten Teams?).

(3) Pre-Analyse
Eine erste Analyse der Videoaufzeichnungen sollte ebenso wie die Auswertung der weiteren Team-Beobachtungen ohne Beteiligung der Teammitglieder stattfinden. Der/die Coaches werden in diesem Zusammenhang Hypothesen hinsichtlich der Interaktionsspezifik des Teams bilden, die natürlich auch bei einem noch so großen Bemühen um Neutralität ihre eigene kulturelle Bindung nicht leugnen können.

Daher erscheint es umso wichtiger, Analyseinstrumente zu verwenden, die nicht intuitiv geprägt sind. Hierzu zählen z.B.:

- Aufzeichnung von Interaktionsnetzen (Wer wendet sich wie oft mit welcher Intention an wen?)
- Wo liegen kulturspezifische Handlungs- bzw. Kommunikationsformen der Mitglieder vor; wie äußert sich dies (z.B. verbal, paraverbal, nonverbal etc.)?
- Wer setzt auf welche Weise und mit welcher kulturellen Prägung Regeln der Interaktion, die für die „Normalität" des Teamhandelns entscheidend sind?
- Analyse der Stärken und Schwächen der einzelnen Teammitglieder in Bezug auf die vier Kompetenzfelder interkulturellen Handelns (s. Abb. 4).
- Sofern Vermutungen bestehen, dass eine „Normalität" der Interkultur in bestimmten Phasen des Interaktionsverlaufs nicht hergestellt oder verletzt wurde, bietet sich für die genaue Problembestimmung eine Diskursanalyse dieser Phasen an. Gleiches gilt in Bezug auf etwaige „critical incidents".

Der umfangreichere Teil der Videoaufzeichnungen wird für die Erklärung interkulturell aufschlussreicher Teamprozesse unbedeutend sein. Man sollte bei der nachfolgenden gemeinsamen Analyse mit den Teammitgliedern entsprechend „langweilige" Mitschnitte aussparen und sich nur auch die wirklich aussagekräftigen Phasen konzentrieren. Wenn möglich, bietet sich diesbezüglich ein Zusammenschnitt der Aufzeichnungen an.

(4) Gemeinsame Analysephase
In der gemeinsamen Analysephase mit den Mitgliedern des Teams sollte der Coach strikt auf die Einhaltung seiner so weit wie möglich neutralen Moderatorfunktion achten. Zunächst lässt er – ggf. auch vor der Videopräsentation – Besonderheiten des Interaktionsverlaufs und atmosphärische Merkmale durch die Teammitglieder beschreiben. Nicht der

Coach, sondern die Teammitglieder formulieren, wie *sie* die Beziehungsebene und deren Dynamik beschreiben bzw. erklären würden.

Ebenso erfolgt die Videoanalyse durch das Team selbst; der Coach sollte z.B. mit Hilfe des Einsatzes von Fragestrategien dem Diskussionsverlauf lediglich Orientierungsmarken geben. Ein Ziel kann es z.B. sein, dass die Teammitglieder ihr eigenes Verhalten hinsichtlich der jeweiligen Kulturspezifik erklären oder zumindest metakommunikativ thematisieren, was in bestimmten Phasen der Interaktion ihrer Meinung nach passiert ist. Dabei kann es durchaus sein, dass im Vergleich zur Sicht des Coaches in der Pre-Phase andere Aspekte zur Sprache kommen. Sofern diese plausibel sind, müssen sie vom Coach aufgegriffen und als Bausteine des gesamten Erklärungszusammenhangs erneut zur Diskussion gestellt werden.

Die gemeinsame Analysephase ist idealerweise dann abgeschlossen, wenn die unter (3) genannten Punkte von den Teammitgliedern selbständig thematisiert und diskutiert worden sind. Dass dies in der Realität nie in dem Umfang geschehen wird, wie es in der Pre-Analysephase der Fall ist, liegt nicht zuletzt an der Bereitschaft der einzelnen Teammitglieder, sich zu öffnen und z.B. über die eigenen Stärken und Schwächen zu sprechen. Letzteres hat individuelle Ursachen, es kann aber mit der kulturbezogenen Zusammensetzung des Teams oder der Dauer der Zusammenarbeit seiner Mitglieder zusammenhängen. In diesem Zusammenhang versteht sich von selbst, dass das Steuerungspotential des Coaches dort zum Tragen kommen muss, wo die Diskussion z.B. zum Gesichtsverlust einzelner Team-Mitglieder führen würde.

(5) Phase der gemeinsamen Zielvereinbarung

Aufbauend auf den gemeinsam erarbeiteten Befunden zur Interaktionsspezifik des Teams geht es in der Abschlussphase des Coachings darum, mit den Teammitgliedern die Formulierung gemeinsamer Zielvereinbarungen zu moderieren, die künftig handlungsleitend sein sollen. Dies kann – je nach Analyseergebnis – eher die Formulierung von Regeln zur Konfliktprävention betreffen, es kann aber auch z.B. stärker auf eine Bennennung von Synergiezielen und deren Realisierungsschritte hinauslaufen. Denkbar ist auch, dass der Coach Empfehlungen für spezielle und weiterführende Personalentwicklungsmaßnahmen (z.B. interkulturelle Trainings) ausspricht.

Sinnvoll ist es in jedem Fall, die von den Teammitgliedern erarbeiteten Ergebnisse auf Moderationskarten zu notieren. Die Karten werden gut sichtbar an der Wand eines Raumes angeordnet, in dem das Team überwiegend arbeitet oder sich zu Besprechungen trifft.

Dem Team wird abschließend die Aufgabe gestellt, die Zielvereinbarungen und deren Realisierungsgrad in regelmäßigen Abständen zu Beginn von Arbeitssitzungen o.ä. zu thematisieren. Sinnvoll wäre es natürlich, wenn dies nach einer solchen Coaching-Woche in bestimmten Abständen (z.B. ein- oder zweimal im Jahr) unter Mitwirkung des Coaches erfolgen würde.

d. Interkulturelle Mediation

Mediationsverfahren sind vor allem bekannt aus dem Bereich der Rechtspflege, wo es darum geht, in Konflikten und Streitsituationen zu „vermitteln" und außergerichtliche Lösungen herbeizuführen.

Interkulturelle Mediation ist hingegen als eigenständiger Aufgabenbereich noch relativ neu, obwohl damit nur ein Spezialfall der Konfliktvermittlung bezeichnet ist, nämlich derjenige, der sich auf Beteiligte unterschiedlicher kultureller Herkunft bezieht. Derartige Konflikte hat es freilich immer schon gegeben, nur dass man sich beispielsweise in der Rechtspflege stets in erster Linie von „Fakten" und weniger von kulturbedingten Handlungsmotivationen hat leiten lassen.

Dies ist in den letzten Jahren verstärkt im Rahmen der Ausländerpädagogik geschehen, wo auch teilweise sehr innovative und praxistaugliche Konzepte entwickelt worden sind (z.B. *Haumersen/Liebe* 1999).

Für den Unternehmensbereich liegen bislang eher allgemeiner gehaltene Mediationshandbücher vor, die interkulturelle Fragestellungen noch weitgehend unberücksichtigt lassen (z.B. *Altmann* u.a. 1999).

Der wesentliche Unterschied zwischen interkulturellem Coaching und interkultureller Mediation besteht, wie bereits in Abb. 2 verdeutlicht, vor allem in dem konkreten Interaktionsgefüge des zu betreuenden Teams: Während ein Coaching sich in der Regel nicht mit offenen Konflikten beschäftigt, bilden diese für Mediationstätigkeiten den Ausgangspunkt. Es geht darum, Konflikte in ihren ggf. kulturbedingten Ursachen zu erkennen und zwischen den Konfliktparteien zu vermitteln.

Methodisch ist das Vorgehen fast identisch mit den im vorangegangenen Abschnitt beschriebenen Verfahrensweise des Coachings, so dass an dieser Stelle nicht mehr im Detail darauf eingegangen zu werden braucht. Als Prämisse gilt auch und gerade für die Mediation, dass „Lösungen" vom Mediator nicht vorgegeben werden dürfen. Dies muss im Team selbst entwickelt werden – der Mediator kann hierzu nur Anregungen und Initiativen geben; vor allem besteht seine Aufgabe aber darin, dafür Sorge zu tragen, dass der Konflikt von den Beteiligten thematisiert und ggf. hinsichtlich seiner kulturellen Ursachen erklärt wird: „Die Frage bei einer interkulturellen Mediation ist also nicht, wie verhindert werden kann, dass sich die Konfliktparteien über unterschiedliche Werte auseinandersetzen, sondern die Frage lautet hier, wie diese Auseinandersetzung in den Prozess integriert werden kann" (*Haumersen/Liebe* 1999, 27).

Ähnlich wie beim interkulturellen Coaching stehen auch bei der interkulturellen Mediation Zielvereinbarungen am Abschluss des Betreuungsprozesses. Unterschiede, die etwa unter Bezugnahme auf die Feststellung kulturbedingter Handlungsvoraussetzungen mit den Konfliktparteien erarbeitet worden sind, dürfen in den Zielvereinbarungen nicht verschwiegen werden. Im Sinne der oben beschriebenen neueren Tendenzen der interkulturellen Theoriebildung würde man in diesem Zusammenhang nicht einen Konsens um jeden Preis anstreben, sondern z.B. dafür plädieren, dass die Differenzen bewusstgehalten und als spezifische Eigenarten den jeweils anderen akzeptiert werden.

Zeichnet sich ab, dass diese Differenzen sich gegenseitig ausschließen und auch längerfristig nicht in synergetisches Handeln umgewandelt werden können, kann eine Trennung der Konfliktparteien empfohlen werden.

Innerhalb des Gesamtspektrums interkultureller Personalorganisation wird die Mediation eher punktuell eine Rolle spielen und vermutlich auch eher intern denn extern gelöst werden.

Als zukunftsweisendes Tätigkeitsfeld dürfte sich künftig vor allem das interkulturelle Coaching profilieren. Diesbezüglich besteht ohne Frage auch ein erheblicher Ausbildungsbedarf, der in den kommenden Jahren einerseits von Fachrichtungen der interkulturellen Kommunikationswissenschaft, sicherlich aber auch von einer Psychologie mit interkultureller Orientierung gedeckt werden muss.

Anmerkung

(1) Zu Beispielen und Quellenangaben für die einzelnen Trainingstypen siehe ausführlich *Gudykunst/ Guzley/Hammer* (1996)

Literatur

Altmann, G. et al. (1999): Mediation. Konfliktmanagement für moderne Unternehmen. Weinheim 1999.

Achtenhagen, F./Lempert, W. (Hrsg.) (2000): Lebenslanges Lernen im Beruf. Bd. 4: Formen und Inhalte von Lernprozessen. Opladen 2000.

Barmeyer, Chr. (2000): Wege zeigen – Wege gehen. Interkulturelles Coaching. In: Personal, H.9, 2000.

Barmeyer, Chr. (2000a): Interkulturelles Management und Lernstile. Frankfurt/Main 2000.

Bolten, J. (1998): Integrierte interkulturelle Trainings als Möglichkeit der Effizienzsteigerung und Kostensenkung in der internationalen Personalentwicklung. In: *Barmeyer, Chr./Bolten, J.* (Hrsg.), Interkulturelle Personalorganisation. Sternenfels/Berlin 1998, S. 157-178.

Bolten, J. (1999a): InterAct. Ein wirtschaftsbezogenes interkulturelles Planspiel für die Zielkulturen Australien, Deutschland, Frankreich, Großbritannien, Niederlande, Rußland, Spanien und USA. Sternenfels/Berlin 1999.

Bolten, J. (2000): Konsens durch die Anerkennung von Dissens: Auch ein Kapitel aus der ökonomischen Standardisierungsproblematik. In: Ethik und Sozialwissenschaften 11(2000), H.3, S. 356-358.

Bolten, J. (2000a): Internationales Personalmanagement als interkulturelles Prozessmanagement: Perspektiven für die Personalentwicklung internationaler Unternehmungen. In: *Clermont, A./Schmeisser, W./ Krimphove, D.* (Hrsg.), Personalführung und Organisation. München 2000, S. 841-856.

Bolten, J. (2000b): Können internationale mergers eine eigene Identität ausbilden? In: *Wierlacher, A.* (Hrsg.), Kulturthema Kommunikation. Möhnesee 2000, S. 113-120.

Breuer, J.P./Barmeyer, Chr. (1998): Von der interkulturellen Kompetenz zur Kooperationskompetenz. Beratung und Mediation im deutsch-französischen Management. In: *Barmeyer, Chr./Bolten, J.* (Hrsg.), Interkulturelle Personalorganisation. Sternenfels/Berlin 1998, S. 179-202.

Clement, U./Clement, U. (2000): Interkulturelles Coaching. In: *Götz, K.* (Hrsg.), Interkulturelles Lernen/Interkulturelles Training. München/Mering (3) 2000, S. 157-168.

Dinges, N.G./Baldwin, K.D. (1996): Intercultural Competence. A Research Perspective. In: *Landis, D. Bhagat, R.S.*: Handbook of Intercultural Training. Thousand Oaks/London/New Delhi 1996, S. 106-123.

Gertsen, M.C. (1990): Intercultural competence and expatriates. In: The International Journal of Human Resource Management 1(1990) No.3, S. 341-362.

Gudykunst, W.B./Guzley, R.M./Hammer, M.R. (1996): Designing Intercultural. In: *Landis, D./Bhagat, R.S.*: Handbook of Intercultural Training. Thousan Oaks/London/New Dehli 1996, S. 61-80.

Hansen, K.P. (2000): Kultur und Kulturwissenschaft. München (2) 2000.

Haumersen, P./Liebe, F. (1999): Konflikte konstruktiv. Trainingshandbuch Mediation in der interkulturellen Arbeit. Mülheim 1999.

Hofstede, G. (1980): Culture's Consequences. Beverly Hills 1980.

Kiechl, R. (1997): Interkulturelle Kompetenz. In: *Kopper, E./Kiechl, R.* (Hrsg.), Globalisierung: von der Vision zur Praxis. Zürich 1997.

Kiechl, R./Kopper, E. (1992): Führungskräfte in fremden Kulturen. In: *Strutz/Wiedemann* (Hrsg.), Internationales Personalmarketing. Wiesbaden 1992, S. 111-123.

Kühlmann, T./Stahl, G. (1998): Interkulturelle Assessment-Center. In: *Barmeyer, Chr./Bolten, J.* (Hrsg.), Interkulturelle Personalorganisation. Sternenfels/Berlin 1998, S. 213-224.

Mall, R.A. (2000): Interkulturelle Verständigung – Primat der Kommunikation vor dem Konsens? In: Ethik und Sozialwissenschaften 11 (2000), H.3, S. 337-350.

Mönikheim, S. (1998): Die Entwicklung des interkulturellen Managements am Beispiel der Dasa. In: *Barmeyer, Chr./Bolten, J.* (Hrsg.), Interkulturelle Personalorganisation. Sternenfels/Berlin 1998, S. 107-122.

Müller-Jacquier, B. (2000): Linguistic Awareness of Cultures. Grundlagen eines Trainingsmoduls. In: *Bolten, J.* (Hrsg.), Studien zur internationalen Unternehmenskommunikation. Waldsteinberg 2000, S. 30-49.

Schmeisser, W. (1999): Qualifizierung zur Erreichung interkultureller Kompetenz im Rahmen eines internationalen Management Training Programms. In: *Geißner, H.K.* u.a. (Hrsg.), Wirtschaftskommunikation in Europa. Tostedt 1999, S. 227-247.

Schreyögg, G./Oechsler, W.A./Wächter, H. (1995): Managing in a European Context. Wiesbaden 1995.

Stahl, G. (1998): Internationaler Einsatz von Führungskräften. München/Wien 1998.

Stüdlein, Y. (1997): Management von Kulturunterschieden: Phasenkonzept für internationale strategische Allianzen. Wiesbaden 1997.

Warthun, N. (1997): Zur Bedeutung von interkultureller Kommunikation für ein deutsches Industrieunternehmen. Eine Untersuchung zu den Erfahrungen von Mitarbeitern der Thyssen Stahl AG mit interkultureller Kommunikation. Bochum 1997.

Schulungen interkultureller Kompetenz: Bedingung erfolgreicher Internationaler Performance?

Rolf Taubert / Rüdiger Piorr

„Der weise Mann schickt sich in die Umstände, wie das Wasser die Form des Gefäßes annimmt und doch das gleiche bleibt." Chinesisches Sprichwort

Wie kann interkulturelle Kompetenz verstanden werden?

An der großen Anzahl aktueller Publikationen zum Thema lässt sich leicht ablesen, dass dem Begriff der interkulturellen Kompetenz – gerade auch in Bezug auf internationales Management – im Laufe der letzten Jahre wachsende Aufmerksamkeit zukommt.

Festzustellen ist allerdings, dass es schon immer im Wesen nicht zuletzt wirtschaftlicher Unternehmungen lag, über Landesgrenzen hinaus zu wachsen, lange bevor interkulturelle Kompetenz zum Schlagwort und Thema in den Sozialwissenschaften wurde. Beispielsweise wurden die Diplomaten Europas während der letzten Jahrhunderte vorrangig aufgrund ihrer Leistungen im Heimatland entsandt: Aus Herkunft, Bildung und Leistung wurden Seriosität, Glaubwürdigkeit und Loyalität abgeleitet. Aufgrund eines humanistischen Menschenbildes wurde also die Fähigkeit, das eigene Land gewinnbringend in der Fremde zu vertreten, vorausgesetzt.

Dass aus einer Jahrhunderte übergreifenden Geschichte des privaten, wirtschaftlichen, politischen und wissenschaftlichen (und gleichzeitig dokumentierten) Reisens ein Bewusstsein über Interkulturalität entstand, hängt wohl zum einen mit der Erkenntnis zusammen, Kultur sei gruppenabhängigen Unterschieden unterworfen und bedinge nachweislich Verhaltensweisen auf den verschiedenen Ebenen. Zum anderen wurden die Werte „richtig" und „falsch" nicht zuletzt durch Überlegungen philosophischer Art in Frage gestellt, wenn auch einem kulturellen Imperialismus in Teilen nur wenig entgegengesetzt wurde.

Kultur, von dem Psychologen Alexander Thomas als „Orientierungssystem" definiert, wird in der Relativität ihrer Erscheinungsform beobachtbar und erfahrbar: Das „Orientierungssystem" Kultur ist hier ein System, „das für eine bestimmte Gesellschaft, Nation, Organisation oder Gruppe sehr typisch ist, das der Wahrnehmung, dem Denken, Werten und Handeln seiner Mitglieder eine gemeinsame Richtung gibt, das Zugehörigkeit vermittelt und es seinen Mitgliedern ermöglicht, sich in der Welt zurechtzufinden und bestimmte Lebensbereiche zu kontrollieren." (1)

In diesem Zusammenhang bedeutet dies, dass der Einzelne, der seine „Kulturgruppe" verlässt und in eine andere eintritt, die bestehenden Differenzen auf intellektueller und emotionaler Ebene im wortwörtlichen Sinn „zu spüren bekommen" kann. Der Rückhalt durch Gleichdenkende und -handelnde ist nicht spontan verfügbar, und so ist der Entsandte in eine Situation der Unsicherheit geraten, in der sein Selbst- und Weltbild hinterfragt werden kann und sollte. Gleichzeitig bewirkt sein „Anders-Sein" eine Unsicherheitssituation bei dem anderen, dessen „Orientierungssystem" er so in Frage zu stellen vermag.

Gerade diese Konfrontationssituation soll hier als Interkulturalität verstanden werden, denn der Betreffende und sein Gegenüber sind in einen Zwischenraum der Kulturen geraten.

Interkulturelle Kompetenz bezieht sich aber auf mehr als darauf, diese Situation zu ertragen und nicht an ihr zu scheitern. Die Fähigkeit, die hier angesprochen ist, beinhaltet das Vermögen, in dieser Situation erfolgreich zu handeln, mehr noch: die aufeinander treffenden Unterschiede und das Aufeinandertreffen der Unterschiede synergetisch nutzbar zu machen.

Inwiefern diese Fähigkeit überhaupt trainierbar ist und wie dies innerhalb von Unternehmen, die international tätig sind oder werden, geschehen kann und sollte, wird im Folgenden dargestellt.

Die Beantwortung dieser Frage setzt zunächst einmal die Auseinandersetzung mit den Erwartungen und Anforderungen der entsendenden Unternehmen und der zu entsendenden Mitarbeiter voraus. Aufgrund dieser Anforderungen lässt sich mit Hilfe – mittlerweile vorliegender – wissenschaftlich begründeter Erkenntnisse ableiten, auf welche Weise interkulturelles Training verschiedenen Anforderungen gerecht werden kann, bzw. welche Vorraussetzungen unabhängig von der Kompetenz des Mitarbeiters geschaffen werden müssen.

Anforderungen, Erwartungen und Befürchtungen

Anforderungen an Mitarbeiter durch das Unternehmen

Das vorrangige Ziel eines wirtschaftlichen Unternehmens ist der finanzielle Zugewinn. Demzufolge wird von einem zu entsendenden Mitarbeiter hauptsächlich eine „gute Leistung" erwartet, erfolgreicher Abschluss von Verträgen, produktive Zusammenarbeit mit Kooperationspartnern, kompetente Repräsentanz des Unternehmens, vielleicht Implementierung von Unternehmensstandards in Bezug auf Qualität und Quantität und ähnliches. All dies mündet in dem Anspruch an den Mitarbeiter, nach Ankunft im Gastland schnellstmöglich einsatzfähig und den unterschiedlichen Belastungen gewachsen zu sein. Kurz: Unabhängig davon, welche kulturellen „Unwägnisse" ihn dort erwarten, wird von ihm erwartet, eine vergleichbare Leistung in der fremden Kultur zu zeigen, wie er sie im Stammhaus erbrachte.

Dementsprechend ist auf einer Rangliste der Erfolgsmerkmale für den Auslandseinsatz, die durch Personalverantwortliche aufgestellt wurde, der erste Platz auch von dem Punkt „Fachliche Qualifikation" belegt (2). Verfolgt man die Liste der Anforderungen durch Unternehmen, die Mitarbeiter an sich erfahren haben, so äußern sich diese in verschiedenen Dimensionen: Zum eine wiederholt sich der Anspruch an den Leistungstransfer, wie z.B. „Vertrautheit des Mitarbeiters mit dem Stammhaus und Fähigkeit zum Wissenstransfer aus Deutschland" oder „Sicherstellung der Koordination/Kommunikation mit dem Stammhaus". Aber auch praktische Gründe werden aufgeführt, wie „Begrenzte Verfügbarkeit von qualifizierten einheimischen Führungskräften für die betreffende Position", oder imagebezogene, z.B. durch die Aussage „Meine Firma musste nach außen als deutsche Firma auftreten" beschrieben wird (3).

Das Vermögen, mithilfe dessen der Einzelne tatsächlich dazu befähigt ist, seine Fachkompetenz auch in einem Gastland erfolgreich einzusetzen, beinhaltet letztlich auch individuelle Kompetenz, die per se als Voraussetzung für eine erfolgreiche Karriere gelten kann.

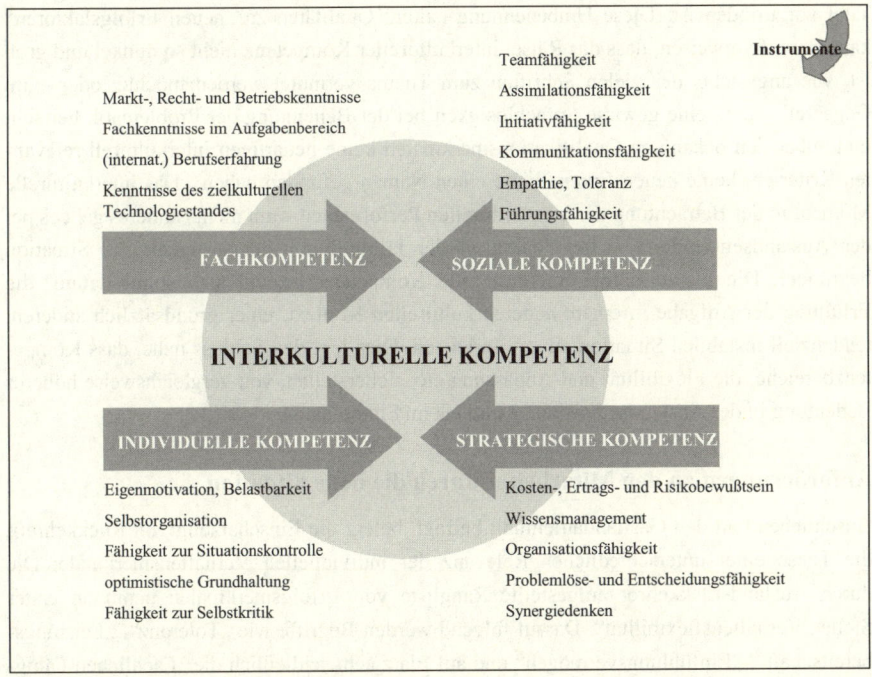

Abb. 1: Interkulturelle Kompetenz des internationalen Managers

Anhand von Stellenanzeigen international tätiger Unternehmen wird deutlich, wie die fachliche Qualifikation wunschgemäß durch individuelle Verhaltensmerkmale getragen wird: Es werden „Engagement, Belastbarkeit, Kreativität und Geschicklichkeit in der Problemlösung, hohe kommunikative Kompetenz, Selbständigkeit und Teamfähigkeit, auch entwicklungspolitisches Engagement und professionelle Umgangsformen im Kontakt mit z.B. der deutschen Botschaft oder der Weltbank" gefordert.

Diese Kriterien, als „Mittel zum Zweck" verstanden, bleiben allerdings im Hinblick auf interkulturelle Kompetenz undefiniert. Der Unterschied der Anforderungen an eine nationale zu einer internationalen Führungskraft wird nur wenig benannt. Dies gilt sowohl für die Praxis, als auch für weite Teile der wissenschaftlichen Diskussion. Warum die Forderung nach interkultureller Kompetenz dennoch ihr Gewicht behält, kann nur damit zusammen hängen, dass Unterschiede bezüglich der Ergebnisse internationaler Einsätze im Vergleich zu der bisherigen Tätigkeit im Einsatzland sichtbar wurden.

Der zynische Ausspruch „als Tiger gesprungen – als Bettvorleger gelandet" behandelt genau diese Thematik, nämlich dass eine gute Leistung im Heimatland nicht automatisch eine solche innerhalb einer fremden Kultur bedeutet und verweist somit auf andere, bekannte oder unbenannte Faktoren, die hierbei beachtet werden müssen.

Auf dem Hintergrund, dass die bisher erwähnten Erfolgsmerkmale in ihrer Auflistung den herkömmlichen Ansprüchen an Führungskräfte entsprechen, also nicht neuartig sind, erstaunt es, auch in der Diskussion um interkulturelle Kompetenz keine neuartigen Anforderungen erwähnt zu sehen, sondern lediglich die erneute Auflistung unter einem anderen Titel vorzufinden ist. Diese Umbenennung „alter" Qualitäten zu „neuen Erfolgsfaktoren" kann darauf verweisen, dass das Rätsel interkultureller Kompetenz nicht so dunkel und groß ist, wie angesichts der vielen Schriften zum Thema vermutet werden möchte, oder – im Gegenteil – dass eine gewisse Sprachlosigkeit bei der Benennung der Problematik herrscht und außer den bekannten Qualifikationsmerkmalen keine neuartigen interkulturell relevanten Kriterien, keine neuen Erkenntnisse einen Namen gefunden haben. Das interkulturelle Moment in der Betrachtung der interkulturellen Performance – um nichts anderes geht es bei der Auslandsentsendung – liegt damit in der kulturellen Andersartigkeit der Situation begründet. Die hierzu nötige interkulturelle Kompetenz bezieht sich somit darauf, die Erfüllung der Aufgabe in einem anderen kulturellen Kontext, einer grundsätzlich anderen, tendenziell instabilen Situation zu gewährleisten. Dies legt den Schluss nahe, dass Kompetenzbereiche, die Flexibilität und Anpassung etc. sicherstellen, von vergleichsweise höherer Bedeutung in der Auslandsentsendung sind als im Stammhaus.

Anforderungen an den Mitarbeiter durch die neue Situation

Anschließend an den Gastlandaufenthalt befragt, belegt die Einschätzung von Rückkehrern die These einer unterschiedlichen Relevanz der individuellen Verhaltensmerkmale: Die durch Auslandsrückkehrer aufgestellte Rangliste von Erfolgsmerkmalen nennt an erster Stelle „Verhaltensflexibilität". Darauf folgend werden Begriffe wie „Toleranz", „Leistungsbereitschaft", „Einfühlungsvermögen" und auf Platz acht schließlich die „Fachlichen Fähigkeiten" genannt.

Insgesamt bleiben die Anforderungen nominell die gleichen, dabei ändert sich die Reihenfolge auf der Rangliste ihrer Bedeutung aber erheblich; vormals nebensächliche Aspekte erhalten nunmehr zentralen Stellenwert.

Die Erklärung für diesen Unterschied zu den o.g. Anforderungen der Personalverantwortlichen ist sehr einfach: Die Situation erfordert von dem Mitarbeiter eine große Anpassungsfähigkeit, da er sich mit den Erwartungen des Unternehmens in eine kulturell uneindeutige, damit unsichere Situation versetzt fühlt.

Der Mitarbeiter muss damit in der Lage sein, im Rahmen seiner Eingewöhnung Distanz zu wahren, auch um überhaupt eventuelle Veränderungen durchführen zu können. Die Situation, dass er sich in Verhandlungen zwischen den Stühlen seines Unternehmens im Her-

... aufgestellt durch Auslandsrückkehrer	... aufgestellt durch Personalverantwortliche
1. Verhaltensflexibilität	1. Fachliche Qualifikation
2. Unvoreingenommenheit und Toleranz	2. Persönlichkeit (Selbstdisziplin, Ausgeglichenheit, Toleranz)
3. Sprachkenntnisse	3. Sprachkenntnisse
4. Leistungsbereitschaft und Zielorientierung	4. Physische und psychische Belastbarkeit
5. Einfühlungsvermögen	5. Berufserfahrung
6. Kontaktfreudigkeit	6. Vertrautheit mit der Unternehmenskultur
7. Ambiguitätstoleranz	7. Kommunikationsfähigkeit
8. Fachliche Fähigkeiten und Kenntnisse	8. Lern- und Anpassungsbereitschaft

 Grundlage

Abb. 2: Die Top 8 der Erfolgsmerkmale

kunftsland und denen der Unternehmen vor Ort wiederfindet, eine Situation, die Reflexion und die Fähigkeit zur aktiven Konfliktvermeidung oder -lösung verlangt, ist kein abwegiges Szenario.

Gleichzeitig muss er damit rechnen, dass sein gewohntes „Orientierungssystem" durch die Veränderung des Bezugsrahmens belanglos geworden ist, und – um nicht auf unsichere Improvisationsversuche angewiesen zu sein – muss er Denk- und Verhaltensweisen in den neuen Kontext „übersetzen" können. Dazu gehört auch, dass die verschiedenen Anforderungen, die seine soziale, individuelle und persönliche Kompetenz betreffen u.U. einer Bedeutungsverschiebung unterliegen: Kommunikationsfähigkeit kann z.B. auf der einen Seite bedeuten, dass ein hohes Maß ausgedrückter Offenheit erkennbar wird, kann bedeuten, dass die Fähigkeit klar und stringent zu argumentieren bewertet wird, ist aber auf der anderen Seite auch als das Vermögen deutbar, „durch die Blume" zu sprechen, zwischen den Zeilen zu lesen oder zu wissen, an welchem Punkt die Regel „Schweigen ist Gold" Verwendung finden sollte – jeweils abhängig vom Kontext. Kommunikationsfähigkeit kann beinhalten, Freude und Begeisterung mitzuteilen oder eben solches erst gar nicht in die Debatte einfließen zu lassen.

Auf Variablen dieser Art wird der Entsandte sowohl in alltäglichen als auch in beruflichen Begebenheiten stoßen und der Umgang mit ihnen ist eine der elementarsten Anforderungen, die in dieser Situation an ihn gestellt werden. Dabei benötigt der Mitarbeiter, um an seinen im Stammhaus aufgestellten Leistungsstandard anzuknüpfen eine ähnlich sichere Ausgangsbasis, wie er sie vorher auch hatte: Die Erwartung an die Leistung ist die gleiche, die tatsächlichen Anforderungen an den Mitarbeiter sind aber in ihrer Vielfalt gestiegen und in ihrer Art z.T. verändert. In dieser Situation ist schließlich vieles anders, angefangen bei Unterkunft bis hin zur Freizeitgestaltung und aus der Nähe betrachtet, muss er sich um alles gleichzeitig kümmern:

Insgesamt scheint der Mitarbeiter also sehr darauf angewiesen, sich in „alltäglicher" und sozialer Hinsicht einzurichten, ein Fundament von Sicherheit zu schaffen, um in der Lage zu sein, es mit den hohen – und zum Teil neuen – Anforderungen aufzunehmen. Denn erst, wenn ein derart stabiles Umfeld der Situation geschaffen ist, kann seine Arbeitsfähigkeit als gesichert gelten.

Befürchtungen und Erwartungen des Mitarbeiters

Die Anforderungen an die Arbeitsfähigkeit der Mitarbeiter und damit an die Schaffung eines stabilen sozialen Umfelds beziehen sich auf verschiedene Befürchtungen, die entstehen, sobald ein Auslandsaufenthalt, wenn auch noch in zeitlicher Distanz, angedacht wird.

Vorausgesetzt, der Mitarbeiter ist in eine feste Beziehung engagiert, stellt sich die Frage nach der Absprache mit dem Partner. Vielleicht ist es sogar leichter, einen nicht berufstätigen Partner für eine solche Reise zu begeistern, als einen, der selbst im Berufsleben steht. In jeder Hinsicht handelt es sich hier jedoch um eine Bitte nach Aufgabe der momentanen Situation, selbst, wenn sich die Angehörigen entscheiden, den Mitarbeiter nicht zu begleiten. Auf dieser privaten Ebene findet sich auch das Verhältnis zu Freunden und Bekannten wieder, die diesem Schritt mit unterschiedlichen Gefühlen gegenüber stehen werden.

In praktischer Hinsicht werden grundsätzliche Überlegungen angestellt, die die fremdsprachlichen Anforderungen, Umzug und Unterkunft u.ä. betreffen – spätestens, sobald der Abreisetermin festgelegt ist.

Der berufliche Aspekt beinhaltet zudem Fragen nach der monetären Absicherung oder auch die, ob eine solche Tätigkeit der Karriere förderlich ist, oder – im Gegenteil – durch die Abwesenheit vom „Stammunternehmen" eine Art Seitenstraße mit evtl. unklarem Ziel darstellt. Abgesehen davon stellen sich aber auch die Fragen nach dem Umgang mit den neuen Kollegen, ob der Mitarbeiter beispielsweise als Führungskraft akzeptiert werden wird, welche Verhaltensregeln neu erlernt werden müssen, wie kommuniziert wird und ähnliches. Diesen Befürchtungen stehen einer Reihe von Erwartungen gegenüber, die Mitarbeiter als Motive für die Auslandsentsendung aufgestellt haben.

An erster Stelle wird die „Übernahme größerer Verantwortung und die interessante Aufgabe" genannt, auch die „Verbesserung der beruflichen Qualifikation einschließlich Erwerb von Auslandserfahrungen" zählen dazu. Etwas weniger oft scheinen Motive wie „Pflichtgefühl der Firma bei ihren Aufgaben zu helfen" oder „allgemeine Unzufriedenheit mit der Arbeit im Stammhaus" eine Rolle zu spielen. Auch die Unterstützung durch die Familie findet sich bei den Motiven, sich auf eine Auslandstätigkeit hin zu bewerben. So stehen sich, zusammenfassend, Erwartungen verschiedenen Befürchtungen gleichberechtigt gegenüber. Einzelne Befürchtungen, aber auch einige Erwartungen, finden Ihre Entsprechung in den Anforderungen durch die Situation oder den Ansprüchen an den Mitarbeiter durch das Unternehmen, wobei sie sich – als Chancen und Risiken – zum Teil in unterschiedlichen Schattierungen beleuchten. Dass zu den grundsätzlichen Erfolgsfaktoren interkultureller

Performance gehört, die Befürchtungen zu zerstreuen und Lösungen für offene Fragen zu finden, versteht sich fast von selbst. Ob sie allerdings in ihrer Gesamtheit Gegenstand interkultureller Schulungen sein müssen, ist mehr als fraglich.

Ableitungen aus den Anforderungen, Erwartungen und Befürchtungen

Die vorangegangene Analyse der unterschiedlichen Anforderungen, Erwartungen und Befürchtungen, die im Vorfeld einer Auslandstätigkeit entstehen, kann also zwischen denen des Unternehmens, denen des Mitarbeiters und den Anforderungen der anvisierten Situation (des Auslandsaufenthaltes) unterscheiden.

Viele dieser Aspekte, die der tatsächlichen Entsendung vorausgehen, bestimmen den Erfolg internationaler Tätigkeit mit. Dabei wird allerdings deutlich, dass viele von ihnen lediglich notwendige Rahmenbedingungen des Erfolgs darstellen: Beispielsweise hängt die Frage nach Unterkunft und finanzieller Absicherung des Mitarbeiters nur indirekt mit seiner Fähigkeit, Handlungen und Kommunikationsformen kulturell zu interpretieren und zu modifizieren, zusammen; sie blockiert seine Arbeitsfähigkeit, solange sie nicht gelöst wurde. Das bedeutet, dass eine Vielzahl dieser Faktoren nicht zum Gegenstand von Schulungen interkultureller Kompetenz werden müssen. Ihre Berücksichtigung kann sehr viel besser und effizienter durch z.B. Bereitstellung von Dienstleistungen durch das entsendende Unternehmen erfolgen. Übernimmt das Unternehmen einen Teil der Verantwortung für die Sicherung eines stabilen situativen Umfeldes, ist der Mitarbeiter um so eher in der Lage, sich auf das Wesentliche seiner Aufgabe zu konzentrieren, nämlich seine hohe Leistungsfähigkeit in einen neuen Kontext zu übertragen. Interkulturelle Performance besteht also zu einem großen Teil aus situativer Stabilität im interkulturellen Kontext. Soweit sich diese Performance aber auf diese Stabilität stützt, sollte sie nicht Gegenstand interkultureller Schulungen sein. Dies käme sowohl einer Überfrachtung der Trainings als auch einer Überforderung des Mitarbeiters gleich. Aus den bisher differenzierten Anforderungen, die letztlich durch das Unternehmen initiiert werden, ergeben sich daher rückwirkend Ansprüche an Maßnahmen des Unternehmens, jenseits der Bereitstellung interkultureller Schulungen.

Anforderungen an das Unternehmen

Bedarfsdeckung versus Potenzialschaffung

Hat ein Unternehmen den bis hier beschriebenen Gedankengang nachvollzogen, stellt sich nun die zentrale Frage danach, ob Schulungsmaßnahmen auf die anstehenden Anforderungen für nur einzelne Mitarbeiter bereitgestellt werden sollen oder ob das Unternehmen als Gesamtheit eine Entwicklung in Richtung Internationalität bzw. Globalität anvisiert oder auch schon bestehenden Ansprüchen an interkulturelle Kompetenz entsprechen möchte, zu entscheiden. Diese Frage kann auch mit Hilfe eines Mittelweges beantwortet werden: Sowohl die jeweils zu entsendenden Mitarbeiter, als auch alle, die z.B. durch Kundenkontakt mit verschiedenen Kulturen umzugehen haben, das sind beispielsweise die Sekretärinnen und Sekretäre der Länderabteilungen bzw. die Exportverantwortlichen, nehmen an Schulungen teil. Tendenziell besteht ebenso für jeden interessierten Mitarbeiter die Möglichkeit, Fortbildungsprogramme in diese Richtung zu nutzen.

Insgesamt handelt es sich aber um die Entscheidung, ob dem Unternehmen für die Besetzung verschiedener Gastlandspositionen ein größerer Personalpool zur Verfügung steht oder ob der jeweils benötigte Mitarbeiter anforderungsgerecht ausgesucht und fortgebildet wird. Dazu gehören auch Überlegungen strategischer Art, z.B. über eine kulturell einheitliche Stammhaus-Besetzung oder grundsätzlich internationaler Personalbeschaffung, inklusive der verschiedenen Variationsmöglichkeiten.

Bezüglich des einzelnen Mitarbeiters stellt sich im Anschluss die Frage, ob allein er ausgebildet oder ob seine Familie ebenfalls an Schulungen teilnehmen wird. Inwiefern das Unternehmen im Gastland interkulturelle Kompetenz fördert, ist ebenfalls von Belang. Daraufhin lassen sich eine Mindestanforderung und eine Optimale Anforderung für den Teilnehmerkreis an interkulturellen Schulungen differenzieren:

- Mindestanforderung: Der Mitarbeiter und die begleitende Familie und, wenn möglich, ebenso eine der näheren Kontaktpersonen im „Stammunternehmen".

- Optimale Anforderung: Der Großteil des Stammunternehmens, der Mitarbeiter und die begleitende Familie sowie zentrale Kontaktpersonen im „Gastunternehmen"/Tochterunternehmen im Gastland.

Sobald die Strategie festgelegt wurde und damit der grundsätzliche Kreis von Teilnehmern an den Entwicklungsmaßnahmen entschieden ist, tritt die Frage nach den Details der Ausführung auf. Sollen nur einzelne Mitarbeiter entsandt werden, kann eine unternehmensinterne Auswahl stattfinden. Wenn allerdings das Unternehmen die Kompetenz interkultureller Handlungsfähigkeit als Grundvoraussetzung aller Mitarbeiter entwickeln möchte, müssen Maßnahmen für die Personalrekrutierung entschieden werden, wobei es sich dabei als weiteren Schritt um die Entwicklung konkreter Anforderungsprofile bzw. Auswahlinstrumente handelt.

Organisatorische Absicherung

Parallel zu den personalpolitischen Entscheidungen entsteht der Entscheidungsbereich des Unternehmens bezüglich der organisatorischen Maßnahmen für den Aufenthalt.

Angefangen bei der Absprache von Gehaltszahlungen, die entweder in entsprechender Gastlandswährung oder gemäß der Einkünfte im Herkunftsland vereinbart werden müssen, benötigt der Entsandte verschiedene andere Arten materieller Absicherung.

Das Unternehmen ist hier also gefordert, dem Mitarbeiter entweder eine Unterkunft bereitzustellen oder ihm zu helfen, Entsprechendes zu arrangieren; einige Unternehmen verweisen zum Beispiel die zu Entsendenden an sog. Relocation-Firmen, die bei der Abwicklung von Umzugsplanungen in ein fremdes Land helfen. Ein anderes Thema ist z.B. die gesundheitliche Absicherung für den Mitarbeiter und die begleitende Familie. Für letztere werden Kindergarten- oder Schulplatz, bestenfalls in einer Ausbildungsstätte deren Abschlüsse auch in Deutschland angemessen anerkannt werden, benötigt bzw. entsteht evtl. die Frage nach einem Arbeitsplatz für den Partner.

In Anbetracht des hohen Anspruchs an den Mitarbeiter, der die berufliche Leistung, wie ausgeführt, abgekoppelt von den insgesamt hohen Anforderungen an den Mitarbeiter beschreibt, liegt in diesem Punkt aber eine große Herausforderung an das Unternehmen, Grundvoraussetzungen zu schaffen, die den Mitarbeiter um so eher in die Lage versetzen, den Forderungen gerecht zu werden. Bereiche, wie Wohnraumbeschaffung, Ausbildungsplatz, Krankenversicherung u.ä. können per Dienstleistung, ähnlich den o.g. Relocation-Firmen, abgedeckt werden. Selbst ein Unternehmen, das interkulturelle Kompetenz nicht als Grundvoraussetzung sämtlicher Mitarbeiter betrachtet, könnte ein Netz solcher Dienstleistungen initiieren, von dem letztlich jeder zu entsendende Mitarbeiter und somit auch das Unternehmen profitieren kann. Organisatorische Fragen wie diese können nicht durch Trainings oder Seminare beantwortet werden, deshalb müssen Vorbereitungen dieser Art außerhalb der zu Verfügung gestellten Schulungsmaßnahmen getroffen werden.

Erst nach diesen Weichenstellungen kann die Personalentwicklung die Anforderungen an die zu entsendenden Mitarbeiter weiter definieren und im Konzept einer interkulturellen Schulung umsetzen.

Anforderungsprofil und Entscheidung

Die Festlegung anforderungsgerechter, erfolgversprechender Kriterien bezüglich der Fähigkeiten und Verhaltensmerkmale für zu entsendende Mitarbeiter ist Vorbedingung einer fundierten Selektion: Das Unternehmen muss entscheiden, welche Kompetenzen den Einzelnen am ehesten befähigen, erfolgreich im Entsendungsland zu agieren. Hierzu bedarf es auch der Erhebung situations- und kulturspezifischer Anforderungen. Anschließend wird die Auswahl möglichst passender Mitarbeiter/Bewerber nötig. Das Unternehmen muss dementsprechende Auswahlverfahren installieren (z.B. Interviews bezüglich der Kompetenzen, aber auch der Motivation, Assessment Center, Beurteilungen nach einem „Multi-Source" Feedback u.ä.), die einen Abgleich des Anforderungsprofils mit der Kompetenz der Mitarbeiter ermöglichen. Bei der Beschäftigung mit den Kriterien wird wiederum auffallen, dass viele der Merkmale interkultureller Kompetenz – wie zuvor dargestellt – in den allgemeinen Anforderungskatalogen für Führungskräfte bereits enthalten sind.

Dennoch kann, wie ausgeführt wurde, nicht davon ausgegangen werden, dass ein bisher erfolgreicher Mitarbeiter seine Fähigkeit ohne weiteres auf die Tätigkeit in einem Entsendungsland transferieren kann, da diese Kompetenz innerhalb des neuen Kontextes in andere Strukturen übertragen werden muss. Diesen Transfer zu ermöglichen bzw. zu erleichtern, wird sich als Aufgabe der verschiedenen Schulungsmaßnahmen herausstellen.

Eine weitere, wichtige Differenzierung, die sich auf die Schulungskonzeption auswirken wird, ist die zwischen den erlernbaren Fähigkeiten und den Dispositionen, also der Kompetenz, die der Mitarbeiter im Rahmen von Basismerkmalen mitbringen kann.

Durch die Bildung eines Stärken/Schwächen-Profils kann auch anhand der o.g. Relevanzveränderung innerhalb der Anforderungskataloge Rechnung getragen werden. D.h., das Unternehmen kann im Vorfeld verschiedener Maßnahmen entscheiden, inwieweit es die persönlichen Voraussetzungen des jeweiligen Mitarbeiters zu berücksichtigen versucht; je nach Ausgangslage werden verschiedene Schulungsmaßnahmen erforderlicher bzw. gewinnbringender sein, als andere. Hierzu kann u.a. auch die Entwicklung fremdsprachlicher Fähigkeiten zählen. Anschließend an die Auswahl empfiehlt es sich aber in jeder Hinsicht, Gespräche mit den Betreffenden anzubieten, um die speziellen Anforderungen an das Training zu definieren bzw. um eine offene Verhandlungssituation bezüglich der verschiedenen Befürchtungen und Erwartungen zu schaffen.

Ergänzende Formen der Unterstützung

Neben den konkreten Schulungen interkultureller Kompetenz kommen noch eine Reihe anderer Maßnahmen in Frage, die sich positiv auf die interkulturelle Performance des entsandten Mitarbeiters auswirken. Eine sinnvolle, wenngleich recht kostspielige Vorbereitungsmaßnahme stellen z.B. Kurzaufenthalte im zukünftigen Einsatzland dar, wobei diese u.U. aufgrund ihres möglichen Ausflugscharakters nur in geringem Maß zu einer Entwicklung interkultureller Kompetenz führen, dafür aber als Gelegenheit zu organisatorischen Vorbereitungen gelten können und somit eventuelle Befürchtungen des Mitarbeiters vor Antritt der Tätigkeit abbauen helfen könnten, vielleicht sogar durch erste Kontakte.

Unternehmenszugehörige Expatriates in Anspruch zu nehmen, ist hingegen mit wenig finanziellem Aufwand verbunden. Sie können leicht für die Vermittlung von Erfahrungsberichten, „Tips & Tricks" u.ä. zur Verfügung stehen bzw. vielleicht dadurch helfen, dass sie über erste Kontaktstellen informieren. Anzumerken ist jedoch, dass an Expatriates – trotz der Authentizität der jeweiligen Erfahrungen – nicht unbedingt Ansprüche bezüglich didaktischer Fähigkeiten gestellt werden können, die Vermittlung also nur bedingt auch der Kompetenzentwicklung dienen kann.

Selbst bei einem Einkauf der Leistung, bei denen didaktische Kompetenz vorausgesetzt werden kann, ist es aber sinnvoll, den Anbieter danach auszuwählen, welche realistischen Entwicklungsmaßnahmen er anbietet bzw. welche Leistungen ergänzend durch das Unternehmen erbracht werden können. Antworten auf diese Frage ergeben sich durch die Betrachtung dessen, was Schulungsmaßnahmen im Einzelnen leisten können und wie dies geschehen kann.

Konzeption und Durchführung der interkulturellen Schulung

Anforderungen an die Schulung und ihre Möglichkeiten

Die allgemeinste Formulierung der Anforderungen an die Schulungen sind, dass sie den Mitarbeiter in die Lage versetzen sollen, entweder in einem spezifischen Land oder in einer Summe verschiedener Länder erfolgreich zu arbeiten. Das zieht zum einen die Vermittlung von Basiswissen über das Phänomen kultureller Verschiedenheiten, zum anderen auch die Übung in situationsbedingten Verhaltensweisen nach sich.

Der Zugewinn durch Schulungen interkultureller Kompetenz ist von verschiedenen Faktoren abhängig, dazu gehören die vorbereitenden Maßnahmen, wie sie im Vorfeld beschrieben wurden, die u.a. auch sicherstellen können, dass möglichst optimale Voraussetzungen für die Teilnehmer bestehen, besonders aber das Ausmaß des Potenzials innerhalb der verhaltensbeschreibenden Kompetenzbereiche beim jeweiligen Teilnehmer. Dieses persönliche Potenzial von Grund auf zu entwickeln ist nur in Maßen möglich, jedoch kann die Entwicklung vorhandenen Potenzials – analog des o.a. Stärken/Schwächen-Profils – vorgenommen werden. Selbstvertrauen, Respekt oder z.B. Empathie, der persönliche Zugang zu anderen Menschen und verständnisvolle Akzeptanz der anderen, häufig auch mit zwischenmenschlicher Wärme gleichgesetzt, kann nicht erlernt, sondern durch sich oder andere erfahren oder gewonnen werden. Die Aufforderung „Seien Sie empathisch" ist also in sich absurd und unzulässig; erlernt werden können hingegen die Ausdrucksformen eines Gefühls oder einer Einstellung, welche durch die – häufig kulturell modifizierten – symbolähnlichen Verhaltensweisen das Vorhandensein einer bestimmten Einstellung oder eines Gefühls für andere erkennbar oder fühlbar werden lassen. D.h., je größer das Potenzial innerhalb der Bereiche der individuellen Kompetenz ist, desto höher kann der Zuwachs an Fähigkeiten und Verhaltensvariationen durch das Training sein.

Da Nationalkultur vorrangig in einer prozentualen Wahrscheinlichkeit angenommen wird, mit der verschiedene kulturelle Phänomene innerhalb eines Kulturkreises auftreten können, kann von Schulungen interkultureller Kompetenz nicht erwartet werden, dass sie fertige Lösungen an die Hand geben, was letztlich auch kontraproduktiv wäre: Wo schließlich ein Konflikt auftreten kann, bleibt in vielerlei Hinsicht abhängig von der jeweiligen Situation und den Individuen, die interagieren. Die realistische Anforderung an das Training kann in diesem Sinne lauten, dass das Training zum einen über die eigene kulturelle Bedingtheit Aufschluss geben sollte, um Verständnis für kulturelle Unterschiede zu schaffen und Beurteilungen nach falsch oder richtig, gut oder schlecht vorzubeugen, damit zum anderen die Übung von Variationen verschiedener Denk- und Verhaltensmuster helfen kann, ein hohes Maß an Flexibilität im situativen Umdenken und „Anders-Handeln" zu entwickeln. Der Mitarbeiter sollte eigenständig die spontan entstehenden Frage „Welches ist in diesem Zusammenhang die am wahrscheinlichsten sinnvolle Vorgehensweise?" beantworten können.

Differenzierung der Schulungsbereiche

Während also Kompetenzen des persönlichen Potentials, wie oben angeführt, nur bedingt erwerbbar sind, gibt es zwei Ebenen, auf denen – abhängig von dem Ausmaß des persönlichen Potenzials gesicherte Lernerfolge stattfinden können, die als kognitive, bzw. als verhaltensbezogene Ebene differenziert werden.

Die kognitive Ebene bezieht sich auf den Kenntniserwerb, zu dem zum Beispiel der Erwerb einer Fremdsprache, Vermittlung von Erkenntnissen über Kulturstandards oder auch die Weitergabe landesspezifischer Informationen, z.B. auch „Tips & Tricks", zählen können. Bestimmte Bereiche, wie allgemeine Informationen über das Land oder der Fremdsprachenunterricht, dieser Informationen müssen nicht unbedingt Bestandteil von Schulungsmaßnahmen sein, wobei die Form des Sprachgebrauchs, was gesagt wird und was nicht bzw. wie es gesagt wird, auch immer als Teil kultureller Gepflogenheiten betrachtet werden sollte.

Bei der verhaltensbezogenen Ebene handelt es sich um eine Art des Fähigkeitserwerbs, bei dem, was rational verstanden und z.T. memoriert werden kann in verschiedene Formen von Handlungsweisen umgesetzt wird bzw. bei dem – vice versa – die theoretische Ebene durch den praktischen Ansatz umso verständlicher wird.

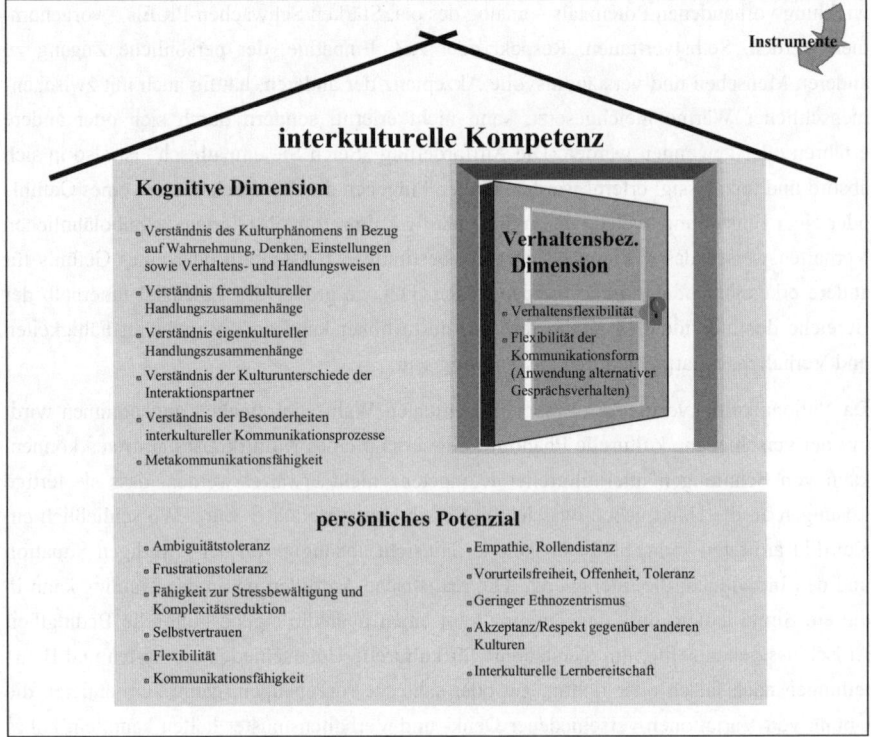

Abb. 3: Struktur interkultureller Kompetenz

Dabei gilt, dass die im Folgenden besprochenen Formen der Schulungen grundsätzlich Vorbereitungs-, bzw. Nachbereitungs- oder Wiedereingliederungsmaßnamen darstellen und dass der tatsächliche Kompetenzzuwachs in Form persönlicher Erfahrung im Verlauf des Entsendungszeitraumes stattfindet, u.U. auch im Nachhinein als Resultat der individuellen Reflexion.

„The making of ..."

Diese Differenzierung der erwerbbaren Fähigkeiten in die kognitive, bzw. verhaltensbezogene Ebene bedingt ebenfalls eine Differenzierung der Schulungsmethoden: Häufig wird allerdings nicht zwischen den Begrifflichkeiten für Maßnahmen interkultureller Kompetenzentwicklung unterschieden. Die hier verwendete Formulierung „Schulungen" soll aber als Hinweis darauf verstanden werden, dass es zum einen um die (Her-) Ausbildung von Fähigkeiten geht, und zum anderen verschiedene Methoden dafür in Frage kommen. Der theoretische, auch als didaktisch bezeichnete Ansatz kann vorrangig als Seminar oder Vortrag bzw. Diskussionsrunde verstanden werden, während das Training, der in diesem Zusammenhang am häufigsten verwandte Begriff, sinngemäß die aktive Teilnahme in den Vordergrund stellt und somit die Anwendung von Rollenspielen und anderen Simulationen, also erfahrungsorientierte Maßnahmen beschreibt.

Die inhaltliche Unterscheidung wird zwischen den Bereichen „kulturspezifisch" und „kulturallgemein/bzw. -übergreifend" vorgenommen. Wie sich leicht erschließen lässt, handelt es sich bei kulturspezifischen Maßnahmen darum, landesspezifische Informationen zu vermitteln, bzw. Simulationen durchzuspielen, die in ihrer Kombination vorrangig auf einen bestimmten Kulturkreis Bezug nehmen. Kulturallgemeine Schulungen beinhalten in Abgrenzung hierzu das Verständnis von Prinzipien kultureller Unterschiede, wobei es z.B. um Kriterien geht, mit Hilfe derer Unterschiede überhaupt als auf der kulturellen Ebene liegend erkannt werden können. Dazu zählen u.a. das Verhältnis des Einzelnen zur Gruppe, welches Verhältnis zu Autorität als Phänomen besteht oder auch die Betrachtungsweise von Erfolg, wobei zwischen persönlichem, selbst erreichten Erfolg und dadurch Statuszugewinn und einer Art natürlicher Statuszuschreibung durch z.B. Herkunft und Alter unterschieden werden kann. Ein anderes Beispiel ist das jeweilige Zeitempfinden, wozu auch der Stellenwert gehört, der Begriffen wie Tradition oder Zukunft zugesprochen wird.

Anhand von Simulationen können schließlich Handlungsalternativen innerhalb dieser „kulturellen Unsicherheitszonen" gestaltet und erprobt werden, wodurch ein gewisses Maß an Souveränität im Umdenken erreicht werden kann.

Abb. 4: Vier Typen interkultureller Trainings

Welche Schulungsform letztendlich Vorrang bekommt, sollte zum einen von der Unternehmensstrategie, aber auch von der verfügbaren Zeit abhängen. Empfehlenswert scheint eine Kombination der verschiedenen Schulungstypen, die zeitlich ineinander greifen und sich so zu einem optimalen Schulungsplan ergänzen sollten.

Diese Entscheidung hängt nicht zuletzt auch von der zeitlichen Komponente ab, wie viel Zeit als Vorbereitungsphase vor der Entsendung verbleibt. Idealtypisch lassen sich nämlich drei zeitliche Horizonte mit einer lang-, mittel- und kurzfristigen Perspektiven entwickeln, denen unterschiedliche Inhalte und Vermittlungsformen zugeschrieben werden können.

Optimale Schulungsgestaltung: Lang-, Mittel- und Kurzfristig

Als langfristige Maßnahme, die auch der Unternehmensentwicklung dienen kann, bietet sich eine Kombination aus kulturallgemeinen Seminaren und Trainings an. Beginnend damit, die Sensibilisierung für das Thema zu entwickeln, können und sollten Definitionen kulturbeschreibender Kriterien an der eigenen Kultur überprüft bzw. eigene Verhaltensweisen kritisch reflektiert werden, wobei sowohl allgemeine wie auch berufspraktische Ansätze Beachtung finden sollten.

Eine weitere Einführungsmethode wären das Abgleichen und Diskutieren von nationalitätsbedingten Vorurteilen bzw. ähnlich dem „Multi-Source"-Feedback zu überlegen, welche Außenwirkung die eigene Kultur habe.

Anhand von Fallbeispielen und Simulationen kann schließlich Verhalten in unterschiedlichen Situationen oder unterschiedliches Verhalten in immer gleichen Situationen erprobt und reflektiert werden. Für diejenigen der Teilnehmer, die in absehbarer Zeit einen Gastlandsaufenthalt beginnen werden, bietet es sich an, in diesem Zeitraum, der z.B. durch 1-2 Seminare und Trainingsveranstaltungen monatlich als durchgängige Maßnahme strukturiert werden könnte, auch den Erwerb der jeweiligen Fremdsprache anzugehen.

Der Unterschied zu mittelfristigen Schulungen liegt vorrangig darin, dass in einem mittelfristigen Zeitraum eine Kombination von kulturallgemeinen und kulturspezifischen Themen empfehlenswert ist. Z.B. kann die Information über kulturelle Hintergründe (Geschichte, Religion u.ä.) im Hinblick auf ihre Relevanz für das erkennbar kulturelle Verhalten überprüft und vertieft werden. In dieser Form kulturspezifischer Maßnahmen kann auch das Training von Verhaltensflexibilität vermehrt auf Situationen eingehen, die, durch Erfahrungen oder Studien bestätigt, als typisch für das jeweilige Entsendungsland bezeichnet werden können.

Kurzfristige Maßnahmen, wie Wochenend- oder Tagesseminare innerhalb weniger Wochen vor Abreise, eignen sich weder zum Spracherwerb noch zu einer sinnvollen Entwicklung von Kompetenz. Diese Schulungsform sollte sich vorrangig auf die Vermittlung von landesspezifischen Informationen und praktischen Hinweisen beziehen. „Tips & Tricks", sogenannte „Do's and Dont's", Informationen, die z.T. auch aus etwas ausführlicheren Reiseführern zu entnehmen sind, müssen nicht unbedingt nachhaltig sein, sondern sollten vorrangig in den ersten Wochen und Monaten des Aufenthaltes Präsenz haben.

Eine weitere – optimale – Hilfestellung für den Verlauf der Tätigkeit ist die Bereitstellung eines Mentors, der auf mindestens kulturspezifische Schnittstellenerfahrung zurückgreifen kann und damit einen kompetenten Ansprechpartner des Entsandten darzustellen vermag.

Insgesamt empfiehlt sich schließlich die Organisation eines Wiedereingliederungsprozesses, der kurz- und mittelfristig angelegt sein kann, sich aber durch langfristige Konsequenzen niederschlägt: Die Wiedereingliederung sollte auch in kultureller Hinsicht Unterstützung anbieten, z.B. durch Gespräche über die Erfahrungen oder Beobachtungen hinsichtlich der eigenen Kultur, die in diesem Zusammenhang neuartig scheinen können, natürlich aber auch die weiterführenden beruflichen Perspektiven des Mitarbeiters zum Thema haben. Wiederum gilt, dass die Einsatzfähigkeit von organisatorischer Absicherung ebenso abhängig ist wie von berufsbezogener und individueller Kompetenz. Der Vorteil für das Unternehmen liegt bei einer strukturierten Wiedereingliederungsphase darin, dass die Erfahrungen des Einzelnen ausgewertet und für die zukünftigen Entwicklungsmaßnahmen nutzbar gemacht werden können. Beispiele solcher Maßnahmen können auf der einen Seite ein Forum für den Erfahrungsaustausch in Form interner Datenbank, einer kleinen Bibliothek oder ähnlicher Kumulationspraktiken sein, auf der anderen Seite sollten sie genutzt werden, die bisherige Unternehmensstrategie, die Personalpolitik und die Anforderungskataloge immer neu am Beispiel erfahrener Realität auf ihre Tauglichkeit hin zu prüfen und entsprechend zu modifizieren.

Daraufhin entsteht durch die Schulungsmaßnahmen bis hin zur Auswertung der Erfahrung ein wichtiges Glied in einem Kreislauf der Unternehmensveränderung in Richtung Internationalität. Der Beitrag, der durch Schulungen geleistet wird, kann also gleichermaßen als Anstoß organisationalen Lernens verstanden werden.

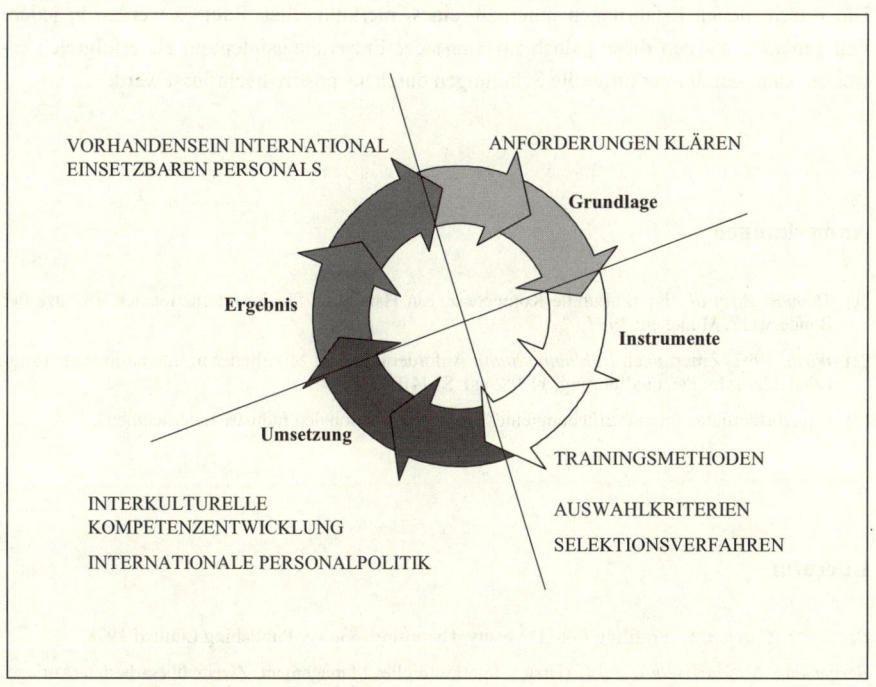

Abb. 5: Wachsender Grad der Internationalisierung

Schulungen interkultureller Kompetenz: Nur ein Baustein Internationaler Performance

Wie gezeigt wurde, handelt es sich bei den Bedingungen für eine erfolgreiche interkulturelle Performance nicht ausschließlich um Maßnahmen der Entwicklung interkultureller Kompetenz. Dafür, dass kulturelle Divergenzen nicht zum Scheitern oder zu erheblichen Komplikationen im Verlauf internationaler Tätigkeit führen, sind auch andere Vorbereitungen maßgeblich, die zu einem großen Teil effektiver und effizienter durch das Unternehmen abgedeckt werden können, als sie auf den Mitarbeiter zu projizieren.

Die tatsächliche Leistung von Schulungen besteht also darin, aufbauend auf ein persönliches Potenzial die kognitive Seite durch Information über die Bedeutungsveränderung verschiedener Verhaltensweisen und ein Bewusstsein über die Existenz alternativer Orientierungssysteme zu entwickeln. Durch parallele Trainings auf der verhaltensbezogenen Ebene ermöglichen Schulungen schließlich einen Zugewinn an Sicherheit im situativen Gebrauch verschiedener Handlungsalternativen.

Schulungen können im Vorfeld einer Entsendung immer nur vorbereitenden Charakter haben und keinesfalls den Ersatz tatsächlicher internationaler Tätigkeit liefern. Sie sollten auch nur als bedingt präventiv angesehen werden, da sie den interkulturellen Raum nicht abschaffen, sondern hauptsächlich helfen können, ihn zu verstehen und mit ihm umzugehen. Die verschiedenen Erfahrungen innerhalb eines interkulturellen Raumes werden in jedem Fall gemacht, ob sich diese jedoch im Sinne der Entsendungsintention als erfolgreich erweisen, kann durch interkulturelle Schulungen durchaus positiv beeinflusst werden.

Anmerkungen

(1) *Thomas, A. et al.*: Interkulturelle Kompetenz. Ein Handbuch für die internationalen Einsätze der Bundeswehr. München: 1997.

(2) *Wirth*, 1992. Zitiert nach *Kühlmann/Stahl*: Anforderungen an Mitarbeiter in internationalen Tätigkeitsfeldern. In: Personalführung, 11/98, vgl. S. 44ff.

(3) Unveröffentlichte interne Erhebung eines großen internationalen Industrieunternehmens.

Literatur

Bentley, T./Clayton, S.: Profiting from Diversity. Hampshire: Gower Publishing Limited 1998.

Bergemann, N./Sourisseaux, A.J.L. (Hrsg.): Interkulturelles Management. Zweite überarbeitete Auflage. Heidelberg: Physica-Verlag 1996.

Gesteland, R.: Global Business Behaviour. Erfolgreiches Verhalten und Verhandeln im internationalen Geschäft.. Zürich: Orell Füssli Verlag 1999.

Götz, K. (Hrsg.): Interkulturelles Lernen/Interkulturelles Training. 2. Aufl. München und Mering: Rainer Hampp Verlag 2000.

Hayles, R./Mendez Russel, A.: The Diversity Directive. Why Some Initiatives Fail & What To Do About It. New York: McGraw-Hill 1997.

Hilb, M.: Transnationales Management der Human-Ressourcen: Das 4P-Model des Glocalpreneuring. Neuwied, Kriftel: Luchterhand 2000.

Hofstede, G.: Culture's Consequences. International Differences in Work-Related Values. Newbury Park, London, New Delhi: Sage Publications 1980, 1984.

Hofstede, G.: Cultures and Organisations: Software of the mind. Intercultural cooperation and its importance for survival. New York: McGraw-Hill 1997.

Landis, D./Bhagat, Rabi S. (Hrsg.): Handbook of Intercultural Training. Thousand Oaks, London, New Delhi: Sage Publications 2 1996.

Thomas, A. (Hrsg.): Psychologie und multikulturelle Gesellschaft. München 1997.

Thomas, A. (Hrsg.): Psychologie interkulturellen Handelns. Göttingen Hogrefe 1996.

Thomas, A.. et al.: Interkulturelle Kompetenz. Ein Handbuch für die internationalen Einsätze der Bundeswehr. München 1997.

Trompenaars, F.: Riding the waves of culture: understanding cultural diversity in business. London: The Economist Books 1993 und 1994.

Warner, M. (Hrsg.): Comparative Management. Critical perspectives on business and management. London, New York Routledge.

Beratungskompetenz im interkulturellen Management

Klaus Bodel / Karin Rémolu-Neumayer

Einleitung

Aus den Beratungserfahrungen im interkulturellen Management ergibt sich ein umfangreiches Aufgabenspektrum für einen international arbeitenden Consultant. Die Schlüsselfaktoren für ein gutes Beratungskonzept und die erforderlichen Kompetenzfelder für eine interkulturelle Beratungsarbeit werden ebenso dargestellt wie die Aspekte eines passenden ‚Contractings', das klären hilft, wodurch sich Berater und Klient im Prozess leiten und führen lassen. Außerdem werden die Fragen thematisiert, wie Ziele vereinbart und Konflikte gemeinsam bearbeitet werden können.

Interkulturelles Management

Internationale Arbeitsbeziehungen und Wirtschaftskontakte setzen neben entsprechenden Sprachkenntnissen auch die Kenntnisse über andere Kulturen voraus. In den interkulturellen Beratungen und Trainingsmaßnahmen werden die Gemeinsamkeiten und Unterschiede zwischen den verschiedenen Kulturen mit Bezug auf das alltägliche Geschäftsleben bearbeitet. Dabei kommen zwei unterschiedliche Theorie-Ansätze in Betracht:

> (1) **Konvergenz-Theorie:** Motto – „Die Welt wächst zusammen ... "
>
> (2) **Divergenz-Theorie:** Motto – „Internationalisierung führt zu divergentem Verhalten im beruflichen Arbeitsleben ... "

Abb. 1: Die 2-Theorieebenen

Bei einer Beratungsarbeit im interkulturellen Rahmen geht es unter anderem um folgende Aufgabenstellungen:

- Erfolgspotenziale von internationalen Arbeitsgruppen, z.B. Projektteams oder Task Force Teams, ausschöpfen,

- Mitarbeiter für internationale Aufgaben oder für die Arbeit in multikulturellen Teams qualifizieren und

- Management-Teams mit ihren spezifischen Synergien in der gemischtkulturellen Zusammensetzung entwickeln.

Der Einsatz von unterschiedlichen Methoden und Interventionsmaßnahmen wird daher vom jeweiligen Beratungsprozess bestimmt.

Kompetenz-Felder

Aus diesen Überlegungen heraus ergeben sich verschiedene Kompetenzfelder, die in interkulturellen Beratungen für die Güte und Qualität der Arbeit Geltung haben:

- **Kommunikations-Kompetenz**
- **Reflektions-Kompetenz**
- **Fokussierungs-Kompetenz**
- **Integrations-Kompetenz**
- **Interventions-Kompetenz**
- **Neutralitäts-Kompetenz**
- **Integritäts-Kompetenz**

Abb. 2: Übersicht der Kompetenzfelder

Diese einzelnen Kompetenzfelder lassen sich in verschiedene Parameter aufgliedern und definieren. In diesem Zusammenhang sollen nur einige Beispiele veranschaulichen, wie jedes Kompetenzfeld beschrieben werden kann.

Kommunikations-Kompetenz umfasst unter anderem die Fähigkeit des aktiven Zuhörens, die Fähigkeiten des Paraphrasierens (Wiederholungsprinzip in der Kommunikationspraxis, um sicherzustellen, dass die Inhalte gut verstanden worden sind) und Verbalisierens (die emotionalen Aspekte der inhaltlichen Botschaften ansprechen) sowie ein ausgeprägt gutes Wahrnehmungsvermögen (vor allem auch um die nonverbalen Aspekte der Kommunikation aufnehmen zu können).

Reflektions-Kompetenz enthält unter anderem die Schlüsselfertigkeit der Empathie (Einfühlungsvermögen) und das Repertoire des zirkulären Fragens.

Fokussierungs-Kompetenz ist beispielsweise an den Aspekten ‚Aufmerksamkeit im Hier und Jetzt' und ‚Offenheit für die Situation' festzumachen. Außerdem zeigt sich hierin die Flexibilität des Beraters auf die aktuellen Bedürfnisse des Klienten einzugehen.

Integrations-Kompetenz ist beispielsweise die Fähigkeit, unterschiedliche Details der interkulturellen Situation in einen gesamtkulturellen Kontext zusammenzuführen und die geschilderte Situation in einem kulturspezifischen Kontext zu sehen.

Interventions-Kompetenz bedeutet, das passende Methodenrepertoire verfügbar zu haben und situationsspezifisch und klientenzentriert einsetzen zu können. Gerade diese Handlungsflexibilität kann den verschiedenen Elementen und Rahmenbedingungen von Beratungssituationen Rechnung tragen und somit ein Vorgehen nach einem monokausalen oder eindimensionalen Beratungskonzept verhindern.

Neutralitäts-Kompetenz beinhaltet die Möglichkeit, eine notwendige Distanz zu halten und das Prinzip des ‚Hubschrauberblicks' bzw. der ‚Vogelperspektive' einnehmen zu können (Betrachtung aus der sogenannten ‚Meta-Perspektive').

Integritäts-Kompetenz bezieht sich auf die Beratungsethik und das professionelle Credo von interkulturellen Beratern. Ein Merkmal für dieses Kompetenzfeld ist beispielsweise, dass keine Manipulationsspiele zwischen Berater und Klient ablaufen.

Die genannten Kompetenzfelder sind im Prinzip eine Art ‚Masterplan' für eine erfolgreiche Beratungstätigkeit im interkulturellen Management. Wie bereits ausgeführt sind eine tragfähige Klienten-Berater-Beziehung dafür eine wesentliche Voraussetzung. Der Aufbau und die Pflege dieser Beziehungsstruktur ist im Rahmen der Kontaktphase und in Form des sogenannten ‚Contracting' anzustreben. Dass sich aus der Phase des Kontakts eine arbeitsfähige Konstellation zwischen Berater und Klient entwickeln muss, ist nachvollziehbar. Was jedoch häufig in der Phase des ‚Contractings' übersehen wird, ist die Einbindung der ‚strategischen' Elemente, z.B. die Gesamtstrategie der Organisation oder die unternehmensweite Bedeutung der internationalen Management-Beratung. Daraus hat sich in der internationalen Beraterszene folgendes Motto abgeleitet:

„Think strategically, operate globally, execute locally !"

Das jeweilige Beratungskonzept wird im Rahmen des ‚Contracting' auch die Aspekte des Nutzens, also die Fragen nach dem ‚added value' und der Nachhaltigkeit (d.h. das Prinzip des ‚sustainable development' oder des ‚maintaining momentum'), beantworten müssen. Gleichzeitig ist im Zusammenhang des Kontrakts auch das jeweilige ‚Commitment' für die Veränderungsarbeit zu klären. Viele Initiativen im Rahmen des Change Managements sind aus diesen Gründen eher gescheitert oder verpufft. Hierbei sind die Fähigkeiten des Beraters ausschlaggebend, die Botschaften und Absichten des Klientensystems aufzunehmen und zu verstehen und im Kontext der Analyse- und Diagnosephase die Diskrepanzen oder Unstimmigkeiten, die sich möglicherweise ergeben haben, aufzudecken und anzusprechen. Dies kann im Sinne der externen Reflektionskompetenz erfolgen; nach dem Prinzip ‚jemandem kritisch den Spiegel vorhalten'. Die Risikoeinschätzung dadurch vielleicht einen Beratungsauftrag zu verlieren, verhindert oftmals sich den wahrgenommenen Brüchen oder Diskontinuitäten zu stellen und diese Themen in der Kontraktphase einer notwendigen Klärung zuzuführen. Letztlich ist hier auch die ökonomische Dimension zu betrachten und es geht darum, sich als interner oder externer ‚Consultant' im Systemzusammenhang und dem persönlichen Rollenkonzept kritisch zu reflektieren.

Erfolgs-Faktoren

Die Schlüsselfaktoren für eine erfolgreiche interkulturelle Management-Beratung zu identifizieren und zu entwickeln, stellt sich als eine schwierige Aufgabe dar. Die unterschiedlichen Beratungsansätze und die Vielzahl verschiedener Qualifikationsangebote im europäischen Raum sowie weltweit weisen eine große Bandbreite von Einsichten und Erkenntnissen auf und versprechen mit den jeweiligen Techniken die Beratungsqualität effektiv zu verbessern. Oftmals nehmen die entsprechenden Veröffentlichungen den Charakter eines unseriösen Lockangebotes an.

Um nicht in die Dimension eines ideologisch geprägten Richtungsstreits zu geraten, sollen im folgenden einige Aspekte aus den praktischen Erfahrungen der Beratungsarbeit angeboten werden, die als wesentliche Faktoren für eine interkulturelle Fallbearbeitung beachtenswert erscheinen.

- Analyse der aktuellen Strukturen (technisches und soziales System)
- Bereitschaft der Beteiligten zur aktiven Mitgestaltung
- Führungsverhalten bzw. Teamleiter-Verhalten
- Festlegungen zur Leistungsbewertung
- Informations-Management
- Motivations-Management (z.B. die Aspekte des ‚Empowerment')
- Veränderungs-Management (unter anderem ist bei wichtigen Projekt-Teams und deren ‚Change-Aktivitäten' zu beachten, wie die Aufgaben und die Zusammensetzung des Lenkungsausschusses machtpolitischen Einfluss haben)
- Umfeld-Analyse (hierbei ist unter anderem wichtig, wie die Strukturierung des Umfelds und flankierender Maßnahmen wahrgenommen wird, um die relevanten ‚Schnittstellen' zu beachten)
- Ziel-Management (z.B. wie werden Ziele gesetzt, vereinbart und verfolgt und auch wie steht es um die ‚Visionen' im Kontext des Zielmanagements)

Abb. 3: Faktoren der interkulturellen Fallarbeit

In den interkulturellen Fallberatungsprozessen kann es verschiedene mögliche Konfliktfelder geben. So ist oftmals eine Dominanzbestrebung von ‚Experten' festzustellen, d.h. es wird in der Management-Beratung mittels Experten- oder Machtstrategie gearbeitet. Auch die Dominanz einer Minorität in Teamberatungen kann ein potenzielles Konfliktthema darstellen; es wird beispielsweise in einer Beratungssequenz in einem interkulturellen Team eine entsprechende Gruppendynamik erzeugt, die sich als kontraproduktiv für die Fallbesprechung herausstellen kann.

Ein weiteres Anzeichen für ein Konfliktfeld ist das Fehlen von Ambiguitätstoleranz oder Multi-Perspektivität. Auch ein Mangel an gegenseitiger Wertschätzung beeinträchtigt die Beratungsqualität; insbesondere unter hohem Zeit- und Leistungsdruck bei der Konfliktbearbeitung kann es zu den sogenannten ‚quick and easy' Lösungen kommen. Um diese

Konfliktpotenziale in der interkulturellen Management-Beratung besser diagnostizieren zu können, bietet sich eine Gliederung nach folgendem Schema an.

- **Kognitive Ebene:**
  - Stereotypisierungen
  - Bewertungstendenzen von Personen und Situationen
- **Emotionale Ebene:**
  - Frustration, Verärgerung, Unzufriedenheit
  - Leidensdruck
- **Verhaltensebene:**
  - Apathie, Rückzug, ‚innere Kündigung'
  - Aggression (offen oder verdeckt)
  - Beschwerden, Reklamationen
  - Destruktion, Reduzierung von Leistung
  - Verweigerung zur Investition in Konfliktlösung

Abb. 4: 3-Ebenen-Schema

Interkulturelle Synergie-Effekte

Im internationalen Kontext von Management-Beratung können kulturelle Differenzen störend wirken oder auch neue Potenziale eröffnen. In der Bearbeitung von Konfliktfällen lassen sich daraus 3 Schlüsselfragen ableiten:

(1) Wie gehen Mitarbeiter, Manager und Mitglieder in den interkulturellen Teams mit den anderen Kulturen, Mentalitäten und Gewohnheiten um?

(2) Wie können die Mitarbeiter für die kulturellen Besonderheiten und die anderen Wertvorstellungen und Haltungen sensibilisiert werden und somit die erforderliche interkulturelle Handlungskompetenz erwerben?

(3) Wie können kognitive Routinen und emotionale Selbstverständlichkeiten erfasst und kritisch reflektiert werden?

In diesem Zusammenhang sind auch die Erkenntnisse von verschiedenen Rollen in Arbeitsteams aus dem Umfeld der Gruppendynamik nutzbringend anzuwenden; in den multikulturellen Teams oder Projektgruppen werden sich in unterschiedlicher Form eine Reihe verschiedener Rollen herauskristallisieren:

- Altkluge, Besserwisser,
- Gruppenclown,

- Held/Heldin (oftmals ‚tragische Figur'),
- König/Königin,
- Prinz/Prinzessin (Strahlemann/Strahlefrau),
- Supermann/Superfrau,
- Sündenbock (‚Schwarzes Schaf') und
- Vermittler/Vermittlerin (Diplomat/Diplomatin).

Mit Hilfe von verschiedenen Methoden aus den Ansätzen der Humanistischen Psychologie, z.B. Aufstellungen, Skulpturarbeit, Psychodrama, Soziometrie usw., kann in der Beratung ein entsprechendes ‚Setting' angeboten werden, um diese Rollen transparent zu machen und mit dem multikulturellen Team daran zu arbeiten, die Rollenklärung als Ausgangspunkt für ein auf Synergie ausgerichtetes Teamverhalten zu nutzen. Hier kommt es sehr darauf an, das eine gegenseitige Wertschätzung für die Unterschiede erarbeitet wird und damit dem Prinzip des ‚Management of Diversity' entsprechend Rechnung getragen wird. Letztlich kann dieses Vorgehen dann den Boden bereiten, die gemeinsamen Spielregeln für eine effektive und effiziente Zusammenarbeit im internationalen Team festzulegen. Aus der Beratungspraxis hat sich hierfür ein Konzept mit fünf Phasen entwickelt, das die wesentlichen Elemente für eine Fallarbeit darstellt und die Transfersicherung in den Mittelpunkt der Überlegungen rückt. Das Transfergruppen-Konzept baut auf den Erkenntnissen und Erfahrungen kollegialer Praxisberatung auf, die sich in der Vielzahl von Supervisions- oder Intervisionsgruppen in verschiedenen Feldern sozialer und psychologischer Beratungssysteme niedergeschlagen hat. Die Arbeitsprinzipien von diesen Beratungsgruppen finden hier ebenfalls Anwendung und stellen das notwendige Strukturgerüst dar.

- **Phase 1: Auswahl der Praxisfälle** (kurze Situationsdarstellung)
- **Phase 2: Exploration** (Fallpräsentation mit Transferaspekten)
- **Phase 3: Verdichtung der vorgestellten Fallsituation** (besondere Merkmale und Aspekte des Fallbeispiels herausarbeiten)
- **Phase 4: Problemerörterung und Lösungsdiskussion** (Gemeinsamkeiten und Unterschiede von Lösungsalternativen)
- **Phase 5: Transferauftrag** (Umsetzungsmaßnahmen und Aktionsplanung vereinbaren)

Abb. 5: Das 5-Phasen-Modell des Transfergruppen-Konzepts

Im Konzept der Transfergruppen ist der Fokus auf die Handlungsorientierung in den interkulturellen Situationen gerichtet und auf die Möglichkeiten, die behandelten Situationen und erarbeiteten Handlungsoptionen in den Praxisbezug des Berufsalltags zu bringen. Für diese Art der Fallbesprechung haben sich folgende Leitfragen in der Beratungsarbeit bewährt:

- Was ist mir an diesem Fallbeispiel aufgefallen?
- Wie klar ist mir das Fallbeispiel dargestellt worden?
- Wie wirkt die Situation zunächst einmal auf mich?
- Wie intensiv hat eine Situationsanalyse bereits stattgefunden?
- Wie sieht das Problem aus der Sicht der Beteiligten aus?
- Welche Erfahrungen haben die Beteiligten und Betroffenen gemacht?
- Wie wirkt in dieser Situation das geschilderte Verfahren auf mich?
- Wie fühlen sich die Problembeteiligten?
- Welche Möglichkeiten sehe ich, das Problem zu verändern?
- Was würde ich tun oder was scheint mir geeignet zu sein?
- Wie kann es aus meiner Sicht das nächste Mal besser gehen?
- Welche persönlichen Eigenschaften und Verhaltensweisen können sich förderlich oder hinderlich für eine Problemlösung auswirken?
- Was brauche ich, um die gewonnenen Erkenntnisse und Empfehlungen in den beruflichen Alltag konkret umzusetzen?

Diese Leitfragen bieten die Möglichkeit, sich über die Erwartungen und Anforderungen des Klienten sowie über dessen Kompetenzen, Fähigkeiten und Persönlichkeitsaspekte klar zu werden. Projekt- und situationsbezogen kann damit zu einer Klärung für das multikulturelle Problem beigetragen werden.

Beratungs-Audit

Aus dem Anforderungsspektrum für einen interkulturellen Management-Berater ergeben sich spezifische Kompetenzprofile. Ein entsprechendes Beratungs-Audit kann die wesentlichen Dimensionen erfassen und damit ein umfassendes Bild anbieten, an denen die Leistungen eines Beraters zu messen sind. Mit einem derartigen Beratungs-Audit sind folgende Aspekte zu beleuchten:

- Berater-Kompetenzen,
- Berater-Skills und
- Berater-Persönlichkeit.

Das Instrumentarium muss dem Berater durch Selbst- und Fremdeinschätzung die Möglichkeit bieten, seine persönlichen Stärken und Schwächen zu analysieren und daraus gezielt mögliche Entwicklungsschritte ableiten zu können. Die Inhalte des gewählten Instrumentariums für das Beratungs-Audit müssen aktiv bearbeitet werden können und flexible Anwendungsmöglichkeiten bieten. Vom Abgleich mit dem spezifischen Anforderungsprofil bis hin zur Analyse der individuellen Entwicklungsfelder sollte das Audit-System alle notwendigen Tätigkeitsaspekte abdecken und damit in die Realisierung des gewünschten Kompetenzmodells münden.

Interkulturelle Team-Entwicklung – Von der Konzeption zur Realisation

Klaus Bodel / Karin Rémolu-Neumayer

Einleitung

Im Rahmen zunehmender Globalisierung ist nicht nur die Qualifizierung von einzelnen Managern sondern auch die Entwicklung von interkulturellen Teams in das Aufgabenspektrum einer systematischen Personalentwicklung mit internationaler Ausrichtung aufgenommen worden. Personalentwickler und Führungskräfte sind gefordert, in ihrem Verantwortungsbereich effiziente internationale Teamstrukturen zu entwickeln und die Qualität der Zusammenarbeit von multi- oder bikulturellen Arbeitsgruppen zu erhöhen. Die Aspekte einer interkulturellen Team-Entwicklung vom Konzept bis zur Umsetzung werden behandelt.

Interkulturelle Teams

Die Schlüsselkompetenzen für interkulturelle Kommunikation sowie für die Zusammenarbeit in multikulturellen Teams gehören seit einigen Jahren zu den wesentlichen Anforderungen für Mitarbeiter und Führungskräfte in international arbeitenden Unternehmen. Die internationale Teamfähigkeit ist ein durchgängig gefordertes Kriterium bei Stellenbesetzungen. Es gibt aber auch einige kritische Positionen, die eine allzu naive Glorifizierung von Teams als wenig realitätsnah beschreiben. Dennoch sind wichtige Innovationen der vergangenen Jahre und Jahrzehnte im wesentlichen auch Ausdruck von starken Teams und ihrem Erfindungsreichtum. Daraus hat sich für die innerbetriebliche Bildungsarbeit ein Schwerpunkt in den Maßnahmen zur Teamentwicklung ergeben.

Für die Praxis der Personalentwicklung zur interkulturellen Teamentwicklung lassen sich die in Abb. 1 dargestellten Schwerpunkte herausarbeiten.

Bei der Aufgabenstellung für ein internationales Team ergeben sich immer wieder eine Vielfalt unterschiedlicher Fragestellungen:

- Wie ist die Arbeitsorganisation und die Ressourcenverwaltung gestaltet?
- Welche Einstellungen, Motivationen und Wertepositionen sind vorhanden?
- Wie werden Führungsverhalten und Leistungskontrolle miteinander vereinbart?
- Welche Funktionen und Verantwortungsumfänge sind festgelegt?
- Wie steht es um die Kommunikation und die Qualifizierung der Mitarbeiter?

- Leistungen des interkulturellen Teamtrainings müssen sich am jeweiligen Bedarf orientieren; in einer Bedarfsanalyse sind die tatsächlichen Problemstellungen gemeinsam zu analysieren.
- Konzeptionen sollen zu maßgeschneiderten Qualifizierungs- und Entwicklungsmaßnahmen führen.
- Ziele, Inhalte und Dauer sind bedarfsgerecht zu vereinbaren.
- Entwicklung von abteilungsspezifischen Workshops, den sogenannten ‚Family-Trainings', können gegebenenfalls die im Auftrag formulierten Zielsetzungen effizient erreichen.
- Selbstlernmöglichkeiten mit Hilfe interaktiver Lernprogramme, z.B. zu Themen wie ‚Motivation' oder ‚Zeitmanagement' können als flankierende Bildungsaktivitäten genutzt werden.

Abb. 1: Die 5 Aspekte interkultureller Team-Entwicklung

- Welche Orientierung für neue Teammitglieder werden angeboten?
- Welche Organisationskultur ist vorherrschend und hat welchen Einfluss?
- Wie stellt sich das Problemlöseverhalten und die Entscheidungsfindung dar?
- Welche Aspekte, Methoden und Techniken des Projektmanagements gibt es?
- Wie konsequent wird im Team mit Zielvereinbarungen umgegangen?

Interkulturelle Team-Entwicklung

Für eine interkulturelle Team-Entwicklung sind die jeweiligen Trainingsansätze mit den Werten, Identitäten, Konfliktpotenzialen und Projektaufträgen des internationalen Teams abzugleichen, um den Spannungsbogen zwischen sinnvoller Team-Entwicklung und ‚unproduktiver Gruppendynamik' für wichtige Themen wie Ergebnisverantwortung, Orientierungs- und Sicherheitsbedürfnisse der Teammitglieder und Teamorientierung der Organisationskultur zu nutzen. Das konkrete Entwicklungskonzept für ein international arbeitendes Team gliedert sich dann in die Phasen der Vorbereitung, Durchführung und Nachbereitung.

- **Vorbereitung:** Analyse der Team-Aufgaben und -Ziele, Diagnose der Team-Mitglieder und der gesamten Team-Struktur, potenzielle Konfliktfelder für das globale Team
- **Durchführung:** Umsetzung des spezifischen Trainings-Design
- **Nachbereitung:** Nachfassaktionen, z.B. in Form von Follow-up Maßnahmen, Angebote für Coaching und Supervision

Abb. 2: Das 3-Phasen-Konzept

Die Unterstützung eines Team-Entwicklungsprozesses ist durch speziell abgestimmte Qualifizierungsmaßnahmen sinnvoll und effizient. Daher sind maßgeschneiderte Trainings für multikulturelle Teams oder internationale Projektgruppen in Form, Inhalt und Dauer immer am Bildungsbedarf orientiert.

Eine professionelle Teambegleitung beginnt mit einer differenzierten Diagnose und kann über eine gemeinsame Startveranstaltung, sogenannte ‚Kick-off-Meetings', zum eigentlichen Teamtraining führen. Der Team-Entwicklungsprozess wird durch Follow-up Maßnahmen, z.B. Transfertage, flankiert. Um diese Vorgehensweise in einem ganzheitlich ausgerichteten Personalentwicklungskonzept zu verankern, sind die entsprechenden Voraussetzungen zu schaffen und die notwendigen Vereinbarungen mit allen Prozessbeteiligten zu treffen. Für die Umsetzung des Konzept sind dann verschiedene Module zu entwickeln.

Modul 1: Typologie der Team-Arbeit, Analyse der Arbeitsstil-Präferenzen und die Ausgewogenheit in der Teamzusammensetzung.

Modul 2: Team- und Management-Profile, Team-Rollen und Team-Aufgaben.

Modul 3: Erfahrungen, Erlebnisse und ‚Best Practice' von interkultureller Team-Arbeit (unter anderem durch Feedback Sessions).

Modul 4: Verständnis für die kulturellen Gemeinsamkeiten und Unterschiede sowie die entsprechende Nutzung von Synergien für die Team-Zielsetzungen.

Modul 5: Verknüpfung der ‚Skills' im Team, das sogenannte ‚team linking' und die Gestaltung von Modellen und Arbeitstechniken für eine exzellentes Team.

Abb. 3: Übersicht der Module

Im Rahmen einer interkulturellen Team-Entwickung ist eine Zielklärung und Zielvereinbarung, z.B. durch einen vorbereitenden Team-Workshop (unter Einbeziehung der Auftraggeber), empfehlenswert. Die festgelegten Ziele werden dann im Design-Konzept berücksichtigt. In vielen Fällen lassen sich die Zielfelder in folgende Bereiche untergliedern:

- Analyse von interkulturellen Missverständnissen und Erarbeitung von Lösungsstrategien zur Problembewältigung.
- Klärung von kulturellen Konnotationen und daraus abgeleiteter Erwartungshaltungen beziehungsweise unterschiedlicher Handlungsmuster.
- Sensibilisierung und Bewusstmachung von Kulturspezifika.
- Erweiterung des mono-kulturellen Verhaltensrepertoires.
- Transparentmachung von wichtigen kritischen ‚cultural issues' im Business-Kontext.

Die Teamtrainings im internationalen Umfeld sollen dazu beitragen, die Herausforderungen besser zu bewältigen, die sich aus den komplexen Aufgabenstellungen und durch die Bildung neuer Arbeitsorganisationen ergeben. Das Unternehmen oder die Organisation will in den interdisziplinären und multikulturellen Teams ganzheitliches sowie vernetztes Denken und Handeln erreichen und will dies durch eine Team-Entwicklungsmaßnahme ermöglichen. Eine effiziente Zusammenarbeit in einem multinationalen Team gilt als wichtige Voraussetzung für die erfolgreiche Lösung gemeinsamer Aufgaben. Die Gestaltung dieser Zusammenarbeit stellt hohe Anforderungen an den Teamleiter oder Sprecher des Teams sowie an die Team-Mitglieder, vor allem im sozialen, interkulturellen und methodischen Bereich. In diesem Zusammenhang stellt sich oftmals die Frage sind wir im Team gemeinsam stark oder zusammen schwach?

Das 5-Schritte-Konzept für interkulturelle Team-Entwicklung nimmt diese Aspekte auf und stellt dafür einen Prozessablauf bereit:

5-Schritte-Konzept

1. Schritt: Auftragsklärung zur Zielsetzung und den Inhalten.

2. Schritt: Einzelinterviews mit den Team-Mitgliedern, dem Team-Leiter und dem Auftraggeber sowie anderen wichtigen Schnittstellen-Partnern auf der Basis eines Fragenkatalogs zur Konkretisierung der Ziele.

3. Schritt: Vorgespräche zur gezielten Vorbereitung auf die Trainings.

4. Schritt: Durchführung der Teamtrainings mit der Integration von erlebnisorientierten Übungen.

5. Schritt: Weitere Begleitung des Teams, z.B. durch Coaching, sowie Standortbestimmung zur Klärung von Follow-up Maßnahmen und weiterem Qualifizierungsbedarf.

Abb. 4: Das 5-Schritte-Konzept

Wie aus dem Konzept ersichtlich, ist das zielgerichtete Vorgehen auf der Basis von Leitfragen sehr wesentlich. Zu den elementaren Aspekten des Fragenkatalogs gehören unter anderem folgende Fragestellungen:

- Welche Bedeutung haben die internationalen/multikulturellen Teams in der Organisation?
- Wie können komplexe Probleme durch internationale Teams aus der Sicht der Befragten schneller und besser gelöst werden?
- Wie können Team-Leiter ihre interkulturell zusammengesetzte Gruppe zu optimaler Leistung motivieren?
- Was sind die Vorteile und Chancen für jeden einzelnen Mitarbeiter in einer interkulturellen Teamarbeit?

- Welche spezifischen Probleme gab es in der Vergangenheit oder gibt es in bereits bestehenden multinationalen oder bikulturellen Arbeits- oder Projektteams?

Die aus derartigen Befragungen resultierenden Probleme multikultureller Teams sind beispielsweise die Verstärkung des eigenkulturellen Repertoires, um dadurch eigene Unsicherheiten zu kaschieren. Auch die Unkenntnis der fremdkulturellen Standards führt zu erheblichen Verunsicherungen oder Frustrationen. So sind beispielsweise die Unterschiede bei Arbeits- und Führungsstilen, in Besprechungsritualen und Kommunikationsformen oder im Problemlösungs- und Entscheidungsverhalten in Gruppen wenig oder gar nicht bekannt. Oftmals herrscht auch eine fundamental geprägte ‚kritische' oder ‚ablehnende' Werthaltung gegenüber der Fremdkultur vor, die sich in einer Ablehnung gegenüber den fremdkulturellen Einflüssen offenbaren kann. Weiterhin ist durch entsprechende Analysen bekannt, dass bei manchen Team-Mitarbeitern in interkulturellen Teams auch die negative Personenattributierung, d.h. das Verhalten einzelner Personen aus einer anderen Kultur wird kritisch erlebt und dann als kulturelles Muster verallgemeinert, zu erheblichen internen Spannungen in den Teams führen kann. Hierdurch werden auch die Phasen der Gruppen- und Team-Entwicklung mit geprägt. Die Leistungsfähigkeit von multinationalen Teams lassen sich im folgendem Phasenkonzept darstellen, das sich an die Gliederung eines typischen Verlaufs einer ‚klassischen' Team-Entwicklung orientiert.

5 Phasen der Team-Entwicklung

- **FORMING:**
  Kontakt- und Test-Phase (Team-Mitglieder verhalten sich: beschnuppernd, gespannt, höflich, orientierend, unpersönlich, vorsichtig usw.)

- **STORMING:**
  Nahkampf-Phase (Auseinandersetzungen, austesten, Cliquenbildungen, unterschwellige Konflikte usw.)

- **NORMING:**
  Organisations-Phase (Akzeptanz von Methoden und Vorgehensweisen, Rollen- und Zielklärung)

- **PERFORMING:**
  Zusammenarbeits-Phase (Team-Mitglieder sind: flexibel, hilfsbereit ideenreich, leistungsfähig, offen, solidarisch usw.)

- **REFORMING:**
  Abschluss-Phase (das Team verhält sich insgesamt konfliktklärend, reflektierend und befindet sich in der Abschieds- und Trennungsphase)

Abb. 5: Die 5 Phasen der Teamentwicklung

Um Teams mit internationaler Besetzung erfolgreich zu führen, werden an den Team-Leiter unterschiedliche Anforderungen gestellt. Dazu zählen unter anderem die Qualitäten einer

Führungspersönlichkeit mit Selbstbewusstsein und kritischer Selbsteinschätzung. Außerdem eine entsprechende Lernbereitschaft, um sich auf die unterschiedlichen Situationen einzustellen und sich den interkulturellen Herausforderungen realistisch zu stellen. Weiterhin die Motivationskraft um die Einsatzbereitschaft und Produktivität des internationalen Teams zu steigern sowie die Überzeugungskraft, um einzelne Mitarbeiter für das Erreichen des gemeinsamen Ziels zu begeistern.

Design von Team-Trainings

Die Integration von erlebnisorientierten Übungen in das Trainings-Design von interkulturellen Team-Trainings macht die Seminarinhalte erfahrbar und hilft dem Trainings-Transfer. Durch gezielte Übungen (z.B. Rollenspiele, Videofeedback, Gruppenübungen) werden geistige und emotionale Lernprozesse ausgelöst und wichtige Problemstellungen transparent gemacht. Ungewöhnliche Lernerfahrungen, z.b. durch Einsatz von kreativen Sequenzen mit Collagen oder durch ein ungewohntes Handlungsfeld – beispielsweise in der Natur – können dazu beitragen, die relevanten Lernerkenntnisse wirksam zu verankern. Diese Lernaktivitäten sind Bestandteil eines Lösungsprozesses für persönliche oder gruppenspezifische Lern- und Handlungsblockaden und werden wesentlich durch die Moderationsqualität des Trainers mitbestimmt. Eine regelmäßige Reflektion innerhalb des Seminars sichert die Lern-Erfahrungen für den Transfer in den Arbeitsalltag der Teilnehmer und des Teams. Bei aller Vielfalt der eingesetzten Übungen für die Teams – oftmals mit dem Fokus der gruppendynamischen Auswertung nach dem Motto: herrschte hier ‚Teamwork' oder ‚Hühnerhaufen' vor? – ist die sorgfältige Auswahl und Einbindung der Übungssequenzen ein wichtiges Qualitätsmerkmal der Designkonzeption für multikulturelle Team-Entwicklung. Das Paradigma der Erlebnisorientierung in den zahlreich angebotenen ‚outdoor gestylten' Team-Trainings verspricht, dass die Teilnehmer ‚da draußen' endlich kapieren können, worum es eigentlich geht! Die Wahrheit über die Transfereffekte vieler Outdoor-Trainings sieht oftmals anders aus und zeigt bei kritischer Betrachtung die Möglichkeiten und Grenzen konsequenter Bedarfsorientierung bei internationalen Team-Trainings auf. Die entscheidende Frage lautet somit: Wann passt welcher Trainingsansatz zu den gestellten Aufgaben?

Eine interessante Verknüpfung von Trainings-Modulen und Gruppen-Übungen stellt das in Abb. 6 dargestellte Konzept dar, das in der Arbeit mit deutsch-britischen und deutsch-amerikanischen Team-Entwicklungsmaßnahmen entstanden ist.

Evaluierung oder auch ‚Team Audit'

Im Rahmen der Qualitätssicherung, Evaluierung und des Praxistransfers ist für eine interkulturelle Team-Entwicklung auch das entsprechende Methodenrepertoire für eine entsprechende Transfersicherung bereitzustellen. Die Prinzipien und Verfahrensweisen zur Evaluierung von Team-Trainings sind in ihrer Bandbreite vielfältig; aber überwiegend findet eine konsequente Transferprüfung kaum statt. Daher ist in der Trainingspraxis ein pragmatischer Ansatz zur Evaluierung und Transfersicherung empfehlenswert. Hier setzt

6 Step Model – Modules and Exercises

STEP # 1: Warming up

STEP # 2: Intercultural Awareness

STEP # 3: Critical Incidents

STEP # 4: Creativity

STEP # 5: Team Development (indoor/outdoor)

STEP # 6: Wrap up & Reflection

Abb. 6: Das Modell des 6-Schritte-Verfahrens

die Idee einer ‚Toolbox' für das sogenannte ‚Team Audit' an. Das Methoden-Set für eine solche Team-Bewertung kann der Organisation die Instrumente für die Messung und Verbesserung von Teams und von Teamarbeit bereitstellen und damit auch eine organisationskulturelle Veränderungsarbeit ermöglichen. Aus der Vielzahl von Angeboten und Möglichkeiten für eine derartige ‚Toolbox' sollen hier nur die wesentlichen fünf Aspekte dargestellt werden.

1. **Analyse und Diagnose des Teams** im Spektrum von Hochleistungsteams (Methoden: z.B. Belbin-Test, Team-Design, Katzenbach-Matrix usw.)

2. **Bilanz der Stärken und Schwächen im Team**
   (Methoden: z.B. Herrmann Dominanz Instrument, SWOT-Analyse usw.)

3. **Leistungsprofil des Teams im Kontext der Organisation**
   (Methoden: z.B. Organisationskultur-Diagnose nach Harrison, Skalierung von Teamleistung, Profilerhebung mit den Schlüsselfaktoren usw.)

4. **Konsolidierung des Teams und der Team-Leistung**
   (Methoden: z.B. Modell der Teamentwicklungs-Uhr, Reifegrad-Diagnose, ‚Quality check' mit Elementen aus dem Qualitätsmanagement usw.)

5. **Entwicklung und Implementierung eines Aktionsplans**
   (z.B. Maßnahmen zur weiteren Qualifizierung, Coaching, Supervision)

Abb. 7: Team Audit-Toolbox

Das Instrument des Team-Entwicklungsprofils ist ein Hilfsmittel, um die Ist- und Soll-Situation einer internationalen Arbeitsgruppe bezogen auf verschiedene Team-Entwicklungskriterien darzustellen. Die Einschätzung erfolgt beispielsweise anhand folgender Parameter:

- Beziehungsstruktur innerhalb des Teams und zu anderen Teams,
- Entscheidungskompetenz und Verantwortungsbereiche,
- Führungsprinzipien und Führungsstil,
- Informations- und Kommunikationsstruktur,
- Kooperationsverhalten und Teamgeist,
- Qualifikationen und
- Zielmanagement und Zielvereinbarung.

Mit Hilfe einer geeigneten Skalierung wird die Ausprägung in den einzelnen Kriterien ermittelt. Dies kann durch Selbst- und/oder Fremdeinschätzung erfolgen. Die Ergebnisse werden als Ist-Situation und als Differenz zum Soll-Profil in einem Team-Entwicklungsprofil visualisiert und bilden die Grundlage für die Planung der entsprechenden Entwicklungsmaßnahmen für das gesamte Team oder für einzelne Teammitglieder, z.B. den Team-Leiter. Als Diagnose-Instrument kann das Profil wichtige Entwicklungsbedarfe aufzeigen.

Die folgende tabellarische Übersicht kann an dem Beispiel einer temporären Team-Analyse und der Beschreibung von Ausprägungen für einige Kriterien einen Eindruck vermitteln, wie dieses Team-Entwicklungsprofil genutzt werden kann. Die Spalte ‚Bemerkungen' dient dazu, die Vorschläge für geeignete Aktionen festzuhalten und die Planung der entsprechenden Team-Entwicklungsmaßnahmen vorzubereiten.

Kriterium	Ausprägung	Ausprägung	Ausprägung	Bemerkungen
Beziehungspflege	Team ohne Kontakt	Team hält Kontakt	Team pflegt die Kontakte	*Kontakt-Plattformen*
Entscheidungskompetenz	Aufgaben werden zugeordnet und Erfüllung kontrolliert	Verantwortlichkeiten werden nur vom Team-Leiter festgelegt	Prinzip der Selbstverantwortung im Team wird praktiziert	*Klärung von Aufgaben und Entscheidungsprinzipien*
Informationen	Mitarbeiter erhalten nur die allernötigsten Informationen	Informationen, die zur Erledigung der Aufgaben nötig sind, werden weitergegeben	Informationsfluss ist nahezu optimal	*Coaching für Team-Leiter, Struktur-Analyse des Informationsflusses*
Kooperationsverhalten	Mitarbeiter haben Probleme sich einzubringen	Teammitglieder koop. in den meisten Situationen	Prozess der gegenseitigen Koop. ist stabil	*Kommunikationstraining für das Team*
Führung	Anordnungsstil	Laissez-faire	Zielmanagement	*Führungstraining*
Teamgeist	Misstrauen herrscht vor	Cliquenbildung ist vorhanden	Guter und gemeinsamer Team-Spirit	*Gemeinsames Team-Event gestalten*

Abb. 8: Beispiel: Team-Entwicklungsprofil

Um diesen Prozess der Transfersicherung mittels der ‚Team Audit'-Toolbox effizient gestalten zu können, ist eine Checkliste für die interkulturelle Team-Entwicklung mit einigen Leitfragen hilfreich.

- Welche Erwartungen haben Sie – als Seminarteilnehmer – an dieses interkulturelle Teamtraining gehabt?
- Welche Herausforderungen ergeben sich für Sie – jetzt nach dem Teamtraining – aus der internationalen Zusammensetzung des Teams?
- Welche Aspekte des interkulturellen Managements erscheinen Ihnen – nach dem Seminar – besonders wichtig?
- Was müssen international agierende Teams Ihrer Meinung nach vordringlich lernen?
- Was brauchen Sie, um die im Training gewonnenen Erkenntnisse in Ihrem beruflichen Alltag konkret umsetzen zu können?

Abb. 9: Leitfragen-Katalog

Autorenverzeichnis

Andresen, Maike, Dipl.-Hdl., Jg. 1971, 1991-1993 Bankkauffrau bei der Deutschen Bank AG, 1993-1998 Studium der Betriebswirtschaftslehre, Romanistik und Wirtschaftspädagogik an den Universitäten Hamburg und Bordeaux (Frankreich), 1998 Abschluss Diplom-Handelslehrerin an der Universität Hamburg, seit 1999 Wissenschaftliche Mitarbeiterin am Institut für Personalwesen und Internationales Management der Universität der Bundeswehr Hamburg.

Berndt, Enno, Dr. phil., 1991-1994 Consultant beim Nomura Research Institute, Ltd.; seit 1994 Associate Professor an der Ritsumeikan University (Kyoto) für Unternehmenskultur; seit 1996 Senior Research Advisor der Society and Technology Research Group (STRG), DaimlerChrysler AG; seit Okober 2000 Guest Associate Professor am Global Information and Telecommunication Institute (GITI) der Waseda University (Tokyo).

Bodel, Klaus, Studium der Sozialwissenschaften in den Fächern Kommunikations-, Sprech- und Theaterwissenschaft sowie empirische Pädagogik und pädagogische Psychologie in München. Klaus Bodel ist als Personalentwickler im Bereich der Führungskräftequalifizierung der BMW Group tätig sowie als freiberuflicher Trainer und Berater in verschiedenen Projekten zur Unternehmens- und Managemententwicklung engagiert. Im Rahmen dieser Tätigkeitsschwerpunkte hat er Seminare, Trainings und Workshops in verschiedenen Ländern Europas, Nordamerikas sowie in Südafrika und Singapur durchgeführt. Klaus Bodel ist seit mehr als 20 Jahren im Trainings- und Beratungsgeschäft tätig. Vor seinem Engagement bei BMW war er als Bildungsverantwortlicher in der Hanns-Seidel-Stiftung für die Programme des politischen Handlungswissens, der rhetorischen Kommunikation und der allgemeinen Managementthemen zuständig.

Böhm, Stefan, SAP AG, Walldorf.

Bolten, Jürgen, Univ.-Prof. Dr., Lehrstuhl für Interkulturelle Wirtschaftskommunikation an der Friedrich Schiller Universität Jena.

Bruhn, Christine ist als Leiterin Personalmarketing bei der SICK AG in Waldkirch zuständig für aktives Personalmarketing, d.h. Personalrecruiting, Personalbetreuung von A – Z, Serviceleistung für die Zentral- und Geschäftsbereiche, Paritätische Kommissionen (gewerbliche und angestellte Mitarbeiter), Hochschulmarketing und Projektarbeit, u.a. Balanced Scorecard.

Clermont, Alois, Jg. 1946, kaufmännische Berufsausbildung, Studium der Betriebswirtschaftslehre, seit über 20 Jahren im Personalwesen der Thyssen Handelsunion AG bzw. jetzt ThyssenKrupp AG tätig, seit 1987 Personaldirektor und Leiter des zentralen Personalwesens, zusätzlich temporäre Geschäftsführertätigkeit im Konzerncatering, seit 1982 Mitglied im Aufsichtsrat der Thyssen Handelsunion AG, jetzt ThyssenKrupp AG, Materials and Services.

Deipenbrock, Gudula, Prof. Dr. iur., ist seit 1998 Professorin für Wirtschaftsrecht an der Fachhochschule für Technik und Wirtschaft Berlin mit den Schwerpunkt Zivilrecht, Handelsrecht und Internationales Privatrecht. Ihr wissenschaftliches Interesse gilt insbesondere dem internationalen und ausländischen Wirtschaftsrecht sowie dem Europarecht. In ihrer zuvor ausgeübten beruflichen Tätigkeit versah Frau Prof. Dr. iur. Gudula Deipenbrock neben der strategischen Planung und Leitung strategischer Projekte vornehmlich Aufgaben als Justitiarin mit den Schwerpunkten internationale Kooperationen, internationale Mergers and Acquisitions sowie Wirtschafts- und Unternehmensrecht in verschiedenen Unternehmungen.

Dittert, Jürgen, Dipl.-Betriebswirt, Jg. 1950, ist seit seinem Abschluss an der FH Würzburg-Schweinfurt für die FAG Kugelfischer tätig. Zur Zeit ist er Generalbevollmächtigter des Personalmanagements der FAG Kugelfischer Georg Schäfer AG. Seit April 2000 fungiert er zusätzlich als Arbeitsdirektor der FAG OEM und Handel AG.

Dix, Matthias, Dipl.-Kfm., Jg. 1958, studierte Betriebswirtschaftslehre an den Universitäten Berlin und Köln und ist seit 1990 im ThyssenKrupp-Konzern tätig, zunächst als Ausbildungsleiter der Thyssen Edelstahlwerke und seit 1994 als Personalleiter der jetzigen ThyssenKrupp Information Services GmbH.

Domsch, Michel E., Prof. Dr. rer. oec., Jg. 1941, 1968-1974 Promotion/Habilitation an der Universität Bochum, 1969-1971 Mitarbeiter am USW Universitätsseminar der Wirtschaft, Erftstadt, Harvard Business School (Cambridge, USA), 1972-1978 Projektleiter/Bereichsleiter im Deutschen BP AG-Konzern, seit 1978 Univ.-Professor für Betriebswirtschaftslehre an der Universität der Bundeswehr Hamburg; Vorsitzender des I.P.A. Instituts für Personalwesen und Internationales Management; Leitung der F.G.H. Forschungsgruppe Hamburg.

Dworatschek, Sebastian, Univ.-Prof. Dr. Dr. h.c., Univ. Stuttgart (Dipl.-Ing.)/Aachen (Dipl.-Wirtsch.-Ing.). Gründer des IPMI Institut für Projektmanagement und Wirtschaftsinformatik, Universität Bremen. Ruf an Univ. Innsbruck. Ehrendoktor d. Univ. Lettland/ Riga. Führungspraxis/Berater: Betriebsinformatik, Innovations-/Projektmanagement, Organisations-/Personal-Entwicklung. Weltbankberater, internationale Fortbildungsprogramme, Funktionen in IPMA International Project Management Association. (in Deutschland: GPM). Technologietransfer nach Zentral-/Osteuropa. (Co-)Autor von 12 Büchern.

Fellberg, Ursula-Christina, Dr., hat nach einem Studium der Betriebswirtschaftslehre an der Technischen Universität in Berlin zunächst eine wissenschaftliche Laufbahn eingeschlagen. Der Zeit als Wissenschaftliche Mitarbeiterin am Seminar für Statistik der Universität München folgten die Promotion zum Dr. rer pol sowie Projektarbeiten am Ifo-Institut für Wirtschaftsforschung in München. Im Oktober 1979 begann Frau Dr. Fellberg ihre Tätigkeit als Expertin für die Entwicklung eines Personalinformationssystems in der Zentralabteilung Personal der Siemens AG. Sie leitete dann mehrere Abteilungen im Personalbereich. Ab Oktober 1994 war sie als Projektleiterin verantwortlich für das „Prozess- und Verfahrensreengineering in der Personalarbeit" im Siemens Konzern. Von Nov. 1997 bis Sept. 2000 war Frau Dr. Fellberg für den internationalen Ausbau des Geschäftsgebietes Human Resources Management bei der Siemens Business Services GmbH & Co OHG verantwortlich. Sie leitete die Practice Human Resources Management. Seit Okt. 2000 ist Frau Dr. Fellberg als

Partnerin bei Management Consulting u.a. für Beratung im Bereich Human Resources Management sowie für @HR-Themenfelder verantwortlich.

Fichte, Wolfgang, Dr. jur., Jg. 1951, ist zunächst Referent bei der Landesversicherungsanstalt Hannover gewesen und seit 1978 in der Sozialgerichtsbarkeit tätig. Er war Richter am Sozialgericht Berlin und am Landessozialgericht Niedersachsen, Celle, und in den Jahren 1990 bis 1992 Beauftragter für die Errichtung der Sozialgerichtsbarkeit in Sachsen-Anhalt. Seit 1995 ist er Richter am Bundessozialgericht und hier einem Rentenversicherungssenat zugeteilt.

Friedrich, Michael, als Abteilungsleiter ist Michael Friedrich seit 1997 verantwortlich für das Europaweite Relationship Marketing der Marke Mercedes-Benz (Sparte Personenwagen) bei der DaimlerChrysler AG, London. Als weitere Felder seiner Verantwortung im Hause, dem er seit 1989 angehört, seien an dieser Stelle die Bereiche Kommunikation und Marketing der Sparte Nutzfahrzeuge für den deutschen Markt genannt. In den Jahren 1987 bis 1989 nahm er Produktmanagementaufgaben für den Golf bei der Volkswagen AG wahr. Seit 1996 ist er zudem als Referent für Marketing-Planung und -Controlling an der Universität Worms im wissenschaftlichen Umfeld tätig.

Friederich, Peter, Bereichsleiter Personal, HypoVereinsbank München.

Gilroy, Bernard Michale, Univ.-Prof. Dr. oec., Jg. 1956. Fachgebiete: VWL, Internationale Wirtschaftsbeziehungen/Außenwirtschaftstheorie, Makroökonomie, Multinationale Unternehmungen, Integrationsprozesse, Network Economics, IBS. Werdegang: Bachelor of Arts Diplom, in: Multinational Corporate Studies and German Translation (Upsala College/USA; Diplomvolkswirt (Universität Konstanz), 1989 Promotion, 1993 Habilitation (Universität St. Gallen/Schweiz). 1995 Assistenzprofessor für VWL Universität St. Gallen/Schweiz). Seit 1996 Universitätsprofessor an der Universität/GH Paderborn.

Günter, Johann, Prof. Ing. Dr., Jg. 1949, Leiter der Abteilung für Telekommunikation, Information und Medien, Donau-Universität Krems, Studium der Philosophie (Zeitungswissenschaft und Kunstgeschichte) an der Universität Wien als Werkstudent, 2 „Terms" in Cambridge, 1974 Promotion zum Dr. phil. an der Universität Wien. Beruflicher Werdegang: Werbeleiter bei „Phillips Österreich" für den Bereich Konsumgüter, 1976 Werbewirtschaftspreis, ab 1976 bei „Phillips Data Systems" als Marketingmanager für „Neue Dienste" (neue Medien: BTX, Teletext, Textverarbeitungs und Personalcomputing), ab 1984 Direktor bei „Kapsch AG", für den Bereich „Kommunikations- und Datentechnik" verantwortlich, ab 1988 bei Alcatel: Vertriebsdirektor Österreich, ab 1990 Export Director der „Business Systems Group" für Zentral-/Osteuropa und Fernen Osten, Übersiedlung ins Headquarter Paris mit Verantwortung für Lateinamerika und Europa, Aufbau des Alcatel Vertriebsnetzes Osteuropa: Gründung von 12 Firmen (Ungarn bis Kasachstan) mit fast 100 Filialen, Ende 1994 Rückkehr nach Österreich und Mitglied der Geschäftsleitung der Alcatel Austria AG mit der Vertriebsverantwortung für Österreich und Osteuropa, 1989 Wahl zu einem der 10 besten Europamanager in Österreich; ab 1.4.1996 Prof. an der Donau-Universität Krems.

Heger, Günther, Prof. Dr., Jg. 1957, Professor für Betriebswirtschaftslehre, insbesondere Marketing, an der Fachhochschule für Technik und Wirtschaft Berlin, Forschungsschwerpunkte: Business-to-Business-Marketing, Unternehmensführung.

Helbig, Michel, Dr., Jg. 1971, Studium der Sozialwissenschaft. Schwerpunkt Wirtschafts- und Verbändesoziologie an der Ruhr-Universität Bochum. Er arbeitet im Bereich „Europäische Arbeitsbeziehungen" an einem Wirtschafts- und Sozialforschungsinstitut sowie als Experte für den Europäischen Gewerkschaftsbund (EGB). Promotion zum Thema „Handlungseffektivität Europäischer Betriebsräte". Arbeitet als Assistent des Konzernbetriebsrats eines internationalen Unternehmens.

Hentschel, Claudia, Prof. Dr.-Ing., Jg. 1964, Studium des Wirtschaftsingenieurwesens an der TU Berlin und Ecole Nationale des Ponts et Chaussées, Paris, arbeitete zunächst als wissenschaftliche Mitarbeiterin am Doppelinstitut der TU Berlin/Fraunhofer Gesellschaft, und dort am Institut für Werkzeugmaschinen und Fabrikbetrieb (IWF), Bereich Montagetechnik. Nach einem Forschungsaufenthalt am Israel Institute of Technology Technion, Haifa, promovierte sie an der TU Berlin bei Prof. Dr.-Ing. G. Seliger und Prof. em. Dr. h.c. mult. Dr.-Ing. E.h. Dr.-Ing. G. Spur zur Dr.-Ing. Ihre Dissertation wurde 1997 vom Ausschuss für wirtschaftliche Fertigung (AwF) e.V. ausgezeichnet. 1996 wechselte Sie zur Siemens AG, Bereich Information and Communication Mobile (ICM), wo Sie zuletzt unter der Leitung von Peter Scholz für den Bereich Original Equipment Manufacturer (OEM) Produkte für das Radiosubsystem von Mobilfunknetzen verantwortlich war. Im Oktober 1999 folgte Sie einem Ruf als Professorin an die Fachhochschule für Technik und Wirtschaft (FHTW), Berlin, wo sie seitdem Organisation, Innovations- und Technologie- sowie Projektmanagement lehrt.

Hentze, Joachim, Prof. Dr. Dr. h.c., Jg. 1940, seit 1974 Professor an der TU Braunschweig für das Fachgebiet Betriebswirtschaftslehre. Leiter der Abteilung Unternehmensführung am Institut für Wirtschaftswissenschaften.

Hofer, Braun, Arbeitsdirektor der B. Braun Melsungen AG.

Houde, Joe, Duke Corporate Education Inc. USA.

Hünerberg, Reinhard, Prof. Dr., Jg. 1954, Leiter des Fachgebietes Marketing der Universität GH Kassel. Studium der Betriebswirtschaftslehre in Berlin und Würzburg, langjähriger Direktor der deutschen Niederlassung der EAP Europäische Wirtschaftshochschule Paris-Oxford-Madrid

Hummel, Thomas R., Prof. Dr. rer. pol., Dipl.-Kfm., Dipl. Wirtschaftsingenieur (FH). Professor am Fachbereich Wirtschaft der Fachhochschule Fulda im Fachgebiet Allgemeine Betriebswirtschaftslehre, Arbeitsschwerpunkt Internationales Management

Jung, Hans-Hermann, Dr., seit 1998 ist Herr Dr. Hans-Hermann Jung Manager Relationship Marketing der Marke Mercedes-Benz (Sparte Personenwagen) bei DaimlerChrysler AG, London, wo er die Europaweite Strategieentwicklung verantwortet. Zuvor war er vier Jahre als Partner bei der ISUMA Consulting GmbH mit der Durchführung und Leitung von Marketing-Projekten in unterschiedlichen Branchen betraut. Er ist Verfasser einer Reihe von Beiträgen zum Themenkreis „Zielkundenmanagement", „Database Marketing" und „Data Mining". Von 1992-1995 promovierte er bei Prof. Dr. Hans Raffée an der Universität Mannheim zum Thema „Kundensegmentierung".

Kammel, Andreas, PD Dr., Diplom-Ökonom, Jg. 1958, wissenschaftlicher Mitarbeiter an der TU Braunschweig, Promotion an der TU Braunschweig, 1991 Habilitation an der TU Braunschweig. Arbeitsschwerpunkte: Personalmanagement, strategische Unternehmensführung, Krankenhausbetriebslehre.

Köhler-Braun, Katharina, Dr. rer. pol., Jg. 1968, hat nach ihrer Ausbildung zur Bankkauffrau, dem Studium der Wirtschaftswissenschaften und mehreren Forschungs- und Studienaufenthalten in den USA ihre Promotion an der Universität der Bundeswehr in Hamburg 1999 erfolgreich abgeschlossen. Parallel dazu war sie als wissenschaftliche Mitarbeiterin im Fachbereich Wirtschaftswissenschaft der Universität Duisburg tätig. Anfang 2000 wurde sie zur wissenschaftlichen Assistentin an der Universität Duisburg ernannt und arbeitet seitdem an ihrem Habilitationsprojekt.

Kottmann, Marcus, Dipl.-Chem., Dipl.-Arb.wiss., Projektleiter am Institut für angewandte Innovationsforschung (IAI), Universität Bochum.

Krawinkel, Uwe, Dipl.-Betriebswirt, Senior Produktberater Personalmanagementsysteme PeopleSoft GmbH, München. Nach Abschluss des Studiums der Wirtschaftswissenschaften in Bielefeld sammelte Herr Krawinkel bei unterschiedlichsten Auswahlverfahren für Standardsoftware Erfahrungen in den verschiedensten Branchen und Unternehmensstrukturen. Seit 1998 ist Uwe Krawinkel Produktberater für Personalmanagementsysteme bei der PeopleSoft GmbH mit den Schwerpunkten: Personalbeschaffung, Personalverwaltung, Weiterbildung, Kompetenzmanagement, Workflow-Technologien und Employee Self Service. Außerdem arbeitet er als freiberuflicher Dozent an der Fachhochschule München.

Kriegesmann, Bernd, Prof. Dr., Jg. 1963, Dipl.-oec., Dr. rer. oec., Studium der Wirtschaftswissenschaften an der Ruhr-Universität Bochum, seit 1989 wissenschaftlicher Mitarbeiter am Institut für angewandte Innovationsforschung (IAI) Bochum e.V., seit 1990 Projektleiter, von 1991 bis 1993 Fachreferent beim Bundesministerium für Forschung und Technologie (Innovationsförderung), von 1993 bis Februar 2000 Geschäftsführer des IAI, seit März 2000 Professor für Betriebswirtschaftslehre an der Fachhochschule Gelsenkirchen. Arbeitsschwerpunkte: Innovationsmanagement, Personal- und Organisationsentwicklung. Mitglied in verschiedenen Arbeitskreisen und Gremien.

Krimphove Dieter, Dr. jur., Universitätsprofessor, Jg. 1958, Visiting Professor der Donau-Universität Krems; Universitätsprofessor an der Universität/GH Paderborn Lehrstuhl: Wirtschaftsrecht mit dem Schwerpunkt Europäisches Wirtschaftsrecht; Direktor: Institut für Rechtsangleichung, Wirtschaftsrecht und Finanzierung. Nach beiden juristischen Staatsexamina Assistent der Personalleitung (UNI-LEVER – Langnese-Iglo), Leiter des Fachbereichs Wirtschafts- und Arbeitsrecht an der Akademie Deutscher Genossenschaften Schloss Montabaur, Professor an der FHTW-Berlin. Dort Einrichtung und Leitung des Studienganges „Wirtschaftsjurist".

Kruse, Oliver, wissenschaftlicher Mitarbeiter am Lehrstuhl Wirtschaftsrecht der Universität/GH Paderborn.

Lehmann, Jürgen A., Consultant und Mitglied der Management Group bei incon, Gesellschaft für innovatives Personal- und Organisationsconsulting mbH Taunusstein.

Littmann, Wolfgang, Dr., Jg. 1950, Studium der Chemie in Gießen und an der TU Berlin, Promotion 1976. Seit 1977 bei der BASF Aktiengesellschaft, Ludwigshafen/Rhein beschäftigt; zunächst Eintritt in das Hauptlaboratorium, 1981 Wechsel in das Personalwesen, 1985

Leiter Personalwesen Außertarifliche/Leitende Angestellte. Seit 1989 Leiter Personalwirtschaft, BASF Aktiengesellschaft, Ludwigshafen/Rhein, ab 10/1998 Leiter Infrastrukturdienste Personal. Ab 04/1999 Leiter Service Center Personalwirtschaft, BASF Computer Services GmbH, Ludwigshafen/Rhein. Ab 05/2000 Leiter Personalservice, BASF Computer Services GmbH, Ludwigshafen/Rhein.

Meckl, Reinhard, Prof. Dr., Jg. 1964. Studium der Volkswirtschaftslehre an der Universität Regensburg, Diplom 1989; Assistent an der Universität Regensburg am Lehrstuhl für Organisation und Personalwirtschaft; 1993 Promotion zu dem Thema „Unternehmenskooperationen im EG-Binnenmarkt"; ab 1994 Siemens AG, München, Zentralabteilung Unternehmensplanung; Habilitation 1998 zu „Controlling in internationalen Unternehmen"; seit März 2000 Lehrstuhl für Internationales Management an der Friedrich-Schiller-Universität Jena.

Mülder, Wilhelm, Prof. Dr. rer. pol., Dipl.-Kfm., Jg. 1952. Rund 6 Jahre als Software-Entwickler und Berater für Personalinformationssysteme für zwei Software-Unternehmen. Seit 1991 Professur für Wirtschaftsinformatik an der Fachhochschule Niederrhein, Mönchengladbach, Forschungsschwerpunkte sind e-HR (electronic Human Resources), Personalinformationssysteme, Personalzeitwirtschaftssysteme, Electronic Commerce und Standardsoftware. Sprecher der Fachgruppe „Informationssysteme in der Personalwirtschaft" innerhalb der Gesellschaft für Informatik e.V., Bonn. Redakteur der Fachzeitschrift „Computergestützte Personalarbeit".

Oechsler, Walter A., Prof. Dr., Jg. 1947. 1970 Diplom-Kaufmann in München; 1974 Promotion zum Dr. rer. pol. in Augsburg; 1979 Habilitation für Betriebswirtschaftlehre in Stuttgart Hohenheim; 1980-1996 Lehrstuhl für Betriebswirtschaftlehre, insbesondere Personalwirtschaft in Bamberg; Studienjahr 1988/89 Visiting Professor of German and European Studies University of Toronto, Canada; seit 1996 Lehrstuhl und Seminar für ABWL, Personalwesen und Arbeitswissenschaften Universität Mannheim, seit 1998 Prorektor für internationale Beziehungen der Universität Mannheim.

Ohm, Dieter G., Oberst i.G., Jg. 1950. 1969 nach dem Abitur als Offizieranwärter in die Bundeswehr eingetreten. 1981 bis 1983 Teilnahme am Generalstabslehrgang an der Führungsakademie der Bundeswehr in Hamburg. Von 1991 bis 1995 auf Dienstposten innerhalb des Personalmanagements der Bundeswehr als G1 (Personalchef) einer Division und Referent für Grundsatzangelegenheiten der Personalführung der Heeresoffiziere im Bundesministerium der Verteidigung tätig. Danach dreijähriger Aufenthalt in Großbritannien als Leiter des Heereshauptverbindungsstabes United Kingdom und Repräsentant des Deutschen Heeres. Seit 1999 Referatsleiter im Bundesministerium der Verteidigung. Zuständig für die Grundsatzangelegenheiten der militärischen Personalführung.

Paul, Dietmar, Industriekaufmann und Diplom-Ökonom, Jg. 1965, Studium der Wirtschaftswissenschaften an der Universität/Gesamthochschule Duisburg, Studienschwerpunkte: Unternehmensführung und Wirtschaftsinformatik Nach dem Studium Beginn bei der Thyssen Krupp Stahl AG in Duisburg im Zentralbereich Arbeitswirtschaft, seit 1996 Abteilungsleiter. Diverse Veröffentlichungen zum Thema „Benchmarking in der Personalwirtschaft".

Piorr, Rüdiger, Dipl.-Soz.Wiss., Jg. 67, Studium der Sozialwissenschaft, Schwerpunkt Arbeits- und Organisationssoziologie an der Ruhr-Universität Bochum. Seit 1997 arbeitet er als Berater im Institut für Management und Organisation in Bochum im Bereich Organisations- und Personalentwicklung, Gruppenarbeit und Entwicklung von Unternehmenskulturen.

Protz, Alfred, Jg. 1952, seit 1991 Stellvertretender Personalleiter der Bayrischen Landesbank, Direktor. Werdegang: 1972 Stellvertretender Leiter Aus- und Weiterbildung, 1979 Leiter Personalverwaltung In- und Ausland, 1988 Projektleiter Neuorganisation DV-Wesen im Personalbereich.

Rémolu-Neumayer, Karin, Studium der Germanistik in Aix-en-Provence, Studium der Geschichte in Avignon und Studium der Psychologie in Paris. Absolventin der Ecole Supérieure de Management (Business School für internationales Marketing und Management). Seit 1991 selbständige Trainerin und Beraterin für internationale Managementseminare und inter-kulturelle Teamentwicklungen; unter anderem mit Projekten in verschiedenen Ländern Europas, in den USA und in Südostasien. Karin Rémolu-Neumayer ist Geschäftsführerin der Firma TOP – Team-, Organisations- und Personalentwicklung in München und Avignon.

Schaub, Günter, Dr. h.c., war an verschiedenen Arbeitsgerichten des Landes Nordrhein-Westfalen tätig. Von 1978 an war er Richter, ab 1990 bis zu seiner Pensionierung 1998 Richter am Bundesarbeitsgericht. Dr. Schaub hat rund 14 Bücher zum Arbeitsrecht geschrieben oder war an ihnen beteiligt. Die bekanntesten Werke sind das „Arbeitsrechtshandbuch", 8. Auflage 1996 und „Formularsammlung und Arbeitsgerichtsverfahren" 6. Auflage 1994. „Arbeitsrecht von A bis Z", 15. Auflage 1997 hat sich zu einem der vielen Standardwerke entwickelt.

Schmeisser, Wilhelm, Dipl.-Kfm., Prof. Dr., Professor an der FHTW Berlin für Betriebswirtschaft – Finanzierung und Investition und Unternehmensführung; Leiter der Forschungsgruppe Innovationsmanagement, Personalwirtschaft und Organisation (IPO) an der Gerhard-Mercator-Universität Gesamthochschule Duisburg. Forschungsschwerpunkte: Internationales Personalmanagement, Personal- und Sozialpolitik, Personalinformationssysteme und Personalcontrolling, Personalentwicklung, Personalführung und Organisation, Innovationsmanagement und Strategisches Management, Technologiemanagement, Investition und Finanzierung.

Schmidt, Sigurd, Managing Director, Leiter HR Zukunftsszenarien/Trendmonitoring im Corporate Center der Deutschen Bank AG.

Scholz, Peter, Dipl.-Ing., Jg. 1961, Studium der Luft- und Raumfahrttechnik an der Universität der Bundeswehr, München, absolvierte nach Abschluss des Studiums die Technikausbildung in USA für den Einsatz mobiler Radarsysteme. Nach einer mehrjährigen Tätigkeit in der Deutschen Luftwaffe für den Einsatz und Betrieb mobiler Radar- und Luftverteidigungssysteme wechselte er zur Siemens AG in den Bereich Service-Produktmanagement Mobilfunk und übernahm die Verantwortung für die Produktplanung, später für das Produktmanagement einer Produktlinie. Seit 2000 ist er im Bereich Information and Communication Mobile (ICM) für Strategien und Business Alliances verantwortlich.

Schultz, Silke, BA in Psychologie, MA in Human Resource Management. Seit 1997 bei der Deutschen Bank AG tätig. Bisherige Tätigkeiten in Frankfurt im Bereich Personalentwicklung/Management Development sowie People Strategy and Measurement. Projekte beinhalten unter anderem die Entwicklung des DB Kompetenzmodells und das HR 2002 Programm. Seit Oktober 2000 verantwortlich für Rekrutierung von Hochschulabsolventen und Hochschulmarketing in Berlin und den neuen Bundesländern.

Smith, Ray, Duke Corporate Education Inc. USA.

Speck, Peter, Dr., technisch-orientierter Kaufmann, von 1980 bis 1985 als Assistent am Lehrstuhl für Allgemeine Betriebswirtschaftslehre und Personalmanagement der Universität Stuttgart tätig. Von 1985 bis 1992 bei der Landesgirokasse Stuttgart in verschiedenen Positionen des Personalbereichs. Seit 1993 Personalleiter der Festo AG & Co. und der Festo Gruppe Esslingen und Geschäftsführer der Festo Lernzentrum Saar GmbH, St. Ingbert-Rohrbach. Darüber hinaus als Dozent an der Berufsakademie sowie als Referent und Berater zu personalwirtschaftlichen Themen, insbesondere „Personalinstrumente", zu „Personalplanung" und „Personalcontrolling" tätig. Über 50 Veröffentlichungen zu verschiedenen personalwirtschaftlichen Themenbereichen.

Staudt, Erich, Prof. Dr., Dipl.-Physiker, Jg. 1941, nach Praktikum im Maschinenbau Studium der Physik und der Wirtschaftswissenschaften, Professor für Arbeitsökonomie an der Ruhr-Universität Bochum, Vorstand des Instituts für angewandte Innovationsforschung (IAI) Bochum e.V., 1973 Promotion an der Universität Erlangen Nürnberg, 1978 Habilitation, 1978-1986 Lehrstuhl für Betriebswirtschaftslehre mit dem Schwerpunkt Planung und Organisation an der Universität Duisburg, seit 1982 Leitung des Instituts für angewandte Innovationsforschung (IAI), Bochum e.V., seit 1986 Lehrstuhl für Arbeitsökonomie an der Ruhr-Universität Bochum, Forschungsschwerpunkte im Grenzgebiet Technik/Ökonomie/ Soziale Implikationen: Personal-, Organisations-, Unternehmens- und Regionalentwicklung; Autor zahlreicher Aufsätze, Monographien und Sammelwerke zur Industriebetriebslehre, Planung, Organisation, Personalwirtschaft und Forschungspolitik, darunter auch „Das Management von Innovationen", „Kooperationshandbuch", „Weiterbildungshandbuch", „Das lernende Unternehmen" sowie der Reihe „Innovation: Forschung und Management". Mitglied in verschiedenen Sachverständigenkreisen, Enquete-Kommissionen des Bundestages, Beiräten und Kuratorien.

Svoboda, Michael, Dipl.-Kfm., Dipl.-Soziologe; ist seit 1993 in Frankfurt verantwortlich für die Personalpolitik und -entwicklung der Deutschen Bank AG weltweit. Außerdem ist er Vorsitzender des globalen Vergütungsausschusses und des globalen Personalentwicklungsausschusses des Deutschen Bank Konzerns. Zuvor arbeitete er 13 Jahre in verschiedenen leitenden Funktionen bei der BMW AG in München, u.a. war er 5 Jahre Leiter der Konzernorganisation und 3 Jahre Leiter der Personal- und Bildungspolitik. Davor war er selbständiger Unternehmensberater und Managementtrainer.

Taubert, Rolf, Prof. Dr., Jg. 1947, Studium der Soziologie, Philosophie und Kommunikationswissenschaft an der Ruhr-Universität Bochum. Langjährige Erfahrung mit der Moderation in Prozessen der Unternehmens- und Organisationsentwicklung. Zahlreiche Veröffentlichungen zu den Themen „Human Resouces" und „Kommunikationstheorie".

Töpfer, Armin, Prof. Dr., Lehrstuhl für Marktorientierte Unternehmensführung an der Technischen Universität Dresden.

Ulmer, Alexandra, Dipl.-Betriebswirt (BA), ist Mitarbeiterin der Abteilung Personalsysteme und -controlling bei der Festo AG & Co.

Wagner, Dieter, Prof. Dr., Jg. 1947, kfm. Lehre und Tätigkeit als Organisationsprogrammierer, Abitur auf dem 2. Bildungsweg, Studium der Wirtschafts- und Sozialwissenschaften Universität Gießen, 1970-1974, wiss. Mitarbeiter von Prof. Dr. Bleicher, Universität Gießen (Unternehmensführung, Organisation, Personalwirtschaft), Promotion 1978, Leiter Personalsysteme/Führungsorganisation Reemtsma GmbH 1979-1985, Professor für Personalwesen an der Universität der Bundeswehr Hamburg 1985-1993, seit 1993 Lehrstuhl für Betriebswirtschaftslehre mit dem Schwerpunkt Organisation und Personalwesen, Universität Potsdam, von 10/1994 bis 9/1996 Dekan der Wirtschafts- und Sozialwissenschaftlichen Fakultät der Universität Potsdam, seit 11/99 Vizepräsident der Universität Potsdam.

Wagner, Peter, Leiter Qualitätsmanagement Flughafen Frankfurt Main AG (FAG), Qualitätsmanagement-Beauftragter FAG, Herr Peter Wagner kam nach seiner beruflichen Ausbildung 1971 zur Flughafen Frankfurt Main AG. Von 1984 bis 1992 war er Leiter einer Organisationseinheit in der Flugzeugabfertigung. Von 1992 bis 1994 leitete er den FAG-Bereich Ladeservice. Ab 1994 bis heute ist Herr Wagner Leiter des Qualitätsmanagements der FAG. Dort gilt sein besonderes Interesse der Entwicklung von integrativen Managementsystemen für Umwelt, Sicherheit, Gesundheit und Qualität, der Analyse und Modellierung von Prozessen, der Entwicklung von Unternehmensprozessmodellen und der praxisgerechten Implementierung von Tools. Zurzeit liegt sein Schwerpunkt in der Umsetzung der Normrevision ISO 9001:2000 und in der Entwicklung von „Service Level Agreements" für das jeweilige Prozessschnittstellenmanagement entlang der Wertschöpfungskette im Konzern.

Walsh, S. Ian, Studium der Geschichte und Germanistik (MA) an der Oxford University, England. Studium der Betriebs- und Volkswirtschaft (MBA) mit Auszeichnung am INSEAD, Fontainebleau, Frankreich. Managementerfahrung in der britischen Atomindustrie. Senior Consultant, Leiter Strategieberatung und Manager Human Resources (Germany) bei amerikanischen Beratungsgesellschaften. Seit 1987 selbständig mit Beratungsschwerpunkten Unternehmensstrategie, Personalmanagement sowie internationale Wettbewerbsfähigkeit. Autor von über 70 Veröffentlichungen zu diesen Themen. Beratungserfahrung in den USA, in Japan und in den meisten europäischen Ländern. War Programmdirektor des *European Entrepreneurship Programme* am Europäischen Unternehmerzentrum („Centre"), Colmar, Frankreich; Gastdozent an der Newcastle Business School, England, am I.U.P. Haute-Alsace, Frankreich, an der Universität Göttingen sowie an der FH Solothurn, Schweiz. Vormals Direktor, Integrated Consultancy Service EEIG, Mailand. Beiratsmitglied in einem führenden europäischen Recyclingunternehmen.

Weber, Hajo, Prof. Dr., Jg. 1947. Seit 1991 Hochschullehrer am Fachbereich Sozial- und Wirtschaftswissenschaften der Universität Kaiserslautern, Leiter des Fachgebietes Soziologie, Studium der BWL, VWL und Soziologie in Siegen und Bielefeld, mehrere Jahre wissenschaftlicher Mitarbeiter an der Universität Bielefeld, dort Promotion (1984) und Habilitation (1989) mit Arbeiten zur Struktur und Organisation des Maschinenbaus bzw. der Steuerung von Modernisierungsprozessen in Gesellschaft und Organisation. Arbeitsschwerpunkt u.a.: die Organisation des Wandels von Unternehmen, intelligente Unternehmensorganisation, soziale Wettbewerbsfaktoren. Forschung u.a. zu Chancen und Hemmnissen von Lean Production in der deutschen Wirtschaft und Entwicklung von Unternehmensnetzwerken. Publikationen u.a.: zu japanischen Wettbewerbsstrategien, Lean Production und Organisations- und Personalentwicklung; Modernisierung auf der Ebene von Unternehmen, Region und Branchen.

Wegge, Martina, Dr., Jg. 1961, seit April 2000 wissenschaftliche Assistentin am Fachbereich Sozial- und Wirtschaftswissenschaften der Universität Kaiserslautern, Fachgebiet Soziologie. Studium der Sozialwissenschaft in Bochum, mehrere Jahre als wissenschaftliche Mitarbeiterin und später als wissenschaftlicher Assistentin an der Ruhr-Universität Bochum am Lehrstuhl für Soziologie beschäftigt. 1995 Promotion an der Ruhr-Universität Bochum mit einer Arbeit über die Organisation beruflicher Weiterbildung. Von April 1999 bis März 2000 Gastwissenschaftlerin am Fachbereich Sozial- und Wirtschaftswissenschaften der Universität Kaiserslautern, Fachgebiet Soziologie. Arbeitsschwerpunkte berufliche Bildung, regionaler Strukturwandel, Organisation des Wandels von Wirtschaftsstrukturen.

Wehling, Margret, Univ.-Prof. Dr., Jg. 1964, 1983-1988 Studium der Betriebswirtschaftslehre an der Westfälischen Wilhelm-Universität Münster, 1988-1999 wissenschaftliche Mitarbeiterin und akademische Rätin am Lehrstuhl für Organisation, Personal und Innovation der Universität Münster, dort 1992 Promotion zum Dr. rer. pol. und 1999 Habilitation. Seit Oktober 1999 Inhaberin des Lehrstuhls für Personal und Unternehmensführung an der Gerhard-Mercator-Universität Duisburg. Seit 1993 Beratungstätigkeiten in den Gebieten Unternehmensleitbild, Personalführung, Personalentwicklung und Personalbeurteilung. Forschungsschwerpunkte: Anreizsysteme, Wissensmanagement, Personalcontrolling und empirische Personalforschung.

Wickel-Kirsch, Silke, Prof. Dr., von 1987-1992 Studium der Betriebswirtschaftslehre an der LMU, München, Promotion an der Bundeswehrhochschule in München bei Prof. Dr. Rainer Marr, Lehrstuhl für Personal und Organisation, über zukunftsweisende Organisationsstrukturen von 1992 bis 1995. Während dieser Zeit Assistentin des Bereichsleiters „Organisation" der Bayerischen Vereinsbank AG, München. Von 1994 bis 1996 Leiterin im Personalcontrolling der Henkel KGaA, Düsseldorf, von 1996 bis 1998 Leiterin in der strategischen Planung der Bayerischen Vereinsbank AG, München. Seit 1998 Professorin für Personalwirtschaft an der FH Mainz.

Wiebusch, Jenny, Dipl.-Ökonomin, Studium der Wirtschaftswissenschaft (Universität Bremen). Seit 4/2000 wissenschaftliche Mitarbeiterin am IPMI. Vermittlung von Projektmanagement-Methodik in Lehrprojekten und Fortbildungsprogrammen. Forschung: Internationales Projektmanagement, Unternehmensberatungen und Innovationsprozesse.

Witrahm, Astrid, Dipl.-Kffr., Jg. 1967, studierte Wirtschaftswissenschaften an der Universität Duisburg und ist seit 1996 im ThyssenKrupp-Konzern tätig, zunächst in der Zentralen Personalabteilung der ehemaligen Thyssen Handelsunion AG und seit 1998 als Personalreferentin für die Aufgabengebiete Personalmarketing und Personalentwicklung bei der ThyssenKrupp Information Services GmbH.

Witt, Peter, Dr., Vertreter des Lehrstuhls für Unternehmen und Existenzgründung, Wissenschaftliche Hochschule für Unternehmensführung, WHU, Vallendar.

Wucknitz, Uwe D. ist selbständiger Unternehmensberater und Inhaber der VPM Unternehmensberatung in Hohenschäftlarn bei München. Nach dem Studium der Psychologie und Betriebswirtschaftslehre in Hamburg und einem Einstieg als Trainee bei Unilever war er dort als Personal- und Verkaufsleiter tätig. Von 1992 bis 1995 arbeitete Uwe D. Wucknitz dann als Leiter Internationale Hochschulprogramme bei der Beiersdorf AG. Im Anschluss daran war er Geschäftsführer Personal bei der Engel & Völkers GmbH, bevor er zu Roland Berger & Partner nach München wechselte. Hier leitete er bis 2000 Projekte überwiegend im Bereich Mergers & Acquisitions, Change Management und Human Resources Management. Die von ihm gegründete VPM Unternehmensberatung berät Unternehmen in den drei Schwerpunkten Veränderung, Personal und Marketing. Uwe D. Wucknitz ist Autor des 2000 erschienenen Buches „Mitarbeiter-Marketing".

Zschiedrich, Harald, Prof. Dr. sc., Jg. 1947 geboren. Nach dem Studium der Außenwirtschaft in Berlin erfolgte 1972 die Promotion zum Dr. rer. oec.. Im Anschluss an einen Forschungsaufenthalt im Institute des COMECON (RGW) in Moskau in den Jahren 1977-1981 Habilitationsschrift (Dr. sc.) „Erhöhung der Effizienz der wissenschaftlich-technischen Kooperation zwischen Betrieben im RGW" (1984). 1995 erhielt er den Ruf als Professor an die Fachhochschule für Technik und Wirtschaft Berlin und lehrt dort auf den Gebieten Außenwirtschaftspolitik (VWL) und Internationales Management. In den Jahren 1996-1998 leitete er das internationale EU-PHARE Forschungsprojekt „East-West Joint Ventures in the process of transformations", an dem sich führende Experten aus Budapest, Prag, Bratislava, Antwerpen und Warschau beteiligten. Er ist Mitglied der Auswahlkommission der Europäischen Bewegung Deutschland zur Vergabe der Stipendien für das EURO-Kolleg in Brügge. Seit September 2000 ist er ferner Mitglied des Präsidiums der Internationalen Wissenschaftlichen Vereinigung Weltwirtschaft und Weltpolitik (Berlin). Im Rahmen des deutsch-französischen Studienganges Nizza/Berlin nimmt er eine Gastprofessur wahr auf dem Gebiet der europäischen Integration wahr.